Encyclopédie des religions

La présente édition a été conçue et réalisée sous la présidence de
Giuseppe ANNOSCIA
par les services éditoriaux et techniques d'Encyclopædia Universalis

YVES-NOËL LELOUVIER
a assuré la mise en œuvre éditoriale du projet,
défini par JACQUES BERSANI.

Ont notamment contribué à cette édition au titre des services éditoriaux et techniques d'Encyclopædia Universalis :

Service éditorial

CHRISTIAN HERMANSEN
(droit, sciences religieuses, humaines et politiques)

Correction
PIERRE LAGRUE
chef du service

JACQUELINE CAZÉ
SILVIO MATTEUCCI

Iconographie
MARIE-CHRISTINE PETIT
SYLVIE MAZEAUD

Secrétariat
CLAUDINE DIOLOGENT-ZEMIRO
MIREILLE DURAND

Technique et production

DOMINIQUE REYREN
directeur technique et production

Service informatique
VINCENT LUCY
SYLVAIN RODET

Services fabrication & logistique
ALAIN COYARD
responsable des services

NICOLE BARBE
BOŻENA GÓRECKA-BORUC
MARTINE REYNET-COYARD

Suivi de production
BERNADETTE MONTAGU

Saisie
MARTINE ALICOT

Indexation

ÉLISABETH GRAF
responsable du service

PIERRE PAILLOUS
DOMINIQUE RIMBERT

Ont également collaboré :
NEFTIS (conception graphique) - NORD COMPO (saisie SGML, photogravure, mise en pages, maquette et couverture) - MAURY-IMPRIMEUR (numérisation) - DOMINO (dessins et figures) - LATITUDE (cartes) - PARTENAIRES-LIVRES (impression et reliure)

Accès en ligne à l'intégralité de l'Encyclopædia Universalis sur
www.universalis.fr

Encyclopédie des religions

UNIVERSALIS

Avant-propos

Le présent ouvrage fut publié pour la première fois en 1988, sous le titre, qu'avait dicté la collection dans laquelle il venait s'insérer, d'*Atlas des Religions*. Plusieurs fois réimprimé – notamment en 1991, sous le titre mieux adapté d'*Encyclopédie des Religions* –, il avait bénéficié d'un certain nombre de corrections et de compléments, mais sans jamais donner lieu à une réactualisation approfondie. C'est chose faite aujourd'hui, et beaucoup plus encore. Cette nouvelle édition, qui doit beaucoup à Yves-Noël Lelouvier, ne se contente pas de mettre à jour les divers éléments d'information contenus aussi bien dans les cartes ou tableaux que dans les textes, elle resserre et restructure un livre dont le foisonnement initial avait pu parfois déconcerter. Non seulement la consultation s'en trouve facilitée, mais le projet qui fonde cette vaste enquête apparaît avec davantage encore de force et de clarté. Un projet qui a conservé, à l'évidence, toute son originalité.

Dans sa conception même, à laquelle furent étroitement associés Marc Augé, Marcel Detienne, Charles Malamoud et le regretté Michel de Certeau, cet ouvrage entend se démarquer, en effet, de la formule classique de l'« histoire » ou de la formule tout aussi classique du « dictionnaire ». Charles Baladier et son équipe n'ont pas cherché à refaire ce qui avait déjà été fait et souvent bien fait, mais à donner à un autre type de démarche, encore trop peu connu du grand public, une autre forme d'expression. Les « sciences des religions », comme l'on dit en France, les « études religieuses », comme l'on dit dans les pays anglo-saxons, ont profondément renouvelé, depuis quelques décennies, notre connaissance et notre compréhension du phénomène religieux. Ce renouvellement touche aussi bien les rites et les mythologies de l'ancien temps que les religions actuellement professées et pratiquées. C'est pourquoi les responsables de l'ouvrage se sont refusés à distinguer, comme y invitaient pourtant la mode et la commodité, entre ce qui est présent ou passé, vivant ou mort. C'est aux diverses religions du monde, conçues comme un inépuisable ensemble d'éléments à rapprocher ou à opposer, que s'intéresse la présente encyclopédie, dans une approche que l'on peut dire, en somme, comparative.

Mais laissons plutôt la parole, sur cette délicate question du comparatisme, à Charles Baladier, qui s'exprimait ainsi dans son avant-propos à l'édition originale : « C'est là un terme qui peut encore faire peur à quelques lecteurs croyants. Aussi convient-il tout d'abord de préciser, à l'adresse de ceux-ci, qu'ils ne doivent nullement voir en une telle méthode un pernicieux avatar du réductionnisme ou de l'indifférentisme. En effet, aucune religion, fût-elle « révélée », n'a le droit de se juger dévalorisée ou relativisée par le fait qu'elle se trouve étudiée selon les mêmes exigences scientifiques que les autres par des historiens, des anthropologues, des exégètes dont certains, beaucoup parfois, sont par ailleurs des adeptes sincères de cette même foi. Le recours à l'approche comparative nous oblige à donner deux autres éclaircissements préalables. En premier lieu, nous devons rappeler, d'une part, qu'il n'y a plus guère de chercheurs qui aujourd'hui se sentent capables, même sur un point limité, de comparer entre elles avec tout le sérieux voulu un grand nombre de religions (d'où la multiplicité de nos collaborateurs), d'autre part, que les disciplines qui, dans ce domaine, contribuent au programme comparatiste sont elles-mêmes très diverses (ethnologie, histoire, sociologie, sémiotique, exégèse littéraire, psychanalyse, etc.). Seconde précision, capitale pour qui veut comprendre la nature et l'organisation de cet ouvrage : c'est que la démarche la plus adéquate dans les sciences religieuses contemporaines consiste à comparer non une religion en bloc ou dans sa problématique « essence » avec une autre aussi confusément perçue, puis avec une autre encore..., mais des aspects particuliers (rites, croyances, modes d'expression) de celles-ci ou de celles-là. Ainsi s'explique le plan apparemment complexe de notre ouvrage : en effet, le lecteur verra revenir le bouddhisme, l'Égypte antique, l'islam ou le christianisme dans plusieurs développements successifs, dont chacun entend justement comparer, pour mieux les comprendre, les divers systèmes religieux sous un angle ou autour d'un « objet » déterminé. »

Cette approche thématique occupe désormais à elle seule la seconde partie de l'ouvrage, intitulée « Le Phénomène religieux ». L'enquête s'articule en cinq chapitres, correspondant à cinq types différents de questions posées au même groupe de religions (de douze à quinze au total, jugées parmi les plus importantes ou les plus significatives). Qu'en est-il, pour chacune d'entre elles, de Dieu, des dieux, du divin ? Quelle place, quelle signification donnent-elles à une littérature propre, à des livres sacrés ? Comment se définit le groupe des croyants en tant qu'institution ? Quelles sont les pratiques et observances rituelles ? Dernière question et non la moindre : celle de l'expérience religieuse ou, plus largement, spirituelle, c'est-à-dire – pour citer ici encore Charles Baladier – « la dimension propre aux sujets, qui sous-tend, et parfois réinterprète en termes mystiques, l'accomplissement des rites, l'adhésion aux doctrines, l'appartenance à l'institution, l'obéissance à la morale prescrite ».

Mais une telle approche n'a de sens pour le lecteur, spécialiste ou profane, que si elle s'appuie sur une connaissance d'ensemble suffisamment précise de chacune des religions ainsi comparées (et de quelques autres !). D'où la première partie, « Les Religions du monde », qui constitue, en quelque sorte, le narthex de l'édifice. Les principaux groupes religieux s'y trouvent évoqués dans leurs caractéristiques majeures et à travers de courtes monographies : ils se succèdent selon un ordre empirique, l'ordre à peu près chronologique de leur apparition dans l'histoire. L'éditeur et ses collaborateurs n'ont pas cherché à être exhaustifs, pas plus dans le nombre des religions considérées que dans le détail même de leur étude. Ils ont préféré – c'est l'une des différences majeures entre une encyclopédie et un dictionnaire – aller à l'essentiel pour mieux faire comprendre, pour mieux fonder en raison les comparaisons menées dans la seconde partie.

L'*Encyclopédie des religions*, dans sa visée ou sa vision même, demeure en ce sens une véritable « première ». Les quelque cent quinze auteurs, de réputation internationale, qui ont accepté de collaborer à l'entreprise ne se sont pas contentés d'apporter leur savoir propre, ils ont participé, collégialement, à la construction d'un savoir beaucoup plus large, embrassant, dans un esprit proprement encyclopédique, toute la dimension de l'espace et toute la dimension du temps. Qu'ils en soient, une nouvelle fois, très sincèrement remerciés.

Jacques BERSANI
Inspecteur général de l'Éducation nationale, historien des littératures, écrivain et conférencier, Jacques Bersani, qui a supervisé le présent ouvrage, collabore depuis de nombreuses années avec Encyclopædia Universalis. Il y a notamment dirigé la série des *Grands Atlas*, dans laquelle a paru en 1988 la première édition de l'*Encyclopédie des religions*.

Sommaire

ORGANISATION, RÈGLES ET POUVOIRS

LES PRATIQUES

L'EXPÉRIENCE SPIRITUELLE

Cartes et tableaux

Table des auteurs

Mohammed ARKOUN
professeur à l'université de Paris-III.

Ghassan ASCHA
professeur d'islamologie à l'université d'Utrecht (Pays-Bas).

Françoise AUBIN
directeur de recherche au C.N.R.S.

Marc AUGÉ
directeur d'études à l'E.H.E.S.S. et président de l'E.H.E.S.S.

Nalini BALBIR
docteur ès lettres, chargée de recherche au C.N.R.S.

Paul BALTA
directeur honoraire du Centre d'études de l'Orient contemporain, Paris-III Sorbonne nouvelle.

André BAREAU
professeur au Collège de France.

Jean BAUBÉROT
président de l'E.P.H.E.

Jean BAZIN
maître de conférences à l'E.H.E.S.S.

Heinz BECHERT
professeur à l'université de Göttingen (R.F.A.).

Alban BENSA
maître de conférences à l'université de Paris-V.

Jean-Pierre BERTHON
chargé de recherche au C.N.R.S.

Anne-Marie BLONDEAU
directeur d'études à l'E.P.H.E. (V^e^ section).

Jean BOTTÉRO
directeur d'études (assyriologie) à l'E.P.H.E. (IVe section).

Régis BOYER
professeur de langues, littératures et civilisation scandinaves à l'université de Paris-IV.

Hélène BRUNNER
docteur ès lettres, chargée de recherche au C.N.R.S.

Guy BUGAULT
professeur émérite de philosophie indienne à l'université de Paris-IV.

René BUREAU
professeur à l'université de Paris-X.

Michel CARTRY
directeur d'études à l'E.P.H.E.

Georges CHARACHIDZÉ
directeur d'études à l'E.P.H.E. (IVe section).

Charles CHAUVIN
docteur ès sciences religieuses.

Anne CHENG
chargée de recherche au C.N.R.S., enseignante à l'I.N.A.L.C.O.

Nathalie CLAYER
chargée de recherche au C.N.R.S., chargée de conférences à l'E.H.E.S.S.

Steven COLLINS
professeur des religions de l'Asie du Sud, Indiana University, Bloomington (É.-U.).

Irénée-Henri DALMAIS
professeur honoraire à l'Institut catholique de Paris.

Paul DE CLERCK
directeur de l'Institut supérieur de liturgie, Institut catholique de Paris.

Roger DELADRIÈRE
professeur de philosophie et civilisation musulmanes, directeur de recherche pour les études arabes et islamiques à l'université de Lyon-III.

Marcel DETIENNE
directeur d'études à l'E.P.H.E. (V^e^ section).

Jean-Pierre DOZON
chargé de recherche à l'O.R.S.T.O.M., docteur en sociologie.

Jacques DUBOIS
directeur d'études à l'E.P.H.E. (IVe section).

Henry DUMÉRY
professeur de philosophie à l'université de Paris-X-Nanterre.

Alphonse DUPRONT
président d'honneur de l'université de Paris-Sorbonne, professeur émérite à la Sorbonne, directeur d'études à l'E.H.E.S.S.

Bernard DUPUY
directeur du centre d'études Istina, membre du Comité mixte catholicisme et orthodoxie, secrétaire du Comité épiscopal français pour les relations avec le judaïsme.

Jean-Louis DURAND
chargé de recherche au C.N.R.S.

Christian DUVERGER
maître de conférences à l'E.H.E.S.S.

Daniel J. ELAZAR
N. M. Paterson Professorship of intergovernmental Relations, président du Jerusalem Center for Public Affairs (Israël), directeur du Center for the Study of Federalism, Temple University, Philadelphie, Pennsylvanie (É.-U.).

Hassan ELBOUDRARI
chef de travaux associé à l'E.H.E.S.S.

Jean ÉVENOU
attaché honoraire à la Congrégation pour le culte divin (Vatican).

Toufic FAHD
professeur à l'université des sciences humaines de Strasbourg.

Bernard FAURE
Associate Professor, Department of Religious Studies, Stanford University, Stanford, Californie (É.-U.).

Christine FAVARD-MEEKS
chef de travaux à l'E.P.H.E. (V^e^ section).

Andrée FEILLARD
chercheur au C.N.R.S.

Jean-Louis FLANDRIN
professeur d'histoire moderne à l'université de Paris-VIII, directeur d'études à l'E.H.E.S.S.

Eric FUCHS
professeur à la faculté de théologie protestante de l'université de Genève (Suisse).

Marc GABORIEAU
directeur de recherche au C.N.R.S., chargé de conférences à l'E.H.E.S.S.

Louis GARDET
professeur honoraire au Collège philosophique et théologique de Toulouse.

Claude GEFFRÉ
professeur à l'Institut catholique de Paris.

Stella GEORGOUDI
chef de travaux à l'E.P.H.E. (V^e^ section).

Claude GILLIOT
agrégé d'arabe, maître de conférences à l'université de Paris-III.

Daniel GIMARET
directeur d'études à l'E.P.H.E.

Jean-Jacques GLASSNER
chargé de recherche au C.N.R.S.

Roland GOETSCHEL
professeur et directeur du département d'études hébraïques et juives à l'université des sciences humaines de Strasbourg.

Altan GOKALP
chargé de recherche au C.N.R.S., expert-consultant auprès de la C.E.E.

Richard GOMBRICH
Boden Professor à l'université d'Oxford, Fellow of Balliol College, Oxford (G.-B.).

Richard L. GORDON
Senior Lecturer à l'University of East Anglia, Norwich (G.-B.).

Jean GOUILLARD
directeur d'études à l'E.P.H.E. (V^e^ section).

Pierre GROS
directeur de l'Institut de recherche sur l'architecture antique (C.N.R.S.), professeur de langue et civilisation latines à l'université de Provence.

Roberte HAMAYON
directeur d'études à l'E.P.H.E. (V^e^ section).

Constant HAMÈS
chargé de recherché au C.N.R.S., membre du Groupe de sociologie des religions.

Clarisse HERRENSCHMIDT
chargée de recherche au C.N.R.S.

Danièle HERVIEU-LÉGER
directrice d'études à l'E.H.E.S.S., Centre d'études interdisciplinaires des faits religieux. (C.N.R.S./E.H.E.S.S.).

Luc de HEUSCH
professeur ordinaire à l'université libre de Bruxelles (Belgique), directeur du Centre d'anthropologie culturelle de l'Institut de sociologie (U.L.B.).

Louis HOURMANT
membre du Groupe de Sociologie des religions et de la laïcité.

Michel HULIN
professeur à l'université de Paris-IV.

Bernard JUILLERAT
chargé de recherche au C.N.R.S.

Yvan KOENIG
chargé de recherche au C.N.R.S., chargé de conférences à l'E.P.H.E.

Pierre-Yves LAMBERT
directeur de recherche au C.N.R.S., chargé de conférences à l'E.P.H.E. (IVe section).

Hermann LANDOLT
professeur à l'Institute of Islamic Studies, McGill University, Montréal (Canada).

Claude LANGLOIS
professeur d'histoire à l'université de Rouen.

Françoise LAUTMAN
directeur de recherche au C.N.R.S., chargée de mission au musée des Arts et Traditions populaires.

François LISSARRAGUE
chargé de recherche au C.N.R.S.

Denys LOMBARD
directeur d'études à l'E.H.E.S.S.

Nicole LORAUX
directeur d'études à l'E.H.E.S.S.

François MACÉ
maître de conférences à l'I.N.A.L.C.O.

Jean-Pierre MAHÉ
directeur d'études à l'E.P.H.E. (IVe section).

Charles MALAMOUD
directeur d'études à l'E.P.H.E. (V^e^ section).

Denis MATRINGE
chargé de rechervche au C.N.R.S., chargé de cours à l'université de Paris-III.

Dimitri MEEKS
directeur de recherche au C.N.R.S.

Christine MOLLIER
docteur de 3e cycle (études extrême-orientales).

Gérard NAHON
directeur d'études à l'E.P.H.E. (V^e^ section), directeur de la *Revue des études juives*.

Jacob NEUSNER
professeur d'études du judaïsme, Brown University, Providence, Rhode Island (É.-U.).

Enzo PACE
professeur de sociologie des religions à la faculté des sciences politiques de l'université de Padoue (Italie).

André PADOUX
directeur de recherche au C.N.R.S.

André PAUL
directeur des éditions Desclée, membre de la Novi Testamenti Studiorum Societas et de l'European Association for Jewish Studies, Oxford (G.-B.).

Jean-Claude PENRAD
chef de travaux à l'E.H.E.S.S.

Mario PIANTELLI
professeur associé des religions et philosophies de l'Inde et de l'Extrême-Orient à l'université de Turin (Italie).

Pierre PIERRARD
historien, professeur honoraire à l'Institut catholique de Paris.

Alexandre POPOVIC
directeur de recherche au C.N.R.S., chargé de conférences à l'E.H.E.S.S. et à l'E.P.H.E. (IVe section).

Émile POULAT
directeur de recherche au C.N.R.S., directeur d'études à l'E.H.E.S.S.

Jean-Marie REMY
professeur et traducteur.

Iégor REZNIKOFF
professeur à l'université de Paris-X.

Yann RICHARD
chercheur au C.N.R.S.

Jean-Noël ROBERT
chargé de recherche au C.N.R.S.

Maxime RODINSON
directeur d'études à l'E.P.H.E. (IVe section).

Hartmut O. ROTERMUND
directeur d'études à l'E.P.H.E. (V^e^ section).

Georges ROUX
professeur émérite à l'université de Lyon-II, membre correspondant de l'Institut.

Olivier ROY
directeur de recherche au C.N.R.S.

Saïd Élias SAÏD
canoniste, directeur de la collection Droit oriental, Cariscript, Paris.

John SCHEID
directeur d'études à l'E.P.H.E. (V^e^ section).

Kristofer SCHIPPER
directeur d'études à l'E.P.H.E. (V^e^ section).

Carlo SEVERI
chargé de recherche au C.N.R.S., chargé de conférences à l'E.H.E.S.S.

Lilian SILBURN
directeur de recherche honoraire au C.N.R.S.

Giulia SISSA
chargée de recherche au C.N.R.S.

Pierre SMITH
directeur de recherche au C.N.R.S.

Françoise SMYTH-FLORENTIN
professeur d'Ancien Testament et de langues sémitiques à la faculté de théologie protestante de Paris.

Zeph STEWART
Andrew W. Mellon Professor à Harvard University, directeur du Center for Hellenic Studies, Washington (É.-U.).

Paul STOLLER
professeur d'anthropologie et Chairperson à West Chester University, Pennsylvanie (É-U.).

Emmanuel TERRAY
directeur d'études à l'E.H.E.S.S.

Alain TESTART
directeur de recherche au C.N.R.S.

Charles TOUATI
directeur d'études à l'E.P.H.E. (V^e^ section).

Harold W. TURNER
Honorary Fellow, University of Birmingham, Senior Research Fellow, Center for New Religious Movements, Selly Oak Colleges, Birmingham (G.-B.).

André VAUCHEZ
ancien membre de l'École française de Rome, professeur d'histoire du Moyen Âge à l'université de Paris-III.

Jean-Pierre VERNANT
professeur honoraire au Collège de France.

André VILLEY
Diplômé de l'E.P.H.E. (V^e^ section), professeur de philosophie.

Jean-Paul WILLAIME
maître de conférences à l'université de Strasbourg-II, directeur du Centre de sociologie du protestantisme (C.N.R.S.).

Alain ZIVIE
chargé de recherche au C.N.R.S.

Les titres et fonctions indiqués ci-dessus correspondent, pour les nouveaux auteurs qui ont participé à la présente édition, à leurs titres et fonctions actuels et, pour les autres, aux titres et fonctions qui étaient les leurs lors de leur collaboration à l'édition originale.

Tableau de concordance

Le lecteur qui s'intéresse à une religion, à l'une des composantes d'une religion, à un mouvement spirituel en particulier trouvera dans ce tableau, d'un seul coup d'œil, l'ensemble des références concernant sa requête. Il pourra ainsi « monter » lui-même, comme s'il s'agissait d'un film, la ou les monographies de son choix.

	I LES RELIGIONS DU MONDE	II LE PHÉNOMÈNE RELIGIEUX				
		DIEU, LES DIEUX, LE DIVIN	ÉCRITURES ET TRADITIONS	ORGANISATION, RÈGLES ET POUVOIRS	LES PRATIQUES	L'EXPÉRIENCE SPIRITUELLE
Animisme						
• Afrique noire	42	241	314	392	497	579
• Amérindiens	48		318, 324		503	
• Océanie	45			397	506	
Bouddhisme	65	253	347	407	515	592
• chan	85					
• tantrisme	76				520	
• zen	85					
Brahmanisme				450		
Chamanisme	52					
Christianisme		268	361			618, 623
• catholicisme	100, 103			427	535, 540, 544	620
• œcuménisme	197					
• orthodoxie	103, 108			432	542	628
• mouvements	121					
• protestantisme	117			435		633
Hindouisme	56	248	338	401	510	583
Islam	126	280	367	440	548	638
• shi'isme	136					
• sunnisme		282				
Jinisme	60		343			588
Judaïsme	89	264	356	417	525	609
Manichéisme	122					
Mazdéisme	22		345			
Polythéisme						
• Celtes	37					
• Égypte ancienne	18	231	333	383	474	
• Grèce antique	31	235		386	480	570
• Nordiques - Germains	40	239				
• Océanie	45			397	506	
• Orient antique	14	226	328	380	470	
• Précolombiens	48		318, 324		503	
• Rome antique	35			388	488	
Sectes	201					
Sikhisme	61					
Shintoïsme	82	259	355			
Syncrétisme	161					
• candomblé	167					
• mahdisme	193					
• vodou	165					
Taoïsme	80	257	354	413	522	

Glossaire

L'astérisque devant un mot indique que ce mot fait l'objet d'un développement dans le glossaire, à son rang alphabétique.

'ABBĀSIDES. Dynastie califale ayant régné à Bagdad de 750 à 1258.

ABRAHAM. Patriarche hébreu, personnage majeur de la Genèse.

ACCULTURATION. En anthropologie culturelle, ensemble de phénomènes de contacts et d'interpénétration entre civilisations ou cultures différentes.

ACHÉMÉNIDES. Dynastie ayant régné sur l'Empire perse de 556 environ à 330 av. J.-C.

ADAB. Dans l'islam, au sens large, culture profane par opposition à culture religieuse.

ĀDI GRANTH. Livre sacré des sikhs, appelé également « Gurū Granth Sāhib ».

ADVENTISTES. Membres d'un groupe d'origine protestante fondé aux États-Unis en 1830 environ par William Miller (1782-1849) pour se préparer à la seconde venue du Christ, que celui-ci tenait pour imminente. Plusieurs scissions se produisirent par la suite, dont l'une donna naissance, en 1874, au mouvement plus important des adventistes du septième jour.

ÂGES DU MONDE OU ÂGES COSMIQUES. Dans la tradition indienne, *kalpa* (« agencement ») désigne le cycle cosmique, la « grande année » universelle, divisée en périodes de temps successives qui portent le nom de *yuga*. Après le *kṛtayuga*, comparable à l'âge d'or d'Hésiode, viennent le *tretayuga*, âge d'argent, et le *dvāparayuga*, âge du bronze, pendant lesquels l'harmonie première se défait. Arrive alors le pire de tous, l'âge du fer (*kaliyuga*), celui dans lequel nous vivons actuellement. À son terme, un nouvel âge d'or recommencera.

AGNI. Divinité védique qui personnifie le feu.

AGNOSTICISME. Terme créé par le zoologiste T. H. Huxley (1825-1895), qui fut l'ardent défenseur des thèses évolutionnistes de son ami Darwin. Il désignait à l'origine l'exclusion de toute métaphysique, de toute ontologie. En français courant, il reste marqué par cette origine « positiviste » et désigne une attitude (assez théorique à vrai dire) de suspension du jugement devant tout ordre de connaissance qui échapperait aux sens et à la raison, et en particulier devant le religieux. Il se distingue donc clairement de l'athéisme. Son contenu demeure cependant assez flou ; et, dans la pratique, il est souvent pris comme synonyme de scepticisme.

AGUDATH ISRAEL. Organisation mondiale du judaïsme ultra-orthodoxe.

AHIMSĀ. Commune aux grandes religions indiennes, la notion d'*ahimsā* (en sanskrit, « absence d'intention de frapper ») correspond davantage à l'idée de « non-nuisance » qu'à celle de non-violence par laquelle on la rend habituellement. Elle témoigne d'une volonté à la fois spirituelle et morale de dépasser le stade de la compétition vitale pour se fondre dans la Totalité (**brāhman*). Impliquant la compassion à l'égard de tout ce qui vit, la doctrine de l'ahimsā fait l'objet d'une application particulièrement stricte dans le jinisme.

AHRIMAN. Esprit du mal dans le *dualisme zoroastrien.

AHURA MAZDĀ. Dieu suprême de l'ancienne religion persane, en particulier dans le système zoroastrien.

AISSAOUA. Confrérie musulmane soufie.

AJAṆṬĀ (GROTTES D'). Site archéologique indien (Mahārāshtra) ; sculptures et peintures bouddhiques (Ier s. av. J.-C.-VIIe s. apr. J.-C.) y décorent une trentaine de grottes.

AKĀLĪ DAL. Organisation politico-religieuse des sikhs.

AKHENATON OU AMÉNOPHIS IV. Pharaon et réformateur religieux (XIVe s. av. J.-C.).

AKKAD. Royaume mésopotamien (2300 env.-env. 2125 av. J.-C.).

ALAINS. Ancien peuple nomade originaire de la région située au nord-est de la mer Noire.

ALEVĪ. « Partisans de 'Ali » ; membres d'un mouvement religieux proche du shī'isme.

ALEXANDRIE. Fondée par Alexandre en 332 av. J.-C. ; capitale des Ptolémées et principal centre intellectuel du monde hellénistique.

'ALĪ IBN ABĪ ṬĀLIB (600 env.-661). Quatrième calife, cousin et gendre de Muḥammad.

ALLIANCE. Dans la Bible, Dieu passe alliance avec Moïse au mont Sinaï ; pour les chrétiens, Jésus instaure une nouvelle alliance.

ALMOHADES. Dynastie berbère ayant régné sur l'Afrique du Nord occidentale et une partie de l'Espagne de 1147 à 1269.

ALPHABET. En hébreu, *aleph* et *tav*, première et dernière lettres de l'alphabet ainsi que du mot *émet* (« vérité »), symbolisent la Shékinah (présence divine) ; leurs équivalents grecs, *alpha* et *ômega*, représentent dans le christianisme le Père et le Fils, origine et fin de la Création.

AMARNIENNE (HÉRÉSIE). Voir **ATON**.

AMATERASU. Grande déesse solaire dans le panthéon shintō.

AMBEDKAR, Bhimrao Ramji (1891-1956). Homme politique indien ; né dans la caste des « intouchables », il se fit leur défenseur au gouvernement (1947-1951).

AMEN. Mot hébreu passé tel quel en grec et en latin ainsi que dans les liturgies chrétiennes. Il exprime l'assentiment du croyant à sa foi, à titre individuel aussi bien que comme membre de la communauté. Il ponctue et renforce les bénédictions, les prières et les actes liturgiques. En ce sens, on peut le considérer comme jouant, sur un mode très atténué, un rôle comparable à celui du mantra **om* dans la tradition hindoue.

AMÉNOPHIS IV. Voir **AKHENATON**.

AMESHA SPENTA. Nom de six esprits du bien créés par Ahura Mazdā dans la religion zoroastrienne.

AMHARIQUE. Langue officielle de l'Éthiopie.

AMIDA ET AMIDISME. Voir **AMITĀBHA**.

AMITĀBHA. Buddha de la « lumière éternelle », appelé en japonais Amida.

AMON. Dieu de l'Égypte ancienne, « roi des dieux » dans la théologie thébaine.

AMULETTE. Objet qu'on porte généralement sur soi et dont on attend une protection d'ordre magique.

AN OU ANU. Dieu mésopotamien du ciel.

ANABAPTISME. Doctrine du « nouveau baptême » pour la secte chrétienne du même nom (XVIe s.) exigeant, chez l'adulte converti, la réitération du baptême reçu enfant.

ANACHORÈTE. En grec, « retiré ». Moine vivant en solitaire, hors du monde et de toute communauté, même religieuse.

ANAGĀRIKA DHARMAPĀLA, David HEWAVITARNE dit (1864-1933). Fondateur de la première société bouddhique internationale, la Maha Bodhi Society.

ANAHIT. Déesse arménienne.

ĀNANDA. Cousin et compagnon du Buddha.

ANAPHORE. Prière eucharistique.

ANATHÈME. Dans l'histoire de l'Église, sentence excluant de la communauté chrétienne quiconque tient pour vraie telle doctrine condamnée. Par cette sentence se concluaient les canons des conciles ; elle consistait en un texte bref résumant une opinion avant d'en prononcer la condamnation par la formule *anathema sit* : « Si quelqu'un dit [...] qu'il soit anathème. » Ainsi était déclarée hérétique une position théologique et se trouvait définie, de manière négative, la saine doctrine.

ANCÊTRES (CULTE DES). Considéré par H. Spencer (1820-1903), à l'époque de l'évolutionnisme triomphant, comme « la racine même de toutes les religions », le culte des ancêtres apparaissait alors comme universel et semblait justifier une vision « *évhémériste » du fait religieux, aujourd'hui considérée par beaucoup comme réductrice. Les ethnologues et les historiens des religions ont en effet mis en doute l'universalité du culte des ancêtres et montré qu'il ne constitue pas nécessairement le centre de la vie religieuse. Ils ont par ailleurs mis en évidence la variété des significations qu'il prend suivant qu'il s'adresse à l'ensemble des ancêtres ou à un héros particulier (souvent un ancêtre mythique organisateur des institutions sociales du groupe). Rattaché aux pratiques funéraires et au culte des morts au sens le plus large, le culte des ancêtres fait de ceux-ci les intercesseurs des vivants auprès de la divinité et tend, de façon générale, à nier que la mort constitue une brisure définitive ou infranchissable.

ANIMISME. Le terme « animisme » désigne, dans son sens général, la croyance aux âmes et aux esprits. Plus particulièrement, il se réfère à la théorie d'Edward B. Tylor (1832-1917) selon laquelle la croyance aux esprits représenterait la première phase historique de la religion, avant d'évoluer vers le polythéisme, puis le monothéisme. En ce sens, le concept a été abandonné par l'anthropologie moderne.

ANTHROPOGONIE. Récit mythique de l'origine de l'homme.

ANTHROPOMORPHISME. En histoire des religions, le terme « anthropomorphisme » s'applique à toute présentation d'un être divin comme doté d'attributs ou de comportements humains. Il prend un sens critique particulier lorsque cet être divin est, par ailleurs, décrit comme transcendant. L'anthropomorphisme peut, en tout cas, s'interpréter comme lié à l'affectivité du croyant et à la difficulté de rendre compte des manifestations divines. L'exégèse traditionnelle, tant juive que chrétienne, voit des allégories dans les nombreux anthropomorphismes que comporte le texte biblique.

ANTIPHONAIRE. Recueil de chants liturgiques.

APHRODITE. Déesse grecque de l'amour et de la fécondité.

APOCALYPSE. En grec, « dévoilement ».

APOCRYPHES. En grec, « choses cachées », d'où « textes secrets », d'où « livres hérétiques » ou « non canoniques ».

APOLLON. Divinité grecque et romaine de la lumière.

APOLOGÉTIQUE. En grec, « défensive ». Discipline théologique qui réfute les objections faites à la religion et rassemble des argumentations pour en assurer le bien-fondé.

APOPHATISME. En grec, « négativisme ». Attitude spirituelle et théologique refusant de réduire le mystère de Dieu aux représentations conceptuelles. Cette conscience de l'incognoscibilité de la nature divine n'exclut pas une expérience mystique de rencontre avec le Dieu personnel de la révélation.

APOTROPAÏQUE. Cette épithète (du grec *apotrepein*, « détourner ») s'applique à l'ensemble des moyens rituels (formules, prières, sacrifices) employés pour détourner le mal, en particulier celui qu'a annoncé un présage.

ARAMAZD. Divinité majeure du panthéon arménien.

ARÈS. Dieu grec de la guerre.

ARHANT. Dans le bouddhisme, nom donné à l'adepte ayant atteint le stade du *nirvāna.

ARIANISME. Hérésie du prêtre alexandrin Arius (256-336) niant la divinité du Christ.

ARMÉE DU SALUT. Organisation d'origine méthodiste fondée à Londres dans les années 1870 par William Booth (1829-1912) et alliant le zèle de l'évangélisation à l'action sociale et charitable.

ARTÉMIS. Déesse grecque de la lune et de la chasse.

ARTHA. Dans l'hindouisme, succès des actions humaines, pouvoir.

ĀRYA. En sanskrit, « nobles ».

ASAṄGA. Fondateur (entre IVe et VIe s.) de l'école bouddhique des Vijñānavādin.

ASCLÉPIOS. Dieu guérisseur de la Grèce antique.

ASES. Dieux nordiques qui représentent la souveraineté et la force.

ASHKÉNAZES. Dans la diaspora, descendants des communautés juives médiévales de langue germanique.

ĀŚRAM. Dérivé de la racine *śram*, qui signifie « effort intense », *āśram* peut désigner, dans la tradition brahmanique, soit la période de la vie que l'on consacre à cet effort de détachement spirituel, soit le lieu où on le pratique.

ASSASSINS. Secte islamique ismaélienne.

ASSOCIATION INTERNATIONALE POUR LA CONSCIENCE DE KRISHNA. Voir **KRISHNA (DÉVOTS DE).**

ASSOCIATION POUR L'UNIFICATION DU CHRISTIANISME MONDIAL (A.U.C.M.). Voir **MOON (SECTE).**

ATATÜRK, MUSTAFA KEMAL (1881-1938). Homme d'État turc réformateur, qui laïcisa l'enseignement et les institutions politiques.

ATHÉISME. Malgré sa finale en -isme, l'athéisme n'est pas une doctrine constituée et le terme n'appartient pas au vocabulaire technique de la philosophie ou de la théologie. Son sens a évolué au cours des âges à partir de la notion d'impiété, c'est-à-dire de refus des observances rituelles censées garantir la cohésion de la cité ou du groupe. En ce sens, les juifs ou les premiers chrétiens étaient considérés comme athées par leurs adversaires païens (qu'à leur tour ils accusaient du même dévoiement au nom de leur propre conception d'un Dieu universel). Au sens moderne, le mot et la notion apparaissent dans la seconde moitié du XVIe siècle pour désigner, en Occident, une attitude de refus de la religion (en l'occurrence le christianisme), souvent associée à une critique des formes d'organisation sociale qui lui sont liées. S'opposant au croyant, l'athée nie la validité des raisons de croire que celui-ci met en avant. Les « religions sans dieu » de l'Orient (dont le bouddhisme indien primitif offre un exemple radical) se situent dans des perspectives sensiblement différentes.

ATHÉNA. Déesse grecque de l'héroïsme et de la raison.

ATIŚA (982-1054). Moine indien, réformateur du bouddhisme tibétain, qui rétablit un équilibre entre traditions ésotériques et exotériques au Tibet et fut à l'origine de l'école des Bka'-gdamspa.

ĀTMAN. Dans les *Upaniṣad*, l'*ātman* (en sanskrit, pronom réfléchi, apparenté à une racine signifiant « respirer », d'où sa traduction par « Soi ») est identifié au **brāhman* (Totalité) et présenté comme la révélation suprême qui conditionne l'évasion hors du cycle des re-naissances. Le terme désigne non une âme individuelle, au sens où l'entend la tradition occidentale, mais, dans son identité avec le brāhman, un Absolu non individuel dont la diversité des objets, des êtres et même des dieux ne représente que des aspects fragmentaires et transitoires.

ATON. Terme signifiant « disque solaire ». Le pharaon Aménophis IV, devenu Akhenaton, développa et imposa son culte exclusif (qui ne dura que le temps de son règne). On nomme cette période « réforme amarnienne ».

ATTIS. Dieu de la fertilité, d'origine phrygienne.

AUGURACULUM. Dans la religion romaine, aire sacrée d'où l'augure observe les signes célestes, particulièrement le vol des oiseaux.

AUGURES. Collège sacerdotal romain chargé d'émettre des présages.

AUGUSTE (63 av. J.-C.-14 apr. J.-C.). Empereur romain à partir de 27 av. J.-C.

AUSPICES. Présages, dans la religion romaine.

AUSTRALIENS (ABORIGÈNES). Descendants des populations qui occupaient l'Australie avant l'arrivée des colons européens.

AUTOCÉPHALES (ÉGLISES). Dans le christianisme orthodoxe, l'autocéphalie (du grec *autoképhalos*, « qui a sa propre tête ») se caractérise par le refus d'une primauté de juridiction qui s'étendrait à l'Église universelle et par la détermination autonome de la vie des Églises au niveau national. Les Églises autocéphales ne se reconnaissent pas de chef commun visible, le Christ seul étant leur chef invisible.

AVALOKITEŚVARA. L'un des principaux *Bodhisattva ; en japonais, Kannon-bosatsu.

AVATĀRA. Le terme *avatāra* (formé du préfixe *ava*, qui marque un mouvement de haut en bas, et de la racine *tṛ*, « traverser »), en son sens originel et restreint, désigne une descente, c'est-à-dire une incarnation du dieu Viṣṇu, dans le dessein de rétablir l'ordre cosmique troublé par des puissances démoniaques. Cette notion s'est étendue par la suite à Lakṣmī, la *parèdre du dieu, ainsi qu'à d'autres divinités brahmaniques, mais le mot est resté spécifiquement lié aux cultes vishnouites.

AVESTA. Livres sacrés de la religion mazdéenne.

AVICENNE, en arabe IBN SĪNĀ (980-1037). Philosophe et médecin iranien.

AYATOLLAH. Nom arabe (« signe de Dieu ») donné depuis le XVIIIe siècle aux membres les plus élevés de la hiérarchie shī'ite. Les « grands ayatollahs », qui sont une dizaine, forment l'instance suprême du shī'isme.

ĀYURVEDA. Médecine hindoue traditionnelle (mot à mot, « savoir sur la longévité »).

BĀBISME. Mouvement religieux fondé en milieu shī'ite par Sayyid 'Alī Muḥammad, dit le Bāb (1819-1850), ou « Porte (vers la vérité) ». Celui-ci annonça dans toute la Perse un nouveau cycle prophétique qu'il faisait commencer le 23 mai 1844, mille ans après l'occultation du Douzième Imām. Le bābisme anima de nombreuses révoltes et subit de terribles répressions. Il se scinda en deux groupes, dont le plus important est le bahā'isme.

BAHĀ'ISME OU BÉHAÏSME. Mouvement religieux issu du bābisme et fondé par un ancien disciple du Bab, Bahā 'Āllah (« Splendeur de Dieu », 1817-1892). Largement syncrétique et préoccupé de mettre en application des principes moraux et sociaux, il est durement persécuté en Iran et s'est répandu aux États-Unis, en Europe, en Inde et au Proche-Orient.

BAPTISME. Aujourd'hui, doctrine protestante qui réserve le baptême aux adultes professant la foi.

BAR-MITSVA. Mot hébreu (litt. « fils des commandements ») désignant, d'une part, le garçon juif de treize ans qui, ayant reçu l'instruction requise, est reconnu apte à prendre une part active dans sa communauté, d'autre part, la fête au cours de laquelle on célèbre cette habilitation.

BARTH, Karl (1886-1968). Théologien calviniste suisse, animateur de l'Église confessante anti-nazie. Il développa sa « théologie dialectique » dans sa monumentale *Dogmatique*.

BĀṬIN ET ẒĀHIR. Le mot arabe *bāṭin* signifie « caché », « ésotérique », par opposition à *ẓāhir*, qui est traduit par « explicite », « obvie », « littéral ». La distinction entre bāṭin et ẓāhir intervient dans l'interprétation du Coran, lequel, au-dessus du sens explicite et littéral, possède un sens caché qu'on atteint non par l'oreille mais par le cœur, grâce à l'assistance divine.

BAZOU. Roi légendaire du royaume du Kongo, recevant un culte spécial dans le vodou haïtien.

BEKTĀSHIYA. Confrérie musulmane et secte initiatique dérivée du shī'isme duodécimain.

BÊMA. Principale fête du manichéisme, commémoration de la Passion de Mani.

BENTEN. Divinité du bouddhisme japonais.

BÈZE, Théodore de (1519-1605). Réformateur calviniste français.

BHAGAVAD-GĪTĀ. « Chant du Bienheureux Seigneur », texte spéculatif inséré dans le *Mahābhārata* et exposant l'enseignement métaphysique et mystique donné par Viṣṇu, sous la forme de Kṛṣṇa, au prince Arjuna.

BHAIRAVA ET BHAIRAVĪ. Formes de Śiva.

BHAKTI. Dans la tradition indienne, culte de dévotion qui fait participer le fidèle à la personne et à l'essence de la divinité qu'il adore. Il se caractérise par la simplicité et la modestie de ses rites, à travers lesquels s'exprime une conception affective et intimiste des rapports avec le divin.

BHIKṢU. Ascète mendiant dans l'hindouisme et le bouddhisme.

BODHIDHARMA (fin Ve s.-déb. VIe s.). Moine indien légendaire, fondateur du chan en Chine. Il est considéré comme le vingt-huitième patriarche indien dans la lignée du Buddha et comme le premier patriarche du chan.

BODHISATTVA. Le terme sanskrit *bodhisattva* désigne des êtres (*sattva*) qui ont atteint l'état d'éveil (*bodhi*). Dans le bouddhisme du Mahāyāna, ces « éveillés » suspendent volontairement leur entrée dans le **nirvāṇa* par compassion pour l'humanité, auprès de laquelle ils jouent un rôle protecteur ou consolateur. Le tantrisme les dote même d'une *śakti* (*parèdre), puissance personnifiée sous la forme d'une figure féminine à laquelle le bodhisattva s'unit. À ce stade, le bouddhisme se rapproche beaucoup du brahmanisme (**avatāra*). Le concept de bodhisattva a surtout pris une grande extension dans les bouddhismes tibétain, chinois et japonais.

BON. Religion prébouddhique du Tibet.

BOUDDHA. Voir **BUDDHA**.

BOUDDHISME TANTRIQUE. Voir **TANTRISME**.

BRÁHMAN. En sanskrit védique, le terme *bráhman*, neutre et accentué sur la première syllabe, a un sens abstrait et désigne l'essence profonde, spirituelle et verbale à la fois, de toutes choses, l'absolu du monde. En ce sens, il est identifié à l'**ātman*, ou absolu du Soi. Accentué sur la deuxième syllabe, il est de genre masculin et désigne le savant et le prêtre (à rapprocher du latin *flamen*), membre de la classe sociale des *brāhmaṇa* (brahmanes). En tant qu'il organise le monde, le bráhman (neutre) est personnifié sous un aspect divin et masculin, celui du dieu Brahmā.

BRĀHMAṆA. Dans le *Veda*, développement en prose de caractère spéculatif.

BUDDHA OU BOUDDHA. Littéralement, « éveillé », désigne le fondateur du bouddhisme (*Gautama), mais aussi tous les sages mythiques ou historiques ayant vécu l'expérience de l'Éveil.

BULTMANN, Rudolf (1884-1976). Historien des religions, exégète et dogmaticien protestant allemand qui s'est appliqué à « démythologiser » le Nouveau Testament. Il interprète le risque de la foi chrétienne dans les catégories de l'« analyse existentiale » de Heidegger.

CACHEROUTH. Ensemble des règles alimentaires prescrites par le judaïsme.

CALIFAT OU KHALIFAT. Autorité du calife (en arabe, « successeur » [de Muḥammad]) comme chef suprême des musulmans.

CANAAN. Dans la Bible, région du littoral palestino-phénicien.

CANDOMBLÉ. Culte afro-brésilien.

CANON. En grec, « règle ». Le mot s'emploie dans le champ religieux pour désigner une norme de référence officielle : loi ecclésiastique, définition dogmatique conciliaire, corpus des textes fondateurs authentiques. On parlera ainsi de droit canon, de canon des Écritures, de canon de la messe, etc.

CAO DAI (ÉGLISE DE). Secte vietnamienne qui emprunte des éléments au taoïsme, au bouddhisme et au christianisme.

CAODONG (SECTE DE). École chinoise du chan, transmise au Japon sous le nom de sōtō.

CARÊME. Période d'une quarantaine de jours (du mercredi des cendres au soir du jeudi saint) pendant laquelle les chrétiens des diverses Églises se préparent dans la pénitente à la fête de Pâques. Elle commençait précisément le quarantième jour avant Pâques (*quadragesima* [*dies*], en latin populaire *quaresima*), à l'époque où les dimanches étaient exclus de ce temps de pénitence et où le carême se terminait le samedi saint.

CARGO (CULTES DU). Mouvements religieux apparus surtout en Mélanésie, caractérisés par la croyance en des temps nouveaux qu'inaugurera une abondance de biens matériels transportés par un bateau ou un avion surnaturels.

CASTE. Du portugais *casta*, « race », utilisé par les voyageurs du XVIe siècle pour traduire la notion de *jāti* (« espèces »), qui désigne en Inde les divisions du système de stratification sociale.

CATÉCHÈSE. Dans le christianisme, instruction religieuse.

CATHARES. En grec, les « purs » ; membres d'une secte médiévale dont la doctrine repose sur deux principes antagonistes, le Bien et le Mal (*dualisme).

CATHOLICOS. Titre porté par certains hiérarques des Églises chrétiennes d'Orient, comme le patriarche orthodoxe de l'Église de Géorgie, les chefs de l'Église syro-malabare, de l'Église arménienne et de l'Église assyrienne, ainsi que tel ou tel de leurs homologues uniates.

CELSE. Philosophe antichrétien de langue grecque (IIe s. apr. J.-C).

CÉNOBITE. En grec, « vivant en communauté ». Moine partageant sa vie religieuse avec des confrères regroupés en un même lieu (monastère, prieuré, couvent, etc.), obéissant à une même règle, sous l'autorité d'un même supérieur.

CERNUNNOS. Divinité celtique gouvernant le monde animal.

CHAHADA. Voir **SHAHĀDA**.

CHALDÉENNE (ÉGLISE). Communauté de chrétiens orientaux (dont le siège patriarcal, précédemment à Mossoul, est à Bagdad depuis 1950) qui a pour langue liturgique le syriaque (ou l'arabe) et suit le rite chaldéen ou syro-oriental (voir **RITES CHRÉTIENS**), comme l'autre grande communauté chrétienne d'Irak, l'Église apostolique assyrienne d'Orient (dite nestorienne).

CHAMANISME. Au sens strict, le chamanisme est un phénomène religieux fondé sur la transe, propre à la Sibérie et à l'Asie centrale. Cependant, le *chamane* comme guérisseur et « maître de la transe » a été observé dans de nombreuses autres cultures.

CHAN. Forme chinoise du bouddhisme mahāyāna, passée au Japon sous le nom de zen.

CHAN EN CORÉE. Voir **SŎN**.

CHARISME. Dans le Nouveau Testament, *charisma* (forgé sur le grec classique *charis*, « grâce », aussi bien au sens de « charme » que de « faveur » ou de « reconnaissance ») désigne concrètement un don reçu de Dieu. Dans la langue théologique, une distinction est introduite entre la grâce, qui concerne l'individu, et le charisme, accordé pour le bien de la communauté.

On appelle « mouvement (ou renouveau) charismatique » la branche catholique d'un phénomène qui, une soixantaine d'années après la fondation des sectes pentecôtistes dites désormais historiques, veut redonner vigueur, comme au temps des premiers chrétiens, aux charismes personnels et qui affecte désormais la plupart des grandes Églises. Dans les sciences sociales, le pouvoir charismatique est l'un des trois types de domination (avec le pouvoir traditionnel et le pouvoir rationnel) de la classification établie à ce sujet par Max Weber. Il repose sur un « don » qui confère à celui qui le possède un ascendant, une force de conviction, voire de fascination, grâce auxquels il est obéi. L'adhésion que recueille son détenteur (par exemple le dictateur) est, finalement, un phénomène de croyance à caractère religieux et d'identification à caractère mystique.

CHAVÍN DE HUANTAR. Site archéologique de l'ancien Pérou (900-200 av. J.-C.).

CHEIKH. Voir **SHAYKH**.

CHINNAMASTA. Forme de la Mahādevī, puissance déléguée de Śiva.

CHRIST. En grec, *Christos*, traduction de l'hébreu *mashiaḥ*, « messie », c'est-à-dire « oint », comme l'étaient les rois d'Israël.

CHTHONIEN. Cette épithète (du grec *chthôn*, « terre »), qui s'appliquait à l'origine aux divinités souterraines de la mythologie grecque (Hadès, Perséphone, Déméter, par exemple), a été étendue par l'histoire des religions à l'ensemble des figures surnaturelles souterraines, en particulier dans leurs rapports avec l'au-delà de la mort.

« CINQ ROULEAUX ». Voir **MEGHILLOTH**.

CIRCONCISION. Attestée dans divers peuples de l'Antiquité et pratiquée encore aujourd hui (de même que l'excision du clitoris dans certaines ethnies africaines), la circoncision, qui consiste dans l'excision du prépuce, est un rite initiatique chez les juifs et chez les musulmans ; elle est une obligation et prend un sens particulier chez les premiers, pour lesquels elle est le signe distinctif de l'entrée dans l'alliance de Dieu avec le peuple élu.

COMPAGNIE DE JÉSUS. Voir **JÉSUITES**.

COMPAGNONS DU PROPHÈTE (*Ṣaḥāba*). Contemporains de Muḥammad ayant eu (ou pu avoir) un contact personnel avec lui. Dix d'entre eux, à qui le Prophète promit le paradis, sont spécialement honorés par la tradition sunnite.

CONCILE. Assemblée d'évêques et de théologiens en vue de décider de questions doctrinales ou disciplinaires.

CONFESSION DE FOI. Dans le protestantisme, exposé d'une foi personnelle.

CONFRÉRIE MUSULMANE. L'islam ne reconnaît en principe aucun ordre religieux, aucun clergé, aucune hiérarchie spirituelle. Pourtant, le mysticisme musulman, ou soufisme, d'abord individualiste, en vint peu à peu, sous l'influence du monachisme oriental, et surtout à partir du XIIe siècle, à s'organiser en associations admettant l'autorité d'un maître spirituel, pratiquant une discipline et utilisant un rituel commun.

CONFUCIANISME. Doctrine philosophique et morale tirée des enseignements de Confucius (en chinois Kongzi, 551-479 av. J.-C.).

CONGRÉGATIONALISME. Dans le protestantisme, régime d'autonomie de l'Église locale.

CONGRÉGATIONS ROMAINES. Organismes administratifs du Vatican (« dicastères ») faisant partie de la curie romaine.

CONSEIL ŒCUMÉNIQUE DES ÉGLISES. Organisme de type confédéral regroupant des représentants d'Églises chrétiennes volontaires, pour œuvrer de toutes les manières possibles (réflexion, coopération, etc.) au rapprochement des « frères separés ». Fondé en 1937, officialisé en 1948, le C.O.E. respecte l'individualité et l'autonomie des Églises participantes, tout en exigeant qu'elles reconnaissent les autres comme membres à part entière de l'Église universelle. L'Église catholique n'adhère pas au Conseil, mais collabore à ses travaux dans le cadre d'un groupe de travail mixte.

CONVERSION. Le mot latin *conversio* traduit deux mots grecs de sens différents, d'une part *epistrophè*, qui signifie « changement d'orientation » et implique l'idée d'un retour (retour à l'origine, retour à soi), d'autre part *métanoia*, qui signifie « changement de pensée » ou « repentir » et implique l'idée d'une mutation ou d'une renaissance. Il y a donc, dans la notion de conversion, une opposition interne entre l'idée de retour à l'origine et celle de renaissance. Cette polarité a fortement marqué la conscience occidentale depuis l'avènement du christianisme.

CORAN. En arabe « récitation », livre sacré des musulmans contenant les paroles de Dieu transmises à Muḥammad par l'archange Gabriel.

CORPS SUBTIL. À côté du corps visible (ou « grossier »), il existe selon la tradition hindoue un corps invisible, analogue mais non identique au premier, qui forme un réseau de voies de communication où circulent les énergies relevant de l'**ātman* : c'est le corps subtil.

COSMOGONIES. Récits mythiques de l'origine du monde.

CRÉATION. Dans la tradition théologique de l'Occident, d'inspiration judéo-chrétienne, on désigne sous le terme de « création » la production du monde en sa totalité (dans sa matière comme en la multiplicité de ses formes) en vertu d'un acte divin de choix, d'amour et de puissance qui implique, pour ce monde, dépendance totale et commencement.

CUNA. Ethnie indienne d'Amérique centrale.

CURIE ROMAINE. Ensemble des organismes du gouvernement pontifical.

CYBÈLE. Déesse d'origine phrygienne, dite aussi Grande Mère des dieux.

CYRILLE D'ALEXANDRIE (entre 376 et 380-444). Évêque et docteur de l'Église ; adversaire de l'hérésie nestorienne.

DAGBANZÉ. Divinité d'Afrique noire.

DAKHMA. Voir **TOURS DU SILENCE**.

DALAÏ-LAMA. Chef spirituel du bouddhisme tibétain, tenu pour l'incarnation du *bodhisattva Avalokiteśvara.

DAO [TAO]. En chinois, la « voie ». Principe régulateur de l'univers et voie de salut individuel.

DAO'AN [TAO-NGAN] (312-385). Fondateur de la première communauté bouddhique chinoise organisée.

DAODE JING [TAO-TÖ KING] (*Livre de la Voie et de la Vertu*). Recueil d'aphorismes élaboré à partir du IIIe ou du IVe s. av. J.-C. en Chine antique, considéré comme l'un des principaux textes du taoïsme et attribué à Laozi.

DAOZANG. Canon des textes taoïstes.

DARŚANA. Le concept hindou de *darśana* (du sanskrit *dṛś*, « voir ») intéresse à la fois le culte et la philosophie. Dans le culte, il désigne le « fait de voir » une déité, une personne ou un objet de bon augure (par exemple, l'image d'un dieu lors d'une cérémonie). Cette expérience constitue une bénédiction pour celui qui en bénéficie. Dans la philosophie, le terme a le sens de « point de vue » et désigne différents systèmes, dont chacun présente une façon particulière de regarder la réalité et une interprétation originale des écritures sacrées, les *Veda*.

DÉCEMVIRS. Collège sacerdotal romain de dix membres, devenu ensuite le collège des quindécemvirs (quinze membres), chargé de la garde et de l'interprétation des **Livres sibyllins*.

DÉLIVRANCE. En sanskrit, *mokṣa* ; dans la tradition indienne, libération du cycle des renaissances.

DÉMÉTER. Déesse grecque de la végétation, appelée Cérès à Rome.

DÉMIURGE. Au sens premier, le terme désigne « celui qui travaille pour le public » (en grec *dèmiourgos*), l'artisan ou tout praticien d'un métier. Dans le *Timée*, Platon décrit l'univers comme étant l'ouvrage d'un « démiurge », un artisan divin qui contemple un modèle intelligible éternel et s'applique à en réaliser l'image dans la matière. Les écoles néo-platoniciennes interprètent ce passage comme impliquant une opposition entre le Dieu transcendant, principe du monde intelligible, et le démiurge créateur, qui évite au premier le contact avec la matière impure. Les gnostiques poussent encore plus loin l'antagonisme en concevant ce démiurge comme mauvais ; ils l'identifient en outre au Dieu de l'Ancien Testament.
L'histoire des religions et l'ethnologie religieuse ont étendu le concept de démiurge à de nombreuses cosmogonies où l'accent est mis sur l'aspect « artisanal » de la création.

DÉNOMINATION. Terme issu du langage ecclésiastique anglais et américain, désignant une Église ou un groupe chrétien particulier qui possède des ministères professionnels et une confession de foi.

DERVICHES TOURNEURS. Membres de la confrérie soufie Mawlāwīya.

DEUTÉROCANONIQUES (LIVRES). Pour les catholiques, livres bibliques de l'Ancien Testament écrits en grec, dont la canonicité a été fixée par le concile de Trente. Les protestants les considèrent comme « apocryphes ».

DEUTÉRO-ESAÏE OU -ISAÏE. Le « second Isaïe », à qui la critique biblique attribue les livres XL à LV du livre de ce nom.

DEUTÉRONOMISTE (MOUVEMENT). Réforme religieuse entreprise sous l'impulsion de Josias, roi de Juda (640 env.-env. 609 av. J.-C.), en rapport avec les lois et exhortations qui forment le livre du Deutéronome.

DHARMA. Le mot sanskrit *dharma* désigne la « disposition » normale de toutes choses (de la racine *dhṛ*, « soutenir ») ou l'Ordre, à la fois cosmique, social, moral et religieux. En conséquence, il est aussi le devoir et la vertu. Historiquement, le dharma a remplacé, dans l'Inde classique, la notion plus ancienne de *ṛta* (à rapprocher du latin *ritus*, « rite »).

DHARMAPĀLA. Voir **ANAGĀRIKA DHARMAPĀLA**.

DHIKR. Le mot *dhikr* désigne en arabe la remémoration et, en particulier, la litanie que récitent les mystiques musulmans (soufis) dans le dessein de rendre gloire à Dieu et d'atteindre la perfection spirituelle. Le dhikr est, en effet, un « souvenir » de Dieu, produit par la répétition fréquente de ses noms, à voix haute ou basse, dans les positions et selon les rythmes respiratoires prescrits. À une étape ultérieure, le dhikr est articulé par le cœur même, jusqu'à ce que le soufi, le laissant pénétrer dans son être le plus profond, puisse atteindre l'état d'union avec Dieu (*tawḥīd*).

DHIMMI. En arabe, « protégé ». Dans la tradition islamique, statut particulier des adeptes de certaines religions (chrétiens et juifs en particulier) qui restent libres de pratiquer celles-ci au sein de la cité musulmane.

DHYĀNA. Dans la tradition indienne, technique de méditation consistant en un entraînement progressif au vide de la conscience et au détachement total.

DI OU SHANGDI. « Souverain d'En Haut », divinité suprême de la dynastie des Shang, Chine antique.

DIGAMBARA. Mot à mot, les « vêtus de ciel », ou « nus » ; une des deux grandes sectes du jinisme — l'autre étant celle des śvetāmbara.

DIOMÈDE. Héros de *L'Iliade*, compagnon d'Ulysse.

DIONYSOS OU BACCHOS. Dieu grec de la vigne, du vin, de l'ivresse mystique et de l'extase délirante.

DJALĀL AL-DĪN RŪMĪ. Voir **JALĀL**.

DJANGGAWUL (MYTHES DES). Récit du peuplement de la Terre chez les aborigènes australiens.

DJIHĀD. Voir **JIHĀD**.

DJINNS. D'après le Coran, êtres corporels formés de feu, invisibles, créés par Dieu comme les anges et les hommes.

DOCUMENTAIRE (THÉORIE). La tradition juive a vu dans le Pentateuque (en hébreu, au sens propre, *Tōrah*, c'est-à-dire les cinq premiers livres de la Bible : Genèse, Exode, Lévitique, Nombres et Deutéronome) une œuvre unifiée attribuée à Moïse. Cependant, son unité fut assez vite mise en cause, notamment à partir de la Renaissance. Depuis la fin du XIXe siècle, à la suite en particulier des travaux exégétiques de Graf et de Wellhausen, la critique biblique a considéré que, dans le détail de leur rédaction, les livres du Pentateuque résultaient de la compilation de quatre « documents » différant par leur âge et leur milieu d'origine (et tous très postérieurs à

Moïse). On distingue ainsi le document « yahviste », ainsi nommé parce que Dieu y est appelé Yhwh ; le document « élohiste », pour lequel le nom divin est Elohim ; le document « deutéronomiste », qui fait attribuer à une source distincte l'ensemble du Deutéronome ; enfin le document « sacerdotal », qui émane, comme son nom l'indique, d'une source cléricale, probablement des prêtres de Jérusalem.

DŌGEN KIGEN (1200-1253). Disciple du maître japonais Myōan Eisai, fondateur de la secte sōtō rattachée au zen.

DOGON. Peuple du Mali.

DUALISME. En histoire des religions, le terme apparaît au XVIIIe siècle pour désigner les systèmes dans lesquels un Principe du mal, distinct et autonome, est considéré comme coéternel à la divinité, Principe du bien : ainsi du mazdéisme. Secondairement, le terme a également servi à définir le gnosticisme, au sens où celui-ci met l'accent sur la distance infinie qui sépare Dieu du monde, et considère que le Dieu de l'ancienne Loi, qui agit directement sur le monde, n'est pas le vrai Dieu.

DULIE, HYPERDULIE. Si l'Église admet comme légitime qu'une forme de culte soit rendue aux saints, elle distingue celle-ci du culte qu'on rend à Dieu lui-même. La doctrine du concile de Trente détermina ces niveaux de vénération. À Dieu et à chacune des Personnes de la Trinité doit aller l'adoration : c'est le culte de « latrie » ; aux saints s'adresse le culte de « dulie » et à Marie, que sa maternité place au-dessus des autres saints, celui d'« hyperdulie ».

DUMÉZIL, Georges (1898-1986). Historien des religions, spécialiste de la mythologie comparée indo-européenne.

DURGĀ. Déesse hindoue, conjuguant les énergies de Śiva et de Viṣṇu.

ÉCRITS INTERTESTAMENTAIRES. Écrits à caractère « biblique » produits par le judaïsme au cours de la période où s'articulent l'Ancien et le Nouveau Testament (IIe s. av. J.-C.-IIe s. apr. J.-C.).

EECATL. Dieu aztèque du vent.

ÉGLISE DE JÉSUS-CHRIST DES SAINTS DES DERNIERS JOURS. Voir **MORMONS**.

ÉGLISE POUR L'UNIFICATION DU CHRISTIANISME MONDIAL. Voir **MOON (SECTE)**.

EISAI MYŌAN (1141-1215). Moine bouddhiste japonais introducteur du chan au Japon (dès lors appelé zen).

ÉLEUSIS (MYSTÈRE D'). Fêtes d'initiation célébrées au sanctuaire grec d'Éleusis durant dix jours à la fin de septembre. Elles comprenaient notamment des processions partant d'Athènes, des représentations évoquant Déméter et sa hiérogamie avec Zeus, des ostensions d'objets cultuels, le secret le plus absolu devant couvrir ce que les adeptes ou mystes avaient fait, vu ou entendu au cours de ces rites initiatiques.

ELKHASAÏSME. Doctrine judéo-chrétienne répandue dans le « pays des Parthes », vers l'année 100 après J.-C., par le prophète Elkhasaï.

ELŌHĪM. Pluriel de El, qui désigne la divinité dans le monde sémitique ancien. Usité comme nom de Dieu dans certains textes bibliques.

ÉMANATION. On appelle théories de l'émanation (ou de la procession) les théories de l'origine du monde dans lesquelles celui-ci, au lieu de résulter d'une *création par Dieu, émane (ou procède) d'un principe premier (l'Un, ineffable et absolu) par la production de principes intermédiaires (tel le *démiurge créateur). Cette idée, centrale dans le néoplatonisme alexandrin, a pénétré le gnosticisme et la kabbale.

ENCRATISME. Formé sur l'adjectif grec *enkratès* (« maître de soi »), le terme désigne un mouvement spirituel actif pendant les quatre premiers siècles de l'ère chrétienne, aussi bien au sein du judaïsme que dans le christianisme, le gnosticisme et le manichéisme. Il se caractérise par un ascétisme très rigoureux, manifesté en particulier par l'abstinence dans les domaines sexuel et alimentaire. Son fondement doctrinal réside dans la condamnation de la matière et du corps, considérés comme l'œuvre néfaste d'un *démiurge distinct du Dieu suprême. L'Église s'est nettement opposée à ces motivations en définissant l'ascèse chrétienne comme fondée sur la disponibilité au service de Dieu.

ENKI OU ÉA. Dieu de la triade mésopotamienne, souverain des eaux profondes sur lesquelles repose la Terre.

ENLIL. Dieu de la triade mésopotamienne, souverain du monde terrestre ; remplacé par Marduk, dieu babylonien (IIe millénaire av. J.-C.).

ENNICHI. « Jours d'un lien particulier » dans le bouddhisme japonais.

ENTHOUSIASME. État dans lequel l'être humain est « possédé par un dieu » (en grec, *enthéos*) dont la personnalité se substitue temporairement à la sienne propre. Platon explique ainsi l'inspiration poétique (*Ion*), le délire prophétique (*Apologie*) ou même l'action politique (*Ménon*). Par le biais du judaïsme hellénistique, cette « possession » divine se retrouve dans la notion chrétienne d'inspiration.

ÉON. Désignant en grec la durée de la vie et, par suite, un long espace de temps, le mot *aiôn* finit par signifier « ère » ou « éternité » dans la langue philosophique et religieuse. Il prend un sens spécial dans le gnosticisme où il désigne les entités (considérées comme des « mondes » ou des « périodes » qui, hiérarchisées et groupées en couples (sygyzies), forment le *Plérôme ou monde divin.

ÉPISCOPALISME. Dans le protestantisme, gouvernement de l'Église par les évêques.

ESCHATOLOGIE. L'eschatologie, ou doctrine des fins dernières (en grec *ta eschata*), rend compte des croyances portant sur le destin ultime tant de l'homme (eschatologie individuelle) que de l'univers (eschatologie universelle). En ce sens, même si le terme n'est apparu qu'au début du XIXe siècle, toutes les religions véhiculent, à travers les mythes ou la théologie, une vision eschatologique plus ou moins élaborée et systématisée.

ÉSOTÉRISME. Pour les philosophes grecs était « ésotérique » l'enseignement dont le maître réservait la transmission à quelques disciples choisis par lui. Il s'opposait en cela aux leçons « exotériques », destinées à un plus large public, sans impliquer cependant la défense ou la protection de secrets d'ordre spirituel ou religieux. Dans le cadre des religions révélées, l'accent est mis au contraire sur le dévoilement de réalités spirituelles inaccessibles par les voies de la raison ordinaire. « Ésotérisme » renvoie alors à l'ensemble des doctrines postulant l'existence d'un « sens caché » de la Révélation, qui est saisissable seulement à travers une tradition (transmise d'âge en âge par une chaîne de maîtres et de disciples) et dont la connaissance se présente comme une illumination salvatrice. La quête ésotérique ne se conçoit qu'intégrée à une religion exotérique, qui en est en quelque sorte la face visible et le support. Si l'ésotérisme constitue un aspect important de l'héritage « abrahamique » (judaïsme, christianisme et islam), on retrouve une recherche similaire des « vérités fondamentales » dans d'autres religions (taoïsme, hindouisme, bouddhisme, voire chamanisme sibérien ou amérindien et certaines religions africaines).

ESTHER. Selon le récit biblique du Livre d'Esther (*Megilāt Esther*, « rouleau » d'Esther), épouse juive du roi Assuérus. Elle persuada le roi de renoncer à l'extermination des juifs de l'empire perse, voulue par son ministre Aman. Ce texte est lu le jour de *Pourim, fête de la joie et du triomphe du bien sur le mal.

ÉVANGÉLIQUES (MOUVEMENTS). Le qualificatif « évangélique » est revendiqué par des Églises qui manifestent par là leur attachement à l'Évangile comme seule base ou norme de leur foi. Dans les pays germaniques, il recouvre l'adjectif français « protestant ». Ailleurs, il désigne plus spécifiquement un courant conservateur au sein du protestantisme.

ÉVEIL OU ILLUMINATION. Dans le bouddhisme, découverte de la réalité profonde, cachée sous les apparences trompeuses des phénomènes. La « Voie de la Délivrance » enseigne le détachement de ce monde d'illusions.

ÉVHÉMÉRISME. Écrivain grec du IIIe siècle avant J.-C., Évhémère est l'auteur d'un récit de voyage imaginaire, l'*Histoire sacrée*, où il décrit la vie bienheureuse des habitants de l'île utopique de Panchaia. Ce texte, aujourd'hui perdu, est connu par les citations ou résumés qu'en ont fait d'autres écrivains de l'Antiquité, en particulier Diodore de Sicile. Il doit sa célébrité à l'épisode où Évhémère propose une interprétation purement historique de l'origine des dieux : au cours du roman, ses personnages découvrent une colonne d'or sur laquelle Ouranos, Cronos et Zeus sont mentionnés comme les rois d'un temps très reculé. Ainsi les dieux seraient-ils des humains que la mémoire collective a transformés après leur mort en êtres surnaturels. Dans la mesure où son œuvre n'est connue qu'indirectement, les intentions d'Évhémère restent assez mystérieuses : faut-il voir en lui un pionnier du rationalisme, un critique de l'anthropomorphisme religieux, un apologiste (ou, au contraire, un adversaire) du culte des souverains, qui commençait à se développer dans les monarchies hellénistiques ? Toujours est-il que sa thèse a été utilisée par les Pères de l'Église (Eusèbe de Césarée surtout) pour fonder au sein même du paganisme leur condamnation des divinités païennes en tant qu'inventions humaines. L'esprit rationaliste du XIXe siècle a étendu cet usage de la notion d'évhémérisme à l'ensemble des religions, sans cependant le constituer en doctrine ou en école.

EXÚ. Messager des dieux dans le panthéon yoruba, il est rusé, violent et indécent, mais aussi jovial et dynamique ; on l'assimile souvent au diable dans les cultes syncrétiques.

EYN SOF. En hébreu, désignation de l'être divin impensable, innommable et impersonnel (« l'Infini ») d'où émanent les *sefirōt*.

FALASHAS. Population éthiopienne professant le judaïsme. À partir de 1973, une décision (souvent contestée) de l'État d'Israël leur a permis de bénéficier de la « loi du retour ».

FĀṬIMIDES. Dynastie de califes shī'ites descendant de Fāṭima, fille du Prophète, qui régna en Afrique du Nord (910-969), puis en Égypte (969-1171).

FATWĀ. En droit musulman, réponse du *muftī* à une question posée sur un point de la loi.

FÉTICHE. Objet rituel qui, fait de bois, de pierre ou d'argile, est considéré comme le réceptacle d'un esprit de la nature et dont la fonction oscille entre la passivité par rapport à son possesseur et un pouvoir anthropomorphe sur l'individu et les liens symboliques du groupe.

FIN DU MONDE. Voir **ESCHATOLOGIE**.

FIQH. En arabe, « savoir » ou « intelligence ». Dispositions fixant les devoirs de l'homme envers Dieu, les autres hommes et lui-même dans le domaine du droit.

FLAMINE. Prêtre romain attaché au service d'un dieu déterminé.

FONDAMENTALISME. En tant que doctrine religieuse, le fondamentalisme est apparu au sein du protestantisme nord-américain à l'extrême fin du XIXe siècle, en réaction contre la théorie de l'évolution, la critique biblique, la lecture « sociale » du message évangélique et les diverses formes du « modernisme ». Il doit son nom à sa définition de cinq articles de foi qu'il présente comme fondamentaux et intangibles : l'inerrance de la Bible, la naissance virginale de Jésus, sa mort expiatoire et rédemptrice, sa résurrection et son retour prochain.

FONDATEUR MYTHIQUE. Les héros fondateurs occupent souvent une situation qui fait d'eux des intermédiaires entre l'humanité ordinaire et le monde divin. C'est à travers eux que, dès l'Antiquité, a été posé le problème du rapport entre la mythologie et la réalité. Si les réponses allaient alors dans le sens d'une rationalisation (*évhémérisme) ou de diverses formes de symbolisation (philosophique, poétique, etc.), il faut attendre J. G. *Frazer et la fin du XIXe siècle pour que soit entreprise une étude « scientifique » du mythe. Par la suite, le regard porté sur les héros fondateurs s'oriente selon deux axes principaux : celui de la psychanalyse, à la suite de l'interprétation freudienne des personnages d'Œdipe ou de Moïse ; celui du comparatisme structural, avec les recherches de G. Dumézil sur les « types épiques indo-européens ».

FRANKEL, Zacharias (1801-1875). Théologien juif dont l'œuvre est à l'origine du judaïsme conservateur.

FRAZER, James George (1854-1951). Anthropologue et historien des religions britannique.

FREYR. Divinité nordique, maître de la fertilité et de la fécondité.

FRIGG. Déesse nordique, *parèdre d'*Ódhinn, figurant la Terre-mère.

GĀTHA. Poèmes ou hymnes liturgiques de l'*Avesta* (livre sacré du mazdéisme).

GAUTAMA. Fondateur du bouddhisme, au Ve s. av. J.-C., dit le Buddha (« l'Éveillé ») ou *Sākyamuni (« ascète des Sākya »).

GÊ OU GAIA. Divinité grecque de la Terre-mère.

GEIGER, Abraham (1810-1874). Promoteur du judaïsme réformé et de la « science du judaïsme » en Allemagne.

GENÈSE (LIVRE DE LA). Premier livre de la Bible désigné en hébreu par son premier mot, *Bereshit*, « au commencement », « en tête ».

GHOST DANCE. Culte messianique des Indiens des États-Unis.

GLYPHE. En grec, *gluphè*, « ciselure », signe gravé.

GNOSE. En grec, *gnôsis*, « connaissance ». Se dit de toute connaissance salvatrice (et réservée aux initiés) des mystères du monde. Le terme s'applique en particulier aux conceptions du *gnosticisme.

GNOSTICISME. Doctrine propre à un ensemble de sectes ou écoles des premiers siècles du christianisme et faisant du *dualisme la base de sa conception du monde.

GOBIND OU GURŪ GOBIND SIṄGH (1666-1708). Dernier des dix Gurū sikhs, il instaura une théocratie militaire égalitaire dotée d'un code de discipline.

GOURMANTCHÉ. Ethnie africaine du Burkina Faso.

GOUROU. Voir **GURŪ**.

GRAHAM, Billy (né en 1918). Évangéliste baptiste américain.

GRAND VÉHICULE. Voir **MAHĀYĀNA**.

GRÉGOIRE DE NAREK OU GRIGOR NAREKAC'I, saint (945-1010). Écrivain et mystique arménien.

GRIAULE, Marcel (1898-1956). Ethnologue français, spécialiste de l'Afrique noire.

GRIOT. En Afrique noire, membre d'une caste de « spécialistes de la parole » (poétique, narrative ou magique).

GUANYIN. Nom chinois du *bodhisattva Avalokiteśvara.

GURŪ. En sanskrit, « lourd », « pesant ». Dans l'hindouisme, le terme désigne un maître spirituel dans la mesure où on le tient pour riche en connaissance.

HADÈS. Dieu grec du monde souterrain.

ḤADĪTH. En arabe, « récit » ou « propos » ; désigne au sens étroit les paroles prononcées par Muḥammad et au sens large l'ensemble de la tradition musulmane (*sunna*).

HAGGADA. Nom générique (signifiant en hébreu « narration ») donné aux sections du *Talmud* qui n'ont pas un caractère juridique, mais moral ou philosophique. En ce sens, on distingue la *haggada* de la **halakha*. Composée d'anecdotes, de conversations, d'aphorismes, elle utilise les ressources du folklore et des fables empruntées au contexte culturel de l'époque pour enseigner et faire comprendre la **Tōrah*.

ḤAJJ. Pèlerinage à La Mecque.

HAKUIN EKAKU (1686-1769). Réformateur japonais de la secte rinzai (branche du zen), écrivain, artiste et calligraphe.

HALAKHA. Règle de conduite pratique (littéralement : « voie à suivre ») de la vie religieuse et civile dans le judaïsme. Appuyée sur l'autorité de la *Tōrah* et du *Talmud*, décrétée par l'instance compétente (les rabbins) dans des formes déterminées, elle est obligatoire pour tout juif orthodoxe et a force de loi.

ḤANBALISME. École juridique musulmane.

ḤANĪFISME. École juridique musulmane.

HANOUKKA OU FÊTE DE LA DÉDICACE DU TEMPLE OU FÊTES DES LUMIÈRES. Commémore la Nouvelle Dédicace (165 av. J.-C.) du second Temple de Jérusalem.

HANUMAN OU HANUMANT. Divinité hindoue que l'iconographie représente sous les traits d'un singe.

HARRISME OU ÉGLISE HARRISTE. Religion négro-africaine se réclamant de la Bible, fondée en Côte-d'Ivoire par W. W. Harris (1865 env.-1929).

HASKALA. Mouvement inspiré par la philosophie des Lumières dans le judaïsme des XVIIIe et XIXe siècles.

HASSIDISME. De l'hébreu *ḥassid*, « pieux », « dévot ». Au sens moderne, mouvement de renouveau spirituel du judaïsme ashkénaze.

HAṬHA-YOGA. Mot à mot, « yoga de l'effort » ; forme de yoga qui privilégie les exercices de maîtrise du corps et les prouesses physiques.

HÉLIOPOLIS. Centre religieux d'Égypte antique consacré à Rê (le Soleil) et à partir duquel se développa la théologie héliopolitaine.

HÉPHAÏSTOS. Dieu grec et romain du feu et de la métallurgie, nommé Vulcain à Rome.

HÉRA. Divinité grecque et romaine du lien conjugal (nommée Junon à Rome), parèdre de Zeus-Jupiter.

HÉRACLÈS. Héros grec et romain de force surhumaine (nommé Hercule à Rome).

HÉRÉSIE. En grec, *hairésis* désigne le « choix » ou la « préférence », en particulier en faveur d'une école littéraire ou philosophique. À l'époque hellénistique, les auteurs juifs hellénisés l'emploient pour désigner, de façon neutre, les diverses tendances du judaïsme. Dans le cadre du christianisme, à partir du IIe siècle, le mot prend au contraire un sens polémique et implique un jugement de valeur : il est utilisé par l'autorité ecclésiastique pour désigner les courants de pensée qui lui paraissent menacer l'autorité de la doctrine établie. Le grief d'hérésie entraîne nécessairement l'exclusion de celui contre qui il est formulé (excommunication) à moins qu'il ne renonce formellement à la doctrine condamnée (abjuration). En histoire des religions, le terme peut s'appliquer, par analogie, à toute tendance dissidente qui s'écarte sur un point de doctrine d'une religion constituée.

HERMÉNEUTIQUE. Formé sur le grec *hermèneuein* (« interpréter »), le mot est apparu comme substantif à la fin du XIXe siècle pour désigner l'ensemble des techniques d'interprétation des textes anciens (tout particulièrement de la Bible) et, par suite, la réflexion théorique (ou philosophique) sur ces techniques. L'herméneutique moderne met l'accent sur la pluralité et la divergence des sens, la succession historique des interprétations et la difficulté qu'il y a à surmonter le conflit des significations. Ce qui conduit au constat ainsi exprimé par Paul Ricœur : « Il n'y a pas d'herméneutique générale, pas de canon universel pour l'exégèse, mais des théories séparées et opposées concernant les règles de l'interprétation. » La réflexion herméneutique se voit alors assigner la tâche paradoxale de surmonter la divergence des interprétations.

HERMÈS. Divinité grecque des échanges et de la communication, nommée Mercure à Rome.

HERMÉTISME. Doctrine ésotérique développée dans des traités (dont les plus anciens datent de l'époque hellénistique) attribués à Hermès Trismégiste.

HERMOPOLIS. Centre religieux de l'Égypte antique où régnait Thot et où se développa la théologie hermopolitaine.

HÉSIODE (VIIIe-VIIe s. av. J.-C.). Poète grec, auteur d'une *Théogonie*.

HESTIA. Déesse grecque du foyer domestique et de la cité, nommée Vesta à Rome.

HÉSYCHASME. Méthode ascétique et mystique (du grec *hésychia*, qui dans l'hellénisme chrétien désigne le « silence » et la « paix » de l'union à Dieu), l'hésychasme est l'élément central de la spiritualité orthodoxe. Les moyens utilisés par l'hésychasme pour atteindre la communion personnelle avec Dieu l'apparentent à certains mysticismes orientaux : l'invocation du nom de Jésus sur le rythme de la respiration (« prière de Jésus » ou « prière du cœur ») rappelle, en effet, le **dhikr* musulman, le *japa-yoga* indien ou le *nembutsu* du bouddhisme japonais. Le terme « philocalie » (en grec, « amour de la beauté ») est utilisé pour désigner les anthologies de textes spirituels liés à l'hésychasme.

HIÉROGAMIE. Les mariages entre dieux et déesses (hiérogamies) répodent à des préoccupations d'au moins trois ordres : ils peuvent rendre compte de l'engendrement de l'univers (cosmogonie) ou de l'apparition de dieux dérivés (théogonie) ; ils sont le paradigme (modèle, justification, consécration) des mariages humains ; enfin, ils permettent d'élaborer des modes d'union entre l'humain et le divin selon des procédures complexes qui vont de l'abstinence (mariage mystique, sacralisation de la virginité) à la consommation dans la chair (les hiérodules, prostitués sacrés des deux sexes, étant alors les représentants des dieux et des déesses).

HIÉROPHANIE. Manifestation du sacré dans le vécu dont une forme typique est l'« apparition ». Une telle expérience est généralement décrite comme suscitant chez qui la vit une réaction composite : crainte d'être anéanti par une puissance terrible en même temps que désir de fusion avec cette force, perçue comme voie d'accès à un niveau spirituel supérieur. Bien des mythes s'organisent à partir du récit de telles manifestations, dont les sanctuaires inscrivent souvent le souvenir dans l'espace.

HĪNAYĀNA OU PETIT VÉHICULE. Forme de bouddhisme qui met l'accent sur le salut personnel de l'*arhant* (« saint ») et sur la distinction entre moines et laïcs.

HIRSCH, Samson Raphael (1808-1888). Initiateur du judaïsme « orthodoxe ».

HIUAN-TSANG [XUANZANG] (602-664). Moine bouddhiste chinois.

HOMÈRE. Aède légendaire grec, auquel sont attribuées l'*Iliade* et l'*Odyssée*.

HOMMES-ANTILOPES. Société secrète en Afrique noire.

HŌNEN (1133-1212). Moine bouddhiste japonais, fondateur de la secte Jōdo, première école indépendante du bouddhisme japonais.

HONGREN [HONG-JEN] (601-674). Maître chinois du chan, cinquième patriarche de la lignée du Buddha.

HORUS. Divinité égyptienne du ciel et de la lumière.

HOSSŌ (ÉCOLE) OU HOSSŌ-SHŪ. Secte bouddhique japonaise créée par Dōshō (629-700), disciple du Chinois Hiuan-tsang [Xuanzang].

HOUMFORT. Sanctuaire vodou haïtien.

HOUNGAN. Prêtre vodou.

HOUNSI. Initié vodou.

HOURRITES. Peuple originaire d'Anatolie qui occupa le nord de la Mésopotamie et une partie de la Syrie ancienne.

HUI [HOUEI]. Nom des Chinois musulmans considérés par l'actuel gouvernement comme une minorité « ethnique ».

HUINENG [HOUEI-NENG] (638-713). Fondateur du courant « école du Sud » du chan, en Chine, successeur de Hongren.

HUIYUAN [HOUEI-YUAN] (334-416). Maître bouddhiste chinois. Fondateur de la communauté monastique du mont Lushan, il codifia le culte d'Amitābha et fut l'initiateur de l'école de la Terre pure.

HUMEURS (THÉORIE DES). Dans la tradition indienne, conception médicale qui fait reposer les états de santé ou de maladie sur l'équilibre ou le déséquilibre résultant de la combinaison de trois « humeurs » fondamentales : le vent, la bile et le flegme. Pour la médecine traditionnelle occidentale, ces humeurs sont au nombre de quatre : sang, bile, atrabile et pituite, et elles donnent naissance à une classification qui distingue les types sanguin, bilieux, mélancolique et flegmatique.

HYPOSTASES. Terme emprunté au néoplatonisme par la théologie chrétienne pour désigner les trois Personnes de la Trinité (Père, Fils, Esprit), dont la deuxième assume, du fait de l'Incarnation, les deux natures, divine et humaine. Dans un sens plus général, on l'utilise en histoire des religions pour signifier les différentes formes personnelles que peut prendre une divinité dans les religions polythéistes.

IAHVÉ. Voir **YHWH**.

IBN GABIROL, Salomon (1020 env.-1057). Poète et philosophe juif espagnol nommé Avicebron par les Latins.

IBN SĪNĀ. Voir **AVICENNE**.

IBN TŪMART, Muḥammad ibn 'Abdallāh (1080-1130). Māhdi d'origine berbère qui hâta la chute de la dynastie almoravide et prépara l'avènement des Almohades.

IFÁ. Divinité du candomblé énonciatrice d'oracles.

IGNACE DE LOYOLA, saint (1491-1556). Fondateur de la Compagnie de Jésus (ordre des Jésuites).

ILIADE (L'). Texte fondateur de la mythologie grecque, attribué à *Homère.

IMĀM. Au sens premier, chef spirituel et temporel de la communauté musulmane (sunnite aussi bien que shī'ite). Par extension, titre honorifique donné chez les sunnites à un religieux éminent.

INARI. Dieu-sanctuaire du shintō.

INCA (EMPIRE). Civilisation du Pérou ancien. L'empire s'étendit entre 1200 et 1525 et fut anéanti par la Conquête espagnole.

INDO-EUROPÉENS. Peuple de l'Antiquité défini sur la base d'une langue commune, source des langues indo-européennes modernes.

INDO-IRANIENS. Peuples antiques apparentés par leur langue de la famille indo-européenne : sanskrit, avestique, vieux-perse, etc.

INDRA. Dieu créateur et souverain suprême du panthéon védique.

INDULGENCES. Actes par lesquels l'Église romaine intercède auprès de Dieu pour la rémission de la réparation qu'on doit acquitter pour les péchés déjà pardonnés.

INQUISITION. En latin, *Inquisitio haereticae pravitatis*, « recherche de la dépravation hérétique » ; tribunal ecclésiastique chargé de réprimer l'hérésie.

INTÉGRISME. Terme apparu au début du XXe siècle au sein du catholicisme français pour désigner, de façon polémique et dépréciative, la tendance opposée à l'ouverture de l'Église au monde moderne. Les « intégristes » eux-mêmes se présentent au contraire comme les défenseurs de l'orthodoxie et de la vraie tradition, partisans d'un catholicisme intégral à deux titres : parce qu'il s'en tient à une stricte intégrité dogmatique et parce qu'il se veut appliqué à tous les domaines de la société contemporaine, refusant ainsi de considérer la religion comme une affaire privée ne regardant que la conscience individuelle. Les formes contemporaines de l'intégrisme sont liées aux transformations survenues dans l'Église à la suite du deuxième concile du Vatican, interprétées comme une avancée du modernisme. Par analogie, on appelle « intégrisme musulman » les courants de l'islam contemporain qui se réclament de la tradition pour prôner une stricte application de la loi islamique à tous les domaines de la vie civile.

INTOUCHABLES. Membres de *jāti* indiennes dont le contact est considéré comme impur.

ISIS. Divinité égyptienne du pouvoir magique.

ISPAHAN. Métropole de l'Empire perse sous les Saljūqides puis les Safavides (XIe-XVIIIe s.).

IŠTAR. Divinité mésopotamienne de la fécondité et des combats.

JACOBITES. Membres de l'Église monophysite syrienne (organisée par Jacques Baradée, 500 env.-578).

JALĀL AL-DĪN RŪMĪ (1207-1273). Poète et mystique persan, fondateur des derviches tourneurs.

JAVNÉ. Voir **YABNÉ**.

JÉSUITES. Nom donné aux membres de la Compagnie de Jésus dont les constitutions, rédigées par Ignace de Loyola (1491-1556), furent acceptées en 1540 par le pape Paul III.

JÉSUS. Voir **CHRIST**.

JIHĀD. Mot arabe traduit généralement par « guerre sainte » mais désignant d'abord l'obligation de propager l'islam et de le défendre.

JŌDO (ÉCOLE). Nom de l'école bouddhiste japonaise de la Terre pure fondée par Hōnen au XIIe s. Elle prône la dévotion au Buddha Amida.

JOSIAS (640-609 av. J.-C.). Roi de Juda, promoteur d'une réforme fondée sur le Deutéronome.

JUDÉO-CHRISTIANISME. Couramment utilisé pour jumeler la tradition judaïque et la tradition chrétienne, ce vocable se réfère, au sens strict, aux chrétiens qui, jusqu'en 140 environ, restèrent fidèles aux observances juives et furent les adversaires de Paul.

JUPITER. Dieu romain, associé, au sein de la triade capitoline, à Junon et à Minerve et, malgré de grandes différences, représenté très tôt comme l'homologue du Zeus grec.

JUSTINIEN Ier LE GRAND (482-565), empereur romain d'Orient (527-565), réformateur du droit civil et religieux.

KA'BA. Construction de forme cubique dans laquelle est placée la Pierre noire et qui constitue le centre du pèlerinage de La Mecque.

KABBALE. Terme qui signifie « tradition » et qui en vint, au XIIIe siècle, à désigner un système doctrinal regroupant les courants ésotériques de la mystique juive.

KADDISH. Prière dont la récitation, dans le culte juif, a la valeur d'une « sanctification du Nom divin ».

KĀLĪ. Une des formes les plus terrifiantes (son nom signifie « la Noire ») de Pārvāti, divinité hindoue qui est la sœur de Viṣṇu et l'épouse de Śiva. Kālī, qui symbolise le pouvoir destructeur du temps et a beaucoup de ressemblances avec Durgā, est représentée avec des colliers de crânes, brandissant des armes et dansant sur le corps de Śiva.

KĀMA. Terme sanskrit qui, dans l'hindouisme, correspond à peu près au grec *érôs*, c'est-à-dire aux notions de désir et de plaisir. Le *kāma* est l'un des trois grands mobiles de l'action humaine.

KANAKY. Terme repris par les Mélanésiens de Nouvelle-Calédonie pour se désigner comme un peuple ayant son organisation sociale, sa vie cérémoniale et son système politique.

KANNON. Voir **AVALOKITEŚVARA**.

KĀPĀLIKA. Ascètes hindous, principalement shivaïtes, qui, portant un crâne humain (*kāpāla*), se plaisaient à transgresser les règles reçues.

KARMAN. Substantif dérivé du radical sanskrit *kṛ*, qui signifie « faire », *karman* désigne tout acte, et en particulier l'acte rituel. L'activité humaine n'est pas sans conséquence : elle porte fruit, et le poids de ses actes assujettit l'homme à une succession indéfinie de renaissances. Trois grandes voies s'ouvrent alors, que les religions indiennes ont tour à tour explorées : rendre le plus favorable possible cette transmigration (*saṃsāra) par des actes méritoires, s'en détacher par le renoncement (extinction de l'ego aboutissant à la fusion de l'*ātman dans le *bráhman) ou, dans la perspective bouddhiste, en rompre l'enchaînement par l'accession au *nirvāṇa.

KEGON (ÉCOLE). École bouddhique japonaise de l'Ornementation fleurie, fondée en 736.

KÉMALISME. Idéologie politique ayant pour référence l'œuvre de Mustafa Kemal, dit Atatürk, premier président de la République turque qui laïcisa et occidentalisa l'État.

KĒTŪBĪM. Pluriel du mot hébreu *kātāb*, qui désigne la troisième partie du corpus hébraïque de la Bible, les « Écrits », après la *Torah* (Loi) et les *Nĕbhi'im* (Prophètes).

KHALIFAT. Voir **CALIFAT**.

KHĀRIDJISME. Branche de l'islam qui refusa la désignation de 'Alī comme successeur du Prophète. Elle s'opposa violemment aux califes umayyades de Damas et a survécu sous la forme d'un idéal de contestation.

KIMBANGUISME OU ÉGLISE DE JÉSUS-CHRIST SUR LA TERRE. Mouvement religieux du Bas-Congo, fondé en 1921 par un membre de l'Église baptiste, Simon Kimbangu (1889-1951) ; celui-ci passa trente ans en prison et son mouvement sortit de la clandestinité en 1957 environ.

KING, Martin Luther (1929-1968). Pasteur de l'Église baptiste américaine, militant pour l'égalité raciale et théoricien de la lutte par la non-violence, il fut assassiné.

KŌAN. Exercice pratiqué dans le zen de l'école japonaise rinzai (en chinois *gong'an*) et où le maître met son disciple à l'épreuve d'un questionnement.

KOHANIM. Les « prêtres » (sing. *kohen*) dans le judaïsme. Ils descendent de Zadok, fondateur du sacerdoce lors de la construction du Temple de Jérusalem, et par lui se rattachent à Aaron, désigné comme grand prêtre par son frère Moïse.

KOJIKI OU « NOTES SUR LES FAITS DU PASSÉ ». Livre « saint » du shintō, rédigé en 711-712.

KORIWN OU KORIOUN (Ve s.). Chroniqueur arménien.

KRISHNA (DÉVOTS DE). Mouvement religieux d'origine indienne, l'Association internationale pour la conscience de Krishna a été fondée en 1966 aux États-Unis par Swami Prabhupada. Elle se caractérise à la fois par son activisme missionnaire et son refus des adaptations au monde occidental.

KṚṢṆA. Héros et dieu hindou, la huitième incarnation (**avatāra*) par laquelle Viṣṇu accepte de se manifester sur la terre pour la sauver. Sa légende est développée dans le *Mahābhārata*.

KŪKAI (774-835). Moine japonais (nom posthume : Kōbō Daiichi) introducteur du bouddhisme ésotérique après un voyage en Chine. Il fonda l'école Shingon au Japon.

KUMĀRAJĪVA (344-412). Le plus grand traducteur chinois de textes bouddhistes. Ses connaissances s'étendaient à l'ensemble du monde indien. Il se convertit au Mahāyāna et son œuvre couvre surtout la littérature des *Prajñāpāramitā*.

KUṆḌALINĪ. Énergie qui, pour les adeptes du tantrisme, sommeille tel un serpent femelle lové à la base du tronc humain et que la méditation réveille pour réaliser la Délivrance.

LAMAÏSME. Le tibétain *bla-ma*, occidentalisé en « lama », est la traduction du sanskrit *gurū* et désigne l'agent de la transmission de l'enseignement bouddhique.

LA MECQUE, Arabie Saoudite. Ville natale du Prophète, lieu saint de l'islam.

LAOZI OU LAO-TSEU. Sage taoïste légendaire de l'Antiquité chinoise (VIe s. av. J.-C.), auteur présumé du *Daode jing*, appelé le « Vieux Maître », et vénéré à l'égal d'une divinité.

LIṄGA. En sanskrit, « signe distinctif » ; membre viril symbolisé par une pierre dressée.

LINJI [LIN-TSI] **(SECTE DE)**. Secte du chan, fondée au IXe s. par Linji Yixuan, appelée au Japon secte rinzai.

LIVRE (GENS DU). Expression coranique désignant les adeptes des religions bibliques.

LIVRES SIBYLLINS. Livres prophétiques achetés, selon la tradition, à la sibylle de Cumes par Tarquin le Superbe, dernier roi de Rome. Ils furent conservés au Capitole jusqu'à l'incendie de 83 av. J.-C.

LOA. Terme générique désignant les dieux vodous.

LOBI. Ethnie africaine des rives de la Volta.

LOI, judaïsme. Voir **TŌRAH, HALAKHA**.

LOI ISLAMIQUE. Voir **SHARĪ'A**.

LOKAPĀLA. Dans la tradition indienne, personnages divins, au nombre de huit, chargés de veiller chacun sur l'une des quatre directions cardinales ou des quatre intermédiaires.

LOUXOR. Ville de Haute-Égypte dont le temple est dédié à Amon.

LUGUS OU LUG. Divinité celtique.

LU XIUJING [LOU SIEOU-TSING] (406-477). Compilateur qui recueillit et édita les textes des traditions taoïstes.

MAĀT. Déesse égyptienne de l'ordre social et cosmique.

MACCABÉES. Famille de prêtres juifs, héros des luttes pour l'intégrité du Temple et pour l'indépendance des juifs au IIe s. av. J.-C.

MACHTOTS. Voir **MAŠTOC'**.

MACUMBA. Syncrétisme brésilien de tradition vodoue et se combinant avec le catholicisme et le spiritisme.

MADHYAMIKA (ÉCOLE DES). École ancienne du bouddhisme (IIe s. apr. J.-C.) dite de la « Voie du milieu » (entre le Grand et le Petit Véhicule).

MAHĀBHĀRATA. Épopée sanskrite dont l'influence imprègne l'ensemble de la tradition indienne. Sa composition se serait échelonnée entre le IVe s. av. J.-C. et le IVe s. apr. J.-C.

MAHĀBODHI (TEMPLE DE LA). Sanctuaire bouddhique fondé par Aśoka dans la bourgade de Bodhgayā (Bihār) à l'endroit où Gautama (le Buddha) fit l'expérience de l'Éveil (*Bodhi*).

MAHA BODHI SOCIETY. Association bouddhiste internationale.

MAHĀVAIROCANA. En japonais, Dainichi-nyorai, Buddha mythique.

MAHĀVĪRA, VARDHAMĀNA, dit (VIe s. av. J.-C.). Sage indien semi-légendaire, tenu pour le fondateur (ou réformateur) du jinisme.

MAHĀYĀNA OU GRAND VÉHICULE. Forme de bouddhisme qui, par opposition au Hinayāna, essentiellement monastique et fondé sur le salut personnel, met l'accent sur le rôle d'intercesseur des *bodhisattva.

MAHDĪ, Soudan. Voir **MUḤAMMAD AḤMAD IBN 'ABD ALLĀH**, dit **AL-MAHDĪ** (1844-1885).

MAHDISME. Dans l'islam, doctrine selon laquelle un envoyé de Dieu, le *mahdī* (en arabe, « celui qui est guidé »), viendra à la fin des temps convertir le monde à la foi musulmane et rassembler les croyants. Historiquement, on désigne ainsi les mouvements politico-religieux fondés sur cette croyance.

MAHOMET. Voir **MUḤAMMAD**.

MAIMONIDE, Moïse (1135-1204). Philosophe juif espagnol.

MAÎTRE CÉLESTE. Titre porté par les chefs de la secte taoïste des Cinq Boisseaux.

MAITREYA. Buddha des temps futurs.

MĀLIKISME. Une des quatre grandes écoles de jurisprudence de l'islam sunnite.

MAMBO. Prêtresse du culte vodou.

MANA. Terme polynésien désignant une force surnaturelle complexe que Marcel Mauss présente ainsi : « Pouvoir de sorcier, qualité magique d'une chose, chose magique, être magique, avoir du pouvoir magique, être incanté, agir magiquement ; [mana] nous présente réunies, sous un vocable unique, une série de notions [...] et réalise cette confusion de l'agent, du rite et des choses qui nous a paru être fondamentale en magie » (*Théorie générale de la magie*).

MAṆḌALA. En sanskrit, « cercle ». Représentation du monde sous forme d'un diagramme, utilisé comme support de la méditation.

MANDAT CÉLESTE. En chinois, *tianming*. Dans la morale confucéenne, idée selon laquelle les empereurs tiennent directement du ciel le droit de gouverner et doivent le mériter par leurs vertus personnelles.

MÂNISME. Culte des ancêtres et des morts (du latin *manes*, les « bienveillants », euphémisme désignant les âmes des morts).

MANTRA. Les *mantra* (en sanskrit « instruments de pensée ») sont de courtes formules empruntées aux textes sacrés indiens ou même de simples invocations monosyllabiques, à l'instar du phonème **oṁ*, qui est le plus connu d'entre eux. Dans la liturgie, ils sont conçus comme un moyen d'alerter la divinité, d'établir entre le dévot et elle une vibration harmonieuse. Leur usage, qui remonte dans le cas de oṁ au IIIe millénaire, est codifié et obéit à des règles qui peuvent faire appel à un savoir ésotérique. En ce sens, on peut les comparer à ces autres « outils spirituels » que sont les **dhyāna*, **mudrā* et **yantra*, ou avec les exercices du yoga. Le tantrisme, qui s'est développé à partir du VIIIe siècle, a privilégié cette dimension ésotérique et utilise les mantra comme un langage codé d'une grande complexité, compris des seuls initiés.

MANU. Dans la tradition indienne, ancêtre de l'humanité.

MAOSHAN (MOUVEMENT TAOÏSTE DU). Courant du taoïsme médiéval, prépondérant jusqu'au IXe s.

MARABOUTISME. Le mot « marabout » vient de la prononciation dialectale (*mrabot*) de l'arabe classique *murābit*, qui désigne l'homme qui vit dans un *ribāt* (couvent fortifié). Il s'applique, en Afrique du Nord, au « saint », vivant ou mort, puis, par extension, au tombeau de ce dernier, à ses successeurs ou disciples, voire à des objets, arbres ou animaux réputés appartenir à la sphère du « sacré ». Le maraboutisme se caractérise par l'importance qu'il attache au culte des saints (*awliyā'*, plur. de *wali*, « ami de Dieu »).

MARAE. Espace sacré où se pratiquent les cultes en Polynésie.

MARDUK. Dieu babylonien, créateur et organisateur de l'univers.

MARS. Dieu romain de la guerre.

MASSADA. Place forte dominant la rive occidentale de la mer Morte. Haut lieu de la résistance des zélotes aux Romains après la chute de Jérusalem (70). Massada fut prise en 73 après plusieurs mois de siège et ses défenseurs préférèrent se donner la mort plutôt que de se rendre.

MASSORÈTES. Nom donné aux « maîtres » qui, entre le VIIe et le Xe siècle, assurèrent, en Palestine et en Babylonie, la fixation définitive du texte hébraïque de la Bible.

MAŠTOC' OU MACHTOTS (361-440). Traducteur de la Bible et inventeur de l'alphabet arménien.

MAZDÉISME. Religion traditionnelle de l'Iran ancien.

MÉDINE. Ville d'Arabie où Muḥammad se réfugia en l'an I de l'hégire et où il fut enseveli.

MEGHILLOTH OU « CINQ ROULEAUX ». Nom donné dans la tradition juive à une section des « Écrits » bibliques comprenant les Lamentations, l'Ecclésiaste (ou Qohélet), Ruth, Esther et le Cantique des cantiques.

MÉNADES. Suivantes de Dionysos, qui leur inspire des transports mystiques.

MENNONITES. Les « assemblées » mennonites tirent leur nom de Menno Simons (1496-1561) qui fut un des chefs et le réformateur de l'anabaptisme.

MERCURE. Divinité romaine du voyage et du commerce, assimilée au grec Hermès.

MESSIE (LE), christianisme. Voir **CHRIST**.

MÉTHODISME. Mouvement religieux fondé par John Wesley (1703-1791) en Angleterre et constitué en Église après sa mort.

MÉTROPOLITE. Titre qui fut d'abord réservé aux prélats de l'orthodoxie russe occupant un rang intermédiaire entre les patriarches et les simples évêques et qui a été attribué ensuite, dans les Églises orientales, à l'évêque d'un siège métropolitain, équivalant ainsi au titre d'archevêque.

MIDRASH. De la racine hébraïque *darosh*, « chercher » ; ce terme désigne, dans le judaïsme, un type de commentaire exégétique de l'Écriture, partie intégrante de la tradition orale, ainsi que les écrits où a été consignée cette tradition.

MILLÉNARISME. Ensemble de doctrines ou mouvements eschatologiques qui se sont développés au sein ou en marge de nombreuses religions, et notamment du judéo-christianisme. À l'origine, les millénaristes attendaient le retour du Messie, qui régnerait mille ans sur terre avant le Jugement dernier.

MĪMĀṂSĀ. Un des six **darśana* (« points de vue ») qui constituent la tradition philosophique de l'Inde brahmanique. Il s'agit d'une réflexion sur les rites où la question fondamentale est de savoir comment un geste humain (un sacrifice) peut porter son fruit, c'est-à-dire avoir des conséquences dans l'au-delà.

MINYAN. Dans le judaïsme, quorum de dix hommes nécessaire pour la prière publique.

MISHNA. Ensemble de textes normatifs du judaïsme, constitutifs de la loi orale (*halakha*), élaboré entre le Ier et le IIIe s.

MIṢVOT. Selon la tradition rabbinique, on dénombre dans la *Tōrah* 613 miṣvot, ou commandements. Il s'agit de préceptes positifs, au nombre de 248, ou d'interdictions, au nombre de 365. Ils constituent le noyau de la **halakha*.

MITHRA. Dieu d'origine iranienne, célébré par un culte à mystères répandu dans l'Empire romain.

MIXTÈQUES. Population du Mexique précolombien.

MOÏSE. Dans le Pentateuque, nom du chef des israélites qui conduisit son peuple hors d'Égypte et lui donna sa loi, la Tōrah.

MOKṢA. Voir **DÉLIVRANCE**.

MOLLAH. Mot persan d'origine arabe (*mawlā*, « maître ») qui désigne dans l'islam shī'ite les docteurs de la loi coranique.

MONOPHYSITES (ÉGLISES). Églises issues, plus ou moins directement, du refus des formulations du concile de Chalcédoine (451) sur l'unité de personne et la dualité de natures (humaine et divine) dans le Christ.

MONOTHÉISME. Forme de religion caractérisée par le croyance en un dieu unique. En ce sens, qui implique la négation de l'existence de tous les autres dieux et une conception universaliste de la religion, le monothéisme est une élaboration du judaïsme post-exilique (*Deutéro-Esaïe). Il existe cependant dans les religions primitives bien des formes de « monothéisme » qui peuvent coexister avec le polythéisme. On parle alors de « monolâtrie » ou d'« hénothéisme » pour désigner le culte rendu, par un groupe humain plus ou moins large, à un dieu local ou national unique, sans que cela implique le refus de l'existence de « dieux étrangers ».

MOON (SECTE). Fondée par le Coréen Sun Myung Moon en 1951.

MORMONS OU ÉGLISE DE JÉSUS-CHRIST DES SAINTS DES DERNIERS JOURS. Secte américaine organisée par Joseph Smith à partir de 1830 ; les Mormons reconnaissent à leur religion deux sources d'égale valeur, la Bible et le « livre de Mormon », dont l'existence est censée avoir été révélée à J. Smith par une vision.

MUDRĀ. Les *mudrā* (en sanskrit « sceaux ») sont des gestes (en particulier des positions des mains) dont l'accomplissement rituel, lors des actes liturgiques, est chargé d'un symbolisme analogue à celui des émissions sonores (**mantra*) qui les accompagnent. Il est d'ailleurs courant que les positions des doigts, dans les mudrā, imitent le graphisme de telle ou telle syllabe sacrée. De même, la codification de ces gestes tend à faire de l'adepte qui les accomplit une sorte de **yantra* vivant.

MUEZZIN. En arabe, celui qui, dans les pays musulmans, « récite l'*adhān* », c'est-à-dire l'appel à la cérémonie cultuelle du vendredi et aux cinq prières rituelles de chaque jour.

MUFTĪ. En islam, celui qui fournit des « décisions juridiques ». Il les prend en se conformant à la tradition de celle des quatre écoles de droit à laquelle il appartient.

MUḤAMMAD (570-632). Fondateur de l'islam, « sceau des prophètes », il est dit être, à la différence de ceux qui ont été « envoyés » auprès d'un peuple particulier (tel Jésus aux enfants d'Israël), le Prophète par excellence, celui de la dernière période de l'histoire du monde.

MUḤAMMAD AḤMAD IBN 'ABD ALLĀH, dit **AL-MAHDĪ** (1844-1885). Fondateur du mahdisme soudanais. Devenu leader national, il lutta contre l'occupation anglaise et le commerce des esclaves. L'emplacement de sa tombe à Omdurman est un important lieu de pèlerinage.

MUHAMMAD ĪBN 'ABD ALLĀH AL-QAḤTĀNĪ (mort en 1979). S'enfermant avec des assaillants saoudiens dans l'enceinte de La Mecque, il se fait proclamer *mahdī* et y succombe sous les coups qui mettent fin à l'opération.

MUḤAMMAD IBN AL-ḤANAFIYYA (630 env.-701). Fils de 'Ali, il fut le premier à être désigné comme méritant le titre de *mahdī*.

MUJADDID. En islam, le « rénovateur » que la communauté attend pour le début de chaque siècle de l'hégire. Bien que devant renouveler d'abord la « connaissance religieuse », il est souvent associé au *mahdī* messianique.

MUSTAFA KEMAL. Voir **ATATÜRK**.

MU'TAZILISME. Une des plus importantes « sectes » (*firaq*) de l'islam. Remontant aux premiers temps du califat, elle s'est imposée comme la première des écoles de théologie spéculative (*kalām*), au point que la pensée musulmane s'est souvent déterminée par rapport à ses thèses.

MUTILATIONS RITUELLES. Très répandues et d'une grande diversité, elles revêtent un caractère religieux, initiatique ou communautaire. Elles peuvent être considérées comme une écriture sur le corps du texte de la loi primitive.

MYŌAN EISAI. Voir **EISAI**.

MYSTÈRES (RELIGIONS DITES À). Expression qui a eu son heure dans les sciences religieuses, autour de la problématique – conflictuelle – d'une affinité ou d'une incomparabilité entre le christianisme primitif et les cultes dits orientaux ou certains aspects du paganisme hellénique. L'obsolescence de cette expression n'empêche pas qu'on puisse parler de « mystères » à propos de la Grèce, de l'Égypte ou de la Chine de l'Antiquité.

MYSTICISME. Désigne, mais souvent pour souligner son caractère excessif, le recours à la dimension mystique dans la vie religieuse.

MYSTIQUE. Souvent rattachée à la mentalité primitive et conçue comme une forme de marginalité par rapport aux religions instituées ou d'intuition échappant à l'entendement, la mystique désigne l'aspect le plus intime et parfois le plus ésotérique de l'approche du « mystère » par le sentiment religieux, ainsi que ses modes d'expression doctrinaux, littéraires et artistiques. Bien qu'elle soit un fait universel et même si elle doit rester en partie une énigme, elle ne peut être appréhendée qu'en fonction d'une situation culturelle et historique singulière.

MYTHES. Opposé au discours conceptuel (*logos*), le discours mythique (*muthos*) fait de théogonies, d'épopées ou de récits sacrés peut être interprété selon le modèle métaphorique qui met en relief l'articulation interne de ses contenus sémantiques, ou selon le modèle structural qui souligne sa configuration syntaxique et logique.

MYTHOLOGIE. L'ambiguïté de cette notion – qui désigne soit les récits mythiques eux-mêmes soit le discours scientifique élaboré à leur sujet – pose le problème épistémologique du statut de la mythologie comme langage, comme ensemble pensable d'énoncés, comme écriture (par rapport à la mémoire des groupes de tradition orale), comme corpus relevant d'un type unique d'interprétation (par opposition à une mythographie dont on respecterait le caractère éclaté), etc.

MYTHOLOGIE COMPARÉE. En prenant cette expression comme titre d'un de ses ouvrages, l'indianiste d'origine allemande Max Müller (1823-1900), s'appuyant sur les conquêtes de la grammaire comparée, opposait la mythologie, jugée irrationnelle et scandaleuse, à la religion, qui serait connaissance raisonnable du divin. La méthode comparatiste appliquée par la suite à l'étude de la mythologie ne semble plus accorder de pertinence à cette dichotomie.

NĀGĀRJUNA (IIe s. ?). Philosophe bouddhiste qui enseigna une doctrine dite de la « Voie du milieu », prêchant la vacuité (l'absence de substance et d'essence), rattachée au Mahāyāna.

NĀNAK, dit **GURŪ NĀNAK** (1469-1539). Fondateur de la communauté des sikhs, au XVIe s., au Panjāb (Inde).

NANSOUKRI, Haïti. Sanctuaire vodou où se pratique un culte kongo.

NAQSHABANDIYA. Confrérie musulmane.

NAREK. Voir **GRÉGOIRE DE NAREK**.

NATIVE AMERICAN CHURCH. Voir **PEYOTL**.

NĔBHI'IM. En hébreu, « inspirés », c'est-à-dire « prophètes » ; c'est aussi le nom de la seconde partie de la Bible (*Tanak*) hébraïque, qui réunit des livres nommés, dans la classification catholique, « historiques » ou « prophétiques » ; Josué, Juges, Samuel, Rois, Isaïe, Jérémie, Ézechiel et les douze « petits » prophètes.

NÉO-PLATONISME. École philosophique qui se réclame de Platon et dont le fondateur est Plotin (205-270 apr. J.-C.).

NESTORIUS (apr. 381-env. 451). Évêque de Constantinople (428-431), condamné au concile d'Éphèse (431) pour s'être opposé à la formule « mère de Dieu » désignant Marie. Cyrille d'Alexandrie obtint son excommunication.

NEW AGE. En anglais, « Nouvel Âge ». Courant représentatif des nouveaux types de religiosité qui se manifestent en Occident depuis une génération. Né aux États-Unis dans les années 1970, le New Age se diffuse depuis lors en Europe, s'appuyant sur la conviction que l'humanité entre dans un « nouvel âge d'or », l'ère du Verseau, où se réconcilieront matière et esprit, science et foi, raison et mystique. Puisant aux fonds tant orientaux qu'occidentaux, le New Age tente d'harmoniser des éléments néo-naturistes, astrologiques et universalistes dans un syncrétisme qui n'est pas sans rappeler celui de la théosophie du XIXe siècle.

NICHIREN (1222-1282). Fondateur d'une secte bouddhique japonaise portant son nom et vouant un culte au *Sūtra du Lotus*.

NIKĀYA. Terme désignant les sectes ou les différentes écoles dans le bouddhisme indien.

NIRVĀṆA. Dans le bouddhisme, le salut s'obtient par la cessation de la transmigration, ou succession indéfinie des existences (**saṃsara*). Il résulte de l'extinction (*nirvāṇa*) de toute passion et de tout attachement. L'« extinction complète » (*parinirvāṇa*) se produit au moment où le saint, déjà délivré, arrive au terme de sa dernière existence. Tous les éléments et phénomènes matériels et mentaux qui composaient son existence cessent alors définitivement, si bien qu'il ne renaît plus nulle part.

NUṢAYRISME. Secte shī'ite de Syrie du Nord.

OCCULTISME. Mouvement spirituel de la Belle Époque, né en réaction contre les excès dogmatiques du matérialisme « scientiste », l'occultisme apparaît comme un syncrétisme hâtif et superficiel mêlant les traditions ésotériques les plus diverses (gnose, kabbale, hermétisme, etc.). Sociologiquement, il met en évidence, dès cette époque, l'existence d'une « religiosité seconde », aussi étrangère aux grandes religions traditionnelles qu'au matérialisme philosophique ou scientifique.

ÓDHINN. Principal dieu ase de la mythologie scandinave.

OGOUN. Dieu yoruba et vodou.

OLORÚN. Dieu créateur de l'univers dans le culte du candomblé brésilien.

OLYMPE, Mont (2 917 m) situé au nord de la Thessalie. Séjour des dieux dans la mythologie grecque.

OṀ. C'est le **mantra* par excellence, constituant, dans la tradition hindoue, l'expression rituelle sonore du sacré et le signe de la soumission au **dharma*. Sous la forme d'un *o* nasalisé, il commence toute récitation liturgique et, symbolisant la mise en branle de l'énergie cosmique lors de la création du monde, doit être émis (même mentalement) au début de chaque journée. Origine de l'univers, il en est aussi le point d'aboutissement au terme du cycle cosmique. Décomposé en trois éléments (*a* + *u* + *m*), il symbolise la structure ternaire qui gouverne le monde et l'humanité.

OMAR. Voir **'UMAR**.

OMAYYADES. Voir **UMAYYADES**.

ORACLE. En latin *oraculum*, « parole » des dieux en réponse à une question qui leur est adressée par un devin, agissant pour le compte du consultant.

ORDALIE. Si, en tant qu'institution, l'ordalie (ou jugement de Dieu ; en anglais *ordeal*, en allemand *Urteil*) caractérise le Moyen Âge européen, le fait de pouvoir s'en remettre au surnaturel pour décider de la culpabilité ou de l'innocence d'un accusé semble un trait universel. Dans le cadre de la justice seigneuriale médiévale, cependant, l'ordalie n'a nullement un caractère exceptionnel : elle constitue même la preuve ordinaire et prend, dans les procès importants, la forme du duel judiciaire. Longtemps approuvée par l'Église, elle fut condamnée en 1215 au IVe concile du Latran et interdite en France sous Louis IX.

ORDRES MYSTIQUES, islam. Voir **CONFRÉRIE MUSULMANE**.

ORIGÈNE (185-253 ou 254). Théologien de langue grecque, originaire d'Alexandrie. S'est illustré notamment dans l'exégèse biblique.

ORIXÁ OU ORISHA. Nom générique des divinités du candomblé brésilien.

ORPHÉE. Poète mythique dont les légendes grecques racontent la descente aux Enfers.

ORTHODOXIE. De *orthos*, « droit », et *doxa*, « opinion ». En matière de religion, le terme désigne la conformité avec la doctrine traditionnelle ou officielle.

ORTHOPRAXIE. Par analogie avec l'orthodoxie (de *orthos*, « droit », et *doxa*, « opinion »), qui désigne en matière religieuse la « conformité à la droite doctrine », le terme d'orthopraxie (*praxis*, « action ») a été créé pour désigner une stricte conformité au rituel, n'impliquant ni adhésion à une doctrine ni foi personnelle. L'orthopraxie se borne à stipuler l'exactitude dans l'accomplissement de certains gestes (les *drômena*, ce qu'on « fait ») et dans l'énonciation de certaines formules (les *legomena*, les « dits »).

OSIRIS. Dieu égyptien de la mort et de la renaissance.

OSSÈTES. Peuple caucasien de langue indo-européenne (groupe iranien).

OSTENSION. Exposition des reliques.

OURANOS. Dieu grec du Ciel.

OXALÁ ET ODUDUA. Premier couple divin dans la cosmologie du candomblé brésilien.

PAGANISME. Au sens propre, les païens (en latin, *pagani*) sont les « gens des campagnes » qui, à l'époque de la christianisation de l'Empire romain, restèrent longtemps fidèles au polythéisme antique. C'est donc dans le cadre du christianisme que leurs croyances – puis, par extension, toutes celles qui ne sont pas d'origine judéo-chrétienne – ont pu être qualifiées de « païennes » par les missionnaires ou les théologiens.

PALÉOLITHIQUE. Période la « pierre ancienne » que la paléontologie fait commencer avec l'apparition de l'outil, il y a plus de deux millions d'années, et s'achever avec la fin de l'époque glaciaire, il y a 8 000 ou 9 000 ans.

PĀLI. Langue des anciennes Écritures du bouddhisme méridional, pratiquée encore aujourd'hui à Sri Lanka et dans les pays occidentaux de la péninsule indochinoise.

PAN. Divinité grecque de la nature sauvage et de l'instinct animal.

PANTH. Première communauté sikhe, réformée au XVIIe s. par le dernier Gurū, Gobind.

PAPAUTÉ. Le latin *papatus* dérive de *papa* (titre d'honneur signifiant « père ») donné jusqu'au VIIe s. à tous les évêques, mais plus spécialement à celui de Rome. *Papatus* apparaît dans le dernier tiers du XIe s., en même temps que l'emploi de *curia* pour désigner l'administration centrale et romaine de l'Église catholique.

PARÈDRE. En grec, *parédros*, « assis auprès de », d'où, au sens figuré, « inférieur ». L'adjectif s'appliquait en particulier aux dieux inférieurs, dont les statues étaient placées dans les sanctuaires à côté de celles des dieux plus puissants. Substantivé au féminin, le terme désigne, en histoire des religions, une divinité secondaire, à la fois émanation et épouse de la divinité masculine à qui elle est associée.

PAROUSIE. En grec, *parousia* signifie « présence » et « arrivée ». À l'époque hellénistique, le terme peut désigner la manifestation d'un dieu ou l'entrée d'un souverain dans une ville. Dans la théologie chrétienne, le mot fait référence au retour glorieux du Christ à la fin des temps. Attendue comme prochaine par les premiers chrétiens, la parousie reste pour le christianisme un élément essentiel de la foi et du culte.

PARSIS. Le terme, qui signifie « Persans », désigne les membres de la communauté zoroastrienne établie en Inde.

PASTEUR. La figure messianique du maître du troupeau s'est lentement élaborée à partir du thème biblique du pasteur (Ézéchiel, XXXIV) et du roi-berger, jusqu'à l'allégorie johannique du bon Pasteur (Jean, X, 11-18). Par extension, le protestantisme a donné le nom de pasteur aux ministres du culte.

PATRIARCATS. Regroupements plus ou moins centralisés de diocèses qui se sont formés empiriquement, du IVe au VIe s., autour de quelques grands sièges épiscopaux (Rome, Constantinople, Alexandrie, Antioche, Jérusalem). Au début du IIe millénaire, la division s'installa entre l'Orient et l'Occident, principalement à cause de l'impossibilité de s'accorder sur le rôle propre du siège de Rome au sein de cette structure patriarcale.

PÉLAGIANISME. Doctrine qui accentue au détriment de la grâce divine la puissance du libre arbitre de l'homme. Professée au IVe s. par Pélage et ses partisans, elle est la première en date des hérésies de l'Occident chrétien.

PENTATEUQUE. Nom donné par la tradition grecque aux cinq premiers livres de la Bible (Genèse, Exode, Lévitique, Nombres et Deutéronome) qui, dans le judaïsme, constituent au sens strict la Tōrah (en hébreu, « enseignement »).

PENTECÔTISME. Ensemble de mouvements chrétiens qui placent au premier rang de leur croyance la conviction que la notion de charisme, ou don de l'Esprit, doit être revalorisée et réactualisée.

PÈRES DE L'ÉGLISE. Écrivains de l'Antiquité chrétienne considérés, selon un choix de la tradition ecclésiastique, comme d'authentiques garants de la foi orthodoxe.

PESAH. En hébreu, la Pâque ; on rattache le terme à la racine *pasaḥ*, « sauter », parce que, lors de la sortie d'Égypte, l'Exterminateur, « passant outre » les maisons des israélites, ne frappa que les premiers nés des Égyptiens (Exode, XII, 13).

PETIT VÉHICULE. Voir **HĪNAYĀNA**.

PETRO. Famille de dieux vodous.

PEYOTL. Plante de la famille des Cactacées (*Lophophora Williamsii*) dont les Indiens Huichol du Mexique utilisent les propriétés hallucinogènes dans un contexte cultuel. Aux États-Unis, la « Native American Church » a repris à son compte cet usage.

PHARISIENS. En grec, *pharisaioi* ; en hébreu, *perushīm*, mot à mot les « séparés » (de tous ceux qui n'appliquent pas la Tōrah) ; les pharisiens forment une des quatre grandes sectes du judaïsme de l'époque romaine (avec les sadducéens, les Esséniens et les zélotes) et se caractérisent par leur attachement à la double transmission de la Tōrah, écrite et orale. Historiquement, les pharisiens sont à l'origine du judaïsme moderne.

PHILON D'ALEXANDRIE (20 env. av. J.-C.-45 apr. J.-C.). Principal représentant de l'école philosophique juive d'Alexandrie qui interprétait la Bible selon les catégories hellénistiques.

PHYLACTÈRE. En grec, *phylactèrion*, « moyen de sauvegarde », d'où « amulette ».

PHYSIS. En grec, « nature » ; le terme s'est trouvé au cœur des débats théologiques qui ont abouti à la définition de la doctrine chrétienne des deux natures, divine et humaine, réunies en la personne unique du Christ.

PLAIN-CHANT. Ensemble du répertoire des mélodies de l'Église catholique romaine d'Occident pour la messe et l'office.

PLATON (428/27-348/47 av. J.-C.). Philosophe grec. Disciple de Socrate, il créa l'Académie, où il enseigna tout en rédigeant ses célèbres dialogues, qui lui ont suscité une descendance intellectuelle et spirituelle innombrable.

PLÉRÔME. En grec classique, *plèrôma* désigne « tout ce qui remplit ou complète », d'où, au sens abstrait, « plénitude » ou « accomplissement ». On le trouve en ce sens dans le Nouveau Testament. Dans le gnosticisme, il désigne le monde divin émané du Dieu transcendant, inconnu et indicible.

PONTIFES. Collège sacerdotal dans la Rome antique.

POSÉIDON. Dieu grec maître de la mer.

POSSESSION. Observée dans des contextes culturels très divers, la possession par des entités divines ou diaboliques est un « fait social total » dont les multiples manifestations, longtemps domaine d'étude propre à la psychologie, sont aujourd'hui envisagées par l'anthropologie dans leur interaction avec le cadre culturel et social où elles se rencontrent.

POURIM OU FÊTE DES SORTS. Fête juive célébrée le 14 du mois d'*adar*. Commémorant l'échec du projet d'extermination des juifs de Perse par Aman, sous le règne d'Assuérus, elle est marquée par la lecture du rouleau d'Esther et par des festivités joyeuses, destinées aussi bien aux adultes qu'aux enfants.

PRAJĀPATI. Divinité védique et hindouiste, être primordial et démiurge.

PRESBYTÉRIEN-SYNODAL (RÉGIME). Organisation ecclésiale du protestantisme qui refuse aussi bien le gouvernement de l'Église par les évêques (épiscopalisme) que l'autonomie totale des paroisses (congrégationalisme). Le pouvoir y est confié à des assemblées élues d'« anciens » (laïcs) et de pasteurs. Ces assemblées, appelées synodes, existent à tous les niveaux, depuis celui de la paroisse jusqu'à celui de l'Alliance mondiale.

PROPHÈTE (LE), islam. Voir **MUḤAMMAD**.

PROPHÈTES (LIVRES DES), judaïsme. Voir **NĔBHI'IM**.

PROPHÈTES DE L'ISLAM. Le Coran évoque de nombreux prophètes parmi lesquels se détachent, d'Adam à Jésus, les grands personnages de l'Ancien et du Nouveau Testament. Une hiérarchie est instaurée entre le simple « inspiré » (*nabī*) et l'« envoyé » (*rasūl*) qui a reçu une mission particulière. Le plus grand de tous est Muḥammad, le « sceau des prophètes », celui dont la mission est universelle et touche la dernière période de l'histoire du monde.

PROPHÉTISME. Élément essentiel de presque toutes les grandes religions de l'histoire, le prophétisme se rencontre le plus fréquemment dans les religions sotériologiques (qui attendent un sauveur ou le retour d'un sauveur), salvatrices (qui enseignent les moyens du salut, même en l'absence d'un sauveur personnel) ou eschatologiques (qui prédisent la fin de l'homme et du monde). Il témoigne du besoin d'inscrire dans l'histoire la Révélation première, qu'il renouvelle, transforme ou perfectionne.

PTAH. Dieu égyptien créateur de la Terre.

PŪJĀ. Élément essentiel de la religion hindouiste, la *pūjā* est le culte rendu aux dieux, dans la nature, dans leurs temples ou au foyer domestique. Il consiste en des soins et offrandes calqués sur ceux de l'hospitalité ou de la déférence envers les grands de ce monde.

PURETÉ. Qu'elle soit conçue comme seulement physique ou comme spirituelle et morale, la pureté (à quoi s'oppose la souillure) occupe dans la plupart des rituels religieux un rôle primordial dans la mesure où elle est conçue comme la condition nécessaire pour accéder au sacré.

PURIM. Voir **POURIM**.

PYRAMIDE. Monument d'origine purement égyptienne qui, au moins sous l'Ancien Empire (env. 2700 à 2200 av. J.-C.), est essentiellement la tombe d'un roi et parfois d'une reine.

QADDIŠ. Voir **KADDISH**.

QĀḌĪ. Juge des tribunaux musulmans.

QĀDIRIYA. Confrérie mystique musulmane fondée par ʿAbd al-Qādir al Djīlānī (mort en 1166).

QI [K'I]. Dans la tradition chinoise, énergie partout régnante qui fait naître et croître, transforme et se transforme, tantôt subtile et sans support matériel, tantôt sensible dans les corps graves.

QUAKERS. Nom donné (en anglais, « ceux qui tremblent [devant la Parole de Dieu] » aux membres d'un groupe d'origine protestante fondé en Angleterre, avec l'appellation de Société des amis, par George Fox (1624-1691) et prônant l'autorité suprême de la lumière intérieure de l'Esprit-Saint.

QUETZALCOATL. L'une des principales divinités de l'ancien Mexique, dite le « Serpent à plumes ».

RADA. Famille de dieux vodous.

RAMAḌĀN. Neuvième mois lunaire du calendrier hégirien, marqué par un jeûne diurne strict dont les modalités varient selon les écoles juridiques, mais dont l'obligation est unanimement affirmée.

RĀMĀYANA. « Geste de Rāmā ». C'est, après le **Mahābhārata*, la seconde grande épopée indienne. Attribué par la tradition à un seul auteur, Vālmīki, le *Rāmāyana* a connu dans l'Inde même et dans les pays qu'elle influença une immense diffusion dont témoigne l'extension du culte ramaïte.

RĀZĪ, Fahraddī al- (1149-1209). Philosophe et théologien musulman.

RÊ. Divinité égyptienne incarnant le Soleil.

REN. Dans la morale confucéenne, le *ren* est la vertu parfaite, origine de toutes les autres, la qualité humaine par excellence, faite de maîtrise de soi et de capacité à comprendre autrui. Son domaine d'action commence à la piété filiale et à l'amour fraternel pour s'étendre graduellement à tout l'Empire.

RENONÇANTS. Ascètes errants (*saṃnyāsin*) ayant décidé de quitter le monde, conformément au modèle ancien qui partage la vie du brāhmane en quatre périodes : l'étude, le mariage et la vie de famille, la retraite dans un ermitage, enfin la solitude totale du « renonçant » pour s'assurer la « délivrance ».

RÉTRIBUTION. Récompense dont le fidèle espère qu'elle lui sera accordée, en fonction de ses mérites, dans la vie de l'au-delà (ou même ici-bas).

RÉVÉLATION. Classiquement, communication d'une vérité par Dieu lui-même ou par un auteur qui reçoit de lui son inspiration ; elle peut se transmettre sous la forme d'écrits ou d'une tradition orale.

ṚG-VEDA. L'une des quatre grandes parties du *Veda*, celle qui correspond, parmi les diverses spécialisations liturgiques, à la récitation solennelle.

RHÉA. Déesse grecque, mère de Zeus et des Olympiens.

RINZAI (SECTE). Née au Japon de l'enseignement de Myōan Eisai, la tradition rinzai est l'une des deux branches majeures du zen (l'autre étant la secte sōtō).

RITES CHRÉTIENS. Le protocole du culte qu'est la liturgie se trouve ici ou là particularisé par des coutumes ou traditions locales. C'est ainsi qu'on distingue les rites byzantin, romain, gallican, etc.

ROYAUTÉ SACRÉE. Dans certaines religions, le pouvoir et la personne même du souverain revêtent un caractère sacré ou divin. *Frazer a repris ce fait dans une perspective évolutionniste avec sa théorie du « roi divin ».

ṚṢI. Dans la tradition hindoue, personnages mythiques, « sages » ou « prophètes », qui ont reçu la révélation du *Veda* (le « Savoir ») et qui ont traduit les textes védiques en langage accessible aux hommes.

ṚTA. Dans la littérature védique, désigne à la fois l'ordre cosmique, le rite et l'art, c'est-à-dire le moyen de parvenir à l'harmonie avec l'énergie universelle.

RŪMĪ, DJALĀL AL-DĪN. Voir **JALĀL**.

SAADIA BEN JOSEPH (882 ou 892-942). Philosophe juif égyptien.

SABBAT OU SHABBATH. De l'hébreu *shavat*, « cesser », jour de repos hebdomadaire consacré à Dieu, qui s'est reposé au septième jour de la Création (Exode, XX, 8-11).

SACRIFICES (FÊTE DES) OU AL-ADHĀ. Dans le rituel du grand pèlerinage, jour où les fidèles sacrifient des animaux à Minā (près de La Mecque) et jour où, dans tout le monde islamique, les fidèles qui n'ont pu accomplir le pèlerinage pratiquent les mêmes offrandes en union avec les cérémonies de Minā.

SĀDHU. En sanskrit, « saint ». Dans la tradition indienne, le *sādhu* est celui qui a fait vœu de renoncer à la société.

ŠAFI'Ī. Voir **SHĀFI'Ī**.

SAGESSE DE SALOMON OU LIVRE DE LA SAGESSE. Livre de la Bible, chronologiquement dernier écrit de l'Ancien Testament, attribué à Salomon par la tradition.

SAINT-ESPRIT. Troisième personne de la Trinité dans le dogme chrétien, il est mentionné sous la forme de « *souffle » dès la première page de la Bible (Genèse, I, 2).

ŚAKTI. En sanskrit, « énergie » ; dans la tradition indienne, le mot désigne la puissance cosmique, mère de toutes choses et de toute production.

ŚĀKYAMUNI. Au sens propre, « ascète des Śākya », du nom de la petite tribu d'où est issu Gautama ; un des noms traditionnels du Buddha.

ṢALĀT. Prière rituelle qui constitue une des cinq obligations du croyant dans l'islam.

SALUT. Voir **SOTÉRIOLOGIE**.

SĀMA-VEDA. De *sāman*, « mélodie », en sanskrit, ensemble de textes du *Veda* destinés à être chantés.

SAṂGHA. Voir **SAṄGHA**.

SAṂHITĀ. En sanskrit, « collection » ; un des quatre grands corps des Écritures védiques.

SAṂNYĀSIN. Voir **RENONÇANTS**.

SAṂSĀRA. Dans la tradition indienne, transmigration, ou succession indéfinie des existences, dont l'enchaînement est conditionné par la valeur morale des actes (**karman*). Le bouddhisme vise à y mettre fin par l'accession au **nirvāṇa*.

SAṄGHA OU SAṂGHA. Communauté bouddhique.

SĀRNĀTH, Inde. Lieu de pèlerinage bouddhique.

ŚĀSANA. En sanskrit, « enseignement » par un buddha.

SAXO GRAMMATICUS (1140-1206). Moine danois, auteur d'une chronique en prose latine constituant une source essentielle pour l'étude des légendes scandinaves.

SCHISME. En grec, *schisma* désigne d'abord la « déchirure », au sens concret du terme et, par extension, la « division », la « scission ». Dans l'histoire du christianisme, la notion de schisme est étroitement liée à celle d'hérésie. Les deux termes appartiennent au lexique de l'autorité ecclésiastique et désignent, pour les réprouver, une erreur ou une déviation condamnables au nom de l'unité de la doctrine. Les réalités qu'ils recouvrent sont cependant bien distinctes : l'hérétique professe une opinion condamnée, le schismatique fait sécession en entraînant avec lui des adeptes pour constituer une communauté rivale de celle dont il se sépare. Sous le nom de Grand Schisme d'Orient, on désigne la rupture entre l'Église d'Orient et l'Église d'Occident, devenue définitive au XIe siècle après une longue période d'incubation. Par extension, on peut appeler schisme toute scission qui entraîne l'éclatement d'une communauté religieuse ou idéologique.

SCIENCE CHRÉTIENNE. Mouvement religieux fondé officiellement en 1879 par Mary Baker-Eddy (1821-1910) et pour lequel le livre d'un guérisseur (Phineas Quimby) dont il s'inspire, *Science and Health*, a autant d'autorité que la Bible. De tendance adventiste, il se présente comme une secte fort éloignée des croyances chrétiennes traditionnelles.

SCIENTOLOGIE (ÉGLISE DE). Nouvelle religion issue de la « dianétique » de l'Américain L. R. Hubbard.

SCYTHES. Peuple nomade de l'Eurasie antique, fixé en Russie méridionale du VIe s. av. J.-C. au IIe s. apr. J.-C. environ.

SÉFARADES. Descendants des communautés juives de l'Espagne médiévale, par opposition aux ashkénazes, dont les ancêtres vivaient en Allemagne.

SEFIRŌT. Au singulier *sefirah* ; dans la kabbale juive, le terme désigne les dix degrés de l'émanation du monde divin, à partir d'*Eyn Sof* (l'Infini).

SÉLEUCIDES. Dynastie monarchique hellénistique (312-64 av. J.-C.).

SÉMITES. Peuples parlant ou ayant parlé une langue « sémitique » (hébreu, araméen, arabe, etc.) et dont l'origine commune est d'autant plus vraisemblable qu'ils ont occupé une aire continue et bien délimitée de la péninsule arabique à la Mésopotamie.

SEPTANTE (TRADUCTION DE LA BIBLE DITE DES). Traduction en grec de la Bible hébraïque entreprise au sein de la communauté juive d'Alexandrie à partir du IIIe s. av. J.-C. Selon la légende, le roi Ptolémée en aurait confié le soin à soixante-douze traducteurs, d'où son nom.

SHABBATH. Voir **SABBAT**.

SHĀFI'Ī, Abū Abdallah Muḥammad ibn Idris al- (767-820). Fondateur de l'école juridique qui porte son nom.

SHĀFI'ISME. École juridique (*mādhhāb*) de l'islam sunnite.

SHAHĀDA OU CHAHADA. Profession de foi islamique.

SHANGDI. Voir **DI**.

SHARĪ'A. Loi islamique dans ses applications concrètes. La Loi divine (*shar'*), objet de la Révélation, se prolonge et se matérialise dans la *sharī'a*, codifiée en un corps de doctrine par les maîtres du droit musulman.

SHAYKH. Maître spirituel soufi.

SHEKINA. Mot hébreu (signifiant littéralement « demeure ») qui désigne dans la Bible la présence de Dieu parmi son peuple ou l'immanence de Dieu dans le monde. Les images associées à la Shekina sont la lumière, la gloire divine, la manifestation de Dieu. Le thème de la Shekina a pris un développement considérable dans la kabbale. Elle est assimilée à la dixième *sefira*, *Malkut* (Royaume), principe féminin, réceptif, qui reçoit l'émanation des *sefirot* supérieures et la transmet au monde inférieur.

SHEMA. Prière juive quotidienne désignée par son premier mot, « Écoute [Israël] ». Elle se compose de trois passages de la Tōrah : Deutéronome, VI, 4-9 ; XI, 13-21 ; Nombres, XV, 37-41.

SHENHUI [CHEN-HOUEI] (684-758). Maître chinois du chan, il accrut l'importance de l'école du Sud en poursuivant l'enseignement de son maître Huineng.

SHĪ'ISME. Branche de l'islam issue du conflit pour la succession du Muḥammad (mort en 632).

SHIKANTAZA. Méditation assise dans le bouddhisme zen.

SHINGON (ÉCOLE). Secte bouddhique japonaise fondée par Kūkai (774-835) et caractérisée par sa doctrine ésotérique.

SHIVAÏSME. Ensemble de mouvements et de doctrines qui, au sein de l'hindouisme, font de Śiva la divinité suprême.

SHUGENDŌ. Religion syncrétiste japonaise alliant des croyances populaires du shintō, du bouddhisme et du taoïsme chinois.

SIBYLLE. Type de prophétesse originaire d'Ionie dont le modèle se répandit dans tout le bassin méditerranéen.

SIDDĀRTHA GAUTAMA. Voir **GAUTAMA**.

SIDDHA. En sanskrit, « parfait » ; dans la tradition indienne, le terme s'applique aux êtres qui atteignent la perfection dans la réalisation d'eux-mêmes.

SĪRA. Biographie du Prophète ; recueil des traditions orales consacrées aux faits et gestes de Muḥammad rassemblées vers 630-770 de l'ère chrétienne.

ŚIVA. Dieu majeur de l'hindouisme.

SMṚTI. En sanskrit, « mémoire ». Dans la tradition indienne, le *Veda* constitue la Révélation (*śrūti*, « audition ») tenue pour « éternelle, non humaine, permanente », alors que les textes du *smṛti* (entre autres les deux grandes épopées, *Mahābhārata* et *Rāmāyana*) en sont l'adaptation aux conditions particulières de notre *âge cosmique.

SNORRI STURLUSON (1178-1241). Poète et historien islandais.

SŌKA GAKKAI. Secte japonaise contemporaine.

SOL (DIEU DU). Divinité territoriale de la Chine antique (*She*).

SŎN. Version coréenne du chan chinois.

SOTÉRIOLOGIE. Du grec *sôter*, « sauveur ». Doctrine du salut.

SŌTŌ (SECTE). Secte et tradition issues de l'enseignement du moine japonais Dōgen (au XIIIe s.), constituant un courant essentiel du zen.

SOUFFLE. En hébreu, la *ruaḥ* est à la fois le souffle comme manifestation physique et comme « esprit ». C'est elle qui « planait sur les eaux » (Genèse, I, 2). *Pneuma*, en grec, et *spiritus*, en latin, ont la même multiplicité de sens : vent, haleine, inspiration, souffle divin. Dans la théologie chrétienne, la pneumatologie est l'étude et la célébration de l'Esprit saint, troisième personne de la Trinité, envisagé soit au sein du mystère divin (la « procession » du Saint-Esprit), soit dans la manifestation de ce mystère et la communication de la vie divine. Dans un sens plus large, on parle, en histoire des religions, de pneumatologie chaque fois qu'il s'agit de caractériser l'immanence du souffle divin, le divin comme spirituellement présent à l'intérieur de l'homme.

Dans les *Upaniṣad*, les doctrines concernant les souffles (*prāṇa*) occupent une très grande place. En tant que principe vital, le prāṇa est intimement lié à l'**ātman*, le Soi universel, dont le nom est lui-même entendu comme apparenté aux notions de souffle et de vent.

SOUFISME. Au sens large, ensemble de la mystique islamique.

SOUKKOT. Dans le judaïsme, fête qui commémore le temps où les israélites vivaient dans le désert (d'où son nom, « fête des tentes »). Elle commence le quinzième jour du mois de *tishri*.

ŚRUTI. En sanskrit, « audition », d'où « Révélation ».

STŪPA. Monument caractéristique du bouddhisme partout où il s'est répandu, le *stūpa* a revêtu au cours des âges des formes et des significations très diverses. Le type le plus simple se compose d'une base hémisphérique, l'*aṇḍa* (en sanskrit, « œuf »), dans laquelle est fichée une hampe verticale supportant des parasols (symboles de majesté et de sainteté) en nombre impair. Il contient souvent des reliques ou un manuscrit énonçant les vérités du bouddhisme, dont il est un signe visible et tangible.

SUKKOT. Voir **SOUKKOT**.

SUNNA. Ensemble de la tradition musulmane englobant en particulier le *ḥadīth*, ou collection des propos tenus par Muḥammad.

SUNNISME. Branche majoritaire de l'islam, définie comme celle de la « tradition » (*sunna*).

SŪTRA. Dans la tradition indienne, texte formé d'aphorismes ou de courtes phrases enchaînées les unes aux autres (en sanskrit, le mot signifie « corde »). Les sūtra, présentant une forme concentrée ou elliptique du savoir, appellent généralement un commentaire. Dans le bouddhisme, le nom de sūtra (en pāli *sutta*) est donné aux textes considérés comme rapportant les entretiens ou les sermons du Buddha.

SUZUKI, DAISETSU TEITARŌ (1870-1966). Penseur japonais, vulgarisateur en Occident du bouddhisme zen.

ŚVETĀMBARA. Secte du jinisme.

SYNAGOGUE. Du grec *synagôgè*, « lieu de rassemblement », traduction de l'hébreu *bethaknesseth*, « maison de l'Assemblée ».

SYNODALE (STRUCTURE). Organisation ecclésiale fondée sur le *synode*, assemblée délibérante qui est l'organe du gouvernement de la communauté.

TABARĪ, al- (839-923). Historien arabe et commentateur du Coran.

TABOU. Emprunté aux langues polynésiennes, le terme a été compris par les premiers navigateurs comme désignant les divers interdits (interprétés comme « religieux » ou comme « profanes ») qu'ils rencontraient et se voyaient souvent eux-mêmes contraints d'observer. Si, pour les premiers anthropologues, le nombre et la diversité des tabous ne faisaient que « démontrer » l'incohérence d'une pensée primitive dominée par la superstition, la notion de tabou est devenue à l'époque moderne un des grands thèmes de recherche des sciences humaines en général. La réflexion envisage principalement le système des tabous comme mode de classification symbolique du réel, comme moyen de restriction de la « liberté de jouissance » (au sens psychanalytique) ou comme expression et enjeu du pouvoir politique des chefs.

TAHMŪRATH. Roi légendaire de l'Iran ancien.

TAISHAN [T'AI-CHAN]. Montagne sacrée, Shandong, Chine.

TALISMAN. Objet ou image dont la forme et le matériau correspondent à un rituel déterminé et dont on se sert soit pour se protéger contre un maléfice, soit pour obtenir divers bienfaits.

TALLIT. Châle de prière dans les rituels du judaïsme.

TALMUD. En hébreu, « étude » ; mise par écrit de la Tōrah orale, d'abord sous forme de la **Mishna* puis du commentaire de celle-ci (*Guemara*). Ce travail fut accompli au cours des premiers siècles de l'ère chrétienne dans les académies juives de Palestine et de Babylone, d'où l'existence de deux Talmuds, « de Jérusalem » et « de Babylone ».

TANAK. Désignation traditionnelle de la Bible dans le judaïsme ; le mot est formé par les initiales des trois grandes parties de la Bible hébraïque : Tōrah (« loi »), Nēbhi'im (« prophètes »), Kētūbīm (« écrits »).

TANNAIM (IIe s.). Maîtres juifs des Ier et IIe siècles qui compilèrent en Palestine le volume de la *Mishna* (règles et lois).

TANTRA. Textes sanskrits médiévaux qui présentent la doctrine du tantrisme, et en particulier les « recettes spirituelles » grâce auxquelles les adeptes cherchent à mettre en œuvre l'« énergie cosmique » (**śakti*).

TAO. Voir **DAO**.

TAO-TÖ KING. Voir **DAODE JING**.

ṬARĪQA. Voir **CONFRÉRIE MUSULMANE**.

TCHOUANG-TSEU. Voir **ZHUANGZI**.

TEFILLIN. Dans la prière juive, boîtiers de cuir portés au front et au bras par l'orant et renfermant des parchemins où sont copiés des versets de la Bible (Exode, XIII, 1-10, 11-16 ; Deutéronome, VI, 4-9 ; XI, 13-21).

TÉMOINS DE JÉHOVAH. Dénomination fondée aux États-Unis par Charles T. Russell (1852-1916) et se rattachant à la tendance millénariste de l'adventisme. Elle est connue pour son prosélytisme en faveur d'une conception conservatrice de la nature et de l'interprétation des Écritures.

TEMPLE D'OR. Principal sanctuaire du sikhisme, édifié au XVIe s. à Amritsar, ville sainte de l'Inde.

TEMPLUM. Espace sacré originel à Rome.

TEMPS PRIMORDIAL. Temps des origines, dont les mythes d'origine rapportent l'existence. Pour beaucoup de sociétés, c'est celui où se sont produits les événements fondateurs sur quoi reposent leurs règles et leurs valeurs. En ce sens, il a un lien avec le temps actuel, auquel il donne sa légitimité, mais il est souvent conçu comme un paradis perdu. Les fêtes et les rites, qui répètent ou célèbrent les événements survenus alors, offrent cependant un moyen de le retrouver, en établissant une coïncidence entre lui et le temps existentiel.

TENDAI (ÉCOLE) OU TENDAISHŪ. Fondée par le moine japonais Saichō (767-822), elle s'inspire des pratiques de l'école bouddhique chinoise Tiantai.

TERĀPANTHIN. Secte du jinisme.

TERRE PURE (ÉCOLE DE LA). Secte bouddhique chinoise qui prône la dévotion au Buddha Amitābha (en japonais Amida).

THÉOLOGIE DE LA LIBÉRATION. Partant des deux préalables que Jésus est venu délivrer les hommes du mal et que le mal suprême dont souffre l'humanité est l'injustice économique et sociale, la théologie de la libération – née en Amérique latine – affirme que toute vraie foi doit s'incarner dans une praxis sociopolitique de lutte contre l'oppression, cette lutte en retour éclairant et vivifiant la foi. Dès lors, l'évangélisation est d'abord une libération de la violence structurelle, et c'est déjà dans l'histoire des hommes œuvrant pour plus d'humanité que commence à se construire le royaume de Dieu. Dans cette perspective, l'Église doit « naître du peuple » et s'organiser collégialement à partir des communautés de base, dont les théologiens ne sont que les porte-parole. Cette Église vouée à la libération des exploités doit refuser toute alliance avec les pouvoirs établis.

THÉOLOGIE NÉGATIVE. Héritière de la philosophie de Platon réinterprétée par Plotin (205-270) et les maîtres néo-platoniciens des trois siècles suivants, la théologie négative (ou apophatisme) est un effort pour saisir Dieu dans sa transcendance, tout en sachant l'impossibilité pour le langage de dire cette transcendance. Si l'on ne peut penser Dieu, qui transcende toute pensée, du moins peut-on parler de lui « en négatif » pour dire ce qu'il n'est pas. Dans cette perspective, on peut aussi postuler la possibilité d'une saisie d'un autre ordre, non plus intellectuelle mais mystique. Ainsi comprise, la théologie négative est un élément constitutif du christianisme tout au long de son histoire (du côté de Thomas d'Aquin aussi bien que de Maître Eckhart ou de Jean de la Croix). Par ailleurs, on en retrouve certains traits dans des traditions non chrétiennes, qu'elles puisent aux mêmes sources (judaïsme et islam), ou qu'elles leur soient étrangèrent (religions asiatiques).

THÉOPHILANTHROPIE. Religion « naturelle » apparue, parmi d'autres cultes déistes éphémères, pendant la Révolution française (1796). Fondée sur une croyance en Dieu et en l'immortalité de l'âme qui se voulait affranchie des disputes théologiques, elle prêchait la tolérance et le respect des devoirs envers autrui et envers la société. Elle ne comportait ni hiérarchie, ni sacerdoce et s'exprimait à travers un culte familial, à orientation surtout morale, adressé au « Père de la nature ». Combattue aussi bien par les catholiques que par les républicains « philosophes », elle ne survécut pas au concordat de 1801.

THÉOSOPHIE. Doctrine ésotérique visant à une connaissance globale des mystères de l'univers dans ses rapports avec Dieu et avec les hommes. En ce sens, le terme est en usage en Allemagne au début du XVIIe siècle, où il s'applique en particulier à la philosophie mystique de Jakob Boehme (1575-1624). Derrière le foisonnement du monde, le théosophe recherche le sens caché des « signes » ou hiéroglyphes de la nature, il établit entre microcosme et macrocosme des correspondances infinies et réinterprète la Révélation dans une quête permanente de Dieu, « trésor caché qui aspire à être connu » (J. Boehme). Une secte relevant de l'**occultisme* a été créée sous ce nom à la fin du XIXe siècle.

THERAVĀDA. En sanskrit, « opinion des anciens » ; ce courant du bouddhisme est issu du Hīnayāna. Sa doctrine est marquée par la volonté du retour à l'enseignement essentiel du Buddha.

THÉURGIE. Par contraste avec la pure spéculation intellectuelle, la théurgie est un ensemble de pratiques rituelles (en grec, « œuvre divine ») par lesquelles certains néo-platoniciens (et en particulier Jamblique, 250 env.-330 env.) voient le moyen d'accéder progressivement à l'union mystique avec le divin.

THÓRR. Divinité nordique et germanique dont le nom signifie « tonnerre ». Dieu-guerrier, il fut l'objet d'une vénération importante de la part des populations rurales et des Vikings.

THOT. Dieu égyptien du savoir et de l'écriture.

TIAN. Le Ciel, divinité suprême dans la Chine des Zhou.

TIANTAI [T'IEN-T'AI]. Secte bouddhique chinoise et montagne sacrée éponyme au Zhejiang, Chine.

TJURUNGA. Objets sacrés des aborigènes australiens.

TLALOC. Dieu aztèque de l'eau, il fait tomber la pluie.

TŌRAH. En hébreu, « enseignement » ; désignation des cinq premiers livres de la Bible (le Pentateuque) et, par extension, de l'ensemble de la Révélation.

TOSEFTA. « Supplément » à la **Mishna*.

TOURS DU SILENCE. Appelées *dakhma*, tours à ciel ouvert consacrées à l'exposition des corps des morts dans le rituel funéraire mazdéen.

TRANSMIGRATIONS (CYCLE DES). Voir **SAṂSĀRA**.

TRIADE CAPITOLINE. Une triade divine archaïque, formée de Jupiter, Mars et Quirinus, était à Rome l'expression de l'idéologie trifonctionnelle indo-européenne telle que l'a définie G. Dumézil. Dès la fin du VIe siècle, elle fut remplacée par la triade capitoline où Jupiter est associé à Junon et Minerve. Cette seconde triade correspond à une nouvelle conception de la société (la fonction royale a été remplacée par une aristocratie militaire) et les deux déesses n'y jouent qu'un rôle assez effacé : sous le vocable d'Optimus Maximus, Jupiter s'impose alors durablement comme le représentant du pouvoir des magistrats et surtout de la majesté du peuple roi.

TRIFONCTIONNELLE (IDÉOLOGIE). On appelle idéologie tripartite ou trifonctionnelle l'organisation qui a été mise en évidence par G. Dumézil au sein du monde indo-européen et selon laquelle les activités socio-religieuses se répartissent et s'ordonnent selon trois fonctions : la fonction souveraine ou « spirituelle », réservée au souverain-magicien, au roi sacré détenteur du pouvoir suprême (tels Zeus, Jupiter, Mitra, Ódhinn) ; la fonction « martiale », ou violente, responsable de l'ordre ou, pour mieux dire, ennemie du désordre, que représentent Mars, Indra ou Tyr, c'est-à-dire le soldat, le guerrier, le « bras séculier » ; la fonction « végétative » ou nourricière, productrice de richesses, occupée par les artisans, commerçants, éleveurs et agriculteurs (Quirinus, Nasatya, Njôrdhr et ses enfants).

TRIMŪRTI. L'hindouisme place au sommet de son panthéon une triade (*trimūrti*) de trois grands dieux de rang égal : Brahmā, Viṣṇu et Śiva. Chacun d'eux représente un aspect de la toute-puissance divine, mais leurs relations ne sont pas comparables à celles que les théologies chrétiennes attribuent aux personnes de la Trinité : Brahmā, Viṣṇu et Śiva sont en effet trois dieux parfaitement distincts les uns des autres et qui ne cohabitent même pas dans un ciel commun. Il existe cependant une interprétation du *trimūrti* à tendance monothéiste. Due aux maîtres du Vedanta (surtout Rāmājuna), elle fait de Brahmā l'Être-en-soi, de Viṣṇu la Conscience cosmique et de Śiva la Béatitude éternelle, ces trois entités étant en quelque sorte réunies en un seul Dieu suprême nommé le Seigneur (*īśvara*). Cette conception n'est cependant le fait que d'une minorité de philosophes, la conscience hindoue, profondément polythéiste, préférant vouer un culte à chacun de ces grands dieux et à leurs **avatāra*, fils et épouses.

TRIVARGA. Les trois « fins inférieures » de la doctrine hindouiste, opposées à *mokṣa*, la « libération ».

ULÉMA OU ʿULAMĀ. Clercs de l'islam, gardiens traditionnels de la doctrine.

ʿUMAR Ier (ABŪ ḤAFṢA IBN AL-KHATTĀB) (581 env.-644). Deuxième calife des musulmans (634-644).

UMAYYADES OU OMAYYADES. Dynastie califale qui gouverna le monde musulman de 660 à 750.

UMBANDA. Religion syncrétiste afro-brésilienne.

UMMA. Communauté musulmane.

UNIATE. Qualifie un chrétien ou une Église de tradition orientale qui accepte les dogmes catholiques romains, se soumet à l'autorité du pape, sans renoncer pour autant à sa liturgie, à sa discipline ecclésiastique et à sa structure hiérarchique traditionnelles.

UPANIṢAD. Textes védiques qui font partie de la **śruti* (Révélation).

VAIŚRAVANA. En japonais, Bisha-monten. Divinité bouddhique.

VAJRAYĀNA. Courant du bouddhisme dont le nom signifie « Véhicule de diamant ». Apparu en Inde vers le VIIe s., il se répandit au Tibet et présente des points communs avec le tantrisme.

VANES. Une des deux familles de dieux nordiques (l'autre étant les Ases), maîtres de la fertilité et de la fécondité.

VARDHAMĀNA. Voir **MAHĀVĪRA**.

VAUDOIS. Membres de la secte fondée à la fin du XIIe s. par Pierre Valdès.

VEDA. En sanskrit, le « savoir », la « science » par excellence. Ensemble de textes, rédigés entre le XVIIIe et le VIIIe s. avant l'ère chrétienne, qui constituent dans la tradition hindoue un ouvrage de référence ayant valeur normative pour tous les domaines intéressant la vie religieuse ou sociale.

VEDĀNTA. En sanskrit, « accomplissement du Veda ». Un des principaux courants de pensée (**darśana*) de l'hindouisme classique.

VIDYĀRĀJA. « Rois de science », dans le bouddhisme ésotérique.

VIJÑĀNAVĀDA OU YOGĀCĀRA. École bouddhique fondée entre le IVe et le VIe s. en Inde par Asaṅga. Rattachée au *Mahāyāna, elle prône la pratique de la méditation pour parvenir à l'état de conscience absolue. Elle disparaît vers le XIIe s.

VINAYA. Ensemble des règles de la vie monastique du bouddhisme indien. Dans l'ancien canon bouddhique, elles font l'objet de la section intitulée *Vinayapitaka*.

VULGATE. En latin *vulgata editio*, « édition commune ». Désignation courante de la traduction latine de la Bible par saint Jérôme.

WAHHĀBITES. Membres d'une communauté musulmane sunnite (la Wahhabiyya, du nom de son fondateur Muḥammad ibn ʿAbd al-Wahhāb, 1703-1792) qui se considère comme une confrérie rituelle (*ṭarīqa*). Les wahhābites, puritains de l'école ḥanbalite, se désignent eux-mêmes du nom de Mūwahhidūn, c'est-à-dire « unitaires ». Ils ont fait de Riyad, en Arabie Saoudite, la capitale d'un pouvoir à la fois religieux et militaire, qui gouverne le royaume depuis 1902.

WAWILAK (MYTHE DES). Récit attaché à l'objet sacré (*tjurunga*) et au conflit féminité-masculinité chez les aborigènes australiens.

WU CHENGEN (1506-1582). Écrivain chinois, auteur du *Voyage en Occident*, roman à thème religieux traité à la façon d'une fantaisie satirique et fantastique, objet de multiples interprétations jusqu'à nos jours.

WU WEI [WOU-WEI]. Principe taoïste de non-action ou de non-intervention.

XUANZANG. Voir **HIUAN-TSANG**.

YABNÉ OU JAVNÉ (ÉCOLE DE). Centre intellectuel du judaïsme après la chute de Jérusalem (70 av. J.-C.).

YAHVÉ. Voir **YHWH**.

YAMABUSHI. Adeptes du *shugendō* (syncrétisme japonais), cherchant à obtenir des pouvoirs extraordinaires par des exercices spirituels et physiques.

YANTRA. Les *yantra* (en sanskrit « instruments de maîtrise ») sont des images ou diagrammes, généralement géométriques, utilisés comme supports de méditation dans la tradition indienne (hindoue et bouddhique). La contemplation des yantra, qui forment des images du monde codifiées et chargées d'un symbolisme parfois très complexe, est donnée comme moyen d'élever la méditation jusqu'au point où l'adepte, sous la direction d'un maître (*gurū*), parvient à éveiller en lui-même l'énergie spirituelle. Le terme *maṇḍala* désigne en général des figures particulièrement élaborées, caractéristiques de l'ésotérisme tantrique.

YASNA. Cérémonie principale de la liturgie mazdéenne, consacrée à l'offrande du *haoma* (boisson sacrée). Le même terme désigne aussi le texte avestque consacré au rituel de cette cérémonie.

YESHIVAH. Dans la tradition judaïque, école talmudique supérieure.

YGGDRASILL. Dans la mythologie germano-nordique, arbre cosmique qui symbolise l'axe du monde. Il est source de vie, de tout savoir et de tout destin.

YHWH. Tétragramme formant un des noms divins dans la Bible.

YIJING. Nom chinois du *Livre des mutations*, qui expose un système de divination fondé sur les éléments complémentaires *yin* et *yang*.

YIN ET YANG. Dans la philosophie chinoise, la réalité est faite de l'alternance et de la complémentarité constantes de deux forces qui procèdent de l'Un ou de l'Absolu : d'une part, le yin, principe femelle, obscur, passif, absorbant et terrestre ; d'autre part, le yang, principe mâle, lumineux, actif, pénétrant et céleste.

YOGĀCĀRA. Voir **VIJÑĀNAVĀDA**.

YOM KIPPUR. La plus solennelle des fêtes religieuses juives, célébrée le 10 du mois de *tishri*. C'est le « jour des expiations » où s'exprime la confiance dans l'effet rédempteur du repentir.

ZARATHUSTRA. Voir **ZOROASTRE**.

ZARDHUSHTIS. Communauté mazdéenne (ou zoroastrienne) en Iran contemporain.

ZĀWIYA. Centres religieux islamiques où se pratiquent le monachisme, l'accueil des pèlerins, l'enseignement religieux et la prière

ZAYDISME. Secte shīʿite qui tire son nom de Zayd ibn ʿAlī.

ZAZEN. « Méditation assise » dans le bouddhisme zen.

ZÉLOTE. En grec, « partisan actif », « patriote engagé ». Au Ier siècle de notre ère, résistant juif s'opposant par la violence à l'occupation romaine, au nom de la Tōrah et des droits imprescriptibles du Peuple élu.

ZEN. Forme japonaise du bouddhisme.

ZEUS. Dieu grec, roi de l'Olympe et maître de l'univers.

ZHANG DAOLING (IIe s.). Premier Maître Céleste de l'Église taoïste.

ZHOU. Dynastie chinoise (env. XIe s.-IIIe s. av. J.-C.).

ZHUANGZI [TCHOUANG-TSEU]. Nom chinois du *Livre de Maître Zhuang*, texte fondateur de l'école du Dao, composé entre 350 et 275 av. J.-C.

ZOROASTRE. Forme hellénisée de Zarathustra ; fondateur de la religion monothéiste de l'Iran préislamique, dite aussi mazdéisme.

ZURVAN. Le Temps dans la religion de l'Iran ancien.

Bibliographie

Ouvrages généraux

Dictionnaires, encyclopédies, histoires des religions

A. Akoun dir., *Mythes et croyances du monde entier*, 5 vol., Lidis-Brepols, Paris, 1985 / G. Berger dir., « Religion », 2e partie du t. XIX de l'*Encyclopédie française*, Paris, 1957 / Y. Bonnefoy dir., *Dictionnaire des mythologies et des religions des sociétés traditionnelles et du monde antique*, 2 vol., Flammarion, Paris, 1981 / M. Clévenot dir., *L'État des religions dans le monde*, La Découverte-Le Cerf, Paris, 1987 / M. Éliade, *Traité d'histoire des religions*, Payot, Paris, 1948, rééd. 1979 ; *Histoire des croyances et des idées religieuses*, 3 vol., Payot, Paris, 1976-1984 / M. Éliade & I. P. Couliano, *Dictionnaire des religions*, Plon, Paris, 1990 / M. Gorce & R. Mortier dir., *Histoire générale des religions*, 5 vol., A. Quillet, Paris, 1948-1951 / F. Lenoir & Y. Tardan-Masquelier, *Encyclopédie des religions*, 2 vol., Bayard Éditions, Paris, 2000 / P. Poupard dir., *Dictionnaire des religions*, P.U.F., Paris, 1984 / H.C. Puech dir., *Histoire des religions*, 3 vol., Encyclopédie de la Pléiade, Gallimard, Paris, 1970-1976 / S. Reinach, *Orpheus. Histoire générale des religions*, Picard, Paris, 1909.

Théories, méthodes, essais

M. Augé, *Pouvoirs de vie, pouvoirs de mort*, Flammarion, Paris, 1978 ; *Symbole, fonction, histoire*, Hachette, Paris, 1979 ; *Génie du paganisme*, Gallimard, Paris, 1982 / M. Barbier, *Religion et politique dans la pensée moderne*, P.U. Nancy, Nancy ; 1987 / J. Baubérot et al., *Cent Ans de sciences religieuses en France à l'École pratique des hautes études*, Cerf, Paris, 1987 / P. Berger, *Le Réenchantement du monde*, Bayard Éditions, Paris, 2001 / J. Bottéro, *Naissance de Dieu, ibid.*, 1986 / L. Brunschvicg, *La Raison et la religion*, Alcan, Paris, 1939 / M. de Certeau, *La Faiblesse de croire*, Seuil, Paris, 1987 / P. Crépon, *Les religions et la guerre*, Albin Michel, Paris, 1991 / G. Davie & D. Hervieu-Léger, *Identités religieuses en Europe*, La Découverte, Paris, 1996 / A. Del Noce, *L'irréligion occidentale*, Fac-éditions, Paris, 1995 / J. Delumeau, *Le fait religieux*, Fayard, Paris, 1993 / M. Despland, *La Religion en Occident. Évolution des idées et du vécu*, Cerf, Paris, 1980 / H. Desroche, *Dieux d'homme : dictionnaire des messianismes et millénarismes de l'ère chrétienne*, Mouton, Paris, 1969 / H. Desroche & J. Séguy dir., *Introduction aux sciences humaines des religions*, Cujas, Paris, 1970 / M. Detienne, *L'Invention de la mythologie*, Gallimard, 1981 / H. Duméry, *Critique et religion*, Sedes, Paris, 1957 ; *Philosophie de la religion*, 2 vol., P.U.F., Paris, 1957 / G. Dumézil, *Les Dieux-souverains des Indo-Européens*, Gallimard, Paris, 1977 / A. Dupront, *Du sacré, ibid.*, 1987 / S. Freud, *L'Avenir d'une illusion* (*Zwangshandlungen und Religionsübungen*, 1907 ; *Die Zukunft einer Illusion*, 1927), P.U.F., Paris, 1976 ; *Totem et Tabou* (*Totem und Tabu*, 1912), Payot, Paris, 1965 ; *Malaise dans la civilisation* (*Das Unbehagen in der Kultur*, 1930), P.U.F., 1971 ; *Moïse et le monothéisme* (*Der Mann Moses und die monotheistische Religion*, 1939), Gallimard, Paris, 1967 ; *Correspondance avec le pasteur Pfister, 1909-1939 (Briefe, 1909-1939), ibid.*, 1966 / M. Gauchet, *Le Désenchantement du monde. Une histoire politique de la religion, ibid.*, 1985 / R. Girard, *La Violence et le Sacré*, Grasset, Paris, 1972 / Groupe de recherches islamo-chrétien, *Ces Écritures qui nous questionnent. La Bible et le Coran*, Le Centurion, Paris, 1987 / G.W.F. Hegel, *Leçons sur la philosophie de la religion* (*Vorlesungen über die Philosophie der Religion*, 1832), trad. J. Gibelin, Vrin, Paris, 1971 / D. Hervieu-Léger, *Vers un nouveau christianisme ?*, Cerf, Paris, 1986 ; *Religion et écologie*, Cerf, Paris, 1993 / F. A. Isambert, *Le Sens du sacré*, Minuit, Paris, 1982 / M. Izard & P. Smith dir., *La Fonction symbolique. Essais d'anthropologie*, Gallimard, 1979 ; *La Fonction symbolique*, Gallimard, 1979 / E. Kant, *La Religion dans les limites de la simple raison* (*Die Religion innerhalb der Grenzen der blossen Vernunft*, 1793), trad. J. Gibelin, *ibid.*, 1968 / G. Kepel, *La revanche de Dieu. Chrétiens, juifs et musulmans à la reconquête du monde*, Seuil, Paris, 1991 / A. Leroi-Gourhan, *Préhistoire de l'art occidental*, Mazenod, Paris, 1965 ; *Les Religions de la préhistoire*, P.U.F., Paris, 1971 / C. Lévi-Strauss, *Totémisme aujourd'hui*, P.U.F., 5e éd., 1980 ; *Anthropologie structurale I*, Plon, Paris, 1963 ; *La Pensée sauvage, ibid.*, 1962 ; *Mythologiques*, 4 vol., *ibid.*, 1964-1971 / H. Madelin & S. Toscer, *Dieu et César. Essai sur les démocraties occidentales*, D.D.B., Paris, 1994 / C. Malamoud & J.-P. Vernant dir., *Corps des dieux*, n° spéc. *Le Temps de la réflexion*, t. VII, 1986 / M. Meslin, *L'expérience humaine du divin*, Cerf, Paris, 1988 ; *Pour une science des religions*, Seuil, Paris, 1973 / P. Michel, *Politique et religion. La grande mutation*, Albin Michel, Paris, 1994 / J. Moltmann, *Le fondement théologique des droits de l'homme*, Alliance réformée mondiale, Genève, 1976 / F. Nietzsche, *Par-delà le bien et le mal (Jenseits von Gut und Böse)*, Gallimard, Paris, 1971 ; *Le Gai Savoir (Die frölich Wissenschaft), ibid.*, 1967 / É. Poulat, *L'Église, c'est un monde*, Cerf, 1986 (« Incertitudes et vicissitudes du champ religieux », pp. 17-39) ; *Liberté, laïcité*, Cerf-Cujas, 1988 ; *L'Ère post-chrétienne*, Flammarion, Paris, 1994 / T. Reik, *Le Rituel, Psychanalyse des rites religieux* (*Das Ritual, Probleme der Religionspsychologie*, Leipzig-Vienne-Zurich, 1928), Denoël, 1974 / P. Ricœur, *Finitude et culpabilité*, 2 vol., Aubier, Paris, 1960 ; *De l'interprétation. Essai sur Freud*, Seuil, Paris, 1965 / M. Rodinson, *La Fascination de l'islam*, Maspero, Paris, 1980 / J. Séguy dir., *Introduction aux sciences humaines des religions*, Cujas, Paris, 1970 / D. Sperder, *Le Savoir des anthropologues*, Hermann, Paris, 1982 / A. Vergote, *Dette et désir. Deux axes chrétiens et la dérive pathologique*, Seuil, 1978 ; *Religion, foi, incroyance*, Mardaga, Liège, 1983 / J.-P. Vernant, *Mythe et société en Grèce ancienne*, Maspero, Paris, 1974 (« Raisons du mythe », pp. 195-250) / J.-L. Vieillard-Baron & F. Kaplan, *Introduction à la philosophie de la religion*, Cerf, Paris, 1989 / P. Vignaux dir., *Problèmes et méthodes d'histoire des religions*, P.U.F., Paris, 1968. / M. Weber, *L'Éthique protestante et l'esprit du capitalisme*, Plon, Paris, 1964.

L'Orient antique, la Mésopotamie

Généralités

J. BOTTÉRO, *Mésopotamie. L'écriture, la raison et les dieux*, Gallimard, Paris, 1987 / J. BOTTÉRO & S.N. KRAMER, *Lorsque les dieux faisaient l'homme. Mythologie mésopotamienne, ibid.*, 1989 / L. OPPENHEIM, *La Mésopotamie, portrait d'une civilisation*, trad. de l'anglais, Gallimard, Paris, 1969 / G. ROUX, *La Mésopotamie. Essai d'histoire politique, économique et culturelle*, Seuil, Paris, 1985.

Archéologie

J. DESHAYES, *Les Civilisations de l'Orient ancien*, Arthaud, Paris, 1969 / E. STROMMENGER, *Cinq Millénaires d'art mésopotamien*, trad. de l'allemand, Flammarion, Paris, 1964.

Écriture

Naissance de l'Écriture, catal. expos., Réunion des Musées nationaux, Paris, 1982.

Textes traduits

Coll. Littératures anciennes du Proche Orient, Cerf, Paris, 5 vol. parus : G. CARDASCIA, *Lois médio-assyriennes*, 1969 ; E. SOLLBERGER & J.R. KUPPER, *Inscriptions royales sumériennes et akkadiennes*, 1971 ; A. FINET, *Code de Hammurabi*, 1973 et 1983 ; M.-J. SEUX, *Hymnes et prières aux dieux de Babylonie et d'Assyrie*, 1976 ; W. L. MORAN, *Lettres d'El-Amarna*, 1987 / A. CAQUOT et al., *Textes ougaritiques, I. Mythes et légendes*, Cerf, Paris, 1974 / S.N. KRAMER, *L'Histoire commence à Sumer*, Arthaud, Paris, 1957-1975, 1986 ; *Le Mariage sacré*, Berg International, Paris, 1983 / R. LABAT, *Les Religions du Proche-Orient asiatique*, Fayard-Denoël, Paris, 1970.

Religion et « mentalité »

Y. BONNEFOY dir., *Dictionnaire des mythologies*, Flammarion, Paris, 1981 (t. II, J. BOTTÉRO, « Le Champ de l'étude du domaine religieux », p. 99 ; E. CASSIN, « La Religion comme expression de la condition humaine », p. 100 ; « La Souveraineté divine et la division des pouvoirs » ; J. BOTTÉRO, « Le Problème du mal : mythologie et "théologie" », p. 56 ; « L'Intelligence et la fonction technique du pouvoir », p. 280 ; et t. I, E. CASSIN, « La Cosmogonie », p. 228) / J. BOTTÉRO, *La Religion babylonienne*, P.U.F., Paris, 1952 ; *Mésopotamie : l'écriture, la raison et les dieux*, Gallimard, 1987 ; *Mythes et rites de Babylone*, Champion, Paris, 1985 / J. BOTTÉRO & S.N. KRAMER, *Mythologie de Mésopotamie ancienne*, Gallimard / *Dictionnaire de la civilisation phénicienne et punique*, Brepols, Turnhout, 1992.

L'Égypte ancienne

Généralités

A. ERMAN, *La Religion des Égyptiens*, Payot, Paris, 1952 / E. HORNUNG, *Les Dieux de l'Égypte, le Un et le Multiple* (*Der Eine und die Vielen*, Darmstadt, 1971), éd. du Rocher, 1987 / S. MORENZ, *La Religion égyptienne*, Payot, 1962 / G. POSENER dir., *Dictionnaire de la civilisation égyptienne*, Hazan, Paris, 1959.

Les dieux, le divin

P. DERCHAIN, « Égypte », in Y. Bonnefoy dir., *Dictionnaire des mythologies et des religions des sociétés traditionnelles et du monde antique*, Flammarion, Paris, 1981 / F. DUNAND & C. ZIVIE-COCHE, *Dieux et hommes de l'Égypte ancienne*, A. Colin, Paris, 1991 / S. SAUNERON & J. YOYOTTE, *La Naissance du monde selon l'Égypte ancienne*, coll. Sources orientales, t. I, Seuil, Paris, 1959 / C. TRAUNECKER, *Les dieux de l'Égypte*, PUF, Paris, 1992.

Écritures et traditions

P. BARGUET, *Le Livre des morts des anciens Égyptiens*, Cerf, Paris, 1967 / J. GOODY, *La Logique de l'écriture. Aux origines des sociétés humaines*, Armand Colin, Paris, 1986 / J.-C. GOYON, *Rituels funéraires de l'Égypte ancienne*, Cerf, Paris, 1972.

Organisation

F. DE CÉNIVAL, *Les Associations religieuses en Égypte d'après les documents démotiques*, Institut français d'archéologie orientale du Caire, Bibl. d'étude, t. XLVI, Le Caire, 1972 / G. POSENER, *Littérature et politique dans l'Égypte de la XII*e *dynastie*, Champion, Paris, 1956 ; *De la Divinité de Pharaon*, Cahiers de la Société asiatique, Paris, 1960 / S. SAUNERON, *Les Prêtres de l'ancienne Égypte*, Perséa, Paris, 1987.

Le mazdéisme

P. DU BREUIL, *Zarathoustra : Zoroastre et la transfiguration du monde*, Payot, Paris, 1978 / J. DUCHESNE-GUILLEMIN, *La Religion de l'Iran ancien*, P.U.F., 1962 ; / J. KELLENS & É. PIPART, *Les Textes vieil-avestiques*, 3 vol., Reichert, Wiesbaden, 1988-1991 / P. MANANT, *Les Parsis, histoire des communautés de l'Inde*, Musée de l'homme, Paris, 1983 / J. DE MENASCE, « Avesta » et « Zoroastrisme », in *Encyclopaedia Universalis*, vol. 3 et 23, 1995.

Les anciens Caucasiens

E. BENVENISTE, *Études sur la langue ossète*, Klincksieck, Paris, 1959 / G. CHARACHIDZÉ, *La Mémoire indo-européenne du Caucase*, Hachette, Paris, 1987 / G. DUMÉZIL, *Le Festin d'immortalité*, Geuthner, Paris, 1924 ; *Légendes sur les Nartes*, Champion, Paris, 1930 ; *Les Dieux des Germains*, P.U.F., Paris, 1959 ; *Le Livre des héros*, Gallimard, Paris, 1965 ; *Mythe et épopée*, t. I, 3e éd. revue et corrigée, *ibid.*, 1974 ; *Romans de Scythie et d'alentour*, Payot, Paris, 1978 ; *Apollon sonore*, Gallimard, 1982 ; *La Courtisane et les seigneurs colorés, ibid.*, 1983 ; *L'Oubli de l'homme et l'honneur des dieux, ibid.*, 1985 ; *Heur et malheur du guerrier*, 2e éd. remaniée, Flammarion, Paris, 1985 ; *Loki*, nouv. éd. refondue, *ibid.*, 1986 / J. KARST, *Mythologie arméno-caucasienne*, Heitz & Cie, Strasbourg, 1948.

La Chine ancienne et le confucianisme

Généralités

A. CHENG, *Entretiens de Confucius*, Seuil, Paris, 1981 / J. GERNET, *La Chine ancienne*, P.U.F., Paris, 1964 / M. GRANET, *La Religion des Chinois*, P.U.F., 1951, rééd. Imago, Payot, Paris, 1980.

Écritures et traditions

A. CHENG, *Étude sur le confucianisme Han : l'élaboration d'une tradition exégétique sur les classiques*, Collège de France et Institut des hautes études chinoises, Paris, 1985.

L'Antiquité grecque

Généralités

L. GERNET, *Anthropologie de la Grèce antique*, Maspero, Paris, 1968 / L. GERNET & A. BOULANGER, *Le Génie grec dans la religion*, Renaissance du livre, Paris, 1932 ; rééd. Albin Michel, Paris, 1970, avec bibliographie complémentaire / H. JEANMAIRE, *Dionysos. Histoire du culte de Bacchus*, Payot, Paris, 1951 ; rééd., 1970 / W.F. OTTO, *Les Dieux de la Grèce. La figure du divin au miroir de l'esprit grec* (*Die Götter Griechenlands*, 1929), trad. franç., Payot, Paris, 1981 / C. RAMNOUX, *Mythologie de la famille olympienne*, Armand Colin, Paris, 1962 ; rééd. G. Monfort, 1982 / G. ROUX, *Delphes, son oracle et ses dieux*, Les Belles-Lettres, Paris, 1976 / L. SÉCHAN & P. LÉVÊQUE, *Les Grandes Divinités de la Grèce*, De Boccard, Paris, 1966 / G. SISSA & M. DETIENNE, *La Vie quotidienne des dieux grecs*, Hachette, Paris, 1989 / J.-P. VERNANT, *Mythe et pensée chez les Grecs. Études de psychologie historique*, nouv. éd., La Découverte, Paris, 1985.

Organisation

L. BRUIT ZAIDMAN & P. SCHMITT PANTEL, *La Religion grecque dans les cités de l'époque classique*, A. Colin, Paris, 1999 / F. SOKOLOWSKI, *Lois sacrées de l'Asie Mineure*, Paris, 1955 ; *Lois sacrées des cités grecques*, Paris, 1969 ; *Lois sacrées des cités grecques. Supplément*, Paris, 1962.

Pratiques

R. MARTIN & H. METZGER, *La Religion grecque*, P.U.F., Paris, 1976 / C. PICARD, *Archéologie grecque. La sculpture* (4 tomes en 8 vol.), Picard, Paris, 1948-1966 / G. ROUX, *Delphes, son oracle et ses dieux*, Belles-Lettres, Paris, 1976, 2e éd. 1988 / L. SECHAN & P. LÉVÊQUE, *Les Grandes Divinités de la Grèce*, De Boccard, Paris, 1966 / G. SISSA, *Le Corps virginal, La virginité féminine en Grèce ancienne*, Vrin, Paris, 1987 / J.-P. VERNANT, *Mythe et pensée chez les Grecs*, 3e éd. (chap. V, « Du double à l'image »), La Découverte, Paris, 1985.

Expérience

W. BURKERT, *Les cultes à mystères dans l'Antiquité*, Belles Lettres, Paris, 1992 / E.R. DODDS, *Les Grecs et l'irrationnel* (*The Greeks and the Irrational*, 1951), trad. M. Gibson, Aubier, Paris, 1965, rééd. coll. Champs, Flammarion, 1977 / M.P. NILSSON, *Religion populaire dans la Grèce antique* (*Greek Popular Religion*, 1940), trad. F. Durif, Plon, Paris, 1954 ; *Greek Piety*, Oxford, 1948 / J. RUDHARDT, *Notions fondamentales de la pensée religieuse et actes constitutifs du culte dans la Grèce classique*, Droz, Genève, 1958.

La Rome antique

Généralités

J. BAYET, *Histoire politique et psychologique de la religion romaine*, Payot, Paris, 1969, rééd. 1976 / J. BEAUJEU, *La Religion romaine à l'apogée de l'Empire*, Belles-Lettres, Paris, 1955 / G. BOISSIER, *La Religion romaine d'Auguste aux Antonins*, Hachette, Paris, 1974 / P. BOYANCÉ, *Études sur la religion romaine*, E.F.R. (École française de Rome), Rome, 1972 / G. DUMÉZIL, *La Religion romaine archaïque*, Payot, 1974 / R. MACMULLEN, *Le Paganisme dans l'Empire romain*, P.U.F., Paris, 1987 / J. SCHEID, *Religion et piété à Rome*, La Découverte, Paris, 1983 ; *La Religion des Romains*, A. Colin, Paris, 2001.

Organisation

D. PORTE, *Les donneurs de sacré. Le prêtre à Rome*, Belles Lettres, Paris, 1989 / P. VEYNE, *Les Grecs ont-ils cru à leurs mythes ?*, Seuil, Paris, 1983.

Pratiques

A. BOUCHÉ-LECLERQ, *Histoire de la divination dans l'Antiquité*, vol. IV, Paris, 1882 / F. DUNAND, *Le Culte d'Isis dans le bassin oriental de la Méditerranée*, Études préliminaires aux religions orientales dans l'Empire romain, E.P.R.O.E.R., 26, 3 vol., Leyde, 1973 / P. GROS, *Aurea Templa. Recherches sur l'architecture religieuse de Rome à l'époque d'Auguste*, E.F.R., 1976 / F. GUILLAUMONT, *Philosophe et augure. Recherches sur la théorie cicéronienne de la divination*, Latomus, Bruxelles, 1984 / L. HALKIN, *La Supplication d'actions de grâce chez les Romains*, Paris, 1953 / K. KERENYI, *La Religion antique. Ses lignes fondamentales*, Georg, Genève, 1957 / M. MALAISE, *Les Conditions de pénétration et de diffusion des cultes égyptiens en Italie*, E.P.R.O.E.R., 22, 1972 / R. SCHILLING, *Rites, cultes, dieux de Rome*, Klincksieck, Paris, 1979 / R. TURCAN, *Les cultes orientaux dans le monde romain*, Belles Lettres, Paris, 1992 ; *Mithra et le mithriacisme*, coll. Que sais-je ?, P.U.F., Paris, 1981 ; *Le Sacrifice dans l'Antiquité*, Entretiens sur l'Antiquité classique, 27, pp. 341-380, fondation Hardt, Vandœuvres, 1980 ; *Les Religions de l'Asie dans la vallée du Rhône*, E.P.R.O.E.R. 30, 1972 / M.J. VERMASEREN, *Mithra, ce dieux mystérieux*, Paris, 1960.

Les Celtes

P.-M. DUVAL, *Les Dieux de la Gaule*, Payot, Paris, 1976 / P.-M. DUVAL & V. KRUTA, *Les Celtes*, Gallimard, Paris, 1977 / M.-L. SJOESTEDT-JONVAL, *Dieux et héros des Celtes*, P.U.F., Paris, 1940 / É. THEVENOT, *Divinités et sanctuaires de la Gaule*, Fayard, Paris, 1968 / J. VENDRYES, *Les Religions de l'Europe ancienne*, III, *La Religion des Celtes*, P.U.F., Paris, 1948 / J. DE VRIES, *La Religion des Celtes*, Payot, Paris, 1963.

Les religions nordiques et nord-germaniques, baltes et slaves

R. BOYER, *Yggdrasill. La religion des anciens Scandinaves*, Payot, Paris, 1992 ; *Le Monde du double. La magie chez les anciens Scandinaves*, Berg, Paris, 1986 / R. BOYER & E. LOT-FALCK, *Les Religions de l'Europe du Nord*, Fayard, Paris, 1974 / G. DUMÉZIL, *Mythes et dieux des Germains*, P.U.F., Paris, 1959 / R. PORTAL, *Les Slaves*, A. Colin, Paris, 1965.

L'Afrique noire

Généralités

E. DAMMANN, *Les Religions de l'Afrique*, Payot, Paris, 1964 / H. DESCHAMPS, *Les Religions de l'Afrique noire*, P.U.F., Paris, 1965 / V. LANTERNARI, *Les Mouvements religieux des peuples opprimés*, Maspero, Paris, 1962 / W. MÜHLMANN, *Messianismes révolutionnaires du Tiers Monde*, Gallimard, 1968 / G. PARRINDER, *La Religion en Afrique occidentale*, Payot, 1949 / D. PAULME, *Les Civilisations africaines traditionnelles*, P.U.F., 1965 / L.-V. THOMAS & R. LUNEAU, *Les Religions d'Afrique noire. Textes et traditions sacrées*, Fayard, 1969 ; *La Terre africaine et ses religions*, L'Harmattan, Paris, 1980 / D. ZAHAN, *Religion, spiritualité et pensée africaines*, Payot, 1970.

Les dieux, le divin

M. AUGÉ, *Génie du paganisme*, Gallimard, Paris, 1982 ; *Le Dieu objet*, Flammarion, 1988 / G. DŒTERLEN, *Essai sur la religion bambara*, P.U.F., Paris, 1951 / M. GRIAULE, *Dieu d'eau*, Fayard, Paris, 1966 / D. ZAHAN, *Sociétés d'initiation bambara, le N'domo, le Korè*, Mouton, La Haye-Paris, 1960.

Écritures et traditions

G. CALAME-GRIAULE, *Ethnologie et langage. La parole chez les Dogon*, Gallimard, Paris, 1966 / G. DIETERLEN & Y. CISSÉ, *Les Fondements de la société d'initiation du Komo*, Mouton, Paris, 1972 ; *La Logique de l'écriture : aux origines des sociétés humaines*, Armand Colin, Paris, 1986 / M. GRIAULE & G. DIETERLEN, *Signes graphiques soudanais*, Hermann, Paris, 1951 / A. KAGAME, *La Poésie dynastique au Rwanda*, Institut royal colonial belge, Bruxelles, 1951 / P. SMITH dir., *Le Récit populaire au Rwanda*, Armand Colin, 1975.

Pratiques

A. ADLER & A. ZEMPLENI, *Le Bâton de l'aveugle. Divination, maladie et pouvoir chez les Moundang du Tchad*, Hermann, Paris, 1972 / A. DE SURGY, *La Divination par les huit cordelettes chez les Mwaba-Gurma (Nord Togo)*, 2 vol., L'Harmattan, Paris, 1983, 1986.

Expérience

É. DURKHEIM, *Les Formes élémentaires de la vie religieuse*, Alcan, Paris, 1912 / J. G. FRAZER, *Le Cycle du Rameau d'or* (*The Golden Bough*, 1911-1915), trad. P. Sayn, Lady Frazer et H. Peyre, 12 vol., 3e éd., Geuthner, Paris, 1925-1935, rééd. Laffont, Paris, depuis 1981 / J.-M. GIBBAL, *Les Génies du fleuve*, Presses de la Renaissance, Paris, 1988 / J. ROUCH, *La Religion et la magie Songhay*, P.U.F., Paris, 1960.

L'Australie, l'Océanie

A. BENSA & J.-C. RIVIÈRE, *Les Chemins de l'alliance. L'organisation sociale et ses représentations en Nouvelle-Calédonie*, Sclaf, Paris, 1982 / M. ÉLIADE, *Religions australiennes*, Payot, Paris, 1972 / B. GLOWCZEWSKI, *Du rêve à la loi chez les Aborigènes, mythes, rites et organisation sociale en Australie*, PUF, Paris, 1991 / M. GODELIER, *La Production des Grands Hommes*, Fayard, Paris, 1982 / J. GUIART, *Les religions de l'Océanie*, PUF, Paris, 1972 / A. M. HOCART, *Rois et courtisans* (*Kingship and Concillors*, 1934), Seuil, Paris, 1978 / B. JUILLERAT, *Les Enfants du sang. Société, reproduction et imaginaire en Nouvelle-Guinée*, Maison des sciences de l'homme, Paris, 1986 / R. P. LAMBERT, *Mœurs et superstitions des Néo-Calédoniens*, Nouvelle Imprimerie nouméenne, Nouméa, 1900 / M. LEENHARDT, *Notes d'ethnologie néo-calédonienne*, Institut d'ethnologie, Paris, 1930 / B. MALINOWSKI, *Les Jardins de corail* (*Coral Gardens and their Magic*, Londres, 1935), Maspero, Paris, 1974 / B. VIENNE, *Gens de Motlav. Idéologie et pratique sociale en Mélanésie*, Société des océanistes, musée de l'Homme, Paris, 1984.

L'Amérique précolombienne

Codex Borbonicus, manuscrit de la Bibliothèque de l'Assemblée nationale (Paris), fac-similé Akademische Druck-u, Verlagsanstalt, « Codices selecti, vol. XLIV », Graz, 1974 / *Codex Borgia*, manuscrit Messicano I (Mus. Borg.) de la Bibliothèque apostolique du Vatican, fac-similé : Akademische Druck-u. Verlagsanstalt, « Codices selecti, vol. LVIII », Graz, 1976 / *Codex Dresdensis*, ms. R. 310 de la Sächsische Landesbibliothek de Dresde, fac-similé Akademische Druck-u. Verlasganstalt, « Codices selecti, vol. LIV », Graz, 1975 / *Codex Fejervary-Mayer*, ms. 12014 du Free Public Museum de Liverpool, fac-similé : Akademische Druck-u. Verlagsanstalt, « Codices selecti, vol. XXVI », Graz, 1971 / C. DUVERGER, *La Fleur létale. Économie du sacrifice aztèque*, coll. Recherches anthropologiques, Seuil, Paris, 1979 ; *La Conversion des Indiens de Nouvelle-Espagne, ibid.*, 1987 / P. DUVIOLS, *La Lutte contre les religions autochtones dans le Pérou colonial (l'extirpation de l'idolâtrie entre 1532 et 1660)*, Institut français d'études andines, Paris-Lima, 1971 / W. KRICKEBERG et al., *Les religions amérindiennes*, Payot, Paris, 1962 / C. MONTÈS, *L'Astrologie aztèque*, Robert Laffont, Paris, 1984 / J. SOUSTELLE, *La Pensée cosmologique des anciens Mexicains*, in *L'Univers des Aztèques*, pp. 85-170, Hermann, Paris, 1979.

Les Indiens d'Amérique

M. COHEN, *La Grande Invention de l'écriture*, C.N.R.S., Paris, 1958 / P. FARB, *Les Indiens. Essai sur l'évolution des Sociétés humaines*, Seuil, Paris, 1972 / J. FÉVRIER, *Histoire de l'écriture*, Payot, Paris, 1984 / I. GELB, *Pour une théorie de l'écriture* (*A Study of Writing*, Londres, 1952), Flammarion, Paris, 1973 / A. MÉTRAUX, *Religions et magies indiennes d'Amérique du Sud*, Gallimard, Paris, 1968 / E. ZOLLA, *Le chamanisme indien dans la littérature américaine*, Gallimard, Paris, 1974.

L'Asie septentrionale

R. HAMAYON, *La chasse à l'âme. Esquisse d'une théorie du chamanisme sibérien*, Société d'ethnologie, Nanterre, 1990 / U. HARVA, *Les Représentations religieuses des peuples altaïques*, Gallimard, Paris, 1959 (prem. éd. allemande, 1933) / E. LOT-FALCK, *Les Rites de chasse chez les peuples sibériens*, Gallimard, 1953 / D. ZELENIN, *Le Culte des idoles en Sibérie*, Payot, Paris, 1952 (1re éd. russe, 1936).

L'hindouisme

Généralités, les dieux, le divin

M. Biardeau, *Études de mythologie hindoue*, t. I : *Cosmogonies purāniques*, École française d'Extrême-Orient, Paris, 1981 ; *Théorie de la connaissance et philosophie de la parole dans le brahmanisme classique*, Mouton, Paris-La Haye, 1964 ; *L'hindouisme*, Flammarion, Paris, 1995 / M. Biardeau & C. Malamoud, *Le Sacrifice dans l'Inde ancienne*, P.U.F., Paris, 1976 / A. Daniélou, *Mythes et dieux de l'Inde*, Flammarion, Paris, 1994 / W. Doniger, *Śiva, érotique et ascétique*, Gallimard, Paris, 1993 / G. Dumézil, *Les Dieux souverains des Indo-Européens*, Gallimard, Paris, 1977 / M. Éliade, *Le Yoga, immortalité et liberté*, Payot, Paris, 1954 / J. Gonda, *Les Religions de l'Inde*, t. I : *Védisme et hindouisme ancien* ; t. II : *L'Hindouisme récent*, Payot, Paris, 1965 / P. Masson-Oursel, *Esquisse d'une histoire de la philosophie indienne*, Geuthner, Paris, 1923 / L. Renou, *L'Hindouisme, les textes, les doctrines et l'histoire*, P.U.F., Paris, 1958 / L. Renou, J. Filliozat et al., *L'Inde classique, manuel des études indiennes*, t. I, Payot, Paris, 1947 ; t. II, École française d'Extrême-Orient, Hanoi, 1953 / Y. Tardan-Masquelier, *L'hindouisme. Des origines védiques aux courants contemporains*, Bayard Éditions, Paris, 1999 / C. Thomas, *L'Ashram de l'amour. Le gandhisme et l'imaginaire*, Maison des sciences de l'homme, Paris, 1979 / Toukaram, *Psaumes du pèlerin*, trad. et commentaire de G.A. Deleury, Gallimard, 1956 / H. Zimmer, *Les Philosophies de l'Inde* (*The Philosophies of India*, New York, 1951), trad. M.-S. Renou, Payot, Paris, 1953 ; *Mythes et symboles dans l'art et la philosophie de l'Inde* (*Myths and Symbols in Indian Art and Civilization*, New York, 1946), trad. M.-S. Renou, Payot, 1957 ; *Maya, ou le Rêve cosmique dans la mythologie indoue* (*Mâyâ, der indische Mythos*, Stuttgart, 1936), trad. M. Hulin, Fayard, Paris, 1986.

Écritures et traditions

La Bhagavad-Gītā, trad. du sanskrit avec introd. par Émile Senart, Les Belles-Lettres, Paris, 1944 / G. Courtillier, *La Légende de Râma et Sîtâ*, extraite du *Râmâyana* de Vâlmîki, E. Bossard, Paris, 1927 / S. Lévi, *La Doctrine du sacrifice dans les Brâhmanas*, Paris, 1898, 2ᵉ éd., avec Préface de L. Renou, P.U.F., Paris, 1966 / *Le Mahābhārata*, extraits traduits du sanskrit par J.-M. Peterfalvy ; introd. et commentaire de M. Biardeau, 2 vol., Flammarion, Paris, 1985 / *Mythes et légendes extraites des Brāhmaṇa*, trad. du sanskrit et annotés par J. Varenne, Gallimard, Paris, 1967 / L. Renou, *Anthologie sanskrite*, Payot, Paris, 1947 ; *L'Inde fondamentale*, études réunies et présentées par C. Malamoud, Hermann, Paris, 1978 ; *Le Destin du Veda dans l'Inde. Études védiques et pāṇinéennes*, t. VI, De Boccard, Paris, 1960 ; *Hymnes spéculatifs du Veda*, Gallimard, 1956.

Organisation

M. Biardeau, *L'Hindouisme. Anthropologie d'une civilisation*, Flammarion, Paris, 1981 / M. Biardeau dir., *Autour de la déesse hindoue*, *Puruṣārtha*, n° 5, éd. de l'E.H.E.S.S., Paris, 1981 / J. A. Dubois, *Mœurs, institutions et cérémonies de l'Inde*, Imprimerie royale, Paris, 1825 / L. Dumont, *La Civilisation indienne et nous. Esquisse de sociologie comparée*, Armand Colin, Paris, 1964 ; *Homo hierarchicus*, Gallimard, Paris, 1966 / J.-C. Galey dir., *L'Espace du temple*, I : *Espaces, itinéraires, médiations*, *Puruṣārtha*, n° 8, éd. de l'E.H.E.S.S., Paris, 1985 ; II : *Les Sanctuaires dans le royaume*, *Puruṣārtha*, n° 10, *ibid.*, 1986 / M. K. Gandhi, *Autobiographie ou Mes expériences de vérité* (*The Story of my Experiments with Truth*, Ahmedabad, 1927-1929), trad. franç. G. Belmont, P.U.F., Paris, 1950.

Pratiques

J. Filliozat, *La Doctrine classique de la médecine indienne, ses origines et ses parallèles grecs*, École française d'Extrême-Orient, Paris, 1949 ; réimpr. 1975 / P. Mus, *Barabudur. Esquisse d'une histoire du bouddhisme fondée sur la critique archéologique des textes*, vol. I-II, Hanoi-Paris, 1935 / M.-L. Reiniche, *Les Dieux et les hommes. Étude des cultes d'un village du Tirunelveli, Inde du Sud*, « Cahiers de l'homme », XVIII, Mouton, Paris, 1979 / A. Rosu, *Les Conceptions psychologiques dans les textes médicaux indiens*, Institut de civilisation indienne (fasc. 43), Paris, 1978 / F. Zimmermann, *La Jungle et le fumet des viandes, un thème écologique dans la médecine hindoue*, Gallimard-Seuil, Paris, 1982.

Expérience

M. Biardeau, *L'Hindouisme, Anthropologie d'une civilisation*, Flammarion, Paris, 1981 / G. Deleury, *Renaître en Inde*, Stock, Paris, 1975 / M. Gaborieau dir, *Les Fêtes dans le monde hindou*, n° spéc. de *L'Homme*, t. XXII, 3, 1982 / J. Gonda, *Les Religions de l'Inde*, t. II *L'Hindouisme récent*, trad. L. Jospin, Payot, Paris, 1965 / O. Lacombe & L. Gardet, *L'Expérience du soi*, Desclée de Brouwer, Paris, 1981 / M. S. Stevenson, *Les Rites des deux-fois-nés*, trad. N. Menant, Le Soleil noir, Paris, 1982 / R. C. Zaehner, *L'Hindouisme*, trad. E. de Vitray-Meyerovitch, Desclée de Brouwer, 1974.

Le jinisme

P. du Breuil, *Les jaïns de l'Inde*, Aubier, Paris, 1990 / C. Caillat, *Les Expiations dans le rituel ancien des religieux jaina*, Institut de civilisation indienne, Paris, 1965 / C. Caillat & R. Kumar, *La Cosmologie jaïna* (108 planches), Chêne-Hachette, Paris, 1981 / A. Guérinot, *La Religion djaïna*, Geuthner, Paris, 1926 / V. A. Sangave, *Le jaïnisme*, Guy Trédaniel, Paris, 1999 / N. Shanta, *La Voie jaina : histoire, spiritualité, vie des ascètes pèlerins de l'Inde*, O.E.I.L., Paris, 1985 / N. Tiffen, *Au cœur d'une religion : en Inde, les jaïns*, Weber, Genève, 1987 (environ 80 planches).

Le sikhisme

M. Delahoutre, *Les Sikhs*, Brepols, Paris, 1989 / S. Harbans & M. Delahoutre, *Le Sikhisme. Anthologie de la poésie religieuse sikhe*, Louvain-la-Neuve, 1985 / L. Rama Krishna, *Les Sikhs. Origine et développement de la communauté jusqu'à nos jours (1469-1930)*, Adrien Maisonneuve, Paris, 1933.

Le bouddhisme

Le bouddhisme indien

H. Bechert, R. Gombrich et al., *Le Monde du bouddhisme*, Bordas, Paris, 1984 / J. Filliozat & L. Renou, *L'Inde classique*, t. II, Imprimerie nationale, Paris, 1953 / P. Harvey, *Le Bouddhisme : enseignements, histoire, pratiques*, Seuil, Paris, 1993 / E. Lamotte, *Histoire du bouddhisme indien : des origines à l'ère śaka*, Louvain, 1958.

Le bouddhisme chinois

B. Faure, *La volonté d'orthodoxie dans le bouddhisme chinois*, Éd. du CNRS, Paris, 1988 / P. Magnin, *La Vie et l'œuvre de Huisi (515-577). Les origines de la secte bouddhique chinoise du Tiantai*, École française d'Extrême-Orient, Paris, 1979.

Le bouddhisme japonais

B. Frank, *Histoires qui sont maintenant du passé*, coll. Connaissance de l'Orient, Gallimard, Paris, rééd. 1987 / Fujishima Ryauon, *Les Douze Sectes bouddhiques du Japon*, rééd. avec postface de B. Frank, Trismégiste, Paris, 1982 / D. Gira, *Le Sens de la conversion dans l'enseignement de Shinran*, Maisonneuve et Larose, Paris, 1985 / G. Renondeau, *Le Bouddhisme japonais. Textes fondamentaux de quatre grands moines de Kamakura : Hōnen, Shinran, Nichiren et Dōgen*, Albin Michel, Paris, 1965 / H. O. Rotermund, *Collection de sable et de pierres*, coll. Connaissance de l'Orient, Gallimard, Paris, 1979.

Le bouddhisme tibétain

R.A. Stein, *La Civilisation tibétaine*, 2e éd., Le Sycomore-L'Asiathèque, Paris, 1987 (voir chap. iv : « Religion et coutume ») / C. Trungpa, *Pratique de la voie tibétaine*, Seuil, Paris, 1976 / G. Tucci & W. Heissig, *Les Religions du Tibet et de la Mongolie* (*Die Religionen Tibets und der Mongolei*, Stuttgart, 1970), Payot, Paris, 1973.

Les dieux, le divin

B. Frank, *Leçon inaugurale, 29 février 1980. Civilisation japonaise*, Collège de France, 1980 ; « Résumé des cours et travaux », in *Annuaire du Collège de France* de *1979-1980* à *1987-1988*, Collège de France, Paris.

Écritures et traditions

A. Bareau, « Bouddhisme. C. Littératures et écoles bouddhiques », in *Encyclopædia Universalis*, vol. 4, Paris, 1995 / J. Filliozat & L. Renou, *L'Inde classique*, t. II, Imprimerie nationale, Paris, 1953 / E. Lamotte, *Histoire du bouddhisme indien : des origines à l'ère śaka*, Louvain, 1958 / M. Wijayaratna, *Sermons du Bouddha*, Cerf, Paris, 1988.

Organisation

A. Bareau, *La Vie et l'organisation des communautés bouddhiques modernes de Ceylan*, A. Maisonneuve, 1959 / T. Clifford, *La Médecine tibétaine bouddhique et sa psychiatrie*, trad. de l'amér. (*Diamond Healing*, 1984), Dervy-Livres, Paris, 1986 / P. Cordier, *Introduction à l'étude des traités médicaux sanscrits inclus dans le Tanjur tibétain*, E.F.E.O., III, pp. 604-629, Paris, 1903 / J. Filliozat, *Yogaśataka, texte médical attribué à Nāgārjuna*, Institut français d'indologie, Pondichéry, 1979 / J. Gernet, *Les Aspects économiques du bouddhisme chinois*, École française d'Extrême-Orient, Saigon, 1956 / F. Meyer, *gSo-ba rig-pa, le système médical tibétain*, C.N.R.S., Paris, 1981 / M. Wijayaratna, *Le Moine bouddhiste selon les textes du Theravāda*, Cerf, Paris, 1983 ; *Le moine bouddhiste, selon les textes du theravāda*, Cerf, Paris, 1983.

Expérience

A. Bareau, « La Personne dans le bouddhisme », in I. Meyerson dir., *Problèmes de la personne*, Mouton, Paris-La-Haye, 1973 / *Le Bouddhisme*, L. Silburn dir., Fayard, Paris, 1977 / E. Lamotte, *Le Traité de la Grande Vertu de Sagesse*, 5 tomes, Institut orientaliste, Louvain, 1949-1980 ; *La Somme du Grand Véhicule d'Asanga*, *ibid.*, Louvain, 1938-1939, rééd. 1973 ; *L'Enseignement de Vimalakirti*, Institut orientaliste, Louvain, 1962 / J. Naudou, *Le Bouddha*, Somogy, Paris, 1973 / L. Silburn, *Instant et cause : le discontinu dans la pensée philosophique de l'Inde*, Vrin, Paris, 1955.

Le tantrisme

J. Blofeld, *Le bouddhisme tantrique du Tibet*, Seuil, Paris, 1976 / T. Michael, *Corps subtil et corps causal*, Le Courrier du livre, Paris, 1979 / A. Padoux, *Recherches sur la symbolique et l'énergie de la parole dans certains textes tantriques*, De Boccard, Paris, 1975 / A. Padoux dir., *Mantras et diagrammes rituels dans l'hindouisme*, éd. du C.N.R.S., Paris, 1986 / G. Tucci, *Théorie et pratique du mandala*, Fayard, Paris, 1976.

Le taoïsme

C. Despeux, *Traité d'alchimie et de physiologie taoïste*, Les Deux Océans, Paris, 1979 / M. Granet, *La Pensée chinoise*, Albin Michel, Paris, 1934 rééd. P.U.F., 1951 ; *La Religion des Chinois*, Imago-Payot, Paris, 1980 / C. Larre, *Lao tseu. Le livre de la voie et de la vertu*, Desclée de Brouwer, Paris, 1977 / H. Maspero, *Le Taoïsme et les religions chinoises*, Gallimard, Paris, 1971 ; *Le Taoïsme. Mélanges posthumes sur les religions et l'histoire de la Chine*, vol. II, Paris, 1950 / Ngo Van Xuyet, *Divination, magie et politique dans la Chine ancienne*, E.P.H.E., Paris, 1976 / I. Robinet, *Lao zi et le Tao*, Bayard Éditions, Paris, 1996 / R. Schipper, *Le Corps taoïste*, Fayard, Paris, 1982 / A. Seidel, *La Divinisation de Lao-Tseu dans le taoïsme des Han*, Maisonneuve, Paris, 1969 ; *La Divinisation de Lao-tseu dans le taoïsme des Han*, École française d'Extrême-Orient, Paris, 1969 / M. Strickmann, *Le Taoïsme du Mao-chan : chronique d'une révélation*, I.H.E.C., Paris, 1980.

Le chan et le zen

P. Demiéville, *Entretiens de Lin-tsi*, Fayard, Paris, 1972 ; *Choix d'études bouddhiques*, E.J. Brill, Leyde, 1973.

Le shintō et les religions du Japon

J.-P. Berthon, *Omoto. Espérance millénariste d'une nouvelle religion japonaise*, E.P.H.E., Paris, 1985 (Cahiers d'études et de documents sur les religions du Japon, fasc. VI) / F. Macé, *Mort et funérailles dans le Japon ancien*, P.O.F., Paris, 1986 / H. O. Rotermund, *Pèlerinage aux neuf sommets. Carnet de route d'un religieux itinérant dans le Japon du 19e siècle*, éd. du C.N.R.S., Paris, 1983 ; « Les Nouvelles Religions du Japon », in H.-C. Puech dir., *Histoire des religions*, Encyclopédie de la Pléiade, t. III, Gallimard, Paris, 1976 / R. Sieffert, *Les Religions du Japon*, P.U.F., 1968.

Le judaïsme

Généralités

A. Epstein, *Le Judaïsme*, Payot, Paris, 1959 / S.R. Hirsch, *Dix-Neuf Épîtres sur le judaïsme*, trad. franç. avec introd. et notes M.R. Hayoun, Cerf, Paris, 1987 / A. Lemaire, *Histoire du peuple hébreu*, P.U.F., Paris, 1992 / A. Neher, *L'Existence juive*, Seuil, Paris, 1954 / A. Safran, *La Cabale*, Payot, 1960 / G.G. Scholem, *Le Messianisme juif*, Calmann-Lévy, Paris, 1974 ; *Fidélité et utopie*, *ibid.*, 1978 / M. Simon & A. Benoît, *Le Judaïsme et le Christianisme antique*, P.U.F., Paris, 1968.

Dieu le divin

R. Goetschel, *La Kabbale*, P.U.F., Paris, 1985 / R. Rendtorff, *L'Ancien Testament ; une introduction*, trad. franç., Cerf, Paris, 1989 / P. Schäfer, *Le Dieu caché et révélé, Introduction à la mystique juive ancienne*, Cerf, Paris, 1993 / G.G. Scholem, *La Mystique juive, les thèmes fondamentaux*, trad. franç. M. Hayoun, pp. 37-72, Cerf, Paris, 1985.

Écritures et traditions

J. Bottéro, *Naissance de Dieu. La Bible et l'historien*, Gallimard, Paris, 1987 / I. Finkelstein & N. Asher Silberman, *La Bible dévoilée. Les nouvelles révélations de l'archéologie*, Bayard Éditions, Paris, 2002 / J.A. Sanders, *Identité de la Bible. Tora et canon*, Cerf, Paris, 1975 / H.L. Strack & G. Stemberger, *Introduction au Talmud et au Midrash*, Paris, 1986).

Pratiques

M. Chebel, *Histoire de la circoncision*, Balland, Paris, 1992 / J. Erlich, *La Flamme du Shabbath*, Plon, Paris, 1978 / I. Heineman, *La Loi dans la pensée juive*, trad. C. Touati, Albin Michel, Paris, 1962 / G. Sed-Rajna, « Les Manuscrits enluminés », in B. Blumenkranz dir., *Art et archéologie des juifs en France médiévale*, Privat, Toulouse, 1980 / *Tephilat Chalom. Rituel de prières pour l'instruction religieuse, le culte public et le culte domestique. Rite sepharad*, texte hébreu du *Seder hathephilot* établi par le rabbin D. da Sola Pool, trad. C. Bijaoui, Paris, 1972 / S. Trigano, *Philosophie de la Loi*, Cerf, Paris, 1991.

Expérience

R. Goetschel dir., *Prière, mystique et judaïsme. Colloque de Strasbourg (10-12 sept. 1983)*, P.U.F., Paris, 1987 / B. Gross, *Le messianisme juif*, Klincksieck, Paris, 1969 / Jehudah ben Chemouel le Hassid, *Sefer Hassidim, le guide des Hassidim*, intr. et trad. E. Gourévitch, Cerf, Paris, 1988 / M. Idel, *Messianisme et mystique*, Cerf, Paris, 1994 / Flavius Josèphe, *Contre Apion*, éd. Théodore Reinach, trad. L. Blum, Les Belles-Lettres, Paris, 1930 ; *La Lettre sur la Sainteté. Le secret de la relation entre l'homme et la femme dans la Cabale*, intr. et trad. C. Mopsik, Verdier, Lagrasse, 1986 / *La Kabbale et sa symbolique*, trad. franç. J. Boesse, Payot, Paris, 1966 ; *Les Grands Courants de la mystique juive*, 1946, trad. franç. M.-M. Davy, *ibid.*, 1977 / C.A. Keller, *Approche de la mystique*, 2 vol., A. Michel, Paris, 1995 / Moïse Haim Luzzato, *Le Sentier de rectitude*, trad. A. Wolf et J. Poliatschek, préface de G. Vajda, P.U.F., Paris, 1956 / Menassem ben Israel, *Espérance d'Israël*, introd., trad. et notes H. Méchoulan et G. Nahon, Vrin, Paris 1979 / E. Munk, *Vers l'harmonie. Le message d'Israël*, Colbo, Paris, 2ᵉ éd. 1986 / Bahya ibn Paquda, *Les Devoirs des cœurs*, intr. et trad. A. Chouraqui, Desclée de Brouwer, Paris, 2ᵉ éd., 1978 / G.G. Scholem, *La Mystique juive, les thèmes fondamentaux*, trad. M. Hayoun, Cerf, 1985.

Le statut de la religion en Israël

M. Catane, *Qui est juif ?*, Laffont, Paris, 1972 / C. Klein, *Le Caractère juif de l'État d'Israël*, Cujas, Paris, 1977 ; *Le Système politique de l'État d'Israël*, P.U.F., Paris, 1983.

La persécution des juifs

Bat ye'or, *Le Dhimmi. Profil de l'opprimé en Orient et en Afrique du Nord depuis la conquête arabe*, Anthropos, Paris, 1980 / Joseph ha-Cohen, *Les Chroniques juives : la Vallée des Pleurs. Chronique des souffrances d'Israël depuis sa dispersion jusqu'à nos jours*, trad. Julien Sée, Paris, 1981 / *De l'antijudaïsme antique à l'antisémitisme contemporain*, études réunies par V. Nikiprowetzky, avant-propos de L. Poliakov, Presses univ. de Lille, Lille, 1979 / Nathan Neta Hannover, *Le Fond de l'abîme. Les juifs dans la tourmente des guerres cosaco-polonaises 1648-1650*, intr. et trad. J.-P. Osier, Centre Don Isaac Abravanel, Paris, 1982 / R. Hilberg, *La Destruction des juifs d'Europe* (*The Destruction of the European Jews*, Holmes & Meier, New York, 1985), trad. M.F. de Paloméra et A. Charpentier, Fayard, Paris, 1988 / P. Jouguet, *L'Impérialisme macédonien et l'hellénisation de l'Orient*, Albin Michel, Paris, 2ᵉ éd., 1972 / L. Poliakov, *Histoire de l'antisémitisme*, 2 vol., Seuil, Paris, 1991 / Y.H. Yerushalmi, *De la cour d'Espagne au ghetto italien, Isaac Cardoso et le marranisme au* XVIIᵉ *siècle*, trad. A. Nouss, Fayard, Paris, 1987 ; *Zakhor. Histoire juive et mémoire juive*, trad. E. Vigne, La Découverte, Paris 1984.

Le christianisme

Généralités

J. Baubérot, *Histoire du protestantisme*, P.U.F., Paris, 1998 / O. Clément, *L'Église orthodoxe*, coll. Que sais-je ?, P.U.F., Paris, 1991 / Collectif, *Histoire du christianisme*, 15 vol., Desclée-Fayard, Paris, 1985-2001 / Comité mixte catholique-protestant de France, *Consensus œcuménique et différence fondamentale*, Centurion, Paris, 1987 / O. Costa de Beauregard, I. Bria & T. de Foucauld, *L'Orthodoxie. Hier, demain*, Buchet-Chastel, Paris, 1987 / P. Chaunu, *La Réforme protestante*, Fayard, Paris, 1975, éd. Complexe, Bruxelles, 1984 / P. Evdokimov, *L'Orthodoxie*, Desclée de Brouwer, Paris, 1980 / P. Frediksen, *De Jésus aux christs*, Cerf, Paris, 1992 / C. Geffré, *Théologie et choc des cultures*, Cerf, Paris, 1984 / P. Gisel (éd.) *Encyclopédie du protestantisme*, Paris-Genève, Labor & Fides-Cerf, 1995 / R. Luneau & P. Michel, dir., *Tous les chemins ne mènent plus à Rome. Les mutations actuelles du catholicisme*, Albin Michel, Paris, 1995 / R. Mehl, *Traité de sociologie du protestantisme*, Labor et Fides, Genève, 1985 / C. Perrot, *Jésus et l'histoire*, D.D.B., Paris, 1993 / D. Pospielovski, J.-C. Roberti, N. Struve & V. Zielinski, *Histoire de l'Église russe*, Nouvelle Cité, Paris, 1989 / E. Poulat, *Modernistica*, Nouvelles Éditions latines, Paris, 1982 ; *Critique et mystique*, Centurion, Paris, 1984 / M. Rinvolucri, *Anatomie d'une Église. L'Église grecque d'aujourd'hui*, Spes, Paris, 1969 / S.E. Saïd, *Les Églises orientales et leurs droits*, Cariscript, Paris, 1989 / V. Vodoff, *Naissance de la chrétienté russe*, Fayard, Paris, 1988 / J.-P. Willaime, *Protestantisme*, Cerf, 1998 / H. Zahrnt, *Aux prises avec Dieu, la théologie protestante au* XXᵉ *siècle*, Cerf, Paris, 1969.

Dieu, le divin

K. Barth, *La Doctrine de Dieu. Dogmatique (Die Lehre von Gott. Kirchliche Dogmatik)*, 2ᵉ vol., 2 t., Genève, 1956-1958 /

D. BARTHÉLEMY, *Dieu et son image. Ébauche d'une théologie biblique*, Cerf, Paris, 1963, rééd. 1990 / J. BEAUFRET, F. FEDIER, E. LEVINAS et al., *Heidegger et la question de Dieu*, Grasset, Paris, 1980 / H. BIRAULT, H. BOUILLARD, S. BRETON et al., *L'Existence de Dieu*, Paris, 1961 / E. CASTELLI dir., *Le Langage théologique*, Rome-Paris, 1969 / Y. CONGAR, *Je crois en l'Esprit-Saint*, 3 vol., Cerf, 1979 / A. DELZANT, *La Communication de Dieu*, Cerf, 1978 / D. DUBARLE, *Dieu avec l'être. De Parménide à saint Thomas*, Beauchesne, Paris, 1986 / A. DUMAS, *Nommer Dieu*, Cerf, Paris, 1980 / C. DUQUOC, *Dieu différent, ibid.*, 1977 / C. GEFFRÉ, *Le Procès de l'objectivité de Dieu*, Cerf, 1969 / E. JÜNGEL, *Dieu mystère du monde (Gott als Geheimnis der Welt)*, Cerf, 1983 / W. KASPER, *Le Dieu des chrétiens (Der Gott Jesu Christi)*, Cerf, 1985 / G.D. KAUFMAN, *La Question de Dieu aujourd'hui (God the Problem)*, Cerf, 1975 / H. KÜNG, *Dieu existe-t-il ? (Existiert Gott ?)*, Seuil, Paris, 1978 / P.-J. LABARRIÈRE, *Dieu aujourd'hui*, Desclée, 1977 / J.-L. MARION, *Dieu sans l'être*, Fayard, Paris, 1982, rééd. P.U.F. 1991 / R. MARLÉ, *Parler de Dieu aujourd'hui*, Cerf, Paris, 1975 / J. MOLTMANN, *Le Dieu crucifié (Der Gekreuzigte Gott)*, Cerf, 1974 / G /VON RAD, *Théologie de l'Ancien Testament (Theologie des Alten Testamentes)*, 2 vol., Genève, 1963-1967 / K. RAHNER, *Dieu dans le Nouveau Testament (Theos im Neuen Testament. Schriften zur Theologie)*, Paris, 1968 ; *Traité fondamental de la foi (Grundkurs des Glaubens)*, Le Centurion, Paris, 1983.

Écritures et traditions

S. BRETON, *Écriture et révélation*, Cerf, Paris, 1979 / Y. CONGAR, *La Tradition et les traditions*, 2 vol., Fayard, Paris, 1963 / P. GIBERT, *Petite histoire de l'exégèse biblique*, Cerf, Paris, 1992. / M. HARL, G. DORIVAL & O. MUNNICH, *La Bible grecque des Septante. Du judaïsme hellénistique au christianisme ancien*, Paris, 1988 / C. KANNENGIESSER dir., *Bible de tous les temps*, 6 vol. parus, Beauchesne, Paris, 1984-1988 / A. PAUL, *Le Fait biblique*, Cerf, Paris, 1979 ; *L'Inspiration et le canon des Écritures*, Paris, 1984 / M. QUESNEL, *L'histoire des Évangiles*, Cerf, Paris, 1987 / *Traduction œcuménique de la Bible*, Cerf, Paris, 1988 / « Versions anciennes de la Bible », in *Dictionnaire encyclopédique de la Bible*, Brepols, Paris, 1987 ; « Versions médiévales », *ibid.* ; « Versions modernes », *ibid.*

Organisation

J. BAUBÉROT & J.-P. WILLAIME, *Le Protestantisme*, M.A. Éditions, Paris, 1987 / I. CARDINALE, *Le Saint-Siège et la diplomatie*, Desclée, Paris, 1962 / J. DÉCARREAUX, *Les Moines et la civilisation en Occident des Invasions à Charlemagne*, Arthaud, Grenoble-Paris, 1962 / G. DEFOIS, *Les Chrétiens dans la société, ibid.*, 1986 / I. DICK, *Qu'est-ce que l'Orient chrétien ?*, Casterman, Paris, 1965 / J. DUBOIS, *Les Ordres monastiques*, coll. Que sais-je ?, P.U.F., 3e éd. 1991 / A.-J. FESTUGIÈRE, *Les Moines d'Orient*, 5 vol., Cerf, Paris, 1961-1965 / P.-R. GAUSSIN, *Le monde des religieux, des origines au temps présent*, Cujas, Paris, 1988 / J.-M. HORNUS, *Introduction aux Églises orientales* (Cahiers d'études chrétiennes et orientales, XII), « Foi et Vie », 1974/1 / R. JANIN, *Les Églises et les monastères des grands centres byzantins*, Paris, 1975 / D. KNOWLES, *Les Moines chrétiens*, Hachette, Paris, 1969 / C. LANGLOIS, *Le catholicisme au féminin*, Cerf, Paris, 1984. / P. LEVILLAIN & F.-C. UGINET, *Le Vatican ou les frontières de la grâce*, Calmann-Lévy, Paris, 1984 / J.-M. MAYEUR, *Des partis catholiques à la démocratie chrétienne*, Armand Colin, Paris, 1980 ; *Catholicisme social et démocratie chrétienne*, Cerf, Paris, 1986 / M. MERLE & C. DE MONTCLOS, *L'Église catholique et les relations internationales*, Le Centurion, Paris, 1988 / J. MEYENDORFF, *Saint Grégoire Palamas et la mystique orthodoxe*, Seuil, Paris, 1959, rééd. 1976 / *Le Millénaire du Mont-Athos (963-1963). Études et documents*, 2 vol., éd. de Chevetogne (Belgique), 1963-1964 / R. MINNERATH, *L'Église et les États concordataires, ibid.*, 1983 / R. PAPINI, *L'Internationale démocrate chrétienne, ibid.*, 1988 / É. POULAT, *L'Église, c'est un monde*, Cerf, 1986 / P. POUPARD, *Connaissance du Vatican*, Beauchesne, 1974. / J.-P. WILLAIME, *Profession : pasteur*, Labor et Fides, Genève, 1986 / W. DE WRIES, *Orient et Occident. Les structures ecclésiales dans l'histoire des sept premiers conciles œcuméniques*, Cerf, 1974

Pratiques

M. ALBARIC dir., *Histoire du missel français*, Brepols, Paris, 1986 / C. ANDRONIKOF, *Le Sens de la liturgie*, Cerf, Paris, 1988 / A. BESCOND, *Le Chant grégorien*, Paris, 1972, *Chants d'Église*, Desclée, Paris, 1989. / F. BOESPFLUG, *Dieu dans l'art*, Cerf, 1984 / L.-M. CHAUVET, *Du symbolique au symbole. Essai sur les sacrements*, Cerf, Paris, 1979 / I.H. DALMAIS, *Liturgies d'Orient*, Cerf, Paris, 1980 / A. DUPRONT, *Du sacré. Croisades et pèlerinages. Images et langages*, Gallimard, Paris, 1987 / F. ISAMBERT, *Le Sens du sacré. Fête et religion populaire, éd. de Minuit*, 1982 / J. JANIN, *Églises orientales et rites orientaux*, Letouzey & Ané, Paris, 1955 / P. JOUNEL et J. ÉVENOU, *La célébration des sacrements*, Desclée, Paris, 2001 / F. LAUTMAN, *Religions et traditions populaires*, catal. expos., R.M.N., Paris, 1979 / A.-G. MARTIMORT, *L'Église en prière*, t. IV, *La liturgie et le temps*, Desclée, Paris, 1983. / B. PLONGERON dir., *La Religion populaire. Approches historiques*, Beauchesne, Paris, 1976 / B. PLONGERON & R. PANNET dir., *Le Christianisme populaire*, Centurion, Paris, 1976 / *Religions et traditions populaires* (catal. d'expos. établi par Françoise Lautman, Musée national des arts et traditions populaires), Réunion des musées nationaux, Paris, 1979

Expérience

L'Accueil et le refus du christianisme. Historiographie de la conversion (Actes du colloque de Stuttgart, 1985), Lyon, 1986 / P. ADNÈS, « Pénitence », in *Dictionnaire de spiritualité*, 12, 1, pp. 943-1010, Paris, 1984 / P. BESNARD, *Protestantisme et capitalisme. La controverse post-webérienne*, Armand Colin, Paris, 1970 / A. BIÉLER, *La Pensée économique et sociale de Calvin*, Librairie de l'Université, Genève, 1959 / D. BONHOEFFER, *Éthique*, Labor et Fides, Genève, 1965 (trad. de l'allemand par L. Jeanneret) / P. BROWN, *Le Culte des saints. Son essor et sa fonction dans la chrétienté latine (The Cult of Saints)*, trad. A. Rousselle, Cerf, Paris, 1984 / C. CHAUVIN, *Les Chrétiens et la prostitution, ibid.*, 1983 / S. DELACROIX dir., *Histoire universelle des missions*, 3 vol., Paris, 1956-1962 / S. DER NERSESSIAN, *Études byzantines et arméniennes*, 2 vol., Louvain, 1976 ; *L'Art arménien des origines au XVIIe siècle*, Arts et métiers graphiques, Paris, 1977 / J. ELLUL, *Éthique de la liberté*, 3 vol., Labor et Fides, 1973, 1975, 1984 / J.-L. FLANDRIN, *L'Église et le contrôle des naissances*, Flammarion, Paris, 1970 ; *Le Sexe et l'Occident. Évolution des attitudes et des comportements*, Seuil, Paris, 1981 ; *Un temps pour embrasser. Aux origines de la morale sexuelle occidentale (VIe-XIe siècle), ibid.*, 1983 / E. FUCHS, *La Morale selon Calvin*, Cerf, Paris, 1986 / E. GERMAIN, *Deux Mille Ans d'éducation de la foi*, Desclée, Paris, 1983 / R. GIRAULT & J. VERNETTE, *Croire en dialogue. Chrétien devant les religions, les Églises, les sectes*, Droguet et Ardant, Limoges, 1979 / G. GUTIERREZ, *Théologie de la libération*, Lumen Vitae, Bruxelles, 1971 / P.-M. GY, « La Pénitence et la réconciliation », in A.G. Martimort dir., *L'Église en prière*, édition nouvelle, t. III, Desclée, Paris, 1984. / B. HÄRING, *Le Chrétien et le mariage*, trad. de l'allemand, 2e éd., éd. Saint-Paul, Paris-Fribourg, 1966 / J. HORGAN, L. KLANE, R. NOWELL et al., *L'Église et l'amour humain...*, Privat, Toulouse, 1969 / A. MANDOUZE, P. RICHÉ, A. VAUCHEZ et al. dir., *Histoire des saints et de la sainteté chrétienne*, 11 vol., Livre de Paris, Paris, 1986-1988 / R. MEHL, *Éthique catholique et éthique protestante*, Delachaux et Niestlé, Neuchâtel-Paris, 1970 / Y. MOUBARAC, J.-P. GANUS & ALI MERAD, *Islam et christianisme en dialogue*, Cerf, 1982 / J. T. NOONAN, *Contraception et mariage. Évolution ou contradiction dans la pensée chrétienne*, trad. M. Jossua, Cerf, Paris, 1969. / L. OUSPENSKY, *Théologie de l'icône dans l'Église orthodoxe*, Cerf, Paris, 1980 / M. PACAUT, *Les Ordres monastiques et religieux du Moyen Âge*, Nathan, Paris, 1970 / J.-M. PAUPERT, *Contrôle des naissances et théologie. Le dossier de Rome*, Seuil, 1967 / K. RAHNER, B. HÄRING & CARDINAL RENARD, *À propos de l'encyclique « Humanae Vitae »*, éd. Paulus, Sherbrooke, 1969 / P. RICHÉ, « La Pastorale populaire en Occident, VIe-XIe siècle », in J. Delumeau dir., *Histoire vécue du peuple chrétien*, Toulouse, 1979 / *Théologies de la libération. Documents et débats*, Cerf, Le Centurion, 1985 / A. VAUCHEZ, *La Sainteté en Occident aux derniers siècles du Moyen Âge*, École française de Rome, Paris-Rome, 1981 ; *La Spiritualité du Moyen Âge occidental*, P.U.F., Paris, 1974 / A. VAUCHEZ dir., *Faire croire. Modalités de la diffusion et de la réception des messages religieux du XIIe au XVe siècle*, École française de Rome, 1981 / J. VERNETTE, *Jésus dans la nouvelle religiosité*, Desclée, Paris, 1987 ; *Les Sectes et l'Église catholique. Le document romain*, Cerf, 1986. / J. DE VIGUERIE dir., *Christianisation et déchristianisation*, Angers, 1986 / C. VOGEL, *Le Pécheur et la pénitence dans l'Église ancienne*, 1966, rééd., Cerf, Paris, 1982 ; *Le Pécheur et la pénitence au Moyen Âge*, 1969, rééd. *ibid.*, 1982. / M. WEBER, *L'Éthique protestante et l'esprit du capitalisme*, trad. de l'allemand par J. Chavy, Plon, Paris, 1964.

L'œcuménisme chrétien

A. BIRMELÉ, *Le Salut en Jésus-Christ dans les dialogues œcuméniques*, Cerf, Labor et Fides, Paris-Genève, 1986 / É. FOUILLOUX, *Les Catholiques et l'unité chrétienne du XIXe au XXe siècle*, Le Centurion, Paris, 1982 / J. SÉGUY, *Les Conflits du dialogue*, Cerf, Paris, 1973.

Les manichéens et les gnostiques

S. PÉTREMENT, *Le Dualisme chez Platon, les gnostiques et les manichéens*, Monfort, Paris, 1982 / H.-C. PUECH, articles « Manichéisme », in *Encyclopædia Universalis*, vol. 14, 1995 et « Le Manichéisme », in H.-C. Puech dir., *Histoire des religions*, Encyclopédie de la Pléiade, t. II, pp. 523-645, Gallimard, Paris, 1972 ; *En quête de la gnose*, Gallimard, Paris, 1978 ; / M. TARDIEU, *Le Manichéisme*, P.U.F., Paris, 1981 ; *Écrits gnostiques. Codex de Berlin*, Cerf, Paris, 1984 ; « Gnostiques », in *Encyclopædia Universalis*, vol. 10, 1995 / A. VILLEY, *Psaumes des errants. Écrits manichéens du Fayyoum*, Cerf, Paris, 1994.

L'islam

Généralités

R. BLACHÈRE, *Le Coran*, Besson, Paris, 1957 / *Encyclopédie de l'islam* (nouv. éd.), Brill, Leyde, et G.-P. Maisonneuve puis Maisonneuve et Larose, Paris, 1960 sqq. / L. GARDET, *Les Hommes de l'islam. Approche des mentalités*, Hachette, Paris, 1977 ; *L'Islam. Religion et Communauté*, Desclée De Brouwer, Paris, 3e éd. 1982 / L. GARDET & G. C. ANAWATI, *Introduction à la théologie musulmane, essai de théologie comparée*, Vrin, 1948 / H. LAOUST, *Les Schismes dans l'islam. Introduction à une étude de la religion musulmane*, Payot, Paris, 1967 / R. MANTRAN, *Les grandes dates de l'islam*, Larousse, Paris, 1990. / A. MIQUEL, *L'Islam et sa civilisation*, Armand Colin, Paris, 1977 / M. RODINSON, *Mahomet*, 2e éd., Seuil, Paris, 1968 ; *Islam et capitalisme, ibid.*, 1966 ; *Marxisme et monde musulman, ibid.*, 1972 ; *L'Islam : politique et croyance*, Fayard, Paris, 1993 / D. SOURDEL, *L'Islam médiéval*, P.U.F., Paris, 1979

L'islam maghrébin

COLLECTIF, *Penseurs maghrébins contemporains*, Cérès Productions, 1993. / E. DERMENGHEM, *Le Culte des saints dans l'Islam maghrébin*, nouv. éd., Gallimard, Paris, 1982 / E. GELLNER & J.-C. VATIN dir., *Islam et politique au Maghreb*, Paris, 1982 / A. LAROUI, *Histoire du Maghreb. Un essai de synthèse*, Découverte/Maspero, Paris, 1982 / C. SOURIAU dir., *Le Maghreb musulman en 1979*, Paris, 1980

L'islam en Afrique noire

C. COULON, *Les Musulmans et le pouvoir en Afrique noire*, Karthala, Paris, 1983 / J. CUOQ, *Les Musulmans en Afrique*, Maisonneuve et Larose, Paris, 1975 ; *Islamisation de la Nubie chrétienne, VIIe-XVIe siècle*, Geuthner, 1986 / R. DELVAL, *Les Musulmans au Togo*, Publications orientalistes de France, Paris, 1980 / M. MAGASSOUBA, *L'Islam au Sénégal. Demain les mollahs ?*, Karthala, 1985 / V. M. MONTEIL, *L'Islam noir*, Seuil, 4e éd. 1986 / G. NICOLAS, *Dynamique de l'islam au sud du Sahara*, Publications orientalistes de France, 1981 / A. POPOVIC & G. VEINSTEIN dir., *Les Ordres mystiques dans l'islam. Cheminements et situation actuelle*, E.H.E.S.S., 1986 / M. RODINSON, *La Fascination de l'Islam*, Maspero, Paris, 1980.

L'islam en Arabie Saoudite

Arabie, Chantecler, Aartselacu (Belgique), 1998. / O. DA LAGE, *Géopolitique de l'Arabie Saoudite*, Complexe, Paris, 1996 / D. HOLDEN, R. JOHNES, *La maison des Saoud, 1902-1980*, Ramsay, Paris, 1982

L'islam en Iran

M.A. AMIR-MOEZZI, *Le guide divin dans le shī'isme originel*, Verdier, Paris-Lagrasse, 1992. / H. CORBIN, *En Islam iranien. Aspects spirituels et philosophiques*, 4 vol., Gallimard, Paris, 1971, 1973 ; *Corps spirituel et Terre céleste. De l'Iran mazdéen à l'Iran shī'ite*, Buchet-Chastel, Paris, 2e éd. 1979

L'islam en Afghanistan et au Pakistan

I. DELLOYE, *Femmes d'Afghanistan*, Phébus, Paris, 2002 / G. ÉTIENNE, *Imprévisible Afghanistan*, Presses de Sciences-Po, Paris, 2002 / O. ROY, *L'Afghanistan : islam et modernité politique*, Seuil, Paris, 1985 / M.-J. ZINS, *Pakistan : la quête de l'identité*, Documentation française, Paris, 2002.

L'islam indien

M. GABORIEAU dir., *Islam et société en Asie du Sud*, E.H.E.S.S., Paris, 1986.

L'islam indonésien

M. BONNEFF et al., *Pantjasila : trente années de débats politiques en Indonésie*, Maison des sciences de l'homme, Paris, 1980.

L'islam d'Asie centrale et d'Extrême-Orient

E. ALLÈS, *Musulmans de Chine. Une anthropologie des Hui du Henan*, E.H.E.S.S., Paris, 2000 / A. BENNIGSEN & C. LEMERCIER-QUELQUEJAY, *Le Soufi et le commissaire. Les confréries musulmanes en U.R.S.S.*, Seuil, Paris, 1986 / R. CAGNAT & M. JAN, *Le Milieu des empires, ou le Destin de l'Asie centrale*, Laffont, Paris, 1981 / H. CARRÈRE D'ENCAUSSE, *L'Empire éclaté*, Flammarion, Paris, 1978 / A. POPOVIC & G. VEINSTEIN, dir.,

Les Voies d'Allah, Fayard, Paris, 1996 / A. RASHID, *Asie centrale, champs de guerre – Cinq Républiques face à l'islam radical*, Autrement, Paris, 2002 / O. ROY, *La nouvelle Asie centrale ou la fabrication des nations*, Seuil, Paris, 1997.

L'islam turc

P. DUMONT, *Mustafa Kemal invente la Turquie moderne : 1919-1924*, Éd. Complexe, Bruxelles, 1983 / A. GOKALP, *Têtes rouges et Bouches noires*, Société d'ethnographie, Paris, 1980 / J.-P. ROUX, *La Religion des Turcs et des Mongols*, Payot, Paris, 1983.

L'islam balkanique

A. POPOVIC, *L'Islam balkanique. Les musulmans du Sud-Est européen dans la période post-ottomane*, Otto Harrassowitz Verlag, Berlio-Wiesbaden, 1986.

L'islam en Europe occidentale

A. BASTENIER & F. DASSETTO, *L'Islam transplanté*, éd. E.P.O., Anvers, 1984 / B. ÉTIENNE, *L'Islamisme radical*, Hachette, Paris, 1987 / G. KEPEL, *Les Banlieues de l'Islam*, Seuil, Paris, 1987 / B. LEWIS & D. SCHNAPPER (dir.), *Musulmans en Europe*, Actes Sud, Arles, 1992.

Dieu, le divin

Encyclopédie de l'Islam, Brill et G.P. Maisonneuve, Leyde et Paris, depuis 1960, notamment les articles « Ādam », « ‘Adh̲āb al-K̲abr », « Allāh », « al-Asmā' al-H̲usnā », « D̲janna », « D̲jinn », « Iblīs », « Ibrāhīm », « K̲hal » / M. GAUDEFROY-DEMOMBYNES, *Mahomet*, Paris, 1957 / D. GIMARET, *Les Noms divins en Islam*, Cerf, Paris, 1988.

Écritures et traditions

M. ARKOUN, *Lectures du Coran*, Maisonneuve et Larose, Paris, 1982 2ᵉ éd., 1988 / R. BLACHÈRE & C. GILLIOT, « Coran », in *Encyclopædia Universalis*, vol. 6, Paris, 1995 / I. GOLDZIHER, *Études sur la tradition islamique*, Adrien Maisonneuve, Paris, 1952.

Organisation

M. ARKOUN, *Pour une critique de la raison islamique*, Maisonneuve et Larose, Paris, 1982 / O. CARRÉ dir., *L'Islam et l'État dans le monde d'aujourd'hui*, P.U.F., Paris, 1982 / J.-P. CHARNAY, *Sociologie religieuse de l'Islam*, Sindbad, Paris, 1977 / C. CHEHATA, *Théorie générale de l'obligation en droit musulman hanéfite*, Sirey, Paris, 1969 ; *Droit musulman. Applications au Proche-Orient*, Dalloz, Paris, 1970 / J. CHELHOD, *Les Structures du sacré chez les Arabes*, Maisonneuve et Larose, 1965 / H. DJAÏT, *La Grande Discorde. Religion et politique dans l'Islam des origines*, Gallimard, Paris, 1989 / L. GARDET, *L'Islam, religion et communauté*, Desclée de Brouwer, Paris, 3ᵉ éd. 1982 ; *Les Hommes de l'Islam*, Hachette, Paris, 1977 / J. SCHACHT, *Introduction au droit musulman*, Maisonneuve et Larose, Paris, 1983.

Pratiques

E. DERMENGHEM, *Le Culte des saints dans l'islam maghrébin*, Paris, 1954 / T. FAHD, *Le Panthéon de l'Arabie centrale à la veille de l'hégire*, P. Geuthner, Paris, 1968 ; *Le Pèlerinage à la Mekke*, *ibid.*, 1974 ; *La Divination arabe*, Sindbad, Paris, 1987 / J. HENNINGER, *Les Fêtes de printemps chez les Sémites et la Pâque israélite*, Gabalda, Paris, 1975.

Expérience

G. C. ANAWATI & L. GARDET, *Mystique musulmane. Aspects et tendances. Expériences et techniques*, Vrin, Paris, 1961 / ANSARI, *Chemin de Dieu. Trois traités spirituels*, trad. S. de Laugier de Beaurecueil, Sindbad, Paris, 1985 / M. ARKOUN, *Lectures du Coran*, 2ᵉ éd. Maisonneuve et Larose, Paris, 1988 / G. ASCHA, *Du statut inférieur de la femme en islam*, L'Harmattan, Paris, 1987 / A. BOUHDIBA, *La Sexualité en islam*, P.U.F., Paris, 1975 / M. CHEBEL, *Le Corps dans la tradition au Maghreb*, *ibid.*, 1984 ; *L'Esprit de sérail. Perversions et marginalités sexuelles au Maghreb*, Lieu commun, Paris, 1988 / C. CHEHATA, *Droit musulman : application au Proche-Orient*, Dalloz, Paris, 1970 / M. CHODKIEWICZ, *Le Sceau des saints. Prophétie et sainteté dans la doctrine d'Ibn ‘Arabī*, Gallimard, Paris, 1986 / R. DELADRIÈRE, *Ibn ‘Arabī, la profession de foi*, Sindbad, 1985 / GHAZALI, *Le Tabernacle des Lumières, Michkāt al-Anwār*, trad. R. Deladrière, Seuil, 1981 / JUNAYD, *Enseignement spirituel. Traités, lettres, oraisons et sentences*, trad. R. Deladrière, Sindbad, 1983 / KALABADHI, *Traité de soufisme. Les maîtres et les étapes*, trad. R. Deladrière, *ibid.*, 1981 / L. MASSIGNON, *La Passion d'Al-Hallaj, martyr mystique de l'Islam*, 2 vol., Geuthner, Paris, 1922, 2ᵉ éd. refondue, 4 vol., Gallimard, 1975 ; *Essai sur les origines du lexique technique de la mystique musulmane*, Vrin, Paris, 1954 / A. POPOVIC & G. VEINSTEIN, *Les Ordres mystiques dans l'Islam. Cheminements et situation actuelle*, E.H.E.S.S., Paris, 1986 / E. DE VITRAY-MEYEROVITCH, *Anthologie du soufisme*, Sindbad, 1978.

Le mahdisme

« Al-Mahdī », in *Encyclopédie de l'islam*, 1ʳᵉ éd., Brill, Leyde, 1936 (par D.B. Macdonald) ; 2ᵉ éd., *ibid.*, 1986 (par W. Madelung) ; « Al-Mahdiyya », *ibid.* (par P.M. Holt) / J. DARMESTETER, *Le Mahdi depuis les origines de l'islam jusqu'à nos jours*, E. Leroux, Paris, 1885 / IBN KHALDUN, *Discours sur l'histoire universelle*, trad. V. Monteil, Sindbad, Paris, 1967-1968 ; t. II, chap. L : « Traditions sur le Fātimide attendu ».

L'islam et les autres religions

R. ARNALDEZ, *Jésus dans la pensée musulmane*, Paris, 1988 / J. M. FIEY, *Communautés syriaques en Iran et en Irak des origines à 1552*, Londres, 1979 / G. MONNOT, *Islam et religions*, coll. Islam d'hier et d'aujourd'hui, Maisonneuve et Larose, Paris, 1986 ; *Penseurs musulmans et religions iraniennes. ‘Abd al-Jabbār et ses devanciers*, coll. Études musulmanes, Vrin, Paris-Beyrouth, 1974 / D. & J. SOURDEL, *La Civilisation de l'Islam classique*, Arthaud, Paris, 1968, 2ᵉ éd. 1976.

Le renouveau islamique

G. C. ANAWATI & M. BORRMANS, *Tendances et courants de l'islam arabe contemporain*, t. I, *Égypte et Afrique du Nord*, Kaiser-Grünewald, Paris, 1982 / M. ARKOUN, *L'Islam, morale et politique*, Desclée de Brouwer, Paris, 1986 / M. ARKOUN & L. GARDET, *L'Islam, hier-demain*, Buchet-Chastel, Paris, 1978, 2ᵉ éd. 1982 / H. BOULARÈS, *L'Islam, la peur et l'espérance*, J.-C. Lattès, Paris, 1983 / M. BUCAILLE, *La Bible, le Coran et la science : les Écritures saintes examinées à la lumière des connaissances modernes* (ouvrage apologétique), Seghers, Paris, 1976 / C. CAHEN et al., *L'Élaboration de l'Islam*, Paris, 1961 (colloque de Strasbourg, 1959) / O. CARRÉ, *La Légitimation islamique des socialismes arabes*, Presses F.N.S.P., Paris, 1979 / O. CARRÉ & P. DUMONT, *Radicalismes islamiques*, 2 t., L'Harmattan, Paris, 1985, 1986 / H. DJAIT, *L'Europe et l'islam*, Seuil, Paris,

1978 / G. VON GRÜNEBAUM, *Modern Islam. The Search for Cultural Identity*, Los Angeles, 1962 / A. LAROUI, *Islam et modernité*, La Découverte, Paris, 1987. *L'Islam dans les relations internationales. Actes du 4e colloque franco-pakistanais*, Edisud, 1986 ; *Islam et modernité*, La Découverte, Paris, 1987 / G. LECOMTE, « Du profane et du sacré dans les "sciences arabes" », in J.-P. Charnay dir., *L'Ambivalence dans la culture arabe*, pp. 419-428, Anthropos, Paris, 1968 / B. LEWIS, *Le Retour de l'islam*, Gallimard, Paris, 1985 ; *Comment l'islam a découvert l'Europe*, Gallimard, Paris, 1984 ; *Le Retour de l'islam, ibid.*, 1986 / A. MERAD, *L'Islam contemporain*, coll. Que sais-je ?, P.U.F., Paris, 1984.

Le radicalisme islamique

M. ARKOUN, *Critique de la raison islamique*, Maisonneuve, Paris, 1984 / O. CARRÉ, *Mystique et politique, la lecture révolutionnaire du Coran par Sayyid Qutb, frère musulman radical*, Cerf, Paris, 1984 / R. OTAYER (éd.), *Le radicalisme islamique au sud du Sahara*, Karthala, Paris, 1993 / E. PATLAGEAN & A. LE BOULLUEC, *Les retours aux Écritures. Fondamentalismes présents et passés*, Peters, Louvain-Paris, 1993.

Syncrétismes, nouveaux mouvements, sectes

Les « syncrétismes »

M. AUGÉ, *Génie du paganisme*, Gallimard, Paris, 1982 / R. BASTIDE, *Le Candomblé de Bahia*, Mouton, Paris-La Haye, 1958 ; *Religions africaines au Brésil*, P.U.F., Paris, 1960 / P. BROWN, *Le Culte des saints. Son essor et sa fonction dans la chrétienté latine* (*The Cult of Saints*, Chicago, 1981), trad. A. Rousselle, Cerf, Paris, 1984 / J. DORESSE, « L'Hermétisme égyptianisant », in H.-C. Puech dir., *Histoire des religions*, Encyclopédie de la Pléiade, t. II, Gallimard, Paris, 1972 / A.-J. FESTUGIÈRE, *La Révélation d'Hermès Trismégiste*, 4 vol., Paris, 1942-1953, réimpression, Les Belles-Lettres, Paris, 1983 / G. FOWDEN, *Hermès Trismégiste*. éd. et trad. A.D. Nock et A.-J. Festugière, 4 vol., Les Belles-Lettres, 1945-1954 / L. HURBON, *Dieu dans le vaudou haïtien*, Payot, Paris, 1972 / J.-P. MAHÉ, *Hermès en Haute-Égypte*, 2 vol., Presses de l'université Laval, Québec, 1978, 1982 / H. MASPERO, *Mélanges posthumes sur les religions et l'histoire de la Chine*, P.U.F., Paris, 1950 ; *Le Taoïsme et les religions chinoises*, Gallimard, Paris, 1971 / A. MÉTRAUX, *Le Vaudou haïtien*, Gallimard, Paris, 1958.

La religion révolutionnaire

M. AGULHON, *Marianne au combat*, Flammarion, Paris, 1979 / S. BIANCHI, *La Révolution culturelle de l'an II*, Aubier-Montaigne, 1982 / C. LANGLOIS, « La Religion révolutionnaire », in *Pratiques, mentalités et spiritualité de l'Europe révolutionnaire*, Brepols, Turnhout (Belgique), 1988 / M. OZOUF, *La Fête révolutionnaire, 1789-1799*, Gallimard, Paris, 1976 / J.-P. SIRONNEAU, *Sécularisation et religions politiques*, Mouton, La Haye, 1982 / A. SOBOUL, « Sentiment religieux et cultes populaires pendant la Révolution », dans *Comprendre la Révolution*, Découverte/Maspero, Paris, 1981 / M. VOVELLE, *Les Métamorphoses de la fête en Provence, 1750-1850*. Aubier-Montaigne, Paris, 1976 ; *La Révolution contre l'Église. De la raison de l'Être suprême*, Complexe, Bruxelles, 1988.

Mouvements religieux de type messianique

G. BALANDIER, *Sociologie actuelle de l'Afrique noire*, P.U.F., Paris, 1955, rééd. 1982 / E. BLOCH, *Thomas Münzer* (*Thomas Münzer als Theologe der Revolution*, Munich, 1921), trad. franç., Julliard, Paris, 1964 ; *L'Athéisme dans le christianisme* (*Atheismus in Christentum, zur Religion des Exodus und des Reichs*, Francfort-sur-le-Main, 1968), trad. franç., Gallimard, Paris, 1978 / N. COHN, *Les Fanatiques de l'Apocalypse. Courants millénaristes révolutionnaires du XIe au XVIe siècle* (*The Pursuit of the Millenium*, Londres, 1957), trad. franç., éd. revue et augmentée, Payot, Paris, 1984 / H. DESROCHE, *Dieux d'hommes. Dictionnaire des messies, messianismes et millénarismes de l'ère chrétienne*, Mouton, Paris, 1968 / L. DUMONT, *Essais sur l'individualisme. Une perspective anthropologique sur l'idéologie moderne*, Seuil, Paris, 1983 / F. ENGELS, « La Guerre des paysans », in *Sur la religion*, Éditions sociales, Paris, 1960 / V. LANTERNARI, *Les Mouvements religieux des peuples opprimés* (*Movimenti religiosì dì libertà e di salvezza dei populi oppressi*, Milan, 1960), trad. franç., Maspero, Paris, 1962 / W.E. MÜHLMANN, *Messianismes révolutionnaires du Tiers Monde* (*Chiliasmus und Nativismus*, 1961), Gallimard, 1968 / M.I. PEREIRA DE QUEIROZ, *Réforme et révolution dans les sociétés traditionnelles. Histoire et ethnologie des mouvements messianiques*, Anthropos, Paris, 1968.

Nouveaux mouvements religieux

R. BASTIDE, *Les Amériques noires*, Payot, Paris, 1967 ; *Les Religions africaines au Brésil*, P.U.F., Paris, 1960 / G.M. HALIBURTON, *Le Prophète Harris* (*The Prophet Harris*, Londres, 1971), Les Nouvelles Éditions africaines, Abidjan, 1985 / L. HURBON, *Dieu dans le vaudou haïtien*, Payot, Paris, 1972 / M. INTROVIGNE, *La Magie, les nouveaux mouvements magiques*, Droguet & Ardant, Paris, 1993 / M. LACROIX, *L'Idéologie du Nouvel Âge*, Novalis, Ottawa, 1996 / V. LANTERNARI, *Les Mouvements religieux de liberté et de salut des peuples opprimés* (*Movimenti religiosì di libertà e di salvezza dei popoli oppressi*, Milan, 1960), trad. franç., Maspero, Paris, 1962 / M.L. MARTIN, *Simon Kimbangu*, éd. du S.O.C., Lausanne, 1981 / H.-C. PUECH dir., *Histoire des religions*, Encyclopédie de la Pléiade, vol. III, Gallimard, Paris, 1976 (nombreux articles sur les mouvements d'Asie du Sud-Est, de la Corée, d'Amérique du Nord, afro-américains, d'Amérique du Sud, d'Indonésie, d'Océanie, d'Afrique noire et d'Afrique du Sud) / S. ROUVILLOIS, *Vers un Nouvel Âge ?*, Fayard, Paris, 1993.

La religion dans les pays de l'Est

P. MICHEL, *La Société retrouvée. Politique et religion dans l'Europe soviétisée*, Fayard, Paris, 1988 / P. MICHEL dir., *Sciences sociales des religions et religions à l'Est*, n° spéc. des *Archives de sciences sociales des religions*, n° 65/1, janv.-mars 1988 / P. MICHEL & G. MINK, *Mort d'un prêtre. L'Affaire Popieluszko. Analyse d'une logique normalisatrice*, Fayard, Paris, 1985.

L'univers des sectes

R. CAMPICHE, *Quand les sectes affolent. Ordre du temple solaire, médias et fin des temps. Entretiens avec Cyril Dépraz*, Labor et Fides, Genève, 1995 / F. CHAMPION & D. HERVIEU-LÉGER, *De l'émotion en religion*, Centurion, Paris, 1990 / J.-F. MAYER, *Les Sectes*, Cerf-Fides, Paris, 1987 / J. VERNETTE, *Les Sectes*, P.U.F., Paris, 1990 / J. VERNETTE & C. MONCELON, *Dictionnaire des groupes religieux aujourd'hui, ibid.*, 1995 / B. WILSON, *Les Sectes*, Hachette, Paris, 1970.

Approches transversales et complémentaires

Le monde surnaturel et l'imaginaire de l'au-delà

H. Bourgeois, *La mort. Sa signification chrétienne*, Desclée-Novalis, Paris, 1988 / P. Faure, *Les Anges*, Cerf, Paris, 1988 / G. Gnoli & J.-P. Vernant dir., *La Mort, les morts dans les sociétés anciennes*, Maison des sciences de l'homme et Cambridge Univ. Press, 1961 / M. Hulin, *La Face cachée du temps, l'imaginaire de l'au-delà*, Fayard, Paris, 1985 / *Le Jugement des morts*, ouvrage collectif, coll. Sources orientales, Seuil, Paris, 1961 / C. A. Keller dir., *La Réincarnation, théories, raisonnements et appréciations*, P. Lang, Berne, 1987 / J. Le Goff, *La Naissance du purgatoire*, Gallimard, Paris, 1981 / G. Minois, *Histoire des enfers*, Fayard, Paris, 1991 / R. Moody, *La Vie après la vie* (trad. franç.), R. Laffont, Paris, 1978 / J. Ratzinger, *La Mort et l'au-delà* (trad. franç.), Fayard, Paris, 1975 / J. Ries & H. Limet, *Anges et démons*, Louvain-la-Neuve, 1989 / G. Tavard, *Satan*, Desclée-Novalis, Paris-Ottawa, 1988 / P. Thomas, *Réincarnation, résurrection*, Plon-Mame, Paris, 1995.

Écriture et sacré

J. Bottéro, *Mésopotamie. L'Écriture, la raison et les dieux*, Gallimard, Paris, 1987 / M.T. Derchain-Urtel, *Thot. À travers des épithètes dans les scènes d'offrandes des temples d'époque gréco-romaine*, Fondation égyptologique Reine Élisabeth, Bruxelles, 1981 / M. Détienne, *L'Écriture d'Orphée*, Gallimard, 1989 / M. Détienne dir., *Les Savoirs de l'écriture en Grèce ancienne*, Presses univ. de Lille, Lille, 1988 / J. Goody, *La Raison graphique. La domestication de la pensée sauvage*, trad. J. Bazin et A. Bensa, Minuit, Paris, 1979 ; *La Logique de l'écriture. Aux origines des sociétés humaines*, Armand Colin, Paris, 1986 / E. A. Havelock, *Aux origines de la civilisation écrite en Occident*, Maspero, Paris, 1981 / R. Lafont dir., *Anthropologie de l'écriture*, Centre de création industrielle, Centre Georges-Pompidou, Paris, 1984.

Les animaux dans les religions

F. Armengaud, « Bestiaires », in *Encyclopœdia Universalis*, vol. 3, Paris, 1984 ; « Animalité et humanité », *ibid.*, Symposium/Enjeux, 1985 / G. Bataille, *Théorie de la religion*, Gallimard, Paris, 1973 / L. Bodson, *Hiéra Zoïa. Contribution à l'étude de la place de l'animal dans la religion grecque ancienne*, Académie royale de Belgique, Bruxelles, 1978 / A.K. Coomaraswamy, *La Doctrine du sacrifice*, Dervy, Paris, 1978 / M. Damien, *L'Animal, l'Homme et Dieu*, Fayard, Paris, 1978 / J.-P. Darmon, A. Schnapp-Gourbeillon & R. Schilling, « Animaux et mythologie. La valeur sémantique du bestiaire dans la mythologie grecque », in Y. Bonnefoy dir., *Dictionnaire des mythologies*, Flammarion, Paris, 1981 / V. H. Debidour, *Le Bestiaire sculpté du Moyen Âge en France*, Arthaud, Paris, 1961 / J.-L. Durand, *Sacrifice et labour en Grèce ancienne*, La Découverte-École française de Rome, Paris-Rome, 1986 / R. Girard, *La Violence et le sacré*, Grasset, Paris, 1972 / D. Grivot, *Le Bestiaire de la cathédrale d'Autun*, Ange Michel, Lyon, 1973 / A. Leroi-Gourhan, *Les Religions de la préhistoire*, P.U.F., Paris, 1976 / D. Poirion, « Bestiaires », in *Encyclopœdia Universalis*, vol. 4, 1995 / R. de Vaux, *Les Sacrifices de l'Ancien Testament*, Gabalda, Paris, 1964 / A. Vergote, « Sacrifice », in M. Clévenot dir., *L'État des religions*, La Découverte-Le Cerf, Paris, 1987.

Les pèlerinages et les lieux sacrés

P. Brown, *Le Culte des saints. Son essor et sa fonction dans la chrétienté latine*, trad. A. Rousselle, Cerf, Paris, 1984 / J. Chelini & H. Branthomme, *Les chemins de Dieu. Histoire de pèlerinages chrétiens*, Hachette, Paris, 1982 ; *Histoire des pèlerinages non-chrétiens*, Hachette, Paris, 1987 / M. Delcourt, *Les Grands Sanctuaires de la Grèce*, P.U.F., Paris, 1947 / A. Dupront, *Du sacré. Croisades et pèlerinages. Images et langages*, Gallimard, Paris, 1987 / R. Laurentin, *Lourdes. Documents authentiques*, 7 vol., Lethielleux, Paris, 1957-1966 / P. Maraval, *Lieux saints et pèlerinages d'Orient. Histoire et géographie des origines à la conquête arabe*, Cerf, Paris, 1985 / L. Massignon, *Les Sept Dormants d'Éphèse en islam et en chrétienté*, Geuthner, 1955 / *Les Pèlerinages* (Égypte ancienne, Israël, Islam, Perse, Inde, Tibet, Indonésie, Madagascar, Chine, Japon), Seuil, Paris, 1960 / *Les Pèlerinages de l'Antiquité biblique et classique à l'Occident médiéval*, Geuthner, Paris, 1973 / R. Roussel, *Les Pèlerinages à travers les siècles*, Payot, Paris, 1954 / P. A. Sigal, *Les Marcheurs de Dieu*, Armand Colin, Paris, 1974.

L'état des religions en France

R. Azria, *Le judaïsme*, La Découverte, Paris, 1996 / J. Baubérot, *Le protestantisme doit-il mourir ?* Seuil, Paris, 1988 / P. Bréchon (éd.), *Les valeurs des Français. Évolutions 1980 à 2000*, Armand Colin, Paris, 2000 / J. Cesari, *Musulmans et républicains*, Complexe, Paris, 1998 / R. Fabre, *Les protestants en France depuis 1789*, La Découverte, Paris, 2001 / M. Gauchet, *La religion dans la démocratie. Parcours de la laïcité*, Gallimard, Paris, 1998 / D. Hervieu-Léger, *Le pèlerin et le converti. La religion en mouvement*, Flammarion, Paris, 1999 ; *La religion en miettes ou la question des sectes*, Calmann-Lévy, Paris, 2001 / F. Khosrokhavar, *L'islam des jeunes*, Flammarion, Paris, 1997 / F. Lenoir, *Le bouddhisme en France*, Fayard, Paris, 1999 / D. Pelletier, *La crise catholique. Religion, société, politique*, Payot, Paris, 2002 / R. Rémond, *Le catholicisme français et la société politique*, Éd. de l'Atelier, Paris, 1995.

La sécularisation

J. Baubérot, *Vers un nouveau pacte laïque ?*, Seuil, Paris, 1990 / P. Berger, *La Religion dans la conscience moderne*, trad. franç., Le Centurion, Paris 1971 / D. Hervieu-Léger & F. Champion, *Vers un nouveau christianisme*, Cerf, Paris, 1983 / J. Katz, *Hors du ghetto, l'émancipation des juifs en Europe*, Hachette, Paris, 1984 / É. Poulat, *Église contre bourgeoisie*, Casterman, Tournai, 1977 ; *Liberté, laïcité. La guerre des deux France et le principe de la modernité*, Cerf-Cujas, Paris, 1988 / J. Stoetzel, *Les Valeurs du temps présent : une enquête européenne*, P.U.F., 1983 / O. Tschannen, *Les Théories de la sécularisation*, Droz, Genève, 1992.

PRÉAMBULE

Le statut variable et contesté de la religion

La typologie des groupes religieux

Mise en scène de l'ineffable. Cette fresque pompéienne – dont un détail illustre notre couverture – évoque le culte initiatique de Dionysos. Une femme s'apprête à dévoiler un phallus, tandis qu'un personnage ailé brandit un fouet. Mystère et révélation, extase et violence : le monde du sacré s'avère multidimensionnel et touche au plus profond des pulsions humaines. Villa des Mystères, Pompéi (Scala).

Le statut variable et contesté de la religion

ÉMILE POULAT

Les mythes d'origine nous racontent tous la création du monde et de l'homme : « Au commencement... » Aujourd'hui, nous ne savons pas mieux concevoir l'idée de commencement que l'idée de néant. Nous opérons avec les notions de devenir, d'évolution, d'émergence. Nous nous sommes familiarisés avec l'immensité de l'espace et de la durée. Dans la nuit des temps, nous avons appris à jalonner et à meubler cette interminable aurore. L'homme avait déjà des centaines de milliers d'années quand il s'est éveillé à lui-même, à une vie qui le distinguait de tous les anthropoïdes et à une activité qui commença d'asseoir sa maîtrise sur la nature. Ce n'était pas encore le début de ce que nous appelons l'histoire, cette mince pellicule sur les profondeurs du passé, mais c'était la première apparition du religieux, lié à l'avènement de l'humain. En ce sens, le religieux appartient à nos structures biologiques et mentales les plus anciennes ou, si l'on préfère, archaïques. Son destin sera-t-il donc celui d'un état intermédiaire, comme la chrysalide du papillon ? Cet ouvrage élèverait-il son monument à l'*homo religiosus*, difficile à comprendre mais curieux à observer, passage obligé entre un paléanthrope à l'animalité absorbante et un néanthrope à l'humanité mutante ?

Pourtant, il fut longtemps impensable d'être sans religion, et d'autant plus que la religion était affaire de société avant d'être question de conscience. Le tissu social était d'un seul tenant. Le libre examen n'y avait ni sens ni place, puisqu'il lésait la cohésion et la constitution du groupe. Les temps ont changé, au point que, dans certains pays, ce sont les croyants qui ont la vie difficile. Tout n'a pas encore changé, ni partout, mais le changement n'a pu se faire sans une véritable révolution culturelle. Nous avons peine à imaginer celle-ci, tellement nous l'avons intériorisée : la Déclaration des droits de l'homme, la liberté de conscience pour tous, la sécularisation de la vie publique, les acquisitions de l'esprit scientifique, l'idée d'un cosmos rationnel gouverné par des lois récusant un monde surnaturel et providentiel, etc. Pour ou contre cette évolution se sont affrontés durement ceux qui croyaient au ciel et ceux qui n'y croyaient pas. Tout s'entremêlait et s'entrechoquait : l'État, l'Église et l'école, la politique, la science et la culture. Il y allait des libertés de l'individu et de l'avenir de la société : un univers bientôt sans secrets, une humanité sans conflits, réconciliée avec elle-même... Nous sommes loin du compte ; les partis adverses se sont faits plus modestes ; l'histoire les a tous contraints à beaucoup marcher, et aucun n'a campé sur ses positions.

On peut donc ne croire à aucune religion, mais, si l'on croit, il faut choisir : on ne peut croire à toutes, tant est grande la diversité de ce qu'elles enseignent et demandent. On peut concevoir une religion idéale qui recueillerait le meilleur d'elles-mêmes, substrat ou horizon commun, mais aucune tentative pour les unifier n'a jamais donné une religion vivante. Faut-il s'en étonner ? Il en va pareillement de la culture : elle ne se laisse pas concevoir comme la somme ou la synthèse des cultures qui sont venues fournir notre musée anthropologique. Si nous allons vers une civilisation universelle, c'est essentiellement sur la base matérielle d'un mode de vie qui tend à se retrouver partout, même s'il ne s'étend pas également à tous. Mais cette internationalisation

Manifestation du Jihād islamique à Gaza. Le 29 mars 2000, des centaines de militants palestiniens extrémistes défilent lors d'une campagne électorale à l'Université islamique de Gaza. Les manifestants s'opposent au processus de paix avec Israël en arborant drapeaux, armes et Coran. Dans ce cadre, une certaine conception de la religion alimente et cautionne l'engagement politique (A. Jadallah, Reuters/MAX PPP).

de la quotidienneté ne préfigure ou n'annonce ni une culture universelle ni une religion universelle. Le religieux s'intériorise et s'extériorise ; il s'individualise et se socialise. Mais il ne se généralise pas. Rien n'est plus suspect que ces grandes catégories transversales – mythe, rite, sacrifice, prière, etc. – destinées à ramener toutes les manifestations « religieuses » sous le concept unique de *religion*. Leur défaut n'est pas d'exister, mais de prêter à des théorisations hâtives et fragiles. Quelle fut donc l'utilité réelle de tant d'œuvres ambitieuses et prématurées, cimetière de définitions générales et de grands systèmes ? La science marche à petits pas précautionneux : elle ignore les raccourcis, qui s'exonèrent à bon compte de l'expérience tout terrain.

L'important, le préalable est ici la reconnaissance d'un domaine spécifique de recherche, qui n'est plus contesté aujourd'hui, mais qui n'alla pas sans difficultés et qui ne va pas toujours sans équivoques. La situation épistémologique des « sciences religieuses » n'est pas encore pleinement clarifiée. Leur objet positif n'est pas exactement délimité. Mais il faut s'y faire, avoir la prudence de ne pas trop vite circonscrire, qualifier, abstraire. Il y a un ordre propre du religieux que chacun perçoit et nomme à sa façon – sacré, transcendant, surnaturel, spirituel, « mana », etc. –, sans qu'aucun accord se laisse même entrevoir sur sa nature et son étendue. À une idée claire, il convient de substituer un ensemble flou : la simple observation suffit à montrer combien, en trente ou quarante ans, le « champ religieux » s'est transformé et déplacé. La forme que lui dessinait alors la production bibliographique ne couvre plus ce qui retient présentement notre attention.

Le vocabulaire de la culture n'est pas une partie du dictionnaire : c'est équivalemment la totalité des mots qu'il ordonne, quitte à en isoler ceux qui font « cultivé » parce qu'ils échappent au langage courant. On peut, de même, établir un vocabulaire religieux spécialisé – technique ou savant –, mais il ne nous dira rien sur l'essentiel : le rapport – indéterminable a priori, de façon notionnelle – que cet ensemble délimité entretient avec le reste. Nous sommes ici victimes de notre civilisation moderne et occidentale. Au prix d'une lutte difficile, nous croyons avoir séparé le séculier et le religieux, arraché le profane au sacré et cantonné celui-ci dans sa sphère, réduit le monde à lui-même, c'est-à-dire à son évidence sensible et vérifiable. Ce n'est pas si simple, et il suffit de commencer à en parler pour s'en apercevoir : le mouton du boucher et le couteau de table sont des réalités profanes, mais le mouton et le couteau du sacrifice ? Ou le pain et le vin de la messe ? Le langage chrétien se nourrit ainsi de surdéterminations – l'homme, le monde, les pauvres, la justice –, étrangères à l'esprit d'un biologiste, d'un astrophysicien, d'un économiste ou d'un juriste. Dans notre société laïcisée, tout peut donner matière à une expression ou à une manifestation religieuse, et il suffira d'un relais médiatique, voire d'une instance officielle, pour lui donner un caractère public.

Le dalaï-lama en visite officielle à Taiwan. Reçu à Taipei par la vice-présidente Annette Lu, en avril 2001, le chef spirituel des moines bouddhistes tibétains est à la fois l'icône vivante de la résistance de son pays à l'annexion chinoise et l'un des derniers représentants sur terre d'un régime théocratique (Kenny Wu, Reuters/MAX PPP).

Étendons et multiplions ces observations : nous découvrirons vite que toute religion est irréductiblement singulière, comparée aux autres, mais qu'ensemble elles offrent une voie exceptionnelle d'accès à l'universel humain. Si les religions viennent de Dieu et y conduisent – quels que soient le nom et la figure que chacune lui reconnaît –, elles ont cours parmi les hommes ; elles sont affaire d'hommes ; elles font corps avec leur histoire et ses vicissitudes, c'est-à-dire avec cette aventure sans pareille que Léon Brunschvicg a nommé « le progrès de la conscience ». Une religion peut apparaître à ses adeptes révélation et grâce de Dieu : en réponse à cet appel, la foi agissante et pensante de ces derniers opère, pour sa part, à sa façon, cette construction de l'homme et de ses fonctions psychologiques à laquelle Ignace Meyerson a donné toutes ses dimensions. Le statut public, social et intellectuel de telles constructions a changé dans nos sociétés avancées : ce n'est pas une raison pour s'aveugler sur les formes qu'elles y prennent et les forces qu'elles y investissent, sur ce que cette persistance et sa méconnaissance nous apprennent de nous-mêmes.

Étudier les religions – toutes, mortes ou vives, grandes ou petites – n'est pas une tâche facile, et c'est une longue entreprise. L'érudition y est indispensable, mais aussi insuffisante. La foi religieuse peut y être utile, mais elle n'est ni indispensable ni suffisante : expérience particulière d'une religion déterminée, rien ne garantit qu'elle vaille pour l'intelligence des autres (elle vaudra d'autant moins que cette religion est plus lointaine) et aucune expérience personnelle ne possède en elle-même les conditions de son élaboration en connaissance objectivée. Toute « science des religions » n'est pas nécessairement meurtrière de son objet, même s'il lui est arrivé de le croire et de le dire, même si elle oblige celles-ci à tenir compte de son existence et de son travail. Du moins requiert-elle un état d'esprit qui lui a valu bien des méfiances, voire des contrariétés : ce détachement des passions et cette œuvre de raison qui sont la première règle de toute méthode. Elle est elle-même une grande aventure intellectuelle : poursuite à l'infini d'un objet symbolique qui, tout aussi facilement, se matérialise et se sublime, se transforme et se dérobe, sans se laisser contenir dans un tableau d'indicateurs stables et généralisables. Cet étrange objet, au statut incertain – mouvant et controversé –, se joue de nos prises, comme l'art, l'amour, le je, le moi et la conscience. Il se glisse partout, trouve à vivre sur les terres les plus ingrates, sous les cieux les plus désolants, en dépit des éléments les plus hostiles. Les spécialistes s'y résignent mal, et pourtant le dernier mot leur échappe : en ce domaine comme en d'autres, il ne sera jamais qu'un leurre. En effet, savoir et dire ce qui est ou n'est pas religieux n'est pas une question académique : c'est une affaire politique, un débat de société sans cesse relancé, qui admet des réponses innombrables avec deux extrêmes : le régime théocratique, le régime athée.

Mais c'est aussi un contentieux entre croyants d'appartenances différentes, et en un double sens : en premier lieu, sur la vérité religieuse et sur qui la représente, sur la vraie religion et sur qui la professe, puisque, si l'œcuménisme est une conquête sur l'intolérance qui fut si longtemps la loi, il ne repose pas sur le principe de l'équivalence généralisée ; en second lieu, sur le pseudo-religieux, sur des formes insolites ou même aberrantes au regard des normes reçues, telles que certaines « sectes » mal famées. Bien des théories savantes sur la religion, sa nature, son origine et ses fonctions s'éclairent d'un jour nouveau quand on les rapporte à leurs enjeux sociaux, référence avouée ou enfouie des positions personnelles.

En France, on a longtemps associé deux universalités : celle de la langue française et celle de la raison classique. Cette double primauté y était inséparable d'une double mission : celle de fille aînée de l'Église et celle de première puissance du globe. La Révolution a inauguré la grande déchirure interne : on parlera de la « guerre des deux France », entre le laïcisme et le cléricalisme, entretenue jusqu'à nous par la querelle scolaire. La communauté internationale a modifié profondément la carte du monde et le rapport des forces. La culture française n'a pas encore vraiment réussi à intégrer ces bouleversements. En particulier, elle continue à véhiculer une image religieuse du monde contemporain assez éloignée de la réalité et finalement assez floue, dans le temps même où, en quelques années, elle a, par pans entiers, perdu la mémoire de son héritage religieux. Depuis 1946, la France est un pays constitutionnellement laïque. Elle tient à sa laïcité. Selon les critères qu'on adopte, le catholicisme peut y être dit encore majoritaire (70 p. 100 des Français se déclarent catholiques et sont baptisés) ou désormais minoritaire (la pratique cultuelle régulière oscille autour de 10 p. 100). Vieux débat, qui se prolonge depuis plus d'un siècle : il est révélateur d'un catholicisme singulier et d'une société religieusement très typée. Ce modèle n'est pas exportable : la « laïcité » à la française ne s'est diffusée que dans l'Afrique francophone (avec des modulations) ou dans des pays comme le Mexique et la Turquie (au niveau de l'État, qui n'est pas la société civile). Elle se veut l'expression juridique d'une longue histoire au nœud de plusieurs conflits,

Sur les bords de la Sarthe. Une modeste chapelle rurale visitée par un prêtre en soutane : image désuète et attendrissante de l'empreinte chrétienne au sein du monde occidental. Saint-Céneri-le-Gérei, Orne (J. E. Pasquier, Rapho).

un *modus vivendi* des Français entre eux, qui préfèrent une culture du désaccord accepté à une mystique de l'unanimité forcée. Ira-t-on jusqu'à ériger en idéal de juste milieu ce point d'équilibre interne ? À sa gauche, les pays anciennement communistes, dans lesquels la séparation de l'État et des Églises n'était pas toujours la règle et dont trois d'entre eux seulement (l'Albanie, la Corée du Nord et la Mongolie) ont pratiqué l'extirpation. À sa droite, toutes les nations dont les constitutions se réfèrent à Dieu. L'essentielle nouveauté – contemporaine de l'O.N.U. – se situe sans doute ailleurs : dans la reconnaissance publique et quasi universelle du droit de tout homme à la liberté de conscience et de religion.

Il est vrai que celle-ci est interprétée diversement par les mœurs et les gouvernements des pays souverains, à défaut d'être toujours réellement respectée. Mais, surtout, cette limite à l'exercice d'un droit se renforce d'une limite dans sa définition : même étendue au droit d'association et d'expression, elle demeure une liberté personnelle. Or les grandes religions historiques ne se sont jamais conçues et répugnent à se concevoir sur le modèle libéral d'associations volontaires soumises à la décision majoritaire des particuliers qui les composent. Israël est un peuple, le peuple élu de Dieu. L'islam est une communauté de peuples, la communauté des croyants. L'Église des papes est à la fois

Procession bouddhiste à Sārnāth (Inde). Dévasté par les musulmans sans doute à la fin du XIIe siècle, Sārnāth, près de Bénarès, est un lieu de pèlerinage célèbre dans le monde bouddhique : c'est là, dans le parc des Gazelles, qu'on situe nombre des premières prédications du Buddha. On voit ici des moines tibétains venus célébrer une fête en ce haut lieu du bouddhisme, sur sa terre natale, dans le bassin moyen du Gange. Au fond, se découpe le temple construit en 1931 par la Maha Bodhi Society, première association bouddhiste internationale, fondée par le Singhalais Dharmapala à la fin du XIXe siècle (P. Koch, Rapho).

nouvel Israël, corps mystique et société parfaite. Les tentatives des États pour se réserver le contrôle de la sphère publique et renvoyer la religion au domaine privé ont inégalement abouti selon les pays et les religions, mais elles n'ont à peu près nulle part atteint leurs objectifs. La *sécularisation* de la vie en société (dont notre *laïcisation* est une figure originale et la voie française) n'a cessé de progresser, en dépit des Églises, mais elle ne signe pas la fin du religieux, comme on l'a trop répété, ni d'ailleurs son retour par réaction. Elle l'oblige seulement à se reformuler et à se restructurer, à négocier et à instituer de nouveaux rapports avec les partenaires sociaux. Elle lui laisse des espaces considérables et des fonctions importantes. « Dieu n'est pas mort en politique » : un rapide tour du monde suffit pour en convaincre ; en France même, la sociologie électorale privilégie la variable religieuse, bien qu'aucun parti ne s'y affiche comme confessionnel, à la différence de ce qu'il en est dans les pays frontaliers. Le religieux n'est même pas mort pour l'économie, domaine où serait utile une plus grande curiosité. Et l'éthique a commencé d'ouvrir une brèche dans le magistère de la science. Les organisations religieuses jouent aujourd'hui sur la scène internationale un rôle que le droit interne des États ne semble guère disposé à leur accorder. Parmi elles, le Saint-Siège jouit d'une personnalité et d'une prééminence internationalement reconnues, au point qu'un hebdomadaire français pouvait, en 1979, présenter, en couverture, le pape comme le « Troisième Grand ». Que dirait-il aujourd'hui ?

Vitalité et diversité du religieux, où profusion peut rimer avec confusion, où attestation entraîne protestation. Il est principe d'unité – communion et compréhension –, mais aussi facteur de division, germe d'antagonismes et de déchirements : notre temps, qui cultive l'œcuménisme, entretient des conflits religieux qu'on pensait d'un autre âge, des conflits raciaux ou ethniques qui gardent un nerf religieux. Il est principe de mouvement, de progrès, d'espérance, mais aussi obstacle et résistance au changement, jugé déicide : l'« intransigeantisme » catholique, culminant dans un demi-siècle d'antimodernisme, en parut un symbole éclatant ; aujourd'hui, on évoque plus volontiers le fondamentalisme protestant (aux États-Unis), le traditionalisme catholique (mouvance de Mgr Lefebvre) et l'intégrisme musulman (Proche et Moyen-Orient)... Ainsi, étudier les religions, c'est explorer un paysage qui est loin de se réduire à quelques grands massifs dominant l'espace et les siècles. C'est tenter de remonter aux sources de chacune d'elles pour en retrouver l'inspiration, l'intuition fondatrice, la trace première. C'est suivre celles-ci au gré de l'histoire, livrées à ce couple indissoluble, la permanence d'une force vive et une succession en éventail de formes canoniques.

La typologie des groupes religieux

Enzo Pace

Les sciences sociales utilisent habituellement, pour désigner les groupements religieux, une typologie à quatre entrées : Église, secte, dénomination, culte. Depuis les systématisations proposées par E. Troeltsch, J. Wach et M. Weber, la discussion a toujours été et demeure vive lorsqu'il s'agit de préciser les caractères propres de chacun de ces types.

L'Église

Le caractère distinctif du type Église, pour s'en tenir à la terminologie de Troeltsch, est l'*objectivité* : l'Église est une institution convaincue d'être dépositaire du salut, dépositaire de la vérité universelle qu'un fondateur-sauveur de l'humanité lui a confiée. Le terme d'objectivité signifie ensuite que la légitimation de l'autorité au sein de l'Église ne vient pas d'en bas, mais s'impose d'en haut, qu'en outre celle-ci apparaît unique et incontestable à celui qui y adhère. C'est de l'autorité sacrée qu'émane un droit certain d'interprétation de la doctrine fondamentale, à savoir l'orthodoxie. Enfin, l'Église garantit un chemin de rédemption à travers un ensemble d'instruments de salut, tels les sacrements, les rites et les obligations religieuses. Cette rédemption est *médiate*, c'est-à-dire fondée sur le principe de l'*appartenance* objective à une communauté de croyants, titulaire d'un projet de salut universel.

En général, *on naît* dans une Église, car celle-ci tend à accompagner la vie quotidienne des individus dans les moments essentiels – naissance, mariage, mort –, donc à délimiter le temps et les espaces individuels et sociaux de communautés humaines tout entières. Cela implique, d'une part, l'existence d'une structure *complexe*, capable de s'adapter aux nombreux plis du social et, d'autre part, des formes simples et efficaces d'organisation décentralisées. Le type Église est, en effet, une structure qui a besoin par elle-même de pouvoir offrir des « services » différents, car elle prétend s'adresser à tous les hommes, indépendamment de l'appartenance sociale, en combinant buts collectifs et incitations sélectives. L'Église adhère au monde en ce qu'elle en accepte la complexité sociale. Tout cela se répercute sur la très grande capacité qu'elle a de multiplier les formes d'organisation. Mais, en même temps, elle invente, pour ainsi dire, une structure flexible qui la rend capable de se répandre à la périphérie, par des unités religieuses qui peuvent jouir, suivant les différentes confessions, d'une autonomie plus ou moins grande.

De ce point de vue, il existe un modèle « fort », celui de l'Église catholique romaine. On y rencontre une décentralisation maximale et « microsociale » dans les paroisses – car celles-ci jouissent d'une autonomie relative en ce qui concerne l'administration des sacrements et la charge d'âmes –, mais aussi une dépendance non moins poussée des unités paroissiales par rapport à l'autorité canoniquement enracinée dans un territoire déterminé, à savoir le diocèse, où l'évêque exerce pleinement sa juridiction. À l'opposé, on trouve le modèle « faible » des Églises libres nées de la Réforme protestante. Ici, le pasteur de la communauté locale jouit en général d'une pleine autonomie, parce qu'il n'est pas nommé par une autorité supérieure, mais il est élu, donc révocable, par l'assemblée des croyants. Entre ces deux sous-espèces du type « pur » de l'Église, on peut rencontrer des formes mixtes. Au sein de celles-ci, le principe de la centralisation de l'organisme

Le concile de Trente. École vénitienne. Continuation du collège des Apôtres, le concile est un rouage essentiel à la vie de l'Église. Au-delà de son œuvre doctrinale, celui de Trente (1545-1563) s'est caractérisé par des réformes disciplinaires décisives. Musée du Louvre, Paris (Lauros, Giraudon).

ecclésial autour d'une autorité suprême, tenue pour sacrée ou inspirée par le divin, cohabite avec les formes classiques soit du presbytérianisme (Églises gouvernées par un consistoire composé de pasteurs âgés, élus le plus souvent parmi les membres de la communauté), soit du congrégationalisme, radical. C'est le cas, par exemple, de l'Église de Jésus-Christ des saints des derniers jours (Mormons). Ici, le président suprême de l'Église est un prophète divinement inspiré. Il gouverne à travers une hiérarchie de corps intermédiaires grâce auxquels sont assurés, d'une part, le maximum d'engagement et de participation des membres de la communauté, d'autre part, les formes de sélection des « cadres » dirigeants moyens. Un autre modèle mixte est celui de l'Église de Cao Dai fondée en 1919 par Ngô Van Chiêu au Vietnam. Son chef se fait appeler pape, car il se présente comme guidé directement par Dieu, mais l'organisation religieuse reflète davantage les formes d'autonomie des communautés villageoises primitives qu'elle n'obéit à un modèle strictement centralisé tel que celui de l'Église catholique.

Un autre critère fondamental pour distinguer différentes structures au sein du type Église est la manière qu'elles ont de concevoir la fonction sacerdotale. Dans le cas où le charisme sacré (extraordinaire) est attribué non pas à la personne, mais plutôt au rôle que cette dernière est appelée à exercer, on a affaire à un modèle d'organisation qui se rapproche de la formule bureaucratique : la hiérarchie religieuse est alors fondée sur un principe d'« impersonnalité » et de division rationnelle du travail sacré au sein d'une même institution. Cette organisation de type bureaucratique est visible aussi dans les rapports entre les fonctionnaires du sacré (tels les prêtres dans l'Église catholique, les pasteurs dans l'Église anglicane, les popes dans l'Église orthodoxe, les prêtres dans le mazdéisme) et les laïcs. La nature de ces rapports constitue un autre critère de discrimination à l'intérieur du type Église. Plus ils accentuent la séparation ou la subordination, plus s'intensifient les caractères d'objectivité, de transcendance et d'impersonnalité de l'institution (au point que, dans certaines d'entre elles comme l'Église catholique romaine et l'Église grecque orthodoxe, coexistent deux morales, l'une pour les clercs – mâles et célibataires –, l'autre pour les laïcs, compromis avec le monde). Dans ce cas, le monopole des fonctions sacrées n'appartient pas à une caste, comme celle des brāhmanes dans la société indienne, mais à une institution considérée comme étant inspirée par Dieu et dépositaire d'un projet de salut universel.

On comprend, par là, que la figure du prêtre soit plus fréquemment présente dans les religions qui conçoivent les rapports entre l'homme et la divinité comme devant être médiatisés grâce à une *fonction sacrée* institutionnellement reconnue et légitimée (de ce point de vue, la figure du chamane, comme Weber le rappelle, est très proche de celle du prêtre et, en même temps, très éloignée de celle du prophète). Au contraire, là où ce principe de médiation n'est pas affirmé, on a affaire à des figures sacrées ou même à de simples spécialistes du sacré exerçant des fonctions qui relèvent à la fois du religieux privé et de la vie publique d'un État ou d'une communauté locale de croyants. Ainsi en est-il, pour le premier cas, des ulémas musulmans et, pour le second, des rabbins de la tradition juive. Les ulémas ne sont que des doctes, des spécialistes du patrimoine des croyances et de la pensée islamiques, reconnus comme des interprètes autorisés de la *sharī'a*. Les rabbins ont une fonction plus contraignante et impérative par rapport aux normes de conduite qui doivent gouverner la vie privée et surtout publique d'une communauté, car on les tient pour les garants suprêmes de la fidélité d'un groupe social ou bien d'une nation entière au regard de la Tōrah, de la Mishnah et du Talmud. Beaucoup plus proche de la figure du médiateur sacerdotal est celle de l'*imām* à l'intérieur de la tradition shī'ite : il est l'impeccable et infaillible interprète de la sharī'a et dans le domaine strictement religieux et dans le domaine politique, car la fusion des deux sphères est complète dans la conception musulmane, alors que les Occidentaux ont appris à les séparer à partir de l'âge des Lumières.

Secte, dénomination, « culte »

La secte se différencie du type Église, en premier lieu, par le fait que l'adhésion y est volontaire et consiste dans une pratique d'initiation qui conduit à la conversion et à la profession de foi individuelle ; l'appartenance y est également volontaire, car l'institution ne précède pas le libre choix de ses membres. En deuxième lieu, le principe théologique de l'organisation est communautaire, car la secte refuse toute forme de médiation sacerdotale. Chacun des fidèles est investi des mêmes pouvoirs, des mêmes charismes et des mêmes fonctions dans une vision qui est, au moins en principe, essentiellement égalitaire : on demande à tous, en effet, le même effort personnel pour mettre en pratique les préceptes religieux. En troisième lieu, enfin, la secte adopte en général une attitude de critique radicale à l'égard du « monde » (ainsi que de l'État et de l'Église en tant qu'institutions compromises avec le mal du monde). Cette attitude influe sur l'organisation d'abord, par le type d'ascèse qui est imposé aux adeptes : il s'agit souvent d'une ascèse rigoureuse, parfois fondée sur une attitude fondamentaliste à l'égard du texte sacré et menant à une opposition aux lois de l'État (comme dans le cas de l'objection de conscience, à la façon des Témoins de Jéhovah ou des Quakers), ainsi qu'au modèle religieux de type ecclésiastique. Mais l'attitude critique a aussi des conséquences sur la manière dont s'articule la vie à l'intérieur du groupe. Bien qu'il ne refuse pas radicalement tout modèle de ministère, le type secte en élabore un qui lui est propre et qui se fonde sur l'idéal de la communauté des égaux et des saints dans l'Église chrétienne primitive. La secte présente, d'ordinaire, une combinaison d'autorité charismatique, du moins dans la personne du fondateur, et de réglementation de la vie interne de la communauté. Les ministres, qui succèdent au fondateur reconnu, sont désignés, en général, par l'assemblée selon une procédure démocratique. L'élu n'exerce pas une fonction sacerdotale séparée du reste du groupe : il est un *primus inter pares*, un guide temporaire toujours révocable si la majorité en décide ainsi. De ce point de vue, on comprend que l'organisation d'une secte, du moins dans le domaine religieux, réponde à un principe égalitaire – antisacramentel et anticlérical –, qui est très visible sur le terrain du christianisme (notamment par rapport au modèle de l'Église catholique, mais surtout à l'encontre des confessions réformées du type Église, tels le luthéranisme et le calvinisme genevois). Un exemple assez clair à ce sujet est celui de l'anabaptisme zurichois, né, au XVIe siècle, d'une scission interne à la réforme zwinglienne. Les communautés anabaptistes se sont constituées à l'origine en communautés locales dotées d'une ample autonomie des croyants. Elles refusaient la guerre, la violence, la vie politique et élisaient leurs pasteurs.

Il arrive que, dans une secte, l'antagonisme envers une religion historique ou envers l'ordre social et politique dominant s'atténue et cède la place à des structures d'organisation plus stables, dotées d'une capacité à se reproduire dans le temps, de la première génération à une deuxième, puis à une troisième, etc. On passe alors, d'après H. R. Niebhur, de la secte à la dénomination. En réalité, le passage n'est pas aussi linéaire. Il est plus typique d'un pays qui, comme les États-Unis, s'est constitué sur la base du pluralisme religieux. Mais, surtout, une secte ne devient pas toujours et nécessairement une dénomination.

Le trait qui les différencie l'une et l'autre, c'est le poids différent accordé ici et là au principe de la légitimation unique de l'autorité. La secte affirme qu'il y a une seule voie de salut, celle qu'elle propose aux adeptes, et que le contrôle social qu'elle exerce sur leur vie (de manière différente et avec une intensité variable suivant les situations concrètes) émane d'une source sacrée considérée comme incontestée et incontestable. Au contraire, dans les dénominations, on fait valoir, en termes de « théologie »

Temple caodaïste à Tay Ninh (Vietnam). Fondée en 1919 au Vietnam par Ngô Van Chiêu, la religion de Cao Dai constitue une formule mixte entre Église et secte : bien que son chef, véritable « souverain pontife », soit considéré comme immédiatement guidé par Dieu, son organisation reste localement assez autonome (Campbell, Magnum).

comme en matière d'organisation, le principe que le chemin du salut n'est pas unique et que, par conséquent, la doctrine peut s'adapter avec souplesse aux changements sociaux déterminés par les sociétés pluralistes de l'époque présente.

Le « culte » est une forme d'agrégation sociale et religieuse qui a bien des traits en commun avec la dénomination, car les adeptes y conçoivent le salut proposé comme une des nombreuses voies possibles et non comme la voie exclusive et absolue. Les cultes ont pour traits distinctifs : en premier lieu, une attention et un style d'organisation qui leur permettent de satisfaire des exigences et de résoudre des problèmes individuels, à la manière d'une « agence de biens et services symboliques » ; en second lieu, une structure radiale centrée sur une maison mère et comportant beaucoup de « filiales » disséminées dans le monde. Celles-ci offrent, parfois en fonction de barèmes établis, des prestations et des techniques de méditation (de type et de nature variés) dont l'objectif est ou bien d'améliorer simplement la qualité de la vie psychophysique d'un sujet (ce que proposent, par exemple, la Méditation transcendantale et la Scientologie) ou bien, de manière plus ambitieuse, de façonner une « nouvelle personnalité » dotée d'une vision de la vie radicalement autre (tel est notamment le programme du mouvement de Bhagwan Shree Rajneesh).

La typologie ici esquissée cerne les aspects statiques d'un phénomène, celui des agrégations socio-religieuses, qui, en réalité, se révèle très dynamique et fort varié dans l'espace et dans le temps. Aussi convient-il d'introduire dans cette typologie au moins trois variantes dynamiques. Appelons la première « mouvement historique ». Il arrive, dans la réalité, qu'un type en précède un autre. Ainsi, une Église est souvent le produit de longues vicissitudes, dont le point de départ est une secte. L'exemple le plus éclatant semble être celui de l'Église catholique, qui, par toute une série de passages et d'événements de « longue durée », s'est constituée à partir d'une secte apocalyptique, la communauté primitive, comme le montrent les études de Grech. En outre, le fait qu'un nouveau culte, une nouvelle secte ou une nouvelle religion soient fondés par un prophète ou par un chef charismatique facilite le processus que Weber a appelé « routinisation du charisme ». Le mouvement fluide et enthousiaste qui s'est rassemblé autour du leader est alors amené à s'organiser et à se donner des structures stables après la mort – souvent accompagnée du martyre – de son chef ; il se rapproche ainsi progressivement du type Église. On trouve un cas intéressant de cette évolution en Afrique contemporaine avec l'Église de Jésus-Christ sur Terre fondée par le prophète Simon Kimbangu. Enfin, s'il est vrai que, souvent, on passe de la secte à la dénomination – ce qui entraîne une restructuration et du corpus des croyances et de l'appareil bureaucratique et organisationnel –, on peut aussi rencontrer le processus inverse, à savoir la transformation d'un culte en une secte : tel est le cas illustré par Wallis à propos de l'Église de scientologie, qui est née du culte de la Dianétique.

La deuxième variante à introduire dans notre typologie peut se définir par l'expression de « coexistence de types », en ce sens que, dans la réalité historique, on trouve des formations socio-religieuses au sein desquelles sont représentés plusieurs types. Ainsi, dans l'Église catholique, coexistent des éléments du type secte, qu'il s'agisse de mouvements internes présentant certains caractères de ce dernier ou du fait que l'Église – comme E. Troeltsch l'a bien souligné après M. Weber – a accueilli en son sein un type d'agrégation qui se fonde implicitement sur le principe sectaire, à savoir les ordres religieux.

Par ailleurs, si l'on suit les indications de Troeltsch, on s'aperçoit que le piétisme – mouvement religieux né en terrain protestant mais qui n'est pas resté étranger au catholicisme sous sa forme janséniste – n'est rien d'autre que la manifestation de l'idée sectaire à l'intérieur des Églises réformées. Réciproquement, on peut retrouver des éléments du type Église dans la secte. D'ailleurs, le procès de légitimation de l'autorité obéit à la même logique : il n'y a qu'une seule source, elle est incontestable. De ce point de vue, le méthodisme constitue un exemple très intéressant. À l'origine, il avait l'apparence d'un mouvement religieux profondément laïque, anticlérical et ouvert à une conception d'aide et de contrôle mutuels entre ses membres. Mais, au fil du temps, il est devenu une Église en réintroduisant certains aspects de la fonction sacerdotale proches du modèle ecclésial.

La troisième variante proposée se rapporte à un type particulier d'agrégation socio-religieuse qui se déploie en réseau et qui paraît être transversale non seulement par rapport aux types idéaux que l'on a décrits, mais aussi par rapport à des traditions religieuses différentes les unes des autres, occidentales ou orientales. Tel est le cas du soufisme dans l'islam. On a affaire ici au mysticisme ou bien au *spiritualismus*, pour reprendre le terme de Troeltsch. Apparemment, le mysticisme n'organise pas, ne s'organise pas lui-même. Il se manifeste indifféremment tantôt à l'intérieur de l'Église, comme chez les Moraves, tantôt à l'intérieur de la secte, comme dans la Société des Amis. Il n'a pas besoin d'expressions visibles, parce qu'il est avant tout recherche individuelle et collective d'un contact direct avec la divinité, dans l'invisibilité de la communion des croyants. Souvent, dans les mouvements d'inspiration mystique, cela se traduit par l'attente, de la part de l'Église visible, du « Troisième Âge » de l'Esprit, comme dans la tradition des groupes apocalyptiques qui se réclament de Joachim de Flore. Ou bien, pour passer à un autre contexte, cette tension eschatologique présente des formes culturelles propres, comme dans les mouvements millénaristes du Japon contemporain. Ceux-ci mettent en crise le shintō d'État et fondent un système de croyances centré sur l'idée qu'à chacun des croyants est donnée la chance d'établir un contact avec le monde divin. Ainsi en est-il, par exemple, dans le Terinkyo, le Maruyamakyo, l'Omoto et la Sōka Gakkai.

Cent huit stūpas contenant les reliques de bouddhistes qui se sont illustrés par leur sainteté.
Quingtong, Chine populaire. Époque de la dynastie mongole des Yuan, XIIIe siècle (J.-L. Gobert, Explorer).

LES RELIGIONS DU MONDE

Le relativisme culturel postule l'autonomie, la comparabilité et surtout l'équivalence des systèmes symboliques, y compris les religions, des sociétés les plus diverses. De son côté, la théologie naturelle, notamment le théisme au XVIIIe siècle, ne reconnaît l'universalité et la disparate du phénomène religieux que pour réaffirmer la primauté et la perfection du monothéisme révélé, donc du christianisme. Ce sont là deux manières, savantes mais radicales, de penser et d'évaluer une donnée d'observation indiscutable depuis la complète découverte de la terre habitée : le foisonnement des représentations du divin, du sacré, du numineux, la richesse des cultes, des rites, des traditions. À coup sûr, il n'est pas nécessaire de se faire l'adepte fervent de l'une ou de l'autre théorie. La démarche analytique adoptée dans ces pages invite le lecteur à observer dans leurs traits distinctifs, dans leur distance ou leur proximité mutuelle, cas par cas, les institutions et systèmes religieux les plus divers.

L'Orient antique

JEAN-JACQUES GLASSNER

De l'Arménie à la mer d'Oman, de la Méditerranée à l'Indus, une aire géographique se dessine, fortement contrastée. Il n'est, en effet, aucune unité discernable entre les provinces qui la composent. Des premiers grands établissements humains, au VIIIe millénaire avant J.-C., au triomphe de l'islam au VIIe siècle après J.-C., le cours de l'histoire, non plus, ne s'est pas écoulé, monotone, selon le mouvement lent et régulier des nomades ou semi-nomades pasteurs ou selon le rythme saisonnier des travaux agricoles. Des États se sont constitués et défaits, dont l'importance et la longévité ont été à la mesure du poids de leurs institutions et de leur capacité à les mettre en œuvre. Des soubresauts se sont produits, l'ensemble de l'aire envisagée étant agité de convulsions diverses, vagues d'invasions ou conquêtes militaires.

Les cultures qui se sont épanouies là s'identifient tout d'abord à partir des véhicules qui leur ont servi de moyens de communication, à savoir leurs langues. Hormis les langues indo-européennes (louvite, hittite, persan...) et sémitiques (akkadien, éblaïte, amorite, ougaritique, araméen, hébreu, arabe...), il en est quelques-unes, plus ou moins déchiffrées, qui ne se laissent assimiler à aucun groupe linguistique connu et qui, de surcroît, ne présentent entre elles aucune affinité (sumérien, élamite, hourrite, hatti...).

Le Proche-Orient et le Moyen-Orient antiques. Du VIe millénaire avant J.-C. au Ve siècle après J.-C., de nombreux sites et documents attestent les apparitions successives d'entités culturelles et politiques – telles que, par exemple, l'empire hittite – et de populations qui se caractérisaient par une extrême diversité. Elles possédaient chacune un panthéon composé d'innombrables divinités.

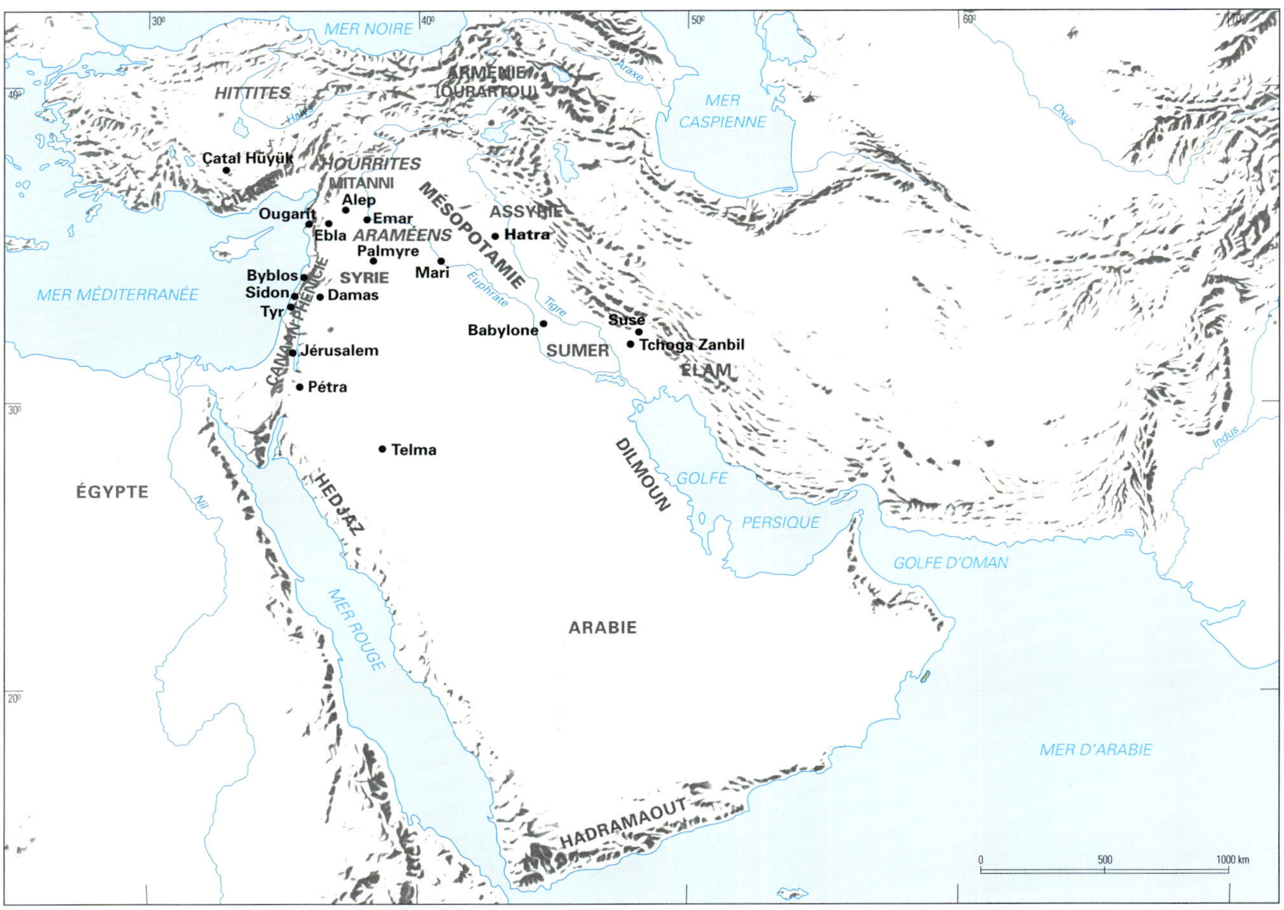

Plaque avec incrustations de nacre. Mari, IIIe millénaire. Ces quelques vestiges regroupés d'un ensemble beaucoup plus important de marqueterie sont une reconstitution conjecturale d'une scène de sacrifice. Sous le regard attentif de quelques dévots, mains jointes sur la poitrine, deux hommes maîtrisent un bélier sacrificiel. On a retrouvé les pièces disparates de compositions similaires dans la plupart des grands sites du IIIe millénaire. D'autres personnages y figuraient également, tels des porteurs et des musiciens. Musée de Damas (G. Dagli Orti).

D'innombrables divinités

Le contraste, déjà manifeste, s'accuse plus nettement encore entre, d'une part, les aires et périodes éclairées par une riche documentation et, d'autre part, celles où, faute de traces écrites cohérentes, on ne peut qu'esquisser des silhouettes. On n'est informé, trop souvent, que de la foi du charbonnier, rien n'ayant transpiré de la mythologie ou de la théologie ; il est même difficile, en certains cas, de fixer la physionomie d'un panthéon.

Quoi qu'il en soit, ces terres qui ont vu naître les grandes religions monothéistes étaient encombrées d'une population innombrable de divinités : aux mille dieux du pays hittite faisaient pendant, par exemple, les deux mille dieux d'Assyrie ou les trois mille de Babylone. S'agissant des polythéismes, plusieurs traits dominants se détachent.

En premier lieu, une pluralité de divinités manifestées et non révélées était l'objet d'un culte quotidien symbolisant les soins que l'on prend d'un être vivant. Cette pluralité s'ordonnait en des panthéons hiérarchisés et structurés. On s'est accoutumé à désigner par hénothéisme une forme particulière de ces polythéismes qui tend à rapprocher toutes les divinités d'un même sexe comme si le divin visait, en définitive, à une certaine unicité. Dans le même esprit, peut-être, l'adoration d'une divinité anonyme est révélatrice de la religiosité des Arabes ; il s'agit, à vrai dire, d'une divinité dont le nom n'est pas dévoilé. Ces panthéons reflètent des démarches diverses de l'esprit : transposition sur le plan cosmique des énergies démiurgiques ; transfert sur le plan divin des phénomènes de la nature. On relève une nette prédilection pour les figures du couple (association de principes sexuels opposés, par exemple, à Çatal Hüyük, celle d'une déesse mère et d'un dieu de l'orage) et de la triade : triade cosmique comme à Sumer (An, le ciel ; Enlil, l'atmosphère ; Enki, les eaux souterraines), triade astrale comme à Babylone (Shamash, le Soleil ; Sîn, la Lune ; Ishtar, la planète Vénus) ou en Arabie du Sud (père Lune ; mère Soleil ; fils Vénus).

Deuxième trait important : le rôle des cultes et rites agraires est souligné par la place éminente des divinités présidant à la fécondité et des récits dévolus à la figure de Doumouzi-Tammouz.

En troisième lieu, à l'horizon des spéculations des théologiens, on voit que le discours cosmologique primait. Mais l'intervention du divin dans l'élaboration du cosmos a rendu indispensable une théologie, laquelle, à son tour, a nécessité les prémisses d'une anthropologie – les hommes accomplissant le service indispensable à la survie des dieux. Les efforts des théologiens, toutefois, n'ont jamais abouti à la constitution d'un panthéon unique ou d'une orthodoxie.

Quatrième trait : la représentation anthropomorphique des divinités était la règle habituelle. Cependant, elle ne fut adoptée par les Hittites qu'au XIIIe siècle, avec la réforme religieuse de Tudhaliya IV ; quant à la Syrie ou à l'Arabie, la faveur y allait à la représentation des divinités au moyen de pierres brutes dressées, les bétyles.

On observe, en cinquième lieu, que les dieux étaient généralement attachés à une glèbe, seul territoire où s'exerçaient leur autorité et leur pouvoir. Le déplacement d'un culte, lorsqu'il se produisait, s'accompagnait donc nécessairement d'un transfert de terre visant à en conserver l'efficace.

Enfin, par le jeu complexe des influences qu'ils ont exercées, deux foyers ont joué un rôle majeur dans l'histoire religieuse de l'Orient polythéiste, les foyers hourrite et mésopotamien. Établis en Syrie du Nord et dans les régions alentour dès le milieu du IIIe millénaire, les Hourrites ont tenté d'organiser en un système hautement sophistiqué leurs propres conceptions religieuses augmentées de celles de leurs voisins sumériens. Deux divinités, surtout, étaient l'objet de leur dévotion : le dieu de l'orage Teshoub et sa parèdre Hébat, la figure principale de leur mythologie étant Koumarbi, le père des dieux. La Mésopotamie était riche de ses deux composantes, sumérienne et akkadienne, entre lesquelles il est parfois malaisé de distinguer.

Les principales entités culturelles et politiques

À l'exception des Hourrites et de la Mésopotamie, les principales entités culturelles et politiques étaient l'Élam, Dilmoun, l'empire hittite, le Mitanni, l'Ourartou, la Syrie, les Sémites occidentaux. La religion de l'*Élam* n'est guère documentée que par les archives de Suse et de Tchoga Zanbil, deux sites périphériques au contact de la Mésopotamie. Un antique couple divin, Pinikir et Houmban, y a cédé la place, au IIe millénaire, au couple Kiri-risha et Shapi-risha ; pour le reste, excepté Inshoushinak, dieu de Suse, le panthéon plonge dans la longue nuit de la préhistoire.

La culture de *Dilmoun*, qui s'épanouit sur la rive occidentale du Golfe, du Koweït à Bahreïn, a connu son apogée à la fin du IIIe millénaire. Le dieu suprême y était Inzak, accompagné de sa parèdre Meskilak, mais il existait plusieurs Inzak qui avaient chance d'être parents.

Dans l'*empire hittite*, le panthéon impérial était l'aboutissement d'une savante combinaison entre divers panthéons locaux et ceux des États vaincus et agrégés à l'empire. Plu-

Relief rupestre de Yazilikaya (fin du XIIIe siècle avant J.-C.), Turquie. Cette procession de douze dieux figurés sous l'aspect de guerriers armés et brandissant un sabre courbe agrémente une paroi de la seconde « chambre » d'un sanctuaire situé à proximité de la capitale de l'empire hittite. Dans la première pièce sont représentés les dieux et déesses du panthéon hourrite (Kumasegawa, Artephot).

sieurs groupes y font surface : l'un, avec Telepinou, autour de la déesse solaire d'Arinna et du dieu de l'orage ; d'autres en rapport avec la terre ou la guerre. Deux traits saillants caractérisent ce panthéon : l'importance du couple dieu-des-hauteurs et déesse-des-eaux-vives et la profondeur de l'influence hourrite. Les recherches entreprises dans l'intention d'y retrouver les catégories fonctionnelles propres au monde divin des Indo-Européens n'ont pas, pour l'heure, porté leurs fruits.

La langue officielle du puissant État du milieu du IIe millénaire que fut le *Mitanni* était le hourrite, mais ses rois portaient des noms indo-iraniens. À la tête du panthéon composite, hourrite et mésopotamien, des divinités indo-iraniennes ont donc pris place, parmi lesquelles Mitra, Indra et Varuna.

Dans l'*Ourartou*, ancien royaume d'Arménie fondé par des Hourrites à la fin du IIe millénaire, on vénérait le dieu de l'orage Tesheba et la déesse solaire Shiwini ; le dieu national était Khaldi.

Dans la *Syrie* des IIIe et IIe millénaires, quatre sites, principalement, sont représentatifs des croyances religieuses : Ebla, au sud-ouest d'Alep, dont les archives du milieu du IIIe millénaire, récemment découvertes, livrent, dans une langue sémitique jusqu'ici ignorée, les noms des principales divinités (Dagan, Ashtar, El, Rasap, Kamesh, Malik et un dieu lunaire, Nidakul) ; Mari, ville amorrite du XVIIIe siècle située sur l'Euphrate placée sous le patronage de Dagan et d'Addou, dieu de l'orage, où plusieurs panthéons voisinaient : ceux du palais, de la ville et du pays, mais aussi un panthéon étranger d'origine babylonienne ; Ougarit, sur la côte méditerranéenne, dont les récits mythologiques et documents liturgiques des XIVe et XIIIe siècles enseignent les combats du dieu Ba'al contre El, Yam et Môt pour la détention de l'autorité suprême ; la religion d'Ougarit est fortement contaminée par les croyances religieuses cananéennes, par ailleurs mal connues ; Emar, enfin, sur la boucle de l'Euphrate. Cette cité du XIIe siècle qui était sous l'obédience hittite, mais aussi au contact de la Syrie, de la Mésopotamie et de l'Arabie, qui y ont laissé leur empreinte, était placée sous la protection de Ba'al et d'Astarté. Une très riche bibliothèque témoigne du déroulement des rituels publics et des holocaustes ainsi que de considérations cosmologiques.

Les *Sémites occidentaux*, au Ier millénaire avant J.-C. et aux premiers siècles de l'ère chrétienne, sont, essentiellement, les Phéniciens, les Araméens et les Arabes. Les Phéniciens adoraient autant de panthéons qu'ils avaient de cités sur les rives de la Méditerranée : Ba'al et Ba'alat étaient les maîtres de Byblos ; Eshmoun et Astarté régnaient à Sidon ; Melqart était dieu de Tyr. L'influence phénicienne s'est étendue en Syrie du Nord, à Alep, et en Cilicie, où certains monarques « néo-hittites » étaient les dévots d'El ou de Ba'alshamîn.

Les Araméens vénéraient Hadad, dieu de l'orage, Atargatis sa parèdre et une divinité lunaire au nom variable. Ce sont les inscriptions de Palmyre et de Hatra, aux premiers siècles de l'ère chrétienne, qui nous permettent de mieux connaître leur pensée religieuse. Plusieurs panthéons voisinaient à Palmyre où régnaient, principalement, deux triades divines : celle de Bêl, Yarhibôl et Aglibôl, à laquelle se joignait la déesse Arsoû ; celle de Ba'alshamîn, Yarhibôl et Malakbêl. Le rite principal consistait en un sacrifice d'encens suivi d'un banquet, mais des victimes étaient aussi immolées en holocaustes. Une triade familiale était honorée à Hatra composée de « notre seigneur, notre dame et leur fils » ; le seigneur était un Shamash arabo-araméen, le fils était le Mésopotamien Nergal.

Le monothéisme biblique

Des errances du clan d'Abraham et des patriarches à l'épisode mosaïque et aux lois du Sinaï, à l'établissement en Canaan et à l'élévation de Jérusalem au rang de capitale sous David – plus tard, du schisme entre les deux royaumes aux errements des membres de la dynastie d'Omri, plus tard encore, des réformes d'Ézéchias, puis de Josias, et des premiers prophètes à la déportation à Babylone –, on assiste à l'histoire religieuse de quelques groupes sociaux unis dans un même destin.

On admet aujourd'hui que la « révolution » monothéiste s'est produite à l'époque perse, aux VIe et Ve siècles, après l'Exil. Le projet monothéiste apparaît, en effet, exprimé pour la première fois avec force et cohérence, dans le second Isaïe, avec l'affirmation claire et tranchée d'un dieu créateur et souverain unique et, dans le même temps, avec le rejet, dépourvu de toute ambiguïté, des divinités étrangères et de leurs idoles.

Jean-Jacques Glassner

La Mésopotamie

Disparue pas loin de l'ère chrétienne, la haute civilisation, raffinée, savante et brillante, de Mésopotamie, après une assez brève préhistoire, était entrée en 3000 environ dans l'âge historique, par l'invention de la première écriture connue. Son développement interminable nous est assez attesté, outre d'innombrables vestiges archéologiques, par un demi-million de documents écrits, fâcheusement dispersés dans le lieu et le temps. La religion documentée par cet ample dossier n'est pas du type « historique », avec un fondateur et une origine discernables, une orthodoxie consciente et des autorités pour en assurer le respect. Elle n'est que la face de la civilisation locale tournée vers le surnaturel. Elle s'est donc constituée et développée, comme elle et avec elle, par la symbiose originelle et préhistorique de deux ethnies, surtout, croisées dans le pays et qui y ont marié, en se fondant l'une à l'autre, leur capital culturel : les Sumériens, totalement isolés à nos yeux, et minoritaires, mais qui y ont fourni d'abord l'élément le plus inventif et actif ; et des Sémites (« Akkadiens »), dont la famille linguistique et anthropologique nous est bien connue d'autre part, et qui ont assez rapidement « phagocyté » les Sumériens.

Cette religion, surtout dans son panthéon et son rituel, a donc gardé une forte empreinte *formelle* sumérienne. Mais, par son *esprit*, elle est restée foncièrement sémitique ; et tout son développement s'en ressent. Comme telle, elle se trouve animée d'un vif sentiment des distances à garder à l'égard des représentants du surnaturel, que l'on respectait et servait dans la crainte, sans la moindre recherche d'une quelconque ferveur ou intimité avec eux, en se les figurant toujours sur le modèle, surexalté, du pouvoir politique, traditionnellement monarchique dans ce pays.

Jean Bottéro

De la religion des anciens Arabes, entre Damas et le Hadramaout, on ne connaît guère que quelques noms divins. Les dieux de Pétra étaient Atarsamaïn, maître du ciel, et Nouhay ; à leurs côtés siégeaient la déesse Alilat et une divinité de sexe indéterminé, Rouda. Un temple de Salm, nom qui signifie peut-être « image », se dressait à Teima, importante oasis d'Arabie du Nord. Dans le Hedjaz, Ba'alshamîn, Aglibon, Sîn, Koutbâ ou Aktab, enfin Wadd, Manâf, Manawat, Shams et 'Ouzzâ étaient l'objet de la dévotion. Dans les royaumes de Saba et du Hadramaout, enfin, les dieux 'Athtar et Sîn ainsi qu'une pléiade de déesses solaires commandaient au panthéon, mais la dévotion allait de préférence à Almaqah et Wadd. Les lieux de culte abritaient un bétyle autour duquel se déroulait le rite principal, une circumambulation, *hadj*. Le sacrifice était l'acte religieux par excellence.

L'Égypte ancienne

Yvan KOENIG

« La philosophie dogmatique, il faut l'espérer, n'était qu'une promesse à échéance millénaire, comme l'avait été, dans les temps plus anciens, l'astrologie, au service de laquelle il semble que l'on ait dépensé encore plus de travail, d'argent, de perspicacité et de patience que pour aucune science authentique ; c'est à elle et à ses prétentions "supraterrestres" que l'on doit le grand style monumental de l'Asie et de l'Égypte. »

F. Nietzsche

Les temps préhistoriques ont dû avoir une importance considérable sur la formation de la pensée égyptienne. Toutefois, il semble qu'il ne faille pas exagérer cette influence. Une indication sûre nous est fournie par le répertoire des formes animalières des différentes divinités. On a constaté avec justesse qu'aucune de ces formes n'est préhistorique, mais que toutes se rapportent à une flore et à une faune d'époque prédynastique : « Il est remarquable, par exemple, écrit Dimitri Meeks, que les animaux qui furent introduits tardivement dans la vallée du Nil, tels que le cheval ou le coq, soient totalement absents du panthéon égyptien au sens strict. De même, les animaux dont le biotope correspondait jadis à la basse vallée du Nil et ses environs immédiats, mais qui en disparaissent progressivement à partir de l'époque prédynastique, n'y figurent pas non plus, ainsi l'éléphant, la girafe et le rhinocéros. »

Aux origines du paganisme

En s'appuyant sur cette constatation fondamentale, on peut penser que les structures de la pensée religieuse, comme celles de l'organisation sociale, se sont formées à l'époque prédynastique. Par ailleurs, l'environnement géographique joua un rôle déterminant : le Nil, avec sa crue qui se produit à date fixe, envahit les champs, les bosquets, recouvre les marécages et ne laisse que les villes construites sur des buttes naturelles. Si cette crue se trouve endiguée par le plateau désertique de la vallée, il n'en est pas de même dans le delta, qui restera longtemps une zone de marécages et de pâtures. À la période de la crue succède celle de l'extraordinaire verdoiement de la vallée. L'habitat se groupe autour du lieu cultuel de la divinité locale avec son animal tabou dans les limites du terroir. On a voulu y voir le reste de clans préhistoriques avec un système de « totems » et de tabous. Ce foisonnement de cultes n'est nullement contradictoire avec celui de grandes divinités dont la fortune est étroitement liée aux vicissitudes politiques du pays.

Les dieux, les hommes et la nature

Si le mythe égyptien nous présente à l'origine un tout indifférencié, c'est l'homme qui par sa révolte contre le chef des dieux brisa cette unité. Cela eut des conséquences multiples : l'homme prend conscience de son individualité et le roi des dieux (le soleil) se réfugie au ciel, accompagné de ses acolytes. Si l'antinomie hommes/dieux est bien sentie par les Égyptiens, la nature reste une manifestation des dieux ; le dieu peut se manifester dans un animal, une plante ou un élément géographique quelconque. Cela explique les représentations zoomorphes, ainsi que le culte des animaux, qui devait connaître une grande faveur à l'époque tardive. Mais, si par sa révolte l'homme mit le monde (c'est-à-dire l'Égypte) en déséquilibre, le rite allait lui permettre de rétablir ce déséquilibre, tout en maintenant une certaine forme d'unité : c'est ce que les Égyptiens appelaient « Maât ».

Par conséquent, il existe, outre les génies, deux sortes de dieux : d'une part, des dieux cosmiques qui peuvent correspondre à des parties du monde, c'est-à-dire que des divinités se manifestent sous la forme de phénomènes physiques. Ainsi Rê est le soleil, Shou l'atmosphère, Geb la terre, Nout la voûte céleste… D'autre part, il existe parallèlement des dieux locaux qui sont liés à une ville déterminée, comme Ptah à Memphis, Rê à Héliopolis, Amon à Thèbes, Thot à Hermopolis, Horus à Edfou, Osiris à Abydos et à Bousiris… Outre ces divinités, des génies patronnaient toutes les activités de la nature ou celle des hommes, par exemple le génie du blé, de la cuisine, de la brasserie…

Les systèmes théologiques et les cultes

Le temple du dieu principal d'une ville et de son terroir (nome) pouvait aussi posséder des domaines dans d'autres régions du pays, où l'on adorait alors des formes mineures de ce dieu. En fait, la frontière entre dieux locaux et dieux cosmiques a toujours été floue. Par exemple, Rê fut d'abord un dieu local avant de connaître une popularité nationale liée au système théologique élaboré par les prêtres locaux. Les systèmes théologiques sont pratiquement aussi nombreux que les temples. Tous les grands dieux locaux sont considérés comme des créateurs du monde, et cette diversité ne gênait nullement les Égyptiens.

Il y eut un dieu de la création, et les autres divinités n'étaient que des formes de tel ou tel dieu local. Ainsi, à la

Le roi face au dieu. C'est une image courante sur les parois des temples, des chapelles, des stèles… Ici, le roi Sésostris III présente une offrande au dieu Amon sous sa forme de Min. Ce relief figure sur la paroi d'une chapelle trouvée démontée à Karnak et qui date du Moyen Empire. La fortune d'Amon est liée à l'ascension politique des princes et des rois de la région thébaine. Ainsi, au Nouvel Empire, ceux-ci, vainqueurs des Hyksos, firent d'Amon le dieu national et dynastique. Du coup, Thèbes devint la capitale du royaume (Y. Koenig).

Basse Époque, le clergé de chaque ville considère que le maître de l'univers forma le monde à partir de sa ville. Le soleil joue un très grand rôle comme dieu créateur, et beaucoup de dieux locaux lui sont assimilés. Ce type d'assimilation remonte au Moyen Empire. Ce fut le cas des dieux thébains, Montou et Amon, qui s'assimileront à Rê. Cependant, les systèmes théologiques les plus influents furent ceux d'Héliopolis, la « ville du soleil », de Memphis, la capitale des bâtisseurs de pyramides, et d'Hermopolis de Moyenne Égypte, la cité du dieu Thot, patron des lettrés. Les influences entre ces systèmes furent nombreuses, de même, bien entendu, que sur l'ensemble du pays. La notion d'une création *ex nihilo* n'existe pas dans la religion égyptienne. Le démiurge autogène prend conscience de lui-même au sein du chaos liquide (le Noun), puis suscite par sa propre action les autres dieux sur une butte primordiale et, finalement, crée les hommes. À Memphis, la terre initiale « qui se soulève » joue un rôle déterminant, alors qu'à Héliopolis c'est le soleil qui est le démiurge. Signalons aussi une tendance provinciale selon laquelle un proto-démiurge joue le rôle essentiel.

Parmi tous ces systèmes, celui d'Héliopolis occupe la première place ; non seulement le soleil est démiurge unique et autogène, mais il est aussi maître de l'univers et prototype du pharaon. De lui sont issus neuf dieux qui incarnent les forces du monde égyptien : le soleil, Rê, donne naissance à un premier couple, Shou (l'atmosphère) et Tefnout (l'humidité). Ils auront comme enfants un autre couple, Geb (la terre) et Nout (le ciel), qui sera la mère d'Osiris, d'Isis, de Seth et de Nephthys, protagonistes de la légende osirienne. À Hermopolis, un collège de huit dieux (l'Ogdoade) préside à la création. Ils se répartissent par couples. On a ainsi l'eau initiale (Noun et Naunet), l'infinité spatiale (Heh et Hehet), les ténèbres (Kek et Keket), ce qui est caché (Amon et Amaunet) et l'inconnu. Ces couples forment un ensemble, et Thot, le dieu ibis et babouin, se place à leur tête. Influences réciproques, syncrétisme, fortune politique du dieu dynastique, tout cela fait que, loin d'éliminer les autres divinités, on considère les dieux secondaires comme des aspects du dieu dominant.

Le temple est le lieu par excellence du rituel, qui se manifeste au travers de son architecture, son décor… Tout sert à servir, à entretenir le dieu et, par là, à maintenir la marche du monde. Son emplacement est celui de la « butte primordiale ». C'est un microcosme où les rites par images, paroles, gestes assurent la sécurité du monde contre les forces du chaos. Contrairement à ce que l'on pourrait croire, notre connaissance des temples est encore assez partielle. On connaît mal l'architecture des temples du delta, ainsi d'ailleurs que de ceux du Moyen Empire. On sait, cependant, que les temples solaires accordaient une grande importance aux espaces ouverts, alors que le plan classique, à partir du Nouvel Empire, passe, par une progression graduée, de la lumière à l'obscurité, où se trouve le « saint des saints » avec la statue du dieu dans une petite chapelle (le naos). On connaît les grands pylones de l'entrée, les obélisques, les allées de sphinx, mais, outre les activités du culte, le temple était aussi un vaste centre culturel et économique ; on y recopiait toutes sortes de textes ; il possédait de nombreux domaines, des biens de toutes sortes, ce qui explique que le grand-prêtre pouvait être un proche du roi.

Le célèbre Akhénaton, ci-devant Aménophis IV, fit du disque solaire, Aton, la seule divinité. C'est une véritable hérésie, un choix qui limite l'apparence de la divinité au seul disque solaire. Cela allait contre les croyances des populations habituées à leurs dieux locaux ; le roi prive ainsi le clergé des autres divinités de toute puissance économique. Choisissant une manifestation visible, à une époque où le clergé d'Amon avait tendance à insister sur l'aspect invisible du dieu (ainsi qu'en témoignent les spéculations sur le nom d'Amon comme signifiant « le caché »), Akhénaton pousse la religion à la limite du matérialisme : il ne croit que ce qu'il voit, alors que les autres clergés, par le syncrétisme, maintenaient les cultes locaux.

Les croyances funéraires et l'évolution du paganisme égyptien

On sait quel prix les Égyptiens donnaient à la vie après la mort. Dans l'Ancien Empire, seul le pharaon devient dieu ; les Textes des Pyramides, attestés depuis la Ve dynastie, recouvrent les parois des parties internes de la pyramide

L'animal dieu. Pour l'Égyptien, la nature est manifestation tangible des dieux. Horus, fils posthume d'Isis et d'Osiris, est représenté sous la forme d'un faucon couronné, dans la grande cour du temple ptolémaïque d'Edfou, qui lui est consacré (Y. Koenig).

La tombe « demeure d'éternité ». On a remarqué depuis longtemps que les Égyptiens pour leurs villes utilisaient assez peu la pierre, alors qu'ils construisaient leurs tombes et leurs temples en belle pierre. Le prix qu'attachait l'Égyptien à l'au-delà était considérable. Mais n'oublions pas que la plupart d'entre eux étaient simplement ensevelis dans le sable (Y. Koenig).

et décrivent la résurrection du roi, qui est supposé rejoindre le dieu solaire, accompagné de ses acolytes, lorsqu'il traverse le ciel dans sa barque. La pyramide est le centre de tout un complexe comprenant une pyramide secondaire et des temples où le roi divinisé faisait l'objet d'un culte destiné à perpétuer le corps et les attributs non matériels de l'homme. Ces rites s'accomplissent essentiellement dans le temple funéraire de la pyramide et dans les parties visibles des tombeaux des hauts fonctionnaires, qui entourent la pyramide comme, du vivant de ceux-ci, leurs habitations entouraient le palais royal. Le décor y joue un rôle considérable : signes, représentations, tout a une fonction. La pérennité du corps sera d'abord maintenue par la simple statue, puis par l'embaumement. La survie du roi est pratiquement automatique, mais si, à l'Ancien Empire, il est le seul à pouvoir se joindre aux dieux, les bouleversements économiques, politiques et sociaux de la période suivante font que ce privilège royal s'étend à tous. Avec le développement des conceptions osiriennes, chacun peut devenir un dieu, un « osiris ». Au-dessus des chapelles de leur tombe, les particuliers font construire de petites pyramides. La possession de textes à caractère magico-religieux assure au défunt la possibilité de ne pas « mourir une seconde fois ». Quant aux rois, ils bénéficieront de rites spéciaux. Leur tombe ou hypogée se décore des grands livres funéraires royaux se rapportant au voyage du soleil dans l'au-delà, accompagné de son ennéade. Il est bien évident qu'un lien est fait entre la résurrection du soleil le matin et la renaissance du roi. Le culte funéraire, lui, va se perpétuer dans les grands temples de la rive ouest de Thèbes.

Après la fin du Nouvel Empire, l'Égypte connaît une longue période de troubles avec des restaurations intermittentes du pouvoir pharaonique. La division du pays amènera les pharaons de la Troisième Période intermédiaire à construire une nouvelle capitale à Tanis dans le delta oriental, qui veut être une réplique exacte de Thèbes, y compris dans la disposition des grands temples d'Amon, de Mout et de Khonsou. Puis l'Égypte connaît quelques périodes de stabilité avec les rois éthiopiens et surtout avec la XXVIe dynastie saïte. Mais c'est surtout à l'époque hellénistique qu'il y a une étonnante floraison de temples nouveaux. Les plus connus sont ceux de Dendéra, de Kôm-Ombo, d'Edfou, de Philae. Pour l'historien des religions, le grand intérêt de ces temples est qu'ils sont couverts de textes expliquant en détail le rituel effectué, au point que l'on a souvent recours à eux pour expliciter des rites plus anciens. Mais le clergé emploie une langue transcrite avec des signes d'une complexité croissante, peu accessible au commun des mortels. À cette époque, en effet, on écrit et on parle le démotique, qui est à la fois une écriture et une langue spécifiques, tout en s'inscrivant dans l'évolution de la langue égyptienne. Le culte des animaux sacrés connaît une popularité inouïe. On essaie de créer des divinités nouvelles telles que Sérapis pour former un lien entre Égyptiens et Grecs. Les souverains issus des gardes du corps d'Alexandre le Grand, les Ptolémées, se gardent bien de nuire au fonctionnement des temples. De ce point de vue, l'époque romaine verra peu de changements, mais l'Égypte n'est déjà plus que le « grenier à blé » de Rome.

Il est surprenant de voir avec quelle facilité le christianisme a pu s'implanter dans l'Égypte devenue province byzantine. Cela s'explique, certes, par l'extraordinaire

La résurrection d'Osiris. Cette peinture d'une tombe provinciale de l'oasis de Dakhla (Muzawagat) est centrée sur le thème de la résurrection et de la momification. Dans le registre supérieur, Osiris embaumé est entouré d'Isis et de Nephthys. Les quatre vases canopes, portant chacun la tête d'un des fils d'Horus, contiennent les viscères du mort (Y. Koenig).

bouillonnement de l'intelligentsia d'Alexandrie, où les idées grecques, juives, iraniennes, égyptiennes... s'entrechoquèrent dans un véritable melting-pot. Le christianisme s'y développa aisément, en dépit de quelques noyaux de résistance virulents. En fait, tout se passa comme si, confinés dans leurs temples, employant un mode d'expression incompréhensible, les prêtres égyptiens s'étaient peu à peu coupés de la masse des paysans. Par ailleurs, les vieilles théories du paganisme ne pesaient pas lourd en face de la dialectique sophistiquée des Alexandrins. Il reste que, dès l'Antiquité, l'« exotisme » égyptien joua un rôle considérable : ainsi, chaque philosophe grec, pour donner plus de poids à ses théories, prétendait qu'il avait été initié par des prêtres égyptiens. Il va de soi que cela ne tient pas debout, bien que ce merveilleux, qui ne relève que d'une approche fantasmatique, ait réussi à s'imposer jusqu'à nos jours.

Le mazdéisme

Clarisse HERRENSCHMIDT

Le mazdéisme est plus connu sous le nom de zoroastrisme ; c'est du dieu Ahura Mazdā, « le seigneur attentif », que vient le premier nom, tandis que le second est formé sur le nom de Zoroastre, le prophète de l'Iran préislamique. Ces deux appellations recouvrent une même réalité religieuse complexe et mouvante, déjà bicéphale dans l'antique profession de foi du fidèle, le *fravarānē* (« Je me rallie »), par laquelle il se déclare autant mazdéen, adorateur de Mazdā, que zoroastrien, sectateur de Zoroastre. Or celui-ci n'est autre que Zarathustra, Zoroastèr étant le nom iranien en la graphie grecque. Les Grecs, qui entendirent parler de ce mystérieux personnage par les Perses, firent de lui le prototype du sage oriental, du mage savant aux pratiques absconses ; tel quel, Zoroastre est passé dans la conscience occidentale. Zarathustra n'aurait guère eu de carrière, hors des milieux savants, si Nietzsche n'en avait fait son porte-parole. Pourtant, c'est bien ce nom-là, Zarathustra (« celui qui a de vieux chameaux »), que porta, vers l'an mille avant l'ère chrétienne quelque part en Iran, un prêtre dont une part de la pensée et de l'action religieuses nous demeure, quoique sous forme obscure, dans les *Gāthā* de l'*Avesta*. De lui, nous n'en saurons pas plus.

Mais peut-être la recherche d'une date et d'un lieu précis attribuables aux origines est-elle une manie critiquable.

Le sens et le contenu d'une religion sont autrement importants, et ce d'autant plus qu'il y a toujours des mazdéens sur terre : en Iran, dans quelques villages autour de Yazd et de Kermān, où ils portent le nom de zardushtis – sectateurs de Zardusht/Zarathustra –, et en Inde occidentale, où ils s'appellent les Parsis (« Persans »). Quelques dizaines de milliers de fidèles en tout, dont les communautés vont diminuant, la première en raison de son isolement et sous la pression de l'islam, la seconde du fait, principalement, de son évaporation démographique.

Trois millénaires font une longue histoire dont nous ne pouvons dire ici ni les brisures ni toute l'évolution. Partons néanmoins de la haute et fugace Antiquité, celle, disons, de Zarathustra, devenue, pour les mazdéens vivants, pur mythe sans mémoire ; là, des Iraniens, vivant d'un peu d'agriculture et surtout du pastoralisme, se séparent de certaines pratiques et croyances qu'ils avaient en commun avec leurs proches cousins, les Indiens, et donnent désormais au dieu Ahura Mazdā une place prééminente ; ils l'entourent d'entités d'importance inégale, dont les plus présentes sont *Asha* (« le bon ajustement des choses »), *Vohu Manah* (« la bonne pensée »), *Xshathra* (« la maîtrise [rituelle] ») et *Ārmaiti* (« l'exactitude [rituelle] ») ; ils renoncent apparemment aux hécatombes rituelles de bovins et à l'absorption de *haoma* – une liqueur enivrante – et repoussent certains dieux, appelés *daiva*, qui acceptent ces rites-là et dont les adorateurs doivent être combattus sans relâche ; ils exaltent les fonctions de prêtre et de pasteur au détriment de la fonction guerrière, imaginent la possibilité d'une vie après la mort et valorisent la « bonne attitude rituelle » contre la « mauvaise », le rite restant, comme chez les Indiens, centré autour du feu.

Telle qu'elle semble s'exprimer dans les *Gāthā*, textes sinon de combat au moins issus d'une période de crise, la religion de Zarathustra est « un polythéisme déstabilisé ». Une certaine ambiguïté est donc au cœur même des textes fondateurs du mazdéisme ; et c'est elle qui en grande partie rend la nature de ce dernier si difficile à concevoir. Faut-il donc faire du mazdéisme, au nom de la prééminence d'Ahura Mazdā et de la promesse eschatologique, un monothéisme ? Faut-il plutôt voir dans l'opposition d'Ahura Mazdā contre les daiva un dualisme ? Faut-il enfin interpréter le polythéisme évident des Iraniens du Ier millénaire de l'ère chrétienne comme le signe de l'inévitable dégradation du message monothéiste du « prophète » ? Toutes ces interprétations ont été faites par les savants occidentaux depuis le XVIIIe siècle, et elles eurent deux résultats opposés : d'une part, celui de rapprocher considérablement le mazdéisme des conceptions chrétiennes, tandis que l'hindouisme conservait son caractère étranger, d'autre part, celui de couper les Parsis de la compréhension traditionnelle de leurs croyances et de leurs rites. C'est bien plutôt par le biais du rite qu'il faut aborder la nature et l'évolution du mazdéisme. Ahura Mazdā est le dieu prééminent, et il demande un rituel particulier : à la condition d'accepter l'un et l'autre faits, les autres dieux, ceux qui, dans les *Gāthā*, sont visés sous le terme de daiva, deviennent *yazata* (« dignes de culte ») et ont leur place dans la religion ; ainsi Mithra, le dieu du soleil et de la justice, Anāhitā, déesse de la fécondité et de la guerre, Vāyu, le dieu du vent, Varathragna, le dieu de la victoire, et d'autres se retrouvent-ils, dans le panthéon mazdéen, soumis à la puissance d'Ahura Mazdā et dotés chacun d'un *Yasht* (« hymne ») de l'*Avesta*. Si, dans les *Gāthā*, Zarathustra distingue entre *spenta manyu* (« la bonne disposition d'esprit dans le rite ») et *aka manyu* (« la mauvaise disposition

Les tours du silence. Caractérisé par une profonde horreur de la mort et des souillures de la décomposition, l'imaginaire mazdéen place parmi les puissances les plus redoutées la Druj Nāsu, démon de la putréfaction. Les rites funéraires du mazdéisme ne comportent ni enterrement ni crémation. En Inde, les Parsis exposent leurs défunts aux vautours sur les terrasses circulaires des « dakhma », tours cylindriques ouvertes sur le ciel. Les ossements, dépouillés de toute chair, sont ensuite jetés au fond d'un puits (B. Barbey, Magnum).

d'esprit dans le rite »), c'est dans cette analyse du comportement humain au sein de l'activité rituelle qu'il faut voir la nature du dualisme mazdéen ; l'opposition du bien et du mal rituels devient une morale et une explication du monde. Ainsi, au dieu éternel et incréé, Ahura Mazdā, vient à s'opposer Ahriman, maître de mort, créateur de démons et d'êtres malfaisants qui se définissent terme à terme par leur hostilité envers la bonne création. C'est sous cette forme que le mazdéisme survécut, en Iran et en Inde, à la chute de l'empire sassanide (636) et à la disparition des écoles liturgiques et théologiques.

Les Parsis d'aujourd'hui comme les mazdéens de l'Antiquité rendent culte en présence du feu. Le feu est associé à la plupart des rites : dans la pièce mortuaire, auprès de la tour du silence, dans la chambre où une mère vient d'accoucher et, naturellement, dans les temples, appelés « maisons du feu ». Il assure de la présence d'Ahura Mazdā, étant appelé son fils ; il se trouve en relation directe avec *Asha* (« l'ordre cosmique »), il éloigne les démons, bénit celui qui le nourrit et l'entretient ; c'est un grave manquement que de le laisser s'éteindre. La plus importante cérémonie du culte mazdéen s'appelle le *Yasna* (« sacrifice ») : c'est une offrande de haoma, accomplie devant le feu et accompagnée par la récitation des 72 chapitres du *Yasna* de l'*Avesta*. Elle a lieu dans le temple avec au moins deux prêtres ayant des fonctions différentes ; les fidèles se tiennent en retrait, dans un hall attenant, et restent silencieux. Au cours de manipulations multiples, les prêtres préparent le haoma à partir d'une plante, offrent en libation de l'eau, du lait, qu'ils versent sur un faisceau de baguettes de bois. Chaque élément enrôlé – le feu, l'eau, le végétal et l'animal –, chaque mot avestique prononcé, chaque mouvement des prêtres, symbolisant celui des corps célestes, est là pour renforcer la création et repousser les démons et la mort.

À partir de son initiation, le mazdéen porte une chemise et une ceinture, la *kustī*, qui signifient son intégration à la communauté ; au début des cinq parties de la journée, il récite, après s'être purifié, de courtes prières, dont le fravarānē, tandis qu'il dénoue et renoue sa ceinture ; là encore, ce rite individuel se fait en présence d'un feu : feu de bois, lampe à huile, soleil ou étoiles. Les rites funéraires tels qu'ils sont pratiqués depuis le début de l'ère chrétienne sont ceux qui ont le plus fasciné les non-mazdéens. Par souci de ne souiller aucun des éléments sacrés – le feu, la terre, l'eau –, les mazdéens exposent les cadavres dans des *dakhma* que les voyageurs occidentaux appelèrent « tours du silence ». Le cadavre a été lavé au *gōmēz* (« urine de bœuf »), revêtu d'un vêtement blanc et neuf, ceint de la kustī et approché pour la dernière fois par les parents ; alors, on amène un chien qui, à plusieurs reprises, regarde le mort : ce rite du *sagdīd* (« regard du chien ») a le pouvoir d'éloigner la *Druj Nāsu*, le démon de la putréfaction. Puis on apporte un feu dans la pièce et les croque-morts emmènent le mort à la tour du silence, couché sur une plaque de métal. Là, les corps sont exposés nus et les vautours – en Iran, des chiens – se chargent d'en ôter toute chair ; les os desséchés seront plus tard jetés dans un puits. Pendant trois jours, l'âme du mort se tient près de sa tête, puis elle gagne l'au-delà. Pendant ce temps, la famille, qui ne pratique ni la lamentation ni le deuil, entretient le feu dans la pièce mortuaire et fait faire un yasna au temple.

Tel qu'il vit encore de nos jours, le mazdéisme est une religion du bien-vivre, qui, même dans sa forme dualiste, n'a jamais fait du corps et de la matière le siège des puissances du mal. Dès l'Antiquité, les mazdéens détestèrent les pratiques chrétiennes du monachisme, du célibat et du jeûne : la création d'Ahura Mazdā doit être entretenue par la procréation, la nourriture des dieux et des hommes, l'accroissement des cultures et des troupeaux. Cette vision du monde n'est sans doute pas étrangère à la prospérité des Parsis en Inde, mais elle n'a pourtant pas suffi pour faire croître le mazdéisme comme d'autres religions orientales.

Les anciens Caucasiens

Georges CHARACHIDZÉ

Les religions pratiquées au Caucase dans l'Antiquité ont pour la plupart disparu sans que l'on puisse les reconstituer ; elles n'ont laissé des traces que dans le folklore et dans des croyances populaires peut-être archaïques, mais dont l'authenticité ne peut être établie à coup sûr. Il en va autrement, toutefois, des systèmes d'origine étrangère, mais totalement et depuis longtemps implantés dans la civilisation caucasienne. Ils relèvent d'ensembles plus vastes et bien connus ailleurs dans le monde, puisqu'il s'agit de cultures appartenant au monde linguistique indo-européen : les Arméniens au sud du Caucase, les Scythes et les Alains au nord, avec leurs actuels descendants, les Ossètes. Leurs religions ne dévoilent leur spécificité qu'au prix de la comparaison la plus étendue ; c'est en effet par rapport aux théologies des autres Indo-Européens que celle des Arméniens et celle des Alains prennent corps et figure. Ces deux domaines ont été récemment le lieu d'importantes découvertes, dont voici les premiers résultats.

Les Arméniens

On pensait encore il y a peu de temps que le polythéisme arménien, depuis l'évangélisation du IVe siècle, n'était plus accessible qu'à travers le folklore contemporain ou les cultes de l'Iran ancien. Or la religion des Arméniens a, en réalité, sa configuration bien à elle, où s'exprime de manière originale la structure trifonctionnelle commune, comme l'a montré Georges Dumézil, aux théologies et aux mythologies du monde indien-iranien-arménien (dont l'unité linguistique et surtout culturelle au sein de l'ensemble indo-européen ne fait aucun doute). L'organisation tripartie (souveraineté religieuse et juridique, force guerrière, production et reproduction) se manifeste au niveau théologique dans la grande triade païenne décrite par les plus vieilles chroniques arméniennes. Aramazd (où l'on reconnaît le nom du dieu suprême du zoroastrisme, Ahura Mazdā, « le Seigneur Sagesse »), que le chroniqueur définit comme « le plus grand et le meilleur des dieux », « père de tous les dieux », incarne parfaitement le souverain de première fonction, entièrement voué à la religion et au politique. La déesse Anahit, promue d'un rang, en raison d'un développement propre à la théologie arménienne, a pour caractères et compétence ceux mêmes qui différencient la troisième fonction : d'une beauté exceptionnelle, elle est, en outre, la richesse en personne, car on la dit « taillée dans l'or » (il ne s'agit pas d'une effigie, d'une statue, mais de la substance vivante dont est faite la déesse) ; elle est liée à la sexualité : d'après Xénophon (Ve s. avant J.-C.), les filles des grandes familles arméniennes n'étaient mariables que si elles s'étaient prostituées dans le sanctuaire d'Anahit. En dernière place se trouve le dieu combattant Vahagn, « tueur de dragons » (c'est son titre) ; à cela se réduit son signalement, ce qui le qualifie très exactement comme représentant de la deuxième fonction indo-européenne, toute vouée à l'activité guerrière et à elle seule.

La triade fonctionnelle est bien là, avec des particularités, toutefois, démontrant qu'il s'agit non d'un simple emprunt à l'Iran ancien, mais d'un héritage indo-européen ayant fait l'objet d'un traitement propre à la théologie arménienne. Notamment, la déesse de troisième fonction a gagné une place, venant juste après le grand dieu souverain Aramazd, au lieu d'occuper la dernière position, celle que lui assigne la formule canonique indo-européenne. Cette promotion d'Anahit est due à la forme qu'ont donnée les Arméniens à un phénomène indo-iranien commun : la déesse de l'abondance naturelle et de la fécondité humaine comporte des aspects qui se réfèrent aux autres fonctions, et surtout à la première. La théologie arménienne, qui, elle aussi, procède à ce rajout, l'a fait à sa manière : Anahit, en effet, est proche du souverain Aramazd à la fois par son rang éminent dans la triade et par sa définition, enrichie de traits relevant de la première fonction. Le roi Trdat la célèbre ainsi : « Grande souveraine Anahit, Gloire de notre race et dispensatrice de vie, que tous les rois vénèrent... » Le principe de la promotion est indo-européen, les moyens qui la réalisent sont arméniens, ce qui est un double gage d'authenticité et d'ancienneté.

Il faut ajouter, parmi les schèmes archaïques encore agissants à l'époque historique, le culte du couple végétal Haurot-Maurot (« santé » et « non-mort »), qui renvoie à la très vieille mythologie dioscurique des Indo-Européens (Castor et Pollux, Romulus et Rémus, les jumeaux Aśvin en Inde, etc.).

En tant que mythologie historicisée, l'épopée arménienne des origines se conforme à la succession des règnes légendaires telle que la conçoivent la plupart des peuples d'origine indo-européenne, le principe de cette succession étant trifonctionnel. Les deux premiers rois, Hayk et Arameneak, réalisent la double figure de la souveraineté du type Mitra et Varuna en Inde ; le premier use de moyens surnaturels, le second est avant tout pacifique et législateur. Leurs quatre successeurs, neutres et effacés, se bornent à administrer le pays ; ils sont comme l'ombre portée des quatre dieux « souverains mineurs », selon le système que laisse entrevoir le panthéon indo-iranien. Le deuxième niveau, celui de la fonction guerrière, est occupé par le belliqueux Aram, dont la carrière n'est faite que de combats, de victoires : « De lui on raconte nombre d'actions de bravoure et d'héroïsme dans les batailles. » La troisième fonction est représentée sous l'un de ses aspects les plus caractéristiques, celui du règne de la volupté avec la passion purement physique due à l'attrait d'une beauté parfaite. Car le roi Aray le Bel n'est que cela : incarnation de la séduction charnelle, objet des convoitises irréfragables de la belle et gourmande Shamiram (qui n'est rien de moins que Sémiramis, reine de Babylone !).

Qu'il s'agisse de théologie – organisation du panthéon – ou de mythologie – fabrication de l'histoire première –, la religion arménienne a maintenu des figures et des schémas dont l'origine indo-européenne directe ne fait aucun doute, mais qu'elle a souvent remodelés selon son génie propre.

Entre Scythes et Ossètes : les Alains

Descendants des Scythes et des Sarmates, donc eux aussi d'origine indo-européenne, les conquérants alains fixés depuis l'Antiquité au nord du Caucase sont les ancêtres directs du petit peuple ossète. Leurs conceptions religieuses sont bien celles qu'on pouvait attendre d'un groupe humain proche cousin des Indo-Iraniens. Elles se réalisent à travers un système trifonctionnel fortement structuré et

La selle du cavalier caucasien. Scythes, Sarmates ou Alains, les cavaliers nomades qui parcouraient jadis les steppes d'Eurasie n'avaient pour tout bien que leur monture. C'est sur le harnois et ses ornements que se gravaient pensée et symboles, éthique et obsessions. Ces têtes de cuir pendant sur les côtés de la selle évoquent les têtes coupées et les scalps humains que les Scythes d'Hérodote prélevaient sur l'ennemi tué, pour en agrémenter les brides de leurs chevaux (Cercle d'art, Artephot).

de riche expression. Outre son intérêt propre, il a le mérite de fournir un support théologique attesté à des articulations indo-européennes dont les autres peuples ne proposaient que la projection légendaire – avec des héros d'épopée et non des dieux, alors que, chez les Alains, il s'agit bien de personnages divins. L'organisation du panthéon alain, hiérarchiquement ordonné, devait être la suivante (elle s'est maintenue chez les Ossètes du Caucase jusqu'au XIXe siècle).

Au sommet, deux divinités de première grandeur se partagent la fonction de souveraineté magico-juridique, comme chez les autres Indo-Iraniens : le dieu suprême, inaccessible, et, plus proche de l'humanité et de ses problèmes, son auxiliaire, garant des liens sociaux, notamment du mariage comme alliance entre deux groupes. Puis, deux dieux correspondent aux deux aspects complémentaires de la deuxième fonction. Le premier, tel le védique Indra, représente la force guerrière comme spécialité technique ; il est à la tête (encore comme Indra) de guerriers légendaires organisés en confrérie. Le second doit correspondre à l'Arès scythique, violent et cruel, incarnant la force brutale et exigeant, comme lui, des victimes mutilées ou dépecées (aux bras coupés, notamment). Les Scythes et les Alains le nommaient Tukhwats (« à la voix puissante »).

Divinités en diptyque

Ce tableau de la deuxième fonction est original. Il évoque la double image du combattant telle que l'illustre dans l'épopée indienne le couple Arjuna (le guerrier accompli)-Bhima (le brutal). La réunion de ces deux divinités en diptyque dans le panthéon alain et chez les Ossètes donne corps à l'existence d'un très ancien couple indien Indra-Vayu, dont chaque membre assumait un aspect de la fonction guerrière ; jusqu'à maintenant, l'hypothèse n'avait qu'une assise littéraire épique ; la voilà étayée du côté de la théorie et de la pratique religieuses. La troisième fonction se voit monnayée en un certain nombre de petits dieux étroitement spécialisés, ce qui est l'un des traits propres à ce type d'activité. Deux dieux se détachent, eux aussi en diptyque : le borgne « écarteur de loups » et le doux patron des moutons, dont la réunion évoque le couple grec de Lycurgue et Alcandre. Enfin, en dernière position dans le panthéon, le dieu du feu domestique ; cela aussi confirme un caractère important du polythéisme indo-européen, l'existence d'une divinité du foyer, toujours invoquée à la suite de tous les autres dieux. Par ailleurs, un groupe alain différent du précédent et installé en une région du Caucase voisine, mais distincte, a laissé des traces d'une organisation théologique qui s'écarte du schéma habituel. Cette importante variante est intéressante, car elle offre la réplique du système de la Rome antique, avec une déesse des feux, public et domestique, qui est obligatoirement célébrée en dernier dans les cultes à destinataires multiples et qui est, en outre, patronne du broyage des céréales. Cette déesse fortement typée, la Vesta romaine, trouve son exact répondant au Caucase, dans des cultes encore pratiqués de nos jours chez les montagnards de Svanétie (au sud de l'Elbrouz), mais qui résultent d'un emprunt ancien au panthéon alain (lui-même disparu).

La Chine ancienne

ANNE CHENG

S'il est convenu que la civilisation de la Chine « ancienne » s'étend des confins du XXIIIe siècle au IIIe avant J.-C., on peut se demander si, à l'origine, une telle civilisation était proprement « chinoise ». Question encore soumise à d'âpres controverses dont l'enjeu principal reste de déterminer si celle-ci s'est développée à partir d'un « noyau » central, comme le considère l'optique traditionnelle, ou sur de vastes étendues et de longues périodes plus ou moins coexistantes. Toujours est-il que, jusqu'à l'instauration de l'empire unifié et centralisé par Qin en 221 avant J.-C. et même bien au-delà, la « Chine » a conservé toutes les caractéristiques d'un univers extrêmement complexe et diversifié.

Le culte ancestral

Notre connaissance de la Chine préimpériale, c'est-à-dire des trois premières dynasties Xia (XXIIIe-XVIIIe s., période

Portrait hagiographique de Confucius (551-479 av. J.-C.) datant du XVIIIe siècle. L'inscription porte : « Maître Kong, le Saint Suprême. Nom personnel : Qiu. Appellation : Zhongni. Originaire de Qufu, préfecture de Yanzhou, province de Shandong. » Bien que Confucius ait fait l'objet, dès le début de l'empire chinois au tournant de l'ère chrétienne, d'un culte quasi religieux, c'est l'esprit de son enseignement, fait de ritualisme et d'humanisme, qui vit et fait vivre encore aujourd'hui (Bibliothèque nationale de France, Paris).

semi-mythique), Shang (XVIIIe-XIIe s.) et Zhou (XIIe-IIIe s.), a connu un enrichissement considérable depuis la fin du XIXe siècle, notamment grâce à des découvertes archéologiques qui se sont intensifiées dans la seconde moitié du XXe siècle et ont fait l'objet d'études épigraphiques constituant désormais une discipline à part entière : inscriptions sur os et écailles, inscriptions sur bronze, manuscrits sur bambou et soie. Les renseignements que nous détenons sur les débuts de la période dynastique – sur la civilisation des Shang en particulier – sont ceux que nous fournissent les inscriptions du premier type, qui font référence à des pratiques divinatoires par scapulomancie et chéloniomancie. Ces pratiques, qui remontent probablement au Néolithique et sont peut-être dérivées du sacrifice animal, consistaient à interpréter les fissures résultant du brûlage d'os de moutons ou de bœufs (omoplates, pour la plupart, d'où le terme de scapulomancie) ou de carapaces de tortues. Le long des fissures étaient le plus souvent inscrites les questions posées par les devins aux mânes des ancêtres ou aux divinités de la nature, ainsi que les pronostics et les interprétations. Ce sont ces techniques et, plus particulièrement, la chéloniomancie qui sont à l'origine des diagrammes divinatoires du *Yijing* ou *Livre des mutations*.

Ce qui apparaît comme central dans les inscriptions oraculaires est le culte des ancêtres, dont on peut supposer aussi qu'il remonte à la période néolithique et dont les modalités gagnent en complexité, notamment avec le passage des Shang aux Zhou. Sous les Shang, le culte ancestral comporte des structures relativement simples, puisqu'il est rendu uniformément à tous les ancêtres de toutes les générations, alors que, sous les Zhou, il faut distinguer un grand culte permanent rendu à l'ancêtre fondateur et, subsumés par lui, des cultes provisoires rendus à des ancêtres proches. En tout état de cause, il constitue une prérogative royale, « non pas au sens que le roi aurait seul le privilège de rendre un culte à ses ancêtres, mais au sens que le roi, prêtre pour tous, conduit le culte rendu à des ancêtres qui ne sont pas seulement les siens mais ceux de toute la communauté » (L. Vandermeersch, *Wangdao, ou la Voie royale*, vol. I). De là vient qu'il n'existe pas, dans la pratique de ce culte, de classe de prêtres indépendants, le grand prêtre étant le souverain lui-même. Ce phénomène est symptomatique de la prise en charge, très tôt en Chine, du religieux par le politique et il explique que, même si l'on a recours aux chamanes pour communiquer directement avec les divinités, le chamanisme dans l'ensemble ait eu tendance à céder le pas à l'élaboration de pratiques rituelles, du moins dans la culture « dominante ».

Le culte des ancêtres, peut-être issu d'un culte préhistorique des morts, ne se confond pourtant pas avec celui-ci, les ancêtres étant des esprits qui ne résident pas simplement dans le monde des morts, mais maintiennent un lien organique avec leur descendance vivante. En tant que membres d'une communauté familiale et par-delà la frontière entre vie et mort, ils continuent à jouer un rôle au sein de cette communauté, et leur statut dans la parenté garde toute son importance. En d'autres termes, les rapports qui lient les parents défunts aux vivants ne sont pas de nature différente de ceux qui existent entre les vivants eux-mêmes. Il y a donc continuité entre les sacrifices proprement religieux dus aux ancêtres et les codes rituels à respecter à l'égard des vivants. En tant même que phénomène religieux, le culte des ancêtres manifeste d'emblée le groupe de parenté comme paradigme de l'organisation sociale, et c'est sans doute pour cette raison que, au-delà de sa fonction proprement religieuse, il a contribué dans une large mesure à l'élaboration d'une certaine conception de l'ordre sociopolitique en Chine.

Plus qu'un esprit de l'au-delà, l'ancêtre représente d'abord un statut, un rôle familial dans lequel il « se fond » presque au point de perdre toute histoire personnelle, tout destin individuel. Il se trouve donc doté d'un potentiel mythique assez réduit, et la relative pauvreté des mythes dans la culture religieuse chinoise, au-delà de leur occultation délibérée par la tradition confucéenne, pourrait bien s'expliquer en partie par la nature même du culte ancestral et de la conception de l'ancêtre, lesquels rendent perméable la frontière non seule-

Fin du chapitre IV du « Yijing » ou « Livre des mutations ».
C'est, à l'origine, un manuel de divination fondé sur un système de figures : huit trigrammes, dont chacun est composé de trois traits pleins ou brisés et qui sont attribués à Fu Xi, l'un des fondateurs mythiques de la culture chinoise. À elles seules, ces figures constituent une sorte de représentation abstraite de la nature, une cosmologie qui tiendrait compte non seulement des éléments mais aussi de leurs transformations et de leurs interactions. Très tôt, les huit trigrammes furent à leur tour combinés entre eux pour former les soixante-quatre hexagrammes du « Yijing » actuel. La tradition attribue ces derniers aux premiers souverains des Zhou, qui en auraient fait un véritable livre de sagesse (Bibliothèque nationale de France, Paris).

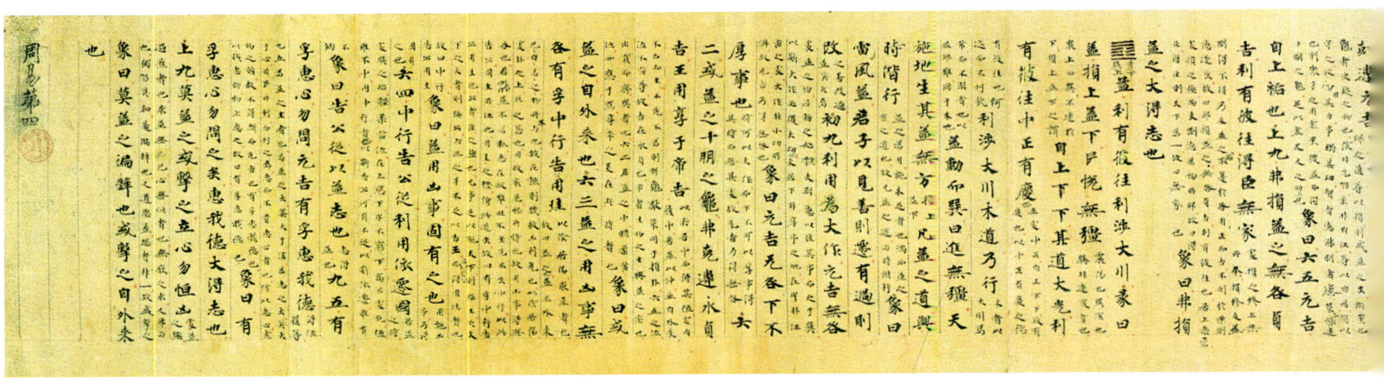

ment entre vie et mort, mais aussi entre humain et divin. Il y a là un processus que l'on a sans doute trop hâtivement assimilé à l'évhémérisme dans la mythologie de la Grèce antique : plutôt qu'une métamorphose d'anciens humains en dieux ou demi-dieux, il s'agirait, pour reprendre les termes de D. Bodde, de la « transformation de ce qui fut mythes et dieux en une histoire apparemment authentique et en des êtres humains » (*Essays on Chinese Civilization*). Ce processus, aussi paradoxal que cela puisse paraître, a éloigné la mentalité chinoise de la tendance occidentale à l'anthropomorphisme, laquelle prête aux divinités des comportements d'humains pris dans leur individualité, leur créativité, en somme leur liberté. Au lieu d'être douée d'une volonté arbitraire, voire capricieuse, la divinité qui prend la figure de l'ancêtre est d'emblée perçue à travers son statut et intégrée dans la vision d'un ordre familial sur lequel se fonde toute harmonie.

Il est possible, au demeurant, que ce soit précisément le sens d'un ordre harmonieux inhérent au culte ancestral qui a mis essentiellement en valeur les caractéristiques de constance et de régularité dans la nature plutôt que les aspects imprévisibles et irrationnels de celle-ci. De fait, la pratique de ce culte comporte des sacrifices communs offerts autant aux ancêtres – réels et mythiques – des souverains qu'aux divinités de la nature, telles que les esprits des fleuves (en particulier le fleuve Jaune), des montagnes, de la Terre, des points cardinaux, etc., dans lesquelles on peut reconnaître des vestiges de religiosité animiste. En outre, au-dessus de tous ces mânes et esprits qui remplissent, semble-t-il, une fonction de médiation, se trouve une divinité unique qui a pour nom *di* (ou *shangdi*, le souverain d'En haut) et qui apparaît à la fois comme ancêtre suprême et comme toute-puissance commandant à l'ensemble de la nature. Les études récentes s'accordent pour considérer que l'émergence de *di* comme divinité suprême coïncide avec la suprématie des Shang et de leur lignage. De là proviendrait l'idée que le dieu unique trouve sa contrepartie dans le souverain universel au sein de l'ordre humain, idée qui restera à la base de la pensée et de la pratique politiques en Chine jusqu'à l'aube du XXe siècle (*di* est, en effet, l'appellation adoptée par les souverains depuis l'instauration de l'empire par Qin).

De la transcendance de la norme à l'esprit rituel

La prédominance du culte ancestral dans la Chine antique a donné lieu à une représentation cosmogonique fondée sur un modèle organique d'engendrement bien plus que sur celui d'un mécanisme de causalité ou d'une création *ex nihilo* par une puissance transcendante. La divinité suprême, en tant qu'ancêtre par excellence, n'apparaît pas comme une toute-puissance créatrice ou un premier moteur, mais comme une instance d'ordre jouant un rôle axial entre le monde cosmique, constitué d'entités et d'énergies en interaction harmonieuse, et le monde socio-politique humain, régi par des réseaux de relations de type familial et hiérarchique et par des codes de comportement rituel. Il faut préciser qu'« ordre » est ici entendu non pas dans sa connotation occidentale de principe rationnel, excluant l'irrationnel et le surnaturel, mais, au contraire, comme une notion « globalisante » qui inclut tous les aspects de l'expérience humaine, y compris le supra-humain, mais qui par là même en réduit le potentiel mythique et proprement religieux. Le passage entre les Shang et les Zhou a marqué, dans ce sens, un dépérissement de la conscience religieuse, qui s'est muée progressivement en une conscience rituelle de nature essentiellement cosmologique.

Pour les débuts de la dynastie Zhou, outre les inscriptions oraculaires, viennent s'ajouter les informations fournies par les inscriptions sur ustensiles de bronze et celles qui furent recueillies dans des documents intégrés, pour la plupart, au corpus des Classiques confucéens, lesquels donnent de cette période initiale une représentation idéalisée jusqu'à en faire une sorte d'âge d'or. Il est du moins permis de supposer que cette période a effectivement été caractérisée par une stabilité relative qui faisait suite au traumatisme causé par le bouleversement dynastique et qui s'appuyait sur un message politico-religieux assez clair : la volonté des Zhou de récuser tout lien de parenté entre la divinité et une lignée royale spécifique – d'où la fameuse idée du mandat céleste qui devait rester à la base de toute la théorie politique chinoise – et d'assimiler au souverain d'En haut de leurs prédécesseurs leur propre divinité suprême, le Ciel, *tian*. La documentation épigraphique révèle le caractère quasi systématique du glissement lexical de *di* à *tian*, que l'on peut avec raison interpréter comme étant symptomatique de la « conversion de

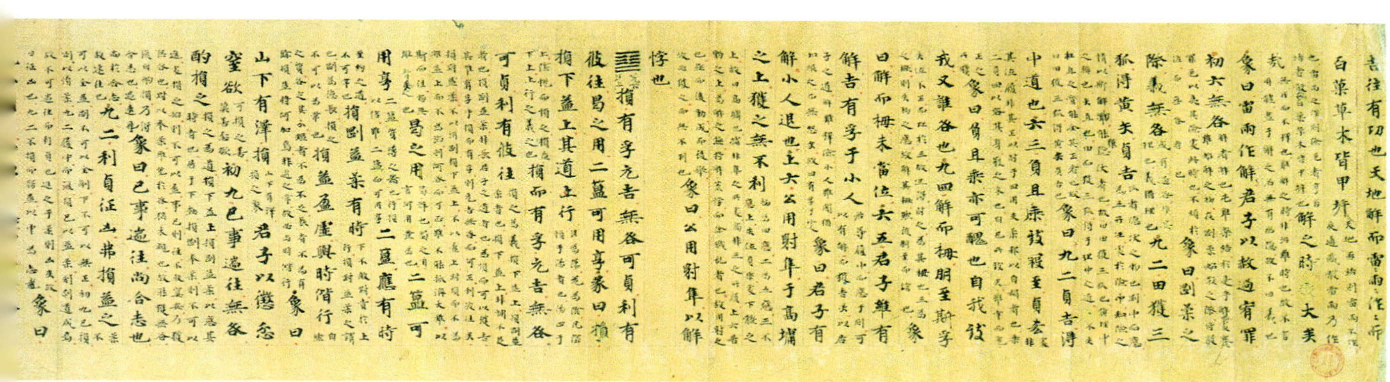

toute la religion en ritualisme purement cosmologique », pour reprendre la formule de L. Vandermeersch, qui remarque également que « la transcendance du Ciel est de moins en moins celle d'un monde situé au-delà de celui des hommes et qu'habiteraient des esprits manipulant les éléments naturels ; elle ne subsiste que comme transcendance de la norme par rapport à ce qui lui est soumis, du principe originel par rapport aux dix mille êtres qui en procèdent » (*op. cit.*, vol. II). Tout en continuant à se manifester comme volonté active, le Ciel est dès lors perçu de plus en plus comme source et garant d'un ordre rituel et d'une harmonie préétablie. Or toute la question qui se pose à l'époque du déclin des Zhou où vécut Confucius, et que celui-ci fut le premier à formuler en termes clairs, est de savoir pourquoi l'humanité s'est départie de cet ordre, de cette harmonie, et comment les restaurer.

La pensée de Confucius (dates traditionnelles : 551-479 av. J.-C.) se comprend en grande partie par son contexte historique, contexte de détérioration d'un ordre moral, social et politique qui marque, dès le VIIIe siècle avant l'ère chrétienne, l'affaiblissement de l'autorité des Zhou sur leurs vassaux, lesquels s'arrogent des prérogatives de plus en plus sacrilèges et s'engagent dans des luttes sans merci pour la suprématie. Une distinction se dessine entre les petites vassalités de la plaine centrale – proches par la géographie et par les liens de sang de la maison royale des Zhou – et les pays plus grands et « semi-barbares » de la périphérie dont la puissance grandissante culminera dans la conquête finale et l'unification de l'empire par l'un d'eux, le pays de Qin. Confucius était originaire de

Grande cérémonie confucianiste de printemps à Séoul. Les mânes de Confucius et de ses disciples sont accueillis et reconduits après qu'on leur a offert un tribut de soie et de victuailles. Ce rituel observé depuis 1398 en Corée témoigne de la pérennité de l'héritage confucéen dans le monde sinisé (R. et S. Michaud, Rapho).

Lu, vassalité qui était intimement liée à l'histoire des Zhou et était gardienne de leurs valeurs traditionnelles, mais n'échappait pas pour autant au phénomène alors généralisé de l'usurpation et de la spoliation. C'est précisément pour remédier à cette situation, qu'il jugeait déplorable, que Confucius se donna la mission de retrouver l'ordre d'antan. Faute de pouvoir le réaliser en matière politique, il tenta de faire passer ses idées dans son enseignement, consigné par ses disciples dans les *Entretiens*.

Le projet de Confucius était de faire retour à la voie proprement royale des sages-souverains de l'Antiquité et, plus particulièrement, du début des Zhou. La notion de voie est au centre d'une vision du monde sous-tendue par l'esprit rituel qui constitue comme l'ossature du corps aussi bien social et politique que cosmique, et qui détient son efficace de sa filiation avec l'esprit proprement religieux du culte ancestral, filiation attestée par la graphie du terme chinois *li*, laquelle évoque un rite sacrificiel. Cet esprit rituel qui représente, bien au-delà du simple respect des convenances et conventions sociales, une véritable conception de l'homme et du monde, Confucius le tient de sa référence constante à « l'âge d'or » des Zhou et, selon ses propres dires, il ne fait que le « transmettre, sans rien créer de nouveau » (*Entretiens*, trad. A. Cheng, VII, 1). Mais, ce faisant, il le détache encore un peu plus de ses fondements religieux et de son association avec les mânes et les esprits, qu'il convient, dit-il, d'« honorer tout en les tenant à distance » (*ibid.*, VI, 20).

Le ritualisme qui sous-tendait la « religion cosmologique » des Zhou vient, en effet, s'intégrer dans le projet fondamentalement humaniste de Confucius et s'en trouve ainsi renouvelé. Être humain, c'est d'emblée être en relation avec autrui, et en relation rituelle. Ainsi s'explique le caractère essentiellement relationnel de la valeur que Confucius place au faîte de ses idéaux : le *ren*, dont la graphie comporte la composante de l'humain et celle de la dualité, et dont la traduction par le terme d'« humanité » ne peut qu'inadéquatement rendre compte. Confucius place le *ren* si haut qu'il ne le reconnaît quasiment à personne et qu'il se refuse à en donner une définition, nécessairement réductrice. Il s'agit, au départ, d'un sentiment de bienveillance et de confiance tel qu'il existe entre les membres d'une même famille, qui peut être étendu si la communauté est élargie à l'échelle d'un pays, voire de l'humanité entière, et dont la réciprocité a pour condition l'effort que fait chacun « sur lui-même pour revenir à l'esprit rituel » (*ibid.*, XII, 1). *Ren* et *li* sont donc deux notions qui correspondent en fait à deux aspects d'une même réalité et qui fondent l'humanisme confucéen, dont l'idéal, incarné par « l'homme de bien », est ancré dans une foi profonde en la perfectibilité infinie de l'homme. On peut donc dire que Confucius, même s'il ne saurait être considéré comme un chef religieux, propose une « religion de l'homme » qui, tout en étant le fruit d'une évolution propre à la civilisation chinoise, donne son universalité et sa pérennité à l'enseignement confucéen.

La Grèce

Jean-Pierre VERNANT

Les dieux grecs ont eu longue vie ; ils ont fait l'objet d'un culte pendant presque deux millénaires, depuis le XVe siècle avant J.-C., quand les scribes au service de maîtres achéens (les premiers Grecs installés en Hellade) inscrivaient les noms de certains d'entre eux sur les tablettes en linéaire B de la Cnossos crétoise, jusqu'au IVe siècle de l'ère chrétienne, au moment où le christianisme, par la grâce de Constantin, devint religion officielle de l'Empire romain. Entre ces dates si éloignées, croyances et cultes se sont modifiés certes, comme les autres composantes de la vie sociale, mais les figures majeures du panthéon sont demeurées en place ; avec des variantes suivant les moments, les lieux, les cités, la société de l'au-delà n'a pas cessé, aux yeux des Grecs, de rassembler, en des équilibres relativement stables, les membres d'une famille divine dont l'épopée homérique, dès le VIIIe siècle, brossait le tableau coloré.

Les puissances majeures

Au sommet de l'Olympe, dominant l'Univers, Zeus souverain, maître du Ciel, Père des dieux et des hommes, avec son épouse légitime, l'irascible Héra, la royale, sa propre sœur ; ensuite, les deux frères du prince : Poséidon, seigneur de toutes les eaux, des rivières, de la mer, du fleuve Océan, dont le flux ceinture le monde, Ébranleur du sol, maître des chevaux ; puis Hadès, dont le lot est de régner sur le monde souterrain et le peuple des morts, dans les Ténèbres que jamais ne perce la lumière du jour. Sœur de Héra et des trois dieux qui se sont partagé le monde, Déméter dispense les fruits de la terre cultivée et les bienfaits de la civilisation ; associée, comme la mère à la fille, à Coré-Perséphone (souveraine des Enfers à côté de Hadès),

Naissance d'Athéna. Zeus est assis au centre. De sa tête jaillit, tout armée et brandissant une javeline acérée, la figure minuscule d'Athéna. Le dieu est entouré de quatre personnages féminins, les Accoucheuses. À gauche, Héphaïstos s'éloigne avec la hache dont il a frappé Zeus pour le délivrer. À droite, Poséidon se retourne vers celle qui sera sa rivale pour la maîtrise de l'Attique. Pyxide attique, vers 560 avant J.-C., musée du Louvre, Paris (R.M.N.)

elle patronne les mystères qui promettent aux initiés un sort meilleur dans cette vie et dans l'autre.

À la génération suivante, les enfants de Zeus et de Léto : le garçon, Apollon, prophète inspiré, musicien, purificateur des souillures, des crimes de sang, des fautes religieuses, dieu de la parole exacte et de la juste expiation, avec en mains l'arc et la lyre ; la fille, Artémis, vierge chasseresse, gracieuse et inquiétante sauvageonne ; toutes les bêtes lui appartiennent et les jeunes, garçons ou filles ; parcourant les terres incultes, aux confins de la cité, elle opère sur les marges ; elle veille à ce que soit respectées, alors même qu'elle aide à les franchir, les frontières qui séparent les bêtes des hommes, le sauvage du civilisé, la jeunesse de l'âge adulte. Deux autres déesses, vouées comme Artémis à une totale chasteté, refusent le statut d'épouse : Athéna et Hestia. Fille préférée de Zeus (elle a surgi en arme de sa tête), la vierge Athéna triomphe dans tous les travaux, pacifiques et guerriers, qui exigent prudence avisée, réflexion subtile, savoir-faire ingénieux ; elle tient cette puissance mentale de sa mère, l'océanide Métis, l'Intelligence rusée, que Zeus, pour se l'assimiler toute, a avalée aussitôt après l'avoir engrossée. Sœur de Déméter et de Héra, Hestia est la troisième déesse à demeurer jeune fille à jamais ; elle siège au cœur de chaque maison dans le foyer domestique, de chaque cité dans le foyer commun, au Prytanéion ; son rôle est d'enclore sur lui-même le groupe humain, famille ou communauté politique, d'en faire un centre stable, permanent, circonscrit, un « dedans » où s'accumulent, sous la garde de la déesse, les richesses thésaurisées au fond de la demeure.

Associé à Hestia comme son contraire et son complément, Hermès, bâtard de Zeus uni à Maia, une nymphe, est un dieu du dehors, voyageur, mobile, toujours à bouger comme chèvres et moutons dont il a la charge. Berger, guide, héraut, ambassadeur, messager, commerçant, il patronne les contacts, les échanges – de paroles et de richesses –, les transactions et transitions de toute sorte. Traversant les murs et les portes, franchissant les frontières, il conduit les vivants jusqu'au séjour des morts ; il fait passer de la veille au sommeil ; il préside dans la chambre de noces à la nuit qui transforme la vierge en épousée ; il suit en aller et retour le chemin qui mène des dieux vers les hommes. Rejetons légitimes de Zeus et de Héra, Héphaïstos et Arès ne comptent pas pourtant au nombre des mieux réussis. Mal venu, mal reçu, le premier a les jambes torses, un pied retourné, la démarche oblique ; dieu artisan, métallurge, maître du Feu, magicien, il s'unit, tout contrefait qu'il est, à des déesses dont la beauté rappelle l'éclat séduisant des merveilles que produisent son savoir-faire et son adresse sans pareil. On le dit l'époux d'Aphrodite, la Brillante, la Dorée, divinité dont la puissance soumet à Amour et Désir tous les êtres, dieux, hommes, bêtes, pour conjuguer les sexes opposés et harmoniser les contraires.

Arès est un écervelé, un fou furieux qui incarne, dans la guerre, la violence brutale, le carnage, la sauvagerie aveugle du combat ; lui aussi fait couple avec Aphrodite : le dieu qui divise et oppose s'en vient retrouver au secret d'une couche adultère la déesse qui accorde et unit. Dionysos est un dieu à part. Fils de Zeus et d'une mortelle, Sémélé, il occupe jusque dans le panthéon la place de l'« étrange étranger ». Chez les dieux comme chez les hommes, il endosse la figure de l'Autre. À la fois terrible et doux pour les mortels, tantôt il les jette dans la folie, la souillure, le crime, tantôt il leur apporte l'évasion du quotidien, la joie, la béatitude. Aux femmes qu'il pousse à fuir leur foyer, leur famille, leurs travaux, pour les livrer aux errances dans la montagne, il procure le délire extatique, la transe collective de son thiase ; aux hommes, il offre le vin, l'ivresse, le déguisement, la mascarade, l'inversion des règles ordinaires de conduite dans le cortège exubérant de son *cômos*. Il est le patron du théâtre où, sur la scène, la fiction se donne à voir comme si elle était vérité. Partout où il surgit, imposant sa présence impérieuse, il brouille par ses prestiges les frontières entre le réel et l'illusoire ; il abolit la distance qui sépare l'homme tant des dieux que des bêtes : pour ses fidèles, retour à un état de communion bienheureuse entre tous les êtres, dans la douceur d'un âge d'or retrouvé ; mais, pour ceux qui le méconnaissent, chute dans la sauvagerie et la démence d'une confusion chaotique.

Les autres dieux du panthéon

D'autres dieux accompagnent ces puissances majeures : Gê ou Gaia, la Terre, Mère universelle par son union avec Ouranos, le Ciel, et Pontos, le Flot marin ; sa fille, l'ouranide Rhéa, qui engendre dans le lit de son frère Cronos toute la lignée des olympiens ; deux sœurs de Rhéa (Thémis, principe de stabilité et d'ordre, dans la nature et dans la vie sociale ; Téthys, l'épouse d'Océan, aussi ondoyante et diverse que Thémis est fixe et constante) ; Asklépios, fils d'Apollon, guérisseur et médecin ; Pan, fils d'Hermès, maître des bergers et des troupeaux, d'aspect mi-humain, mi-caprin (il poursuit et assaille les nymphes, compagnes de son père et d'Artémis ; il se mêle aux satyres et silènes dans le cortège de Dionysos ; le chant de sa syrinx invite aux plaisirs de l'amour, mais le dieu-bête peut aussi provoquer l'effroi de la panique) ; un doublet de Rhéa, Cybèle, la Grande Mère, venue d'Asie Mineure avec ses cultes orgiastiques ; Héraclès, enfin, héros d'endurance et figure de l'excès, divinisé au terme de ses travaux. Son culte, héroïque et divin, est pratiqué dans toutes les cités grecques.

Une assemblée des dieux. Zeus, tenant la foudre et un sceptre, est servi par Iris. Héra siège au côté de son époux. Debout, Athéna et Hermès encadrent Poséidon, assis en face du couple olympien. Les dieux, ici réunis pour la libation, saluent la puissance de Zeus. Amphore attique, environ 500 avant J.-C., Antikensammlungen, Munich, d'après une gravure de Gerhardt, 1840 (E.U.).

Cette pluralité de dieux confère au paganisme antique une série de traits qui l'opposent aux religions monothéistes. Aucune divinité n'y est dotée de la toute-puissance ni de l'omniscience ; aucune n'apparaît, dans la perfection d'une transcendance absolue, totalement étrangère et extérieure au monde. Chaque dieu occupe, en solidarité avec les autres, la place qui lui revient dans un ensemble de pouvoirs différenciés, avec son domaine et ses fonctions propres, ses modes d'action particuliers. En ce sens, un panthéon constitue une façon de penser, de distinguer, de classer les phénomènes naturels, humains, sociaux en les rattachant aux diverses puissances qui s'y manifestent et les commandent. Les dieux opèrent donc dans le monde, dont ils occupent l'étage supérieur et qu'ils gouvernent conformément à un ordre dont Zeus garantit l'équité et assure la permanence. Ce qui sépare radicalement la condition divine de l'existence terrestre que partagent hommes et bêtes, c'est qu'elle ignore les maladies, la souffrance, la vieillesse et la mort. Sans cesse vivants, sans cesse présents en leur invisible splendeur, comme les astres brillant au ciel, les dieux sont les bienheureux toujours jeunes, les *athanatoi*, les non-mortels. Le culte que les hommes observent à leur égard traduit la soumission du faible au fort, de l'inférieur au supérieur. Accomplir les rites, c'est, dans le respect et la gratitude, rendre aux dieux les honneurs que le sujet doit à son maître.

Un sacré omniprésent

Dans un tel système, le religieux n'est pas confiné dans un secteur à part ; il est à l'œuvre dans toutes les institutions, dans toutes les pratiques, privées et publiques, dont il constitue une dimension fondamentale. Aussi n'y a-t-il pas entre sacré et profane une opposition simple et tranchée, mais plutôt un sacré omniprésent qui revêt des formes diverses depuis le sacré totalement interdit et intouchable jusqu'au sacré dont les dieux ont laissé aux hommes sinon l'entière disposition, du moins le plein usage dans les limites permises. Cette religion est, d'autre part, étrangère à toute forme de révélation ; elle ne connaît ni prophète ni messie. Elle s'enracine dans une tradition qui englobe, intimement mêlés à elle, tous les autres éléments constitutifs de la civilisation hellénique depuis la langue, la gestuelle, les manières de vivre, de sentir, de penser jusqu'aux normes et aux valeurs – en bref, les usages et les règles de la vie collective comme les autres composantes de la culture. Cette tradition religieuse, faite de récits légendaires, d'actes cultuels (en particulier les rites sacrificiels), de représentations figurées du divin (spécialement la grande statue anthropomorphe qui incarne la présence du dieu dans son temple), n'a pas un caractère dogmatique. Sans caste sacerdotale, sans Église ni clergé spécialisé (les prêtrises sont des magistratures et toute magistrature a une valeur religieuse), elle ne connaît pas de livre sacré où la vérité se trouverait pour toujours fixée. Elle n'implique aucun credo imposant aux fidèles un ensemble de croyances indiscutables.

Dans le cadre de la religion politique propre à la Grèce des cités, croyances et cultes satisfont à une double exigence. Ils répondent d'abord au particularisme de chaque groupe humain qui, en tant que cité liée à un territoire défini, se place sous le patronage de dieux et de héros qui lui sont propres et qui lui confèrent sa physionomie religieuse singulière. Toute cité a, en effet, sa ou ses divinités poliades et ses héros enterrés sur place, dont la fonction est de cimenter le corps des citoyens pour en faire une communauté authentique, d'unir en un même tout l'ensemble de l'espace civique, avec son centre urbain et sa *chôra*, sa zone rurale, de veiller enfin à l'intégrité de l'État – hommes et terroir – face aux autres cités. Mais il s'agit, en second lieu, par le développement d'une littérature épique coupée de toute racine locale, par l'édification de grands sanctuaires ou oracles communs, comme à Delphes, par l'institution des jeux et panégyries panhelléniques, comme à Olympie, d'instaurer ou conforter des traditions légendaires, des cycles de fêtes et un panthéon également reconnus par toute l'Hellade.

À côté du culte civique se sont développés des courants et des groupes, plus ou moins marginaux et secrets, qui traduisaient des aspirations religieuses différentes. Certains ont été en partie ou entièrement intégrés aux institutions de la cité, comme les mystères d'Éleusis et le dionysisme ; d'autres y sont, comme les orphiques, demeurés étrangers. Tous ont contribué à frayer la voie à un « mysticisme » grec marqué par la recherche d'un contact plus direct et intime avec les dieux. Mais la quête d'une immortalité bienheureuse, l'espoir de libérer, dès cette vie ou après la mort, la parcelle de divin demeurée présente en chaque créature humaine heurtaient de front la sagesse religieuse des Grecs selon laquelle nul ne doit tenter de s'égaler à la divinité.

Rome

John SCHEID

Il est pratiquement impossible de décrire brièvement la religion romaine. Les sources sont nombreuses ; elles se rapportent à mille ans d'histoire et, à partir du début de l'ère chrétienne, elles dépassent largement le cadre de la cité de Rome, les citoyens romains habitant, dès lors, une nuée de cités d'Italie, de Gaule et du pourtour de la Méditerranée. En outre, même à l'intérieur d'une cité et d'une religion constituée, les pratiques et les croyances n'étaient jamais exactement les mêmes, si bien qu'il faut parler *des religions* des Romains, ou alors se limiter au culte public de Rome, du moins aux religions pratiquées par les citoyens romains. Les religions des Romains, même à l'intérieur des religions officielles, résultaient de l'absorption progressive de cultes extérieurs s'ajoutant au vieux fonds italique et parfois même indo-européen de Rome. Non seulement la cité romaine, comme les autres cités gréco-romaines, était hospitalière aux dieux étrangers, mais souvent elle accordait même « la citoyenneté pleine » à telle ou telle divinité étrangère venant de près ou de loin. Par exemple, la religion publique de Rome comprenait plusieurs types de rites, le rite romain, le rite grec, le rite étrusque, auxquels s'ajoutèrent au fil des siècles les coutumes égyptiennes ou syriennes. En outre, d'autres religions, telles que le monothéisme juif ou les christianismes, étaient pratiquées à Rome et dans les cités de l'Empire, et même, progressivement, par des citoyens romains, ce qui ne manqua pas de poser des problèmes, notamment à l'époque des rébellions juives ou lors des conflits avec les communautés chrétiennes, qui furent longtemps locaux et sporadiques avant de devenir généraux à la fin du IIIe siècle après J.-C. Suivant le point de vue adopté ou selon l'époque considérée, tous ces cultes font partie des religions de Rome. Nous nous limiterons ici aux pratiques romaines traditionnelles, en excluant donc les religions grecque, « orientales », juive et chrétienne évoquées en d'autres endroits de cet ouvrage. Et nous nous placerons à une époque de stabilité relative, en quelque sorte à l'âge d'or des religions romaines, entre les années 100 avant J.-C. et le milieu du IIIe siècle après J.-C., autrement dit à l'époque où la formation de l'Empire et celle des religions de Rome s'achèvent, et avant les grandes mutations du IVe siècle. L'ensemble des religions romaines qui s'inscrivent dans ces limites peuvent être définies par trois traits majeurs : ce sont des religions polythéistes, strictement communautaires et ritualistes.

Des divinités qu'on associe sans les confondre

Les dictionnaires mythologiques ou les index des sources antiques donnent l'impression que les dieux des Romains étaient innombrables et que leur nombre n'a cessé d'augmenter. Ce sentiment est à la fois exact et trompeur. Car, si les panthéons romains se sont effectivement enrichis sans cesse, le culte des Romains ne consistait pas à adorer n'importe qui et n'importe quoi. Certes, ceux-ci vivaient toujours avec plusieurs divinités, dont le nombre pourtant n'était, dans le culte, jamais illimité. Il était défini et contrôlé strictement ; il dépendait, en outre, d'un cadre social précis. En tant que membre d'une famille, un Romain adorait quelques dieux de la famille et, en tant qu'habitant d'un quartier, ceux du quartier. Comme membre de tel groupe de citoyens ou de telle corporation, il honorait les divinités tutélaires d'un collège d'artisans ou celles de son camp militaire ; enfin, comme citoyen, il rendait un culte sur la place publique aux divinités de la cité. Telle était la situation à Rome et dans toutes les cités d'Italie et des provinces de l'Empire. Additionnées, ces divinités atteignent un nombre vertigineux ; envisagées dans le cadre de la pratique religieuse, elles ne sont, après tout, pas tellement nombreuses.

En tout cas, les dieux étaient toujours une pluralité, mais ils ne se confondaient pas. À l'intérieur d'un groupe religieux considéré, chaque divinité possédait une fonction et un mode d'action propres, précis et uniques, qu'elle exerçait dans différents contextes et qu'elle n'outrepassait pas. Jupiter était le souverain des dieux et des hommes dans la religion publique. Avec ses collègues humains – les magistrats suprêmes et, à partir du début de l'ère chrétienne, l'empereur –, il gouvernait la cité et le monde, mais il ne faisait que cela. Il aurait été incongru de lui demander de faire pousser les céréales. Cette opération était du ressort d'une autre divinité, Cérès, qui ne patronnait d'ailleurs pas non plus tout ce qui touchait à la vie des céréales – et ainsi de suite. En revanche, tous ces dieux se prêtaient main-forte ; mieux même, ils ne pouvaient pas se passer les uns des autres. Solidaires dans leur action et associés dans une même liturgie ou dans une suite de liturgies, les dieux formaient des groupements aux contours variables.

Ces systèmes divins étaient exprimés à Rome par le culte, et il ne subsiste que quelques traces fugaces d'une formulation mythologique de ces associations. Parmi le groupement le plus célèbre, la vieille triade dite précapitoline réunissait, en certaines occasions, Jupiter (la souveraineté), Mars (la force guerrière) et Quirinus (la masse productrice de richesses), pour représenter la communauté idéale, suivant un schéma fonctionnel attesté dans d'autres provinces du monde indo-européen. Cette triade archaïque fut relayée à partir du Ve siècle avant J.-C. par la triade installée dans le temple du Capitole, la triade capitoline de Jupiter, Junon et Minerve, dont la logique interne nous échappe encore. Sur le plan de la cité, les Romains classaient aussi leurs dieux en deux grandes catégories complémentaires : les divinités traditionnelles (*indigetes*), figurant dans les rituels et sur le calendrier traditionnels (par exemple, Jupiter, Junon, Mars, Vesta...), et les divinités nouvellement installées (*nouensiles*, tels Apollon, Esculape, Cybèle ou Isis). Par cette opposition s'exprimait la complexité du peuple romain, résultant de l'absorption progressive d'élites et de peuples extérieurs. Dans tout lieu sacré, il y avait plusieurs divinités. Entourant le patron du lieu, elles s'ajoutaient à son activité comme des compléments circonstanciels. Ainsi, dans un bois sacré des confins du territoire, on trouvait, autour de la divinité agraire propriétaire du site, Mars (pour marquer la frontière), les Lares (pour indiquer le lieu où la divinité agraire exerçait son action : le territoire romain), Fons, le dieu des fontaines, et les nymphes, patronnes des eaux, qui étaient indispensables au culte, et d'autres divinités encore qui étaient liées à la vie même du bois sacré. Enfin, dans la famille, au noyau fixe des divinités de la maison – le Lare familial (divinité du terroir de la demeure), les dieux pénates (divinités du dedans, transmis dans la lignée), le Génie du maître de maison (sa « personnalité » telle qu'elle s'est constituée à sa naissance), les dieux mânes (les ancêtres défunts) –, s'ajoutait, selon le lieu, l'époque et le gré du père de famille, tel ou tel « grand » dieu.

Une religion communautaire et ritualiste

Systématiquement associés à d'autres divinités, les dieux romains étaient aussi liés aux hommes. Aucun dieu objet d'un culte ne pouvait se concevoir hors des structures sociales. Certes, les gens cultivés discutaient des dieux en général, mais leurs réflexions portaient sur le divin en soi plutôt que sur tel dieu précis ; d'ailleurs, la distance entre le débat philosophique et la théologie publique était toujours fortement soulignée. Chaque communauté humaine était dotée d'un panthéon qui lui était propre et, selon la formule de Tertullien, aucun dieu ne pouvait revendiquer ce titre tant que des hommes, par exemple les magistrats et le sénat romains, ne le lui avaient pas officiellement conféré. Et les penseurs romains d'expliquer que les dieux – êtres créés comme les hommes et, après tout, proches d'eux – réalisaient leur œuvre dans les communautés humaines, notamment dans les cités. Une communauté romaine était ainsi composée d'hommes et de dieux. Les dieux publics des Romains étaient des dieux citoyens, des dieux sénateurs, qui participaient activement à la vie de la cité, ou bien, à un autre niveau, des membres de la famille qui leur rendait hommage.

Ensemble consacré de rites, qui représentaient les obligations des hommes à l'égard de leurs dieux, le culte (*cultus*) émanait toujours de la communauté. Les magistrats ou les prêtres sacrifiaient en public, *devant* des temples, non pour les individus composant la cité, mais pour le peuple romain dans son ensemble. Rien n'empêchait un citoyen d'avoir une dévotion personnelle ; mais, pour être à proprement parler religieuse, celle-ci devait s'exprimer par des rites et dans le cadre des cultes constitués. Cela explique que tous les citoyens et tous les habitants du monde romain n'aient pas été impliqués au même degré et de la même manière dans la pratique religieuse. Les religions romaines étaient d'abord une affaire d'hommes, et d'hommes libres. Les femmes exerçaient quelques sacerdoces et célébraient une poignée de rituels pour le peuple romain ; mais, dans l'ensemble, à Rome comme dans l'Empire, leur rôle se limitait à une participation subordonnée aux cultes domestiques. Parmi les hommes aussi, tous ne participaient pas à tous les cultes. Seuls les citoyens étaient concernés par les cultes publics ; et, comme ceux-ci étaient, en fait, célébrés par quelques prêtres et par les magistrats annuels, tous membres de l'élite, la majorité des citoyens se contentaient d'assister passivement aux rites du culte public. Ils n'avaient, d'ailleurs, pas besoin d'y assister physiquement, car il suffisait que le culte fût célébré suivant les coutumes pour qu'il produisît des effets heureux. L'activité rituelle active de la majorité des citoyens s'exerçait surtout dans le cadre domestique, où ils dirigeaient le culte familial, et dans les autres communautés auxquelles ils pouvaient appartenir.

Polythéiste et communautaire, la religion romaine était aussi strictement ritualiste ; et, dans son sens premier, elle n'était que cela. La piété consistait à célébrer méticuleusement tous les gestes cultuels prescrits, et non à avoir telle ou telle idée sur les dieux. Le terme « religion » (*religio*), défini comme le culte actif des dieux, était dérivé par les Romains de *relegere* (« observer scrupuleusement ») et de *religare* (« se lier vis-à-vis de quelqu'un). Il exprimait clairement le double aspect fondamental de la pratique religieuse : en célébrant méticuleusement tous les rites traditionnels, on maintenait ou établissait des liens avec les dieux. Toute attitude dépassant cette pratique était appelée superstitieuse. S'imaginer que le culte ne suffisait pas, que les dieux étaient inabordables, terrifiants ou méchants était ridicule, tout comme, du reste, l'athéisme. Mais ces exagérations n'entraînaient pas de condamnation, car, pour être en règle avec les dieux, le Romain ne devait pas croire, mais faire. Il n'existait pas d'orthodoxie religieuse, seulement une orthopraxie. Et celle-ci changeait de cité en cité, de communauté en communauté, de famille en famille.

Certes, la « vie religieuse » des Romains ne s'arrêtait pas une fois les rites célébrés. Le culte suscitait souvent – mais il n'était nullement censé le faire – une exégèse explicitant le sens des rituels. Discrètement orientée par les responsables du culte ou non, en conformité avec les énonciations des rituels ou non, spéculative ou critique, c'est cette exégèse qui servait aux Romains pour penser les dieux et le monde. Séparée de la religion, elle établissait entre les rites, immuables, figés sinon archaïques, et le contexte historique où ils étaient célébrés, le pont qui a permis à ce système religieux de demeurer florissant jusqu'à l'aube des temps chrétiens. Pas plus que dans le culte – et même moins encore – la notion d'orthodoxie ne régissait l'exégèse. Tous pouvaient la pratiquer en organisant leur spéculation comme ils l'entendaient, librement et sans souci de la contradiction ou du blasphème. C'était là une des grandes ressources des religions romaines, qui associaient des rites strictement exécutés et contrôlés à une exégèse libre et multiforme. C'était là aussi à la fois une arme redoutable et une faiblesse dans ce monde dépourvu d'une orthodoxie

Culte domestique. Le foyer domestique est le centre d'une activité religieuse dans laquelle, à côté de multiples divinités affectées à la protection de la maisonnée dans tous les détails de la vie quotidienne, on honore des dieux familiaux aux attributions plus larges : le Génie (esprit tutélaire protecteur de l'individu, de sa naissance à sa mort), les dieux pénates et le Lare familial. Pompéi, salle décorée de fresques dédiées au culte domestique dans la maison dite « de Ménandre » (G. Dagli Orti).

et d'une autorité religieuse qui eussent pu régir les esprits. Car il suffisait de démontrer, en utilisant les ressources mêmes de certaines traditions exégétiques, que le rituel était vide et ridicule, et surtout que les dieux de jadis ne soutenaient plus le peuple de leurs « fidèles », pour que des failles apparaissent et se développent. Le monde romain a régulièrement connu de telles périodes de scepticisme, provoquées par les revers et le malheur : la deuxième guerre punique, les guerres civiles, telle ou telle épidémie ou invasion. Mais, à chaque fois, le système polythéiste traditionnel a résisté et trouvé des moyens – et des moyens qui restaient conformes au modèle traditionnel – pour résoudre les contradictions. Il en alla autrement le jour où les autorités romaines se sont adressées à un culte dont la logique était fondamentalement différente.

Les Celtes

Pierre-Yves LAMBERT

Nos informations sur la (ou les) religion(s) des Celtes sont partielles ou indirectes. Les témoignages archéologiques (fouilles des sites cultuels, avec les représentations des dieux et leurs attributs, et les restes d'offrandes) et ceux de l'épigraphie (textes de dédicace, qui ne livrent guère que le nom du dieu) ne suffisent pas à caractériser de façon satisfaisante les différentes divinités. Les textes grecs et latins sont des témoignages peut-être déformés par le point de vue étranger. Et les restes de mythologie celtique figurant dans les légendes irlandaises et galloises médiévales peuvent aussi avoir été déformés par la christianisation. Les témoignages archéologiques et épigraphiques eux-mêmes sont sujets à caution, du moins dans la période d'assimilation qui a suivi la conquête romaine. L'*interpretatio romana*, dont parle Tacite dans la *Germanie*, consistait à identifier les dieux indigènes avec les dieux romains. Ce phénomène est déjà mis en œuvre dans la célèbre description de César : « En tête des dieux, ils honorent Mercure ; ses représentations sont les plus nombreuses ; ils le tiennent pour l'inventeur de tous les arts, le chef des routes et des voyages, le grand maître des gains et du commerce. Puis Apollon, Mars, Jupiter et Minerve. Ils pensent de ceux-ci à peu près la même chose que les autres peuples : Apollon chasse les maladies, Minerve transmet les principes des arts et des métiers, Jupiter règne sur les cieux, Mars préside aux guerres... » (*Guerre des Gaules*, VI, 17). Il s'agit d'un phénomène de syncrétisme alors courant. Le conquérant romain ne comprend les dieux étrangers qu'à travers l'image des siens. La nécessité d'annexer leur culte conduit à employer sur les dédicaces des dénominations doubles, avec le nom latin et le nom celtique : *Apollo Grannus* (dieu de source, guérisseur), *Mars Caturix* (dieu guerrier, « roi des combats »), etc.

On peut cependant rétablir le nom des principaux dieux cités par César, grâce aux récits mythologiques irlandais. Le Mercure inventeur de tous les arts est sans doute identique à *Lug Sam-il-danach* (Lugus le Polytechnicien), dieu qui commande la coalition des « Peuples de la déesse Danu » dans le récit de la deuxième bataille de Moyturra. Ce même Lugus a donné leur nom aux nombreux *Lugudunum* du continent (Lyon, Loudun, Leyde...). L'Apollon guérisseur de César porte différents noms (Belenus, Grannus, Bormo ou Boruo – d'où Bourbonne, Bourbon) qui peuvent d'ailleurs recouvrir des divinités à l'origine distinctes les unes des autres, et associées à des sites naturels de type différent (*Boruo* doit désigner le « bouillonnement » de la source thermale). Cela est encore plus évident pour Mars, qui reçoit un grand nombre d'épithètes indigènes, ce qui donne à penser que chaque tribu cherchait à différencier par le nom même la divinité présidant à la guerre. À ce titre, on pourrait identifier Mars à l'horrible Teutatès décrit par les scholies à Lucain comme un dieu assoiffé de sacrifices humains : *Teutates* est une épithète qui doit s'interpréter comme « le dieu de la tribu » (**teutā*, irl. *túath*, « tribu »). Dans les légendes irlandaises, ce sont plutôt des divinités féminines qui président à la guerre, telles la Morrigan, la Bodb, qui apparaissent souvent comme de grands corbeaux au-dessus des champs de

Le chaudron de Gundestrup. Découvert en 1891 au Danemark et fait de plaques d'argent extérieures et intérieures sculptées, ce bassin représente plusieurs figures divines – notamment le dieu cornu Cernunnos – et de nombreux animaux. Ceux-ci accompagnent souvent les dieux celtiques, en vertu peut-être d'une tradition héritée de pratiques totémiques. Mais il s'agit en général de figures sans nom, de même que – hormis Cernunnos – restent énigmatiques les personnages de ce chaudron, qui semblent regroupés, avec des animaux, dans des cérémonies rituelles. Le chaudron, attribut habituel de Dagda, le Jupiter irlandais, fait partie, avec les armes et les coupes magiques, de ces objets merveilleux qui, souvent dérobés à l'Autre Monde, accroissent les pouvoirs de leur possesseur. Musée national de Copenhague (E. Lessing, Magnum).

batailles. Le Jupiter de César pourrait être, comme le propose P.-M. Duval, le *Taranis* ou *Taranus* des inscriptions, un dieu du tonnerre, auquel, d'après les scholies à Lucain, on sacrifiait des hommes par le feu, dans une cuve de bois. Le sacrifice humain par le feu est aussi signalé par César. Enfin, sa Minerve est peut-être comparable à la déesse irlandaise Brigide ou Brigitte, protectrice des arts et des poètes.

Certains dieux indigènes étaient trop typés pour être assimilés. Le pilier des Nautes parisiaques en présente plusieurs : Cernunnos, le dieu cornu (un dieu d'abondance, parfois associé à des symboles chthoniens comme le serpent à tête de bélier) ; Esus coupant la branche d'un arbre à côté du Taureau aux trois grues (*Tarvos Trigaranus*) – allusion à un mythe à jamais perdu ; Smertrios, le Dieu « pourvoyeur ». Le nom des dieux est alors inscrit au-dessus de leur représentation. C'est le cas aussi pour *Artio*, déesse des ours, représentée avec un de ces animaux à Berne (dont le nom germanique évoque leur culte). Rares sont les représentations divines antérieures à la romanisation comme le dieu de Bouray ou celui d'Euffigneix ; ce dernier porte sur le côté le dessin d'un sanglier, car on offrait aussi des animaux sauvages aux dieux gaulois.

Les noms des dieux peuvent nous renseigner sur leur nature. Dans les dédicaces d'époque gallo-romaine, ils sont généralement associés par couple : *Sucellus* et *Nantosuelta*, *Bormo* et *Damona*, *Ucuetis* et *Bergusia* (honorés par les forgerons d'Alise), *Apollo Grannus* et *Sirona* (la déesse « Étoile »). Ce dernier théonyme appartient à une série très riche formée avec le suffixe *-ono/-onā* que l'on retrouve dans les noms de héros des récits médiévaux : gaul. *Divona*, « Divine » ; *Matrona*, « Mère » – d'où la « Marne » ; *Maponos*, le « Garçon », cité sur un plomb magique à Chamalières et comparable au héros gallois *Mabon*, fils de *Modron* (= Maponos, fils de Matrona).

Des épithètes topiques permettent de préciser l'identité du dieu, tels Mercure arverne ou les Mères nîmoises (dans une inscription en gaulois). Les Mères, *Matres*, sont des sortes de Parques, groupées par trois ; elles sont parfois désignées par le pluriel *Iunones*, « les Junons » : le même besoin de démultiplier les dieux fait que l'on invoque non seulement *Lugus*, mais aussi *Lugoues* (pluriel de *Lugus*). De même, en Irlande, les déesses vont par trois ou prennent une triple forme, telle la Morrigan.

Les temples préromains sont mal connus : ils ne devaient pas être en pierre comme leurs successeurs gallo-romains. Les Gaulois respectaient certains sites sacrés, tel le *nemeton*, « bois sacré ». Le plan carré des temples gallo-romains n'est pas nécessairement ancien. Mais la localisation de certains lieux de culte sur les frontières entre « cités » paraît être ancienne. Les fouilles ont permis la découverte de nombreux ossements, animaux et humains (Ribemont), ce qui pourrait confirmer les dires de César sur le sacrifice au dieu Mars de tous les êtres vivants pris à la guerre.

César est aussi une source capitale sur le rôle des druides. Ils n'étaient pas seulement prêtres : ils étaient aussi chargés de la justice et de l'enseignement. Ils formaient une hiérarchie développée et organisée : un chef unique, une réunion annuelle dans la forêt des Carnutes, une formation très longue. Leur importance sociale est aussi attestée dans l'Irlande ancienne (récits épiques, vies des saints) : là, le druide a une autorité supérieure à celle du roi. Par le caractère exclusivement oral de leur enseignement, les druides gaulois gardaient le secret sur leur doctrine, religieuse ou autre. Leur science s'étendait, d'après César, à la cosmographie et à l'astronomie. En témoigne, d'ailleurs, la complexité du calendrier gaulois de Coligny. On n'y relève pas de nom de dieu clairement identifiable (cependant, un autre calendrier, trouvé en Gaule cisalpine, situe la fête d'Epona au 15 décembre). Les indications qui reparaissent tous les ans sont trop obscures pour que nous reconnaissions des noms de fêtes religieuses. Néanmoins, deux noms de mois, *samon-* et *giamon-*, font allusion au début de l'« été » et de l'« hiver », ce qui peut se comparer aux fêtes religieuses de l'Irlande, situées au début de chaque trimestre : Lugnasad (1er août), fête du dieu Lug, célébrée avec des feux sur les hauteurs ; Samain (1er novembre), fête des morts ; Imbolc (1er février), fête de la purification, ainsi que Beltene (1er mai), dont le nom a parfois été comparé à celui du Belenos gaulois, où l'on fait passer le bétail entre deux feux pour le protéger des esprits malfaisants. On retrouve dans le folklore des pays celtiques des réminiscences de ces fêtes saisonnières païennes. En France, les feux de la Saint-Jean ont peut-être cette origine. Mais ces rites vidés de tout contenu ne sont d'aucun secours pour connaître la doctrine ou les mythes celtiques. De même, le souvenir des monstres celtiques (le cavalier à l'anguipède...) survit peut-être dans la Tarasque ou dans d'autres croquemitaines du folklore, mais cela ne nous permet pas de comprendre le sens de la figuration antique, liée sans doute au mythe du combat des dieux et des géants (comme dans le combat des dieux et des *Fomoire* – sorte de géants – dans le mythe irlandais).

La religion celtique n'est donc connue que sur la base de comparaisons hypothétiques avec les légendes mythologiques irlandaises et galloises. On se doit d'avancer avec prudence dans un tel domaine et de reconnaître, par exemple, qu'on ne sait rien sur la doctrine des druides ou leur « cosmologie ».

Les religions nordiques et nord-germaniques

RÉGIS BOYER

L'étude de l'univers religieux germano-nordique est malaisée. D'emblée, elle se heurte à des difficultés majeures. D'une part, nous savons mal quelles réalités ethniques recouvre le mot « germains », qui, apparemment, s'applique à des confédérations de peuplades diverses réunies uniquement par l'idiome qu'elles parlaient et qui est indo-européen. D'autre part, nous manquons de témoins autochtones qui autoriseraient des conclusions assurées. L'archéologie, qui devrait fournir des clés recevables, pose plus de problèmes qu'elle n'en résout. Et les témoignages « étrangers », de Tacite à Constantin Porphyrogénète, en passant par les diplomates arabes du califat, n'échappent pas à la règle d'une *interpretatio* toujours problématique. On découvre aussi, de plus en plus, le rôle dominant qu'aura joué la loi de l'*imitatio* dans les sources proprement nordiques dont nous disposons. Celles-ci sont très récentes (XIIe et XIIIe s.), comme les neuf premiers livres des *Gesta Danorum* de Saxo Grammaticus (environ 1200) ou les œuvres de l'Islandais Snorri Sturluson (début du XIIIe s.). Compte tenu de ces difficultés, on s'aperçoit que les grands systèmes explicatifs, telles les brillantes études de Georges Dumézil, s'appliquent mal à cette réalité complexe, surtout si l'on veut essayer de la saisir en diachronie, comme il conviendrait de le faire toujours.

Malgré tout, de surprenantes similitudes frappent l'observateur dans le comportement religieux de ces ethnies. Elles ont eu des contacts mutuels incessants et durent affronter des conditions naturelles assez identiques (froid, distances, rigueur de l'environnement) ; de plus, elles sont des rameaux de la grande famille indo-européenne. Elles furent surtout marquées par un réalisme et un pragmatisme qui ne se sont jamais démentis. Ces traits les éloignent de la méditation et de la spéculation abstraite comme du lyrisme. En tout état de cause et dans une perspective dumézilienne, leurs religions ont toutes, sans conteste, privilégié la troisième fonction (fertilité-fécondité) : la première (souveraineté juridico-magique) et la deuxième (force martiale) n'interviennent, dans cet ordre, que longtemps après.

On peut donc assigner à ces religions trois étapes successives, les deux premières ayant peut-être été simultanées. Pour la commodité, on envisagera ce survol dans l'ordre suivant : Slaves-Baltes-Germains. Cela n'exclut pas une antériorité des énigmatiques Baltes (Lettons, Lituaniens, Pruthènes), lesquels semblent assumer souvent le rôle de chaînon manquant dans une perception diachronique de l'ensemble. La brièveté de l'exposé interdit aussi de faire les distinctions habituelles entre Slaves (du Nord, de l'Ouest et du Sud) et entre Germains (orientaux, continentaux et septentrionaux ou scandinaves).

Des ancêtres aux grandes forces naturelles

Parmi les trois moments successifs que les religions « nordiques » semblent avoir connus, le premier, incontestablement archaïque, serait un culte des ancêtres, des grands morts, qui, eux-mêmes, n'auraient tenu leur précellence que du rôle primordial qu'assumait de tout temps, et jusqu'à nos jours encore, la famille (ou le clan) dans ces sociétés. Réincarnation, transmigration des âmes dans des univers qui, de toute manière, n'ont jamais clairement conçu la mort comme une véritable solution de continuité ; révérence pour le savoir originel que convoie la notion d'ancêtre et qui assurera longtemps, au point d'en faire souvent une coloration majeure, la prééminence de la magie ; vénération semblable pour l'idée de fertilité qu'implique la valence homo-humus : tels sont les traits majeurs d'un culte à la fois communautaire et « communiel » où se reconnaît la famille slave (*rodzina*, *zadrouga*), balte, germanique (*aett*). Par là s'établit la croyance en un monde double, spiritualiste aussi bien que matériel, et, par conséquent, en la métempsycose, le plus souvent sous des formes animales (le loup, l'ours surtout, puis le cheval, à un stade sans doute plus récent – ce qui témoigne clairement de l'emprise indo-européenne). Dans le domaine du divin, le collectif règne : les *beregyni* et *rusalki* slaves, les *deivai, kaukai* et *aitvarai* baltes, les *landvaettir, höpt* et *bönd* scandinaves sont avant tout des figurations de ces « armées des morts » que connaîtront les religions de l'époque historique, puis les folklores demeurés souvent bien vivants presque jusqu'à nos jours.

De ce mânisme au sens large à l'animisme qui, semble-t-il, suivra – si, comme on l'a dit, les deux états n'ont pas été contemporains –, le passage allait de soi. Tous les témoins s'accordent pour noter partout un culte aux grandes forces naturelles, soleil-feu, air, eau ou élément liquide, terre (mère), pour lequel il n'est pas nécessaire de chercher des justifications par l'économique, le conjuratoire ou le propitiatoire. Ces forces de vie assurent le relais avec les grands ancêtres fondateurs qui ont su perpétuer le clan. Qu'ils aient « habité », ou s'y soient incorporés, le roc, la cascade, l'arbre (la forêt notamment, haut lieu du culte partout), cela n'a rien que de très naturel ; les sacrifices et les offrandes seront voués indifféremment aux « esprits » des lieux, ce que disent mieux que tout autre témoin les symboliques idoles slaves à multiples faces. On distingue aussi, à ce stade, une émergence préférentielle du Soleil (divinisé partout, et au féminin en balte comme en germanique), toujours bienfaisant et fécond, dont dérivent certainement les « mères » (balte : *mate* ; germanique : *dísir* ou même *matrae*, *matronae* reprises aux Celtes), de la Terre-Mère qui, par un *hieros gamos* omniprésent, s'unit au jeune dieu solaire printanier (ce que dit à la perfection le splendide poème *Skírnisför* dans l'*Edda poétique*), enfin de l'eau, assise de toute décoction magique ou simplement enivrante (le *kvas*, l'hydromel, l'*öl* ou « bière »). Les Baltes semblent en être restés à ce deuxième stade : il leur manque, dans l'état actuel de nos connaissances, d'avoir exercé un processus d'intellectualisation et, sociologiquement, d'émergence d'une aristocratie qui entraînera l'apparition de la fonction martiale.

L'avènement des triades

Ce sera, en effet, le dernier stade de cette évolution, celui que codifieront quelques mythographes du XIIIe siècle, en particulier le Danois Saxo Grammaticus, qui s'est aussi intéressé aux Slaves (les Wendes), l'Islandais Snorri Sturluson et, dans une moindre mesure, l'auteur de la *Chronique* dite *de Nestor*. C'est alors que l'on voit paraître partout, avec des nuances caractéristiques, un souci d'anthropomorphisation et d'individualisation qui revient à un effort d'intellectualisation et dont l'« innocence » est souvent récusable : les mythographes en question sont fréquemment pris en flagrant délit d'*interpretatio* de leurs modèles classiques ou bibliques. Néanmoins, on voit surgir alors – et, cette fois, assez souvent, sur un modèle qui satisfait plus ou moins au trifonctionnalisme dumézilien – des déités en lesquelles il n'est pas toujours impossible de remonter à un archétype relevant successivement des deux premiers stades suggérés plus haut. On aura donc des triades, variables, à l'intérieur même d'un complexe donné, dans le temps et dans l'espace, où intervient un dieu solaire-magicien-juriste-souverain (avec la totalité ou seulement une partie de ces attributs) : Peruń/Perkun ou Sventovit chez les Slaves ; Perkunas chez les Baltes ; Týr (puis Ullr l'énigmatique, qui évoque peut-être la Volos slave ; puis Ódhinn) ; un dieu de fertilité-fécondité (Dažbog ou Stribog, Telavel, Njördr-Freyr/Freyja) ; enfin, et c'est l'originalité de ce troisième moment dont nous avons déjà noté la récente émergence, un dieu-force-foudre (qui retrouve Peruń ; il est absent chez les Baltes, mais bien présent chez les Germains avec Þórr). Tel est le schéma idéal qu'obscurcissent cependant tant de glissements fonctionnels, d'ambivalences et de « récupérations » (où placer le slave Chors ? le balte Telavel ? le ou la germanique Skadi ?) que toute affirmation péremptoire nous est rigoureusement interdite. Pour toutes ces peuplades mal connues, instables, sans cesse en contact les unes avec les autres et ayant vécu, par choix ou par force, en collusion avec les Grecs, les Latins, les Celtes, les Arabes..., on doit donc, plutôt que d'avancer des théories résolues, se cantonner à consigner des incertitudes...

En revanche, le sol est plus ferme dès qu'il s'agit de caractériser l'essence de ces religions sans dogmes, sans « foi », sans véritables temples (la question reste toutefois ouverte en ce qui concerne les Slaves), peut-être sans caste de « prêtres » et, de plus, toutes profondément marquées de traits assurément chamanistes : ce sont des religions qui s'expriment et se connaissent avant tout par un rituel. À la limite, ce rituel constitue peut-être le tout de certaines d'entre elles – ce qui est normal pour des ethnies dont la marque fut le dynamisme et l'énergie ; il fait à la magie une place prépondérante, culmine dans le sacrifice et paraît bien avoir surtout été collectif.

En définitive, l'étude d'ensemble de ces religions met en évidence la constante circulation qui s'établit entre les trois grands domaines « géographiques » où elles se trouvent implantées. Mais nous manquons d'informations suffisantes sur les irritants fonds autochtones qui, ici et là, ont été recouverts par l'apport indo-européen. Le comparatiste est si fréquemment frappé par la présence, partout, des mêmes symboles (le marteau, par exemple) ou des mêmes images (l'androgyne, notamment) qu'il est tenté de descendre à une strate commune dont nous ne ferions que noter les avatars. Nous sommes même fondés à nous demander si la véritable force divine qui, de bout en bout, a animé ces religions – du Grand Ancêtre au Dieu-Père universel (le germanique Alfödr, qui fait penser au

Pantocrator !) en passant par « la » Soleil-Déesse-Mère – n'est pas le Destin aux innombrables noms et figurations. On le retrouve immanquablement en toute étude de l'univers religieux des Slaves, des Baltes et des Germains. Car il est l'âme, le vecteur, la justification de toute vie. Et sans nombre sont ses visages...

L'Afrique noire

René BUREAU

Selon une boutade prêtée à un intellectuel de cette partie du monde, l'Afrique noire est « incurablement religieuse ». Au sud du Sahara, en effet, vie sociale, culture et religion sont intimement mêlées. Les croyances imprègnent les activités de production, d'organisation, de reproduction. Il est impossible de tracer les frontières entre le travail, l'exercice du pouvoir, la parenté, la vie quotidienne et la vision religieuse du monde. Non pas que Dieu lui-même soit omniprésent dans cette vision et ses expressions rituelles. La plupart des mythes encore conservés dans les

Le culte des ancêtres. Les Africains associent la vie et la mort dans une vision conforme à la réalité naturelle : la vie sort du pourrissement organique. Ainsi, vie et mort sont en continuité. La société est constituée des ancêtres, des vivants et des futurs membres de la communauté. Les défunts participent à la vie sociale. On leur offre des nourritures et des sacrifices ; on les « convoque » aux assemblées. À gauche, un gardien sculpté veille sur le mausolée où repose un notable en effigie, au bord d'une route du nord de la Côte-d'Ivoire (R. Bureau). À droite, un autel est dressé en l'honneur des ancêtres dans une plantation du pays kabyé, au Togo ; un poulet a été sacrifié (J. Valentin, Explorer).

mémoires posent, au point de départ de l'humanité, la transgression d'un interdit, à la suite de laquelle le créateur se retire pour devenir le *deus otiosus* des historiens des religions. On ne recourra à lui que dans les situations très graves. Restent en place, sur la scène du monde, l'ancêtre suprême, sorte d'hypostase de Dieu, parfois accompagné de plusieurs jumeaux, et une multitude d'êtres, invisibles à l'homme, qui constituent ce que Gabriel Le Bras appelait « la démographie de l'au-delà ».

Ces êtres régissent et dominent la réalité fondamentale de l'univers qu'est *la vie*. Le monde est perçu à partir de ce modèle vital avec son envers qu'est la mort. On peut parler en ce sens de religion « cosmobiologique ». L'homme fait partie de ce cosmos ; il y est inclus, il en dépend ; il en est l'usager et non le propriétaire. L'homme se soumet donc à la volonté de ces êtres invisibles qui sont les véritables maîtres de la vie. Il s'agit là d'une attitude de dépendance qui est caractéristique de toutes les sociétés agraires répandues sur le globe depuis le Néolithique. Les religions universalistes seront liées à un type de civilisation marqué par l'éclatement de l'ethnie, la vie urbaine et l'économie cumulative. Les religions africaines sont locales : elles sont liées à un territoire et à un peuple donnés.

Cette dépendance par rapport à un *ordre* reçu et non pas voulu se traduit par un comportement de sollicitation constante vis-à-vis des puissances cachées. On ignore si le fleuve va donner du poisson, la forêt du gibier, le champ du mil ou du manioc, si l'épouse va concevoir, si l'on va rester soi-même en bonne santé. Les choses se passent comme si l'eau, la terre, la chair étaient animées d'intentions propres, favorables ou défavorables. Ainsi sont prêtés à la nature des « comportements » difficiles à prévoir. La religion donne un nom à ces « présences » dont dépend la survie humaine. Ces innombrables êtres cachés constituent la grande famille de ce que nous appelons les esprits, y compris ceux des ancêtres, les génies, les fétiches... Ils sont souvent représentés par des statuettes ou des objets sacrés très divers.

Les fétiches. L'homme africain n'est pas le maître absolu de la nature. Celle-ci est peuplée d'êtres qui détiennent les sources de la fécondité, de la santé et des phénomènes naturels en général. On les représente sous la forme de « fétiches » (mot d'origine portugaise, lui-même issu du terme latin qui a donné « factice » en français). Les fétiches ne sont pas adorés, à proprement parler, mais ils sont sacrés. Seuls les initiés connaissent leurs caractéristiques et sont aptes à organiser les rites destinés à faire bénéficier les humains des faveurs des génies que représentent les fétiches. Ici une figure fantasmagorique originaire de l'Ouest camerounais (R. Bureau).

La face cachée du monde

La plupart des rites sont des mesures religieuses de précaution : l'*offrande sacrificielle* domine les rituels, qui sont surtout destinés à apaiser les forces cachées, dans toutes les occasions où l'on risque de les déranger. Les désordres sont ainsi prévenus. Les moments délicats, comme les étapes de la vie (particulièrement avec les rites de passage qui marquent la naissance, l'initiation et la mort), les entreprises dangereuses (comme la chasse, la pêche, les voyages, les changements en tout genre), les situations malheureuses (comme la maladie), sont d'abord l'objet d'une recherche divinatoire, dont les procédés sont d'une grande variété. Puis, selon les éclaircissements ou les prévisions du devin, ils donnent lieu à des rituels propitiatoires. Il faut réparer une offense, s'assurer une bienveillance. Chaque rituel est, en quelque sorte, l'occasion de reconstituer l'ordre, toujours menacé, de ce monde. On a appelé le *do ut des* (« je te donne pour que tu me donnes ») ce commerce permanent des hommes avec les êtres auxquels ils font allégeance.

En dehors des situations particulières, un culte régulier, à périodicité variée, est rendu aux ancêtres et aux divers intermédiaires entre les hommes et Dieu. Parmi les manifestations de la soumission aux êtres surnaturels, l'obéissance aux *interdits* tient une place importante ; leur bienveillance est au prix du renoncement. Ainsi, dans beaucoup de sociétés, obligation est faite de ne pas avoir de relations sexuelles dans la nature : un acte spécifiquement humain, concernant la vie même, ne peut être posé dans un territoire dont l'homme n'est pas le maître ; la transgression d'un tel interdit constitue un désordre affectant la biosphère tout entière.

Dans certaines langues, on distingue le « monde du jour » et le « monde de la nuit ». Le cosmos est perçu, en effet, comme ayant deux faces complémentaires. La face visible à tous est, en fait, celle des apparences, car la réalité qui compte est cachée à ceux que l'on appelle parfois les « innocents » ou les « simples ». Les vrais hommes possèdent « quatre yeux », c'est-à-dire qu'ils ont la faculté de percer les arcanes du monde nocturne. Parmi ceux qui sont ainsi doués de voyance, certains en font profiter les innocents ; ce sont des personnages chargés de fonctions sacrées : sacrificateurs, devins, guérisseurs, maîtres de la terre ou de la pluie, spécialistes de tel ou tel culte. L'autre catégorie de voyants est clandestine. On croit qu'ils jouissent de pouvoirs extranaturels : dédoublement, ubiquité, action à distance, etc. On leur attribue une bonne part des événements malheureux ; ils sont, en effet, réputés accroître leur puissance par l'absorption de la substance de leurs victimes. Ils ne représentent pourtant pas le mal en soi, car les pouvoirs du jour sont supposés trouver, de quelque manière, leur source dans le monde de la nuit. La société a besoin de ces contrebandiers du pouvoir, mais, lorsque la situation est mauvaise, la suspicion tombe sur eux ; l'ordalie concourt à prouver leur responsabilité ; ils seront éliminés. Le terme de « sorcier », malheureusement très imprécis en français commun, désigne ces personnages représentatifs de l'ambivalence de tous les pouvoirs, occultes ou reconnus.

La croyance à la sorcellerie est générale. Il existe par ailleurs des groupements de l'ombre à l'intérieur de certaines sociétés. Des hommes et des femmes sont cooptés par les membres du groupe et soumis à une initiation particulière. Ils pratiquent des cultes secrets, sont souvent les agents d'une justice officieuse et peuvent apparaître en public sous le camouflage de masques représentant leur animal totem.

Les maîtres de la parole et du geste

L'acquisition et la transmission des connaissances et des pratiques religieuses s'opèrent selon des processus complexes qui révèlent le lien fondamental qui unit savoir et pouvoir. « Ceux qui savent » sont les maîtres de la communauté. La voie royale qui mène à cette maîtrise passe par l'illumination que donnent la possession par un esprit, la manducation de drogues sacrées ou les inspirations d'ordre quasi mystique. Ces expériences restent exceptionnelles. La voie commune est progressive, marquée seulement par le temps fort de l'initiation. Les maîtres initient leurs disciples de manière à ne pas se dessaisir des privilèges et du prestige que leur confèrent la science religieuse et les

Les sociétés secrètes. En pays bamoum, au sud-ouest du Cameroun, un défilé de l'association des hommes-antilopes, accompagnés de serviteurs, est en marche vers le chef pour lui faire allégeance et lui offrir des dons. La frise de serpents à deux têtes symbolise le pouvoir. Les porteurs de masques appartiennent à des sociétés dont le rôle doit rester secret ; ils détiennent des pouvoirs occultes, en relation avec leur animal totem. Ils sortent en public pour des rituels exceptionnels ; dans certaines ethnies, ils ne doivent pas être vus par les femmes. Bas-relief de bois sculpté du musée de Foumban, Cameroun (R. Bureau).

savoir-faire rituels. Les non-initiés sont ainsi maintenus dans une dépendance due à l'ignorance. Chacun doit mériter d'en savoir davantage et payer le prix de la promotion dans l'échelle des experts. L'existence entière est nécessaire pour parvenir à une véritable maîtrise du savoir sacré. À la limite, seul l'ancêtre y parvient réellement.

L'expression propre de ce type de connaissance est essentiellement *symbolique*. Les maîtres jouent sur les analogies, les images, les métaphores, les correspondances entre les éléments divers que fournit la nature entière. Ainsi se déploie un discours qui tend à envelopper la réalité cosmique dans sa globalité et qui culmine avec le *mythe*. Les aphorismes qui tombent de la bouche des maîtres ont des significations à plusieurs niveaux de profondeur. Chacun comprend selon son propre degré d'avancement dans la connaissance. Les proverbes, les contes, les devinettes et autres formes d'expression allégoriques ont des connotations religieuses et morales que seuls les anciens, maîtres de la parole et du geste rituel, manipulent avec aisance.

Dans ce contexte, la notion de salut, individuel ou collectif, n'a pas grande signification. Ce qui compte est la continuité entre les morts, les vivants et ceux qui naîtront. Le statut d'ancêtre n'est pas considéré comme une félicité ; il reste marqué par l'ambivalence de toute chose. Le salut est la permanence de la vie, quelle qu'elle soit. La personne a une valeur par rapport au rôle qu'elle tient dans le groupe. La perfection consiste à tenir sa place et à y rester. À la limite, la volonté de percer le mystère de Dieu est la tentation suprême. L'ordre du monde, à restaurer sans cesse, est hiérarchique. Le péché majeur est la jalousie, vis-à-vis des autres hommes, des esprits et de Dieu.

Les religions africaines constituent le noyau des cultures sur lesquelles se fonde le sentiment d'appartenance ethnique. L'islam, puis le christianisme, introduits en Afrique, depuis des siècles pour le premier, depuis le XIXe siècle pour le second, n'ont pas balayé les religions traditionnelles. Le fond païen (c'est-à-dire paysan) subsiste, à des degrés divers, sous les institutions importées. La foi nouvelle et les connaissances dispensées par l'école ne fournissent pas le sentiment de sécurité ni les possibilités d'intégration à la communauté que donnent les cultes originels, où le chant, la danse, le geste rituel, vécus dans le consensus et l'unanimité, cimentent en permanence l'unité ethnique.

L'Australie

Alain TESTART

Les conceptions religieuses des Aborigènes australiens s'enracinent dans ce qu'il est convenu d'appeler le *dreamtime*, le « temps du rêve ». C'est l'époque mythique au cours de laquelle toutes les choses furent mises en forme. Les êtres primordiaux qui peuplaient le monde à cette époque engendrèrent les humains ainsi que les différentes espèces animales ; ils donnèrent au monde son visage définitif en modelant le paysage ; enfin, ils enseignèrent aux humains les lois fondamentales qui régissent encore la société. Le temps du rêve est un temps fabuleux et révolu, connu seulement au travers des mythes que l'on raconte à son propos ; mais c'est aussi une époque avec laquelle on peut communiquer, par le rêve par exemple, et une époque dont les principaux événements sont commémorés et réactualisés au cours des rituels. Le temps du rêve est la référence absolue, principe d'explication de l'ordre cosmique et justification des actions humaines.

Les mythologies du centre australien racontent comment les ancêtres mythiques, répartis en autant de groupes qu'il y a de clans dans la société, parcoururent des distances considérables, traversant le territoire entier d'une tribu avant de passer dans celui de la tribu voisine, qui raconte la suite de leurs aventures. Les mythes rapportent des histoires en apparence banales : les ancêtres, qui tiennent à la fois de l'humain et de l'animal, chassent pour se nourrir ; ils tiennent des cérémonies ; ils se livrent à de nombreux méfaits, ainsi qu'il arrive souvent dans de nombreuses mythologies, commettant l'inceste ou transgressant quelque autre interdit tout aussi grave. Chacun de ces événements est marqué par une trace dans le paysage, arbre, rocher, ou trou d'eau. En chacun de ces lieux, les êtres du temps du rêve ont laissé des « esprits enfants », lesquels viendront féconder les femmes du temps présent selon une conception classique en Australie qui veut que la grossesse résulte de la pénétration d'une femme par un de ces principes spirituels. Toute vie sur terre procède donc de ces centres saturés par les grands ancêtres de leur principe fécondant. La même préoccupation pour la reproduction se décèle aisément dans les grands cycles mythiques de la terre d'Arnhem, où le peuplement de la terre résulte de l'intervention des sœurs Djanggawul : leurs utérus sont emplis d'enfants et le mythe répète inlassablement, à chaque fois qu'elles atteignent un de ces lieux qui deviendra sacré, comment leur frère introduisait son doigt dans l'utérus de la sœur aînée pour en faire couler, comme à flots, des enfants.

Ces êtres primordiaux avaient un pouvoir supérieur à celui des humains actuels. Les mythes sont explicites sur les raisons de ces pouvoirs extraordinaires : les êtres du temps du rêve furent les premiers à posséder des objets sacrés. Ainsi en va-t-il dans tout le centre australien des célèbres *tjurunga* (du nom par lequel les appellent les Aranda), qui sont des pierres ou des planchettes de forme oblongue ornementées de motifs rituels. Les plus puissants sont les tjurunga en pierre, censés avoir été déposés par les ancêtres du temps du rêve ; ceux qui sont en bois, fabriqués par les hommes à l'image des précédents, ne sont pas moins sacrés. Les premiers tjurunga ont été déposés sur terre comme autant de germes de vie, comme les esprits enfants ; et tout être humain se trouve associé à un tjurunga. Par leur forme, les tjurunga ressemblent au rhombe, objet rituel que l'on fait tournoyer au bout d'une corde et dont le vrombissement passe pour représenter la voix d'un esprit ou de quelque créature terrifiante. En terre d'Arnhem, il est la voix du grand serpent Yurlunggur, qui dévora deux sœurs dont l'une venait d'accoucher et dont l'autre était en menstruation. Ailleurs, le rhombe est censé représenter la grande mère mythique qui avalait les hommes. Dans la péninsule d'York, il y a deux sortes de rhombes, l'un masculin et l'autre féminin, et tous deux sont rapportés à la sexualité, représentant ce qui est « caché dans la vulve » ou « l'intérieur du pénis ». À ce propos, il est remarquable que certains mythes prétendent expliquer l'origine de la circoncision ou de la menstruation par un hasard qui fit couper un pénis ou une vulve par un rhombe ou encore par cet autre objet volant qu'est le boomerang. À ces quelques notes éparses, ajoutons l'évidence du mythe des Djanggawul : tous les objets sacrés, en particulier les différentes sortes de bâtons dont le frère Djanggawul se servait comme d'autant de substituts phalliques, étaient entreposés dans des sacs ou des nattes détenus par les sœurs ; or ces nattes, dit explicitement le mythe, « étaient en réalité leurs utérus ».

La première chose à remarquer est l'association très claire entre ces objets sacrés et l'intériorité du corps humain, la sexualité, la reproduction. La seconde est que ces objets sont « sacrés », c'est-à-dire que, selon l'interprétation la plus courante de ce terme, ils sont séparés, doivent être tenus à l'écart, au secret, visibles et manipulables par les seuls hommes adultes pleinement initiés, ce qui exclut

« Tjurunga » du Centre australien. Les « tjurunga », qui sont les objets sacrés typiques du cette région, sont généralement décorés de motifs circulaires, de lignes et de points dont chacun évoque certains événements du temps mythique ou certaines caractéristiques des héros ancestraux totémiques (M. Delaplanche, musée de l'Homme, Paris).

Le mythe des deux sœurs Wawilak (peinture sur écorce, terre d'Arnhem). Elles eurent l'imprudence de camper près du trou d'eau sacré habité par le serpent Yurlunggur, alors que l'aînée venait d'accoucher et saignait encore. En bas, à droite : le serpent sort de son trou. Au centre, il encercle les sœurs avant de les dévorer. Musée des Arts africains et océaniens, Paris (R.M.N.).

Groupe d'Aborigènes australiens de la terre d'Arnhem (Territoire du Nord). Les Aborigènes restent célèbres dans la littérature ethnologique pour la complexité incroyable de leur organisation sociale (parenté et systèmes matrimoniaux) et pour l'intensité dramatique de leurs rites d'initiation (J.-P. Ferrero, Explorer).

les femmes et les enfants. Qu'une femme vienne à voir un de ces objets, elle devra être mise à mort. Voilà donc le paradoxe. Ces objets sacrés symbolisant le pouvoir de reproduction, qui est tout naturellement le propre des femmes, doivent être séparés des femmes sous peine d'entraîner la mort de celles-ci.

Un thème mythique répandu en Australie (mais qui n'est nullement spécifique à ce continent) exprime parfaitement ces idées, *à la fois* la liaison intime qui existe entre objets sacrés et féminité *et* la nécessité de les dissocier : c'est le thème du vol des objets sacrés aux femmes. À l'origine, raconte le mythe, c'étaient les femmes qui, à l'inverse de l'ordre actuel, possédaient en exclusivité les objets sacrés. Les hommes volèrent ceux-ci aux femmes et leur en interdirent définitivement l'usage. Dans le mythe des Djanggawul, les hommes profitent de l'absence des deux sœurs mythiques pour leur dérober les nattes qui contenaient tous les objets sacrés ; la cadette s'affole, mais l'aînée lui répond : « Je pense que nous pourrons leur laisser [...]. Nous savons toute chose. En réalité, nous n'avons rien perdu, car nous nous souvenons de tout et nous pouvons leur laisser cette petite part. Car ne sommes-nous pas sacrées, même si nous avons perdu nos sacs ? N'avons-nous pas encore nos utérus ? » En bref, les femmes n'ont rien perdu de ce qui est intrinsèquement attaché à leur personne mais les hommes ont gagné sous la forme d'objets sacrés des utérus symboliques et comme hypostasiés ou fétichisés.

Si le mythe débute par l'évocation de la liaison – évidente, une fois reconnue la nature des objets sacrés – entre ces objets et les femmes, pourquoi doit-il affirmer ensuite avec une telle force la nécessité de les dissocier – en dépit pourrait-on dire du lien naturel qui les unit ? Il n'y a là nul paradoxe, et c'est une loi bien générale qu'il faut séparer les êtres et les choses qui sont trop proches. Ce n'est pas pour rien que le moment du vol des objets sacrés est un moment fondateur essentiel qui coïncide parfois (comme dans le cycle des Djanggawul) avec celui de l'énonciation de la prohibition de l'inceste – une autre façon de séparer des personnes qui sont précisément trop proches entre elles. Cette donnée fondamentale de la pensée australienne par laquelle les femmes se trouvent symboliquement détachées de leur faculté de reproduction et rituellement opposées à elle semble bien de nature à rendre compte de la plupart des rites.

Parmi ceux-ci, il convient tout d'abord de citer les cérémonies d'Australie centrale qui sont censées contribuer à la multiplication des espèces naturelles. Seuls les hommes initiés participent à ces cérémonies, qui ont toujours lieu sur les sites sacrés du temps du rêve et qui impliquent la manipulation des tjurunga, ainsi qu'une effusion de sang. Les hommes prennent leur sang d'une veine au creux du bras ou du pénis, sur lequel, dans cette région, on aura pratiqué la terrible opération de la subincision (mise à nu de l'urètre, du méat jusqu'au scrotum). Lorsqu'on réincise partiellement le pénis pour en tirer du sang, ce sang est comparé à celui de la menstruation et la blessure de la subincision est assimilée à la vulve des femmes. Il est clair que les hommes miment les fonctions physiologiques des femmes, mais ils le font selon certaines modalités spécifiquement masculines que nous ne pouvons décrire ici.

Tout au moins faut-il évoquer les cérémonies d'initiation (rites de passage), qui, très importantes en Australie, comprennent plusieurs phases et s'échelonnent sur plusieurs années. Elles impliquent des opérations sur le corps de l'initié : circoncision et subincision en Australie centrale et occidentale, scarifications, avulsion dentaire et épilation ailleurs. Le sens le plus évident, et presque profane, de ces cérémonies est celui d'un arrachement du jeune homme à la sphère maternelle et à celle des femmes. Mais c'est aussi son sens le plus sacré, car c'est seulement grâce à cette séparation d'avec les femmes que les hommes peuvent manipuler le sacré. Ainsi s'explique cette nécessité impérieuse au nom de laquelle, au cours de l'initiation, les hommes adultes et initiés vont mimer un véritable accouchement des novices ; en terre d'Arnhem, les jeunes passent dans une grande tranchée assimilée au ventre de la grande mère mythique ; en Australie centrale, les cérémonies d'initiation culminent dans la manipulation d'un sac ou d'un trou dont le nom fait référence à la matrice. Le nouvel initié a été symboliquement mis à mort et renaît, à l'issue d'un accouchement entièrement contrôlé et géré par les hommes.

L'Amérique précolombienne

Christian DUVERGER

Au début du XVIe siècle, lorsque les Espagnols entreprennent la colonisation du Nouveau Monde récemment découvert, l'Amérique est un continent très peuplé, habité par des groupes hétérogènes et fort atomisés. Il n'est donc pas possible de parler des religions de l'Amérique précolombienne en termes généraux et uniformes. Tout ce que nous savons par le témoignage des conquistadores et des missionnaires atteste la grande diversité des cultures amérindiennes. Toutefois, grâce à la finesse de certaines chroniques et à la qualité des documents historiques disponibles, il est possible de reconstituer une sorte d'« archéologie » des religions de l'Amérique ancienne.

On discerne tout d'abord un horizon archaïque où la religion semble s'être organisée autour du thème de la fécondité – humaine et végétale. Les hommes vénèrent alors la pluie fertilisante, façonnent dans l'argile des idoles féminines aux cuisses hypertrophiées, divinisent le maïs et la lune, révèrent le monde aquatique avec son cortège de créatures associées comme l'omniprésent serpent. Ces cultes émergent dans un environnement agricole et sédentaire, ce qui permet d'en fixer l'apparition vers le IIe millénaire avant J.-C. ; le culte des dieux de la pluie va de pair avec la domestication du maïs, qui permet l'établissement de villages permanents.

L'autre courant religieux est la tradition que l'on pourrait appeler « chamanique ». Elle est liée aux sociétés de chasseurs nomades ou semi-nomades qui, dès l'époque paléolithique, sillonnent le continent, de l'Alaska à la Terre de Feu. D'origine asiatique, le chamanisme amérindien a fini par acquérir une spécificité qui en fait un trait distinctif des cultures indigènes. Il est d'abord associé au thème de la migration, qu'elle soit passée, présente ou à venir. Le personnage du chamane, que les Occidentaux appelleront improprement « sorcier », se confond bien souvent avec le guide de la tribu errante capable d'identifier les routes à suivre et de choisir les sites d'installation grâce aux visions et aux oracles divins qu'il sait décrypter. Et, même lorsque la tribu est fixée de longue date, le chamane est encore celui qui sait voyager en esprit dans le monde souterrain à la poursuite des âmes errantes. C'est dans ce cadre que s'inscrit d'ailleurs l'usage rituel de plantes stupéfiantes. Le chamanisme américain est lié aussi au culte des ancêtres ainsi qu'à une certaine intimité entre le monde animal et le monde des hommes. De cette rencontre est né le totémisme, expression d'un lien mythique entre une espèce animale et un groupe familial. La tradition chamanique repose encore sur la croyance en un monde surnaturel peuplé d'esprits puissants. Ces divinités assez abstraites, rarement anthropomorphisées, représentent les grandes forces de la nature, les esprits des lieux tenus pour sacrés, les essences des êtres et des choses. Les astres peuvent également être révérés comme des images divines.

Il existe donc, dans l'Amérique ancienne, deux approches culturelles de la religion, qui sont fondamentalement différentes : l'une est « matérialiste » et appelle la figuration anthropomorphe des dieux, qui sont sculptés dans des matériaux non périssables ; l'autre est « essentialiste » et répugne à représenter la divinité autrement que sous des formes allusives, abstraites, symboliques ou allégoriques. Fort curieusement, ces deux traditions si différenciées vont se métisser, à des degrés divers selon les lieux et les

Stèle raimondi, Chavín de Huantar, Pérou. Ce monument de diorite représente la principale divinité de Chavín : un être monstrueux, mi-humain, mi-félin, aux crocs saillants, aux griffes acérées et à la chevelure de serpent, tenant un long sceptre dans les mains. Le culte de ce « dieu aux bâtons » se diffusera entre 800 et 400 avant J.-C. dans une grande partie du Pérou. Musée national d'archéologie, Lima (G. Dagli Orti).

époques, pour donner naissance à un grand nombre de traditions mixtes caractéristiques d'une aire géographique et/ou d'une époque. Les cas les plus spectaculaires de ces traditions complexes sont certainement les religions dites impériales qui ont fleuri en Mésoamérique et dans le monde andin depuis l'an 1500 avant J.-C. jusqu'à l'arrivée des Espagnols. Au Mexique, c'est avec la civilisation olmèque (de – 1500 à – 500) que semble se diffuser, sur une large échelle, un culte « unifié » centré autour d'un dieu félin : la gueule du jaguar devient un thème iconographique constant que l'on retrouve aussi bien dans l'architecture cérémonielle qu'associé à des objets tels que ces haches de jade gravées à l'effigie d'un félin anthropomorphisé qui circulent partout, de Mexico au Costa Rica. Dans les Andes, c'est à partir de la région de Chavín (Pérou septentrional) que paraît s'être propagée la première grande religion sud-américaine. Contemporaine des Olmèques, la civilisation chavín voue, elle aussi, un culte à un dieu félin. La tradition de l'homme-jaguar divinisé connaîtra d'ailleurs une spectaculaire diffusion, puisqu'on la retrouve, par exemple, à San Agustín en Colombie (de – 500 à + 500) et jusque dans la religion aztèque, sous une forme, il est vrai, fossilisée.

Au fil des siècles, plusieurs peuples réussiront ainsi à étendre leur influence au point de régner sur de véritables empires : les Maya en Amérique centrale, les Aztèques en Mésoamérique, Tiahuanaco sur l'Altiplano andin, les Chimú et les Inca au Pérou. Toutes ces dominations s'accompagneront de la diffusion d'une religion propre fédérant plusieurs traditions régionales autour d'un pôle ordonnateur. L'exemple type pourrait en être le culte du Soleil institué par les Inca comme culte officiel d'un empire de 900 000 kilomètres carrés, étendu le long de 4 000 kilomètres de côtes, et qui englobait, bien entendu,

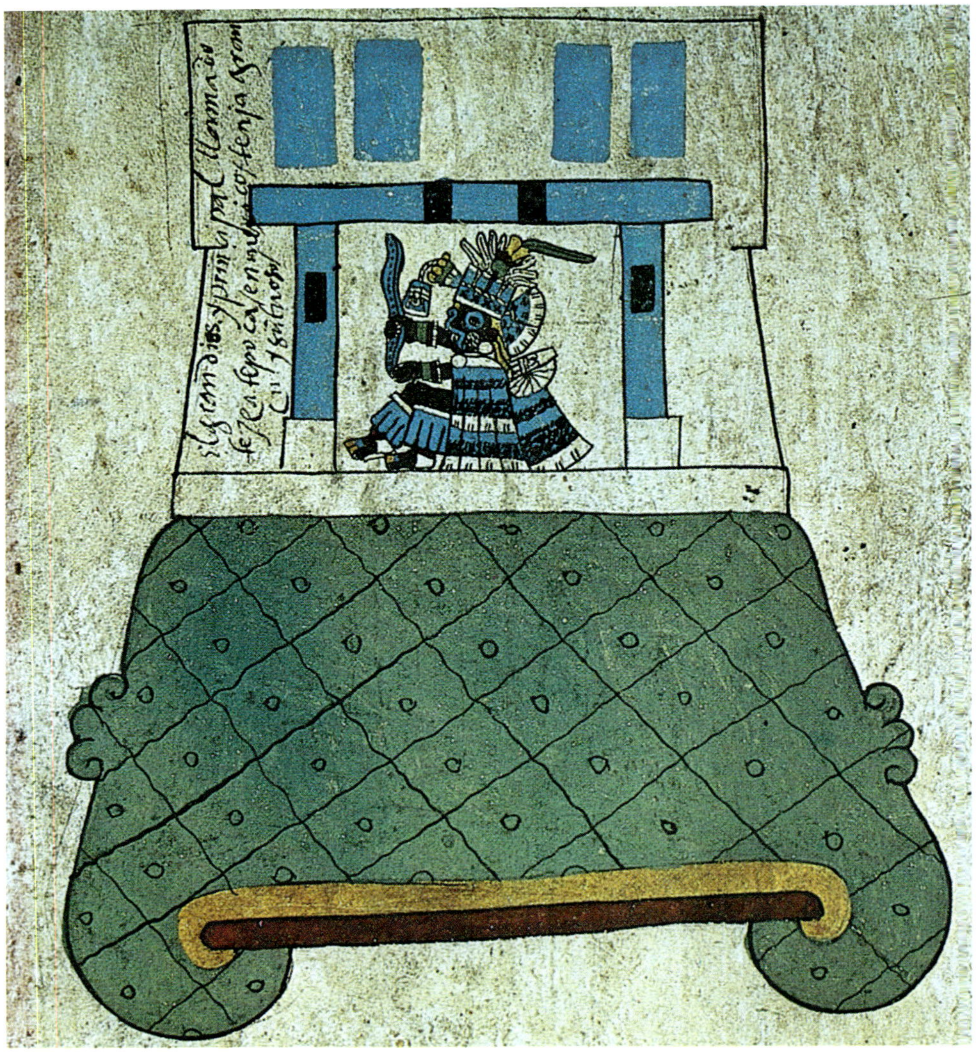

Temple de Tlaloc sur une montagne. Les hautes montagnes entourées de nuages étaient considérées par les Mexicains comme la résidence des dieux chargés d'envoyer la pluie. « Codex Borbonicus », Mexique, XVIe siècle, Assemblée nationale, Paris (R. Percheron, Artephot).

un grand nombre de peuplades aux croyances diverses : le Soleil (Inti), image de la puissance inca, y devint le dieu hiérarchiquement dominant auquel se trouvaient inféodées les divinités locales.

À titre d'illustration de l'esprit des religions précolombiennes, on peut tenter d'analyser les croyances des Aztèques que Cortés découvrit en 1519 au faîte de leur civilisation. Le recoupement de témoignages de première main permet en l'occurrence d'appréhender de façon précise et détaillée les fondements de la religion des anciens Mexicains. En tout premier lieu, celle-ci se caractérise par son polythéisme illimité. Car la religion aztèque obéit à une conception strictement fonctionnaliste. Les dieux, voués à la conservation du monde, sont affectés à des tâches précises d'assistance aux hommes. Tlaloc, le dieu de l'eau, est chargé de faire tomber la pluie indispensable aux cultures ; le dieu tribal des Aztèques, Uitzilopochtli, le « colibri de gauche », veille à ce que les guerriers sortent victorieux du combat ; Xochipilli, le « prince des fleurs », confère l'adresse aux joueurs de balle ; Xochiquetzal, « plume fleurie », donne du talent aux brodeuses et le sombre Miroir fumant inspire les sorciers. L'ensemble de la vie cosmique et sociale se trouve ainsi sous la protection, la responsabilité et le contrôle d'un dieu. Il y a une divinité tutélaire pour le balayage ou l'accouchement, pour les voyages lointains, la sécurité des maisons, la fécondité des animaux, la marche du soleil, l'avance des saisons. Tel dieu préside aux carrières des militaires, tel autre donne de l'humour aux bouffons et un troisième est invoqué pour guérir les bubons… Il n'existe aucun recoin de la vie de la nature ou de l'activité humaine qui ne soit placé sous la tutelle d'un dieu. La multiplicité des fonctions à assumer a entraîné l'atomisation des responsabilités, engendrant, de ce fait, un panthéon démultiplié à l'infini.

Cependant, il existe aussi une raison historique à la complexité du panthéon aztèque. La tradition mésoaméricaine veut, en effet, que les vainqueurs ne détruisent pas les croyances des vaincus, mais les capturent. La religion des prédécesseurs se trouve, de la sorte, sertie dans celle des nouveaux arrivants. La religion aztèque ne déroge pas à la règle et apparaît comme un véritable sédiment culturel qui, selon les figures, agglomère ou juxtapose des croyances millénaires et des traditions récentes, des coutumes locales et des rites exotiques, des dieux agraires et des dieux de la chasse, des puissances telluriques et des divinités astrales. Les métamorphoses des dieux sont autant d'indices révélateurs de la chronologie culturelle : tel ce « serpent à plumes » (Quetzalcoatl) qui, de créature animale mi-chtho-

Atlante à l'effigie du dieu Eecatl, Mexico, XVe siècle. Le dieu du vent aztèque porte toujours un masque buccal en forme de bec de canard. Musée national d'anthropologie, Mexico (R. Percheron, Artephot).

Couteau cérémoniel, culture chimú, Pérou, 1100-1500. Sur le manche de ce « tumi » en or est modelée la figure d'un dieu de la mer, originaire de la côte nord du Pérou. Musée de l'Or, Lima (G. Dagli Orti).

nienne, mi-aquatique, deviendra, mille ans plus tard avec l'arrivée des Toltèques, un homme-dieu, additionnant en sa personne les figures du grand-prêtre et du chef tribal. Il subira enfin à l'époque aztèque un processus d'« astralisation », le transformant en la planète Vénus.

Évidemment, ces métamorphoses des figures religieuses dans l'ancien Mexique n'ont été rendues possibles que par la fluence du règne divin dans les conceptions philosophiques mésoaméricaines. Les dieux, il faut le souligner, n'y sont jamais transcendants et sont donc particulièrement aptes à supporter les syncrétismes et les modifications de statut consécutives aux évolutions ou aux chocs culturels.

L'autre grande caractéristique de la religion aztèque relève d'une obsession largement répandue dans les populations amérindiennes, l'obsession de la précarité cosmique. Le monde est perçu comme étant perpétuellement menacé par l'épuisement énergétique et par le déséquilibre des forces. Le célèbre mythe des quatre Soleils enregistre de façon emblématique cette conception entropique de l'univers en décrivant l'histoire du monde comme une réitération cyclique de créations qui, toutes, sont promises à l'anéantissement et succombent dans des cataclysmes. Le cinquième Soleil – l'ère aztèque – est, comme les précédents, miné par l'instabilité. Car le Soleil, c'est-à-dire l'Énergie, est considéré comme stock et non comme source. Il convient donc d'alimenter le Soleil pour, inlassablement, restaurer l'Énergie. On rencontre là la justification religieuse de la pratique sacrificielle mise en œuvre par les Aztèques, de façon aussi pléthorique que spectaculaire. À l'instar des dieux, qui, au commencement du temps, à Teotihuacan, durent se sacrifier pour déclencher le mouvement du Soleil, les hommes ont l'angoissante mission de veiller à ce qu'il poursuive sa course cosmique. Pour cela, il leur faut l'alimenter avec le sang des sacrifiés. Car la mise à mort ritualisée des captifs de guerre autorise la capture de leur énergie vitale et son recyclage au profit des vivants. En riposte à la menace entropique, les Aztèques ont choisi une voie un peu paradoxale : faire de la mort une source de vie ; utiliser la rupture d'un équilibre organique pour enrayer la déperdition globale du système.

Il est certain que les Aztèques représentent un cas limite dans l'utilisation religieuse du sacrifice humain. Bien des sociétés amérindiennes ont répondu à la même préoccupation énergétique avec des solutions qui se démarquent du modèle mexicain au point d'en être parfois le contretype. Les sociétés amazoniennes décrites par Claude Lévi-Strauss, par exemple, répugnent à porter la moindre atteinte à l'intégrité du tout social et cosmique. Elles recherchent la conservation des équilibres en l'état, alors que les Aztèques trouvent précisément dans le déséquilibre sacrificiel un fondement à leur dynamique socio-religieuse, tout entière tendue dans la quête d'une hypothétique stabilité.

L'Asie septentrionale

ROBERTE HAMAYON

La Sibérie, qui est réputée comme étant la terre d'élection du chamanisme, ne compte aujourd'hui, sur son immense et âpre territoire, que 4,7 p. 100 de peuples autochtones qui ressortissent à trois ensembles ethniques (ouralien, altaïque, paléo-sibérien). Le reste de la population se trouve avoir été constitué par les apports successifs de la colonisation, principalement russe, qui s'est amorcée dès le XVIIe siècle. Si la colonisation (laquelle, par ailleurs, est l'occasion d'une abondante documentation) a entraîné l'assimilation des indigènes qui sont venus vivre dans les agglomérations nées au fur et à mesure qu'elle progressait le long des grands fleuves, elle n'a guère touché ceux qui, pour la fuir, se sont enfoncés toujours plus profondément dans la forêt. Là, comme dans la toundra, la vie n'a cessé d'être centrée sur la chasse et l'élevage du renne (cet animal est désigné par un nom dérivé du terme « vie » dans les langues samoyèdes), et elle continue de l'être de nos jours dans le cadre de kolkhozes et selon des techniques renouvelées. De la même façon, la conversion au christianisme orthodoxe, corollaire de l'intégration dans l'empire russe, n'a déposé qu'une couche superficielle sur le fond chamanique, en perpétuelle adaptation.

Le chamane et la surnature

Le terme de chamanisme est dérivé du terme toungouse *saman*, qui désigne un personnage de médiateur polyvalent entre le monde des humains et celui des esprits. Bien que déroutés, d'une part, par l'absence de dogme, de clergé, de temple, d'autre part, par le caractère improvisé et extravagant du comportement du chamane (bonds, cris, évanouissements, etc.), les observateurs ont pour la plupart bien perçu que le chamanisme relevait du domaine religieux ; ils lui ont rarement reconnu pour autant la qualité de religion, le tenant qui pour une technique extatique, dérivée de l'expérience religieuse élémentaire, qui pour un culte thérapeutique, qui encore pour une simple pratique compatible avec presque n'importe quelle religion.

Restitué dans son contexte initial qu'est la vie de chasse en forêt, le chamanisme sibérien s'analyse comme un système de relation avec la surnature, reposant à la fois sur un mariage et une chasse symboliques, conçus sur le modèle du mariage et de la chasse réels, assurant de façon conjuguée la perpétuation de la société. Réelles ou symboliques, prise de femme et prise de gibier sont pensées et vécues de

Tambour chamanique de l'Altaï. Rond ou ovale, selon les sociétés, mais toujours à une face, le tambour est fabriqué par la communauté sur les indications du chamane, qui est censé avoir choisi en rêve l'arbre de la forêt et le cervidé sauvage destinés à fournir le matériau du cadre et de la membrane. Souvent, la face interne est garnie de pendeloques métalliques (armes) ; la face externe est peinte de représentations du monde. Musée d'Anthropologie et d'Ethnographie de Saint-Pétersbourg, d'après l'« Atlas de Sibérie » de Levin et Potapov, Moscou, 1961.

façon similaire : le preneur doit observer des règles qui légitiment sa prise et remettre ou faire remettre une contrepartie au donneur, pour que se renouvelle l'échange. Les sociétés sibériennes étant organisées en moitiés exogames, chaque homme d'une moitié prend femme dans l'autre moitié et y donne sa fille en mariage. Le chasseur reçoit du gibier de l'esprit de la forêt – imaginé élan ou renne – et donne en retour des morceaux de viande cuite à des figurines représentant des esprits ; mal « nourris », les esprits empêcheraient le gibier de réapparaître et rendraient malades le chasseur et les siens ; il faut, en outre, que le chamane obtienne pour lui la « chance » sans laquelle sa chasse serait vaine. Or la « chance » à la chasse s'analyse comme une substance symbolique – une sorte de force de vie – portée par la chair du gibier, substance qui est à l'âme humaine ce que la chair du gibier est au corps humain : une nourriture, destinée à en devenir une partie constitutive ; c'est cette « chance »-force de vie qui est l'objet de la « chasse » du chamane et le dispensateur en est également l'esprit de la forêt. Ainsi la représentation de l'esprit de la forêt et de son double rôle donne-t-elle toute sa force à l'étymologie du terme de surnature, au sens où celle-ci anime la nature et est concrétisée par elle. Dans la plupart des sociétés sibériennes, l'esprit de la forêt est doublé par un esprit des eaux, dispensateur du poisson ; ces deux milieux nourriciers, forêt et eaux, constituent le monde, un monde dont les faces naturelle et surnaturelle sont indissociables et qui est conçu comme horizontal et doué d'épaisseur.

Devenir chamane consiste à épouser symboliquement la fille du donneur de milieu nourricier (de l'esprit de la forêt et de l'esprit des eaux), qui s'« élit » un mari parmi les hommes ; refuser pareille « élection », qui est à la fois source et preuve du don de chamane, est impossible ; l'assumer est se donner le moyen de « chasser » dans la surnature. Le « mariage » est informel chez les peuples paléosibériens, où chacun chamanise à sa guise, c'est-à-dire chante et danse sur un mode empreint d'imitation animale, exprimant ainsi qu'il entretient des rapports amoureux dans la surnature ; son exercice sert, selon les cas, ses fins personnelles ou l'intérêt collectif. Dans les sociétés ouraliennes et altaïques en revanche, si chacun peut « aimer » dans la surnature, et donc « chamaniser » (l'adolescence étant le moment de s'y essayer), seul devient chamane, capable d'exercer dans l'intérêt collectif, celui qui y « épouse » formellement. Son « mariage » s'accomplit au travers du rituel dit d'« animation » de son tambour, assimilable à un rituel matrimonial. Le tambour représente la (ou les) épouse(s) surnaturelle(s) du chamane, censées s'y incarner, ce qui explique la multiplicité de ses valeurs symboliques : il est à la fois garant de l'investiture officielle du chamane dans sa fonction, moyen de communication dans et avec la surnature (d'où l'idée qu'il sert de « monture »,

Coiffe bouriate en fer, avec ramure de cervidé. L'autre type de coiffe, en bandeau planté de plumes d'oiseau de proie, peut comporter, mêlée aux plumes, une ramure ou une dague de jeune cervidé, considérée comme l'arme principale du chamane. Musée d'Anthropologie et d'Ethnographie de Saint-Pétersbourg, d'après Prokof'eva, n° 27 du « Bulletin du M.A.E. », 1971.

Un « obo » en Mongolie centrale. De tels tas de pierres et de branchages marquent les lieux charnières où l'on doit accomplir des actions propitiatoires vis-à-vis des esprits, éventuellement en sacrifiant un cheval, pour favoriser sa route et attirer la prospérité sur le territoire environnant (R. Hamayon).

de barque, etc.), lieu de rassemblement des esprits auxiliaires et réservoir d'armes en vue de la chasse. Cette alliance amène le chamane à partager le symbolisme prêté à son épouse surnaturelle (celui de cervidé le plus souvent) : son costume et son comportement l'assimilent à un élan, à la tête coiffée d'une ramure, évocatrice de sa virilité sexuelle et guerrière que mime sa danse effrénée ; la chute qui clôt la danse représente la mort symbolique du chamane, rendu à la surnature pour que se reproduise l'échange ; ainsi l'assimilation au cervidé englobe-t-elle jusqu'au destin de gibier. Compte tenu du lien entre alliance et chasse, ce « mariage », qui se tient en règle générale à l'arrivée des oiseaux migrateurs, assure, du fait même, la chasse symbolique permettant d'obtenir la force de vie ; il réalise ainsi un renouveau saisonnier global ; le chamane déjà investi s'y voit d'année en année renouveler la confiance de sa communauté, qui lui octroie de nouveaux accessoires (liés ou non au tambour). À travers ce rituel au caractère totalisateur – seul rituel collectif régulier –, le chamanisme se montre institution constitutive de la société.

La cure et la gestion des âmes

Outre la chasse symbolique, le chamane remplit une autre fonction, occasionnelle, celle de cure, qui prend une importance croissante avec la désuétude de la chasse, dans l'économie de la société, au profit de l'élevage. La cure a deux aspects interdépendants, touchant l'âme humaine dans ses deux principales facultés, celle de s'évader du corps et celle de se réincarner. Le premier aspect (que souligne le nom de « rappel de l'âme » donné au rituel de cure) consiste à faire revenir l'âme dans le corps si elle s'en

Le héros épique Geser. Chez les Bouriates de tradition chamanique, le héros Geser combat la religion lamaïque ; il en est le défenseur en Mongolie, où il figure sur le portail du musée de Bogdo Gegeen à Oulan-Bator (R. Hamayon).

échappe trop longtemps ; son absence, normale pendant le sommeil (son errance nocturne étant le fondement du rêve), devient une menace pour la santé du corps si elle se prolonge, causant un état de maladie (son évasion définitive signifiant la mort). Le second aspect consiste à gérer les rapports entre les âmes humaines, mortes et vivantes, de façon à assurer la bonne marche du cycle de réincarnation ; tout groupe humain est doté d'un stock d'âmes qui se réincarnent dans les descendants au rythme du renouvellement des générations ; si quelqu'un meurt sans descendance, le chamane doit, au prix de compensations (chants, offrandes, etc.), réintégrer son âme dans le cycle de réincarnation, à la fois pour éviter au stock la perte d'une âme et pour épargner aux vivants les nuisances que leur ferait subir l'âme frustrée (notamment la capture de leur âme et sa rétention hors de leur corps).

Quant à la femme, en sa qualité d'être humain et d'auxiliaire de chasse, elle peut aussi « aimer » et « chasser » dans la surnature, bien qu'à un degré moindre : elle n'« épouse » ni ne « tire » ; elle se borne à des tâches de voyance et de divination, dont l'essor va de pair avec celui de l'activité de cure.

Si le chamanisme est, par son manque de support dogmatique et clérical, vulnérable à l'influence des « grandes » religions (christianisme russe orthodoxe partout, bouddhisme lamaïque dans la région du Baïkal), il est en revanche, par son caractère pragmatique et informel, capable de survivre à leurs marges, fût-ce altéré et adapté. Ainsi les saints chrétiens ont-ils été assimilés aux âmes de morts malheureux. Ainsi le lamaïsme a-t-il dû, pour réaliser son implantation sociale et économique, sacrifier la quasi-totalité de la doctrine bouddhique, et s'ingénier à récupérer, en les coiffant, les rituels traditionnels. Ainsi encore, dans la société soviétique, qui fait profession d'athéisme, certaines représentations et pratiques chamaniques survivent-elles à des fins privées, représentant une adaptation à la vie contemporaine des deux grands champs d'intervention : la gestion de l'aléatoire et la gestion de l'âme humaine (examens, voyages, désordres psychiques, sentimentaux, etc., et aussi exploration de l'espace) ; en particulier, la gestion des âmes des morts, d'une part, donne lieu au culte des martyrs de la révolution et de la guerre et devient par là un facteur d'intégration à la société soviétique ; d'autre part, par le lien qu'elle entretient avec les ancêtres, elle fonde le chamanisme à servir de support à l'identité ethnique des minorités sibériennes.

Les religions de l'Inde

Dans l'univers religieux de l'Inde, on rencontre, à côté du bouddhisme et de l'islam, trois mouvements principaux : l'hindouisme, le jinisme et le sikhisme. Radicalement distincts, ils ont cependant une préoccupation commune : le salut individuel, la délivrance. La notion fondamentale de l'hindouisme est celle de *puruṣārtha*, des « fins de l'homme », qui culminent dans la libération, entendue en plusieurs sens : dissolution, isolement, extinction, conjonction avec la divinité, etc. Le jinisme prescrit une éthique d'ascèse en vue de l'affranchissement du *karman* (les actes) et du salut. Quant au sikhisme, il joint à la croyance en un Dieu sans forme ni attributs une pratique de méditation qui, par la remémoration et la répétition du nom divin, engage l'homme sur une voie mystique, à la rencontre de la Vérité.

L'hindouisme

Mario PIANTELLI

La réalité que nous dénommons « hindouisme » est complexe et fluide. On peut l'approcher sous des angles variés à l'infini, et chaque approche sera toujours légitimée par tel ou tel de ses aspects. Le présent article n'est donc qu'une synthèse personnelle, avec ses limites. Le fil directeur le plus simple, dans ce dédale, est peut-être l'antique notion indienne de puruṣārtha, terme qui désigne à la fois les « fins de l'homme » (les visées poursuivies par nos actions) et les avantages que chacun peut retirer de ses entreprises (les résultats de nos actions). Chaque action *humaine* est par définition dirigée vers un objectif. Cela vaut d'autant plus pour les rituels, qui constituent l'action (*karman*) par excellence. Les *Brāhmaṇa* expliquent déjà qu'on sacrifie par désir d'accéder au monde céleste, le *svarga*. Mais il existe des objectifs plus terrestres : enfants, richesses, santé, longévité, amour... Le rituel répond également à ces besoins élémentaires. Il conçoit le monde sous l'angle restreint des exigences individuelles. Il s'agit d'ailleurs, du point de vue indien, de la seule perspective possible : *l'univers existe en fonction de l'individu.*

Précisons cette assertion. L'activité *divine* est privée de motivations extrinsèques : on utilise, pour la décrire, la métaphore du « jeu » (*līlā*, *krīḍā*), celui-ci étant le comportement humain le plus proche de l'action accomplie pour elle-même. L'activité humaine, en revanche, présuppose un désir (*kāma*), une tension vers un objet hors d'atteinte et imaginé. Cela conditionne et détermine les modalités de notre conduite. Mais, outre les résultats éventuels de celle-ci, cela produit des mérites ou des démérites (*puṇya* et *pāpa*, *dharma* et *adharma*). Celui qui agit en devient titulaire, et leur fruit (*phala*) sera goûté par lui le moment venu. L'homme, « fait de kāma », forge donc, dans les plus infimes détails, son destin par son désir. Les conséquences du désir s'étendent sur une série d'existences successives. En effet, les potentialités du couple kāma/karman excèdent largement le court segment d'une vie et ne s'épuisent pas

Amours divines. L'érotisme occupe une place privilégiée dans la vie de Kṛṣṇa, dont le « Bhāgavata-Purāṇa » rapporte les aventures d'adolescent parmi ses mille épouses. Ici, Viṣṇu-Kṛṣṇa est représenté en union inversée (« viparita ») avec sa « śakti », symbolisant ainsi le caractère non naturel de l'émanation de l'univers à partir de la parfaite unité de l'Absolu. Parmi les frondaisons, le dieu Amour (Kāmadera) tient un arc fleuri. Miniature indienne du XVIIIe siècle, musée d'Udaipur (R. et S. Michaud).

dans le domaine des simples aboutissements humains. Du démiurge Brahmā au dernier brin d'herbe, *tous* les êtres ont été humains, lors de quelque naissance précédente. Ils ont donc mérité leur condition actuelle, exacte contrepartie de leurs actes. L'homme est ainsi le centre de l'univers, le moteur qui le maintient en marche. L'infinie variété des formes de vie et des expériences qu'elles rendent possibles existe seulement comme conséquence de l'action humaine. Cette multiplicité ne sert qu'à lui fournir un champ complet pour le déploiement de ses fruits. Paradis, enfers, monde animal ne sont que « terrains de récolte » des résultats du karman, alors que le monde humain (dont l'Inde constitue le centre ou, parfois, la totalité) est la « terre du karman » (*karmabhūmi*, *karmakṣetra*). Les dieux eux-mêmes, quand ils veulent sacrifier, doivent prendre un corps humain. Et les « descentes » (*avatāra*) divines dans le monde, parmi lesquelles dominent les descentes sous forme humaine, répondent à la même nécessité, bien que le dieu fait homme, libre du kāma, se soustraie au mécanisme implacable de la responsabilité qui engage l'humanité en général. C'est donc pour la seule humanité que valent les puruṣārtha.

Du plaisir à la délivrance

Les puruṣārtha se disposent selon une hiérarchie allant du subjectif à l'objectif, de l'immédiat au lointain. Leur rapport d'opposition et de complémentarité est souvent problématique. De nombreuses pages du *Mahābhārata* sont consacrées à envisager leur harmonisation. Elle y est conçue, de manière imagée, sous la forme d'un jugement de Pâris, où les trois fins inférieures (*trivarga*) tiennent la place des trois déesses occidentales. En tête de cette triade se trouve le kāma lui-même, entendu comme une gratification individuelle, qui est recherchée principalement (mais non exclusivement) dans l'expérience érotique. Ici, l'ego (*ahaṃkāra*) s'auto-affirme et s'auto-limite, en s'orientant vers une certaine configuration de l'expérience, qui est jugée digne, en elle-même, d'être poursuivie et qui, dans une certaine mesure, se suffit à elle-même. Nous sommes encore proches du libre jeu divin, bien que la littérature technique relative à cette fin humaine répertorie toute une série de transgressions possibles et de comportements méritoires (comme l'accouplement *a tergo*). Un ensemble de prescriptions encadre déjà l'action dans une orthopraxie bien déterminée. La typologie des coïts ainsi que la réflexion sur la création littéraire et sa jouissance (l'esthétique indienne appartient à la sphère du kāma, qui constitue le sujet principal du théâtre et de la poésie) peuvent bien être considérées comme des tentatives pour codifier l'accès au plaisir (qui, autrement, serait anarchique et informe), en lui conférant à la fois dignité et légitimité.

La deuxième fin est désignée par le terme qui signifie simultanément, on l'a vu, le but et le résultat : *artha*. Indépendante de l'ego et de son désir, elle est soumise à la dure loi des faits. Elle se concrétise sous la forme de succès, de prospérité et, à la limite, d'argent. Mais surtout l'artha est le *pouvoir*. La littérature technique qui lui est consacrée est destinée au monarque. L'ensemble des prescriptions s'oriente cette fois vers l'administration de l'État et vers l'exercice lucide et sans pitié de la violence (*hiṃsā*), selon la « règle des poissons » (*matsyanyāya*) : les plus grands dévorent les plus petits. Or, bien que nécessaire au fonctionnement et au maintien du pouvoir, la fonction guerrière et policière de son détenteur est chargée de démérites. On lui a donc trouvé toutes sortes d'alibis. Leur recherche met en jeu, d'une part, le contrat social (connu

Offrande solitaire au Gange. L'hindouisme est un mode de vie plus encore qu'un ensemble de croyances. Mais il a multiplié à l'infini les places, objets et gestes fonctionnant comme des vecteurs du sacré. À côté des cultes pratiqués dans les temples, le culte d'adoration (« pūjā ») peut être offert à une forme divine trop étendue, comme il en est ici avec le Gange, pour être contenue en un sanctuaire (H. Costa).

en Inde dès l'ère préchrétienne), d'autre part, la défense de l'orthopraxie dans chaque groupe social comme dans l'ensemble de la société. Une délicate balance prend en compte les démérites du roi et les mérites que son action rend accessibles à ses sujets. Ce calcul conduit à attribuer au « bon » autocrate (à la fois efficace et respectueux du dharma) une part importante des mérites qu'il permet aux autres d'acquérir. La mort glorieuse sur un champ de bataille peut aussi permettre au roi de gagner le svarga, ainsi que la pratique du sacrifice. Celle-ci est rendue possible par les richesses accumulées dans l'exercice du pouvoir, qui sont redistribuées aux brāhmanes sous forme de salaire sacrificiel et de dons.

La troisième des fins humaines est le dharma lui-même. Nous sommes, cette fois, fort loin de l'ego, et pratiquement au centre du réseau plus serré de conditionnements normatifs que la culture indienne a su tisser. Le principe fondamental de l'ensemble de prescriptions relatives au dharma est l'observance pointilleuse de modèles de conduite spécifiques à chacun. Ces modèles « singuliers » (*svadharma*), qui constituent l'infrastructure de la société, canalisent son impureté et son agressivité. Ils obéissent à l'idéal de non-violence (*ahiṃsā*), que toutefois seul l'ascète peut réaliser intégralement. Dans son principe, cette observance doit faire abstraction de toute préoccupation pour les résultats contingents de l'action. On agit parce que c'est ainsi que l'on doit agir, en obéissant au précepte védique – comme le veulent les *Prābhākara*, partisans d'une sorte d'impératif catégorique kantien. Ou bien on agit en considérant les bénéfices et les mérites relatifs – comme l'affirment les *Bhāṭṭa*, pour lesquels l'impératif est hypothétique, et l'action humaine toujours engendrée par un choix que guide la raison. Ici encore, on s'approche de la liberté ludique divine, selon une dimension de nécessité qui, de manière idéale, devrait coïncider, chez l'homme parfait, avec une spontanéité (*sahaja*) sans effort. Quoi qu'il en soit, une description détaillée du dharma coïnciderait en grande partie avec ce qu'un « hindou » entend par « hindouisme » : une « loi », comme le sont l'islam et le judaïsme aux yeux de leurs fidèles. Mais peu d'écoles considèrent que l'observance désintéressée du dharma est suffisante, en elle-même, pour arracher l'homme à la logique du karman et au cycle des réincarnations. Dans l'hypothèse la plus favorable, la poursuite de cette fin apparaît comme une propédeutique, qui purifie l'ego de son intentionnalité et ouvre la possibilité de son dépassement définitif.

Unité

La reconnaissance du caractère encore insuffisant du troisième terme, le plus noble, du trivarga introduit donc la quatrième et ultime fin humaine : la libération (*mokṣa*,

Unité et multiplicité du divin. Cette gouache sur papier de l'école de Nathawara (Rājasthān, 1800 env.) représente une scène célèbre : le dieu Kṛṣṇa danse avec toutes les bergères (« gopī ») et chacune ne danse qu'avec lui. Cette multiplication de l'unique aimant/aimé divin est comme reprise autour du motif central, où l'image cultuelle est représentée sous de multiples costumes, selon les saisons et les différentes occasions du rituel (E. Isacco).

mukti). Toute une série de « points de vue » (*darśana*) se consacrent aux préceptes qui lui sont relatifs. Ils traitent aussi secondairement des grands thèmes de la gnoséologie, de la cosmologie, de la théologie et des diverses pratiques regroupées sous le nom de *yoga*. Mais à l'unité de conception du dharma s'oppose l'éparpillement des points de vue concernant le mokṣa. Cette fin ultime est, en effet, entendue tour à tour comme « dissolution, chute des entraves » (c'est le sens des termes mokṣa et mukti), comme *kaivalya* (« isolement », pur et serein, loin des vicissitudes de l'ego et de sa biographie et loin de l'univers des objets qui lui est relié), comme *apavarga* (« laisser aller » les conditionnements et les limitations de la vie, à commencer, bien entendu, par l'ego et ses choix), comme *nivṛtti* (« se détourner » des rôles accessoires et artificiels de l'existence, surtout sociale, et se détacher des identifications trompeuses avec les possessions, les parents, le corps, l'esprit, etc.), comme *nirvāṇa* (« extinction » du kāma et de l'implacable mécanisme de rétroaction qu'il alimente) ou comme *sāyujya* (« se joindre » à la figure « panthée » dont on est le dévot, que ce soit celle de Śiva, de Viṣṇu, de la Devī en telle ou telle de ses personnifications polymorphes, ou encore l'identification pure et simple avec l'Absolu suprapersonnel, le *Bráhman*, dont ces figures ne sont que des équivalents). Les diverses présentations de la philosophie indienne mettent côte à côte ces recettes de salut et les visions du monde qui leur sont immanentes et qui forment autant de « religions » ou, au moins, de « voies » (*mārga*) unificatrices de l'expérience humaine et capables de lui donner un sens en termes sotériologiques. L'exemple le plus célèbre en est l'*Epitomé de toutes les vues* (*Sarvadarśana-saṃgraha*), attribué à Mādhava, ministre du roi Bukka Ier de Vijaynagara, dans la première moitié du XIVe siècle. Aboutissement d'une illustre tradition de controverses, cette somme connut d'innombrables imitations.

Un Occidental formé à la théologie chrétienne aura peut-être tendance à privilégier cette composante de la spiritualité indienne à se demander si l'on ne devrait pas parler d'un faisceau d'« hindouismes » différents qui présenteraient un certain air de famille, mais se différencieraient comme le font, par exemple, les trois religions « monothéistes ». La continuité du monde indien risquerait bien d'être perdue de vue. Si, en effet, on accentue trop nettement la composante sotériologique, on risque de sous-évaluer l'orthopraxie et d'aboutir à une conception encore plus réductrice, en son genre, que le fameux aphorisme : « L'hindouisme est ce que vous mangez » (que l'on doit à Leopold Fischer, alias Agehānanda Bhāratī). Il est vrai qu'un nombre relativement faible d'Indiens respirent l'air raréfié des cimes de l'esprit. La plupart d'entre eux se contentent de se diriger dans le labyrinthe des tabous imposés par la vie sociale. Ils rendent occasionnellement hommage à un *gurū*, dont ils se gardent d'approfondir la doctrine, et recherchent des consolations terrestres par une adulation assidue des diverses figures divines.

L'opposition entre trivarga et mokṣa demeure, malgré tout, le tournant majeur dans l'histoire plusieurs fois millénaire de la vision indienne de l'homme et de l'univers. Si nous restons fidèles au schéma historique né en Occident, nous pouvons probablement reconnaître dans cette opposition le passage du « brahmanisme », tout entier centré sur le sacrifice et le karman, à l'« hindouisme ». Dans celui-ci, le rite antique laisse place à des pratiques rituelles plus humbles, telles que la *pūjā* (qui rappelle par bien des traits les rituels magiques de l'Antiquité tardive dans le bassin méditerranéen) ou le *kīrtaṇ* – « glorification », plus moderne, de la divinité à l'aide d'hymnes et de chants rythmés.

Il convient toutefois de souligner qu'il n'y a pas vraiment de discontinuité entre ces deux moments : les codes de comportements, les mythes et les sotériologies de l'« hindouisme » renvoient au « brahmanisme » et à ses textes à travers un réseau serré d'interconnexions. Les dépositaires de ces textes, les brāhmanes, qui descendent en ligne directe des très anciens « voyants » védiques (les *ṛṣi*) et qui ont monopolisé le sacrifice fondé sur l'enseignement des *Veda*, constituent le point de référence de l'« hindouisme » tout au long de son histoire. Ils en élaborent l'idéologie et la culture, et les taillent à la mesure de leurs intérêts, tant matériels que spirituels.

Le jinisme

NALINI BALBIR

Le jinisme est un mouvement religieux indien resté vivant depuis le ve siècle avant J.-C., époque où il s'est organisé en réaction contre le brahmanisme sous l'impulsion de Mahāvīra, le dernier des vingt-quatre Jina (« Vainqueurs » des transmigrations). L'enseignement de ces maîtres omniscients, plus tard consigné dans d'abondants traités, vise à l'annihilation du karman et au salut

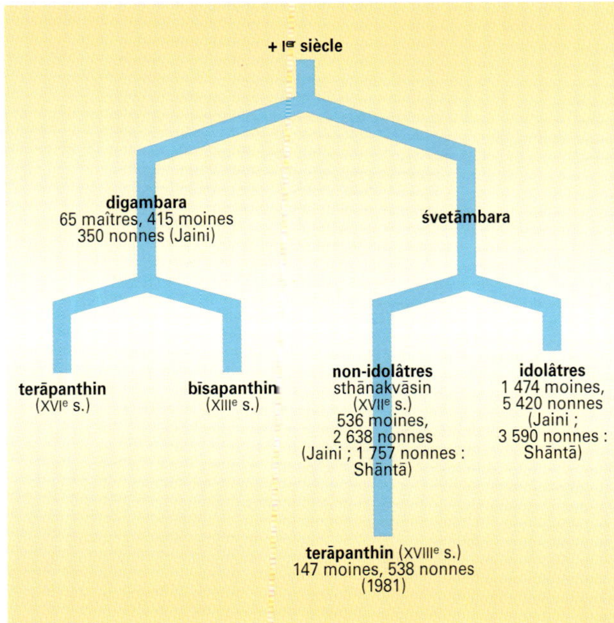

Les principales sectes du jinisme et leurs effectifs religieux (source : Bābūlāl Jain 'Ujjval', « Samagra Jain Cāturmās Sūcī », Mumbai, 1998).

individuel. La connaissance des Écritures, la foi dans la doctrine, une éthique d'ascèse et de non-violence (*ahiṃsā*) en constituent les joyaux. Deux voies sont offertes au croyant, celle de religieux, errant, mendiant, enseignant, celle de pieux laïc. Les jaïna forment une minorité religieuse bien intégrée dans la société indienne, surtout influente dans l'Ouest de la péninsule (Mahārāshtra, Gujarāt, Rajasthān), où elle détient souvent des postes clés dans la vie économique et intellectuelle, et dans le Sud (Karnatak). Malgré leur faiblesse numérique (3 352 706, soit 0,4 p. 100 de la population indienne d'après *Census of India* de 1991), les jaïna ne constituent pas un groupe monolithique. Un clivage fondamental oppose, depuis le Ier siècle de l'ère chrétienne, les *śvetāmbara*, dont les moines sont vêtus de blanc, et les *digambara*, dont les moines les plus confirmés vont nus. Les deux Églises n'ont pas de divergences fondamentales, mais elles ne reconnaissent pas les mêmes Écritures. Les śvetāmbara admettent l'égalité des sexes devant la délivrance ; les digambara la refusent et sont d'un rigorisme accru.

Chez les uns et les autres, mouvements de réforme, de dissidence et de réaction ont donné naissance à plusieurs groupes. Les différences concernent notamment le nombre de textes tenus pour canoniques, les accessoires du moine, la nécessité d'adapter, ou non, les prescriptions anciennes à la vie moderne, l'organisation des communautés monastiques, la forme du culte laïc. Ainsi, une opposition significative s'est instaurée, chez les śvetāmbara, entre les mūrtipūjak, idolâtres qui incarnent la tendance ritualiste intégriste, et les non-idolâtres représentés par les sthānakvāsin et le puissant groupe dissident des terāpanthin, organisé autour d'un chef religieux. La distinction entre les bīsapanthin et les terāpanthin digambara concerne les substances employées dans le culte : fleurs, fruits et santal sont interdits chez les seconds.

Les sikhs et le sikhisme

Denis Matringe

Le sikhisme a souvent été présenté à tort comme une religion syncrétique, qui serait née, dans le Panjāb, de la rencontre entre l'hindouisme et l'islam. Il s'agit en réalité d'une religion originale, que les sikhs appellent *gurmat*, la « doctrine du Gurū ».

Pour apprécier cette originalité et comprendre ce qui relie les fidèles d'allure martiale, barbus et enturbannés que sont les sikhs aujourd'hui aux paisibles disciples de Gurū Nānak (1469-1539), il faut envisager le sikhisme dans son histoire.

Nānak était né à Talvaṇḍī dans le Panjāb, d'un père membre de la caste commerçante des Khatrī. Après de longs voyages entrepris à la suite d'une illumination mystique, il créa, au bord de la Rāvī, le village de Kartārpur, où il prêcha les fondements de ce qui apparut plus tard comme une religion nouvelle.

Son enseignement s'apparentait à celui des Sant, *sādhu* (religieux errants) et poètes mystiques de la « Tradition du [Dieu] sans-attributs » (Nirguṇa Saṃpradāya). Les Sant pratiquaient une religion d'amour adressée au Dieu suprême. Ils attachaient une grande importance au *gurū* (guide spirituel), exaltaient le nom divin et n'avaient pour rituel que le *kīrtan*, chant, individuel ou en groupe, de louanges à Dieu.

Le prédicateur *sant* le plus éminent avant Nānak avait été Kabīr (env. 1440-1518), qui a laissé une œuvre importante, en partie préservée dans l'*Ādi Granth*, livre sacré des sikhs. Nānak a parfois, mais sans preuve, été présenté comme son disciple.

La doctrine de Nānak, l'Ādi Granth

La pensée religieuse de Nānak est fondée sur trois axes : une méditation sur la nature de Dieu, une certaine conception de la nature de l'homme et l'indication d'une voie pour atteindre le salut.

Le Dieu unique de Nānak est le vrai Gurū (*Satigurū*), le Créateur tout-puissant (*samarathu*), infini (*apāru*), éternel (*akālu*), sans forme ni attributs (*niraṅkāru*, *niraguṇu*). Il est inconnaissable et ineffable (*agāhu*, *akathu*). Omniprésent (*bharapūri*), il est tout à la fois transcendant et en l'homme, soucieux, dans sa grâce (*karamu*, *nadari*), de le faire accéder à la Vérité (*saccu*).

Deux faces du sikhisme, deux moments de son histoire. Cette rencontre symbolique entre Gurū Nānak, représenté ici avec son barde musulman Mardānā, et Gurū Gobind, accompagné d'un sikh du Khālsā, illustre l'harmonie qui existe entre les deux aspects, pacifique et militant, du sikhisme. Miniature de Mandī, haut Panjab, 1700-1720 (Victoria and Albert Museum, Londres).

Le Livre sacré. Dans chaque temple sikh, le « Gurū Granth Sāhib » repose sur une sorte de petit autel, sous un baldaquin. On s'incline devant lui et l'on s'assied plus bas que son support. On le drape d'une étoffe quand il ne sert pas, et, lorsqu'un officiant le lit, un autre le protège des impuretés en agitant un éventail. On ne le transporte que sur la tête (D. Mehta, Contact-Cosmos).

Sans cette grâce, l'homme qui ressent le besoin du salut se livre à des pratiques néfastes, sous la conduite de mauvais maîtres. Ainsi le yoga ou l'ascétisme le lient-ils plus encore à la roue de la transmigration. Il vit dans la *māiā*, qui est, pour Nānak, non point l'irréalité du monde, mais la fausseté des valeurs qui orientent la vie humaine.

L'homme ne peut parvenir à la délivrance (*mukatī*) qu'en suivant les instructions du gurū. Celui-ci n'est pas, dans les hymnes de Nānak, un guide humain, mais la voix de Dieu qui murmure le Mot (*sabadu*) au cœur de l'homme. Ce Mot recèle l'Ordre divin (*hukamu*), qui est à la fois injonction salvatrice et principe d'harmonie universelle.

Mais le *manu* (esprit, cœur et âme) de l'homme, dont le « moi » (*haumaī*) est prisonnier de la mondanité et des péchés, reste sourd au Mot du gurū. Nānak lui propose donc une discipline (*sañjamu*) empreinte d'amour pour Dieu et centrée sur la remémoration (*simaraṇa*) et la répétition (*japu*) du Nom divin (*nāmu*). Cette forme de méditation, qui permet l'obéissance à l'Ordre, assure à l'homme une élévation constante à travers cinq royaumes mystiques (*khaṇḍu*) d'accomplissement spirituel. Lorsqu'il arrive au dernier, celui de la Vérité, son manu se fond en Dieu dans une suprême et ineffable béatitude (*sahaju*) :

Manai hukamu su daragaha paijhai sāci milāi samāidā.
(*Ādi Granth*, p. 1307.)

« Celui qui obéit à l'Ordre est ravi à la Cour, où il rencontre la Vérité et se fond en elle. »

Nānak, qui avait regroupé de nombreux disciples, jeta les bases de ce qui devint par la suite l'organisation de la première communauté sikhe (*Panth*, la « Voie »). Parce qu'il le préférait à ses propres fils, il choisit pour successeur l'un de ses fidèles, Lahiṇā, qu'il renomma Aṅgad. Nānak insistait sur le chant d'hymnes en congrégation, le rejet des distinctions de caste et le repas en commun dans un réfectoire (*laṅgar*). Ces pratiques furent reprises par ses successeurs, qui ressentirent rapidement le besoin de rassembler les textes authentiques de la nouvelle doctrine. Amar Dās, le troisième gurū (mort en 1574), fit rédiger une compilation qui comprenait, outre ses propres compositions et celles des deux premiers gurū, des poèmes sant et soufis compatibles avec l'enseignement de Nānak. Le cinquième gurū, Arjan (mort en 1606), y ajouta ses propres hymnes, ainsi que ceux de son père, Gurū Rām Dās (mort en 1581). Le livre, achevé en 1603-1604, reçut plus tard le nom d'*Ādi Granth* (« Livre premier, original »). Le dixième et dernier gurū, Gobind (mort en 1708), l'augmenta de couplets composés par son père, Gurū Teg Bahādar (mort en 1675).

L'édition standard de l'*Ādi Granth* compte mille quatre cent trente pages. L'introduction commence par le *mūla mantru*, « formule fondamentale » de la foi sikhe, suivi du *Japu* (« murmure, prière »), long poème où Nānak a résumé son enseignement. La masse de l'ouvrage est consacrée aux *rāgu*, « modes musicaux » sur lesquels sont chantés les hymnes. Ces derniers sont classés d'abord selon leur rāgu, puis selon leur longueur et leur nature, et enfin selon leur auteur, en commençant par Nānak et ses successeurs, et en finissant par les Bhagat (Nāmdev, Kabīr, etc.). La description des rāgu est donnée dans un appendice qui clôt le *Granth*, la *Rāg-mālā* (« Guirlande des rāgu »).

L'*Ādi Granth* est noté en écriture *gurmukhī* (« qui sort de la bouche du Gurū »), dont l'invention est attribuée au deuxième gurū, Aṅgad (mort en 1552). Sa langue est composite, avec un élément vieil hindi dominant et une composante panjabie non négligeable. Certains hymnes sont émaillés d'emprunts au panjabi du Sud-Ouest, au braj, au persan, au sanskrit.

La création du Khālsā et l'évolution du dogme

Nānak avait transformé l'héritage sant en une doctrine cohérente et nommé un successeur pour poursuivre son magistère spirituel auprès de ses disciples (*sikh*). Arjan avait

Purification. Pour se baigner dans le bassin du Temple d'Or d'Amritsar, ce sikh a conservé le poignard qu'il ne quitte jamais et qui est un des signes de son appartenance au Khālsā, la communauté des « Purs », instituée par Gurū Gobind (Raghu-Rai, Magnum).

doté le Panth d'un livre sacré. Le troisième événement qui contribua à faire du sikhisme une religion distincte fut l'institution par Gurū Gobind de symboles particuliers et d'un code de discipline par la création d'une nouvelle fraternité entre sikhs.

Selon la tradition, cet épisode eut lieu lors du rassemblement annuel des sikhs autour du Gurū en 1699, à Ānandpur, dans les collines des Śivālik. Les sikhs s'y étaient réfugiés, au temps du sixième gurū, Hargobind (initiateur de la tradition martiale du Panth, mort en 1644), pour fuir les persécutions dont ils faisaient l'objet de la part du pouvoir moghol. Gurū Gobind se présenta l'épée à la main devant les sikhs assemblés et demanda de s'approcher à ceux d'entre eux qui seraient prêts à donner leur vie pour lui. Après un instant, un sikh s'avança. Il fut conduit à la tente du Gurū, dont celui-ci ressortit seul, son épée maculée de sang. Le manège se répéta quatre fois, après quoi les cinq volontaires furent montrés vivants à leurs condisciples. Il s'agissait d'un Khatrī, de la même caste commerçante que les gurū, d'un Jāt, de la tribu des agriculteurs-guerriers qui formaient la majorité du Panth, et de trois Śudra, de la plus basse des quatre castes traditionnelles de la société hindoue. Leur présence côte à côte symbolisait l'égalitarisme sikh. Le Gurū, qui avait égorgé des chèvres à leur place, déclara que les Cinq Aimés (*pañj piāre*) formaient le noyau d'une nouvelle fraternité égalitaire et armée, le Khālsā (communauté des « Purs »). Les pañj piāre furent baptisés avec le nectar d'immortalité (*ammritu*) remué au moyen de l'épée à double tranchant (*khaṇḍā*), et ils oignirent à leur tour le Gurū. Ces baptêmes (*pāuhal*) furent suivis de milliers d'autres, puis le Gurū proclama un nouveau code de discipline. Le tabac, la viande d'animaux tués selon le rite musulman et les rapports sexuels avec des musulmanes étaient désormais interdits. Les membres du Khālsā arboreraient cinq symboles, dits les « cinq *k* » (*pañj kakke*) : les cheveux (et la barbe) non coupés (*kes*) et retenus par un peigne (*kaṅghā*), une épée (*kirpān*), un bracelet de métal *kaṛā*) et une culotte courte (*kacch*). Les hommes ajouteraient Siṅgh (« Lion ») à leur nom, et les femmes, admises dans le Khālsā, Kaur (« Princesse ») au leur. Le Panth inclurait également les Sahajdhārī (« Tenants de la facilité »), disciples des gurū, mais qui ne font pas leur le code du Khālsā.

En outre, ses quatre fils étant morts aux mains des Moghols, Gurū Gobind Siṅgh déclara, peu avant de mourir, qu'après lui la fonction et l'autorité du Gurū passeraient dans le Livre, désormais appelé *Gurū Granth Sāhib*, ainsi que, conjointement, dans le Khālsā assemblé (Gurū Panth).

Les quelques écrits attribuables à Gurū Gobind Siṅgh sont consignés dans le second livre sacré des sikhs, le *Dasam Granth* (« Livre du Dixième »), où ils voisinent avec divers hymnes de dévotion et des légendes hindoues. L'ensemble, rédigé en braj, fut achevé une trentaine d'années après la mort du Gurū.

Les changements attribués au dernier gurū furent d'une importance capitale pour l'avenir du sikhisme. Probablement résultent-ils, en fait, d'une longue évolution où se révèle l'influence des paysans-guerriers jāt, du culte de la Devī à l'épée dans les Śivālik et de la confrontation croissante avec les musulmans. Celle-ci culmina dans la seconde moitié du XVIIIe siècle, alors que l'Afghan Aḥmad Śāh Abdālī présentait ses incursions répétées dans le Panjāb comme une guerre sainte musulmane. Les sikhs étaient alors organisés en douze bandes de guérilla (*misal*), et les décisions concernant le Khālsā étaient prises par l'assemblée des chefs, en présence de l'*Ādi Granth*. On a pu rattacher le dogme de l'autorité conjointe du Gurū Granth et du Gurū Panth à cette pratique, la notion même de gurū, qui désignait d'abord la voix de Dieu en l'homme chez Nānak, en étant venue à s'appliquer au fondateur lui-même, ainsi qu'à ses neuf successeurs, torches porteuses de la flamme unique qui s'était allumée en lui.

À la fin du XVIIIe siècle, Rañjit Siṅgh s'assura le contrôle des misal et fonda, en 1799, un royaume sikh dans le Panjāb. La concentration de tous les pouvoirs entre ses mains fit tomber en désuétude le dogme du Gurū Panth, au profit de l'autorité exclusive du *Gurū Granth Sāhib*. Cette situation a perduré jusqu'à nos jours.

Le Livre sacré est au cœur de la vie religieuse des sikhs. Il en existe un exemplaire dans chaque maison et dans chaque temple sikh. Il est la source des principales prières et le centre des quatre grandes cérémonies religieuses sikhes : le choix d'un nom, l'initiation, le mariage et la crémation.

L'histoire du sikhisme, telle qu'elle vient d'être esquissée à grands traits, a constitué pour les sikhs un inépuisable répertoire de symboles. Ces symboles furent activement utilisés lorsque les sikhs, au début des années vingt du XXe siècle, reprirent aux *mahant*, officiants à demi hindouisés et corrompus, soutenus par les Britanniques, la gestion de leurs temples (*gurdvārā*, « Porte du Gurū »), grâce à une nouvelle organisation, l'Akālī Dal (« Armée des fidèles de l'Éternel »). Ils furent également utilisés quand, après l'indépendance, l'Akālī Dal, devenu un parti de propriétaires terriens, demanda la formation d'un État indien du Panjāb à majorité sikhe et de langue nationale panjabie, le Panjābī Sūbā, créé en 1966. Enfin, depuis la victoire du Parti du Congrès aux élections de 1980, la lutte armée des sikhs, qui avait abouti sous Rañjit Siṅgh à la création d'un État sikh souverain, est devenue une référence constante dans la revendication par les extrémistes d'un Khālistān (« Pays des Purs ») indépendant. Mais, pour la grande majorité des sikhs, leur religion est marquée par les idéaux d'égalité, de tolérance et de service (*sevā*), et ils entendent rester fidèles à leur devise : *kirt kamāo, vaṇḍ chako, nām japo* (« accomplis ton travail, partages-en le fruit, médite sur le nom »).

Le bouddhisme

André BAREAU

Le bouddhisme fut fondé par un ascète indien nommé Gautama, qui vécut vers la seconde moitié du Ve siècle avant l'ère chrétienne dans le bassin moyen du Gange, où il prêcha sa doctrine. Ayant soudain découvert les principes de celle-ci après des années de méditation, s'étant ainsi « éveillé » (*buddha*) à la Vérité-réalité cachée derrière les choses, il fut désormais connu sous le surnom de Buddha, d'où vient le nom donné à son enseignement et à la religion issue de ce dernier.

Sa doctrine repose sur deux postulats qui étaient admis par la majorité des Indiens de son temps : d'une part, tous les êtres vivants renaissent après leur mort un nombre indéfini de fois sous des formes très diverses, humaines, animales et autres ; d'autre part, la nature de ces existences, notamment leur caractère agréable ou pénible, est liée à la valeur morale des actes (*karman*) accomplis dans les vies antérieures. Si la plupart des hommes se contentaient d'espérer des renaissances heureuses et d'agir en conséquence, quelques-uns visaient à mettre un terme à toute renaissance et cherchaient une méthode permettant d'atteindre ce but. L'ascète Gautama était l'un d'entre eux, et c'est pour avoir découvert un tel moyen de salut qu'il devint un buddha.

La doctrine du Buddha

L'essentiel de l'enseignement du Buddha peut se résumer ainsi : toute existence est pénible, car elle est sujette à la maladie, à la vieillesse, à toutes sortes de peines, et elle finit toujours par la mort, même celle des dieux ; il faut donc renoncer au désir de renaître et s'efforcer de briser l'enchaînement des vies successives ; pour cela, il faut rompre tous les liens qui retiennent l'être dans le cycle des transmigrations (*saṃsāra*), liens de l'ignorance, du désir et de la haine, de l'illusion et des diverses passions. On y parvient progressivement par l'observance d'une morale rigoureuse et par la pratique assidue de méditations et d'exercices apparentés au yoga, qui purifient l'esprit et le rendent enfin apte à constater clairement la Vérité-réalité. Cette vision coïncide avec la Délivrance définitive de toute renaissance et avec une sérénité inébranlable, appelée *nirvāṇa*, littéralement « extinction » des passions et des erreurs. Devenu *arhant*, l'homme ainsi délivré peut encore vivre longtemps, mais, quand il mourra, il ne renaîtra plus nulle part. Il y a, dans la doctrine attribuée au Buddha, d'autres éléments fort importants, notamment les suivants : tout, êtres et choses, est impermanent, produit par des causes diverses, voué au changement et à la destruction ; tout est pur phénomène, il n'y a nulle part de substance, de principe personnel et immuable ; il n'y a donc ni âme individuelle ni Dieu unique, éternel et créateur ; d'autre part, les actes, du moins ceux qui sont conscients et voulus, produisent lentement, par une « maturation » (*vipāka*) subconsciente, leurs « fruits » (*phala*), leurs effets agréables ou pénibles selon que ces actes auront été moralement bons ou mauvais ; cette maturation dure souvent beaucoup plus longtemps qu'une vie, si bien que les fruits se cueillent alors dans une existence postérieure (ainsi s'explique le fait qu'on reste enchaîné aux renaissances) ; ces effets sont strictement personnels et absolument inéluctables, en rapport avec la nature et l'importance des actes commis autrefois.

Suivre la longue et rude Voie de la Délivrance pour arriver aussi vite que possible au *nirvāṇa* oblige à renoncer à la vie ordinaire et à mener la vie errante d'ascète « mendiant » (*bhikṣu*), mot que l'on traduit habituellement par « moine ». Le Buddha fut donc bientôt amené à fonder sa communauté (*saṃgha*) d'ascètes, ses disciples, et, quand elle fut devenue assez nombreuse, à lui imposer une discipline (*vinaya*) sévère, en énonçant peu à peu les très nombreuses règles définissant son austère mode de vie.

Peu après sa mort (ou *parinirvāṇa*), le Buddha devint l'objet d'un véritable culte, qui s'amplifia avec le temps. On conserva ses reliques sous des tumulus (*stūpa*) et ses fidèles allèrent en pèlerinage aux lieux saints, où les principaux événements de sa vie s'étaient produits. Là, ils méditaient sur sa personne et déposaient des fleurs, de l'encens et des lampes allumées en offrande ; ils se prosternaient et chantaient les louanges du Bienheureux. Plus tard, ces hommages furent adressés aussi aux statues du Buddha abritées dans des temples. C'est ainsi que le bouddhisme devint une vraie religion.

La communauté bouddhique et ses ramifications

Faute d'une autorité suprême définissant et imposant l'orthodoxie, le Saṃgha se divisa bientôt en groupes (*nikāya*), écoles ou sectes, soutenant des idées différentes sur l'interprétation des enseignements du Buddha et sur leur adaptation à des circonstances nouvelles. Une vingtaine de ces groupes se formèrent ainsi, les uns après les autres, au sein du bouddhisme antique, resté cependant fidèle aux principes de la doctrine. Un seul a subsisté jusqu'à nos jours, celui des Theravādin, encore prospère à Sri Lanka et dans le Sud-Est asiatique. Parmi les autres, les plus importants furent ceux des Mahāsāṃghika, des Vātsiputrīya, des Sarvāstivādin, des Saṃmatīya, des Mahīśāsaka, des Dharmaguptaka, des Lokottaravādin et des Pūrvaśaila. Tous ces groupes ont disparu depuis plus de dix siècles.

Tout au début de l'ère chrétienne, une nouvelle forme de bouddhisme apparaît, qui prend vite une grande ampleur. Il

Temple de la « Mahābodhi » à Bodhgayā. C'est en ce lieu, situé dans l'État du Bihār, au nord-est de l'Inde, que Gautama connut l'Éveil (« bodhi »). L'empereur Aśoka y fit construire un stūpa, aujourd'hui disparu, dès le IIIe siècle avant J.-C. Le temple du Grand Éveil (« mahābodhi ») date au plus tôt du IIe siècle après J.-C. Très restauré à la fin du XIXe siècle, il demeure un des hauts lieux de pèlerinage des bouddhistes de tous pays (Everts, Rapho).

se nomme Mahāyāna ou « Grand Véhicule » et appelle péjorativement Hīnayāna ou « Petit Véhicule » le bouddhisme de type antique. Méprisant l'idéal de l'*arhant*, qu'il juge égoïste, il engage l'adepte à suivre, au contraire, l'exemple du Buddha en devenant, dès cette vie, un *bodhisattva*, qui s'efforce, pendant d'innombrables existences, de porter à sa perfection (*pāramitā*) la pratique des grandes vertus, en particulier du don (*dāna*) et de la sagesse (*prajñā*). Plein d'une compassion infinie, le *bodhisattva* est toujours prêt à voler au secours de tous les êtres, en abandonnant au besoin tous ses biens et sa vie même, et à les conduire à la Délivrance, en renonçant à la sienne, qui mettrait un terme à son action salvatrice. Par sa profonde sagesse, il comprend la véritable nature des choses et des êtres, à savoir leur vacuité (*śūnyatā*) de nature propre. À la différence de ce que fait l'*arhant*, il n'est nullement nécessaire de devenir moine pour être un *bodhisattva*. Sans cesser de vénérer le Buddha, la foule des fidèles voue un culte fervent aux *bodhisattva* et fait appel à eux en cas de besoin. Les plus célèbres de ces sauveurs sont Avalokiteśvara, le tout-compatissant, et Maitreya, qui sera le prochain buddha.

La recherche de la « perfection de sagesse » (*prajñā-pāramitā*) conduisit vite les docteurs du Mahāyāna à approfondir la doctrine dans ce nouveau sens. Vers 200 après J.-C., Nāgārjuna donna à la thèse de la vacuité universelle des bases solides, en traquant toute notion de substance au moyen d'une dialectique extrêmement subtile ; ainsi fut fondée l'école des Madhyamaka. Deux siècles plus tard, Asaṅga fonda celle des Yogācāra ou Vijñānavādin, en instaurant un système complexe ayant pour base un idéalisme absolu, tout n'étant que pensée, ce dont on parvenait à se convaincre par la pratique assidue d'exercices spéciaux de yoga.

Au VIIe siècle, une autre forme de bouddhisme apparut, nommée Vajrayāna (« Véhicule de Diamant ou du Foudre ») ou, plus souvent, tantrisme, car ses livres sacrés étaient appelés *tantra*. Elle combinait la pratique du yoga avec un rituel fort compliqué, mêlé de magie, vénérant une foule de divinités, de buddha et de *bodhisattva*. Sa doctrine, ésotérique, s'appuyait sur celle d'Asaṅga, dont elle tirait les conséquences les plus hardies, enseignées par des sectes diverses qui prospérèrent jusqu'à la disparition du bouddhisme en Inde.

Celle-ci se produisit vers le XIIIe siècle, quand les armées musulmanes envahirent le Bengale, dernier fief du bouddhisme. En fait, celui-ci végéta encore un peu ailleurs après une longue décadence due à diverses causes, mal connues encore, parmi lesquelles il faut surtout compter l'ample progression de l'hindouisme, étendant peu à peu son emprise sur toute la civilisation indienne, y compris sur le bouddhisme tardif, et privant les communautés monastiques du soutien nécessaire de leurs fidèles laïcs.

Le bouddhisme chinois

JEAN-NOËL ROBERT

Le bouddhisme, seule religion étrangère à avoir eu un impact aussi profond sur la civilisation chinoise, a été transmis et assimilé, essentiellement sous sa forme mahāyānique, au cours d'un long processus qui s'étend du IIe au VIIIe siècle environ et qui fut le produit de plusieurs interactions : d'une part, l'arrivée de missionnaires étrangers qui affluèrent sans cesse vers les capitales successives, venant de l'Inde, de Parthie, de Bactriane, de Sogdiane et des cités-oasis de l'actuel Turkestan chinois, comme Kuchan et Khotan ; d'autre part, les réactions à cet enseignement des convertis chinois, qui ne tardèrent pas à former des communautés monacales, aidant d'abord aux traductions, puis élaborant leurs propres interprétations et doctrines, se rendant parfois, à leur tour, dans les contrées occidentales à la recherche de traditions plus authentiques. Il y eut aussi la réaction des tenants des deux grands systèmes traditionnels, le confucianisme et le taoïsme, et enfin le jeu des différents pouvoirs politiques, qui cherchèrent à utiliser les religions au mieux de leurs intérêts.

L'historiographie traditionnelle a conservé plusieurs versions de la venue du bouddhisme en Chine. On connaît de longue date en Occident celle, sans doute la plus légendaire, qui concerne l'empereur Ming des Han postérieurs : le rêve qu'il eut d'un « Homme d'or » venant se poser dans la cour de son palais ; la mission envoyée au royaume des Yuezhi (Ruzhi ; royaume de Bactriane, dont des savants identifient la population aux Tokhariens) ; le retour à la capitale Luoyang avec les deux religieux étrangers (Indiens ?), Kāçyapa Mātaṅga et Zhu Falan, qui furent installés au monastère du Cheval blanc, Baimasi ; la première traduction d'un texte bouddhique, le *Sūtra des XLII articles*. Le tout se passait vers 67 après J.-C. Cette légende a été battue en brèche par les modernes, qui lui préfèrent parfois une autre tradition faisant état d'une transmission orale de textes bouddhiques par un envoyé de ce même royaume de Yuezhi, en 2 avant J.-C., dans la capitale d'alors, Chang'an. On peut en tout cas admettre une double voie de pénétration, l'une officielle et l'autre privée, passant par osmose entre des commerçants de l'ouest et les milieux chinois commerçants et lettrés. On a plus de certitude pour le IIe siècle avec l'empereur Huan des Han postérieurs (qui régna de 147 à 167), qui vénérait les statues du Buddha et de Laozi réunies en son palais. Il faut remarquer qu'à cette date ancienne le bouddhisme est senti par les sympathisants chinois comme proche du taoïsme en tant que quête de vie éternelle et de pouvoirs magiques, trait qui persistera pendant des siècles. C'est aussi dans la seconde moitié du IIe siècle que s'organise l'activité de traduction, surtout avec le Parthe An Shigao et le Yuezhi Lokakṣema (Zhi Chen), organisant des équipes auxquelles participaient des lettrés chinois. Le Yuezhi Fotudeng (232-348 !), missionnaire et thaumaturge, fut le premier religieux à tenir un rôle politique actif en tant que conseiller d'un roi de la dynastie nordique des Zhao postérieurs et il fit du bouddhisme une religion d'État. Mais le plus célèbre de ces missionnaires fut Kumārajīva (344-412), qui, ayant maîtrisé le chinois, s'installa à Chang'an et, avec l'aide d'une équipe de grands lettrés chinois, traduisit ou retraduisit des sūtras importants, qui furent à la base de nombreuses écoles : le grand *Prajñāpāramitā-sūtra*, l'Enseignement de Vimalakīrti (*Weimojing*, texte qui eut un grand retentissement dans les milieux laïcs), le sūtra d'Amitābha (*Emituojing*, sūtra essentiel de la Terre pure) et le *Sūtra du Lotus* (*Fahuajing*, le texte bouddhique le plus répandu en Extrême-Orient). Il traduisit

Moines en prière. En s'implantant en Chine, le bouddhisme y créa de nombreux monastères, autour desquels se forma un courant de dévotion alimenté par les pèlerinages. Aujourd'hui, un renouveau fait retrouver aux Chinois le chemin des temples anciens. Mont Wutai, province de Shanxi (C.P.S. Rapho).

aussi des traités dogmatiques importants, tel le *Traité de la Grande Vertu de Sagesse* (*Dazhidulun*) que la tradition attribuait à Nāgārjuna. La dernière grande vague de missionnaires traducteurs fut celle qui, du VIIe au VIIIe siècle, vit venir d'Inde des propagateurs du tantrisme, tels Çubhakarasiṃha (Shanwuwei, 637-735) et Amoghavajra (Bukong, 705-774). L'enseignement ésotérique qu'ils apportaient s'épanouit au Japon plus qu'en Chine.

Du côté chinois, une communauté monastique s'établit assez tôt : on garde le nom du premier moine, Yan Fotiao (IIe s.), disciple et assistant d'An Shigao. Dès le IIIe siècle (date controversée), un laïc du nom de Mouzi (Mou Rong) écrivit le *Traité réglant les perplexités* (*Lihuolun*), un petit ouvrage tenu pour la première œuvre bouddhique chinoise dans lequel on trouve des échos des premières polémiques religieuses, avec une influence taoïste manifeste. Zhu Shixing (IIIe s.) fut le premier Chinois à recevoir les commandements monastiques complets, et mourut à Khotan en quête des sūtras, inaugurant la lignée des moines-pèlerins chinois, dont les grands noms seront Faxian (mort vers 420), Yijing (635-713) et surtout Xuanzang (602-664), qui, après un long séjour en Inde, rapporta les doctrines yogācārin, fondant l'école Faxiang, renouvela les méthodes de traduction et laissa un récit détaillé de son voyage, le *Xiyu ji*.

L'assimilation du bouddhisme à la pensée chinoise se fit lentement. Au début, le bouddhisme profita en quelque sorte d'une confusion avec le taoïsme, qui se reflète dans le choix des premiers textes traduits, souvent des traités pratiques de méditation, proches de « l'alchimie interne ». Les lettrés du IVe siècle furent fascinés par le concept de Vacuité (*kong*) de la Prajñāpāramitā et voulurent appliquer les catégories provenant de Laozi et Zhuangzi à l'exégèse du bouddhisme ; ce fut l'essor du *geyi* ou « adaptation des sens », qui, s'il fut à l'origine de malentendus, permit d'implanter le bouddhisme dans les milieux lettrés et la mentalité générale. Du côté du confucianisme, le bouddhisme sut aussi s'adapter en utilisant des écrits indiens qui illustrent la vertu cardinale chinoise de piété filiale (*xiao*), comme l'histoire de Maudgalyāyana (Mulian) allant sauver sa mère dans les enfers. Mais il y eut des réactions parfois radicales des milieux traditionnels.

L'implantation du bouddhisme en Chine se manifesta par le foisonnement des écoles et des sectes : Dao'an (312-385), disciple de Fotudeng, organisa une communauté solide où se pratiquaient exégèse et méditation (*dhyāna*) et il fut l'initiateur du culte de Maitreya (Milefo), le buddha du futur, qui joua un rôle important dans le chan et la religiosité populaire. Son disciple Huiyuan (334-416), retiré au mont Lushan dans le Jiangxi, se consacra aux pratiques de la commémoration du buddha Amitābha (*nianfo*) et fut à l'origine de l'école de la Terre pure (*Jingtu*), élaborée ensuite par Tanluan (476-542), Daochuo (562-645) et

Shandao (613-681), ainsi que de la Société du Lotus blanc (*Bailianshe*, qui se prolongea jusqu'aux Temps modernes). Deux grandes écoles religieuses et philosophiques apparurent sous les Sui et les Tang : le Tiantai, fondé sur la pensée de Zhiyi (538-598, tenu pour patriarche-fondateur) et de son maître Huisi (515-577), est une exégèse et une pratique centrées sur le *Sūtra du Lotus* ; il atteignit son point de perfection avec le grand commentateur Zhanran (711-782). Puis l'école Huayan, fondée sur le sūtra de l'Avataṃsaka et ayant pour patriarche-fondateur Fazang (643-712), protégé de l'impératrice Wu Zetian (624-705), grand opposant du Faxiang mentionné plus haut. Elle fut illustrée par de grands penseurs, tel Zongmi (780-841). C'est sous la forme « classique » qu'elles prirent sous les Sui et les Tang que ces écoles, avec celles des Trois Traités (Sanlun), de la Discipline (Lüzong), etc., se perpétuèrent au Japon.

Après la grande persécution du milieu du IXe siècle et la réaction anti-étrangère qui suivit la chute des Mongols sous la dynastie Ming, le bouddhisme périclita dans sa forme classique, mais la dévotion en Amitābha se maintint en association avec le chan, phénomène qui dura jusqu'à l'époque moderne. La pensée savante se fit syncrétiste avec le mouvement des « trois doctrines en une » (*sanjiao guiyi*), qui voulait réunir en un seul système taoïsme, confucianisme et bouddhisme. Il fut illustré par Zhuhong (1535-1615), Zhixu (1599-1655), Deqing (1546-1623). Ainsi le bouddhisme finissait-il par s'intégrer à la pensée chinoise en s'y diluant.

Le bouddhisme japonais

JEAN-NOËL ROBERT

Le bouddhisme fut officiellement transmis au Japon autour de 550 après J.-C. grâce au souverain du royaume coréen de Paekche (en japonais Kudara), qui envoya à l'empereur japonais Kinmei une statue et des images du Buddha, ainsi que des textes canoniques et doctrinaux en chinois classique, langue de civilisation de tout l'Extrême-Orient à l'époque. Favorisée par le clan des Soga, la nouvelle religion fut vigoureusement combattue par d'autres clans tenant de l'ancien culte japonais des *kamī*, le clan des Mononobe et celui des Nakatomi. Mais elle finit par gagner droit d'existence et fut surtout reconnue pour ses qualités magiques et thaumaturgiques, jusqu'à ce que le prince impérial Shōtoku-taishi (574-622), dont les maîtres en bouddhisme furent coréens, lui assurât de solides assises nationales en publiant les premiers traités de dogmatique rédigés au Japon et en mêlant les idées bouddhiques et confucianistes dans sa *Constitution en dix-sept articles*, largement diffusée dans l'aristocratie lettrée. La période suivante, dite de Nara, du nom de la capitale impériale (710-784), voit le bouddhisme s'établir fermement en tant que religion d'État avec le grand monastère du Tōdai-ji administrant les monastères provinciaux officiels (*kokubun-ji*) établis sur le modèle chinois. C'est aussi à cette époque que s'organisent les « six écoles de la capitale du Sud » (*nanto-rokushū*) ; même si certaines d'entre elles avaient déjà été transmises de Corée à l'époque d'Asuka (552-645), elles firent, cette fois, l'objet d'une transmission directe, à partir de la Chine, par des religieux japonais qui y séjournèrent parfois longtemps et elles se perpétuèrent au Japon jusqu'à nos jours dans la forme classique des Tang. Les deux plus productives furent certainement l'école hossō (Hossō-shū ; en chinois Faxiangzong – fondée sur les écrits de Xuanzang) et celle de l'Ornementation fleurie (Kegon-shū ; en chinois Huayanzong). La religion, alors essentiellement aristocratique, semble cependant avoir eu un impact dans le peuple grâce à l'activité missionnaire de Gyōki (668-749), de l'école hossō et du semi-légendaire En no gyōja.

En 754, le religieux chinois Jianzhen (en japonais Ganjin – 688-763) arriva au Japon et établit au Tōdai-ji un centre d'ordination conférant les commandements complets canoniques : il n'y avait pas eu avant lui d'ordination valable au Japon. En 794, la capitale est transférée à Kyōto (alors Heian-kyō), marquant le début de l'époque de Heian (794-1185) et une nouvelle période du bouddhisme japonais. Les relations suivies avec la Chine grâce aux légations officielles (*kentōshi*), qui se poursuivent jusqu'en 894, le désir de s'affranchir de la tutelle religieuse et administrative des six écoles et du Tōdai-ji provoquèrent l'essor de deux écoles qui dominèrent la période. L'école Tendai (Tendai-shū) fut fondée par Saichō (767-822), qui rapporta d'un court séjour en Chine les doctrines et les pratiques de l'école Tiantai, fondée sur le *Sūtra du Lotus*. Malgré l'opposition vigoureuse des écoles anciennes, surtout le hossō-shū, le Tendai eut, en 822, l'autorisation d'établir son propre centre d'ordination indépendant du Tōdai-ji au monastère de l'Enryaku-ji sur le mont Hiei près de Kyōto, où purent être conférés les « commandements du Grand Véhicule », ou « commandement parfait » (*endonkai*), qui ne s'adressaient pas seulement aux moines. L'autre grande école fut celle des « mantra », Shingon-shū, fondée par le grand religieux et écrivain Kūkai (774-835), qui, parti pour la Chine en 804 en même temps que Saichō, en revint un an après lui en 806, rapportant les textes tantriques que les grands religieux indiens avaient traduits assez récemment. Cette doctrine ésotérique (*mikkyō*), avec ses impressionnants fastes liturgiques déployés au monastère du Tōji à Kyōto, à la cour impériale, puis au mont Kōya qui devint le centre de l'école, eut une vogue immense au Japon et porta vite ombrage au Tendai, qui, avec les grands religieux pèlerins Ennin (794-864) et Enchin (814-891), importa à son tour de Chine des traditions ésotériques qui devinrent prépondérantes dans la pratique tendai en son courant tantrique (Taimitsu). Toutes ces écoles, qu'elles soient de Nara ou de Heian, n'étaient accessibles dans leurs doctrines et leurs pratiques qu'à une élite monastique longuement formée ou à une aristocratie lettrée, surtout sensible à l'aspect liturgique.

Dès la fin du Xe siècle, et précisément dans le Tendai, si scolastique, apparurent, avec Kūya (903-972) et Genshin (942-1017), deux religieux ardents propagateurs des pratiques plus dévotionnelles de la commémoration et de l'invocation du nom du buddha (*nenbutsu* ; en chinois *nianfo*) Amitābha (en japonais Amidabutsu). Le premier, qui reçut le surnom de « Saint des marchés », concentra son action missionnaire dans les milieux populaires ; le second, grâce à son ouvrage sur la renaissance en la Terre pure, l'*Ojōyōshū*, eut une grande influence sur les milieux lettrés. Ces courants dévotionnels se concrétisèrent avec

Buddha du Tōdai-ji. Situé à Nara, où se fixa la première capitale du Japon entre 710 et 784 après J.-C., le monastère du Tōdai-ji fut le centre de l'école Kegon-shū. Devenu en 754 centre d'ordination, il organisa, par le biais des monastères provinciaux dépendant de lui, la première implantation officielle du bouddhisme d'État au Japon (J. Kugler, Fovea).

Hōnen (Genkū – 1133-1212) : quittant le Tendai, celui-ci fonda une école de la Terre pure (Jōdo-shū) indépendante, reprenant les courants chinois du Jingtu. Les tendances nouvelles s'épanouirent et se radicalisèrent à la période suivante de Kamakura (1185-1333), provoquant une réaction des écoles anciennes. Ce fut d'abord Shinran (1173-1262), disciple de Hōnen, qui, ayant aussi étudié le Tendai et las des contraintes monastiques, fonda la « vraie école de la Terre pure » (Jōdo-shinshū), admettant le mariage des religieux et prônant l'abandon complet à la force salvifique d'Amida (*tariki*) indépendamment des œuvres et de la moralité. Ippen (Chishin – 1239-1289) se fit aussi apôtre populaire de la dévotion en Amida, répandant dans les provinces la pratique du « *nenbutsu* dansé » (*odori-nenbutsu*) à caractère extatique ; il fut le fondateur de la secte ji-shū. Avec l'ardent Nichiren (1222-1282), issu lui aussi du Tendai, c'est une dévotion exclusive au *Sūtra du Lotus* (*Hokekyō*) qui fut exaltée à l'encontre des autres courants du bouddhisme ; convaincu de retrouver la pureté première de l'enseignement du Tendai, Nichiren accorda aussi un statut privilégié au Japon dans le monde en tant que terre d'élection de la vraie doctrine bouddhique, précisant ainsi une idée, à vrai dire très ancienne, remontant à Saichō, voire à Shōtoku. Malgré son hostilité à l'égard de la Terre pure, le Nichiren-shū partageait avec elle la conviction que ces temps étaient les derniers pour la Loi bouddhique (*mappō*) et que les hommes devaient avoir recours à des méthodes de salut plus simples que jadis. L'autre grand courant de l'époque fut celui des écoles zen.

Face à ces idées nouvelles, les anciennes écoles se ressaisirent : la discipline monastique et les études dogmatiques dans le Tendai (avec le grand commentateur Shōshin, au début du XIIIe s.), la forte personnalité de Myōe (Kōben – 1173-1232) ou le savant et historien Gyōnen (1240-1321) pour le Kegon-shū donnent une vie nouvelle à ces vieilles écoles. La période de Muromachi (1336-1573) fut une période troublée où s'impose, en dehors du zen, la figure de Rennyo (Kenju – 1415-1499), restaurateur et propagateur du Jōdo-shinshū dans les campagnes. Le Japon fut réunifié par l'action militaire d'Oda Nobunaga et de Toyotomi Hideyoshi à la fin du XVIe siècle. Nobunaga incendia l'Enryaku-ji, siège du Tendai, en 1571, et le Hongan-ji, centre du Jōdo-shinshū, en 1580. La période d'Edo commençait. Il y eut une translation du centre politique et culturel vers Edo (de nos jours Tōkyō) ; les grands religieux s'y rassemblèrent et l'on y construisit des monastères. Le bouddhisme d'Edo évolue moins ; c'est une période de stabilisation des écoles sous la houlette des shōguns Tokugawa, et les plus grands bonzes sont des savants encyclopédistes : Tenkai (1536-1643) pour le Tendai, rénovateur des études et éditeur du canon bouddhique, comme Tetsugen (1630-1682), de l'école zen Ōbaku-shū ; Hōtan (Sōshun – 1659-1738), du Kegon-shū, qui étudia les doctrines de toutes les écoles traditionnelles et polémiqua avec elles ; Jiun-sonja (Onkō – 1718-1804), du Shingon-shū, qui étudia aussi le sanskrit.

Mais le bouddhisme dans son ensemble fut en butte aux attaques du confucianisme et du shintō en plein essor à la période d'Edo. Un penseur critique formé dans le confucianisme tel que Tominaga Nakamoto (1715-1746), dans son *Shutsujō kōgo*, attaqua efficacement les doctrines bouddhiques et fut relayé par des shintōïstes antibouddhiques comme Hirata Atsutane (1776-1843). Autour de l'ère Meiji, la campagne antibouddhique (*haibutsu-kishaku*) au nom du shintō d'État porta des coups sévères à une religion qui s'était figée dans ses structures anciennes, mais sut aussi innover : la grande revue mensuelle *Chūō kōron*, qui paraît encore de nos jours, fut fondée en 1887 par des religieux et laïcs du Jōdo-shinshū ; d'autres allèrent étudier en Europe et rapportèrent de nouvelles méthodes historiques et philologiques. Celles-ci furent développées au point de faire actuellement du Japon le haut lieu des études bouddhiques. L'âge moderne vit aussi l'apparition de sectes nouvelles dépassant souvent en popularité les anciennes écoles, telle la « secte authentique de Nichiren », Nichiren-shōshū, fondée en 1872, dont la branche laïque est la Sōka-gakkai ; mais ces mouvements relèvent davantage de la sociologie que de l'histoire des religions.

Le bouddhisme tibétain

ANNE-MARIE BLONDEAU

Introduit au Tibet vers le VIIe siècle après J.-C. sous le patronage royal, le bouddhisme gagna peu à peu toutes les couches de la société qu'il transforma profondément. Après la disparition de ce dernier dans l'Inde, le Tibet devint un foyer de rayonnement et la forme tibétaine conquit l'ensemble des pays himalayens, et la Mongolie depuis le XVIe siècle ; elle a joui aussi d'une certaine influence en Chine, à partir des Yuan.

Pour les sources tardives qui relatent l'introduction du bouddhisme lors de ce qu'elles nomment « la première diffusion », la légende s'est substituée à l'histoire : la conversion du Tibet s'inscrit dans un plan divin dont les instruments furent les rois de la dynastie qui, à la fin du VIe siècle, avait unifié le pays et entrepris une politique d'expansion remarquable ; ces rois sont idéalisés sous la figure indienne du « roi qui gouverne selon le Dharma ». En conséquence, la conversion aurait été rapide et massive, sous la conduite de nombreux pandits invités au Tibet, dont les deux principaux, Śāntarakṣita et Padmasambhava (sur lequel n'existe aucune certitude historique), sont considérés comme les initiateurs des deux courants qui devaient former le bouddhisme tibétain, le Mahāyāna et le Vajrayāna, ou tantrisme. Cet élan aurait été brutalement stoppé par les persécutions du dernier roi de la dynastie, Glang-dar-ma (règne 838-842 ?).

Certes, durant cette période, le bouddhisme fut implanté sur ordre royal, le premier monastère – Bsam-yas – construit, la traduction intensive des textes canoniques entreprise, avec l'élaboration d'un vocabulaire apte à traduire le sanskrit et les notions bouddhiques. Dès cette époque, aussi, le choix fut fait de se référer au bouddhisme indien, ce qui occulta l'influence de la Chine dans la formation du bouddhisme tibétain. Mais les documents contemporains de cette première période, pour rares et fragmentaires qu'ils soient, permettent de corriger sur bien des points cette vision triomphaliste. Ils indiquent que la conversion a été une entreprise de longue haleine, imposée par l'autorité royale, et qu'elle s'est heurtée à des résistances profondes, nées d'un antagonisme fondamental entre les principes bouddhiques et le monde religieux des Tibétains. (La reconstruction légendaire a forgé une « religion prébouddhique », le Bon. Bien qu'il existât des *bon-po*, spécialistes de rituels, le Bon en tant que corps doctrinal n'apparaît qu'au Xe ou XIe siècle, étant alors fortement imprégné de bouddhisme.) Finalement, le bouddhisme n'a triomphé, ici comme ailleurs, qu'en incorporant des notions et des pratiques indigènes ou hétérogènes qui étaient, doctrinalement, totalement incompatibles avec lui ; c'est ce syncrétisme qui donne son caractère propre au bouddhisme tibétain.

Au IXe siècle, l'effondrement de la dynastie entraîna celui de la structure ecclésiale bouddhiste qu'elle patronnait. On sait peu de chose de la survie du bouddhisme au Tibet jusqu'à sa résurgence au Xe siècle, dans ce que les Tibétains appellent « la deuxième diffusion ». Celle-ci se serait produite à partir de deux foyers : l'un dans l'Est, où des moines fuyant la persécution se seraient exilés et auraient maintenu la tradition monastique ; l'autre à l'extrême Ouest où, à la fin du Xe siècle, les souverains de Gu-ge, royaume fondé par des descendants de l'ancienne dynastie, restaurent officiellement le bouddhisme. C'est pour mettre fin aux pratiques tantriques déviantes, et pour restaurer la pureté de la doctrine et des pratiques, que le roi de Guge, Ye-shes-'od, décida de renouer les anciens liens religieux avec le monde indien : Inde, Népal, mais aussi Cachemire, où il envoya des étudiants. Le plus éminent d'entre eux, Rin-chen bzang-po (958-1055), fut la cheville ouvrière d'une nouvelle entreprise de traduction des textes canoniques et de correction des traductions anciennes, accompagnée par une ultime révision du vocabulaire religieux et des règles de traduction du sanskrit. (C'est autour de ses traductions que l'on rassembla peu à peu les deux collections qui allaient constituer le Canon : les Paroles du Buddha ou *bKa'-'gyur* [Kanjur], et les Traités et commentaires ou *bsTan-'gyur* [Tanjur] ; ces collections

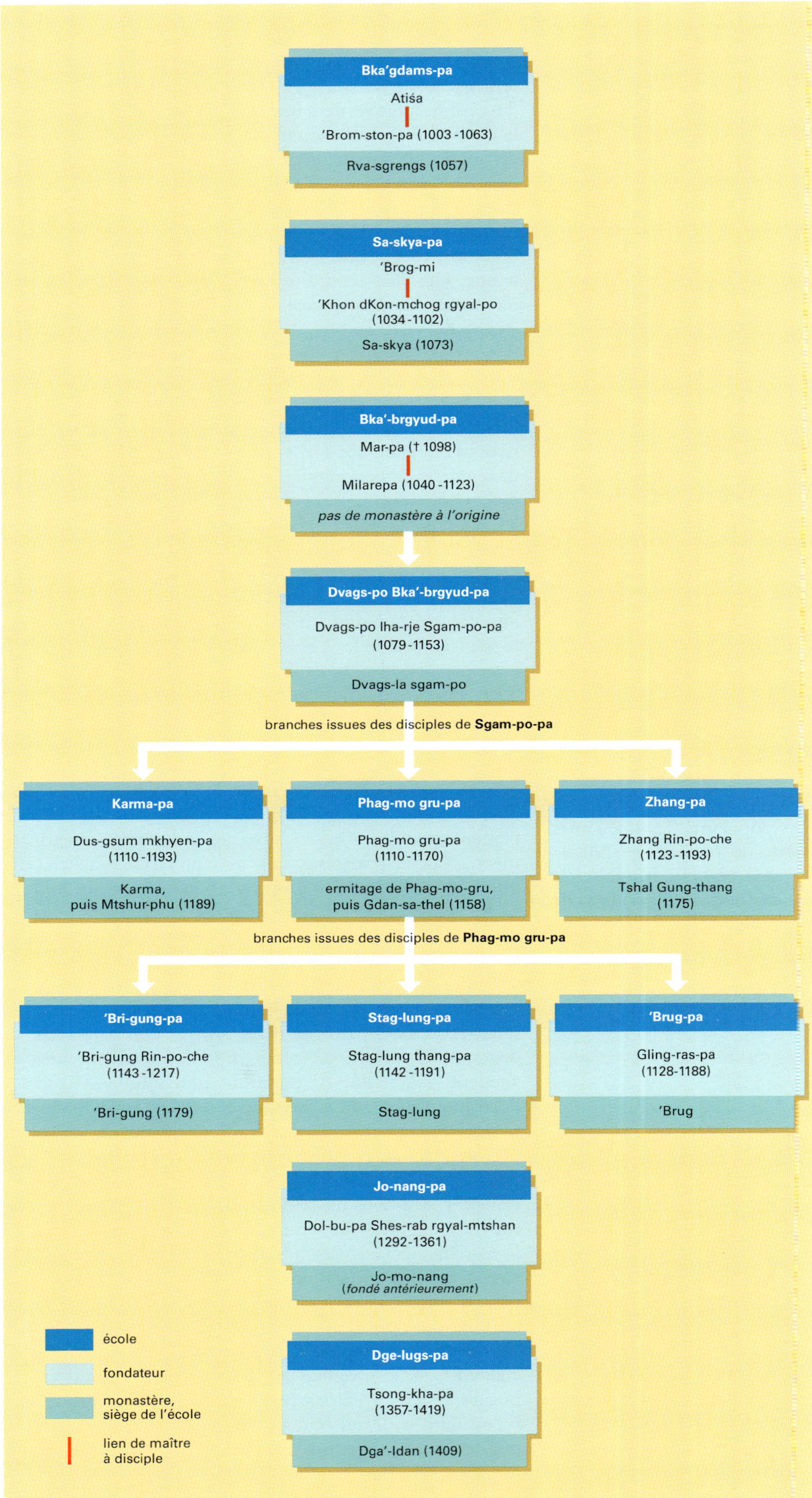

Les écoles nouvelles (« gsar-ma-pa ») du bouddhisme tibétain. Les premières se sont développées indépendamment les unes des autres mais, rapidement, se formèrent des courants mêlant les traditions, dont cette représentation schématique ne tient pas compte.

Avalokiteśvara. Formant avec Mañjuśrī et Vajrapāṇi la triade des trois Protecteurs (« Rigs-gsum mgon-po »), il est vénéré sous ses diverses formes comme le Protecteur du Tibet, son « champ de conversion ». Il y a œuvré par des émanations successives jusqu'aux dalaï-lamas. Bronze doré, XVIIIe siècle, hauteur 6 cm (E. Isacco).

trouvèrent leur forme presque définitive au XIVe siècle, avec l'œuvre de Bu-ston Rin-chen grub.)

Mais le véritable réformateur du bouddhisme tibétain fut Atiśa (982-1054), célèbre moine indien invité par le successeur de Ye-shes-'od au Tibet occidental, où il arriva en 1042. Réservant ses enseignements tantriques à ses disciples proches, il prêcha le bouddhisme mahāyānique et restaura en particulier les exigences de la vie monastique. C'est lui, probablement, qui donna son rayonnement au culte d'Avalokiteśvara, considéré désormais comme le protecteur attitré du Tibet : sa formule, son *mantra* : *oṃ maṇi padme hūṃ*, est, depuis lors, répétée à l'infini par les moulins à prière, les drapeaux, les pierres gravées et la bouche de tous les Tibétains. Autour de son disciple 'Brom-ston-pa (1008-1064) se forma l'école des bKa'-gdams-pa, qui a joué un rôle fondateur dans la constitution du clergé et l'organisation monastique qui se sont généralisées au Tibet.

À la même époque et concurremment, de nouveaux enseignements tantriques étaient implantés par des maîtres tibétains qui, en Inde, au Népal, s'étaient mis à l'école de saints mystiques, les *siddha*, détenteurs d'enseignements fondés sur un tantra particulier, et avaient reçu d'eux les initiations et l'autorité de transmission. Leurs disciples, suivant fidèlement les enseignements du maître fondateur, structurèrent peu à peu la communauté sous la forme de ce qui allait devenir des « écoles », chacune étant identifiée par un nom généralement dérivé de celui de son premier monastère fondé.

Avec des fortunes diverses, ces écoles remplirent le vide politique : drainant les dons des laïcs, arbitrant les conflits, elles devinrent les principaux propriétaires fonciers et tentèrent tour à tour de réaliser l'hégémonie du Tibet. Elles subordonnèrent en tout cas le pouvoir laïc au pouvoir religieux, et cela jusqu'à l'époque contemporaine. Certaines commencèrent à adapter comme mode de succession celui des « réincarnations » (*sprul-sku*) qui se généralisa peu à peu (cette institution, propre au Tibet, repose sur la théorie des trois Corps de Buddha : *sprul-sku* est le *nirmāṇa-kāya,* le Corps des formes salvatrices transitoires prises par les *buddha* et les *bodhisattva*).

Toutes ces écoles, qui s'appuyaient sur des traditions tantriques récentes et sur de nouvelles traductions des tantra, furent appelées globalement « Nouvelles » (*Gsar-ma-pa*), par opposition aux « Anciens » (*Rnying-ma-pa*), qui affirmaient la validité de la tradition tibétaine tantrique antérieure. Ces derniers, considérés avec suspicion par les « Nouveaux », entreprirent de justifier leur cause en recourant à des textes révélés, dont beaucoup auraient été cachés à l'époque dynastique à l'instigation de Padmasambhava, dont ils développèrent la figure jusqu'à faire de lui le second Buddha.

Au XVIe siècle se dessine la puissance politique de l'école la plus récente, celle des « Vertueux » (*Dge-lugs-pa*), fondée par Tsong-kha-pa (1357-1419). S'appuyant sur les traités des philosophes bouddhistes indiens et d'Atiśa, ce dernier exposa dans des ouvrages magistraux les principes du Mahāyāna et des tantra. Il intégra les deux approches, en reprenant la gradation introduite par Atiśa selon laquelle le Hinayāna (Petit Véhicule) est la voie destinée aux êtres de capacité moyenne, le Mahāyāna (Grand Véhicule) s'adressant aux êtres de bonnes capacités et le Vajrayāna (tantrisme) étant la voie rapide réservée aux êtres de capacités intellectuelles et spirituelles supérieures. Il prêcha aussi l'observance stricte des règles monastiques, qui connaissaient un certain relâchement. De ce fait, l'école est connue comme celle des Nouveaux Bka'-gdams-pa. Son succès fut très rapide. Entrant dans le jeu politique, elle finit par établir sa domination sur tout le pays au XVIIe siècle, sous l'autorité de la cinquième réincarnation d'un disciple de Tsong-kha-pa : le cinquième dalaï-lama, selon le titre mongol décerné à cette lignée depuis le XVIe siècle. Avec des variations mineures, la forme de gouvernement religieux établie alors, parfois définie comme théocratie, se maintint jusqu'à l'exil de l'actuel quatorzième dalaï-lama en 1959, sous la pression de la Chine communiste.

En Occident, la multiplicité des écoles – en outre, souvent appelées « sectes » – tend à faire penser qu'il existe entre elles des différences doctrinales fondamentales. En fait, cette diversité relève surtout de facteurs historiques et des modalités propres à la transmission des enseignements tantriques. Lorsque le bouddhisme fut introduit au Tibet, au VIIe siècle, il le fut sous les deux formes qui coexistaient alors en Inde : le Mahāyāna et le tantrisme. On perçoit mal, généralement, que la « révélation » des tantra dans le monde indien a accompagné chronologiquement la bouddhisation du Tibet : le dernier grand tantra, le

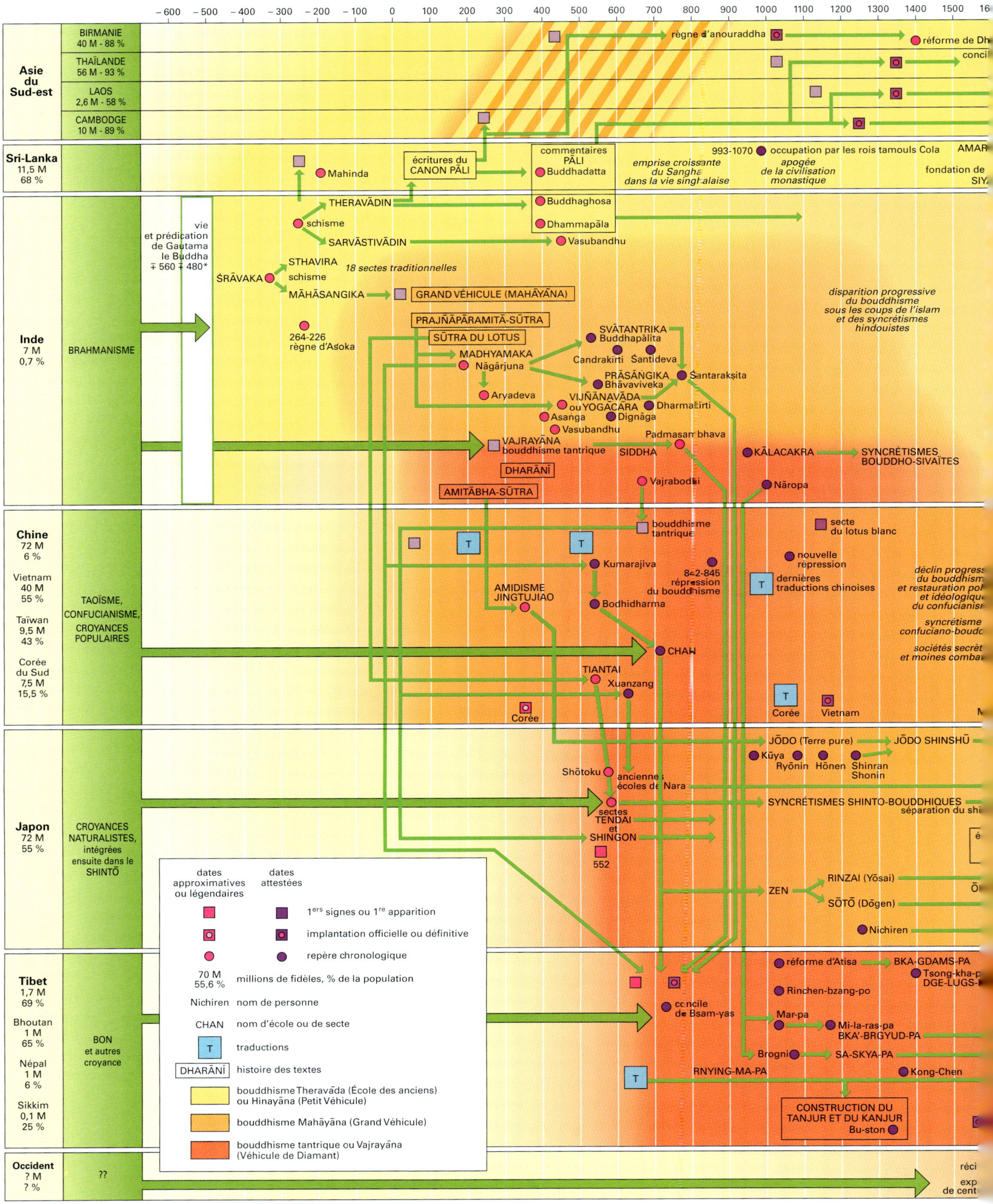

Écoles et courants principaux du bouddhisme des origines à nos jours. Sans prétendre être exhaustif, ce schéma rassemble l'essentiel des lignes de force et des connexions entre les divers développements du bouddhisme (d'après Roger-Pol Droit et Véronique Crombé).

00 1900 1925 1950 1975 1980 2000

dial ● 871 — 1954-1956 ● VIe concile mondial — 1980 ● révoltes étudiantes — ● 1991, Aung San Suu Kyi bouddhiste résistante, prix Nobel de la paix
1782 IV ● — ● renaissance du bouddhisme « de la forêt » — ● 1989 création du Réseau mondial des bouddhistes engagés — ● 1980-1990 mouvements de réforme
1975 ● domination communiste
Khmers rouges 1975 ● — ● 1980 occupation vietnamienne — ● 1991 renaissance du bouddhisme

Birmanie, Thaïlande, Laos et Cambodge sont aujourd'hui dominés par le bouddhisme Theravāda (Doctrine antique, dite péjorativement Hinayāna, Petit Véhicule), mais il y reste des traces d'une présence non négligeable du Mahāyāna (Grand Véhicule). La situation contemporaine est contrastée et teintée d'ambiguïté. En Thaïlande, des groupes de création récentes, menés par des laïcs dynamiques ou des moines réformateurs, sont en pointe dans le développement d'un bouddhisme socialement, voire politiquement engagé, et s'attirent souvent, bien que le bouddhisme soit religion officielle, les foudres des autorités. Le régime birman actuel se montre tout à la fois très répressif – même à l'égard des religieux – et soucieux de se donner une image de protecteur du bouddhisme. La prise du pouvoir par les forces communistes au Laos, et, au Cambodge, le régime khmer rouge suivi de l'occupation vietnamienne ont fait connaître au bouddhisme des moments extrêmement durs. Au Cambodge, toutefois, le bouddhisme a opéré une spectaculaire renaissance depuis le retour sur le trône du roi Sihanouk en 1991.

● 1803
A ● 1855
ciety ● 1892
3
1948 ● indépendance du Sri-Lanka
1950 ● création de la World Fellowship of Buddhists — ● 1958 fondation du mouvement Sarvodaya — ● 1983 début du conflit ethnique ; Sarvodaya tente une médiation

Bouddhiste depuis près de vingt-trois siècles, Ceylan est le véritable conservatoire du Theravāda, dont l'île préserve la doctrine et la discipline monastique. Les moines y ont toujours joué un rôle économique et politique majeur, et leur place dans la société reste importante.

ment politico-religieux renouveau bouddhiste (B. R. Ambedkar) ● 1956
renouveau des lieux de pèlerinage bouddhiques ● 1980
montée du fondamentalisme hindou ● 1990

NB - Nous indiquons ci-contre les dates habituellement admises. Toutefois, de récentes découvertes conduisent la plupart des spécialistes à resituer la prédication du Buddha dans la seconde moitié du Ve siècle et sa mort vers 400 av. J.-C.

C'est dans le cadre géographique et culturel de l'Inde que naît et se développe le bouddhisme. Au IIIe s. av. J.-C., le roi Açoka, converti, joue un grand rôle dans l'expansion de la doctrine tant en Inde qu'à l'étranger. Le bouddhisme laisse sur la vie culturelle et sociale de l'Inde, ainsi que sur son héritage artistique une empreinte durable jusque vers le XIIIe siècle. Le pouvoir d'absorption de l'hindouisme et les destructions occasionnées lors de l'implantation de l'islam provoquent alors sa disparition. Restent des monuments et des lieux de pèlerinage qui, longtemps abandonnés, sont à nouveau fréquentés par des bouddhistes venus du monde entier. Tous les courants du bouddhisme se rattachent à des origines indiennes, que l'on tend parfois à trop négliger. Dans les années 1950, une éphémère renaissance du bouddhisme se manifeste lors de la conversion massive d'intouchables, suivant l'exemple du Dr Ambedkar. L'essentiel de la présence bouddhiste en Inde reste toutefois celle des réfugiés tibétains.

mouvement de régénérescence
1980 ● regain d'intérêt pour le bouddhisme ; accroissement du nombre d'instituts d'études
association iste chinoise ● 1929
nouvelle ociation bouddhiste ● 1949
(Vietnam) 1963 ● premiers suicides de moines ; création de l'Église bouddhique unifiées
(Vietnam) 1965 ● Thich Nhat Hanh fonde l'ordre de l'inter-être
1966-1969 ● persécutions de la révolution culturelle
ues

Arrivé en Chine au Ier siècle, le bouddhisme y est d'abord plus ou moins assimilé au taoïsme, en raison de l'imprécision des premières traductions. Plusieurs points de sa doctrine sont pourtant difficilement compatibles avec la pensée chinoise. Non sans quelques accrocs, et grâce à son exceptionnelle faculté d'adaptation, le bouddhisme finit néanmoins par s'implanter, prenant une coloration spécifiquement chinoise, et bénéficiant souvent des faveurs impériales. L'âge d'or se situe entre le VIe et le Xe siècle : poursuite du travail de traduction, multiplication des monastères, dont les biens et la puissance considérables finissent par inquiéter le pouvoir, qui lance, au milieu du IXe siècle, une persécution dont le bouddhisme ne se remettra jamais. Coupé de sa source indienne, de plus en plus pénétré de croyances autochtones, le bouddhisme se fond dans la religion populaire, avant de connaître, au début du XXe siècle, un certain renouveau auquel la prise du pouvoir par les communistes coupe court. La Révolution culturelle fait d'énormes dégâts. La situation s'est aujourd'hui beaucoup améliorée, mais toujours sous l'étroit contrôle de l'État. Le bouddhisme chinois reste plus vivace à Taiwan et à Singapour.

●
e
s
T
HŪ
multiples sectes traditionnelles et nouvelles sectes néo-bouddhistes

Introduit tardivement, au VIe siècle, par le biais de la Corée, le bouddhisme reste très vivant au Japon, où il est marqué par un syncrétisme avec le shintō. Au sein d'une grande diversité, amidisme et écoles nichirenites restent les tendances les plus populaires. Au XXe siècle, des universités bouddhiques dont le travail d'érudition et de critique est internationalement reconnu se sont créées, et de nombreux mouvements néo-bouddhistes sont apparus, dont certains s'efforcent de concilier spiritualité traditionnelle et réalités contemporaines.

ème
ama
AMAS
occupation du Tibet par la Chine populaire
fin de système politico-religieux traditionnel
fin des années 1990 ● le Xe panchen-lama emprisonné ; répression chinoise
1989 ● mort du Xe panchen-lama
ED
ement
tiste)
1959 ● exil du XIVe dalaï-lama

Aucune culture n'a été aussi profondément marquée par le bouddhisme que celle du Tibet, dont l'organisation politique, l'économie, l'art, la langue même ne pourraient être aujourd'hui envisagées sans cette empreinte millénaire. Après de longs et fréquents échanges avec l'Inde et la Chine, le bouddhisme tibétain poursuivit son développement de façon autonome. Situé essentiellement dans la mouvance du Grand Véhicule et du bouddhisme tantrique, le bouddhisme tibétain connaît une grande diversité et constitue un univers en soi. L'invasion du pays par la Chine populaire (1951), l'exil du quatorzième dalaï-lama (1959), les violentes persécutions dont les moines furent l'objet, le saccage des monastères pendant la Révolution culturelle ont démantelé l'organisation sociale traditionnelle, même si , depuis 1978, quelques temples ont été restaurés et rouverts. Ce sont les communautés exilées implantées en Inde, au Népal et en Occident qui maintiennent et transmettent l'héritage spirituel du bouddhisme tibétain. Tout en gardant leur originalité, des pays comme le Bhoutan, le Sikkim, ou, en Inde, la région du Ladakh ont conservé une vie religieuse proche de celle du Tibet traditionnel.

1960 ● création du Western Buddhist Order
e tibétain et zen ; création giés du Sud-Est asiatique ● 1970
1986 ● création de l'Union bouddhiste de France

On ne peut aujourd'hui passer sous silence l'intérêt que le bouddhisme suscite, depuis une trentaine d'années, dans les pays occidentaux, où il est maintenant pratiqué avec une répartition très inégale des écoles. D'aucuns considèrent qu'il s'agit là d'une étape majeure de l'histoire du bouddhisme.

Kālacakra, a été révélé au XIe siècle. Cette « nouveauté » explique peut-être la méfiance témoignée au tantrisme dans des édits royaux. Mais, après la deuxième diffusion du bouddhisme, une synthèse s'est opérée et, désormais, la forme tibétaine intègre les trois composantes du bouddhisme : Hinayāna, Mahāyāna, tantrisme – cela grâce à la gradation proposée par Atiśa en fonction des capacités des fidèles. Ainsi, même si certaines écoles privilégient d'emblée la pratique des tantra (Bka'-brgyud-pa, Rnying-ma-pa), tandis que d'autres insistent sur les préalables nécessaires de l'étude et de la maîtrise de l'esprit par les méthodes proposées par le Mahāyāna (Dge-lugs-pa surtout), toutes adhèrent au même fonds commun. Les principes de base du bouddhisme sont acceptés de tous, religieux et laïcs : les quatre Nobles Vérités ; l'inéluctabilité du cycle des renaissances (*saṃsāra*) conditionné par la rétribution des actes (*karma*) ; la possibilité pour celui qui suit la voie bouddhique d'échapper à ce cycle à plus ou moins long terme. Ce sont ces seuls principes que retiennent les laïcs, qui restent tout à fait ignorants des savantes disputations du clergé. Mais l'accord de celui-ci est également total sur les points suivants : les *sūtra* énoncés par le Buddha, les règles disciplinaires pour les moines et les nonnes (*vinaya*) et la métaphysique (*abhidharma*), qui sont du bouddhisme hinayānique ; la position philosophique, qui est celle de la Voie du Milieu (*mādhyamaka*). C'est finalement sur des questions d'interprétation de la doctrine que les commentateurs tibétains se sont disputés, parfois âprement, et sur la pratique des tantra que des divergences réelles se font jour. De plus, chaque école privilégie la pratique d'un tantra et vénère une divinité protectrice (*yi-dam*) particuliers. Encore faut-il nuancer, car des courants parfois antagonistes existent au sein de toutes les écoles, tandis que se sont formées des lignées de transmission tantrique hybrides, associant des adeptes appartenant à des écoles différentes.

Tout au long de l'histoire, l'ostracisme et la tolérance ont cohabité au Tibet. La destruction des structures sociales et religieuses n'a pas permis de voir quels fruits aurait porté un mouvement « sans parti pris » (*ris-med*) né dans les provinces orientales au XIXe siècle, qui cherchait à réconcilier les positions des différentes écoles.

C'est à dessein que l'on n'a pas utilisé, dans cet article, le terme « lamaïsme », qui a été inventé par les Occidentaux pour caractériser la forme tibétaine du bouddhisme, mais qui est sans fondement dans la tradition tibétaine elle-même. Le mot veut signifier le rôle prépondérant du lama dans la religion tibétaine ; même si ce rôle est réel, il n'est pas propre au Tibet, mais inhérent au tantrisme : *bla-ma* (lama) est la traduction du sanskrit *gurū*.

Le tantrisme

André PADOUX

Le tantrisme n'est pas une religion distincte du bouddhisme et de l'hindouisme : il n'en est qu'une forme particulière. On a parfois dit qu'il n'en était que l'aspect rituel et technique, mais c'est aller trop loin, car le tantrisme a d'importants traits propres d'ordre théologique et doctrinal. Développement intérieur aux religions indiennes, il les a marquées à tel point qu'à partir d'un certain moment il n'y a plus guère eu d'hindouisme qui ait échappé à son influence, cependant que tout le bouddhisme himalayen (tibétain surtout) en était imprégné. Le bouddhisme chinois n'y a pas échappé non plus et, par lui, le tantrisme s'est étendu au Japon. Il s'agit donc d'un phénomène religieux considérable, d'une longue durée historique, multiforme et, pour ces raisons mêmes, difficile à cerner et à définir.

Le mot tantrisme – du sanskrit *tantra*, « trame », d'où « doctrine » et, de là, « traité enseignant cette doctrine » – est dû aux orientalistes européens qui, vers la fin du XIXe siècle, découvrirent dans des textes nommés tantras des doctrines et des pratiques différentes de celles du brahmanisme et de l'hindouisme classique, ou de celles du bouddhisme ancien et du Mahāyāna, qu'ils connaissaient et qu'ils croyaient former le tout des religions indiennes. Soulignons que tous les textes nommés tantras ne sont pas tantriques et, surtout, que la majorité des œuvres tantriques ne s'appellent pas tantras. La tradition hindoue avait toutefois depuis longtemps distingué entre un enseignement tantrique (*tāntrika*) et un autre, dit védique (*vaidika*), ce qui opposait deux formes différentes de la Révélation, la première moins « orthodoxe » que l'autre, mais se disant mieux adaptée aux besoins de l'époque, toutes deux subsistant côte à côte et même se trouvant très largement en symbiose, ce qui précisément fait qu'on peut s'interroger sur la nature propre du tantrisme (et même sur son existence en tant que tel). Ces doctrines et pratiques tantriques, en effet, tenues, quand elles furent d'abord étudiées en Occident, pour rares et aberrantes, devaient apparaître ensuite comme presque partout présentes à des degrés divers dans les religions de l'Inde à partir d'une période qu'on peut sans doute, dans l'état actuel des connaissances, situer vers les Ve-VIIIe siècles de l'ère chrétienne.

Existant dans le bouddhisme comme dans l'hindouisme, le tantrisme fut probablement d'abord un phénomène hindou. Certes, les plus anciennes traces datées que nous en

Un dieu d'effroi et de séduction. Une forme de Śiva, Bhairava sans doute – car un chien l'accompagne –, danse, exprimant ainsi l'écoulement cosmique. Gouache sur papier, Inde, début du XIXe siècle, coll. part. (E. Isacco).

ayons sont bouddhiques (chinoises, d'ailleurs). Mais il semble bien que, comme l'hindouisme, le bouddhisme ait repris d'anciens éléments doctrinaux, ou des pratiques, remontant parfois jusqu'au *Veda*, provenant aussi de cultes autochtones indiens, notamment de cultes de divinités féminines. Comment et pourquoi ces éléments, absents ou presque des *Upaniṣad* anciennes ou du premier bouddhisme, se sont-ils développés (ou sont-ils réapparus après une longue éclipse) dans les premiers siècles de l'ère chrétienne ? C'est une question à laquelle on ne peut répondre encore.

Géographiquement, bien des œuvres tantriques (et surtout bouddhiques) semblent provenir de zones himalayennes ou proches de l'Himalaya (où elles se sont d'ailleurs conservées, au Népal et au Tibet notamment). On en a parfois conclu que certains traits tantriques devaient avoir une origine extra-indienne, centre-asiatique ; mais rien ne le prouve. Le tantrisme paraît bien, au contraire, être un phénomène proprement indien, qui s'est ensuite répandu ailleurs en Asie avec les religions indiennes.

Historiquement, sans doute les pratiques et spéculations tantriques sont-elles nées chez de petits groupes initiatiques de renonçants, virtuoses visionnaires de l'ascèse et des rites, adorateurs avant tout de déités redoutables, souvent féminines, parfois thériomorphes, par lesquelles ils étaient possédés lors du culte. Ces rites devaient avoir le plus souvent un caractère transgressif, se déroulant ordinairement la nuit et dans les lieux de crémation. Ces traditions, surtout shivaïtes, d'ascètes *kāpālika* – porteurs d'un crâne humain, hantant les bûchers funéraires, violant systématiquement les règles de pureté de la société des castes (ou niant la valeur de la morale bouddhique) – remontent certainement à un très ancien passé. Tout en subsistant marginalement jusqu'à nos jours, ces petits groupes évoluèrent vers (ou donnèrent naissance à) des traditions initiatiques plus ouvertes, plus respectables, où les pratiques déviantes furent entendues surtout symboliquement et s'accompagnèrent de développements métaphysiques considérables et très subtils. De cette évolution, de cette « brahmanisation » progressive, du tantrisme témoignent notamment les traditions shivaïtes cachemiriennes, mais aussi le tantrisme vichnouite. Alors que les renonçants déviants recherchaient avant tout les pouvoirs surnaturels et la domination magique du monde, c'est plutôt vers la délivrance des liens de l'existence (le *mokṣa*) que tendent ces traditions hindoues tantriques plus orthodoxes. Dans le tantrisme bouddhique, il semble aussi que l'on soit passé d'un ésotérisme visionnaire transgressif, illustré notamment aux VIIIe-IXe siècles par les Sahajiyā du Bengale, à des formes institutionnalisées et plus spéculatives gardant cependant un noyau ésotérique – l'évolution, il est vrai, se concrétisa pour l'essentiel hors de l'Inde. Notons que, même s'il a peu à peu colonisé l'ensemble de l'hindouisme (ou, au Tibet, tout le bouddhisme), le tantrisme fut essentiellement le fait de minorités actives, ne serait-ce que parce qu'il impliquait l'initiation et l'accomplissement de rites particuliers. Certes, son influence a été énorme : il a marqué toute la religion et une grande partie de l'art ; il a produit une immense littérature religieuse, rituelle, technique, mais il n'a sans doute jamais été effectivement vécu que par un petit nombre d'adeptes.

Pour autant qu'on puisse le définir brièvement, le tantrisme apparaît comme un ensemble de rites et de pratiques religieuses déviant parfois de la norme orthodoxe, tendant, pour l'adepte, à l'obtention de pouvoirs surnaturels plus qu'à celle de la délivrance, mais pouvant donner aussi bien celle-là que ceux-ci, ne serait-ce que parce que, dans ces systèmes, le progrès dans l'union avec la déité, but ultime, s'accompagne nécessairement de l'acquisition de tels pouvoirs, signes et effets de ce progrès. Le tāntrika parvenu au but, « libéré en vie » (*jīvanmukta*), est un homme-dieu, transcendant et dominant la création. Celle-ci, dans cette même vision tantrique, est l'œuvre de l'énergie, féminine, de la divinité : elle est toute pénétrée de cette force et se déploie comme un vaste jeu cosmique. Par là s'explique ce côté d'effervescence joyeuse, terrible parfois, mais toujours ludique sur le plan cosmique, de

Bhairavī. Forme féminine du dieu Bhairava, qui est Śiva sous son aspect le plus redoutable ; elle hante les lieux de crémation, suivie d'un chien ou d'un chacal dévoreur de cadavres. Gouache et encre sur papier, Inde, XVIIIe siècle, coll. part. (E. Isacco).

Chinnamasta décapitée et buvant son sang. Émanation de la Déesse unie sexuellement à Śiva, elle en symbolise la force disruptrice et la puissance créatrice multiforme. Gouache sur papier, Inde, 1800 env., coll. part. (E. Isacco).

l'ascèse tantrique (qui, à cet égard, porte à leur paroxysme des éléments présents dès le *Veda*).

Cette ascèse repose sur l'idée que le monde, œuvre divine où l'homme est intégré, ne doit pas être rejeté, mais au contraire doit être utilisé pour obtenir le salut (et/ou les pouvoirs). Dans ce cas, le désir (*kāma*), sous la forme surtout du désir amoureux, aura une place centrale, la pulsion sexuelle reproduisant sur le plan humain le désir divin d'où est né le monde. La divinité, en effet, est conçue comme ayant deux pôles, masculin et féminin, dont l'union féconde fait apparaître le cosmos et en laquelle, en fin de cycle, il se résorbe.

Transgression aussi bien que participation à l'exubérance cosmique caractérisent cette vision tantrique. Elles expliquent l'usage dans le culte de substances normalement proscrites : viande, poisson, alcool, et celui de l'union sexuelle rituelle. (Mais il faut se garder de voir dans le tantrisme un pan-sexualisme orgiaque, et se rappeler aussi que l'usage du symbolisme sexuel remonte au *Veda*.) Développant les conceptions upanishadiques, le tantrisme voit l'univers comme un système d'ensemble où tout se répond, où des homologies mettent tous les niveaux en correspondance, où l'homme participe au mouvement de l'énergie divine, qui est également présente en lui : c'est en s'y éveillant qu'elle l'unit à la déité. (Le *Veda*, déjà, disait que les dieux sont en l'homme comme des vaches dans une étable.) Caractéristiques aussi du tantrisme sont les spéculations magicolinguistiques sur la parole, avec, surtout, l'enseignement des mantras (le *mantraśāstra*), c'est-à-dire des « formules », dont le rôle est essentiel dans l'évolution cosmique comme dans les rites et dans le salut de l'homme, lié par là à la cosmogonie. Enfin, quoique la divinité, même polarisée, soit conçue comme une, le panthéon tantrique (même dans le bouddhisme) multiplie indéfiniment les déités (souvent terribles et qui vont par paires sexuées) et les entités surnaturelles de toutes sortes. Dans diverses sectes hindoues, la divinité suprême est la déesse, dans une de ses formes aimables ou (plutôt) redoutables. Religieusement (plus que socialement), le tantrisme se présente comme ouvert en principe à tous, sans distinction de caste ni de sexe. S'il est caractérisé par une extraordinaire prolifération rituelle, ses rites ne prennent sens et valeur que par la vision cosmique qu'on vient de dire : c'est l'organisation, l'orientation, d'une certaine sorte de rites par une certaine doctrine qui fait qu'il y a tantrisme.

Dans le bouddhisme, la perspective, différente puisque « athée », reste cependant voisine : la puissance y est aussi recherchée en même temps que la libération, et l'homme, corps et esprit, y peut devenir le Buddha, conçu cosmiquement. L'adepte y construit mentalement l'univers et, en en réalisant par là la nature, il s'en libère tout en le dominant. Les deux traditions se rencontrent d'ailleurs en plusieurs points.

Le taoïsme

KRISTOFER SCHIPPER

Le taoïsme est propre à la Chine, où sa place dans l'histoire et dans la société est comparable à celle de l'hindouisme en Inde. S'il est cependant moins bien connu de nous que ce dernier, cela tient surtout aux persécutions qu'il a subies – d'abord sous la dynastie étrangère des Mandchous, celle des Qing (Ts'ing ; 1644-1912), puis sous les différents régimes modernes – et auxquelles les missions chrétiennes, depuis la fin du XVIe siècle, ont apporté un soutien non négligeable.

Le Vieux Maître et la Voie

À l'intérieur de la société chinoise, le taoïsme représente la tradition écrite et canonique qui unifie la diversité des culstures et cultes locaux. Il est le gardien des Écritures révélées, qui sont transmises aux initiés, les maîtres. Ce rôle de toujours est illustré par la légende qui entoure la vie du fondateur, Laozi (Lao-tseu), le Vieux Maître (ou le « vieil enfant » ; les deux sens coexistent). Laozi, de son nom per-

Le paysage comme randonnée spirituelle. Chaque élément de la peinture taoïste a sa valeur allégorique. Dans ce paysage d'automne, la « voie » mène du bosquet, en bas à gauche, au pont (élément eau = nord, hiver) et aux montagnes lointaines de la mort et de la résurrection. Peinture de Tchao Mong Fou, 1642, coll. part., Japon (Explorer, Archives).

sonnel Li Dan (Li Tan), vécut au VIe siècle avant l'ère chrétienne et fut archiviste – gardien des écrits – à la cour des rois de la dynastie des Zhou (Tcheou). Parvenu à un très grand âge, il se retira du monde. En route vers les montagnes sacrées de l'Ouest, il traversa la Passe de Xian'gu (Hien-ku) et fut reconnu par le gardien, un certain Yin Xi (Yin Hi), qui le supplia de lui transmettre son enseignement. Laozi dicta alors un texte d'environ cinq mille mots, le célèbre *Livre de la Voie et de la Vertu* (*Daode jing* [*Tao-tö king*]).

Le Dao (Tao), la Voie, dont parle Laozi est le principe primordial de l'univers ; éternel, il est en toute chose, selon une immanence qui transcende la création et qui fait qu'il ne participe pas à celle-ci autrement qu'en tant que principe structurant, comme processus (« voie ») de changement. Ainsi est-il indéfinissable et ne se manifeste-t-il qu'à travers des formes toujours différentes. Sa réalité résiste à la conceptualisation : « Le Dao dont on peut parler n'est pas le Dao éternel », dit la première phrase du *Daode jing*.

Principe régulateur du temps cyclique, maître des transformations infinies, le Dao opère la création à partir du chaos primordial, sphère fermée, matrice du monde, dans lequel toutes les énergies, les « souffles », *qi* (*k'i*), demeurent à l'état indifférencié. Sous l'effet du temps cyclique, cette matrice parvient à maturité ; elle s'ouvre, se vide de ses énergies, qui, en s'échappant, se différencient aussitôt. Les unes, claires et légères, forment le ciel ; les autres, opaques et lourdes, la terre.

Tous les êtres se créent ainsi, spontanément, par la coagulation éphémère des souffles. Ceux-ci, toujours sous l'empire du temps, se disloqueront bientôt de nouveau. Les oppositions complémentaires entre ciel et terre, entre temps d'union et temps de séparation, entre chaos et création, entre vie et mort, *yin* et *yang*, et le processus des transformations infinies sont donc l'œuvre du Dao, son pouvoir, sa manifestation, sa « vertu », *De* (*Tö*). Ceux qui savent épouser ce processus et incorporer cette vertu deviennent un avec le Dao et se transforment avec lui. Maîtres du temps, ils sont éternels. De magnifiques pages sur cette union avec la nature et sur ce retour aux sources du spontané nous ont été transmises par le *Daode jing*, ainsi que par sa grande glose apologétique, le *Zhuang-zi* (*Tchouang-tseu*).

Laozi, le « Vieux Maître ». Statue en bois polychrome de la fin du XVIe siècle. Portant la couronne des maîtres, le sage arbore un sourire mystique caractéristique de l'iconographie taoïste. Coll. part. (J.-L. Charmet, W. Schipper).

L'arrière-fond d'une antique tradition

Le *Daode jing*, petit livre qui, à lui seul, domine toute la tradition des mystères de la Chine antique, nous est parvenu dans une version du IVe siècle avant J.-C. Divisé en deux parties, le Livre du Dao et le Livre du De, et comprenant quatre-vingt-un chapitres (neuf fois neuf, le neuf étant le chiffre du *yang* !), ce classique se présente comme une suite d'aphorismes d'une teneur profondément paradoxale. La Voie dont on peut parler n'est pas la Voie éternelle et absolue. Autrement dit : « Voie » n'est pas voie ; chaque nom est relatif (chapitre Ier). Nos définitions sont arbitraires ; le beau n'existe que grâce au laid, etc. (chapitre II). L'intelligence est le début de la fausseté ; les sages sont inutiles, sinon dangereux… Ainsi, tout est mis en œuvre afin de briser le carcan de nos idées reçues et de nos vouloirs. Le taoïste ne s'engage pas dans des disputes ; il ne prend aucune initiative, mais se laisse aller au flux du temps, se transformant avec la nature. Cette union avec « ce qui est ainsi de par soi-même », *ziran* (*tseu-jan*), avec le spontané, s'obtient par le non-agir, *wu wei* (*wou-weï*). Loin d'être une sorte de passéisme inerte, le wu wei recouvre une pratique concrète de recherche d'harmonie avec la nature, tant du point de vue intellectuel que du point de vue physique. Le système taoïste, en effet, n'opère aucune distinction fondamentale entre l'esprit et la matière – puisque tous les deux sont faits de « souffles » – et encore moins entre l'esprit et le corps, à propos desquels l'idée même de dualité lui est profondément étrangère.

La vie de l'adepte, sa pratique liturgique du non-agir et son union avec la nature sont décrites de façon admirable dans l'autre grand texte du taoïsme, le *Zhuangzi*. Constitué de plusieurs apologues, dont la partie ancienne – les sept chapitres dits intérieurs – date du IVe siècle avant J.-C., ce livre est un des plus beaux de la littérature chinoise. Et il serait un grand classique mondial, s'il en existait des traductions dignes de ce nom, ce qui n'est malheureusement pas encore le cas. Sous une apparente facilité anecdotique, le *Zhuangzi* recèle, en effet, une pensée mystique d'une profondeur redoutable, dont aucun des centaines de commentateurs chinois de toutes les époques n'a pu venir à bout. Le taoïste du *Zhuangzi* est un homme du peuple, paysan ou artisan, homme ou femme. Il épouse son siècle, vit en pauvreté, mais refuse la retraite de l'ermite. Se moquant des grands de ce monde, il participe aux fêtes et aux rites du peuple, sans s'y investir. Les rites humains sont aussi naturels à l'homme que les instincts aux oiseaux et aux quadrupèdes. Tous les êtres ont un besoin profond de liberté. Gare au piège des charges, des honneurs et de la renommée ! Gare à l'intelligence, qui nous aliène de la nature ! Il convient seulement de suivre la sagesse du corps.

Le *Zhuangzi* représente l'aboutissement philosophique et mystique d'un arrière-plan de pratiques individuelles et communautaires du taoïsme de l'époque, dans lesquelles on peut voir, à juste titre, les « mystères » de la Chine antique, selon une analogie frappante avec ceux de la Grèce ancienne. La Voie du Vieux Maître est un mouvement séparé du culte public des cités et des royaumes, et auquel toutes les classes de la population participent. Son but est la recherche de l'immortalité, le salut individuel. Un de ses lieux saints les plus célèbres est le Pic de l'Est, le Taishan (T'ai-chan), dans l'actuelle province du Shandong.

Au moment de la fondation de l'empire (249 av. J.-C.), les rites des mystères furent incorporés dans le culte impérial, tandis que le taoïsme lui-même était banni de l'orthodoxie officielle. Ainsi commence la situation paradoxale du taoïsme qui dure jusqu'à nos jours : celle d'un système qui reste la véritable religion des masses paysannes, mais qui a été peu à peu méprisé et ignoré, puis finalement persécuté par les gouvernements quels qu'ils soient. Le taoïsme, dont l'organisation liturgique constitue l'armature politique de la société rurale et le lien de sa vie associative, représente la tradition écrite et savante des traditions non officielles. Il donne ainsi à la religion populaire ses Écritures, sa grande liturgie, sa théologie. Il crée et nourrit en son sein, tout au long de l'histoire, la science, les techniques et les arts du peuple chinois, sa médecine, son architecture (les jardins chinois !), sa métallurgie, sa peinture et sa calligraphie... Malgré sa marginalité, il parvient non seulement à survivre, mais même à transmettre ses Écritures. Celles-ci, après le *Daode jing* et le *Zhuangzi*, se multiplient. La recherche de l'immortalité (la Longue Vie) aboutit à des traités sur le souffle, l'union sexuelle, la méditation, la pharmacologie, la gymnastique. Aux premiers siècles de l'ère chrétienne, des mouvements sectaires, messianiques et eschatologiques, se sont greffés sur le tronc des anciens mystères. Ces mouvements, dits des Maîtres Célestes, des Turbans Jaunes, de la Grande Pureté, etc., reçoivent des révélations nouvelles, véritable Nouveau Testament du Dao. Ces Écritures, authentiques gages de salut pour les temps de la fin, s'ajoutent aux textes anciens. Ensemble, ils constitueront le premier canon taoïste (Ve s.), qui ira en s'amplifiant et en s'enrichissant tout au long de l'histoire. L'édition de 1447, la seule qui nous soit parvenue de façon intégrale, compte plus de 1 500 ouvrages concernant tous les aspects du taoïsme. Il s'agit là d'un étonnant ensemble, encore peu exploité de nos jours, qui constitue avant tout un surprenant défi aux dynasties de notre monde d'hier et d'aujourd'hui.

Le shintō

François MACÉ

Sur les anciennes cartes des religions du monde, le Japon figure couvert de hachures bicolores qui symbolisent la coexistence du bouddhisme et du *shintō*, mais aussi l'absence de deux communautés distinctes cartographiables. Absence confirmée par le fait bien connu que beaucoup de Japonais se marient et vont présenter leurs enfants dans les sanctuaires shintō, mais célèbrent les funérailles dans les monastères bouddhiques. Il paraît alors évident que la distinction entre shintō et bouddhisme ne peut être ressentie par le plus grand nombre comme une différence entre deux religions qui serait du même ordre que celle qu'on rencontre entre le christianisme et l'islam, par exemple. C'est d'emblée, donc, que se pose le problème du statut de religion du shintō et de ses rapports avec le bouddhisme.

Or ce double problème est presque entièrement passé sous silence par les tenants du shintō. Pour eux, celui-ci est la religion nationale du Japon, l'essence même de la japonéité. Ils postulent une sorte d'équivalence entre le shintō et tout ce qui est authentiquement japonais. En ce sens, le shintō se situerait au-delà des définitions courantes des religions et serait le fondement de l'« être japonais ». Une autre forme de cette position est l'affirmation selon laquelle le shintō actuel représente l'aboutissement d'une tradition qui s'est maintenue vivante et inchangée depuis la nuit des temps malgré les aléas de l'histoire, tradition bâtie autour de quelques idées forces : religion de la vie, harmonie avec la nature, pureté, sincérité, respect des traditions. Cette double affirmation venant de l'intérieur du shintō ne peut

Une « fête nue » (« hadaka matsuri »). Ce type de fête qui rassemble les jeunes hommes d'une communauté se déroule le plus souvent en plein hiver, ici dans le département d'Aichi. La nudité, ainsi que les cris et les mouvements en apparence désordonnés, apparaît comme une affirmation de la force de la vie en une période critique, celle où le sort de l'année va se jouer. Ce genre de « matsuri », organisé par la communauté et non par le clergé, se situe en marge du shintō officiel. Pendant un temps, on le considérait comme relevant d'un shintō populaire ; on préfère y voir maintenant l'expression d'une religion populaire spécifiquement japonaise remontant à la nuit des temps et se situant à l'abri des dogmes et théories venus du continent, quitte à sous-estimer les nombreux éléments « étrangers » qui s'y trouvent englobés (Haga, Artephot).

être rejetée a priori. On doit l'examiner, puis, si possible, la dépasser pour essayer d'en dégager une vision du shintō qui tienne compte de sa coexistence avec le bouddhisme.

Religion nationale

Le shintō s'est trouvé mis au rang des grands systèmes religieux au même titre que le bouddhisme, l'islam ou le christianisme, ce dont on peut s'étonner. Il n'a, en effet, jamais dépassé le cadre territorial et culturel du Japon. De plus, il est difficile de soutenir que le shintō ait jamais proposé une pensée explicite aussi originale et féconde que celles du bouddhisme, du confucianisme ou du taoïsme, auxquels il a tant emprunté tout au long de son histoire. Le problème n'est pas d'établir une hiérarchie des religions, mais d'avoir conscience que la place du shintō parmi les religions dites universelles n'est pas le fruit d'une analyse objective : elle est le résultat d'un rapport de forces. Autrement dit, si la puissance économique et militaire du Japon de la fin du XIXe siècle n'avait pas atteint un niveau équivalant à celle des pays occidentaux, jamais ceux-ci n'auraient reconnu l'importance de cette « religion » en la distinguant des divers paganismes des peuples colonisés. D'un autre côté, si les responsables politiques japonais de cette fin du XIXe siècle voulurent donner à leur pays une religion nationale, c'est en partie pour le doter d'un instrument de cohésion comparable au christianisme en Occident. Pour ce faire, ils ont littéralement créé une religion à partir de certains éléments existants, avec ses sanctuaires, débarrassés des ajouts bouddhiques qui en faisaient pourtant partie depuis des siècles, son clergé, épuré de la présence des moines, sa « bible », le *Kojiki*, qui n'avait été redécouvert qu'au XVIIIe siècle, ses rites de mariage, inspirés de l'exemple chrétien, ses funérailles, imitées du bouddhisme. Ce shintō, largement artificiel, fut imposé sous le nom de shintō d'État ou, mieux, shintō national, *kokka shintō*, à tous les Japonais, quelle que fût leur religion, de la restauration de Meiji en 1868 à la défaite militaire de 1945. Quoi que l'on pense de son contenu religieux, c'est lui qui a formé l'image un peu glacée du shintō actuel : rites millénaires immuables accomplis par des prêtres impassibles aux costumes immaculés dans une nature majestueuse.

Religion indigène

Il ne faut pourtant pas croire que cette « religion nationale » ne fut qu'une création artificielle, simple instrument d'une politique nationaliste. En effet, bien que depuis 1945 il n'y ait plus aucune pression des autorités, près de 70 p. 100 de la population se rendent dans un sanctuaire shintō au moment du nouvel an. Du point de vue des sanctuaires, cela les fait entrer dans la catégorie des fidèles. Mais, pour la plupart de ceux-ci, il ne s'agit pas d'un acte religieux réfléchi, encore moins d'un signe d'appartenance au shintō (les enquêtes d'opinion publique recensent moins de 3 p. 100 de la population se réclamant de lui). Ce n'est qu'une coutume de nouvel an comme l'envoi de cartes de vœux. On se trouve ici, à l'évidence, devant un rite qui se situe à un niveau où le religieux se confond avec ce qu'il est convenu de faire selon les normes sociales. En ce sens, on serait en présence d'une religion nationale, mais qu'on ne peut définir comme shintō, puisque cette étiquette est récusée par les participants à ce type de rite et que, pour reprendre l'exemple de la visite du nouvel an, on peut tout aussi bien se rendre à cette occasion dans un monastère bouddhique.

On se trouve ici confronté à l'ambiguïté du mot shintō, qui, tout en prétendant recouvrir toute la japonéité, s'affirme différent des traditions devenues japonaises depuis longtemps. Cette ambiguïté apparaît avec le terme lui-même, qui semble avoir été utilisé dès le VIIe siècle, dans un milieu déjà fortement imprégné par le bouddhisme, pour distinguer le culte indigène national de celui-ci. Ainsi, dès l'origine, le mot shintō implique un rapport d'opposition ou de complémentarité avec une autre réalité religieuse, mais ce rapport ne pouvait être d'exclusion, car le terme lui-même était emprunté à la Chine au niveau de la langue, le sino-japonais, et surtout du concept : le *tō* de shintō (la voie des dieux) renvoie au *dao* de la pensée chinoise. D'autre part, le terme ne recouvrit jamais un système organisé, une « Église », mais une multiplicité de phénomènes religieux dont le seul point commun serait d'être indigène. Pour essayer de mettre un peu d'ordre dans un domaine aux contours si vagues, on eut recours à des subdivisions : shintō archaïque, shintō populaire, etc. Mais la tendance actuelle est de restreindre l'emploi du terme ; on préfère parler, par exemple, de la religion du Japon archaïque ou de la religion populaire, où les rites et les croyances bouddhiques ne sont plus artificiellement séparés des éléments dits shintō. Si bien qu'à la limite, le shintō se dissolvant dans les courants religieux de chaque époque, il ne reste de shintō que celui des sanctuaires et sa forme officielle, le shintō national.

L'enjeu n'est pas seulement une affaire de vocabulaire. En gardant le mot « shintō » même accompagné de spécification, on affirme une continuité. Au contraire, le choix d'appellations qui ne se réfèrent pas au shintō nie implicitement cette continuité et, d'une certaine façon, la spécificité du shintō en tant que phénomène religieux. Cette dernière façon de voir rend compte de la nécessité où l'on fut, pour créer le shintō d'État, de l'extraire de la religion vécue en le séparant brutalement et artificiellement du bouddhisme, qui avait autant de droit à être promu religion nationale.

Religion poème

Sans préjuger de son contenu, la création même du terme de shintō témoigne d'un effort pour préserver une certaine identité. Avec des hauts et des bas, cet effort est repérable tout au long de l'histoire religieuse du Japon. L'une de ses meilleures illustrations en est le sanctuaire d'Ise, consacré à la déesse solaire Amaterasu, ancêtre de la famille impériale, reconstruit périodiquement à l'identique depuis la fin du VIIe siècle. De plus, il était interdit d'y prononcer des mots liés au bouddhisme tels que « moine », *sūtra*, etc. On employait, à la place, des périphrases. À première vue, cela dénote un souci extrême de préserver la pureté du sanctuaire de tout contact avec le bouddhisme. Mais l'existence de mots de remplacement fait apparaître le bouddhisme en creux par sa négation même. Ce procédé est analogue à la poésie classique japonaise, si chère aux penseurs shintō du XVIIIe siècle, poésie qui s'interdit l'utilisation de mots venus du chinois, alors qu'une grande partie du lexique japonais vient de cette langue et que les poètes japonais cultivaient aussi la poésie chinoise, de même qu'un « fidèle shintō » va dans un monastère bouddhique pour un service anniversaire. De plus, comme dans la poésie classique, la substance même du shintō a incorporé des éléments étrangers. Ainsi la notion de pureté, présentée comme fondamentale par les penseurs shintō, semble avoir été entièrement renouvelée

Le rite officiel. Il apparaît comme le miroir inversé de la « fête nue ». C'est un rite célébré par un spécialiste qui porte le costume des fonctionnaires du Japon antique et qui lit un texte rédigé en japonais archaïque devant les offrandes destinées au kami (le « divin » abstrait, mais aussi ses innombrables manifestations concrètes). Toute émotion religieuse en semble exclue. Mais ce type de rite aux apparences volontairement archaïsantes est intégré dans le tissu des usages et se situe au même niveau qu'une inauguration officielle (A. Keler, Sygma).

au contact du bouddhisme, lequel l'enrichit de connotations morales qui lui faisaient défaut à l'origine.

On pourrait être tenté de réduire à rien toute l'originalité proclamée du shintō, mais ce serait refuser de voir sa réalité. Plus qu'un système religieux autonome, le shintō apparaît, dans un univers religieux composite, comme une conscience de l'identité japonaise parfois un peu naïve, en un temps effrayante, mais souvent pathétique dans sa volonté de défendre sa différence à l'aide de concepts pris chez ceux-là mêmes dont il voulait se démarquer.

Le chan et le zen

BERNARD FAURE

Si le chan (coréen : *sŏn* ; japonais : *zen*) tire son nom d'une transcription approximative et abrégée du sanskrit *dhyāna* (généralement traduit par « concentration » ou « méditation »), on ne peut oublier que, tel qu'il apparut en Chine au VIe siècle, il constituait sur de nombreux points une réaction contre le dhyāna à l'indienne, jugé trop passif, intellectuel, graduel. En dépit des efforts des maîtres chinois pour se forger une légitimité en faisant remonter leur tradition au Buddha, le chan est spécifiquement chinois, et, par bien des aspects, plus proche du taoïsme d'un Zhuangzi que du bouddhisme indien. Sous sa forme japonaise, il a été redécouvert en Occident dans les années trente, grâce aux ouvrages de Suzuki Daisetsu (D.T. Suzuki). Sa découverte datait, en fait, du XVIe siècle, lorsque, à la suite de François Xavier et de Matteo Ricci, les missionnaires chrétiens en Chine et au Japon se heurtèrent à lui.

L'histoire de la réception occidentale du chan explique la persistance de certains préjugés, dont le plus tenace sans doute consiste à le définir comme un irrationalisme. Cette définition, à laquelle Suzuki n'aura pas peu contribué et qui dispense trop souvent d'étudier la logique sous-jacente aux dialogues apparemment absurdes du chan, avait pourtant été récusée par un maître aussi éminent que Dōgen Kigen (1200-1253), le fondateur de la secte japonaise du Sōtō. Il existait, certes, un fort courant anti-intellectuel dans le chan. Mais il ne s'agissait précisément que d'un courant qui, bien que majoritaire à certaines époques, a souvent été critiqué et n'a jamais pu prétendre représenter l'ensemble de la tradition. De même, le zen de Suzuki, qui d'ailleurs en dérive, ne constitue qu'une interprétation, somme toute subjective, de la tradition rinzai et non la pensée chan dans toute sa complexité. Deux autres catégories, empruntées à la tradition chrétienne, sont souvent utilisées pour définir le chan : celles de « mysticisme » et de « quiétisme ». La seconde renvoie soit à l'ataraxie ou à la passivité, qui semblent caractériser la vie des monastères zen, tout entière tournée vers la pratique contemplative, soit à l'« antinomisme », qui découle du principe selon lequel tout être, foncièrement parfait, est originellement éveillé. Du même coup, toute pratique, y compris celle de la méditation, devient superflue, l'essentiel étant d'être spontané. Cette attitude présente peut-être quelque analogie avec le quiétisme chrétien de Miguel de Molinos. Quoi qu'il en soit, si les deux tendances sont effectivement présentes dans le chan, elles y revêtent des significations très différentes. Elles se sont d'ailleurs ouvertement opposées au cours de la fameuse controverse sur le « subitisme » qui divisa cette école au VIIIe siècle. Il est donc incorrect de les désigner par un même vocable. La notion d'un « mysticisme » chan, également reprise par Suzuki et ses épigones occidentaux, semble issue, quant à elle, de la « renaissance orientale » du XIXe siècle, qui voulait voir dans l'Inde le berceau de tout mysticisme. Dès lors, le chan, importé en Chine, selon la tradition, par le moine indien Bodhidharma (en chinois *Damo*, d'où la théorie des missionnaires chrétiens selon laquelle celui-ci n'était autre que l'apôtre des Indes, Thomas), se devait d'être « mystique ». Et l'on trouve encore des érudits qui cherchent à le faire dériver du védantisme ou du Theravada, voire du jaïnisme. De telles hypothèses, quoique dénuées du moindre fondement, permettent, au nom d'une mystique intemporelle ou du dialogue entre bouddhisme et christianisme, des rapprochements souvent hasardeux entre les traditions.

Du chan primitif à ses versions coréenne et japonaise

Un dernier préjugé tient au fait que, malgré quelques historiens chinois de valeur tels que Hu Shi ou Yinshun, la

Un « jardin de pierres » zen. Les compositions minérales du Japon, comme celles du Ryūgen-In de Kyōto, ont frappé les Occidentaux plus vivement que d'autres aspects, souvent plus fondamentaux, des doctrines et des pratiques du zen (J. Kugler, Fovea).

tradition historiographique du chan/zen est essentiellement japonaise et qu'on présente d'ordinaire ce mouvement comme ayant eu un développement linéaire dont l'aboutissement ultime serait le zen, tandis que d'autres formes non moins intéressantes, en particulier le chan coréen (*sŏn*), ont été jusqu'à ce jour relativement négligées. L'historiographie japonaise est, par ailleurs, restée pendant très longtemps extrêmement dépendante de l'orthodoxie zen, ce qui s'est traduit par un manque d'intérêt pour les courants moins orthodoxes du chan. La situation s'est en partie modifiée après la Seconde Guerre mondiale, grâce à l'étude des manuscrits de Dunhuang, découverts au début du XXe siècle en Asie centrale par sir Aurel Stein et Paul Pelliot. Ces documents ont permis de mieux connaître les origines du chan et donnent une image toute différente de sa première école (VIe-VIIIe s.), à une époque où l'orthodoxie n'avait pas encore mené à terme sa révision de l'histoire de la « transmission de la Lampe » sous les Song. Ils permettent, en particulier, de mieux comprendre comment le chan, obscure hétérodoxie bouddhique à ses débuts, a pu devenir, en deux siècles à peine, le courant majeur du bouddhisme chinois.

C'est au début du VIIIe siècle que la nouvelle école fondée par Daoxin (580-651) et son disciple Hongren (601-674) cherche à acquérir des lettres de noblesse. Pour cela, elle met au point une tradition patriarcale qui remonte d'abord jusqu'au premier patriarche « chinois », le moine indien Bodhidharma, que la légende fait arriver en Chine du Sud vers la fin du Ve siècle ; puis, à travers lui et ses vingt-sept prédécesseurs, pour la plupart entièrement fictifs, au Buddha lui-même. Toutefois, l'école se divise bientôt sur la question du sixième patriarche chinois, lorsqu'un moine, Shenhui (684-758), s'en prend au courant majoritaire issu de Shenxiu (606-706), le principal disciple de Hongren. Shenhui revendique pour sa tendance le titre d'« école du Sud » (le Sud, en Chine, représente l'orthodoxie) et cherche à disqualifier la tendance rivale, dite école du Nord, en la déclarant collatérale quant à sa lignée, et « gradualiste » quant à sa doctrine. Pourtant, d'après les documents de Dunhuang, le « subitisme », théorie prônant l'éveil immédiat, n'était pas l'apanage de l'école du Sud, comme la tradition ultérieure, reprise par l'historiographie sino-japonaise, tend à le faire croire. Un étrange concours de circonstances assura le succès définitif de l'école du Sud et l'attribution posthume du titre de sixième patriarche à Huineng (638-713), un obscur disciple de Hongren, dont le principal mérite semble d'avoir été le maître de l'ambitieux Shenhui. L'école du Nord finit par disparaître de la scène politico-religieuse, mais sa doctrine continua à exercer une certaine influence sur le développement du bouddhisme en Asie centrale et au Tibet, ainsi qu'en Corée et au Japon.

La tradition veut que les cinq courants du chan « classique » de la fin des Tang soient issus non pas de Shenhui, mais de deux autres disciples de Huineng, Nanyue Huairang et Qingyuan Xingsi. Il semble cependant que ces deux personnages ne soient que des prête-noms commodes, qui ont permis de rattacher à Huineng deux nouvelles écoles qui s'étaient développées dans le Hongzhou et le Jiangxi auprès de Mazu Daoyi (709-788) et de Shitou Xiqian (700-790). Ces deux écoles donnent à leur tour naissance aux deux sectes majeures du chan, celle de Linji (en japonais Rinzai), fondée par Linji Yixuan (mort en 867), et celle de Caodong (en japonais Sōtō), fondée par Dongshan Liangjie (807-869) et son disciple Caoshan Benji (840-901). Les autres courants, dits de Fayan, de Guiyang et de Yunmen, connaissent un déclin rapide après les Tang. Une autre école, dite de Niutou, a beaucoup contribué à la formation du chan « classique », mais elle est considérée comme collatérale. Comme l'école du Nord, elle a exercé une influence considérable sur la tradition tendai au Japon. La proscription du bouddhisme en 845 engendra le déclin irrémédiable de ses écoles traditionnelles du tiantai et du huayan, laissant le champ libre au chan, moins touché par la proscription parce que moins dépendant de la hiérarchie cléricale. La simplification du bouddhisme qui en résulta conduisit, à l'époque des Song, à une popularisation du chan et à diverses tentatives de syncrétisme, avec la doctrine de la Terre pure notamment, mais aussi avec des courants religieux non bouddhiques tels que taoïsme et néo-

Bonze chinois en méditation assise. Plus ou moins valorisée selon les écoles, la pratique du « zazen » (méditation assise) constitue l'un des éléments fondamentaux de tous les courants du chan chinois et du zen japonais (J.-L. Gaubert, Explorer).

confucianisme. Le chan devint ainsi l'une des « trois doctrines » dont il était de bon ton de prôner l'harmonie.

Certes, les tendances sectaires, si marquées sous les Tang, n'avaient pas entièrement disparu, comme en témoigne la controverse qui oppose le chan au tiantai. Mais il semble que celui-là, en se popularisant, ait fait retour à l'esprit éclectique de ses débuts. C'est ce chan imprégné d'amidisme qui constituera le courant principal du bouddhisme chinois.

Le même esprit se retrouve dans le sŏn, version coréenne du chan qui, introduite dès l'époque de Silla (VIIe s.) par un disciple coréen du « quatrième patriarche », Daoxin, puis développée au sein des « neuf montagnes » par des disciples de Mazu Daoyi, accuse une influence marquée du bouddhisme doctrinal. C'est sans doute en Corée que l'« harmonie de la doctrine et du chan [*jiaochan yizhi*] » prônée par Guifei Zongmi (780-841) trouve son expression la plus parfaite. Chinul (1158-1210) unifia les diverses tendances sŏn de l'époque dans son école, dite de Chogye (par référence à Caoqi, le berceau de l'école du Sud), restée jusqu'à nos jours le courant majeur du sŏn.

L'introduction du chan au Japon est attribuée à Myōan Eisai (ou Yōsai, 1141-1215) et Dōgen Kigen (1200-1253), le premier pour la tradition rinzai, le second pour la tradition sōtō. Ceux-ci furent bientôt suivis par d'autres moines, chinois et japonais, qui gagnèrent la faveur du shōgun et contribuèrent à l'implantation du zen au Japon. Mais c'est Dōgen qui aurait transmis le zen « pur », l'orthodoxie exempte de toute influence extérieure. En réalité, le zen avait été introduit dès l'époque Heian au Japon, où il s'était transmis au sein de l'école tendai, au mont Hiei notamment. Au début de l'époque Kamakura, une « école de Bodhidharma [*Daruma-shū*] », fondée par un certain Dainichi Nōnin, semble avoir été florissante. C'est en grande partie pour s'en démarquer que Eisai et Dōgen revendiquent la légitimité de leur doctrine. Leur entreprise semble avoir été couronnée de succès, puisque la tradition ultérieure n'a pas retenu l'« école de Bodhidharma » parmi les vingt-quatre courants du zen. Ladite école paraît pourtant avoir survécu au moins jusqu'au XVe siècle et exercé une influence profonde sur le zen, en particulier sur la secte sōtō. Après Eisai et Dōgen, les deux sectes rinzai et sōtō se développent dans des directions différentes. Le départ de Dōgen de la capitale en 1243 pour fonder le Eihei-ji dans la lointaine province d'Echizen (dans l'actuelle préfecture de Fukui) devait, à long terme, permettre l'essor de la secte sōtō en province et sa popularisation. Celle-ci se traduit par un syncrétisme avec l'ésotérisme bouddhique et les cultes locaux, et par une contamination de la « pureté » doctrinale si chère à Dōgen. La transformation de la doctrine sōtō date de celui qu'on considère comme le « second fondateur » de la secte, Keizan Jōkin (1268-1325). Ce n'est qu'à l'époque Edo qu'une tentative de retour à la pensée orthodoxe de Dōgen, telle qu'elle s'exprimait dans son ouvrage majeur, le *Shōbōgenzō*, eut lieu avec Manzan Dōhaku (1636-1715) et Menzan Zuihō (1683-1769). La secte rinzai, quant à elle, se développe avant tout à Heian (Kyōto) et à Kamakura, dans l'entourage de l'empereur et du shōgun. Elle s'institutionnalise avec le système des « cinq monastères [*gozan*] », tel qu'il se constitue sous la dépendance de la bureaucratie civile dans les deux capitales. Les monastères zen deviennent de ce fait des centres intellectuels, éducatifs et administratifs, jouant notamment un rôle diplomatique important dans les relations avec la Chine.

La rigoureuse ascèse du chan des débuts se transforme alors bien souvent en un esthétisme philosophique, littéraire ou artistique, dont les produits les mieux connus sont la littérature dite « des cinq monastères [*gozan bungaku*] » et les « arts » zen (*sumie*, calligraphie, *ikebana*, etc.) tant vantés par Suzuki. Par ailleurs, le rôle officiel de la secte rinzai entraîne une ritualisation de la pratique parallèle à celle de la secte sōtō. Le zen de l'époque Edo est, à bien des égards, devenu représentatif de ce que l'on a appelé le « bouddhisme funéraire ». C'est pour réagir contre cette situation que certains moines s'efforcent de revenir à une pratique plus stricte. Hakuin Ekaku (1685-1768), notamment, entreprend de réformer la secte rinzai en systématisant l'étude des kōans, tandis que Menzan et ses successeurs remettent au goût du jour le *shikantaza*, méditation assise, spécifique du zen de la tradition sōtō. Ces tentatives sont stimulées par l'introduction d'une nouvelle secte zen purement chinoise, la secte ōbaku, qui met l'accent sur la pratique conjointe de la méditation et de l'invocation du nom du Buddha Amida (*nembutsuzen*). Malheureusement, la systématisation des kōans opérée par Hakuin entraîne à son tour, à long terme, une certaine sclérose. C'est pourtant ce système qui s'est répandu comme étant la tradition orthodoxe du zen, avant d'être transmis en Occident par Suzuki. Ce dernier, vers la fin de sa vie, semble néanmoins avoir cherché, dans un retour au chan « primitif » ou dans le zen « spontanéiste » de Bankei Yōtaku (1622-1693), une alternative à la discipline et à la ritualisation croissante du zen contemporain, qui avaient fait de ce dernier un des instruments idéologiques du nationalisme japonais. Après la « Restauration » de Meiji (1868), la séparation arbitraire du bouddhisme et du shintō fait perdre au zen ses dernières attaches avec la religion populaire et conduit ses théoriciens à le redéfinir comme une tradition « pure », mouvement déjà amorcé, comme on l'a vu, avec Dōgen au XIIIe siècle et les partisans de l'orthodoxie sectaire à l'époque Edo. En un sens, le zen post-Meiji, quoique défavorisé par la Restauration, participe de l'esprit sécularisant de l'époque ; et c'est pourquoi sans doute il procède à une « démythologisation » de sa doctrine. Son caractère élitiste a empêché, par ailleurs, cette secte de bénéficier du renouveau religieux de l'après-guerre ; et ce sont les sectes rivales (nichiren, jōdo shinshū), et surtout les « nouvelles religions [*shinkō shūkyō*] », qui ont su répondre aux besoins religieux suscités par la défaite de 1945. Ce n'est que récemment qu'ont surgi diverses organisations laïques inspirées du zen. Néanmoins, si le rôle proprement religieux de celui-ci a considérablement diminué, son influence en tant que système culturel reste considérable et pourrait sans doute encore augmenter, dans la mesure où sa doctrine lui permet de se réclamer à la fois de la modernité et de la tradition.

La pratique du chan et du zen

Il est d'ordinaire admis que la pratique du zen s'identifie avec la méditation assise (*zazen*), valorisée en tant que telle sous le nom de *shikantaza* (« concentration assise pure et simple ») dans la secte sōtō ou assortie de l'inspection des « cas » ou kōans dans la secte rinzai. Le fondateur légendaire du chan, Bodhidharma, est surtout célèbre pour sa pratique de la « contemplation murale », et les populaires poupées gigognes qui portent son nom sont liées au fait qu'il aurait perdu ses jambes au terme de neuf années de constante méditation assise, dans une grotte toute proche du monastère de Shaolin, au Songshan.

L'accent mis sur la pratique contemplative constituait à maints égards une réaction contre le bouddhisme trop scolastique du début des Tang, réaction qui s'exprime clairement par la devise bientôt adoptée par le chan : « Ne pas instituer de lettre écrite ; [établir] une transmission spéciale en dehors des Écritures ; montrer directement l'esprit humain ; voir sa nature et devenir Buddha. » Mais ce rejet de la doctrine canonique, par sa dynamique interne, devait bientôt conduire certains à remettre en question la méditation elle-même. Ces excès théoriques, corollaires de la position « subitiste », se retrouvent aux sources de la tradition rinzai, dans le *Sūtra de l'estrade du sixième patriarche*, chez Linji lui-même et, de manière générale, chez tous ceux qui reprochent à la méditation son caractère d'« expédient salvifique [*upāya*] » graduel et dualiste. En dépit de cette levée de boucliers, le dhyāna assis continuait d'être pratiqué – peut-être avec mauvaise conscience – par ceux-là même qui le dénigraient. Vers la fin des Tang, on en revint à une position plus traditionnelle avec Guifei Zongmi, qui essaya de concilier les divers points de vue. Mais le désaccord persista et aboutit au XIIe siècle à la controverse entre les partisans du chan de Linji, fondé sur l'« examen des paroles » ou kōans (*kanhua chan*), et ceux du chan de Caodong, fondé sur l'« illumination silencieuse » [*mozhao chan*] ». En réalité, la situation ne fut probablement jamais si tranchée et les deux sectes rinzai et sōtō ont toujours pratiqué également, à des degrés divers, les kōans et le zazen. Mais c'est au Japon, avec Dōgen en particulier (dont le *Shōbōgenzō* est pourtant avant tout une collection de kōans), que le zazen, rebaptisé *shikantaza*, acquiert ses lettres de noblesse : il est désormais, du moins dans la tradition sōtō, considéré non plus seulement comme un simple moyen en vue d'une réalisation spirituelle, mais encore comme l'expression achevée de l'éveil ultime. Du même coup, il tend à devenir une imitation rituelle de l'éveil du Buddha.

L'importance du rituel dans le chan est un phénomène trop souvent négligé par ceux qui ne retiennent de cette doctrine que son aspect « humaniste » et foncièrement individualiste. C'est ainsi que l'on cherche à faire de Dōgen un « philosophe », sans prendre en considération le rôle majeur qu'il joua dans la ritualisation du zen. Pourtant, la tradition sōtō abonde en documents qui révèlent toute la richesse des pratiques religieuses héritées souvent de l'ésotérisme bouddhique ou de la religion populaire. Au XVe siècle, la majorité des textes zen semblent se préoccuper essentiellement de rituels, funéraires ou autres. Peut-être s'agit-il là d'un développement tardif, mais celui-ci ne saurait être réduit au phénomène de dégénérescence d'une doctrine originellement pure : tout laisse penser que ce genre de problèmes préoccupait déjà les premiers adeptes du chan, tout comme d'ailleurs leurs confrères bouddhistes ou taoïstes. Il faut donc insister sur cet aspect rituel du zen. La tradition chan établit son indépendance non pas sur la base d'une philosophie ou d'une pratique supérieures, mais sur celle d'une lignée patriarcale unique, authentifiée par un rituel de transmission. C'est la légitimité de cette transmission qui détermine celle de la pratique ou de la doctrine, et non l'inverse.

Le judaïsme

Bernard DUPUY

Les deux siècles qui viennent de s'écouler ont été marqués par l'émancipation des juifs européens, réalisée progressivement au cours du XIXe siècle, par la tentative nazie de génocide et par la création de l'État d'Israël. À des degrés divers, ces trois faits capitaux ont introduit de véritables mutations dans le judaïsme. Si l'émancipation a suscité un débat non encore clos entre la tradition et la modernité, l'extermination voulue par les nazis demeure pour les juifs d'aujourd'hui l'objet d'une douloureuse, d'une anxieuse interrogation. Le renouveau qui a suivi cette épreuve rappelle à bien des égards celui qui advint, après la destruction du Temple en 70, autour de Rabbi Yohanan ben Zakkai à Yabné. Aussi la réflexion sur le judaïsme actuel renvoie-t-elle aux questions déjà soulevées à cette époque fondatrice, plutôt qu'elle ne se satisfait de réponses séculaires.

Le judaïsme de Yabné s'était reconstitué principalement sur une base religieuse. Celui d'aujourd'hui semble tirer son dynamisme et son unité d'impératifs principalement politiques et laïques. Comment concilier ces deux aspects ? Le judaïsme, a-t-on dit souvent, n'est pas sécularisable. Il n'en est pas moins présent activement dans tous les secteurs de la société. C'est donc face à une situation historique inédite que se posent actuellement en termes renouvelés les questions anciennes. Quand on parle des juifs, s'agit-il d'une nation, d'une religion ou d'une culture ? Quelle idée doit prédominer : la judaïcité, le judaïsme, la judéité ? Quel est le critère d'appartenance au peuple juif ? Ce n'est pas un hasard si c'est à l'époque présente que revient – sur différents registres, droit, sociologie, etc. – la question de savoir *qui est juif*. Pour les chrétiens et les musulmans qui se réfèrent au judaïsme comme à leur origine, celui-ci est une réalité familière, mais en demeurant aussi une source d'interrogation. Pour ceux qui, dans le monde, sont étrangers à son histoire, il apparaît comme un cas à part, irréductible.

Le triomphe de Titus. À la suite de la prise de Jérusalem par Titus en 70, le temple d'Hérode le Grand fut détruit et ses plus beaux ornements pris comme butin. L'arc de triomphe de Titus, érigé par Domitien en 94 sur le forum romain, fait figurer parmi les trophées rapportés à Rome le chandelier à sept branches (ménorah), symbole de la lumière de l'alliance. Son modèle, selon Exode, XXIV, 40, fut dicté à Moïse par Dieu lui-même (E. Lessing, Magnum).

Aujourd'hui comme hier, l'identité juive semble échapper à toute définition. Elle apparaît aux uns comme le témoin d'une transcendance (« Y a-t-il dans le monde une preuve concrète que Dieu existe ? demandait Frédéric II à son médecin. – Oui, Sire, le peuple juif ») et aux autres comme une résurgence archaïque, voire mythique, au cœur du monde moderne (selon Arnold Toynbee, le peuple juif est un « peuple fossile »). Est-on dans un dilemme insoluble ?

Pour introduire un peu de clarté dans ce débat, il faut rappeler que le judaïsme proprement dit s'est constitué lors de deux événements politiques, de deux catastrophes nationales, auxquelles il a survécu : la destruction du premier Temple, suivie de celle de Jérusalem, par Nabuchodonosor en 587 avant J.-C., et la destruction du second Temple par Titus en 70 après J.-C., suivie de celle de la ville par Hadrien en 135. Le fait juif apparaît comme tel, pour la première fois, au VIe siècle avant J.-C., à la clôture de l'époque dite hébraïque ou prophétique. Il s'impose de nouveau en face de l'Empire romain, au début de l'ère chrétienne. Chaque fois, le peuple juif a réagi en maintenant avec une vigueur particulière sa spécificité, sa religion, sa différence. Aujourd'hui encore, il est permis de s'interroger sur la cause de cet irrédentisme. On peut suggérer, au moins, que ce qui suscita la volonté de résistance des juifs, ce ne fut pas d'abord, comme on l'a souvent soutenu, un particularisme national, rendu fragile et polymorphe par l'importance des diasporas babylonienne et grecque, mais une conviction d'essence proprement religieuse. Le peuple juif, héritier de son long passé hébreu, de ses institutions et de sa Bible, se savait, depuis l'événement du Sinaï, lié par une alliance au Dieu unique et personnel, au Dieu vivant et transcendant, le créateur, Père et sauveur du monde.

Dans le livre d'Esther (II, 5), le terme « juif » apparaît en un contexte de relations avec des étrangers hostiles. Il est appliqué à un homme de la tribu de Benjamin, mais exilé de Juda et habitant la Perse, Mardochée. Un projet d'extermination des juifs de l'Empire perse échoue de justesse grâce à l'intervention d'Esther, juive elle aussi, auprès d'Assuérus. Quoi qu'il en soit de l'historicité de l'incident, le récit est fortement symbolique : on y voit le peuple juif se caractériser par un sens aigu de son identité. Au retour de Perse, après l'édit de Cyrus (538), la communauté juive se reconstitue autour des chefs des exilés, Néhémie et Esdras, à Jérusalem. Le Temple est rebâti. La synagogue tire ses origines de la restauration opérée alors par une institution légendaire mais symbolique, la Grande Assemblée, qui fait le lien entre l'époque antérieure et la période nouvelle. En 165 avant J.-C., après des décennies de convivialité profonde avec l'hellénisme ambiant, la tentative syncrétiste du roi Antiochus Épiphane, couronnée par l'introduction de la statue de Zeus dans le Temple de Jérusalem, suscite une violente réaction. Les juifs prennent les armes à l'instigation des frères Maccabées. À la religion hellénistique le judaïsme oppose alors la fidélité à une révélation adressée à Israël, qui remonte à l'époque des origines et dont la lumière brille pour lui dans la nuit.

Deux fêtes d'origine directement historique, Pourim (ou fête des Sorts) et Hanoukka (fête de la Dédicace du Temple, rendu au culte véritable), instituées aux approches de l'ère chrétienne pour célébrer ces deux événements mémorables du VIe et du IIe siècle, sont venues s'ajouter dans le calendrier d'Israël aux fêtes fondatrices, qui sont des fêtes de pèlerinage à Jérusalem (Soukkot, Pâque et Pentecôte). Face à la Perse, empire centralisé et unificateur, le judaïsme est apparu comme une loi ou une religion (*dat*) à part. Face à l'hellénisme, véhicule de la culture ambiante et de la philosophie, il prit conscience de sa spécificité, en tant que porteur d'une tradition, écrite et orale, d'une langue liée au moment de la révélation et d'une législation propre sans cesse renouvelée par la prophétie. Aux sadducéens, tenants d'une lecture directe de l'Écriture et d'une loi livrée une fois pour toutes dans sa littéralité, s'opposent, vers l'an 100 avant J.-C., les pharisiens, convaincus que l'Écriture sainte demande à être interprétée en tout temps. Ils tiennent que la loi donnée au Sinaï vient du ciel. Ils ajoutent que la providence divine inspire et conduit chaque homme, au titre non seulement de la providence générale de la divinité sur le monde, comme le déclarent les stoïciens, mais d'une providence individuelle, qui institue chacun maître de ses actes et responsable devant Dieu. Cette vision de l'homme, qui introduit, dans le judaïsme, un sens moral élevé et met l'exigence éthique au cœur de la religion, amène les pharisiens à affirmer que la Bible conduit à une attente de la résurrection. Le christianisme s'inscrira directement dans la ligne de ces grandes données du mouvement pharisien.

Si le contact avec l'hellénisme a joué un rôle déterminant dans la formation des idées pharisiennes, c'est, cependant, l'avènement du pouvoir politique romain – qui s'impose en Palestine lors de la prise de Jérusalem par Pompée en 63 avant J.-C. – qui va précipiter la destinée du peuple juif. Les événements dramatiques et catastrophiques de cette époque, marquée par des guerres impitoyables et des mouvements violents d'insurrection, suscitent une intense attente messianique et des visions apocalyptiques, en même temps qu'un attachement accru à la Tōrah. Quand, après la destruction du Temple, le judaïsme se reconstitue, sous l'inspiration de Yohanan ben Zakkai, à Yabné, c'est grâce aux pharisiens, en continuité avec le passé. Cette phase de fixation du canon biblique, de développement de la liturgie synagogale et de mise en ordre des règles législatives (*halakha*) coïncide dans le temps avec la naissance du christianisme.

De Yabné au XVIIIe siècle

L'œuvre des maîtres de Yabné, qui a produit le judaïsme tel qu'il se définit encore aujourd'hui, est rassemblée dans la *Mishna* (terminée vers 180 à Tibériade par Rabbi Juda le Saint). Elle se caractérise comme une « halakha » (voie). Elle repose sur la fixation des devoirs de chacun, sur l'accomplissement de prières statutaires trois fois par jour, ainsi que du cycle des fêtes, et sur un attachement au texte hébreu de la Bible pour en préciser le sens sans recourir à une universalisation allégorique. La Tōrah se présente sous un double aspect : la Loi écrite, consignée dans le Pentateuque, et la Loi orale, communiquée également par Dieu à Moïse, non pour ajouter à la première, mais pour l'expliquer, la développer et l'expliciter. Cette Loi orale est garantie, car elle a été transmise de génération en génération par une succession d'interprètes autorisés (*Pirqe Avot*, I, 1). Les maîtres ne font que transmettre ce qu'ils ont reçu ; leur rôle est avant tout de classer les éléments de la Loi qui concernent tous les actes de la vie. Il ne faudrait pourtant pas prendre le judaïsme rabbinique pour un pur légalisme. Il y a toujours une visée d'ordre moral derrière les préceptes rituels. Et cette préoccupation morale se résume dans les trois vertus cardinales, qui sont l'étude de la Loi, l'observance des commandements et la pratique de la charité, et dans les trois péchés capitaux, qui sont l'idolâtrie, la débauche et l'homicide.

Il faut rattacher aux maîtres juifs du IIe siècle (*tannaïm*) la doctrine de la création, qu'ils ont défendue avec vigueur en face des païens et des gnostiques. Dieu est le créateur et la providence du monde. « Par sa bonté, il renouvelle chaque jour l'œuvre de la création. » Le monde repose, d'autre part, sur la vérité, la justice et la paix. Le Dieu d'Israël est le bienfaiteur et le protecteur de son peuple. Il l'a comblé de ses bienfaits, dont le plus grand est le don de la Tōrah ; et ce n'est que pour accroître ses mérites qu'il a multiplié les préceptes. Mais il est en même temps le Dieu de tout l'univers. Chaque jour, le juif doit étudier et prier : « D'un amour éternel, tu as aimé la maison d'Israël ; tu lui as enseigné la Loi et les préceptes, les statuts et les commandements. C'est pourquoi, ô Seigneur, notre Dieu, à notre coucher et à notre lever, nous voulons nous entretenir de tes préceptes et nous réjouir des enseignements de ta Loi, car elle est notre vie et notre longévité. » La récitation, trois fois par jour, du *Shema Israël*, lui commande

Judaea capta. Pour célébrer leur victoire sur le peuple juif, Vespasien et Titus firent frapper des monnaies où la Judée est représentée sous les traits d'une femme affligée, qui est assujettie à son vainqueur. Le palmier situe la scène dans son contexte oriental. Sesterce de Vespasien, Israel Museum, Jérusalem (E. Lessing, Magnum).

Les Maccabées. Bien que les livres qui leur sont consacrés, et qui sont écrits en grec, ne fassent pas partie du canon de la Bible hébraïque, les Maccabées, ou Asmonéens, sont honorés par la tradition comme les héros de la résistance juive à l'hellénisme, qu'il soit militaire ou philosophique. Bible du XIe siècle, bibliothèque Laurentienne, Florence (Edimedia).

d'aimer Dieu de tout son cœur, de toute son âme, de toutes ses facultés, de penser sans cesse à ses commandements, d'enseigner la Tōrah à ses enfants et d'en porter les symboles, au bras et au front, et à l'entrée de sa maison (Deut., VI, 4-9). Sur la destinée individuelle, le judaïsme affirme la liberté de l'homme, ainsi que la rétribution dans ce monde et dans l'autre. Cette activité de l'homme doit contribuer à la venue du Messie, qui viendra délivrer le peuple de l'exil et reconstruire le Temple. Alors les morts ressusciteront et le royaume de Dieu sera établi sur la terre. On a parfois qualifié le judaïsme halakhique constitué dans les cercles de Yabné, puis de Tibériade, de judaïsme apolitique et achristique. Il porte la marque d'une séparation d'avec le christianisme, mais aussi de la lutte des zélotes et de Ben Koziba contre le pouvoir romain. Selon une tradition, Ben Koziba, appelé par ses partisans Bar Kokhba, « fils de l'étoile », aurait été accueilli par Rabbi Akiba comme le messie. Mais le Talmud de Jérusalem le rejette nettement comme un fauteur de troubles qui s'est éloigné de la voie des sages (*Ta'anit*, IV, 5).

La conversion de Constantin entraîna une mutation importante de la position des chrétiens dans l'Empire. Il s'en est ensuivi une modification de l'eschatologie chrétienne, qui n'a pas été sans retentir sur le judaïsme lui-même. À partir de 325 le christianisme d'Occident n'attend plus seulement le retour du Christ et l'instauration de son royaume pour la fin des temps ; il considère que la venue de ce royaume a commencé de s'inscrire dans l'histoire. L'Empire devenu chrétien se donne pour idéal de réaliser dès ici-bas une anticipation du royaume. Le judaïsme, qui avait toujours été compris comme lié à une existence nationale, au moins tolérée dans l'Empire, perdait tout à coup sa dimension historique et son statut politique. La vie juive, comme l'expliquera Isaac Abravanel (1437-1508), peut exister sans le pouvoir ni le gouvernement, mais elle exige la liberté. Aussi le judaïsme allait-il devoir justifier son indépendance propre face au système nouveau d'imbrication du politique et du religieux auquel le christianisme donnait sens. Par-delà le caractère atemporel et achristique qu'il avait à Yabné, il se réinvestit alors d'une dimension historique nouvelle et réaffirma son attente du messie, comprise désormais comme celle d'un messie caché et souffrant (Talmud de Babylone, *Sanhédrin*, 98 A). Quand, en 429, le patriarcat juif, attaché à la famille de David, cessa d'exister en Palestine et que le tribunal juif qui siégeait à Tibériade et maintenait l'autonomie de la communauté disparut, le gouvernement juif se reconstitua sur une base rabbinique. Tandis que le christianisme cessait de vivre en marge et se voyait appelé à prendre en charge la vie publique, la société et la culture, le judaïsme ne pouvait que chercher à sauver sa liberté intérieure.

À partir du Ve siècle, judaïsme et christianisme vont ainsi se trouver confrontés à un nouvel ordre de choses et se modifier au triple plan symbolique, canonique et téléologique. Les maîtres juifs rédigent le commentaire du livre de la Genèse (*Bereshit Rabba*), qui relate l'origine du monde et celle du peuple élu, et le commentaire du Lévitique (*Vayyikra Rabba*), qui expose les us et coutumes à partir desquels ce peuple est appelé à adopter un mode de vie de pureté et à être à part des autres nations. Les deux Talmuds, celui de Jérusalem (T.J.) puis celui de Babylone (T.B.), reprennent la *Mishna* en y ajoutant le commentaire rabbinique dit

Les douze tribus. Le livre des Nombres décrit le campement des fils d'Israël au Sinaï et assigne à chacune des tribus un lieu précis autour du sanctuaire du désert. La place d'honneur échoit à Juda, dont la tente se dresse la première à l'est. C'est comme une préfiguration de l'histoire à venir des Hébreux. Gravure du XVIe siècle, collection particulière (Explorer).

Guemara. L'un et l'autre font reposer l'identité juive sur le don par Dieu au Sinaï d'une double Tōrah, la Tōrah écrite et la Tōrah orale, cette dernière n'étant pas seulement l'interprétation de la première, mais véritablement une seconde source, qui manque aux nations qui font leur le livre de la Bible, aux chrétiens en particulier. C'est à cette époque aussi qu'il faut faire remonter les premiers courants de la kabbale, qui fleurira au XIIe et au XIIIe siècle en Provence et en Espagne. Mais le mysticisme, avant d'éclore, demeura longtemps dans le domaine du secret par rapport au commentaire talmudique et par rapport à la théologie juive, née sous l'influence de la philosophie arabe. Saadia Gaon (892-942) établit pour la première fois les preuves scripturaires et rationnelles de la création, de l'unité divine, de la révélation et de la résurrection. Au Moyen Âge, la philosophie est appelée à l'appui de la religion et le talmudiste se double d'un théologien. Cette activité spéculative, menée de front avec la casuistique rabbinique, s'est poursuivie en Espagne et a trouvé son couronnement dans le *Guide des égarés* de Maimonide (né à Cordoue en 1135, mort au Vieux-Caire en 1204). Un grand nombre d'autres traités, parmi lesquels ceux de Bahya ibn Paquda (XIe s.) et de Juda Halévi (XIIe s.), attestent également la faveur d'une philosophie religieuse ascétique et mystique, tandis que les *derashot* (homélies) et les *piyyutim* (poésies) alimentent la piété des fidèles. C'est à propos de la croyance au messie et à la résurrection, formulée dans le texte de la *Mishna* selon lequel « tout Israël aura part au futur » (T.B., *Sanhédrin*, X), que Maimonide fut amené à énumérer les croyances qui devaient définir désormais le judaïsme. Ses treize « Articles de foi » (*Ani maamin*) ont trouvé place dans le rituel de la synagogue. Mais, au XIIIe siècle, se développe par réaction le mouvement mystique de la kabbale espagnole, qui aboutit à la rédaction du *Zohar*.

Après l'expulsion des juifs d'Espagne, la kabbale connaît de nouveaux développements : l'exil apparaît alors aux kabbalistes comme le paradigme de la condition humaine, la création, qui fut la première sortie hors de Dieu, étant elle-même le premier de tous les exils. La kabbale, dite pratique, de Safed, créée autour d'Isaac Louria (1534-1572), apporte à cette réinterprétation de l'histoire juive un sceau liturgique et spirituel. Par là, elle ne sera pas étrangère à l'enthousiasme mystique populaire qui accompagnera l'explosion messianique de 1666, attachée au nom de Sabbatai Tsevi (1626-1676) et à celui de son prophète Nathan de Gaza. Cette période agitée sera, après l'apostasie et l'échec du faux messie, suivie par une période de neutralisation des espérances messianiques et de stabilisation spirituelle. Alors naissent presque en même temps le mouvement hassidique, centré sur la sanctification de la vie quotidienne, et le mouvement rationaliste juif des Lumières, la Haskala. Vers la fin du XVIIIe siècle, l'ampleur prise en Europe par ces deux courants manifestait un certain déclin de la fonction rabbinique et une tendance croissante des juifs à chercher une inspiration en dehors de la communauté locale.

Le tournant de l'émancipation

L'émancipation des juifs, décidée par la Constitution américaine (1787) et par la Révolution française (1791), a provoqué un profond changement dans la situation des juifs dans le monde. Auparavant, ils avaient toujours formé un groupe distinct, unifié en tout pays par ses coutumes et ses lois propres. À partir de l'émancipation, ils se trouvent fondus dans la masse des citoyens des régions où ils habitent, égaux en droit à ces derniers et soumis aux mêmes lois qu'eux. Dans la vie privée, ils demeurent un peuple à part, spécifié par sa tradition, pratiquant sa religion et obéissant à sa loi, la Tōrah. Ainsi s'explique l'adage, qui peut paraître une boutade, mais dont certains firent un idéal : « juif à la maison, citoyen dans la nation ». Cette situation, qui fut d'abord seulement celle des juifs ashkénazes, s'étendit peu à peu, au cours du XIXe siècle, aux juifs séfarades dans les Balkans, en Grèce, en Afrique du Nord, en Égypte et au Proche-Orient. Dès lors, le judaïsme allait avoir comme point de référence principal moins la religion, sous les espèces du christianisme ou de l'islam, comme il en avait été pendant des siècles, que la société occidentale moderne et laïque, par rapport à laquelle se fixe son nouveau statut.

Au lieu de vivre comme une caste, limitée dans ses droits mais jouissant d'une certaine autonomie, les juifs, conscients de leur situation minoritaire, ressentirent la nécessité de conquérir par eux-mêmes leur place dans tous les corps de la société, de se défendre devant les tribunaux et de définir leur position culturelle dans les universités. Cet aspect nouveau, apparu dans le contexte de la philosophie des Lumières, avait trouvé une première expression dans l'œuvre de Moïse Mendelssohn (1729-1786). Le judaïsme est alors défini avant tout comme une « législation révélée », voire, chez Joseph Salvador (1796-1873) par exemple, comme une « nomocratie mosaïque » non révélée. Il implique à la fois une éthique, une mentalité sociale et une dimension spirituelle ; bref, il y a désormais un esprit juif, une « judéité », dans la façon de participer à toutes les activités de la société, elle-même tendue entre des facteurs de modernité et de tradition.

Cependant, les juifs firent l'expérience que l'égalité civique et politique ne se reçoit pas seulement comme un droit acquis, mais doit s'obtenir et faire l'objet d'une reconnaissance de la part de la société. On peut considérer comme moments révélateurs de la résistance que rencontrèrent les décrets d'émancipation le congrès de Berlin (1878) en Allemagne, l'affaire Dreyfus (1894-1906) en France et l'organisation des congrès sionistes (Bâle, 1897). Le changement du rapport au monde provoqué par l'émancipation a eu pour effet de modifier l'identité juive. En dépit de l'influence décisive qu'ils ont exercée, les juifs de l'extériorité, tels que Marx ou même Herzl, qui posent eux-mêmes la « question juive », sont des hommes totalement assimilés, qu'il faut donc situer sur les frontières plutôt qu'au cœur du problème de la judéité. Ils ont joué surtout un rôle de révélateurs ou de catalyseurs. En revanche, la formation et l'évolution des courants internes au sein des communautés juives permettent de suivre plus précisément l'effet qu'a eu l'émancipation sur un judaïsme demeuré longtemps identique à lui-même.

Le judaïsme contemporain

Dans l'existence à part et l'autonomie qu'il a eues au cours du temps, le peuple juif avait vécu sous sa propre régulation talmudique et post-talmudique. Le point d'arrivée de cette législation s'est exprimé dans le *Shulhan arukh* de Joseph Caro (1488-1575), dont on a pu dire qu'il organisait un univers juif en soi, familial et communautaire, de telle sorte qu'aucune perturbation d'ordre extérieur ou historique ne pût venir le modifier, sinon la possibilité théorique de l'événement messianique, que la halakha laisse, d'ailleurs, hors de ses perspectives. Le retour de la dimension historique dans le judaïsme à l'époque de l'Aufklärung allait entraîner l'émergence du mouvement des Lumières juives, la Haskala. Ce courant, qui coïncidait chronologiquement avec la plus haute synthèse jamais réalisée de tous les commentaires du judaïsme talmudique, celle du Gaon de Vilna (1720-1797), a été interprété par un historien de la kabbale, Gershom Scholem, comme étant le contrecoup de l'accueil mystique qui avait été réservé par la quasi-totalité du monde juif à Sabbatai Tsevi. Plutôt que comme des mouvements antagonistes, le hassidisme et la Haskala, qui se sont affrontés au XVIIIe et jusqu'au XIXe siècle, peuvent apparaître comme des courants précurseurs du judaïsme existentiel, présent au monde, évolutif, qui caractérise l'époque moderne.

Le judaïsme contemporain s'exprime sous la forme de trois tendances principales : libérale ou réformée, orthodoxe, conservatrice. Le mouvement du *judaïsme libéral* ou *réformé* est né en Allemagne, au cours du XIXe siècle, après l'émancipation. Il a commencé apparemment par l'initiative, prise par quelques laïcs, de modestes changements apportés à la liturgie, pour devenir peu à peu un vaste courant de

L'héroïsme du désespoir. L'éperon rocheux de Massada, qui domine la rive ouest de la mer Morte, avait déjà été le théâtre de la résistance maccabéenne au IIe siècle. Après la prise de Jérusalem par Titus en 70, les zélotes y soutinrent un long siège qui se termina par leur suicide collectif, jugé par eux préférable à la reddition aux Romains (G. Gerster, Rapho).

Le Retour. La dernière révolte contre Rome, avec Bar Kokhba entre 132 et 135, aboutit à la ruine de Jérusalem par Hadrien : devenue Aelia Capitolina, la ville cessa d'être juive. La naissance de l'État d'Israël, qui mit fin en 1947 à dix-huit siècles d'exil, est capitale pour le judaïsme moderne. Acte de fondation de l'État d'Israël (P. Y. Loirat, Explorer).

réinterprétation, s'étendant en Allemagne, en Angleterre et en Amérique. C'est dans ce dernier pays qu'il a trouvé son expression radicale, avec la *Plate-forme de Pittsburgh* (1885) : « Nous déclarons que des lois mosaïques ou rabbiniques telles que les lois alimentaires, de la pureté sacerdotale et des vêtements sont nées à des époques et sous l'influence d'idées complètement étrangères à notre esprit actuel et à nos exigences spirituelles [...]. Nous ne nous considérons plus aujourd'hui comme une nation, mais comme une communauté religieuse et donc nous n'attendons pas un retour en Palestine ni le rétablissement du culte sacrificiel confié aux fils d'Aaron ni la restauration des lois relatives à l'État juif. » Par ce constat du changement survenu dans l'existence juive et par cette prise de position tranchée, les trois questions modernes fondamentales de l'identité, des formes de vie et de la différence juives étaient posées. La liturgie, les lois et la politique peuvent changer, mais ces trois fondements doivent demeurer en vue de faire advenir dans le monde un royaume de vérité, de justice et de paix.

À l'expérience, les thèses de 1885 apparurent utopiques. Le mouvement du judaïsme réformé maintint ses questions, mais il en vint peu à peu à modifier ses réponses. Si le juif réformé prétend toujours se nourrir, se tenir et se vêtir comme les autres citoyens, il en appelle de plus en plus aux sources juives anciennes au lieu de les considérer comme désuètes (assemblée de Columbus, Ohio, 1937). Ce qui a changé dans le judaïsme depuis son époque constitutive, celle de la *Mishna* et du *Talmud*, c'est son rapport à la société ambiante. Il doit avoir pour souci actuel de se prémunir contre une société ouverte, caractérisée par des visées assimilationnistes et unificatrices, tout en partageant les mêmes valeurs : progrès, droits de l'homme et liberté de conscience. L'initiateur de ce judaïsme réformé fut Abraham Geiger (1810-1874), fondateur en 1835 de la *Wissenschaftliche Zeitschrift für jüdische Theologie*. L'histoire démontre, selon lui, que le judaïsme fut toujours en état de réforme et à la recherche du progrès intellectuel et moral. Les « réformateurs » étaient des intellectuels situés à la pointe avancée de la « science du judaïsme » allemande, puis anglo-saxonne. Ils séduisirent les milieux cultivés, mais éprouvèrent des difficultés à faire percevoir leurs objectifs aux masses populaires juives et à fixer des règles d'interprétation de la Bible ou du *Talmud* conduisant à une halakha réformée. Ayant mis en cause durant un temps l'observance du sabbat (transférée parfois au dimanche) et de la circoncision, ils firent l'objet de critiques acerbes, même après avoir écarté ces modifications radicales. Aujourd'hui, le mouvement a cependant acquis une large extension et il poursuit son

Recherche des racines. Une forme de retour « moral » consiste, dans la diaspora, à s'orienter vers des sortes de fondamentalisme religieux. Les « ḥassidim » de Loubavitch attirent ainsi, par la sincérité de leur engagement, un certain nombre d'« enfants prodigues ». Un dimanche, rue du Faubourg-Montmartre, Paris (P. Zachmann, Magnum).

effort pour fonder dans les textes traditionnels du judaïsme son interprétation de la loi, qui reste loin d'être uniforme.

Le judaïsme dit *orthodoxe* est apparu en Allemagne comme une réaction contre la tendance réformée, sous l'impulsion de Samson Raphael Hirsch (1808-1888). Il partage cependant avec celle-ci un élément essentiel, à savoir la volonté de participer à la culture générale, au lieu de s'en remettre seulement à l'étude du Talmud et à l'éducation religieuse donnée dans la *yeshivah*. Mais, alors que les réformés estimaient que le judaïsme peut et même doit changer avec le temps, les néo-orthodoxes en arrivèrent à la conviction exactement opposée : le judaïsme reçu lors de la révélation du Sinaï est éternel, surnaturel, immuable. Pour pouvoir le recevoir comme tel et y adhérer, il faut refuser qu'il se mêle à la cité séculière. Il est une religion ; mieux, il est une législation révélée, autonome et nullement modifiable. À l'exigence traditionnelle qui porte à appliquer intégralement la Tōrah dans la vie, le judaïsme orthodoxe ajoute les exigences éthiques nées d'une existence vécue dans les contingences de la vie moderne. Il met au premier plan les sentences des *Pirqe Avot* et des maîtres du Talmud. Ainsi le juif orthodoxe peut-il à la fois se dire un héritier de la sagesse talmudique et porter les mêmes vêtements que tout le monde – mais sans mêler la laine et le lin (Lév., XIX, 19) –, avoir part à la vie économique, exercer les professions de la cité contemporaine (quitte à observer certaines différences dans les pratiques) et vaquer à toutes les occupations et obligations du citoyen sans estimer pour cela qu'il risque de contracter une « impureté ». Déjà les juifs du Grand Sanhédrin de Napoléon avaient accepté un tel compromis sans éprouver qu'il y eût là une contradiction avec la tradition juive.

Pour les orthodoxes, la règle de vie doit être la volonté révélée par Dieu au Sinaï et non la législation en vigueur à telle ou telle époque particulière : la pratique juive n'est pas affaire d'interprétation et de consensus, et il faut se référer à la halakha (orthodoxe) comme à la norme divine. Cependant, la conviction qu'a l'orthodoxie moderne de pouvoir refaire sur cette base l'unité de la communauté est battue en brèche par deux faits. D'une part, pour se poser comme tel, le courant orthodoxe a dû se séparer et, lors de l'Austrittsbewegung (mouvement de scission) de 1874, créer ses propres communautés distinctes. D'autre part, il se révèle lui-même moins unifié qu'il ne le prétend : il a en son sein au moins deux tendances, l'une qui a opté pour l'éducation séculière et qui accepte, en fait, de coopérer avec les libéraux parce qu'elle partage les mêmes valeurs et obéit aux mêmes idéaux, l'autre pour qui la seule référence demeure la Tōrah

Antijudaïsme, antisémitisme, Shoah

Le terme d'antisémitisme, créé en 1880 par le journaliste allemand Wilhelm Marr, désireux de fonder l'hostilité aux juifs (ici volontairement isolés des autres sémites) sur leur appartenance raciale, désigne, dans le temps et dans l'espace, l'ensemble des manifestations hostiles aux juifs, considérés, notamment dans l'Europe chrétienne, comme formant un corps dangereux. Cela va de l'Inquisition aux pogroms et au génocide – la Shoah – programmé, en plein XXe siècle, par les nazis, en passant par les ghettos, le port obligatoire de la rouelle ou de l'étoile jaune, les numerus clausus et les expulsions massives, le mot « juif » devenant et demeurant le plus méprisé et le plus sali du vocabulaire chrétien.

Cet antisémitisme aux mille formes se rencontre aussi bien chez l'homme du peuple que chez le commerçant, et sous la plume d'écrivains aussi divers que Érasme, Luther, Voltaire, Veuillot, Drumont, Barrès, Maurras. Il y a eu un antisémitisme socialiste, démocrate-chrétien, nationaliste, antimaçonnique, soviétique, nazi… Bref, il s'agit d'une hydre dont personne n'a pu encore couper toutes les têtes à la fois. L'antisémitisme pluriel, qui a trouvé dans l'Europe chrétienne un terrain particulièrement favorable, est indissociable d'un antijudaïsme religieux, théologique, aussi ancien que la Chrétienté : leurs racines s'entremêlent d'une manière inextricable, car c'est à l'antijudaïsme que l'antisémitisme emprunte une grande partie de son arsenal.

L'antijudaïsme – terme globalisant qui désigne des attitudes chrétiennes diverses (incompréhension, ignorance, mépris enseigné ou vécu, indifférence, hostilité, haine) – comporte deux grands volets : d'une part, la malédiction divine et humaine frappant le « peuple déicide », qui n'a pas voulu reconnaître le « véritable Messie », Jésus ; d'autre part, la théologie de la substitution, qui déclare caduque l'« Ancienne Alliance » au profit de l'Alliance en Jésus-Christ. Paul Démann, auteur de *Les Juifs dans la catéchèse chrétienne* (*Cahiers sioniens*, 1953), a montré, textes en main, la pérennité, bien après la Shoah, du thème du « peuple déicide et maudit », éternel « témoin de la vengeance de Dieu ». L'attribution à tout le peuple juif – peuple auquel appartenait Jésus et qu'il n'a jamais renié – de la mort de Jésus, réclamée par les « princes des prêtres », est l'un des raccourcis les plus sanglants de l'histoire. Sur la piste d'Évangiles naturellement antijuifs, les Pères de l'Église ont accumulé des arguments mortifères qui vont nourrir le terreau chrétien : Jean Chrysostome se distingue par la violence de son langage lorsqu'il traite du peuple juif, qui est, selon lui, « une erreur de la création », « l'ivraie de l'Évangile », « un peuple de trop », condamné à jamais « à la servitude ».

Le second volet de l'antijudaïsme concerne la « théologie de la substitution », la déchéance de l'Ancienne Alliance au profit de la Nouvelle, le christianisme devenant le seul « véritable Israël ». Terrible et injuste transfert, dont nous n'avons pas fini de payer les séquelles : voici que les chrétiens héritent du trésor juif, tout en en rejetant les détenteurs, devenus des usurpateurs ; l'Ancien Testament ne sert plus aux chrétiens que de référence légitimante, de chantier destiné à fournir des matériaux probants. Sans cesse, le Nouveau Testament clame qu'il accomplit les prophéties de l'Ancien, le peuple juif étant ainsi privé de son histoire propre, de cette Bible qui est son livre. Pire : tout en interdisant à ce peuple de survivre, le christianisme va se muer de peuple spirituel sans frontières en un Empire politique, éclaté bientôt en États chrétiens. Les rôles vont être intervertis : les juifs ne survivront que comme un peuple spirituel fondé sur ses Écritures et ses rituels. Deux millénaires durant, ce sera son sort : un sort qu'on lui voudrait voir continuer de connaître, quitte à l'accuser d'internationalisme comploteur et dominateur.

Dans cette perspective, il est impossible de réduire la Shoah à un épisode politique ou à une bouffée sauvage de racisme. Lorsque Hitler – qui a été catéchisé, tout comme Mussolini, Pétain ou Degrelle – commence à persécuter les juifs, le vieil antijudaïsme n'a pas achevé son histoire. S'impose toujours la question essentielle : l'antijudaïsme existentiel du peuple chrétien, c'est-à-dire la conviction – intime ou manifeste – que le judaïsme est périmé et que les juifs sont les adversaires des chrétiens, cet antijudaïsme n'a-t-il pas créé un terrain favorable au développement d'un antisémitisme multiforme, dont les foyers, soudain formidablement alimentés, se trouvaient à Berlin, à Vichy et ailleurs dans l'Europe chrétienne ? La conscience chrétienne, anesthésiée par des siècles d'« enseignement du mépris » (Jules Isaac), a eu beaucoup de mal à se réveiller face à Auschwitz et à Drancy. C'est cependant la révélation de l'horreur des camps, de la Shoah, qui finira par ouvrir les yeux des chrétiens et les incitera à mener la révision nécessaire concernant leur regard, leur pensée et leur action vis-à-vis du peuple juif.

Par ailleurs, il existe un antijudaïsme et un antisémitisme spécifiquement musulmans. L'islam naissant se heurta naturellement aux juifs d'Arabie, dont les rabbins, prenant appui sur la Tōrah, rejetaient en bloc le message de Mahomet. Le Prophète s'indignait en particulier de voir certains responsables des tribus juives se targuer d'avoir éliminé Jésus, fils de Marie, à qui le Coran réserve une place privilégiée. Devant la résistance des juifs à l'islam, Mahomet, qui, au début, se tournait avec ses disciples vers Jérusalem pour la prière, décida, dix-sept mois après l'hégire, que désormais les musulmans prieraient orientés vers La Mecque. Événement capital qui trancha net le dernier lien d'ordre culturel et politique avec le judaïsme, restituant ainsi à l'islam, en le rattachant à jamais à la race d'Abraham et d'Ismaël, sa spécificité arabe. Trois ans plus tard, Mahomet éliminait définitivement par la force les derniers réduits des juifs de Médine.

La longue histoire des relations entre juifs et musulmans connut des moments de répit et même de bonne entente, comme au temps du califat de Cordoue, au Xe siècle ; mais aussi des temps de forte tension, comme à la fin du XIXe siècle, lorsque le « pape français de l'antisémitisme », Édouard Drumont, se fit élire député d'Alger (1898-1902) pour mieux attiser la haine des musulmans algériens à l'égard de la communauté juive, à laquelle le décret Crémieux (1871) avait accordé la nationalité française.

De nos jours, l'interminable et sanglant conflit qui oppose, en Terre sainte, Israéliens (en majorité juifs) et Palestiniens (en majorité musulmans) constitue naturellement un obstacle au dialogue entre le peuple de la Bible et celui du Coran. En ce sens, les nombreux actes antisémites qui se sont multipliés en France, au début de 2002, sont incontestablement liés – dans un pays où l'on compte plus de trois millions de musulmans – à la situation au Proche-Orient. Même si ces gestes d'hostilité sont le fait d'une minorité marginale, la paix à Jérusalem réduirait certainement de pareils foyers de haine.

Pierre PIERRARD

avec ses adages, ses méthodes de lecture et ses seules orientations séculaires. Mais la mentalité de l'orthodoxe moderne diffère profondément de celle du juif d'autrefois : pour le premier, en effet, être juif n'est pas une évidence, mais une haute conscience. Il ne reçoit pas de la naissance seulement son appartenance au judaïsme ; comme le juif de la réforme, il la choisit. Il doit apporter des réponses aux questions nées des temps actuels et, pour ce faire, il doit les justifier en recourant aux textes. Sans l'admettre, et même sans bien s'en rendre compte, le judaïsme orthodoxe a modifié l'idée ancienne de la Tōrah, en la considérant comme une affaire de religion et en la situant en dehors de la politique de l'État, alors même qu'il lui assigne son lieu dans la vie quotidienne. On peut ainsi aisément être « bon juif à la maison et bon citoyen dans la nation », mais on se trouve alors menacé de dichotomie. C'est pourquoi le judaïsme orthodoxe va s'employer sans cesse à rappeler au juif moderne ses « devoirs religieux » ; il met la priorité sur l'éducation et S. R. Hirsch dut s'attacher à défendre des points devenus soudain incertains : la nécessité du port des *tefilin* (phylactères), le sens de l'attente du retour du culte sacrificiel et la signification du troisième Temple. Ces articles, qui sont en principe la tessère de l'orthodoxie, sont loin, en effet, d'être clairs dans l'esprit de celle-ci et même loin d'y jouer un rôle central. L'orthodoxie affirme la venue du messie personnel et la reconstitution, lors de celle-ci, de la nation juive dans son unité sur la terre d'Israël. Mais, en se concevant préalablement et essentiellement comme jetée dans la vie du monde, elle renvoie dans un avenir lointain cet événement espéré ; elle fait de la vie présente un intérim, et c'est justement ce que les sionistes conséquents ont contesté. Les orthodoxes qui se sont rassemblés dans l'Agouda en 1910 considèrent que le retour actuel des juifs en Terre sainte peut être considéré comme un acte de sanctification, mais non comme un signe messianique, tandis que l'autre tendance, issue de Rav Kook, le parti Mizrahi, constitué en 1901, y voit une anticipation réelle de la rédemption (exprimée dans la célébration liturgique du jour de l'indépendance d'Israël).

Entre la réforme et l'orthodoxie, la tendance du *judaïsme conservateur* apparut, elle aussi, en Allemagne au XIXe siècle, mais elle prit forme en Amérique un peu plus tard (notamment avec la fondation du Jewish Theological Seminary par Solomon Schechter à New York en 1886). Reprochant au judaïsme réformé de demeurer trop expérimental et de ne pouvoir fonder ses positions, et au judaïsme orthodoxe de se présenter comme « éternel » sans faire la part des développements historiques qui ont conduit à la constitution de son corps de doctrines tel qu'il est reçu actuellement, les rabbins qui ont inauguré la tendance conservatrice considèrent que l'unité du judaïsme consiste dans la Tōrah, telle qu'elle est vécue *hic et nunc* à chaque époque. Mais cette néo-orthodoxie laisse le judaïsme devant une certaine inconnue, en particulier en ce qui concerne son eschatologie. Pour les conservateurs, le judaïsme doit se considérer comme une « orthopraxie » plutôt que comme une orthodoxie. Seule une étude de l'histoire peut apporter la justification de ce qu'il est en fait devenu, et seul le temps pourra définir la direction dans laquelle il est appelé à aller. Le judaïsme est unifié par la loi et les préceptes, même si tous les juifs ne pensent pas de la même façon. Le slogan un peu ironique « Mangez *cachère* et pensez *treif* » caractérise bien cette attitude. L'orthopraxie, concept moderne s'il en est, signifierait qu'il est possible d'avoir une conduite pratique régulière sans pouvoir la fonder et qu'on peut vivre selon la règle sans savoir quelle elle est.

La tendance conservatrice se veut être l'expression de la ligne majeure des juifs d'aujourd'hui. Elle convient assez bien à l'esprit anglo-saxon, où elle bénéficie d'un certain succès ; et elle est assez propice à justifier la position des organes consistoriaux des pays européens, où il s'agit souvent de trouver des compromis entre la règle, reconnue comme traditionnelle, et la pratique, souvent établie à distance de cette dernière. Si le conservatisme doit admettre, tant dans ses principes théologiques que dans ses facteurs sociologiques, la flexibilité de sa position, il peut se prévaloir de penseurs illustres et atteindre à une grande pertinence dans ses conclusions. On peut lui assigner comme origine la publication par Leopold Zunz en 1851 de l'ouvrage de Nahman Krochmal, *Le Guide des égarés de ce temps*, qui annonçait une nouvelle ère du judaïsme, en évoquant par son titre même le célèbre livre de Maimonide. Il fut suivi par les *Voies de la Mishna* de Zacharias Frankel en 1859, ouvrage de référence essentiel du judaïsme conservateur, bien qu'assez dépassé aujourd'hui. Frankel lisait le Talmud historiquement, c'est-à-dire qu'il l'attribuait à l'esprit inventif et créatif de ses maîtres. Depuis sa publication, cette œuvre, sans cesse pillée, car elle fut la première tentative de lecture critique du Talmud (elle sera prolongée par celle de David Hofmann), a été surtout réfutée – elle laisse de côté, en effet, l'idée qu'il y aurait dans le Talmud une méthode proprement juive qui en assure le caractère typique et la pérennité – mais elle s'est imposée.

Comme l'indique son nom, le judaïsme conservateur entend répondre aux questions nouvelles sans se présenter lui-même comme une innovation. Il s'est aujourd'hui rapproché de la tendance libérale, mais avec des différences importantes dans la façon d'aborder les questions. Il affirme apporter peu de changements à la halakha, tout en instaurant un grand débat autour de chaque cas. Il engage d'immenses mutations dans l'approche de la loi et dans la façon de comprendre l'identité juive, tout en minimisant le changement qu'il a institué. Il adhère donc à l'idée d'un développement du judaïsme à travers le temps.

Si grande que soit la pertinence des tendances du judaïsme contemporain, celles-ci sont loin d'avoir réalisé l'unité du judaïsme. Elles achoppent surtout en matière de halakha (mariages, conversions, ordinations rabbiniques). Des pratiques, voire des spiritualités, différentes se sont établies. Cette incapacité de chaque tendance à imposer une direction unique favorise la montée d'une ultra-orthodoxie, véritable fondamentalisme juif qui n'admet aucun « compromis » avec le judaïsme séculier. L'ultra-orthodoxie maintient que la Tōrah a été dictée par Dieu à Moïse et, la Loi orale ayant été également donnée au Sinaï, elle cherche ses appuis directement dans le Talmud et dans la kabbale. Elle accuse sur tous les plans la différence entre les juifs et les non-juifs (*goyim*). Même si elle demeure numériquement faible, elle se satisfait assez bien d'être une minorité dans la minorité. Mais elle est traversée elle-même par une division radicale interne eu égard à la signification de l'État d'Israël et à l'attente messianique, certains de ses partisans estimant que les jours du messie se trouvent inaugurés par le rassemblement juif sur la terre d'Israël, les autres rejetant l'idée qu'un État laïc, même juif, puisse être considéré comme le moteur de cet avènement, qui doit dépendre de Dieu seul.

Le christianisme

Présenter la religion qui, avec un milliard et demi de fidèles, est la plus nombreuse du globe serait dérisoire si l'on ne prenait en considération les singularités respectives des grandes confessions qui s'en réclament : la catholique, l'orthodoxe, la protestante, les communautés d'Orient. Cependant, même limitée à ces blocs ecclésiaux, une telle présentation ne peut évoquer que quelques-uns de leurs traits spécifiques, les uns plus sociologiques, les autres plus historiques ou théologiques. Et l'on aura parfois l'impression d'avoir affaire à des *christianismes* plutôt qu'à une seule et même religion. En outre, la complexe ramure que constituent ceux-ci ne doit pas cacher la forêt d'innombrables « ecclésioles » dans lesquelles se dissémine plus confusément encore tel ou tel aspect d'une vaste tradition et qui sont évoquées ailleurs.

L'Église catholique de rite latin

Émile POULAT

Pièges ou subtilités du vocabulaire ? Parler de catholiques latins ou de catholicisme latin n'a guère de sens. En revanche, il existe bien des « chrétiens latins » : quelques milliers ou dizaines de milliers en Turquie, en Grèce et au Proche-Orient, ultime survivance des croisades, ils se dis-

Les catholiques d'Afrique noire. Occidentale par son ancrage historique et latine par sa langue liturgique et cléricale, l'Église romaine a pris, surtout depuis le dernier concile, le tournant de l'« inculturation » de l'Évangile dans les mentalités et traditions locales.
Ci-dessus, un baptême au Lesotho (Perkins, Magnum).

tinguent par leur rite d'autres chrétiens de rites orientaux, leurs voisins, catholiques comme eux ou non. On le voit, le déterminant n'est pas la géographie ou la nationalité, ni même la langue parlée, mais la langue liturgique. De fait, le XXe siècle a fini par l'oublier, mais rien n'est plus traditionnel que l'appellation « Église latine » : elle remonte aux premiers siècles de l'ère chrétienne, quand se fixa l'usage des langues liturgiques. Deux autres groupes se dessinèrent alors : l'Église grecque et les Églises orientales, celles dont la langue n'est ni le grec ni le latin (mais le syriaque, le copte, l'éthiopien, le géorgien, l'arménien) et qu'on trouvait les unes à l'intérieur, les autres à l'extérieur de l'Empire romain. Le souvenir en subsiste dans notre classement des écrivains chrétiens de cette époque en Pères grecs, latins et orientaux. Pourtant, la division de l'Empire romain en 395 eut tôt raison de cette belle ordonnance : il y eut désormais Rome et Constantinople, l'Occident chrétien et l'Orient chrétien, le latin et le reste, et bientôt deux orthodoxies. Le contraste s'accentua par le fait qu'en Occident le latin restait impérativement langue liturgique, langue officielle et langue savante, tandis qu'en Orient le christianisme s'accommodait de toutes les langues rencontrées dans son expansion, en particulier la famille slave. Ainsi s'explique l'identification, si lourde d'histoire, entre Pologne, catholicisme et latinité, d'une part, Russie et orthodoxie, d'autre part. Une frontière religieuse allait ainsi de la Baltique à l'Adriatique, où la langue liturgique avait une importance décisive.

L'Église catholique romaine, c'est aujourd'hui, en communion avec le siège apostolique – la papauté –, vingt et une petites Églises d'Orient avec leur diaspora dans le monde entier et la grande Église d'Occident, qui a véhiculé le latin partout où elle a étendu ses missions. Entre elles, la compréhension n'est pas immédiate, qu'il s'agisse du gouvernement central de l'Église – la papauté et la curie romaine – ou de voisinages difficiles à vivre. L'unité de foi accompagne des différences de traditions et de discipline, consacrées par l'existence de deux droits canoniques distincts. De tel ou tel rite oriental au rite latin, ou à l'inverse, on ne passe pas sans une décision romaine. Jalouses de leur particularité historique, les Églises orientales réagissent à tout soupçon de latinisation, autrement dit d'alignement sur un modèle qui n'est pas le leur.

On aurait tort de voir là un problème qui leur est propre. C'est, en fait, une constante de l'histoire du catholicisme de rite latin et, sans doute, un de ses problèmes majeurs à l'heure présente. L'imposition du latin était le signe d'une association étroite et voulue entre une foi religieuse et une forme culturelle. Lors des invasions barbares et des siècles obscurs qui s'ensuivirent, l'Église romaine a sauvé la culture et permis sa renaissance ; au Moyen Âge, ses universités ont intégré au savoir chrétien l'apport gréco-musulman après inventaire. Mais cette position de « mère et maîtresse » devait, à partir de la Renaissance, rencontrer deux phénomènes inattendus : au-dehors, puis au-dedans.

Avec le judaïsme et l'islam, une sorte de *modus vivendi* s'était peu à peu établi dans le domaine religieux, gelant prosélytisme et conversions : à chacun son espace. La

Le risque de la démesure. Est-ce pour la gloire de Dieu, comme « au temps des cathédrales », ou en cédant à une intempestive tentation de triomphalisme que le catholicisme africain se lance parfois dans la construction d'églises grandioses ? Ci-contre, la consécration, en 1985, de la cathédrale d'Abidjan par Jean-Paul II. En 1990, celui-ci eut à consacrer également la basilique, fort contestée, de la nouvelle capitale de la Côte-d'Ivoire, Yamoussoukro (Rapho).

principales régions d'implantation	Églises et groupes religieux	(en millions)
Amérique latine, Europe, Amérique du Nord, Océanie, Afrique	**catholiques**	**1 020**
	Église latine	1 000
	Églises orientales (« uniates »)	20
Amérique du Nord, Océanie, Europe, Afrique	**protestants**	**450** (dont 200 de tendance évangélique)
	Églises unies (réformés et luthériens)	80
	luthériens	70
	réformés/presbytériens	75
	baptistes	60
	méthodistes	35
	pentecôtistes	80
	« holiness »	7
	adventistes	7
	congrégationalistes	3
	mennonites (anabaptistes)	1,5
	moraves	0,9
	quakers	0,6
	divers	30
ex.-U.R.S.S., Europe	**orthodoxes**	**145**
	russes (slavon)	95
	roumains	19
	grecs	14
	serbes	9
	divers	8
Grande-Bretagne, Commonwealth	**anglicans**	**60**
Afrique, Asie	**Églises monophysites**	**32**
	éthiopiens	18
	coptes	8
	arméniens	4
	syriens et jacobites du Malabâr	2
ex. U.R.S.S. - États-Unis, Iran - Syrie - Malabâr - Irak	**Églises nestoriennes**	**0,2**
Amérique du Nord, Afrique, Océanie, Europe	**mouvements divers**	**50**
	issus du protestantisme	35
	issus du catholicisme	15

Des statistiques religieuses encore moins que des autres il est impossible d'exiger une absolue précision. Même quand on dispose des techniques les plus poussées et pour les finalités les plus précises, l'outil n'est jamais parfait. Un simple recensement exige des moyens considérables. De plus, il faut pouvoir comparer des données (qu'elles datent de la même époque, ou à peu près ; qu'elles aient été recueillies selon des méthodes voisines, et fiables). Se pose aussi un problème de définition : recense-t-on des pratiquants, des croyants ou des nominaux dont l'appartenance n'est que sociologique et/ou culturelle ? Enfin, les statistiques se heurtent, elles aussi, à la question des sources et à celle de la terminologie.
Les éléments du présent tableau émanent de différents ouvrages de référence récents, et en particulier du *Book of the Year 2001* de l'*Encyclopædia Britannica*. On a délibérément arrondi les chiffres, de façon à dissiper l'illusion de précision. En outre, on n'a pas voulu totaliser : il aurait fallu soustraire les doubles affiliations (estimées à plus de 50 millions), ainsi que les sujets qui ont renié plus ou moins explicitement leur appartenance originelle. Cette répartition et ce recensement ont donc avant tout pour but d'établir des ordres de grandeur et de permettre des comparaisons de masses.

Les principaux groupes de chrétiens dans le monde actuel.

découverte du Nouveau Monde déclencha, au contraire, une entreprise missionnaire sans précédent qui gagna ensuite l'Asie, puis l'Afrique et enfin l'Océanie : l'Église découvrait des populations « païennes » dont les cultures, parfois très raffinées, étaient totalement étrangères à sa tradition. Il en résulta, en Occident, un ébranlement de la conscience religieuse. Mais, surtout, un problème pastoral était posé : comment les missionnaires devaient-ils se comporter devant ces cultures indigènes et leurs œuvres ? les détruire comme idolâtres ou prendre appui sur elles ? Les franciscains au Mexique, les jésuites au Paraguay, en Chine et en Inde plaidèrent pour une large ouverture. La solution n'était pas évidente ; la spiritualité des grands ordres y avait sa part ; les luttes d'influence, qui furent sévères, empêchèrent toute solution claire, uniforme et définitive. De toute façon, la réponse ne dépendait pas seulement de Rome et du clergé, mais tout autant des populations. Au problème de la prédication de l'Évangile s'ajoute le problème de la réception de l'Évangile : entre ce qui est proposé et ce qui est accepté, l'écart peut être grand.

Les circonstances ont eu ici un rôle essentiel. Ce qui fut possible au Mexique dans l'ardeur des débuts fut interdit en Chine un siècle plus tard. Le XIXe siècle n'eut même pas ces inquiétudes : les congrégations missionnaires, qui se multiplièrent alors, importèrent un modèle européen de catholicisme intransigeant, tempéré par leur fibre nationale. Avec la décolonisation et les indépendances puis le IIe concile du Vatican, une forte réaction s'est partout manifestée sous la forme d'un souci de l'*authenticité*, de l'enracinement retrouvé et des valeurs traditionnelles. On parle ainsi couramment d'un catholicisme « africanisé » ; on voit naître des théologies africaines, latino-américaines, asiatiques, etc., non sans que cela entraîne des résistances romaines. Le phénomène n'est pourtant pas nouveau. Aux États-Unis, à la fin du XIXe siècle, le pape Léon XIII avait condamné l'« américanisme », cette tendance qui, même en Europe par imitation, acculturait le catholicisme à la civilisation née outre-Atlantique. Plus généralement, les immigrants catholiques européens – Polonais, Italiens, Allemands, Irlandais – avaient hésité entre, d'une part, des « paroisses nationales » qui les maintiendraient fidèles à leurs origines et, d'autre part, leur naturalisation dans le creuset de l'américanité. Les conquérants ibériques en Amérique latine et aux Philippines avaient connu le même problème de formation d'une identité.

Celui-ci est encore plus ancien : il est européen. L'Église romaine, ce fut longtemps non l'Église universelle mais l'Église du pape, celle de Rome, tandis qu'avec la dislocation de la chrétienté et la montée des États s'affirmait une conscience nationale inséparable de sa dimension religieuse : ainsi parle-t-on d'une Église gallicane et d'une Église anglicane, l'une demeurée dans la communion romaine, l'autre engagée dans la voie des Églises nationales. Et, même si l'on n'a pas connu d'Église germanique, il y a bien un « catholicisme allemand ». Plus anciennement encore, on rencontre des situations étranges et mal expliquées : ainsi de l'Église wisigothique et de l'Église celtique. Plus que leur autonomie, qui était grande, frappe l'originalité de leur structure : celle d'Irlande était quasi monastique, avec un esprit ascétique et missionnaire qui rayonna sur le continent jusqu'en Europe centrale.

On mesure ce que peut être cette diversité du rite latin, qui atteignit même la liturgie : on eut ainsi en son sein le rite mozarabe (Espagne), le rite ambrosien (Italie du Nord), les rites français (chaque diocèse avait le sien, celui de Lyon étant le plus vénérable), le rite cartusien (propre aux Chartreux) ou dominicain... Le grand souci de Rome au cours des siècles fut, au nom de l'unité, d'unifier cette dispersion : de « romaniser » comme on disait au XIXe siècle. Aujourd'hui, le mouvement paraît s'être inversé : on parle d'« inculturer » l'Évangile dans les mœurs, mentalités et traditions des populations. Concrètement, cette orientation ne va pas sans difficultés ; mais, surtout, théoriquement, elle est loin d'être clarifiée, tant l'Évangile s'est trouvé étroitement occidentalisé. La difficulté est redoublée par l'éclatement moderne de cette culture occidentale. Elle était chrétienne : elle a dû subir la critique et la concurrence des Lumières. De là date le grand conflit qui, tout au long du XIXe siècle, a opposé la culture catholique à la culture moderne et qui a débouché, au début de celui-ci, sur la « crise moderniste ». L'avènement d'une aire culturelle socialiste, à l'enseigne du marxisme, n'a fait qu'aiguiser et amplifier ces données.

Le paradoxe est qu'aujourd'hui la réforme liturgique consécutive au IIe concile du Vatican a pratiquement fait disparaître le latin du rite de ce nom. L'Église catholique de rite latin couvre le monde : le latin n'y est plus guère employé qu'en Chine et chez les traditionalistes. En revanche, plus que jamais, la papauté doit gérer une unité catholique faite d'une véritable mosaïque culturelle. Avec son rite latin, avec ses rites orientaux, l'Église catholique romaine, c'est cet ensemble disparate de traditions religieuses « inculturées » dans le mouvement de l'histoire au nom d'une foi commune et d'une autorité commune.

Les Églises orientales au Proche-Orient

SAÏD ÉLIAS SAÏD

Dans l'appellation de Proche-Orient, nous inclurons ici huit pays : la Jordanie, Israël, le Liban, la Syrie, l'Irak, Chypre, l'Égypte et la Turquie. Notons, par ailleurs, que l'appellation d'Église orientale désigne les communautés qui n'appartiennent pas à l'Église latine. Le qualificatif « oriental » renvoyait à une dénomination administrative de l'Empire romain, à la partie qui, dès 395, englobait sept diocèses civils dont précisément celui d'Orient. Dès le début du IIIe siècle, les Églises nées dans ce qui sera l'Empire romain oriental (celles d'Antioche, d'Alexandrie et de Constantinople) rayonnèrent vers l'est, le sud et le nord, au-delà des frontières de l'Empire. « Oriental » renverrait donc à l'extension de juridiction limitée à l'ouest par la ligne de partage entre les parties orientale et occidentale de l'Empire, mais se déployant vers le nord, l'est et le sud, avec l'activité missionnaire de ces Églises.

Notons encore que chacune d'elles est une Église *sui iuris* (de droit propre) dont les constituants sont la possession d'un rite spécifique et le pouvoir de s'autogouverner. Toutes les Églises orientales catholiques *sui iuris* sont égales entre elles par le rang, les droits, les obligations et, au sein de l'Église catholique universelle, chacune d'elles, même minoritaire, devrait traiter, sur un plan d'égalité, avec l'autre Église *sui iuris*, l'Église catholique latine. Enfin, signalons qu'au Proche-Orient les Églises ont en commun de constituer, partout où elles se trouvent, des minorités religieuses et/ou ethniques, de voir leurs fidèles dispersés aux quatre coins du monde, de connaître en général, de la part de l'islam, avec le statut réservé aux *dhimmi*, des formes d'oppression systématique, et de vivre, dans le contexte géopolitique actuel, une existence des plus précaires.

Essai de classification

Parmi les Églises chrétiennes orientales, catholiques et non catholiques, qui comportent un minimum de cinquante-sept dénominations, l'Église maronite fut la seule à demeurer en constante communion avec l'évêque de Rome. Toutes les autres Églises orientales se correspondent comme des couples d'homologues. Dans chacun de ces couples se retrouvent une Église orientale non catholique et une Église orientale catholique, laquelle s'est dégagée de son (ou ses) homologue(s) non catholique(s) par un acte formel d'union avec le Saint-Siège à tel ou tel moment de son histoire (d'où l'appellation d'Église « uniate » qui lui est parfois réservée). Ainsi, le lien de

	LIBAN	TURQUIE	SYRIE	IRAK	ISRAËL	JORDANIE	ÉGYPTE	CHYPRE
nombre d'habitants	3 300 000	66 000 000	16 000 000	22 000 000	6 500 000	6 500 000	70 000 000	785 000
Église syriaque catholique (> 100 000)	18 000*	< 1 000	22 000	33 000	< 1 000		< 2 000	
Église maronite (> 4 000 000)	450 000*	< 500	27 000		4 500		< 7 000	8 000
Église chaldéenne (410 000)	5 000	2 000	6 000	300 000*				
Église melkite catholique (500 000)	150 000	< 1 000	> 100 000*		< 30 000	20 000	4 500	
Église arménienne catholique (160 000)	20 000*	< 1 000	> 23 000			400		
Église copte catholique (155 000)							170 000*	
Église assyrienne de l'Est (180 000)	4 500	< 1 000	< 17 000	< 40 000*				
Église copte orthodoxe (11 000 000)							10 000 000	
Église syriaque orthodoxe (250 000)	14 000	< 30 000	86 000*	< 19 000				

Répartition des chrétiens des neuf patriarcats orientaux qui ont leur siège au Proche-Orient. On lit, verticalement, pour chaque pays, le nombre des chrétiens orientaux, Église par Église. Sous le nom de chaque État est mentionné le nombre d'habitants et, sous celui de chaque Église (colonne de gauche), le nombre total des fidèles de celle-ci, diaspora comprise. À côté de certains chiffres, un astérisque signale le pays où telle Église a son patriarcat. Notons que les migrations croissantes de la région rendent souvent incertaines les statistiques ainsi avancées et leur donnent le caractère d'estimations conjecturées par la pondération des données des sources disponibles.

communion des Églises orientales, entre elles ou avec l'évêque de Rome, pourra nous servir de critère synchronique pour leur classification.

Par ailleurs, trois événements conciliaires décisifs de l'histoire de l'Église universelle nous fournissent à ce sujet un critère diachronique. Le premier en est le IIIe concile œcuménique d'Éphèse en 431. Pour défendre la foi contre un monophysisme encore latent, Nestorius, devenu patriarche de Constantinople, refuse à la Vierge Marie le titre de *Théotokos* (Mère de Dieu). L'Église assyrienne de l'Est prend naissance après la condamnation de Nestorius à Éphèse. Mais sa scission d'avec l'Occident ne fut radicale qu'à la fin du Ve siècle, lorsqu'elle embrassa le nestorianisme au temps de Babai (498). Elle était d'ailleurs poussée à se déclarer indépendante des Églises de l'Empire romain pour se laver des préjugés des rois de Perse quant à son alliance naturelle avec l'ennemi romain. Aussi l'Église assyrienne de l'Est (ou « nestorienne ») demeure-t-elle sans aucun lien de communion ecclésiale.

Le deuxième événement à retenir est le concile de Chalcédoine en 451, dont les Pères, voulant mettre un terme aux débats christologiques qui secouaient les Églises orientales, optèrent pour la confession qui reconnaît, dans le Christ, une personne qui est à la fois vrai homme et vrai Dieu, sans confusion ni séparation de ses deux natures. Les Églises orientales anciennes dites non ou pré-chalcédoniennes sont celles qui s'accorderaient dans leur rejet unanime à la fois de la définition christologique chalcédonienne et du dogme d'Eutychès. Elles adhèrent à la formule de Cyrille d'Alexandrie sur « la nature une du Verbe incarné de Dieu ». Dans les dénominations de ces cinq Églises orientales anciennes, l'usage avait retenu le qualificatif d'« orthodoxe », alors qu'aucune d'elles n'est en communion avec la véritable Église orthodoxe. Cependant, nous garderons ici ce qualificatif comme simple équivalent de non catholique. Il s'agit des cinq Églises suivantes : l'Église arménienne orthodoxe, l'Église copte orthodoxe, l'Église éthiopienne orthodoxe, l'Église syriaque orthodoxe (ou « jacobite »), l'Église malankare syriaque orthodoxe. Néanmoins, depuis l'encyclique *Sempiternus Rex* (1951) de Pie XII et, surtout, depuis la série de déclarations de foi commune entre l'Église catholique et chacune de ces cinq Églises, on ne peut plus présenter celles-ci comme « monophysites » sous prétexte qu'elles n'avaient pas adhéré aux définitions du concile de Chalcédoine.

Le troisième moment décisif est le Grand Schisme de 1054, dont il sera question dans le chapitre suivant sur l'Église orthodoxe. Celle-ci compte vingt-trois Églises orientales. Quinze d'entre elles sont autocéphales et autonomes. Parmi ces quinze Églises orthodoxes autocéphales, cinq constituent des patriarcats (Moscou, Constantinople, Alexandrie, Antioche et Jérusalem). Quatre d'entre elles, en réalité, sont autonomes mais non encore autocéphales.

Enfin, quatre Églises orthodoxes d'Amérique du Nord et d'Europe occidentale relèvent canoniquement de la juridiction directe du patriarche de Constantinople (compte tenu du point de vue que nous avons adopté, le tableau qui essaie, page 106, de classer parallèlement Églises orientales catholiques et Églises orientales non catholiques ne citera, pour les Églises orthodoxes, que celles qui ont donné naissance à des Églises catholiques homologues).

Les Églises orientales catholiques elles-mêmes sont au nombre de vingt-deux. Deux d'entre elles n'ont pas d'Église homologue non catholique : l'Église maronite et les deux diocèses catholiques italo-albanais. Les vingt autres sont des Églises « uniates » et se reconnaissent des Églises homologues non catholiques. Citons enfin six Églises orientales non catholiques qui ont un statut non canonique, sinon schismatique : les « Vieux-Croyants » (2 682 000, en ex-Union soviétique et dans la diaspora), l'Église russe orthodoxe en dehors de la Russie (150 000) ; l'Église ukrainienne orthodoxe (25 500, en diaspora) ; l'Église autocéphale biélorusse (100 000, en diaspora) ; l'Église macédonienne orthodoxe (1 200 000, en Macédoine et en diaspora) ; l'Église grecque orthodoxe, adepte du vieux calendrier julien (220 000).

Les Églises dont les patriarches siègent au Proche-Orient

L'Église orthodoxe étant présentée ci-après, nous ne prendrons en considération ici que les neuf Églises orientales qui précisément n'appartiennent pas à celle-ci et dont les patriarches siègent dans la région.

Au Liban (trois patriarcats)

Trois des neuf patriarcats orientaux siègent au Liban. L'État libanais reconnaît légalement ou de facto onze communautés chrétiennes, cinq communautés musulmanes et une communauté israélite. Jusqu'à une date très récente, il était, non seulement en droit mais aussi de fait, le seul État du Proche-Orient à jouir d'un statut de liberté pluriconfessionnelle et à s'être doté d'une structure qui confiait la présidence de l'État à un chrétien (en l'occurrence, un maronite).

L'Église maronite. Elle doit son nom à l'ascète Maroun (mort entre 410 et 430), qui vécut à Cyr, dans la Syrie seconde. Le peuple maronite se considère comme ayant recueilli l'héritage spirituel du monastère de Saint-Maroun, qui se trouvait sur les rives de l'Oronte. Ardents défenseurs du concile de Chalcédoine (451), les maronites cherchaient, depuis la conquête musulmane (634-641), à réaliser leur identité nationale dans le cadre de leur confession catholique, mais en lien étroit avec une patrie, le Liban. Comme le siège patriarcal d'Antioche se trouvait vacant depuis 609, les maronites, s'étant regroupés dans la montagne libanaise à l'abri des persécutions, se donnèrent un « patriarche d'Antioche et de tout l'Orient » en 685. Pendant treize siècles, soixante-quinze patriarches se succédèrent. C'est surtout aux XIXe et XXe siècles que l'Église maronite, sous l'égide de son patriarche, mènera les chrétiens, les minorités opprimées du Proche-Orient et le peuple libanais vers l'indépendance, obtenue en 1943. Aujourd'hui, la présence maronite dans la diaspora est approximativement la suivante : France (70 000), Brésil (1,5 million), Canada (150 000), États-Unis d'Amérique (1 million), Australie (180 000).

L'Église syriaque catholique. Le premier patriarche syriaque d'Antioche à se séparer de Rome fut Sévère en 512. Cette rupture persistera jusqu'à ce que, en 1557, le patriarche Ignatius Nemetallah reconnaisse l'autorité du Saint-Siège. Sous l'égide du patriarche Ignatius André Akhijane (élu en 1662), l'Église prit le nom d'Église syriaque catholique. Entre 1680 et 1782, elle fut confiée à des vicaires apostoliques. Depuis le règne de Gebraël Ier Tabbouni, le siège patriarcal fut officiellement transféré de Mardîne (Turquie) à Beyrouth.

L'Église arménienne catholique. C'est saint Grégoire l'Illuminateur qui évangélisa le roi Tiridate d'Arménie, après avoir été lui-même sacré évêque par Léonce, le métropolite de Césarée de Cappadoce (après 313). Deux lignées de prélats assureront la succession de Grégoire : l'une, d'éducation grecque, l'autre, de formation syriaque. Cette Église arménienne du IVe siècle, dont le primat porte le nom de *catholicos*, est étroitement liée à l'État. Malgré la chute de la royauté en 428, l'évangélisation de l'Arménie se poursuivra et connaîtra son apogée au Ve siècle. C'est Mesrob Machtots qui instaura l'alphabet arménien et qui inaugura la tradition ecclésiale en langue nationale. Le deuxième synode de Dwin en 551 déclara l'Église arménienne en parfaite communion de foi avec l'Église syriaque orthodoxe (les « jacobites »). Mais le siège de Siounie rompit avec le catholicossat et une élite arménienne préserva la foi catholique. De la Ire croisade naquit le royaume de la Petite Arménie (ou royaume de Cilicie), lequel établit des contacts de sympathie avec l'Occident, alors que le royaume de la Grande Arménie restait vivement hostile aux Latins. Aussi, après la disparition du premier (1375), à partir de 1441, deux catholicos vont s'opposer : celui de Sis (Cilicie) et celui de Vagharschapat-Etchmiadzine (Grande Arménie orientale). Un troisième siège catholicossal fut fondé dans l'île d'Aghthamar (lac de Van) en 1113, mais il disparut dans la tourmente nationale en 1915. Enfin, le siège épiscopal arménien de Brousse, qui avait joui sous le sultan ottoman Mahomet II d'un grand prestige, survit aujourd'hui sans éclat, à la tête de la communauté d'Istanbul. C'est sur cet arrière-fond historique qu'a émergé l'Église arménienne catholique. Le 26 novembre 1740 fut élu le catholicos de Cilicie, Abraham Ardzivian ; le pape Benoît XIV le confirma en 1742 comme catholicos-patriarche des Arméniens de Cilicie. Le siège patriarcal s'établira d'abord au Liban (1742-1865) puis à Istanbul (1866-1928), avant de revenir définitivement au Liban. En France a été érigée la première éparchie (diocèse ecclésiastique) orientale catholique en Europe de l'Ouest (30 000 fidèles).

En Irak (deux patriarcats)

Deux patriarches orientaux siègent en Irak, pays où l'islam est la religion de l'État, la liberté de la religion, de la croyance et du culte étant garantie. Depuis 1972, les chrétiens irakiens syriacophones ont vu leur différence culturelle reconnue par l'État. Enfin, l'insécurité créée par

Rite et siège	Églises orientales catholiques	Églises orientales non catholiques homologues	Rite et siège	Groupe
rite syriaque oriental Bagdad (Irak)	Patriarcat de Babylone des chaldéens	Patriarcat de l'ancienne Église assyrienne de l'Est	rite syriaque oriental Téhéran (Iran)	
rite syriaque oriental Kérala (Inde)	Archevêché d'Ernakulam des syro-malabares			
rite arménien Beyrouth (Liban)	Patriarcat de Cilicie des arméniens	Église arménienne orthodoxe ou grégorienne	rite arménien Etchmiadzin (Arménie)	les Églises orientales anciennes non ou pré-chalcédoniennes
rite alexandrin Le Caire (Égypte)	Patriarcat d'Alexandrie des coptes	Église patriarcale copte orthodoxe	rite alexandrin Le Caire (Égypte)	les Églises orientales anciennes non ou pré-chalcédoniennes
rite éthiopien Addis-Abeba (Éthiopie)	Archevêché d'Addis-Abeba des éthiopiens	Patriarcat de l'Église orthodoxe éthiopienne	rite éthiopien Addis-Abeba (Éthiopie)	les Églises orientales anciennes non ou pré-chalcédoniennes
rite syriaque oriental Beyrouth (Liban)	Patriarcat d'Antioche des syriaques	Patriarcat syriaque orthodoxe d'Antioche et de tout l'Orient	rite syriaque occidental Damas (Syrie)	les Églises orientales anciennes non ou pré-chalcédoniennes
rite syriaque oriental Kérala (Inde)	Archevêché de Trivandrum des syro-malankares	Église malankare syriaque orthodoxe	rite syriaque occidental Kattayam-Kérala (Inde)	les Églises orientales anciennes non ou pré-chalcédoniennes
		Patriarcat grec orthodoxe d'Antioche et de tout l'Orient	rite byzantin Damas (Syrie)	l'Église orthodoxe (les seules homologues non catholiques)
Église melkite catholique, rite byzantin Damas (Syrie)	Patriarcat grec catholique d'Antioche et de tout l'Orient, de Jérusalem et d'Alexandrie	Patriarcat orthodoxe d'Alexandrie et de toute l'Afrique	rite byzantin Alexandrie (Égypte)	l'Église orthodoxe (les seules homologues non catholiques)
		Patriarcat grec orthodoxe de Jérusalem	rite byzantin Jérusalem (Israël)	l'Église orthodoxe (les seules homologues non catholiques)
		Église ukrainienne orthodoxe d'Amérique	rite byzantin Bronx (États-Unis)	l'Église orthodoxe (les seules homologues non catholiques)
rite byzantin Lviv (Ukraine)	Archevêché majeur de Lviv des ukrainiens	Église ukrainienne orthodoxe	rite byzantin Europe et Amérique du Nord	l'Église orthodoxe (les seules homologues non catholiques)
rite byzantin Nyriegyhaza (Hongrie)	Éparchie de Hajdudorog	Église américaine, grecque catholique orthodoxe, carpato-russe	rite byzantin Johnstown (Pennsylvanie, États-Unis)	l'Église orthodoxe (les seules homologues non catholiques)
rite byzantin Pittsburgh (États-Unis)	Église ruthène catholique	Patriarcat de l'Église roumaine orthodoxe	rite byzantin Bucarest (Roumanie)	l'Église orthodoxe (les seules homologues non catholiques)
rite byzantin Canton (Ohio, États-Unis)	Exarchat roumain catholique pour les États-Unis			l'Église orthodoxe (les seules homologues non catholiques)
rite byzantin Athènes (Grèce)	Exarchat apostolique de l'Église grecque catholique	Archevêché orthodoxe d'Athènes et de toute la Grèce	rite byzantin Athènes (Grèce)	l'Église orthodoxe (les seules homologues non catholiques)
Croatie, rite byzantin Križevci (Yougoslavie)	Éparchie yougoslave catholique	Archevêché de Pet, patriarcal orthodoxe des Serbes	rite byzantin Belgrade (Serbie)	l'Église orthodoxe (les seules homologues non catholiques)
rite byzantin Sofia (Bulgarie)	Exarchat apostolique de l'Église bulgare catholique	Patriarcat de Bulgarie	rite byzantin Sofia (Bulgarie)	l'Église orthodoxe (les seules homologues non catholiques)
rite byzantin Prešov (Slovaquie)	Éparchie de Prešov, Église slovaque catholique	Archevêché orthodoxe de Prague	rite byzantin Prague (République Tchèque)	l'Église orthodoxe (les seules homologues non catholiques)
rite byzantin exarque apostolique à Moscou (Russie)	Communauté russe catholique	Patriarcat orthodoxe de Moscou et de toutes les Russies	rite byzantin Moscou (Russie)	l'Église orthodoxe (les seules homologues non catholiques)
rite byzantin visiteur apostolique à Minsk (Biélorussie)	Communauté biélorusse catholique	Église biélorusse orthodoxe	rite byzantin en Biélorussie et dans la diaspora	l'Église orthodoxe (les seules homologues non catholiques)
rites byzantin et latin visiteur apostolique à Tbilissi (Géorgie)	Communauté géorgienne catholique	Catholicossat - Patriarcat orthodoxe de toute la Géorgie	rite byzantin Tbilissi (Géorgie)	l'Église orthodoxe (les seules homologues non catholiques)
rites byzantin et latin exarque en Albanie méridionale	Communauté albanaise catholique	Archevêché orthodoxe de Tirana et de toute l'Albanie	rite byzantin Tirana (Albanie)	l'Église orthodoxe (les seules homologues non catholiques)
rite syriaque occidental Bkerké et Dimane (Liban)	Patriarcat maronite d'Antioche et de tout l'Orient			sans homologues non catholiques
rite byzantin avec deux diocèses (Sicile et Calabre, Italie)	Communauté italo-albanaise			sans homologues non catholiques

Essai de classification des Églises orientales. À gauche, les Églises catholiques ; à droite, les Églises non catholiques qui sont leurs homologues. Cet état des dénominations à la fin du XXe siècle se trouve aujourd'hui en mutation, du fait notamment de l'implosion du bloc soviétique et de l'évolution des diasporas. Dans bien des cas, les structures hiérarchiques sont en cours de réorganisation et les effectifs s'avèrent incertains.

la répression des Kurdes au Nord et la guerre avec l'Iran puis celle du « Golfe » ont nettement accéléré l'émigration.

L'Église assyrienne de l'Est. La tradition fait remonter sa dénomination d'« Église de l'Orient » aux temps où les Rois Mages vinrent de Chaldée adorer l'Enfant Jésus. Pour la distinguer de celle-ci, Eugène IV (1431-1447) donna le nom d'Église chaldéenne à l'Église catholique qui est l'homologue de l'Église assyrienne. C'est l'apôtre Thomas, puis son disciple Addaï et l'élève de celui-ci, Mari, qui auraient d'abord porté l'Évangile en Chaldée. Au début du IIIe siècle, l'Église de l'Orient reconnaît la primatie du siège de Séleucie-Ctésiphon (Al-Madaīn = Bagdad) et compte vingt diocèses en Mésopotamie. Du fait de la rivalité entre Romains et Perses, d'une certaine complicité des juifs influents de Mésopotamie et de la jalousie des mazdéens, la persécution s'abattit sur cette Église sous le règne des Sassanides (226-651). Au début du Ve siècle, l'évêque Papa de Séleucie-Ctésiphon fut reconnu comme catholicos. Et, en 424, en 486, puis en 498, l'Église de l'Orient consomma sa séparation d'avec le patriarche d'Antioche. Avec la conquête arabe, l'Église nestorienne connut une grande expansion jusqu'en Chine. Après la chute des 'Abbassides sous les coups des Mongols en 1258, ceux-ci se convertirent en grand nombre au christianisme – l'un des patriarches nestoriens, Yahbalaha III (1283-1317), fut un Mongol. Au XIIIe siècle, l'Église nestorienne en vint à compter 80 millions de fidèles et deux cent cinquante éparchies. Mais, avec le passage des Mongols à l'islam au XIVe siècle, la situation changea : Tamerlan détruisit les structures de cette Église, dont un reste se rassembla en Mésopotamie. À la suite de ces bouleversements et pour garantir la succession apostolique dans le patriarcat nestorien, Simon IV (1427-1477) institua le principe de l'hérédité (de l'oncle à son neveu ou à son cousin) pour les offices patriarcal et épiscopal (ce principe subsista jusqu'en 1973, date à laquelle on en revint au principe de l'élection). C'est à ce moment que se situe la constitution de l'Église chaldéenne. Le patriarche de l'ancienne Église de l'Est réside à Téhéran (Iran). Il est reconnu comme patriarche de l'Orient par plusieurs autres Églises, dont l'Église catholique, alors que l'État irakien ne reconnaît comme patriarche de l'Église nestorienne, depuis 1972, que celui qui réside à Bagdad.

L'Église chaldéenne. L'activité missionnaire dans l'Église assyrienne commença, sans grand succès, au XIIIe siècle, avec les Dominicains et les Franciscains. Mais, lorsque au XVe siècle l'office patriarcal devint héréditaire, nombre d'évêques assyriens se choisirent comme patriarche, en 1551, Jean Simon VIII Soulaka, lequel s'unit à Rome. Par la suite, l'Église chaldéenne allait rallier plus des deux tiers des fidèles assyriens. Le premier patriarche chaldéen s'installa à Amid (Diarbékir) en Irak. Mais le patriarche Simon XIII (1662-1700) revint au nestorianisme. En 1672, l'évêque Joseph, de Diarbékir, renoua avec Rome et reçut le titre de patriarche des chaldéens. Il en fut ainsi de la succession au siège patriarcal chaldéen jusqu'à ce que Pie VIII nommât en 1830 l'évêque de Mossoul, Jean Hermez, patriarche de Babylone pour les chaldéens. Dès lors, la succession apostolique fut assurée sans interruption. Mossoul demeura le siège patriarcal entre 1830 et 1950. C'est Joseph VII Ghanimé qui le transféra de Mossoul à Bagdad.

En Syrie (deux patriarcats)

En Syrie, depuis 1973, l'islam n'est plus que la religion du chef de l'État. Les Églises et les communautés socio-religieuses sont légalement reconnues. Mais le gouvernement interfère dans tout ce qui touche au religieux.

L'Église syriaque orthodoxe. Selon la tradition, l'Apôtre Pierre fut le premier évêque d'Antioche. En pratique, ce siège présidait, jusqu'au IVe siècle, à la vie ecclésiale de tous les peuples de l'Orient. Mais, à la suite des schismes christologiques du Ve siècle, le patriarcat d'Antioche fut morcelé en six Églises patriarcales, qui, excepté l'Église maronite, se sont séparées de Rome. Jacques Baradée organisa une hiérarchie « jacobite » distincte du siège patriarcal d'Antioche. Il mourut en 578, après avoir institué en Perse le « maphrianat », qui est le siège monophysite de Perse, dépendant du patriarcat jacobite, mais équivalant, dans sa primatie, au catholicossat nestorien de Séleucie-Ctésiphon. Dans les provinces occidentales conquises sur les Byzantins, les Sassanides perses traitaient avec la même tolérance nestoriens et jacobites, tous ennemis des Byzantins. L'Église jacobite connaîtra, de ce fait, une grande expansion en Mésopotamie. Sous la domination arabe, les jacobites, qui accueillaient les musulmans en libérateurs, occupèrent des postes clés dans l'administration (omeyyade puis 'abbāsside). Mais, après la reprise d'Antioche (969) et d'Édesse (1031) par les Byzantins, les Arabes devinrent aussi intolérants vis-à-vis des chrétiens syriaques que les Byzantins. Avec les croisés se constituera le premier État latin d'Orient à Édesse avant qu'Antioche (1098) et Jérusalem (1099) ne fussent reprises aux Turcs Seldjoukides. C'est l'époque où les œuvres patristiques et philosophiques furent traduites du syriaque en latin et passèrent en Occident, tandis que d'autres œuvres étaient traduites en arménien et passaient dans le royaume de la Petite Arménie (1080-1375). Au XIVe siècle, avec le déclin des Mongols, une grande tourmente politique désorganisa la hiérarchie jacobite. Entre 1292 et 1509, plusieurs sièges patriarcaux se firent concurrence : ceux de Deir ez-Zaafaran, près de Mardīne, considéré encore comme le seul légitime, de Salah (Tur Abdin), de Sis (Cilicie) et le monastère de Barsauma. Le maphrianat perse resta vacant de 1379 à 1404. Après la chute de l'Empire mongol de Tamerlan, qui désintégra syriaques et nestoriens, survinrent les Turcs Ottomans. Les conditions socio-économiques des syriaques et leurs dissensions réduisirent encore leur résistance face au déferlement des missions catholiques et protestantes. Depuis un siècle, les massacres et oppressions répétés firent disparaître les syriaques en Turquie. En 1924, le patriarcat fut transféré de Deir ez-Zaafaran (Turquie) à Homs (Syrie) avant d'être fixé à Damas en 1959. Les nestoriens malabars des Indes avaient rejoint l'Église syriaque en 1665. Mais, supportant mal la tutelle patriarcale, ils obtinrent en 1974 que le maphrianat fût restauré à leur profit. Cela explique que cette Église syriaque orthodoxe essaie aujourd'hui encore de faire revenir à elle les deux millions de fidèles malabars, malgré la quasi-indépendance de leur organisation ecclésiastique.

L'Église melkite catholique. La dénomination « melkite », postérieure au concile de Chalcédoine (451), désignait ceux des chrétiens du patriarcat d'Antioche qui, fidèles à ce concile, suivaient en cela la décision de l'empereur (melkite = du parti du « roi »). Le patriarche melkite d'Antioche suivit Constantinople dans le schisme de 1054. Le siège patriarcal antiochien des melkites se fixa à Damas en 1377, après la dévastation d'Antioche. En 1724, à Damas, le synode patriarcal melkite se donna comme patriarche Kyrillos VI Tanas. Mais Constantinople lui opposa son candidat, Sylvestros le Chypriote. Alors un schisme s'ensuivit au sein du patriarcat melkite d'Antioche : le parti de Tanas reçut le nom de catholique et le parti de Sylvestros celui d'orthodoxe. Entre 1724 et 1830, l'Église melkite catholique connut de grandes persécutions du fait des Ottomans : le siège patriarcal fut alors transféré au Liban (dans les environs de Saïda). Après 1830, le patriarche obtiendra, avec l'appui des Européens, la sécurité pour son Église. Sur le plan ethnique, celle-ci est presque entièrement arabe.

En Égypte (deux patriarcats)

En Égypte, l'histoire des relations des chrétiens coptes avec l'État est celle de la résistance jusqu'au sang des confesseurs nationaux de la foi. L'Église copte fait débuter son calendrier liturgique, celui des martyrs, avec l'année de l'avènement de Dioclétien (284). La pression économique exercée par les musulmans sur les coptes décima rapidement ces derniers. L'arrivée des croisés, qui traitaient les coptes de « schismatiques », vint accroître l'oppression qu'exerçaient sur eux les chalcédoniens. Il en fut ainsi jusqu'à l'expédition (1798) de Bonaparte, qui permit une collaboration entre les chrétiens égyptiens et les Français. Ceux-ci partis, des troubles s'ensuivirent et Muhammad 'Alī prit le pouvoir (1805). Il bouleversa le statut des dhimmis. Les missionnaires européens déployèrent leurs activités, sous la protection de leur pays d'origine. Ainsi, sous Muhammad 'Alī (1805-1849), s'effaçait la vieille conception de l'État théocratique au profit de l'État national. De nos jours, l'islam est la religion de l'État égyptien. Le prosélytisme des Églises est rigoureusement interdit. En fait, les coptes subissent l'érosion systématique de deux fléaux convergents : les conversions à l'islam du fait de pressions socio-économiques considérables et l'émigration provoquée par les remous politiques.

L'Église copte orthodoxe. Elle aurait été fondée vers 42 par l'Évangéliste Marc, martyrisé en 63. Son époque glorieuse fut celle qui précéda le concile de Chalcédoine (451) avec Athanase (295-373) et Cyrille d'Alexandrie. Celui-ci reçut le titre de pape au IIIe concile d'Éphèse (431) pour sa défense de la *Théotokos*. Le monachisme s'y est développé très tôt, dans ses formes érémitique (avec Paul de Thèbes), anachorétique (avec Antoine le Grand, 251-356) et cénobitique (avec Pacôme, 286-346). Il y demeure toujours florissant (Wadi-Natroun) : les évêques et le patriarche sont choisis parmi les moines (le clergé séculier est toujours marié). L'Église copte orthodoxe a sans nul doute préservé les principes mêmes de la foi catholique dans le mystère du Verbe incarné, quoiqu'elle les ait exprimés dans des formulations différentes (déclaration commune de Paul VI et de Shenouda III au Vatican le 10 mai 1973). Elle est numériquement la plus importante au Proche-Orient (11 millions de fidèles).

L'Église copte catholique. Sa première tentative d'union avec Rome remonte au concile de Florence (1438-1445), mais elle ne fut pas suivie d'effet. Cependant, dès le début du XVIIe siècle, les missions préparaient le terrain d'un rapprochement (avec les Capucins au Caire dès 1630, puis les Franciscains et les Jésuites à partir de 1675). Dans la période de liberté religieuse présidée par Muhammad 'Alī, le pape Léon XII (1823-1829) installa, en 1824, un patriarcat copte catholique, qui ne fonctionna réellement qu'en 1895. L'Église copte catholique dispose actuellement de cinq éparchies en Égypte. C'est la seule des sept communautés chrétiennes du pays qui connaisse aujourd'hui une expansion numérique. Mais elle éprouve la double crainte d'être absorbée par son Église mère (orthodoxe) et par l'islam.

L'Église orthodoxe

BERNARD DUPUY

On appelle « Église orthodoxe » – bien que l'expression puisse revêtir des dimensions historiques ou géographiques plus larges – ou Église gréco-russe – ce qui est cette fois trop restreint – ou, mieux, « Église des sept conciles » l'ensemble des Églises issues de la tradition byzantine. Il serait préférable de parler d'« Églises orthodoxes », au pluriel, pour marquer leurs différences historiques originelles et leurs spécificités. Ces Églises vivent en communion avec le « patriarcat œcuménique » dont le siège se trouve à Constantinople. Du IVe au XIe siècle, des facteurs culturels et politiques avaient entraîné un éloignement entre Rome et Constantinople (fondée en 330 sur le site de Byzance), puis peu à peu une séparation datée habituellement de l'excommunication, en 1054, par les Latins du patriarche grec Michel Cérulaire, bien que ce schisme n'eût pas été le premier et qu'il ne fût pas non plus définitif.

Déjà, pendant la crise du monothélisme, l'empereur Constantin II, mécontent de la condamnation portée par le pape Martin Ier contre son *Typos* au concile du Latran (649), avait fait arrêter le pontife romain, qui fut déporté en Chersonèse, où il mourut en 655. Une nouvelle crise aiguë éclata lors du « schisme de Photius » (863-867) : l'empereur Michel III ayant déposé le patriarche de Constantinople Ignace pour donner son siège à Photius, le prélat évincé fit appel au pape Nicolas Ier, qui excommunia Photius en 863. Celui-ci répliqua en énumérant dans une encyclique tous les griefs accumulés par les théologiens byzantins contre les « innovations » romaines : jeûne du samedi, permission du laitage pendant le carême, célibat sacerdotal et surtout l'insertion du mot *Filioque* dans le *Credo*. L'Église byzantine se posait ainsi en gardienne de l'« orthodoxie » et en juge des croyances et des usages de l'Église romaine. Photius alla plus loin : en 867, il réunit un concile à Constantinople et fit prononcer la déposition du pape Nicolas.

Le schisme définitif ne se consomma que sous le patriarche Michel Cérulaire (1043-1058). Ce prélat inspira à Léon, métropolitain d'Okhrid en Bulgarie, un véritable réquisitoire contre l'Église latine : il critiquait surtout l'usage eucharistique des azymes (les Grecs déniaient au pain azyme – sans levain – toute possibilité de devenir espèce eucharistique), le jeûne du samedi en carême, le fait de ne pas chanter *alleluia* dans la liturgie quadragésimale, etc. Ces polémiques typiquement « byzantines » ne pouvaient que provoquer des débats sans fin où les adversaires devaient rapidement s'aigrir. Le pape Léon IX se fit représenter à Constantinople par un légat peu diplomate, le cardinal Humbert. Ce dernier s'impatienta et rompit les pourparlers ; le 14 juillet 1054, il déposa sur l'autel de Sainte-Sophie une bulle d'excommunication contre Michel Cérulaire. Malgré l'avis de l'empereur Constantin Monomaque, sincère partisan de l'unité, Cérulaire refusa de se soumettre et convoqua un concile des chefs de l'Église d'Orient, qui excommunièrent en retour les légats pontificaux. La rupture, en préparation depuis des siècles, était maintenant patente.

Saint Sabas de Jérusalem (439-532). Fondateur du monastère de la Grande Laure, près de la mer Morte, il est l'auteur du « Typicon », à la fois règle de vie, calendrier, bréviaire et missel des fêtes, qui devint la règle des offices dans tous les monastères d'Orient après Photius (fin du IXe siècle). Sous sa forme actuelle, le « Typicon » oriental, remanié bien des fois, n'est plus celui de Sabas. Icône du XVIe siècle, trésor de l'église du monastère de Decani, Serbie (Lauros, Giraudon).

Gardienne de la Tradition

Héritière du christianisme de la partie orientale de l'Empire romain, demeurée de langue grecque, l'orthodoxie se considère comme la vraie gardienne des traditions apostoliques. Au cours des siècles, ses représentants ont continué d'être appelés en Orient « roumis » ou « melkites » (« de l'empereur »). L'Église orthodoxe grecque et l'Église catholique latine ont connu un millénaire de vie indivise. Elles s'appelaient d'ailleurs encore toutes les deux et se considéraient également chacune comme à la fois « orthodoxe » et « catholique ». Leur rupture ne fut jamais ressentie comme totale, du fait de leur accord dans la foi sur la base des « sept conciles œcuméniques ». Le véritable éloignement date du sac de Constantinople par les croisés en 1204, accompagné de l'occupation de la basilique Sainte-Sophie – ressentie en Orient comme un sacrilège – et de la destruction temporaire par les Latins de l'Empire romain d'Orient. Les tentatives de réunion signées aux conciles de Lyon (1274) et de Florence (1438-1439) demeurent significatives, mais, comme les Latins jouissaient alors de la supériorité politique, elles restèrent sans effet.

Bien qu'elle soit de tradition grecque, l'Église orthodoxe a une source orientale. Elle constitue de ce fait un pont entre l'Orient et l'Occident et a gardé, par ailleurs, une vive conscience de sa source syriaque, perceptible dans sa liturgie. Ainsi le rite dit byzantin de l'eucharistie a-t-il vu le jour au monastère palestinien de Saint-Sabas. Mais, aux Ve et VIe siècles, les ruptures consécutives au concile de Constantinople (381), qui eut formellement un aspect théologique mais dont les conséquences politiques ont été considérables, amenèrent une distanciation entre Byzance et les Églises dites monophysites (Syrie, Arménie, Égypte, Éthiopie) et nestorienne (Perse), de tradition syriaque ou copte. Cette situation provoqua l'éloignement des patriarcats d'Alexandrie, d'Antioche et de Jérusalem, de sorte que le premier rôle revint en Orient à Constantinople. L'influence syrienne s'est perpétuée jusqu'à nos jours au sein du patriarcat d'Antioche, dont les membres sont aujourd'hui de langue arabe.

À l'époque de la prééminence de Constantinople, l'Église orthodoxe grecque connut une crise interne, la « querelle des images », d'où est sorti le signe même de son unité. Sous la pression islamique, venue de l'est, une tension s'était fait jour entre la Grèce continentale et l'Asie Mineure, alors encore de culture grecque. Les moines et le peuple grec défendirent avec ferveur les icônes contre les empereurs iconoclastes venus d'Asie. La victoire des images a donné lieu à une fête annuelle appelée « Triomphe de l'orthodoxie ». Deux siècles plus tard, la vie monastique, réglée par saint Basile, se fixa en Grèce, au mont Athos (la « sainte montagne »). Le premier monastère avait été fondé en 961 par Athanase l'Athonite et, dès 1051, le moine Antoine fondait la laure des Grottes à Kiev (fermée par les autorités et transformée en musée en 1961, puis rouverte). Symbole de la permanence de l'Église, le monachisme marque, depuis lors, l'orthodoxie de son empreinte.

En 1453, la Grèce tomba sous la coupe de l'islam. Pendant mille ans, les orthodoxes avaient considéré Byzance comme « la ville protégée par Dieu ». Sa capture par l'« infidèle » transforma cette gloire en une épreuve dont les conséquences spirituelles demeurent toujours vives, en marquant l'orthodoxie d'un esprit de souffrance et d'étrangeté au monde. L'Empire ottoman prit alors en Orient le relais de l'Empire chrétien et fit de l'Église une institution civile en même temps que religieuse, appelée le *Rum-Millet*, la « nation romaine ». Ce système a, certes, permis à l'Église grecque de garder son unité, sa culture et ses traditions séculaires, mais il a eu aussi des effets moins heureux : il a favorisé la propension à identifier orthodoxie et hellénisme. La foi orthodoxe, dont la vocation est universelle, tendit dès lors, pour les Grecs de l'Empire turc, à s'identifier à la vie nationale. Par

Les croisés devant Constantinople. La prise de Constantinople, la « ville gardée par Dieu », le 13 avril 1204, et les trois jours de pillage qui s'ensuivirent furent ressentis par la chrétienté orthodoxe comme un sacrilège inexpiable. La conscience d'une telle abomination est naturellement absente de cette enluminure espagnole. En Orient, cependant, une réaction antilatine allait installer pour longtemps l'image de Rome comme ville de l'Antéchrist, ennemie de la vraie foi. Miniature illustrant les « Cantigas de santa Maria », XIIIe siècle, bibliothèque de l'Escorial (Giraudon).

Moscou, troisième Rome. « Il n'y en aura pas de quatrième », annonçait Philothée de Pskov en proclamant, au début du XVIe siècle, l'instauration de la « troisième Rome », succédant à la Rome latine et à Constantinople. Aujourd'hui, le monachisme russe, sorti très affaibli de l'ère soviétique, amorce lentement son renouveau. Procession de la Croix, monastère de Jirovtsy, près de Grodno (F. Mayer, Magnum).

ailleurs, le sultan nommait les hiérarques ; et Mehmed II s'employa, dès l'installation de Gennade (Georges Scholarios) sur le trône patriarcal de Constantinople, à désigner des patriarches antilatins pour éviter que les Grecs n'allassent chercher des appuis à l'étranger. Sous la domination musulmane, l'Église grecque connut ainsi quatre siècles de stagnation : c'est le mont Athos qui alors garda la grande tradition spirituelle, celle de Grégoire Palamas, laquelle revit de nos jours.

Il y eut toujours dans l'Église grecque une symbiose entre les prêtres et le peuple, qui s'accrut encore quand les Turcs devinrent les maîtres du pays. Lorsque le vent de l'indépendance souffla en 1821, ce fut un archevêque, Germanos de Patras, qui brandit le premier drapeau de l'insurrection. En 1833, l'Église, prenant la tête de la nation grecque, rompit son lien de dépendance à l'égard de Constantinople. Devenue depuis lors autocéphale (1850), elle est gouvernée par un synode annuel et par un synode permanent, présidés par l'archevêque d'Athènes. Un accord fut signé en 1928 entre l'Église et l'État et modifié en 1974 dans le sens d'une séparation relative des pouvoirs.

Patriarcats et autocéphalies

L'Église orthodoxe avait connu un essor nouveau à partir du IXe siècle quand, à l'initiative du patriarche Photius, les Thessaloniciens Constantin et Méthode inaugurèrent une mission auprès des Slaves de Bulgarie, de Moravie et de Serbie. La liturgie fut traduite en slavon. De cette mission naquirent, symbolisées par les baptêmes des princes, des Églises nationales florissantes, qui furent à l'origine des fédérations politiques nouvelles. Déjà, auparavant, l'Église de Géorgie, à l'origine rattachée à Antioche et devenue autonome au VIIIe siècle, avait acquis un statut national propre et connu une existence indépendante. Annexée par l'Église russe de 1811 à 1917, elle a repris son autonomie. Chrétiens depuis le baptême de Mutimir (860-891), les Slaves de Serbie hésitèrent un moment entre se rattacher à Rome ou à Constantinople ; mais ils optèrent finalement, pour des raisons tenant à la langue liturgique, en faveur de Constantinople, tandis que ceux de Croatie acceptaient la juridiction de Rome. L'Église de Serbie s'érigea en « autocéphalie » en 1346, établissant son siège patriarcal à Pecs ; mais elle fut mise sous contrôle grec par l'Empire ottoman. Redevenu libre en 1879, le patriarcat serbe fut restauré en 1920 et son siège transféré à Belgrade. L'histoire de la Bulgarie commence, de même, avec le baptême du prince Boris (864). Mais le peuple bulgare, ayant cherché et trouvé des appuis à Rome, fut pendant deux siècles une pomme de discorde entre le siège romain et Constantinople. Certains historiens y ont même vu la cause principale du schisme de 1054.

Les Églises de la communion orthodoxe se répartissent ainsi en trois groupes : quatre patriarcats de rite grec (Constantinople, Alexandrie, Antioche, Jérusalem) ; cinq patriarcats d'origine plus récente (Géorgie, Bulgarie, Serbie, Russie, Roumanie) ; cinq Églises autocéphales (Chypre, Grèce, Albanie, Pologne, Tchécoslovaquie). D'autres Églises sont autonomes (Finlande, Chine, Japon) ou en voie de formation (métropolie d'Amérique du Nord, d'origine russe).

De l'érection des patriarcats et surtout de l'autonomie de l'Église russe, autoproclamée en 1945, sont issues des Églises « autocéphales ». Ces autocéphalies récentes ne doivent pas être confondues avec les autocéphalies antiques ; elles ont été établies ou reconnues par leurs Églises mères, dont elles gardent les caractéristiques nationales. Cette situation demeure la source de tensions, voire de conflits avec Constantinople, de tradition hellénique, qui considère cette question sous un angle « apostolique ». Ainsi, érigée en patriarcat autonome à Okhrid (971), puis à Trnovo (1295-1395), l'Église de Bulgarie a eu une existence tantôt liée à Byzance tantôt indépendante. Pendant la période turque, la Bulgarie perdit comme la Serbie son autonomie ecclésiastique. Elle la retrouva en 1870 sous la forme d'un exarchat, dont la création fut décidée à Sofia sans le consentement de Constantinople, ce qui lui valut une excommunication du patriarcat œcuménique pour « phylétisme » (nationalisme religieux). En 1953, le métropolite de Sofia a repris le titre de patriarche, qui lui fut effectivement reconnu en 1961. La controverse sur le phylétisme a laissé des traces dans les Églises orientales qui ont tendance à faire leur un nationalisme religieux. Celui-ci porte préjudice à l'universalisme orthodoxe et sert souvent aussi de prétexte à délaisser les rapports avec les chrétiens des autres Églises et en particulier avec Rome.

Les orthodoxes dans le monde

Les statistiques portant sur la répartition planétaire des orthodoxes sont variables selon les sources et souvent contestables. Représentés de façon significative dans 107 pays, les orthodoxes seraient environ 100 millions, ou près du double si l'on inclut les adeptes nominaux. Les chiffres proposés donnent donc plutôt un ordre de grandeur qu'un recensement rigoureux.

L'orthodoxie orientale

Grèce : 9 millions. Turquie (Istanbul) : 10 000. Îles grecques : 400 000. Chypre : 550 000. Égypte : 18 000 (dont 15 000 de langue arabe). Jérusalem : 15 000 (en majorité de langue arabe). Liban : 370 000 (de langue arabe). Syrie : 300 000 (de langue arabe). Russie et Biélorussie : 50 millions, et 3 millions de Vieux-Croyants. Ukraine : 20 millions. Géorgie : 800 000. Roumanie 16 millions. Serbie : 7 millions. Bulgarie : 2 400 000. Pologne : 450 000. République tchèque et Slovaquie : 90 000. Albanie : 60 000.

La diaspora orthodoxe

Europe

Allemagne : 670 000 (dont 360 000 Grecs et 160 000 Serbes). Grande-Bretagne : 375 000 (dont 220 000 Grecs). France : 150 000 (dont 80 000 Grecs). Suède : 95 000. Autriche : 70 000. Finlande : 70 000. Hongrie : 70 000. Belgique : 60 000. Italie : 32 000. Suisse : 23 000. Pays-Bas : 7 000. Espagne : 2 000.

Amérique du Nord

États-Unis : 5 millions. Canada : 680 000 (dont 150 000 Grecs, 150 000 Arabes, 150 000 Ukrainiens, 100 000 Russes).

Amérique latine

Brésil : 180 000. Argentine : 140 000. Mexique : 75 000. Chili : 70 000.

Afrique

Kenya : 400 000. Afrique du Sud : 38 000. Ouganda : 15 000. Tanzanie : 12 000. Zaïre : 10 000. Zambie : 8 000. Nigeria : 500.

Asie

Japon : 60 000. Corée : 10 000. Chine : 4 000.

Océanie

Australie : 450 000 (dont 180 000 Grecs).

Bernard DUPUY

Destin de l'Église russe

Au cours du Xᵉ siècle, un État nouveau s'était constitué sur les bords du Dniepr, avec Kiev pour capitale. Il portait la dénomination de Rous', nom des Varègues venus de Scandinavie qui lui conférèrent son organisation sociopolitique. En adhérant au christianisme, en 987-988, le prince Vladimir fit entrer cet État dans l'orbite des nations européennes. De là, au cours des deux siècles suivants, le christianisme essaimera chez les Slaves du Nord et de l'Est, à Novgorod et à Souzdal. Pour quelle raison les Slaves sont-ils entrés alors dans la mouvance de Constantinople plutôt que de Rome ? Ce fut un choix de nature politique et culturelle et non de nature religieuse, puisque l'Église était alors indivise, qui orienta Vladimir vers l'État byzantin, avec lequel il entretenait des relations pourtant plus conflictuelles que pacifiques. Même si le schisme de Photius avait déjà fait apparaître des divergences entre les deux centres de la chrétienté, celles-ci n'intervinrent aucunement. L'influence latine n'atteignait l'Europe de l'Est que sporadiquement, tandis que des rapports permanents s'étaient établis, au contraire, entre Kiev et les Slaves de l'Ouest, liés à Byzance. Il est probable aussi que Vladimir et surtout son descendant, Iaroslav le Sage (1019-1036), perçurent la portée de la conception chrétienne de l'histoire et des langues (grecque, latine et slave) très développée à Byzance et partagée par toute l'Europe médiévale. Les Slaves de l'Est reçurent donc leur liturgie des Grecs et ils adoptèrent – vraisemblablement sous l'influence des Bulgares – l'écriture cyrillique, calquée sur le grec, tandis que les Slaves de Croatie adoptaient les caractères latins, pourvus de signes diacritiques propres.

Au XIIᵉ siècle, Kiev, après une période brillante, tomba dans un déclin qui fut accru encore par l'invasion mongolo-tatare. Quand les Slaves recouvrèrent la liberté, Moscou, à peine fondée, prit la tête de la Russie. La direction de l'Église de la Rous', déjà passée de Kiev à Novgorod, allait revenir à Moscou. Un événement essentiel de l'histoire de la Russie, en effet, fut l'alliance, scellée dès le début du XIVᵉ siècle, entre l'Église russe et les princes moscovites. En 1328, grâce à cette synergie, le siège du métropolite fut transféré à Moscou et, à mesure que Constantinople déclinait sous la pression des Turcs, la métropole russe s'affirma comme le centre vivant du christianisme oriental. L'Église de Moscou protesta énergiquement contre l'union éphémère réalisée avec Rome au concile de Florence (1439) et, après la chute de Constantinople en 1453, eut conscience d'être désormais le rempart de l'orthodoxie, ayant vocation à régénérer un monde dégradé par l'Occident catholique. Au XVIᵉ siècle, les théologiens russes commencèrent à échafauder la théorie du pouvoir divin du tsar, héritier du basileus byzantin, et le moine Philothée de Pskov lança alors l'idée de « Moscou, troisième Rome et la dernière », source du messianisme slave, qui fit fortune depuis lors en Russie et qui, au XXᵉ siècle, fut repris par le communisme soviétique. En 1589, avec l'accord forcé du patriarche de Constantinople, fut érigé le patriarcat de Moscou, qui eut pour premier titulaire le patriarche Job (1589-1605).

Dès lors, la Russie se posa en protectrice de tous les Slaves. La tradition césaropapiste byzantine devait s'épanouir en Russie, surtout après les réformes de Pierre le Grand qui, en 1721, substitua au patriarcat de Moscou un saint-synode, lequel avait pour « procurateur » un laïc, exécutant docile des volontés de l'État. En 1837, le tsar lui-même prit officiellement le titre de chef de l'Église orthodoxe de Russie, et la politique panslaviste du tsarisme au XIXᵉ siècle orienta vers la Russie les Églises orthodoxes des Balkans, encore soumises à la domination ottomane dont le patriarche avait été le plus souvent l'instrument.

Après l'effondrement du tsarisme, en février 1917, fut convoqué le concile de Moscou (août 1917-septembre 1918), premier concile de l'Église russe depuis le XVIIᵉ siècle. Il rendit son esprit véritable à l'Église en rétablissant le patriarcat (17 novembre 1917). Mais l'Église russe, compromise par ses liens séculaires avec l'autocratie tsariste, allait subir, dès 1918, une persécution d'une violence et d'une ampleur sans précédent dans l'histoire du christianisme. Radicalement séparée de l'État (décret des commissaires du peuple du 23 janvier 1918), elle perdit le droit d'enseigner et vit tous ses biens confisqués ; le monachisme fut rapidement liquidé ; les derniers séminaires et académies théologiques fermèrent en 1924. Le patriarche Tikhon, élu au début de 1918, condamna l'orientation antireligieuse du bolchevisme, mais essaya de maintenir l'Église à l'écart de la guerre civile. Les milieux ecclésiastiques se divisèrent : les partisans d'une collaboration avec le régime soviétique formèrent diverses Églises « rénovées », dont l'existence fut éphémère ; à l'opposé se constitua dans l'émigration une Église orthodoxe violemment anticommuniste. La persécution s'abattit sur le clergé. Dès 1922-1923 commença une vague de procès et d'exécutions. Le nombre exact des victimes n'est pas connu, mais on estime que de trente à cent évêques et plus de mille deux cents prêtres auraient alors trouvé la mort.

En automne 1922, le patriarche Tikhon fut placé en résidence surveillée ; en juin 1923, soit qu'il ait cédé à des pressions, soit qu'il ait reconnu l'impossibilité de la résistance au communisme, il publia une déclaration dans laquelle il dénonçait les agissements des orthodoxes de l'émigration et affirmait qu'il « n'était plus l'ennemi du pouvoir soviétique ». Le gouvernement ralentit quelque peu la persécution, mais continua de soutenir le mouvement athéiste, qui devait s'organiser en 1925 dans la Ligue des sans-Dieu.

À la mort de Tikhon (1925), il fut interdit de procéder à l'élection d'un nouveau patriarche. Les vicaires (« Locum tenens ») successifs furent arrêtés. C'est seulement en 1927 qu'un accord fut obtenu par le métropolite Serge qui faisait fonction de « Locum tenens ». Reprenant les principes posés par Tikhon dans sa lettre de 1923, le métropolite Serge adopta résolument une attitude de loyalisme à l'égard du pouvoir soviétique. Au prix de lourdes concessions, il s'efforça de préserver l'essentiel, l'existence même de l'Église, la permanence du culte. Beaucoup d'évêques et de fidèles refusèrent de le suivre et, dans la clandestinité, se constitua une « Véritable Église orthodoxe » qui, malgré les persécutions sanglantes qu'elle subit, a survécu. Les années 1928-1934, celles des derniers plans quinquennaux et de la liquidation des koulaks, furent marquées par une recrudescence de la lutte antireligieuse. Assimilés aux koulaks, les prêtres et leur famille perdirent leurs droits civiques et, du même coup, leurs cartes d'alimentation, ainsi que leur droit à l'assistance médicale et aux remèdes. Au cours de cette période, environ 80 p. 100 des prêtres de campagne furent envoyés en déportation.

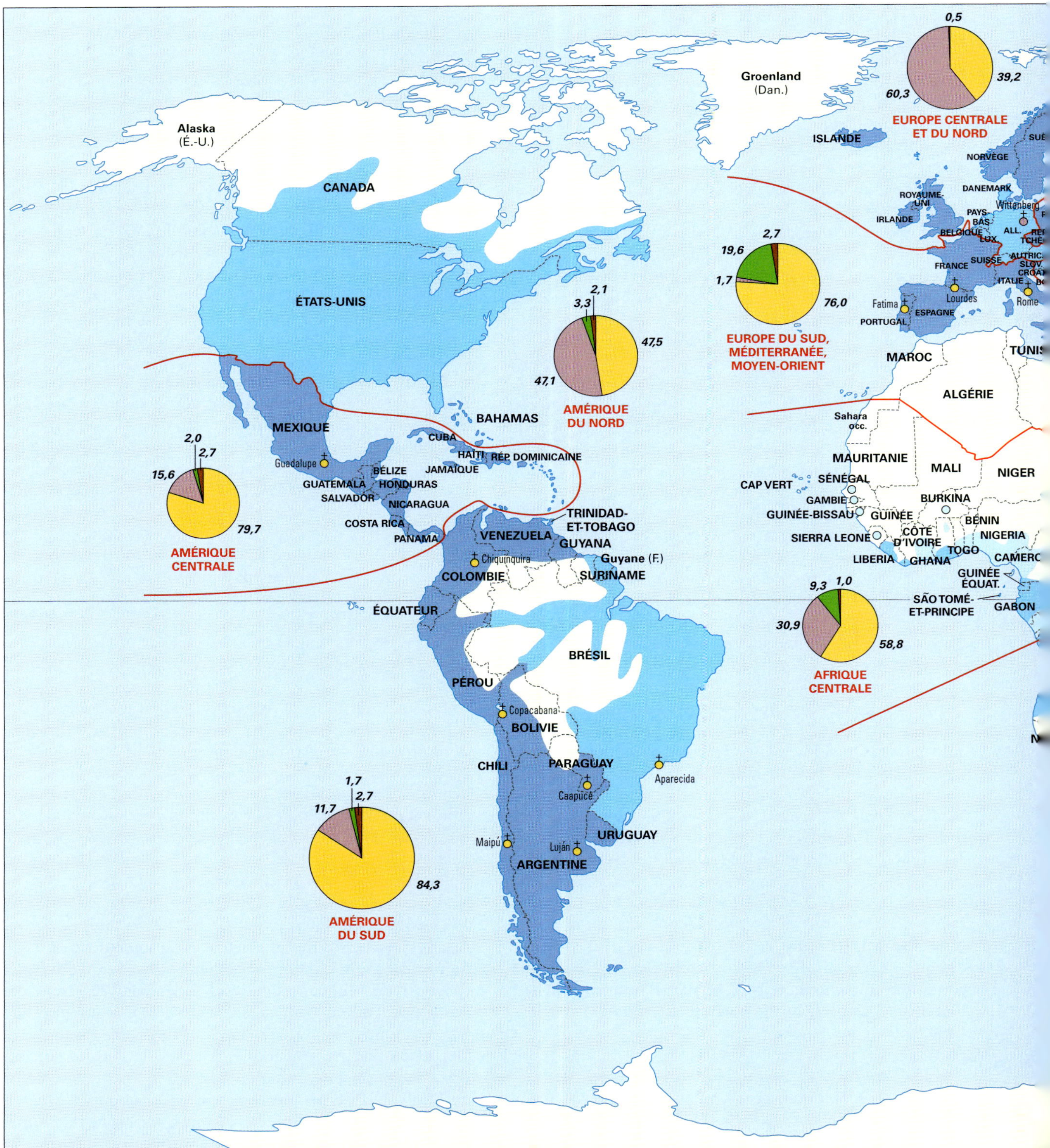

Répartition des chrétiens dans le monde et par rapport à la population totale dans les principaux pays, en pourcentage

- moins de 10
- entre 10 et 50
- entre 50 et 90
- plus de 90

Les chrétiens dans le monde

© Legenda / Atlante delle Religioni, Ed. ital. UTET, 1996

EUROPE ORIENTALE ET RUSSIE
0,8
39,2
50,6
9,4
RUSSIE
KAZAKHSTAN
MONGOLIE
AZERBAÏDJAN
GÉORGIE
ARMÉNIE
OUZBÉKISTAN
KIRGHIZSTAN
TURKMÉNISTAN
TADJIKISTAN
SYRIE
LIBAN
IRAK
IRAN
AFGHANISTAN
Jérusalem
JORDANIE
KOWEÏT
BAHREÏN
ARABIE SAOUDITE
QATAR
E.A.U.
OMAN
YÉMEN
ÉRYTHRÉE
DJIBOUTI
ÉTHIOPIE
SOMALIE
KENYA
TANZANIE
COMORES
MALAWI
MADAGASCAR
MAURICE
ZIMBABWE
MOZAMBIQUE
SWAZILAND
PAKISTAN
NÉPAL
BHOUTAN
BANGLADESH
INDE
CHINE
CORÉE DU NORD
CORÉE DU SUD
JAPON
TAÏWAN
BIRMANIE
LAOS
THAÏLANDE
CAMBODGE
VIETNAM
PHILIPPINES
Mindanao
BRUNEI
MALAISIE
SINGAPOUR
Sumatra
Bornéo
Célèbes
Java
INDONÉSIE
TIMOR ORIENTAL
SRI LANKA
MALDIVES
RÉGION INDIENNE
0,4
15,6
84,0
RÉGION CHINOISE
0,2
0,1
34,7
65,0
ASIE DU SUD-EST
1,7
0,1
35,3
62,9
PALAOS
MICRONÉSIE
ÎLES MARSHALL
Hawaii
NAURU
KIRIBATI
PAPOUASIE-NOUVELLE-GUINÉE
ÎLES SALOMON
TUVALU
Wallis et Futuna (F.)
VANUATU
FIDJI
TONGA
Nouvelle-Calédonie (F.)
AUSTRALIE
NOUVELLE-ZÉLANDE
OCÉANIE
0,8
30,0
69,2
AFRIQUE MÉRIDIONALE
2,5
5,2
40,0
52,3
ANTARCTIQUE
saints :
catholiques
protestants
orthodoxes
Population chrétienne :
250 000 000
200 000 000
150 000 000
100 000 000
50 000 000
25 000 000
10 000 000
2 500 000
1 000 000
autres chrétiens
catholiques
orthodoxes
protestants

Cette Église russe, qui n'avait pas eu de martyrs à son origine, les a eus au XXe siècle. En 1939, il restait à peine une centaine d'églises ouvertes dans toute l'U.R.S.S. Une « Église vivante » tenta de composer avec le régime, sans parvenir à autre chose qu'à créer un schisme. Mais l'Église réapparut dans toute sa vigueur pendant la Seconde Guerre mondiale, quand Staline, ayant besoin d'elle, l'autorisa à jouer son rôle dans la défense de la patrie. En 1945, l'annexion des régions occidentales lui rendit de nombreuses paroisses, avec clergé et fidèles. Sous la pression de l'État, l'Église orthodoxe intégra alors de force les catholiques, qui étaient les plus nombreux dans ces régions. Mais ce regain s'avéra éphémère : dès 1957, Khrouchtchev fit procéder à la fermeture de près des deux tiers des paroisses.

Pour parler avec justesse du christianisme russe de l'ère soviétique, il faudrait pouvoir évoquer en même temps sa vitalité et son intensité extrêmes, sa pauvreté de moyens, les conditions d'insécurité dans lesquelles il a dû vivre. L'Église était alors déclarée libre et affranchie de toute intervention du pouvoir qui aurait rappelé le césaropapisme byzantin ou le régime tsariste ; mais, en réalité, elle était jugulée par l'État et réduite au seul culte, d'une façon qui la contraignait à n'être qu'un témoin du passé et qui faussait son témoignage. Elle doit gérer aujourd'hui, dans un climat marqué par l'apostasie forcée des masses, un renouveau incontestable de la foi : de nombreux convertis adultes viennent insuffler un sang de jeunesse à l'orthodoxie, comme aux communautés baptistes et au catholicisme. La Russie a reçu sa culture chrétienne propre. Elle s'est nourrie pendant des siècles avant tout de la Bible et des Pères de l'Église, traduits en russe. Mais elle avait été liturgisée plutôt que catéchisée. Quand le tsar Pierre le Grand (1676-1725) décida d'introduire la culture de l'Occident en Russie, ce pays eut désormais deux cultures, celle des occidentalistes, laïcisés, et celle des « slavophiles ». Cette bipolarité entre une religion humaniste et un christianisme de la terre, typiquement slave, redevient d'actualité. La foi chrétienne apparaît, en effet, comme la seule réponse pouvant se substituer à celle d'un marxisme essoufflé et assez généralement renié, dès avant l'implosion de l'U.R.S.S. L'Église offre soudain l'espace spirituel nécessaire et laissé vierge par l'État athée.

Ouverture, œcuménisme, diaspora

Renforcé au XVIIe siècle après le schisme des Vieux-Croyants (*Raskol*), le christianisme russe joua un rôle essentiel dans le renouveau spirituel de l'orthodoxie au XIXe siècle, avec des saints contemplatifs tels que Séraphin de Sarov, des théologiens éminents tels que le métropolite Philarète et les laïcs slavophiles Khomiakov et Kireïevski. La pensée russe du XIXe et du début du XXe siècle se montra hantée par le problème de Dieu, par la recherche – chez Gogol, Dostoïevski, Soloviev – d'un christianisme renouvelé. Au messianisme de l'orthodoxie russe, Soloviev opposa son large universalisme. Dans les années qui suivirent immédiatement la révolution de 1917 commença à se former, autour de Paul Florenski, un courant de philosophie religieuse qui devait s'épanouir dans l'émigration avec Boulgakov, Struve, Berdiaev, Chestov. Pour la première fois, par ailleurs, la Russie accédait librement à un certain pluralisme religieux et les jeunes tournaient leurs regards vers les instituts orthodoxes de la diaspora qui avaient déjà fait l'expérience d'une telle transition.

Par ailleurs, dès 1920, le patriarche œcuménique de Constantinople avait participé aux travaux préparatoires qui devaient aboutir, en 1948, à la création du Conseil œcuménique des Églises (C.O.E.). Le patriarcat et l'Église autocéphale de Grèce firent partie du C.O.E. dès le début ; le patriarcat de Moscou y entra en 1961, en même temps que les Églises orthodoxes bulgare, roumaine et polonaise, après une décision de l'autorité soviétique qui fut considérée principalement comme un acte politique. Les relations de l'orthodoxie avec Rome restèrent très hostiles jusqu'aux environs de 1960, d'autant plus que, au lendemain de la Seconde Guerre mondiale, les victoires de l'Armée rouge avaient conduit les Églises orthodoxes à absorber de force les catholiques (appelés « uniates » par les orthodoxes) de Russie, d'Ukraine, de Roumanie, de Ruthénie et de Tchécoslovaquie. En 1962 cependant, l'orthodoxie envoya des observateurs – dont des Russes – au deuxième concile du Vatican. Le 5 janvier 1964, lors du pèlerinage de Paul VI en Terre sainte, eut lieu la rencontre historique entre le pape et le patriarche de Constantinople, Athénagoras Ier. En novembre 1965, à la clôture du concile, Rome et Constantinople levèrent simultanément les anathèmes lancés lors de la rupture de 1054. Depuis lors ont été créés de nombreux groupes de travail mixtes entre catholiques et orthodoxes, et, en 2001, le pape Jean-Paul II a demandé aux Grecs pardon pour le viol de Sainte-Sophie en 1204.

Enfin, le XXe siècle aura été marqué, pour l'Église orthodoxe, par un phénomène important et complexe, celui du développement de sa diaspora. L'émigration russe, consécutive à la révolution de 1917, a eu une influence étonnante en Occident. Entre les deux guerres mondiales, elle a publié dans le monde dix mille livres et lancé deux cents journaux. Aujourd'hui, les Grecs sont, parmi les immigrés, les plus nombreux et ils ont créé une université hellène à Boston. Des Églises sont nées aussi dans le sillage des missions orthodoxes, notamment en Asie, en Afrique (Kenya et Ouganda, où l'initiative revient aux Africains eux-mêmes) et en Amérique latine. Mais cette diaspora bute sur le problème de son unité, rendu délicat par la complexité des juridictions nationales auxquelles les communautés émigrées ont à se rattacher. Ces divisions ne tiennent pas simplement, comme on le croit souvent, aux situations politiques. La question principale est aujourd'hui celle de savoir quel est le témoignage propre de l'orthodoxie au sein d'un monde occidental dynamique et pluraliste. Elle reçoit des réponses variées et suppose une rencontre véritable avec les chrétiens des pays d'accueil, avec un protestantisme engagé et avec un catholicisme qui ne serait plus jugé unilatéralement comme impérialiste et légaliste, mais serait reconnu de plus en plus comme une source de droit et de libertés. Pour affronter cette nouvelle donne, dans la mouvance de l'œcuménisme contemporain, l'Église orthodoxe s'oriente peu à peu vers la réunion d'un « grand et saint concile » panorthodoxe, au sein duquel seraient débattus avant tout les problèmes de son unité.

La parabole de la lampe. Aux côtés de Luther (désigné par la lettre E) et de Calvin (H), quatorze des pères fondateurs du protestantisme sont symboliquement rassemblés autour de la lampe évangélique (Luc, VIII, 16-18). De Wyclif (A), né en 1320 environ, à Théodore de Bèze (P), mort en 1605, c'est près de trois siècles d'esprit réformateur qu'ils représentent, rayonnant sur un espace géographique qui s'étend de France (Calvin et Bèze) jusqu'en Bohême (Jan Hus, B) et en Écosse (John Knox, L). Leur maintien grave et leur costume austère contrastent avec ceux de leurs adversaires : tapis dans l'ombre, un cardinal, un moine et le pape, revêtus de leurs ornements, s'efforcent avec l'aide du diable d'éteindre la sainte flamme. Gravure anticatholique de Jan Houwens, 1658 environ (Société de l'histoire du protestantisme français).

Le protestantisme

JEAN BAUBÉROT

L'événement symbolique fondateur du protestantisme est la rédaction, par le moine Martin Luther (1483-1546) de « 95 thèses » qu'il adresse, le 31 octobre 1517, à l'archevêque de Mayence contre « la vertu des indulgences ». Selon lui, les « indulgences » (vendues par l'Église pour payer la basilique Saint-Pierre) donnent aux fidèles une fausse assurance quant à leur salut. Le salut, Luther en est convaincu après un cheminement douloureux, provient uniquement de la pure grâce de Dieu. La naissance – par rupture avec le catholicisme – du protestantisme date cependant de 1520 (la bulle *Exsurge Domine* est promulguée le 15 juin). Luther est excommunié après avoir soutenu que le pape et le concile peuvent se tromper et que le chrétien ne doit se soumettre qu'à l'autorité de la Bible. Le protestantisme est donc né d'une double mise en question. Classiquement, ses manuels de théologie affirment qu'il procède de deux principes : un principe formel, « l'autorité souveraine de l'Écriture » ; un principe matériel, « la justification par la foi » (ou salut par la grâce). L'ensemble des grandes caractéristiques religieuses protestantes découle de ces deux principes. Ils informent aussi bien les refus (refus des médiations sacrales – culte de la vierge et des saints – et ecclésiales – sacrifice de la messe) que les affirmations (le sacerdoce est universel, bien commun des laïcs et des clercs, qui ne diffèrent les uns des autres que par la fonction et non par l'essence). Ce sont ces refus et ces affirmations qui engendrent de la diversité.

Jalons historiques

À l'Église médiatrice et une du catholicisme, le protestantisme oppose tout de suite une pluralité d'Églises. D'abord, ces Églises prendront, la plupart du temps, un caractère national (ainsi avec la création, en 1559, des Églises réformées de France). Ensuite, elles n'auront pas forcément le même mode d'organisation ni les mêmes références théologiques (symbolisées par des « confessions de foi »). Une partie de l'Allemagne et l'ensemble de la Scandinavie deviennent luthériens. Mais le luthéranisme – dans lequel l'influence de Philipp Melanchthon (1497-1560), auteur de la *Confession d'Augsbourg* (1530), s'ajoute à celle de Luther – n'est qu'une des branches du protestantisme. Très vite, sous sa forme zwinglienne (Huldrych Zwingli, 1484-1531) et surtout calviniste (Jean Calvin, 1509-1564), la Réforme protestante progresse, notamment en Suisse, en France, aux Pays-Bas. Plusieurs confessions de foi (helvétique postérieure et écossaise, 1560 ; La Rochelle, 1571 ;

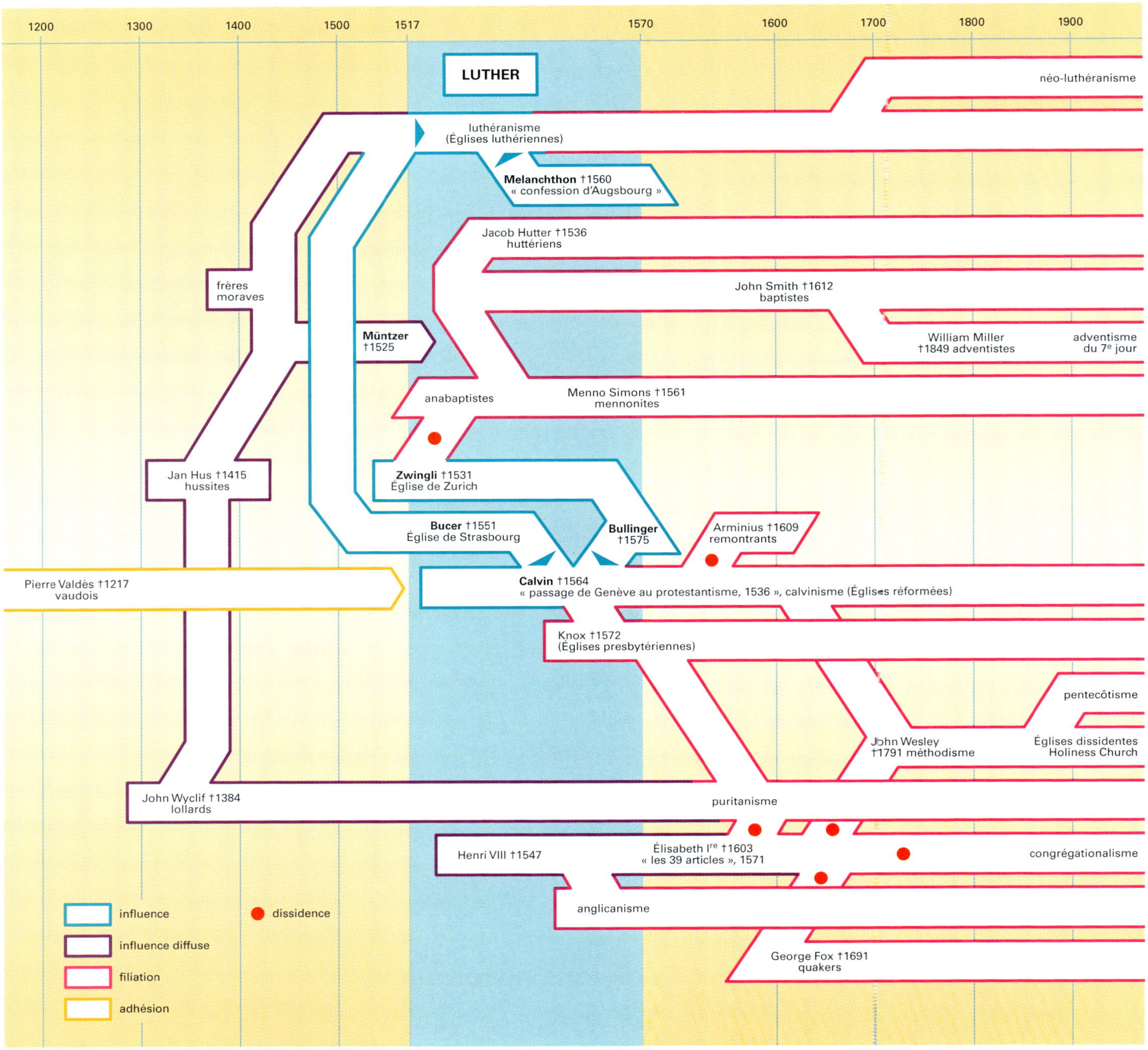

La Réforme et les divers courants du protestantisme.

Westminster, 1646 ; etc.) se rattachent à la théologie de Calvin. Les trente-neuf articles qui définissent la foi de l'Église d'Angleterre et qui furent adoptés en 1571 sous la reine Élisabeth Ire sont aussi d'inspiration calviniste. Mais l'anglicanisme – qui deviendra aux États-Unis d'Amérique l'Église épiscopalienne – représente un protestantisme tempéré, qui n'a modifié que partiellement le cadre ecclésiastique catholique. Cela n'empêchera pas une dynamique protestante d'être très présente dans l'histoire d'Angleterre à partir du XVIe siècle, notamment à cause des phénomènes de non-conformisme qui vont se développer à la frontière de l'anglicanisme.

En effet, si l'« hérésie » amène logiquement, dans l'Église catholique, une rupture avec le catholicisme, les dissidents (*dissenters*) d'une Église protestante (ou, simplement, ceux qui la trouvent trop « tiède ») peuvent former une nouvelle Église..., elle aussi protestante. Ainsi s'explique la multiplication, en Hollande et dans le monde anglo-saxon spécialement, des « dénominations ». Parmi elles, signalons : le baptisme, qui va jouer, dans l'Amérique anglaise, un rôle important pour le développement de la tolérance (Roger Williams, 1600-1684, et le Rhode Island) ; les Quakers (c'est-à-dire les Trembleurs), issus de la recherche spirituelle de George Fox (1624-1691) ; au XVIIIe siècle, le méthodisme, d'abord sous la forme du mouvement de Réveil animé par John Wesley (1703-1791).

Le protestantisme s'est donc, au cours des siècles, encore plus largement diversifié. En Europe, ses succès ont surtout été importants dans les quarante premières années de son existence. Ensuite, il a été contenu religieusement (notamment par le renouveau catholique issu du concile de Trente et appelé souvent Contre-Réforme), ainsi que militairement : par les guerres de religion en France, de 1562 à 1598 ; par la guerre de Trente Ans en Allemagne, de 1618 à 1648. Mais alors l'Amérique du Nord lui ouvre un nouveau champ d'expansion, où les tendances et dénominations nées en Europe se déploieront dans toute leur diversité, en attendant que s'y constituent, surtout au XIXe siècle, d'autres groupes du type de la secte, tels les adventistes avec William Miller (1782-1849) et les mormons avec Joseph Smith (1805-1844).

Les missions protestantes débutent au XVIIIe siècle. Alors que les facultés de théologie ont, surtout en Allemagne, un grand rayonnement intellectuel (l'*Aufklärung*, contrairement au mouvement des Lumières, signifie une contestation interne de la religion plus qu'un détachement vis-à-vis de celle-ci), de jeunes pasteurs cherchent à évangéliser des habitants du Groenland ou des Indes. C'est cependant essentiellement au XIXe siècle que les missions donnent au protestantisme une extension mondiale.

De 1792 à 1900, plus de trois cents sociétés missionnaires protestantes sont créées en Europe et en Amérique. Cela souligne l'ampleur du travail accompli, mais aussi, sans doute, sa trop grande dispersion. Les convertis autochtones doivent adhérer à une dénomination particulière issue d'une histoire qui n'est pas la leur. Certains missionnaires se demandent alors si des regroupements et, en tout cas, une coordination ne sont pas nécessaires. En 1910, une conférence mondiale des missions (protestantes) se tient à Édimbourg. Elle aboutit à la création du Conseil international des missions.

Parallèlement, le développement des moyens de transport et de vagues migratoires, le choc culturel issu de l'essor des sciences et des techniques en Occident amènent la création d'internationales protestantes, soit confessionnelles (Alliance réformée mondiale, 1875 ; Alliance baptiste mondiale, 1905 ; etc.), soit interconfessionnelles (Alliance évangélique universelle, 1846 ; Unions chrétiennes de jeunes gens ou Y.M.C.A. selon l'appellation anglaise, 1844 ; Fédération universelle des étudiants chrétiens, 1895 ; etc.). De cet œcuménisme interne au protestantisme va naître, par glissement, l'œcuménisme tel que ce mot est, le plus souvent, entendu aujourd'hui.

Le protestantisme au XXe siècle et au début du XXIe

Les défis entraînés par la laïcisation et la sécularisation progressives de l'univers occidental favorisent l'idée d'un dialogue et d'un rapprochement entre Églises qui déborderaient les frontières du protestantisme. Des autorités religieuses protestantes prennent des initiatives en ce sens. Elles se heurtent à un refus poli du Vatican (1914), mais rencontrent une certaine ouverture du côté des orthodoxes (1913, 1919). Celle-ci est cependant limitée par le changement de régime en Russie, qui oblige les orthodoxes de ce pays à cesser les contacts amorcés (1918).

Dès les années 1920, deux mouvements œcuméniques regroupent des Églises protestantes (hégémoniques et majoritaires) et quelques Églises orthodoxes. Le mouvement du christianisme pratique (en anglais : Life and Work, Stockholm, 1925) veut montrer l'union des chrétiens dans le témoignage concret et la lutte pour une société pacifique et fraternelle. Le mouvement Foi et Constitution (Faith and Order, Lausanne, 1927) aborde les problèmes de doctrines et de structures. En 1937, ces deux mouvements décident de fusionner, donnant naissance au Conseil œcuménique des Églises (C.O.E.), qui sera définitivement constitué à Amsterdam en 1948.

L'assemblée d'Amsterdam va être suivie d'autres grandes assemblées, qui ont lieu tous les sept ans. Certaines ont fait date, comme celle de New Delhi (1961) où le Conseil œcuménique des Églises a intégré le Conseil international des missions – c'était l'époque où les sociétés missionnaires cédaient la place à des Églises indépendantes dans les pays en voie de décolonisation – et a reçu l'adhésion des Églises orthodoxes de ce qui constituait alors le bloc communiste (en particulier l'Église orthodoxe russe). Mais ce rapprochement entre protestantisme et orthodoxie est devenu beaucoup plus problématique depuis la chute du Mur de Berlin. Quant à l'Église catholique, elle a adopté une attitude très ambivalente, refusant de faire partie du C.O.E. mais acceptant d'être membre du mouvement Foi et constitution, devenu une des plus importantes commissions du C.O.E. : cela lui permet, en effet, de peser sur les décisions de doctrine et de structure.

Si, avec l'œcuménisme – lié à la sécularisation –, dialogues, coopérations et coordinations entre chrétiens et Églises se sont multipliés, de nouveaux problèmes sont apparus. D'abord, beaucoup d'Églises protestantes, à l'inverse des Églises orthodoxes et de l'Église catholique, comportent aujourd'hui des femmes pasteurs (voire évêques pour le luthéranisme). Cette mutation, que l'on a tout lieu de penser irréversible, suffit à elle seule à bloquer tout espoir d'une Église chrétienne unifiée, tant que subsistera un interdit à ce sujet dans les deux autres « branches » du christianisme. Ensuite, l'œcuménisme a été vécu en milieu protestant essentiellement comme une communion dans la diversité. Sans doute, les conceptions propres au protestantisme sur la responsabilité personnelle du croyant et l'aspect non médiateur de l'Église – même si elles sont pensées de façon fort différentes par un anglican *high church* et un baptiste – jouent-elles dans certains pays (comme la France avec sa Fédération protestante) un rôle important dans la constitution d'accords, de formules souples, voire de confédérations, que l'on continue à préférer à la création d'Églises protestantes unifiées. Enfin, l'observateur constate, dans le climat irénique ainsi créé, un certain renouveau des identités confessionnelles. Beaucoup de protestants restent persuadés que leur Église propre a reçu un « trésor particulier » qu'il est nécessaire de conserver ou de renouveler. D'un point de vue sociologique, cela se comprend dans un contexte de renouveau identitaire, où l'unité apparaît moins attirante qu'autrefois, maintenant que la mondialisation est un fait établi.

Le dernier quart du XXe siècle et le début du XXIe siècle sont marqués par une vigueur nouvelle du courant évangélique (*evangelical*), issu du XIXe siècle et en déclin entre les années 1930 et 1970. Les évangéliques ne sont pas à confondre avec les évangélistes (ceux qui annoncent l'Évangile), même si le même individu peut être l'un et l'autre. Trois critères principaux peuvent définir l'évangélisme dans son ensemble : d'abord, la nécessité de la conversion personnelle, même si l'on est issu d'une famille chrétienne (les évangéliques sont des *born again*, « nés de nouveau ») ; ensuite, la mise en avant d'une orthodoxie doctrinale, d'une défense des « vérités chrétiennes » contenues dans la Bible, considérée comme pleinement inspirée par Dieu et seule voie vers Jésus-Christ, l'unique médiateur (ce qui fait que les évangéliques ont une ecclésiologie très protestante n'accordant pas, en général, beaucoup d'importance à l'institution) ; enfin, la volonté de « sanctification », c'est-à-dire une rigueur morale qui refuse notamment la permissivité sexuelle. La plupart des évangéliques condamnent le recours à l'avortement tandis que les autres protestants considèrent qu'il peut être, dans certains cas, un moindre mal. Ils acceptent cependant le contrôle des naissances, en contraste avec la position officielle du catholicisme romain.

Certains évangéliques forment une tendance à l'intérieur des principales Églises issues de la Réforme : ils sont des anglicans, réformés ou luthériens évangéliques. D'autres sont membres d'Églises dites de professants, où chaque Église locale est autonome (même si des fédérations d'Églises sont possibles) et regroupe des chrétiens « convertis » (en fait, très souvent entourés de sympathisants). Cette conception de l'Église a favorisé l'essor des « Églises électroniques » et des *megachurches*. En effet, s'ils veulent trier dans les valeurs du monde moderne, les évangéliques sont souvent à la pointe des nouvelles techniques de communication. L'évangéliste Billy Graham (né en 1918) s'est montré un pionnier en la matière.

La tendance la plus dynamique de l'évangélisme aujourd'hui est le pentecôtisme, qui ajoute aux caractéristiques déjà mentionnées des formes extatiques d'adoration, le « parler en langues » et la mise en valeur de la guérison spirituelle, considérés comme des « dons de l'Esprit ». Perçu souvent au départ comme une forme d'impérialisme culturel américain, le pentecôtisme s'est fortement « indigénisé » : en Amérique latine, en Afrique, dans certains pays d'Asie, il existe de fortes interactions entre ce christianisme de

Prédicateurs. Les Églises baptistes sont surtout implantées aux États-Unis, mais leur action missionnaire s'étend aussi dans le Tiers Monde et en Europe. Bien qu'assez diverses par leur organisation et leurs conceptions théologiques, elles ont en commun d'accorder au baptême un rôle central : reçu à l'âge adulte, ce sacrement est le signe d'un engagement volontaire de la part de croyants décidés à proclamer à leur tour l'Évangile. Le baptiste Billy Graham (à droite), né en 1918, a adapté aux médias modernes la tradition américaine du prédicateur itinérant. En ce sens, il est le modèle des « télévangélistes », pour qui succès populaire et réussite matérielle vont de pair avec une prédication qui n'ignore rien des recettes du show-business. Baptiste lui aussi, Martin Luther King (à gauche) a incarné une des grandes tendances du protestantisme américain : celle qui milite au nom de la foi pour la justice et la dignité humaine. Billy Graham en action (E. Erwitt, Magnum), portrait de Martin Luther King (F. Schulke, Rapho).

Mouvements et courants chrétiens d'aujourd'hui

Les sociologues constatent, au cours des années 1960, le progrès régulier de la sécularisation à travers toute l'Europe et, par voie de conséquence, l'accélération de la déchristianisation. Dans un livre retentissant, Jean Delumeau s'interroge alors : « Le christianisme va-t-il mourir ? » Dans ce cadre, deux ensembles d'événements semblent pourtant s'opposer : d'une part, à tous les échelons du monde catholique, l'enthousiasme de la préparation du deuxième concile du Vatican, autour d'un pape populaire au-delà même de sa confession, Jean XXIII, et, d'autre part, le sursaut en Mai-68, dans presque tous les pays d'Europe, d'une jeunesse dont l'un des slogans était : « Ni Dieu ni maître ». À partir de cette décennie atypique se font jour des mouvements et courants, souvent sans précédent, qui agitent les Églises et la société.

Le plus repérable de ces mouvements est le Renouveau charismatique catholique. Plusieurs de ses « gourous » trouvent leur vocation aux États-Unis, en particulier à Pittsburgh, où, en 1967, des étudiants catholiques font l'expérience du baptême dans l'Esprit, dans le contexte des groupes pentecôtistes protestants, dont l'histoire est au moins séculaire (de nos jours, une dizaine de millions d'Américains s'en réclament) Depuis lors, on traduit en français autant Harvey Cox que Marcuse, autour de plusieurs ouvrages sur la « séduction de l'Esprit » et la « fête des fous ». À partir de 1972, se signalent à l'attention du public francophone des mouvements comme Théophanie (d'inspiration byzantine), Emmanuel, le Chemin neuf, les Fondations du monde nouveau. À ces premières communautés s'ajouteront des groupes comme le Lion de Juda (devenu la Communauté des Béatitudes), le Pain de vie... Tous ont en commun de se référer à l'action de l'Esprit dans la vie des croyants. Grâce au baptême par immersion, source de charisme, les membres de ces groupes fervents reçoivent le don de prophétie et de guérison. Après la réserve initiale d'une partie de la hiérarchie, Paul VI voit dans pareils mouvements « une chance pour l'Église ». Au-delà de ces dizaines de communautés charismatiques, qui deviennent plus ou moins monastiques, se répandent par milliers des groupes de prière qui s'en inspirent et que Jean-Paul II associe pleinement à la « nouvelle évangélisation ».

Parallèlement, dans l'ambiance de religiosité individualiste qui gagne les vieilles démocraties, le *New Age* se diffuse comme l'expression d'une contre-culture face à la rationalité des sciences et de l'économie mondialisée. Ce courant traduit, entre autres, une « fascination asiatique ». Ses adeptes s'intéressent à la possibilité de capter des messages « venus d'ailleurs » : ils s'adonnent volontiers au spiritisme et à toute forme de communion avec des « êtres non incarnés ». Ils s'inspirent pour partie du chamanisme, mettant le visible et l'invisible en communication. À la fois millénaristes et syncrétistes, leurs croyances et leurs pratiques représentent une protestation face aux Églises (trop) établies. Né aux États-Unis, le *New Age* est passé rapidement en Europe, où beaucoup ont été séduits par l'expérience de l'astrologie (le « Nouvel Age » est celui de l'entrée dans l'ère bienheureuse du Verseau), de la danse sacrée (fusion corps-âme-esprit), des médecines non conventionnelles (magnétisme, homéopathie, acupuncture) et plus globalement d'une spiritualité centrée sur le bien-être de l'homme et sur l'harmonie universelle. Dans cette mouvance et autour d'elle, se multiplient aussi de nombreux centres zen, avant tout préoccupés de « transformation de soi », en lien plus ou moins direct avec la vogue des communautés d'inspiration bouddhique.

En Amérique latine, dès les années 1960, sous les dictatures militaires, s'amorce la « théologie de la libération ». Née et appliquée dans des communautés de base, cellules chrétiennes d'un nouveau type, elle associe combat pour la justice et avancée du Royaume de Dieu. Dénonçant le colonialisme des puissances dominantes, elle appelle tous les hommes de bonne volonté à lutter contre la misère et l'exploitation. À partir de 1984, à l'instigation des États-Unis, le pape freine l'élan de ces théologiens dont il dénonce – un peu vite – le cryptomarxisme. Dans le même esprit, des groupes de chrétiens dits « critiques » – aussi bien catholiques que protestants – surgissent au cours des années 1960-1970 dans la plupart des pays les plus développés. Sans former des institutions homogènes, mais agissant généralement en synergie internationale, ils interviennent tant à l'intérieur qu'à l'extérieur des Églises, pour promouvoir les réformes théoriques et pratiques que les cultures démocratiques postindustrielles semblent à leur avis exiger.

En sens inverse, de nouveaux mouvements de tendance traditionaliste exercent une influence grandissante, non seulement en Europe, qui les a vus naître, mais sur la planète entière. C'est le cas de l'Opus Dei, fondé en Espagne à la fin des années 1920, ainsi que, dans une tonalité moins conservatrice et moins élitiste, de deux familles spirituelles surgies en Italie : les Focolari et Communione e Liberazione. À l'extrême de l'échiquier réactionnaire se maintiennent des obédiences franchement intégristes, auxquelles les réformes engagées par le deuxième concile du Vatican ont assuré un second souffle. Même après les outrances de l'évêque schismatique Marcel Lefebvre, ces chapelles entretiennent un réseau international que Rome s'emploie tant bien que mal à maintenir dans son giron.

Aucun pays n'échappe à ces mouvements et à ces courants plus ou moins non conformistes. Les Allemands y sont particulièrement sensibles : en général plus séduits par l'ésotérisme du *New Age* que par l'effervescence charismatique, ils ont aussi, sur le versant opposé, constitué des groupes de chrétiens critiques très organisés, pour s'opposer notamment à l'emprise du centralisme romain. Même dans les pays de l'Est, et notamment dans l'ex-U.R.S.S., des jeunes s'ouvrent à la mystique orientale en se réclamant d'un starets qui les initie à la *Philocalie*. Certaines fraternités religieuses s'engagent, à leurs risques et périls, sur le terrain sociopolitique (cf. en Russie, la mouvance du père Alexandre Men). La présence de ces chrétiens militants accentue la diversité du paysage spirituel dans les fiefs traditionnels de l'Orthodoxie, qui compte aujourd'hui des Églises charismatiques, des Églises des nouveaux apôtres et l'Église de l'unification.

Si l'on mentionne encore les quelque cinquante mariophanies répertoriées par les spécialistes, les adeptes de la théologie féministe, de la théologie noire, de la théologie asiatique, les mouvements africains contre la sorcellerie, le Minjung des Coréens, on aura une idée de l'effervescence religieuse à travers le monde au tournant du IIIe millénaire.

Charles CHAUVIN

l'émotion (à l'origine du mouvement charismatique existant, y compris dans l'Église catholique) et les cultures locales comportant des pratiques de transe. Forme religieuse multiforme, il engage ses adeptes dans un processus d'individualisation et de moralisation et dans une nouvelle insertion sociale, à travers une forte implication dans une structure communautaire souvent dominée par des personnalités charismatiques.

Aujourd'hui, il semble que le protestantisme regroupe plus de cinq cents millions de personnes, dont près de deux cents millions appartiendraient à la tendance évangélique. Il continue donc d'avoir une place importante dans le paysage spirituel mondial, mais avec un visage qui, en peu de temps, s'est profondément modifié.

Le manichéisme

ANDRÉ VILLEY

Longtemps considéré comme une simple hérésie chrétienne, le manichéisme est en fait une religion à part entière et à vocation œcuménique. Son fondateur Mani, en se disant le « sceau des prophètes », a voulu donner aux révélations antérieures et incomplètes de Jésus, de Buddha et de Zarathoustra leur formulation ultime, qu'il a lui-même consignée dans ses « livres de lumière », conservés par ses adeptes en un canon intangible. Le manichéisme est donc, comme ses grands concurrents (judaïsme, christianisme, islam), une « religion du Livre », dont l'aire d'expansion s'étendit des contrées les plus occidentales de l'Empire romain jusqu'à la Chine et dont l'histoire couvre près d'un millénaire, des premières prédications de Mani en Mésopotamie au milieu du IIIe siècle jusqu'aux ultimes communautés manichéennes de Chine rencontrées par Marco Polo à la fin du XIIIe siècle.

La recherche sur le manichéisme, longtemps limitée à l'exploitation des données fournies par ses adversaires, les hérésiologues chrétiens et musulmans, a été renouvelée au XXe siècle par les documents en vieux-turc, pehlevi et chinois découverts à Tourfan (Asie centrale) au début du siècle, puis par la mise au jour en 1930 d'une bibliothèque manichéenne de langue copte au Fayoum, enfin par la publication du *Codex manichéen de Cologne* (*C.M.C.*) qui contient de précieux renseignements, dus aux premiers disciples, sur la jeunesse et les premières missions du prophète.

« Maître Mani, le Vivant » (216-277)

Celui que la tradition patristique mais aussi certains textes manichéens originaux désignent du nom de « Manikhaios » (transcription de son titre honorifique syriaque « Mar Mani hayya » : « Maître Mani, le Vivant ») naquit en Babylonie, sous la domination sassanide, en 216 de l'ère chrétienne. Son enfance et sa jeunesse, jusqu'à l'âge de vingt-quatre ans, se sont déroulées dans une communauté baptiste des bords de l'Euphrate, où son père Patîg, lui-même nouveau converti, l'avait fait entrer dès l'âge de quatre ans. Ces baptistes se réclamaient de la loi d'Elkhasaï, prophète plus ou moins légendaire de la fin du Ier siècle, qui aurait prêché une forme de judéo-christianisme assez proche de l'ébionisme, attribuant un grand rôle aux rites de purification des aliments par l'eau et aux baptêmes quotidiens. Une série d'expériences mystiques, décrites par le *C.M.C.* comme des rencontres de Mani avec son *alter ego* céleste, le « Compagnon » ou « Jumeau », qui lui apporte de la part du Père la révélation plénière, l'amènent, après de violentes controverses, à rompre avec ses anciens coreligionnaires, notamment sur la question du baptême d'eau, jugé inutile au salut. Mani retient, par contre, de l'elkhasaïsme l'idée d'une animation universelle (dans les éléments, les arbres et les fruits, une âme vivante est enfermée, qui souffre en attendant sa libération) et lui emprunte son schéma d'une lignée de prophètes allant d'Adam jusqu'à Jésus. Suivi d'une poignée de disciples, dont son propre père Patîg, Mani entreprend à partir de 240 ses premières missions (cf. carte). Après une quinzaine d'années passées à voyager, et sans doute à mettre par écrit sa révélation, Mani se rend à Ctésiphon pour convertir à sa doctrine le roi des rois, Shabuhr Ier (241-272). Il semble près de réussir auprès de ce prince, esprit curieux et ouvert aux innovations religieuses. Mani obtient alors un sauf-conduit pour prêcher son « espérance » dans tout l'empire ; il fait même partie pendant quelque temps de la suite royale, accompagnant Shabuhr dans ses campagnes victorieuses (250-255). Mais la mort de Shabuhr (272) sonne le glas des espérances manichéennes. Si son successeur Hormizd Ier (273) semble avoir renouvelé sa confiance à Mani, le deuxième fils de Shabuhr, Vahram Ier (273-277), se montre hostile. En butte aux intrigues de Kirdir, le chef des Mages, qui réorganise alors avec autant de fanatisme que d'efficacité le clergé mazdéen, Mani, après une tentative pour gagner le Khorassan, est rappelé auprès du roi, à Belapat en Susiane, où il est arrêté, après une entrevue dramatique avec le souverain. Chargé de chaînes, il meurt en prison, non sans avoir eu le temps de faire à ses disciples ses ultimes recommandations.

Le système de Mani

Le système manichéen se présente comme une vaste fresque mythologique, fortement structurée, où la diversité des épisodes et le foisonnement des personnages sont au service d'une pensée unique : faire comprendre à l'homme que le monde et lui-même sont issus d'un mélange contre nature, survenu aux origines, du divin avec la matière, et l'inciter par là à une ascèse visant à libérer la part divine en lui et hors de lui. Le mythe s'articule autour de trois schèmes directeurs : les trois temps, les deux principes et les trois appels. Le « temps antérieur », qui précède la création du monde, est celui de la séparation des deux principes du bien et du mal. Au sommet de la hiérarchie du bien trône le Père de la grandeur, dans sa terre de lumière, environné des douze éons qui forment sa cour céleste. Le royaume des ténèbres est, au contraire, le domaine de la matière mauvaise, qui se meut d'un mouvement désordonné dans les cinq mondes du vent, du feu, de l'eau, de la fumée et des ténèbres ; ces mondes sont dirigés chacun par un archonte, et le roi de la ténèbre (Satan ou Ahriman) constitue leur expression suprême. Les deux royaumes se sont longtemps ignorés. Mais le bouillonnement incessant de la matière, exprimé mythiquement comme une guerre intestine des archontes, porte un jour le prince des ténèbres au sommet de son royaume, près des frontières de la lumière. À la vue de cette contrée si belle, il est saisi du désir de s'en emparer. C'est cet assaut de la ténèbre qui met en branle le processus du mélange, inaugurant le « temps médian ».

Pour se défendre de l'attaque du mal, le Père de la grandeur lance successivement trois « appels », c'est-à-dire fait émaner trois générations divines. Le premier appel fait exister la Mère de vie, qui enfante à son tour l'Homme

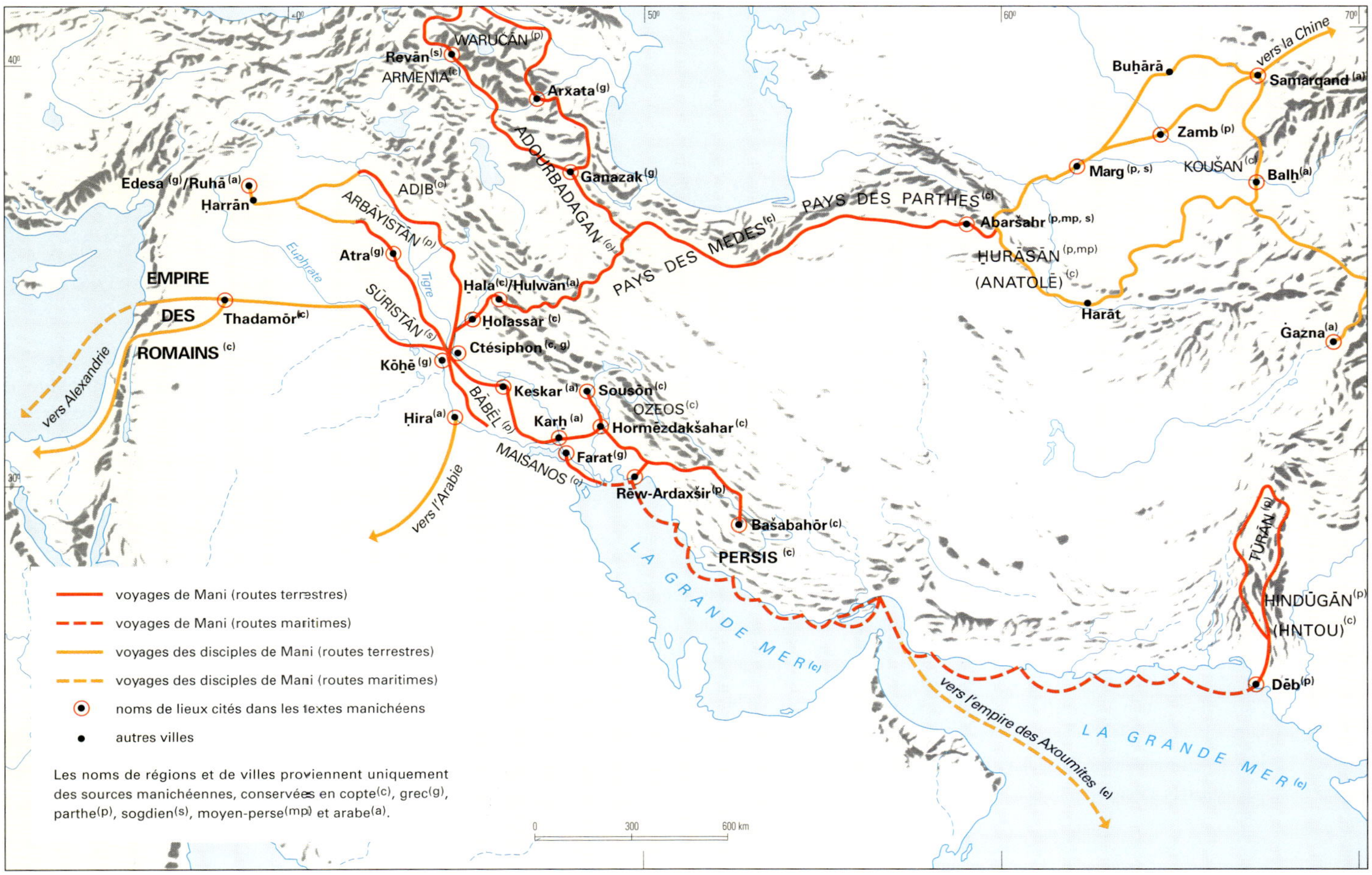

Les voyages de Mani. Le monde, tel que Mani se le représente au départ de sa mission (il a vingt-quatre ans), est la terre habitée des Iraniens. Les pays (« royaumes ») de cette terre s'arrêtent aux frontières mouvantes de trois empires : romain à l'ouest, axoumite au sud, kouchan à l'est. Au centre : l'Iran, divisé par une chaîne rectiligne d'ouest en est, les « montagnes », que longent deux voies de communication. Au nord, la route postale du Ḫurāsān (Anatolē) unit le pays des Parthes et l'Arménie. Au sud, la route de l'Euphrate et du Tigre aboutit à Farat, « emporium » de la Mésène, d'où les navires partent pour l'Inde, mais aussi vers l'Arabie, l'Éthiopie et la Haute-Égypte. La liaison des deux voies coupe les « montagnes » du pays des Mèdes après Ḥulwān. Colportant sa prophétie sur les routes suivies par les camelots, Mani fut périodeute d'un monde immense, même limité à l'espace iranien. Son premier voyage l'amène du pays de Bābēl à Ctésiphon, point de départ vers les « montagnes » du pays des Mèdes. De celui-ci, il atteint l'Arménie par Ganazak en Médie Atropatène, puis retraverse les « montagnes » pour s'embarquer à Farat à destination de l'Inde (Dēb), dans la Grande Mer. Au retour, il gagne Ctésiphon par la Perside, le Ḫuzīstān (Ozeos) et le pays de Bābēl. Les voyages vers les régions limitrophes des empires romain (Adib et Arbāyistān) et kouchan (pays des Parthes) n'ont pas eu lieu avant la première campagne syrienne (253) de Shabuhr Ier contre les Romains (Michel Tardieu).

La triple émanation. Découverte en 1931 par la mission Citroën à Bäzäklik (Turkestan chinois) et reproduite par A. Jacovlev, cette fresque représente l'arbre des trois générations divines entouré des douze éons. Datant du IXe ou du début du Xe siècle, elle témoigne de la survivance du manichéisme en Chine à cette époque. Musée national des arts asiatiques-Guimet (R.M.N.).

primordial et ses cinq fils (les cinq éléments purs : eau, air, feu, vent et lumière). L'Homme primordial descend, revêtu de ses fils comme d'une armure, à la rencontre des forces du mal, mais il est finalement vaincu et fait prisonnier par la ténèbre. Quant aux éléments de son armure, ils se mélangent aux cinq éléments ténébreux, formant ainsi la matière première d'où le monde sera tiré.

La défaite du bien n'est, en effet, qu'une « ruse de guerre » destinée à endormir la méfiance de l'adversaire et, littéralement, à l'« empoisonner » par l'ingestion d'une lumière dont il ne pourra plus désormais se passer. C'est alors que le Père passe à la contre-attaque et lance le deuxième appel. Apparaissent successivement le Bien-Aimé des lumières, le Grand Architecte, chargé de bâtir le royaume eschatologique, enfin l'Esprit vivant, jouant le rôle d'un démiurge. Par son Appel, il réveille l'Homme primordial de la torpeur où l'avait plongé son séjour dans la matière ; et la Réponse qu'il en reçoit lui permet de tirer son frère aîné du gouffre. Ce dernier doit toutefois y abandonner ses fils jusqu'à la fin du monde. L'Esprit vivant procède alors à la cosmogonie. Après avoir crucifié les archontes à la roue du Zodiaque, scellant ainsi la victoire du bien sur la fatalité astrale, il les dépèce et fait de leurs corps les huit terres et de leurs peaux tendues les dix cieux. De la partie de la lumière demeurée la plus pure malgré le mélange, il forme le Soleil et la Lune. Quant au reste, il le répartit en des proportions variables dans toute la création, qui apparaît ainsi constituée d'une âme divine présente en toute chose et d'un corps ténébreux emprunté aux puissances de la matière. La souffrance qu'éprouve l'âme du monde, ainsi « crucifiée à la matière », est exprimée par les symboles grandioses de la « Croix de lumière » et du *Iesus patibilis*, le « Jésus passible qui est suspendu à tout bois ».

Avec le troisième appel, l'Homme devient le principal enjeu de la lutte. Le Troisième Envoyé, issu lui aussi du Père, est mandaté pour mettre en marche les nefs du Soleil et de la Lune, dont la tâche est de faire passer d'ici-bas dans l'au-delà les âmes arrachées à la matière. Apparaissant dans le Soleil, l'Envoyé suscite par la beauté de ses formes la convoitise des archontes des deux sexes, qui le perçoivent, les mâles comme une belle jeune fille, la « vierge de lumière », les femelles comme un jeune homme resplendissant. De leurs vains efforts pour l'atteindre naissent les plantes, produit du sperme des archontes, et les animaux, fœtus avortés des démones. En se nourrissant des plantes, les « avortons » tombés sur la terre ingèrent du même coup la lumière qui s'était concentrée en elles. Mais la nostalgie qu'ils éprouvent à leur tour de l'image trop tôt disparue les incite à prier leurs chefs Ashaqloûn et Nébroël, de créer un homme et une femme « à l'image et à la ressemblance » de l'Envoyé. Les deux archidémons, après s'être nourris de leurs propres enfants et avoir ainsi absorbé toute la lumière qui était en eux, s'unissent charnellement. De là naissent Adam et Ève, en qui se retrouvent les tendances mauvaises de leurs parents, mais aussi l'âme de lumière apparentée à toute la création, et l'image divine de l'Envoyé.

Pour sauver Adam de l'enfer, le Père lui adresse un Sauveur, en la personne de Jésus-splendeur – non le Christ historique, mais le rédempteur transcendant. Jésus enseigne à Adam la véritable nature de la lumière qui est en lui, l'invite à manger de l'arbre de la gnose pour connaître les secrets d'en haut et l'incite à s'abstenir du commerce charnel avec Ève, lequel risque de retarder le salut de la lumière en emprisonnant de nouvelles âmes dans la matière. En dépit des conseils de Jésus, l'humanité continue, mais Adam sera le premier d'une lignée d'« envoyés de la lumière » qui périodiquement viendront rappeler les hommes au souvenir de leurs origines. Parmi ces prophètes, on trouve des personnages de l'Ancien Testament (Seth, Énosh, Hénoch, Noé), mais aussi Zarathoustra et Buddha, Jésus (le Jésus historique, cette fois) et, pour finir, Mani lui-même, venu clore la prophétie en apportant la révélation définitive.

La fin du monde est dépeinte sous de vives couleurs dans le système de Mani. Au signal d'une voix venue du ciel, la guerre s'embrasera entre les rois de la terre. Une persécution généralisée sera déclenchée contre l'Église manichéenne par l'Erreur personnifiée. La plus grande partie de la communauté sera alors dispersée, et les livres saints eux-mêmes n'échapperont pas au désastre. Mais c'est au moment où les fidèles atteindront la limite du désespoir que mystérieusement la paix renaîtra. Un âge d'or viendra pour l'Église. Il durera peu. Jésus descendra du ciel pour présider au jugement dernier et séparer les bons d'avec les méchants, puis remontera aux cieux, accompagné des élus et des dieux qui soutenaient le monde. Le génie qui porte la terre, l'Omophore, la laissera tomber, tandis que le Splenditenens, qui soutient la voûte céleste, fera crouler les cieux sur la terre. L'effondrement du cosmos déclenche le grand feu, qui doit durer 1 468 ans et dans lequel seront torturés la matière et ses démons. Au terme de cette période, une gigantesque statue se formera, faite des ultimes particules lumineuses présentes dans le cosmos et, tandis qu'elle montera aux cieux, les puissances du mal et leurs acolytes se verront à jamais enfermés dans la « Boule », « l'horrible globe de ténèbres » dont parle saint Augustin. Quant aux dieux et aux élus, provisoirement regroupés dans le « nouvel éon » – le paradis eschatologique d'où ils contemplent la défaite de la matière –, ils accompliront l'ultime étape en accédant à la terre de lumière, où ils régneront désormais en compagnie du Père. Le « temps postérieur » verra ainsi la restauration de l'état de séparation initial qui prévalait avant la création du monde.

La « sainte Église »

Le temps qui sépare le monde de sa fin est le temps de l'Église – la « sainte Église » manichéenne, comme les textes la désignent. À vocation universelle, elle englobe dans son projet missionnaire le monde entier, se présentant en chaque lieu comme l'accomplissement de la religion locale. Son idéal est représenté par les Élus, religieux errants voués à la prédication et à la pauvreté absolue, dont le code moral se résume dans la règle des « trois sceaux » mentionnés par saint Augustin : le « sceau de la bouche », qui interdit non seulement le blasphème, mais aussi le vin et la nourriture carnée ; le « sceau du sein », qui prescrit la chasteté absolue ; enfin, le « sceau des mains », leur interdisant toute action qui pourrait blesser la « Croix de lumière », c'est-à-dire porter atteinte aux éléments purs emprisonnés dans le monde, par exemple quand on cueille un fruit ou qu'on travaille la terre. Un tel idéal n'est réalisable que si la survie des religieux, nécessaire à l'évangélisation du monde, est assurée par une classe de laïcs sympathisants, les Auditeurs ou Catéchumènes qui, tout en ayant le droit de se marier, de manger de la viande et de cultiver la terre, se voient imposer un code de dix commandements plus faciles à observer (interdiction de l'idolâtrie, du meurtre, etc.). En s'acquittant de ces devoirs, ils acquièrent des mérites leur permettant, dans une existence ultérieure, de renaître dans le corps de l'Élu et d'accéder ainsi au salut. Parmi les rites les plus importants de l'Église figure la consommation des « aumônes » offertes par les Auditeurs aux Élus, sous forme d'un repas de fruits et de légumes. En consommant la substance lumineuse concentrée dans ces aliments, les Élus la libèrent de sa gangue matérielle et l'expédient au ciel, où elle s'envole avec leurs hymnes. Le chant des psaumes tient aussi une place importante dans les cérémonies de la communauté, comme en témoignent les différents recueils retrouvés, en copte, parthe et chinois. Le calendrier liturgique culmine dans la célébration de la fête du Bêma, qui commémore au printemps, après un jeûne de trente jours et une confession générale des péchés, la passion de Mani et son entrée en gloire, tout en anticipant le jugement dernier.

Le destin du manichéisme

Du vivant de Mani, des missions avaient été envoyées par le fondateur dans diverses régions des empires romain et sassanide. L'Égypte est touchée très tôt : dès le milieu du IIIe siècle, le disciple de Mani, Adda, prêche à Alexandrie, tandis que vers 280 le néoplatonicien Alexandre voit arriver dans son école de philosophie de Lycopolis (Assiout en Haute-Égypte) les missionnaires Pappos et Thomas. À l'Est, la Bactriane est atteinte dès 262. Mais rapidement des persécutions viennent donner un coup d'arrêt à l'expansion de la nouvelle religion. En Iran, Vahram II poursuit les disciples de Mani et fait mettre à mort son successeur à la tête de l'Église, Sisinnios (291). Dans l'Empire romain, Dioclétien promulgue en 297 un édit punissant de mort les manichéens, accusés d'intelligence avec l'ennemi perse. Cela n'empêche pas le manichéisme de s'implanter en Afrique du Nord, où il sera combattu à la fin du IVe siècle par saint Augustin, son ancien « auditeur ». Après la chute des sassanides, le manichéisme, un moment toléré par l'islam, est progressivement refoulé au-delà de l'Oxus, sous les califes abbassides. Entre-temps, il a déjà gagné le Turkestan (en 763, il devient religion officielle de l'empire ouïgour) et, de là, la Chine. Mais la chute de l'empire ouïgour en 840 lui porte un coup fatal. Les empereurs de Chine, qui ne l'avaient toléré que sous la menace turque, font fermer les temples et brûler les écrits. La « religion de la lumière » se survivra pourtant, dans quelques communautés isolées de Chine, jusqu'à la fin du XIIIe siècle et peut-être au-delà.

L'islam

Maxime RODINSON

L'originalité de l'islam n'est pas dans sa doctrine ni dans son rituel. La doctrine est une variante adaptée du monothéisme judéo-chrétien ; les rites sont puisés dans le même fonds avec intégration de pratiques du paganisme arabe pourvues d'un nouveau sens. C'est une « religion fondée » dont l'initiateur est un prophète (Muḥammad) envoyé par Dieu pour exprimer sa volonté.

L'organisation communautaire des fidèles est plus originale. Il s'agit, comme dans d'autres cas, d'une religion universaliste, ouverte à tous, même si, dans la période initiale, elle fut conçue comme une forme de monothéisme spécialement destinée au peuple arabe. Il en est resté le statut privilégié, quoique subordonné, accordé dans les sociétés à direction musulmane aux juifs et aux chrétiens, censés partager la même foi fondamentale, seulement déformée par les hiérarchies cléricales. En regard, le polythéisme est une injure à Dieu qui mérite la mort.

Mais l'essentiel et le spécifique sont que la Communauté (*umma*) des croyants forme un organisme global total, qui encadre tous ses membres à égalité, ceux-ci ayant les mêmes obligations pour la totalité de leur mode de vie, sans cellules monacales à obligations renforcées (christianisme, bouddhisme) ni privilège à une descendance, même adoptive (judaïsme). Cet organisme global est, au départ, politico-religieux. Le Prophète, à Médine entre 622 et 632, au sein d'une contrée sans État, devait fournir à sa Communauté, sous l'inspiration divine, des directives aussi bien religieuses et morales que juridiques et politiques.

Le modèle d'origine n'a cessé de s'imposer aux musulmans comme idéal, alors même que le noyau communautaire primitif était dilaté, par la guerre ou, parfois, le prosélytisme pacifique, à des dimensions mondiales et que l'unité de direction devenait le plus souvent un mythe. L'empire unique du début, en même temps qu'il se fragmentait en États, voyait aussi les fonctions se spécialiser en son sein. Lentement, la plupart des sujets rejoignaient la communauté spirituelle des dominateurs.

Les divisions primordiales se produisirent donc sur les lignes fixées par les luttes pour la succession du Prophète, dans la direction globale (politico-religieuse) de la Communauté.

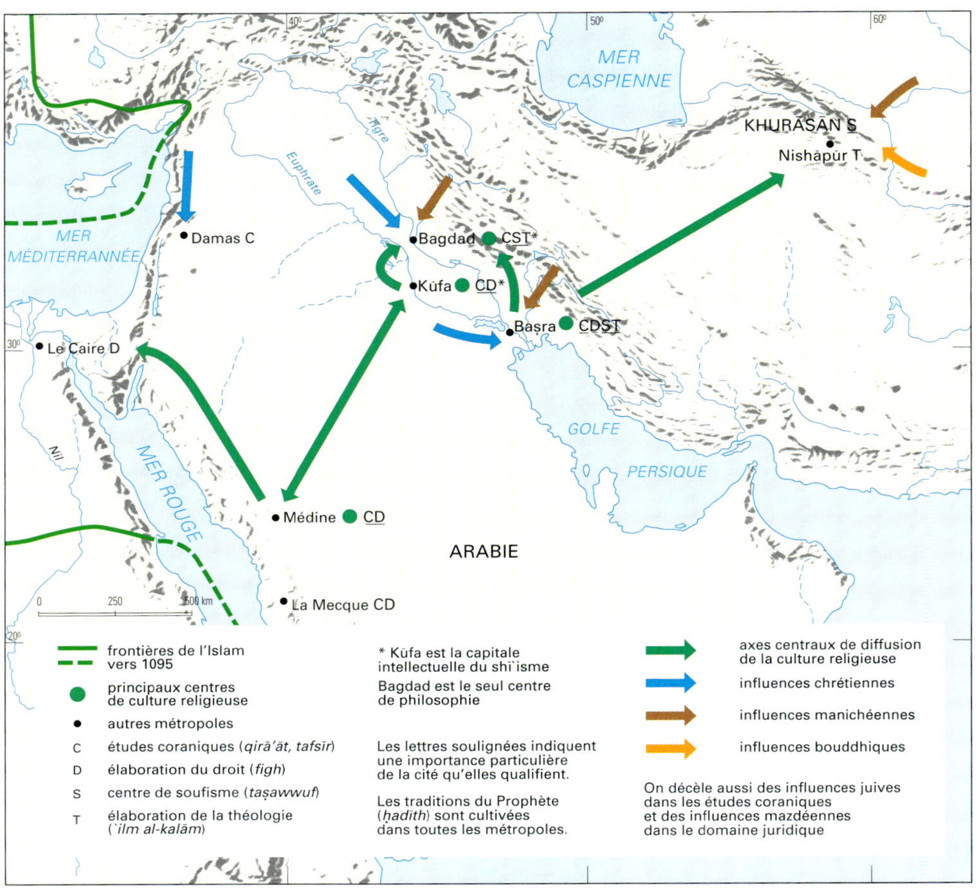

Formation de l'identité musulmane. Les foyers de culture au Moyen-Orient, du VIIIe à la fin du XIe siècle.

Le parti de ʿAlī. Suite à la crise de succession ouverte par la mort de Muḥammad, ʿAlī fut assassiné en 661. Son fils Ḥusayn mourut au combat en 680. Les deux martyrs sont ici figurés ensemble. Miniature perse, XVIIIe siècle, coll. Medicea di Fiazole, Florence (G. Mandel, Artephot).

Il fut admis, à la mort de Muḥammad, qu'il aurait un successeur ou lieutenant (*khalīfa*, « calife ») unique. Immédiatement, le choix majoritaire suscita une opposition, celle des partisans du gendre et cousin du Prophète, ʿAlī. Sa faction ou son parti, la *shīʿat ʿAlī*, devenue le parti par excellence *ash-shīʿa* (d'où le nom de shīʿisme), l'imposa au pouvoir suprême après trois autres califes. Mais son court règne (656-661), à la suite de l'assassinat de son prédécesseur, fut secoué par les luttes entre factions. Après lui, qui fut également assassiné, le califat devint héréditaire sous couvert d'élections (par une minorité de notables) fictives.

Un parti avait, au départ, dénoncé comme impie la querelle de la succession. C'est celui des « séparatistes » (khārijites), qui renvoyait dos à dos les adversaires. Les clivages originaux fournirent la matrice d'un processus millénaire de fragmentation par scissions. Les sectes et sous-sectes, produites à l'accoutumée par la convergence des ambitions et des propensions théorisantes, fournirent des structures militantes où pouvaient s'exprimer toutes les tendances de la pensée, utilisables aussi bien par tous les groupes de pression, mobilisant les aspirations politiques et sociales les plus variées. Chaque groupe a eu son histoire, ses théoriciens, ses militants. Il s'est constitué une dogmatique dans le contexte de l'affrontement avec les autres groupes. Chacun se déclarait le véritable islam qui devait triompher un jour. On a hésité partout, mais beaucoup se sont décidés au *takfīr* des autres partis, c'est-à-dire à les rejeter hors de l'islam, à les traiter de *kāfir* (mécréants, polythéistes). On en est venu souvent à la lutte armée, révolutionnaire quand il s'est agi d'abattre le pouvoir en place, accusé rituellement d'impiété et d'oppression du peuple.

Les tendances majoritaires ont formé un bloc qu'on appelle le sunnisme. En principe, il s'agit de la fidélité à la tradition, à la voie modèle (*sunna*) indiquée par le Prophète, mais toutes les sectes prétendent la suivre. Le shīʿisme, fragmenté comme les autres tendances, est resté le plus souvent contestataire, dans un sens tantôt quiétiste, tantôt révolutionnaire. Une branche ou une autre est parvenue au pouvoir, parfois pour des siècles comme celle des ismāʿīliens sur un vaste territoire de 910 à 1171. L'énorme secousse produite par ce mouvement révolutionnaire, à un moment où les croisés attaquaient l'islam, a provoqué une réaction politique, idéologique et policière qui a rigidifié une orthodoxie sunnite, imposée par des dynasties turques. Ce sunnisme, resté dominant, a d'ailleurs admis en son sein comme également légitimes des écoles juridiques et rituelles divergentes. Le shīʿisme devait devenir en Iran (1502), durablement, une religion d'État avec la conversion de la masse du peuple.

Les nombreuses sectes ou partis politico-religieux devaient choisir entre de multiples options intellectuelles et pratiques. Ce choix était orienté par la tension perpétuelle entre laxisme relatif et rigorisme moral et rituel, entre quiétisme et activisme, entre adaptation aux exigences de la nature humaine, aux nécessités du pouvoir ou de la lutte pour le pouvoir et messianisme mobilisateur prônant le retour immédiat à la Cité idéale de l'origine, entre observance ou conformisme disciplinés et élan personnel passionné vers Dieu.

L'argumentation était procurée par le texte du Coran – le livre dicté par Dieu à Muḥammad et diversement interprété –, par la Tradition concernant les faits et paroles du Prophète, plus ou moins codifiée au cours du IXe siècle surtout, par les grands docteurs du haut Moyen Âge canonisés par leurs successeurs. Dans l'immense masse des discussions et controverses apparaît l'influence de la philosophie grecque traduite en arabe, des traditions chrétiennes, juives, mazdéennes, hindouistes et autres. La dynamique interne de l'histoire des idées, les conditions politiques, économiques et sociales, la poussée sourde des substrats préislamiques dans chaque région se combinent pour faire surgir des phénomènes nouveaux, condamnés au départ : le culte des saints et la formation de confréries, associations de type monacal ou quasi monacal pour un culte plus fervent et plus exigeant. Dans ces cellules, entre autres, se développent des tendances mystiques, présentes dès l'origine, recherchant et théorisant une liaison directe, extatique du croyant avec Dieu.

Les États ont cherché à limiter au moins les déviations dangereuses par rapport à l'orthodoxie plus ou moins large qu'ils ont choisie. Souvent les intellectuels citadins pourchassés se sont réfugiés dans des cantons isolés où la population a exprimé son particularisme régional par l'adhésion à leurs

Répartition des musulmans dans le monde
et par rapport à la population totale dans les principaux pays, en pource

- moins de 10
- entre 10 et 50
- entre 50 et 90
- plus de 90
- régions peu peuplées, mais à forte prédominance mus
- régions exclusivement musulmanes

Les musulmans dans le monde

© Legenda / Atlante delle Religioni, Ed. ital. UTET, 1996

...tés dans les zones urbaines (%) :

...moins de 10

...entre 10 et 50

Lieux saints :

communs à tous les musulmans

exclusivement chī'ites

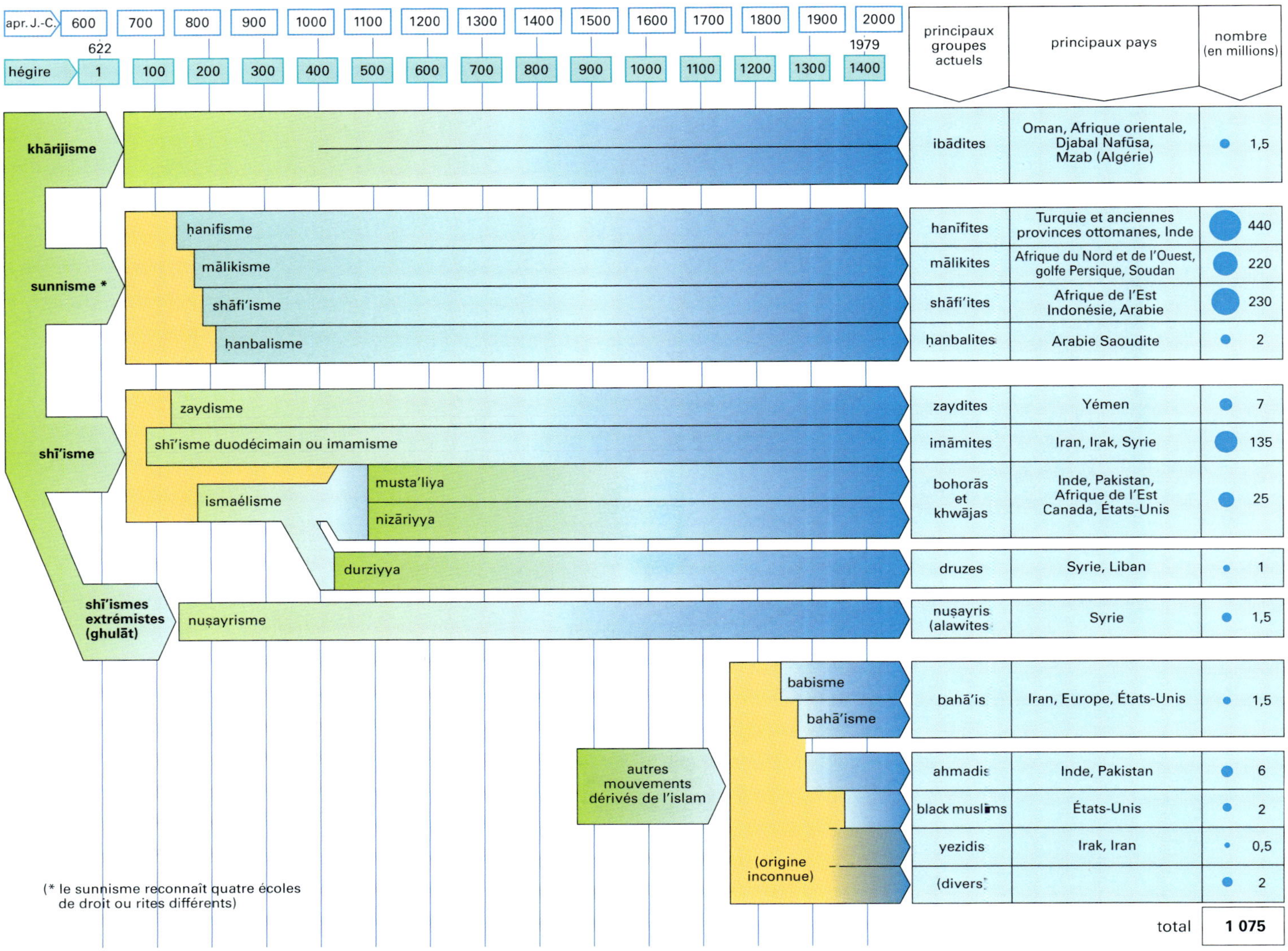

Les branches de l'islam. Loin de former un bloc monolithique, l'islam se compose de nombreuses tendances, parfois violemment opposées entre elles.

idées. C'est encore un processus de formation de sectes censées représenter le vrai islam, mais dont la synthèse doctrinale est pénétrée de conceptions héritées du paganisme préislamique local, parfois aussi du christianisme, du judaïsme, de l'hindouisme, etc. Des syncrétismes se sont ainsi produits. L'activisme politique des sectes ou partis était conditionné par leurs chances de succès. Formations ouvertes au départ, comme l'islam dans son ensemble, elles ont souvent subi, surtout dans l'échec, l'évolution habituelle vers la structure fermée, sclérosée en adhérents d'un credo héréditaire. L'association de vérité est devenue normalement une nation ou quasi-nation.

Un certain œcuménisme intersectes dominait récemment dans la subordination générale des problèmes religieux aux problèmes de structure politique, sociale et économique. Mais la coïncidence de clivages ethniques avec des divisions entre sectes a eu l'effet contraire de revivifier, ici et là, la spécificité de celles-ci, avec l'effet permanent du facteur du « patriotisme de communauté » virulent à travers les âges et particulièrement de nos jours. À l'heure actuelle, la fidélité à la Communauté musulmane globale domine, chargée d'un sens différent selon les ethnies, les groupes, les classes et catégories sociales, les individus même. Le plus souvent, la foi proprement religieuse en Dieu et l'engagement dans la quête du salut jouent un rôle moindre que ce patriotisme de communauté globale, avec le sentiment d'une opposition historique millénaire aux sociétés chrétiennes et irréligieuses de l'Occident, d'une fidélité acharnée à des règles de vie supérieures, annonçant une société harmonieuse sur le modèle idéalisé du noyau médinois de l'origine, étendu à toute l'humanité.

L'islam maghrébin

HASSAN ELBOUDRARI

Le Maghreb berbère a très tôt fait partie intégrante du monde musulman-arabe, même si les deux processus de l'islamisation et de l'arabisation sont à distinguer l'un de l'autre et surtout d'avec la conquête militaire proprement dite. Celle-ci a débuté à la fin du VIIe siècle et a abouti, en moins d'un siècle, à un relatif contrôle de la région par le pouvoir umayyade. L'arabisation – avec sa triple dimension de modification du peuplement par des apports ethniques, d'expansion de la langue arabe et, plus généralement, d'acculturation des sociétés berbères – s'est étendue sur une durée relativement longue, dont le moment décisif a été, du milieu du XIe au XVe siècle, l'arrivée, par vagues successives, de tribus bédouines qui ont modifié profondément le paysage écologique, la structure économique et politique, la culture du Maghreb. L'islamisation, entendue au sens restreint de la diffusion d'un message religieux dans la diversité de ses variantes, ne fut pas un processus homogène et incoercible aboutissant à une imprégnation totale des sociétés. Ici comme ailleurs, elle a d'abord rencontré des résistances radicales (qui ont duré *grosso modo* jusqu'à la fin du VIIIe s.) ; puis elle a connu des adaptations locales dans le cadre de syncrétismes dont on ignore presque tout ; enfin, elle a traversé des vicissitudes qui, tout en coïncidant pour l'essentiel avec celles de l'ensemble du monde islamisé, n'en ont pas moins marqué de manière spécifique le Maghreb musulman.

Cette région n'a été islamisée en profondeur qu'en accueillant en premier lieu ce que, par abus de langage et anachronisme, on appelle des schismes hétérodoxes (en effet, nulle orthodoxie, au sens sociologique, n'existait encore). Le khārijisme d'abord (qui se maintint jusqu'à la chute des principautés ibādites de Tahert et de Sijilmassa au Xe siècle), puis – mais moins fortement et moins durablement – le shī'isme fāṭimide (durant le Xe siècle, jusqu'au départ des Fāṭimides pour l'Égypte conquise) ont marqué, grâce à d'actifs réseaux de missionnaires, les débuts de l'islamisation. L'idéologie et la propagande entreprenante des khārijites (Ṣufriya et Ibādiya essentiellement) ont trouvé chez les Berbères, nouvellement conquis et convertis, un écho où l'adhésion à des valeurs religieuses rigoristes se mêlait à la protestation politique contre les représentants locaux de l'ordre umayyade. Si le shī'isme de la partie orientale du Maghreb n'a été qu'un avatar vite résorbé, le khārijisme y a, en revanche, maintenu des traces jusqu'à nos jours. Le visage durable de l'islam maghrébin, caractérisé par une obédience doctrinale et un mode culturel spécifique encadrant les pratiques religieuses, ne prit véritablement forme qu'à partir de la seconde moitié du XIe siècle dans le sillage intellectuel des écoles juridico-religieuses de Kairouan et d'Andalousie, et sous l'égide de la dynastie berbère des Almoravides. Il s'unifie alors dans le cadre d'un sunnisme mālikite, qui lui donne, à partir de la seconde moitié du XIIIe siècle, le caractère dominant qu'il conservera jusqu'au XXe. Socialement incarnée par un corps de « lettrés », les ulémas (*'ulamā*), au sein duquel les *fuqahā* (juristes) l'emportent en nombre et en influence, et relayée par les États successifs et leurs appareils qui en font une quasi-idéologie officielle, cette forme de religion se caractérise par un ritualisme et un rigorisme stricts, ainsi que par un légalisme traditionaliste qui cherche ses appuis dans le « précédent » légitime, refuse toute innovation non consensuelle et se ferme aussi bien sur la spéculation rationaliste que sur l'expérience théurgique – qu'elle soit spiritualité mystique ou piétisme populaire –, en se tenant quelque part entre ces deux pôles extrêmes.

Cependant, trois phénomènes majeurs, dérivant de prémices historiques distinctes et complexes, se conjuguent, à partir du milieu du XVe siècle, pour doter l'islam maghrébin de ses véritables traits différentiels : la sainteté, le sharifisme et le « confrérisme ». Certes, d'autres parties du monde musulman ont connu des saints et des pratiques hagiolâtriques, des « descendants du Prophète » (*shurfa*) avec un statut social distinctif et des confréries (*ṭuruq* ; sing. *ṭarīqa*) encadrant activement la piété populaire ; et le Maghreb en a connu bien avant le XVe siècle. Mais il a su faire de la conjugaison de ces trois facteurs une véritable combinatoire exprimant le mode spécifique selon lequel est vécu collectivement le religieux : non pas « en dessous » d'un islam orthodoxe, ni sur sa marge, mais dans l'islam même ou, si l'on veut, dans ses interstices, en s'en réappropriant les signes et le lexique et en les déployant dans des cadres propres. Ainsi s'est façonné un paysage religieux traversé de bout en bout par des personnages hagiologiques de différents types mais qui allèguent de manière récurrente une généalogie sharifienne porteuse et dispensatrice de « grâces » (*baraka*), et qui drainent vers eux, vivants ou morts, la piété de l'ensemble du corps social. Quelquefois, ils sont les fondateurs de *zāwiya* devenues de vastes réseaux confrériques qui ont un rôle non seulement de mobilisation religieuse, mais aussi, le plus souvent, de structuration sociale (en contrepoint des organisations segmentaires tribales ou urbaines), politique et économique. Ces pratiques, ces personnages et ces institutions n'ont jamais été explicitement censurés par l'« islam officiel » des *'ulamā*, qui, bien au contraire, y ont parfois significativement contribué.

Il faudra attendre les premières décennies du XXe siècle pour voir, à la faveur des bouleversements dus à la situation coloniale et de la pénétration des idées du mouvement moyen-oriental des Salafiya, un islam scripturaire revenir en force qui considère les « aberrations » de l'hagiolâtrie et du confrérisme comme des « innovations » (*bid'a*) doctrinalement condamnables, idéologiquement suspectes et socialement nocives, ces positions se trouvant relayées par une bonne partie des nouvelles élites politiques et intellectuelles.

Dans la période récente, plus particulièrement à partir du début des années 1980, on a pu parler, à propos de soubresauts qu'ont connus les sociétés maghrébines, d'un « retour » de l'islam, sous les espèces de ce qu'on appelle depuis « islamisme ». À rigoureusement parler, il s'agit, bien plus que d'un prétendu « retour » à l'islam, d'un phénomène classique d'ordre sociopolitique d'abord, même si les mouvements sociaux et/ou politiques qui l'incarnent usent d'un vocabulaire, articulent une idéologie et recourent à des moyens d'action d'inspiration religieuse, considérée comme seule légitime. De ce point de vue, il est capital de garder à l'esprit que l'islam est un système religieux historique qui n'a jamais été un donné clos ; il a toujours connu des interprétations contextuelles concurrentes. Ainsi, dans la période récente, l'islam, au Maghreb comme ailleurs, s'est-il trouvé, comme il l'a été à des périodes historiques antérieures, plus radicalement investi et interprété, certaines de ses valeurs mobilisées, pour en faire découler une idéologie, voire un programme d'action politique, censés répondre à des situations psychologique (ou identitaire), sociale, politique et économique critiques, sur le plan interne comme sur le plan international. Dans une partie du Maghreb, en Algérie surtout, ce radicalisme a été poussé, ces toutes dernières années, jusqu'aux plus extrêmes limites de la violence, une violence de plus en plus tournée contre le corps social lui-même, lequel se trouve

Culte des saints. Le Maroc passe pour le pays musulman où l'appel aux saints, dispensateurs de « baraka » (grâces), est le plus largement répandu. La piété populaire s'adresse ainsi à une multitude d'intercesseurs, dont la hiérarchie est dominée par Idrīs Ier, fondateur de la dynastie idrīside, mort en 792. Son tombeau se trouve à Moulay-Idris, petite ville de la province de Meknès, où il fait l'objet d'une dévotion passionnée. Moulay-Idris, vue générale (R. Mazin, Top).

ainsi désormais disqualifié (voir le *takfir*, ou « excommunication », émanant par exemple des différents mouvements des G.I.A. en Algérie). Il est à noter, enfin, que le vocabulaire et les moyens d'action du type religieux « apocalyptique » de cette expression radicale ne sont pas sans rappeler, là encore, certains moments historiques critiques du passé de l'islam lui-même, comme au demeurant du passé et du présent d'autres systèmes politico-religieux dans le monde.

À tout prendre, il s'agit là d'un phénomène presque « naturel », sociologiquement parlant, et qui plus est historiquement récurrent dans des sociétés, musulmanes ou autres, où le religieux – qu'il fonde les idéologies officielles des pouvoirs ou qu'il serve de vecteur à la protestation sociale et à l'action politique – non seulement demeure assez largement inentamé par l'idée de laïcité de la vie publique, mais aussi continue de fonctionner comme un élément décisif de la structuration de cette dernière, en tant que marqueur de l'identité collective et de ses évolutions, vives ou lentes.

L'islam en Afrique noire

JEAN-CLAUDE PENRAD

Longtemps, l'islam et les groupes humains de l'Afrique du sud du Sahara qui l'avaient adopté n'ont semblé intéresser que des fonctionnaires coloniaux et des missionnaires chrétiens, directement impliqués dans une relation conflictuelle avec cet islam dit « noir ». Depuis les années 1960, une nouvelle génération de chercheurs s'occupe des sociétés africaines musulmanes, tandis que se développe, en Afrique comme ailleurs, un phénomène sociopolitique qui apparaît comme une résurgence de l'islam. L'actuelle influence de celui-ci est sensible, à des degrés divers, de la Mauritanie à l'Afrique du Sud, en passant par l'Est, bien qu'elle soit absente de la plupart des pays de l'Afrique centrale et sud-occidentale. L'une de ses principales caractéristiques s'explique par le mode originel d'expansion de l'islam sur le continent. Il résulte d'une greffe réussie sur les grands courants commerciaux préexistants, transsahariens à l'ouest, transocéaniques à l'est. Les caravanes du désert, les boutres entraînés par la mousson au-delà de l'équateur, en même temps qu'ils donnent vie au commerce de l'or, de l'ivoire, des esclaves ou du bois de mangrove, entretiennent et renouvellent le sentiment religieux et les pratiques qui en découlent. Les points d'ancrage musulmans constitués par les cités-marchés subsahariennes, telles que Gao, Tombouctou et Djenné, et par les principautés-comptoirs de la mer Rouge et de l'océan Indien, comme Zeila, Mogadiscio, Mombasa, Zanzibar ou Kilwa, sont reliés en permanence au Maghreb et à l'Arabie.

L'islam en Afrique noire revêt partout un caractère urbain dominant ; cependant, la géographie et l'histoire l'ont doté de particularités régionales très marquées. Son implantation en Afrique de l'Ouest a été très étudiée depuis la période coloniale. À l'origine, les influences arabo-berbères, d'abord ibādites (qui se retrouvent aujourd'hui dans la configuration de certaines mosquées), puis essentiellement sunnites du *madhhab* (école juridique) mālikite, depuis les Almoravides, se sont exercées par le jeu des relations sociales, avant que le prosélytisme n'amène à l'islam des royaumes dont les souverains étaient des partenaires commerciaux. Cependant, ce qui demeure aujourd'hui dans la mémoire collective des musulmans d'Afrique occidentale, ce sont d'abord les insurrections du XIXe siècle, les *jihād* de Osman dan Fodio (fondateur du califat de Sokoto) et d'el-Ḥājj'Omar (Mali et Sénégal), qui sont la source d'une littérature religieuse et épique, en peul et en arabe. L'appartenance de ces deux conquérants, respectivement, à la Qādiriya et à la Tijāniya révèle l'importance, dans la région, du phénomène soufi, qui a trouvé un développement socio-économique original avec la confrérie des Mourides du Sénégal, fondée par Amadou Bamba dans la mouvance qādirī.

La Corne de l'Afrique fut la première région à entrer en contact avec l'islam, puisque, du vivant du Prophète,

Mosquée africaine. L'expansion de l'islam en Afrique noire n'a pas été l'œuvre d'un clergé centralisé, cherchant à imposer une orthodoxie d'importation. Sa diffusion, liée au développement d'activités commerciales, a souvent échappé à la contrainte dogmatique. Cette adaptation de l'islam aux traditions locales se manifeste dans l'architecture des mosquées, dont le style respecte les modes locales. Ferkessédougou, Côte-d'Ivoire (G. Philippart de Foy, Explorer).

quelques-uns de ses partisans trouvèrent refuge dans l'Abyssinie chrétienne. C'est à partir du VIIIe siècle que des commerçants musulmans s'établirent durablement sur la côte, dans les îles Dahlak et à Zeila. Ces colonies, essentiellement composées de zaydites avant que les sunnites shāfi'ites ne devinssent majoritaires, se transformèrent en sultanats qui furent bientôt engagés dans des guerres avec le royaume chrétien du Négus, la plus violente et la plus longue étant celle qui a accompagné le jihād de Ahmad al-Ghazi, « le Gaucher », au XVIe siècle. Directement liées à la position politico-militaire de chaque camp, les zones d'influence musulmanes ont beaucoup fluctué dans le temps. La Somalie est presque totalement islamisée, avec l'empreinte particulière des confréries – telle la Qādiriya –, qui, dès le XVe siècle, mais surtout au XIXe, ont déployé leurs réseaux. Le reste de la région, de l'Érythrée aux hauts plateaux éthiopiens du Sud-Est, offre une image très éclatée de l'islam, tantôt avec des points forts comme au Harar et sur la côte, tantôt sous la forme de simples survivances d'une islamisation ancienne chez des populations rurales qui, depuis le XIXe siècle, sont l'objet de tentatives de réislamisation s'associant souvent à une opposition au pouvoir central éthiopien.

Si l'on isole ainsi la Corne, mais aussi le Soudan, qui est culturellement arabisé et où des tribus islamisées ont gardé avec l'Égypte des relations privilégiées, mais aussi conflictuelles – la révolte mahdiste du XIXe siècle en étant la formulation la plus vivace –, l'Afrique orientale, à travers les siècles, n'a pas été le théâtre d'un prosélytisme islamique agressif. Les cités swahili qui, de Mogadiscio à Sofala, se sont développées, à partir du IXe siècle, n'ont engendré qu'un islam de proximité. Seuls les alliés, les parents et clients des marchands puis des notables locaux se convertirent. Il est probable que les populations de ces comptoirs ont été, tour à tour, ismā'īliennes, zaydites, duodécimaines, ibādites puis sunnites, sensibles qu'elles étaient aux événements politico-religieux des contrées arabo-persanes d'où provenaient les boutriers. Quoi qu'il en soit, ces cités ont atteint un stade de développement important, ainsi que l'attestent les ruines disséminées le long de l'océan, par exemple à Gedi (Kenya) et à Kilwa (Tanzanie). Des sociétés plurielles se sont constituées, reflétant les vagues successives d'immigration. Aujourd'hui, la variété des communautés musulmanes manifeste les bouleversements du XIXe siècle qui ont conduit à la prédominance du sultanat de Zanzibar, puis des puissances coloniales. De nombreux commerçants indo-pakistanais, shī'ites (ismā'īliens et duodécimains) et sunnites se sont établis, jusqu'en Afrique du Sud, et ont développé leurs propres institutions religieuses. L'expansion de l'islam sur le continent n'a débuté qu'au XIXe siècle avec le déploiement du commerce caravanier. Après une progression rapide, au début de l'ère coloniale, il avait tendance à décliner jusqu'à une période récente.

Au-delà de ces particularités régionales, il faut évoquer le poids des phénomènes contemporains pour comprendre ce que représente, de nos jours, l'islam en Afrique. La colonisation a été un facteur important de son africanisation, dans la mesure où elle lui a donné sa légitimité sociopolitique dans le terroir, par opposition au nouveau pouvoir européen. Aussi bien à l'ouest qu'à l'est, la « modernité » coloniale, puis occidentale, a été et reste contestée par les organisations musulmanes. Enfin, les transformations du monde musulman, depuis la récupération des richesses pétrolières, par certains États, jusqu'aux confrontations récentes avec l'islamisme politique, se font sentir sur les nouvelles générations. Celles-ci ont trouvé dans les structures associatives éclatées de nouveaux cadres pour mener un prosélytisme intransigeant, voire agressif, qui cherche essentiellement ses références politiques dans des formulations néo-fondamentalistes historiquement constituées en Arabie (wahhābisme) et en Asie du sud (*tabligh-e jamaat*). Les attentats contre les ambassades américaines de Nairobi et Dar-es-Salaam ont de ce point de vue constitué un tournant dramatique dans une lutte politique qui cherche une légitimité dans une interprétation radicale de l'islam.

L'islam en Arabie Saoudite

PAUL BALTA

« Arabie Saoudite » : tel est le nom donné à son royaume par 'Abd al-'Aziz III ibn Saoud lorsqu'il l'a proclamé en 1932, faisant de Riyadh sa capitale. Il porte, comme ses successeurs, les titres de roi et de « gardien des deux lieux saints », La Mecque et Médine, dans la région du Hejaz. Son territoire, d'environ 2 150 000 kilomètres carrés, s'étend sur la plus grande partie de la péninsule arabique, où le prophète Muḥammad (570 env.-632) – Mahomet en français – a prêché l'islam et édifié le premier État musulman. Les quatre premiers califes, les *rachidūn*, « bien orientés », ont régné à Médine. Mais cette ville a perdu son rang de capitale au profit de Damas, où s'imposa la dynastie omayyade (650-750), avant d'être elle-même renversée par les 'Abbāssides (750-1258). Ces derniers édifièrent Bagdad, dont ils firent le centre de la pensée religieuse et de la création artistique de l'islam. C'est sous leur règne qu'ont vu le jour les quatre écoles juridiques sunnites : ḥanīfite, mālikite, shāfi'ite et ḥanbalite. Le chef de cette dernière, Ahmad ibn Hanbal (780-855), est un strict traditionaliste qui privilégie l'unité de l'islam et les valeurs morales par rapport aux solutions juridiques. Son rite, *madhab*, rigoriste et piétiste, n'est appliqué qu'en Arabie Saoudite et au Qatar.

L'Arabie désertique avait donc périclité, mais tous les califes omayyades, 'abbāssides puis ottomans ont exercé leur tutelle sur les lieux saints, jusqu'à ce que la tribu des Saoud la conteste. Son chef, Muḥammad ibn Saoud (1746-1765), cherche à dominer la région du Nedj à partir de son fief de Di'riyya. Parallèlement, un réformateur, cheikh Muḥammad ibn 'Abd al-Wahhāb (1703-1792), issu d'une famille de religieux ḥanbalites, impute le déclin du pays à une application erronée de la religion par ses habitants. Il combat le culte des saints accusé d'être polythéiste, détruit plusieurs de leurs sanctuaires et publie *Kitāb al-Tawḥīd*, « Traité de l'unicité divine ». En butte à l'hostilité des populations shī'ites, il trouve protection auprès d'Ibn Saoud. En 1744, tous deux scellent le pacte de Di'riyya, qu'on a appelé « alliance du sabre et du turban », pour instaurer un État sunnite fondé sur un islam rénové et rigoureux. La doctrine néo-ḥanbalite du cheikh, le wahhābisme, sera imposée par les Saoud, après qu'ils auront réuni sous leur autorité, au début du XXe siècle, la région pétrolière du Nejd et celle du Hejaz.

Entamée au XVIIIe siècle, leur conquête leur permet d'occuper Médine en 1805 et La Mecque en 1810. Mohamed-Ali (1769-1849), vice-roi d'Égypte de 1805 à 1848, envoie des troupes les reprendre pour les remettre sous la garde du calife ottoman. Elles y parviennent en 1813, puis infligent aux Saoud des coups dont ils mettront près d'un siècle à se relever. En outre, sensible au triple choc des Lumières, de la Révolution de 1789 et de l'expédition de Bonaparte (1798-1801), le fondateur de l'Égypte moderne avait encouragé les intellectuels qui contribueront à la *Nahda*, « Renaissance », mouvement culturel et religieux aux antipodes du wahhābisme. Il voulait par ailleurs préserver l'autorité et le rayonnement, dans le monde musulman, de l'université religieuse millénaire d'Al Azhar, au Caire. Depuis, une rivalité sourde ou déclarée n'a cessé d'opposer les deux pays sur le double plan religieux et politique.

Devenue premier producteur mondial de pétrole, l'Arabie Saoudite s'est modernisée de façon spectaculaire en adoptant les techniques occidentales ; mais elle demeure d'une grande rigidité sur le plan doctrinal et social, malgré une faible minorité shī'ite (moins de 1 million d'habitants sur près de 19 millions en 2000) dans la région pétrolière d'Al Ahsa, à l'est. L'ensemble du territoire ayant été décrété « terre sacrée », il est interdit d'y construire des églises ou des synagogues : quelque 800 000 travailleurs immigrés chrétiens n'ont pas le droit de célébrer leur culte, même en privé, sous peine de prison puis d'expulsion. Bien que les filles aient commencé à être scolarisées dans les années 1950 et aient accès à l'université – mais séparées des garçons –, les femmes ne peuvent ni sortir seules ni conduire une voiture, et doivent être voilées de la tête aux pieds. La femme adultère est exécutée par lapidation, alors que le châtiment prévu par le Coran est de cent coups de fouet. En politique étrangère, l'Arabie Saoudite a soutenu l'association des Frères musulmans, fondée en Égypte en 1928, avec qui elle partage le slogan « le Coran est notre Constitution ». Les Frères musulmans ont été, depuis, la matrice de la plupart des mouvements islamistes sunnites et même shī'ites.

Toujours latent, l'antagonisme entre l'Égypte et l'Arabie s'affirme après la Seconde Guerre mondiale. Fondée en 1945, la Ligue des États arabes, dont le siège est au Caire, a pour ambition de favoriser à terme l'unité des pays membres (22 en 2002) sur le plan politique, économique et culturel. Créée en 1962 à La Mecque, la Ligue islamique mondiale dispose, dans le monde entier, d'antennes qui financent la construction de mosquées et un enseignement coranique traditionnel. En 1972, Riyadh institue l'Organisation de la conférence islamique (O.C.I.), dont le siège est à Jeddah ; l'O.C.I. (56 États en 2002) a pour objectif lointain de refaire l'unité des musulmans, comme au temps de

Sommet islamique de 1974. L'Organisation de la conférence islamique (O.C.I.) – dont les initiateurs, le siège, le centre moteur et les ressources principales se trouvent en Arabie Saoudite – convoque annuellement, depuis 1972, un sommet islamique mondial. Celui de 1974, qui s'est tenu à Lahore (Pakistan), réunissait les chefs de quarante-deux États membres ; mais, le plus souvent, ce sont les ministres des Affaires étrangères qui s'y rencontrent pour débattre des questions communes. Avec ses « filiales » (Banque islamique de développement, Fonds de solidarité islamique, Agence islamique internationale de presse, etc.), l'O.C.I. représente l'organisation la plus importante du monde musulman (Abbas, Gamma).

Mahomet. Enfin, l'Arabie Saoudite soutient et souvent finance, directement ou secrètement, des mouvements islamistes radicaux dont certains se livrent au terrorisme. Elle était le seul État arabe à avoir reconnu le régime des talibans en Afghanistan, pays où a choisi de s'implanter Oussama ben Laden, fondateur, en 1998, du réseau terroriste international Al-Qaida (c'est-à-dire « La Base »), dont nombre des membres sont, comme lui, des Saoudiens. Confronté à la dégradation de l'image du royaume qu'ont provoquée les attentats du 11 septembre 2001 contre les États-Unis, le prince héritier Abdallah a formulé une proposition historique lors du sommet de la Ligue arabe qui s'est tenu à Beyrouth les 27 et 28 mars 2002 : la paix entre tous les pays membres et Israël, en échange de l'évacuation des territoires occupés en juin 1967 lors de la guerre de Six Jours.

L'islam en Iran

YANN RICHARD

La conquête arabe de l'Iran, vingt ans à peine après l'hégire, dix ans après la mort du Prophète, n'a suscité ni résistance généralisée ni écrasement de l'identité nationale. Les Iraniens se sont convertis à l'islam de manière massive, le zoroastrisme n'ayant pas opposé une cohérence assez forte. Ainsi, loin de disparaître face à l'envahisseur, la culture persane s'est perpétuée, et la langue persane est la première qui s'imposa comme langue écrite dans le monde islamique, à côté de la langue du Coran. Cela est attesté par les monuments littéraires anciens, comprenant des traductions et commentaires du Coran. Non seulement il n'y avait pas d'opposition entre l'ancienne culture et la nouvelle religion, mais une tradition indépendante, fortement influencée par le substrat persan, se développa en Iran, notamment parmi les penseurs mystiques.

L'interpénétration de l'islam et de l'Iran a commencé de manière notable à partir du califat ʿabbâsside (750) : en fondant sa capitale à Bagdad (nom persan signifiant « Dieudonnée »), l'empire musulman rapprochait son centre politique et culturel de l'ancienne Perse, dont il utilisait à la fois les traditions administratives, l'héritage scientifique et le raffinement littéraire. Ce n'est pas un hasard si quelques grands penseurs et savants de la haute époque se trouvent être des Iraniens, tels le grammairien Sībawayh, l'historien Tabarī, le philosophe Avicenne, l'encyclopédiste Bīrūnī, le théologien Muḥammad Ghazālī. Même s'ils écrivaient en arabe, ils étaient tous issus du terreau culturel iranien.

Dans le domaine de la mystique, où les penseurs cherchent à exprimer l'indicible, les mots de la langue maternelle viennent plus naturellement sous la plume. Aussi, nombreux sont les Iraniens qui, depuis Abū Saʿīd-e Abo'l-Kheyr (mort en 1049) et Aḥmad Ghazālī (mort en 1126) jusqu'à Jalāl al-Dīn Rūmī (mort en 1273) et Ḥāfeẓ de Shīrāz (mort vers 1390), ont illustré le génie poétique iranien au plus profond de la tradition islamique ; ils ont réussi à faire revivre de nombreux symboles zoroastriens en les islamisant. Quant à la prose, utilisée pour les développements discursifs et spéculatifs, elle a été éminemment enrichie par les récits mystiques de Sohrawardī (exécuté en 1191), qui intégra à l'islam la théosophie des Sages de l'ancienne Perse ou les traités de Ruzbehān de Shīrāz (mort en 1209). C'est donc dans les formes littéraires les plus variées – du quatrain aphoristique au *masnavi* narratif, en passant par les récits d'initiation mystique – que l'islam a pénétré le cœur des Iraniens. Cette tradition s'est perpétuée de nos jours, et on la retrouve aussi bien dans les formes de poésie populaire que dans les spéculations philosophiques les plus sophistiquées. Car l'Iran, notamment depuis qu'il a adopté le shīʿisme, est aujourd'hui le dernier refuge de la philosophie islamique.

Contrairement à une opinion répandue, le shīʿisme n'est en aucun cas une variante iranienne de l'islam, et il n'a dominé l'Iran que depuis le XVIe siècle, lorsque les Safavides l'imposèrent comme religion officielle. Jusqu'à cette date, seuls quelques îlots shīʿites existaient au centre du plateau iranien. Cependant, une évolution historique avait rendu l'Iran réceptif au shīʿisme : de nombreux auteurs sunnites de la période présafavide faisaient de la vénération des Imāms un point central de leur croyance, comme le *naqshabandi* Vāʿeẓ-e Kāshefi, auteur des premières « récitations » du martyre des Imāms, reprises encore aujourd'hui par les prédicateurs lors des deuils shīʿites. De même, les ordres soufis (notamment celui des Kobravis) et divers mouvements messianiques ont préparé la voie choisie par les Safavides. La dévotion à ʿAlī finissait par l'emporter sur la fidélité au sunnisme. Au même moment, certains penseurs shīʿites iraniens, inspirés par la lecture d'Ibn ʿArabī, réhabilitent le soufisme généralement banni par les imāmites.

Ainsi, en prenant le shīʿisme comme religion d'État, l'empire fondé par shāh Ismāʿīl en 1501 précipita l'Iran dans un processus irréversible et le sépara du reste du monde islamique dominé par les Ottomans sunnites. L'expansion culturelle iranienne s'arrêta, le shīʿisme faisant déjà figure d'hérésie révolutionnaire, mais on vit l'éclosion, à l'intérieur des centres intellectuels de l'Empire safavide, des traditions spéculatives shīʿites enfin sorties de la dissimulation et de la clandestinité. À Ispahan, bientôt capitale florissante, mais aussi à Qazvin, à Shīrāz, à Qom, de brillantes écoles revivifient la doctrine imāmite, et les ulémas iraniens représentent désormais une véritable hiérocratie rivalisant parfois avec le pouvoir royal.

Cette renaissance est illustrée notamment par des penseurs de ce que Henry Corbin a proposé d'appeler l'école d'Ispahan, tels Mir Dāmād (mort en 1631) et Mollā Ṣadrā (mort en 1640) : en reprenant les thèmes de la spéculation avicennienne enrichie du soufisme d'Ibn ʿArabī et en cherchant à continuer l'œuvre de Sohrawardī, ils proposent une théosophie originale toujours vivante aujourd'hui en marge des écoles théologiques traditionnelles. Khomeyni lui-même enseigna à Qom la doctrine de Mollā Ṣadrā, et certains de ses disciples devinrent des philosophes célèbres, l'un d'eux ayant collaboré avec Henry Corbin.

L'islam savant est représenté en Iran par un véritable appareil clérical financièrement et politiquement autonome. En effet, la coutume shīʿite de verser les taxes religieuses à ceux qui se présentent au nom du souverain légitime mais « absent », le Douzième Imām, fait des ulémas des intermédiaires régulièrement nantis (à la différence des ulémas sunnites qui dépendent du pouvoir civil). D'autre part, la mutuelle reconnaissance de leurs prérogatives respectives par le clergé et par la monarchie donne aux religieux un statut quasi politique. Cette force fut accentuée dès lors que, depuis le XVIIIe siècle, les lieux saints shī'ites situés à Nedjef et Kerbela dans le territoire irakien (sous domination ottomane), où étaient basés les principaux chefs religieux shī'ites, échappaient au contrôle et aux pressions du pouvoir iranien.

Cette autonomie relative de la hiérocratie lui a permis, depuis la fin du XIXe siècle, d'intervenir dans certains conflits politiques, notamment chaque fois qu'un mouvement populaire luttant contre l'absolutisme cherchait à se structurer efficacement. Un pouvoir exorbitant fut ainsi donné aux clercs dans la Constitution qui établit une monarchie parlementaire en 1906, mais l'esprit de cette constitution était laïc et le clergé renonça à entrer dans les institutions. C'est seulement au terme d'une période d'une cinquantaine d'années de sécularisation intense sous la dynastie pahlavi (1925-1979) que les ulémas les plus politisés, sous la conduite de l'āyatollāh Khomeyni, ont pu prendre leur revanche et que la Révolution islamique a défini, dans la Constitution de 1979, un système parfaitement cléricalisé, celui du « gouvernorat du juriste-théologien » (*velāyat-é faqīh*), qui en est la clé de voûte. Mais, bien qu'un large mouvement ait permis la victoire sur le régime impérial, les dissensions ont éclaté très vite entre différents groupes, islamistes marxistes (les Modjahidin du peuple), islamistes libéraux (Mehdi Bazārgān), islamistes radicaux et une masse silencieuse hostile à l'intervention du clergé dans la gestion de l'État.

L'école iranienne. L'islam iranien se caractérise par le rôle qu'y joue un « clergé d'autorité » dont l'influence dépasse largement le strict domaine religieux. Financièrement autonomes grâce aux offrandes qu'ils reçoivent et aux revenus des biens (« waqf ») dont ils ont la garde, les ulémas shī'ites contrôlent un réseau de mosquées et d'écoles grâce auquel leur autorité se fait partout entendre. Religieux shī'ites, Ispahan (B. Barbey, Magnum).

Lorsque les Safavides ont encouragé le développement du pèlerinage de Meched, tombeau du Huitième Imām, qui prit en quelque sorte la place des pèlerinages à La Mecque ou aux lieux saints shī'ites d'Iraq (contrôlés alors par les Ottomans), ils accentuèrent la tendance des Iraniens à développer leur particularisme et leur indépendance. La légende concernant le mariage de Ḥoseyn (Ḥusayn), Troisième Imām, avec Shahrbānu, fille du dernier empereur sassanide, symbolise la parfaite harmonie qui s'est créée entre l'islam et l'iranité traditionnelle.

L'Iran tient, de fait, une place à part dans les pays musulmans. Il y a peu de contacts entre les ulémas shī'ites et les grands centres islamiques que sont l'université d'Al Azhar au Caire ou les écoles théologiques de la péninsule arabique. Les centres du savoir religieux des shī'ites ont été Nedjef, en Iraq, où les ulémas iraniens allaient terminer leur formation, et, depuis 1921, Qom, centre de pèlerinage de l'Iran central, lieux réputés peu accueillants pour les ulémas sunnites.

Les autorités de la République islamique ont multiplié les efforts pour atténuer le particularisme shī'ite de la révolution et pour attirer des mouvements sunnites dans leur sillage. Elles ont cherché à ouvrir une brèche en manifestant massivement à La Mecque, notamment en 1987. Cependant, les vives réactions suscitées par l'islam iranien politisé ont permis de mesurer à quel point le passé divise les musulmans. Les ulémas iraniens ne peuvent pas, sans risquer de perdre leur crédit, ne pas exploiter l'émotion suscitée chez eux par la commémoration du martyre des Imāms, alors que ces mêmes événements sont perçus par les sunnites dans l'indifférence ou même avec la satisfaction d'avoir anéanti l'« hérésie » shī'ite. L'expression d'« islam iranien » employée par Corbin est donc exacte, mais les musulmans iraniens sont les premiers à la récuser.

Depuis la révolution islamique de 1979, le régime mis en place à Téhéran, qui a pris le nom de République islamique, a donné une large place aux ulémas shī'ites dans les fonctions publiques, politiques, économiques et administratives. L'omniprésence du discours religieux dans l'enseignement et les médias officiels a contribué à écarter de l'islam les jeunes massivement alphabétisés. N'ayant accès à l'enseignement supérieur que dans les universités locales et lorgnant vers la culture occidentale, dans laquelle ils imaginent pouvoir trouver des satisfactions inexistantes en Iran (loisirs, études, travail), ils rejettent la tutelle pesante des religieux. À l'intérieur de la pensée religieuse un profond renouveau se fait jour, répondant partiellement à cette attente : une pensée nouvelle, intégrant les questions de la modernité philosophique et morale, pose des questions de fond sur le pluralisme religieux, sur la liberté individuelle, sur la réinterprétation de la loi religieuse. Les réformateurs religieux – parmi lesquels le plus célèbre, 'Abd ol-Karim Sorush (né en 1945) – sont souvent l'objet de pressions pour limiter leur audience. Un autre facteur de renouveau dans l'islam iranien vient de l'accès généralisé des femmes au savoir, y compris dans le domaine des sciences religieuses : une femme ayant acquis en théologie musulmane le même niveau que les *mojtahed* ne peut plus accepter les discriminations traditionnelles concernant son statut juridique, et on peut attendre dans ce domaine des transformations de grande ampleur.

L'islam en Afghanistan et au Pakistan

PAUL BALTA

Pour des raisons géographiques, ethniques, politiques et économiques, l'Afghanistan, « pays des Afghans », et la République islamique du Pakistan, « pays des Purs », ont instrumentalisé la religion et se sont trouvés au centre de l'actualité internationale à la suite des attentats du 11 septembre 2001. Considérées comme ouvrant la première guerre du XXIe siècle, ces attaques, qui ont fait 3 000 morts, ont été attribuées au réseau terroriste international Al-Qaida (« La Base ») du Saoudien Oussama ben Laden, avec la complicité de groupes islamistes, notamment en Europe. Partisan de l'islam radical, implanté en Afghanistan avec l'appui du Pakistan, Ben Laden avait été déchu de sa nationalité pour avoir dénoncé l'installation d'importantes forces militaires américaines en Arabie Saoudite depuis la guerre du Golfe contre l'Irak (1991). Il a décrété le jihād, c'est-à-dire la guerre sainte, contre les mécréants, en particulier juifs et chrétiens, et surtout contre les Américains, accusés d'humilier les musulmans et de soutenir Israël.

Ces attentats ont été condamnés par l'Organisation de la conférence islamique (O.C.I.), par les plus hautes autorités religieuses sunnites comme le recteur de l'université d'Al Azhar, au Caire – qui les a qualifiés de « crimes condamnables par toutes les religions » –, et par les shī'ites, dont le cheikh Fadlallah, chef spirituel du Hezbollah libanais, qui a dénié à leurs auteurs le titre de *chouhada*, « martyrs », donné par Ben Laden. Les États-Unis ont été victimes en l'occurrence d'un tragique retournement de l'histoire. Alliés de l'Arabie Saoudite, bastion du fondamentalisme sunnite, ils avaient, depuis la fin de la Seconde Guerre mondiale, soutenu contre l'U.R.S.S., mais aussi contre des dirigeants nationalistes laïcisants comme Gamal Abdel Nasser (1918-1970) en Égypte ou Ali Bhutto (1928-1979) au Pakistan, plusieurs mouvements intégristes : les mêmes qui devaient les prendre si brutalement pour cible.

L'Afghanistan est une mosaïque complexe d'une vingtaine de millions d'habitants. Son islamisation, entamée lors de la conquête du pays par les Arabes en 651, et poursuivie par les Iraniens et les Turcs, a été pratiquement achevée au XIIe siècle. L'État actuel (652 000 km^2, avec Kaboul pour capitale) est délimité à l'est par le Pakistan et la Chine, à l'ouest par l'Iran, au nord par les républiques du Turkménistan, de l'Ouzbékistan et du Tadjikistan. Une grande hétérogénéité ethnico-linguistique le caractérise : les tribus les plus nombreuses sont celles des Pachtouns (38 p. 100), sunnites, dont une partie vit dans la région de Peshawar, au Pakistan. Ce qui explique que les dirigeants de ce dernier pays de près de 145 millions d'habitants, à 95 p. 100 musulmans (majoritairement sunnites), ont toujours voulu faire de l'Afghanistan un « État satellite » ou, au moins, disposer à Kaboul d'un

Combattants talibans en prière près de Kandahar (Afghanistan). À l'automne 2001, ces volontaires intégristes internationaux, formés au Pakistan, luttent pied à pied contre les forces alliées coordonnées par les États-Unis, « le Grand Satan ». Ici, le 1er novembre de cette même année, une petite unité talibane cesse le feu le temps de la prière orientée vers La Mecque (M. Khursheed, Reuters/MAX PPP).

régime vassal, pour faire contrepoids à l'Inde rivale à majorité hindouiste, aux Tadjiks (25 p. 100) d'origine iranienne et aux shī'ites Hazaras (19 p. 100). Parmi les autres ethnies constituant l'Afghanistan viennent ensuite les turcophones sunnites, Ouzbeks (6 p. 100), Kirghizes (5 p. 100) et autres Turkmènes, enfin une poignée d'hindouistes.

Le renversement en 1973 du roi d'Afghanistan, Zaher shah, entraînera la proclamation de la République puis, en 1978, un coup d'État militaire pro-soviétique, suivi de l'entrée de l'Armée rouge. Les États-Unis ripostent en aidant le général Zia ul Haq à prendre le pouvoir au Pakistan, où il impose une dictature militaire et la sharī'a, c'est-à-dire la loi islamique, avant de faire pendre Bhutto, son prédécesseur laïciste à la tête du gouvernement. Surtout, les Américains soutiennent alors, contre l'U.R.S.S., Ben Laden et les talibans (ce qui signifie étudiants en religion), appartenant à l'ethnie pachtoune. Beaucoup d'entre eux ont été formés dans les écoles coraniques qui prolifèrent au Pakistan ; elles forment la base idéologico-religieuse des mouvements politiques partisans d'une application encore plus rigoureuse de la sharī'a face aux nationalistes et aux minorités shī'ites (20 p. 100), chrétiennes (1,3 p. 100) et hindouistes (1,2 p. 100). Leur enseignement fondamentaliste, qui repose sur l'apprentissage par cœur et l'autorité absolue du maître, ne développe en rien le travail d'analyse et l'esprit critique.

Parallèlement, la C.I.A. et l'I.S.I., service de renseignements pakistanais, ont formé des volontaires venus de plusieurs pays musulmans pour soutenir les talibans et constituer une « internationale islamiste ». Appelés les « Afghans », ces intégristes se retrouveront, entre autres, en Bosnie-Herzégovine, aux Philippines dans le groupe Abou Sayyaf, et surtout en Algérie, dans le Groupe islamique armé (G.I.A.), dont les massacres ont fait plus de 150 000 morts entre 1992 et 2002.

Après le départ des Russes, en 1989, les Américains, qui veulent être présents dans la région pour des raisons stratégiques et économiques (favoriser l'évacuation du gaz d'Asie centrale à travers l'Afghanistan), continuent à aider les talibans. Ces derniers finissent par chasser de Kaboul les forces de l'Alliance du Nord (Tadjiks, Ouzbeks, Hazaras) du commandant tadjik Ahmed Shah Massoud – qui sera tué par un commando-suicide d'Al-Qaida, le 9 septembre 2001 – et s'emparent du pouvoir en 1996.

Sous la direction du mollah Omar – homme fruste, allié de Ben Laden, qui prend le titre d'émir et proclame l'« Émirat islamique d'Afghanistan » –, les talibans imposent une pratique particulièrement rigide voire rétrograde de la religion, en contradiction avec l'esprit et même la lettre du Coran. Ils ferment les écoles de filles, interdisent aux femmes (y compris les infirmières et les médecins) de travailler, de sortir seules de la maison, les obligent à porter le *tchadri* ou *burka,* qui ne permet de voir qu'à travers un petit rectangle grillagé. Or, lors de la prise de Kaboul par les talibans, les femmes représentaient, dans la capitale, 70 p. 100 du corps enseignant, 40 p. 100 des médecins et 40 p. 100 des étudiants. Les nouveaux dirigeants proscrivent également la télévision, la musique et la danse, imposent la censure, détruisent les bouddhas millénaires sculptés dans la montagne que tous les régimes musulmans avaient préservés.

Enfants afghans dans une école coranique pakistanaise. Plus de deux millions de réfugiés afghans sont répartis dans une centaine de camps gérés par l'O.N.U. au Pakistan. Ici, près de Karachi, des enfants issus de cette immigration forcée apprennent à lire en récitant le Coran dans une madrasa d'administration pakistanaise (Z. Hussein, Reuters/MAX PPP).

La riposte des États-Unis aux attentats du 11 septembre 2001 – bombardements intensifs, offensive des forces de l'Alliance du Nord, ralliement du gouvernement pakistanais à la lutte contre le terrorisme condamné par l'O.N.U. – provoque la chute du régime des talibans en moins de trois mois, à l'exception de quelques poches de résistance. Le nouveau régime, reconnu par l'O.N.U., a aboli les interdits imposés depuis 1996, assoupli les conditions du port du voile et commencé la reconstruction du pays ruiné par plus de vingt ans de guerre civile. À l'été 2002, Ben Laden et le mollah Omar n'avaient toujours pas été retrouvés, morts ou vifs.

L'islam indien

Marc GABORIEAU

Le sous-continent que les musulmans appellent traditionnellement Inde (*Hind*) et qui comprend l'Inde, le Pakistan, le Bangladesh, le Népal, le Sri Lanka et les Maldives nous paraît à tort situé à la périphérie, voire à l'extérieur, du monde musulman. Pour les musulmans du Moyen Âge, comme pour les premiers administrateurs britanniques, l'Inde faisait partie intégrante du monde de l'islam depuis le début du XIIIe siècle : des conquérants turcs iranisés avaient alors fait de Delhi la capitale d'un empire qui, dès le début du XIVe siècle, avait étendu son hégémonie sur tout le sous-continent ; celle-ci devait durer six siècles, tantôt dans le cadre d'un empire unifié (sultanat de Delhi jusqu'au milieu du XIVe s. ; empire moghol à la fin du XVIe et au XVIIe s.), tantôt à travers une multiplicité de sultanats régionaux (fin du XIVe-fin du XVIe s. ; XVIIIe s.). Les Britanniques prirent progressivement la place des empereurs musulmans entre 1765 et 1857. La communauté de l'islam indien n'en fut pas pour autant marginalisée : au début du XXIe siècle, elle regroupe 400 millions de personnes, soit environ un quart de la population musulmane du globe ; ainsi le sous-continent est-il au centre démographique de l'islam entre le Moyen-Orient et l'Indonésie.

D'un point de vue plus général, l'islam indien a pesé de multiples façons dans l'histoire globale du monde musulman. Il fut le centre de gravité de l'activité économique de celui-ci après les destructions provoquées par les invasions mongoles. Ses arts et son abondante littérature en persan (lue jusqu'à Istanbul) ont eu un large rayonnement. Son influence religieuse croissante a contribué à l'islamisation de l'Indonésie ; la doctrine de ses mystiques, notamment des confréries Naqshbandiya et Shaṭṭāriya, est largement diffusée, soit directement, soit par l'intermédiaire des lieux saints

Sur le toit du monde. Les Baltis, peuple d'origine tibétaine qui occupe les hautes vallées du Karakoram (nord-est du Pakistan), sont de religion musulmane. Autour du tombeau d'un saint local, les bannières sont ici l'expression du deuil et de la vénération. Skārdu, capitale du Baltistān (P. Koch, Rapho).

d'Arabie. Les musulmans indiens furent les initiateurs du modernisme musulman, avec Sayyid Aḥmad Khān (1817-1898). Des penseurs contemporains, tels le fondamentaliste Mawdūdī (1903-1979) et le traditionaliste Abū'l-Ḥasan 'Alī Nadwī (1914-1999) sont lus au Moyen-Orient. L'Inde enfin a créé des mouvements transnationaux qui s'étendent vers l'Afrique, l'Europe et l'Amérique : ils peuvent être politiques comme la *Jamā'at-i Islāmī* (qui lança l'affaire Rushdie en Angleterre) ou missionnaires comme la *Tablīghī Jamā'at* (active jusque dans nos banlieues).

Bien que les musulmans du sous-continent indien se soient regroupés en des mouvements de masse durant deux brèves périodes – le mouvement pour le Califat (1919-1924) et la campagne pour le Pakistan de 1945 à 1947 –, ils ne forment pas un bloc monolithique. Leur diversité s'explique par des origines ethniques et doctrinales. La première expansion de l'islam (VIIe-XIe s.) a amené des Arabes sur les côtes de l'Inde et de Sri Lanka : conquérants et marchands, qui introduisirent le sunnisme shāfi'ite ; missionnaires des Fāṭimides et des Assassins, qui convertirent des castes de marchands au shī'isme ismaélien. Mais la seconde expansion de l'islam vit, à partir de l'an mille, l'arrivée, par les passes de l'Afghanistan, de dynasties turques iranisées qui entreprirent la conquête systématique de l'intérieur du pays pour en drainer le revenu agraire et y établir une hégémonie durable, en composant avec l'aristocratie et la paysannerie locales, lesquelles restèrent majoritairement hindoues. Cette nouvelle forme d'islam, qui devint dominante, est celle d'un sunnisme ḥanīfite demeuré fidèle aux traditions formées en Asie centrale : il utilisait le persan comme langue de la culture et de l'administration. Dans le sillage des souverains affluèrent tout au long des siècles des nobles turcs et afghans, des ulémas et des mystiques, le plus souvent d'origine arabe, enfin de nombreuses élites iraniennes, qui fondèrent une communauté, minoritaire mais bien nantie, relevant du shī'isme duodécimain.

Cette diversité des origines a encore été compliquée par celle des contextes d'accueil, les immigrants venant se fondre dans les populations qu'ils convertissaient. Ni l'arabe ni le turc ne se sont maintenus comme langues usuelles. Le persan, grande langue de culture, a été utilisé comme tel jusqu'au XIXe siècle. Mais les langues réellement parlées sont les langues régionales : de la famille indo-aryenne au Nord, de la famille dravidienne au Sud. Et, dans chaque famille, l'une des langues a été hissée au niveau de *lingua franca* : l'ourdou, sorte de hindi écrit en caractères arabes, au Nord et sur le plateau du Deccan ; le tamil, au Sud et à Sri Lanka. Si bien que les musulmans indiens ont autant de langues maternelles qu'il y a de langues indiennes, sans *lingua franca* commune, puisque l'ourdou n'est pas compris au Sud.

Comme les langues, les structures sociales se sont diversifiées en fonction des contextes d'accueil. Dans chaque région, la société musulmane locale est née de la mise en relation d'un noyau d'immigrants et de castes ou (plus souvent) de segments de castes hindoues converties à l'islam. Cela donne une version islamisée du système des castes. Les immigrants – collectivement appelés *ashrāf* (nobles) – occupent, avec les rares convertis des hautes castes, le sommet de l'échelle (chacun y a son rang, d'ailleurs : l'Arabe est supérieur au Turc, et le Turc à l'Afghan). Au-dessous, les convertis ont conservé leur organisation en castes endogames et hiérarchisées, avec leurs professions héréditaires : une masse de paysans, puis d'artisans plus ou moins vils (c'est parmi ces artisans que les conversions ont été le plus massives), enfin une minorité d'intouchables dont la conversion n'a pas amélioré le sort. Ce modèle général, qui vaut pour le Sud comme pour le Nord, est sujet à des variations : le nombre et la nomenclature des castes varient d'une région à une autre ; les contrastes sont encore plus forts en matière d'organisation interne de la caste. Les musulmans du Kerala, des Laquedives et de Sri Lanka connaissent des systèmes de parenté matrilinéaires, avec résidence matrilocale et transmission des biens par les femmes ; mais, en général, prévaut un système patrilinéaire avec résidence virilocale et transmission des biens en ligne masculine seulement (la coutume, même au Pakistan, dénie aux filles une part d'héritage, au mépris de la lettre du droit islamique). Finalement, en une région donnée, la structure sociale des musulmans reproduit, à quelques modifications symboliques près, celle des hindous locaux ; il y a en définitive autant d'ethnies musulmanes que d'ethnies hindoues.

L'Inde aurait-elle donc été pour les musulmans, comme pour les envahisseurs qui les ont précédés, un « continent de Circé » ? Les aurait-elle définitivement corrompus ? Non. Car tous, en adoptant (pour les immigrants) ou en conservant (pour les convertis) les coutumes locales, ont su garder leur identité religieuse, qui est aussi pour eux une identité sociale et les met à part des hindous.

Il convient à ce sujet de répondre à quelques préjugés qui font, par exemple, que l'Inde passe aux yeux des Occidentaux, comme des musulmans du Moyen-Orient, pour une terre de syncrétisme où l'islam aurait perdu sa pureté originelle. Certes, aux XVIe et XVIIe siècles, elle a connu un syncrétisme savant avec l'empereur Akbar et son arrière-petit-fils

Cohabitation conflictuelle. Même si l'islam indien a adopté nombre de coutumes locales, le calendrier et les fêtes distinguent nettement les musulmans des hindous. Les cérémonies religieuses, en manifestant ces différences, sont parfois l'étincelle qui rallume un conflit latent entre les communautés. Fête musulmane à Jaipur, Rājasthān (R. Singh, Ana).

La richesse, bienfait de Dieu. Le sultanat de Brunei, au nord de l'île de Bornéo, ne compte que deux cent mille sujets dont environ les deux tiers sont musulmans. La soudaine fortune pétrolière de ce petit État, comparable à celle des émirats du Golfe, l'a mis en évidence dans l'islam insulindien. Mosquée à Brunei (M. Yamashita, Rapho).

Dara Shukoh. Par ailleurs, un syncrétisme populaire, beaucoup plus ancien et plus difficile à cerner, s'est maintenu jusqu'à nos jours. Mais on ne peut voir dans ces accommodations un abandon des doctrines fondamentales de l'islam : beaucoup de traits qui ici nous paraissent purement indiens ont, en fait, été apportés de l'extérieur par les conquérants, qui étaient fortement imprégnés de soufisme et pratiquaient le culte des saints élaboré en Asie centrale ; la vision du monde qu'ils proposaient correspondait à celle de l'hindouisme, comme le notait déjà au XIe siècle le grand savant al-Bīrūnī. Passer de l'hindouisme à l'islam (pour les convertis), ou adopter les coutumes locales (pour les immigrants), ne représentait de rupture radicale ni dans le domaine des croyances ni dans celui de l'organisation sociale ; l'adhésion à l'islam se marque dans un minimum de croyances et de rites ; pour le reste, on peut suivre les usages du lieu ; on peut être un bon musulman tout en étant profondément indianisé.

Il reste que les rapports entre les deux communautés religieuses en tant que telles posent des problèmes et sont devenus très conflictuels surtout depuis la partition de 1947. D'une part, en effet, en dépit de six siècles d'hégémonie politique, les musulmans sont restés minoritaires (28 p. 100 à l'orée du XXIe siècle) et sont très inégalement répartis : ils ne sont majoritaires que dans des zones marginales (Pakistan, Bangladesh, Kashmir, Kerala) ; partout ailleurs, ils sont noyés dans la masse des hindous (12 p. 100 en Inde ; 3 p. 100 au Népal ; 7,6 p. 100 à Sri Lanka). D'autre part, les rapports entre les deux communautés ont donné lieu, dans la période moderne, à des confrontations violentes : émeutes qui se répètent jusqu'à nos jours, massacres qui ont accompagné la partition en 1947 de l'Inde britannique entre l'Inde à majorité hindoue et le Pakistan à majorité musulmane, guerres qui ont ensuite opposé ces deux derniers pays à propos du Kashmir et lors de la sécession du Pakistan oriental devenu Bangladesh en 1971. En réalité, ces violences, même quand elles sont spectaculaires et meurtrières, sont des crises ponctuelles qui suspendent un état normal de coopération. Avant la rupture de 1947 sur l'ensemble du sous-continent, et depuis lors en Inde et au Népal, il n'y a eu ou il n'y a qu'une seule société où l'on est d'abord propriétaire foncier, marchand, tisserand ou balayeur avant d'être musulman ou hindou ; l'artisan ou le fermier musulman peuvent servir un propriétaire hindou et vice versa. Il n'y avait qu'une seule économie et un seul marché avant que les circonstances ne mènent le Pakistan d'après 1947 à une quasi-autarcie, le forçant à créer de toutes pièces ses milieux d'affaires et son industrie. Quand la Ligue musulmane commença à réclamer, en 1940, la fondation au Pakistan d'un État séparé, on ne sait pas s'il ne s'agissait pas là que d'une manœuvre pour arracher des concessions aux hindous. Toujours est-il que, lors du scrutin d'auto-détermination de 1945-1946, la quasi-totalité de l'électorat musulman a voté pour la Ligue musulmane, donc pour le Pakistan. Mais ces électeurs voulaient-ils réellement la partition du sous-continent sur des bases religieuses ? Ou voulaient-ils seulement exprimer leur hostilité à l'égard des hindous dont ils désespéraient d'obtenir des garanties ? Quoi qu'il en soit, la partition, qui marqua le point culminant de la violence, n'a pas tout résolu ; les « otages » laissés de part et d'autre de la ligne de démarcation (musulmans en Inde, hindous au Pakistan et au Bangladesh) paient encore leur tribut à cette violence.

L'islam indonésien

DENYS LOMBARD
ET ANDRÉE FEILLARD

L'Indonésie est le pays du monde où la communauté musulmane est la plus nombreuse : environ 87 p. 100 d'une population totale qui tend vers 210 millions d'habitants. À ce chiffre d'environ 180 millions de fidèles, il convient d'ajouter les musulmans qui résident dans les autres pays de l'A.N.S.E.A. (Association des Nations du Sud-Est asiatique), mais font partie du même « islam malais » : près de 11 millions en Malaisie (sur une population totale de 20 millions), de 5 millions en Thaïlande (dans les provinces du Sud), de 4 millions aux Philippines (notamment à Mindanao), quelque 600 000 dans la cité-État de Singapour, les trois quarts des 330 000 sujets du sultanat indépendant de Brunei et une partie des Chams du Vietnam, dont certains se sont récemment réfugiés en Malaisie. Le terme d'« islam malais » convient assez bien pour désigner cet ensemble, car c'est la langue malaise, fortement « islamisée », c'est-à-dire notée en caractères arabes (dits *jawi*) et enrichie de nombreux néologismes arabes et persans, qui a longtemps servi non seulement de langue littéraire, mais aussi de langue de relation entre les diverses communautés converties. De nos jours encore, en Malaisie, *islam* et *malais* sont à peu près synonymes et l'on dit de celui qui devient musulman qu'il « devient malais » (*masuk Melayu*).

Il faut insister d'abord sur le caractère relativement tardif de l'islamisation dans ces régions. L'islam n'est pas arrivé essentiellement par la conquête, comme sur les rives de la Méditerranée, mais surtout avec les marchands qui circulaient entre les ports du Golfe ou d'Arabie et les côtes de Chine du Sud : s'il y eut une mosquée à Canton dès le IXe siècle, les premiers comptoirs islamisés du nord de Sumatra ne sont pas antérieurs au XIIIe siècle. Le fait important est, à partir du XVe siècle, l'émergence des sultanats (de Malaka, puis d'Aceh et de Banten, au XVIe s., et de Makassar, au XVIIe s.), cités portuaires et cosmopolites, tournées vers le grand commerce, dans lesquelles l'usage de la monnaie se répandit et où le pouvoir politique se trouvait, comme à Venise, aux mains des principaux marchands. Toute une littérature malaise se développa qui, avec divers auteurs mystiques inspirés par les *ṣūfi* persans (Hamzah Fansuri, Syamsuddin de Pasai), reflétait les idées nouvelles apportées par l'islam : celle d'individu ou de « personne » (liée à une réflexion sur la mort et à une moralisation des conduites) et surtout celle de « temps orienté » (liée à l'idée de la fin du monde, *kiamat*, et rendant possible une vision « historique » du devenir de l'*umma*). Tandis que, dans le bassin méditerranéen, de tels concepts avaient été déjà diffusés par les penseurs grecs et par les tenants des autres « religions du Livre », ici ils contrastaient totalement avec les idéologies préexistantes (animisme ou hindouisme).

Dès le XVIIe siècle, cependant, l'épanouissement des sultanats marchands se trouva partiellement contrecarré par deux autres phénomènes d'envergure. Le premier, le mieux connu, est l'intervention des Européens. Après les Portugais, qui s'installent à Malaka (1511), arrivent les Hollandais, qui s'établissent dans les Moluques (îles Banda, Amboine), ainsi qu'à Java (création de Batavia, 1619). Pourtant, s'ils savent être durs en affaires, ces calvinistes ne cherchent point à convertir les Asiatiques (à la différence de ce que font les Espagnols aux Philippines) et il n'y aura pas de « missionnaires » dans les Indes néerlandaises avant le début du XIXe siècle. Cela explique en partie le nombre relativement réduit des chrétiens dans l'Indonésie d'aujourd'hui (6 p. 100 de protestants et 3,5 p. 100 de catholiques). Plus important sans doute pour l'avenir de l'islam insulindien fut le réveil progressif du royaume rizicole de Mataram, au centre même de l'île de Java, qui reprend les ambitions de l'ancien royaume indo-javanais de Mojopahit, tout en adaptant l'islam aux exigences de son système cosmologique et de son culte royal. Un signe de cette « récupération » de l'islam est le fait que la grande mosquée, dans les capitales javanaises, se trouve située à l'ouest de la grande place médiane, comme subordonnée au palais royal, qui continue d'être au centre de la cité, politiquement et symboliquement.

Java semble n'occuper que peu de place sur une carte, mais la richesse de ses sols volcaniques fait que plus de 125 millions d'Indonésiens y vivent (60 p. 100 de la population totale). La lente formation d'un « islam javanais », essentiellement rural et soutenu par un réseau de *pesantrén* ou écoles coraniques – souvent installées loin des villes –, mais lié aussi aux hiérarchies mandarinales émanant du palais, permet de comprendre comment l'« islam de pointe » des cités portuaires s'est peu à peu émoussé, au point d'intégrer toute une série de croyances antérieures : culte des sites, notamment des tombes sacrées (*kramat*), pratique des repas communiels (*slametan*), sacrifices de buffles et représentations de *wayang kulit* (qui n'est pas proprement un « théâtre d'ombres », mais bien une évocation des mânes des ancêtres).

Ce rappel historique permet de mieux saisir la diversité de l'islam indonésien. À un bout du spectre, nous trouvons toujours les héritiers de l'islam marchand. Comme en d'autres pays de l'océan Indien, ce sont les gens des « bazars », des urbains essentiellement, animés par un esprit d'entreprise que les observateurs occidentaux n'ont pas manqué de qualifier de « wébérien ». On les rencontre, par exemple, dans la production des batiks ou dans celle des kréteks (les fameuses cigarettes aux clous de girofle), mais aussi dans l'industrie textile et dans l'import-export. Ils sont hostiles aux marchands chinois, leurs concurrents directs, et mal disposés à l'endroit des Occidentaux, auxquels, à les en croire, le gouvernement fait la part trop belle. Le mouvement réformiste de la Muhammadiyah (lancé en 1912) trouva de nombreux échos parmi eux, et les plus avancés soutinrent un temps le parti Masjumi, qui fut interdit par le président Soekarno. Mais le taux d'urbanisation n'est en Indonésie que de 40 p. 100 et l'« islam agraire » continue d'y prévaloir. On peut distinguer dans celui-ci trois couches. En premier lieu, la masse villageoise des musulmans dits *abangan* qui, privés d'un enseignement religieux sérieux, gardent leurs pratiques ancestrales et ne sollicitent le *penghulu* (« chef » de la communauté musulmane) que lors des rites de passage. En deuxième lieu, l'élite que constitue la hiérarchie des fonctionnaires civils et des officiers. Ils ne dépendent plus des princes de Java-Central, mais du gouvernement de Jakarta ; ils pratiquent un islam éclectique, font volontiers le pèlerinage quand ils le peuvent, mais se méfient des extrémistes qui militent en faveur d'un État islamique. En troisième lieu, enfin, les milieux des *pesantrén*, dont les bases sont rurales. Ils s'opposent à la Muhammadiyah, notamment sur la question du culte des saints et sur l'autorité indiscutable des juristes médiévaux (de l'école de droit shāfi'ite) dans l'interprétation des textes sacrés. L'organisation socioreligieuse du Nahdlatul Ulama (N.U), fondée en 1926 et fortement implantée à Java-est, reste l'expression de cet islam traditionaliste, parfois plus proche des nationalistes laïques que des musulmans réformateurs de la Muhammadiyah.

La question de la place de l'islam dans l'État indonésien se pose pourtant régulièrement depuis l'indépendance en 1945, dates à laquelle est proclamée l'idéologie du *Pancasila* (« Cinq Principes », dont le premier exige la foi en un Dieu unique). Quelques tentatives, dans les années 1950, pour instaurer le *Dār-ul Islam* (l'État islamique) à Java-ouest, à Aceh ou Sulawesi ont échoué. Les partis islamistes redemanderont l'introduction d'une clause qui imposerait à tous les musulmans de vivre selon la sharī'a (la loi islamique). Elle n'obtient pas la majorité requise à la Constituante en 1959, et Soekarno saisit l'occasion pour établir un contrôle plus ferme sur le gouvernement. La démocratie dirigée succède ainsi à la démocratie parlementaire en 1960, le président s'appuyant désormais davantage sur les communistes et sur l'islam traditionaliste.

Après la tentative de coup d'État de 1965, l'enseignement religieux est rendu obligatoire, une mesure qui vise à l'origine les communistes mais dont l'impact dépasse l'objectif initial : quelques Javanais – souvent des anciens sympathisants communistes – se convertissent au christianisme, tandis que de nombreux musulmans jusque-là nominaux adoptent une pratique de plus en plus orthodoxe. Ainsi, la rivalité s'accentue entre les cinq religions reconnues officiellement, et notamment entre les deux religions prosélytes, islam et christianisme.

L'Ordre nouveau du Président Suharto parvient à contrôler l'islam politique jusqu'à la fin des années 1980 : après avoir ordonné la fusion de tous les partis musulmans en un seul, le Partai Persatuan Pembangunan (P.P.P. ; Parti Unité Développement), en 1973, il leur demande, dix ans plus tard, de renoncer à leurs principes idéologiques, pour n'inscrire que le *Pancasila* (les « Cinq Principes ») dans leurs statuts. Les partis s'y plient, mais les militants les plus radicaux concentrent alors leurs efforts sur la prédication, notamment au sein du Dewan Dakwah Islamiyah Indonesia (D.D.I.I.). Confronté à la concurrence des missions chrétiennes, ce dernier glisse vers un sectarisme antichrétien, tandis que l'antisémitisme progresse sous l'influence des fondations financées par l'Arabie Saoudite et de l'ouverture de la presse à la multiplication des jihāds dans le monde.

Parallèlement, les intellectuels musulmans modérés, tels Nurcholish Madjid et Abdurrahman Wahid, engagent une réflexion sur la nécessaire modernisation de la pensée islamique, ainsi que sur la contribution souhaitable de l'islam à la moralisation de la vie publique, comme à la lutte contre la corruption et l'injustice sociale.

Confronté en 1988 à une forte opposition au sein de l'armée, qui lui reproche son népotisme, la corruption et un autocratisme grandissant, le président Suharto soutient alors une association des intellectuels musulmans indonésiens (I.C.M.I.), qui ouvre parallèlement la voie à une islamisation de la bureaucratie et du discours officiel.

Dix ans plus tard, en mai 1998, le président Suharto est forcé de démissionner, malgré le soutien résiduel de groupes minoritaires de l'islam radical (*Kisdi*). Après quelques jours d'émeutes sanglantes, il transfère ses pouvoirs à son vice-président B. J. Habibie. En juin 1999, les premières élections libres depuis 1955 représentent une défaite cinglante pour l'islam radical, dont les partis n'obtiennent qu'environ 3 p. 100 des voix. Néanmoins, alliés avec les partis islamiques pluralistes, ils font barrage à l'élection de Megawati Soekarnoputri, la fille de Soekarno : laïque, femme, musulmane, mais proche de l'hindouisme par sa grand-mère. En octobre, le penseur le plus libéral, Abdurrahman Wahid, est donc élu président.

Soutenu par le Nahdlatul Ulama, la plus grande organisation de l'islam traditionaliste, qu'il dirige depuis 1984, il ne parvient pas cependant à se maintenir au pouvoir : trop progressiste, il se révèle également incompétent. Son régime est marqué par une aggravation des conflits régionaux, notamment du conflit ethnique puis religieux qui a éclaté aux Moluques, où au moins 5 000 chrétiens et musulmans auraient trouvé la mort. En juillet 2001, les partis islamiques s'associent avec les partis laïques pour destituer Abdurrahman Wahid et élire Megawati.

Au début du XXIe siècle, l'islam indonésien est donc devenu un enjeu politique incontournable. Un courant radical minoritaire mais extrêmement actif menace le contrôle traditionnel exercé par les deux grandes organisations de l'islam modéré, le Nahdlatul Ulama et la Muhammadiyah. Leur capacité à résister à cette radicalisation décidera de l'avenir de cette société multiconfessionnelle.

L'islam d'Asie centrale et d'Extrême-Orient

Françoise Aubin

À l'heure où le fondamentalisme musulman s'allie au terrorisme et devient le grand sujet de peur planétaire, l'islam est envisagé en Asie centrale avec la plus grande méfiance tant par les dirigeants locaux que par les observateurs étrangers, que ce soit du côté jadis soviétique ou du côté toujours chinois. Mais, pour les croyants autochtones, il revêt encore bien d'autres formes ; et la variété des allégeances possibles dans ces régions rend fascinante son étude. Cela d'autant plus qu'il existe un islam proprement chinois – rival de l'idéologie officielle, confucianiste dans le passé, marxiste de nos jours – qui se rattache historiquement à la même aire culturelle et relève d'une même appartenance sunnite hanéfite marquée par les mêmes mouvements confrériques soufis (mis à part les Tadjiks qui sont des shī'ites).

La politique religieuse, ou plus exactement antireligieuse, a suivi durant quatre décennies, jusqu'à la chute du communisme en U.R.S.S., des schémas similaires de part et d'autre de la frontière sino-soviétique : elle fait alterner des phases de conciliation avec des crises de destruction visant, mais toujours en vain, à anéantir les obédiences religieuses. La simple définition de l'identité musulmane est d'ailleurs, en des pays où l'athéisme reste l'objectif spirituel ultime, le résultat d'aménagements tels qu'un membre du parti, militant de la propagande antireligieuse, peut légitimement se déclarer musulman.

La qualité de musulman découle en effet, très directement, de l'appartenance à certaines « minorités ethniques » (*minzu* en chinois). En république populaire de Chine, tout citoyen qui ne fait pas partie par sa naissance de la majorité ethno-culturelle han (de même que jadis en U.R.S.S. de la majorité russe) est déclaré membre d'une des cinquante-cinq minorités, dont il peut, si le gouvernement y a intérêt, suivre les pratiques religieuses sous le couvert de traits ethniques inaliénables. Ainsi la célébration du *Kurban bayram* (la fête du Sacrifice) a été, dans la Chine des années 1950, officiellement autorisée grâce à sa qualification de coutume folklorique, en un temps où l'observance du Noël chrétien était rigoureusement interdite. Dans la défunte U.R.S.S., en dépit de soixante-dix ans de pressions politiques, les manifestations essentielles d'une vie religieuse héritée du passé se sont maintenues chez des musulmans qui étaient certes, pour certains, d'authentiques croyants, mais pour d'autres des athées ou des hésitants, activistes du parti.

La fin de l'U.R.S.S. n'est pas venue, on le sait, d'un raz-de-marée démographique des peuples musulmans, comme l'avaient prédit des politologues occidentaux. Et si le renouveau islamique a joué son rôle dans l'affirmation identitaire des cinq nouvelles républiques d'Asie, leurs diri-

population des républiques d'Asie centrale post-soviétique
(évaluation en millions)

Kazakhstan :	14,8
Kirghizstan :	5
Tadjikistan :	6,2
Ouzbékistan :	25,1
Turkménistan :	5,5

ethnies musulmanes de la République populaire de Chine
(recensement de 1990)

Hui	8 602 978	Salars	87 697
Ouïgours	7 214 431	Tadjiks	33 538
Kazakhs	1 111 718	Ouzbeks	14 502
Dongxiang	373 872	Bao'an	12 212
Kirghizes	141 549	Tatars	4 873

L'islam en Asie centrale post-soviétique et chinoise. Cinq républiques se partagent l'Asie centrale naguère soviétique, qui, toutes, ont l'islam (ou plutôt divers types d'islam) comme trait distinctif, de même que le Xinjiang d'obédience chinoise.

geants restent des autocrates formés aux méthodes soviétiques et qui entendent contrôler l'islam à leur façon : au nord, l'immense Kazakhstan au riche sous-sol, grand comme cinq fois la France, est dirigé depuis 1991 par Nursultan Nazarbaev (capitale Astana, ex-Akmola, ex-Tselinograd, en remplacement d'Almaty, ex-Alma-Ata) ; au sud-est, limitrophe du Xinjiang chinois, le Kirghizistan est tenu en main depuis 1990 par Askar Akaev (cap. Bichkek) ; au sud, voisin du Xinjiang, du Cachemire et de l'Afghanistan, le Tadjikistan, qui vit essentiellement du trafic de l'héroïne, est gouverné par Imamali Rakhmonov depuis 1992 (cap. Douchanbé) ; entre Kazakhstan et Afghanistan, l'Ouzbékistan, puissance militaire de la région, huitième producteur d'or du monde et qui abrite les centres culturels les plus prestigieux de l'islam du passé (Boukhara, Samarkand et la capitale Tachkent), se trouve depuis 1991 sous la férule d'Islam Karimov ; enfin, depuis 1990, Saparmurad Niazov gère comme son bien propre le Turkménistan, dont les frontières méridionales sont communes à l'Afghanistan et à l'Iran et dont la richesse en ressources énergétiques allume les convoitises (cap. Achgabat, ex-Achkhabad).

L'islam populaire s'est recréé en grande partie, depuis 1990, autour des tombes de saints soufis, particulièrement nombreuses en Asie centrale : les fondateurs des confréries asiatiques les plus notables ne sont-ils pas originaires de la région et n'est-ce pas grâce à leur action que l'islam y a pris pied. Ainsi, les tombes les plus visitées sont celles de Bahā' al-Dīn Naqshband (mort en 1389), ancêtre éponyme de la naqshbandiyya, à Boukhara ; d'Ahmad Yasawī (mort en 1166), créateur de la yasawiyya, à Turkistan dans le sud du Kazakhstan ; ou encore, à un moindre titre, de Nadjm al-Dīn Kubra (mort en 1221), ancêtre de la kubrawiyya, à Ourgench au sud de la mer d'Aral au Turkménistan, et tant d'autres encore. Tombes de saints soufis, mais aussi de figures bibliques et de grands personnages historiques en des sites installés depuis longtemps sur des lieux de cultes préislamiques.

Pour le régime soviétique, les mausolées sacrés constituaient des foyers d'obscurantisme réactionnaire : opinion qu'ont reprise à leur compte les jeunes défenseurs d'un fondamentalisme scripturaire, particulièrement virulents dans la dernière décennie du XXe siècle, surtout en Ouzbékistan et au Tadjikistan. Leur militantisme, influencé par le wahhābisme d'Arabie Saoudite et ravivé par des propagandistes pakistanais, voulait, d'abord et avant tout, restaurer la pureté primitive de la religion telle qu'enseignée par Mahomet. Mais le désarroi économique de l'après-communisme, le

Architectures. Le style de la mosquée de Turfan (au Xinjiang), caractéristique de l'Asie centrale, révèle bien son identité « musulmane ». Au contraire, en Chine propre, les mosquées ressemblaient traditionnellement à des temples chinois, avec les coins de leurs toits relevés, leurs colonnes laquées en rouge et leurs bâtiments disposés axialement de cour en cour ; le minaret était dans les plus grandes d'entre elles un pagodon spécial servant à l'observation des phases de la Lune pour décider du temps du ramaḍān ; mais, en toutes, l'appel à la prière se faisait habituellement depuis la porte (J.-L. Gobert, Explorer).

maintien des anciennes structures politiques dictatoriales, la corruption et la répression impitoyable de tout mouvement religieux indépendant du pouvoir ont poussé certains jeunes militants vers l'activisme militaire. Au Tadjikistan, de 1992 à 1997, une guerre civile, qui a opposé un front d'islamistes et de démocrates au gouvernement, se serait soldée par plus de 50 000 morts ; elle a abouti cependant à l'équilibre fragile d'un gouvernement de coalition. La principale menace planant sur la paix de la région est représentée, au tournant du millénaire, par le Mouvement islamique d'Ouzbékistan, qui, retranché dans la vallée du Ferghana – à cheval entre Ouzbékistan, Tadjikistan et Kirghizistan –, a fait cause commune avec les talibans d'Afghanistan et recrute, depuis leur chute, des dissidents dans toutes les ethnies d'Asie centrale et du Caucase, s'autofinançant par le trafic des armes et de la drogue. Le gouvernement ouzbek redoute aussi le Parti de la libération islamique, qui n'ambitionne rien de moins que l'unification de l'ensemble du monde musulman en un califat centralisé, et qui recrute massivement.

De l'autre côté de la frontière chinoise, au Xinjiang (ou Sinkiang, comme on l'écrivait jadis), le bariolage des convictions religieuses est identique à celui des cinq républiques de la Communauté des États indépendants (C.E.I.). Parallèlement à un islam officiel, pratiqué dans les mosquées ayant reçu l'aval gouvernemental, survit un islam populaire centré sur les tombes des saints et les lieux sacrés, dont le plus illustre est le mausolée du souverain naqshbandi Afaq-khodja (1626-1694) à Kachgar, dans le sud-ouest de la province. Ici l'islamisme militant s'est allié parfois au nationalisme ouïgour pour réclamer le départ des colons chinois (ceux-ci formant dans les années 1990 jusqu'à 40 p. 100 et plus d'une population globale évaluée à 15 millions) et l'indépendance du pays dénommé par les dissidents le « Turkestan oriental ». Les activistes ouïgours font de temps à autre parler d'eux à l'occasion d'attentats ou d'émeutes, dont la plus connue est celle de Yining (dans la vallée de l'Ili, non loin de la frontière du Kazakhstan) en février 1997. Un certain nombre d'Ouïgours ont aussi été signalés en Afghanistan dans les camps d'entraînement et parmi les unités d'élite des talibans. La Chine en a profité pour mettre sur pied, dès 1996, lors de la visite de Boris Eltsine, une coopération de sécurité régionale avec la Russie, le Tadjikistan, le Kazakhstan, le Kirghizistan. Sous l'appellation populaire de « groupe de Shanghai », cette alliance antiterroriste, élargie au début de 2001 à l'Ouzbékistan, est devenue, depuis les événements du 11 septembre 2001, une organisation régulatrice politico-militaire qui voudrait se placer sous l'égide de l'O.N.U. et qui espère attirer à elle la Mongolie voisine (qui est retournée au bouddhisme depuis son émancipation de la tutelle soviétique en 1991, et où l'islam n'est le fait que d'une petite minorité kazakh), l'Inde, l'Iran, le Pakistan. La Chine a pu ainsi obtenir la fin du soutien apporté par le Kazakhstan aux Ouïgours réfugiés sur son territoire.

En 2002, la prolongation d'une lutte contre le terrorisme islamique, désormais vaincu au Xinjiang, représente pour Pékin (Beijing) un alibi qui l'autorise à décimer, par une terreur généralisée, un nationalisme, que la propagande officielle qualifie de « séparatisme », et qui semble être avant tout laïc. Il faut savoir que l'enjeu régional n'est

Islam chinois ou islam en Chine ? Sans doute au nombre d'une vingtaine de millions au tournant du millénaire, les musulmans de la R.P.C. se répartissent en deux ensembles linguistiques d'un poids démographique sensiblement équivalent : turcophones dans la région autonome du Xinjiang ; sinophones disséminés sur tout le territoire. Ici, des étudiants en science coranique dans une ville de l'Ouest chinois, Linxia (à la limite du Gansu et du Qinghai), dite « La Mecque de la Chine » (J.-M. Charles, Rapho).

pas seulement sécuritaire (éviter la balkanisation de l'Asie centrale), mais aussi ethnique, comme le montre le poids dont l'Iran essaie de peser auprès des Tadjiks iranophones et la Turquie auprès des autres peuples, tous des turcophones ; et il est plus encore économique, sur fond de compétition internationale pour la maîtrise des richesses du sous-sol en hydrocarbures, principalement au Kazakhstan, au Turkménistan et au Xinjiang.

Si l'on se tourne du côté chinois, on mesure alors l'artifice que représente la légitimation de pratiques et de croyances musulmanes par le biais d'un rattachement ethnique. En dépit de la théorie officielle qui classe les Hui – des musulmans, chinois par leur langue, leurs traits anthropologiques, leur mode de vie – au nombre des dix ethnies (*minzu*) adhérant à l'islam et qui proclame que « tous les musulmans sont frères, comme les cinq doigts de la main » sous la tutelle générale de l'association islamique d'obédience gouvernementale, les Hui n'en sont pas moins englobés par les autochtones turcophones du Xinjiang dans leur rejet des colonisateurs Han (Chinois de souche).

De fait, on ne peut guère voir dans les croyants Hui, qui se désignent eux-mêmes comme les adeptes de la « religion pure et vraie », une minorité ethnique au sens où nous l'entendons, tant l'apport de sang étranger – iranien, arabe, turc – a été minime et est éloigné dans le temps. Les communautés Hui, installées un peu partout en Chine propre, plus denses dans le nord-ouest, dans les grandes villes de la côte et, curieusement, dans la province centrale du Henan, se sont développées démographiquement aux dépens du milieu chinois environnant, par des conversions certes, et plus encore par des mariages avec des femmes non musulmanes et par des adoptions d'enfants abandonnés.

La communauté musulmane typique, dans le passé précommuniste, a été un bourg ou un quartier de ville rassemblé autour d'une mosquée à l'allure de temple chinois et y pratiquant scrupuleusement les obligations imposées par la sharī'a, sous la direction d'un *ahong* (un imām chinois). Depuis la fin de la révolution culturelle, les mosquées se sont rouvertes, et beaucoup ont été construites ou reconstruites selon un style dit « oriental », avec des fonds venus de l'Arabie Saoudite et des émirats du Golfe. Le fondamentalisme scripturaire des « Frères musulmans » (les *Ikhwān*) jouait, dès avant le succès du communisme, en faveur du régime politique en place ; il a continué de la sorte, marquant de son empreinte les instances officielles gérant l'islam national. Il travaille, depuis les années 1980, à l'approfondissement des connaissances coraniques des spécialistes et à la formation religieuse des simples croyants, remettant à la mode, assez paradoxalement, les écrits chinois des grands penseurs soufis de la tradition chinoise des XVIIIe et XIXe siècles. Cependant que le soufisme populaire des confréries, relevant principalement de branches de la naqshbandiyya et de la qadiriyya, se poursuit dans le nord-ouest du pays en de multiples petites entités (les *menhuan*), souvent en lutte les unes contre les autres et désapprouvées par l'islam officiel. Mais ces musulmans de langue chinoise, quelle que soit leur adhésion idéologique, se sentent avant tout des Chinois, et il n'est pas question pour eux d'une quelconque sécession, mais tout simplement d'un respect attentif, par le pouvoir central, de leurs spécificités.

L'islam turc

Altan Gokalp

Le groupe ethno-linguistique turc constitue un ensemble de 110 millions d'individus, dont les Turcs de Turquie représentent seulement un peu moins de la moitié. Or cette population qui s'étend sur plus de 10 000 kilomètres, des Balkans à la Chine, est musulmane à 95 p. 100. L'islam turc porte encore les signes de sa naissance : la place centrale qu'y occupe la dimension politique contraste avec l'éclectisme de l'adhésion aux croyances et représentations qui fondent la foi musulmane. À peine déguisés, des cultes, des rituels et des panthéons du système religieux archaïque des Turco-Mongols perdurent. Ainsi, déjà seulement pour nommer Dieu, les Turcs contemporains recourent volontiers, comme substitut de Allāh, au terme *Tengri*, qui désignait la puissance tutélaire de la voûte céleste chez les anciens Chinois et les Turco-Mongols. De même, la notion de *kut* (« viatique de vie » céleste) devint très tôt synonyme de grâce.

La conversion des Turcs à l'islam date de la bataille de Talas (Transoxiane) en 751, où l'alliance des tribus « turques » de Karluk permit aux Arabes de battre les Chinois, maîtres des lieux. Mais cette conversion politique n'était guère que symbolique : l'islamisation massive n'intervint qu'au Xe siècle sous le règne des Karakhanides (Turkestan chinois). C'est par une autre bataille décisive, en 1071, à Malazgirt (Manzikert), que les tribus oghouz islamisées, réunies dans l'empire saljuqide, entamèrent la conquête et la « turquification » de l'espace anatolien. Avec l'Empire ottoman, qui ne s'éteignit qu'en 1923, l'islam turc accéda à une position éminente au sein du monde musulman : le sultan est « l'épée de l'islam et l'ombre de Dieu sur la terre » ; les signes du pouvoir de l'islam sunnite (le califat, les reliques du prophète, le pouvoir de déclencher le jihād) sont réunis entre ses mains. Depuis les origines, donc, l'islam turc se définit et se développa d'abord dans la sphère du politique, aussi bien institutionnellement que doctrinalement. Cependant, la consubstantialité entre cet islam et le pouvoir impérial ottoman n'excluait pas la coexistence avec les autres « religions du Livre », qui constituaient un relais important de la tradition de l'Ancien Testament avec un islam populaire et un islam hétérodoxe d'obédience shī'ite, la religion des alevī/bektāshī. Celle-ci ne reconnaît pas la légitimité de la succession de Muḥammad promise à 'Alī, cousin et gendre du prophète.

En contrepoint de l'islam officiel, deux modes d'adaptation se partagent le champ du religieux : d'une part, un islam de la coutume, largement syncrétique, particulariste et volontiers effervescent (nombre de mouvements messianiques et millénaristes ont ponctué l'histoire de l'islam ottoman) ; d'autre part, l'islam des ordres (notamment la Bektāshiya et la Naqshabandiya), qui engendrent leurs doctrines et structures propres. La majorité de ces ordres s'enracinent doctrinalement et philosophiquement dans des traditions mystiques (*taṣawwuf*) musulmanes (Ibn 'Arabī, Ḥallāj, Al Manṣūr, Rūmi, etc.) ou antiques (pythagoriciens, Plotin). C'est dans le cadre des ordres qu'ont émergé un grand nombre de penseurs ou écrivains dont l'audience – notamment dans le cas des bektāshī, qui s'expriment dans la langue turque vernaculaire – et la renommée ont su entraîner beaucoup de croyants actifs.

Le facteur linguistique est important dans la spécificité de l'islam turc contemporain. Le turc, en effet, une fois épuré des alluvions arabes et persanes constitutives de la *lingua franca* ottomane, est devenu langue nationale avec la République kémaliste. L'adoption de l'alphabet latin, en 1928, paracheva un processus d'occidentalisation et de rupture avec le passé ottoman et islamique marqué par Atatürk. Cette idéologie de laïcisme radical et nationaliste voulait restaurer l'identité culturelle turque – dont le patrimoine pré-islamique avait été occulté par l'Empire ottoman –, en la dissociant de la civilisation musulmane. La barrière entre la langue sacrée (l'arabe) et le turc (du groupe altaïque) et l'obstacle de l'écriture (qui interdit l'accès aux textes ottomans pour un Turc) se conjuguent pour briser le fonctionnement des systèmes traditionnels de transmission du savoir religieux, relégué au milieu familial. L'État se charge du recrutement, de la formation et de l'administration des fonctionnaires religieux, affectés aux mosquées. Cette domestication de l'islam turc par le laïcisme kémaliste a entraîné une sorte de guerre de religion qui sévit aujourd'hui encore dans tous les secteurs de la vie sociale turque, notamment avec la montée de l'effervescence islamiste contemporaine. La question centrale est la même que celle qui fut posée au début du mouvement national turc au XIXe siècle : peut-on être à la fois turc et musulman ? Si oui, comment ?

L'idéologie kémaliste bénéficie désormais de la longue durée et de l'appui traditionnel de l'institution militaire qui double l'administration civile jusque dans les régions les plus reculées. Le kémalisme, qui consacre un siècle d'efforts d'occidentalisation, se présente presque comme une « religion nationale », avec un ancrage sociologique important, avec ses dévots et ses intégristes, son culte et son rituel, sa légende dorée. De plus, il bénéficie d'un appui massif, mais paradoxal, celui de la communauté alevī, qui constitue le quart de la population turque et pour laquelle la religion est plus qu'une foi : on naît alevī dans son village, sa tribu, son lignage, mais on ne le devient pas par option (comme c'est le cas pour les bektāshī, traditionnellement citadins). Il n'y a donc ni prosélytisme ni recrutement externe. Hérétiques aux yeux des sunnites en raison de l'inspiration gnostique de leur doctrine, des particularités de leur rituel et de leurs pratiques (secrètes), les alevī sont les alliés actifs du laïcisme kémaliste dans ses options fondamentales telles que le modernisme, le statut de la femme, le refus des interdits ou des obligations islamiques en matière socioculturelle. Pour le « parti laïc », avec ses deux composantes, l'identité turque est prioritaire et relègue l'identité musulmane dans la sphère de la vie privée et familiale.

Quant à l'islam sunnite, majoritaire, il se présente sous trois aspects : rural, urbain ou constitué en confréries. L'islam rural est fortement teinté de pratiques syncrétiques et de cultes de saints locaux. Les systèmes de confréries se superposent souvent aux structures lignagères traditionnelles et en épousent les contours pour laisser libre cours aux relations de dépendance complexes. Toutefois, 54 p. 100 de la population turque vit désormais en milieu urbain et, pour les nouveaux citadins, immigrés de l'intérieur, la désagrégation rapide des structures traditionnelles et la concurrence économique sauvage créent une dynamique réactionnelle de survie et les portent à chercher refuge dans l'islamisme intégriste organisé en mouvement social, culturel et politique. Plusieurs groupements, tels ceux des Nurcu et des Süleymanistes, ou des ordres comme la Naqshabandiya et ses filiales marquent ce nouvel islam turc à dominante urbaine, traversé désormais par des organisations politiques et sociales dont certaines revendiquent le retour à la Sharī'a. Le mouvement islamiste dispose, en outre, d'une infrastructure puissante et diversifiée au sein de la diaspora turque, qui compte 2,5 millions de personnes dans les pays de l'Europe industrielle et au sein de laquelle sont anticipés ou amplifiés certains aspects de l'évolution propre à la Turquie elle-même.

Depuis le début des années 1980 jusqu'à nos jours, l'islam de Turquie a subi des modifications profondes sous le double effet des mutations internes de la société turque, d'une part, et de la montée de l'islamisme radical dans un contexte de mondialisation, d'autre part. Au titre des facteurs externes, il convient de souligner l'effet des évolutions idéologiques et politiques de la diaspora turque émigrée en Europe : vivant dans un contexte où les contraintes de la laïcité musclée de la République turque sont absentes, cette population active de près de quatre millions de personnes a pu développer des expérimentations sociales, culturelles et politiques « islamiques ». Celles-ci ont pu fonctionner comme un laboratoire anticipant la montée de l'islamisme politique en Turquie : c'est l'action de l'organisation *Millî Görüş* (« Point de vue national ») par exemple, née en Allemagne, qui est ainsi à l'origine du parti islamiste *Refah* (« bien-être ») et de ses épigones au fil des interdictions qui le frappent régulièrement en Turquie.

Les mutations internes de la société turque, quant à elles, ont exercé des effets profonds sur le profil de l'islam. Sociologiquement, c'est le passage d'une société à dominante rurale à une société urbaine pour plus des deux tiers de sa population. Une telle transition a notamment pour conséquence la disparition des structures lignagères et communautaires qui étaient les fondements du lien social primaire, de la transmission des traditions.

Idéologiquement, le passage d'un système lignager communautaire à la famille conjugale, à ses valeurs et à l'émergence d'un processus d'individuation, constitue l'un des facteurs essentiels de la montée de l'islamisme face aux défis de la modernité. En résumant à l'extrême, on peut dire que, si le kémalisme constitue un modèle de modernisation au sens wébérien du terme, il s'est toutefois figé dans ce profil sans se poser la question de la modernité : celle-ci, pour les pères fondateurs, allait de soi, comme synonyme et aboutissement de la modernisation par l'occidentalisation des institutions et des structures sociales. Faute de ce questionnement sur le sens et les contenus de la modernité, le kémalisme s'est figé dans un intégrisme idéologique dont la laïcité d'État constitue une clé de voûte.

Face au kémalisme dominateur, adossé aux institutions de l'État et en premier lieu à l'armée, l'idéologie islamiste a pu certes poser la vraie question, celle de la réponse à donner aux défis de la modernité occidentale, notamment dans la conservation des valeurs et des vertus de l'islam turc. Cependant, cette idéologie islamiste s'est trouvée confrontée très vite au dilemme suivant : faut-il moderniser l'islam (voie réformiste dans la lignée d'Abdouh), ou islamiser la modernité (une instrumentalisation de l'islam au service du politique) ? Ce clivage philosophique et idéologique fondamental est l'un des facteurs essentiels qui ont bridé la constitution d'un courant islamiste unitaire et son expression au sein d'un parti politique. Il convient de signaler aussi que la Constitution turque interdit toute référence à l'islam dans les noms des partis politiques, d'où l'appel à des titres de « qualités « pour la dénomination des partis islamistes : *refah*, « le bien-être » ; *fazilet* « la vertu », etc. Un facteur supplémentaire vient encore compliquer ce clivage fondamental, c'est l'importance de l'identité nationale : Turcs et/ou musulmans ?

Les données d'une enquête réalisée en 2000 permettent de brosser à grands traits le profil du citoyen turc dans son rapport à l'islam : 91 p. 100 des personnes interrogées estiment que le respect de la croyance est le garant de l'ordre social ; 67 p. 100 estiment que la religion ne doit pas déterminer l'ordre social ; 52 p. 100 disent qu'il y a des gens bien qui ne croient pas en Dieu ; pour 47 p. 100 de l'échantillon, l'État ne respecte pas la religion ; mais ils sont 77 p. 100 à estimer que la République kémaliste a apporté le progrès au pays ; 22 p. 100 des personnes consultées estiment que le Coran a perdu sa crédibilité face aux progrès de la science ; 33 p. 100 jugent que des réformes sont nécessaires. En termes d'identité, ils sont 33 p. 100 à se définir d'abord comme citoyens de la république, tandis que 35 p. 100 se déclarent « musulmans d'abord » et 20 p. 100 comme « Turcs d'abord ».

L'expression politique instituée de cet islam turc paradoxal – résultante de l'évolution sociologique et démographique du pays, de celle des valeurs et des idéologies, notamment de la banalisation de la valeur essentielle de la société démocratique représentative issue d'élections libres – est la création d'un parti « islamique ». Celui-ci, par-delà ses appellations, constitue désormais une force politique incontournable dans le pays, enraciné sur un terreau sociologique stable de quelque 20-23 p. 100 de l'électorat. Acceptant formellement le cadre constitutionnel et le principe de la laïcité, ainsi que les règles du jeu de la démocratie, le « parti islamiste » a enregistré des succès notables et durables lors des élections municipales et, pour la première fois dans l'histoire républicaine de la Turquie, a accédé au pouvoir en gouvernant en 1997-1998. Il est vrai que c'est sous la contrainte du Conseil national de sécurité – dominé par l'armée – que ce gouvernement a dû démissionner en raison des mesures antilaïques qu'il avait osé prendre. Il n'en demeure pas moins que ce « parti islamique » est désormais un acteur permanent de la démocratie turque.

À cette configuration, opposant le courant kémaliste-laïc-républicain à « l'islamisme démocratique », il convient d'ajouter un autre courant, celui des alevīs du pays, cette « face cachée de l'islam turc » qui représente le quart de la population totale et le tiers de la population kurde. Longtemps confinés par la règle du secret de leur appartenance, les membres de la communauté religieuse alevī ont choisi l'aggiornamento : émigrés en Europe comme en Turquie, les alevīs, jadis organisés au sein de communautés lignagères rurales, ont choisi de revendiquer leur identité au grand jour dans des formes d'organisation nouvelles, ainsi que les droits qui reviennent à leur différence. Alliés de la République kémaliste et chantres paradoxaux de la laïcité – par hostilité envers l'islam orthodoxe, qui nie leur identité et leurs droits –, les alevīs revendiquent une reconnaissance officielle par les institutions républicaines. La direction des affaires religieuses (*Diyanet*), la seconde administration du pays – après l'armée – par les effectifs et le budget, ne reconnaît pour l'heure ni l'existence ni les droits du quart des musulmans du pays, sous prétexte qu'ils sont hétérodoxes. Les alevīs, l'autre force politique de la laïcité dans le pays, ont, à l'instar de l'islamisme orthodoxe, opéré leur passage au politique, même si aucun parti n'exprime à ce jour leur projet de société.

Le tableau général de la situation religieuse en Turquie, au tournant du siècle, est donc marqué par la pertinence et la persistance de la religion comme clivage fondamental, par l'émergence récente, sociologiquement consistante, d'une expression politique structurée de l'islam démocratique, par les modifications internes du camp laïc, avec la rigidification conservatrice de l'idéologie kémaliste et la montée du facteur alevī, représentant vigoureusement activiste de la laïcité, en contrepoint de l'islamisme fondamentaliste.

L'islam balkanique

Nathalie CLAYER
et Alexandre POPOVIC

Dans les Balkans, les musulmans – croyants ou non, pratiquants ou non – représentaient, au début des années 1990, un peu plus de huit millions de personnes, réparties en sept

Musulmans bosniaques en prière. Dans la ville de Vlasenica (est de la Bosnie), une assemblée musulmane prie devant un cimetière où ont été transférés les corps de nombreuses victimes de la guerre interethnique du début des années 1990. Sur le mur, une inscription proclame : « tous les Turcs, en Turquie » (D. Sagolj, Reuters/MAX PPP).

États, anciens ou nouvellement créés : Grèce (environ 120 000, soit 1,5 p. 100 de la population totale) ; Albanie (environ 2 300 000, soit 70 p. 100 de la population totale, si l'on reprend le pourcentage – très certainement dépassé – du dernier recensement tenant compte de l'appartenance confessionnelle, en 1942) ; Macédoine (environ 700 000, soit 33 p. 100) ; Bulgarie (1 100 000, soit 12,5 p. 100) ; Bosnie-Herzégovine (2 020 000, soit 46 p. 100) ; république fédérale de Yougoslavie, comprenant la Serbie, avec le Kosovo, et le Monténégro (2 040 000, soit 20 p. 100) ; la Roumanie (50 000, soit 20 p. 100). Il existe également une population musulmane issue de l'émigration économique intra-yougoslave en Croatie (60 000 ressortissants environ) et en Slovénie (30 000). Ces chiffres ne représentent cependant que des estimations, car, d'une part, les recensements officiels effectués dans les dernières décennies ne tiennent qu'exceptionnellement compte de l'appartenance confessionnelle ; d'autre part, des évolutions démographiques rapides et souvent brutales se sont produites dans la période récente, à la suite des bouleversements politiques et sociaux : exode des Turcs de Bulgarie, déplacement et fuite des musulmans de Bosnie-Herzégovine, exil politique et économique des Albanais du Kosovo, émigration massive des Albanais d'Albanie vers la Grèce et l'Italie surtout.

Les communautés musulmanes, qui ne constituent donc globalement qu'une minorité de la population balkanique – majoritairement orthodoxe –, peuvent être considérées comme la part la plus visible de l'héritage de la longue domination ottomane sur ces régions. Leur constitution résulte à la fois de l'installation de populations musulmanes turcophones et de la conversion à l'islam de populations locales. Mais leur profil a été modifié par la suite, au fil des développements sociopolitiques qui se sont produits dans le cadre des États-nations fondés aux XIXe et XXe siècles, ainsi que des processus migratoires et identitaires qu'ils ont entraînés.

Les populations musulmanes balkaniques sont loin de former un tout homogène, tant sur les plans géographique et démographique qu'ethnico-linguistique, politique et religieux. Elles appartiennent à quatre grands groupes linguistiques : les albanophones forment le groupe le plus important ; viennent ensuite les slavophones (qui se subdivisent en locuteurs du « bosniaque », du serbo-croate, du macédonien et du bulgare), les turcophones (surtout dans la partie orientale de la péninsule) et enfin les Tsiganes (parlant le rom et d'autres langues vernaculaires). Les cas de multilinguisme, cependant, sont encore très fréquents. Pour cette raison, mais aussi pour des raisons politiques et sociales, l'identification ethnico-nationale reste fluide et changeante, surtout dans les zones de contacts entre différents groupes.

Au-delà du degré de religiosité qui peut être extrêmement variable, il existe aussi des différences notables entre une majorité sunnite (de rite hanéfite) et des groupes *alevīs-kizilbaş* en Thrace grecque et en Bulgarie) ou *bektachis* (en Albanie méridionale et centrale, dans quelques régions de Macédoine occidentale et à Djakovica au Kosovo), qui ont en commun certains rites, ainsi qu'une dévotion particulière pour Ali, le gendre de Mahomet, et sa famille, ce qui les éloigne de l'orthodoxie islamique. Situées d'une certaine façon entre ces deux pôles, d'autres confréries mystiques ont tissé de tout temps des réseaux dans les Balkans et encadré la vie religieuse et sociale de nombreux musulmans.

Politiquement, les populations qui professaient l'islam furent contrôlées et intégrées de différentes manières, selon leur configuration propre et les États dans lesquels elles furent englobées. Séparées politiquement, les communautés musulmanes balkaniques furent néanmoins soumises à des processus similaires. À l'exception de l'Albanie, où ils étaient majoritaires (ce qui n'empêcha pas une certaine dévalorisation de l'islam chez les élites), les musulmans devinrent des citoyens de second rang. Partout, des structures nationales furent mises en place pour gérer l'islam. Les régimes communistes – instaurés en tout lieu, sauf en Grèce, à la fin de la Seconde Guerre mondiale – ont contribué à une très forte sécularisation des populations musulmanes, à une individualisation de la foi et à un affaiblissement des institutions islamiques (en Albanie, toutes les religions furent même interdites entre 1967 et 1990). Hormis le cas de la Grèce, les populations musulmanes balkaniques, dont l'identité s'articulait, deux générations auparavant, autour de la religion et des origines géographiques et familiales, ont donc vu se développer en leur sein de fort courants sécularisants, impulsés par de nouvelles élites socialistes laïques. Partout, la religion reste pourtant un marqueur communautaire, et les mariages entre musulmans et non-musulmans sont demeurés un phénomène relativement marginal (sauf dans les milieux urbains de Bosnie-Herzégovine et d'Albanie). Ce marqueur n'est toutefois plus le seul, puisque diverses identités nationales – musulmane/bosniaque, albanaise, turque ou autre – se sont cristallisées.

La chute des régimes communistes, l'introduction du pluralisme politique et l'accroissement des possibilités de contacts avec l'extérieur ont entraîné, depuis 1989-1990, de brusques recompositions sur trois plans : organisation politique des populations musulmanes balkaniques ; redéfinition des rapports entre identité musulmane et identité nationale ; réinsertion de l'islam balkanique dans l'islam mondial et réislamisation.

Le mode d'organisation politique montre que les clivages ethno-linguistiques sont incontournables et que les courants panislamiques (comme celui d'Alija Izetbegovil) n'ont pu s'imposer en tant que tels. Partout, la nationalisation de l'islam s'est affirmée. En revanche, l'islamisation de l'identité nationale n'est qu'un phénomène partiel (présent en Bosnie-Herzégovine lors de la guerre, ou chez certains Albanais). Les acteurs politiques priment sur les acteurs religieux, et le national sur le religieux. Il y a pourtant eu réislamisation, notamment grâce à l'aide matérielle des États musulmans et à de multiples O.N.G. Ce qu'il ne faut pas voir comme un retour à un état antérieur. Au contraire, le champ religieux musulman a considérablement évolué avec l'envoi de jeunes étudiants dans le monde islamique et la venue de divers groupes prosélytes. Il en résulte une multiplicité des acteurs (les communautés islamiques officielles voient leur monopole contesté), et des courants très divers venus des pays arabes, de Turquie, de Malaisie ou des diasporas occidentales ont désormais leurs adeptes. De petits groupes de jeunes ont ainsi adhéré aux courants salafistes et wahhābites ; d'autres fréquentent les écoles des *fethullahct* de Turquie, etc. Le paysage de l'islam est donc plus fragmenté et divers que jamais. Il n'en reste pas moins que, économiquement, politiquement et même culturellement, les musulmans des Balkans sont, dans leur grande majorité, davantage tournés vers l'Occident que vers l'Orient.

L'islam en Europe occidentale

Altan GOKALP

On appelle aujourd'hui « islam transplanté » la population d'origine musulmane immigrée dans les sociétés industrielles de l'Europe occidentale, l'Espagne et l'Italie ayant aussi des centaines de milliers de migrants clandestins musulmans. Cet islam, qui a son style de vie, ses refus et ses aspirations, est constitué des apports les plus divers : Maghrébins, Turcs, Pakistanais, pour l'essentiel ; Africains (Mali et Sénégal), Kosovars, Arabes du Proche-Orient (Syriens, Jordaniens, Libanais), Iraniens, musulmans du Pacifique (Indonésiens, Philippins...). Sa consistance démographique, importante en chiffres absolus, est mal connue, car les statistiques sont tributaires de facteurs non maîtrisés, notamment pour l'évaluation des flux et des soldes migratoires, pour la part de l'immigration clandestine, pour les mouvements intra-européens. L'arrêt de l'immigration, en 1973-1974, dans tous les pays d'accueil a eu pour conséquence la stabilisation des communautés immigrées : ainsi un séjour de plus de dix ans est désormais la norme et le désir de s'installer définitivement dans le pays hôte est la tendance dominante ; mais la génération issue de l'immigration est malaisée à comptabiliser.

En dépit de cette imprécision statistique, on constate que les flux migratoires ont constitué partout une minorité

Mosquée de Paris. Construite au cours des années 1920 dans un style hispano-mauresque et avec la participation d'artisans marocains, cette mosquée a une activité religieuse de plus en plus intense. C'est aussi un centre d'études islamiques (siège de l'Institut d'études musulmanes) et un lieu de rencontres dont le salon de thé et le restaurant sont ouverts sur la ville (M. Lounes, Gamma).

nouvelle imposante. Pour la France, on parle de deux millions et demi de « musulmans », avec mille « mosquées », l'islam étant devenu la deuxième religion du pays. Il est la troisième en Allemagne fédérale, avec 700 mosquées. Dans le Royaume-Uni, 400 000 « résidents » (1981) sont nés dans des pays où l'islam est la religion dominante. En Scandinavie, dans le Benelux, en Autriche, ces musulmans sont moins nombreux, mais leur proportion reste significative et se chiffre en dizaines de milliers.

L'émergence d'une génération issue de l'immigration, ses rapports avec la société et le pays de naissance, l'accession par naturalisation aux droits de citoyenneté changent les termes du problème. La question qui est à l'ordre du jour n'est plus celle du respect plus ou moins volontariste d'une différence religieuse et culturelle induite par le fait migratoire, mais celle de la reconnaissance juridique et de la gestion, dans le cadre des politiques nationales et de la législation communautaire de la C.E.E., des intérêts culturels ou symboliques liés à cette allégeance minoritaire.

Toutefois, l'islam immigré, dont on découvre l'ampleur, ne doit pas faire oublier que, par sa géographie et son histoire, l'Europe n'a jamais cessé de vivre avec le monde musulman. Le naufrage de l'Empire ottoman avec la Première Guerre mondiale a laissé en héritage, dans les jeunes États issus de celui-ci, d'importantes communautés constitutives d'un islam européen autochtone : près d'un million de « Turcs » (Bulgarie, Grèce, Yougoslavie et Roumanie), des Tatars (30 000), des Albanais (70 p. 100 de la population), Pomaks (175 000, en Bulgarie et en Grèce), Torbechis de Yougoslavie (de 50 000 à 100 000), des Tziganes islamisés, les habitants de Bosnie-Herzégovine qui se sont vu attribuer la « nationalité musulmane » en 1969. D'ailleurs, comme une partie de ces musulmans balkaniques ont eux aussi immigré dans des pays de l'Europe industrielle, il se trouve que l'islamisme militant qu'on observe un peu partout dans le monde a, de manière concertée ou non, pénétré dans leurs rangs. Ainsi, l'islam transplanté et l'islam post-ottoman sont, en Europe, les composantes non homogènes d'un même champ religieux.

L'objectif principal de l'islam européen est d'accéder à une légitimité fondée sur la reconnaissance d'un statut communautaire général. Il se heurte d'abord aux contextes locaux : par exemple, ceux d'une France laïque ou d'une Allemagne fédérale où des compétences considérables et une grande autonomie sont dévolues aux *Länder* en matière de culture, d'éducation et de religion. La communauté musulmane elle-même se caractérise par une hétérogénéité importante, par des différences ethniques, linguistiques, de doctrine et de rite, par la multiplicité des ordres (*ṭarīqa* ; pluriel *ṭuruq*), par des rivalités nationales. En l'absence d'une instance centrale de commandement et de structures hiérarchiques reconnues par tous, c'est une dynamique de rivalité qui prévaut, son ampleur étant à la mesure des enjeux nouveaux, notamment celui de la

Rue du Bon-Pasteur. Du fait de l'immigration, l'islam est devenu, dans les pays industrialisés d'Europe occidentale, une force religieuse significative. Situation nouvelle et porteuse d'interrogations, aussi bien pour cet « islam transplanté » que pour les sociétés où il cherche à se faire place. Marseille, à l'heure de la prière (E. Franceschi, Gamma).

reconnaissance légitimante. Mais la recherche de cette dernière est paradoxale, car elle pose le problème de la représentativité, laquelle – en tant que condition sine qua non de la légitimation, de l'accès au politique et aux ressources nécessaires à l'action – se trouve au cœur du système européen, mais est étrangère au champ religieux de l'islam.

Deux modes de structuration caractérisent, en Europe, l'islam organisé : soit l'adoption d'une formule supranationale, sur le modèle des organisations non gouvernementales (O.N.G.), comme avec la Ligue islamique mondiale (*Rābitat-al alām al Islāmī*, 1962) ; soit le système des confréries, terreau traditionnel de l'islam organisé autour d'une idée ou d'un maître. Cette seconde formule est celle de Foi et Pratique (*Tablīgh*, 1944), des Frères musulmans (*Jama'āt al ikhwān al muslimīn*, 1927), des *Süleymancï* de l'immigration turque (1950)... Les confréries sont parfois dans l'obédience d'un ordre (*ṭarīqa*), dont le plus représentatif pour l'immigration islamique européenne est la *Naqshabandiya*.

Bien que construite sur le modèle des O.N.G., ce qui lui permet de se situer comme un interlocuteur représentatif des pouvoirs publics et des instances internationales, la Ligue islamique mondiale est étroitement dépendante de l'Arabie Saoudite, tant pour la doctrine (le wahābisme, tendance ascétique qui prêche le retour aux vraies valeurs de l'islam) que pour le financement, dispensé généreusement mais sélectivement en « pétrodollars ». Son objectif principal est le renforcement et la propagation de la foi musulmane, le développement de l'enseignement religieux, la promotion et l'organisation des lieux de culte, la diffusion des publications et la reconquête de la place de la langue arabe parmi les musulmans. En Belgique, « la gestion du temporel des communautés islamiques reconnues » est dévolue au directeur du Centre culturel islamique, qui est statutairement un imām directeur représentant la Ligue islamique mondiale, laquelle est ainsi reconnue comme la seule autorité habilitée à désigner des enseignants musulmans pour les écoles. En France, l'activité de la Ligue s'occupe essentiellement de la mise en place de lieux de prière, faute d'avoir accès à l'école laïque.

La volonté unitaire, facilement hégémonique, de la Ligue ne va pas sans provoquer des accrocs au sein même de l'islam transplanté. En Allemagne fédérale notamment, celui-ci est d'une très forte tonalité turque : ses structures obéissent au modèle des *Konzern* ; la mosquée, qui sert de lieu de ralliement, est souvent exclusivement turque et s'articule avec ce qu'on peut appeler le *halal business* (épiceries, boucheries, librairies, cours coraniques, agences de voyages et clubs sportifs attenant à la mosquée et dépendant d'elle forment des complexes intégrés laissant peu de place aux musulmans des autres ethnies). La masse démographique turque fait, dans une certaine mesure, obstacle à l'action de la Ligue, dans laquelle on préfère voir un bailleur de fonds non interventionniste. Cette situation de rivalité dans l'islam allemand souligne la complexité du problème de la reconnaissance statutaire : l'article 7 de la Loi fondamentale de la R.F.A. fait, en effet, une place dans l'institution scolaire à l'enseignement religieux, qui est défini par les communautés concernées ; la même Loi garantit aussi le droit de fonder des associations religieuses reconnues comme « organisations statutaires » et, à ce titre, habilitées à percevoir la partie de l'impôt sur le revenu affectée aux différentes communautés religieuses (art. 140). Aussi la concurrence est-elle nécessairement vive entre les diverses organisations musulmanes pour profiter de ces dispositions. Dans les autres pays, la sollicitation des fonds ou subventions publics a pour cadre la vie associative.

Quant à l'intégration, la plupart des communautés islamiques européennes activistes la refusent : la formule aboutirait à une « assimilation », donc à une perte de l'identité musulmane. Ce qui caractérise le mieux la situation de l'islam transplanté européen, c'est « un traditionalisme par excès de modernité », c'est-à-dire une forme du social qui compense la destruction des groupes primordiaux et de leurs fonctions de reproduction et de régulation par des identifications réactionnelles construites dans l'action.

Il est courant, tant dans les médias que dans la littérature spécialisée, de dénommer « immigrés de la troisième génération » les populations immigrées issues de sociétés musulmanes, ou les générations nées au sein de cette immigration. Il serait plus éclairant d'employer la formulation du sociologue Abdelmalek Sayad parlant de l'émigration algérienne en termes « d'âge », avec ce que cela implique d'ancrage historique. L'islam transplanté en Europe en est donc à sa troisième génération ou âge. Un axiome veut que la première génération s'adapte, la deuxième s'intègre et la troisième revendique ses racines. Pour les jeunes issus de l'immigration musulmane, nés dans les pays européens qui furent « d'accueil » pour leurs parents, mais qui sont pour eux d'« amères patries » – selon le néologisme « turc-immigré » (*acï vatan*), par dérision de « la mère patrie » (*ana vatan*) –, la « référence musulmane », plus qu'une « identité musulmane » aux contours flous et variables, est devenue à la fois un enjeu symbolique, un argument de discours et de pratique, un instrument politique.

De nouveaux facteurs « externes » interviennent dans le champ du religieux : il s'agit en premier lieu de l'émergence d'une dimension transnationale. En effet, si l'espace de Schengen se conçoit comme une forteresse contre les flux migratoires, il reste une passoire pour les mouvements de personnes et d'idées à l'intérieur de cet espace. L'exception française d'intégration laïque et républicaine de la gestion de l'islam immigré est aux antipodes de la politique allemande dite de *Multikulti*, qui se traduit dans la pratique à la fois par une politique de mise à l'écart – d'apartheid ? – de la composante musulmane de la société allemande et par la reconnaissance communautariste des populations d'origine musulmane.

À des degrés divers, le Royaume-Uni, les Pays-Bas et, dans une moindre mesure, la Belgique visent, dans leur politique de gestion de l'islam, un horizon d'intégration à travers le sas des structures communautaires. Le projet multiculturel, dans ses intentions, a pour horizon le melting-pot, le « creuset » de l'expérience historique américaine. Le problème est que, à la métaphore du creuset, la troisième génération a substitué celle du *salad-bowl*, du « saladier », où les feuilles de laitue restent distinctes de la tomate et du concombre dans le même espace... « multiculturel ». Dans ce contexte de politiques différentes, voire opposées, d'un pays européen à l'autre, la nouvelle dimension transnationale du champ religieux islamique opère dans sa plénitude, en créant un sentiment d'unité retrouvée, que le vieux concept « d'unité matricielle » (*umma*) des musulmans n'a jamais réussi à mettre en œuvre.

D'autres facteurs externes jouent : un peu partout dans le monde, on a vu apparaître, dans un court laps de temps, l'ouverture d'un grand nombre de fronts de la souffrance et de l'humiliation des musulmans. On pense, bien entendu, à la Palestine, avec toute la charge symbolique de Jérusalem et de la mosquée al-Aqsā, mais aussi au Caucase, à l'Afghanistan, aux Philippines, au Cachemire et, aux portes de l'Union européenne, au nettoyage ethnique grand-serbe pratiqué à l'encontre de musulmans autochtones européens de Bosnie et du Kosovo. Le discours des droits de l'homme et de l'anti-impérialisme épouse de près les causes de ces fronts, que les nouvelles technologies de la communication rapprochent des foyers à l'heure du « *prime time*-dîner ».

L'islam est aussi un enjeu de politique internationale entre les États européens et les États dont les migrants sont originaires (Turquie/Allemagne, France/Maghreb, Espagne/Maroc, etc.). À la différence notable du cas américain, en Europe, quand l'immigration éternue, les relations bilatérales attrapent souvent un rhume. Enfin, réalité de non moindre importance, les populations musulmanes sont devenues une question « nationale » lors des élections municipales, législatives ou présidentielles : bon nombre de « musulmans » sont naturalisés, donc électeurs, et, en outre, partout en Europe le populisme xénophobe fait son fonds de commerce de la présence et de l'activité de l'immigration musulmane.

Conscients de ce « désamour », les jeunes – surtout ceux de la troisième génération – cherchent leurs marques, et de plus en plus dans la mouvance islamique. Leurs revendications sont connues et répertoriées ; nombre d'études et de recherches les envisagent en détail. Il s'agit en premier lieu d'une quête de visibilité : de « l'islam des catacombes », dans l'intimité du foyer, les jeunes veulent passer à une reconnaissance de dignité égale à celle de tous les autres citoyens, à l'instar d'autres minorités en quête de visibilité, comme peut l'illustrer le phénomène de la *gay pride*. Le droit à la pratique religieuse dans un espace réservé (la mosquée), un « carré musulman » dans les cimetières, un espace pour d'autres rituels festifs (Aïd al Kebir, Ramaḍān), des facilités pour accéder au pèlerinage à La Mecque font partie de ces revendications et pratiques identitaires.

La question scolaire constitue un autre symptôme. Le port du foulard ne sert pas uniquement à marquer sa différence revendiquée, il se place aussi en prolégomènes d'une réfutation de l'enseignement laïc, en certaines matières du moins : la biologie (Darwin et l'évolutionnisme), la musique (interdite aux filles en islam) et l'éducation physique (à cause du « dévêtu » que cela implique).

Par ailleurs, les jeunes du nouvel âge – de « l'islam des banlieues », pour reprendre la formulation de Gilles Kepel – ont pour interlocuteurs directs les édiles locaux. Or ces derniers ne sont pas en mesure, n'y étant généralement même pas préparés, de gérer ces défis d'amplitude nationale et transnationale. Ils sont surtout tributaires d'un électorat peu enclin à donner des gages aux « sauvageons » de leurs quartiers.

Le passage au politique constitue l'une des voies de structuration et d'expression du mal-vivre réactif des jeunes musulmans. Le relais est pris par les mouvements et les groupes activistes islamiques-islamistes, adossés à quelques grands courants du fondamentalisme et de l'intégrisme islamique planétaire, transnational. Outre les « familles » déjà citées, on peut relever des tendances nouvelles qui ne constituent en fait que des avatars de structures déjà existantes. Plus que d'un réformisme de bon aloi s'inspirant de 'Abduh ou d'Al-Afghānī, il s'agit essentiellement de la tendance « rigoriste » de l'école néo-ḥanbalite, originaire de l'Arabie Saoudite et qu'on évoque souvent abusivement sous l'appellation de « wahhābisme » (XVIIIe siècle), lui-même inspiré de l'œuvre d'Ibn Taymiyya (XIVe siècle). L'ensemble de ces mouvances, extrêmement actif dans le monde musulman engagé dans le jihād (« l'effort catégorique pour Dieu »), est depuis peu évoqué sous le label de *salafiyya* (« les prédécesseurs ») en référence au temps des califes, bien que ce concept de ralliement ne recouvre aucune doctrine proprement religieuse bien distincte. D'autres mouvements opèrent dans l'ombre, comme le Hizb-ul Tahrir (le « Parti de la libération »), qui agit en Asie centrale et en Europe, ou Al-Qaida, rendu célèbre par ses attentats du 11 septembre 2001. Les nouvelles technologies de la communication et surtout un recours intensif aux sites Internet marquent ce nouveau paysage.

L'islam s'accommode mal du statut de minoritaire. Majoritaire, il régente le *Dār-ul Islam*, l'« espace de l'islam », qui est aussi un *Dār-ul sulh*, un « espace de la paix ». Celui-ci s'oppose au *Dār-ul harb*, l'« espace du conflit », de l'hostilité, où le bon musulman, en minorité et resté dans son obédience d'origine, se devait de ne pas résider durablement. C'est aussi l'espace de l'immigration ; or celui-ci est durable comme demeure : un concept nouveau a ainsi vu le jour, celui du *Dār-ul ahd*, l'« espace du pacte ». Il est censé servir de cadre aux relations nouvelles de contrat et de partenariat pour l'islam transplanté dans les pays d'accueil.

Le radicalisme islamique

OLIVIER ROY

La première question concernant le radicalisme islamique est de savoir dans quelle mesure celui-ci est une conséquence de la doctrine religieuse elle-même, et donc intrinsèque à l'islam, ou bien s'il s'agit d'un phénomène avant tout politique, lié à des conflits contemporains. La confusion est d'autant plus grande qu'elle est entretenue tant par les critiques occidentaux de la religion islamique en soi, que par des fondamentalistes musulmans qui cherchent à ancrer les conflits actuels dans l'histoire millénaire de l'islam. Sous l'étiquette de « radicalisme islamique « on classe donc des mouvements complexes et souvent très différents, allant d'un parti politique légaliste et ayant eu des responsabilités gouvernementales dans une démocratie (le Refah/Fazilet en Turquie) à des groupuscules terroristes (comme Al-Qaida et le Jaysh-e Moḥammed au Pakistan), ce qui suffit à montrer combien la notion reste floue.

En fait, on ne peut parler de radicalisme islamique que lorsque l'usage de la violence est explicitement mis au service de la réalisation d'un État ou d'une société islamique. Ce qui exclut deux catégories aisément confondues : d'une part, la violence impliquant des populations musulmanes, mais dans le cadre d'idéologies ou de stratégies qui n'ont rien à voir avec l'islam (mouvements nationalistes, comme

Un symbole contemporain du jihād. À Lahore, dans le nord-est du Pakistan, ce jeune membre d'un parti politique islamique participe à une manifestation anti-américaine, en septembre 2001. Il arbore au front le bandeau d'un groupe militant pour l'annexion du Cachemire, dont le label associe Coran et mitraillettes (D. Loh, Reuters/MAX PPP).

en Palestine, en Bosnie, au Kosovo ou en Tchétchénie) ; d'autre part, le fondamentalisme juridique des ulémas qui poussent à faire de la sharī'a, c'est-à-dire de la loi islamique, la loi fondamentale de l'État, mais sans contester les autorités de fait (comme le clergé officiel wahhābi en Arabie Saoudite). Bien sûr, il peut y avoir des surdéterminations : un mouvement palestinien comme le Hamas islamise le discours nationaliste, tandis que certains ulémas saoudiens sont passés au soutien des talibans, voire de Ben Laden. Inversement, des mouvements islamistes sont devenus purement nationalistes (Iran).

Il y a bien dans le Coran une référence explicite au jihād comme lutte armée, même si le sens du mot est bien plus large (l'« effort «) ; le prophète Muḥammad fut aussi un chef de guerre. Mais tenter de définir le radicalisme islamique à partir du Coran ne va pas très loin, pour deux raisons. Tout d'abord le Coran lui-même, tout comme la tradition du Prophète, insiste sur le contexte propre à chaque décision de recourir à la violence, et n'a jamais fait du jihād un des piliers de la foi (pas plus d'ailleurs que du prosélytisme) : par exemple, tantôt il est recommandé de faire un accord avec les juifs ou les chrétiens, tantôt de s'en méfier. Conséquence logique, toute une activité de codification et d'interprétation s'est développée parmi les légistes musulmans, donnant naissance à une tradition centriste (le jihād ne peut être proclamé que dans des conditions très strictes,

Un répit dans la « guerre sainte ». Dans l'île d'Amboine, au sud de l'archipel des Moluques, dans la partie orientale de l'Indonésie, des adeptes du groupe « Laskar Jihād » remettent armes et munitions aux forces de l'ordre, lors de leur capitulation de juin 2002. Les violences sectaires dans cette région avaient fait plus de 5 000 morts en trois ans (AFP PHOTO).

'Allāh reconnaîtra les siens. Un combattant taliban circule, mitrailleuse sur l'épaule, dans le bazar principal de Kandahar, dans le sud-est de l'Afghanistan, en novembre 2001. Ce fondamentaliste armé participe à une chasse à l'homme visant un ancien ministre anti-islamiste (M. Kursheed, Reuters/MAX PPP).

généralement défensives), et à une tendance plus radicale (qui en particulier n'hésite pas à proclamer le jihād contre d'autres musulmans, jugés « mauvais «). Si bien que ce qui nous importe, ce n'est pas ce que dit le Coran, mais l'instrumentalisation du Coran et de la Tradition par les acteurs politiques du monde musulman contemporain. La deuxième raison est que la plupart des formes contemporaines de radicalisme islamique (la révolution iranienne ou bien les attentats de Al-Qaida) n'ont aucun équivalent dans l'histoire du monde musulman et doivent donc être compris comme profondément nouveaux. Le concept de prise du pouvoir d'État par une révolution populaire, entérinée par une nouvelle constitution (l'Iran en février 1979) n'a aucun équivalent, de même que l'usage systématique des attentats-suicides (apparu d'abord dans le Hezbollah libanais au cours des années 1980 et adopté plus tardivement par les Palestiniens et Al-Qaida, alors qu'il avait été développé par des mouvements non musulmans comme les Tigres tamouls au Sri Lanka). Pour comprendre le radicalisme islamique, nous sommes donc renvoyés à des contextes politiques et stratégiques modernes et non à des théories générales qui ne font même pas l'unanimité chez les musulmans.

Il faut en fait distinguer deux types de mouvements : les islamistes, qui insistent avant tout sur la mise en place d'un État islamique, et les fondamentalistes, préoccupés avant tout par l'instauration de la sharī'a. Pour les islamistes, dont le mouvement est apparu dans les années 1920, l'islam est tout autant une idéologie politique qu'une religion ; ils empruntent d'ailleurs ce concept d'idéologie à la philosophie politique occidentale du XXe siècle (et en particulier au marxisme). À la suite du fondateur des Frères musulmans égyptiens, Hassan al Banna (mort en 1949), du Pakistanais Maududi (mort en 1979) ou de l'imām Khomeyni (mort en 1989), ils considèrent que l'islam doit prendre en compte toutes les dimensions d'une société moderne ; ils s'intéressent donc à l'économie, à l'éducation, à la technologie et aux institutions politiques, sans éluder la question de la femme : pour eux la femme peut participer à la vie professionnelle et politique à condition d'être voilée. En ce sens, les islamistes sont modernes : ils recrutent d'ailleurs surtout parmi la jeunesse éduquée et sont en concurrence avec les ulémas. Leurs mouvements sont un produit du XXe siècle. Ils ont repris une rhétorique anti-impérialiste propre jusqu'ici aux mouvements d'extrême gauche du Tiers Monde (cet islamo-gauchisme a été particulièrement virulent dans les premières années de la révolution islamique d'Iran).

Tout en proclamant leur volonté de restaurer politiquement la communauté de tous les musulmans (*umma*), les islamistes ont une stratégie politique de prise du pouvoir d'État, mais d'un État qui est aussi une nation précise (Turquie, Iran, Égypte). Soucieux de gérer ce pouvoir d'État, ils se moulent dans le cadre des réalités politiques et stratégiques de leur époque. Ils doivent d'ailleurs souvent leur popularité à leur action sociale, voire à leur gestion municipale (comme en Turquie, où la mairie d'Istanbul est gérée depuis une dizaine d'années par les islamistes). Mais, après la décennie révolutionnaire des années 1980, les grands mouvements islamistes sont partout devenus avant tout nationalistes : comme le régime iranien, qui défend aujourd'hui uniquement les intérêts nationaux du pays, mais aussi le Hamas palestinien (lequel n'attaque jamais Arafat sur l'islam, mais toujours sur les compromis avec Israël), le Fazilet turc, le Hezbollah libanais (respecté aussi bien par les chrétiens que par les sunnites), le F.I.S. algérien, ainsi que les différentes branches des Frères musulmans. Du coup, les grands mouvements islamistes se sont modérés en politique : ils se présentent aux élections quand on les y autorise (Koweït, Jordanie), passent des alliances électorales (Turquie), acceptent la légalité constitutionnelle (Iran). Il n'y a plus de mouvements terroristes qui leur soient liés, même si, localement, certains d'entre eux sont impliqués dans la violence armée (Hamas palestinien). La contrepartie de leur assagissement est qu'ils poussent, quand ils participent au pouvoir, à une politique conservatrice en termes de mœurs et de statut de la femme. En un mot, l'idée de révolution islamique ne fonctionne plus. Beaucoup d'anciens radicaux oscillent désormais entre l'adoption d'une ligne libérale, de type démocratie chrétienne (Khatami en Iran, Erdogan en Turquie, Ghannuschi en Tunisie), ou le retour à un fondamentalisme traditionnel (les conservateurs iraniens). Mais, tout comme pour les mouvements marxistes, cette normalisation des grands mouvements islamistes laisse un espace de contestation ouvert à des mouvements, souvent des groupuscules, beaucoup plus radicaux, qui prônent, comme Al-Qaida, l'action directe par l'exemple (attentats spectaculaires, assassinat de dirigeants), au détriment d'une action politique de long terme, jugée décevante, ou bien, comme le Hizb-ul Tahrir (Parti de la libération, basé à Londres et qui prône la restauration immédiate du califat), condamnent toute implication dans la vie politique d'un pays donné qui se fera au détriment de l'ensemble de la umma. Nous voici donc renvoyés à des mouvements qui appartiennent à une autre famille, plus traditionnelle, celle des fondamentalistes.

Le Coran et le poignard. Un activiste masqué de l'aile militaire du Jihād islamique palestinien brandit un Coran accolé à un poignard lors d'un rassemblement au camp de réfugiés de Jabalya, dans la bande de Gaza, en avril 2001. Quarante membres du même commando, drapés de la toile blanche qui symbolise pour eux le martyre, ont renouvelé à cette occasion leur engagement anti-israélien (S. Salem, Reuters/MAX PPP).

Apprendre pour combattre. Sous les arcades de l'école coranique de Haqqania, au Pakistan occidental, en l'an 2000, élèves et enseignants partagent un frugal petit déjeuner. Cette madrasa, qui a formé de nombreux combattants radicaux afghans, a été surnommée « l'usine à Jihād » (L. Van der Stockt, Gamma).

Les fondamentalistes au sens strict, la plupart du temps issus des madrasas ou écoles religieuses, prônent l'instauration de la sharī'a et le retour à une interprétation littéraliste de la loi religieuse. Leur objet est la société en général et non un État particulier. Toujours conservateurs, ils peuvent être politiquement modérés et entériner les régimes en place, ce qui a été le cas la plupart du temps dans l'histoire de l'islam. Lorsque ce fondamentalisme passe à la violence, c'est en général d'abord contre sa propre société, afin de l'épurer de tout ce qui n'est pas islamique : d'où l'importance de la police religieuse et de la question de la place de la femme (voile et restriction de l'accès à l'espace public). Les fondamentalistes conservateurs, comme les talibans afghans, attachent peu d'importance à la construction de l'État : pour eux une société est vraiment islamique dans la mesure où ses membres se conforment à la sharī'a ; ils privilégient alors le *da'wat* (« prédication «), au besoin renforcé par la contrainte. Ils luttent donc aujourd'hui avant tout contre l'occidentalisation de la culture et des mœurs. Le modèle a été appliqué de manière très caricaturale chez les talibans afghans, où la longueur de la barbe devient un critère essentiel de l'islamité du pays. En ce sens, les fondamentalistes ne sont pas nécessairement très politisés, même si leur pensée est très radicale : certains mouvements comme le Tablīgh (connu en France sous le nom de Foi et pratique) se contentent de prêcher en faisant du porte-à-porte, pour inciter les musulmans à revenir vers le « vrai « islam (c'est-à-dire à leur conception de l'islam), sans se soucier du cadre politique en place ; mais, ce faisant, ils fonctionnent plus comme une secte fermée que comme un mouvement politique. Ce type de fondamentalisme a toujours existé dans l'islam. Ses adeptes sont vraiment internationalistes, c'est-à-dire qu'ils mettent la communauté de tous les musulmans (la umma) au-dessus des États et des nations, comme l'a montré Mollah Omar, qui n'a pas hésité à sacrifier son propre régime au nom de la loyauté envers Oussama ben Laden.

De tels courants sont, au contraire de l'islamisme, aussi vieux que l'islam. Les talibans afghans rappellent les Almohades du Maroc médiéval, où des tribus ici pachtounes, là-bas berbères, s'unissent derrière un personnage charismatique pour imposer aux gens de la ville un islam rigoriste fondé sur la seule sharī'a. La question est de savoir pourquoi ce mouvement se développe aujourd'hui dans des milieux en fait modernisés, à commencer par des musulmans vivant en Occident.

La foi donne la force. En décembre 2001, des militants du Hamas palestinien invoquent 'Allāh au cours d'un rassemblement au camp de réfugiés de Aïn al-Hilweh, près de Sidon au Sud-Liban. Un millier de manifestants ont alors défilé dans les rues pour célébrer le quatorzième anniversaire de la fondation de ce mouvement islamiste radical (A.-H. Shahaby, Reuters/MAX PPP).

Car ce qui est nouveau (en réalité depuis la fin des années 1980), c'est la radicalisation de fondamentalistes conservateurs qui ont pris aux islamistes le drapeau de la lutte contre l'Occident et l'impérialisme américain, tout en prônant des formes d'islamisation de la société très traditionnelles (à propos de la femme ou de l'économie, par exemple). Ils constituent aujourd'hui une nébuleuse de petites organisations, ou plutôt de réseaux liés entre eux. C'est l'insistance qu'ils portent au jihād qui les distingue des ulamas traditionalistes. Pour les nouveaux radicaux, le jihād est une obligation personnelle et permanente, d'où leur appellation de jihādistes au Pakistan. Ils reprennent donc le thème et les terrains de la lutte armée contre l'Occident, mais leur jihād n'est pas limité à la conquête du pouvoir dans chacun de leur pays. Ils privilégient au contraire les jihāds à la périphérie du monde musulman (Bosnie, Tchétchénie, Afghanistan, Cachemire, Philippines), combinant activisme armé (jihād) et promotion d'un islam purifié (salafisme). Les talibans, Al-Qaida, le G.I.A., Jaysh-i Mohammed, Takfir wal hijrah en sont des exemples. Cet internationalisme, qui s'est forgé pour beaucoup de ses partisans dans le corps des volontaires islamiques partis se battre en Afghanistan dans les années 1980, correspond bien à l'internationalisation croissante des milieux où ils recrutent : madrasas traditionnelles d'Afghanistan et du Pakistan, ouvertes à tous les activistes, clergé officiel wahhābi en Arabie Saoudite, qui promeut activement son fondamentalisme à travers des organisations internationales comme la Ligue islamique mondiale (Rabita), jeunes diplômés d'instituts islamiques récemment créés, imāms autodidactes, enfants de l'immigration en Occident, tous largement déracinés, parce que, paradoxalement, souvent occidentalisés, à l'instar des jeunes qui ont commis les attentats contre le World Trade Center, le 11 septembre 2001. Or ces mouvements néo-fondamentalistes ont été largement soutenus par des pays considérés comme des alliés des Américains, tels l'Arabie Saoudite et le Pakistan, avant qu'ils ne basculent dans l'anti-occidentalisme à la suite de la chute de l'U.R.S.S. et de la guerre du Golfe, en 1991. Ben Laden est un bon exemple de cette conjonction entre anti-américanisme radical et conservatisme religieux : il n'a aucun projet social, aucune grande vision stratégique, c'est un activiste pour qui le combat remplace le programme. Ses idées religieuses sont, dans le fond, assez proches du wahhābisme, qui est la doctrine officielle de l'Arabie Saoudite, alliée des États-Unis. On voit donc que les cartes sont bien brouillées : le radicalisme n'est plus un produit d'exportation des États révolutionnaires, comme l'Iran ; il est de moins en moins une conséquence des conflits du Moyen-Orient, mais devient au contraire un phénomène de société qui touche une jeunesse musulmane occidentalisée.

Ce nouveau radicalisme islamique apparaît sur fond de déracinement et de mondialisation. Il se construit en miroir de et en opposition à une occidentalisation triomphante, qu'il combat non pas par la promotion des cultures et de l'histoire du monde musulman, mais par la définition d'un islam réformé, reconstruit et débarrassé précisément de toute référence culturelle. En ce sens, ce nouveau fondamentalisme est bien autant un agent qu'un produit de la déculturation.

Les « syncrétismes »

Marc AUGÉ

La notion de syncrétisme est assez commode et assez apparemment évidente pour s'appliquer à d'autres domaines que la religion. Mais son emploi est souvent approximatif et correspond à des phénomènes qui sont, en fait, singulièrement différents. On pourrait résumer le paradoxe dont elle procède de la manière suivante : toute religion est, en un sens, syncrétique, mais les pratiques dites syncrétiques le sont souvent fort peu.

La logique du cumul

Toute religion est syncrétique en ce qu'elle a affaire à sa propre histoire, appelée par là même, d'une part, à répondre à de nouvelles demandes et à de nouvelles situations, d'autre part, à se situer incessamment par rapport à ses fondements ou à ses arrière-plans mythiques. Ces deux contraintes interfèrent souvent, la seconde pouvant éventuellement passer pour une réponse à la première. Sous le nom de pratiques syncrétiques, on décrit souvent des phénomènes de cumul et de coexistence dont on pourrait estimer qu'elles s'apparentent davantage à une manière de schizophrénie mystique qu'à une véritable activité syncrétique. Encore l'expression de « schizophrénie mystique » devrait-elle être entendue métaphoriquement, car de nombreuses pratiques religieuses s'accommodent fort bien de la pluralité et participent davantage d'une logique de l'addition ou du cumul que d'une pensée de la synthèse, de la séparation ou du compromis. C'est ici le concept même de religion qui est en cause (et qui a été mis en cause par des auteurs comme Rodney Needham) dans la mesure où l'on en vient à se demander s'il peut légitimement connoter des réalités aussi diverses que les religions dites révélées et les cultes polythéistes du type de ceux que l'on rencontre, par exemple, dans l'Afrique traditionnelle. Or, s'il est bien clair que c'est le plus souvent au contact de ces deux types de réalités que naissent les syncrétismes, il est également vrai que les phénomènes de chevauchement et de cumul qui ne se confondent pas avec ces derniers sont considérés comme plus scandaleux du point de vue de la religion révélée que du point de vue des polythéismes païens.

Un héros syncrétiste. Tahmūrath, roi légendaire de l'Iran ancien et vainqueur du démon Ahriman, a été assimilé aussi bien avec le génie islamique Samhūras, ange des combats qui soutient la cause des justes, qu'avec saint Georges, patron des cavaliers et des archers en chrétienté. Samhūras combattant le dragon, miniature persane (Bibliothèque nationale de France, Paris).

Ceux-ci, en effet, conçoivent sans effort l'addition des dieux aux dieux. La constitution des panthéons païens (sous cet aspect, l'Europe antique ne semble pas avoir connu une expérience essentiellement différente de l'Afrique traditionnelle ou de l'Amérique ancienne) procède toujours par addition, sans que cette accumulation entraîne un bouleversement significatif des activités cultuelles. L'histoire d'un royaume africain tel que le royaume d'Abomey peut se lire comme le récit d'une migration réussie qui fut aussi une migration de dieux : aux ancêtres qui furent à l'origine de la migration avant d'être ultérieurement divinisés sont venus s'ajouter les dieux des peuples vaincus. On sait en outre, pour en rester à des exemples africains, que les dieux eux-mêmes circulent : certains ont diffusé à travers l'ensemble de l'Afrique occidentale, tout comme devaient le faire plus tard certains mouvements syncrétiques. Leur implantation a pu poser des problèmes sur le plan politique ; ce fut le cas avec le culte de Sakpata, dont les prêtres suscitèrent la méfiance des souverains d'Abomey jaloux de leur influence. Mais ces tensions n'avaient rien à voir avec la logique du culte lui-même ; et Sakpata, dieu de la terre et de la variole, s'intégra d'ailleurs facilement au panthéon béninois.

On conçoit que cette logique du cumul soit incompatible avec le dogme des religions révélées et que la « tolérance » païenne soit à l'origine de graves malentendus avec le prosélytisme monothéiste. Ces malentendus se retrouvent sur d'autres plans, notamment sur le plan médical. Religion et médecine ont toujours eu partie liée, on le sait (c'est même par là que transparaît l'un des aspects du caractère problématique de la notion de religion), mais il est aisé de vérifier aujourd'hui que, si les représentants de la médecine occidentale ont parfois le souci de comprendre les thérapies locales et la logique dont elles s'inspirent, voire de les intégrer à une politique hospitalière plus soucieuse des paramètres culturels, ce souci n'est en rien partagé, malgré les apparences, par les spécialistes indigènes, qui sont avant tout désireux de prouver la validité de leurs prescriptions et ne conçoivent pas l'efficacité occidentale comme contradictoire avec la leur. Ils n'entendent pas être les intercesseurs entre une médecine objectivement efficace et une clientèle culturellement réticente, car ils se veulent efficaces et savent leur clientèle ouverte à tous les remèdes. Quand prévaut la logique de l'addition, on conçoit le cumul (qui correspond à une situation de « pluralisme médical »), éventuellement l'affrontement, mais beaucoup plus difficilement la synthèse et le syncrétisme.

La situation africaine actuelle évoque tout à fait le pluralisme médical de l'Antiquité tardive dont nous entretient Peter Brown dans son livre *Le Culte des saints*, pluralisme dont le Maroc contemporain tel que l'analyse Vincent Crapanzano lui paraît d'ailleurs fournir un excellent exemple : « Lorsque aucun système thérapeutique ne détient une autorité définitive, comme c'est le cas dans certaines régions du Maroc actuel, et comme c'était certainement le cas pour la société de la Gaule romaine, il faut en passer par la procédure du choix, et c'est alors qu'on doit mobiliser les critères sociaux et culturels sous-jacents. » Ainsi voyons-nous dans la Gaule romaine coexister d'abord un système de possession et d'exorcisme, lié à la *praesentia* et à la *potentia* du saint, dont saint Martin de Tours est le héros, et un système médical directement inspiré de la tradition celtique et des pratiques populaires gauloises dont le *De medicamentis* du médecin Marcellus de Bordeaux est la plus notable expression. Il s'agit là de solutions alternatives, dont aucune n'est le privilège absolu d'une classe, et qui ne sont pas d'abord pensées comme contradictoires. Elles deviennent incompatibles avec la montée du christianisme et avec la résistance accrue au modèle chrétien des zones rurales les plus isolées. C'est alors que peuvent apparaître des formes plus véritablement syncrétiques. Au VIe siècle, on voit, à l'occasion des épidémies de peste que les traitements traditionnels sont impuissants à maîtriser, resurgir des variantes christianisées de la thérapie païenne. Apparaissent alors des devins qui se disent investis par le pouvoir des saints ; sont mis en place des rituels fondés sur le pouvoir de clairvoyance des devins.

On notera parallèlement que, d'une manière assez remarquable, les cultes *vodũ* de l'Afrique du golfe de Bénin, qui y sont encore pratiqués aujourd'hui de façon relativement inchangée par rapport à ce que l'on sait du XIXe siècle, ont donné lieu à des versions syncrétiques outre-Atlantique (au Brésil et en Haïti) et, beaucoup plus récemment, dans les zones urbaines d'Afrique. Le passage du cumul ou du chevauchement au syncrétisme (dont témoigne par exemple l'intégration de saints chrétiens au panthéon traditionnel) est un événement important que ni la colonisation ni aucun traumatisme extérieur ne suffisent à expliquer, parce qu'il procède pour une large part de la logique interne des systèmes de pensée qui s'affrontent et parce que, très généralement (contrairement à ce que certaines analyses tentent d'établir), il peut aussi bien correspondre à une mutation du système politiquement dominant qu'à une adaptation du système politiquement dominé. Peter Brown décrit admirablement le processus d'« hominisation » du cosmos auquel correspondit la christianisation militante du VIe siècle en Gaule et en Espagne. Mais on peut penser qu'à travers les fulminations de saint Martin et de ses successeurs contre les arbres et les fontaines, à travers la substitution d'un temps purement humain (lié à la vie et à la mort des hommes d'exception que sont les saints) au rythme planétaire qui commandait antérieurement le travail et le repos, c'est aussi avec lui-même que le christianisme débattait. Ce débat n'est pas près de se clore ; et la tentation de combattre le paganisme sur son propre terrain, au corps à corps – et par exemple de chercher la mesure de son aptitude à sauver les âmes dans sa capacité à guérir les corps –, est récurrente dans certains milieux chrétiens, sans que cette tentation récurrente puisse être exclusivement imputable ou à la tradition chrétienne ou à l'exemple des autres traditions.

Acculturation et problématique de l'identité

Si nous en revenons au premier terme de ce que l'on pourrait appeler le paradoxe du syncrétisme, à savoir qu'il n'y a pas de religion qui ne soit en un sens syncrétique, nous constaterons que ce terme se laisse lui-même décomposer. Toute religion, fût-elle révélée, a eu affaire, un jour ou l'autre, au problème de son origine. Toute provocation

Le berger et son troupeau. Le thème évangélique du Bon Pasteur (Jean, X) fait écho à de nombreux passages de l'Ancien Testament. Il donne lieu par ailleurs à un rapprochement, bien attesté dans l'art paléochrétien, entre la figure du Christ et celle d'Orphée. Le fils d'Apollon, dont la voix inspirée charme la nature sauvage, est ici une préfiguration de Jésus, incarnation de l'amour divin. Fresque du Coemeterium majus, Rome (A. Held, Artephot).

extérieure l'oblige à réagir. Enfin, elle n'emprunte peut-être jamais que ce qu'elle possédait déjà : le choc des religions, comme le choc des cultures, agit à la façon d'un révélateur tout autant que d'un défi.

Le premier point a fait l'objet de débats passionnés, par exemple à propos des survivances mythiques dans le judaïsme et dans le christianisme ancien. Jean Pépin fait un remarquable résumé de ces débats dans *Le Dictionnaire des mythologies* (1981). Mais, à le lire, on voit bien qu'il n'est pas toujours aisé de décider, face à des éléments que l'on peut considérer comme mythiques, s'ils sont imputables à l'influence ancienne de traditions extérieures ou à la trace encore lisible d'un fond mythique propre. En toute hypothèse, on peut encore s'interroger à ce propos sur la notion de survivance et se demander si la présence d'éléments mythiques – qu'ils aient trait au rythme des saisons, à l'action de l'eau ou à l'origine de l'homme – ne procède pas d'une nécessité interne aux représentations et à l'efficacité religieuse, le problème de leur origine étant dès lors fortement relativisé par le caractère éminemment actuel de leur pertinence.

Le syncrétisme à proprement parler naît dans des contextes de contact, de rupture et de conflit larvé : lorsque sont empruntés à la religion extérieure des éléments pouvant revitaliser la religion locale et la rendre apte à maîtriser le contexte nouveau. De ce point de vue, le concept d'acculturation antagoniste ou dissociative proposé par Georges Devereux reste très utile, notamment sous ses deux aspects de la *régression* et de la *différenciation*. Mais il montre bien que les adaptations ou les emprunts effectués à l'extérieur correspondent à des virtualités internes aux systèmes qui subissent le contact. Un exemple de *régression* est celui de la religion de la danse des esprits (*Ghost Dance Religion*) « qui abonde en traits culturels et en idées empruntées au christianisme, devenus autant de moyens mis au service d'une fin culturelle qui appartient en propre aux Indiens des plaines » (*Ethnopsychanalyse complémentariste*). Un exemple de *négation* (création de coutumes opposées à celles des voisins) serait celui des Israélites au contact de Canaan : le culte des nomades sémites d'abord soumis à l'influence de celui des citadins de Canaan, caractérisé notamment par la prostitution sacrée et la tolérance à l'égard de l'homosexualité, aurait été ensuite repensé et redéfini par les prophètes hébreux désireux de bien séparer le culte de Jahweh des cultes cananéens et condamnant, de ce fait, la prostitution et l'homosexualité.

On voit ainsi que, derrière les phénomènes de contact, de cumul, d'acculturation antagoniste ou de syncrétisme, ce sont toujours des problèmes d'identité qui sont posés. Identité de groupe d'abord (Noirs ou Indiens contre Blancs, Hébreux contre Cananéens ou Philistins). Mais aussi, et plus profondément, identité personnelle : au cœur des systèmes religieux, la question de la nature du moi et de sa relation à autrui est fondamentale. On a pu discerner dans le message des prophètes actuels de l'Afrique de l'Ouest une volonté de substituer à une conception persécutive du mal et relative ou relationnelle de l'identité singulière une conception plus intégrée et plus individualisante, mais là encore le débat est ancien. Peter Brown montre comment, aux IIIe, IVe et Ve siècles de l'ère chrétienne, se met en place avec le culte des saints une conception multiple du moi qui, par certains côtés, rappelle et reproduit le rôle des dieux anciens de la cité et des puissances intermédiaires comme le *daímôn* ou le *genius*, alors que, par d'autres côtés, elle se révèle profondément originale. Pour le christianisme primitif, les différentes strates du moi sont reliées au divin et les poèmes de Paulin de Nole au IVe siècle décrivent le saint patron d'un individu donné comme l'équivalent d'une strate inconsciente de son moi. L'expansion des prénoms chrétiens et du baptême conçu comme une renaissance est liée à cette conception : « Le baptême neutralisait l'influence des étoiles qui avaient d'abord fourni la personnalité, en donnant à l'initié un nouvel esprit protecteur, de manière à le libérer d'une personnalité dans laquelle la qualité du *genius* originel lui-même avait été tissé inextricablement par l'influence contradictoire des planètes. »

Nous touchons ici à la limite ultime de la notion de syncrétisme. La problématique de l'identité est inhérente à l'activité religieuse ; à travers la matérialité du corps, de ses humeurs, de ses qualités, de sa sexualité, elle constitue la matière première du symbolisme. Au contact les unes des autres (et dans les situations d'inégalité politique où s'effectue en général ce contact), les « religions », au sens trivial où l'on peut dire qu'il n'y a pas de peuples sans religion, ne font que retrouver des problèmes qui sont constitutifs de leur existence même comme systèmes de représentation. Les syncrétismes ne sont qu'une modalité parmi d'autres de ce travail de constitution ou de reconstitution.

Le vodou haïtien

Luc de Heusch

Un divorce profond s'est instauré, en Haïti, entre la culture de l'élite bourgeoise, urbaine et occidentalisée – surtout mulâtre –, qui, dans sa grande majorité, professe le catholicisme, et la masse paysanne composée de Noirs analphabètes le plus souvent réduits à la misère, dont la religion est le vodou. Celle-ci n'a cessé d'apparaître comme une manifestation satanique aux yeux de l'Église, qui la combat vigoureusement ; le vodou fut persécuté avec l'appui du bras séculier en 1941, et la chute du gouvernement Duvalier en 1985 fut le prétexte des harcèlements meurtriers qui coûtèrent la vie à des centaines de prêtres.

Les sociétés des dieux

Le panthéon vodou comporte un grand nombre de dieux (*loa*), dont les principaux sont rapprochés de tel ou tel saint catholique. Mais il ne s'agit là nullement d'une fusion syncrétique entre deux religions, à vrai dire incompatibles. Partout dans le pays, les sanctuaires (*houmfort*) s'ornent de chromolithographies pieuses où les fidèles reconnaissent tel ou tel loa en vertu de ce que Michel Leiris a appelé « un calembour d'objet ». C'est ainsi qu'Ogoun, qui est chez les Yoruba d'Afrique le dieu de la Guerre et de la Forge, se trouve évoqué par saint Jacques le Majeur, cavalier victorieux agitant un sabre. Le catholicisme se pose en quelque sorte à la surface du vodou sans altérer le moins du monde l'identité païenne du culte. Si les grandes cérémonies commencent par d'interminables litanies d'inspiration chrétienne ponctuées de coups de sonnette, c'est afin de mettre en mouvement des dieux qui, dans l'ensemble, sont originaires d'Afrique (Guinin).

Ce mouvement, c'est la danse de possession, l'identification parfaite de l'initié (*hounsi*), homme ou femme, à un loa, la communication directe des possédés en transe et des dieux attachés tels des cavaliers à leur « monture » humaine, mais aussi incarnés par elle. Les fidèles se regroupent autour d'un prêtre (*houngan*) ou d'une prêtresse (*mambo*) contrôlant la petite troupe de hounsi qui se réunit périodiquement chez lui. Houngan et mambo ne constituent nullement un corps sacerdotal hiérarchisé. Chacun jouit d'une totale indépendance, bien qu'il existe à l'intérieur de la prêtrise différents degrés de « connaissance ». « Un houngan est en même temps prêtre, guérisseur, devin, exorciste, organisateur de divertissements publics, chef de chœur » (A. Métraux, *Le Vaudou haïtien*, 1958). Ce sont les loa eux-mêmes qui choisissent ceux qui seront appelés à devenir hounsi et houngan ; dans un grand nombre de cas, ceux-ci assument un héritage familial auquel on ne saurait se soustraire sans devenir gravement malade, voire sans perdre la raison. Le lieu du culte public est une grande chambre ou un hangar largement ouvert, où les danses de possession se déroulent autour d'un poteau central, considéré comme le « chemin des esprits ». C'est au pied de ce poteau central que l'on trace, au cours des cérémonies, les dessins emblématiques des loa (les *vévé*). Les malades soignés par le prêtre logent parfois dans les annexes du houmfort ; celui-ci comporte plusieurs sanctuaires abritant les constructions en maçonnerie qui composent les autels des loa protecteurs. C'est là que sont présentés les offrandes et les sacrifices.

Les classifications proposées des dieux varient d'une région à une autre, d'un houngan à un autre. Elles n'en sont pas moins toutes animées du même souci : regrouper les loa dans des ensembles rituels distincts en vertu de leur origine géographique ou tribale. Les dieux composent des familles ou « nations » dont les divisions constituent autant d'« escouades ». Deux grands recoupements traversent ces divers découpages de l'univers surnaturel : les divinités *rada* forment une espèce d'aristocratie dominante, répandue à travers tout le pays. Ils comprennent notamment les grands dieux cosmiques des Fon de l'ancien royaume du Dahomey. Le culte des dieux *petro*, en revanche, a toujours été considéré comme d'origine créole. Mais un examen plus attentif montre que ce second panthéon majeur comporte un nombre important d'esprits appartenant en propre aux Kongo d'Afrique centrale. Tel est le cas non seulement des Simbi, des Kita et des Bumba, mais encore d'un esprit apparemment autochtone comme Ti Jean pié sèche (le boiteux), chef de la famille des Kongo Savanne ou Zandor. Il faut savoir, en effet, que les nains et les estropiés étaient considérés dans l'ancienne religion kongo comme des esprits de la nature au même titre que les jumeaux, incorporés dans les panthéons rada et petro sous leur nom de *marassa*. Certains dieux apparaissent dans les deux panthéons. Mais, sous leur aspect petro, ils sont toujours plus violents. Les loa rada sont « doux », les loa petro « amers » ; les premiers sont pacifiques et souvent associés à l'eau, les seconds sont de puissants magiciens (parfois dangereux), associés aux « médecines » et au feu. Ils sont

Cérémonie de possession. Le dieu Ogoun va s'incarner en la personne de la mambo Mélanie Georges. À sa droite, son assistant brandit le sabre, attribut par excellence d'Ogoun, dieu de la Guerre et de la Forge (C. Regnault, Explorer).

invoqués pour acquérir toute espèce de puissance et, à cet égard, ils font parfois figure d'esprits maléfiques au pouvoir destructeur. Mais le partage structural que l'on peut établir entre les loa rada et les loa petro ne recoupe en aucune façon la division manichéenne entre le bien et le mal.

Certains loa petro, cependant, sont franchement redoutés. Au cours de cérémonies qui ne sont que rarement effectuées, selon une périodicité longue, ils seront attachés à des pieux (bornés) ou « enchaînés » loin de la maison après avoir reçu offrandes et sacrifices, afin de ne pas nuire. En tout état de cause, dans le sanctuaire, les esprits petro sont toujours honorés dans une chambre distincte de celle où se trouve l'autel des esprits rada. À l'extérieur, un endroit particulier marqué par une croix est réservé aux Guédés et aux Barons Sameci, divinités des morts et des cimetières.

Rites et magie

Dans le nord du pays, à Nansoukri, il existe un sanctuaire parfaitement original ; il est entièrement dédié à des divinités kongo et on y pratique un culte fort différent du rituel petro. La société des dieux s'organise autour de la souveraineté du roi Bazou et d'une reine appelée Mambo Inan, qui conservent le souvenir de l'ancienne royauté des Kongo. Le village-sanctuaire est une espèce d'enceinte mystique défendue par une avant-garde et une arrière-garde de divinités, toutes considérées comme de puissants magiciens. C'est un esclave marron dénommé Figaro qui aurait aménagé cet espace indépendant, dans un lieu inaccessible, à la fin de l'époque coloniale. Mais la pénétration des divinités d'origine kongo, qui ont donné naissance ailleurs au culte petro, est sans doute plus ancienne. Des esclaves originaires de la côte d'Afrique centrale furent importés de façon massive tout au long du XVIIIe siècle.

La fête du roi Bazou, assimilé à l'un des Rois mages, se célèbre le 6 janvier, jour de l'Épiphanie, en vertu d'un rapprochement cohérent avec le calendrier liturgique chrétien. Noël est, en revanche, une période d'intense activité rituelle dans l'ensemble du pays ; on y renouvelle les poudres magiques sous le signe du feu, en invoquant les loa petro. La célébration ordinaire du culte a lieu en dehors de toute contrainte calendaire, en vertu de nécessités contingentes. L'une des cérémonies les plus fréquentes est le *boulé zin*, qui consiste à régénérer l'ensemble du matériel liturgique en le passant à la flamme. L'initiation d'un ou d'une hounsi est marquée par la réclusion du néophyte, durant une semaine, à l'intérieur du sanctuaire. À la mort de l'initié, on célèbre des rites particuliers qui consistent notamment à détacher de son corps le loa protecteur. L'âme se rend alors en Guinée (Afrique) et on la retire de l'eau un an plus tard au moyen d'une poterie, pour la rendre à la nature ou la fixer sur un autel, où elle devient une espèce de loa mineur.

Autour du vodou se sont développées de nombreuses pratiques magiques. Guérisseurs, les houngan et mambo peuvent aussi être envoûteurs. Le vodou implique la croyance en l'existence d'une magie noire. L'opération la plus redoutable est l'« envoi » des morts, ou « expédition » ; elle consiste à lancer l'esprit d'un défunt contre une victime, qui ne tardera pas à dépérir. Certains loa petro, impliqués dans ces rites d'envoûtement, sont eux-mêmes considérés comme de redoutables sorciers (*baka*) ; et un certain nombre de houngan, censés s'adonner tant à la magie maléfique qu'à la magie bénéfique, « travaillent des deux mains ». Autour des houmfort se sont développées des sociétés secrètes qui contrôlent l'ordre social. La menace de transformation des récalcitrants en *zombi* est l'arme suprême dont disposent leurs membres, qui se prévalent volontiers des pouvoirs de la sorcellerie pour asseoir leur autorité. Mais le culte des loa, divinités bienveillantes dans l'ensemble, est fondamentalement étranger à ces préoccupations. Il enracine la réalité quotidienne haïtienne dans une Afrique mythique et constitue la seule sauvegarde imaginaire contre une misère terrifiante. L'initiation en particulier renforce la personnalité de l'adepte et le place sous la protection d'un loa protecteur attitré, qui est dit « maître de la tête », car c'est lui qui prend possession de manière privilégiée de son corps au cours des cérémonies. C'est la foi inébranlable dans les dieux ancestraux qui a permis aux esclaves de Saint-Domingue de survivre dans des conditions effroyables. Le vodou fut en quelque sorte l'âme de la résistance, de la révolte anticoloniale qui arracha l'indépendance du pays à la France en 1804.

Le candomblé du Brésil

Jean-Marie Remy

Les premiers esclaves noirs arrivèrent au Brésil en 1538, venant de Guinée. Au XVIIe siècle, il en vint surtout de l'Angola et du Congo, puis, jusque dans la première moitié du XIXe, affluèrent Dahoméens et Nagôs qui se concentrèrent dans la région de Bahia. Cette multitude d'éléments iorubá, egbá, ijexá et kêto explique l'importance du contingent nagô, qui a été déterminant pour l'évolution des cultes d'origine africaine au Brésil. Chacune de ces ethnies apportait sa conception du monde, sa religion, fragmentations d'une métaphysique très ancienne faite de croyances communes en un Dieu créateur et ordonnateur, en un panthéon de dieux administrateurs de cette création et en la dualité du monde, partagé entre le matériel et le spirituel. À cet ensemble se superposaient parfois des éléments islamiques.

Les différents groupes se cristallisèrent en « nations », dont l'administration de la colonie et les propriétaires terriens encourageaient la rivalité et dont les fêtes étaient perçues comme des manifestations profanes. Le baptême catholique était imposé à tous et, dans les villes, l'Église organisait des confréries de Noirs, ce qui permit de reconstituer des groupes ayant la même origine africaine. Ceux-ci, dont la langue et les coutumes étaient ignorées des prêtres, célébraient, à l'insu de ces derniers, des cérémonies où ils invoquaient leurs dieux sous les vocables de saints du calendrier chrétien, développant ainsi un syncrétisme sans doute plus formel que réel. Dans le Nord et le Nord-Est, l'intégration d'éléments amérindiens, les esprits des « caboclos », engendra le « candomblé de caboclo ». Dans les régions à dominante bantoue, et plus particulièrement dans le Sud-Est, se développa le candomblé d'Angola ou du Congo et la macumba. Cette dernière s'intégra à l'umbanda, dans laquelle coexistent des éléments africains, indigènes, catholiques, spirites et occultistes. Né au sein des classes moyennes au début du XXe siècle, à Rio de Janeiro, ce mouvement s'est répandu ensuite dans l'ensemble des États de la fédération. C'est le seul culte dans lequel on puisse voir un syncrétisme, car, dans le candomblé traditionnel, il n'y a ni fusion ni synthèse entre le système nagô et les croyances ou pratiques chrétiennes, bien que certaines de celles-ci aient été réimportées en Afrique par les esclaves émancipés qui y retournèrent, telle, au Bénin, la dévotion au « Senhor de Bonfim ».

Le terme « candomblé » (étymologie probable : « lieu de la danse ») apparaît au XIXe siècle à propos des quilombos,

Une session d'umbanda. Plus franchement syncrétiste que le candomblé, le culte d'umbanda, auquel s'est intégrée la macumba, mêle à des éléments africains et catholiques des pratiques spirites et occultistes (S. Costa, Explorer).

regroupements d'esclaves fugitifs, ce qui manifeste le rôle de ce culte dans l'émancipation des Noirs. L'espace sacré est le *terreiro*, qui doit s'adapter au terrain où il est implanté, mais tous ceux de la nation iorubá ont des caractéristiques communes : d'abord l'existence d'au moins deux *Exús*, le premier dans une petite maison près de la porte d'entrée, le second enterré sous le seuil. Cette dualité typiquement africaine se retrouve dans l'opposition des deux parties du candomblé : l'*ilé-orixá* (la maison des divinités) – avec des locaux différenciés : temple, couvent et lieu d'habitation – et l'*ilé-sain* (maison des morts). Elle répond au double culte des orixá et des ancêtres en Afrique. D'autres lieux sont considérés comme sacrés, mais seulement en tant que prolongeant le terreiro, tels que les sources. L'univers est divisé en deux régions qui à l'origine se compénétraient et que le créateur sépara à la suite d'une transgression : l'*ayé*, la terre des phénomènes sensibles et des créatures, et l'*orum*, l'au-delà, le séjour des esprits (orixá compris). Tous les rites ont pour fonction d'assurer la communication entre eux, par la distribution de la force sacrée présente dans tous les êtres, l'*axé*. Au commencement, le Dieu créateur, Olorún, était le vide cosmique, indifférencié, qui en lui-même engendra le mouvement. Du mouvement de l'air se formèrent les eaux et la première matière amorphe, d'où fut constitué l'être primordial, Exú : d'un côté, le binôme eau-air, domaine d'Oxalá, principe masculin ; de l'autre, le binôme eau-terre, domaine d'Odudua, principe féminin. De ce premier couple divin surgirent les orixá.

Sauf Olorún, toutes les divinités sont indifféremment appelées *orixá* (*orisha*), le panthéon étant généralement réduit à seize grandes entités. En plus d'Exú, médiateur de tous les échanges, sorte de Mercure africain, dont le rôle est bénéfique ou maléfique selon les cas, nous trouvons Oxalá, Iemanjá, Ogun, Oxossi, Logunedê, Osaim, Iroko, Nanã, Omulu, Oxumaré, Xangô, Iansã, Obá, Euá et Ifá. Certains ne s'incarnent pas, tel Ifá, qui s'exprime à travers l'oracle des *búzios* (coquillages). Chaque personne a une origine divine et la partie qu'elle tient de celle-ci est située dans la tête (*ori*), siège de l'individualité et point de jonction avec le collectif. Tous les rites de passage s'appuient sur le culte de la tête. Les orixá sont hérités des ancêtres. Le « maître de la tête » et, après lui, toutes les divinités qui s'expriment dans l'*odu* déterminent le destin de chaque individu. L'oracle (Ifá) dira quel dieu doit être servi si l'on veut réaliser le processus d'intégration qui consiste à transformer l'autre en soi-même. À ces rites s'ajoutent le culte des ancêtres, celui des anciens desservants du temple (*axéxé*) et celui des *eguns*, qui est entouré de mystère.

On rencontre quatre types de sacerdoce : celui du *babalorixá* (père de saint) ou *ialorixá* (mère de saint), qui préside au culte des orixá ; ceux du *babalaô* (culte d'Ifá) et du *babalosaim* (culte d'Osaim, la « maîtresse des feuilles », de qui émane la force magique qui vivifie les hommes et les dieux selon Frobenius) ; enfin, celui du *babaogê*, qui préside au culte des eguns (ou des morts). Le culte ne comporte pas de représentations anthropomorphes ; c'est la pierre consacrée qui est l'orixá lui-même et que l'on vénère. La puissance des dieux vient des sacrifices et des nourritures qui leur sont offerts (toute la savoureuse cuisine bahianaise est « nourriture de saint »), ainsi que de la force vive de la communauté, qui se manifeste dans les rites, représentations dramatiques de leur histoire. Le culte public est précédé de rites réservés aux seuls initiés (consultation de l'oracle, nettoyage des autels, sacrifices d'animaux) et commence après le coucher du soleil par le *padê* destiné à Exú, qui doit être le premier servi. Les filles de saint forment ensuite la ronde ; les trois *atabaques* (tambours) résonnent ; chacun des tambours est fils d'orixá et fait l'objet d'une véritable initiation. Eux seuls ont le pouvoir de faire « descendre » (*baixar*) les orixá. Ils sont assistés par les *adjá* (clochettes), les *aguê* et les *agogôs*. Chaque saint est appelé par une invocation particulière, chantée, selon un ordre qui n'est pas immuable, mais qui toujours commence par Exú et Ogun et finit par Oxalá. Le « saint » se manifeste dans la transe, par laquelle il prend possession de sa « monture » ; c'est un des moments de la construction de l'identité de l'adepte en tant qu'individu et support de la divinité. Selon la nature de l'orixá, la possession peut être vécue comme étrangeté, identification, dédoublement. Le « saint » est l'« autre » absolu : image de la mort, transformation totale, perte d'âme ou de bien, autoreconnaissance, identification consciente. Le double est, selon Monique Augras, facteur de métamorphose. Un état d'inconscience est cependant requis pour l'apparition de cet être profond. Les dieux dansent, reçoivent l'hommage des présents, s'inclinent devant la desservante, Ialorixá, la mère de saint.

L'axé n'est pas cependant le privilège exclusif des dieux ; les hommes peuvent l'acquérir par une initiation progressive dont le premier degré est le « lavage du collier ». Cette consécration a lieu sur la pierre de l'orixá, et la tête du destinataire sera lavée avec les mêmes eaux. Elle établit aussi un lien entre celui-ci et le terreiro. Le possesseur du collier sera dès lors soumis à des obligations et à des interdits, dont le nombre ira croissant à chaque degré de l'initiation. La deuxième étape est le *bori*, cérémonie à l'issue de laquelle le postulant est considéré comme *abiá* (novice) et qui constitue une régénération périodique de l'axé. La troisième, l'initiation proprement dite, s'étend sur une longue période de claustration dans une pièce du temple, au cours de laquelle s'effectue l'assimilation, quasi inconsciente, des valeurs sacrées. La « fixation du dieu » est la cérémonie la plus importante. La tête de la novice ou du novice (*iaô*) est rasée ; une incision est pratiquée, où l'on place une substance au pouvoir magique élevé, l'Oxu. Puis l'iaô est présenté au public et énonce son nouveau nom. Les vêtements et accessoires qui ont servi durant l'initiation sont jetés dans un endroit isolé (rivière, plage). Les fils ou filles de saint passent alors par une période de semi-inconscience, l'*erê*. Le long apprentissage initiatique est comme une confrontation progressive avec les diverses facettes de l'altérité. L'entité maîtresse de la tête sera-t-elle perçue comme quelque chose de totalement étranger ou comme le modèle d'une personnalité consciemment assumée ? Il n'y a qu'une réponse possible à cette question. Quant à l'impressionnante cérémonie de l'axéxé après la mort d'une desservante, elle vise à réincorporer l'axé de la défunte dans le potentiel collectif.

Suspectés, interdits, décriés et enfin folklorisés, le candomblé et les cultes qui en dérivent imprègnent profondément le tissu social brésilien et pas seulement les couches populaires. L'umbanda, par exemple, semble circuler dans les espaces interstitiels des divers sous-systèmes culturels, jusqu'à s'approprier les discours dominants.

Le syncrétisme chinois

BERNARD FAURE

En quels termes se pose aujourd'hui la question du syncrétisme chinois ? Mais, tout d'abord, la question se pose-t-elle ou n'est-elle pas, comme l'affirment certains, un de ces faux problèmes créés par l'orientalisme du XIXe siècle à partir de notions héritées du christianisme ? On sait les connotations négatives que véhicule le terme « syncrétisme », dans la mesure où il présuppose des doctrines originellement « pures », qui ne se mélangeraient qu'au prix d'une inévitable perte de substance. Le syncrétisme serait donc de manière générale l'indice d'un déclin, d'une corruption, d'un oubli des origines. Mais quelle utilité cette notion conserve-t-elle, étant donné que, dans la plupart des cas, c'est précisément la situation inverse qui prévaut ? Les doctrines « pures » sont, en effet, l'aboutissement d'un plus ou moins long processus de purification, de décantation, parfois même de sclérose. La doctrine « originelle » (si l'on peut qualifier d'origine le « foyer virtuel » que constituent la personnalité et la pensée relativement floues de ceux que la tradition reconnaît a posteriori comme « fondateurs »), quant à elle, est d'ordinaire assez mêlée (faut-il encore dire : « syncrétique » ?). Cela vaut aussi bien pour le bouddhisme dit primitif (et, à plus forte raison, pour la doctrine du Grand Véhicule lorsqu'elle est introduite en Chine au début de l'ère chrétienne) que pour le taoïsme de Laozi et de Zhuangzi. Les influences, échanges, emprunts ouverts ou masqués qui marquent le lent processus d'assimilation et d'acculturation du bouddhisme indien aux cultes, religions ou systèmes de pensée locaux n'ont donc rien de spécifiquement chinois. Ils constituent, plutôt qu'un indice de déclin, le trait fondamental de traditions religieuses, bouddhiques ou chinoises, en train de se développer.

Le terme « syncrétisme », tel qu'on l'utilise traditionnellement dans le cas de la ou des religions chinoises, recouvre une pluralité de phénomènes (synthèse, amalgame, acculturation, etc.) qu'il conviendrait sans doute de distinguer. En dépit ou à cause de sa généralité, il garde cependant une valeur heuristique supérieure à celle des autres vocables disponibles, à condition qu'on ne considère plus les tendances syncrétiques comme une « trahison des principes », mais qu'on y voie, au contraire, l'expression d'un désir sincère de répondre aux besoins religieux engendrés par un nouveau contexte socio-historique.

La valeur de ce terme comme catégorie explicative est d'ordinaire remise en question par ceux qui, à la suite de Henri Maspero, privilégient la dimension synchronique, arguant du fait que les Chinois vivent leur religion comme un système cohérent et non comme un assemblage de doctrines hétéroclites : le syncrétisme chinois, dans cette optique, ne serait, en somme, qu'une notion imposée de l'extérieur et, par conséquent, réductionniste. Selon Maspero, il est vain de vouloir décomposer la religion populaire chinoise en ses éléments taoïques, bouddhiques, etc. : « Que dirions-nous d'un Chinois qui viendrait nous déclarer que les Français actuels pratiquent trois religions : le christianisme parce qu'ils vont à la messe, le judaïsme parce qu'ils célèbrent la fête de Pâques, et les mystères de la Grande Déesse parce qu'ils se font baptiser ? [...] Ce qui nous induit en erreur, c'est la survivance distincte de deux clergés, bouddhiste et taoïste, avec leurs temples séparés et leurs cérémonies différentes [...]. Nous y voyons des différences de dogme, de panthéon, de rituel ; [les Chinois] n'y voient que des différences de spécialistes à l'intérieur d'un seul et même système religieux. »

Les trois doctrines. Confucianisme, taoïsme et bouddhisme ne sont pas perçus par les Chinois comme opposés, mais plutôt comme complémentaires. Le syncrétisme, dans sa version savante, est d'abord un éclectisme traversé d'accès de sectarisme ; dans sa version populaire, il procède par amalgame ou substitution de rituels ou de personnages. Le Buddha, avec à ses côtés Laozi et Confucius, estampage de stèle extrait de E. Chavannes, « Missions archéologiques en Chine septentrionale », 1909 (Bibliothèque nationale de France, Paris).

L'harmonie des trois doctrines

Les historiens, certes, ont eu tendance à accepter de façon trop peu critique les déclarations plus ou moins sectaires des moines et des lettrés comme preuves de la coexistence parfois difficile de trois grandes traditions religieuses : taoïsme, confucianisme et bouddhisme. Ce faisant, ils étaient inévitablement conduits à mettre l'accent sur les questions d'orthodoxie doctrinale et à négliger la ou les religions populaires pour lesquelles ces distinctions perdaient l'essentiel de leur valeur descriptive ou explicative. Ils héritaient, du même coup, des préjugés des missionnaires jésuites en faveur du christianisme. La tendance semble heureusement en passe de se renverser et l'on assiste depuis peu à une réhabilitation du taoïsme et de la religion populaire. Il n'en reste pas moins vrai que la dimension diachronique garde toute son importance et qu'il existe un discours autochtone que l'on peut qualifier à juste titre de « syncrétique » dans la mesure où il prône l'unité, ou plutôt l'harmonie, des trois doctrines (harmonie impliquant séparation). Tout en reconnaissant la justesse des propos de Maspero sur la religiosité populaire, on ne le suivra pas dans son refus de prendre en considération le discours clérical ou lettré sur la ou les religions. On relèvera, d'autre part, que ce discours a largement contribué à l'assimilation systématique, par la religion populaire, d'éléments doctrinaux, rituels ou mythologiques.

C'est l'ambiguïté du terme « syncrétisme » appliqué à deux réalités distinctes quoique reliées – la haute culture et les traditions populaires – qui explique ce qu'on pourrait appeler la « querelle du syncrétisme chinois ». Si l'on tient à conserver ce terme pour montrer qu'il n'existe pas de solution de continuité entre les deux conceptions (lesquelles ne s'identifient d'ailleurs pas nécessairement à des couches sociales distinctes, mais coexistent aussi bien, comme divers « programmes de vérité », chez un même individu), il importe de distinguer clairement entre deux sortes de syncrétisme : l'un qui serait le « syncrétisme militant » et l'autre qu'on nommera « syncrétisme populaire ». Le premier décrit (ou plutôt prescrit) d'ordinaire les relations entre des ensembles complexes (bouddhisme, taoïsme, etc.) ; le second résulte des rapports multiples (fusion, substitution, parallélisme) qui s'établissent à divers niveaux entre des éléments particuliers de ces ensembles.

On doit souligner, en outre, le fait que la référence à un « syncrétisme chinois » conduit souvent à hypostasier la religion populaire comme une réalité immuable. Mais, comme le soulignait Maspero, « c'est se faire étrangement illusion que de penser [...] que *les sentiments* [religieux des Chinois] *sont, à peu de choses près, ceux qui dominaient la vie de leurs ancêtres* dans l'Antiquité. Presque tout a changé, et ce qui par chance s'est conservé est loin d'avoir la même valeur dans l'ensemble des idées religieuses ». Il existe donc non pas un mais des syncrétismes chinois, des configurations diverses dont les critères de sélectivité respectifs

Survivance des cultes populaires. Par-delà les tendances syncrétiques qui assurent la compatibilité des « trois doctrines », des éléments de religion populaire imprègnent en profondeur les mentalités. En témoigne ce petit temple, dédié au dieu du Sol, dans un village de la province de Hunan. Il a été édifié après la révolution culturelle, probablement en remplacement d'un édifice similaire détruit à cette époque (I. Ang).

varient considérablement, en dépit d'une ressemblance superficielle quant aux mots d'ordre syncrétiques. On se condamne à en manquer la signification si l'on ne retient que ce qui constitue leur dénominateur commun ; et l'on confond du même coup le type idéal et la réalité socio-historique.

Le syncrétisme militant

Le « syncrétisme militant » peut prendre diverses formes, polémiques ou conciliantes. Il consiste essentiellement, pour reprendre l'expression d'un orfèvre en la matière, Lin Zhaoen (1517-1598), à « se servir des barbares pour vaincre les barbares ». Dès avant l'introduction du bouddhisme en Chine, taoïsme et confucianisme étaient perçus comme relevant de deux domaines complémentaires. L'assimilation du bouddhisme ne présentait, en principe, guère de difficultés pour ce type de pensée essentiellement holiste ; et il était donc tentant, pour certains esprits éclairés, d'envisager une synthèse des trois doctrines, tout en réservant une position hiérarchique supérieure à l'une d'entre elles. C'est ainsi que Wang Bi (229-249) commente Laozi dans un esprit confucéen ou que la notion bouddhique de vacuité (*śūnyatā*) est réinterprétée en des termes tirés de Zhuangzi et du *Yi jing* dans l'« école des Mystères » (*xuanxue*), tandis que, chez un théoricien bouddhique comme Sengzhao, la terminologie taoïque sert avant tout à développer la philosophie de la *Prajñāpāramitā*.

Mais cet éclectisme reste largement théorique. Par la suite, la rivalité croissante des écoles et les flambées de sectarisme qui en résultent aboutissent paradoxalement à un syncrétisme beaucoup plus poussé. Au cours de la controverse qui, durant une dizaine de siècles, oppose bouddhistes et taoïstes autour de la légende taoïque de la « conversion des barbares par Laozi », chaque camp s'efforcera de montrer que la doctrine adverse n'est, en fait, qu'une version abâtardie de sa propre doctrine. Les nécessités de la polémique et, pour le bouddhisme, de l'acculturation entraînent ainsi, bon gré mal gré, un certain alignement des doctrines et l'on aboutit à des compromis dont on ne sait plus très bien s'ils sont bouddhiques ou taoïques. En ce sens, on peut dire que le sectarisme et l'œcuménisme se complètent et constituent deux formes d'un syncrétisme militant.

Du côté de la religion populaire, ce syncrétisme est à l'œuvre dans les récits de conversion des divinités locales au bouddhisme. Ainsi, le dieu du « Pic central », le Songshan, demande à divers moines chan de lui conférer les défenses de bodhisattva. Le caractère agonistique de ce genre de rencontres est accentué dans les innombrables légendes où des moines bouddhiques aux allures d'immortels taoïstes domptent ces émanations du *genius loci* que sont les dragons, les serpents ou les tigres.

Le problème se retrouve à propos des « classifications doctrinales » (*panjiao*), qui sont en apparence des modèles de tolérance. Malgré l'esprit œcuménique qui semble les animer, elles visent toujours à établir la supériorité d'une doctrine déterminée. Le meilleur exemple, à l'époque des Tang, en est sans doute celui de Guifei Zongmi (780-841), un adepte du chan et du huayan qui, dans un court traité intitulé *À la recherche de l'homme* [*Yuanren lun*], vise à harmoniser les « trois doctrines » tout en réservant au bouddhisme le rôle de *primus inter pares*. Il admet que Laozi, Confucius et le Buddha étaient des sages parfaits, mais ne reconnaît au confucianisme et au taoïsme qu'une valeur propédeutique, leur reprochant notamment de n'avoir pas su, à l'instar du bouddhisme, élaborer une théorie de la causalité karmique. À l'intérieur du bouddhisme lui-même, Zongmi distingue cinq types de doctrines, la dernière, dite du Véhicule unique (*ekayāna*), étant, comme de juste, la sienne. Selon ce schéma éminemment téléologique, toutes les traditions religieuses de l'Inde et de la Chine ne sont que des étapes vers cet achèvement suprême que constitue la pensée du huayan et du chan ; elles sont donc critiquées tour à tour avant d'être réintégrées dans une vaste synthèse dont le fondement ontologique est l'« Esprit unique ».

En surface, ce syncrétisme semble battu en brèche par les tendances sectaires qui marquent la période des Tang et dont l'exemple classique est la diatribe antibouddhique du confucéen Han Yu (786-824). La critique de ce dernier est reprise à l'époque des Song par Zhu Xi (1130-1200), l'un des fondateurs du « néo-confucianisme », dont la pensée subit pourtant largement l'influence du chan et des spéculations métaphysiques du huayan. Les emprunts au bouddhisme deviendront encore plus flagrants dans l'autre principale branche néo-confucéenne, l'école de Wang Yangming (1472-1529).

C'est à partir des Song, et surtout sous les Ming (1368-1644), que le syncrétisme militant fait école. La diminution des rivalités sectaires à l'intérieur du bouddhisme après la proscription momentanée de celui-ci en 845 et la simplification qui en résulte rendent le bouddhisme plus accessible aux profanes. C'est sous les Song que se produit la fusion des doctrines du chan et de la Terre pure qui va devenir le trait caractéristique de cette religion jusqu'à l'époque moderne. Le principal représentant de cette tendance est Yunqi Zhuhong (1532-1612), un moine des Ming qui s'efforça de réconcilier bouddhisme et confucianisme en insistant, comme Zongmi avant lui, sur les valeurs laïques telles que la piété filiale et le culte des ancêtres.

La théorie de l'« accord des trois doctrines », avec des leitmotive du genre : « Trois doctrines, un seul Dao (Tao) [*jiao san, dao yi*] », devient donc le trait dominant du discours philosophique et religieux après les Song. Elle ne doit cependant pas faire illusion, car elle n'est la plupart du temps qu'une revendication de légitimité et, donc, de supériorité, de la part d'une des traditions en question. Il s'agit, en général, du taoïsme, qui connaît à cette époque un renouveau grâce à l'essor de l'école dite de la Réalisation parfaite (*Quan zhen*) et dont toute la doctrine est réinterprétée en termes allégoriques et syncrétiques avec des adeptes de l'« alchimie intérieure [*neidan*] » tels que Bo Yuchan (1134-1220).

Cette tendance s'accentua à partir des Ming, après que le fondateur de la nouvelle dynastie, Taizu (qui régna de 1368 à 1398), eut proclamé par décret impérial l'égalité des trois doctrines. C'était là essentiellement une mesure dictée par le pragmatisme politique, mais elle n'en eut pas moins une grande influence sur le développement du syncrétisme théorique. Les confucianistes, représentants de l'orthodoxie, étaient par nature les moins enclins au syncrétisme. Il y eut néanmoins de notables exceptions, surtout dans le courant le plus radical de l'école de Wang Yangming, tels Yuan Zongdao (1560-1600), qui ne pensait pas qu'on pût comprendre le confucianisme avant d'avoir étudié le chan, et Lin Zhaoen, fondateur d'une « école des Trois Doctrines », encore active parmi les Chinois d'Asie du Sud-Est. Lin réinterprète la « culture spirituelle » confucianiste – qu'il désigne par une expression tirée du *Yi jing*, l'« immobilisation du dos » (*genqibei*) – en termes d'alchimie intérieure taoïste et de méditation chan. Il n'en reste pas moins confucianiste, malgré la position marginale que lui vaut sa renommée de guérisseur et de prédicateur populaire.

Le syncrétisme populaire

On conservera ici la définition donnée par R. A. Stein de la religion populaire sous les Six Dynasties (220-589) : celle-ci comprend tout ce qui ne relève pas spécifiquement d'une religion institutionnalisée (religion d'État, taoïsme, bouddhisme, etc.), étant bien entendu que, « sociologiquement parlant, cette *religion populaire* n'est pas confinée au peuple, mais commune à toutes les couches de la société, y compris la cour impériale ». Elle inclut notamment le culte des divinités et des ancêtres, les rites apotropaïques et divers rites de passage. Elle se distingue parfois difficilement des formes « popularisées » des grandes traditions religieuses, sorte de niveau intermédiaire à travers lequel s'opèrent les échanges entre les doctrines « pures » des clercs et le substrat mythologique et rituel des cultes locaux.

Quoique de part en part historique, le syncrétisme qui la caractérise est plutôt justiciable d'une analyse synchronique. Ce sont, en effet, les similitudes de structure et les affinités fonctionnelles qui expliquent l'amalgame ou la substitution entre tels ou tels éléments de rituels ou de panthéons différents. On a souvent souligné que les dieux, en Chine, sont avant tout des fonctionnaires, et non pas des entités psychologiques bien définies. C'est ainsi que la bureaucratie terrestre et la bureaucratie céleste en sont venues à se refléter mutuellement. Par exemple, Yama, le souverain hindou du monde des morts, récupéré par la mythologie bouddhique, devient en Chine l'un des dix juges infernaux, figures imposantes où se mêlent des éléments populaires, taoïques, confucianistes et bouddhiques.

Le culte des ancêtres, élément central de la religion populaire chinoise, se trouva considérablement modifié par la théorie de la rétribution des actes (*karma*) et l'imagerie bouddhique relative à l'autre monde. Le meilleur exemple d'acculturation du bouddhisme aux traditions chinoises est sans doute celui du rituel d'Avalambana (*Yulanpen*), populairement connu comme fête de la « délivrance universelle » (*pudu*) et destiné à apaiser les « esprits faméliques » et autres âmes errantes. Cette fête, dont l'origine remonterait au rituel accompli par un disciple du Buddha, Mulian, pour sauver sa mère des enfers, constitue une sorte de « fait social total », dans la mesure où elle intègre divers niveaux (cosmique, social, monastique) prenant place à l'un des temps forts des calendriers agraire, taoïque et bouddhique, et exprimant simultanément la compassion bouddhique, la piété filiale confucianiste et les conceptions démonologiques populaires. Elle illustre donc parfaitement le caractère multifonctionnel des mythes, symboles et rites « populaires », et, par conséquent, leur syncrétisme structural.

La mère de miséricorde. Guanyin est la forme chinoise du bodhisattva Avalokiteśvara. Déité masculine à l'origine, elle a été transformée par la piété populaire en pourvoyeuse d'enfants, secours des pauvres et des abandonnés. Sculpture chinoise, fin du XIIIe siècle, Musée national des arts asiatiques - Guimet (R.M.N.).

Pour le panthéon, les exemples d'amalgame ou de parallélisme résultant de similitudes fonctionnelles ou structurales abondent. C'est ainsi que Guanyin, le bodhisattva de la compassion, devenu sous son apparence féminine divinité donneuse d'enfants, échange parfois ses attributs avec d'autres symboles de fertilité bouddhiques, taoïques ou populaires (voire chrétiens) tels que Hariti, Mazu, Zusheng niangniang (ou la Vierge Marie). De même, les gardiens de la porte se présentent, selon les cas, sous une apparence bouddhique, taoïque ou populaire. À mi-chemin entre syncrétisme militant et syncrétisme populaire, on peut mentionner enfin l'apparition au Fukien, vers la fin des Ming, d'exorcistes chrétiens chinois, qui, dûment réprouvés par la hiérarchie ecclésiastique, pratiquent la technique de la planchette chère aux médiums populaires.

Personnages de roman

Un document précieux pour la compréhension du syncrétisme populaire à l'époque prémoderne est le célèbre roman de Wu Chengen (1506-1582) intitulé *Le Pèlerinage en Occident* [*Xiyu Ji*]. Au cours de leur voyage vers l'Inde en quête des Écritures bouddhiques, les personnages de ce roman, le moine Xuanzang et ses trois disciples (le singe Sun Wukong, le porc Zhu Bajie et le moine Wujing), ont maille à partir avec les innombrables démons de l'imagerie populaire et avec une bonne partie des panthéons taoïque et bouddhique. Bien que leur ultime recours soit le bodhisattva Guanyin, dont la présence bienveillante domine tout le récit, le clergé bouddhique est souvent ridiculisé en la personne de Xuanzang, personnage bien falot à côté de son indiscipliné disciple Sun Wukong. Le clergé taoïque est également malmené par l'auteur. Cela n'a pas empêché maint commentateur d'interpréter ce roman comme une allégorie de la quête alchimique taoïste. L'interprétation allégorique des personnages a, d'ailleurs, toujours eu beaucoup de succès et Sun Wukong, en particulier, est souvent considéré comme le symbole de l'esprit humain. Ce type d'interprétation a récemment connu un regain de popularité, avec la récupération idéologique de ces personnages par la pensée maoïste (Sun Wukong, en tant qu'esprit, symbolisait le Grand Timonier lui-même, alors que Zhu Bajie, hédoniste glouton, était honni comme « porc capitaliste »), puis, après la mort du président Mao, par la nouvelle idéologie officielle (Zhu Bajie, maintenant réhabilité comme exemple d'esprit d'entreprise, fait visiter ses porcheries modèles). Cela montre que le syncrétisme chinois, populaire ou militant, est toujours bien vivant et capable d'assimiler les pensées les plus étrangères.

Le syncrétisme au Japon

HARTMUT O. ROTERMUND

Dès son arrivée au Japon, le bouddhisme établit des contacts avec les croyances autochtones (shintō). Les deux corps de doctrine allaient très vite s'interpénétrer et influer l'un sur l'autre. Quoi qu'il en fût de la fameuse controverse, plus politique que religieuse, entre les deux familles dominantes de l'époque concernant l'opportunité d'adopter ou non le bouddhisme, les nouveaux dieux-buddhas ne furent pas regardés comme étant différents des *kami*, et furent quasi identifiés à ceux-ci, comme l'indique l'expression *tonari-guni no kami* (*kami* du pays voisin), utilisée dans le *Nihon-shoki* pour désigner les buddhas. Appuyé par les autorités et, en particulier, par le prince héritier Shōtoku taishi, le bouddhisme put s'épanouir sur le sol japonais dès la fin du VIe siècle, parallèlement à une certaine formalisation du culte des kami. Cette évolution accompagnait l'émergence d'un État unifié, dans lequel les divinités (*ujigami*) des clans influents avaient acquis une dimension supra-régionale. Le syncrétisme entre les deux religions (*shinbutsu shūgō*) s'amorçait déjà, avec l'établissement des temples provinciaux (*kokubun-ji*) auxquels étaient affectés des religieux bouddhistes, qui seront aussi de plus en plus présents dans les grands sanctuaires shintō.

Les étapes de la formation du syncrétisme shintō-bouddhique

On peut distinguer plusieurs étapes dans le développement de ce syncrétisme. Vers le VIIIe siècle, les kami ont été considérés comme protecteurs de la Loi bouddhique, et vénérés en tant que dieux tutélaires (*chinju*) des édifices religieux. Des nécessités de fait, comme le voisinage géographique des lieux de culte mais probablement aussi le souci de prévenir ou d'apaiser le ressentiment du peuple, expliquent cette évolution, dont l'un des premiers exemples est le Tōdai-ji Hachiman-gū, où l'on fit s'installer la divinité Hachiman d'Usa, dans le Kyūshū. Maintes légendes viendront justifier la construction des temples, souvent attribuée à la volonté expresse de telle divinité shintō.

C'est sans doute en même temps que se développa, toujours du côté du bouddhisme, l'idée que les kami, bien qu'ils fussent des êtres supérieurs élevés au rang de protecteurs des temples, faisaient néanmoins partie des êtres appelés à se libérer du cercle des renaissances, c'est-à-dire du saṃsāra, et qu'il était donc nécessaire de lire à leur intention des *sūtra* (*Daihannya-kyō*). Cette idée permit la construction d'un temple bouddhique rattaché à un sanctuaire shintō (*jingū-ji*). Des moines bouddhistes en vinrent également à participer aux fêtes shintō *matsuri*, notamment en y récitant des sūtra, et en y introduisant certains rituels. Celui, par exemple, de la « libération des êtres vivants » (*hōjō-e*), qu'on observe dans les sanctuaires Hachiman-gū, a son origine dans le bouddhisme. L'influence de celui-ci se manifeste de manière plus visible encore dans l'architecture des sanctuaires shintō (*jin ja*), semblable par bien des points à celle des temples.

L'attribution aux kami du statut de bodhisattva (buddha en puissance) constitua l'étape suivante : Hachiman du Tōdaiji, par exemple, aura droit au titre de « Grand Bodhisattva » (*dai-bosatsu*). À partir du milieu de l'époque de Heian (794-1185), la relation entre bouddhisme et shintō fut marquée par la conception de « l'état originel » de buddha (*honji*), dont les kami seraient la « trace descendue » (*suijaku*) en ce bas monde. Le développement de cette théorie permit à certaines divinités du panthéon des *deva* (*ten* en japonais) ou du taoïsme populaire (*ommyōdō*) de venir à leur tour peupler les sanctuaires shintō, où elles devinrent l'objet d'une large vénération en tant que divinités « aux profits immédiats » (*genzeriyaku*). Il n'y a donc rien d'étonnant à voir émerger à cette époque une iconographie propre au shintō, dans laquelle les kami adoptent docilement l'aspect de religieux bouddhistes, alors que cette religion, comme on le sait, avait ignoré jusqu'alors toute représentation anthropomorphe de ses divinités.

Il n'est pas certain qu'il faille voir dans le rapprochement shintō-bouddhique le seul fait de l'emprise du bouddhisme sur le shintō. Peut-être y avait-il un souci sous-jacent d'harmonisation, ou de relativisation, cher à la mentalité japonaise. Cela n'empêcha pas ce processus d'identification de susciter des réactions et des résistances qui tendaient même à l'inverser. Le grand sanctuaire d'Ise, en particulier, fit preuve d'une certaine hostilité envers le bouddhisme, avec, par exemple, la stricte observance de certains « mots tabou » (*imi-kotoba*).

Parmi les sectes bouddhiques, ce furent celles qui se rattachaient à l'ésotérisme qui eurent, d'un point de vue théorique, le moins de difficulté pour assimiler les kami aux buddhas : la secte Shingon prôna le *Ryōbu-shintō*, tandis que celle du Tendai prônait le *Sannō-ichijitsu-shintō*. Quant aux écoles de la Terre pure, sans refuser franchement toute idée d'une vénération des kami, elles les subordonnaient tous au Buddha Amida. Les écoles du zen reconnurent aux kami la fonction de « divinités protectrices de la Loi » (*gohō-zenjin*), tandis que Nichiren, pour sa part, leur réservait le rôle de protecteurs du *Sūtra du Lotus* (*Hokke-shintō*), plus particulièrement dévolu à Amaterasu et à Hachiman. Ainsi le shintō vécut-il en étroite liaison avec le bouddhisme, jusqu'à la fin de la période féodale et aux premières années de l'ère Meiji (1868-1912). C'est alors que l'État, animé par sa nouvelle conception d'un shintō à coloration nationaliste, rejeta de façon arbitraire tout ce qui était bouddhisme, et « sépara kami et buddhas » (*shinbutsu bunri*). C'est avant tout le syncrétisme institutionnalisé du *shugendō* qui fit les frais de cette politique néfaste.

Les montagnes dans leur réalité et dans leur fonction symbolique

Il faut souligner le rôle important, à la fois géographique et symbolique, qu'ont joué les montagnes du Japon dans la constitution de ce syncrétisme du shugendō. Avant l'implantation du bouddhisme, les montagnes étaient déjà un terrain de prédilection pour les pratiques ascétiques : nombreux étaient les religieux ou les pieux laïcs (*ubasoku*), les chamanes et les magiciens qui y séjournaient. Quand les deux écoles ésotériques du bouddhisme vinrent les y rejoindre, ces ascètes poursuivirent leurs pratiques dans une relative opposition au bouddhisme orthodoxe d'État. À l'époque de Heian (794-1185), les ascètes de l'ésotérisme bouddhique, puisant en quelque sorte dans ces traditions, allaient dans les montagnes acquérir des pouvoirs extraordinaires. Des adeptes de l'ommyōdō taoïste ou du shintō populaire se joignaient à eux. La classe des *hijiri* (saints hommes) et les *yamabushi*, premiers adeptes du shugendō, émergèrent des contacts établis entre ces divers groupes religieux. E no Ozunu (ou E no Gyōja), leur ancêtre légendaire de l'époque de Nara (710-794), est considéré comme le prototype des « religieux libres » à caractère chamanique. À l'époque de Kamakura (1185-1333), avec la naissance des nouvelles sectes zen, jōdo et nichiren, accompagnée d'un renouveau de l'ancien bouddhisme, les ascètes du shugendō s'organisèrent, eux aussi, principalement autour des monts Kumano-Yoshino, Haguro et Hiko.

Codifiée, pour la théorie et la pratique, vers la fin de l'époque médiévale, l'idéologie du shugendō révèle une forte influence de l'ésotérisme shingon, tout en portant également l'empreinte de l'ommyōdō. Sa pratique centrale, « l'entrée en montagne » (*mine-iri*) avec l'« exercice

Rituel du regard à l'Ouest. En cet endroit qui est un des soixante-quinze lieux d'ascèse du mont Ōmine, le fidèle, suspendu à une falaise, regarde dans la vallée – forme ritualisée d'un ancien « abandon du corps » et de la renaissance dans le paradis d'Amida (T. Yano).

des dix mondes » (*jikkai shugyō*), consiste en une période rituelle d'austérités observées en montagne. Elle s'accompagne, comme bon nombre de pratiques du shugendō, d'un important rituel du feu (*saitō-goma*). L'ensemble vise principalement l'obtention de pouvoirs extraordinaires que les yamabushi, à l'issue de leur ascèse, mettaient en compétition (*genkurabe*), et qui leur conférèrent par la suite la qualité de magiciens et d'exorcistes. Du point de vue phi-

Pratique dite du « kane-kake ». L'exercice est exécuté sur un rocher-lieu d'ascèse du mont Ōmine (« Sanjō-ga-take »), auquel on accède sur plus de 20 mètres à l'aide de chaînes en suivant les instructions du guide (« sendatsu »). Divers poèmes secrets font allusion à la Terre pure, à Amida ou encore à Zaō (T. Yano).

Rituel du feu (« saitō goma »). Célébré sur le parcours des austérités (« mine-iri ») du mont Ōmine, ce rituel, qui vise la destruction des passions et des obstacles à l'illumination, revêt aussi l'aspect d'offrande (d'ordinaire à Fudō myōō, lui-même manifestation de Dainichi nyorai) et d'exaucement de demandes (T. Yano).

losophique, montagnes et vallées représentent pour le shugendō les deux maṇḍalas du *kongō-kai* (plan adamantin) et du *taizō-kai* (plan de matrice). Les exercices pratiqués expriment l'idée de la non-dualité (*kon-tai fu-ni*) de ces deux plans. Du point de vue structural, un symbolisme de mort et de renaissance est ici à l'œuvre : pénétrer dans les montagnes, considérées comme résidence des esprits des ancêtres, équivaut à mourir ; passer ensuite à travers les six voies d'existence (*roku-dō*) permet de renaître comme dans une matrice. Ce symbolisme est particulièrement net au « sommet d'automne » (*aki no mine*) du mont Haguro.

Influence et vicissitudes du syncrétisme du shugendō

L'« exercice des dix mondes » revêt clairement les caractéristiques d'un rite de passage, d'un voyage initiatique à travers l'autre monde. Les montagnes de Kumano, par exemple, haut lieu du shugendō, constituaient déjà un site sacré avant que le bouddhisme ne s'y implante : à l'époque ancienne, ce fut le pays de *yomi*, par où s'en allaient les esprits des morts. Avec l'évolution du concept de *jōdo* (Terre pure) propre à tel ou tel buddha, Kumano devint également « terre pure ». Pendant le Moyen Âge, le culte et les croyances liées à Kumano ont pénétré le pays tout entier grâce aux *Kumano bikuni* (religieuses itinérantes de Kumano), aux *oshi* (« maîtres »), aux *sendatsu* (« guides ») et aux *nenbutsu-hijiri* (« saints hommes du *nenbutsu* ») pour ne décliner qu'à l'époque d'Edo (1603-1868), lorsque le culte du sanctuaire d'Ise l'emporta dans la ferveur populaire.

Zaō gongen. L'expression courroucée de cette divinité du « shugendō » est inspirée de l'ésotérisme ; son attitude ici, la jambe droite levée, caractérise les statues à partir du Moyen Âge. Son sanctuaire principal est le Zaō-dō du mont Kinpu. Musée national des arts asiatiques-Guimet, Paris (J.-L. Charmet).

Parmi les nombreuses montagnes du shugendō, il faut mentionner le mont Ōmine, dont l'ascension jusqu'au sommet reste, aujourd'hui encore, formellement interdite aux femmes (*nyonin kinsei*). Si cette discrimination fut particulièrement stricte pendant le mine-iri des yamabushi, c'est aussi qu'elle recevait son soutien de l'attitude traditionnelle du bouddhisme envers les femmes. Transgresser le tabou frapperait de malédiction non seulement l'imprudente elle-même, mais aussi son entourage. D'aucuns voient dans les *uba-ishi* ou *miko-ishi* (« rochers de chamanes ») les traces visibles de tels sacrilèges. D'ailleurs, si l'ère Meiji ne pouvait qu'abolir de tels interdits, cette discrimination concernant les femmes subsiste, et en ne se limitant pas aux montagnes et aux sanctuaires : elle a laissé des traces également dans certaines fêtes et rites saisonniers.

C'est au cours de l'époque d'Edo que le rôle des yamabushi dans la vie religieuse du petit peuple devint de plus en plus important. Ayant choisi pour la plupart un mode de vie sédentaire, ils devinrent exorcistes et contribuèrent à la formation des confréries (*kō*), organisées autour du culte d'une montagne sacrée, constituant parfois la matrice pour certaines des futures « sectes du shintō » (*kyōha-shintō*) de la fin de l'époque féodale. De façon générale, bon nombre de fêtes et de rites, de pratiques religieuses et d'actes magiques relevant des croyances populaires portent plus ou moins nettement l'empreinte du shugendō et se déroulent avec la participation des yamabushi. Dans l'iconographie, les traces du shugendō se manifestent très tôt, par exemple dans les sculptures de Zaō gongen, de Fudō myōō ou d'E no Ozunu, mais aussi, à l'époque moderne, dans l'œuvre d'un Enkū ou d'un Mokujiki. En peinture, on doit mentionner les *mandara* représentant des montagnes sacrées (*Yoshino-mandara, Sannō-mandara, Nachi-mandara*).

En l'an cinq de l'ère Meiji (1872), le gouvernement décréta la dissolution du shugendō. Ses sanctuaires furent rattachés aux deux sectes tendai et shingon, les yamabushi furent convertis en moines bouddhistes ou en prêtres shintō (*kannushi*), voire tout simplement laïcisés. Les pratiques du shugendō et l'idéologie des yamabushi n'ont pas pour autant totalement disparu de l'univers religieux du Japon. Dans certains cas, elles se sont transmises aux patriarches-fondateurs des nouvelles religions (*shinkō shūkyō*). Bon nombre d'anciens centres du shugendō, profitant de la liberté de culte, ont trouvé après 1945 un nouveau souffle et un regain d'activité religieuse.

Les « religions orientales » dans l'Empire romain

RICHARD L. GORDON

L'expression « religions orientales » ne répond à aucune classification antique. Elle a été créée à la fin du XIXe siècle pour désigner un ensemble de cultes perçus comme parallèles au christianisme naissant ou en convergence avec lui. Elle

Jupiter dolichénien. À l'origine, c'était une forme du Baal syrien qui avait son sanctuaire à Doliché, en Commagène (sud-est de la Turquie actuelle). L'annexion de la région par Rome (72 après J.-C.) fut suivie du recrutement de troupes locales qui, du fait du déplacement des légions, finirent par en propager le culte dans tout l'Empire. Assimilé à Jupiter, on le retrouva jusqu'en Angleterre et au Danube. Sur cet ex-voto découvert en Autriche, il est représenté avec ses attributs traditionnels : debout sur un taureau, l'épée au côté, brandissant la foudre et la double hache. Kunsthistorisches Museum, Vienne (E. Lessing, Magnum).

prenait en compte deux considérations : d'une part, le fait que les apologistes chrétiens ont dénoncé les « religions à mystères », dans lesquelles ils voyaient le véritable adversaire de leur foi, même si quelques-unes des plus importantes d'entre elles, celles d'Éleusis et de Dionysos, n'étaient pas « orientales » ; d'autre part, le fait qu'une des explications traditionnelles du succès du christianisme consistait à dire que la religion civique des Grecs et des Romains avait été minée par des religions étrangères qui venaient surtout de l'Est et qui encourageaient l'extravagance émotionnelle, la dévotion personnelle et la croyance en l'immortalité de l'âme. L'expression apparut en tant que telle dans les conférences que Franz Cumont donna en 1905 au Collège de France et qui furent publiées dans *Les Religions orientales dans le paganisme romain* (P. Leroux, 1906 ; 4e éd. Annales du musée Guimet, 1929). Il reste très peu de chose aujourd'hui de la construction de Cumont. Cette expression désigne désormais un petit nombre de religions, de types et d'origines divers, dont la diffusion dans le monde gréco-romain ne fut rendue possible que par des changements linguistiques, culturels et sociaux provoqués par l'existence de l'Empire romain et de ses antécédents hellénistiques.

Bien qu'il y ait eu, dans le monde romain, beaucoup d'autres religions provenant de l'Est, lorsqu'on parle des « religions orientales » de l'Empire romain, on vise en général les cultes de trois divinités : Cybèle, la Grande Mère, déesse de la cité phrygienne de Pessinus en Anatolie ; Isis, la déesse au trône du douzième district de la Basse-Égypte qui devint la protectrice du mort ; Mithra, l'un des plus importants des anciens dieux iraniens, associé à la lumière du soleil matinal et au pouvoir du contrat. Cependant, ces trois cultes dans l'Empire romain eurent très peu à voir avec ceux dont avaient joui dans leurs pays d'origine les trois divinités. Ils étaient le produit d'emprunts souvent étalés sur des siècles de changements graduels. Il n'y a donc pas à les distinguer, en tant que religions, des cultes indigènes grecs et romains (même le désir d'accepter une sagesse étrangère n'était pas nouveau). La meilleure façon de les comprendre est de voir en elles non pas des adversaires du christianisme, mais des exemples frappants d'une manœuvre structuralement indispensable permettant aux religions polythéistes des anciennes cités-États de survivre aux menaces du changement historique : une disponibilité constante à innover, malgré l'affirmation

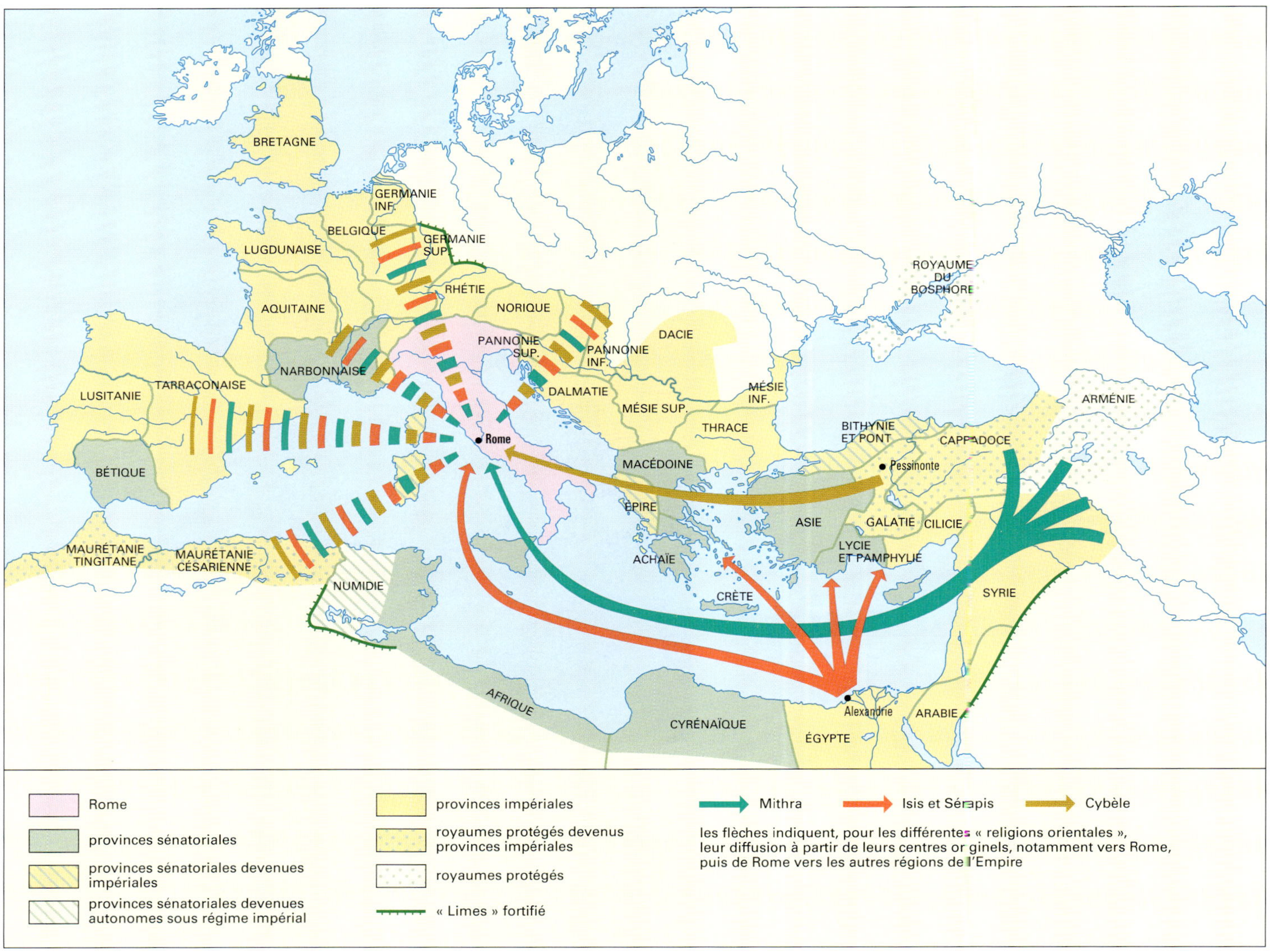

Propagation des principales « religions orientales » dans l'Empire romain.

constante du contraire. Pour trouver sa légitimité, la religion civique devait être ancestrale ; pour être adéquate à l'interprétation de l'expérience, elle devait être ouverte à l'innovation. Or toutes les religions orientales, et non seulement les plus florissantes, pouvaient se réclamer d'une haute antiquité, mais, du point de vue des Grecs et des Romains, elles étaient, aussi, neuves.

Le sociologue Max Weber observait que, dans l'Antiquité, le groupe social qui trouvait intérêt à une évolution de la religion était la population urbaine, les élites mises à part. Celles-ci étaient favorables au maintien de la religion traditionnelle ; de son côté, la masse de la paysannerie rurale n'avait pas de moyens ni de raisons de changer celle-ci. Moyennant quelques correctifs, cette appréciation reste vraie pour les religions orientales. Elles offraient des rôles sacrificiels en partie publics, des pouvoirs religieux donnant une autorité formelle et informelle, des possibilités bien déterminées d'engagement personnel, des visions et des rêves. Mais, inévitablement, dès qu'elles se furent plus pleinement institutionnalisées, on vit apparaître parmi leurs officiants et leurs prêtres des magistrats locaux et des membres de l'ordre équestre. Leurs fêtes devinrent des fêtes officielles ou populaires, avec des divergences et des particularités locales. On trouve des statues de dieux orientaux, notamment de Cybèle et des dieux égyptiens, dans des sanctuaires domestiques, par exemple à Pompéi et à Herculanum. Les gemmes banalisent leurs images. Au IIIe siècle après J.-C., Isis et Cybèle au moins – mais pas Mithra – sont complètement intégrées dans la religion civique.

Au même moment, les cultes de Cybèle et d'Isis étaient incorporés dans la culture religieuse gréco-romaine d'une autre manière qui préservait leur caractère non public par l'introduction de « mystères », c'est-à-dire de cérémonies secrètes d'initiation s'inspirant, dans une plus ou moins large mesure, des mystères d'Éleusis. Ce modèle fut suivi par de nombreux autres cultes dans l'Empire et n'était donc pas propre aux religions orientales. Le contenu de tels « mystères » nous est par définition inconnu. La seule relation importante que nous en ayons est celle qu'en donne Apulée, dans un contexte de fiction, celui de ses *Métamorphoses*, au livre XI. Il y est question du culte d'Isis. Il consistait au moins en une révélation de l'Autre Monde à l'individu initié, qui, moyennant des honoraires, était désigné pour un temps comme faisant l'objet de cérémonies spéciales.

Les « religions orientales » se distinguaient totalement du christianisme par leur aptitude à s'accommoder aux réalités séculières et religieuses. Elles n'étaient pas du tout des « religions » au même sens que celui-ci. Elles proposaient des options complémentaires, non pas des croyances exclusives. Elles n'étaient pas diffusées par la prédication ni par la conversion. En harmonie avec les attentes des Grecs et des Romains, elles avaient peu d'uniformité théologique ou d'unité doctrinale. Leurs différences avec le christianisme et celles qui les distinguaient les unes des autres peuvent être brièvement évoquées à partir des caractères des trois plus importantes d'entre elles.

Isis. À l'avènement de l'Empire romain, les cultes d'Isis et des divinités égyptiennes qui lui étaient associées, notamment Sérapis, avaient été longtemps un trait saillant des cités de Grèce et d'Asie Mineure. Ils avaient été

Le castrat fécond. Amant de Cybèle, le dieu Attis meurt de s'être volontairement émasculé. Sa résurrection, à l'équinoxe de printemps, donne lieu à des fêtes tumultueuses où s'entremêlent les thèmes de la castration et de la fertilité. Colonne provenant de Cyzique, époque romaine, Musée archéologique, Istanbul (E. Lessing, Magnum).

Le sang du taureau. Dans le culte de Mithra, très répandu à travers l'Empire, le sacrifice du taureau par le dieu assurait le salut de l'humanité. Les fidèles célébraient le dimanche, jour du soleil, par un repas communautaire. La naissance de Mithra (identifié avec Sol Invictus, le « soleil invaincu ») était fêtée le 25 décembre. Sanctuaire de Mithra, IIe siècle après J.-C., sous l'église San Clemente, Rome (E. Lessing, Magnum).

introduits sous une forme privée par les Égyptiens, qui en devenaient des prêtres héréditaires jusqu'à ce que, d'une façon ou d'une autre, la divinité fût acceptée par la cité comme une de ses puissances ancestrales. Temples et cultes étaient modelés sur les règles égyptiennes ; comme en Égypte, il y avait des groupes d'officiants subordonnés, qui se distinguaient par la vêture et par d'autres signes et qui vivaient d'aumônes et de ressources propres, tandis qu'ils accomplissaient les cérémonies quotidiennes. Les organisations, formelles ou informelles, de femmes jouaient un rôle important dans le culte et suscitèrent jusqu'à Tibère l'hostilité des autorités romaines. La prêtrise impliquait dévouement personnel, ascétisme et dévotion. Les cérémonies publiques les plus importantes avaient lieu au printemps, aux *Ploiaphesia*, qui marquaient l'ouverture de la saison des navigations le 5 mars. À la période du Haut-Empire, Isis était virtuellement une divinité gréco-romaine, un pendant féminin de Zeus ou Jupiter.

Cybèle. Cette divinité anatolienne avait été introduite à Rome en 204 avant J.-C., grâce à une décision des *Quindecimviri sacris faciundis* après une consultation des Livres sibyllins, mais une condition était posée : les citoyens romains ne devaient pas devenir prêtres ni se castrer. En fait, le culte exista et continua sous deux versions différentes : l'une romaine, dont la fête principale était les *Megalesia* ; l'autre anatolienne, dans laquelle la danse extatique, l'autoflagellation et l'autocastration étaient les moyens privilégiés d'accès au divin. La fête la plus importante de ce second culte était la célébration des *Hilaria*, la commémoration de l'autocastration et de la mort d'Attis. Entre les deux versions, une forme d'initiation personnelle, les *Taurobolia*, se développa à partir du IIe siècle de l'ère chrétienne.

Mithra. Constituant de loin la plus originale et la plus sophistiquée de ces religions, les mystères de Mithra, dont l'origine est inconnue, ne commencèrent à se diffuser dans l'Empire romain qu'au Ier siècle après J.-C. Censés avoir été fondés par le sage persan Zoroastre, ils s'appuyaient sur des idées scientifiques, surtout la cosmologie, pour valider et interpréter leur mythe principal : la capture et le sacrifice d'un taureau par Mithra, acte qui conduisait directement l'humanité à son salut. L'initiation en sept degrés était fondée sur les sept planètes et l'image sacrée sur une portion du zodiaque entre les équinoxes de printemps et d'automne. Leur trait le plus saillant était l'affirmation d'une forme extrême de domination masculine et l'exclusion totale des femmes : ces mystères se répandirent en particulier dans les milieux dominés par les hommes, surtout dans l'armée romaine. C'est la seule « religion orientale » dont on peut dire qu'elle possédait une base théologique cohérente et qu'elle ne fut jamais assimilée par la religion civique.

Attendu que ces « religions orientales » ne forment pas un groupe homogène, il n'est pas pertinent de vouloir résumer leur importance globale. On peut cependant faire à leur sujet quelques remarques générales. D'abord, elles démontrent le pouvoir d'absorption et de colonisation de la culture gréco-romaine, qui transformait pour ses propres fins les produits culturels des populations périphériques conquises. Ensuite, elles sont un aspect d'une forme plus vaste d'institutions religieuses spécialisées que l'État et l'élite n'auraient pu s'approprier que partiellement. Enfin, le langage dans lequel cette spécialisation s'exprimait était un langage de rigueur morale et émotionnelle, qui formulait les demandes d'un Autre Monde en termes de pureté, de séparation, d'engagement personnel.

Nouveaux mouvements religieux et cultures tribales

HAROLD W. TURNER

L'expansion des peuples européens et du christianisme depuis la fin du XVe siècle a entraîné une interaction croissante de ceux-ci avec les religions et les cultures des populations tribales sur tous les continents. Durant la même période, une semblable interaction s'est développée entre les cultures hindoues, bouddhistes, islamiques et les cultures tribales qui les avoisinaient. Le contact avec des cultures religieuses plus puissantes a révélé la faiblesse des religions tribales (ou plutôt « originaires ») indigènes et a incité leurs adeptes à créer de nouveaux mouvements religieux, incorporant, en des synthèses diverses, des éléments religieux et culturels empruntés à la fois à l'ancienne croyance et à la nouvelle religion, plus universelle, qui entrait dans leur univers. Ces réactions se situent entre la résistance totale et l'entière conversion à la nouvelle croyance, et elles constituent, dans le monde entier, une innovation religieuse propre aux populations tribales. Les plus anciens exemples connus sont peut-être ces mouvements éphémères que connurent, dès 1546, la Colombie, dans sa réaction à l'arrivée des Espagnols, et l'actuel Zaïre, dans les années 1570, après que les missionnaires portugais eurent commencé à exercer leur influence sur le vieux royaume du Kongo. Toutefois, la plupart de ces mouvements se sont développés depuis les grandes expansions coloniales et missionnaires de la fin du XIXe siècle ; et l'essentiel de leur prolifération se situe au XXe siècle.

Leurs diverses formes regroupent ce qu'on appelle communément les cultes millénaristes, messianiques ou cultes de crise, les mouvements de contestation chez les opprimés, les mouvements prophétiques, indigénistes ou revivalistes, les cultes du cargo, les mouvements d'ajustement culturel, les religions syncrétistes et les Églises indépendantes ou séparatistes. Certains de ces termes s'appliquent seulement à des exemples particuliers, et, pour l'ensemble, il est préférable de parler simplement de nouveaux mouvements religieux apparentés aux religions originaires des cultures tribales. En les nommant ainsi, on les distingue également d'autres développements religieux nouveaux, connus en Occident sous les noms de « sectes » et de « cultes », qui apparaissent dans des circonstances tout à fait différentes. La plupart de ces mouvements se rencontrent dans le Tiers Monde, mais on en trouve aussi chez les indigènes formant les minorités du « Quart Monde » : en Amérique du Nord (Indiens et Inuit), en Australie (les Aborigènes) en Nouvelle-Zélande (les Maoris), en Afrique du Sud (les Noirs et les Métis), et même dans l'Europe du Nord et de l'Est (les Sames ou Lapons en Scandinavie, les Tchérémisses de Russie).

Du point de vue de leur contenu religieux, ces mouvements peuvent être répartis sur un spectre à cinq éléments : des mouvements néo-originaires, cherchant à revivifier ou à retravailler la vieille croyance, à l'aide d'emprunts faits à la nouvelle ; des mouvements de synthèse, combinant de façon délibérée en un nouveau système des éléments tirés des deux croyances ; des mouvements déviants, qui ont l'intention d'adopter la nouvelle croyance universelle, mais qui s'écartent involontairement de quelques-uns de ses points essentiels ; des formes de la croyance universelle adaptées à la culture indigène, qui incorporent suffisamment d'éléments de cette dernière pour être acceptées dans ses rangs ; des mouvements indépendants, qui adoptent la nouvelle foi sous une forme parfaitement orthodoxe et cherchent à être reconnus comme tels, mais demeurent autonomes et présentent une certaine adaptation culturelle.

La différence entre ces nouveaux mouvements et des développements purement internes de la vieille croyance peut se reconnaître à trois traits : les religions originaires sont dépourvues de prosélytisme, alors que les nouvelles religions présentent souvent un potentiel d'universalité, et se répandent sans tenir compte du langage tribal ni d'autres limitations ; une puissante eschatologie promet un mode d'existence réellement nouveau, plutôt que la restauration d'un passé paradisiaque ou d'un âge d'or ; le mouvement émerge dans le cadre d'une situation nouvelle et traumatique, où existe une interaction inéluctable avec une société beaucoup plus puissante et complexe et avec son type

Dévots d'une secte spirite au Brésil. Implanté au Brésil par Pierre Leymarie (1827-1901), le spiritisme d'inspiration socialiste d'Allan Kardec y a gagné de nombreux adeptes, dont la néo-religion allie les théories spirites aux traditions afro-brésiliennes (Salgado, Magnum).

universel de religion. Sous une forme ou sous une autre, tels le rejet de la magie et l'adoption d'un dieu suprême unique, on trouve habituellement, quelque part, une importante rupture avec la religion originaire traditionnelle.

Du point de vue de leur structure sociale, ces mouvements peuvent commencer comme des mouvements de masse rudimentaires, en réponse à quelque figure charismatique ou prophétique, ou comme de petites clientèles d'un nouveau guérisseur religieux. Des développements ultérieurs peuvent engendrer un culte subordonné (où les membres conservent leur appartenance religieuse ancienne), un groupement religieux ou une dénomination, ou encore une communauté étendue qui a sa base économique propre, son culte et son style de vie neufs, et fait office de « Cité sainte » ou de « Nouvelle Jérusalem ». Étant nouveaux, ces mouvements commencent sans traditions ni institutions, et, par conséquent, leur contenu religieux aussi bien que leur structure sociale sont sujets à des changements relativement rapides ; les classements doivent donc demeurer sujets à révision.

La taille de ces mouvements varie, depuis une poignée d'adhérents jusqu'à plusieurs millions de fidèles regroupés en un seul mouvement. La plupart des statistiques sont incertaines, mais la plus forte prolifération a eu lieu en

Tafaristes de la Jamaïque fumant la « ganja ». Mouvement politico-religieux, le tafarisme jamaïcain, lié au messianisme de Marcus Garvey (1885-1940), voit le salut et la liberté des Noirs américains dans leur retour en Éthiopie, dont l'empereur, le ras Tafari, livrera la dernière bataille contre le mal (Colin Jones, Cosmos).

Afrique noire. Il y a en Afrique du Sud entre trois et quatre mille groupes distincts (souvent amalgamés de façon imprécise sous le nom de « zionistes »), des centaines au Kenya et au Zaïre (où l'Église kimbanguiste a peut-être trois millions de membres et s'étend à d'autres nations, et même à l'Europe), et plusieurs milliers dans l'ouest de l'Afrique, où l'on doit à présent ajouter, aux types les plus anciens d'Églises « aladura » ou « spirituelles », les nouveaux mouvements de science spirituelle ou occulte et des Églises indépendantes fortement évangéliques. Dans l'ensemble de l'Afrique noire, on peut parler de 10 000 mouvements, regroupant peut-être quelque dix millions de personnes. Même si l'on trouve des mouvements néo-originaires, tels que le godianisme au Nigeria, et des mouvements de synthèse, telle la religion déima de la Côte-d'Ivoire, la majorité des mouvements africains se

Un prédicateur harriste en Côte-d'Ivoire, Abobo-Tê. Du nom d'un Libérien d'origine méthodiste, William Harris (1850-1928), qui l'a fondé en 1914 en pays ivoirien, le harrisme – sorte de protestantisme africanisé – a produit de nombreux prédicateurs et prophètes (Cros, Explorer).

Les Cherubim et Seraphim du Nigeria. Créé par un membre de la communauté anglicane, Moses Orimolade Tunolase (env. 1867-1932), le mouvement des Cherubim et Seraphim est fondé sur la connaissance de la Bible et prône la prière comme remède à toute souffrance, comme solution aux problèmes quotidiens (Abbas, Magnum).

considèrent eux-mêmes comme étant chacun une sorte d'Église chrétienne. Pourtant, quelques mouvements, tels la Société du royaume de Dieu au Nigeria, et en Ouganda le bayudaya, presque défunt, s'identifient au judaïsme ou à la religion de l'Ancien Testament. En regard, on trouve quelques nouveaux mouvements dérivant de l'interaction avec l'islam qui, au contraire du christianisme, n'approuve pas la traduction de ses écritures dans les idiomes locaux, procédé qui stimule un développement indépendant. Les mouvements apparentés à l'islam sont principalement situés dans l'ouest de l'Afrique, et vont des cultes de possession par les esprits, comme le bori, jusqu'à la vaste et influente communauté des mourides au Sénégal, en passant par le mouvement conduit par le récent prophète Maitatsine, qui est entré violemment en conflit avec le gouvernement nigérien depuis le début des années 1980.

Parmi les populations tribales de l'Inde, les premiers mouvements prophétiques, survenant en interaction avec des influences hindoues ou chrétiennes, ont ouvert la voie à des formes d'action plus séculières ou plus politiques, sauf dans les États largement christianisés du Nord-Est, où des Églises indépendantes sont en développement. Les nouvelles religions du Japon ne font pas partie de ce panorama, dans la mesure où elles ont des origines et une dynamique quelque peu différentes. La Corée, toutefois, doit y figurer, en raison de son chamanisme traditionnel, qui a donné naissance, depuis le milieu du XIXe siècle, à quelque trois cents nouvelles religions, souvent multi-syncrétistes (le chamanisme se combinant à des éléments confucéens, taoïstes, bouddhistes et chrétiens), parmi lesquelles l'Église de l'unification, qui est la plus connue, à cause de son expansion mondiale. Aux Philippines, il y eut des mouvements très tôt après l'arrivée des Espagnols, et aujourd'hui existent encore des centaines de mouvements, parmi lesquels l'Iglesia di Kristo qui a peut-être la moitié du million de membres qu'elle revendique, et de nombreux cultes qui considèrent le mont Banahaw comme une montagne sacrée.

La Polynésie a engendré des mouvements importants chez les Maoris (en particulier les religions ringatu et ratana, qui comptent 40 000 membres) ainsi qu'aux îles Fidji et à Hawaii, mais c'est en Mélanésie que les mouvements se sont mis à proliférer. Quelques-uns prirent la forme d'une Église indépendante, en particulier la Christian Fellowship Church aux îles Salomon, mais les plus célèbres sont les multiples cultes du cargo. On les appelle ainsi parce que les fidèles y attendent les marchandises qu'enverront les ancêtres, par bateau ou par avion, afin de hausser les populations indigènes au niveau de puissance et de développement humain qu'elles observent chez les Blancs. Au cours de la décennie 1970, les cultes du cargo furent moins en vue, et des mouvements indigènes de renouveau, influencés jusqu'à un certain point par le pentecôtisme de type occidental, commencèrent à se répandre.

Les nouveaux mouvements religieux des Indiens d'Amérique du Nord appartiennent plutôt aux bandes du spectre que nous avons appelées « néo-originaires » et « de synthèse ». Il y figure des mouvements qui sont probablement les plus anciens du monde à être encore en activité : une petite Église indépendante datant des années 1740 chez les Indiens Narragansetts de Rhode Island, la religion des Indiens Yaquis dans le nord du Mexique et l'Arizona, qui date de la suppression des missions des jésuites en 1769, et la religion du Handsome Lake ou Longhouse, fondée en 1800 chez les Iroquois à partir de l'influence des quakers. Le plus célèbre mouvement a lui aussi près d'un siècle : la religion du peyotl, largement répandue, connue par ailleurs sous le nom de Native American Church, et qui concerne peut-être quelque 100 000 Indiens. Elle fait un usage rituel des propriétés hallucinogènes du peyotl. Une opinion erronée, assimilant le peyotl à une drogue, engendra chez tous les partis des tentatives obstinées, et tout à fait infructueuses, pour supprimer le mouvement, qui fut mis en sécurité tardivement par une mesure reconnaissant sa liberté religieuse depuis les années 1960.

Chez les Indiens d'Amérique latine, il y eut beaucoup de mouvements de type millénariste, des « nouveaux christs » ou des messies, ou des imitations d'« Églises » durant la période coloniale européenne. Des mouvements similaires, mais éphémères, apparaissent dans la population indienne, beaucoup moins nombreuse, des périodes récentes. Une nouvelle religion de synthèse fut par exemple fondée par la prophétesse Mama Chi, en 1961, chez les Guaymí de Panamá. Au Pérou, depuis le XVIe siècle, on a vu se succéder des mouvements néo-originaires avec des aspects millénaristes qui redonnaient vie à l'espoir de voir l'Empire inca restauré. Les récents mouvements péruviens se sont déplacés plutôt vers le côté universel du spectre, tels les Israelistas del Nuevo Pacto Universal depuis les années 1950. Dans la région du Chaco au nord de l'Argentine, une Église indépendante influencée par le pentecôtisme occidental s'est développée chez les Indiens Tobas depuis les années 1930.

La plupart des mouvements, en Amérique latine, se trouvent dans la population noire d'origine africaine, en particulier les cultes afro-brésiliens, qui se répandirent à la fin du XIXe siècle dans les villes brésiliennes chez les Noirs affranchis, et qui ont depuis lors pénétré d'autres couches de la communauté, si bien que quelques estimations indiquent qu'un tiers de la population est concerné par leurs multiples formes. Celles-ci vont du candomblé et de la macumba jusqu'aux divers registres de l'umbanda, qui intègrent des éléments africains et amérindiens, mais qui excèdent largement le type de mouvements que l'on considère ici, et appartiennent à ce plus vaste sujet que constitue le spiritisme considéré comme étant virtuellement la nouvelle religion nationale du Brésil. Les cultes afro-brésiliens associent habituellement des divinités africaines aux saints du catholicisme populaire, et se consacrent à des objectifs pratiques comme la guérison, mais ne présentent pas de traits millénaristes.

L'aire culturelle caraïbe englobe le Venezuela, la Guyana, le Suriname et la Guyane française. On y trouve par conséquent des mouvements concernant à la fois des populations amérindiennes et afro-américaines. La religion hallelujah chez les Indiens Akawaios de Guyane date du siècle dernier et le culte Maria Lionza, apparu au Venezuela, touche toutes les couches de la population et s'est répandu aux îles Caraïbes. Les formes afro-américaines dominantes présentent une variété de possession par les esprits. Les mouvements les plus anciens comprennent une partie plus marquée par l'Afrique (shango à Trinidad, santeria à Cuba, vodou en Haïti, cultes pocomania à la Jamaïque) et une autre qui a un contenu plus chrétien : le Renouveau de Sion à la Jamaïque et les Shouters (« acclamateurs ») ou Spiritual Baptists à Saint-Vincent, Grenade et Trinidad. Ces mouvements tendent actuellement à être remplacés par des formes pentecôtistes plus occidentales. Le mouvement le plus dynamique à la Jamaïque est le rastafarisme, un mouvement de retour à l'Afrique qui, depuis les années 1930, a pris ras Tafari (nom de l'empereur Hailé Sélassié avant son couronnement) pour messie, qui utilise le haschisch comme herbe sacramentelle et qui a essaimé sous diverses formes dans les Caraïbes et à l'échelle internationale jusque chez les Maoris de Nouvelle-Zélande.

Beaucoup de ces mouvements débutent par la croyance en une nouvelle révélation émanant du monde spirituel et accordée à un fondateur du cru. La révélation a souvent lieu au cours d'un rêve, d'une vision ou d'une expérience mystique pendant lesquels un rituel et un code moral nouveaux, de même que de nouveaux pouvoirs spirituels, sont reçus du ciel. La nouvelle croyance procure immédiatement des bienfaits, en particulier la guérison physique et mentale, ainsi que la gouverne divine et la protection contre les forces maléfiques. Certains mouvements étendent ces bienfaits jusqu'à la promesse d'un état entièrement nouveau de liberté, de prospérité et de bonheur, que le monde spirituel fera advenir si la nouvelle voie est fidèlement suivie. Souvent cet ordre nouveau concerne aussi les autres tribus, ou même le monde entier, et la nouvelle religion revêt alors un caractère plus universel. La quête d'un nouveau pouvoir spirituel coexiste avec la recherche d'un sens, d'une dignité humaine, et de nouvelles communautés destinées à remplacer les structures tribales déclinantes et à procurer des règles de conduite pour la vie.

Si l'on compare tous ces mouvements religieux, on constate qu'ils représentent un phénomène majeur, spécifique, et constamment croissant, de l'histoire de la religion, qui concerne des millions de gens ayant un fond culturel tribal. Ils ont été habituellement soit ignorés et méprisés, soit attaqués par les autorités civiles et religieuses, quelquefois à bon droit quand ils étaient fauteurs de troubles. Mais, depuis les années 1960, une nouvelle attitude a commencé à se faire jour, en particulier envers les mouvements se constituant en relation avec le christianisme, dans lequel certains ont été admis en tant que membres de conciles chrétiens. On reconnaît à présent qu'ils apportent leur contribution à l'expression indigène d'une croyance universelle, qu'ils ouvrent la voie au changement social et psychologique et par là à la modernisation, qu'ils aident à piloter les gens au sein de ces changements socioculturels déroutants et complexes, auxquels sont soumises les populations tribales lorsqu'elles sont happées par une humanité qui ne fait plus qu'un seul monde.

Les mouvements religieux de type messianique

JEAN-PIERRE DOZON

La notion de messianisme renvoie à une tradition religieuse, celle qu'ont forgée les Prophètes d'Israël (par l'annonce de la venue d'un rédempteur qui devait parachever l'élection divine du peuple juif et faire triompher le règne de Dieu sur terre), mais elle s'applique surtout à des mouvements qui sont apparus en Europe durant le bas Moyen Âge, et, plus récemment, chez de nombreux peuples colonisés. Bien qu'ils se soient inspirés de la tradition judaïque et de ses prolongements (christianisme, islam), notamment en y empruntant les thèmes de l'élection, du messie, de la résurrection et du salut, ces mouvements ont été généralement reconnus comme des dissidences ou des innovations religieuses. En fait, les messianismes n'ont retiré de la tradition juive que ce noyau de sens par lequel l'espérance en un royaume de Dieu et dans la venue d'un messie impliquait l'abolition des vicissitudes du temps présent et l'instauration (ou la restauration) d'un ordre social harmonieux. Car, pour sa part, le judaïsme a connu une tout autre évolution : celle qu'ont représentée la métamorphose progressive du dieu tribal d'Abraham en un dieu unique, universel et transcendant, et la tendance à remplacer la relation collective d'un peuple avec son dieu par un rapport individuel à la loi divine. Cette évolution s'est nettement infléchie avec la fixation, au Ve siècle, du dogme chrétien ; pour celui-ci, en effet, prophétismes et messianismes se réalisaient dans et par l'Église, et le royaume de Dieu cessait d'être une promesse de salut collectif, proche et immanent, pour devenir une récompense individuelle *post mortem*.

La Nouvelle Jérusalem de Münster. Malgré une postérité « pacifique », l'anabaptisme du XVIe siècle prit la forme d'un millénarisme radical, dont le célèbre « Royaume de Dieu à Münster » (Westphalie), écrasé en 1535, marqua l'apogée. Bibliothèque nationale de France, Paris (Lauros, Giraudon).

Des messianismes médiévaux à ceux des peuples colonisés

Ce noyau de sens (auquel s'est greffé le Christ comme figure irréductible au dogme fixé par l'Église et annonciatrice, au contraire, de son propre retour et d'un changement radical) s'est en quelque sorte autonomisé pour servir de base pratique et idéologique à des groupes ou à des peuples en situation de crise ou d'assujettissement. Ainsi, la prolifération des messianismes en Europe entre le XIe et le XVIe siècle (particulièrement dans les Flandres, en Hollande, en France du Nord, en Bohême, en Westphalie) s'explique largement par les changements survenus au sein du système féodal lorsque les débuts du capitalisme industriel ont laissé sans terre et sans références sociales toute une frange du paysannat et donné naissance à un sous-prolétariat urbain. Ce sont ces déclassés qui ont suivi prophètes et messies, formé des cohortes de « fanatiques de l'Apocalypse » (Norman Cohn), radicalisant les luttes sociales de leur époque pour les faire accoucher d'un monde nouveau. Les croyances messianiques combleront ainsi les désarrois individuels par un travail interprétatif où tout alors faisait signe et sens : la hausse des prix, les guerres féodales, l'instabilité politique, les épidémies (notamment les épidémies de peste), mais aussi et surtout les compromissions de l'Église avec les avantages et les biens de ce monde (démontrant, à elles seules, la nécessité d'en découdre et d'en finir avec une réalité gouvernée par les forces de l'Antéchrist).

Friedrich Engels fut sans doute le premier à mettre en évidence le caractère politique des messianismes médiévaux, à y reconnaître l'une des formes privilégiées de la lutte de classes en ces temps de crise du féodalisme. Cependant, pour avoir, au-delà de leur expression religieuse et utopique, voulu souligner leurs aspects révolutionnaires (à travers, notamment, certaines doctrines égalitaires et libertaires), il a très certainement négligé (comme, à sa suite,

L'emblème des messianismes. « Sept anges aux sept trompettes » annoncent le châtiment (Apoc., VIII-XI). « Au son de la trompette finale – car elle sonnera, la trompette –, nous serons transformés » (I Cor., XV, 52). Manuscrit du XIIIe siècle, bibliothèque municipale, Cambrai (Giraudon).

Charlemagne, l'empereur des derniers jours. Il bénéficia d'un culte extraordinaire, notamment à l'époque des croisades : certains le voyaient même, ressuscité, à la tête des troupes chrétiennes. Vitrail, fin du XIIe siècle, musée de l'Œuvre Notre-Dame, Strasbourg (Giraudon).

Ernst Bloch) leurs tendances à développer des thèmes passéistes. Car nombre d'entre eux ont conçu l'espérance d'un monde harmonieux moins dans les termes d'une alternative radicalement nouvelle que dans ceux d'un retour à un ordre ancien. Ainsi, le thème de la résurrection du Christ s'est étroitement associé à celui du retour d'un empereur (Charlemagne, Frédéric II) ou de la restauration d'une royauté sacrée. Ce syncrétisme explicite sans conteste la dimension politique des messianismes médiévaux, mais dans un sens plus originaire, souveraineté et sacralité paraissant ici converger vers un même principe unificateur. Par là, ces messianismes offrent une lecture rétrospective de la tradition religieuse dont ils se sont inspirés. En empruntant tout particulièrement à la tradition apocalyptique juive (celle qui est issue notamment des prophéties de Baruch, Esdras, Daniel), ils ont réactivé un univers de croyances très prisé par les couches inférieures de la société hébraïque. Pour celles-ci, l'avènement du royaume de Dieu devait avoir des implications directement politiques, en l'occurrence la réunification de l'ensemble des tribus d'Israël, la fin de toute domination étrangère et le règne d'un messie renouant avec la monarchie sacrée et guerrière instaurée par David et Salomon. Cela revient à dire que les mouvements du Moyen Âge se sont approprié une tradition religieuse, déjà issue de crises et de contradictions internes à la société hébraïque, à savoir la tradition des prophétismes et des messianismes populaires qui, pour condamner l'état présent des choses, en appelaient à l'unité politico-religieuse du peuple d'Israël, à sa fusion autour d'un souverain et de l'alliance divine dont celui-ci était le garant.

Les mouvements messianiques qui sont apparus, principalement dans la seconde moitié du XIXe siècle et au cours du XXe, en Amérique, en Afrique, en Océanie et en Asie donnent sa pleine mesure à cette expression politico-religieuse où la dénégation du présent implique l'espérance d'un monde nouveau par la réaffirmation de thèmes socioculturels anciens. Comme les messianismes médiévaux et antiques, ces mouvements se sont développés dans des contextes de crise et de déstructuration sociale ; ils s'en distinguent toutefois en ce qu'ils ont été le fait (et le sont quelquefois encore) de peuples non occidentaux soumis à des puissances coloniales ou à des migrations européennes (comme en Amérique du Nord). Ce n'est donc pas là l'un des moindres paradoxes historiques que des peuples, de prime abord étrangers à l'Occident et à ses traditions religieuses, aient aussi vite, et à peu près à la même époque, produit des mouvements et des idéologies comparables à ceux du Moyen Âge et de l'Antiquité. En fait, ces messianismes furent bien souvent le prolongement d'un premier acte politique qui a consisté, pour des peuples colonisés, à s'approprier l'enseignement des missionnaires catholiques et protestants (mais aussi celui de sectes religieuses européennes, qui avaient déjà elles-mêmes une forte connotation messianique, comme les Mormons et les Témoins de Jéhovah, et qui ont parfois joué un rôle majeur dans le développement de mouvements millénaristes) et à utiliser cet enseignement pour traiter les désordres, les dissensions, les malheurs, individuels ou collectifs, que la colonisation n'a pas manqué d'accroître ou de faire naître en leur sein. Une telle appropriation a engendré des syncrétismes, c'est-à-dire des configurations religieuses hybrides qui ont emprunté au judaïsme et au christianisme pour lutter contre ce qui, dans les systèmes magico-religieux propres à ces peuples, se donnait tout à la fois comme source et explication du malheur et de la division (par exemple, la sorcellerie et les « fétiches », dont la colonisation semble avoir amplifié la croyance et l'audience par suite des désordres qu'elle a elle-même provoqués). Emprunt somme toute assez pragmatique, puisque ceux-là mêmes qui se sont fait fort de se substituer aux missionnaires (catéchistes et prophètes autochtones), tout en préconisant l'abandon de certaines pratiques païennes, ne se préoccupaient guère du salut des âmes. Aussi se sont-ils identifiés à des institutions (cultes d'antisorcellerie, cultes de possession, etc.), à des personnages (devin, chamane, guérisseur) qui, au sein des systèmes religieux traditionnels, avaient déjà pour fonction de prévenir ou de traiter le malheur et de favoriser la reproduction sociale. Les références judaïques et chrétiennes leur ont simplement donné un surcroît de force ou d'efficacité à la mesure d'un contexte de domination auprès duquel les institutions traditionnelles étaient peu à même d'apporter remèdes et interprétations.

Un travail d'inversion et d'identification

Les messianismes procèdent donc de ce travail syncrétique et, plus généralement, de cette « reprise d'initiative » des peuples colonisés (G. Balandier) qui ont investi l'enseignement des missionnaires de fonctions que leurs propres institutions religieuses ne parvenaient plus à remplir. Mais ils en ont représenté une élaboration particulière, plus radicale, où le détournement du message juif et chrétien est destiné non plus simplement à colmater les brèches provoquées par la colonisation, mais à disqualifier la réalité présente en vue d'une alternative globale aux malheurs qui la constituent. La Ghost Dance des Indiens d'Amérique du Nord (en particulier des Sioux), les Cargo Cults mélanésiens, le kimbanguisme congolais (issu du prophète Simon Kimbangu) sont autant d'exemples célèbres qui, à la différence des syncrétismes souvent isolés en cultes locaux, ont entraîné des adhésions et des mobilisations collectives de grande ampleur. Liée à la puissance répressive des colonisateurs, l'absence de luttes sociales, auxquelles ils auraient pu offrir un cadre idéologique, explique sans aucun doute le fait que ces messianismes eurent, moins que leurs homologues médiévaux, la capacité à organiser des conflits armés (il faut cependant souligner le rôle majeur qu'ont joué la Ghost Dance dans la grande révolte des Sioux, à la fin du XIXe siècle, ou encore le mouvement hau-hau, qui, à peu près à la même époque, prit une part active à la guerre des Maoris de Nouvelle-Zélande contre les Anglais). De tels messianismes n'en représentèrent pas moins une réelle menace pour les conquérants ou les autorités européennes, en ce qu'ils (re)donnèrent à des peuples divisés ou désorganisés unité et sens et, surtout, l'espérance d'un monde où les colonisateurs ne seraient plus les maîtres. Cette menace s'est effectivement concrétisée par des refus ou des grèves en tout genre ; elle s'est parfois amplifiée, donnant

Atcho, prophète harriste de Côte-d'Ivoire. Dans les années 1960, Albert Atcho accueillait, à Bregbo, des malades qu'il amenait à se confesser, à se sentir intérieurement coupables au lieu d'attribuer leurs maux et angoisses à une cause extérieure (Thoret, Explorer).

ainsi à certains messianismes une assise plus solide, par l'arrestation et le martyre d'un leader ou d'un prophète.

Unité et sens, ces messianismes les forgèrent par un travail d'identification et d'inversion qui déborde les seules opérations syncrétiques. Ainsi, certains peuples, comme les Maoris de Nouvelle-Zélande, ont perçu dans leur situation (où la colonisation était assortie de migrations européennes) une parfaite similitude avec celle d'Israël (peuple à la fois élu et persécuté), au point que le leader de leur mouvement messianique (mouvement hau-hau) était désigné par un nom qui signifiait littéralement « juif ». La Ghost Dance identifia le Dieu du judaïsme et du christianisme au « Grand Esprit », figure centrale de la religion indienne. Pour d'autres, le messie revivifia la figure d'un héros culturel ; et le thème de la résurrection coïncida avec celui du retour des morts. Les Cargo Cults mélanésiens ressortissent tout particulièrement à ce travail d'identification et d'inversion : les navires européens chargés de vivres et de marchandises ne furent plus réputés provenir du monde des colonisateurs, mais étaient conçus comme autant de signes et d'envois émanant du héros culturel ou des ancêtres, qui annonçaient ainsi leur prochain retour et, après une période de chaos (thème apocalyptique), le départ de tous les « Blancs » et l'avènement d'une ère d'abondance.

À la manière dont les mouvements médiévaux dénoncèrent et combattirent l'Église, la plupart des messianismes des peuples colonisés ne se sont approprié certains thèmes juifs et chrétiens (élection, salut, messie, résurrection) que pour mieux en rejeter les missionnaires et les objectifs de conversion que ceux-ci s'étaient fixés, comme si ces thèmes, dans des contextes bien particuliers, avaient la vertu de s'émanciper de la tradition et des institutions religieuses dont ils étaient issus et de se retourner contre elles ; effet boomerang en quelque sorte provoquant une revitalisation de croyances et de figures païennes, et, pis encore, des refus collectifs de l'oppression coloniale que ces institutions incarnaient.

Par là, les messianismes de ce type, mieux que tous les autres sans doute, apportent un éclairage intéressant pour la compréhension du phénomène en général. Au-delà, en effet, des oppositions courantes entre monothéisme et polythéisme ou paganisme, ils en constituent la commune intersection au lieu où le religieux se laisse étymologiquement définir : à savoir comme ce qui est en mesure de relier, c'est-à-dire de travailler à la (re)composition du lien et de l'ordre social, et de structurer les identités et les consciences collectives. Pour être précisément apparus dans des contextes de crise et de déstructuration, ils ont en quelque sorte redonné force à cette définition première qui situe le religieux au point où il se fond avec le politique : là où les croyances, les mythologies, les représentations du monde constituent l'édifice idéologique à partir duquel la société peut être pensée comme une totalité harmonieuse. Cela signifie aussi que l'élaboration syncrétique qui les caractérise implique non pas le mélange de deux systèmes religieux étrangers l'un à l'autre, mais l'appropriation d'une composante du judéo-christianisme qui ressortit à cet édifice idéologique et qui privilégie, pour reprendre des notions chères à Louis Dumont, une vision holiste de la société et du monde (aux dépens d'une idéologie individualiste, dont le judaïsme et le christianisme furent, par ailleurs, peu ou prou les promoteurs, à travers l'intériorisation de la loi divine et la promesse d'un salut individuel). Certains prophétismes juifs (dont les conditions de production – contradictions internes, domination externe – évoquent celles des messianismes des peuples colonisés) et nombre de messianismes médiévaux ont précisément véhiculé cette nostalgie des temps anciens et fondateurs où la société formait un tout cohérent et adorait sa propre unité autour d'un souverain-prêtre.

Au-delà des conditions générales (crise, déstructuration) qui ont favorisé l'éclosion des messianismes parmi les peuples colonisés, d'autres facteurs ont joué un rôle non négligeable : notamment et surtout l'existence, chez ces peuples, de structures politico-religieuses relevant du type de la royauté sacrée, ou d'une mythologie qui charpentait leur univers socio-culturel autour d'une figure fondatrice (ancêtre, héros, instance divine). Le syncrétisme avec le judaïsme et le christianisme ne mélange donc rien qui ne soit au fond similaire ; il révèle, au contraire, un même retour aux sources du politico-religieux. C'est pourquoi il n'est pas toujours nécessaire. Bien avant les colonisations européennes ou antérieurement à l'enseignement des missionnaires, des cultes prophétiques et des mouvements messianiques sont apparus chez des peuples non occidentaux (comme les Tupinamba du Brésil, les Inca, les Papou de Nouvelle-Guinée, etc.) ; de la même façon, ils ont répondu à des situations de crise et appelé à l'avènement d'un monde nouveau en invoquant le temps des origines ou d'un âge d'or.

Le mahdisme

Constant HAMÈS

Le 20 novembre 1979 (1er jour du XVe siècle de l'hégire), plus de deux cents personnes en armes, avec femmes et enfants, s'enferment dans l'enceinte de La Mecque, surprenant un certain nombre de pèlerins dans les lieux saints. L'un des assaillants – la plupart saoudiens – se proclame ou se fait proclamer *al-mahdī*, « le bien guidé », attendu à la fin des temps pour chasser la corruption et rétablir la justice. Cet épisode d'un mouvement (les *ikhwān*) enraciné dans l'histoire saoudienne se termina dans le sang, le *mahdī*, Muhammad ībn 'Abd Allāh al-Qaḥṭānī, et la tête politique du groupe, Juhaymān al-Utaybī, y trouvant la mort.

L'idée mahdiste, née dans le sillage du quatrième khalife 'Alī (mort en 661), a traversé toute l'histoire musulmane, débouchant sur des événements tantôt historiques et durables (instauration de dynasties, éviction d'un occupant colonial), tantôt locaux et éphémères (soulèvements villageois ou régionaux). Il s'agit là de la variante islamique d'une idée messianique proclamant l'arrivée ou le retour d'un justicier, d'un sauveur. En elle-même, cette idée, qui repose sur une situation d'oppression et d'injustice sociales, exprime une sorte d'impatience eschatologique à en voir la fin. En quoi le mahdisme est-il islamique ? Quels sont les principaux *mahdīs* apparus ? Et comment comprendre finalement cette idée motrice si, comme le pense A. Hammoudi, « aucune tentative visant à appréhender les rapports entre islam et politique ne peut éviter la question du mahdisme » ?

Un haut lieu de l'islam soudanais. Construit sur l'emplacement même du tombeau du mahdī, dont les restes furent dispersés sur ordre de Kitchener, ce cénotaphe à coupole ou « qubba » est devenu le centre d'un important pèlerinage. Omdurman, Soudan (C. Delmet).

Les bases islamiques

En tant que tel, le mahdisme ne relève pas d'un point doctrinal islamique strict : le Coran, les traditions principales (Bukhārī, Muslim) n'en soufflent mot. Cependant, la notion de « guide », de « conducteur » (« sur la bonne voie ») correspond à une des attributions majeures d'Allāh. « *Ihdinā aṣ-ṣirāt al-mustaqīm* (Conduis-nous dans le droit chemin) », demande la sourate *Al-Fātiḥa*, celle qui est le plus souvent récitée par les musulmans. « *Wa wajadaka ḍāllan fa-hadā* (Il [Allāh] t'a trouvé égaré et, en conséquence, Il s'est fait guide) », est-il rappelé au Prophète Muḥammad (Coran, XCIII, 7) ; *Al-hādī*, « celui qui guide », fait ainsi partie des quatre-vingt-dix-neuf noms d'Allāh (Coran, XXII, 54, et XXV, 31). On peut donc logiquement trouver, à partir du Coran, un support de sens et de légitimité à quelqu'un qui se déclare *mahdī*, « guidé », sous-entendu : « dans la bonne direction, par Allāh ». Par ailleurs, on trouve chez le rapporteur de traditions Muslim (mort en 875) une allusion à un « khalife des derniers temps qui distribuera l'abondance, sans compter ». Des traditionnistes de second plan parlent, eux, plus précisément encore, d'un envoyé eschatologique. Abū Daūd (mort en 888) rapporte ainsi une parole du Prophète : « S'il ne restait plus au monde qu'un seul jour à vivre, Dieu prolongerait ce jour pour y envoyer un homme à moi ou un membre de ma famille dont le nom serait le même que le mien et dont le père porterait le même nom que mon père. » Autre citation du Prophète, à travers 'Alī : « S'il ne restait au monde qu'un seul jour à vivre, Dieu enverrait un homme de ma famille qui remplirait la terre d'autant de justice qu'elle a été pleine d'injustice. » Une vocation de *mahdī* requiert donc des conditions précises. Il faut provenir de la descendance du Prophète et, comme celui-ci n'a pas eu d'héritier mâle, on désigne aussi le *mahdī* par l'expression *al-Fāṭimī al-muntaẓar*, « le descendant attendu de Fātima », fille du Prophète et épouse de 'Alī. De plus, il faut se revêtir des mêmes noms de filiation que le Prophète, qui s'appelait Muhammad fils de 'Abd Allāh ; en effet, si l'on ouvre le répertoire des *mahdīs* qui se sont historiquement manifestés, tel celui de La Mecque, on constate que la conformité à cette condition de dénomination est respectée. Enfin, la descendance du Prophète, à travers sa fille Fāṭima, étant mêlée à celle de son gendre, cousin et quatrième successeur, 'Alī, le mahdisme a, dès le départ (Iraq, fin du VIIe s.), été marqué par l'idéologie lignagère religieuse shī'ite qui s'est cristallisée dans le dogme de « l'imām caché » (*al-imām al-ghā'ib*) appelé à revenir à la fin des temps. Les textes shī'ites utilisent d'ailleurs pour désigner cet imām le terme d'*al-mahdī*. De cette origine, le mahdisme conservera toujours un cachet shī'ite, même lorsqu'il migrera plus tard en pays sunnite. On remarquera aussi l'inextricable intimité entre parenté et religion dans la construction dogmatique originelle de l'islam.

Le mahdī du Soudan. Un siècle après sa mort en 1885, Muḥammad Aḥmad ibn 'Abd Allāh reste, pour beaucoup de Soudanais, un héros national et un modèle politico-religieux (ministère de la Culture et de l'Information, Khartoum).

Les mahdīs historiques

Le premier pour lequel le terme semble avoir été employé est Muḥammad ibn al-Hanafiyya (VIIe s.), fils de 'Alī, mais non de Fāṭima. Sa « désignation » émane d'un activiste shī'itokharijite qui s'est réclamé de lui et s'est désigné comme son *wazīr* (plénipotentiaire). Il y eut d'autres *mahdīs* dans cette descendance spécifiquement alide. La dynastie shī'ite des Fāṭimides, au Maghreb, doit son origine (Xe s.) à un personnage shī'ite venu d'Orient, 'Ubayd Allāh (mort en 934) qui se proclame *al-imām al-mahdī al-ma'ṣūm*, « l'imām guidé et impeccable », formule où l'on reconnaît la thèse shī'ite sur les imāms. Il se donne comme faisant partie de la famille du Prophète par Fātima *(ahl al-bayt)* et, lui aussi, il est précédé et introduit par un militant religieux (un *dā'ī*, « appelant pour la cause de quelqu'un »). Rien d'étonnant si cette façon de faire et de croire est reprise par le mahdī Ibn Tūmart (XIe-XIIe s.), fondateur de l'important mouvement des Almohades au Maghreb (1121-1269). « Ibn Tūmart revendiqua ce titre et déclara qu'il était Muḥammad ben 'Abdallah, fit remonter sa généalogie au Prophète et proclama qu'il était le mahdī impeccable », rapporte le chroniqueur Al-Marrākuchī. Mais c'est le mahdī du Soudan (1844-1885) qui est le plus connu : il se souleva contre la présence coloniale (turco-égyptienne surtout) et fonda, avec son successeur politique, un « État mahdiste » indépendant qui devait durer une dizaine d'années, avant de succomber devant les Anglais. De ce mahdī, on peut dire qu'il a porté l'identification au Prophète Muḥammad (noms, généalogie, biographie, réformes religieuses) jusqu'à l'extrême limite. La domination coloniale européenne en pays musulman a fait surgir de nombreux autres *mahdīs* (Somalie, Mali, Maroc, etc.) réels ou parfois imaginés par l'administration occupante.

Les significations du mahdisme

Sur le plan sociologique, le mahdisme fournit aux sociétés musulmanes une réponse spécifique face aux situations d'oppression interne ou de domination extérieure. En cela une comparaison avec le *jihād* serait intéressante. Une analyse de détail montre que cette réponse permet de créer des niveaux d'unité sociale et politique impensables et impraticables en temps ordinaire. Dans ces cas exceptionnels, la référence islamique efface momentanément les facteurs de division. Structurellement, le *mahdī* est rarement seul. Comme dans d'autres organisations islamiques, deux fonctions apparaissent : l'une, idéologico-religieuse, qui est tenue par le *mahdī* ; l'autre, politico-organisationnelle, dévolue à son « second ». Si ces traits, sociologique et structurel, se retrouvent ailleurs en islam, la spécificité gît dans la façon qu'a le mahdisme de lier l'origine à la fin de l'islam, par un mécanisme de répétition prophétique. En voulant être un nouveau prophète coulé dans le moule de l'ancien, fond et forme, le *mahdī* nous révèle que les communautés musulmanes se sentent historiquement en proie à une entropie socio-religieuse qu'on ne peut enrayer que par le recours à une sorte de fac-similé définitif des origines. Ce recours est vu aussi comme le retour *(ruju')* d'un homme providentiel, conception où s'harmonisent un sentiment millénariste universel et une dogmatique shī'ite sur le rôle politico-religieux des imāms.

La religion révolutionnaire

Claude LANGLOIS

La religion révolutionnaire existe-t-elle ? Michelet, avec les autres historiens romantiques, a cru que la Révolution a été fondamentalement *religieuse* ; s'appuyant sur Émile Durkheim, Albert Mathiez, au début du XXe siècle, s'est lancé à la recherche de l'« origine des *cultes* révolutionnaires ». Après 1968, les historiens ont étudié pour elles-mêmes les *fêtes* révolutionnaires comme dispositif central du « culte » présumé, sans insister sur leur aspect religieux. Un peu plus tard, pour rendre compte des mutations importantes survenues à l'apogée de l'an II, dont les transformations religieuses constituaient l'élément essentiel, certains ont préféré parler de « révolution culturelle ». De leur côté, des sociologues qui se situent dans la mouvance de Raymond Aron sont prêts à faire de la Révolution française la première des *religions séculières* ou des *religions politiques*.

Ces incertitudes de vocabulaire, qui traduisent les difficultés qu'on éprouve à appréhender des pratiques diverses, ne doivent pas conduire pour autant à écarter la notion de « religion révolutionnaire » telle que Mathiez lui-même, dans ses thèses de 1904 (*L'Origine des cultes révolutionnaires* et *La Théophilanthropie et le culte décadaire*), a tenté avec hardiesse de la définir : « Il existe une religion révolutionnaire dont l'objet est l'institution sociale elle-même. Cette religion a ses dogmes obligatoires (la déclaration des droits, la Constitution), ses symboles, entourés d'une vénération mystique (les trois couleurs, les arbres de la liberté, l'autel de la patrie, etc.), ses cérémonies, les fêtes civiques, ses prières et ses chants. » Cette religion tôt constituée en ses divers éléments, notamment avec la fête de la Fédération de 1790, ne s'est dégagée que progressivement du catholicisme. Elle a atteint son apogée en l'an II avec la fête de la Raison et, plus encore, avec celle de l'Être suprême, voulue par Robespierre. Alors, elle est devenue parfaitement autonome. La religion révolutionnaire, ainsi définie, est en fait coextensive à la Révolution. Elle prend naissance avec la volonté immédiatement exprimée de régénération politique ; elle trouve, sous le Directoire, un second souffle, quand des tentatives privées (théophilanthropie) et publiques (culte décadaire) rencontrent un certain succès dans un contexte difficile.

Mathiez, par rapport aux historiens philosophes du XIXe siècle, voulait parler le langage d'une science historique positive, devenue adulte ; il offrait aussi l'originalité de s'appuyer, pour partie, sur la sociologie d'Émile Durkheim. Ce dernier point lui fut reproché. Il pouvait, en effet, paraître téméraire d'appliquer à une période historique récente un modèle élaboré à partir des religions dites primitives. Et, d'une certaine manière, Mathiez considérait bel et bien la Révolution, par rapport aux pratiques politiques de son temps, comme une période révolue où le religieux était encore une médiation nécessaire pour exprimer le nouveau lien politique qui se formait, la démocratie.

Sa construction a connu divers ébranlements. Les plus importants ont été indirects. Les historiens ont d'abord fait éclater son regroupement des éléments et se sont efforcés de les traiter isolément, souvent dans une tout autre perspective (fêtes, symbolisme révolutionnaire), sans référence à la religion. Ils ont proposé une réévaluation de certains concepts de base. Maurice Agulhon notamment, en analysant de manière empirique les pratiques de la sociabilité provençale à la fin du XVIIIe siècle, a suggéré que, des confréries traditionnelles aux sociétés populaires en passant par les loges maçonniques, la Révolution a plutôt accéléré un processus de sécularisation de la sociabilité. Par ailleurs, la mise en évidence d'une révolution culturelle en l'an II, avec sa politique de la « table rase » et sa recherche de promotion d'un « homme nouveau », permet d'inclure déchristianisation et changements religieux dans un ensemble plus large de changements, et donc de rendre inutile le concept central de « religion révolutionnaire ».

Pourtant, cette religion paraît nécessaire dans la mesure où elle permet non seulement de définir des pratiques spécifiques, mais aussi de mieux comprendre en quoi la Révolution peut être qualifiée de religion séculière. Toutefois, il faut, en tenant compte des recherches les plus récentes, réaménager, sur trois points précis, la perspective proposée au début du XXe siècle.

Le premier concerne le rôle du catholicisme. Mathiez a montré que c'est au détriment de ce dernier que, progressivement, la religion nouvelle s'est constituée. Les récents travaux sur la déchristianisation de l'an II ont largement confirmé cette assertion. Encore convient-il de bien voir les rapports complexes que le nouveau culte entretient avec l'ancien et qui sont faits d'emprunts multiples autant que de retranchements successifs. Mais il faut surtout se rappeler que le catholicisme est d'abord, et pour longtemps, la religion de la Révolution. C'est tout naturellement en recourant à sa liturgie que la Révolution célèbre ses premières victoires et pleure ses premiers morts. Et, si la rupture s'opère à l'été de 1791, à Paris, après la crise du serment, après la fuite du roi, le changement en Provence est plus tardif. *De profundis* et *Te Deum* révolutionnaires se font encore entendre en province dans les églises jusqu'à l'été de 1793. Et, plus profondément, une large partie du clergé – et des catholiques – entend bien mener de front régénération de la société et réforme de l'Église.

Le deuxième réaménagement tient à l'évolution générale de l'histoire, au fait que celle-ci doit être vue non plus seulement d'en haut, mais tout autant « d'en bas ». Pour la religion révolutionnaire, ce qui compte désormais, ce sont moins les modèles proposés par les élites politiques que les créations des masses ou, au minimum, la « réceptivité » à la nouvelle religion de la part des différentes régions de France et des couches diverses de la population. Ce renversement de perspective, amorcé en 1956 par Albert Soboul, a conduit à porter une particulière attention aux « cultes populaires » spontanés des « martyrs » politiques de la Révolution, qu'il s'agisse de victimes anonymes ou de personnages de premier plan. Les campagnes de la France de l'Ouest et le Paris des sans-culottes constituent, dans cette perspective, deux observatoires privilégiés pour repérer, avec des formes variées de syncrétisme, la naissance de cultes nouveaux (intégration, ici, des « martyrs » bleus ou blancs dans le panthéon des saints guérisseurs traditionnels ; promotion, là, d'un culte de Marat à fort contenu politique) dont les formes empruntent largement, mais sans exclusive, au culte catholique. Un regard attentif sur les perturbations causées

Le serment des districts. Cette belle gouache de Le Sueur (musée Carnavalet, Paris) rappelle opportunément que le catholicisme restait bel et bien, au printemps de 1790, la religion de la Révolution, comme en témoignent l'unanimisme total de la scène – qui inclut notamment les enfants – et, plus encore, la présence symbolique de la croix et du drapeau tricolore émergeant tous les deux au-dessus de la foule (Lauros, Giraudon).

par la Révolution révélerait l'existence d'autres phénomènes, laissés jusqu'alors dans l'ombre : reprise de pratiques de possession, réapparition d'un prophétisme populaire, inspiration apocalyptique des responsables religieux...

Un ultime réaménagement s'impose. Pour neuve qu'elle soit, la religion révolutionnaire ne peut être considérée isolément. Tout ne commence pas en 1789, tout ne finit pas avec le Concordat. Le XVIIIe siècle a largement proposé des modèles nouveaux d'intégration de la religion dans la cité. On peut penser, certes, à Rousseau, mais il faut prendre en compte tout autant les « modèles » des civilisations étrangères, ainsi que les multiples utopies de l'époque. Cette époque a vu naître aussi des modalités nouvelles d'engagement ou de canalisation des inquiétudes personnelles ou collectives qui vont de la franc-maçonnerie au mesmérisme. Pour n'avoir concerné qu'un nombre limité d'individus, elles n'en ont pas moins servi de laboratoire à la pratique révolutionnaire, sans qu'il soit utile de réintroduire à ce sujet la vieille thèse du complot. Pareillement, la religion révolutionnaire ne meurt pas avec le rétablissement officiel des cultes. Les socialismes religieux, la pensée comtienne, la religiosité romantique – avec de multiples médiations – sont les héritiers de la religiosité révolutionnaire, leurs continuateurs même, au-delà de l'échec de ces inventions éphémères. Concrètement, des filiations multiples apparaissent sur des points précis. La théophilanthropie du Directoire a connu au moins deux renaissances au XIXe siècle. Le culte de la liberté, après des vicissitudes diverses, a permis la victoire définitive de Marianne en ses combats républicains.

La Révolution, affirmait Engels, a été « la première à rejeter totalement l'accoutrement religieux ». D'une certaine manière peut-être, mais d'une autre...

L'œcuménisme chrétien

FRANÇOISE LAUTMAN

Issu du grec *oikouménê* [*gê*] (« ensemble des terres habitées »), l'adjectif « œcuménique » a d'abord servi à qualifier les premiers grands conciles chrétiens qui, réunissant des représentants de toutes les Églises, engageaient ainsi la foi de la chrétienté tout entière. Cette double idée de conciliarité et d'unité de la foi reste présente sous l'usage actuel du mot, mais porteuse de tensions indéniables : d'abord, on ne saurait réduire l'œcuménisme à des relations paisibles entre Églises diversifiées du fait de l'histoire ; ensuite, à la difficulté de surmonter les divisions théologiques et ecclésiales vont s'ajouter celles des différents sens et conditions de l'unité à retrouver.

Le mouvement actuel de réunification des Églises apparut au sein du protestantisme anglais au XIXe siècle, là où elles s'étaient le plus morcelées. Il s'agissait alors d'associations de protestants de diverses dénominations pour répondre à un double défi : celui des mutations culturelles de l'Occident et celui de l'évangélisation liée à l'expansion coloniale. Au second défi répondirent les associations pour la traduction et la diffusion de la Bible dans les pays de mission et, en 1910 à Édimbourg, la Conférence missionnaire mondiale, puis la constitution du Conseil international des missions ; au premier défi avait répondu, dès 1846, la création de l'Alliance évangélique mondiale, en vue de maintenir « l'autorité souveraine de l'Écriture » face à la montée du scientisme et de l'athéisme. Cet organisme préfigurait l'œcuménisme actuel avec l'instauration d'une semaine de prière (au début de janvier) associant des chrétiens de confessions différentes « pour manifester l'unité dans la foi au même Esprit-Saint ». Elle s'est maintenue jusqu'à aujourd'hui, parallèlement à la « semaine de prière pour l'unité ». En 1855, se constituèrent les Unions chrétiennes de jeunes gens, dont la branche étudiante, créée en 1895, associera à titre individuel des orthodoxes et des catholiques et inaugurera un nouveau style de relations interconfessionnelles avec la pratique du dialogue et de la confrontation : l'idée sous-jacente étant que l'union peut se faire dans l'enrichissement mutuel des diverses confessions par la prière ou l'action communes et non en faisant abstraction des divisions.

À la veille de la Première Guerre mondiale, la préhistoire d'un œcuménisme encore presque uniquement intérieur au protestantisme se caractérisait par son pragmatisme (s'unir pour des actions là où les doctrines séparent), sa dimension spirituelle (s'unir pour prier), le caractère non institutionnel d'initiatives parties de la base. L'Église catholique ne pouvait en conséquence envisager d'y participer en tant qu'institution, et interdit par ailleurs, en 1864, la participation individuelle de ses fidèles à ces associations.

Le mouvement œcuménique va par la suite se modifier profondément en s'institutionnalisant et en intégrant les orthodoxes. L'univers de ces derniers est bouleversé par la chute de l'Empire ottoman et par la révolution russe, tandis que les mouvements d'émigration vers l'Europe occidentale et les États-Unis perturbent les obédiences historiques et multiplient les contacts avec d'autres chrétiens. Malgré leur intransigeance théologique et une plus grande proximité sur le plan doctrinal et sacramentel avec les catholiques, les Églises orthodoxes vont trouver dans les instances œcuméniques d'initiative protestante une ecclésiologie plus proche de leurs structures propres (rencontres égalitaires d'Églises définies par leur territoire) et des organisations qui échappent à ces deux lourds handicaps que sont, dans leurs relations avec les catholiques, la primauté pontificale et la question des uniates. Deux mouvements œcuméniques se constituent : en 1925, à Stockholm, Vie et travail, organisme qui veut promouvoir un témoignage commun des chrétiens dans les questions sociales et politiques, et, en 1927, à Lausanne, Foi et constitution, qui réunit les délégués de cent huit Églises, dont des orthodoxes, pour une confrontation des doctrines et des structures ecclésiales. L'Église catholique romaine, grande absente de ces rencontres, condamne alors l'œcuménisme par l'encyclique *Mortalium animos* (1928).

Vie et travail et Foi et constitution décident dès 1938 une fusion qui, en raison de la guerre, ne deviendra effective qu'en 1948, à Amsterdam, avec la création du Conseil œcuménique des Églises (C.O.E.), qui rassemble cent quarante-sept Églises protestantes et orthodoxes. Le Conseil international des missions s'y agrège en 1961. Les trois institutions fondatrices se reconnaissent encore dans les grandes divisions du nouvel organisme : Foi et témoignage, Justice et service, Éducation et renouveau. L'organisation centrale installée à Genève (assemblée, comité central, secrétariat général...) et les assemblées mondiales périodiques sur des thèmes christologiques ou ecclésiologiques (Evanston, 1954 ; New Delhi, 1961 ; Upsal, 1968 ; Nairobi, 1979 ; Vancouver, 1983 ; Canberra, 1991...) font désormais du

Concile des jeunes à Taizé (1975). La communauté monastique de Taizé, fondée par le pasteur Roger Schutz, rassemble des protestants appartenant à diverses dénominations, mais des catholiques en font également partie. Longtemps considérée avec méfiance par les autorités, elle est devenue un haut lieu du dialogue entre chrétiens (H. Gloaguen, Rapho).

Sous le signe de l'Esprit. Le Conseil œcuménique des Églises réunit au sein d'une « association fraternelle » la plupart des Églises protestantes et orthodoxes. Rome entretient avec lui des relations régulières depuis le IIe concile du Vatican. Paul VI reçu par le pasteur Eugen Carson Blake, secrétaire général de l'organisation, à Genève en 1969 (C.I.R.I.C.).

C.O.E. le lieu de réunion de presque tout le christianisme non romain. Cette institution perdure en dépit des réserves doctrinales de confessions « évangéliques » à tendance fondamentaliste (qui ont constitué en 1948 un Conseil international des Églises chrétiennes), en dépit des critiques concernant sa lourdeur bureaucratique, en dépit également d'une politisation imputée à des prises de position contre l'apartheid ou en faveur des populations du Tiers Monde – alors même qu'étaient jugées trop prudentes, en leur temps, les dénonciations des atteintes aux droits de l'homme dans les pays de l'Est (dans le souci de ne pas rendre difficile ou impossible la participation des Églises orthodoxes). Le succès du C.O.E. paraît lié à ce qu'il ne prétend pas être une super-Église, qu'il ne prend pas de décisions contraignantes, qu'il n'affiche pas de théologie officielle, ni de solution pour la recherche de l'unité. Sa déclaration fondamentale le définit seulement comme une association fraternelle d'Églises qui confessent « le Seigneur Jésus-Christ [...] et s'efforcent de répondre ensemble à leur commune vocation... » Chaque Église peut y conserver son ecclésiologie propre et même se considérer comme « l'Église du Christ », mais sans limiter celle-ci à ses propres frontières.

La conception catholique de l'œcuménisme a connu une évolution importante. Des tentatives ponctuelles de rapprochement anglicans-catholiques avaient été menées par le père Portal et lord Halifax en 1895-1896. Léon XIII y mit fin en refusant de reconnaître la validité des ordinations anglicanes. Les efforts catholiques, dans les années suivantes, portèrent donc principalement sur les rapprochements avec les orthodoxes, autour de dom Lambert Beauduin et du prieuré d'Amay puis de l'abbaye de Chevetogne, en Belgique, qui ont adopté une liturgie proche de celle des Églises d'Orient et en diffusent la littérature et la spiritualité. Une nouvelle proposition d'œcuménisme concernant anglicans et orthodoxes fut faite sous le patronage du cardinal Mercier aux conversations de Malines (1925) : les Églises y seraient « unies, non absorbées », chacune conservant dans l'unité retrouvée son originalité. La mort du cardinal Mercier, en 1926, a privé l'œcuménisme catholique de son seul soutien hiérarchique. Jusqu'aux années 1960, la théorie officielle, l'unionisme, préconise le simple retour des schismatiques et des hérétiques au sein de l'Église de Rome.

La seule voie ouverte, tenue par principe à la discrétion, est la prière. Le père Couturier trouve les formes qui permettent d'y associer des non-catholiques sans contredire la position hiérarchique et sans les contraindre à l'adopter, en priant pour « l'unité que veut le Christ et par les moyens qu'il voudra ». Il inaugure à Lyon, en 1933, la semaine de prière pour l'unité, du 19 au 25 janvier, et fonde en 1942 le groupe des Dombes, qui organise des rencontres annuelles à titre privé entre théologiens principalement catholiques et protestants. La semaine de prière est, depuis 1958, très officiellement préparée conjointement par le C.O.E. et par son homologue catholique, le Secrétariat pour l'unité. Quant au groupe des Dombes, il publie ses travaux sous forme de propositions d'accords doctrinaux qui servent de base à celles du C.O.E. aux Églises, tel le document *Baptême, eucharistie, ministères* (*B.E.M.*, 1982) tiré à 300 000 exemplaires, traduit en vingt-huit langues et largement discuté dans les Églises. Mais le changement capital intervient avec le deuxième concile du Vatican et le décret sur l'œcuménisme *Unitatis redintegratio* (1964), qui permet d'ajouter à l'œcuménisme spirituel un œcuménisme doctrinal et ecclésial. Paul VI reconnaît les fautes commises contre l'unité et rejoint le principe protestant selon lequel l'Église est « appelée à une réforme permanente en tant qu'institution humaine ».

L'œcuménisme catholique garde cependant son caractère propre, en invoquant l'unité déjà donnée dans l'Église catholique, une communion déjà existante entre les chrétiens – même imparfaite – et non, selon le pragmatisme protestant, l'état actuel des divisions. La déclaration *Dominus Jesus* (septembre 2000), présentée par le cardinal Ratzinger, l'a rappelé brutalement aux Églises protestantes, auxquelles le document conteste la qualité d'« Églises », ne leur reconnaissant que celle de « communautés ecclésiales ». La blessure a été à la mesure des espoirs suscités par les nombreuses déclarations de Jean-Paul II concernant l'importance prioritaire qu'il accorde à la restauration de l'unité. D'autres documents, à caractère moins retentissant, exprimaient le même refus de parler d'« Église-sœurs » à propos des Églises orthodoxes. Le fait qu'elle se considère comme appelée à manifester l'unité de l'Église explique que l'Église catholique n'adhère pas au C.O.E.

À défaut d'une adhésion qui aurait d'ailleurs posé des problèmes de structure (les autres confessions participant sur la base des Églises nationales) et d'équilibre démographique (en raison du nombre des catholiques), les relations avec le C.O.E. sont cependant nombreuses et importantes, comme en témoigne la participation au Sodepax, entre 1966 et 1980, pour la justice internationale, et surtout la participation de plusieurs théologiens catholiques à Foi et constitution. Il faut souligner aussi la présence d'observateurs catholiques à des manifestations à l'organisation desquelles l'Église catholique ne veut pas s'associer pour les mêmes raisons ecclésiologiques et doctrinales, tel le Rassemblement mondial de Séoul (mars 1990) sur le thème « Paix, justice et sauvegarde de la création ».

Les avancées se font sur d'autres fronts : le développement de contacts et d'accords bilatéraux avec les organisations mondiales des grandes confessions, qui se traduisent notamment par l'existence de commissions mixtes avec la Communion anglicane (le principal problème restant celui de la reconnaissance des ministères et plus récemment la question de l'ordination des femmes) ou encore avec la Fédération luthérienne mondiale (Déclaration commune d'Augsbourg, en octobre 1999, sur le thème de la justification). Mais c'est là où les chrétiens des différentes confessions peuvent se rencontrer à structure ecclésiale égale, si l'on peut dire, que les réalisations sont les plus prometteuses : les organisations européennes d'Églises, les relations au niveau des paroisses, les initiatives culturelles. À l'échelon européen, la Conférence des Églises d'Europe (K.E.K.), créée en 1957 entre anglicans, protestants et orthodoxes « pour renouer les liens entre Églises séparées par la guerre », trouve un partenaire, constitué également sur des bases nationales, dans le Conseil des conférences épiscopales d'Europe (C.C.E.E.) constitué en 1971. À leur actif, il faut signaler en particulier l'organisation commune du rassemblement de Bâle (mai 1989), qui réunit 700 délégués des Églises et plusieurs milliers de participants sur le thème « Paix, justice et sauvegarde de la création », en vue de la préparation du rassemblement mondial de Séoul et de la VIIe assemblée du C.O.E. à Canberra (1991). Plus récemment, la signature de la charte œcuménique de Strasbourg (avril 2001) entre la K.E.K. et le C.C.E.E. s'inscrit dans la perspective d'une collaboration croissante entre les Églises en Europe. Au cours des prochaines années, cette charte doit être proposée à la discussion dans les Églises locales, comme l'a été autrefois le document des Dombes *Baptême, eucharistie, ministères*.

L'importance des grandes réalisations ne doit pas faire oublier que l'œcuménisme est entré depuis près de quarante ans dans la vie concrète des paroisses, où les réalisations, pour ne pas être spectaculaires, sont nombreuses et régulières. Au minimum, les paroissiens sont invités à se joindre aux manifestations générales organisées à l'occasion de la semaine de prière pour l'unité ; mais bien souvent s'y adjoignent des manifestations locales particulières – célébrations communes, échanges de prédicateurs – et, au long de l'année, des groupes d'étude biblique interconfessionnels. Il faut souligner à ce titre l'importance de la traduction œcuménique de la Bible, dont la version française (T.O.B.) a été publiée entre 1972 et 1977 : elle a jeté les bases, très concrètement, d'une référence commune à l'Écriture. Au niveau paroissial, également, se sont multipliés les groupes de foyers mixtes. Ils ont vu leur position se transformer depuis le motu proprio *Matrimonia mixta* (1970) et sont devenus désormais l'objet d'une pastorale attentive : assouplissement des conditions, célébrations œcuméniques des mariages et des baptêmes, double inscription sur les registres paroissiaux, catéchèse œcuménique… Certains vont jusqu'à voir dans ces groupes une préfiguration de l'unité à construire et tentent de les organiser en mouvement pionnier. Il faut enfin mentionner des associations ou des mouvements qui, sans avoir toujours l'œcuménisme pour visée principale, le mettent en pratique en associant des chrétiens de confessions différentes : Cimade, A.C.A.T., mouvements charismatiques…

Mais là où les accords doctrinaux aplanissent d'anciennes divisions, où les relations interpersonnelles se multiplient et se dédramatisent, où la recherche de l'unité est valorisée comme la perfection du christianisme, de nouvelles fractures se recréent au fil des évolutions propres à chaque confession. Le Vatican crée des diocèses en Russie, à l'indignation des orthodoxes qui crient au prosélytisme et à la menace sur l'identité slave ; les anglicans ordonnent des femmes à la prêtrise et à l'épiscopat, au mépris des avertissements catholiques sur l'irrecevabilité de tels ministères pour les relations engagées ; l'Église réformée de France, au cours d'un récent synode national (Soissons,

mai 2001), prend la décision d'admettre en certains cas à la cène des croyants non encore baptisés, décision cohérente avec sa réflexion sur la qualité de membre de l'Église, mais scandale aux yeux de ceux qui voient dans le baptême le sceau du christianisme. Les Églises continuent souvent de s'ignorer mutuellement dans leurs déclarations concernant l'éthique ou la vie politique (manipulations génétiques, euthanasie, désarmement...), quand elles ne prennent pas un malin plaisir ou du moins une certaine satisfaction à s'opposer.

Le bilan de l'œcuménisme, sur les quarante dernières années, apparaît donc contrasté. Cette période a été souvent vécue par ses acteurs sur le mode du désenchantement : l'œcuménisme piétine, dit-on, il est même en régression... Le fait que les mouvements œcuméniques pionniers de l'avant-concile aussi bien que les communautés « sauvages » de l'après-68 paraissent en perte de vitesse conforte cette impression. Mais il est curieux de constater que des propos semblables étaient tenus même au temps des initiatives les plus hardies, dans les années 1970 à 1980 ! Le pessimisme ou l'impression d'échec font figure de paradoxes en regard des divisions surmontées et conduisent à se demander ce qui était réellement en jeu sous l'unité cherchée ou à son occasion. À l'histoire et à la théologie de l'œcuménisme, il faudrait joindre une analyse de type sociologique. S'agit-il de clergés qui s'unissent pour faire front commun contre la montée de l'athéisme et de la sécularisation – explication qu'on rencontre surtout chez des auteurs anglo-saxons et qui rejoint certains motifs explicitement invoqués (« qu'ils soient un, afin que le monde croie ») ? S'agit-il plutôt de mouvements contestataires qui auraient été récupérés, dans la phase récente, par les institutions ? Dans l'un et l'autre cas, l'unité, parce qu'elle ne constitue qu'un aspect de ce qui est recherché sous son nom, ne saurait satisfaire, si poussée soit-elle. Ou bien encore, troisième hypothèse, ne convient-il pas plutôt de chercher les raisons de la situation actuelle dans la pluralité même des courants œcuméniques ? Les uns et les autres trouveraient, selon les moments, leurs aspirations plus ou moins bien réalisées : l'œcuménisme des théologiens pouvant marquer le pas alors que celui de la pastorale se développe, ou bien celui des charismatiques devenir difficile alors que les évangéliques amorcent le dialogue... On pourrait enfin penser que le succès même de l'œcuménisme, facilité par un contexte social qui privilégie le pluralisme, y trouve aussi ses limites, l'unité en tant que telle étant moins valorisée.

Sectes et société

Louis HOURMANT

Entachée de tout temps d'un sens péjoratif, l'appellation de secte constitue plus que jamais aujourd'hui dans le langage commun un terme profondément disqualifiant, qui renvoie aux formes de religiosité considérées comme socialement non légitimes. Dans le langage savant, au contraire, le terme désigne simplement, et de façon neutre, des groupes religieux à la fois nouveaux et minoritaires qui se démarquent des religions établies, voire s'y opposent, ou rejettent la société dans son ensemble. L'étude du rapport entre les sectes et la société doit donc intégrer, d'une part, l'évolution des nouveaux mouvements religieux et des formes de leur protestation, d'autre part, les conflits et les controverses qui font que certains groupes seront, dans une conjoncture donnée, considérés comme illégitimes voire dangereux pour l'individu ou l'ordre public.

Les sectes et leur rapport au monde

De nombreuses tentatives pour classer les mouvements religieux minoritaires ont été réalisées, tant par le discours savant que par le discours militant. Un classement courant mais superficiel consiste à prendre en considération la doctrine du mouvement pour la rapporter à une tradition d'origine. En vertu de cette filiation historique, on pourra ainsi distinguer des sectes d'origine chrétienne, juive ou musulmane, des sectes orientales (bouddhistes, hindouistes, shintoïstes), des sectes se rattachant à la tradition occultiste

Le culte du gourou. Près de Castellane (Alpes-de-Haute-Provence), dans un site protégé proche des gorges du Verdon, avait été élevée une statue géante du fondateur du culte de Mandarom, Gilbert Bourdin (mort en 1998). Les autorités locales ont ordonné la destruction de cette œuvre insolite et des sanctuaires adjacents, érigés sans permis de construire (E. Gaillard, Reuters/MAX PPP).

ou ésotérique occidentale, des sectes qui inventent de nouvelles gnoses à partir d'un modèle emprunté à la psychologie contemporaine, enfin des sectes opérant les syncrétismes les plus variés. Une telle répartition ne présente qu'un intérêt limité, car elle laisse dans l'ombre les caractéristiques de structure interne ou le mode de relation à l'environnement des différentes sectes.

Bien qu'aucune typologie ne fasse l'unanimité en sociologie des religions, une des plus répandues consiste à ordonner les sectes selon un axe allant du refus du monde à son acceptation. Le recours à ce critère se fonde sur la tradition sociologique qui a conceptualisé la secte comme une forme de religion structurellement en tension avec la société globale, avec l'État, avec les Églises établies (lesquelles apparaissent à certaines époques comme l'un des piliers de la société). Alors que la religion de type Église a passé un compromis avec la société et ses valeurs, la secte remet en question le modus vivendi en cours en proclamant des valeurs autres, en se dotant de modes d'organisation récusés par la société, en exigeant de ses adeptes qu'ils fassent un choix en rupture avec ce qui est conventionnellement admis dans le monde.

La vision sociologique classique de la secte l'associe donc à un potentiel de rupture avec l'ordre social. Cependant, ce rejet du monde peut se manifester sous des formes et avec des intensités extrêmement variées : il peut prendre la forme d'un conflit ouvert au sein des sectes révolutionnaires apocalyptiques qui se prétendent l'instrument d'un renouvellement du monde ; il peut également se traduire par la création de communautés religieuses composées d'aspirants à la perfection qui veulent actualiser à une échelle réduite l'utopie d'un monde délivré du péché ; le refus du monde peut se manifester, plus fréquemment encore, sous une forme intériorisée dans les sectes piétistes qui appellent à la conversion du cœur sans exiger de leurs membres une rupture physique avec la vie en société. Les sectes qui rejettent le monde (qu'elles se retranchent physiquement de la société ou non) symbolisent habituellement leur refus par quelque signe distinctif : ce peut être le port d'un vêtement particulier comme dans le cas des amish du Nouveau Monde, ce peut être le refus d'une pratique (la transfusion sanguine chez les Témoins de Jéhovah, par exemple). Souvent, le rejet du monde se cristallise en refus de reconnaître la légitimité de la puissance étatique et se manifeste par l'abstention vis-à-vis de pratiques jugées idolâtriques telles que la prestation de serment, l'hommage au drapeau, l'accomplissement du service militaire, etc.

À l'inverse, certaines sectes, notamment à l'époque actuelle, témoignent d'une volonté d'acceptation globale du monde : loin de vouloir retrancher leurs membres de la société, elles prétendent mieux les y insérer en leur donnant les outils religieux pour s'affirmer en tant qu'individus capables de se réaliser pleinement dans la vie mondaine. Ces mouvements au discours ouvertement individualiste ont un caractère plus éloigné de l'image conventionnelle de ce qu'est une religion que les sectes qui récusent le monde. Elles signalent peut-être une mutation du religieux dans nos sociétés occidentales de fin de siècle.

Une vision simplificatrice pourrait laisser penser que plus un mouvement rejette fortement le monde, plus il sera rejeté par la société. Bien qu'il en aille souvent ainsi, la relation entre les deux attitudes n'est pas mécanique : il arrive que ce genre de mouvement suscite plus d'indifférence que de franche hostilité de la part de la société et que, par contre, des sectes qui reconnaissent les valeurs du monde rencontrent une opposition bien plus vive dès lors que leurs méthodes et leurs formes d'organisation ou de recrutement, à défaut de leurs valeurs, sont susceptibles de faire l'objet d'une réprobation sociale vigoureuse.

Entre ces deux pôles de rejet et d'acceptation existent des groupes religieux – en plus grand nombre – qui veulent transformer le monde sans l'accepter ni le rejeter intégralement. Il faut souligner qu'une même organisation peut témoigner à différents moments de son développement historique de ces diverses attitudes ; elle peut même, à un instant donné, nier le monde sous certains de ses aspects et en affirmer la valeur sous d'autres. Il est donc nécessaire de relativiser l'idée d'un antagonisme sans appel entre la secte et la société. La secte, pour durer, se doit aussi de passer certains compromis avec le monde ambiant, au risque de laisser se diluer son caractère sectaire au bout du compte.

D'un point de vue sociologique, l'éventail des attitudes vis-à-vis du monde dont font preuve les sectes interdit pratiquement de les considérer comme une catégorie homogène et rend fallacieux tout discours qui prétendrait recourir à un schéma d'interprétation unique.

Sectes et société dans le contexte contemporain

Les multiples visages du protestantisme

Sur le continent européen, et notamment en France, l'instauration progressive de la liberté religieuse tout au long du XIXe siècle a permis le développement de mouvements non conformistes, généralement de souche protestante, qui

Des conversions bien organisées. Dans une piscine du stade olympique de Rome, en 2001, des néophytes sont baptisés par immersion au cours d'un rassemblement international de Témoins de Jéhovah (A. Nusca, Gamma).

L'effet de masse rassure et promeut. En juillet 1998, au stade olympique de Berlin, plusieurs dizaines de milliers de Témoins de Jéhovah lisent la Bible au cours d'une rencontre mondiale de trois jours, sous le thème affiché de « Voie de vie selon Dieu » (F. Bensch, Reuters/MAX PPP).

introduisaient une concurrence à la marge des grandes Églises. C'est contre ces mouvements, qualifiés de sectes par les Églises établies, et en premier lieu l'Église catholique, que des controverses sont apparues à la fin du XIXᵉ siècle.

Après la Seconde Guerre mondiale se sont manifestées à nouveau de vives polémiques contre ce qui était présenté par divers auteurs religieux comme une « offensive des sectes ». Étaient visés principalement les mennonites, les quakers, les baptistes, l'Armée du salut, les pentecôtistes ainsi que d'autres mouvements, d'origine américaine cette fois, qui se sont diffusés en France à la faveur de la reprise des relations avec le monde anglo-saxon après 1945 (mormons, adventistes, Témoins de Jéhovah, Science chrétienne).

La polémique contre les sectes se définissait alors essentiellement en termes de lutte sur le terrain doctrinal : l'Église catholique analysait les sectes sous l'angle de l'hérésie et de la fausse doctrine ; quant aux rationalistes et aux libres-penseurs, ils y voyaient la manifestation exacerbée d'un irrationalisme en germe dans toute religion.

Aujourd'hui, la plupart des mouvements ci-dessus évoqués sont rarement qualifiés de sectes dans le sens péjoratif indiqué plus haut : l'opinion publique se désintéresse d'eux et les grandes Églises – hors certains secteurs ultra-conservateurs – ont peu ou prou admis la légitimité du pluralisme religieux. La seule exception notable à cette reconnaissance des « sectes anciennes » est celle des Témoins de Jéhovah, mouvement dont l'expansion se poursuit (plus de 120 000 membres actifs en France aujourd'hui) et qui est principalement attaqué pour son refus des transfusions sanguines et du service militaire.

L'exotisme sectaire entre contre-culture et réaction

Au début des années 1970 commence une deuxième période, caractérisée par la floraison de ce qu'on appelle alors les « nouvelles sectes », qui apparaissent dans le sillage de la contre-culture américaine, même si c'est de manière parfois réactive contre quelques-uns des idéaux et des valeurs visés par celle-ci. Ce phénomène concerne d'abord le continent nord-américain ; il ne touchera l'Europe qu'un peu plus tard et y connaîtra un succès plus limité. Ces nouveaux mouvements religieux sont doublement exotiques par rapport aux sociétés où ils s'installent. En premier lieu, beaucoup se rattachent de près ou de loin à des religions orientales (parfois revues et corrigées par le passage en Amérique) : c'est le cas de mouvements néo-hindouistes comme l'Association internationale pour la conscience de Krishna, communément appelée « Hare Krishna », de la Méditation transcendantale du Maharishi Yogi, du mouvement de Bhagwan Shree Rajneesh, gourou indien en rupture de tradition qui prend le nom d'Osho après l'installation de son ashram dans l'Oregon, de mouvements néo-bouddhistes comme la Soka Gakkai japonaise, néo-musulmans (Subud), d'une secte chrétienne messianique coréenne, l'Église pour l'unification du christianisme mondial, dite « Église mooniste », etc. On peut parler d'exotisme dans un second sens dans la mesure où ces groupes nouveaux – certains tout au moins – introduisent des formes religieuses déconcertantes par rapport aux conventions de l'époque. Ces formes peuvent marquer un degré de continuité avec les aspirations du mouvement de la contre-culture des années 1960, notamment par l'exaltation de la vie en communauté, le recours à des techniques destinées à éveiller des états modifiés de conscience, la relation à un maître choisi pour son charisme, etc.

La secte des Enfants de Dieu (aujourd'hui rebaptisée la Famille) illustre bien cette filiation contre-culturelle : les adeptes, guidés par un ancien pasteur fondamentaliste, David Berg, dit Moïse ou Mo, vivent en communautés éparpillées dans le monde entier, valorisent l'activité sexuelle sans contraintes et n'hésitent pas, à cette époque de leur histoire, à préconiser l'utilisation du flirt poussé pour faire de nouvelles recrues (ce qu'ils appellent le *flirty fishing*, pratique cependant condamnée par le groupe depuis 1987).

D'autres mouvements, comme l'Église fondée par le révérend coréen Sun Myung Moon, qui se prétend le nouveau messie venu accomplir l'œuvre laissée inachevée par le Christ, font preuve au contraire d'un ascétisme rigoriste qui réagit contre le libéralisme et l'hédonisme moral des groupes marqués par l'idéologie contre-culturelle des beatniks et des hippies. Il en va de même des dévots de la Conscience de Krishna, qui valorisent la chasteté et prohibent le recours à toute drogue ou tout excitant. Ce type de mouvements a semble-t-il recruté en partie parmi des jeunes à la recherche de nouveaux repères moraux après la vague libertaire née dans les « communes » hippies. Au total, les nouvelles sectes de cette période ont été analysées par les sociologues comme constituant un éventail des moyens de

Découvrez qui vous êtes. À Paris, en 1998, un autobus publicitaire vante les mérites de la Scientologie et de son fondateur américain L. Ron Hubbard. Objectif annoncé de cette Église controversée : préparer l'individu à découvrir les profondeurs insoupçonnées de son moi et accéder à de nouveaux états de conscience (G. Bassignac, Gamma).

Disciples européens de Bhagwan Shree Rajneesh en son āshram de Poona. Ce gūru enseigne à ses adeptes le rejet de tout dogme et de toute croyance : pour ces jeunes Occidentaux, comme pour beaucoup d'autres, seule l'expérience compte (V. Corell, Black Star, Rapho).

négocier la sortie de l'univers contre-culturel en en conservant certaines aspirations communautaires, pour les unes, ou bien, pour les autres, en poursuivant une visée d'approfondissement du potentiel personnel où la méditation ou les techniques psychologiques d'expansion de conscience remplaceraient les drogues psychédéliques.

L'ère du prêt-à-croire efficace

La phase actuelle ne constitue pas à proprement parler une nouvelle vague, en ce sens qu'il n'y a pas apparition de mouvements radicalement nouveaux par rapport aux précédents. Il s'agit plutôt d'une tendance de fond qui réoriente des mouvements déjà existants ou en suscite d'autres en les mettant au service d'une quête individualiste de réalisation dans le monde qui a abandonné en chemin la dimension effervescente des expérimentations communautaires. De fait, les sectes qui promouvaient une vie commune comme les « moonistes » ou les « dévots de Krishna » ont stagné ou périclité dans les pays occidentaux depuis le milieu des années 1980.

Cette quête du développement personnel s'alimente à des lieux communs empruntés à la psychologie des profondeurs, parfois relayés par une mythologie de type gnostique, un enseignement initiatique aux degrés démultipliés. Les mouvements qui s'en réclament, parfois qualifiés de *self-religions*, ne revêtent pas tous un mode d'organisation structuré : ils peuvent s'apparenter à des réseaux souples, notamment ceux qui gravitent au sein de la nébuleuse mystique-ésotérique, par exemple la mouvance du *New Age*. Dans d'autres, la quête individualiste du salut est encadrée par une structure à forte emprise et orientée éventuellement vers un leader de type charismatique. Dans les deux cas, cependant, la visée de salut est résolument intramondaine : les réseaux et les sectes de ce type prétendent en effet donner à leurs adeptes des outils et des techniques de transformation de soi pour mieux s'insérer dans la société, pour utiliser leurs pouvoirs psychiques, voire pour obtenir des bienfaits concrets. L'utilisation de moyens psychologiques ou psycho-occultistes est largement mise à profit derrière une phraséologie qui emprunte au discours scientifique ou à une imagerie technologique. Tout cela alimente la prétention de ces mouvements à se définir comme des voies « expérimentales » et non plus dogmatiques : au lieu de revendiquer la possession d'une vérité absolue, ils recourent à un mode d'évaluation pragmatique en mettant en avant leur efficacité supérieure par rapport aux religions traditionnelles, efficacité qu'ils appellent chacun à vérifier à travers son expérience personnelle.

Le cas de l'Église de scientologie, probablement le mouvement le plus controversé au cours des années 1990, est bien représentatif de cette nouvelle tendance. Cette organisation, née au début des années 1950 aux États-Unis de l'imagination d'un écrivain de science-fiction, par ailleurs remarquable manager, L. Ron Hubbard, résulte de la transformation d'une théorie psychothérapeutique en une gnose technologique qui recourt à des techniques d'anamnèse et à des instruments détecteurs d'émotions (l'« électromètre ») pour préparer l'individu à découvrir les profondeurs insoupçonnées de son moi et à avancer dans la conquête sans fin de nouveaux états de conscience. Comme dans les groupes occultistes plus traditionnels, la dimension collective du culte est réduite à sa plus simple expression, l'enjeu étant l'apprentissage réalisé par le membre à travers cours, séminaires et surtout la relation duale avec son instructeur. L'Église de scientologie compte parmi les sectes dont les valeurs attestent du plus grand conformisme à l'égard de l'ordre social. Si elle est attaquée, ce n'est pas en raison de ses valeurs, mais pour ses

Cérémonie druidique en Grande-Bretagne. La reconstitution folklorique des traditions celtiques par ces néo-druides n'inquiète guère les Églises. On a cependant assisté depuis une trentaine d'années, notamment aux États-Unis, à l'éclosion d'une nébuleuse de groupuscules qui se réclament des traditions préchrétiennes les plus diverses (Guenet, Gamma).

méthodes auxquelles on reproche de confondre religion et commerce. Le mouvement s'est battu sur le terrain juridique, notamment pour se voir reconnaître le statut de corps religieux, d'association cultuelle ; divers pays, dont l'Allemagne, lui ont dénié cette qualité, l'obligeant à fonctionner en tant qu'entreprise à fins lucratives.

Par une volonté de rationalisation dans l'ordre de l'efficacité, certaines sectes intramondaines font appel aux ressources les plus sophistiquées des techniques de communication pour gérer leur fonctionnement interne, diffuser leur message et améliorer leurs relations publiques. En donnant l'impression de se soumettre à la seule logique entrepreneuriale où l'efficacité des moyens prime sur les contenus de croyance, elles prêtent parfois le flanc à l'accusation d'entrer dans l'univers marchand, univers perçu communément en Europe comme étranger au monde de la religion.

Les déplacements des controverses autour des sectes

L'évolution constatée des sectes s'accompagne d'un déplacement des controverses à leur sujet. Il faut souligner aussi que les acteurs et les enjeux ne sont plus du tout les mêmes que dans la période des années 1950.

Tout d'abord, la polémique ne se situe plus essentiellement dans le camp des Églises officielles. Leurs représentants adoptent un ton mesuré à propos du phénomène des sectes, préférant souligner le besoin spirituel qu'elles révéleraient, plutôt que d'en dénoncer l'existence même – certaines attaques pouvant en effet se retourner contre des mouvements apparus au sein même de ces Églises. Le discours virulent contre les sectes n'émane plus que de courants intégristes qui voient en elles des tentatives de subversion de l'« Occident chrétien », voire le prélude à l'arrivée de l'Antéchrist, ou bien parfois de courants chrétiens de gauche qui n'hésitent pas à critiquer le fonctionnement de certains mouvements d'Église tels que l'Opus Dei en les assimilant aux sectes du dehors en raison d'analogies dans l'organisation interne et le mode d'exercice du pouvoir.

Le discours antisectes provient aujourd'hui essentiellement de militants laïcs secondés par des praticiens, notamment dans le domaine psychiatrique. Il est largement relayé par les médias. Une littérature prolixe a fleuri, enrichie de témoignages d'anciens adeptes ou d'enquêtes dénonciatrices menées par des journalistes spécialisés qui travaillent souvent en lien étroit avec les associations antisectes apparues au milieu des années 1970, l'une autour de la défense de la famille et de l'individu, l'autre qui s'attache, dans une optique plus classiquement rationaliste, à repérer et à dénoncer les « manipulations mentales » dont les membres des sectes seraient l'objet. Un certains nombre de procès ont eu lieu, notamment autour de la garde d'enfants pour laquelle les familles se déchirent et, de leur côté, plusieurs sectes se sont lancées dans des démarches judiciaires répétées pour défendre leur réputation et leurs méthodes. En France, certains parlementaires sensibles à la lutte contre les sectes ont rédigé un premier rapport officiel en 1983 (rapport Vivien), suivi treize ans plus tard d'un second (rapport Gest-Guyard, 1996) qui, sans préconiser l'adoption d'une législation spécifique aux sectes, recommande une utilisation renforcée de l'arsenal juridique existant pour contrôler les atteintes au droit des personnes ou au droit fiscal émanant de groupes qualifiés de sectes. Ces préoccupations se retrouvent dans de nombreux pays d'Europe et ont gagné les organisations internationales.

Sur le fond, la polémique affirme délaisser les contenus de croyance pour s'en prendre seulement aux structures sociales et aux conditionnements psychologiques pratiqués dans les sectes. La lutte contre les sectes quitte le terrain de la théologie pour celui de la psychiatrie ou de la psychopathologie. Du coup, le caractère religieux n'est plus nécessairement présent dans la définition de la secte : ainsi, la littérature des mouvements antisectes parle indifféremment de sectes religieuses, politiques, commerciales (les sociétés de vente pyramidale) ou psychothérapeutiques.

Les accusations contre les sectes ne renvoient plus guère à une menace qu'elles feraient peser sur la société globale et sa cohésion ; aujourd'hui, le discours social contre la secte l'identifie avant tout comme un danger pour l'individu, une structure susceptible d'attenter au libre-arbitre, voire de réaliser une destruction de la personnalité du fait de la « déstabilisation psychologique » exercée grâce à diverses « manipulations mentales ». Cette dernière notion, devenue le pivot de la lutte contre les sectes, tend à remplacer celle de « lavage de cerveau » à peu près délaissée aujourd'hui car elle évoquait trop les méthodes de rééducation pratiquées par les régimes communistes d'Extrême-Orient. La notion de lavage de cerveau a servi à justifier, de la part des associations antisectes, notamment aux États-Unis, des opérations de *deprogramming* où des professionnels de la « déconversion » séquestraient un adepte d'une secte à la demande de sa famille pour lui faire prendre conscience du caractère aberrant de son choix et l'amener à réintégrer le giron familial. De tels agissements ont été interdits par la législation de divers pays et ne font plus partie normalement de la panoplie des opposants aux sectes.

Ces derniers définissent la manipulation mentale par l'utilisation calculée de techniques particulières destinées à induire un état de réceptivité et de dépendance de l'adepte potentiel envers le message du groupe et l'autorité du leader. Ces pratiques incluraient la répétition de litanies, l'isolement, un bouleversement des rythmes biologiques, des privations diverses ou au contraire un « bombardement affectif » destiné à créer une atmosphère d'enveloppement chaleureux. Le résultat en serait une uniformisation et une dépersonnalisation du comportement transformant le converti en une sorte d'homme-zombi. Toutefois, les études de terrain, réalisées en grand nombre depuis la fin des années 1970, ont montré que la secte, même lorsqu'elle exerce un contrôle très fort des comportements et des attitudes quotidiens de ses membres, est incapable d'empêcher les défections en grand nombre sur le court comme sur le

Mariages dans la secte Moon. À plusieurs reprises, le chef de l'Église de l'unification a uni des milliers de couples d'adeptes. Mais ces cérémonies spectaculaires ne sont qu'un aspect de l'activité multiforme du mouvement : celui-ci possède aussi des entreprises et des journaux, lutte contre le communisme, propose un dialogue inter-religieux... qui embarrasse les grandes Églises chrétiennes (F. Fournier, Contact Press Images).

long terme, ce qui devrait relativiser cette idée d'une conversion capable de remodeler radicalement la personnalité. En fait, plus une secte fonctionne comme une institution totale (notamment lorsqu'elle implique une vie communautaire à temps plein), plus elle requiert de ses membres un investissement important qui peut apparaître, à long terme, insupportable socialement et/ou psychologiquement à l'adepte.

La plupart des faits délictueux reprochés à des groupes religieux (abus de confiance, escroqueries, etc.) relèvent de la manipulation morale ordinaire plus que d'une manipulation mentale mal définie. Sont fréquemment mises en cause à cet égard des méthodes de recrutement déloyales et mensongères qui dissimulent les fins véritables du mouvement. De fait, le visage de la secte type, tel qu'il est présenté dans les médias, est beaucoup moins, depuis la fin des années 1980, celui du groupe communautaire où un « gourou » adulé exerce une autorité arbitraire et despotique, encore que de tels groupes soient régulièrement dénoncés, notamment pour la contrainte qu'ils font peser sur l'avenir des enfants socialisés dans le mouvement. La secte la plus controversée est celle qui, trop bien insérée dans la société, tend à se dissimuler sous des activités profanes qui apparaissent, aux yeux des opposants aux sectes, comme autant de « masques » destinés à donner le change sur ses véritables activités. En fait, le reproche adressé à ce genre de mouvements est à double détente. D'une part, ils dissimuleraient leur existence sous des activités socialement louables : art, éducation, développement personnel, lutte contre la drogue, activités culturelles, etc. ; d'autre part, leur caractère religieux ne serait à son tour qu'une manière d'alibi pour légitimer des activités de type commercial ou bien politique. Cette difficulté de concevoir que certaines sectes puissent avoir des activités habituellement considérées comme profanes sans cesser d'être pour autant réellement religieuses tient sans doute à leur extrême valorisation du monde social et de la réussite profane qui rompt avec les formes socialement admises du religieux en Occident.

Malgré le fait que la population concernée directement par l'adhésion à une secte soit ultra minoritaire (Témoins de Jéhovah mis à part, aucun mouvement qualifié de secte en France ne dépasse quelques milliers d'adeptes), les controverses restent vives. Elles ont été réactivées à plusieurs reprises par une série de tragédies au retentissement considérable. Le premier choc a eu lieu en novembre

1978, avec les suicides de masse qui ont anéanti une communauté dirigée par un pasteur protestant américain aux idées communisantes, le révérend Jim Jones. Le groupe qui le suivait, le Temple du peuple, venait de quitter la Californie pour le Guyana afin d'échapper aux critiques. Cette fuite en avant se termine dans la mort lorsque le leader demande à ses disciples de s'empoisonner : 918 personnes trouvent la mort ainsi qu'un représentant du Congrès américain, assassiné par un adepte. D'autres spirales meurtrières se sont produites depuis la fin des années 1980 : l'empoisonnement collectif de 32 disciples de la prophétesse coréenne Soon-ja à Séoul en 1987 (sans retentissement en Occident), l'assaut donné contre le siège de la communauté dirigée par David Koresh à Waco, au Texas, en 1993 qui entraîne la mort de 90 personnes, l'attentat au gaz sarin perpétré en 1995 dans le métro de Tōkyō par le groupe Aum Shinrikyō, les massacres et suicides de 74 personnes organisés sur deux continents et en trois temps (Québec et Suisse romande en octobre 1994, France en décembre 1995, Québec en mars 1997) par les dirigeants d'une obédience pseudo-templière, l'Ordre du temple solaire, ou encore le suicide de 39 adeptes d'une secte « ovniolâtre », la Porte du Paradis, en Californie en mars 1997.

De telles tragédies, qui ont d'ailleurs connu des précédents historiques, au XVIIe siècle notamment, ne peuvent toucher qu'une catégorie bien précise de sectes au terme d'un processus lui aussi très particulier. Il semble en effet que trois conditions doivent être réunies pour qu'existe le risque d'implosion collective : une conception de type catastrophiste dans laquelle le monde extérieur est promis à un anéantissement à brève échéance ; un repli sur soi du groupe qui raréfie au maximum les contacts avec un monde extérieur perçu comme radicalement hostile ; enfin, surtout, l'équation personnelle du leader, menacé ou qui se croit menacé d'une mort prochaine par une maladie incurable ou encore sous le coup d'une autre forme de déchéance susceptible de réduire à néant son charisme. La fièvre obsidionale enclenchée par le leader entraîne un fonctionnement de type paranoïaque où la secte, par une politique de gribouille, devance ce qu'elle croit être le projet d'anéantissement de la société envers elle en se précipitant dans l'autodestruction.

Les sectes comme phénomène social

Dans le monde anglo-saxon, la recherche sur les sectes et les nouveaux mouvements religieux a donné lieu à une multitude de travaux, de nature psychologique ou sociologique en particulier. En France, les données établies restent beaucoup plus lacunaires en comparaison. Toutefois, plusieurs résultats apparaissent aujourd'hui étayés quand bien même l'interprétation générale à conférer au phénomène de la multiplication des sectes reste matière à large débat.

Au cours des années 1970, il était fréquent d'assimiler les sectes à des mouvements de jeunes, au point que, dans certains pays, on les qualifiait de « religions de jeunes ». On avait alors l'idée que les sectes, en particulier celles qui proposaient un mode de vie communautaire, étaient uniquement composées de jeunes à peine sortis de l'adolescence et supposés aussi idéalistes que malléables. La secte communautaire apparaissait à certains égards comme un sas de transition vers la vie adulte au sein d'une grande famille de substitution. Aujourd'hui, on estime que l'âge moyen d'entrée dans un groupe religieux minoritaire est nettement plus élevé (34-35 ans) et que nombre de membres s'avèrent d'âge tout à fait mûr. Ce fait résulte autant d'une meilleure connaissance du terrain que de l'évolution interne des groupes dans une conjoncture historique nouvelle.

Il en va de même en ce qui concerne le recrutement social, qui semble beaucoup plus diversifié qu'on ne l'imaginait précédemment. L'opinion ancienne, selon laquelle les personnes susceptibles d'être recrutées par les sectes étaient des marginaux ou des personnes en fragilité sociale s'est révélée très abusive : de fait, nombre d'adeptes de sectes (y compris celles qui ont sombré dans une folie meurtrière comme l'Ordre du temple solaire) sont des individus socialement favorisés et dotés d'une parfaite respectabilité sociale. Face à ce fait, il n'est plus possible de rapporter mécaniquement l'adhésion à une religion de type sectaire à un phénomène de protestation sociale : certes, aux époques où le refus de la société ne pouvait s'exprimer que sous une forme religieuse, l'émergence des sectes pouvait fréquemment être analysée en termes de protestation contre l'ordre social établi de couches socialement ou culturellement défavorisées. Même si l'on introduit l'idée que, plus que la privation brute elle-même, c'est la possibilité de comparer sa situation à celle d'autrui qui engendre frustration sociale et – éventuellement – protestation religieuse, il faut tenir compte de tous les cas, nombreux, où les mouvements sectaires ont été plutôt le fait de nantis ou de gens dotés d'un capital culturel élevé qui les prédisposait théoriquement à assumer des situations enviables dans la société.

À côté de l'interprétation en termes de protestation sociale, il est un schéma courant qui explique la multiplication des sectes par une recherche nouvelle de sens, par un renouveau du besoin religieux qui serait également perceptible dans les mouvements de renouveau internes aux Églises. Une telle explication fait peu de cas de la diversité des aspirations rencontrées dans les mouvements : peut-on penser, par exemple, que l'émergence d'une secte apocalyptique puisse être analysée de la même façon que le développement des *self-religions* qui mettent en avant l'exploration de la conscience ? L'émiettement du croire qui accompagne le développement des nouveaux mouvements religieux peut suggérer la thèse, non d'un retour du religieux dans la société contemporaine, mais d'un nouveau déclin de sa pertinence sociale du fait de son incapacité à dépasser le seuil des micro-univers de croyances.

Il est également possible d'aborder la question non par le biais de la construction d'un univers du croire et par les demandes de significations de la part des acteurs sociaux, mais par une analyse de type socio-historique. Dans ce modèle, la situation de pluralisme religieux généralisé que nous connaissons aujourd'hui n'a pas besoin d'être rapportée à des causes finales (la quête du sens), mais seulement à des causes efficientes : l'élargissement de l'éventail de l'offre en matière de biens de salut serait le pur produit d'une libéralisation du marché religieux du fait de la fin des monopoles des grandes Églises. Par ailleurs, une situation historique précise rendrait compte de l'irruption en Amérique puis en Europe de religions orientales : l'arrivée d'immigrants économiques porteurs de leurs voies de salut et qui disposent d'une liberté de propagande complète en Occident.

Dans le rapport dialectique entre les sectes et les sociétés occidentales contemporaines, deux niveaux doivent être soigneusement distingués : un premier niveau, relativement pérenne à l'échelle de l'histoire, est celui de l'opposition entre des formes conventionnelles de religiosité et des formes innovantes. La secte, en tant qu'elle est un mouvement religieux *nouveau* possède des caractéristiques structurelles qui peuvent engendrer un conflit avec la société ; sa prétention même d'offrir une voie d'accès au salut plus rapide, plus immédiate, plus concrète, en un mot *différente*, la met en tension avec les formes conventionnellement reçues du religieux dans une société donnée. Sur ce plan, le vieillissement d'une secte tend à s'accompagner d'une modération de ses manifestations effervescentes, d'un alignement de ses valeurs et de ses normes sur celles de l'environnement, d'une atténuation du sens de l'opposition entre le « nous » et le « eux ». Par une loi d'airain des modes d'organisation, la secte qui se rapproche de la société tend à être remplacée par une nouvelle vague qui ranime l'esprit d'enthousiasme et d'intransigeance.

Le deuxième niveau est plus spécifique à un phénomène particulier, apparu à la fin du XXe siècle : celui de la mondialisation des échanges qui, dans le domaine religieux comme dans les autres, met fin à tous les monopoles et crée, par vagues d'approfondissement successives, une situation de pluralisme généralisé, avec la même gamme d'effets que dans les domaines non religieux : importations et métissages (avoués ou ignorés), volonté d'internationalisation ou désir de repli identitaire. En outre, la généralisation du pluralisme met en scène, non plus des confessions différentes appartenant au même domaine culturel, mais une infinité déconcertante de pratiques et de croyances dont certaines n'ont plus qu'un lointain rapport avec l'idée communément admise de ce qu'est une religion. La question de l'authenticité religieuse ou spirituelle se trouve ainsi au cœur des débats autour des sectes, particulièrement lorsqu'il s'agit des *self-religions* individualistes qui réduisent à peu de choses la dimension cultuelle collective et qui adoptent sans états d'âme une gestion de type capitaliste. De plus, la libéralisation du marché – en religion comme ailleurs – laisse la voie libre à des entrepreneurs indépendants qui séduisent moins par leur rattachement parfois très flou à une tradition religieuse que par leur capacité à proposer une offre de salut à l'efficacité immédiate ou présentée comme telle, avec tous les risques liés à cette situation de dérégulation. Dans certains cas, la logique d'entreprise et de marchandisation apparaît tellement prégnante que l'objectif religieux tend à se dissiper, au moins au regard extérieur. Cette retombée équivoque du pluralisme religieux ne peut que maintenir le problème des sectes au cœur du débat social.

L'état des religions en France

Danièle HERVIEU-LÉGER

Le catholicisme ne constitue pas seulement la première religion en France, il y occupe aussi une place historique et culturelle prépondérante. Cette première observation en appelle aussitôt une deuxième : la France est l'un des pays les moins religieux dans une Europe elle-même plus sécularisée qu'aucune autre région du monde.

Une Cène chez les protestants français. En juin 2001 s'est tenu à La Rochelle un rassemblement des protestants de l'Ouest. La Cène a été célébrée dans le temple local de l'Église réformée, avec la participation active de femmes pasteurs (J. Picot, C.I.R.I.C.).

Troisième élément, plus nouveau, la France, avec près de cinq millions de personnes concernées, abrite la première population musulmane en Europe, et celle-ci revendique désormais sa pleine intégration dans l'espace national. Au-delà de ces « tendances lourdes » se dessine une recomposition générale du paysage religieux qui transforme profondément la donne du compromis laïc, tel qu'il assurait, depuis un siècle, la gestion de la religion dans les limites de la République.

Catholicisme : la fin d'un monde

Les Français sont-ils encore catholiques ? L'érosion continue des pratiques, l'effondrement démographique du clergé et la dislocation de la civilisation paroissiale justifient que l'on se pose la question. Le déclin, nettement engagé dans les années 1945-1950, a connu, à partir des années 1970, une brusque accélération. En 1981, 71 p. 100 des Français déclaraient leur appartenance au catholicisme. En 1999, ils sont 53 p. 100, soit une baisse de 25 p. 100. La pratique cultuelle mensuelle était de 18 p. 100 en 1981 ; elle est de 12 p. 100 aujourd'hui (moins de 8 p. 100 si l'on prend en compte la pratique hebdomadaire), soit une baisse de 35 p. 100. Cette baisse atteint 53 p. 100 chez les 18-29 ans, qui sont à peine 2 p. 100 à se rendre à l'église chaque semaine. Il y avait 41 000 prêtres en 1965 et 35 000 en 1975. Ils ne sont plus que 20 000 en 2000, dont un tiers ont moins de 66 ans. On prévoit que la France comptera 6 000 à 7 000 prêtres au plus en 2020. Il y avait 37 500 paroisses en 1983, dont 14 200 possédaient un prêtre résident. On en compte 30 700 en 1996 dont 8 800 seulement avec un prêtre à demeure. Le nombre longtemps stable des baptêmes connaît, depuis le début des années 1980, un net affaissement : 4 enfants sur 5 étaient baptisés au cours de leur première année à la fin des années 1960 ; c'est le cas de 1 enfant sur 2 en 2000 et cette proportion ne sera plus que de 1 sur 3 en 2020. La catéchisation concerne aujourd'hui moins de 1 enfant sur 2.

En dépit de cet affaissement sévère, le catholicisme français n'est pas sans vitalité. Il fait même émerger des formes de mobilisation originales. De vastes opérations de restructuration du tissu communautaire sont en cours dans tous les diocèses. L'engagement actif des laïcs, rendu indispensable du fait du déficit du clergé, est remarquable. 600 000 laïcs, dont une écrasante majorité de femmes, prennent en charge la catéchèse, animent la vie liturgique et assurent la préparation des fidèles à la réception des sacrements. Une partie d'entre eux sont en charge officielle d'aumôneries (hôpitaux, établissements scolaires, prisons) et même de paroisses (845 en 2001, contre 28 en 1983). Le nombre des diacres augmente rapidement : de 1 500 aujourd'hui, il passera à 3 500 en 2020 si les ordinations diaconales se poursuivent au même rythme. Enfin, le succès de formules pastorales nouvelles ou rénovées, telles que les grands rassemblements de jeunes et les pèlerinages, semble montrer que l'Église dispose encore, par-delà l'effondrement des observances, d'une capacité de mobilisation qui demeure respectable.

Mais ce dynamisme reste fragile. Le nombre des laïcs engagés qui font vivre l'institution est promis, compte tenu de la pyramide actuelle des âges et de la faible implication des générations les plus jeunes, à un tassement inévitable. L'amenuisement du nombre des clercs accentue leur confinement dans des tâches rituelles qu'ils sont seuls à pouvoir assurer : à la frustration qu'ils en éprouvent répond le malaise des laïcs souvent placés en porte à faux dans l'exercice des responsabilités pastorales qu'on leur confie. Quant à la capacité mobilisatrice de l'Église en direction de la jeunesse, elle demeure limitée, pour l'essentiel, aux couches sociales qui constituent son vivier traditionnel.

De cette fragilité, la hiérarchie de l'Église catholique française est aujourd'hui très largement consciente. Plutôt qu'à une « reconquête » dont elle connaît désormais les impasses, elle s'attache à accompagner théologiquement et pastoralement le témoignage minoritaire auquel elle est contrainte. La position modeste qu'elle assume n'est que marginalement contestée par quelques courants qui entendent renforcer la visibilité de l'institution en répondant de façon directe, sur le terrain du dogme et de la morale, aux besoins de certitude d'une partie de la population catholique déstabilisée par les changements sociaux et culturels en cours. Discrète sur le terrain politique, l'Église s'efforce d'exercer, sur la scène publique, un « magistère éthique » qui lui soit propre. L'entreprise est cependant difficile puisque les Français sont de moins en moins portés à considérer qu'elle apporte une réponse aux problèmes moraux (moins 22 p. 100 entre 1981 et 1999), aux problèmes liés à la vie familiale (moins 25 p. 100 entre 1981 et 1999) et aux problèmes sociaux (moins 21 p. 100 entre 1990 et 1999). L'intangibilité des positions romaines sur la contraception et l'avortement, sur le divorce, sur

La catéchèse catholique fait appel aux laïcs. Une femme prépare un groupe de jeunes à la confirmation, à Villiers-sur-Marne, au printemps 2001. Le dialogue s'ouvre librement à partir d'un texte biblique et de fiches pédagogiques (A. Buton, C.I.R.I.C.).

Journées mondiales de la Jeunesse à Paris. En août 1997, une veillée baptismale à Longchamp, où des centaines de milliers de jeunes venus de toute la planète entourent des catéchumènes de leur âge, sous la présidence du pape Jean-Paul II (F. Prével, C.I.R.I.C.).

l'homosexualité ou encore sur l'assistance médicale à la procréation accentue inexorablement le décrochage culturel entre l'Église catholique et l'opinion française. Si des attentes existent dans la société française à l'égard du catholicisme, en dépit d'une érosion de la confiance portée à l'institution (de 54 p. 100 d'opinions positives en 1981, elle n'est plus que de 44 p. 100 en 1999), elles concernent essentiellement la capacité de l'Église à « répondre aux besoins spirituels » des individus. Mais ces besoins cherchent aujourd'hui leur satisfaction sur un marché des biens symboliques largement ouvert, sur lequel l'Église est certes présente, mais sans pouvoir prétendre à un quelconque monopole.

Les « minorités religieuses historiques », entre dilution culturelle et réaffirmations identitaires

La fragilisation du catholicisme français ne signifie pas que les minorités religieuses historiques soient épargnées par les recompositions présentes. Protestantisme et judaïsme ont à faire face, de leur côté, à de délicats problèmes de redéfinition de leur identité publique. Compris entre 600 000 ou 700 000, les protestants français sont, pour les deux tiers, des calvinistes membres de l'Église réformée de France, des Églises réformées indépendantes et de l'Église réformée concordataire d'Alsace et de Lorraine. On évalue à 200 000 le nombre des luthériens. À la différence de l'Église catholique, le protestantisme français – qui ne connaît aucun problème de recrutement pastoral – entretient historiquement un rapport positif avec la démocratie, avec les idéaux modernes de liberté et de laïcité – une laïcité que de grandes figures protestantes ont contribué à construire, dans le domaine de l'école en particulier.

Cette « modernité protestante », étayée par la contribution importante apportée par des protestants à la vie publique et au service de l'État, vaut au protestantisme français une image globalement positive dans l'opinion. Un nombre non négligeable de Français non protestants d'origine (500 000) déclarent leur proximité personnelle avec une religion synonyme d'austérité et de rigueur, mais aussi d'engagement social et d'ouverture à la rationalité critique. Mais cette affinité du protestantisme français avec l'humanisme laïque et la culture moderne de l'individu contribue en même temps à une certaine dilution de la « différence protestante », une dilution que renforce l'importance des mariages mixtes et que favoriserait également, selon certains, l'ouverture œcuménique des institutions protestantes françaises. Les protestants « détachés », qui ne lisent jamais la Bible et ne donnent pas d'éducation religieuse à leurs enfants, représentent en effet un peu plus d'un quart de la population protestante globale. Mais il faut souligner en même temps la progression d'un protestantisme évangélique, baptiste ou pentecôtiste, qui ne se limite plus à la Mission populaire tsigane, inaugurée en France en 1952 et rattachée à la Fédération protestante de France, forte

Prière de fin de Ramadān dans l'Essonne. À Évry, en février 1997, la communauté musulmane locale célèbre la rupture du grand jeûne annuel dans des bâtiments qui associent une mosquée et un centre culturel islamique (A. Pinoges, C.I.R.I.C.).

Baptême pentecôtiste tsigane. À Chambley-Bussières (Meurthe-et-Moselle), en septembre 1999, une convention organisée par la Mission évangélique tsigane (rattachée à la Fédération protestante de France) donne lieu à des baptêmes d'adultes par immersion, dans une ambiance de ferveur et de joie charismatiques (A. Pinoges, C.I.R.I.C.).

aujourd'hui de 100 000 fidèles en Europe. Le succès de ce protestantisme émotionnel et identitaire, fortement réfractaire à l'œcuménisme, relance, au sein même des Églises de la Réforme, la question de la spécificité protestante et des modalités de son affirmation dans la société française.

Le judaïsme français (600 000 à 700 000 personnes) traverse, lui aussi, de sévères turbulences. L'expérience biséculaire de l'émancipation et de l'intégration, le traumatisme du génocide et la création de l'État d'Israël ont modifié en profondeur les conditions de l'affirmation de l'identité juive, dans une société où les choix religieux relèvent de la décision individuelle et non plus de l'évidence d'une transmission familiale et communautaire, et où les mariages mixtes se sont multipliés. Créé par Napoléon en 1808, le Consistoire, dirigé par un président laïc et par un grand rabbin, est formellement en charge de l'administration du « culte israélite » pensé, à l'intérieur du cadre confessionnel, comme une « Église juive ». Ce modèle d'organisation spécifiquement français a été ébranlé par l'arrivée en France, dans les années 1960, des juifs d'Afrique du Nord, porteurs d'un judaïsme à forte composante ethnique : ils ont ouvert leurs propres synagogues, leurs services communautaires, leurs écoles. Ce milieu – soucieux de la préservation des particularismes ethnoreligieux – forme un terrain où se déploie l'activité de courants néo-orthodoxes qui prônent à la fois le retour à une stricte observance religieuse et la réaffirmation communautaire du judaïsme français. Le plus connu de ces courants est celui des Loubavitch, héritiers d'une tradition hassidique revitalisée aux États-Unis. On évalue leur nombre en France à environ 10 000.

Dérégulation institutionnelle, bricolage individuel et revendications communautaires

Ces premières considérations sur l'état des grandes confessions mettent en évidence, de façon convergente, la dérégulation des institutions qui caractérise la scène religieuse. Le trait dominant de la modernité religieuse, en France comme ailleurs, n'est pas, comme on l'a longtemps pensé, la perte des croyances et la montée irrésistible de l'indifférence spirituelle. Le pourcentage de Français (14 p. 100) qui déclarent fermement n'avoir aucune croyance religieuse a légèrement augmenté au cours des vingt dernières années, mais il augmente beaucoup moins rapidement que

Manifestation devant une synagogue. Un millier de manifestants contre les actes antisémites et pour le soutien au peuple israélien terminent leur défilé devant la synagogue de Bordeaux, le 7 avril 2002. Une partie de la communauté juive de France refuse de dissocier religion et politique, ce qui ne va pas sans créer des tensions en son sein (D. Ceyrac, A.F.P.).

le nombre de ceux qui déclarent croire à une « puissance » ou à une « force surnaturelle » qu'ils ne nomment pas avec précision. La croyance en un Dieu personnel (présentant les attributs du Dieu juif et chrétien) connaît au contraire une érosion régulière. Le fait majeur n'est pas l'amenuisement du croire, mais sa dissémination individualiste, en dehors des grands codes définis par les institutions religieuses. Dans une société où l'autonomie des individus s'affirme dans tous les domaines, la croyance religieuse ne fait pas exception. Plus qu'à la conformité aux « vérités » portées par des institutions, les individus s'attachent à l'authenticité d'une quête spirituelle personnelle. Ils « bricolent » de plus en plus librement les petits récits qui leur permettent de donner un sens subjectif à leur expérience du monde. Et l'élargissement des ressources culturelles disponibles contribue à la démultiplication de ces croyances « à la carte ». Le succès des spiritualités orientales, la vogue d'un bouddhisme acclimaté aux attentes d'accomplissement personnel des individus (600 000 Français s'en déclarent proches), le succès de la croyance dans la réincarnation (20 p. 100 des Français) constituent des indices significatifs de ce déploiement massif d'une spiritualité de la réalisation de soi, qui donne la priorité aux droits de la subjectivité.

Mais ce mouvement d'individualisation ne résume pas à lui seul le cours de la modernité religieuse. Celle-ci fait surgir en même temps des demandes nouvelles de certitudes partagées. L'instabilité propre à des sociétés soumises à l'impératif du changement suscite des réaffirmations identitaires, à travers lesquels les individus tentent de faire face à la condition sociale et psychologique incertaine induite par ce changement. Le recours identitaire à l'islam des jeunes générations issues de l'immigration, confrontées à une intégration sociale, économique et culturelle précaire, trouve ici sa principale explication. Mais il serait erroné d'imaginer que ces affirmations identitaires concernent les seuls musulmans. En dépit de son rejet historique de toutes les formes de communautarisme, la requête de reconnaissance publique des identités religieuses minoritaires gagne du terrain en France, jusque dans les rangs d'un catholicisme qui se vit subjectivement comme « minorisé », dans un pays profondément sécularisé.

L'explosion pluraliste de la scène religieuse : un défi pour la laïcité

Dérégulation institutionnelle et bricolage individualiste des croyances d'un côté, renforcement des identités communautaires de l'autre : cette tension prend à revers les principes fondamentaux sur lesquels repose le modèle français de la laïcité. Construite pour contenir les empiètements éventuels de l'Église romaine dans la sphère publique, la laïcité « historique » repose sur trois piliers : l'affirmation du caractère privé des croyances ; la protection publique de l'exercice paisible du culte ; la prise en charge par les autorités religieuses elles-mêmes de la régulation interne de la vie des communautés. Ce système scellé par la loi de 1905 est aujourd'hui ébranlé. D'un côté, les individus demandent avec toujours plus d'insistance (dans le domaine religieux comme dans tous les autres domaines) à être reconnus publiquement dans la spécificité de leurs identités individuelles et communautaires. D'un autre côté, la dérégulation institutionnelle du domaine religieux prive l'État de l'appui coopératif des autorités confessionnelles reconnues comme telles par les fidèles. Deux dossiers mettent clairement en lumière les difficultés d'adaptation des politiques publiques à ce nouveau contexte.

Le premier dossier porte sur la question des sectes, qui concerne, en France, environ 500 000 personnes. Parmi les groupes désignés comme tels par le rapport d'une commission d'enquête parlementaire publié en 1996, il y a un certain nombre de groupes anciens, dont les Témoins de Jéhovah (250 000). D'autres, d'implantation plus récente, sont souvent importés des États-Unis (comme la Scientologie). Ce pullulement de groupes dont la religiosité s'exprime en dehors du cadre confessionnel accrédité par l'histoire préoccupe fortement les pouvoirs publics. Une Mission interministérielle de lutte contre les sectes a été créée auprès du Premier ministre en 1998. Une loi touchant la prévention et la répression des risques sectaires a été votée en juillet 2001. Cette politique défensive, dont l'efficacité apparaît douteuse par rapport au développement internationalisé des nouveaux groupes religieux, traduit bien le désarroi de l'État laïc confronté à l'émergence d'un pluralisme religieux inédit.

Le second dossier – et le plus important – est celui de l'islam, devenu seconde religion en France. Cette présence de l'islam n'est pas une réalité nouvelle : on sait l'importance du fait musulman dans la France coloniale, et l'implantation ancienne de populations immigrées en provenance des pays d'islam sur le territoire métropolitain. Mais la situation s'est profondément transformée au cours des trente dernières années, en même temps que la condition des immigrés venus travailler en France. La sédentarisation définitive des familles dans le pays d'accueil et l'arrivée à l'âge adulte de générations musulmanes nées en France (et donc jouissant en principe de la nationalité française) contribuent à l'établissement durable d'un islam de diaspora, pour lequel la perspective d'un retour au pays d'origine a perdu toute plausibilité concrète. La multiplication des salles de prière, la revendication que des carrés musulmans soient aménagés dans les cimetières, ou l'affirmation (dont on sait tout l'impact polémique) du droit des jeunes filles à porter le foulard à l'école sont les manifestations les plus évidentes d'une demande de reconnaissance publique de la place de l'islam en rapport avec cette stabilisation définitive de la population musulmane. Pour les jeunes, qui sont les plus vulnérables aux menaces d'exclusion, la religion tend à devenir, comme le montre une série d'enquêtes récentes, le lieu de la conquête possible de la reconnaissance de leur identité sociale et le vecteur de la construction de leur individualité. Ils vivent leur religion – dont leurs parents leur ont rarement transmis l'héritage – au sein d'une vaste constellation d'associations, dont la prolifération même souligne la faible structuration de l'islam français, et sa dispersion en de multiples courants. Cette situation pose directement le problème de l'institutionnalisation de l'islam et de son intégration dans le paysage religieux français. Tous les gouvernements – de droite ou de gauche – en appellent à la constitution d'une autorité centrale régulatrice (du type de la Conférence des évêques ou du Consistoire juif). La consultation mise en place en mai 2002 devrait faire émerger cette instance, sous la forme d'un Conseil supérieur des musulmans de France. L'encouragement public à la construction de mosquées permettant l'exercice du culte devrait également contribuer, en dépit de fortes résistances locales, à une « normalisation confessionnelle » de l'islam de France. Mais, au-delà du problème propre de l'islam, la question principale est, en réalité, celle de la laïcité elle-même, et de sa capacité d'adapter ses valeurs, ses pratiques et ses dispositifs juridiques à la nouvelle « donne » religieuse avec laquelle elle doit désormais composer.

La sécularisation

Jean Baubérot

Après avoir été une expression courante, un lieu commun théologique et une notion fondamentale de la sociologie de la religion, la « sécularisation » est aujourd'hui contestée à ces différents niveaux. L'homme de la rue entend parler de « retour du religieux », de « danger » fondamentaliste, intégriste ou sectaire. Les théologiens modernistes observent un silence pieux sur le sujet et les autres combattent la sécularisation comme typique d'un Occident qui se serait fourvoyé. Quant aux sociologues, certains d'entre eux, comme Peter Berger (qui fut l'un des principaux théoriciens de la sécularisation au tournant des années 1960 et 1970), brûlent ce qu'ils avaient presque adoré et se font les champions de l'idée de « désécularisation » ou de « réenchantement du monde ». Comment y voir clair dans un tel renversement de situation ? Peut-être en resituant la sécularisation dans une perspective sociohistorique et en ne confondant pas « l'actualité », chaque jour mise en avant par les médias, et la réalité sociale dont, certes, cette actualité fait partie mais qui n'en constitue qu'un aspect.

Dans son sens originel, la « sécularisation » signifie l'appropriation de biens ecclésiastiques par le pouvoir civil, qu'il s'agisse des transferts liés à la Réforme protestante (au XVIe et au XVIIe siècle) ou des propriétés de l'Église catholique, nationalisées et vendues comme « biens nationaux » au cours de la Révolution française. Mais la « sécularisation » a aussi désigné, dans le vocabulaire propre du catholicisme, le passage d'un religieux – supposé vivre hors du « siècle » (au sens du mot *saeculum* : monde) – à « l'état séculier », c'est-à-dire la vie dans le siècle (qu'il abandonne ou non la prêtrise s'il était prêtre). Ainsi, on perçoit dès le départ que le terme de sécularisation est polysémique. Ce mot a des connotations à la fois économiques, politiques, idéologiques (ce qu'on se représente comme étant « le siècle ») et religieuses.

Au tout début du XXe siècle, Max Weber a développé une analyse des sciences humaines qui se trouve à l'origine des théories de la sécularisation, même si le sociologue allemand préférait parler, pour sa part, de « désenchantement du monde » (expression qui sera reprise, dans les années 1980, par le philosophe français Marcel Gauchet). Examinant de quelle façon les « idées » deviennent « des forces historiques efficaces », Weber étudie les nouvelles significations religieuses amenées par le protestantisme (Luther, Calvin, le puritanisme et le piétisme). Il conclut : « Ainsi, dans l'histoire des religions, trouvait son point final ce vaste processus de désenchantement (*Entzaübe-rung*) du monde qui avait débuté avec les prophéties du judaïsme ancien et qui, de concert avec la pensée scientifique grecque, rejetait tous les moyens magiques d'atteindre au salut comme autant de superstitions et de sacrilèges. » Cette mutation religieuse et culturelle constitue pour lui l'un des facteurs essentiels de l'émergence en Occident d'un capitalisme industriel. Et ce capitalisme, une fois formé, s'est ensuite développé sur une « base mécanique ». Le secteur de la production matérielle de type industriel a eu tendance à se construire en privilégiant une stricte rationalité instrumentale et en échappant à tout contrôle d'ordre religieux.

Un « baptême civil » en 1909. Imprégnée de libre pensée et d'anticléricalisme, en France notamment, l'époque témoigne déjà d'un mouvement de sécularisation. Mais on y ressent aussi le besoin de cérémonies de remplacement, tel ce « baptême » célébré à Ivry, près de Paris, par le maire lui-même (Edimedia).

Parallèlement à l'œuvre de Weber, de nombreux travaux d'historiens ont analysé la construction des États-nations comme un processus de rupture avec la « société de chrétienté ». L'État moderne s'est voulu une institution globale et a conçu la religion comme une institution spécialisée. Un droit civil s'est progressivement constitué, explicitant de plus en plus la séparation entre normes juridiques et normes religieuses. Des institutions comme la médecine ou l'école (plus lentement et, dans certains pays, de façon moins complète) ont pris progressivement leur autonomie à l'égard de la religion et sont devenues des institutions fondamentales des sociétés modernes. De tels changements se sont opérés conjointement à une dissociation entre religion et science. Longtemps les deux ont été mêlés. Les travaux de Malebranche, par exemple, lient encore une discussion de physique sur les corpuscules de la lumière et une argumentation déduite de la théologie d'Augustin ou de Grégoire. Cependant, au XVIIe siècle, la notion d'infini ne se pense plus à partir de la théologie et de la métaphysique, mais à partir de l'astronomie et des mathématiques. La théologie, « reine des sciences » au Moyen Âge, est devenue, à la fin du XIXe siècle, objet de science quand s'ouvrent à Genève, aux Pays-Bas, à Paris, des chaires d'histoire des religions ou de sciences religieuses.

L'analyse sociologique de la sécularisation a pris en compte ces mutations et a cherché à les formaliser dans des définitions. Pour Peter Berger, la sécularisation est le « processus par lequel des secteurs de la société et de la culture sont soustraits à l'autorité des institutions et des symboles religieux ». Pour Bryan Wilson, la sécularisation est saisie à partir de divers indicateurs : la diminution de la part de richesses que les sociétés modernes consacrent au « surnaturel », l'autonomisation des pratiques sociales par rapport à la religion, la rationalisation croissante des institutions. Il estime, en conséquence, que la sécularisation désigne « le processus par lequel les institutions, les idées et les pratiques religieuses ne sont plus socialement lourdes de sens ». Peu à peu ces théories de la sécularisation se sont vulgarisées par l'idée que l'urbanisation, l'industrialisation et, plus généralement, tous les phénomènes sociaux que l'on regroupe sous le terme de « modernisation » réduisent de plus en plus l'influence de la religion. À quoi s'est ajoutée une vision donnant implicitement un sens à l'histoire : le religieux contemporain est alors apparu comme une sorte de survivance destinée à disparaître à plus ou moins long terme, au fur et à mesure que les diverses sociétés de la planète entreraient dans la modernité et que les individus s'accultureraient à cette modernité.

C'est cette vision vulgarisée de la sécularisation que Peter Berger combat aujourd'hui en estimant qu'au bout du compte elle n'était pas infidèle aux schèmes mentaux qui sous-tendaient les théories de la sécularisation. Considérant le tournant du XXe et du XXIe siècle comme « furieusement » religieux, il pense que si « certaines formes de sécularisation » ont touché la société, elles n'ont pas nécessairement atteint les consciences. Ce sont surtout les élites intellectuelles et dirigeantes qui ont été touchées. Les sociologues, qui font partie de cette couche sociale, ont privilégié leur propre vécu et l'ont plus ou moins confondu avec l'ensemble de la planète. Les effets « sécularisateurs » de divers phénomènes sociaux n'ont pas empêché des « croyances et des pratiques religieuses, anciennes et nouvelles de survivre [...] parfois avec de grandes manifestations de ferveur » et il s'est produit de « puissants mouvements de contre-sécularisation », notamment dans l'islam et le protestantisme évangélique.

Berger met en cause, de façon drôle et pertinente, la manière dont les « élites », quand elles voyagent à travers le monde, fréquentent des « cercles intellectuels – donc des gens qui leur ressemblent ». Ses attaques visent-elles juste pour autant ? Non, car en relisant les écrits des théoriciens de la sécularisation, on peut facilement constater qu'ils ne se situent nullement dans un déclin inéluctable de la

Le pèlerinage polonais de Czestochowa. Bien loin d'y déclencher un processus de sécularisation, l'instauration du régime communiste en Pologne a maintenu et même renforcé, dans l'Église de ce pays, la vitalité massive des temps de chrétienté, en particulier à travers la lutte pour les libertés (Nogués, Sygma).

religion qui conduirait à sa disparition, mais dans l'optique d'une diminution de l'influence sociale de la religion, conduisant à une mutation des phénomènes religieux.

Ainsi Peter Berger lui-même insistait-il sur la pluralisation des formes religieuses corrélative de la sécularisation. Il décryptait la scène religieuse de la société sécularisée comme celle d'un « marché » sur lequel se pressent divers « entrepreneurs religieux » placés, par ce processus de sécularisation, dans une situation concurrentielle. Il s'agit, de plus, d'une sorte de « marché du sens », où la frontière entre le religieux et le non-religieux (le psychologique par exemple, ou l'humanisme séculier) a tendance à s'estomper. Dès lors, les confessions chrétiennes, par exemple, ont intérêt à resserrer les rangs et à s'allier face à la montée de nouvelles entreprises concurrentielles. Accentuation de la concurrence entre diverses formes de christianisme et régulation des conflits, l'œcuménisme lui apparaissait comme une stratégie de réponse à la sécularisation. De même, Bryan Wilson estimait que, dans une société sécularisée, si la religion devenait « relativement faible », elle continuerait « à fournir aux hommes un réconfort dans les interstices d'un système social dépourvu d'âme ». Mais pour Wilson (comme, d'ailleurs, pour d'autres théoriciens de la sécularisation) ce sont moins des Églises porteuses de religiosités majoritaires et traditionnelles que des sectes et nouveaux mouvements religieux (N.M.R.) qui peuvent créer, « dans les interstices du social », de nouvelles fonctions pour la religion. Leur relatif succès tiendrait à leur capacité à servir de passerelle vers la modernité à des populations déstabilisées par des mutations socio-économiques. Cette capacité viendrait notamment du fait qu'ils donnent des « vérités à croire » simples et claires, liées à des normes précises, aptes à structurer l'individu et à lui donner une identité forte et un rattachement à un univers socioculturel anglo-saxon (terreau de la plupart de ces N.M.R.) dont la modernité est précisément l'un des attraits. Le développement du dialogue interreligieux, la séduction durable de mouvements protestants évangéliques en Amérique latine, dans certains pays asiatiques (que ce soit la Corée du Sud ou la Chine) et dans des ex-pays de l'Europe de l'Est (Russie et Ukraine notamment) viennent confirmer ces analyses.

Qu'en est-il, par contre, de l'extension de l'islam, du développement de ce que l'on a qualifié « d'islam radical », ainsi que d'autres formes de radicalisme religieux ? Ce nouveau radicalisme met moins en cause les analyses sur la sécularisation que l'idéologie qui les a accompagnées. On peut dire d'abord que parler de « désécularisation » ne fait pas sortir véritablement de la perspective de la sécularisation : cela montre plutôt qu'il se produit des résistances et des conflits, que le processus de sécularisation n'est pas « linéaire » mais « complexe et ambigu », comme l'écrit O. Tschannen. Ensuite, si l'on approfondit les choses, on s'aperçoit précisément que l'ampleur et surtout le contenu des mouvements de désécularisation s'expliquent précisément par les avancées mondiales du processus de sécularisation. Ainsi Sebastian Poulder peut-il rattacher l'intensité des conflits concernant le statut de la femme et le droit de la famille au fait que, dans la plupart des pays où l'islam est majoritaire, la majeure partie de la vie publique des individus est gérée aujourd'hui selon des normes occidentales sécularisées alors qu'elle était jadis du ressort de la loi islamique. Des questions qui se situent à la frontière du public et du privé deviennent alors des enjeux essentiels de préservation (forcément crispée) d'une culture traditionnelle ou d'acculturation à la modernité.

Cette approche nous rappelle qu'il ne faut pas confondre l'actualité, si dramatique soit-elle, avec la réalité sociale dont elle ne constitue que la partie émergée. La mondialisation s'inscrit structurellement dans le processus de laïcisation, car elle suppose une vie sociale investie par une rationalité technico-économique privilégiant la valeur d'échange par rapport à la valeur d'usage. Cette valeur d'usage a tendance alors à être soumise à une sorte de devoir de consommer, l'accomplissement de soi, le bien-être et le bonheur étant présentés par les moyens de communication de masse comme liés à ce devoir de consommer. Schématiquement, au niveau du modèle dominant, on est passé, comme l'établit J.-P. Willaime, d'une « société organique », qui « intègre le sens dans l'ordre qu'elle tisse », à une « société sérielle », qui « détache les relations sociales de tout système de signification ». L'individu se retrouve alors éclaté, pris dans des séries distinctes où il apparaît comme le strict équivalent d'un autre : consommateur, téléspectateur, électeur, locataire, parent d'élève, etc. À un individu éclaté correspond un sens éclaté, où aucune conviction ne peut se rattacher véritablement à une croyance sociale ferme et assurée. Modèle du message diffusé aujourd'hui de façon répétitive, jusqu'aux contrées les plus reculées de la planète, le spot publicitaire apparaît d'autant plus opératoire qu'il joue avec les mots et les images, qu'il manie l'humour voire la dérision, bref qu'il ne prétend pas délivrer une « vérité ».

À partir de là, on comprend pourquoi ce sont beaucoup moins les analyses du processus de sécularisation que les théologies de la sécularisation portant l'espoir d'une réconciliation entre la religion et la modernité qui se trouvent en crise. Dans la perspective qui est la leur, en effet, le « siècle » (c'est-à-dire la société, le « monde ») est le lieu par excellence de l'engagement et de la responsabilité du chrétien. Il ne faut pas avoir la nostalgie passéiste de la « société de chrétienté », mais s'acculturer à la modernité pour mieux y témoigner – par la parole et peut-être plus encore par l'action – de l'efficacité du message évangélique. Protestant libéral, Peter Berger a sans doute partagé cet espoir, et peut-être les États-Unis, où les études universitaires dépendent largement des « Divinity Schools », ont-ils été propices à un certain court-circuit entre démarche théorique et conviction normative.

Face aux « mirages » et aux « impasses » de l'accomplissement de soi par la consommation et à l'éclatement de l'être humain lié à l'emprise de la société mondialisée, des individus cherchent à « organiser leurs expériences personnelles en un récit portant des significations au-delà d'eux-mêmes » et sont prêts à « rémunérer » d'un prix élevé (en argent, mais aussi en engagement personnel, en obéissance à un maître ou à des normes) la possibilité de trouver de telles significations. D'où le développement de groupes qui apparaissent fondamentalistes, intégristes ou sectaires. Les mouvements de désécularisation expriment, avant tout, une nouvelle étape du processus de sécularisation.

Mais ils conduisent aussi à une nouvelle lecture de ce processus, qui modifie plus ou moins les théories de la sécularisation des années 1960-1970. L'étude historique de l'avènement de la modernité dans des pays comme la Grande-Bretagne et la France contribue à ce nouveau regard. Elle montre, en effet, que les mutations qu'a connues la situation de la religion – dans ces deux cas de figure au cadre institutionnel bien différent – ont été corrélatives d'espérances plus ou moins fortes placées dans le « progrès moral » auquel travaillaient, à des titres divers, la science, la médecine, l'école, le socialisme, etc. La sécularisation a, certes, constitué un processus de « désenchantement du monde », mais elle a induit, dès les XVIIIe et XIXe siècles, des « réenchantements ». Dans une première étape, où la vision anthropologique dominante a été celle de l'être humain producteur, ces réenchantements ont été avant tout séculiers. Raymond Aron a même pu qualifier de « religions séculières » le communisme et le fascisme. Mais l'école et la médecine ont parfois été investies, elles aussi, d'espérances parareligieuses. Aujourd'hui, les grands récits politico-idéologiques et les grandes institutions séculières se trouvent, à leur tour, désenchantés, et le réenchantement se marque aussi bien dans le religieux (comme nous venons de le constater) que dans le séculier (populisme, attirance pour le sport extrême, mouvements antimondialisation, etc.). La sécularisation est entrée dans une nouvelle phase.

Encyclopédie des religions

LE PHÉNOMÈNE RELIGIEUX

Un lieu habité par les dieux, le mont Olympe en Grèce (G. Dagli Orti).

DIEU, LES DIEUX, LE DIVIN

Qu'elles se présentent comme des créateurs, des démiurges, des ancêtres, des fétiches, les figures divines sont ici et là nombreuses et variées. Sans prétendre expliciter un choix dogmatique ou une philosophie de la religion, des spécialistes présentent, dans cette section, les théologies, les cosmogonies, les eschatologies les plus diverses. Certes, le point commun et, pour tous, le point de départ consistent à poser le divin comme objet de savoir, souvent peu élaboré théoriquement, mais que l'on reconstruit alors en le supposant sous-jacent à tel rituel, tel récit, tel fragment de discours. Là encore, l'éventail est immense, dont les bords extrêmes – à la fois maintenus et rapprochés dans la dialectique chrétienne de l'incarnation – sont représentés par la transcendance absolue du divin et par une immanence qui ignore toute faille entre celui-ci et les hommes.

La Mésopotamie

JEAN BOTTÉRO

Le modèle, magnifié et idéalisé, du pouvoir royal est fondamental dans la représentation mésopotamienne du surnaturel. Il impliquait la mise en place d'un monde divin anthropomorphe et polythéiste : c'est-à-dire distribué en une société de personnages en tout (apparence, sexualité, besoins, comportement) comparables aux hommes, mais différents par une puissance et une intelligence surhumaines – ainsi que par une vie exemptée des misères physiques et de la mort – et dont tous les représentants étaient essentiellement, tels les souverains d'ici-bas et leur état-major, ordonnés à exercer l'autorité et porteurs de pouvoirs.

Cette définition du divin, nous l'induisons, seulement, des documents religieux sans nombre. L'incapacité où nous sommes d'analyser en radicaux intelligibles le nom du « dieu », en sumérien (*dingir*) ou en akkadien (*ilu*), nous en dérobe le sens originel. Seul l'idéogramme qui le représente dans l'écriture cunéiforme – le signe de « l'étoile », utilisé surtout pour désigner tout ce qui était « en haut » – nous suggère, du moins, une telle « supériorité » essentielle.

Le panthéon, la hiérarchie des dieux et les « démons »

Les Sumériens paraissent avoir donné plus volontiers pour objet à cette autorité divine les phénomènes de la *nature* et de la *culture*, comme si chacun d'eux, pour rendre raison de son existence et de son fonctionnement, avait requis la présence d'un agent surnaturel. Ils avaient ainsi une divinité pour présider à la partie supérieure de la sphère de l'univers, le ciel (*An*) ; une autre pour la partie inférieure, l'« enfer » (*Ki*) ; une autre pour l'entre-deux (*Enlil* : « Seigneur-Air ») ; pour le soleil (*Utu*), la lune (*Nanna*), la pluie et les météores (*Iškur*), et ainsi de suite ; une pour la pousse des céréales (*Ašnan*), le croît du menu bétail (*Laḫar*), la préparation de la bière (*Siris*), etc. – ce qui composait déjà une troupe assez considérable. Les « Akkadiens » l'ont en grande partie adoptée, parfois en en syncrétisant certains membres à ceux de leur propre personnel divin, lequel semble avoir été beaucoup plus réduit : *Utu* est devenu *Šamaš ; Nanna, Sîn*...

Les dieux se trouvaient également dotés d'un pouvoir *politique* : dans chaque agglomération autonome, le chef et ses représentants étaient censés tenir leur autorité d'un souverain surnaturel, assisté lui aussi de subalternes, lesquels tous partageaient, pour le meilleur et pour le pire, le destin de leurs sujets. Les fusions successives, annexions et remaniements, au gré de l'évolution politique du pays – laquelle a d'abord réuni des villages préhistoriques, plus ou moins indépendants, en menus États regroupés autour d'une capitale, et, plus tard, rassemblé en royaumes ces cités-États du IIIe millénaire –, se sont donc largement répercutés dans le brassement d'un panthéon cumulatif, avec nombre d'éléments dont on avait sans doute oublié l'identité originelle pour les recevoir sous divers titres et épithètes, qui les faisaient prendre pour autant de personnalités différentes. On en compte quelque deux mille, dont le plus grand nombre – comme quantité de nos antiques « saints » villageois – ont chance de n'avoir été connus et vénérés que de quelques fidèles, notoriété et culte universel se trouvant réservés à une cinquantaine, au plus.

Dès avant la moitié du IIIe millénaire, en même temps que se créait, autour de la ville sainte de Nippur, choisie pour centre religieux « national », une sorte d'amphictyonie, le besoin s'est fait sentir d'un classement hiérarchique de cette multitude, sur le modèle des cours royales : les déesses appariées comme « épouses » à des dieux, et ces ménages constitués en familles et maisonnées, par l'intégration de divinités de moindre prestance en qualité d'« enfants » et de familiers, voire d'officiers de chaque couple. À la tête de ce panthéon, l'autorité souveraine était distribuée sur trois personnalités : An (les Sémites disaient Anu), tenu pour le fondateur de la dynastie divine régnante et la source de son pouvoir ; Enlil, dont le siège était précisément Nippur, comme monarque effectif de l'univers ; et Enki (qu'en akkadien on préférait appeler Éa), à qui son intelligence et ses capacités exceptionnelles avaient fait conférer la fonction de conseiller suprême.

Vers la fin du IIe millénaire, toujours en contrecoup de mouvements politiques, la ville de Babylone, devenue, depuis 1750, la capitale d'un royaume qui avait durablement regroupé tout le pays, a imposé son propre dieu, d'abord obscur et « fils d'Enki/Éa », à la souveraineté de l'univers, comme si Enlil s'en était retiré pour la laisser à de plus jeunes mains. Mais, dans ce pays, conservateur à l'extrême et où, en tous domaines, on préférait s'enrichir

Aigle léontocéphale en cuivre et bitume plaqués or et lazulite. Ce n'est pas un dieu, mais un être surnaturel : Brouillard/Nuée d'orage (« Im.dugud »), imaginé comme une sorte de rapace gigantesque. Au service du roi des dieux, Enlil, il lui avait un jour dérobé les insignes-talismans du pouvoir suprême ; mais il avait été vaincu par le dieu Ninurta. C'est le sujet du « Mythe d'Anzu » (E. Lessing, Magnum).

des nouvelles acquisitions au lieu de supprimer les anciennes qu'elles pouvaient remplacer, un pareil réarrangement n'a nullement fait oublier la première « triade », toujours vénérée autant, jusqu'au bout ; et même d'autres dieux (*Aššur, Nabû, Šamaš*...) ont été çà et là proposés pour succéder à Marduk, en compliquant plus ou moins l'ordre établi des choses, mais sans jamais le révolutionner.

Le progrès le plus sensible dans la représentation des dieux semble avoir été l'effet à la fois de l'importance « politique » de plus en plus grande ainsi reconnue à certains d'entre eux et d'un sentiment, sans doute plus proprement sémitique, de leur hauteur et de leur transcendance. Dans les plus vieux mythes, ils ont tous les défauts des hommes ; dès la fin du IIIe millénaire, ils commencent à se présenter comme de hauts et nobles personnages, majestueux en leur apparence, dignes et graves en leur conduite. Ce sentiment de transcendance a pu faire surexalter, çà et là, on l'a vu, telle ou telle personnalité divine de premier plan, mais sans jamais déboucher même sur un simple hénothéisme caractérisé : si le système religieux a peu à peu épuré tant bien que mal son anthropomorphisme, il est resté jusqu'au bout foncièrement polythéiste.

Le lieu de résidence des dieux n'a jamais été clairement et univoquement défini. Dans les premiers temps, on semble les avoir vus chacun à son poste : là où il était censé exercer son action motrice et directrice. Plus tard, on en a séparé la foule en deux moitiés : les uns pour occuper l'en-haut, le « ciel », les autres, l'« enfer ». En outre, il est certain que l'on tenait pour réelle, encore que mystérieuse, la présence de chacun en son temple, sous les espèces de la statue de culte qui le représentait.

D'autres personnages surnaturels, de moindre envergure, de moindre puissance, avaient été construits par l'imagination religieuse, que nous appellerions des « démons », qui étaient beaucoup plus flous et que l'on ne s'était senti contraint de poser que pour rendre compte des maux, maladies, malencontres et malheurs venus si souvent, sans raison apparente, affliger les hommes. Censés d'abord agir de leur propre chef, comme par pur sadisme gratuit, les démons ont été assez vite rangés sous la coupe des dieux, et l'on n'a plus vu en eux que leurs « gendarmes », exécuteurs de leurs volontés et sentences.

Car, toujours en vertu de la même image « politique » du pouvoir des dieux, on reconnaissait à ceux-ci

Borne de donation royale (« kudurru »). Elle porte sur une face l'acte de donation. Sur l'autre – celle qu'on voit ici –, sont représentés par leurs symboles (astres, monstres, animaux familiers...) tous les dieux invoqués à la fin de la donation (E. Lessing, Magnum).

une fonction de justice rétributive, qui les mettait à même, comme leurs émules et représentants d'ici-bas, de châtier les « péchés », manquements à leurs volontés souveraines, à savoir toutes les obligations, de quelque ordre qu'elles fussent (religieux, moral, juridique, ou de simple tradition et « superstition »), qui quadrillaient la vie humaine, et dont ils étaient imaginés être la source et les garants.

Relief calcaire (première moitié du Ier millénaire), dédié par un « gouverneur » provincial. Ce dernier est debout, devant le dieu Adad (armé de son emblème, la foudre) et la déesse Ištar. Tous deux, d'une taille supérieure à celle du dédicant, portent une couronne de souveraineté qui affirme leur caractère divin (E. Lessing, Magnum).

Gouvernement du monde et divination, cosmogonie et théogonie

Le rôle de justicier n'était qu'un aspect de la beaucoup plus large fonction « gouvernementale » des dieux sur le monde et sa marche. Ils y commandaient à leur guise tout le mouvement des hommes et des choses, selon un plan décidé entre eux, à qui seuls revenait la prérogative d'« arrêter les destins » des êtres. Ce plan profond et insondable, il leur était loisible d'en dévoiler quelque fragment. Ils pouvaient faire directement, par rêve, vision ou discours intérieur, une telle révélation (divination « inspirée »). Ils préféraient pourtant, croyait-on, la manière indirecte : en organisant des événements, ou en faisant naître des phénomènes inattendus, insolites, exceptionnels qui attiraient l'attention et dont le contenu, dûment déchiffré par les experts, selon un code abstrus, révélait l'avenir, soit du pays et du roi, soit d'un simple sujet. Non pas l'avenir absolu et inéluctable, mais celui qu'ils avaient *hic et nunc* assigné à l'intéressé, et que celui-ci pouvait, par des rites sacramentels, les amener à modifier, comme on amène un juge à revenir sur sa sentence. C'est ce que nous appelons la « divination déductive », très en faveur dans le pays, et largement attestée.

Les dieux, issus les uns des autres en générations successives, étaient aussi les créateurs du monde. Une telle conviction profonde de la religiosité s'est exprimée, suivant les lois de cette « imagination calculée » qui présidait à l'élaboration de l'idéologie religieuse, en un certain nombre de mythes, dont les détails diffèrent, profondément parfois, touchant le mode, l'ordre ou l'auteur de la création, mais dont l'intuition centrale ne varie jamais : le monde, *in fieri*, a été l'œuvre des dieux. Ce n'était du reste là qu'une « création » au sens large : en réalité, simple transformation et mise en ordre d'une vaste et confuse matière originelle : tantôt l'ensemble encore indistinct En-haut + En-bas, tantôt une masse d'eau infinie. Jamais les penseurs mésopotamiens ne se sont posé la question de l'origine absolue des choses, de la création totale, *ex nihilo*. Dans l'ordre cosmogonique, et encore plus dans l'ordre théogonique qui le précédait et faisait corps avec lui, ils ont

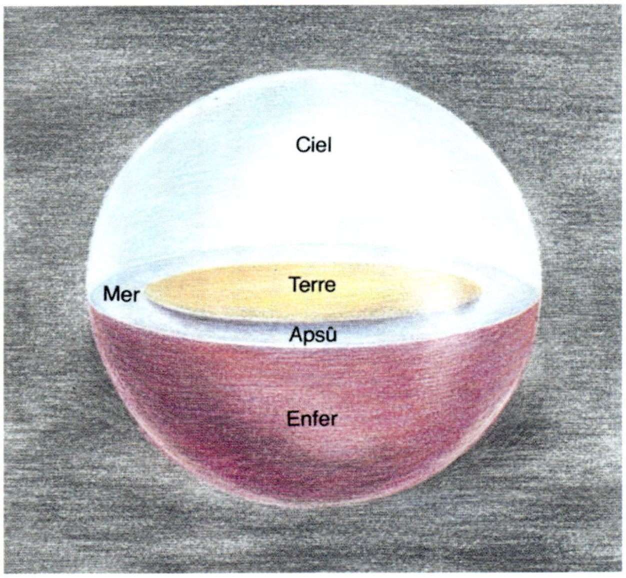

Schéma de l'univers. Dans une masse aqueuse, une sphère, divisée en deux. Au milieu, la Terre des hommes, entourée par la Mer et reposant sur l'eau douce : l'Apsû.

seulement imaginé des étapes de plus en plus rudimentaires et reculées dans le passé, comme pour noyer le problème en le plongeant dans une plus profonde nuit.

L'anthropogonie et la mort

Une autre donnée invariable dans cette mythologie multiforme, c'est le but d'une telle création. Il apparaît surtout dans les récits anthropogoniques, et il est, pour ainsi parler, d'ordre avant tout « économique ». L'anthropomorphisme foncier forçant à imputer aux dieux les mêmes besoins qu'aux hommes, avec la nécessité des mêmes biens de consommation et d'usage, il leur avait donc fallu, pensait-on, produire, par leur propre travail, ces biens indispensables. On avait donc transposé dans leur société le modèle, courant dans le pays, d'une « classe » laborieuse, vouée à la production, à l'avantage des gouvernants, purs consommateurs. Révoltés un beau jour devant l'énormité de leur tâche et l'inégalité de leur statut, on avait dû, pour éviter famine et misère imminentes, trouver des remplaçants à ces premiers travailleurs. Enki/Éa y avait pourvu, par la mise au point de cet instrument parfait qu'était l'homme, celui-ci participant assez aux capacités de ceux dont il prenait la suite pour accomplir irréprochablement son rôle productif, mais étant fait d'une matière assez différente (l'argile, en laquelle

Statuette d'albâtre (haute de 23 cm, seconde moitié du IIIe millénaire). Trouvée dans un temple d'Ištar/Inanna, elle peut représenter cette déesse, coiffée d'une tiare (« polos ») et portant le voile, privilège des dames. Musée national, Damas (Lauros-Giraudon).

il se retransformerait à sa mort) pour ne jamais pouvoir, au nom d'une identité de nature, réclamer une identité de destin avec les dieux grévistes : le droit au non-travail. La vocation native des hommes, c'était donc d'exploiter les richesses du monde, créé lui aussi comme un inépuisable réservoir des biens utiles, afin d'assurer aux dieux une vie opulente et insoucieuse. Telle était la racine du comportement religieux, du « culte », exclusivement conçu comme le « service » des dieux. Aussi les rois, à la tête de ce service, se vantent-ils constamment dans leurs inscriptions d'y avoir largement pourvu : en construisant, réparant, ornant et meublant les résidences terrestres des dieux, et en y assurant l'abondance des biens vestimentaires et alimentaires, des parures et des bijoux dont les images divines étaient richement ornées.

Cet ordre des choses, ainsi constitué une fois pour toutes, il ne semble pas qu'on en ait imaginé, en Mésopotamie, une interruption quelconque : nous n'avons pas le moindre témoignage d'une eschatologie de l'univers, mais seulement de chaque homme. Seuls quelques rares personnages antiques, sortes de héros sublimisés, étaient censés avoir reçu des dieux le privilège d'une vie sans fin. La multitude des hommes, après une brève existence, obéissait à la loi de sa nature, et trépassait à la fin. Il ne restait alors de chacun que deux choses : le « corps », immobile, endormi et qui, mis en terre selon l'usage alors universel, y retournerait à son argile originelle ; et une sorte de décalque ombreux, volatil, incertain et fantomatique, pareil à ces visions qu'on en avait parfois, et qui, introduit par l'orifice de la tombe dans le grand En-bas souterrain, rejoignait ainsi d'office, sans « jugement moral » préalable ni différence de sort, le royaume symétrique de celui des vivants et passait sous la coupe des dieux de l'enfer. Réuni à l'immense et lugubre multitude de tous les trépassés, il mènerait sans fin avec eux un semblant de vie somnolente, silencieuse, immobile et obscure, aux besoins infiniment moindres que du temps de sa présence sur terre. Ses successeurs devaient y pouvoir, par de menues offrandes : s'ils en étaient privés, les morts pouvaient être amenés à se venger des vivants, « revenant » les tourmenter de maux, et assimilables par là à la malplaisante cohorte des démons.

L'Égypte

Dimitri MEEKS

L'Égypte a connu une multitude de dieux et de déesses, mais le terme même de « dieu » était d'un emploi très étendu et pouvait s'appliquer aussi bien à toute force surnaturelle qu'au roi, aux humains et aux animaux. C'est là, en apparence, un ensemble disparate, mais – en partant des forces surnaturelles, dont aucune n'était exclue du culte, et en passant par le roi ou l'animal sacré, tous deux intronisés selon un cérémonial semblable, les hommes enfin ou, plus précisément, les défunts, qui rejoignaient le monde des dieux après que leur momie eut été éveillée à une vie nouvelle par un rite spécifique – c'est bien le rite qui actualise le divin dans ses différents supports et marque la frontière entre ce qui peut être dieu et ce qui ne l'est pas.

Tous les êtres sont issus, en fait, du dieu premier qu'est le démiurge. Il existait de nombreuses traditions cosmogoniques, mais toutes peuvent se ramener à un schéma unique : avant la création régnait le chaos, imaginé comme une étendue liquide inerte environnée de ténèbres. En prélude à la création, des forces se mettent en mouvement, sans cause ou raison explicites, préparant la venue du démiurge et provoquant l'émersion d'un support solide sur lequel il va œuvrer. À partir du démiurge, « l'Unique qui est devenu des millions », le divin, se morcelle ; les êtres vivants sont créés. Tout d'abord, dieux, hommes, animaux vivent ensemble sur terre. Mais les hommes finissent par se révolter contre le démiurge vieillissant. Celui-ci les punit et se retire, avec les dieux, au ciel qu'il crée en cette occasion. Au temps linéaire des premiers âges succède le temps cyclique qui permet au démiurge solaire de se régénérer quotidiennement avec ses compagnons.

Noms, images et attributs divins

Chaque divinité a un nom. Constitué, normalement, d'un seul vocable assez court, il a tendance à s'allonger à mesure que l'on descend dans la hiérarchie du panthéon. Les démons ont pour dénomination une phrase descriptive de leurs activités. Pour autant que l'on puisse en apprécier le sens, les noms les plus courts sont également des descriptifs de la nature du dieu ou de sa fonction : Amon est « le Caché » ; Rê, « le Soleil » ; Ptah, « le Modeleur ». On peut associer à ce nom des épithètes qui définissent plus précisément le dieu, ou le situent plus étroitement dans l'espace : Néfertoum-qui-protège-le-Double-Pays, Anubis-qui-est-sur-sa-montagne. À partir de la fin de l'Ancien Empire, on peut accoler les noms de plusieurs divinités différentes pour marquer qu'elles possèdent des caractéristiques communes pouvant se fondre en une entité unique, ainsi Rê-Horakhty, Ptah-Sokaris.

Toutes ces désignations sont celles sous lesquelles on s'adresse aux dieux, mais aussi celles par lesquelles ils se nomment entre eux. Un nom ne peut, toutefois, rendre compte du dieu dans sa totalité ; celle-ci est innommable.

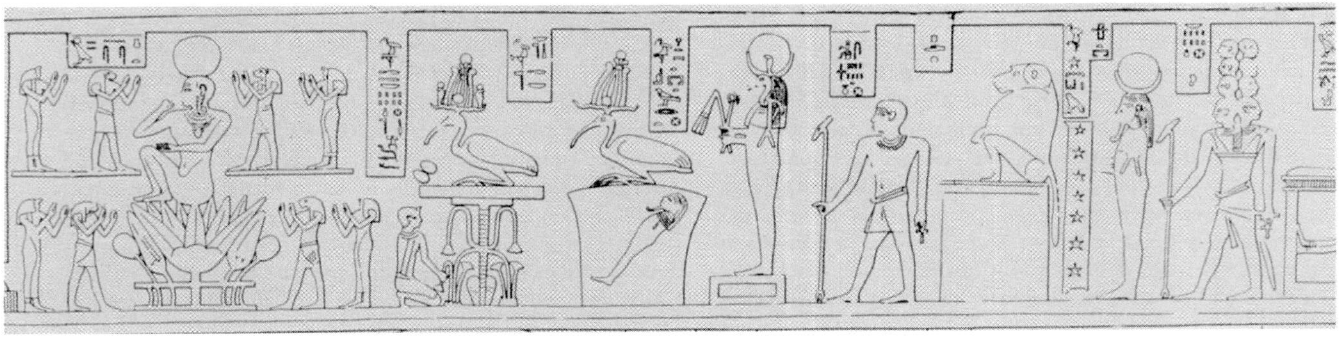

Panthéon local. Les dieux représentés ici sont ceux d'Hermopolis. Thot en est le seigneur, sous l'aspect d'un ibis, d'un babouin, d'une momie portant le disque lunaire. À gauche, le jeune Soleil paraît, assis sur un lotus, acclamé par les huit dieux qui ont préparé son arrivée. Ainsi se trouve rappelé le rôle d'Hermopolis dans la création du monde (reproduit d'après Davies, « The Temple of Hibis III », M.M.A., New York).

On dira qu'un dieu a « de nombreux noms », ou encore que « son vrai nom est caché ». Il est admis que ce vrai nom est inconnu tant des hommes que des autres dieux. Seule une opération magique peut le faire révéler ; celui qui en a connaissance acquiert un ascendant sur la divinité.

En plus de son nom, chaque dieu a des attributs, sceptres et couronnes. Ces dernières, ainsi que tel détail vestimentaire, permettent la reconnaissance des dieux purement anthropomorphes. Il existe, en fait, tout un langage des couronnes qui reste encore à déchiffrer. Que ce soit sur les reliefs ou dans la statuaire, les dieux, sous leurs traits humains, n'ont pas de visage différencié. Dans un même temple, à une même époque, ils sont, en quelque sorte, « jumeaux » à l'infini et figés dans une éternelle jeunesse. Cette indifférenciation persiste dans les faciès animaux. Visages humains et visages animaux se permutent selon une combinatoire complexe et constituent ainsi des signes dont on peut dresser une grille de lecture. La divinité ayant une multiplicité de formes, d'aspects, il y aura différentes façons de la figurer et des divinités différentes pourront être représentées de façon identique pour peu qu'elles aient tel ou tel aspect en commun. Même si l'image est une convention et n'est pas le réceptacle permanent du dieu ni, à aucun moment, celui de sa totalité, elle n'en est pas moins indispensable : c'est à travers elle que le dieu s'actualise pour les hommes et reçoit les offrandes nécessaires à la régénérescence de son énergie vitale.

L'absence d'image est donc difficilement concevable en ce qu'elle priverait la divinité de ce contact avec le culte et les rites. Ces images en bois, en pierre ou en métal constituent la réalité la plus directement perçue par les hommes, mais cette matérialité terrestre reflète pourtant une réalité supérieure. Le corps des dieux est fait, pense-t-on, d'or pour les chairs, d'argent pour les os et de lapis-lazuli pour les cheveux. Cela n'exclut pas, pour autant, une réalité charnelle, puisque les dieux ont, aussi, un sang de couleur rouge et des fonctions naturelles tout à fait humaines. Ces réalités-là ne sont pas directement perceptibles, mais peuvent apparaître en songe.

Pour maintenir leur potentiel d'énergie, les dieux, comme on l'a dit, s'alimentent. Les offrandes qu'on leur présente regorgent de tout : viandes, légumes, fruits et boissons. Mais la viande qui leur est offerte est essentiellement celle de bovins et le poisson est systématiquement absent de telles oblations. Dans l'iconographie, porter les aliments à la bouche est du domaine profane ; les dieux sont donc essentiellement spectateurs de l'offrande, même si les textes précisent bien que ces aliments sont mangés par eux. Toutefois, le repas carné, nécessaire partage de l'ennemi sacrifié sous sa forme animale, paraît être une parenthèse solennelle dans une alimentation plus frugale. Si l'on en croit quelques contes, c'est le pain qui est l'aliment de base. À ce régime s'ajoutent, enfin, des denrées plus spécifiquement divines : les matières précieuses constitutives du corps divin, le parfum de l'encens.

La société des dieux

Inaccessibles à l'homme, les dieux sont toutefois vulnérables et peuvent être atteints par les dommages qu'ils se causent mutuellement. Dans les conflits qui les opposent, ils peuvent être mutilés, mais cette mutilation n'est guère permanente : les mythes sont là pour expliquer la perte et la régénérescence de telle partie du corps. Lorsqu'elle est définitive, la mutilation punit une faute grave, commise par un dieu à l'égard de ses pairs. Certes, les forces du mal ont vocation à être perpétuellement frappées dans leurs effigies, les animaux de sacrifice, mais elles n'en finissent pas de se recomposer ; tout le temps combattues, elles ne sont jamais vaincues. Les dieux qui préparèrent la venue du démiurge sont les seuls dont le destin normal est de mourir. L'ordre cosmique une fois créé, ils ont accompli leur temps. On les enterre ; le culte qu'on leur rend s'inscrit dans celui des ancêtres royaux. Osiris assassiné devient, par cet accident, le prototype du défunt auquel chacun, après sa mort, voudra s'identifier. Son état le confine dans l'au-delà, d'où il ne peut sortir et où les nouvelles du monde extérieur lui parviennent difficilement. Les autres dieux sont totalement libres de leurs mouvements. L'espace céleste est leur séjour naturel mais les contes qui les mettent en scène les présentent dans un environnement terrestre. Ils sont, en fait, disséminés partout, vaquant à leurs occupations. À leur tête, le démiurge est, naturellement, « le Maître universel » et les dieux dynastiques, qui captent aisément les traits du démiurge solaire, sont volontiers chacun un « Roi des dieux ». Autour d'eux, l'ensemble du monde divin constitue une sorte de cour qui ressemble fort à celle du roi terrestre. L'autorité suprême ne concerne essentiellement que l'ordre cosmique. Le Maître des Dieux a généralement besoin du consensus de ses compagnons pour qu'une décision soit prise et appliquée. Lorsqu'il veut tenir conseil, il doit convoquer l'ensemble de ses pairs. Son opinion seule, une fois émise, ne suffit pas toujours à trancher un débat.

La tête de Merimdé. Nous ignorons presque tout des croyances en vigueur avant les pharaons. On soupçonne que les forces surnaturelles s'incarnaient essentiellement dans des formes animales. Cette tête, qui date du début du IVe millénaire, est sans doute l'un des tout premiers témoignages de figuration anthropomorphe. Musée du Caire (Dr J. Eiwanger).

Dans cette assemblée, tous, d'une façon ou d'une autre, sont unis par des liens de parenté. Le dieu premier a, en effet, donné naissance à un couple qui a, à son tour, engendré un autre couple. L'ensemble de la lignée forme une Ennéade, sans que le nombre en soit limité à neuf dieux, et représente une dynastie royale idéale, avec son fondateur et ses descendants. Le schéma familial père-mère-fils, sur le modèle de la triade osirienne, finit par prédominer. À partir du Nouvel Empire, chaque dieu sera, dans son temple, un père accompagné de sa déesse parèdre et de son jeune dieu-fils. De ce fait, dans le domaine sexuel, le comportement des dieux est celui des honnêtes gens : on s'accouple entre époux pour avoir un héritier mâle. L'adultère est connu ; ainsi, selon une tradition, Anubis serait le fils adultérin d'Osiris et de Nephthys, sœur d'Isis. Mais ce faux pas ne semble pas brouiller les deux sœurs, pas plus qu'il ne fait d'Anubis un marginal. Les comportements inhabituels, ou hors norme, sont le fait de divinités qui y sont prédisposées par leur nature ou leurs fonctions : Hathor, déesse de l'amour ; Seth, violent et excessif. En s'unissant à des mortelles, les dieux ne sont pas à la recherche d'un plaisir passager, mais veulent procréer un héritier parmi les hommes, fonder une nouvelle lignée royale.

Tombeau d'Osiris. Le cercueil du dieu dépecé repose sous un tumulus planté d'arbres. Le lieu, saint entre tous, est gardé par des génies qui protègent contre toute intrusion son silence et son recueillement. Détail d'un sarcophage, époque ptolémaïque (musée Borély, Marseille).

Le roi tire, en effet, sa légitimité de son ascendance divine ; il est Horus, prototype du roi divin, et fils de Rê, le démiurge solaire. Sa fonction, exercée d'abord par les dieux, à tour de rôle, a été confiée par eux à son premier titulaire terrestre lors de leur départ pour le ciel. Quelles qu'aient pu être les ruptures dynastiques, chaque roi en est le descendant et ajoute son règne à ceux de la longue lignée de ses pères. S'il incombe aux dieux d'assurer l'équilibre du monde par le retour régulier des phénomènes cosmiques, il revient au roi et aux hommes de les aider dans cette tâche. Tout manquement, du roi, des hommes, menace l'équilibre. Que celui-ci soit détruit par trop de fautes accumulées et le chaos originel, refoulé hors du monde, revient tout envahir. Alors, les forces vitales, qui sont issues de l'acte créateur et que sa fécondité a multipliées, se rassemblent à nouveau dans la personne du démiurge, qui replonge dans ce chaos et s'y immobilise. Le multiple cesse d'être et retourne à l'indifférencié, qui sombre dans le non-mouvement et la non-lumière d'avant la création.

Le respect des dogmes, des codes sociaux, s'il se trouve explicité et commenté, dans son objet et ses modalités, dans les écrits les plus divers, ceux-ci ne constituent pas une révélation, qui, d'ailleurs, ne serait accessible qu'aux seuls lettrés, alors que ce respect s'impose à tous. Chaque homme possède en lui-même un réceptacle où la divinité a placé les règles de référence et qui est le cœur. Véritable présence divine dans l'homme, il permet à celui qui s'attache à suivre la divinité de se conformer à ces règles. Leur non-respect entraîne l'action punitive des dieux. Que la faute soit collective ou touche à la fonction royale, c'est le dérèglement progressif des phénomènes naturels qui sert d'avertissement ; qu'elle soit individuelle, et ce sont des infirmités, physiques ou morales, qui frappent le fautif. Le retour à l'obéissance, au respect des règles, le repentir clairement exprimé donnent à la divinité, qui voit et entend tout, l'occasion du pardon et du retour à la normale. Si, dans leur séjour céleste, dans leurs temples, auxquels l'homme n'avait pas accès, les dieux pouvaient paraître lointains pour celui-ci, son environnement était peuplé de forces surnaturelles, génies habitant l'air, la terre, mais préférant l'eau et les milieux humides et qui, suscités par les dieux contre tel ou tel individu, étaient en fait hostiles à tous. On pouvait prier un dieu de se faire attribuer un de ces génies pour son bénéfice personnel, mais cette force solitaire n'avait guère de poids face aux démons, émissaires, anges de la mort, propagateurs de maladies, émanations d'un chef d'escouade auquel ils s'agglutinaient souvent pour ne laisser dépasser de son corps que leurs multiples têtes. Les plus fameux n'étaient autres que les génies des décans, répandant les épidémies sur l'ordre de la dangereuse Sekhmet. On s'en protégeait collectivement par des rites appropriés, spécialement en fin d'année ou, de façon plus quotidienne, en s'entourant d'objets décorés de génies protecteurs.

Si des forces mauvaises pouvaient momentanément posséder un humain, un dieu ne s'incarnait guère dans un simple mortel. Un humain qui avait beaucoup œuvré dans le sens voulu par les dieux, généralement un haut fonctionnaire, pouvait accéder à un statut privilégié qui lui faisait dépasser les simples faveurs posthumes du culte familial. Mais ce n'est qu'après sa mort qu'on lui découvrait une ascendance divine qui justifiait ce statut. L'apothéose, connue seulement à l'époque tardive, résulte habituellement de la noyade dans l'eau sanctifiante du Nil. Antinoüs en est un exemple célèbre. Une fois enterré, le défunt souhaitait garder le contact avec le monde des vivants, s'y déplacer librement et profiter des offrandes que les rites familiaux mettaient à sa disposition. Le *Livre de la Sortie au Jour* est le nom donné par les Égyptiens à ce que nous appelons le *Livre des Morts*. Ces simples plaisirs suffisaient à la plupart des défunts, mais certains de ceux-ci s'en prenaient aux vivants, notamment les morts sans sépulture, les criminels, dont l'âme errait à la recherche de mauvais coups. On s'en protégeait en enterrant des effigies portant leur nom inscrit, lorsqu'il était connu, ou la catégorie à laquelle ils étaient censés appartenir. Le défunt qui voyait s'interrompre son culte funéraire et les offrandes, faute de descendants, venait tracasser les vivants par des apparitions jusqu'à ce que les choses reprennent leur cours normal. Ainsi, le rite et les offrandes qui l'accompagnent, source d'énergie vitale, ouvrent et referment leurs parenthèses liminales sur le monde divin en Égypte.

La Grèce antique

En Grèce, les dieux naissent sur terre. C'est le souvenir d'Apollon et d'Artémis nés à Délos, d'Hermès enfanté dans une caverne, d'Aphrodite affleurant de l'Égée qui accompagne ceux qui, de loin ou de près, posent leur regard sur la théologie païenne. Une pensée théologique qui porte bien son autre nom grec d'ἀνθρωπολογεῖν, c'est-à-dire d'un savoir dont des dieux représentés comme des hommes sont l'objet.

Sur la terre comme au ciel

Giulia Sissa

Une demeure terrestre encore

Les dieux habitent l'Olympe, vivent en haut, en plein ciel. C'est un espace où les saisons n'ont pas de cours, où le temps ne change pas. Mais le sommet d'une montagne, si élevé soit-il, n'est pas sans attaches avec le sol terrestre. Les dieux vivent là-haut, mais dans un lieu qui est encore terre. Les dieux ne meurent pas, ils sont ἀθάνατοι, immortels, ἀειγενῆται, nés pour toujours. Mais cela n'empêche qu'Arès frôle la mort et que, de Zeus, on connaisse un tombeau. Leur corps est sensible aux blessures, il en souffre. Nourris d'ambroisie, de nectar, de fumée, ils n'ont pour cela pas de sang ; mais bien d'autres humeurs gorgent leur chair, sous leur belle peau.

Les immortels sont exempts de soucis, ἀκηδέες. Pour eux, la vie s'écoule facilement (ῥέα). Et pourtant, malgré cette qualité typiquement divine que les poètes n'hésitent pas à leur prêter, ils se préoccupent (χήδεσθαι) de beaucoup d'affaires ; ils sont engagés sans arrêt dans le siècle, à côté des hommes. Bienheureux, μάκαρες, ils sont pourtant sujets à la colère et à la pitié, à la crainte et au désir ; donc à tout ce qui trouble et bouleverse.

On peut affirmer à leur propos qu'il est terrible de les voir face à face. Mais, malgré cela, ils apparaissent tout le temps aux yeux humains, parfois déguisés, mais parfois aussi à visage découvert, sans que leur présence provoque l'éblouissement de celui qui l'affronte.

Telle qu'elle se dégage de la poésie homérique – sa source privilégiée –, la représentation des dieux est donc ambiguë. D'une part, est posée une différence radicale – ils ont leur temps, leur espace, un corps non humain, ils sont sereins et terribles à voir ; d'autre part, le récit trépidant qui les voit intervenir, se déplacer, vivre recouvre l'altérité et presque la désavoue par la mise en scène d'une profonde homogénéité avec les hommes. Aspect emblématique de ce double discours : la langue. Homère leur en attribue un usage qui leur serait propre. Cependant, la poésie homérique ne cesse pas de mettre le grec des mortels dans la bouche des Olympiens, comme si c'était leur idiome naturel. Ce qui reste irréductible à l'identité humaine est l'immortalité, l'âge immuable et un ensemble de *pouvoirs* extraordinaires : la vitesse, la force, l'invisibilité, la capacité de voler.

Le voleur précoce. Ayant dérobé le troupeau d'Apollon, Hermès, retourné à son berceau, feint le sommeil. Devant une assistance sceptique, Apollon accuse son jeune frère et en appelle à Zeus, leur père. Mais quelle loi appliquer à cet enfant qui ment divinement ? Hydrie de style ionien, VIe siècle, musée du Louvre, Paris (Giraudon).

Entre eux, les Olympiens forment une société. Liés par des relations de parenté, alliés par des mariages endogamiques, ils constituent un groupe fermé, composé de trois générations, dont chaque individu est figé à une classe d'âge. Apollon est le κοῦρος, le jeune homme imberbe ; Zeus est l'adulte et barbu. Bien des enfants sont engendrés en dehors du groupe, par l'un ou l'autre Olympien qui séduit une femme mortelle ; mais rarement un bâtard semi-divin est reconnu dieu à plein titre. Cela arrive à Héraklès, fils de Zeus et d'Alcmène, admis sur l'Olympe après une terrible série d'exploits. Et cela fait l'objet de revendications de Dionysos, fils de Zeus et de Sémélé, princesse de Thèbes. Méconnu comme dieu par les siens, Dionysos ourdit une vengeance sans pitié ; il égare dans la folie sa tante Agavè, sœur de sa mère, et lui fait tuer son propre fils en le démembrant sauvagement. Le plus souvent, les enfants de dieux ou de déesses n'héritent pas le statut de leur parent immortel : ils restent des héros, des êtres remarquables par leur bravoure, des êtres privilégiés par la faveur divine qui les accompagne dans la vie. Mais leur vie est destinée à un terme.

La société de l'Olympe

La structure familiale, donc hiérarchique, de la société olympienne engendre des rapports de forces, des relations de pouvoir. En premier lieu, telle qu'elle est représentée dans la tradition épique, la seigneurie de Zeus a toute une histoire. Zeus a pris le pouvoir contre son père Cronos, qui en avait, à son tour, dépossédé le sien propre, Ciel (Ouranos). Dans une dynastie d'immortels, la transmission se fait par la violence. Mais Zeus n'est pas un fils unique : il a des frères et des sœurs. Avec les sœurs, il noue des relations d'alliance, épousant l'une (Héra), faisant un enfant (Perséphone) à l'autre (Déméter). Avec ses frères, il établit par le sort un partage égalitaire – donc très classiquement fraternel – du monde : à Hadès, échoit l'univers des morts, à Poséidon, celui des mers ; lui-même reçoit le ciel. Quant à la terre et à l'Olympe, ces lieux resteront communs et indivis. Toutefois, ce triple partage n'est équilibré qu'en apparence. Du haut du ciel, Zeus domine. Dans sa qualité de *père* des dieux et des hommes, il s'impose à tous ses congénères comme étant le plus fort, le seul qui pourrait faire le poids contre l'ensemble des autres. Et cela très physiquement, puisqu'il lui arrive de lancer aux dieux un insolite défi : qu'une corde soit tendue entre le ciel et la terre, que tous les dieux en tirent une extrémité par le bas ; lui-même tiendra l'autre bout. On verra alors que les Olympiens réunis n'ont pas la puissance de Zeus seul. Cela concerne ses frères aussi, car, tout en prétendant être ses égaux, ils sont vigoureusement rappelés à l'ordre des préséances. Poséidon, par exemple, voudrait intervenir dans la guerre de Troie malgré l'interdit que Zeus a énoncé. Il tente de le faire, avec la complicité d'Héra, qui détourne l'attention de son époux. Mais, dès que Zeus se réveille du sommeil amoureux qui a lesté ses paupières, l'audacieux Poséidon doit se résigner à céder, à s'incliner face à une volonté qui tolère mal l'indiscipline.

Le père des dieux et des hommes – face auquel et les dieux et les hommes semblent parfois partager une infériorité très comparable –, Zeus, ne se considère pas *tenu* par des règles démocratiques. C'est lui qui fait la loi. Athéna le répète : il faut le craindre, car il châtie, indistinctement, l'innocent et le coupable. Il y a, en effet, beaucoup de brutalité dans l'exercice du pouvoir : colères, menaces de frapper et de précipiter les dieux des sommets de l'Olympe pour qu'ils s'écrasent au sol. Le langage des dieux exprime, d'une façon très colorée, la conflictualité virtuelle au sein d'un groupe relié par une autorité despotique. Il manifeste aussi l'extraordinaire versatilité de ces êtres, dits μάκαρες, mais infiniment susceptibles face à la moindre offense, à la moindre atteinte portée à leur honneur. Autant Zeus piétine les exigences « démocratiques » de son frère, autant il est sensible à la prière de Thétis qui lui demande de venger le déshonneur de son fils. Dans une affaire de τιμή, le père des dieux et des hommes se sent immédiatement interpellé.

Très tôt, ces dieux si emmêlés dans les affaires des hommes feront l'objet des critiques les plus disparates. Les philosophes viendront dire soit que leur forme n'est que l'ombre portée de ceux qui les pensent (Xénophane), soit que leurs manières et leurs penchants ne sont pas dignes de la perfection, qui est inséparable de l'idée de divin (Platon), ou encore que leur mode de vie passionnel et marqué par le souci n'est pas compatible avec la certitude, naturelle chez tous les hommes, de leur bonheur absolu (Épicure). Très tôt, aussi, on les réduira à de simples allégories de phénomènes naturels. La réflexion des Grecs ouvre ainsi la voie aux polémiques des Pères de l'Église.

Hommes, dieux : mêmes enjeux

NICOLE LORAUX

De quelques expériences divines de l'humain

Relisons l'*Iliade*. Après tout, qu'ont fait d'autre les Grecs anciens, à toutes les époques de leur histoire, lorsqu'ils voulaient trouver des leçons en tout genre, voire de quoi rêver ou même penser ?

S'agissant des dieux dans leur rapport aux mortels, c'est au chant V qu'on se limiterait volontiers. Dans la plaine de Troie, la bataille gronde et les hommes – Grecs et Troyens – y tiennent le rôle qui leur revient en propre : aux guerriers illustres, les exploits et les duels, et puis quelques blessures ; pour les anonymes et pour ceux que leur nom ne distingue pas assez, le sang, la poussière et la mort. Or, parmi les humains, les dieux sont présents, chacun des Olympiens assistant son protégé et son camp d'élection. En règle générale, les humains ne voient pas les dieux, mais il se trouve, au chant V, qu'une déesse a délibérément enfreint le code au profit d'un mortel : au héros Diomède, Athéna n'a pas donné que la force ; écartant des yeux de l'homme le nuage qui les recouvrait, elle le dote par là même du pouvoir de distinguer un dieu déguisé en combattant d'un guerrier mortel. Avec, en prime, le conseil d'éviter le combat contre un Olympien, à une exception près (on verra laquelle). Diomède, donc, va comme un furieux, traversant le combat, massacrant et semant la panique. Jusqu'à ce que, face à lui, se dresse Apollon. L'homme

L'Olympe assailli par les Géants. La suprématie des Olympiens n'a été acquise qu'au prix de durs combats. La révolte des Géants, fils de la Terre fécondée par le sang d'Ouranos, a mis en péril le séjour même des dieux. L'interprétation que donne de leur assaut Giulio Romano met l'accent sur la très humaine frayeur qui s'empare des habitants de cet Olympe romanisé et italianisé. Coupole de la salle des Géants, palais du Te, Mantoue (E. Lessing, Magnum).

reconnaît le dieu ; mais, enivré d'audace, il passe outre à l'interdiction et, par trois fois, s'élance pour être repoussé. À la quatrième fois, Apollon parle, pour énoncer la grande loi qui régit les rapports contractuels des humains avec les dieux : « Prends garde à toi, fils de Tydée : arrière ! Ce seront toujours deux races distinctes que celles des dieux immortels et des humains qui marchent sur la terre » (v. 440-442). Diomède recule. Mais, déjà, il a franchi la barrière séparant les deux races, ou, plus exactement, les deux « lignées », lorsqu'il a blessé Aphrodite, qui préside aux œuvres d'amour (c'était là, il est vrai, l'exception que lui permettait Athéna, vierge et guerrière, à coup sûr intellectuelle et qui supporte mal la déesse du plaisir érotique). Plus tard, il blessera encore Arès, s'autorisant d'une nouvelle permission d'Athéna : si la déesse déroge à la règle qu'elle-même a fixée, c'est que l'intelligente guerrière n'aime guère le Brutal, dieu de la mêlée et du meurtre ; de surcroît, la fille de Zeus a un contentieux avec son homologue. Arès, donc, sera blessé par la lance de Diomède. Il hurle, et remonte précipitamment vers l'Olympe.

Une blessure pour la tendre Aphrodite, une pour Arès le violent. Deux occasions d'expérimenter, par la pensée et par le récit, ce qui rapproche (un peu) et sépare, d'origine, deux « lignées » (φύλα), la divine et l'humaine, que pourtant les poètes dérivent parfois de la même (grande) mère, Terre.

Pour bénigne qu'elle soit, la blessure d'Aphrodite ne nous en est pas moins précieuse par la très complète leçon sur les dieux dont elle est l'occasion. Leçon sur le corps immortel des dieux, sur ce que l'on peut imaginer qu'un dieu a à dire au sujet de la « vie » que lui font mener les hommes.

Réfugiée dans les bras de sa mère Dionè, qui la réconforte et la berce, Aphrodite apprend à vivre la vie générique d'un dieu. Elle apprend que sa douleur – légère – a sa place dans la liste des souffrances que, par des mortels (pour des mortels ?), ont endurées des Olympiens. Ainsi, Arès : d'ordinaire, il serre sur les humains le lien de la guerre ; et voilà qu'il a failli mourir parce que deux frères robustes l'avaient lié, et enfermé dans une jarre. Ainsi, Héra, blessée au sein droit et qu'« une incurable douleur saisit ce jour-là » (incurable est chez les hommes plus d'un malheur : par exemple, chez Hésiode, le mal incurable [ἀνήκεστον κακόν] de qui a chez soi une mauvaise épouse. Mais qu'est-ce donc, pour un dieu, qu'une douleur qui ne guérit pas ? Quelque chose, peut-être, dans ce corps dépourvu de temporalité, comme l'immobilisation de tout l'être autour de la fulgurance du premier déchirement, sans fin prolongée. Dionè n'en dit rien : aux destinataires humains, grecs ou non, auditeurs ou lecteurs, de le conjecturer). Quant à Hadès, blessé lui aussi d'une flèche, le Médecin divin l'a guéri, mais il a durement souffert.

Spéculations grecques sur l'étrangeté inhérente à la notion même d'un corps immortel : durement atteint, Hadès, eût-il été un homme, fût mort de sa blessure ; mais il guérit, « parce qu'il n'était pas né humain » (v. 402) ; la blessure d'Héra, elle, s'éternise en sa première perception déchirante, comme pour rappeler à la déesse qui elle est et qui l'a frappée. Car ce n'est pas n'importe quel mortel que l'agresseur de la femme et du frère de Zeus : Héraklès en personne, fils de Zeus, mais mortel plus misérable que tous les mortels, lui qui, d'épreuves en travaux et de travaux en crises de folie, vit dans la déréliction la faiblesse tout humaine de la force. Nul doute qu'Héraklès ne se plaise à blesser le Seigneur des morts, lui qui finira dieu sur l'Olympe et que ses travaux mènent répétitivement jusqu'aux frontières de la mort et de l'immortalité. Et on pariera tout aussi vraisemblablement qu'il réservait depuis longtemps à sa marâtre la flèche qui blesse Héra. Mais la démonstration de Dionè veut que, face aux dieux, il n'y ait que des mortels (impies, ingrats, brutaux, insensés) et, pour avoir éprouvé la condition humaine jusqu'en son abjection, Héraklès est ici le plus qualifié des humains pour figurer l'impiété, l'ingratitude, la brutalité, la folie des hommes.

On s'étonnera, peut-être, de ces dieux qui souffrent par les hommes ; on objectera qu'il est plus répandu que la souffrance aille en sens inverse, des dieux aux hommes : ainsi, chez Hésiode, tout vient de Zeus pour les mortels, qui paieront cher la ruse sacrificielle de Prométhée, puisqu'elle leur vaut l'introduction, dans le monde de la femme, de la peine et de la maladie. Mais c'est la grandeur de l'épopée que de mettre à l'épreuve dans les dieux tout ce qui – douleur, affect, fidélité même – les attache aux hommes, parce que, dans la pensée d'un Grec, dans la fabrique du poète, il n'est pas de dieu qui ne soit fait avec de l'humain, lors même qu'entre l'homme et le dieu la limite ne saurait se franchir.

Instruisant avec indignation le dossier du polythéisme, Clément d'Alexandrie énumère dans le *Protreptique* tout ce qui, des Olympiens, fait de faux dieux : « leurs blessures, leurs emprisonnements, leurs rires, leurs batailles, leurs esclavages et leurs festins, leurs embrassements et leurs larmes, leurs passions et leurs débauches voluptueuses », et leur soumission au servage ou à l'autorité de Zeus, et toujours « les liens, les blessures et les dieux qui pleurent ». Si l'on ne peut attendre d'un Père de l'Église qu'il s'accommode de la débauche, sans doute attendrait-on moins d'acrimonie contre des dieux liés, blessés ou qui versent des larmes. Mais c'est à cette façon qu'ont les dieux grecs d'être trop humains que le théologien en a, et précisément à ces blessures entaillant des corps qui souvent n'apparaissent immortels qu'*in extremis* et par la vertu d'un dire.

Revenons donc au chant V de l'*Iliade*, à la blessure d'Aphrodite et à celle d'Arès. De l'une comme de l'autre coule du sang, qu'Homère dit « immortel » (ἄμβροτος αἷμα). Que, dans l'*Iliade*, βροτός – au détail près d'une différence d'accent –, signifie « mortel » et « sang versé », et voici que le sang des dieux est à la fois opposé à celui des mortels et caractérisé comme du sang qui n'est pas du sang. Tout est dans la négation, et l'immortalité des dieux est sauve. Mais on peut tout aussi légitimement estimer que la négation dissimule mal l'impossibilité de penser un corps divin qui ne se construirait pas avec de la matière humaine. D'ailleurs, pour que la chose soit bien claire, à propos du sang d'Aphrodite, il a été précisé que les dieux bienheureux, « ne mangeant pas le pain, ne buvant pas le vin aux sombres feux, n'ont point de sang et sont appelés immortels » (v. 341-342).

Échanges entre l'humain et le divin

Immortelle, Aphrodite l'est mais, dans l'*Hymne homérique* dédié à la déesse, Zeus se plaît à la soumettre elle-même à ce désir irrésistible sous la loi duquel elle plie hommes et dieux, indistinctement. Et la voilà qui s'éprend du bel Anchise, séduisant mais mortel, et qui partage sa couche cependant que l'étreint l'« affreuse angoisse » de s'être laissée choir dans le lit d'un humain. Que Zeus puisse soumettre une puissante déesse à l'emprise qu'elle exerce sur l'univers, cela n'est guère surprenant. Mais, à ce chapitre des échanges entre l'humain et le divin, plus remarquable est le cas de ces dieux du sang versé, dans la guerre ou dans le meurtre – entendons Arès et les Érinyes, lui, « fléau des mortels », elles, impitoyables justicières, terribles aux criminels –, qui, à tout instant, sont menacés de subir en leur corps ce qu'ils infligent aux humains. Arès est plus d'une fois entamé dans sa chair, et nul dieu n'a plus que lui d'accointances avec l'impensable notion de la mort d'un Immortel ; quant aux Érinyes, ces redoutables persécutrices, Eschyle se plaît à les prendre à leur propre nasse ; les voici tombées sous le sommeil, elles qui poursuivaient les humains jusqu'à ce qu'ils chutent, liées par un lien plus puissant que celui de leur terrible chant-délire, épuisées comme elles épuisent leur victime, menacées de disparaître dans le néant où elles anéantissaient les meurtriers. Bien sûr, dans le théâtre d'Athènes, les choses s'arrangeront sous l'autorité persuasive d'Athéna. Il n'empêche que les divinités de l'effroi ont vécu l'angoisse que pour les hommes elles incarnaient.

Certes, l'avertissement d'Apollon dit l'essentiel sur les dieux et les hommes : d'origine séparées, leurs deux lignées ne sauraient annuler la distance qui les départage. Reste, d'Homère à Eschyle, la surprenante propension des dieux à ce que, sur eux, de l'humain fasse retour.

Les religions nordiques et nord-germaniques

Régis BOYER

Les caractéristiques des religions nordiques et nord-germaniques expliquent que, dans leur premier stade, celles-ci aient conçu les grandes forces surhumaines sous la forme de géants primitifs, à la fois constitutifs du monde existant et dépositaires du savoir secret, sacré. Un jour, on leur donnera des noms parlants : Thórr (Tonnerre), Jörd (Terre, dont **nejörd* > Njördr, maître des eaux, pourrait être l'antithèse, puisqu'une autre caractéristique de ce monde mental est de voir toute réalité sous une forme violemment dichotomique), Sól (Soleil, comme la balte Saula), auxquels s'ajoutent des appellatifs personnifiés comme Gymir, Hymir (Humide), Surtr (Noirci par le feu), Skírnir (Étincelant) ou Gerdr (la terre enclose et ensemencée). À un stade plus élaboré, ce sera le *furor* extatique du chamane en transes (Wut, Ódr, d'où Ódhinn) ou le ciel diurne ensoleillé (*Tiwaz > Týr, c'est-à-dire *dyaus*, dieu, dont **wulthuz* > Ullr, splendeur, doit n'être qu'une variante), voire le Maître ou Seigneur ou Parangon (indifféremment : Freyr ou Baldr, dont c'est le sens propre).

On objectera que les géants devenus dieux – puisque les mythographes du Moyen Âge s'appliqueront à donner à tous les dieux une généalogie de géants, quand ils ne confondront pas simplement les uns et les autres : Mímir (Mémoire) est-il un dieu ou un géant ? – peuvent aussi passer pour les figurations des morts, des grands ancêtres notamment, chefs de tribus et fondateurs de lignages. Certes, ceci contredit d'autant

Le char solaire de Trundholm. Ce groupe de bronze, datant de 1000 avant J.-C. environ, témoigne de l'ancienneté du culte solaire et du culte du cheval. Présents dans toute la Scandinavie, ceux-ci renvoient à la conception d'un ordre du monde qui est voulu par les grandes forces naturelles et qui doit être respecté. Musée national de Copenhague (Lessing, Magnum).

moins cela qu'une autre caractéristique remarquable des Germains (qu'ils partagent avec les Slaves, cette fois, en raison de fréquentations incessantes au cours des millénaires) est que ces peuplades innombrables (voir la profusion de leurs dénominations dans la *Germania* de Tacite) ont dû se concevoir, initialement et fondamentalement, d'après le clan, la cellule familiale au sens large, sur laquelle « régnait » le Père. On peut voir encore, à ce sujet, comment, à l'époque où se déroulent les sagas historiques (IXe-Xe s.), le « roi » (*konungr*, dérivé de *kyn*, parentèle) gouverne un simple fond de fjord norvégien ou quelques arpents de terre danoise.

Dans ces conditions et compte tenu d'un troisième trait spécifique des mentalités germaniques – une incapacité à distinguer le monde des vivants de l'univers des morts, l'absence de solution de continuité entre l'un et l'autre, l'osmose permanente qui s'établit entre ici-bas et au-delà –, il va de soi que les morts ne cessent d'appartenir au clan, qu'ils peuvent l'informer, l'admonester, le protéger, tout comme les vivants ont toujours loisir de les consulter. La différence est que les morts ont accès à un savoir suprême, qu'ils connaissent, comme le disent plusieurs poèmes de l'*Edda*, le sens de toutes les destinées. Il y a donc un intense et incessant mouvement de circulation que rendent manifeste les métamorphoses, réincarnations, migrations d'âmes dont le porte-parole sera, à l'époque de la rédaction des sagas islandaises (XIIe-XIIIe s.), le personnage du *draugr* ou revenant, mort mal content de son lot, qui a une réalité et physique et spirituelle. Si les « grands » morts sont bien les géants, le tout-venant des trépassés constitue la foule des nains (leur nom même, *dvergar*, que l'on pourrait rendre par « tordus », renvoie sans doute à la posture du cadavre dans sa tombe ; au demeurant, les « nains » ne sont pas petits, ils ne le deviennent que beaucoup plus tard, sous l'influence réductrice et dévalorisante de l'Église).

La cohésion du clan

Il s'ensuit que la cohésion du clan et sa perpétuation en tant qu'unité vivante et productive exigent une communication constante avec le monde des invisibles. Aussi le culte tient-il une place primordiale dans la religion germanique. D'une part, il se traduit par des gestes signifiants, comme le sacrifice ou *blót*, suivi de la libation ou *blótveizla*, qui inclut nécessairement les « toasts » aux ancêtres et/ou

Le dieu Thórr. Il tient entre les mains son marteau Mjölnir, figurant la foudre. Thórr protège aussi la fertilité. Musée national de Reykjavik (W. Forman, Archive).

aux dieux. Cette première et importante caractéristique du culte l'adapte à cette mentalité « pratique », que l'on a évoquée, d'hommes d'action étrangers aux valeurs abstraites d'oraison ou d'adoration : à la limite, le geste chargé de sens assure la théophanie ou, si l'on veut, la hiérophanie. D'autre part, fait bien attesté, il incombe au chef de famille (par la suite, au « roi ») d'être le prêtre-sacrificateur, l'intermédiaire attendu entre les deux règnes : il est d'ailleurs lui-même gérant et garant de la bonne volonté des Puissances, quelle que soit leur figure, et se trouve donc chargé d'assurer à la communauté qu'il dirige « année féconde et paix » (*ár ok fridr*) ; s'il y manque, c'est lui qui sera immolé.

En troisième lieu, puisqu'un homme n'existe pas sans son lignage, le culte se traduit aussi par une concélébration qu'étayent les formules allitérées, le cri mesuré, dont naîtra, ici comme ailleurs, la « poésie », si ce n'est qu'en esprit les grands témoins scaldiques que nous avons conservés paraissent, dans ce monde, plus proches des origines, moins laïcisés que dans d'autres cultures.

Enfin, c'est au culte adressé aux morts, aux ancêtres, aux dieux, aux géants et aux nains que l'individu confère la vertu (la *virtus*) par laquelle il entend perpétuer, ou restaurer en cas d'infraction, l'ordre du monde auquel il est pleinement attaché : par là s'expliquent quelques grands rites tels que le *sejdr*, qui revient à abolir la temporalité et à forcer les arrêts du destin, ou le *níd*, opération magique de type diffamatoire par laquelle, à défaut de pouvoir compenser un tort subi, on flétrit dans ses capacités vitales (sexuelles, notamment) le profanateur.

Car – dernier trait intéressant de cette religion – l'adage latin *ubi societas, ibi jus* a, ici, toute sa force, même s'il faut entendre *societas* dans une acception limitée, en général, à la famille ou au clan. Reprenons très rapidement le mouvement esquissé plus haut dans ses grandes lignes : il y a un ordre du monde, voulu et géré par les grandes forces naturelles ; cet ordre a été respecté par les grands ancêtres, ce pourquoi ils ont été capables de fonder la famille ou le clan ; il ne peut provenir que d'un équilibre entre puissances utiles et puissances néfastes, d'un jeu de « compensation » (*bót*, ce sera la valeur majeure du droit germanique), d'un pacte inviolable. Cet ordre est sacré ; il assure la survie du clan, contrôlée par les morts détenteurs du savoir ; tous les gestes des vivants n'ont pour fin que de maintenir ou de restaurer cet état de stabilité précaire. Au demeurant, un jour surgira le mythe du dieu Týr (« Dieu », donc, tout simplement), qui fera un pacte avec les forces du désordre, en y perdant la dextre, afin que force reste à la loi.

À un stade plus proche de nous, une figure individualisée est attribuée à ces entités « divines » mal définies : au hasard des textes, l'observateur demeure d'ailleurs surpris de la multiplicité des dénominations qui s'appliquent aux puissances suprêmes, même à l'époque littéraire : *gud*, *god*, *rögn*, *regin*, *álfar*, *höpt*, *bönd*, *dísir*, *nornor*, jusqu'à cette bipartition en familles d'Ases (*aesir*) et de Vanes (*vanir*) dont il faut avouer qu'elle est floue, puisque certains dieux ne sont pas clairement donnés comme appartenant à l'une ou à l'autre (ainsi Hoenir, Ullr), tandis que d'autres sont nettement invoqués selon les besoins de la cause. Ainsi, Freyr, expressément présenté comme Vane, est aussi l'« ami cher » de Sigurdr, meurtrier du dragon Fáfnir, modèle du héros. Pourtant, si l'on adopte la tripartition de Dumézil, les Ases relèveraient de la première et de la deuxième fonction, les Vanes ayant l'apanage incontestable de la troisième. Il reste que Thórr, représentant par excellence de la fonction martiale, est aussi un grand magicien et qu'Ódhinn, chamane suprême, préside un peu à toutes les fonctions, ce qu'illustre la bonne centaine de noms qu'on lui connaît. D'autre part, une curieuse indétermination sexuelle règne dans ce panthéon : Njördr, père de Freyr et de Freyja, est clairement donné pour une femme (Nerthus) chez Tacite ; sa « femme », Skadi, porte un nom masculin ; Loki se métamorphose en jument pour se faire engrosser du cheval Sleipnir, merveilleuse monture d'Ódhinn, par l'étalon du géant constructeur d'Ásgardr ou domaine des Ases, et ainsi de suite, si bien que nous ne savons pas le sexe exact de certaines figures comme Fjörgyn(n) et qu'il est souvent impossible de décider quelles prérogatives reviennent à Freyr, ou lesquelles appartiennent à sa sœur jumelle Freyja.

Yggdrasill, le grand frêne.
« Je sais que se dresse un frêne/ S'appelle Yggdrasill/L'arbre élevé, aspergé/De blancs remous/De là vient la rosée/ Qui dans la vallée tombe/ Éternellement vert il se dresse/ Au-dessus du puits d'Urđhr » (« La Völuspá », strophe 19). Yggdrasill enserre, de ses racines à son sommet, tous les mondes créés et même le domaine des dieux. Il soutient tout, comme un pilier universel, comme l'axe du monde. Ses racines plongent dans les sources de la mémoire (Mímir) et du savoir, dans le monde des géants et aux enfers. Après le Ragnarök (la fin du monde), seul survivra le couple réfugié dans son ombre : Líf (Vie) et Lífprasir (Vivace). Yggdrasill est, tout à la fois, l'arbre cosmique, l'arbre de vie, l'arbre de la science du bien et du mal (Stofnun Arna Magnussonar, J. Olafsd, Reykjavik).

Le Destin omniprésent

C'est qu'il faut tenir grand compte – domaine qui n'a pas encore été abordé à fond – du travail des deux grands mythographes, Saxo Grammaticus (1140 ?-1206) et Snorri Sturluson (1178-1241), auxquels nous devons le meilleur de notre savoir en la matière. Or tous deux étaient imprégnés de culture classique et chrétienne ; Saxo, par exemple, connaissait Virgile à merveille et Snorri avait étudié de près, notamment, les *Étymologies* d'Isidore de Séville. On suit assez bien les patients efforts d'adaptation, de transposition, voire d'appropriation que les deux auteurs ont déployés pour organiser leurs connaissances éparses en un système cohérent. Il est clair, en particulier, que tous deux sont coupables d'evhémérisme – et, semble-t-il, très consciemment. Voilà pourquoi les tentatives d'explications de type structuraliste s'appliquent malaisément à cette religion. À tout prendre – et conformément à la nature de cette mentalité telle que nous l'avons évoquée –, une simple vue dichotomique en rendrait beaucoup mieux compte que le trifonctionnalisme. Il faut postuler trop de glissements, de « récupérations » et d'extrapolations pour parvenir à un tableau qui, du point de vue de la synchronie, satisferait à des vues rationalistes.

C'est pourquoi il paraît plus prudent de s'en tenir à quelques thèmes profonds, inaliénables et permanents, qui semblent bien avoir soutenu, de bout en bout, le comportement de l'*homo religiosus* dans cet univers. En dehors du droit, on peut en proposer deux, d'ailleurs étroitement mêlés. Le sacré, dans le monde nordique et nord-germanique, appartient au Destin et se connaît par la magie.

Il est frappant, en effet, de constater l'omniprésence de la magie dans toutes les manifestations de cette religion. Des nombreuses gravures rupestres de l'âge du bronze (de 1500 à 400 av. J.-C.) à la conception duelle du « paradis » et de l'« enfer », en passant par les utilisations des inscriptions runiques ou les textes les plus anciens que nous connaissions (*thulur*, conjurations comme celles de Merseburg, strophes scaldiques perpétuées par la tradition), nous ne sortons pas d'un milieu où l'occulte et le surnaturel règnent sans partage. C'est, bien entendu, la conséquence d'une *Weltanschauung* (une « vision du monde ») qui ne distingue pas nettement nos catégories de mort et de vie. Cela tient aussi à une conception de la temporalité assez désespérante pour le grammairien français, qui ne se résout pas à isoler le présent, le passé et l'avenir. Dans le plus célèbre poème de l'*Edda*, « La Völuspá », la Voyante qui prophétise ne cesse de passer avec une confondante désinvolture d'un « temps » à un autre. Un constant réflexe d'actualisation, qui est proprement l'essence de la magie, surtout jugée aux résultats qu'elle envisage, abolit nos catégories. Pour le reste, il n'est pas d'opération qui ne se ramène à un commerce intime avec les Puissances, quelles qu'elles soient. La sacralisation de cet univers se justifie par là : le Germain évoluait, par excellence, dans le monde du double, lequel le « suivait » (*fylgja*), le « hantait » (*hamr*) ou, d'aventure, le visitait (*hugr*).

En définitive, le seul vrai dieu, *deus otiosus* comme il sied, mais omnipotent, maître du temps et des errements humains, c'est le Destin aux multiples noms (une bonne vingtaine au total) et aux innombrables visages. Même les « dieux » lui sont soumis ; et sagas, eddas, poèmes scaldiques ne cessent d'en célébrer la redoutable grandeur. C'est lui qui fonde le sacré, lui qui justifie l'exemplaire dialectique de l'honneur et de la vengeance, si caractéristique de ces mentalités ; c'est lui, donc, qui donne son prix et son sens à la vie présente ainsi qu'à cette autre vie (car il s'agit d'un changement d'état, non d'une fin) qu'est la mort. Le destin, c'est ce qui a été donné (verbe *gefa*, d'où *gaefa*, *gipta*, destin) par les Puissances, ce qui a été donné à un homme pour qu'il se connaisse, s'accepte et s'accomplisse (en accomplissant le destin). Ainsi l'existence exemplaire, l'existence *sögulig* (digne de donner matière à une saga) est-elle, au double sens du substantif, un achèvement.

L'Afrique noire

JEAN BAZIN

Rien n'autorise à penser que les religions africaines aient quelque filiation commune qui rendrait moins arbitraire ce découpage continental. L'Afrique noire n'offre une illusoire unité qu'à ceux qui la regardent de l'extérieur. C'est ainsi que, au gré des témoignages hâtifs des voyageurs et des marchands d'esclaves, elle apparaît, dans notre géographie religieuse, comme la terre par excellence des « fétiches », ce qui lui vaut d'incarner, dans la philosophie hégélienne de l'histoire comme selon des préjugés moins savants, ce moment d'enfance obscure où la conscience est encore privée de l'idée de Dieu. Il est vrai que l'étude des faits religieux africains, après des siècles de tradition sémitique et chrétienne, a quelque effet déracinant : d'abord, parce que l'expérience du divin y est si multiforme que l'idée même de « religion », comme domaine distinct de la vie sociale, paraît souvent se dissoudre ; ensuite, parce que cette expérience n'est jamais ici réductible à la relation, si complexe soit-elle, d'un sujet humain à une volonté souveraine ; plus qu'un Autre que l'on supplie, le dieu est une énergie manipulable par qui connaît les moyens appropriés de la traiter.

Masque dit pibibuze (« l'homme ») du Bakwélé (nord-est du Gabon et nord-ouest du Congo). Les masques de ce genre (« masques blancs ») évoquent, par leur recherche d'une beauté idéale, les esprits des morts. Musée des Arts africains et océaniens, Paris (Giraudon).

Les dieux, éléments du réel

Dire que les sociétés africaines soient polythéistes n'est qu'une détermination négative : la différence n'est pas dans le nombre des dieux, mais dans la nature du divin. Pour beaucoup d'entre elles, l'idée d'un créateur unique coexiste avec une activité religieuse polythéiste : le divin s'y conçoit et s'y décline au singulier comme au pluriel, selon le point de vue. Les Dinka du sud du Soudan, par exemple, ont un terme, *nhialic*, dérivé d'un radical *nhial* (le « dessus », le « ciel »), qui, selon G. Lienhardt, désigne, dans certains contextes, le divin en son unicité (le « créateur », le « père »), mais, dans d'autres, une qualité ontologique susceptible d'être partagée par plusieurs entités ou « pouvoirs » (*jok*) de nature surhumaine.

Cependant, même reconnue dans les croyances locales, l'idée d'un dieu créateur et tout-puissant paraît souvent associée plus à une attitude théiste prudente qu'à une vénération véritable. Comme le montre E. E. Evans-Pritchard à propos des Azandé, l'omniprésence de Mbori, l'être suprême, dans les formules propitiatoires quotidiennes ne doit pas faire illusion : le nom y marque davantage la place vide d'une cause première universelle (« si vous faites remonter un Zande pas à pas jusqu'aux limites de son savoir, vous arrivez à Mbori, dont le nom tient lieu de compréhension ») qu'il n'y désigne un destinataire effectif du culte (« je n'ai jamais entendu un Zande prier Mbori » et, en leur posant des questions sur ce point, « je me suis rendu compte qu'elles les ennuyaient franchement »).

Ce qui singularise le dieu des religions monothéistes, c'est, tout autant que son unicité, sa figure à la fois intime et transcendante, faute de quoi il n'est plus qu'un ennuyeux principe d'explication universelle. Or, les dieux africains ne sont jamais totalement définissables ni par leur position d'extériorité au monde ni par leur statut d'entité personnelle : ce sont des éléments du réel investis d'une puissance ambivalente dont il faut savoir contrôler et orienter les effets, non des libertés

Masque dit nimbu des Baga (et autres populations de la côte de Guinée). Les sorties cérémonielles (le danseur est caché sous la robe de paille) de cette figure féminine (dont le nez et les yeux évoquent néanmoins le sexe mâle) sont censées garantir la fécondité et la fertilité. Musée des Arts africains et océaniens, Paris (Giraudon).

éthiques distribuant châtiments et récompenses et dont il conviendrait de s'assurer l'indulgence ou la protection.

Que ces puissances portent des noms n'en fait pas pour autant des personnes. En Afrique soudanaise, « Komo » dans l'aire culturelle mandé ou « Nya » en pays minyanka désignent à la fois la confrérie cultuelle, le rituel suivi et l'entité vénérée ; et de ces dieux les récits ne disent que leurs effets, les événements qui leur sont imputés (morts, naissances, catastrophes survenues ou miraculeusement évitées), les indices auxquels peut se mesurer leur force relative ; certes, les cérémonies du culte sont souvent précédées d'invocations propitiatoires ; mais, à la différence des formules qu'énonce secrètement l'officiant, elles forment un commentaire exotérique (et opportunément syncrétique dans la rivalité séculaire avec l'islam) de rites qui tiennent plus de l'opération chimique que de l'échange sacrificiel et qui ne visent pas à se concilier une volonté dans l'au-delà, mais à réactiver l'énergie enclose dans les dieux objets de ce monde-ci.

Il est vrai que certaines cultures africaines se représentent un monde des dieux relativement élaboré et à certains égards comparable à celui du polythéisme antique. Ainsi les *vodun* et *orisa* des populations yoruba, fon et ewe de l'ancienne Côte des Esclaves constituent ces panthéons assez bien structurés qu'a analysés Pierre Verger : des éléments de généalogie, des anecdotes, des bribes de mythes, des figurations sous forme de statues anthropomorphes permettent d'attribuer, du moins aux plus grands dieux, une silhouette, un caractère, une identité presque distincte. Pourtant, la pratique religieuse, qui ne saurait être dissociée des représentations, fait apparaître qu'un même dieu peut avoir, selon les contextes, le statut de partenaire d'une négociation ou bien celui d'une force à manipuler : Sapata, dieu de la terre, est aussi le dieu de la variole, en ce sens qu'il en protège normalement les humains et en châtie ceux qui s'attirent justement sa colère. Mais, comme le montre Marc Augé, Sapata n'est pas seulement le maître de la variole, il est aussi la variole elle-même ou son réceptacle, si bien que, lorsque éclate une épidémie, il convient alors « non plus de le prier mais de le faire fuir » (par exemple, en lui offrant les nourritures qui lui sont normalement prohibées) ; ce « traitement rituel, note Marc Augé, l'apparente davantage à une puissance qu'à une personne et relativise singulièrement la distinction que la tradition ethnologique voulait maintenir naguère entre religion et magie ».

Plus que révérés et sollicités au titre de leur souveraineté transcendante sur le monde, les dieux d'Afrique apparaissent ainsi comme les instruments immanents, et efficaces parce qu'immanents, d'une négociation permanente avec la nature. L'expérience du divin est celle de multiples points d'articulation repérés, matérialisés, nommés, et donc rituellement opératoires, dans le jeu complexe des forces surhumaines (et non à proprement parler « surnaturelles ») dont dépend continuellement l'état du monde. La théologie est ici une cosmologie, la religion une physique des phénomènes.

Il est remarquable que les mythes cosmogoniques recueillis par l'ethnographie française (Marcel Griaule et Germaine Dieterlen en particulier) dans l'actuel Mali (Dogon, Bambara) ne mettent pas vraiment en scène des dieux, mais plutôt des éléments ou principes qui sont personnifiés pour les besoins de la forme narrative et dont l'antagonisme à la fois primordial et permanent engendre l'ordre du monde. Pemba, par exemple, n'est pas tant une entité « surnaturelle » que cette capacité de croissance et de régénération indéfinies que nous

Un exemple de dieu objet (Togo). L'édifice d'argile, vaguement anthropomorphe, est entouré d'offrandes. L'énorme pénis est caractéristique de Legba, dieu des carrefours, des messages et des contrats, qui n'est pas sans rappeler l'Hermès des Grecs (P. Léger, Hoa-Qui).

appellerions volontiers la « nature » (ou *physis*) ; on la suppose intensément présente dans le balansan (*Acacia albida*), cet arbre étrange qui verdoie en pleine saison sèche ; et un billot de son bois fait normalement partie de la panoplie d'objets actifs dont dispose le chef d'un lignage. De ce point de vue, en tant que figure de l'auto-engendrement originel, Pemba peut être présenté comme le « fabricateur des choses » et appelé Ngala par analogie avec le dieu créateur des musulmans, même s'il faut quelque ironique inconvenance pour nommer ainsi un morceau de bois. Cependant, de cet élément chthonien et sec ne saurait naître qu'un monde chaotique et raté ; son action doit être corrigée et complétée par l'intervention de l'élément aquatique personnifié sous le nom de Faro (le Nommo des Dogons), figure du Verbe ordonnateur du monde, mais qui n'est pourtant pas, en tant que tel, objet de culte : il n'apparaît dans les pratiques rituelles que sous sa forme plurielle et localisée – ces multiples « Faro » ou « génies » des eaux qui peuplent presque chaque mare ou chaque trou du fleuve.

Cérémonie dite anniversaire au Komo de Dièkè. Dans ce village proche de Ségou (Mali), en avril 1969, le sacrificateur, au milieu du bosquet sacré, enduit de sang frais les objets dieux ou « boli ». Cette aspersion doit réactiver l'énergie dont ils sont porteurs, afin qu'elle se manifeste au milieu de la communauté des fidèles (J. Bazin).

L'« effet » divin

Toujours susceptible de se prêter tant bien que mal à une relecture théologique, ce savoir cosmographique est pourtant avant tout une complexe combinatoire tant des éléments forces que des qualités sensibles qui déterminent chaque entité du monde matériel et spécifient ses effets et ses vertus propres. C'est ce savoir que les confréries religieuses des savanes soudanaises (telles que le Korè décrit par Dominique Zahan) mettent en œuvre pour « faire » et « refaire » du divin. Il sert, en effet, de code opératoire pour engendrer ces « choses puissantes » (*boli* en langue bambara) où se trouve concentrée une énergie surhumaine particulière et nommée dont on peut (en la réactivant par des sacrifices sanglants) susciter la présence efficace au milieu de la communauté rassemblée des fidèles.

Il est tentant (pour l'ethnologue comme pour ses informateurs) de voir en ces objets soit des autels sur lesquels vient s'opérer la médiation sacrificielle entre les hommes et les dieux, soit des symboles chargés de signifier dans le visible l'absence du dieu ; pourtant, c'est bien le corps divin lui-même qu'au moment et au lieu opportuns le prêtre sort de son sac pour l'enduire soigneusement du sang des victimes. Il n'y a pas à supposer ici (selon une rhétorique chrétienne ou musulmane de la conversion militante) quelque illusion « fétichiste » qui ferait naïvement prendre des objets matériels pour des dieux : d'abord, en effet, notre distinction du matériel et du spirituel n'est pas, dans ces cultures, pertinente ; ensuite, le divin n'est pas tant dans la matérialité du « fétiche » que dans la multiplicité des matériaux, tant inorganiques qu'organiques, minéraux, végétaux, animaux ou même humains, qui le composent. On trouvera dans la littérature ethnologique (par exemple, dans les ouvrages de Maupoil et de Zahan) quelques exemples de ces « recettes » pour faire un dieu : elles donnent le vertige tant les ingrédients requis sont nombreux, hétéroclites et singularisés à l'extrême, la liste n'en étant en fait jamais close, puisque chaque « expert » y ajoute sans cesse des inventions de son cru ou des objets étranges trouvés sur son chemin. C'est cette condensation en un tout absolument unique (parce que non reproductible) de fragments de l'univers environnant qui crée l'« effet » divin.

Ainsi, d'une part, chaque dieu, même lorsqu'il a quelque identité comme figure du panthéon (tels les vodun du golfe du Bénin, comme le dieu Legba étudié par Marc Augé), se trouve « réalisé » en une multiplicité d'objets localisés, grossièrement semblables, mais non identiques et plus ou moins redoutés ou réputés selon la « formule » utilisée pour leur confection et la compétence du prêtre qui les « entretient », le nom du dieu étant donc logiquement paradoxal, puisqu'il renvoie simultanément à une entité individuelle et à une classe d'objets. D'autre part, chacune de ces « choses puissantes » est elle-même éminemment plurielle, puisqu'elle est généralement constituée de plusieurs objets distincts dont chacun est composé d'une série indéfinie d'ingrédients. La vérité du divin par le multiple.

Cortège de danseurs dogon (Mali). De tels cortèges se forment en particulier pour des cérémonies funéraires dites Dama. Les uns portent des masques animaliers en bois (ici des bovidés), d'autres des cagoules de fibres tressées ornées de cauris évoquant des personnages types du milieu social – par exemple, au premier plan, de profil : la femme peule. (P. Cassard, Hoa-Qui).

Le pouvoir des dieux, c'est de fusionner les oppositions, de totaliser les différences qui normalement séparent et classent les êtres du monde naturel, d'accéder ainsi à l'indéfinissable. Qu'ils aillent par couples indissociables (comme Mawu et Lisa au Bénin) ou qu'ils soient tenus pour bisexués, les dieux transcendent l'opposition du masculin et du féminin : et, manifestant ainsi l'effet divin, les hommes en transe du Korè comme les initiées au Bori haussa miment et proclament qu'ils sont les deux sexes à la fois. Faro, le dieu des eaux, a pour corps androgyne un poisson sans écailles capable de survivre hors de l'eau et d'émettre des sons : outre les sexes, il cumule les genres et les espèces. Et, de même, dans les sociétés cultuelles des savanes soudanaises, la puissance des choses-dieux, une fois réactivée par les sacrifices, se manifeste dans les exhibitions du masque, figure monstrueuse qui mêle généralement les traits et les démarches de plusieurs animaux sauvages et émet une voix suffisamment déformée pour ne plus paraître humaine.

Ce métamorphisme indéfini est l'essence du divin ; à la fois choses et bêtes, les dieux peuvent aussi se faire hommes. La représentation anthropomorphique des dieux est ici bien moins significative que la capacité qu'ont les humains d'accéder à la dimension divine. Entre les lointains ancêtres et les dieux, la distinction n'est jamais très nette ; et même entre les vivants et les dieux le seuil est aisément franchi. Ainsi s'explique l'importance des phénomènes de transe et de possession ; dans certains cas (tels les cultes étudiés par Jean Rouch dans la boucle du Niger ou, plus à l'ouest, par Jean-Marie Gibbal), l'incarnation mimétique spectaculaire du dieu devient l'acte religieux central, au point que les distinctions ethniques, sociales ou religieuses (il y a des « génies » païens et des « génies » musulmans) structurent parallèlement le monde des dieux. Et, de même qu'un dieu peut ainsi « tomber » sur son fidèle, de même un corps humain peut être rituellement « travaillé » jusqu'à devenir lui-même un objet chargé de puissance divine : en Afrique, les rois sont « divins » non point tant par ascendance présumée ou par apothéose que par l'efficacité ambivalente exceptionnelle reconnue à leur personne physique.

C'est cette immédiate proximité du divin qui trouble inévitablement les consciences monothéistes. Ces « dieux » sont trop à portée de main pour mériter sérieusement ce nom. Pourtant, qu'on produise leur présence sous leur forme manifeste d'objets mystérieux ou qu'on la devine à l'ombre épaisse d'un arbre ou dans un tourbillon éphémère de poussière, c'est l'indice d'une autre notion du divin et non d'une théologie défectueuse ou primitive. Ici, la puissance du dieu ne tient pas à son insondable absence, mais à la multiplicité indéfinie de ses travestissements, au caractère imprévisible, indéterminable et foisonnant de ses manifestations.

L'hindouisme

MARIO PIANTELLI

La vision indienne du divin a toujours causé l'embarras des chercheurs. Les manuels utilisent à son propos des notions aussi diverses que celles de monisme, de monothéisme, d'hénothéisme, de polythéisme. Dès l'époque védique, en effet, une figure divine peut assumer les attributs et les fonctions des autres, en se les assimilant comme des manifestations subordonnées, tandis qu'on proclame l'unité de la domination des dieux ou l'existence d'une entité unique sous les multiples noms utilisés dans le culte. Un passage célèbre de la *Bṛhadāraṇyakopaniṣad* (III, 9, 1) réduit le nombre symbolique de dieux de 333 et 3003 à 33, puis à six, à trois, à deux, à un et demi, enfin à un seulement. Il y a des systèmes qui, comme la Pūrvamīmāṃṣa, considèrent les dieux comme de simples accessoires du sacrifice, ou bien admettent une pluralité de figures divines, assujetties à la transmigration, sans qu'existe un dieu au sens fort du terme. Leurs arguments se fondent sur les difficultés et les impasses auxquelles conduirait l'affirmation d'une telle existence.

Ce qui rend le tableau encore plus complexe, c'est la présence d'un absolu auquel on attribue aisément des traits divins : le *brahman* ; celui-ci est, en effet, un principe à la fois transcendant et immanent. Aussi peut-il être considéré tour à tour comme la substance du monde, comme une réalité une et immuable, sur laquelle se projette tel un mirage la série des « noms et formes » qui trame le spectacle du cosmos, comme la puissance sacrée qui confère leur efficacité aux textes récités pendant les rites et leur consistance ontologique aux dieux qui y interviennent, comme fondement de la conscience individuelle (*ātman*) pouvant ne faire qu'un avec elle, comme principe et fin de la manifestation (*sṛṣṭi*) de l'univers, comme l'Autre ineffable et inconcevable (*Anyat, Itara*) que seul peut désigner l'apophatisme le plus radical (*Vneti neti*, « ni ceci, ni cela »). On le décrit, généralement, en des termes qui renvoient à la fois à l'expérience vécue et à l'ontologie. C'est le cas de la triade *satya* (vérité/réalité)-*jñāna* (connaissance)-*ananta* (infini) et de celle, plus tardive, qui comprend *sat* (être)-*cit* (conscience)-*ānanda* (béatitude). Le Vedānta non dualiste (*advaita*) théorise avec Śaṅkara (VIIe s. apr. J.-C.) la tétrade *nitya* (permanent)-*buddha* (éveillé/conscient)-*śuddha* (pur)-*mukta* (libre/libéré). L'identification du brahman avec l'ātman du « libéré vivant » (*jīvanmukta*) est ici bien en évidence.

D'autres systèmes, comme le Sāmkhya, voient dans le brahman la « nature/matière » (*prakṛti*) inconsciente dont est fait le cosmos empirique. Cette conception est moins singulière qu'il n'y paraît. Elle permet, en effet, l'identification du brahman avec la mère universelle, la déesse

La vie érotique des dieux. Les amours espiègles et joyeuses du dieu Kṛṣṇa et des bergères (« gopī ») compagnes de son adolescence constituent un thème très souvent repris par l'iconographie. Il a connu un regain de faveur au XIXe siècle, comme dans ce tableau de l'école de Kangra (1810) illustrant une scène du « Bhāgavata-Purāna » : Kṛṣṇa soustrait leurs vêtements aux jeunes filles qui se baignent dans le fleuve Yamunā. Central Museum, Lahore (Giraudon).

(*Devī*), considérée comme la personnification de ce principe. D'habitude, toutefois, ce sont les figures viriles de Siva et de Viṣṇu, désignées par l'épithète de « seigneur » (Īśvara, Īśa, Īśāna, Prabhu, Bhagavat), qui tiennent le rôle d'hypostases du brahman. Élevées au rang de déités panthées et soustraites par leurs dévots à la condition d'entités individuelles, passant de vie en vie (ce qui est le lot des autres dieux), ces figures se rattachent à des antécédents védiques apparemment secondaires : d'une part, le terrible « hurleur » (Rudra, appelé de manière apotropaïque le Bienveillant, Śiva), qui déchaîne les pestes et les soigne comme le fait l'Apollon grec, d'autre part, celui qui pénètre l'espace (Viṣṇu), le dilatant de ses trois pas et ouvrant la route au soleil ou au dieu guerrier Indra.

Se trouve également associé à ces figures divines le démiurge Brahmā (son nom est le masculin correspondant au neutre « brahman ») qui dérive de l'hypostase du sacrifice cosmogonique dans les *Brāhmaṇa*. Śiva, Viṣṇu et Brahmā forment une triade fonctionnelle en relation avec les trois *guṇa*. Ces « qualités » ou « composantes » de la *prakṛti* sont le noir (*tamas*), inerte et opacifiant, le blanc (*sattva*), limpide et léger, et le rouge (*rajas*), actif et comportant une tension douloureuse. Dans cette triade, les activités de dégagement, de soutien/conservation et de réabsorption du cosmos sont considérées comme le propre du brahman, en tant que « seigneur », c'est-à-dire du seul Śiva ou Viṣṇu, qui les délègue aux deux autres (et à un *alter ego* inférieur, qui est le troisième). La triade se trouve ainsi repoussée à un niveau subordonné. La théologie shivaïte en prolonge les fonctions par deux autres, supérieures : le « voile » du brahman, qui rend possible la manifestation du monde – un peu comme le tzimtzum de la kabbale – (*tirodhāna*, *vilaya*), et la « faveur grâce » (*anugraha*), qui ôte le voile pour les élus. De son côté, la théologie vishnouite répartit les fonctions entre les manifestations partielles du « seigneur », conçues comme « agrégées » (*vyūha*), procédant les unes des autres et se réabsorbant les unes dans les autres. Elles donnent lieu à une hiérarchie de seize Viṣṇu marqués par des variantes iconographiques mineures.

Quant aux attributs, on distingue d'habitude, en premier lieu, les six « membres » du « seigneur » (*sarvajñatā*, l'omniscience ; *tṛpti*, la satiété, comportant l'absence de fins extrinsèques ; *anādibodha*, la conscience éveillée sans commencement ; *svatantratā*, l'autodétermination ou la liberté absolue ; *aluptaśakti*, la puissance inépuisable ; *anantaśakti*, la puissance infinie). On y ajoute quatre attitudes liées au rôle de maître du cosmos et formant symboliquement les quatre piliers de son trône, sous l'aspect de lions tournés vers les quatre directions de l'espace : *dharma*, justice ; *jñāna*, connaissance ; *vairāgya*, détachement/impartialité ; *aiśvarya*, suprématie/domination. Cette dernière liste, consacrée par

Temple de Durgā à Bénarès. Le portail, qui porte l'inscription « Victoire à la Mère inaccessible » « Jaya Mā Durgā », est flanqué de deux représentations de la déesse en guerrière, montée sur son animal d'élection, le tigre. Durgā est la « Sákti » de Śiva, sa force créatrice personnifiée sous l'aspect féminin de lui-même. Elle forme avec le dieu un couple aux deux visages, à la fois redoutable et bienveillant (R. et S. Michaud).

les *Purāṇa*, est reprise par les écoles des divers *sampradāya* avec des modifications, des intégrations et des ajouts de tout genre. Dans les écoles shivaïtes, une série d'attributs, centrés sur les divers aspects de la puissance (*śakti*) du « seigneur », qui est identifiée à la déesse, revêtent une importance particulière. Il s'agit de la triade des *śakti : icchā*, la libre volonté contenant en puissance l'univers ; *jñāna*, la connaissance comprenant les archétypes de toutes les choses encore non distinguées par la conscience divine (comme une ville reflétée dans un miroir) ; et *kriyā*, l'activité qui développe le monde extérieur. Si le corps du « seigneur » apparaît parfois formé par sa puissance ou par les attributs qu'on a recensés, la théologie a élaboré d'autres hypothèses, comme celle d'un corps pur (*śuddha*), formé uniquement de *sattva*, ou conscience. Ce « corps » voit non seulement avec les yeux, mais avec toutes les parties de sa divine personne, à commencer par les pieds, et cela vaut pour les autres fonctions sensorielles. En conséquence, chaque membre du corps divin a droit au culte comme s'il était l'ensemble des autres membres. Le « signe » (*liṅga*) de Śiva, comme le confirme un grand nombre de mythes étiologiques, n'est autre que son pénis tranché, séparé. Celui-ci contient les trente-six niveaux de l'univers et il est, bien entendu, la conscience et la béatitude sans limites. Ce symbole stylisé sous forme d'un ellipsoïde domine les « saints des saints » (*garbhagṛha*, « demeure utérine ») des temples de l'Inde et de l'Indochine consacrés au culte du dieu. Certains affirment évidemment l'absence de corps du « seigneur », particulièrement quand il s'identifie au brahman. Le sens commun conçoit pourtant la privation de corps comme une imperfection. Ce n'est pas un hasard si l'épithète de « sans corps », *Anaṅga*, caractérise le dieu Kāma, personnification de la passion amoureuse, dont les membres furent brûlés par le terrible regard de l'œil frontal de Śiva qu'il avait osé tenter. Cette punition qui le prive de corps est malgré tout utile au dieu pour accomplir ses fonctions, et une résurrection de ses cendres l'attend, au moment des noces divines de son adversaire.

Les multitudes de dieux (qui peuplent les divers paradis, de plus en plus raréfiés au-dessus de notre monde) jouissent, pendant de très longues vies, de joies et de plaisirs correspondant à leurs mérites. Ils exercent diverses fonctions cosmiques sous la dépendance du « seigneur » ou bénéficient d'une condition bienheureuse à la suite des actions de leurs précédentes existences.

Ces dieux sont plus proches de l'humanité, mais ils s'en distinguent par de nombreuses caractéristiques telles que l'absence de sommeil, le fait de ne pas projeter d'ombre, celui de rester suspendus au-dessus du sol (qu'ils possèdent

Peinture murale populaire.
Dans une rue de Bénarès, cette image de Śiva représente le Grand Dieu (Mahādeva) en yogin errant dans les montagnes d'où naît le fleuve Gangā.
Dans sa coiffure, la « kalā », croissant de lune au premier jour, symbolise l'immortalité (R. et S. Michaud).

en commun avec les êtres humains doués d'une particulière sainteté) ou leur capacité à multiplier, comme dans un jeu de miroirs, leur propre corps. Leur vie sexuelle est aussi singulièrement différente de celle des humains. Les dieux se reproduisent par des coïts moins affairés et plus dignes que les nôtres. Il suffit d'un effleurement des membres, de l'émission de quelques gouttes de sueur, à la limite de l'évocation mentale d'une certaine figure qui apparaît subitement devant son créateur. Au contraire, la vie sexuelle et reproductrice du « seigneur » et de sa parèdre divine apparaît dans le mythe avec des caractéristiques d'intensité et d'énergie qui font pâlir les réalités humaines. Les étreintes divines durent des millions d'années ; des divinités naissent à partir de tresses arrachées dans la colère, de sécrétions organiques, de gouttes de sang ou de sperme doré à l'insupportable fulgurance. Tout cela, avec la jouissance simultanée de centaines de jeunes filles, compose le tableau impressionnant d'une « hyper-chair » qui renvoie quasiment, une fois atteint ce sommet, l'anthropomorphisme à son extrême opposé !

Le rapport des humains avec ces divinités puissantes et terribles est plein de dangers. Si la dévotion pousse à concevoir une relation érotique avec elles, il s'agit, le plus souvent, d'un amour platonique, humble et soumis, où un regard suffit pour être conduit à l'extase. La situation est différente dans le mythe. Évoqué par la récitation d'un mantra, le dieu s'unit à une femme humaine et – infailliblement – lui donne un fils pourvu de dons exceptionnels, bien que mortel. L'*avatāra* peut convoler en justes noces ou, comme Kṛṣṇa, témoigner son intérêt à une multitude d'amours juvéniles et de concubines. Les *apsaras* de la cour d'Indra sont à la fois des « valkyries », qui transportent ceux qui sont morts à la bataille au *svarga* (le paradis), et des « houri », qui délectent ceux qui y résident. Elles peuvent s'unir à des êtres humains et en être enceintes. La frontière avec la condition humaine est définitivement franchie quand, généralement à la suite d'une malédiction, les divinités – y compris le « seigneur » en personne, surtout s'il s'identifie à Viṣṇu – descendent parmi nous et doivent naître d'une mère ou être présentées à des parents putatifs, disposés à les recueillir sans en chercher l'origine. Ces « descentes » (*avatāra*) – comme celles de Kṛṣṇa et de Rāma – polarisent la dévotion et le culte, au point d'en priver quasiment la figure céleste qui se manifeste en elles. Elles permettent aux dieux d'œuvrer pour la conservation de l'ordre social et de dispenser de précieux enseignements, tout en continuant à exercer leurs rôles surnaturels.

Il s'agit, en fait, de particules (*aṃśa*) de l'essence divine qui prennent part à l'histoire. Dans quelques cas seulement, la dévotion pousse les théologiens à parler d'une descente plénière (*pūrṇāvatāra*) dans la personne d'un maître aimé. Kṛṣṇa, encore une fois, en est un exemple presque unique. Ce personnage, déjà mentionné dans les *Upaniṣad*, est l'avatāra par excellence. Sa biographie présente des traits évoquant irrésistiblement des mythes occidentaux (Romulus et Remus, pour l'enfance et la jeunesse ; la guerre des Sept contre Thèbes, pour les événements de la maturité ; Achille, pour la mort...). Son passage terrestre constitue le partage des eaux de l'histoire. L'ère actuelle, « éon perdant » (*kaliyuga*) destiné à la perte progressive du dharma et au triomphe de la barbarie et du chaos social, commence justement avec sa mort, que l'astrologue Āryabhaṭa, à la fin du Vᵉ siècle après J.-C. a fixée au 18 février 3102 avant J.-C. C'est encore un avatāra, le mystérieux Kalkin, aux traits si proches de l'Iranien Saošyant et de la seconde venue du Christ en Occident, qui mettra fin, par son règne millénaire à cette période.

Mais on aurait tort de ne retenir que les « descentes » conçues par les mythes et l'eschatologie. Il n'y a pas de grand saint ou de penseur auquel ses contemporains et épigones n'accordent cet honneur. Chaque *guru* (le terme signifie, littéralement, « lourd » de dignité) est, d'une certaine manière, un avatāra. Il représente dieu à nos yeux, et son culte se révèle souvent plus important que celui qui est consacré au « seigneur ». Chez les vedāntin non dualistes, le guru est le brahman lui-même, qui vient à nous sous la forme de quelqu'un qui a saisi sa propre unité essentielle avec lui. La triade *iśvara-guru-ātman* manifeste ainsi la totalité des valeurs de l'absolu dans notre vie.

Notamment dans les rites « tantriques » fondés sur l'identification, l'homme recherche une descente du dieu en son propre sein, lequel se transforme, au moins tendanciellement, en une demeure permanente, pour que son corps et son esprit soient utilisés comme instruments de la volonté supérieure du dieu. Le guru lui-même entre, au moment de l'initiation (*dīkṣā*), dans son disciple et, d'une certaine manière, l'envahit. Dans le shivaïsme du Nord, on trouve des sorciers qui, pense-t-on, se substituent au possédé afin de continuer leur expérience dans le corps de celui-ci sans passer par le traumatisme de la mort.

D'une manière moins sinistre, chaque relation avec les figures divines semble ouverte à cette possibilité. Alors que le fidèle énonce leurs mantra, qui en constituent le corps sonore, alors qu'il médite en même temps sur les traits de dieu d'après les indications de l'iconographie, alors qu'il chante ses noms, qui sont autant d'« icônes verbales » dans lesquelles celui qui est nommé agit, son esprit (*citta*) prend la configuration même de l'objet du culte, se fait « sacrement » (pour employer des catégories occidentales) de la présence transmutatrice de ses idéaux divins (*iṣṭa*, « aimé, désiré »). Si la caste d'appartenance, la famille, le pays imposent certaines dévotions, chacun reste pourtant toujours maître de son choix d'un dieu d'élection (*iṣṭadevatā*), à qui il peut déclarer appartenir. Le fidèle est de « son » dieu, qui assume pour lui la totalité de l'univers et de ce qui le transcende : le salut coïncide avec l'abandon (*prapatti*) au « lotus de ses pieds ».

Le bouddhisme

Richard Gombrich

Le bouddhisme est connu en Occident comme étant « la religion athée ». Pourtant, il est évident que, dans les sociétés bouddhistes, on rend un culte aux dieux et on croit à leur existence. Comment est-ce possible ?

Le Buddha prêcha une doctrine du salut, une voie pour s'affranchir du monde et de sa souffrance. Cette voie consiste en une formation morale et spirituelle que tout un chacun peut entreprendre mais seulement pour son propre compte. Un maître – le meilleur de tous, le Buddha lui-même – peut donner des conseils, mais aucun agent extérieur n'est finalement en mesure de déterminer la condition spirituelle d'un homme. La doctrine ne concerne ni le bien-être matériel de l'individu, ni les conventions sociales. Avancer sur la voie du Buddha peut contribuer à résoudre des problèmes matériels et conduire à une société plus civilisée, mais il s'agit là de bienfaits accidentels. Le but est, en effet, d'abandonner la société et, pour finir, la vie même, à savoir le cycle des réincarnations.

Mais ceux qui acceptent le message du Buddha ne sont pas tous prêts à renoncer à la vie profane, comme on le constate surtout dans les sociétés où le bouddhisme a acquis une position dominante et où l'on naît bouddhiste plutôt qu'on ne le devient. Tant qu'on reste dans le monde, on désire améliorer son sort par tous les moyens qu'on a à sa disposition : or, dans toutes les sociétés bouddhistes, parmi ces moyens, il y a les dieux. Le bouddhisme a été chez lui dans des cultures polythéistes, où l'on croit à l'existence de toutes sortes d'êtres que l'Occident moderne range dans la catégorie du surnaturel. Dieux et démons cohabitent dans l'univers et les hommes doivent négocier avec eux, à la manière dont il leur faut apaiser des voisins humains plus puissants ou leur demander des faveurs. Il n'y a rien

Offrandes aux dieux pour obtenir de l'argent. Bien qu'elle ne soit pas fondée en doctrine, la pratique consistant à offrir des présents à des puissances divines dans l'espoir de bénéfices matériels ou financiers est courante dans les pays bouddhistes, comme ici au Japon (J. Perno, Explorer).

d'étonnant à ce qu'un moine cinghalais puisse affirmer : « Les dieux n'ont rien à voir avec la religion. »

Nous ne pouvons pas savoir avec une certitude absolue si le Buddha lui-même croyait à l'existence des dieux. Il n'y a qu'un seul texte canonique dans lequel on lui demande directement si les dieux existent, et la réponse du Buddha est évasive. Cependant, bien des textes représentent ce dernier comme étant en rapport avec des dieux ; on en déduit donc que ses disciples tenaient l'existence de ceux-ci pour assurée. Dans un de ces textes, le Buddha dit à un groupe de moines qui ont atteint l'Éveil qu'il peut voir beaucoup de dieux devant lui et que, s'ils se concentrent eux-mêmes, les moines seront capables de les percevoir également. Non seulement dans le bouddhisme naissant, mais aussi tout au long de son histoire, les dieux ont été considérés comme n'étant ni plus ni moins réels que des êtres humains. Dans la méditation tantrique, ils doivent être perçus à travers une démarche soumise à des instructions précises et leurs images doivent ensuite se dissoudre pour laisser place à la perception de leur manque de substance. Mais cette non-substantialité n'est pas différente de celle qui affecte tous les phénomènes.

Les dieux dans le cosmos

Jusqu'à l'époque moderne, les bouddhistes ont accepté la cosmologie indienne du temps du Buddha ; et, bien entendu, certains des dieux mentionnés dans les textes primitifs ont émigré avec la doctrine. Suivant cette cosmologie, l'univers est constitué de plusieurs couches : le monde des hommes se trouve intercalé entre les cieux, au-dessus, et les enfers, au-dessous. Les diverses couches sont peuplées de différentes classes d'êtres : plus on monte, plus le pouvoir, le confort et la longévité de ceux-ci augmentent. Mais, ce qui est essentiel pour les bouddhistes, c'est que tous les êtres indistinctement meurent et renaissent, suivant leurs mérites moraux. Les dieux eux-mêmes sont mortels.

Dans la plus commune des classifications, il y a cinq classes d'êtres. De haut en bas, on rencontre les dieux, les êtres humains, les animaux, les fantômes (ou esprits malheureux des morts) et les démons. Tous peuvent apparaître sur terre, mais normalement les dieux principaux habitent le ciel, et les démons, les enfers. Cependant, les cieux les plus hauts sont habités non par les dieux, mais par ceux qui sont morts dans une sainteté telle qu'ils sont proches de la libération finale (*nirvāṇa*). Réincarnés pour la dernière fois, ils n'ont pas de corps et achèvent leur marche vers la perfection spirituelle sous la forme de purs esprits.

La doctrine a deux corollaires intéressants. Le premier, c'est qu'il y a une homologie entre le cosmos et les états spirituels dont un être humain peut faire l'expérience. Cela ne se réalise pas seulement dans la mort, lorsqu'un être se réincarne à un niveau qui correspond à son état moral, mais aussi pour ceux qui sont capables des plus hauts degrés de méditation : s'élevant à travers les cieux étagés, ils peuvent ainsi s'entretenir avec les dieux au niveau duquel ils sont parvenus ; une fois terminée l'extase due à la méditation, ils retournent sur terre. Selon une interprétation raffinée, le ciel, l'enfer et autres aspects du monde surnaturel ne seraient, dans le sujet, que divers états de son esprit ; pourtant, la plupart des bouddhistes ont pris la cosmologie à la lettre. Dans la pratique, cette doctrine ne peut concerner

Un bodhisattva (Japon, XIIe siècle). Dans les développements du Grand Véhicule, le culte des bodhisattva fait réapparaître le transfert des mérites et la possibilité d'être sauvé par leur intervention ou même par la seule invocation de leur nom. Statue de bois, de taille humaine, Musée national des arts asiatiques-Guimet, Paris (R.M.N.).

Rois gardiens. Les Lokapāla, gardiens des quatre directions de l'espace, interviennent en protecteurs lors des grands événements de la vie du Buddha. Ils sont pour cela devenus des divinités populaires au Tibet, en Chine et au Japon. À gauche, Virūpākṣa, gardien de l'Ouest, est aussi le roi des serpents et le symbole de l'hiver. À droite, Kubera, gardien du Nord, règne sur les yakṣa (génies bienveillants) et symbolise l'automne. Peinture tibétaine, Musée national des arts asiatiques-Guimet, Paris (R.M.N.).

qu'une petite élite d'individus s'adonnant à la méditation. Quant au second corollaire, son importance va beaucoup plus loin. Il peut s'exprimer ainsi : plus est élevée dans l'univers la place qu'occupe un être, moins celui-ci est disponible pour s'engager dans les affaires du monde. En particulier, puisque les dieux plus haut situés sont des êtres plus moraux, aucun d'entre eux n'aidera un humain dans la moindre circonstance qui serait quelque peu contraire à l'éthique. Cela conduit à une dynamique curieuse qui a été soigneusement étudiée à propos du panthéon cinghalais. Un dieu bon aide ceux qui lui rendent un culte. Mais cela prouve sa bonté et, par conséquent, le pousse plus haut dans le panthéon, à un niveau de sainteté plus accomplie, ce qui se traduit par une moindre efficacité de sa part. Entre-temps, au niveau plus mondain qu'il occupait, il est remplacé par un dieu inférieur (souvent un de ses anciens subordonnés), qui est plus en contact avec les besoins des gens ordinaires.

En même temps, les dieux, pour leur part, ne font que récolter les fruits de leurs bonnes actions passées. Lorsque ce mérite est épuisé, ils doivent, eux aussi, mourir. Par conséquent, les dieux principaux du système cosmique ne sont pas finalement des individus, mais des titres ou des fonctions, comme celui de « roi de France ». Il y aura toujours un Viṣṇu, par exemple ; mais ce Viṣṇu ne sera pas toujours le même individu : il ne fera qu'exercer les mêmes fonctions. Toutefois, de si grands dieux vivent si longtemps que leur mortalité n'a pas de conséquences pratiques pour nous. En revanche, elle en a d'importantes pour eux, et qui finissent par affecter les vies humaines. Bien que tout autre avantage augmente lorsqu'un dieu progresse dans l'échelle cosmique, les dieux, sous un certain aspect, sont inférieurs aux hommes : ils ne peuvent pas parvenir véritablement au *nirvāṇa* et doivent, pour l'atteindre, naître à nouveau comme êtres humains. La vie dans le ciel étant trop agréable, les dieux ne peuvent pas se rendre compte pleinement du fait que toute vie est souffrance. Pour s'assurer une nouvelle naissance sur terre, ils ont besoin d'acquérir des mérites ; mais, dans leurs beaux quartiers, les occasions de le faire sont limitées.

Une telle conception sert en pratique à relier les dieux au système religieux bouddhique. La chance fondamentale que les hommes offrent aux dieux en échange de leurs faveurs et de leur protection est de leur permettre de gagner des mérites. Dans le canon, déjà, on trouve un texte où le Buddha dit que, si l'on offre de la nourriture à un saint homme (ce qui est l'acte méritoire le plus typique pour un laïc), on doit en dédier le mérite aux dieux locaux. Cela revient à appliquer la doctrine bouddhique selon laquelle la moralité se mesure à l'intention. On dit aux dieux : « J'ai fait cette bonne action que vous n'êtes pas en condition d'accomplir ; je vous invite à vous en réjouir comme je le fais et, partant, à purifier vos pensées, comme je le fais pour les miennes. En échange, je vous prie de veiller sur mes intérêts dans le monde. » Ce rituel est universel dans les cultures dépendant du Theravāda. En revanche, dans le Mahāyāna, selon une perspective plus large, le mérite est offert à tous les êtres. Réciproquement, lorsqu'un dieu accorde une faveur à des destinataires humains, ceux-ci peuvent se réjouir de son mérite à lui.

Les bouddhistes entrent aussi en rapport avec les dieux dans la récitation de textes qui ont une fonction apotropaïque et que, dans le Theravāda, on appelle *paritta*. Ils estiment qu'à la longue aucune souffrance n'est injuste : les malheurs des humains sont le résultat de leurs propres actions mauvaises. Même les démons agissent en accord avec cette règle, comme une sorte de police du cosmos. En termes mythologiques, ils sont sous le contrôle de divinités haut placées, et éminemment morales. Toutefois, à court terme, peuvent surgir des problèmes, comme avec une force de police. Selon un texte canonique, certains esprits qui n'avaient aucune foi dans le Buddha dérangèrent, un jour, des moines occupés à méditer seuls, dans la jungle ; et les dieux plus haut placés prescrivirent d'adresser des poèmes à ces esprits, pour les obliger à bien se conduire. Dans d'autres textes, le Buddha prêche la bienveillance envers les esprits importuns et, de cette manière, il les convertit. De telles pratiques ont imprégné toutes les sociétés bouddhistes. Au Tibet, des dieux féroces ont été adoptés et reconnus de telle façon que leur cruauté se retourne contre les démons infidèles. Au Japon, les sanctuaires shintō ; comprenaient très souvent un sanctuaire bouddhique (*jingūji*), où des moines récitaient des textes et exécutaient des rites en vue de l'Éveil des dieux locaux.

Des dieux sauveurs

Si telle est l'attitude envers les dieux dans le bouddhisme, on peut très bien se demander si l'on n'y trouverait pas aussi les traits caractéristiques qui, dans les religions théistes, sont attribués à Dieu ou au divin. Pour les bouddhistes, rien ne se produit sans une cause. Ainsi, le monde ne peut pas avoir de commencement, bien qu'il passe par des cycles naturels d'évolution et de dégénérescence. Les textes des premiers temps ridiculisent les idées des brāhmanes concernant l'existence d'un dieu créateur. Brahmā, qui personnifie le principe du monde brahmanique, est simplement le premier être à avoir connu la réincarnation dans un ciel élevé, au commencement d'un cycle cosmique. Seul, il désire ardemment avoir des compagnons. Ensuite, lorsqu'en temps voulu d'autres êtres se réincarnent à ses côtés, il en déduit, à tort, que c'est son désir qui les a créés. Brahmā est le doyen des admirateurs du Buddha et c'est à sa demande que celui-ci commence à prêcher au monde. Le Buddha lui-même reçoit, à l'occasion, des appellations telles que « dieu au-dessus des dieux », mais ce sont là des métaphores. À la différence de Brahmā, il est véritablement omniscient. Il est aussi toute bienveillance. Mais il n'est pas tout-puissant, car il a compris la loi cosmique de la rétribution morale et il sait, par conséquent, que personne ne peut sauver les créatures du châtiment que leur valent leurs crimes. Il est cependant « le grand seigneur de la compassion » et il fait tout ce qu'il peut pour atténuer la souffrance, notamment par la prédication, car c'est seulement en saisissant la vérité de son enseignement que l'on peut échapper à la souffrance.

La rigueur de cette doctrine primitive n'est cependant pas préservée dans toutes les formes de Mahāyāna. La notion d'un transfert des mérites ouvrait la voie à quelque chose de semblable à une théorie de la grâce divine. Dans le bouddhisme primitif, un bodhisattva était simplement un des rares êtres qui avaient entrepris de devenir un Buddha. Le Mahāyāna fit de la bouddhéité la fin assignée à tous les êtres. En même temps, certains êtres célestes se conduisaient de manière très semblable aux dieux sauveurs d'autres religions. On expliquait leurs pouvoirs comme étant le résultat d'une vaste provision de bonnes actions. Ils pouvaient se servir de ces pouvoirs non seulement pour dispenser des bienfaits dans le monde, comme les dieux, mais aussi pour amener les autres à se réincarner dans le ciel. D'un côté, un grand nombre de mahâyânistes ont continué d'expliquer cela d'après l'ancienne orthodoxie, le « transfert des mérites » ne pouvant alors se faire, selon eux, que quand un bouddhiste, normalement un humain, accomplit la transformation morale en lui-même en purifiant ses pensées. D'autres ont rejeté cette doctrine, qui était si essentielle au bouddhisme primitif, et les catégories de Buddha et de bodhisattva en sont venues à se confondre plus ou moins. Déjà, pour le *Sūtra du Lotus* (IIe s. apr. J.-C. ?), tout acte de culte bouddhique, même involontaire et si minime soit-il, est censé apporter l'Éveil. On n'est pas loin ici de la doctrine de Shinran (1173-1262), le fondateur japonais de la « Véritable secte de la Terre pure », doctrine selon laquelle le Buddha Amida a déjà sauvé tous les êtres. Aucun dieu ne saurait faire mieux.

Le taoïsme : les apocalypses

Christine MOLLIER

Les visions de la fin du monde, qui n'ont jamais cessé d'obséder les esprits fanatiques en Chine, n'ont fait l'objet d'une littérature qu'à partir de la fin du IVe et du début du Ve siècle. Apparition bien tardive si l'on considère qu'une tradition millénariste d'au moins quatre siècles la précède. Le premier mouvement messianique mentionné par les histoires officielles se produisit, en effet, en l'an 3 avant J.-C. : c'est celui de la Reine Mère d'Occident (Xiwangmu), une des divinités les plus importantes du panthéon taoïste. Mais ni les adeptes de la Xiwangmu ni ceux de soulèvements de plus grande envergure – tel celui des Turbans jaunes, qui éclata en 184 et causa la ruine de la grande dynastie Han – n'ont laissé de traces écrites.

C'est à un moment crucial de l'histoire des religions chinoises que naquit une véritable littérature apocalyptique dans le taoïsme. Celui-ci devait faire face au développement croissant du bouddhisme mahāyāniste, qui dominait surtout dans la Chine du Nord, passée depuis un siècle aux mains des « barbares », les non-Chinois. Les taoïstes de la Chine du Sud, garante des traditions culturelles et religieuses ancestrales, adoptèrent une attitude consciemment défensive et « nativiste ». Mis en situation de concurrence, ils lancèrent l'idée d'une religion nationale, dont ils tentèrent de déterminer l'unité. Réagissant contre la prolifération des sūtras du Grand Véhicule, ils se mirent à produire, eux aussi, leurs écrits saints, qui relatent non pas la parole du Buddha, mais celle du Dao (Tao) personnifié. Ces « sūtras taoïstes » se disent nés des souffles originels, antérieurs à la création de l'univers. Depuis lors emmagasinés dans les sphères célestes, ils ne sont transmis sur terre qu'en temps de crise cosmique et morale, afin d'enrayer les souffrances de l'humanité, de rétablir l'ordre et d'assurer le salut de tous. C'est à un récipiendaire digne de foi qu'ils sont conférés divinement, c'est-à-dire par voie médiumnique ; et c'est à lui que mission est confiée de les propager pour le bien des hommes. Les plus grands chefs-d'œuvre de cette littérature inspirée sont ceux du mouvement taoïste dit du Maoshan, qui se développe en Chine du Sud, vers la fin du IVe siècle.

Les premières apocalypses apparaissent avec cette vague d'écrits saints révélés médiumniquement, et les mouvements religieux dont elles proviennent participent de la même réaction nativiste du taoïsme médiéval qui tente de se mesurer au bouddhisme. Toutefois, ces textes prophétisant la fin du monde sont l'expression d'une longue tradition messianique et eschatologique spécifiquement chinoise. Les idées et les croyances qu'ils véhiculent relèvent des fondements théologiques de l'Église des Maîtres Célestes à laquelle tous les courants du taoïsme empruntent leurs structures dogmatiques et liturgiques.

Dans le Canon taoïste et dans les manuscrits de Dunhuang ont été conservés une dizaine d'ouvrages apocalyptiques, dont certains se rattachent aux grands courants du taoïsme médiéval (Maîtres Célestes, mouvements Lingbao et Maoshan), mais les plus beaux exemples émanent de mouvements sectaires indéterminés. Le document le plus représentatif, le plus élaboré et le plus haut en couleur de cette littérature, l'apocalypse par excellence du Canon taoïste, est le *Livre des incantations divines des profondeurs abyssales* (*Dongyuan shenzhou jing*). Cet écrit, ni daté, ni signé, révélé par le Dao à un médium anonyme, provient d'une secte qui fut active au début du Ve siècle, dans la région du sud du fleuve Bleu, la Chine du Sud de l'époque. Ses fidèles constituaient une communauté liturgiquement organisée, possédant son clergé et ses rituels propres, pratiquant un prosélytisme obligatoire. Le livre saint occupait une place centrale dans l'organisation de la secte. Transmis aux seuls initiés, il avait une valeur à la fois talismanique, contractuelle, liturgique et prophétique. Sans lui, pas de salut possible. Dernier mot du Dao, le *Livre des incantations divines* se présente lui-même comme une révélation universelle, comme l'œuvre ultime qui englobe tous les écrits saints du taoïsme. Il présente des descriptions extrêmement noires de la situation du monde

Cour de justice infernale. En bas, à droite, un pont enjambe la rivière du Désespoir. Certains, incapables de le franchir, tombent dans le fossé aux serpents. Les autres, après la pesée de leurs actions, bonnes ou mauvaises, comparaissent devant les juges qu'assistent des sbires et des bourreaux. Les condamnés devront subir différents supplices avant de pouvoir renaître. Peinture liturgique, Kuanzhou (Fujian), 1907, coll. Schipper (J.-L. Charmet).

et abonde en prédictions dramatiques, se faisant l'écho des masses en proie aux vicissitudes du siècle et aux fantasmes eschatologiques. Son scénario apocalyptique peut se résumer ainsi : la fin du monde est imminente ; elle correspond à l'achèvement d'un cycle cosmique, à la fin d'un grand Kalpa ; les énergies vitales de l'univers étant épuisées, l'humanité vit sous le règne de la mort. L'apocalypse est précédée de toutes sortes de signes annonciateurs et d'horribles calamités (guerres ; banditisme ; désordres météorologiques, politiques, sociaux et familiaux ; procès, emprisonnements et châtiments officiels ; incendies ; inondations ; mauvaises récoltes et, par-dessus tout, propagation extraordinaire de maladies) : « Voilà l'époque des Cinq Souillures, les fonctionnaires oppriment le peuple et sont impitoyables avec les petites gens. Les plaintes s'élèvent dans la population, et les masses ont le cœur plein de rancune. Le monde n'est plus que tourmente ! Le soleil et la lune ont perdu leur cycle normal. Les Cinq Céréales ne mûrissent plus. La plupart des gens sont contraints au vagabondage et meurent. Partout montent les grandes eaux ! [...] Dans un tel monde, les souffles des épidémies ne vont pas manquer d'arriver en grand nombre ! Sur la terre entière, quatre-vingt-dix sortes de maladies abattront les mauvaises gens... »

Tous ces maux sont l'œuvre de gigantesques armées de démons (*gui* et *mowang*), les esprits des trépassés, et le fruit de la souillure morale. Les hommes sont corrompus : « Leur cœur est perverti. Partout grondent révoltes et insurrections. Père et fils, frères aînés et frères cadets fomentent des complots les uns contre les autres et vont jusqu'à s'entretuer. La vendetta prolifère et les innocents en sont victimes. » Au lieu de s'en remettre à la véritable religion et de se convertir, les humains commettent des péchés et s'adonnent à la pratique des cultes chamaniques et des cultes de l'État en immolant leurs animaux domestiques pour nourrir de sang les démons affamés, fauteurs de troubles et porteurs d'épidémies. Le déluge doit purifier l'univers de tous ces êtres maléfiques, infidèles et mauvais dieux : « Tous seront tués [...]. L'humanité sera renouvelée ; Ciel et Terre seront recréés. »

Seuls les fidèles seront sauvés. Ils constituent une communauté d'élus appelée « peuple-semence », à partir de laquelle naîtra la nouvelle humanité. Tous ceux qui ont été convertis et ont reçu l'écrit saint échapperont aux épreuves apocalyptiques. Une véritable affinité prédestinée existe entre ces fidèles et le livre, et cette prédestination au salut s'explique avant tout par les bonnes actions qui ont été accumulées non par le sujet lui-même, mais par les grâces héritées de ses ancêtres. Le salut est, en effet, une affaire de famille. Les vertus et les fautes d'un individu sont transmises à la lignée de ses ancêtres aussi bien qu'à ses descendants. Elles ont des conséquences sur les morts dans l'au-delà et sur la destinée spirituelle et matérielle des vivants. Celui qui est doté d'un bon héritage religieux et moral devient un Immortel. Il possède des os d'Immortel. La transmission du livre saint en est la confirmation ; elle permettra à l'initié, ainsi qu'à sa famille et à ses sept générations d'ascendants, de goûter le bonheur suprême du royaume messianique qui doit être instauré juste après le déluge final. C'est Laozi divinisé, sous son appellation messianique de Seigneur parfait. Li Hong, qui doit apparaître sur terre pour inaugurer et gouverner le nouveau monde, dans lequel tous les fidèles connaîtront paix, opulence, perfection physique et morale, immortalité.

Ces croyances apocalyptiques et messianiques du taoïsme médiéval constituent les racines profondes d'une longue tradition qui va parcourir, comme une vague de fond, toute l'histoire de la Chine. Au Moyen Âge, le bouddhisme du Mahāyāna, nouvellement implanté, s'en est imprégné. Plusieurs religions étrangères – manichéisme, christianisme, judaïsme, islam – l'ont nourrie, au cours des siècles, de leurs concepts et systèmes respectifs. Inextinguible, elle a persisté jusqu'à nos jours à Taiwan, à Hong Kong, en Asie du Sud-Est et en Chine, où, depuis peu, de puissantes organisations telles que le *Yiguan dao* ou la *Tiandi hui* (Société du Ciel et de la Terre), ressurgissant avec la même vitalité que dans les siècles passés, véhiculent des croyances en la fin du monde, véhiculent des croyances en la fin du monde et des visions utopiques qui, bien que réajustées aux besoins de la société moderne, sont demeurées très proches de celles des « fervents » des apocalypses des premiers siècles de l'ère chrétienne.

Le shintō : les kami

François MACÉ

D'après ce que nous savons du Japon archaïque au travers des premiers documents écrits, qui remontent au début du VIIIe siècle, les Japonais voyaient en action dans le monde une multitude d'êtres et de puissances dont ils nommaient *kami* les plus importants. Ces kami continueront d'être révérés tout au long de l'histoire jusqu'à nos

Susanowo et Amaterasu dans la Haute Plaine céleste. Derrière la déesse en armes, les trois sœurs, déesses de Munakata, nées de l'épée du Susanowo mâchée et recrachée par Amaterasu. Entre les deux grandes divinités, le futur père du petit-fils céleste, ancêtre de la famille impériale, aîné de cinq frères, nés du joyau (« tama ») de la grande déesse, mâché et recraché par Susanowo. Mais Amaterasu en fera ses enfants, puisque nés d'une partie d'elle-même. Planche du « Kamiyo no masagoto » (« Les Véritables Paroles du temps des dieux ») de Motoori Norinaga, édité en 1827 (E.U.).

jours. Mais il ne faut pas s'abuser sur le sens de cette continuité ; la présence à leur côté des buddha et des bodhisattva à partir du VIe siècle a profondément marqué la conception que l'on pouvait se faire de ces divinités indigènes, au point que, dans la religion populaire, la distinction finit par être à peine perçue. L'influence de la pensée bouddhique puis du confucianisme fut d'autant plus grande que la tradition indigène n'avait pas éprouvé le besoin de définir la nature des kami, puisque leur existence était un fait d'évidence. Il était beaucoup plus important de savoir comment vivre avec eux. La première chose à connaître d'un kami, c'est sa place, son lieu de séjour ; on peut alors entrer en communication avec lui. C'est à travers ces deux éléments, situation et communication, que s'est constituée la représentation des kami.

Enracinement

Comme les autres « paganismes », la religion japonaise a peuplé l'espace de divinités, les « huit cents myriades de divinités » de la tradition. Ce fourmillement n'est pourtant pas anarchique. Il s'organise autour de pôles et selon une hiérarchie implicite. Ainsi, dans la maison, qui est elle-même un espace sacré par rapport à l'extérieur, l'espace est construit autour du dieu du fourneau, dieu de la nourriture, de celui des toilettes, dieu des naissances, de l'autel domestique (*kami dana*), où l'on célèbre la divinité d'un grand sanctuaire, et, naturellement, de l'autel bouddhique, où sont logés les buddha et défunts de la famille.

Dans la nature, tout ce qui échappe à l'uniformité accroche les kami : grands arbres, rochers tourmentés, cavernes, etc. – autant de points de repère qui polarisent l'espace et qui furent, semble-t-il, les premiers lieux de culte. Les positions stratégiques que sont les croisements, les limites de village, de rizières, les cols forment une autre grande catégorie d'enracinement des kami. Dans ces derniers exemples, la frontière entre le monde habité et la nature plus ou moins sauvage devient l'emplacement privilégié pour célébrer les divinités non familières, celles qui habitent les espaces insoumis, qui sont porteuses d'une charge sacrée plus forte et donc plus dangereuse, celles dont le statut est ambigu – source de bonheur aussi bien que de calamités. L'exemple le plus représentatif en est sans doute le *yama no kami*, la divinité de la montagne, effrayante si l'on s'aventure sans précaution dans son domaine, mais aussi maîtresse de l'eau et donc de la richesse pour les riziculteurs qui habitent dans la plaine.

Inari et son renard. À gauche, Inari, le dieu des Moissons. Musée national des arts asiatiques-Guimet, Paris (R.M.N.). À droite, figurine représentant le messager de la divinité (J.-L. Charmet). Le renard tient sous sa patte un joyau flamboyant, gage de son rôle de pourvoyeur de richesse. L'association de la divinité et de son messager est si étroite que le renard blanc est devenu la représentation commune d'Inari, laquelle est figurée en bois, en pierre ou en terre cuite dans les innombrables et souvent minuscules sanctuaires consacrés à cette divinité à la campagne comme en pleine ville.

La mythologie, dans le récit de la création du monde, cite des divinités génériques, divinités des arbres, du vent, etc., mais ces divinités n'ont pas de véritable existence ; ce qui compte, c'est la divinité qui se manifeste, celle de tel arbre, de tel lieu. Il en va de même pour les grands dieux ; la déesse solaire Amaterasu paraît plus vénérée comme déesse d'Ise que comme astre. Le lien avec le lieu de séjour est si fort que très souvent la divinité est désignée par le nom de son sanctuaire et non par son nom propre. Cela a entraîné, dans d'assez nombreux cas, la fusion, pour l'appellation courante, de plusieurs divinités résidant dans le même sanctuaire.

Un certain nombre de ces dieux-sanctuaires ont fini par étendre un double réseau dans l'espace religieux. D'une part, ils se sont chargés de fonctions multiples, même quand ils avaient à l'origine un domaine de prédilection. Inari, par exemple, dont le nom montre une relation intime avec le riz (*ine*), est devenu polyvalent comme presque toutes les autres grandes divinités, protecteur contre tous les malheurs, pourvoyeur de toutes les richesses. L'autre axe de développement de ces grands dieux-sanctuaires fut leur essaimage à partir du sanctuaire principal, tel celui de Fushimi pour Inari. On trouve donc, répartis dans tout le Japon, des centaines, voire des milliers de sanctuaires d'Inari, de Hachiman, qui fut un temps dieu de la guerre, ou de Tenjin, dieu guérisseur et dieu des examens. De plus, les sanctuaires accueillent dans leur enceinte les divinités les plus connues qui sont vénérées dans d'autres sanctuaires, ce qui renforce le caractère polyvalent de chaque sanctuaire et fait de lui un centre de l'espace religieux à l'échelle du pays. Cette synthétisation du sacré s'est étendue au bouddhisme, si bien que la séparation des kami et des buddha à l'époque Meiji est allée à l'encontre d'une des pentes du génie religieux japonais.

Communication

L'enracinement des kami en des lieux bien déterminés suffirait à le prouver, les divinités japonaises ne sont pas des abstractions ; elles ne sont concevables qu'en communication avec les hommes. Cette communication s'opère selon de multiples modes qui vont de l'affrontement à la communion.

L'affrontement se traduit de la part de la divinité par une « sanction » (*tatari*), un malheur qui se déclenche automatiquement si une limite est dépassée, une règle enfreinte

– que la règle soit connue ou non, et sans que la volonté du responsable entre en ligne de compte. Cette sanction brutale, sous forme de maladie ou de mort, représente la face effrayante de la divinité, mais sert aussi à établir une communication, puisqu'elle permet de faire connaître une règle ignorée, de définir le domaine de la divinité. De plus, cette sanction apparaît parfois comme un véritable appel ; elle institue la communication : telle divinité déclenche une épidémie pour recevoir un culte.

Mais ce mode reste équivoque et doit être interprété à l'aide de la divination. La divinité peut apparaître spontanément en songe et faire connaître son désir ou la réponse à une question. Mais le plus souvent on a recours à d'autres techniques de consultations, depuis les omoplates de cerf passées au feu et les ordalies à l'eau bouillante jusqu'aux méthodes plus raffinées empruntées à la Chine. On trouve enfin dans de nombreuses fêtes des compétitions à valeur divinatoire.

Ces fêtes forment elles-mêmes la dernière grande catégorie de communication entre les hommes et les dieux. La fête, *matsuri*, est une sorte d'inversion de la « sanction ». L'initiative vient des hommes. Ils accueillent la divinité, la font descendre, la promènent en dehors du sanctuaire, abolissant, le temps du rite, la distinction entre le monde sacré et le monde profane. La fête suspend la limite que le tatari a instituée.

Représentation

Que ce soit dans un sanctuaire de façon permanente ou lors de sa manifestation éphémère au moment des fêtes, le kami est considéré comme habitant un lieu, communiquant avec les hommes, mais le plus souvent il n'est pas figuré. Son support même peut demeurer inconnu : il n'est pas de la plus haute importance de savoir si l'esprit du kami repose dans un miroir, une épée ou une simple pierre.

Cette non-figuration ne vient ni d'une incapacité technique – dès l'époque archaïque, les Japonais ont su représenter des hommes et des animaux –, ni d'un interdit particulier – certains kami finiront par être représentés –, encore moins du caractère abstrait des kami – ils se comportent au contraire comme des hommes dans les récits mythiques. Kami et hommes se situent sur deux plans parallèles qui n'en sont pas moins radicalement distincts ; le monde des dieux reste invisible aux hommes. Plus que la statue ou l'image, le réceptacle fait mieux sentir cette présence invisible. Ce qui est privilégié, ce n'est donc pas l'image, mais le lien, lieu ou autre, qui relie au monde des hommes. Aussi les messagers des dieux sont-ils particulièrement importants : renard d'Inari, colombe de Hachiman, mais aussi hommes masqués au moment du nouvel an, princesse consacrée jadis à Ise.

Plus que la forme, qui demeure le plus souvent inconnue, le nom devrait permettre l'identification ; pourtant, seules les grandes divinités sont honorées sous leurs noms, qui de plus sont, dans beaucoup de cas, plus descriptifs de la fonction du dieu que réellement personnels. Ainsi Amaterasu, nom de la grande déesse solaire, signifie « qui illumine le ciel ».

Le panthéon, l'au-delà et la souveraineté

Comme nous l'avons dit, l'individualisation du dieu se fait avant tout par son lieu de résidence, même si les récits mythiques mis par écrit au VIIIe siècle donnent aux kami un caractère, une histoire, un rôle dans l'origine du monde.

Ils les répartissent en deux groupes, les kami terrestres et les kami célestes. Les premiers sont autochtones et souvent présentés comme sauvages, insoumis, dangereux, mais aussi créateurs. Les seconds possèdent, par nature en quelque sorte, la souveraineté. Ils descendent de la Haute Plaine céleste pour établir l'ordre civilisé. Mais l'opposition est surtout donnée pour être surmontée, pour en montrer la complémentarité. Ainsi Susanowo est en même temps l'ancêtre du plus grand des kami terrestres, Ohokuninushi, et le frère du kami céleste par excellence, Amaterasu. Il apparaît comme un dieu sauvage et déchaîné dans la Haute Plaine céleste, mais comme un héros civilisateur sur terre. De plus, les descendants de la grande déesse n'obtiendront la souveraineté sur le pays qu'après la cession faite par le maître de la grande province, Ohokuninushi, et des mariages répétés avec des filles de kami terrestres. Enfin, fait significatif, dans les prières ou les invocations, on s'adresse presque toujours à l'ensemble des kami célestes et des kami terrestres présentés comme un tout.

Ce panthéon japonais a bénéficié d'une étonnante variété d'interprétations, depuis l'application de la théorie du *yin* et du *yang* jusqu'à celle du schéma trifonctionnel dumézilien. Si l'on s'en tient à l'analyse de l'exposé le plus cohérent de la mythologie, celui du *Kojiki*, on s'aperçoit que, plus qu'à une fonction ou un caractère propre, le rôle des dieux apparaît lié à leur position dans les récits dont la structure est remarquablement répétitive.

Mais la plupart de ces dieux de la mythologie n'ont pas survécu, en tant que divinités actives, au déclin de la pensée mythique qui s'est effectué sous l'influence du bouddhisme et de la pensée chinoise. Les grandes divinités qui prirent le relais ont presque entièrement cessé de participer à l'ancienne vision du monde pour s'intégrer aux conceptions syncrétiques du bouddhisme. Fait significatif, les récits qui les concernent ne racontent plus l'origine du monde, mais celle de leur sanctuaire, sur le modèle des récits d'origine (*engi*) des monastères bouddhiques.

Ce travail d'adaptation à un nouveau contexte religieux se repère dans tous les domaines. On peut en donner deux exemples extrêmes qui encadrent d'une certaine façon celui des dieux : l'au-delà et la souveraineté. On trouve mention, dans les mythes, de divers au-delà qui semblent s'organiser autour de trois pôles : le pays de Yomi, la Haute Plaine céleste et le pays de Tokoyo. Le pays de Yomi, sombre, souterrain, est le pays de la pourriture, origine de la maladie et de la mort. Plus qu'un lieu de séjour permanent des morts, il faut peut-être y voir un lieu de passage entre la vie et la destination finale qui correspondrait à la période de danger maximal qui précède l'inhumation définitive. Ce pays de Yomi fut interprété par les lettrés comme les « sources jaunes » chinoises, puis assimilé aux enfers bouddhiques. La Haute Plaine céleste abrite les divinités et les empereurs, qui y montent augustement à leur mort. Ici, ce sont les Terres pures et les paradis bouddhiques qui prirent le relais. Le

Fête de printemps dans un sanctuaire de Hachiman (Shiga). Le dieu Hachiman en sort pour faire le tour de son domaine avec ses « enfants » (« ujiko ») ; il renouvelle ainsi ses liens avec son territoire et la communauté des habitants. Considéré avant tout comme le maître du sanctuaire du village, il représente aussi en ce lieu la grande divinité d'Usa, qui fut protectrice tour à tour de la métallurgie, du bouddhisme, de la famille impériale, des guerriers, et dont les sanctuaires forment une sorte de réseau dans tout le Japon comme ceux de Tenjin ou de Kompira (Haga, Artephot).

pays de Tokoyo, au-delà des mers, apparaît dès les premiers textes avec des caractéristiques propres aux îles des immortels taoïstes : il ne connaît ni la vieillesse ni la mort. Il servit par la suite de support à la croyance au Fudaraku (Potalaka), lieu de séjour du bodhisattva Kannon (Avalokiteśvara).

Si l'influence du bouddhisme fut si forte dans ce domaine, au point de faire oublier toutes les anciennes appellations, il n'en reste pas moins que la croyance populaire en la montagne comme séjour des morts subsistera.

Avec l'idée de souveraineté, on assiste au phénomène inverse. En dehors de la tentative d'usurpation du moine Dōkyō au VIIIe siècle, le bouddhisme, s'il interféra souvent avec le politique, fut surtout perçu comme un protecteur du pays et un soutien efficace du pouvoir, mais il n'apportait pas une nouvelle légitimité. Celle-ci, dès les premiers documents, apparaît liée à l'affirmation de l'ascendance divine du souverain, garantie par la possession des trois *regalia*, le miroir, le sabre et le joyau, que le petit-fils céleste avait reçu initialement d'Amaterasu. La souveraineté, médiation entre les hommes et les dieux, faisait donc partie d'un système de pensée où le religieux et le politique étaient indissociables. Elle fut, certes, renforcée, par le modèle chinois, mais elle n'aurait pu être modifiée directement par un autre système religieux, sous peine de perdre la source de sa légitimité... C'est cette face religieuse qui, après une longue éclipse, fut réactivée pour légitimer la restauration du pouvoir impérial en Meiji, et la quasi-divinisation de l'empereur de 1867 à 1945.

Le judaïsme

L'unicité est l'attribut fondamental du Dieu d'Israël. Mais Yhwh est non seulement le seul Dieu véritable : il est aussi d'une simplicité excluant quoi que ce soit qui ressemble à la Trinité chrétienne. Ces notions théologiques ont cependant une histoire et ont été sans cesse réélaborées dans une tradition. D'une part, les premières affirmations de monothéisme radical ne remontent qu'à la fin de l'exil (VIe s.). D'autre part, la philosophie juive, qu'elle s'inspire de l'exégèse rabbinique, du néo-platonisme ou de l'aristotélisme, a toujours tenté de penser dans la cohérence l'impossibilité de connaître Dieu analytiquement, sous peine d'en morceler le concept, et la nécessité de justifier le texte biblique – ce récit qui n'hésite pas à mettre en scène Élohim comme le protagoniste de la création du monde.

Le monothéisme biblique

Françoise SMYTH-FLORENTIN

« Le Seigneur notre Dieu est le seul Seigneur. » Cette version (selon les Septante et la Vulgate) du « Shema Israël » (Deutéronome, VI, 4) a eu un tel avenir dans l'histoire des monothéismes méditerranéens que la piété comme l'exégèse bibliques ont longtemps identifié Bible, Israël et monothéisme. Un large consensus discerne pourtant un long passé polythéiste en Israël et date les débuts d'un monothéisme cohérent, agressif, de la période perse, après l'exil à Babylone, au VIe siècle. Lue comme un tout, la Bible attribue certes déjà à Abraham, décrit comme un semi-nomade du deuxième millénaire avant l'ère chrétienne, le culte du seul vrai Dieu, et Moïse fonde là-dessus la légitimité d'un nouveau peuple. Les théologiens « éclairés » de la cour de Salomon, au IXe siècle, malgré quelques coquetteries royales à l'égard des religions voisines, réussissent l'identification, hautement politique mais très orthodoxe, du dieu dynastique avec celui des Pères et élaborent une « théologie de la grâce ». Yhwh, Dieu national, proche des dieux nationaux voisins (Kamosh de Moab, Milkom d'Ammon, Melqart de Tyr et d'autres), apparemment vulnérable comme eux à travers le destin de son peuple, de son Temple, de sa terre, est aussi le Dieu universel.

Un long passé polythéiste

La recherche critique discerne pourtant dans ce parcours univoque le point d'aboutissement du labeur intense des derniers éditeurs du corpus biblique au terme d'une minutieuse entreprise de compilation critique et de censure, soutenue par un grand souffle théologique. Il s'agissait de donner, à un peuple menacé dans son être par la dispersion et la colonisation, une Écriture capable de fonder, légitimer et inspirer une religion nouvelle, le judaïsme monothéiste. D'abord fascinée par les grandes figures – Abraham, Moïse, Élie –, la recherche a aussi voulu établir des modèles possibles d'une monolâtrie originelle : « le Dieu des Pères » archaïque, sémitique, nomade garantit à des clans un avenir promis ; une « ligue sacrale », régie par un système d'alliances, mobilise douze tribus autour d'un sanctuaire et d'un dieu guerrier ; un dieu tutélaire dynastique règle la continuité et l'exercice monarchique. Le dieu de l'exode hors d'Égypte et de l'itinérance au désert reste le guide d'un peuple qui « se trouve » en conquérant non seulement une terre mais ses dieux locaux tour à tour assimilés au seul dont il ait fait l'expérience dans sa liberté recouvrée. Un schéma évoque un soulèvement de paysans et de marginaux économiques en Canaan qui auraient, au XIIe-XIe siècle, combattu pour une société tribale, libre, égalitaire au nom de leur seule appartenance commune à un seul Dieu sémitique. Yhwh, contre les prestigieuses théologies qui justifient le pouvoir en Canaan, est « seul chef », sans intermédiaire politique ou sacerdotal, exigeant une allégeance entière de ceux qu'il libère ainsi de tout autre pouvoir et des petits pharaons de la plaine. La « conquête de Canaan » ressemble à une guérilla soutenue par la paysannerie en révolte latente, menée au nom d'une idéologie subversive (sans doute un peu trop moderne et, surtout, tombée tout armée du ciel, mais récurrente dans le milieu prophétique).

Quels qu'ils soient, ces schémas, qui furent féconds, ont cédé à la pression de l'actualité archéologique, anthropologique et exégétique. Plus de grandes migrations monolâtres pour affronter le polythéisme des vieilles civilisations, ni d'opposition rigoureuse entre cultures bédouine et sédentaire, par exemple. Il s'agit plutôt d'élucider le degré de symbiose que connurent le panthéon de la culture palatiale syro-cananéenne et la religion rurale, depuis les « techniques » agraires jusqu'au culte des sépultures ancestrales fondatrices, en passant par les rites funéraires des semi-nomades à la périphérie des zones de culture. Que désigne la multiplicité des noms composés de El (Dieu) ou Baal (Seigneur), Ashera (pilier sacré ou parèdre du dieu mâle), de noms « propres » tels que Shalem (cf. les noms des fils et petits-fils de David), Anat et d'autres, « patrons de villes, de hauts lieux ou de clans » ? Des groupes en conflit se sont réclamés de telle ou telle de ces figures devenue conquérante ; parvenus à l'envergure nationale, ils l'ont conférée à leur dieu – les exemples en abondent au Proche-Orient ancien –, qui prenait alors l'aspect d'un dieu ethnique, au fil de généalogies et d'épopées fondatrices.

En fait, les textes bibliques demeurent les documents essentiels de la préhistoire et – c'est plus important – du surgissement du monothéisme. Les interroger suppose que se stabilisent les remises en cause actuelles de ce que l'on tenait pour l'acquis de l'exégèse scientifique, notamment la composition du Pentateuque et la nature du mouvement deutéronomiste. Le yahwiste (J), qui était il y a peu « l'auteur » le plus ancien d'une source du Pentateuque, est-il bien le témoin d'un hénothéisme déjà fervent sous Salomon (Xe s.) ou n'archaïse-t-il pas, à l'école des prophètes, pour affirmer, dans la crise du VIIe siècle, le droit (divin) d'Israël à sa terre et, s'il est exilé, la certitude de son retour (Genèse, XXVIII, 13-15) ? Le Dieu de Moïse est-il celui de clans restés attachés au dieu qui les rassembla et les guida dans leur révolte contre l'oppression égyptienne (dans le Delta ou en Canaan) ou plutôt, toujours au bénéfice de la tradition prophétique, est-il celui qui assure à un peuple défait et dispersé que son identité reste aux mains d'un dieu qui œuvrera pour restaurer, comme il a dû le faire pour châtier, selon la règle rigoureuse mais fiable d'une élection exclusive ? L'unicité toute relative du Dieu des Pères dénote une farouche volonté de survivre plutôt que les énergies jaillissantes d'un nouvel État.

Tout au long de l'histoire monarchique, cependant, face au pouvoir royal que justifie la théologie fonctionnelle de l'Orient syrien mise au compte de Yhwh et en réaction contre les effets inégalitaires du développement socio-économique du Fer II (VIIIe s. et suivants), les prophètes ont prêché la monolâtrie. C'est le cas, dès le VIIIe siècle, d'Amos, de Michée, d'Esaïe et, plus systématiquement, d'Osée (Élie, du IXe s., ne nous est connu qu'à travers un portrait qui doit beaucoup au modèle oséen). Mais cette prophétie a surgi de la périphérie de la société israélite ou judéenne contre les centres du pouvoir et la religion officielle, qui n'est pas ce yahwisme-là. Ces textes ne nous sont parvenus que revus, corrigés et légitimés, un bon siècle plus tard, en Juda. La prédication du mouvement « Yhwh seul », sans doute brièvement promue au statut de religion d'État sous Jéhu (840 env.), est pourtant érigée en loi d'État sous Josias (622 env.) à Jérusalem. Mais l'efficacité et la portée religieuse de cette grande réforme centralisatrice reste discutée, même s'il s'agit d'un pas décisif de l'hénothéisme intolérant autrefois marginal, devenu politiquement utile, vers une sorte de monothéisme. Si l'on peut douter de l'historicité du récit de la réforme josianique (II Rois, XXII, 1-23, 30), qui légitime trop bien, en lui donnant des origines royales et jérusalémites, le yahwisme radical et juridique qui s'élabore en exil, son lien avec le Deutéronome et le mouvement deutéronomiste (« un seul Dieu, un seul peuple, une seule terre ») fait aussi question. De toute façon, en cette fin du VIIe siècle, le yahwisme défie l'adversaire – les dieux ; il ne le nie pas encore.

Le surgissement du monothéisme

Les premiers grands textes indubitablement monothéistes se lisent donc chez le Deutéro-Esaïe (Esaïe, XL-LV), prophète de la fin de l'exil (peu avant 540). Ils ont suscité un débat resté ouvert. Ce Dieu est-il affirmé par opposition aux systèmes théologiques de Mésopotamie, dont les exilés affrontent le prestige scientifique et « médiatique » (grands spectacles et multitude d'images) ? Quelle relation entretient-il avec le mazdéisme contemporain, dont une sorte de monothéisme s'apparente formellement au sien ? Comment a opéré l'intérêt politique perse qui voulait conférer une autonomie relative et contrôlable aux peuples soumis, ce qui exigeait un code, national, légitimé donc par l'autorité d'un seul dieu sur un seul peuple (cf. la mission d'Esdras et l'instauration de la religion de la Tōrah) ? Quelle est l'ampleur des réécritures postexiliques et tardives dans le corpus scripturaire et comment déjouer la censure ou même l'oblitération évidente des traces de polythéisme, mais aussi du monothéisme encore hésitant, qui se laissent à peine deviner au fil des textes ? Quelle est la relation entre ce monothéisme prophétique et l'historiographie deutéronomiste, notamment dans les livres de Samuel et des Rois et dans les relectures apparentées à travers presque tout le corpus ?

De conviction monothéiste essentiellement polémique, l'œuvre deutéronomiste révèle à la fois l'état de société polythéiste du Nord (déjà manifeste *a contrario* dans la prophétie ancienne) et celui du Sud (le récit des réformes s'accorde aux attaques des grands prophètes préexiliques ou exiliques jérusalémites). Elle est surtout le produit d'une réflexion sur la logique de l'histoire d'Israël que gouverne la jalousie du seul Dieu. Les alternances de fautes cultuelles et de châtiments font intervenir Yhwh, occupé de l'unicité du culte (notamment royal) que lui rend son peuple plus que de l'universel. Le monothéisme du Deutéro-Esaïe est, au contraire, large, cohérent et polémique : Dieu est seul créateur et souverain de tout l'univers, maître du temps, excluant l'existence de quelque autre divinité étrangère ou superstition nationale. La proscription des images défie, en réalité, ces divinités-caricatures. Les croyants ne sont pas tant des zélateurs que les témoins d'un Yhwh jusqu'ici ignoré :

Graffito d'une tombe judéenne du VIIIe siècle avant J.-C. Il comporte une bénédiction « par Yhwh et par son ashera » – arbre sacré divinisé dans la religion populaire, dont la réforme deutéronomiste décida la suppression (Israel Dept. of Antiquities and Museums, Jérusalem).

« Je suis le même : avant moi aucun dieu n'a été formé et après moi il n'en existera pas ; c'est moi, moi qui suis Yhwh... Quant à vous, vous êtes mes témoins... et moi je suis Dieu »

(Esaïe, XLIII, 10-12)

Le temps de la théophanie révélatrice transcende absolument l'expérience présente : c'est celui des origines absolues, la création (« Yhwh le créateur du ciel, c'est lui qui est Dieu, celui qui a façonné la terre [...] ; je suis Yhwh, il n'en est pas d'autre » ; cf. Esaïe, XLV, 14-18). Paradoxalement, il faudra, pour dire cette nouvelle théologie, avoir recours aux structures les plus archaïques de la représentation traditionnelle – par exemple, le combat primordial des dieux – et à leurs charrois d'images issues du polythéisme.

Le monothéisme radical postexilique repose, en fait, sur trois monothéismes ainsi diversement relatifs : celui d'Ézéchiel, dont le Dieu domine l'espace et abandonne un sanctuaire dont il n'est pas le souverain incontesté ; celui du Deutéro-Esaïe, qui se rit des idoles et nomme les rois de la terre ; celui des deutéronomistes, pour qui l'unicité de Dieu est le chiffre intelligible de toute réalité. Un peuple de droit divin, surgi d'un groupe d'exilés rassemblé autour de trois pôles : un seul Dieu transcendant (le même à Babylone, sur le Nil, en Palestine) ; le Livre, qui atteste leur qualité de témoins choisis ; la Ville devenue sa propre métaphore, pour transférer le sacré hors de l'espace sanctuarisé (Sion, ville unique originelle et eschatologique, lieu de pèlerinage, de rassemblement et d'assomption, dont le citoyen pourra s'adapter partout où il pourra lire le Livre ; toute trace de mémoire historique y devient élément d'un paradigme de l'activité divine dans l'espace et le temps des hommes). De nouveaux médiateurs gèrent l'interprétation d'un radicalisme qui suscite en même temps une nouvelle mythologie ethno-centriste de la différence. Alors que, en terrain polythéiste, on substituait le jeu des figures philosophiques à celui de divinités de plus en plus abstraites, les scribes monothéistes, dans leur vis-à-vis angoissant avec un seul Dieu, élaborent une éthique ou des apocalypses, combinaison d'où surgit la réflexion eschatologique la plus performante de l'Antiquité.

La question du rapport au monde que la caste sacerdotale ne domine plus dans les représentations qu'elle donne de son propre pouvoir au Temple, et que la prophétie ne gouverne plus dans un message soumis à trop de contre-épreuves, est notamment assumée dans des petits groupes d'étude où le culte gestuel rendu au Dieu unique, mais éloigné, se meut en culte « raisonnable », c'est-à-dire en exégèse. Le monothéisme engendre ainsi ses orthodoxies dont la Bible atteste les rivalités et l'histoire des religions l'extraordinaire productivité. Des civilisations entières seront fondées sur leur réponse à une seule question herméneutique : quelle est l'exégèse la plus vraie, la plus viable aussi, ou qui est l'exégèse vivante, de la parole d'un Dieu unique à qui aucun accès n'est possible que dans l'ascèse interprétative ? Les différences iréniques ou sanglantes s'exprimeront tour à tour dans l'effort pour donner un corps à une entreprise qui défie les limites de l'intelligibilité, et où s'ancre pourtant tout le pensable qui fit la modernité.

Les attributs divins dans la pensée juive

Roland GOETSCHEL

Au cœur du judaïsme retentit l'appel du Deutéronome (VI, 4) : « Écoute, Israël ! YHWH notre Dieu, YHWH est un »

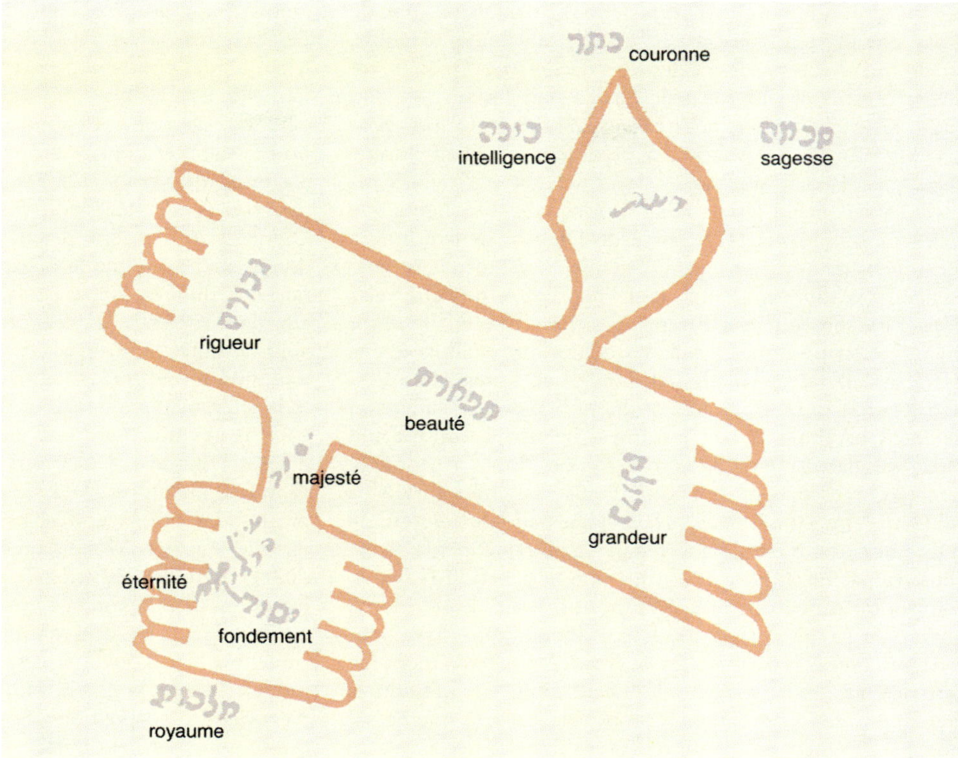

Mystique de l'alphabet. La lettre aleph, première de l'alphabet hébreu et symbole de l'unité du monde, est ici représentée comme porteuse des dix « sefirōt » (forces divines) qui sont l'aspect saisissable de la divinité. La hampe supérieure de la lettre, qui figure également une tête, correspond à Keter, le côté droit à Hōkhmah et le côté gauche à Binah. Le corps de la lettre représente Tiferet, cependant que les mains droite et gauche symbolisent Gedūllah et Gebūrah. La hampe inférieure concrétise Yesōd ; ses dix doigts sont Netsah et Hōd et sa base Malkhūt (L. Abramovitz).

et s'impose en premier l'affirmation monothéiste de Dieu à la fois dans son unicité – il n'y a qu'un seul Dieu – et dans son unité – il n'y a en lui aucune pluralité. Le Dieu unique est décrit dans la Bible comme une personne et d'abord comme le créateur du monde. Le choix du bien ou du mal est accordé à l'homme avec les sanctions positives ou négatives que l'action de celui-ci va entraîner, car Dieu intervient dans l'histoire de ses créatures. Le monothéisme biblique se présente donc d'emblée comme un monothéisme éthique. L'élection d'Israël à partir de l'événement fondateur de la sortie d'Égypte et du don de la Tōrah sur le Sinaï institue une alliance au cœur de l'humanité qui, à travers toutes les crises et en dépit de toutes les défaillances dénoncées par les prophètes, conduira la création à son terme. L'espérance de la rédemption culmine dans la vision de la reconnaissance du Dieu un par tous les hommes réconciliés.

De la tradition rabbinique à la pensée médiévale

La Bible, qui n'a rien d'une œuvre spéculative, ne fournit pas une vue systématique des attributs divins, mais certains de ses textes serviront de référence à la réflexion ultérieure sur ceux-ci. Ainsi, Osée (XI, 9) met en relief l'amour divin : « Je ne donnerai pas cours à l'ardeur de ma colère [...] car je suis Dieu et non pas homme ; au milieu de toi, je suis saint. » De son côté, Amos insiste sur la justice divine (III, 2) : « Vous seuls je vous ai connus entre toutes les familles de la terre ; c'est pourquoi je vous ferai rendre compte de toutes vos iniquités. » Dans l'Exode (XXXIV, 6-7), Dieu se révèle à Moïse à la fois comme celui qui sanctionne et comme celui qui pardonne : « Le Seigneur, le Seigneur, Dieu miséricordieux et bienveillant, lent à la colère, plein de générosité et de loyauté qui reste fidèle à des milliers de générations, qui supporte la faute, la révolte, le péché, mais sans rien laisser passer, qui poursuit la faute des pères sur les fils et les petits-fils sur trois ou quatre générations. » La tradition rabbinique verra dans ce passage l'énoncé des treize attributs (en hébreu *middōt*) de Dieu, qu'elle mettra en rapport avec les noms divins. Ainsi, pour les anciens rabbins, le tétragramme *YHWH* dénote la modalité de miséricorde et *'Elōhīm* renvoie à la justice divine (Gen. Rabba, XXXIII, 3). La même distinction se retrouve chez Philon d'Alexandrie, mais inversée en raison de l'habitude prise par la version des Septante de rendre le tétragramme par *Kúrios* et *Elōhīm* par *Théos*. C'est aussi Philon qui le premier énonce clairement le problème des attributs divins, en affirmant que, selon la Bible, l'essence de Dieu est inconnaissable : il voit, en effet, dans la prière de Moïse rapportée par l'Exode (XXXIII, 18 : « Révèle-toi à moi » – d'après les Septante) une requête dans le dessein de connaître l'essence de Dieu, la réponse de Dieu au prophète lui signifiant que seule son existence peut être connue de l'homme et non son essence (I *Legum allegoriae*, 36, et *De specialibus legibus*, 1, 32). De l'incognoscibilité de Dieu découle sa simplicité, c'est-à-dire son unité essentielle, son indivisibilité et son être exempt de toutes qualités telles que les accidents inhérents aux objets corporels et de toute forme inhérente à la matière. Les passages de l'Écriture qui décrivent Dieu de manière anthropomorphique et anthropopathique n'ont qu'une valeur pédagogique. L'essence de celui-ci étant inconnaissable, tout ce que l'Écriture prédique de lui ne le décrit qu'à travers les preuves de son existence, qui ne se réfèrent qu'à sa relation causale avec le monde.

La philosophie juive médiévale, née dans le giron de la civilisation arabo-islamique, s'interroge à son tour sur la signification que l'on peut accorder aux attributs (*tē'arim*) de Dieu, compte tenu de son essence présumée inconnaissable. La première réponse est celle de l'*'Emūnōt ve-De'ōt* (Livre des croyances et opinions) de Saadia ben Joseph (882 ou 892-942) dans le contexte du *kalām* musulman. D'après Saadia, l'Écriture nous conduit à prédiquer de Dieu l'unité, l'existence, la toute-puissance, l'omniscience et l'unicité, ces attributs découlant de sa qualité de Créateur. De même que celle-ci n'ajoute rien à l'essence de Dieu, mais exprime sa relation causale au monde, de même l'existence, l'omniscience et la toute-puissance sont l'expression de cette relation. Elles ne sont pas distinctes, cependant, de l'essence divine ; c'est pourquoi Saadia les dénomme attributs essentiels, par différence avec les attributs d'action tels que miséricordieux, jaloux, etc., qui expriment une certaine affection de Dieu par rapport aux créatures. Le néoplatonisme juif médiéval, dans la ligne de la tradition de Plotin, accentue le caractère transcendant de l'unité divine. Salomon ibn Gabirol (1020 env.-1057) dans sa *Fons Vitae* parle du mystère de cette unité, qui n'est pas affectée par la pluralité, par le changement, par un attribut (*tō'ar*) ou une désignation (*kinnūy*). Il introduit cependant une autre notion, celle de la volonté divine, en faisant dériver les deux principes qui constituent les êtres créés, la matière et la forme, respectivement de l'essence et de la volonté de Dieu. Bien des obscurités demeurent chez cet auteur à propos de celle-ci, même s'il affirme clairement que le monde doit son existence à un acte créateur et non à un processus d'émanation nécessaire.

Dans l'aristotélisme juif, le concept de l'être nécessaire introduit par Avicenne (Ibn Sīnā), écarté par al-Ghazālī et modifié par Averroès, rejette le concept néoplatonicien de l'Un au second plan, même si l'émanatisme de ce nouveau courant transforme parfois à ce niveau la métaphysique héritée d'Aristote. Pour Ibn Sīnā (980-1037), l'« un » n'est prédiqué de Dieu et des autres êtres que dans une « signification ambiguë » et au prix d'une doctrine de l'analogie de l'être. Les premiers aristotéliciens juifs (Abraham ibn Daud et Maimonide) opposent à cette vue l'idée du caractère homonyme du terme « un » et des autres attributs énoncés à propos de Dieu : ce sont les dénominations qui sont les mêmes, mais non le signifié. Pour Maimonide (1135 ou 1138-1204), qui accorde une grande place à la problématique des attributs dans son *Guide des égarés* (I, 50-60), tout attribut prédiqué de Dieu est un attribut d'action ou bien, s'il vise l'essence divine, vient signifier la négation de son privatif : ainsi, dire de Dieu qu'il est un, c'est avancer qu'il n'est pas multiple ; affirmer sa science, c'est énoncer qu'il n'est pas ignorant, et ainsi de suite (I, 58). Mais de tels attributs n'ont aucun contenu positif ; nous n'avons aucune idée de la science de Dieu et la seule manière de parler de lui est la voie de la négation (I, 59). Les treize attributs de miséricorde révélés à Moïse d'après l'Exode (XXXIV) ne sont que des attributs d'action. Non que Dieu possède des qualités morales, mais parce qu'il produit des actions semblables à celles qui chez nous émanent de telles qualités. Moïse a perçu tout *son bien* (V. 19), c'est-à-dire l'ensemble des êtres, le *nexus* qui les a amenés et les maintient dans l'existence ; mais on s'est limité à évoquer ces treize *middōt* parce que ce sont là les modalités de l'action par laquelle Dieu gouverne les hommes et qui serviront de modèle au gouvernants humains. La finalité est donc ici d'essence éthico-politique. Sous l'influence d'Averroès, pour qui l'essence et l'existence sont identiques en tous les êtres – Dieu compris –, Gersonide (1288-1344) estime que les attributs n'impliquent ni similitude entre celui-ci et les autres êtres, ni pluralité en lui. Aussi admet-il qu'on peut prédiquer de Dieu dans un sens positif l'existence, la raison, la bonté, la toute-puissance. Plus tard encore, Hasdaï Crescas (1340-1410 env.) affirme également la signification positive des attributs essentiels, tels que la toute-puissance et l'omniscience de Dieu, même si nous ignorons tout de son essence.

Le christianisme : dire Dieu dans l'histoire

CLAUDE GEFFRÉ

Le mot « Dieu » désigne la réalité mystérieuse que les hommes cherchent à tâtons depuis les origines. L'histoire des religions peut permettre de repérer les conditions concrètes qui ont favorisé cette fonction théogénique dont l'origine renvoie à l'homme lui-même et à son énigme.

On doit cependant reconnaître que la dialectique de l'idée de Dieu telle qu'elle se déploie dans la plupart des religions est profondément différente de la dialectique de l'idée de Dieu dans les diverses philosophies. Quoi qu'il en soit du polythéisme ou du monothéisme, l'homme, pour apaiser

Premier concile œcuménique à Nicée. En 325, l'empereur Constantin convoque les évêques de l'Empire pour régler la querelle ouverte par Arius : le Fils est-il égal au Père ? Oui, il est « de même nature » (« homoousios ») répond l'assemblée, ouvrant ainsi la définition dogmatique de la Trinité, à l'aide du vocabulaire philosophique grec. La théologie chrétienne pose là ses fondations immuables : en Dieu s'affirme une nature en trois personnes, Jésus-Christ étant la deuxième. Icône russe du XVIIIe siècle, collection Roger Cabal (G. Dagli Orti).

son besoin religieux, réclame un Dieu qui soit un Toi et avec lequel il puisse entrer en échange d'amour. La raison philosophique, au contraire, répugne à concevoir Dieu comme un Toi, parce que Dieu doit être absolu, donc sans besoin et sans contraires. Il peut être conçu comme le Bien que tous les hommes désirent, mais il ne peut être lui-même un Toi personnel, qui appelle et aime d'autres personnes.

Or, avec la révélation du Dieu d'Israël, ces deux aspects de l'idée de Dieu tendent à se réduire à l'unité. Le Dieu d'Israël s'est choisi librement un peuple pour partenaire (Deut., XII, 6). Il n'y a pas d'autre motif de l'élection divine que l'amour gratuit (Deut., VII, 7), auquel Israël ne peut répondre que par un amour sans réserve (Deut., VI, 5). Mais, en même temps, le Dieu d'Israël est le Dieu tout-puissant et créateur qui aime tous les êtres. Il est déjà l'Être absolu, transcendant et immanent que conçoit la pensée philosophique.

À cause de son influence décisive sur ce qu'on appelle la civilisation occidentale, on se limitera ici au Dieu de la révélation judéo-chrétienne. Dans l'Ancien Testament, le Dieu d'Israël n'est pas d'abord le Dieu cosmique, auteur de la nature, mais un Dieu agissant, qui intervient dans l'histoire de son peuple pour qu'elle soit histoire du salut, c'est-à-dire à la fois manifestation et accomplissement de son dessein de salut. Dieu est le « trois fois saint », mais il ne révèle son mystère inaccessible qu'à l'occasion de son action pour l'homme: il est le Dieu tourné *vers-nous*, le Dieu proche. Ce mouvement de communication qui s'origine en Dieu même ne trouvera son aboutissement plénier et définitif que dans le Nouveau Testament où Dieu se révèle en Jésus-Christ comme amour et comme père.

Dans la pensée théologique chrétienne, une réflexion sur Dieu se confond nécessairement avec une étude historique et systématique du dogme de la Trinité. Mais il est intéressant de voir comment la conscience vivante de l'Église a repris sans cesse sa quête intelligible du mystère de Dieu à partir des matériaux nouveaux que la culture philosophique d'une époque lui fournissait. À cet égard, l'histoire de l'approche du mystère de Dieu est inséparable de celle des conceptions de l'être. Deux cas historiques sont exemplaires : la théologie négative des Pères grecs et la théologie des noms divins de Thomas d'Aquin.

Le problème de Dieu s'est posé en termes nouveaux dans le contexte de la « mort de la métaphysique » et de la « mort culturelle » de Dieu. Il fallait parler d'une « crise » du langage religieux. Mais l'étude de la genèse historique de cette crise est extrêmement instructive. La mort du Dieu-concept dans la philosophie contemporaine ne se préparait-elle pas déjà quand la pensée chrétienne assumait la philosophie grecque et sa conception onto-théo-logique de l'être ? La crise métaphysique du discours sur Dieu a invité en tout cas le théologien chrétien à prendre plus résolument la liberté de dire ce qui lui est confié dans la révélation.

Aux origines de l'idée de Dieu

Dans la mesure même où le progrès de l'humanité coïncide à ses yeux avec une mise en question radicale de l'attitude religieuse, l'homme moderne cherche passionnément à rendre compte de l'origine de l'idée de Dieu. Mais faudrait-il admettre que l'essor du phénomène religieux coïncide avec un âge d'enfance de l'humanité ? Les reconstructions idéologiques les plus séduisantes sur l'origine de la religion (Feuerbach, Marx, Freud) en restent au plan de l'interprétation d'un fait primitif irréductible. L'ethnologie, l'histoire des religions, la psychologie fournissent des données toujours plus précises sur les causes et les conditions de la genèse de l'idée de Dieu.

Augustin, docteur phare de l'Église latine. Au cours d'une vie mouvementée (354-430), ce converti du manichéisme met son énergie pastorale et intellectuelle au service du christianisme d'Afrique du Nord et de l'Occident entier. Ses écrits sur la Trinité et sur la grâce divine inspireront toute la tradition théologique du catholicisme romain. Tableau de Juste de Gand, palais ducal d'Urbino, XVe siècle (E. Lessing, AKG Paris).

Cependant, le surgissement de cette idée semble lié à l'expérience humaine la plus originaire. Pour expliquer son origine, il ne suffit pas par exemple de constater que l'homme primitif a divinisé le ciel lumineux ou l'orage, ou bien qu'il s'est inventé, dans sa détresse, un Dieu tutélaire.

Monothéisme et polythéisme

Il est très difficile de retracer avec certitude le développement historique de l'idée de Dieu depuis ses origines, en particulier en ce qui concerne les rapports du monothéisme et du polythéisme. On rejette aujourd'hui les théories évolutionnistes (Frazer, Spencer) qui distinguaient à l'intérieur d'un schème trop rigoureux les étapes suivantes : animisme, totémisme, polythéisme, monothéisme. On a parfois abusé de ces théories pour montrer, dans une perspective athée, comment l'homme naturellement irréligieux à l'origine était devenu religieux sous la pression de certains facteurs d'ordre social et économique. La thèse du monothéisme primitif (liée à l'idée théologique contestable d'une révélation primitive) de Wilhelm Schmidt semble plutôt confirmée par les travaux les plus récents en histoire des religions. Mircea Eliade repousse toute théorie évolutionniste et pense pouvoir affirmer dès l'origine la croyance à un Être suprême qui a les attributs du Dieu créateur.

En réalité, l'expérience du divin a revêtu des formes très diverses sans qu'il soit possible de repérer de façon rigoureuse les étapes de cette recherche tâtonnante. En particulier, les rapports entre polythéisme et monothéisme ne se posaient pas dans les mêmes termes qu'aujourd'hui. L'existence d'un Être suprême, créateur du monde, maître de la vie et de la mort, n'est pas contradictoire avec l'existence d'une multiplicité de dieux qui participent à un titre quelconque aux privilèges de la divinité. Par exemple, le concept grec de la divinité est polythéiste. Parce que le monde est plein de divin, il y aura une multiplicité de dieux. Mais cette famille des dieux n'exclut pas l'idée d'un Être suprême, père des dieux et des hommes. On peut même se demander si le polythéisme des religions païennes ne témoignait pas secrètement d'un sens très grand du divin dans ce qu'il a de numineux et d'innommable, alors que la « précipitation » du divin dans un Dieu unique a hâté le processus, à la fois positif et appauvrissant, de désacralisation du monde.

Dieu de la religion et Dieu de la philosophie

Dans la plupart des religions, le divin est expérimenté comme un « Tu », une personne libre et toute-puissante qui dialogue avec l'homme. La représentation de Dieu est inséparable d'une action accomplie en faveur de l'homme ou d'un groupe d'hommes. C'est toujours Le Dieu « pour moi » – ou « pour nous » s'il s'agit d'une tribu, d'une terre ou d'un royaume. Et mes ennemis auront leur propre Dieu, qui sera aussi nécessairement l'ennemi de mon Dieu. L'invocation de Dieu sous plusieurs noms manifeste son caractère personnel et le type de rapports personnels qu'il entretient avec l'homme.

Mais, dès que la pensée encore mythique sur Dieu qui est à l'œuvre dans les religions fait place à la pensée philosophique, c'est plutôt le caractère personnel de Dieu qui fait difficulté. Il est l'Absolu sans fondement qui fonde le monde. Platon l'identifiera avec l'idée du Bien le plus haut, Aristote avec le Moteur immobile qui meut le monde. Mais Dieu ne sera jamais reconnu comme l'amour personnel. Alors que la pensée religieuse conçoit Dieu pour l'homme comme le vis-à-vis derrière lequel se cache un « Tu » personnel, la pensée philosophique ne peut admettre une opposition entre l'Absolu et autre chose qui serait le monde ou l'homme. Il est « *non-aliud* », comme dira Nicolas de Cues. Pour Plotin, il est l'Un, sans opposition, au-delà de l'esprit qui justement s'exerce selon l'opposition du connaissant et du connu, de l'aimant et de l'aimé, du moi et du toi. L'Un est la source de tout amour

La Synagogue et l'Église, filles du même Dieu.
Reconnaissant et protégeant à titre égal les communautés juive et chrétienne, Dieu le Père cautionne la filiation des deux théologies issues de la Bible. Vitrail de la basilique de Saint-Denis (P. Willi, Bridgeman Giraudon).

et de toute connaissance, mais il ne peut être lui-même un Tu capable d'amour. Et s'il est vrai que Dieu demeure l'objet et la fin de toute la spontanéité religieuse de l'homme, il sera proprement indicible, innommable. Aussi, à la différence de la pensée religieuse primitive, le mouvement de la mystique naturelle a-t-il pour terme un Dieu conçu comme un « neutre » plutôt que comme un « Tu ».

Le Dieu de la révélation judéo-chrétienne

L'histoire comparée des religions montre que la révélation vétérotestamentaire nous met pour la première fois en présence d'un monothéisme d'un type unique, incomparable en tout cas avec le monothéisme de certaines religions païennes qui plaçaient un Être suprême au sommet de leur panthéon de dieux. Non seulement il n'y a qu'un Dieu, mais ce Dieu est unique : « Yahvé, le Seigneur notre Dieu, est le seul Seigneur » (Deut., VI, 4). Dans l'histoire de l'idée de Dieu, le monothéisme juif représente le dépassement de tout polythéisme, de tout dualisme, de toute idolâtrie. Il culminera dans le christianisme avec la révélation du Dieu-Père en Jésus-Christ. Il existe d'autres révélations dans d'autres grandes religions (ainsi, l'hindouisme et l'islām). Mais, pour la foi chrétienne, la révélation biblique représente la révélation véritable et définitive du Dieu vivant, créateur et sauveur du monde. Cela n'exclut pas que l'expérience de Dieu ou au moins de l'Absolu ait pu être vécue et soit encore vécue par des millions d'hommes à l'intérieur des grandes religions non chrétiennes (même à l'intérieur du bouddhisme qui ne reconnaît pas un Dieu personnel). On peut même penser que les religions non chrétiennes médiatisent, pour un certain nombre d'hommes, la révélation intérieure de Dieu dans la mesure où elles anticipent et préfigurent la révélation définitive de Dieu en Jésus-Christ. « Ce que vous adorez sans le connaître, je viens, moi, vous l'annoncer » (Actes, XVII, 23), dira saint Paul aux Athéniens dans son discours à l'Aréopage.

Le « Triomphe de saint Thomas », par B. Gozzoli (1470 env.). Ce thème apparaît dès le XIVe siècle. L'Aquinate est ici entouré de Platon et d'Aristote ; à ses pieds, Averroès. En haut, le Christ, les évangélistes, Moïse et saint Paul. En bas, l'Église dans sa mission d'enseignement, avec le pape, les évêques, les cardinaux, les théologiens… Musée du Louvre, Paris (R.M.N.).

L'Ancien Testament

Les grandes lois de la révélation de Dieu

Pour avoir une idée juste du Dieu d'Israël et le distinguer des dieux païens avoisinants, il faut tout d'abord ne jamais oublier que la révélation biblique consiste essentiellement dans l'intervention de Dieu en faveur du peuple qu'il s'est choisi parmi tous les autres, Israël. Aussi Dieu n'écrit-il pas un livre : il écrit une histoire. La révélation, c'est l'histoire même d'Israël. Mais cette histoire n'est révélation au sens fort que si, grâce à la parole prophétique, elle est « manifestée » comme accomplissement du dessein sauveur de Dieu. Le Dieu biblique est inséparablement le Dieu qui parle et qui agit. Il n'est pas d'abord le Dieu cosmique des religions naturelles, le Dieu provident qui rend compte de l'intelligibilité du monde et de ses lois universelles. Il se révèle surtout comme le Dieu de l'Alliance, le Dieu qui se fait librement le partenaire de l'homme. C'est à partir de l'action salvifique de ce Dieu en sa faveur qu'Israël a fait l'expérience des voies du Dieu vivant, et non à partir du spectacle du monde. L'identification du Dieu de l'Alliance et du Dieu créateur est donc tardive, et c'est parce que la création sera comprise elle-même comme un événement salutaire que les théologiens yahvistes feront remonter l'histoire du salut à la création (G. von Rad).

D'autre part, pour comprendre l'image biblique de Dieu, il faut se souvenir que la révélation suit un ordre pédagogique, adapté à la mentalité d'un peuple encore primitif et très enclin à l'idolâtrie. Par opposition aux idoles mortes, Dieu se révèle comme un Dieu vivant qui intervient sans cesse dans la vie de son peuple, qui interpelle l'homme et attend de lui une décision. On peut poser en principe qu'il n'y a de révélation de l'être même de Dieu qu'à l'occasion de son action à l'égard du monde ou à l'égard de l'homme. La Bible n'offre donc pas une réflexion sur l'être de Dieu et ses grands attributs comme en propose la théologie postérieure.

Comme les religions primitives, la religion d'Israël concevra Dieu à l'image de l'homme et, pour souligner son caractère vivant et personnel, elle ne reculera pas devant les anthropomorphismes les plus osés. Mais ces anthropomorphismes ne compromettent jamais le sens du Dieu tout autre. Le Dieu d'Israël n'est ni lointain ou étranger à l'homme, ni de plain-pied avec lui. Il est à la fois le Dieu tout autre, trois fois saint, et le Dieu proche, le Dieu-avec-nous (l'Emmanuel). En termes philosophiques, on dira que le progrès dans l'affirmation de la transcendance de Dieu est inséparable d'une meilleure compréhension de son immanence. Il suffit de comparer les premières représentations bibliques de Dieu, celles de « la théologie des traditions historiques », et les représentations plus épurées de « la théologie des traditions prophétiques ». Dieu est d'abord désigné sous des noms d'homme. Il est le dieu Baal, propriétaire du pays où réside son peuple, le Dieu-Époux et le Roi de son peuple. Puis, à partir de ses actions en faveur d'Israël, de ses bienfaits ou de ses châtiments, la littérature prophétique (surtout le second Isaïe et la littérature postexilique) s'élève jusqu'à la méditation de ses grandes qualités : il est juste et miséricordieux, patient, fidèle à ses promesses, tout-puissant, éternel. Enfin et surtout – et par là on marque sa séparation radicale avec la créature – il est le trois fois saint.

Le nom de Dieu

On rencontre dans la Bible deux expériences du divin qui correspondent aux deux noms : celui d'*El* (autre forme : *Elohim*) et celui de *Yahvé*, par lesquels Dieu se trouve désigné. El (pluriel Elohim) désigne la divinité dans presque tout le monde sémitique et suggère donc la continuité entre le « Dieu des nations » et le Dieu d'Israël. Mais quand Dieu révèle son nom à Moïse, ce nom de Yahvé n'a de sens que pour Israël qui fait l'expérience de la proximité et de la présence agissante de Dieu.

Dans le récit du Buisson ardent, Moïse dit à Dieu : « S'ils [les enfants d'Israël] demandent quel est ton nom, que leur répondrai-je ? » Dieu dit alors à Moïse : « Je suis celui qui suis (*éhevé asher éhyéh*). » Plus loin, « je suis » (*éhevé*) devient sujet : « Tu leur diras : « Je suis » m'a envoyé vers vous » (Ex., III, 13-15). Ce texte a suscité bien des interprétations. Même s'il ne faut pas exclure l'interprétation ontologique qui souligne la transcendance de Dieu, il semble bien que le sens du jeu de mots soit d'insister sur la présence agissante de Dieu. « Je serai qui je serai » ; Dieu ne donne pas une réponse sur son être intime, mais il se présente comme une personne active qui veut avoir Israël pour partenaire : « Vous verrez, à mesure que l'histoire se déroulera, qui je suis. » Le Dieu d'Israël, c'est celui qui a fait sortir Israël d'Égypte. Cette révélation du nom montre bien que le Dieu de la Bible est un Dieu actif et vivant auquel l'homme répond par la foi, et non le Dieu auteur de la nature qui satisfait aux besoins religieux de l'homme. Parce qu'il est d'abord le Dieu de l'histoire du salut, le Dieu d'Israël est aussi l'auteur de la nature.

Les traits caractéristiques du Dieu d'Israël

Si l'on essaie de synthétiser les traits les plus caractéristiques du Dieu d'Israël, on pourra dire qu'il est à la fois le Dieu agissant (désigné par la troisième personne), le Dieu saint, le Dieu *vers-nous* (un « Tu » pour l'homme).

Surtout dans la théologie des traditions historiques, Dieu apparaît comme le *Dieu agissant*, « l'Actant » suprême, le héros d'une histoire singulière dont Israël est le bénéficiaire et le témoin. Les auteurs sacrés réinterpréteront sans cesse les récits de la geste de Yahvé à partir de l'Alliance entre Dieu et son peuple. On peut dire que l'efficience créatrice de Dieu s'exerce d'abord à l'égard du peuple qu'il s'est choisi. Toutefois l'efficience toute-puissante de Dieu ne se limite pas à son peuple. Il est le vivant infatigable qui n'est soumis ni à l'espace ni au temps et qui est partout à l'œuvre dans le monde. Il se manifeste dans des lieux privilégiés (le mont Sinaï, le temple de Jérusalem). Mais en réalité les cieux ne peuvent le contenir (I Rois, VIII, 27). Il est partout et tous les peuples sont devant lui comme un néant (Ps., CXXXIX, 7-12). S'il intervient sans cesse dans l'histoire, c'est qu'il est le Premier et le Dernier (Is., XLI, 4), « le Dieu éternel... qui ne se fatigue ni ne se lasse » (Is., XL, 28). Son éternité, qui n'est pas seulement comprise comme durée mais comme force de renouvellement, doit être mise en rapport avec sa puissance créatrice. La Bible ignore les causes secondes, et tous les phénomènes de la nature (Ps., CXLVII, 15-18), ainsi que toute vie sur la terre, qu'il s'agisse des animaux (Ps., CIV, 29 sqq.) ou de l'homme (Gen., II, 7), doivent être rapportés à Dieu.

Le Dieu d'Israël est essentiellement le *Dieu saint*. Il ne s'agit pas là d'une qualification morale, mais de la note distinctive de Dieu : il doit être dit tout-autre par rapport à tout le créé, lequel, par contraste, n'est que néant et péché. La sainteté, c'est l'ordre d'existence de Dieu. Dieu est saint parce qu'il est Dieu, et tout ce qui sera touché par lui sera saint. Sa sainteté est un feu dévorant (voir le Buisson ardent) et la gloire des théophanies d'ordre naturel (Ex., XXIV, 16 sqq.) ou d'ordre personnel (Is., VI) revêtira un éclat insoutenable. Mais la sainteté de Dieu n'est pas seulement un feu qui anéantit le pécheur, c'est une force purifiante. Dieu est le tout-autre parce qu'il est amour. C'est la dialectique de la sainteté et de l'amour qui permet de rendre compte de l'économie concrète des rapports de Dieu et de l'homme, telle que la conçoit la Bible, pareillement de la double désignation de Dieu comme Juge et comme Sauveur.

Il n'y a pas d'affirmation de la sainteté de Dieu sans une affirmation conjointe de sa proximité. Le Dieu saint, transcendant est inséparablement le *Dieu vers-nous*, le Dieu proche. Les deux catégories essentielles ici sont celles de l'élection et de l'alliance comme manifestations de la personnalité libre et aimante de Dieu. La bonté, la fidélité, la patience, la miséricorde seront les traits concrets par lesquels s'exprimera cette volonté de salut qui est en Dieu, et qui se confond avec le mystère même de Dieu. Dieu n'est donc pas un « neutre » : le principe indéterminé et impersonnel de tout ce qui est. Il est un « Tu » pour l'homme. C'est la Parole qui sera le signe de sa personnalité concrète et l'instrument de son dialogue avec l'homme. Les prophètes chercheront dans l'amour de Dieu la raison dernière de l'élection gratuite d'Israël. Dieu a un cœur (Jér., III, 15) ; et on peut comparer l'alliance à des fiançailles ou à un mariage entre Yahvé et Israël (Os., I-III ; Jér., III ; Ézéch., XVI, 23 ; Is., L, 1 ; LIV, 5-8). C'est pourquoi l'infidélité d'Israël sera désignée comme un adultère.

Enfin, le Dieu-Époux est en même temps le Dieu-Père, et il y a même osmose entre les deux figures : Dieu est autre chose qu'un géniteur et l'amour pour ses fils l'emporte sur la sévérité. « J'avais pensé, tu m'appelleras « mon Père » et tu ne te sépareras pas de moi, mais comme une femme qui trahit son amant, ainsi m'a trahi la maison d'Israël » (Jér., III, 19). Dieu lui-même se déclare père (surtout dans Jérémie). Mais il n'est pas invoqué directement comme tel. Dans Jérémie III, 4-19, ce sont simplement des énonciations que Dieu profère sur lui-même par la voix des prophètes. On notera plutôt la discrétion de l'Ancien Testament sur la désignation de Dieu comme père. Le nom propre de Dieu, c'est Yahvé. Il faudra attendre le Nouveau Testament pour sortir de cette réserve, pour que le nom de père devienne le nom propre de Dieu.

Le Nouveau Testament

Continuité et nouveauté de la révélation de Dieu

Il serait faux d'opposer le Dieu-Père de Jésus-Christ au Dieu de l'Ancien Testament, mais il ne faut pas non plus sous-estimer l'originalité du visage de Dieu dans le Nouveau Testament. La révélation sur Dieu est inséparable d'une découverte de la vérité du rapport religieux entre l'homme et Dieu. Au terme de l'histoire du salut, dans l'*événement Jésus-Christ*, dans son mystère de mort et de résurrection, l'homme découvre qu'il a directement accès à Dieu et qu'il peut nommer en vérité Dieu « Père » parce que celui-ci est en lui-même mystère de paternité.

Il est impossible de synthétiser la richesse et la diversité de l'enseignement du Nouveau Testament. Mais on peut au moins distinguer trois ensembles littéraires qui mettent chacun en relief un trait particulier du visage de Dieu. Le corpus paulinien met l'accent sur la *sainteté rédemptrice* de Dieu qui se manifeste et s'accomplit dans le mystère pascal du Seigneur. Les Synoptiques et les Actes des Apôtres insistent sur la *royauté* nouvelle de Dieu inaugurée par Jésus dans la nouvelle Alliance faite en son sang ; les Béatitudes sont la loi du Royaume. Le corpus johannique propose le *mystère intime* de Dieu qui se révèle en Jésus-Christ comme Père, Fils et Esprit. La révélation de Dieu qui commence avec Abraham a alors atteint son terme ultime.

Le Dieu-Père du Seigneur Jésus-Christ

Si l'on essaie de rendre compte de la compréhension nouvelle de Dieu que procure le Nouveau Testament, on dira que Dieu s'y révèle comme amour, comme Père et comme Esprit.

L'Ancien Testament avait déjà pressenti que l'amour était la raison dernière du dessein salvifique de Dieu, du *Dieu-Amour*. En livrant son Fils bien-aimé à la mort pour le salut du monde, Dieu donne la preuve décisive de son amour (Jean, III, 16). Aussi comprend-on en Jésus-Christ que le secret de Dieu est l'amour. Dieu est amour (I Jean, IV, 8-16).

Le Dieu du Nouveau Testament est le *Dieu-Père*. Jésus a l'audace de s'adresser à Dieu avec la familiarité de l'enfant : *Abba* (Père). Le Nouveau Testament, surtout l'Évangile selon saint Jean, nous révèle une relation unique entre Jésus et son Père. La dépendance filiale de Jésus par rapport à son Père est la manifestation concrète du mystère inaccessible de sa filiation divine, mystère dont seuls le Père et le Fils ont une connaissance mutuelle, et qu'eux seuls peuvent communiquer (Jean, I, 18). Comme Fils unique, dans le sein du Père (Jean, I, 18), le Christ est un avec lui (Jean, X, 29) ; qui le voit voit le Père (Jean, XIV, 9-10). Ainsi, le Nouveau Testament, en affirmant que Dieu est Père parce qu'il a un fils, Jésus-Christ, qui est lui-même Dieu, révèle que Dieu est en lui-même de toute éternité communication d'amour. Et croire en la filiation divine de Jésus-Christ, c'est admettre en même temps qu'il n'y a pas de connaissance véritable de Dieu en dehors de Jésus-Christ.

Le Nouveau Testament ne révèle pas seulement que le Dieu trois fois saint de l'Ancien Testament est en lui-même mystère d'amour, c'est-à-dire mystère de paternité et de filiation, mais aussi que le lieu d'échange de cet amour est l'Esprit ; il révèle le *Dieu-Esprit*. L'Esprit est à la fois l'Esprit du Fils et celui de notre filiation. Notre communion de vie avec Dieu, autrement dit notre divinisation, est l'œuvre de l'Esprit que le Père et le Fils envoient dans le cœur de l'homme (Jean, XIV, 26 ; XV, 26). Le Nouveau Testament n'emploie jamais le terme de Trinité, mais

La Sainte Trinité.
Dans cette composition, le Père et le Fils apparaissent en pleine égalité, pour attester qu'ils sont bien « de même nature », selon le dogme de Nicée. Entre eux deux, le Saint-Esprit sous forme de colombe fait, par contraste, un peu figure de « parent pauvre » de la Trinité : la plupart des théologiens et des artistes ont échoué dans la recherche d'une « représentation équitable » de la troisième personne divine. Icône de l'école crétoise, XVIIe siècle, University of Liverpool Art Gallery and Collections (Bridgeman Giraudon).

Jésus-Christ a dévoilé quelque chose du mystère impénétrable de Dieu : le Dieu tout autre, et le Dieu *vers-nous* d'Israël, se révèle communauté de vie du Père, du Fils et de l'Esprit. On sait ainsi pourquoi Dieu est grâce : il est en lui-même communication d'amour.

L'incompréhensibilité de Dieu chez les Pères grecs

Dire comment a été compris le Dieu de Jésus-Christ, ce serait retracer l'histoire de toute la théologie chrétienne, car la théologie par définition même parle de Dieu et de tout le reste en fonction de lui. Dès les premiers siècles, la pensée chrétienne a été traversée par des crises très graves, en particulier la crise arienne. On n'en parlera pas ici car restituer le développement de la pensée patristique sur Dieu, ce serait pratiquement écrire l'histoire du dogme de la Trinité. Il faut attendre le Moyen Âge pour trouver dans la théologie latine la distinction nette entre un traité de Dieu considéré dans son unité et un traité de la Trinité. Une telle distinction est inconnue de la pensée patristique, pour laquelle l'étude de Dieu et de ses grands attributs se fait à l'occasion de la réflexion sur la personne du Père.

Ce que l'on retiendra, c'est le problème de la rencontre de la pensée chrétienne et de la pensée grecque. Il y a eu nécessairement osmose, mais sans contamination du christianisme. On peut le vérifier à propos de la connaissance de Dieu. Pour acquérir un sens plus grand de l'incompréhensibilité de Dieu, les Pères ont utilisé les ressources du néo-platonisme, particulièrement son idée de la remontée vers l'Un, mais sans jamais abandonner le thème biblique du « Dieu caché ».

Le Dieu caché et le Dieu inconnu

On se trouve en présence de deux séries de textes dans l'Écriture. Les uns affirment que nul ne peut voir Dieu et rester vivant (cf. Ex., XXXIII, 20-23 ; et aussi XIX, 21). « Personne n'a jamais vu Dieu », déclare Jean (I Jean, IV, 12). D'autres affirment la possibilité de voir Dieu. « J'ai vu Dieu face à face et mon âme est restée vivante » (le combat de Jacob avec

« Hospitalité d'Abraham ». Psautier d'Ingeburge, 1210 env. Dans les trois mystérieux visiteurs qu'Abraham sert à table (cf. Gen. XVIII), les théologiens et les peintres, à la suite d'Augustin, liront une «préfiguration» de la Trinité. Une frise de nuages, en bas de l'image, indique qu'il s'agit d'une vision. Le peintre figure les Trois en anges nimbés. Musée Condé, Chantilly (Giraudon).

l'ange, Gen., XXXII, 24-30). Dieu parle à Moïse comme on parle à un ami, face à face (Ex., XXXIII, 11 ; Deut., XXXIV, 10).

Dieu s'est fait connaître : il s'est révélé en Jésus-Christ, ce qui rend possible une théologie, un discours sur Dieu. On parlera de théologie *cataphatique* pour désigner cette théologie affirmative. Mais, même après la révélation, l'essence de Dieu demeure au-delà de ce qu'on peut en connaître : il est le Dieu caché. On parlera de la théologie négative ou *apophatique* pour désigner une théologie qui garde toujours ce sens de l'incompréhensibilité de Dieu. La théologie des Pères grecs est particulièrement représentative d'un tel esprit.

Le théologien protestant suisse Karl Barth a suspecté les Pères grecs d'avoir compromis le thème biblique du Dieu caché avec celui du Dieu inconnu du néo-platonisme. Si Dieu est en effet déclaré inaccessible, ce n'est pas en vertu d'une réflexion sur les limites de notre pouvoir de connaître, mais c'est parce qu'il se révèle comme le Dieu caché et que la grâce seule établit le rapport entre lui et nous.

On peut penser que Barth accepte trop facilement comme allant de soi la thèse d'une contamination de la pensée chrétienne par la pensée grecque chez les Pères (au début du XXe siècle le luthérien allemand Adolf Harnack parle d'une hellénisation de la foi au cours de l'ère patristique et le Suédois Anders Nygren d'une opposition radicale entre l'*érôs* grec et l'*agapê* chrétienne). La pensée des Pères cappadociens par exemple témoigne au contraire d'un très grand souci de ne pas compromettre la connaissance chrétienne de Dieu avec une contemplation de type platonicien.

Le Dieu incompréhensible

La pensée des Pères cappadociens du IVe siècle (Basile, Grégoire de Naziance, Grégoire de Nysse) représente un moment décisif dans l'effort de purification de l'hellénisme alexandrin de Clément et d'Origène. C'est pourquoi il est toujours abusif de parler sans plus du « platonisme des Pères ». « La contemplation n'est pas l'apanage exclusif du platonisme et, s'il en était ainsi, platonisme dans un sens si large voudrait dire simplement spiritualité tendue vers la communion aux réalités éternelles » (V. Lossky).

D'ailleurs la lutte des Cappadociens contre l'anoméisme de l'arien Eunome montre à quel point les Pères du IVe siècle étaient conscients du danger d'intellectualisme dans la connaissance de Dieu. Pour Eunome, l'essence divine, inconnaissable naturellement, nous a été révélée de telle manière qu'elle ne présenterait plus désormais aucun mystère. Basile, dans la lutte contre Eunome, distingue la substance (οὐσια) de Dieu, qui est inaccessible, et ses opérations manifestatrices (ἐνέργειαι). Cette distinction aura une importance considérable pour toute la théologie postérieure. Grégoire de Nysse cherche à transcender la connaissance intelligible pour trouver une voie plus sublime de l'union avec Dieu. Dieu réside là où notre connaissance, nos concepts n'ont pas accès. Et on constate chez Grégoire de Naziance le souci de bien distinguer la contemplation de la Trinité de la vision de l'οὐσια simple de Dieu. Voir Dieu, c'est contempler la Trinité en participant pleinement à sa lumière, lumière de son essence qui est « le saint des saints », caché même aux séraphins. Chez Grégoire de Naziance, on trouve le thème de la *ténèbre* qui aura une immense influence sur toute la mystique chrétienne, aussi bien occidentale qu'orientale, et qui est l'image privilégiée pour exprimer l'expérience de l'incognoscibilité de Dieu (cf. Henri-Charles Puech).

Ainsi, l'objet de la *theologia*, pour la véritable tradition de l'Église grecque, c'est la Trinité, et non pas la nature intellectuelle simple de Dieu comme pour Origène, ni l'innascibilité de Dieu comme pour Eunome. C'est donc l'antinomie même de Dieu comme un et trine, et non la simplicité du Dieu inconnu, par opposition à la complexité de notre entendement humain, qui est le fondement de la théologie négative.

L'apophatisme des Pères grecs

Chez les Pères grecs, le mouvement de retour vers Dieu est tout autre que la contemplation de l'Un dans le néo-platonisme. La remontée, par négations successives, débouche inséparablement sur l'inconnaissance et sur l'union. Ainsi, la conscience de l'incognoscibilité de la nature divine coïncide avec une expérience, une rencontre avec le Dieu personnel de la révélation. L'apophatisme désigne une attitude de l'esprit face à l'incompréhensibilité de Dieu, mais il ne s'agit pas, comme dans la mystique naturelle du néo-platonisme, d'une opération intellectuelle au sens d'une purification intérieure. Aussi est-il dangereux de parler de théologie de l'extase à propos de l'apophatisme des Pères grecs, attitude théologique qui consiste à refuser de réduire le mystère de Dieu aux représentations conceptuelles. L'apophatisme n'est pas non plus simplement la négation progressive de tous nos concepts de Dieu ; mais une contemplation qui aboutit nécessairement à la docte ignorance coïncide avec l'union, avec la déification.

Le Dieu-objet de la théologie ontologique

Celui qui est

Les deux grands noms de la théologie latine du mystère de Dieu sont Augustin et Thomas d'Aquin. Alors que la théologie grecque partait directement de la considération des personnes divines, Augustin commencera par étudier la nature divine commune aux trois personnes. Cela aura une importance considérable pour la théologie ultérieure, en particulier celle de Thomas d'Aquin. Ce dernier étudie théologiquement les qualités de la nature divine commune aux trois personnes. Et comme la nature de Dieu dans son unité est déjà accessible à la raison naturelle, il ne craint pas de mettre au service d'une meilleure intelligence du mystère de Dieu toutes les ressources de la tradition philosophique de son temps (cf. par exemple l'introduction de la pensée d'Aristote en Occident). Cherchant l'intelligibilité du mystère de Dieu en lui-même, il interprétera la parole de Dieu à Moïse : « Je suis celui qui suis » dans un sens ontologique et verra dans l'identification de Dieu avec l'Être absolu le principe intelligible qui permet de rendre compte de tous les attributs et de toutes les œuvres de Dieu.

Cette interprétation de Dieu en termes d'être aura l'immense avantage de montrer que le Dieu des philosophes et le Dieu vivant révélé en Jésus-Christ sont un seul et même Dieu. Et à cet égard, Thomas d'Aquin demeure un témoin privilégié de l'harmonie entre la foi et la raison. Il reste que son projet théologique constituait une option lourde de conséquences pour tout l'avenir de la pensée chrétienne. On peut se demander en effet si cette théologie ontologique respecte assez l'irréductibilité du Dieu de la révélation et ne porte pas en germe le risque d'une fausse objectivation de Dieu, triomphe de la raison naturelle. En réalité, l'équilibre délicat que Thomas d'Aquin maintenait, concernant la connaissance de Dieu, par sa doctrine de l'analogie, n'a pas toujours été respecté, et le thomisme a été l'occasion de bien des rationalismes théologiques.

La théologie des noms divins

On peut dire que, dans l'histoire de la théologie, la question des *Noms divins* (*Somme théologique,* Ia, q. 13) de Thomas d'Aquin représente le premier exposé systématique sur les conditions de possibilité d'un discours sur Dieu. Elle est le complément nécessaire de la question que pose d'emblée la *Somme théologique* sur l'objet et sur la méthode de la théologie comme science. Elle témoigne d'un équilibre extrêmement délicat entre théologie négative et théologie affirmative au point de vue de notre connaissance de Dieu. Thomas d'Aquin est fidèle à la tradition représentée par Denys dans la mesure où il affirme que l'expression de notre plus haut savoir sur Dieu réside dans l'aveu de notre ignorance de ce qu'il est en lui-même. Mais, en même temps, il corrige profondément l'Aréopagite en transformant l'inconvenance des affirmations sur Dieu en inadéquation selon le mode de signifier (cf. q. 13, a. 12, ad 1um).

L'apport le plus positif de cette théologie des noms divins est de fournir un critère rigoureux de discernement des noms qui s'attribuent proprement à Dieu parmi tous les noms que les Pères et les théologiens lui prêtent en s'inspirant de l'Écriture (cf. q. 13, a. 3, ad 1um : la différence des noms propres et des métaphores). En outre Thomas d'Aquin a eu le mérite de montrer la continuité analogique entre le langage simplement humain et la Parole de Dieu. Grâce à l'*analogia entis*, il met en relief les aptitudes sémantiques du langage humain ordinaire à nommer ce qui le dépasse, à désigner ce qui échappe à la conceptualité. Toute la théologie des noms divins tend à montrer la possibilité et la légitimité d'un discours « significatif » sur Dieu, non seulement quand ce discours ne peut être vérifié empiriquement (ce qui est évident), mais aussi quand ce discours ne fournit pas de représentations conceptuelles adéquates. Cette différence entre signification et représentation est une pièce essentielle de la théorie des noms divins.

« Le Mystère de l'Incarnation » (1956-1959), ébauche par Louis Rivier. Fils de pasteur, ayant voué son activité à la réconciliation du protestantisme et de l'image, le peintre s'inspire des formules triandriques de la fin du Moyen Âge (cf. Fouquet) pour figurer les Trois Personnes au moment où la Deuxième quitte le trône commun de la divinité, dépose son vêtement et « descend » s'incarner. À gauche, Marie reçoit de l'archange Gabriel le lys de l'Annonciation. Au centre, la Vierge mère est entourée par mages et bergers en adoration devant le nouveau-né, qu'elle tient sur son épaule. En arrière-plan, le Christ crucifié sur les poutres de l'étable (in D. Gamboni, « L. Rivier et la peinture religieuse en Suisse romande », Payot, Lausanne).

Finalement, Thomas d'Aquin fonde sur la Révélation elle-même, envisagée comme assomption du sémantisme des mots humains selon des lois et une signification propres, la possibilité d'un discours sur Dieu. On devine l'importance de cette vue des choses dans le débat soulevé par Barth, pour qui l'événement toujours libre de la Parole de Dieu donne sens à l'Écriture sans qu'il y ait continuité entre la symbolique biblique et le symbolisme humain spontané.

Cependant, il faut le reconnaître, la théorie des noms divins trahit aussi les limites d'une théologie comme science rigoureuse de Dieu. La distinction entre noms propres et métaphores, aussi précieuse soit-elle, comporte le risque de ne pas prendre au sérieux l'intelligibilité propre des grands symboles bibliques qui sont réduits au rôle de métaphores douées d'une simple fonction pédagogique. On est alors tenté de ne retenir de l'Écriture que ce qui est formalisable en termes de « propositions de foi » comme point de départ d'une élaboration conceptuelle. On comprend alors pourquoi la théologie dogmatique dut peu à peu être doublée par une théologie biblique (division qui, après tout, consacre l'échec de la théologie comme discipline unique).

Ainsi, même si la question des noms divins demeure un modèle d'épistémologie théologique, elle manifeste clairement les graves conséquences de l'option audacieuse de Thomas d'Aquin interprétant le Dieu de la révélation en termes d'être et l'identifiant avec le fondement des étants. Dans sa volonté d'explication, la théologie-science rend compte du Dieu révélé à partir de quelque chose d'antérieur, une certaine idée de Dieu conçu comme Être absolu. Le critère herméneutique pour savoir quel nom, biblique ou non, convient proprement à Dieu, sera celui de sa convertibilité avec Dieu conçu comme premier être. Il est certain que le Dieu révélé coïncide avec le Dieu créateur qui peut être identifié au Dieu de l'onto-théologie. Mais la théologie des noms divins devrait montrer par exemple ce que la sainteté et l'amour ajoutent de spécifique aux propriétés transcendantales de l'être (vérité, bonté, unité...) transposées en Dieu.

Dieu dans la théologie moderne

S'il fallait caractériser d'un mot la situation de la théologie à l'orée du XXIe siècle, on pourrait parler d'une théologie « après la mort de Dieu ». Il suffit d'évoquer les diverses formes de théologie radicale, telles la « théologie de la mort de Dieu », l'« athéisme chrétien », le « christianisme séculier ».

L'objectivisme théologique

Leur limite est d'entretenir une équivoque sur le mot « Dieu » et donc sur sa mort. On confond la mort du Dieu-concept, d'un Dieu dont on fait la clé de voûte du cosmos et d'une certaine rationalité, avec la mort du Dieu vivant en Jésus-Christ. L'aboutissement logique d'une telle théologie, c'est l'athéisme total. Mais ce mouvement, dit de « la mort de Dieu », n'est que la forme extrême de la crise de l'objectivité de Dieu dans la théologie contemporaine. Malgré le succès relatif du néo-thomisme, il était inévitable que la théologie traditionnelle ressentît le contre-coup de la révolution opérée en philosophie. Depuis Kant, le langage religieux sur Dieu n'est plus un discours ontologique au sens où l'entendait la métaphysique réaliste : Dieu n'est plus que le postulat de l'action morale. Et les deux grands théologiens qui ont le plus influencé la théologie moderne, aussi bien catholique que protestante, Karl Barth et Rudolf Bultmann, sont, chacun à sa façon, des héritiers de la critique kantienne.

On caractériserait assez bien la manière dont se pose le problème de Dieu dans la théologie moderne en disant que l'on cherche à dépasser également l'objectivisme théologique de la théologie traditionnelle et l'existentialisme théologique. Le premier, parce qu'il conduit aux fausses objectivations de Dieu élaborées par la pensée métaphysique ; le second parce qu'il risque de réduire le mystère de Dieu au sens qu'il a pour l'homme. Le dépassement est cherché dans une fidélité plus grande à la Révélation elle-même où l'*en-soi* de Dieu ne peut être atteint que dans et par son *pour-nous* et dans un souci plus grand de ne jamais séparer le discours sur Dieu d'un discours sur l'homme.

Un maître de la nouvelle théologie. Karl Barth, pasteur protestant suisse (1886-1968), a préconisé dans sa célèbre « Dogmatique » un retour aux données de la Révélation : Dieu n'est accessible que par Jésus-Christ, en qui il apparaît comme amour et salut « pour nous » (AKG Paris).

Un Dieu trop humain ?

Même si l'on conteste l'interprétation que propose Heidegger du destin de la métaphysique occidentale, on ne peut s'empêcher de s'interroger sur la théologie traditionnelle, considérée comme théologie métaphysicienne, à la lumière de ce qu'il dit sur l'essence cachée de la métaphysique comme onto-théo-logie. La métaphysique grecque n'est pas devenue onto-théo-logique du fait de son assomption par la théologie chrétienne. Elle l'était dès l'origine, parce qu'elle a conçu l'être de l'étant comme *logos* fondateur pour la perception intellectuelle. On peut difficilement refuser de voir dans le projet de la théologie métaphysicienne une volonté d'explication de la Révélation à partir de Dieu conçu comme fondement absolu de l'étant. Ne sommes-nous pas là en présence d'un mouvement d'explication (*Erklärung*) qui aboutira dans la pensée moderne à la « mort » de Dieu comme objet représenté, comme concept ? Dans cette théologie, Dieu est le fondement des étants et de la connaissance objective. Dans la pensée moderne, Dieu est fondé par l'objectivation transcendantale. Mais que l'homme ait remplacé Dieu comme fondement ne change rien au mouvement de la métaphysique comme volonté d'expliquer la totalité du réel et le transcendant à partir d'un fondement.

C'est par réaction contre cet objectivisme théologique, qui « explique » et « réduit » la nouveauté de l'événement de la Révélation, qu'il faut comprendre les requêtes de la théologie contemporaine qui s'est voulue plus existentielle, plus personnaliste. On pourrait situer ici l'effort de la *Dogmatique* de Barth qui défend lui-même un objectivisme théologique, mais au sens où, par la Révélation, Dieu se donne vraiment à l'homme comme un objet à connaître. Cependant, c'est surtout Rudolf Bultmann qui a montré comment la connaissance de Dieu échappe au schéma « sujet-objet » de la pensée métaphysique. Selon lui, parler « sur » Dieu n'a aucun sens car, au moment même où il se déploie, ce langage a perdu son objet. Le seul moyen de respecter la transcendance du Dieu chrétien est de le rencontrer dans la foi comme un sujet qui interpelle ici et maintenant, et non pas de le traiter comme un objet à propos duquel il est loisible de formuler un certain nombre de propositions sans influence sur la vie.

Tout un courant de pensée a préféré, dans son désir d'éviter les fausses objectivations, parler de Dieu comme de quelqu'un qui lance à l'homme un *appel indicible* l'obligeant à une décision. Mais ce Dieu est-il encore en lui-même ? Les relations avec lui ne se réduisent-elles pas au paradoxe d'un pur face à face ? Si Dieu se réduit à l'événement d'une rencontre qui change l'homme, alors peu importe le contenu propre du concept de Dieu. Il n'est plus qu'un *absolu d'exigence*, un principe régulateur de l'action. En un mot, la théologie contemporaine n'osant plus objectiver Dieu pour sauvegarder son mystère indicible, n'a-t-elle pas réduit Dieu au *sens* qu'il a pour l'homme ?

Voilà pourquoi, à l'intérieur du catholicisme comme du protestantisme, on perçoit de plus en plus les limites de l'*herméneutique existentiale* (Bultmann et ses disciples) et de l'*anthropocentrisme* (la « Théologie comme anthropologie » de Karl Rahner) qui risquent de faire de l'homme la mesure de la Révélation.

Ainsi, prenant acte de la mort de la métaphysique, la théologie chrétienne s'attache-t-elle à surmonter l'objectivisme de la théologie traditionnelle sans tomber dans l'anthropocentrisme des théologies existentielles. La crise du langage métaphysique sur Dieu aura eu au moins l'avantage de rendre plus attentif à ce qui est confié dans la Révélation. Le discours sur Dieu n'est plus un discours faussement objectivant s'il se meut toujours dans l'horizon de pensée ouvert par la vérité révélée elle-même. Dieu s'est fait connaître en Jésus-Christ. Tel est le « lieu de pensée » à partir duquel il est possible de déployer un discours humain sur Dieu. Cela revient à dire que le principe herméneutique de la théologie du mystère de Dieu, ce n'est ni Dieu identifié au fondement des étants, ni l'homme dans son auto-compréhension, c'est l'*économie concrète*, comme l'a bien compris la théologie orientale.

Enfin, la théologie doit se livrer à une purification qui lui permette, en fonction de la critique athée contemporaine, de dégager le visage de Dieu tout autre. Elle doit tout particulièrement montrer que la relation à Dieu ne coïncide pas avec une aliénation et une démission de l'homme. Dieu ne se substitue pas à l'homme dans ses tâches et responsabilités à l'égard du monde. Dieu ne fournit pas la réponse quand nos efforts d'explication s'arrêtent (cf. la critique de cette conception de Dieu par Dietrich Bonhoeffer). Il n'est pas non plus « le voleur des énergies humaines » ou le Dieu jaloux de la pleine efficience de l'homme dans son effort pour transformer le monde.

Confrontée à la sécularisation, la pensée chrétienne a reformulé son langage sur Dieu. Ce nouveau langage ne sépare plus le discours sur Dieu et le discours sur l'homme. Il a pris finalement au sérieux le mystère de l'humanisation de Dieu en Jésus-Christ, en sorte que la réalité de Dieu se découvre comme la réalité de l'homme.

L'islam

Daniel GIMARET

La profession de foi musulmane, chacun le sait, tient en deux courtes phrases : « Il n'est de dieu que Dieu, et Muḥammad [Mahomet] est son prophète. » Autrement dit, l'islam est un monothéisme radical fondé sur une révélation, le Coran, ultime parole de Dieu révélée à l'humanité par le truchement de Muḥammad (mort en 632), dernier des prophètes. Né en Arabie (un canton du monde sémitique), au contact de communautés juives et chrétiennes, l'islam se veut, en effet, l'héritier et l'aboutissement de toute la tradition biblique puis évangélique, qu'il entend à la fois confirmer et rétablir dans son authenticité, après les altérations qu'y ont apportées les juifs et les chrétiens. Pour lui, Muḥammad clôt la lignée des prophètes inaugurée par Adam et illustrée notamment par Noé, Abraham, Moïse et Jésus.

Le Dieu unique prêché par Muḥammad a pour nom *Allāh*, vocable dans lequel on reconnaît sans peine une forme contractée d'*al-ilāh* (cf. l'hébreu *Elohim*), « le dieu ». Dans l'Arabie préislamique, majoritairement polythéiste, ce nom était déjà en usage ; il y représentait moins, semble-t-il, un dieu particulier que « la divinité » en général, incarnée dans une multitude de dieux locaux. L'objectif de la prédication Muḥammadienne a donc été d'abord celui-ci : contre ceux qui s'obstinaient à lui « associer » d'autres dieux (et que le Coran appelle, pour cette raison, des « associateurs »), faire admettre que, désormais, en *Allāh* seul se résume la divinité. Une des toutes premières sourates du Coran (chronologiquement parlant), la sourate CXII, appelle le Prophète à proclamer qu'*Allāh* est unique ; « il n'engendre pas et il n'est pas engendré ». Cela à l'encontre des polythéistes mekkois, qui voyaient, dans les trois déesses honorées dans leur temple, des « filles d'*Allāh* » (Coran, XXXVII, 149-153 ; XLIII, 16 ; LIII, 19-22) ; mais aussi à l'encontre des chrétiens, qui prétendaient faire de Jésus un Dieu fils de Dieu (Coran, IV, 17 ; IX, 30 et 31 ; XIX, 34 et 35).

La représentation qu'un musulman peut se faire de Dieu est la synthèse, pas toujours aisée, et dans des proportions variables, de données coraniques, de « dits » du Prophète et de spéculations théologiques. Le Coran n'est pas un catéchisme ordonné, ni un récit linéaire, comme les premiers livres de la Bible ou les Évangiles. À de rares exceptions près (les plus longues sourates étant elles-mêmes composites), c'est une succession de messages brefs, volontiers répétitifs, souvent d'une grande intensité poétique ou dramatique, où alternent, de façon imprévisible, récits édifiants relatifs aux prophètes et aux peuples du temps passé, tableaux eschatologiques, textes normatifs, exhortations, admonestations, rappels insistants de la grandeur et de la toute-puissance de Dieu, de la magnificence de sa création, de la multitude de ses bienfaits, etc. En outre, le texte coranique est loin d'être toujours clair ; en maints endroits, il se prête à de multiples exégèses, dont témoignent les volumineux commentaires qui lui ont été consacrés. On comprend donc qu'au niveau même du dogme, pour peu qu'on entre dans le détail, il ait pu y avoir, entre théologiens musulmans, des divergences importantes.

La « basmala ». La formule « au nom de Dieu le Bienfaisant le Bienveillant » ouvre chacune des sourates du Coran à l'exception de la neuvième. Elle est d'usage avant tout acte important, faute de quoi, dit une tradition, l'acte serait « mutilé ». Cependant, la prière rituelle débute par la formule « Allāhu akbar », c'est-à-dire « Dieu est plus grand ». Calligraphie du professeur Emin Barin, époque contemporaine, Turquie (R. et S. Michaud, Rapho).

« Son trône s'étend sur les cieux et la terre. » Le verset du trône (II, 255) est l'objet d'une vénération spéciale de la part des musulmans, qui l'affichent volontiers chez eux. Ses premiers mots figurent ici sur un « minbar » (chaire) du XIIIe siècle, provenant de la mosquée de Tashun Pasha. Musée ethnographique, Ankara (R. et S. Michaud, Rapho).

La nature de Dieu

Du fait même qu'il est unique, le Dieu de l'islam est naturellement pourvu de toutes les perfections imaginables. Dans le Coran, ces diverses perfections sont exprimées notamment par tous les « noms » que Dieu s'y donne et qui sont, en réalité, autant de qualificatifs qu'il s'applique (le « Très Saint », le « Très Haut », le « Protecteur », le « Donateur », etc.). Il suffira d'en retenir ici les plus significatifs.

Dieu est vivant, il est « le vivant qui ne meurt point » (XXV, 58), par opposition au monde des créatures où vie et mort sont liées indissolublement. Il est éternel – bien qu'en vérité cette idée soit peu présente dans le Coran ; quand elle s'y trouve, c'est uniquement dans le sens de la « post-éternité » : Dieu ne cessera pas d'être, « toute chose périra excepté sa face » (XXVIII, 88). Qu'il n'ait pas commencé d'être, en revanche, n'est jamais dit. Ce sont les théologiens qui ont développé ce thème et qui, à l'inverse, ont pris l'habitude (notamment les théologiens mu'tazilites) d'appeler Dieu « le Prééternel » (*al-Qadīm* – encore que, littéralement, ce terme signifie simplement « l'Ancien », c'est-à-dire celui dont l'existence est antérieure à toute autre existence).

Dieu est tout-puissant, les cieux et la terre lui sont soumis. Il est « le Roi », « le Seigneur des mondes », « le Vainqueur », « le Dominateur », à qui nul ne saurait s'opposer. Toutes choses adviennent par « son décret et sa détermination ». Maître des destinées, il est celui qui fait vivre et fait mourir, procure biens et maux, « donne et retient », « grandit et avilit », « élève et abaisse » ; et aussi celui qui sauve et perd, car « il guide qui il veut et égare qui il veut ». Sur ce thème de la toute-puissance divine, que le Coran comme la tradition affirment sans réserve, les théologiens se divisent. Les sunnites, pour leur part, n'y mettent aucune limite ; ils considèrent que tout ce qui advient dans l'univers advient par la souveraine volonté de Dieu, qu'en particulier (car c'est cela qui importe) la conduite des hommes ici-bas, leur statut de croyants ou de mécréants, leur sort dans l'au-delà (les uns au paradis, les autres en enfer) sont déterminés à l'avance par Lui. Les mu'tazilites, en revanche, au nom d'une autre perfection de Dieu, son absolue justice (et en s'appuyant, eux aussi, sur divers versets coraniques qui leur paraissent aller dans ce sens), jugent inconcevable de ne pas reconnaître aux hommes une part d'initiative, de libre choix, une capacité de s'opposer, le cas échéant, à la volonté divine, de façon à *mériter* la récompense ou le châtiment qu'en fonction de leur conduite Dieu leur attribuera dans l'autre monde.

Dieu est omniscient. Il est « le bien Informé », « le Témoin » de toutes choses, « le Vigilant », que « nulle somnolence, nul sommeil ne prennent ». Rien ne lui échappe, pas même les plus secrètes pensées des hommes. Pour les théologiens (sauf de rares exceptions), cette science divine est éternelle : Dieu n'apprend pas les choses au moment où elles se produisent ; de toute éternité, il sait qu'elles adviendront. Cela, pour les sunnites, constitue un argument de plus en faveur de l'universelle prédétermination : toutes choses sont et seront telles que Dieu, de toute éternité, les

La « chahada ». La double profession de foi musulmane, « il n'est de dieu que Dieu et Muḥammad est son prophète », est proclamée cinq fois par jour du haut de chaque minaret, lors de l'appel à la prière rituelle. Calligraphie sur bois, musée des Arts turcs et islamiques, Istanbul (R. et S. Michaud, Rapho).

sait devoir être ; il ne se peut pas que les hommes agissent autrement que de la façon qu'il sait qu'ils agiront.

Dieu est juste. Les mu'tazilites entendent par là qu'il agit nécessairement conformément à ce que notre raison nous dit être la justice ; ils excluent la possibilité qu'il puisse commettre un acte que notre raison nous dit être injuste (par exemple, vouer un enfant – être irresponsable – à la damnation perpétuelle). Pour les sunnites, Dieu, en tant que tel, n'est soumis à aucune règle ; tout ce qu'il fait est juste, dès lors qu'il le fait ; s'il agissait en sens contraire, ce serait pareillement juste.

La justice de Dieu se manifestera notamment au Dernier Jour, lorsqu'il récompensera ceux qui auront cru et auront bien agi, et qu'il châtiera mécréants et pécheurs. Pour les mu'tazilites, sa justice l'*oblige* à cela. Pour les sunnites, Dieu pourrait, s'il le voulait, agir en sens contraire ; si nous avons cependant la certitude qu'il agira de la sorte, c'est parce qu'il l'a dit dans son Coran, or il est nécessairement véridique.

Dieu est bon. L'un de ses noms majeurs, déjà attesté à l'époque préislamique, est *al-Raḥmān*, « le Bienfaiteur ». En Islam, tout acte de quelque importance implique au préalable récitation de la formule *bi-smi llāhi al-raḥmān al-raḥīm*, « au nom de Dieu le Bienfaisant le Bienveillant » (et non « le Clément, le Miséricordieux », comme on traduit généralement ; ces termes impliquent une idée de pardon qui n'est pas dans l'arabe *raḥma*). Ces bienfaits de Dieu, comme le rappelle le Coran à maintes reprises (notamment dans la sourate LV), se voient dans toute la création : la terre, dont il a fait, pour les hommes, un « lit », un « tapis », un « berceau » ; le soleil et la lune, qui sont lumière et qui permettent de mesurer le temps ; la nuit, qu'il a créée pour le repos ; l'eau, qu'il fait descendre du ciel et qui fait reverdir la terre, croître les fruits ; la subsistance qu'il assure à chacun ; etc. Les mécréants sont ceux-là mêmes qui refusent de reconnaître les innombrables bienfaits de leur Seigneur (le même mot arabe *kufr* signifie à la fois « mécréance » et « ingratitude »). La bienfaisance de Dieu se manifeste aussi dans l'aide qu'il apporte aux hommes relativement à leur salut dans l'au-delà, autrement dit sa grâce. C'est là encore une question qui divise les théologiens. Pour les mu'tazilites, Dieu, au nom de sa justice, est tenu d'accorder sa grâce à tous sans distinction ; pour les sunnites, au nom de son absolue souveraineté, il la réserve à qui il veut.

La bonté de Dieu se voit encore à son indulgence : il est « Celui qui pardonne », « qui accepte le repentir », il est « le Patient » qui ne se hâte pas de châtier. On imagine, là aussi, comment sunnites et mu'tazilites peuvent, sur ce point, s'opposer. Pour les sunnites, conformément au texte coranique, « Dieu pardonne à qui il veut et châtie qui il veut » (II, 284 ; III, 129) ; il peut donc, pour une faute identique, châtier l'un et pardonner à l'autre ; il n'est aucunement tenu de pardonner au pécheur repentant et il peut, en revanche, pardonner au pécheur non repentant. Les mu'tazilites, naturellement, toujours au nom de la justice divine, soutiennent le point de vue exactement inverse.

Outre ces perfections positives, il convient de dire ce que Dieu n'est pas. La plupart des théologiens s'accordent à penser qu'il n'est pas un corps, qu'il n'a pas de forme, qu'il n'occupe pas un lieu quelconque ; que, d'une façon générale, il ne saurait ressembler à rien de ce qui existe ici-bas, conformément à ce qui est dit en Coran, XLII, 11 : « À sa semblance il n'est rien. » Une difficulté majeure sur ce point est que, en regard de cette affirmation d'une absolue transcendance, le Coran suggère en maints endroits une représentation « corporéiste » et anthropomorphique de Dieu : il y est question de sa main ou de ses mains (II, 245 ; III, 26 et 73 ; V, 64), de ses yeux (XI, 37 ; XX, 39 ; XXIII, 27), de sa face (II, 115 et 272 ; XXVIII, 88) ; du Trône sur lequel il « s'assied en majesté », une fois sa création achevée (VII, 54 ; X, 3 ; XXV, 59). Nombre de versets, également, « localisent » Dieu, plus ou moins explicitement, dans les hauteurs : il est « au-dessus » des hommes (VI, 18 et 61 ; XVI, 50), « celui qui est au ciel » (LXVII, 16 et 17) ; il a « fait descendre » le Livre (II, 276 ; etc.) ; « vers lui monte la bonne parole » (XXXV, 10). La tradition va dans le même sens. Un « dit » prophétique célèbre, objet de maints commentaires, assure que « Dieu a créé Adam selon sa forme ». Un autre (d'authenticité, certes, contestée) fait dire à Muḥammad : « Dieu a posé sa main sur mon épaule, au point que j'ai senti la fraîcheur de ses doigts. » La tradition parle aussi de l'« ascension » du Prophète jusqu'au Trône divin, de la « descente » de Dieu chaque nuit, etc. On ne s'étonnera pas que des musulmans (ceux que les traités de théologie appellent « assimilationnistes ») aient pu, ou puissent encore, prendre ces expressions à la lettre. Dans les premiers siècles de l'islam, il s'est trouvé des théologiens pour soutenir expressément que Dieu était un corps, quitte à déclarer qu'il était « un corps non comme les autres corps ». Une position sunnite consiste à admettre ces anthropomorphismes du Coran comme vérité de foi, mais sans chercher à savoir *comment* Dieu peut avoir des mains, être assis, etc. D'autres sunnites, ainsi que l'ensemble des mu'tazilites, jugent nécessaire en l'occurrence d'avoir recours à l'interprétation métaphorique : les « mains » de Dieu signifieraient en réalité sa toute-puissance, ses « yeux » sa science, sa « face » son essence, sa « session » sur le Trône sa domination sur toutes choses.

Les noms d'Allāh. Selon une parole du Prophète, « Dieu a quatre-vingt-dix-neuf noms, et quiconque les garde en mémoire entrera en Paradis ». Une liste de noms divins, tirés pour la plupart du Coran, a fini par s'imposer et est devenue aujourd'hui quasi canonique. La vénération de ces noms est un élément caractéristique de la piété musulmane, qui invite à les répéter, à les méditer, à invoquer Dieu par eux conformément à la recommandation du Coran (VII, 180). Leur récitation se fait ordinairement à l'aide d'un chapelet à quatre-vingt-dix-neuf grains. De leur importance en islam témoigne aussi l'usage de noms de personne formés du mot « 'Abd » (serviteur, adorateur) déterminé par l'un des noms divins : 'Abd al-Qādir (serviteur du Tout-Puissant), 'Abd al-Malik (serviteur du Roi). Les noms de Dieu sont ici brodés sur un tapis de prière égyptien d'époque moderne. Coll. part., Paris (J.-L. Charmet).

Une autre question du même ordre est de savoir si Dieu est visible aux regards humains. Le Coran, là-dessus, est apparemment contradictoire. Un verset déclare que « les regards [des hommes] ne l'atteignent point » (VI, 103). Un autre passage dit, au contraire, qu'au Dernier Jour « des visages [ceux des élus] seront brillants, leur Seigneur regardant » (LXXV, 22 et 23) ; de même, dans le verset 143 de la sourate VII, Moïse dit à Dieu : « Seigneur, fais-moi voir, que je te regarde. » Un « dit » du Prophète assure, par ailleurs, qu'au jour de la Résurrection les croyants verront leur Seigneur « comme vous voyez la lune, la nuit de pleine lune ». Les théologiens mu'tazilites, aussi ardents à défendre la transcendance de Dieu que sa justice, considèrent que seul un corps est visible aux regards, or Dieu n'est pas un corps ; tout au plus admettent-ils une vision « par le cœur ». Les sunnites, en revanche, admettent comme vérité de foi la vision de Dieu – limitée, il est vrai, à celle qu'en auront les élus dans l'au-delà –, et, cette fois encore, en excluant la question de savoir *comment* cette vision peut se réaliser.

On pourra remarquer, à ce propos, que l'islam a, dès l'origine, prohibé toute forme de représentation figurée de Dieu. Mais cela a surtout la signification d'un rejet de l'idolâtrie, à laquelle l'islam a précisément entendu mettre fin.

L'affirmation d'une absolue transcendance divine dans le verset 11 de la sourate XLII (« à sa semblance il n'est rien ») pose un autre problème, qui est de fond. Si véritablement Dieu est radicalement différent des créatures, cela ne conduit-il pas à penser que nous sommes dans l'incapacité totale de le connaître et que notre langage est radicalement impuissant à le décrire ? Telle a été de fait, notamment, la position des théologiens ismaéliens, qui se refusaient à qualifier Dieu de quelque façon que ce soit, tout attribut positif impliquant, selon eux, une forme d'« assimilationnisme ». La position ordinaire des théologiens – en dépit du relatif illogisme que cela implique – est que, même si nous ne pouvons nous représenter Dieu dans sa réalité, nous pouvons cependant connaître sa nature, cela avec notre langage et à partir de notre propre expérience ; la transcendance divine n'empêche pas, par ailleurs, une nécessaire analogie (au sens ordinaire du mot) entre Dieu et les créatures. Nous qualifions celui-ci de puissant, savant, etc., à partir de l'expérience que nous avons de ce qu'est, parmi les hommes, un puissant, un savant. De leur côté, les mystiques déclarent possible une autre forme, plus intime, plus concrète, de connaissance de Dieu.

La création

Dieu, enfin, est le Créateur. Il a créé tout ce qui existe : la terre, les sept cieux et « tout ce qui est entre ». Le Coran ne comporte pas un récit détaillé et suivi de la Genèse ; il ne donne, ici comme toujours, que quelques notations éparses (par exemple, XIII, 2 et 3 ; XLI, 9-12). Comme dans la Bible, il est dit que Dieu a créé l'univers en six jours, à la suite de quoi il s'est « assis en majesté » sur son Trône (VII, 54 ; X, 3 ; XXV, 59). Les théologiens comprennent, bien entendu, cette création comme étant *ex nihilo*. Certaines formules coraniques suggèrent cependant l'idée d'un Chaos primordial que Dieu serait venu rompre : ainsi dans le verset XXI, 30, où il est dit que « les cieux et la terre étaient soudés, et nous les avons dessoudés » ; ou encore cette formule, six fois attestée, qui qualifie Dieu de *fāṭir al-samawāti wa l-arḍ* (VI, 14 ; XII, 101 ; XIV, 10) et qui, prise littéralement, signifie qu'il a « fendu », c'est-à-dire séparé, les cieux et la terre. Selon certains versets (II, 29 ; XLI, 9-12), Dieu a créé d'abord la terre et tout ce qui s'y trouve (montagnes, fleuves, végétaux, etc.), puis les cieux, qu'il a disposés en sept couches superposées (LXVII, 3 ; LXXI, 15). Au ciel inférieur, il a fixé ces « lampes » que sont le soleil, la lune, les étoiles (XLI, 12 ; LXVII, 5).

Antérieurement à la création de l'homme, Dieu a créé les anges, ainsi que les djinns, deux catégories d'êtres normalement invisibles aux humains. Les anges (autre emprunt à la tradition juive et chrétienne) sont les serviteurs et les messagers de Dieu (XLIII, 19 ; XXXV, 1). Ils se tiennent ordinairement en cercle autour du Trône divin, « célébrant les louanges de leur Seigneur » (XXXIX, 75 ; XL, 7). Ce sont eux que Dieu a envoyés, par exemple, à Abraham pour lui annoncer la naissance d'Isaac (XI, 69-74 ; XV, 51-56), à Marie pour lui annoncer celle de Jésus (III, 42-47). Ce sont des anges, et particulièrement l'ange Gabriel (II, 97), qui transmettent à Muḥammad la révélation coranique. Ce sont eux encore qui observent les actions des hommes et en tiennent le registre (VI, 61 ; X, 21 ; L, 16-18). Selon le Coran même, la croyance aux anges est un des articles fondamentaux de la foi musulmane (II, 177 et 285 ; IV, 136). Les djinns, quant à eux, représentent dans l'islam la survivance d'une croyance préislamique fortement ancrée chez les Arabes : êtres mystérieux, malins, éventuellement dangereux, susceptibles de s'incarner de mille façons, à qui il faut, en toutes occasions, prendre garde. Leur existence parmi nous n'est pas davantage mise en doute par le Coran, qui, en maints passages, associe « les djinns et les hommes » (VI, 130 ; VII, 38 et 179 ; XI, 119). Souvent, leur mention intervient dans un contexte dépréciatif : il s'agit notamment de djinns mécréants et voués à l'enfer (cf. encore XXXII, 13 ; XLI, 25 ; XLVI, 18). Mais il y a aussi, parmi eux, des croyants (cf. XLVI, 29-31, et LXXII, 1-15).

Puis vient la création de l'homme, conforme au texte biblique (Genèse, II, 7) : Dieu le tire d'une argile qu'il a pétrie, façonnée, et dans laquelle il a insufflé de son *rūḥ*, mot qui peut se traduire aussi bien par « souffle » et « esprit » (XV, 26-29 ; XXXVIII, 71 et 72). La suite est plus inattendue (mais elle reproduit certaines traditions juives et chrétiennes) : une fois Adam créé, Dieu ordonne aux anges de se prosterner devant lui. Tous acceptent, à l'exception d'un seul, l'orgueilleux Iblīs (contraction probable de διάβολος), qui sera désormais le Démon (*al-s̲h̲ayṭan*, Satan) et que Dieu maudit et chasse, tout en lui laissant pouvoir d'égarer les hommes, à l'exception des vrais croyants (cf. notamment VII, 11-18 ; XV, 28-42 ; XXXVIII, 71-85). L'incertitude demeure, à vrai dire, quant à la nature première d'Iblīs : d'après le verset XVIII, 50, ce n'aurait été, en réalité, qu'un djinn, créé de feu comme les autres (cf. VII, 12, et XXXVIII, 76, ainsi que XV, 27, et LV, 15). Iblīs/Satan n'est pas seul, il a avec lui des « légions » d'autres Satans, tous appliqués à suggérer le mal et l'erreur. Le Démon est « l'ennemi de l'homme » (II, 168 et 208 ; XII, 5). Lors du pèlerinage musulman, il est rituellement lapidé.

La première victime d'Iblīs est, bien entendu, Adam, et on retrouve ici le récit de la Genèse. Dieu installe Adam et son épouse dans « le Jardin », les invite à manger de tous les fruits qui s'y trouvent, mais leur interdit l'accès à un certain arbre. Le Démon alors les séduit, prétendant que l'arbre interdit est l'arbre de l'immortalité ; ils goûtent de ses fruits, voient alors qu'ils sont nus et se vêtent de feuilles (II, 35 et 36 ; VII, 19-22 ; XX, 120 et 121). Dieu les chasse du « Jardin » et leur annonce qu'ils vivront désormais, sur la terre, d'une vie éphémère (II, 36 ; VII, 24 et 25). Il convient de noter cependant que, dans la perspective musulmane, la « chute » d'Adam est sans véritable conséquence pour l'humanité ultérieure : l'islam ignore le mythe du péché originel. Le Coran dit, du reste, que Dieu a pardonné à Adam, après que celui-ci eut reconnu sa faute (II, 37 ; VII, 23 ; XX, 122). Au regard de la tradition, il passe même pour avoir été le premier des prophètes (sans doute en raison de l'hommage que lui ont rendu les anges et de la « science des noms » que Dieu lui a donnée, cf. II, 31-33).

Muḥammad et les prophètes. D'Adam à Jésus, la tradition musulmane considère comme prophètes et prédécesseurs de Muḥammad un certain nombre de personnages qui apparaissent d'abord dans la Bible. Six d'entre eux sont ici représentés juste avant son « ascension », aux côtés de Muḥammad. Miniature turque, XVe siècle (Bibliothèque nationale de France, Paris).

L'histoire ultérieure de l'humanité, telle que la rapporte le Coran, se caractérise en effet fondamentalement par la succession des prophètes que Dieu n'a cessé de susciter parmi les hommes pour les rappeler à la vraie religion, qui est adoration du Dieu unique et attente du Dernier Jour. Parmi ces prophètes, il y a naturellement Moïse, l'homme de la Tora, de loin le plus souvent cité dans le Coran (cf. notamment la sourate XXVIII) ; Jésus, fils de Marie, qui n'est en réalité que cela, contrairement à ce que prétendent les chrétiens ; mais aussi Noé, Aaron ; Abraham, que le Coran présente comme le premier « soumis » (*muslim*, autrement dit « musulman »), l'islam n'étant rien d'autre que la pure « religion d'Abraham » (II, 130-132 ; IV, 125 ; XXII, 78) ; Ismaël, Lot, Isaac, Jacob, Joseph, Job, David et Salomon, etc. (cf. notamment IV, 163 et 164, et VI, 83-86) ; d'autres prophètes encore, ignorés de la Bible, qui, avec Abraham et Muḥammad, sont censés appartenir au groupe des « prophètes arabes » et qui ont en commun le fait que leurs peuples, maintenant disparus, ont été anéantis par Dieu en raison de leur impiété : Hūd, prophète des ʻĀd ; Ṣāliḥ, prophète des Thamūd ; Shuʻayb, prophète des Madyan (cf. notamment les sourates VII, XI et XXVI). Muḥammad, comme on l'a déjà indiqué, est le dernier de la série, « le Sceau des prophètes » (XXXIII, 40).

La situation d'un « Envoyé de Dieu » parmi les siens est souvent décrite par le Coran telle que l'a vécue Muḥammad à La Mecque les premières années de sa prédication : entouré d'incrédules, qui ne veulent voir en lui qu'un homme comme les autres (cf. XI, 27 ; XXIII, 33 et 34 ; LIV, 24). La position des théologiens est qu'un prophète se fait reconnaître comme tel par les miracles que Dieu produit par son intermédiaire. Tel a été, de fait, le cas, notamment de Moïse (VII, 106-108 ; XX, 17-23, etc.) et de Jésus, à qui Dieu a donné en particulier le pouvoir de ressusciter les morts (III, 49 ; V, 110). À lire le Coran, XVII, 90-93, on pourrait penser qu'il en a été autrement de Muḥammad, qui s'y déclare incapable des prodiges qu'on attend de lui. En réalité, il n'échappe pas à la règle. Pour la tradition musulmane, Muḥammad, lui aussi, a des miracles à son actif ; le plus important d'entre eux est le Coran même qui lui a été révélé, et qui a en propre d'être inimitable ; mais on lui en attribue un certain nombre d'autres, dont notamment (à partir du verset XVII, 1) son « ascension ».

Une question que se posent les théologiens est de savoir si le miracle est l'apanage des seuls prophètes. Les mu'tazilites, en général, pensent ainsi. Les sunnites, au contraire (sauf exceptions), considèrent que Dieu peut également faire se produire des faits contraires à la normale (appelés, en l'occurrence, « prodiges » et non « miracles ») en faveur d'autres êtres d'exception, mais plus proches du simple fidèle, qui sont les saints (*awliyā' Allāh*, littéralement : les « proches » ou « amis » de Dieu). Personnages réputés pour leur dévotion, leur ascétisme ou d'autres vertus, les saints tiennent en effet une grande place en islam, du moins dans l'islam populaire qui les vénère et en attend protection.

Les fins dernières

Ce monde, que Dieu a créé, finira, quand « l'Heure » sera venue : la terre tremblera, les montagnes éclateront, le ciel se fendra (XXII, 1 et 2 ; LVI, 1-3 ; LXIX, 13-16 ; LXXVII, 8-11), la trompette sonnera. Tous les morts aussitôt seront ressuscités et comparaîtront devant Dieu pour être jugés. Ce sera le « Jour de la reddition des comptes » (XXXVIII, 16 et 26 ; XL, 27) ; les actions de chacun seront pesées sur la « Balance » (VII, 8 et 9 ; XXI, 47 ; XXIII, 102 et 103). Ceux qui auront cru et « fait œuvre pie » entreront en Paradis, où ils demeureront perpétuellement ; mécréants et pécheurs seront, eux, voués à la Géhenne, eux aussi à perpétuité. Ainsi, du moins, s'exprime le Coran (IV, 14 ; LXXII, 23) ; les théologiens sunnites estiment cependant que, en ce qui concerne les musulmans pécheurs, leur châtiment prendra nécessairement fin, Dieu ne pouvant, en tout état de cause, infliger une peine identique à un croyant et à un mécréant. Ils pourront par ailleurs, éventuellement, bénéficier de l'intercession du Prophète.

La description du Paradis, selon le Coran, est bien connue ; c'est l'oasis telle qu'on l'imagine aisément dans un pays de pierraille surchauffée comme l'Arabie, et où l'on jouit du repos tant espéré : des eaux courantes sous des ombrages, des mets délicieux, des épouses parfaites. L'Enfer est une fournaise ardente. À ces descriptions, la tradition a ajouté certains détails originaux : en particulier, le « Pont » (*al-ṣirāṭ*), suspendu au-dessus de l'Enfer et conduisant au Paradis, « plus fin qu'un cheveu et plus affilé qu'une épée », et que seuls les croyants parviendront à franchir ; le « Bassin » (*al-ḥawḍ*) où viendront boire les élus après avoir franchi le « Pont ».

Résurrection et Jugement dernier sont un des thèmes majeurs du Coran. Le croyant est celui qui vit dans la crainte de « l'Heure » (XXI, 49 ; XLII, 17 et 18), le mécréant celui qui doute de sa venue et ne s'en inquiète pas (XX, 15 et 16 ; XXV, 11 ; XXXIV, 3). La tradition est allée plus loin encore dans ce sens, soutenant l'idée que, dès après la mort, l'homme a un avant-goût du sort qui l'attend dans l'au-delà. Dans la tombe, deux anges l'interrogent sur sa religion ; au croyant, il est montré la place qu'il occupera en Paradis ; le mécréant, lui, est déjà châtié. C'est le « châtiment de la tombe », dont on dit qu'à chacune de ses prières le Prophète demandait à Dieu de le préserver.

LES MONDES DIVINS

La lune et le soleil. C'est assez tardivement que Soma, qui désignait dans la religion védique l'« ambroisie », élixir d'immortalité, devient le nom du dieu-lune. Du breuvage sacré, le sens a glissé juqu'à la semence qui féconde les eaux, puis à la date même de cette fécondation : la nuit de la nouvelle lune. Associée aux notions de fraîcheur, d'humidité, de sérénité, et aussi à l'argent, la lune trouve en Surya, le soleil, son complémentaire. L'astre du jour est associé à l'or, au feu, au sec. L'union des principes opposés a permis la naissance de l'univers et en assure la permanence. Chars de la lune et du soleil, miniatures du XVIIIe siècle, école de Mewar, musée d'Udaipur (R. et S. Michaud, Rapho)

noms des dieux	parèdre	forme akkadienne	fonction	représentation	iconographie	lieu principal du culte	symbolisation mathématique
An	Antum	Anu	père des dieux	ciel	tiare à cornes	Uruk	60
Enlil	Ninlil	Enlil	père des dieux	terre	tiare à cornes	Nippur	50
Enki	Ninki	Éa ou Enki	sagesse, magie	eaux	poisson	Eridu	40
Nannar	Ningal	Sin		lune	croissant	Ur, Harran	30
Utu	Aja	Shamash	justice	soleil	disque solaire	Larsa, Sippar	20
Inanna		Ishtar	guerre, amour	vénus	étoile	Uruk	15
Ishkur	Shapash	Adad		orage	foudre	Ur	10
Ninurta	Gula	Ninurta	guerre, chasse	ouragan	sceptre à double tête de lion		(50)
Gibil ou Girru		Giril ou Girru		feu	lampe		
Nergal	Ereshkigal	Nergal		enfers	sceptre à tête de lion	Kutha	
Dumuzi		Tammuz		végétation	serpent, palmier	Uruk	

Les principales divinités du monde divin sumérien

Babylonie (~1800-~1700)	Assyrie (~721-~612)	Mari (~1800)	fonction	Ugarit (~1250)	fonction	Hittito-Hourrite (~1250)	fonction	Élam (~IIe millénaire	fonction
Marduk —	Assur	Dagan	dieu national	Él ∞	père des dieux	Teshub ∞	dieu du Temps	Humba	dieu puissant
Nabu	Anu	Iturmer	dieu local de Mari	Athirat	mère des dieux	Hebat* —	épouse de Teshub	In-shushina	dieu de Suse
Anu	Enlil	Anat	déesse de l'Amour	Ba'al	orage	Sharruma	fils du couple divin	Nahhunt	soleil
Éa	Éa	Annunitum	déesse de la Guerre	Dagon	végétation agriculture	Allanzu	fille du couple divin	Pinenkir	déesse de l'Amour
Enlil	Sin	Shamash	?	Yam	dieu de la Mer	Kumarbi	père des dieux	Kiri-rish	mère des dieux
Shamash	Shamash	Sin	?	Kothar	dieu artisan	Éa		Part	déesse locale
Ishtar	Adad	Adad	?	'Anat	déesse de l'Amour et de la Guerre	Shaushka	déesse de l'Amour	dieux babyloniens : Nergal, Éa, Annunitum, Adad, Nabu...	
Sin	Marduk	Nergal	?	'Athtar	déesse de la Fertilité et de la Guerre	Kushuh	lune		
	Nabu	Éa	?	Shapash	soleil	Shimegi	soleil du ciel		
	Nergal								
	Ishtar								

* assimilée à la déesse solaire d'Arinna hittite ∞ symbole du mariage — symbole de la filiation

Les mondes divins de l'ancien Orient asiatique

nom	origine	représentation		fonction	évolution
AMON	Hermopolis ou la région thébaine. Son nom signifie « le Caché ». Dieu de Karnak, où il constitue une triade avec Mout et Khonsou. Son ascension est liée à celle des princes de Thèbes ; il deviendra une divinité dynastique et dominera le panthéon égyptien.	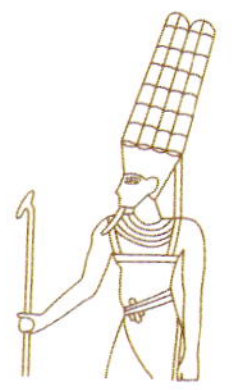	Parfois représenté avec une tête de bélier, le plus souvent anthropomorphe, il est alors coiffé d'un mortier surmonté de deux hautes plumes et du disque.	Il a la fonction d'un dieu universel ; il assimile de nombreuses divinités comme Rê, Min de Coptos ; il prend alors les formes d'Amon-Rê, d'Amon-Min...	Le pillage de Thèbes au ~ VIIe siècle marque le début de son déclin, mais on le rencontre encore à l'époque gréco-romaine et dans les textes magiques coptes.
ANUBIS	dix-septième nome de Haute-Égypte (Cynopolite)		dieu Chacal ou à tête de chacal	Dieu des Funérailles et de la Nécropole, il est aussi embaumeur et psychopompe	Il sera supplanté comme dieu funéraire par Osiris, dont il deviendra l'acolyte. Il se maintiendra jusqu'à l'époque gréco-romaine dans cette fonction.
APIS	Memphis, où il est attesté depuis le début de l'époque historique		taureau blanc taché de noir	Associé à Ptah puis à Osiris ; c'est un dieu de la Fécondité et de la Renaissance. Sa mort est l'occasion de processions et l'intronisation du nouvel Apis est l'occasion de fêtes.	Il sera particulièrement adoré à l'époque gréco-romaine sous la forme de Sérapis.
APOPIS	création théologique	représentation rare et incertaine	grand serpent céleste	Ennemi de la barque solaire, il sera identifié à Seth, dieu des Forces mauvaises.	Fréquemment attesté à la basse époque et à l'époque gréco-romaine, il disparaît ensuite.
ATON	Aton signifie « le Disque solaire » ; cet aspect du Soleil sera divinisé par Aménophis III (env. ~ 1400- ~ 1370). Aménophis IV, qui deviendra Akhenaton (~ 1372- ~ 1354), en fera un dieu unique rompant avec le clergé de Thèbes. Son grand temple sera situé dans la nouvelle capitale Akhet-Aton, ce qui signifie « l'Horizon d'Aton ». Ce site porte acutellement le nom de Tell el-Amarna.		disque solaire dont les rayons pourvus de mains tendent des signes de vie	Dans la conception amarnienne, le dieu Soleil est à l'origine de la force vitale qui anime les choses et les êtres.	Son culte disparaît peu après la mort d'Aménophis IV. Ses représentations seront martelées sur les monuments, le dieu Amon retrouvant ses prérogatives.
ATOUN	création théologique héliopolitaine		anthropomorphe	Son nom signifie « la Totalité » ou « le Néant » ; assimilé au Soleil du soir, il se place à la tête de l'ennéade héliopolitaine	
BASTET	Boubastis (« le Domaine de Bastet »)		d'abord déesse Lionne, ensuite se fera Chatte	Parfois identifiée à l'aspect bienfaisant de la puissance solaire.	Très en faveur à l'époque gréco-romaine.
BÈS	étrangère ?		gnome barbu et difforme	Protecteur (animaux venimeux, accouchements, etc.).	Très populaire, sa croyance est encore attestée à l'époque chrétienne.
GEB	Héliopolis		un homme	Il fait partie du deuxième couple engendré par le démiurge dans la théologie héliopolitaine. Il représente la Terre, Nout le Ciel constituant sa contrepartie féminine ; selon la tradition, il aurait effectivement occupé le trône de l'Égypte.	
HARPOCRATE	attesté depuis le Nouvel Empire		Enfant nu, le doigt à la bouche ; il porte sur le côté du crâne une lourde tresse.	Forme juvénile d'Horus, son nom signifie « Horus l'enfant » ; il est assimilé au dieu Ched dans son rôle de protecteur, en particulier sur les stèles magiques où il est représenté dominant les animaux du désert.	Particulièrement en faveur à l'époque tardive.
HATHOR	?		déesse Vache où à tête de vache	D'abord déesse cosmique (Ciel), elle devint une déesse de la Joie et de l'Amour avec un aspect funéraire comme protectrice de la nécropole thébaine.	En faveur jusqu'à l'époque ptolémaïque, où on lui consacre le temple de Dendéra.

Le monde divin de l'Égypte antique

nom	origine	représentation	fonction	évolution
HORUS	Hiérakonpolis ?	 dieu Faucon	Il devient dieu dynastique en raison du succès politique des souverains de cette ville. Il est plus connu sous son aspect de fils d'Isis et d'Osiris en raison du rôle qu'il joua dans la légende osirienne comme adversaire de Seth.	
ISIS	le delta ?	 anthropomorphe	Cette divinité connut une faveur considérable en raison du rôle essentiel qu'elle joua dans la légende osirienne ; elle est le symbole de la mère, de l'épouse, mais aussi de la magicienne.	Son culte se répand à l'époque gréco-romaine dans tout le bassin méditerranéen.
KHEPRI	Héliopolis	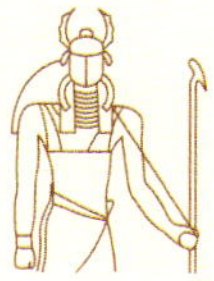 le scarabée	Son nom signifie « devenir », et il symbolise le Soleil du matin. On le trouve fréquemment sous la forme de sceaux et d'amulettes qui se répandent dans tout le bassin méditerranéen.	
KHNOUM	Éléphantine ?	 le bélier	Le dieu de la crue du Nil. C'est aussi un dieu créateur qui modèle les humains sur un tour de potier.	Il se maintient à l'époque gréco-romaine (Esna).
KHONSOU	la région thébaine	 coiffé du croissant lunaire et représenté aussi avec une tête de faucon	Il est intégré à la triade de Karnak comme fils d'Amon et de Mout.	
MAÂT	création théologique	 déesse coiffée d'une plume d'autruche	Elle symbolise la norme, l'ordre divin auquel tous doivent se soumettre pour la bonne marche de l'univers.	
MIN	Coptos	 Représenté le phallus en érection, il est vêtu d'une gaine et coiffé d'un mortier surmonté de deux hautes lunes ; son bras droit en équerre tient le flabellum.	Dieu de la Création et de la Reproduction ; il protège aussi les pistes désertiques.	Assimilé par le dieu Amon sous la forme d'Amon-Min
MONTOU	la région thébaine	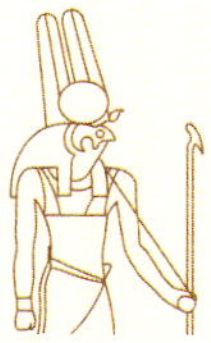 homme à tête de faucon coiffé du disque solaire et d'une paire de cornes	Dieu guerrier : le taureau Boukhis lui est consacré.	Très en faveur au début du Moyen Empire, il sera éclipsé par Amon, qui intégrera certains de ses traits.
NEITH	Saïs dans le delta occidental	 Femme coiffée de la couronne rouge de Basse-Égypte ; l'arc et les flèches sont ses symboles.	Divinité créatrice androgyne qui présente différents aspects.	Elle sera identifiée par les Grecs à Athéna.
NOUN	création théologique	représentation rare et incertaine — rare et anthropomorphe	C'est l'Océan liquide qui précéda la Création ; ce Chaos repoussé menace sans cesse l'Ordre universel (Maât), qu'il faut maintenir quotidiennement par le culte.	
NOUT	Héliopolis ?	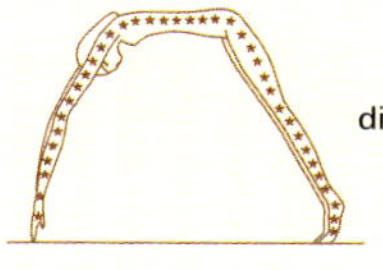 divinité féminine	Fait partie de l'ennéade héliopolitaine. Déesse du Ciel, son corps est parcouru par le Soleil, qu'elle avale chaque soir pour le remettre au monde le matin. Elle est aussi identifiée au sarcophage.	

Le monde divin de l'Égypte antique (suite)

nom	origine	représentation		fonction	évolution
OSIRIS	Bousiris, dans le delta (« le Domaine d'Osiris »)		Anthropomorphe, il est vêtu d'un étroit maillot, coiffé d'une couronne décorée de deux hautes plumes. Il tient dans ses mains les sceptres symboles de la royauté. Ses chairs sont parfois de couleur noire, symbole de la fertilité.	Dieu de la Fécondité, son culte se répand et assimile les caractéristiques d'autres divinités ; selon la légende, il aurait été un des premiers rois d'Égypte et serait à l'origine des connaissances des Égyptiens. Il aurait été assassiné par son frère Seth, et aurait pu ressusciter grâce à son épouse Isis aidée par sa sœur Nephtys. Son fils Horus aurait été conçu après sa mort. Il devient le dieu des Morts et leur juge. Chaque Égyptien, à partir de la fin de l'Ancien Empire, voudra devenir un Osiris grâce à la connaissance de formules magiques qui seront réunies au Nouvel Empire dans le *Livre des Morts*.	Son culte se maintient à l'époque gréco-romaine.
OUADJET			l'uræus (forme hellénisée d'un mot égyptien désignant le serpent)	Son nom signifie « la Verte » ; cette déesse était adorée à Bouto (« le Domaine de Ouadjet ») ; cette déesse symbolise la Basse-Égypte, la déesse Vautour Nekhbet symbolisant la Haute-Égypte. Elle représente aussi l'aspect destructeur du Soleil et les couronnes lui sont identifiées.	
PTAH	Memphis	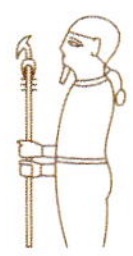	Homme vêtu d'un maillot étroit et coiffé d'un bonnet qui épouse la forme du crâne ; il est barbu et il tient souvent dans ses mains des symboles de protection.	Dieu créateur, il est aussi le dieu des artisans ; il formera une triade avec Sekhmet et Nefertoum, son fils.	Il sera identifié par les Grecs à Hephaïstos.
RÊ	Héliopolis		Sa représentation est le plus souvent anthropomorphe, mais il est aussi figuré avec une tête de faucon surmontée du disque solaire et de l'uræus.	Dieu Soleil, il est le démiurge créateur de l'ennéade ; tous les grands dieux l'assimileront ; il formera avec Amon la grande divinité dynastique de l'Égypte.	Dieu dynastique de l'Ancien Empire, il perdra un peu de son importance au profit d'Osiris, puis d'Amon. Les théologiens du Nouvel Empire rédigeront de véritables livres qui seront reproduits sur les parois des tombes royales pour décrire le voyage de Rê la nuit dans l'au-delà, sa rencontre avec les morts et sa résurrection au matin sous la forme de Khepri.
SEKHMET	Memphis ? épouse de Ptah		déesse Lionne	Son nom veut dire « la Puissante » ; elle représente l'aspect destructeur du Soleil à l'opposé de Bastet. Elle dispose d'émissaires redoutables qui apportent mort et maladie ; il faut apaiser Sekhmet et utiliser sa force dans un dessein bénéfique.	Beaucoup d'effigies de cette déesse datent du Nouvel Empire.
SETH	delta oriental ?		animal composite, à corps de lévrier, queue fourchue, museau allongé et oreilles verticales	Dieu de la Pluie et de l'Orage, dieu du Désert et des Oasis. Il deviendra le dieu des Influences néfastes en raison du rôle qu'il joua dans la légende d'Osiris.	Les Hyksos l'adoptèrent dans leur panthéon ainsi que les Ramessides. Il fut de plus en plus considéré comme un dieu du Mal.
SHOU	Héliopolitaine ? Son nom s'écrit avec la plume d'autruche et il signifie sans doute l'air, mais aussi la lumière et ce qui est sec.	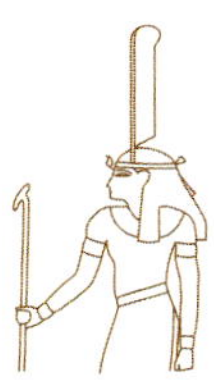	homme portant une plume sur la tête qui symbolise son nom	Il joue un grand rôle dans l'ennéade héliopolitaine, où il forme un élément actif. Il constitue avec Tefnout (l'Humidité) le premier couple divin créé par le démiurge. Il s'intercale entre Geb (la Terre) et Nout (le Ciel).	
SOBEK	Fayoum ?		dieu Crocodile	dieu créateur	Le temple de Kôm-Ombo lui sera consacré à l'époque gréco-romaine
TEFNOUT	Héliopolis ?	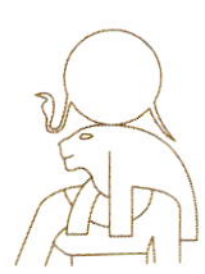	féminine	Contrepartie féminine de Shou dans la théologie héliopolitaine ; elle symbolise l'humidité.	

Le monde divin de l'Égypte antique (suite)

nom	origine	représentation		fonction	évolution
THOT	Il devient le grand dieu d'Hermopolis (Ashmounéien).		Homme à tête d'ibis, le babouin lui est également associé.	Le dieu Thot fut intégré à la théologie hermopolitaine centrée autour de l'ogdoade : groupe de huit couples divins symbolisant les éléments primordiaux. Le dieu Thot est le dieu des Opérations intellectuelles, de l'Écriture, de la Langue, etc. C'est aussi un dieu lunaire.	La tradion grecque l'assimilera à Hermès Trismégiste. Il jouera un grand rôle dans « l'hermétisme », mélange de traditions égyptiennes et grecques.
THOUÉRIS	récente (Nouvel Empire)		déesse Hippopotame	Son nom signifie « la Grande » ; c'est une déesse populaire et protectrice	

Le monde divin de l'Égypte antique (suite et fin)

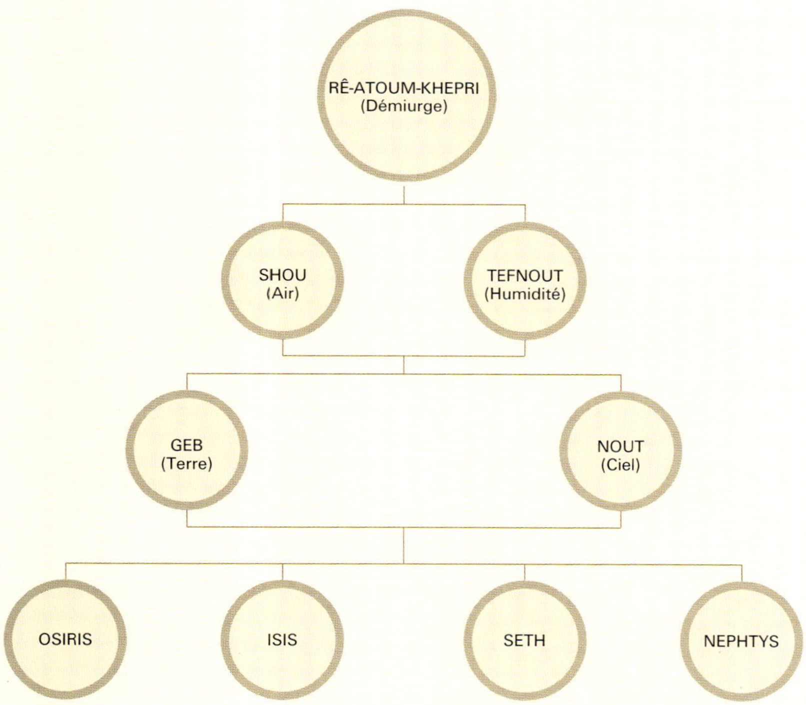

L'ennéade est un système destiné à expliquer la création du monde en mettant en jeu les « forces premières » de l'univers représentées par neuf divinités complémentaires. Atoum autogène engendre seul Shou (l'Air) et Tefnout (l'Humidité) sa compagne, ce couple engendre Geb (la Terre) et Nout (le Ciel), ceux-ci engendrent à leur tour Osiris, Isis, Seth et Nephtys. Centrée autour du dieu Soleil qui assimilera la plupart des grandes divinités, l'ennéade n'est qu'un produit, une projection de celui-ci. Shou vient séparer la Terre (Geb) du Ciel (Nout) et leur enfants seront les principaux personnages de la légende osirienne. Rê se déplace dans une barque céleste accompagné de son ennéade et accueille le roi ressuscité lorsque celui-ci « s'envole comme un faucon pour s'unir à son créateur ».

Ennéade héliopolitaine

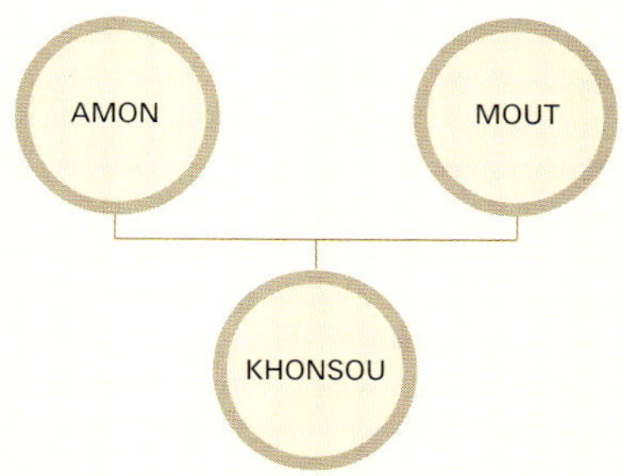

La triade thébaine est peut-être l'œuvre de théologiens qui voulurent relier les cultes disparates de la ville. Conçue sur le modèle familial, père-mère-enfant, la triade que l'une des formes de groupement divin de la théologie de l'Égypte antique qui connaissait aussi l'ogdoade et l'ennéade.

Triade thébaine

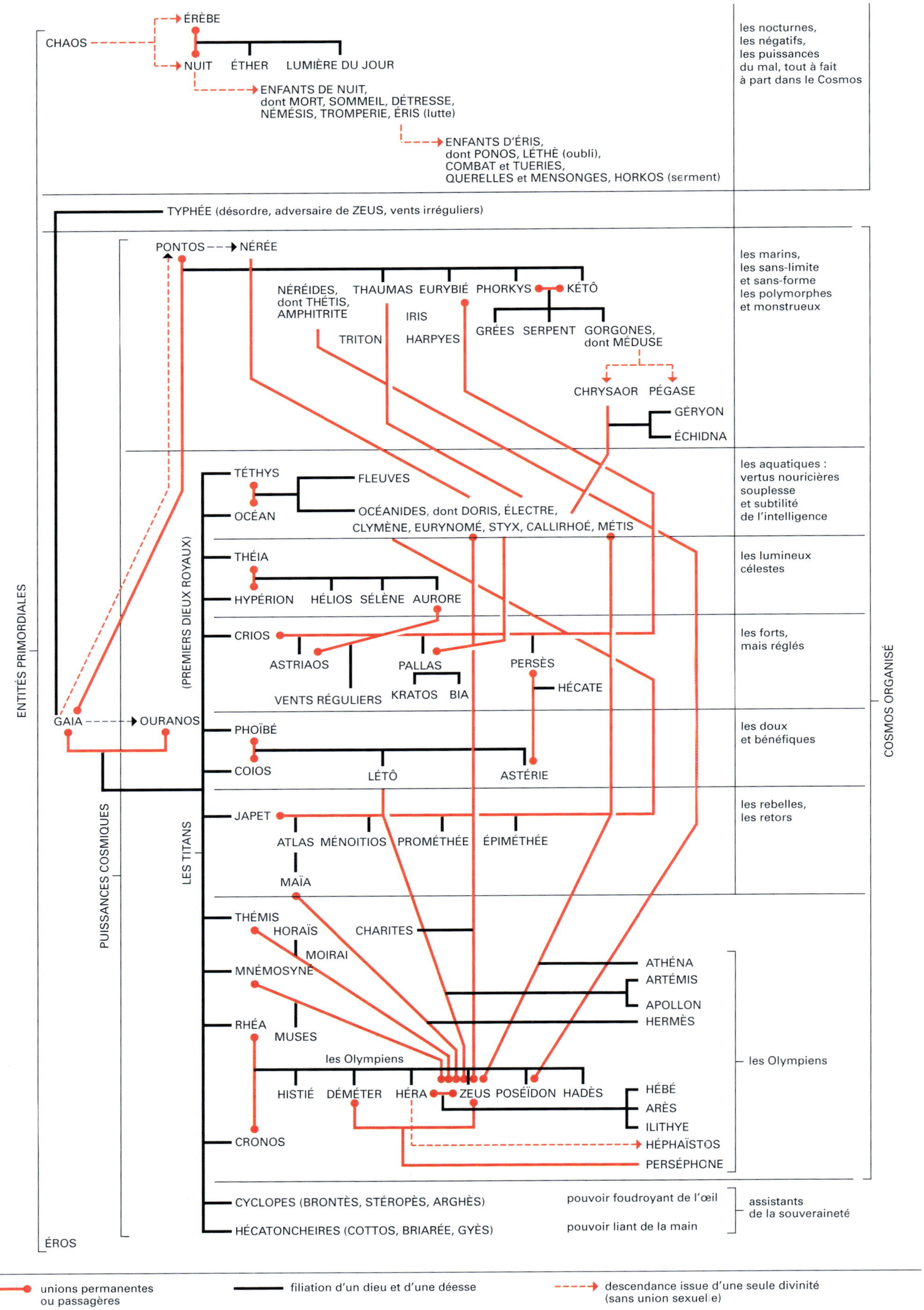

Genèse et organisation du monde divin dans la Grèce antique

Compte tenu de la multiplicité des traditions mythiques, les sources de ce schéma proviennent de « La Théogonie » d'Hésiode.

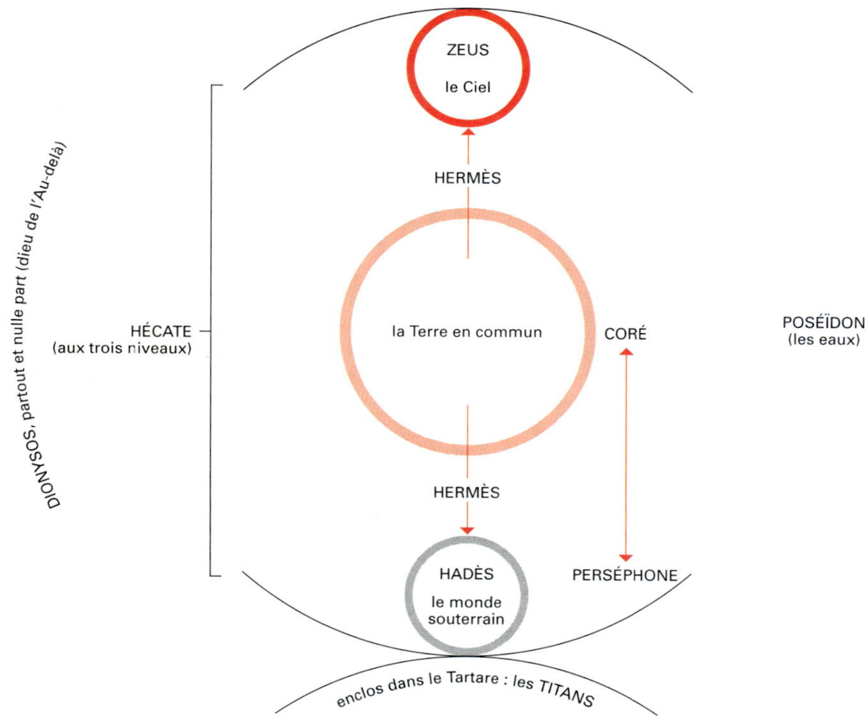

Les niveaux cosmiques

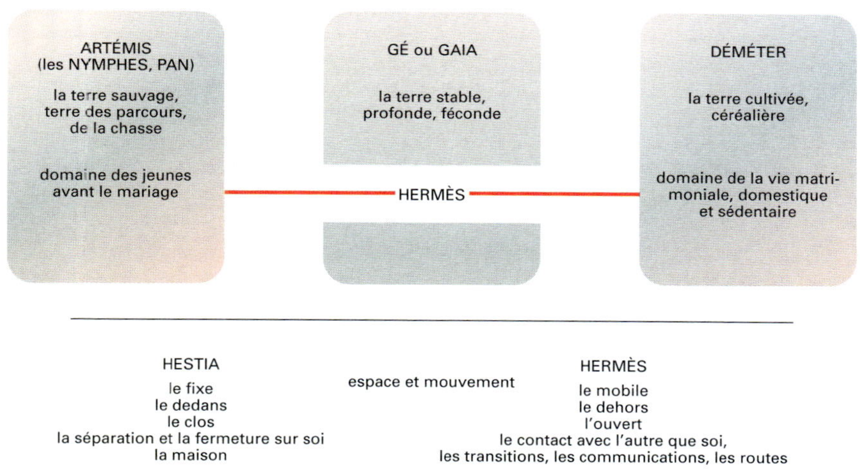

Organisation de l'espace terrestre

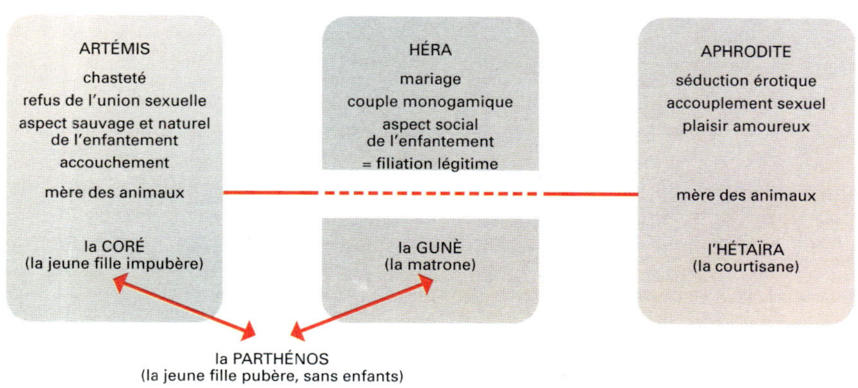

Les statuts féminins

nom	fonctions d'origine	lieux de culte	desservants	fêtes	évolution
Divinités à champ d'action limité à une intervention ponctuelle					
MINERVE	patronne des artisans	Capitole et Aventin		19 mars	peut-être introduite d'Étrurie (?) à partir de — 500, associée à Jupiter et Junon dans la triade capitoline, peut-être comme déesse de l'Intelligence ; assimilée très tôt à la Grecque Athéna, au plus tard au lectisterne de — 217
MERCURE	patronne les échanges commerciaux	près de la porte Capène et au Circus Maximum		15 mai	apparition d'un culte plébéien en — 495 ; assimilé au Grec Hermès comme dieu de l'Espace supraterrestre, au plus tard au lectisterne de — 217
NEPTUNE	patron des eaux sans doute à l'exception de la mer	au champ de Mars près du Tibre		23 juillet	si tôt et si bien assimilé au Grec Poséidon dans toutes ses valeurs et en particulier comme dieu de la Mer, que sa personnalité originale ne se perçoit plus
PORTUNUS	patronne les portes et le port de Rome	le Volcanal au pied du Capitole	un flamine mineur	17 août	
VULCAIN	maître du feu destructeur		un flamine mineur	23 août	assimilé assez tard au Grec Hephaïstos, surtout en littérature
ANGERONA	assiste le corps social au passage inquiétant du solstice d'hiver	front nord du Palatin	les pontifes	21 décembre	
CARNA	garantit la bonne santé des organes vitaux de l'homme	sur le Caelius		1er juin (offrandes de fèves et de lard)	
MATER MATUTA	préside à l'aurore			11 juin (réservée aux femmes mariées une seule fois)	
Principales abstractions divinisées					
FIDÈS	garantit le respect de la parole donnée	le Capitole	les trois flamines majeurs	1er octobre	remplace très tôt Dius Fidius
FORTUNA	patronne la bonne chance	multiples sanctuaires dans Rome		1er et 5 avril ; 6 juillet	distinction dans le culte selon le bénéficiaire de la chance implorée (hommes, femmes, État, etc.)
HONOS et VIRTUS	patronnent la vaillance guerrière et ses conséquences honorifiques	au champ de Mars et sur l'Esquilin		29 mai	culte issu de vœux de généraux romains en — 233 et — 222
CONCORDIA	patronne la cohésion politique du corps social	sur le Forum au pied du Capitole		aux Grands Jeux, 15-18 septembre	culte fondé à l'occasion de la fusion politique de la plèbe et du patriciat (— 367 ?), dévié au profit de la monarchie impériale à partir d'Auguste
Divinités du culte privé					
LARES	protègent tout territoire dont use un groupe humain	le foyer domestique, les carrefours	le propriétaire du territoire protégé	fête mobile, début janvier	confusion progressive des lares et des pénates comme protecteurs de la maison
PÉNATES	protègent le feu domestique et le garde-manger du maître de maison	le foyer domestique	le chef de famille	quotidienne	
MÂNES	les âmes des morts comme objet de culte	les sépultures, le foyer domestique	le chef de famille	13-21 février 9, 11, 13 mai	sous l'influence grecque, deviennent les dieux tutélaires des morts
Divinités étrangères officiellement admises à Rome					
HERCULE	patronne les activités exigeant de l'énergie et comportant des risques, celles des marchands en particulier	au pied du Palatin et de l'Aventin	le préteur urbain	12 août	introduit à Rome à une date très ancienne par les Grecs d'Italie du Sud comme équivalent d'Héraclès, figure au lectisterne de — 399 ; culte gentilice jusqu'en — 312, à partir de cette date, culte public ; évolue en modèle de l'énergie morale sous l'influence des courants pythagoriciens et stoïciens à partir de — IIe siècle
APOLLON	dieu guérisseur, protecteur de la musique et de la poésie	au sud-ouest du Capitole		jeux, 7-13 juillet	introduit de Grèce à Rome sans changement de nom en — 433 lors d'une épidémie ; figure au lectisterne de — 399 ; culte se développant fin — IIIe siècle : lectisterne de — 217 et surtout institution de jeux annuels — 212 ; devient le dieu protecteur d'Auguste, surtout après sa victoire d'Actium (— 31) ; n'a jamais eu à Rome de fonction oraculaire.
ESCULAPE	technicien de la guérison	dans l'île du Tibre		1er janvier	introduit de Grèce (Épidaure) à Rome par décision du Sénat à l'occasion d'une épidémie au début du — IIIe siècle
CASTOR	patron des cavaliers	sur le Forum à la fontaine de Juturne		27 janvier	introduit à Rome de Grande-Grèce sans doute par l'intermédiaire de Lavinium et peut-être à l'occasion d'une bataille de cavalerie (début — Ve siècle)
CYBÈLE	mère des dieux, garante de fécondité et de succès	sur le Palatin	un clergé phrygien	jeux Mégalésiens, 5-10 avril	introduite officiellement à Rome en — 204 comme garante de la victoire finale sur Hannibal ; mais le culte de cette divinité orientale fut strictement réglementé

Annexe : les principaux groupements cultuels.

1. La triade archaïque (avant — 500 attestée par les trois flamines majeurs) : Jupiter-Mars-Quirinus.
2. La triade capitoline (après — 500) : Jupiter-Junon-Minerve.
3. La triade plébéienne de l'Aventin (après — 500) : Cérès-Liber-Lebere.
4. Les lectisternes (cérémonies de rite grec où les dieux sont installés par couples sur des lits de table) :
   trois couples (— 399) : Apollon-Latone (sous leurs noms grecs) ; Hercule-Diane (Héraclès-Artémis) ; Mercure-Neptune (Hermès-Poséidon).
   six couples (— 217) : Jupiter-Junon (Zeus-Héra) ; Neptune-Minerve (Poséidon-Athéna) ; Mars-Vénus (Arès-Aphrodite) ; Apollon-Diane (Apollon-Artémis) ; Vulcain-Vesta (pas d'équivalents grecs) ; Mercure-Cérès (Hermès-Déméter).

N.B. Quand un culte n'avait pas de desservant spécifique, le collège des pontifes était ordinairement chargé de l'assurer. C'est à la lumière de cette pratique qu'il convient d'interpréter les blancs laissés dans la colonne correspondante.
Une divinité romaine est dite « assimilée » à une divinité grecque quand les attributs, les fonctions, les mythes qui caractérisent cette dernière concourent à former les traits distinctifs de la première.

Le monde divin de la Rome antique

nom	fonctions d'origine	lieux de culte	desservants	fêtes	évolution
Divinités à large champ d'action					
JANUS	préside aux transitions (espace, temps, être)	temple sur le Forum ?	roi des sacrifices	9 janvier	—IVe s. (?) : premier roi légendaire du Latium —Ier s. : assimilé au Grec Chaos
JUPITER	souveraineté magique et juridique ; maître de la foudre et des auspices ; garant des contrats	Capitole	flamine de Jupiter (le premier des flamines majeurs) ; collège des augures	aux ides de chaque mois, banquet de Jupiter le 13 novembre	des origines à —500 : associé à Mars et Quirinus (triade archaïque) ; —500-—300 : associé à Junon et Minerve (triade capitoline) ; culte réservé aux patriciens ; à partir de —300 : culte de la triade capitoline ouvert aux plébéiens ; au lectisterne de —217, cette assimilation à Zeus devient ordinaire en littérature
JUVENTAS	assiste Jupiter en patronnant le passage à l'âge d'homme	Capitole			assimilée tardivement (—218 ?) à la Grecque Hébè
TERMINUS	assiste Jupiter en garantissant les limites spatio-temporelles	Capitole		23 févr., dernier jour de l'année religieuse	progressivement complémentaire de Fides
DIUS FIDIUS	patron archaïque de la souveraineté juridique	Capitole	le flamine de Jupiter	5 juin	culte très tôt supplanté par celui de Fides
JUNON	primitivement multivalente invoquée sous le triple nom de Protectrice, Reine et Mère	Capitole et Aventin		aux calendes de chaque mois, en particulier aux *Matronalia,* 1er mars	avant —500 : divinité plus latine que romaine ; après —500 : associée à Jupiter et Minerve dans la triade capitoline ; —396 : institution d'un culte à Junon Reine, « évoquée » de Véies sur l'Aventin ; de plus en plus protectrice des commencements et notamment de la naissance ; assimilée à la Grecque Héra au lectisterne de —217 et à la Tanit carthaginoise après —200
MARS	patronne la force physique et toutes les formes de défense ou d'agression	champ de Mars (en dehors de l'enceinte)	flamine de Mars (le deuxième des flamines majeurs) ; collège des saliens	9 mars : procession des anciles ; 14 mars : course de chevaux ; 23 mars : purification des trompettes ; 15 oct. : sacrifice d'un cheval ; 19 oct. : purification des armes	des origines à —500 : associé à Jupiter et Quirinus (triade archaïque) ; après —500 : sort de cette association, devient le père de Romulus et le garant de la puissance de Rome ; reçoit le surnom de Gradivus, « celui qui marche à l'attaque » ; assimilé au Grec Arès au lectisterne de —217
BELLONE	assiste Mars dans le déroulement du combat et ses conséquences	champ de Mars		3 juin	assimilée très tôt à la Grecque Enyo
QUIRINUS	patronne la prospérité et le bien-être de la société	Quirinal	le flamine de Quirinus (le troisième des flamines majeurs)	17 février	des origines à — 500 : associé à Jupiter et Mars (triade archaïque) ; après — 500 : forme couple avec Mars pour présider à la paix (aspect complémentaire de la guerre) ; à partir de — IIe s. : assimilé à Romulus divinisé
CONSUS	protection du grain engrangé	autel souterrain au Circus Maximus	le flamine de Quirinus	21 août, 15 décembre	
OPS	patronne de l'abondance	chapelle dans la regia	le grand pontife	25 août, 19 décembre	assimilée tardivement à la Grecque Rhéa
FLORE	patronne de la floraison des céréales			28 avril, 3 mai	après — 238, étend sa protection aux arbres fruitiers
CÉRÈS	préside au monde souterrain et plus particulièrement à la croissance des céréales	l'Aventin et le Circus Maximus	un flamine mineur	fête mobile des *Sementivae,* fin janvier ; 19 avril ; jeux du 13 au 19 avril	avant — 500 : divinité mineure ; — 493 : associée à Liber et Libera sur l'Aventin ; triade honorée jusqu'en — 300 d'un culte exclusivement plébéien, réplique de la triade patricienne du Capitole ; très tôt assimilée à la Grecque Déméter
TELLUS	assiste Cérès comme patronne du monde souterrain	l'Esquilin		fête mobile des *Sementivae* ; 15 avril : sacrifice d'une vache pleine	
LIBER	fécondité sexuelle	l'Aventin		17 mars	à partir de — 493, associé à Cérès et Libera ; assimilé au Grec Dionysos
LIBERA	forme féminine de Liber	l'Aventin		17 mars	associée à Cérès et Liber, assimilée à la Grecque Koré
PALES	fécondité des troupeaux	les bergeries		21 avril, 7 juillet	
FAUNUS	patronne les puissances non domestiquées de la nature	sanctuaires champêtres	le collège des luperques	lupercales du 15 février	
FERONIA	patronne le passage de la nature sauvage à un état civilisé, l'affranchissement des esclaves	au champ de Mars, en dehors de l'enceinte, peut-être dans un bois sacré		13 novembre	déesse latine introduite à Rome à une date inconnue, antérieure à — 217
SATURNE	sans doute intéressé à la prospérité agricole	sud-ouest du Forum		17 décembre	— IIIe s (?) entre dans la série des rois légendaires du Latium comme patron de l'âge d'or ; assimilé en littérature au Grec Chronos
DIANE	assure la continuité des fonctions sociales (des naissances) ; protège les esclaves ; patronne la Fédération des cités latines	l'Aventin		13 août	déesse latine, patronne de la Fédération des cités du Latium : d'abord honorée à Albe puis à Aricie ; transférée à Rome avec la même valeur quand cette ville prit la direction de la Fédération latine ; assimilée très tôt à la Grecque Artémis, au plus tard au lectisterne de —399
VÉNUS	symbolise la puissance du charme magique ou de la séduction (abstraction divinisée) ; assure aux hommes la bienveillance gracieuse des dieux et patronne les rapports sexuels	le Capitole et un sanctuaire de la porte Colline		1er avril, 23 avril ; 19 août	assimilée (—IIIe s. au plus tard) à Aphrodite et notamment à l'Aphrodite sicilienne de l'Éryx installée sur le Capitole en —217 ; considérée dès ce moment comme mère d'Énée et plus tard comme ancêtre de la famille julienne
VESTA	protectrice du feu alimentaire ; garantit l'existence de Rome	un temple rond sur le Forum	le collège des vestales	9 juin	demeure vivante dans sa conception originelle

Le monde divin de la Rome antique (suite et fin)

périodes	culte des forces naturelles (restera, par excellence, le trait constitutif des religions germaniques)		
1 aux origines ?	LE SOLEIL	L'EAU (mer, sources, cascades, fontaines...)	LA TERRE-MÈRE L'ARBRE (isolé ou forêts) LE ROC (montagnes, failles...)
2 la préhistoire (jusqu'à ~ 1500) vers ~ 3000 : invasions de peuplades indo-européennes	Les GÉANTS (JÖTNAR, HRIMTHURSAR, BERGRISAR, TRÖLL, etc.) (ils relèvent aussi bien de l'Eau ou de la Terre-Mère mais sont mieux placés ici parce qu'ils donneront naissance aux dieux). Ils sont à la fois forces d'ORDRE et de DÉSORDRE. Ils représentent le monde originel et le savoir primitif. Ils trouveront, en périodes 4 et 5, des affabulations symboliques et mythiques et se verront conférer des noms parlants comme : HYMIR (humide ?), HRÆSVELGR (idée de tourbillon, vent), BERGELMIR (équivalent du Noé biblique), GYMIR, HRYMIR, SKRÝMNIR, SUTTUNGR (qui détient le nectar poétique), YMIR (sanscrit YAMA, hybride fondamental), AURGELMIR, HRUNGNIR, THJAZI, etc. Ils ne deviendront puissances exclusivement maléfiques qu'en (5)	Les GÉANTS et les NAINS président aux opérations magiques et rituelles de peuples chasseurs ou pêcheurs = holocaustes et offrandes propitiatoires. L'instrument magique est déjà la *hache*. Ils subsisteront sous forme dégradée (folklore) jusqu'à nos jours inclusivement. (nix-näcken suédois, trolls, tomte, elfes, etc.)	Les NAINS (DVERGAR). Ils « habitent » et soutiennent le monde. Êtres souterrains, détenteurs de la science, de l'habileté technique et de la magie. Ils sont à associer au (ou représentent le) culte des MORTS, c'est-à-dire qu'ils doivent être directement associés à la FERTILITÉ-FÉCONDITÉ. Ils trouveront en périodes 4 et 5 des affabulations symboliques et mythiques et se verront conférer des noms parlants comme : NORDHRI (Nord), SUDHRI (Sud), AUSTRI (Est) et VESTRI (Ouest), ÁLFR (alfe, dégradé en elfe du folklore), ANDVARI (idée de souffle ou de soin), DÁINN (mort), FINNR (Finnois, traditionnellement détenteurs des secrets magiques), NÁR (cadavre), NÝI (nouvelle lune, symbole de mort, masculin en norrois), RÁDHSVINNR (de bon conseil), VITR (sage), etc.
3 âge du bronze nordique (de ~ 1500 à ~ 400)	(diffusion régulière dans toute l'aire nord-germanique des gravures rupestres) apparition d'un culte solaire processionnel (char de Trundholm, Danemark, vers ~ 1200 ; char de Dejberg, Danemark vers ~ 400), très nombreuses figurations : disques, cupules, svastika prééminence croissante de deux théophores : a) diurne ou printanier LE CHEVAL b) nocturne ou hivernal LE BATEAU Ce thème donne naissance : 1° Soit à un couple de *Dioscures* (cheval et bateau) sous leurs dénominations plus récentes (périodes 4 et 5) : les *ALCI*, les binaires Ódhr-Ódhinn, Ullr-Ullinn, Hengist-Horsa, Vili-Vé (ce dernier nom s'appliquant aussi au temple ou lieu de sacrifice), Gudhr-Gunnr ; cf. les Asvin védiques d'où vient peut-être le norrois ÁSS (pl. ÆSIR) = Les Ases 2° Soit à un dieu fondamental, suprême *TIWAZ* (cf. DYAUS, JUPITER), ZEUS, DIEU) dont l'attribut est la *hache*. 3° Sous des références plus nettement orientales, à un dieu-soleil-oiseau.	Présence d'un dieu géant à la *lance* qui ne peut être que l'« ancêtre » d'ÓDHINN. Nombreuses figurations à caractère visiblement magique : armes vénérées, scènes rituelles, masques et déguisements, mains offertes à l'adoration du peuple, etc. apparition (en soi aberrante) du SERPENT	développement d'un culte de la FERTILITÉ-FÉCONDITÉ Présence d'un dieu glaive phallique qui est l'« ancêtre » de FREYR. empreintes innombrables de pieds et de mains (passage propitiatoire du divin) culte PHALLIQUE évident fréquence de plus en plus grande du HIEROS GAMOS nombreuses figurations de la DÉESSE-MÈRE (stylisations oculaires ou vaginales)
4 âge du fer nordique (environ ~ 400 à environ 800)	Trois remarques d'ensemble : a) Fond permanent : il semble que les caractérisations et représentations *individuelles* des dieux soient relativement récentes et aient vu le jour sous des influences étrangères (celtique, finnoise, balto-slave, grecques et romaines, orientales). Ce n'est qu'à partir de la fin de cette période, semble-t-il que ces dénominations s'imposent. Jusque-là, il paraît vraisemblable que le Nord a surtout connu le monde surnaturel sous forme de collectivités indifférenciées, exprimées au pluriel : GODH (dieux), HÖPT (liens), BÖND (liens), REGIN (puissances), RÖGN (puissances) ou bien s'il ne s'agit pas de « dieux » à proprement parler, mais de forces qui président plutôt à la fertilité-fécondité : Alfar (alfes, peut-être sous influences orientales), Dísir, Landvættir (divinité tutélaires attachées au sol), Nornir, Valkyrjur. L'idée nouvelle (apparemment) est celle de DESTIN auquel les dieux sont soumis aussi bien que les hommes. b) Partout se mettent en place diverses TRINITÉS ou triades divines variables selon le lieu et le moment mais où Ódhinn figure presque toujours : TÝR – ÓDHINN – THÓRR, ou THÓRR – ÓDHINN – FREYR, ou ÓDHINN – VÍLI (R) – VÉ, etc. (influence chrétienne ? ou schème indo-européen ?). c) La plus forte influence subie paraît être l'influence celtique (cf. 5, HEIMDALLR – RÍGR, LOKI – LUG et les « MÈRES »).		
	Sur un schème indo-européen bien connu, apparition du *héros solaire* (cf. Icare ou Dédale) = VÖLUNDR (*WELAND*). Sa généalogie allitérée plaide en faveur de son identité nordique-germanique tandis que certains textes le rattachent à ODHINN (série *WACHILT, WADE*, ÓDHINN-*WOTEN, WIDIA* ou *WITTICH*) avec lequel il s'apparente en outre par son savoir magique et son habileté technique. Le thème solaire doit sous-tendre le mode d'inhumation couramment attesté dans des tombes NAVIFORMES (Skibsætninger) ou tout simplement dans des bateaux-tombes.	Sous des influences italo-celtiques, apparition (vers 200) des RUNES (dont le caractère magique, quoique contesté, paraît vraisemblable). Elles seront l'apanage d'ÓDHINN.	Sous des influences italo-celtiques, apparition en Germanie nordique et continentale du culte des *MÈRES* (*MATRES, MATRONÆ, MATRÆ*), divinités de la fertilité et fécondité sous divers noms, comme *NEHALENNIA*. Le culte processionnel de *NERTHUS* ou NJÖRDHR relève certainement du même esprit, de même que dans le Nord surtout, la coutume de dresser des PIERRES LEVÉES (bautasteinar) dont le sens phallique est évident, et l'habitude d'élire (et, éventuellement, de sacrifier) le ROI SACRÉ TIL ÁRS OK FRIDHAR (pour une année fertile et pour la paix).

5
époque dite « viking » (environ 800 à environ 1100)

La christianisation intervient d'environ 980 (Danemark) à environ 1100 (Suède), mais il reste de nombreuses survivances païennes.

(+ = a épousé)

Une remarque d'ensemble, au cours de cette période se mettent en place, dans la forme que nous leur connaissons :

a) Des structures qui correspondent assez bien au schème indo-européen dumézilien, mais où, dans une perspective diachronique et à cause des avatars de l'histoire, une même fonction peut avoir été successivement occupée par divers dieux. Le schème ci-dessous, qui peut difficilement donner une idée de ces chevauchements, présentera plutôt une vue synchronique de la question (vers l'an mille).
b) Une mythologie, une cosmogonie, une théogonie souvent fortement influencées, dans leur affabulation, par des modèles grecs, romains ou orientaux (ces derniers connus à travers la Bible et ses commentateurs).
c) Le tout selon une éthique dont la coloration essentielle reste le rôle prééminent joué par le DESTIN aux innombrables dénominations et figurations

hypothèse de travail : sur un axe ORDRE, FORCE, DYNAMISME (traits typiques, semble-t-il), trois variantes :

FORCE < DROIT / GUERRE — les deux notions sont inséparables dans cet univers

FORCE < SCIENCE / POÉSIE — magie, runes, adj. VITR, FRÓDHR (fortes influences chamanistes)

les ASES (ÆSIR)

FORCE < FERTILITÉ / FÉCONDITÉ

les VANES (VANIR)

Ódhinn et les Vanes – Freyja surtout – ont l'apanage de la *magie* (sejdhr)

DÉSORDRE

géant FARBAUTI + LAUFEY (ou NÁL)

LOKI (ou LOPTR) + 1° SIGYN
(dieu du Mal)

NARI et NARFI
+ 2° géante ANGRBODHA

a) déesse HEL (enfers)
b) loup FENRIR ou GARMR (destruction du monde)
c) serpent JÖRMUNGANDR ou MIDHGARDHSÓRMR (il tient le monde en place ; influence du Léviathan ?).

géant ou génie SURTR (le feu : il consumera le monde au RAGNARÖK ; destin des puissances, de préférence à RAGNARØKKR ; crépuscule des puissances).

Baldr a pour antithèse (influence manichéiste nette) HÖDHR (meurtrier aveugle de Baldr).

d) Héros solaires plus ou moins divinisés qui donneront naissance au cycle épique de :
VÖLSUNGR
SIGMUNDR
HELGI (dont le nom signifie sacré)
SIGURDHR (*SÎFRÎT, SIEGFRIED*)

ORDRE

a) TÝR (*TIW, SAXNOT? SAXNEAT?*) Le dieu : guerre et droit intimement liés ; Mars THINGSUS ; il a engagé sa dextre pour sauver l'ordre du monde ; est manchot.

b) THÓRR (*DONAR, THUNOR*) Dieu de la Guerre, du Tonnerre (A ce titre, il a aussi des fonctions relevant de la fertilité, de la fécondité, comme l'indique en outre son ascendance) et surtout de la lutte contre les puissances mauvaises (les géants). Brutal et rustre. Dieu du peuple et des Vikkings.
son animal : le bouc
son arme : le marteau (MJÖLLNIR) personnification de la foudre
+ 1° SIF
+ 2° géante JÁRNSAXA

MÓDHI et MAGNI

c) BALDR (*BALDER*) (solaire oriental) (beauté et bonté)
+ NANNA

FORSETI (*FOSITE* en frison) dieu de la justice

Baldr présidera à la RÉGÉNÉRATION UNIVERSELLE et à la renaissance des hommes : couple symbolique LIF (vie) et LIFTHRASIR (vivace).

lignée de géants (YMIR — BÚRI — BÓRR)

a) **ÓDHINN** (*WOTANAZ, WODAN*)
(son nom signifie fureur sacrée, magique). Il deviendra progressivement le dieu suprême. Roi-prêtre, roi-magicien. Borgne. Cruel et fourbe. Sacrificateur rituel. Animaux : le corbeau, le loup, le cheval à huit pattes (SLEIPNIR).
arme : la lance (GUNGNIR).
Il préside au paradis militaire et orgiaque VALHÖLL (*WALHALLA*) où entrent les guerriers tués au combat et choisis par les Valkyries, les EINHERJAR.
Il commande les guerriers-fauves ou BERSERKIR ou ÚLFHEDHNAR et ses avant tout le maître des DESTINÉES INDIVIDUELLES par l'intermédiaire des Valkyries (VALKYRIOR = qui désignent ceux qui vont mourir au combat) ou *ALAISIAGAE*, dont les noms sont parlants : GUNNR (*GUDHR*) (bataille), GÖNDUL (manipule la baguette magique), GÖLL, HILDR (bataille), HLÖKK (hurlante), HERFJÖTURR (paralysante), HRIST (secousse), MIST, etc. *BAUDIHILLIE* (règle la bataille), *FRIAGABI* (donne la liberté), etc.
+ 1° Fjörgyn (*supra*)
+ 2° géante RINDR

VÍDHARR, VÁLI, HERMÓDHR (dvinités martiales)

+ 3° **FRIGG** (*FRIJA*)
Déesse suprême, ses attributs la portent plus vers la fertilité et la fécondité que vers les deux autres fonctions.
Elle est entourée d'une « cour » de déesses (ÁSYNJAR) qui, sauf Sol et Fulla, doivent être ses propres hypostases. Soient : SÁGA (histoire, science), EIR (médecine), FULLA (*VOLLA, PHOL* ?) (objets précieux), SJÖFN (amour conjugal), LOFN (fidélité conjugale), VAR (serments), SYN (inviolabilité sacrée), HLIN (sagesse), SNOTRA (courtoisie), SOL (*SUNNA*) et GNÁ (messagère de Frigg).

b) HŒNIR et LÓDHURR qui ont présidé avec ÓDHINN à la création de l'homme et qui semblent des hypostases d'ÓDHINN.
c) KVASIR (peut-être influences slaves), dieu de l'Ivresse poétique et qui est né d'un pacte entre Ases et Vanes. Il paraît être une création mythique *pro domo*.
d) BRAGI, dieu de la Poésie, est peut-être une divinisation récente (fin IXe siècle) d'un poète, Bragi Boddason.
e) IDHUNN (jouvence éternelle ; influence hellénique ; attribut : des pommes d'or).

A part : FJÖRGYNN (masc.) ou FJÖRGYN (fém.) ou JÖRDH (Terre) = la TERRE-MÈRE. Fjörgyn(n) = qui donne la vie. A épousé ÓDHINN et donné naissance à THORR (qui se trouve donc ainsi rassembler les trois fonctions).

Dieu vane hermaphrodite [cf. *supra* FJÖRGYN(N)], NJÖRDHR (*NERTHUS*) épouse SKADHI qui représente la terre glacée, la neige, ici par opposition à la terre germinante et humide.
Njördhr règne sur les mers et les bateaux.

FREYR (*FRO*)
animal : le verrat
dieu de l'Amour et de l'Orgie
fertilité
arme : l'épée (caractère phallique)
hypostase : SKÍRNIR
+ géante GERDHR

Et sa parèdre FREYJA ou GEFN ou GEFJÚN, souvent confondue pour raisons patronymiques avec Frigg (Frija) ci-contre, déesse de l'Amour et de la Volupté ; lascive
culte orgiaque
animal : le chat
attribut : le collier (BRÍSINGAMEN).
+ ÓDHR (fureur sacrée, hypostase d'ÓDHINN)
une fille : HNOSS

(à part : le dieu géant des Mers ÆGIR (GYMIR ?) qui a épousé RÁN est peut-être une autre figuration de NJÖRDHR)

Relèvent conjointement de ces deux fonctions les créations COSMIQUES justificatrices de l'ORDRE du MONDE ; essentiellement l'arbre (un frêne ? un if ?) ; YGGDRASILL (*IRMINSUL*, LAERADHR) (influences chamanistes ?) = pilier, soutien du monde, source de toute VIE, de tout DESTIN et de tout SAVOIR. Source de tout savoir : le puits gardé par le dieu géant MÍMIR où ÓDHINN a mis un œil en gage.
Source du destin : les NORNES (URDHR : passé, VERDHANDI : présent, SKULD : avenir) siègent au pied de l'arbre. Elles attestent sans doute une influence hellénique.
Yggdrasill est gardé par HEIMDALLR ou HEIMDALR, le dieu blanc, veilleur des dieux qui guette au pied de l'arc-en-ciel BIFROST et donc l'attribut est la trompe (lur).
Noter que le premier couple humain ASKR (frêne ?) et EMBLA (orme ou sarment de vigne ?) a été créé à partir d'arbres.

Tardivement, sous d'évidentes influences chrétiennes, une fusion ÓDHINN – THÓRR (ou TÝR) – FREYR s'opérera sous le nom d'ALFÖDHR (père universel).

Le monde surnaturel nordique et nord-germanique

N.B. Tous les noms propres ou cités dans les langues originales ont été notés en orthographe normalisée et figurent en CAPITALES romaines dans leur forme norroise et italiques dans leur forme germanique ou anglo-saxonne. Les filiations éventuelles dans une perspective structuraliste sont en tireté ou en trait plein ou tramé. Elles n'ont qu'une valeur conjecturale, bien entendu.

MONDE CELTIQUE CONTINENTAL		IRLANDE	
dénomination	attributs et fonctions	dénomination	attributs et fonctions
MERCURE LUGUS	Inventeur de tous les arts et le plus grand des dieux.	LUG (Samildanach)	Dieu « polytechnicien », il possède à lui seul toutes les capacités et il transcende toutes les fonctions de tous les autres dieux. Il est honoré sous son nom à la fête de Lugnasad (« assemblée de Lug ») au 1er août. Le Concilium Galliarum (« assemblée des Gaules ») a lieu à la même date à Lyon (Lugdunum, « forteresse de Lugus »). L'équivalent gallois est Llew.
JUPITER			
TARANIS	Dieu du ciel et des éléments, maître de la foudre (roue cosmique).	DAGDA	« Dieu bon », druide, guerrier, maître du temps chronologique et atmosphérique, dieu des contrats, de l'amitié, de tout ce qui est clair, réglé, ordonné. Il a pour attributs le chaudron d'abondance et de résurrection, la massue et la roue cosmique.
ESUS	« Optimus ».	EOCHAID OLLATHIR	« Père puissant ».
TEUTATES	« Homme de la Tribu ».	RUADH ROFHESSA	« Rouge de la Grande Science ».
SUCELLUS	« Bon Frappeur », dieu de la bonne mort. Il est le « le dieu au maillet ».	MANANNAN	Maître de l'Autre Monde (gallois Manawyddan).
CERNUNNOS	Dieu aux bois de cerf, maître des animaux.	MIDIR	Autre nom de Manannan.
MARS (aspect guerrier) :			
OGMIOS	Dieu aux liens, seigneur de la magie et de l'éloquence, conducteur des morts dans l'Au-Delà	OGME	Dieu-champion, seigneur de la magie, de l'écriture (les *ogam*), de l'éloquence, dieu de la guerre, de la violence, de tout ce qui est sombre, déréglé, infernal.
		ELCMAR	Autre nom d'Ogme.
MARS (aspect royal) :			
NODONS		NUADA	Dieu-roi, distributeur et équilibrateur, garant de la prospérité (symbolisme du bras coupé). Il a pour attribut le glaive de lumière.
SMERTRIOS	Dieu distributeur de richesses (?).		
APOLLON (aspect guérisseur) :			
BORVO	Dieu des sources thermales.	DIANCECHT	Dieu médecin.
GRANNOS	Apollon au cygne.		
APOLLON (aspect de jeunesse) :			
BELENOS	Dieu lumineux	MAC OC	Dieu du temps et de la jeunesse.
MAPONOS	« Fils (jeune ?) ».	OENGUS	
AMARCOLITANUS	« à l'œil large ».		
VINDONNUS	« Blanc ».		
MINERVE	Déesse des arts et techniques.	BRIGIT	Fille du Dagda, mère des dieux.
BELISAMA	« La Très Brillante ».	BOANN	Épouse d'Elcmar.
EPONA	Maîtresse des chevaux.	EITHNE (ÉTAIN)	Épouse de Lug sous le nom d'Eithen et de Midir (et Eochaid) sous le nom d'Étain ; représente la Souveraineté.
BRIGANTIA	« La Très Haute ».	MORRIGAN	« Grande Reine », épouse du Dagda, représente l'aspect guerrier de la Souveraineté.
		GOIBNIU	Forgeron, dieu artisan.
		CREDNE	Bronzier.
		LUCHTA	Charpentier.

Le monde mythologique des Celtes

Les habitants du ciel
Le paradis en forme d'Olympe ou l'Olympe sous l'apparence du paradis ? Le XVIe siècle réintroduit les dieux de l'Olympe non pas comme dieux citoyens de la cité grecque mais comme symboles du dieu unique du christianisme. Un monde de formes venu du Moyen Âge révèle le polythéisme profond de la religion chrétienne. Tintoret, « Le Paradis », musée du Louvre (C.F.L. Giraudon).

Olympiens
Dans le monde grec, les douze dieux sont déjà une forme de totalité, diversement dénombrée : deux fois six, quatre fois trois, ou encore six fois deux. Une totalité à laquelle fait concurrence l'autel de tous les dieux, à Olympie par exemple. Il y a aussi les agoras des dieux : place bordée de sanctuaires ou enclos rassemblant les divinités. C'est le panthéon sous les yeux des citoyens ou, plus tard, au XVIe siècle, des spectateurs de ce théâtre « olympique » de Sabbioneta, Italie (Scala).

nom courant	autres noms	fonctions	attributs	origine	sanctuaires et fêtes
MA-TSOU (l'Ancêtre Mère)	T'IEN-HEOU (la Reine du Ciel) T'IEN-CHANG CHENG-MOU (la Sainte Mère Céleste)	Salvatrice des hommes en péril. Patronne des voyageurs, surtout des marins.	Représentée en impératrice avec, de part et d'autre, deux aides-démons : Ts'ien-li-yen (Celui qui a une vue de mille stades) et Siun-foug-eul (Celui qui a une ouïe qui chevauche le vent).	Selon la légende, Ma-tsou fut la fille d'un pêcheur de la côte du Fou-kien qui, grâce à ses dons surnaturels, sauva son père et ses frères lors d'un naufrage ; l'origine du culte est populaire et médiumnique. Elle emprunta divers traits à Kouan-yin, dont elle est considérée comme la disciple.	Surtout en Chine du Sud, comme sainte patronne des hommes de mer. On trouve un petit tabernacle pour elle sur tous les bateaux. Fête le 23ᵉ jour de la 3ᵉ lune.
PI-HIA YUAN-KIUM (Princesse des Nuages bigarrés)	T'AI-CHAN NIANG-NIANG (la Dame du T'ai-chan), ou simplement NIANG-NIANG (la Dame) et CHENG-MOU (Sainte Mère)	Fille du Roi du T'ai-chan (Tong-yue ta-ti, cf. *infra*), elle préside aux naissances. Elle détermine le sexe, la santé et la fortune de l'enfant. Elle guérit également les maladies des yeux.	Représentée en princesse vêtue de rouge. La Tch'en Fou-yen, déesse de la province du Fou-kien qui est souvent assimilée à la Pi-hia yuan-kiun, est parfois représentée à cheval. En leur qualité de « mères », ces déesses sont souvent entourées de nourrices, vingt-quatre en tout, dont douze « bonnes » et douze « mauvaises ».	Depuis l'Antiquité, plusieurs divinités ont été identifiées avec la « Dame du T'ai-chan ». Tout d'abord la Ma-kou, la « Dame du chanvre », à laquelle on sacrifiait le 7ᵉ jour de la 7ᵉ lune, jour de la cueillette du chanvre qui servait à des buts prophylactiques, sur les pentes du T'ai-chan. Une divinité locale du Fou-kien, Tch'en San-nai (« La Troisième Dame Tch'en »), Patronne des sorciers et des médiums, est également vénérée dans toute la Chine du Sud comme Dame du T'ai-chan. Finalement, le culte de la « Niang-niang » des Chinois du Nord, dont les origines ne sont pas encore bien claires mais qui existait déjà au XIᵉ siècle.	Le lieu de pèlerinage par excellence est le Pi-hia-kong sur le sommet du T'ai-chan, mais la déesse a des sanctuaires partout en Chine. Son « anniversaire » est le 8ᵉ jour de la 4ᵉ lune, mais on lui sacrifie aussi à l'occasion de la fête des déesses protectrices des enfants, le 7ᵉ jour de la 7ᵉ lune.
CHEN-NONG (le Divin Laboureur)		Patron de l'agriculture. Patron des herboristes.	Vêtu d'un simple pagne de feuilles, car il vécut avant l'invention des vêtements. Il tient dans la main droite une tige de blé (agriculture) ou bien le champignon de l'immortalité (Ling-tche, herboriste). Selon ces deux fonctions, la couleur de sa peau est soit rouge, soit noire.	Selon la tradition ~ 2838-~ 2698. Successeur du roi mythique Fou-hi, l'inventeur des Trigrammes. Dieu du Feu et premier Laboureur. Il est aussi l'auteur réputé du premier herbier chinois.	Partout en Chine, dans les villes comme patron des herboristes, et partout dans les campagnes comme dieu des Moissons. Fête le 26ᵉ jour de la 4ᵉ lune.
TCHANG T'IEN-CHE (le Maître Céleste Tchang)	TCHANG TAO-LING (nom propre)	Patriarche taoïste, spécialement invoqué pour les exorcismes	Représenté avec vêtements et coiffures taoïstes, le plus souvent chevauchant un tigre. Ses instruments sont : l'épée magique, le bol d'eau lustrale, l'insigne de commandement aux légions célestes (Wou-lei-pei).	Premier patriarche du taoïsme religieux, fondateur (Maître Céleste) du mouvement dit « des Cinq Boisseaux de Riz » au IIᵉ siècle. La lignée des Maîtres Célestes, « papes taoïstes », se perpétue jusqu'à nos jours.	La résidence des Maîtres Célestes sur le Long-hou-chan, province du Kiang-si,
LU TSOU (le Patriarche Lu)	LU T'ONG-PIN (nom propre) LU CHOUEN-YANG (appellation taoïste) FOU-YEOU TI-KIUN (Grand Dieu de Secours)	Patriarche taoïste. Patron de nombreuses associations, tant religieuses et sectaires que professionnelles. Saint invoqué par les barbiers. L'un et le principal des Huit Immortels, divinités enjouées, « ivres », intermédiaires entre le monde profane et le monde sacré.	Représenté en maître taoïste, tenant un chasse-mouches ou un éventail.	Lu T'ong-pin, dont l'historicité est contestée, vécut sous les T'ang (de 755 à 805). Il est en rapport avec un grand courant de renouveau dans le taoïsme ésotérique et un très grand nombre d'écoles modernes se réclament donc de lui. Il est aussi un des patrons préférés des sectes hérétiques des sociétés secrètes, spécialement invoqué lors des séances médiumniques.	Le lieu de pèlerinage le plus célèbre est le Lou-chan (Kiang-si), mais les temples qui lui sont dédiés se trouvent partout en Chine. Fête le 14ᵉ jour de la 4ᵉ lune.
TSAO-KIUN (Seigneur du Foyer)	SSEU-MING FOU-KIUN (Seigneur des Bienfaits, Préposé aux Destins)	Censeur des actions et de la morale domestique, veillant sur la pureté du foyer au sens large. A cause de lui, la cuisine (où se trouve son tabernacle) se trouve soumise à un certain nombre d'interdits. Le Tsao-kiun rapporte périodiquement au Ciel les bonnes et mauvaises actions des membres de la famille, dont le bonheur et la longévité sont ensuite augmentés ou diminués en conséquence.	Invariablement représenté sous les traits d'un officier civil subalterne, soit debout, soit assis, tenant une tablette de cour devant la poitrine.	Origines pseudo-historiques : l'empereur Wou des Han sacrifia au Tsiao-kiun sur les instances du magicien Li Chao-kiun en ~ 133 en vue de l'obtention, par des méthodes alchimiques, de l'immortalité. Origines légendaires : un jeune homme nommé Tchang renvoie sa femme vertueuse pour épouser une femme frivole. Il se ruine ; devenu un mendiant aveugle, il vient demander l'aumône à sa première femme. Elle le guérit. Pris de honte, il se suicide en sautant dans le foyer.	Tsa-kiun est vénéré exclusivement sur les autels domestiques ou dans un tabernacle réservé à son culte dans les cuisines. Montant au ciel à la veille du nouvel an pour y faire son rapport, il est à nouveau accueilli le jour de l'an. Fête le 3ᵉ jour de la 8ᵉ lune.

nom courant	autres noms	fonctions	attributs	origine	sanctuaires et fêtes
YU-HOUANG CHANG-TI (Empereur d'En Haut Auguste de Jade	T'IEN-KONG (Seigneur du Ciel)	Dieu suprême, chef du panthéon des divinités célestes et des saints.	Coiffure et vêtements impériaux, de couleur jaune. Tient dans les mains un sceptre de jade (kouei).	Forme moderne de Lao-tseu divinisé, Lao-kiun, (?) ; à la fois personnification du Tao et saint suprême. Canonisé par l'empereur Tchen-tsong des Song.	Dans tous les chefs-lieux de la Chine, un temple du Ciel (Yu-houang-kong ou T'ien-t'an) lui est dédié. Fête le 9 du 1er mois.
T'OU-TI-KONG (Seigneur Terre)	FOU-TO TCHEN-TCHEN (Dieu Véritable à la Vertu Bienfaisante), nom canonique. TA-PO-KONG (Seigneur Grand-Oncle paternel)	Gardien de la terre et de l'ordre géomantique. Dieu des Richesses. Psychopompe. Gardien des tombes (Heou-tou).	Représenté sous la forme d'un vieillard souriant, tenant dans la main un lingot d'or (et parfois, dans l'autre, un bâton de chef de village).	Réunit les attributs du dieu Sol de la Chine antique (chö) et de la reine de la Terre (Heou-t'ou), gardienne des lieux saints.	Très nombreux autels, grands et petits, dans les quartiers, les rues et les champs. Fêtes le 2 du 2e mois et le 16 du 8e mois.
TONG-YUE TA-TI (Grand Empereur du Pic de l'Est)	T'AI-CHAN-WANG (Roi du T'ai-chan)	Seigneur de la Montagne Sacrée de l'est de la Chine (au Chan-tong) sous laquelle se trouvent les Enfers. Roi des Enfers. Chef des divinités terrestres.	Coiffure et vêtements impériaux, où domine la couleur verte. Entouré d'une cour de juges infernaux, d'aides-démons, etc.	Dès l'Antiquité, le T'ai-chan a été l'objet d'un culte officiel. Les dynasties impériales y accomplirent leurs sacrifices d'investiture (fong et chan). Canonisé à plusieurs reprises, sous les T'ang, les Song et les Yuan.	Dans tous les chefs-lieux, un temple des Enfers (Tong-yue-miao) lui est dédié. Fête le 28 du 3e mois.
TCH'ENG-HOUANG (Dieu des murs et des fossés)		Dieu des Cités, équivalent spirituel du préfet local. Délégué du Tong-yue ta-ti.	Représenté sous la forme d'un mandarin civil à longue barbe noire. Souvent accompagné de son épouse et d'une cour de scribes et fonctionnaires subalternes.	Vénéré dès l'Antiquité. Inscrit aux registres des cultes officiels.	Dans tous les chefs-lieux, un temple de la Cité (Tch'eng-houang-miao) lui est dédié. Fête le 15 du 6e mois, mais variable selon les lieux.
SAN KOUAN (les Trois Officiers)		Préposés du Ciel, de la Terre et de l'Eau ; l'Officier du Ciel répand les Bienfaits, celui de la Terre pardonne les péchés, celui de l'Eau écarte les calamités ; ils assistent Yu-houang.	Coiffure et vêtements impériaux ; ils tiennent le sceptre de jade.	D'origine liturgique taoïste (IIe s.). Divinités impersonnelles, sans légende propre.	Quelques temples leur sont dédiés, mais ils sont plus souvent présents comme divinités secondaires dans les temples du Ciel, etc. Fêtes le 15 du 1er mois (Ciel), le 15 du 7e mois (Terre), le 15 du 10e mois (Eau).
KOUAN-TI (l'Empereur Kouan)	KOUAN CHENG-TI (Seigneur Impérial Saint Kouan) KOUAN KONG (Seigneur Kouan) WOU-TI (Empereur Martial)	Illustre les vertus guerrières de courage et de loyauté. Saint patron de la littérature et du commerce. Protecteur divin de la dernière dynastie chinoise (Ts'ing, 1644-1911).	(1) En lettré assis, lisant les Annales (Tch'ouen-ts'ieou). Visage de couleur rouge foncé, longue barbe. (2) En guerrier, à cheval. Flanqué de deux acolytes : Kouan Ping et Tcheou-ts'ang.	Héros de l'époque des Trois Royaumes, mort en 220. Célébré dans le roman populaire *L'Histoire des Trois Royaumes.* Saint taoïste à vertu exorcisante, canonisations officielles depuis 1120.	Plus de 1 600 temples officiels en Chine au début de ce siècle et des dizaines de milliers fondés par initiative privée. Dans le culte officiel, Wen-ch'ang-ta-ti-kiun lui sert de complément. Fête le 13 du 5e mois.
HIUAN-T'IEN CHANG-TI (Empereur d'En Haut du Ciel mystérieux)	PEI-KI TA-TI (Grand Empereur du Pôle Nord) CHANG-TI KONG (le Seigneur l'Empereur d'En Haut)	Seigneur du Nord et de l'élément Eau. Souverain des Démons ; par conséquent, dieu à vertu exorcisante par excellence.	(1) Attributs impériaux, tons de couleur noire (Nord) (2) Robe impériale noire, mais nu-tête à longs cheveux et pieds nus qui foulent un serpent et une tortue (emblèmes du Nord).	Personnification des forces du Nord, d'abord représentées par le Serpent et la Tortue en lutte et appelées Hiuan-wou (les guerriers mystérieux). Canonisé officiellement depuis la dynastie des Ming, dont il est le saint protecteur.	Le centre du culte se trouve à la montagne Wou-tang-chan dans la province du Hou-nan. Fête le 3 du 3e mois.
WEN-TCH'ANG TA-TI-KIUN (Grand Seigneur Impérial de l'Étoile ; Wen-tch'ang : l'Éclat de la littérature)	TSEU-T'ONG-KIUN (Seigneur de Tseu-t'ong, endroit du Sseu-tch'ouan où son culte prit naissance)	Dieu de la Littérature, patron des lettrés et des graveurs sur bois. Personnification d'une des étoiles de la Grande Ourse, il détermine par conséquent la destinée humaine.	Représenté sous les traits d'un mandarin civil tenant à la main un sceptre (jou-yi). Entouré de deux acolytes sourds-muets, l'un mâle, Hiuan-t'ong-tseu, et l'autre femelle, Ti-mou, qui représentent le couple originel.	Le culte de Wen-tch'ang est un aspect du culte très répandu de la Grande Ourse. Wen-tch'ang a été identifié avec plusieurs personnages pseudo-historiques, dont le plus connu est un certains Tchang Ya, vivant à Tseu-t'ong sous les T'ang (618-907). La première canonisation a eu lieu sous l'empereur Hi-tsong (874-889).	Sous la dernière dynastie, le culte de Wen-tch'ang faisait partie, à côté de celui de Confucius, de la religion de l'État. Des temples hexagonaux (Wen-tch'ang-k'o) existaient dans tous les chefs-lieux. Fête le 3e jour de la 2e lune.
KOUAN-YIN (Celle qui contemple le monde et écoute les prières) ; traduction du nom sanscrit d'Avalokiste'svara	KOUAN CHE-YIN KOUAN TSEU-TSAI	Déesse de la Miséricorde, salvatrice des hommes en péril. Donneuse d'enfants. Divinité personnifiant les vertus féminines par excellence.	L'iconographie de la déesse est très riche. Les représentations les plus populaires sont : (1) Kuan-yin couronnée, assise à l'indienne sur une fleur de lotus, entourée de ses acolytes, Chan-tsai et Yu-niu. (2) Kouan-yin aux vêtements blancs, debout, tenant une fleur de lotus ou un enfant. (3) Kouan-yin au panier à poissons contenant une carpe. (4) Kouan-yi aux trente-six ou à mille bras.	Quoique d'origine bouddhique en tant qu'aspect féminin du boddhisattva Avalokite'svara, Kouan-yin devint, au cours des siècles, une divinité entièrement sinisée, vénérée par tous les Chinois, bouddhistes ou non. Une légende populaire purement chinoise vint d'ailleurs remplacer l'hiérographie bouddhique. Selon cette légende, Kouan-yin s'appela la princesse Miao-chan et aurait obtenu la sainteté surtout grâce à sa piété filiale.	Une des divinités les plus populaires de la Chine, Kouan-yin se trouve sur les autels domestiques aussi bien que dans un très grand nombre de temples. Son lieu de pèlerinage le plus important est l'île P'ou-t'ouo, sur la côte orientale de la Chine, en face de la province du Tchö-kiang, où, selon la légende populaire, elle atteignit la sainteté (l'apothéose). Fête le 19e jour de la 2e lune.

Le monde divin de la Chine (suite)

nom courant	autres noms	fonctions	attributs	origine	sanctuaires et fêtes
TSEU-KOU (la Dame Pourpre)	K'ANG-SAN-KOU (la Troisième Dame des Latrines)	La divinité par excellence des cultes de possessions féminines (la pratique médiumnique des femmes s'appelant, de façon générale, Koran San-Kou, « communiquer avec la Troisième Dame »). Dans bien des parties de la Chine, les femmes lui sacrifient aux alentours du nouvel an, près des fosses d'aisance ou dans les porcheries. Ces cultes sont accompagnés de transes et de pratiques divinatoires.	Sous sa forme moderne, la Tseu-kou est une princesse dont l'attribut est le « Boisseau d'or » (Kin-teou), petit baquet dont la fonction est, à la fois, vase de nuit et réceptacle du nouveau-né au moment des naissances.	Culte populaire, déjà attesté au haut Moyen Age.	Culte exclusivement domestique.
TCHAO YUAN-CHOUAI (le Maréchal Tchao)	TCHAO KONG-MING (nom propre) HIUAN-T'AN YUAN-CHOUAI (Maréchal de l'Autel Mystérieux)	Dans la Chine moderne : dieu des Richesses. Dans le rituel taoïste : dieu exorciste, allié ou même double de Hiuan-t'ien chang-ti. Protecteur de la dynastie des Song.	Dieu militaire, armé d'une massue, souvent représenté chevauchant un tigre.	Tchao Kong-ming est, dans la liturgie taoïste ancienne, un archange, chef de l'armée céleste du Nord. Comme divers protecteurs des Song, son culte devient universel. Le roman des Ming (le Fong-chen yen-yi) le consacre comme dieu des Richesses.	Associé au culte de Hium-t'ien chang-ti, gardien des autels taoïstes. Fête le 15ᵉ jour de la 1ʳᵉ lune.
T'IEN-TOU YUAN-CHOUAI (le Premier Maréchal T'ien)	SIANG-KONG (le Jeune Monsieur) WOU-TAI YUAN-CHOUAI (le Maréchal des Cinq Dynasties) LEI HAI-TSING (nom propre)	Dieu du Théâtre. Saint patron des acteurs et des musiciens.	Représenté en jeune homme, imberbe, souriant, parfois avec des nattes (bisexualité).	Dans la liturgie taoïste, esprit de l'étoile Ni, messager (intermédiaire) entre la Terre et le Ciel. Beaucoup de légendes locales, dont celle de Lei Hai-tsing à Fou-tcheou est célèbre (cf. Doré, *Recherches sur la superstition en Chine*, vol. XI, 1916).	Fête le 8ᵉ jour de la 6ᵉ lune. Tabernacles dans les coulisses de théâtres ; on trouve parfois des temples de corporations.
WEN-CHEN (Dieu des Pestilences)	WANG-YEH (Seigneur Royal) T'IEN-SIEN (Immortel Céleste)	Les divinités chargées par le Ciel de répandre les épidémies sont aussi en mesure de les éviter. Il s'agit donc d'un culte propitiatoire, où, après avoir reçu des offrandes, les porteurs de maléfices sont ensuite expulsés.	Les Wen-chen sont représentés sous des formes très diverses, soit en fonctionnaires (du département céleste des Épidémies), soit en guerriers farouches. On dit « laid comme un dieu des Pestilences ».	Les Wen-chen sont vénérés en groupes de douze (un pour chaque mois), de trente-six (douze mois et vingt-quatre stations calendériques), et même de trois cent soixante (jours de l'année). Préposés à des périodes du Temps, ils sont en rapport avec le culte du T'ai-souei, « la Grande Année », c'est-à-dire : « l'anti-Jupiter », étoile néfaste qui répand des calamités aux abords des endroits où il se trouve (mais pas à l'endroit même).	Peu de temples sont dédiés en permanence aux Wen-chen, mais presque partout leur est rendu un culte périodique, suivi d'une expulsion.
WOU CHENG (les Cinq Saints)	WOU HIEN (Cinq Esprits Brillants) ou WOU T'ONG (Cinq Esprits Communicants)	Esprits maléfiques porteurs de maladies ; esprits malicieux, capables d'assister l'homme dans des entreprises peu louables. Divinités mineures, patronnes de nombreux cultes médiumniques. Dieux de la Richesse.	Les attributs correspondent au symbolisme des Cinq Éléments.	Comme démons porteurs de maladies, on les trouve dans la liturgie du haut Moyen Âge. Dans le folklore, depuis les T'ang, des « Males-morts » reçoivent du Ciel cet emploi, afin de les dédommager des injustices subies dans ce monde.	Nombreux sanctuaires dans tous les chefs-lieux de la Chine, souvent appelés Wou-ti-miao (temples des Cinq Empereurs). Célèbre temple au Chang-fang-chan, près de Soutcheou, où des noyades rituelles de jeunes filles auraient eu lieu jusqu'au XVIIᵉ siècle.

Le monde divin de la Chine (suite et fin)

désignation principale	épithètes	fonctions	évolution
I. Dieux souverains incarnant la fonction sacerdotale (magico-religieuse) et royale (juridico-religieuse) de l'administration du monde : les Aditya, fils de la déesse Aditi (la Non-Liée, la Libre, l'Illimitée)			
MITRA (en iranien : Mithra)		le contrat juridique et social personnifié	(couple Mitra-Varuṇa : Jour-Nuit)
ARYAMAN (en iranien : Airyaman) « l'Hospitalier »		garant des routes, des traditions, du mariage, de l'héritage	
BHAGA (en iranien : Baga, en slave : Bog, etc.) « la Part »		la redistribution périodique des biens, la chance	
VARUṆA (en iranien : Ahura Mazdā, en grec : Ouranos, etc.)	Asura (le Maître), Saṁrāj (le Souverain)	grand thaumaturge omniscient, fonde et maintient l'Ordre (Ṛta) transcendant du monde, détenteur du pouvoir magique (māyā) de construire les formes et du pouvoir civil (kṣatra) ou dominium, châtie les coupables avec ses lacets : il est le « lieur »	a) couple Mitra-Varuṇa : Jour-Nuit ● b) puis association Indra-Varuṇa c) finalement prééminence d'Indra d) Varuṇa sera réduit à un seigneur des animaux aquatiques ●
AṀŚA		la part inattendue de butin : la taxe royale exorbitante du droit du clan	
II. Dieux de la force matérielle, de l'énergie vitale, du pouvoir militaire : les Rudra			
	Mahendra (Grand Indra), Śakra (le Fort)	Dieu combattant, protecteur des guerriers	origine : mythe de l'orage, de la pluie et de la fécondité ●
	Hari (de couleur « fauve »)	pourfendeur des Dāsa, indigènes ennemis des Arya	védisme : remplace Vāyu entre Agni et Sūrya
INDRA	Svarāj (Gouvernant par lui-même)	destructeur des cités (de pierre des démons asura)	hindouisme : sera assimilé à Visnu
	Purandara	vainqueur du démon Vṛta (obstacle) qui bloquait les eaux	bouddhisme : assimilé à Śakka
	Vṛtahan	armé du foudre vajra : massue de jet	
	Vajrapāni	grand buveur de soma, qui accroît sa force	
son épouse : INDRAṆĪ (celle d'Indra)	Śaśii (l'Énergie)	Indra est aussi Śaśipatī (le Maître de l'Énergie)	préfigure toutes les compagnes des dieux : Śaktī
RUDRA (le Hurleur ? le Rouge ? le Rustre ?)	Śarva (le Destructeur), Hara (le Ravisseur), Bhīma, Ugra (le Terrible) Śiva (le Bienfaisant) Śaṅkara, Śambu (le Salutaire) Mahādeva (Grand Dieu) Īśāna (Souverain)	chasseur sylvestre et montagnard, terrifiant et féroce guide des Vrātā (Arya extérieurs à la culture brahmanique), maître du bétail, des créatures : Paśupati	origine : mythe de l'orage, de la mousson védisme : dieux multiples, les Rudra, réduits en une seule figure hindouisme : l'épithète Śiva l'emportera
les MARUT (les Immortels ?)		hordes de jeunes guerriers (Marya) dirigeant les orages en chantant	hindouisme : absorbés dans Vāyu
III. Dieux des demeures, du nombre, de la fécondité, des biens matériels, de la prospérité économique : les Vāsu, les Viśadeva, etc.			
AGNI (en slave : Ognī, en lituanien : Ugnis, en latin : Ignis...)		le feu terrestre, naturel ou allumé le feu sacrifiel recevant le grita (beurre fondu) le maître de la maison, chef de clan, prototype du prêtre sacrifiant (purohita), du saint (ṛśi)	(triade du feu : Agni-Vāyu-Sūrya) ●
VĀYU	Vāta (le Vent)	le vent, le souffle, l'âme cosmique, le feu de l'atmosphère	
PARJANYA (le Destructeur ?)		la mousson, la pluie, source de végétation, imprégnateur de vie	remplacé par Indra dans la triade du feu ● sera assimilé à Indra
SŪRYA		le soleil, feu du ciel	(triade du feu)
SĀVITṚ (l'Incitateur)	Prajāpati (le Maître de la postérité)	soleil vivifiant, nourricier, progéniteur de l'humanité	en tant que Prajāpati sera assimilé à Brahmā ●
VIVASVANT (le Rayonnant)		soleil	
son messager MĀTARIŚVAN		apporte le feu du ciel aux hommes (cf. PROMÉTHÉE)	
et UṢAS		l'aurore, jeune fille repoussant les ténèbres, éveillant les êtres	
les deux AŚVIN ou NĀSATYA (semblables aux Dioscures grecs)		cavaliers jumeaux parcourant le ciel à l'aurore ; patrons des éleveurs-agriculteurs	tardivement admis parmi les dieux
PṚTHIVĪ (la Vaste) DYAUS, DYAUS PITAR		la Terre (Aditi), Mère des dieux (Āditya)	(couple Dyāvāpṛthivī, Ciel-Terre) ●
(Zeus Pater, Jupiter)		le Ciel, le Ciel père (des dieux)	
SOMA (en iranien : Haoma)		liqueur oblatoire, source d'ivresse mystique, conférant l'immortalité (Amrita, cf. AMBROISIE)	sera assimilée à la Lune : Candra (Śiva)
PŪṢAN		gardien des chemins, guide des hommes et des bêtes, nourrisseur des créatures, prospérité	lié à Agni-Sūrya sera assimilé à Paśupati (Śiva)
BṚHASPATI (le Maître de la force ou de la formule : Bṛha)		le sacrifiant	
BRAHMANASPATI (le Maître du Brahman : énergie du sacrifice)		le sacrifiant	sera intégré à Prajāpati (Brahma)

Le panthéon védique

Dieux (deva) au nombre théorique de trente-trois, répartis en trois classes correspondant aux trois fonctions assurées dans la société aryenne

● : les huit premiers Lokapāla de l'hindouisme.

désignation principale	épithètes	fonctions	évolution
VIṢṆU (le Pénétrant)		parcourt les mondes (terre-air-ciel) en trois pas, protège le sacrifice, allié d'Indra	védisme : très effacé hindouisme : une des trois figures majeures
TVAṢṬṚ (le Façonneur)		artisan (cf. HEPHAÏSTOS-VULCAIN) du vajra d'Indra, de la coupe de Soma, etc.	sera identifié à Viśvakarman (Brahmā)
les trois ṚBHU (les Habiles)		artisans du char des Aśvin, etc.	
TRITA (le Troisième des Aptya, fils de l'Eau et d'Agni)		génie lustratoire, sorte de bouc émissaire	
SARASVATĪ		rivière sacrée « Mère des fleuves », sera confondue avec Vāc (la Parole)	deviendra l'épouse de Brahmā
ŚRĪ (la Splendeur)		prospérité, bonheur, sera confondue avec Lakśmi (la Fortune)	deviendra l'épouse de Viṣṇu
NIRṚTI (Absence de Ṛta, Ordre)		anéantissement lié à Mṛtyu (la Mort)	
YAMA (le Jumeau) (en iranien : Yima)		frère et époux de Yamī, le premier homme, le premier sacrifiant le maître des morts (pitṛ : « père », « mânes »)	
MANU (l'Homme)		premier homme (depuis le déluge), premier roi, maître des vivants	figure non divinisée
IV. Les Démons			
les ASURA		anciens « maîtres » vaincus par les dieux (deva)	en Iran, les ahura l'ont emporté sur les daeva, devenus démons
les APSARAS		nymphes des eaux	
et leurs époux : les GANDHARVA (en iranien : Gandarewō)		génies des nuages et des eaux (cf. CENTAURES)	
les RĀKṢASA		démons noctambules à forme semi-animale, carnivores	
les PAṆI, clan impie, les DĀSA ou DASYU, indigènes non aryens, « esclaves »			
les yātu, sorciers, les piśāsa, arāti, druh, etc.			

Le panthéon védique (suite et fin)

figures principales	figures associées	épthètes et attributs	fonctions
ŚIVA		le « Bienfaisant » (épithète de Rudra) dit aussi Rudra, Śarva, Bhima, Hara, Iśāna, Mahādeva, Paśupati, etc. et aussi Mahāyogin (le Grand Yogi), Yogeśvara (le Maître du Yoga), Maheśvara (le Grand Seigneur), Parameśvara (le Seigneur Suprême), Mṛtyumjaya (le Conquérant de la Mort), Dakśiṇamurti (le Dieu du Sud, séjour de Yama), Kameśvara (le Seigneur du Désir) symbole : le liṅga (« signe » ou « phallus ») attributs : le croissant de lune, la peau de tigre, le tambour de danse, le collier (de têtes de mort), les boucles d'oreilles armes : le trident (triśula ou sula), le bâton de bouvier (paśupata), la hache (paraśu), l'arc de Rudra, le lacet (paśa) de Varuna monture : le taureau (vṛṣa) nommé Nandin (le Joyeux) blanc comme le mont Kailāśa ville : Kāśī, la moderne Vārānasi ou Bénarès fleuve : le Gange (Gaṅgā, nom féminin)	incarne l'énergie centrifuge, désintégrante, destructrice (Tamas), l'Obscurité, la Mort, le Temps (Kāla) destructeur représenté en Natarāja (le Roi de la danse) ou en ascète : Dhurjati (le Porteur de chignon) il est celui qui a trois yeux (Tryaṁbaka) et quatre bras, blanc comme le camphre, sauf la gorge noircie par le poison (Nīlakaṇṭha)
	son épouse DURGĀ	l'« Inaccessible », ou Kālī (la Noire), Gaurī (la Blonde), Pārvatī (la Montagnarde), Candi (la Violente), Sāti (la « Fidèle qui suit son mari dans la mort », Umā (la Favorable), Devī (la Déesse, par excellence), Mahādevī (la Grande Déesse), Kumārī (la Vierge)	divinité redoutable de la Guerre, à dix bras et parfois gracieuse (de la Fécondité, par exemple)
	ses fils : GANEŚA	ou Gaṇapati (le Chef des troupes) dit Pillaiyar (le Fils) dans le Sud monture : la souris (muśa ou muśaka), symbole des voleurs	petit et obèse, à tête d'éléphant à quatre bras ; patron des lettres, des arts, des métiers
	KUMĀRA	le « Jeune Homme », ou Skanda (le Sauteur ou le Jet de sperme), Kārttikeya « Élevé par les Pléiades », Subrahmaṇya (le Bon Brahmane) monture : le paon	chef de la grande armée (Mahāsena) des dieux, patron de la guerre
	sa suite : CANDRA	le « Brillant », c'est-à-dire la Lune (mot masculin), ou Indu (goutte), Soma (liqueur d'immortalité)	
	KUBERA	ou Vaiśravaṇa (fils de l'ascète Visrava) véhicule : le char aérien (puśpaka)	dieu de l'Or, des Trésors, des Richesses maître des génies Rakśasas, Yakśa, Gandharva
	KĀMA	l'Amour dit aussi Māra (« Celui qui fait mourir ») monture : le perroquet armes : arc en canne à sucre et flèches	bel adolescent (cf. ÉROS-CUPIDON)
	son épouse : RĀTI	(le Plaisir)	

Le panthéon hindou

Certaines divinités védiques ont été éclipsées par des figures nouvelles. D'abord émergent huit Seigneurs du Monde (Lokapāla), gardiens des points de l'horizon. Est : Indra, sud-est : Agni, sud : Yama, sud-ouest : Sūrya ou Nirṛi, ouest : Varuṇa, nord-ouest : Vāyu-Maruta, nord : Kubera, nord-est : Candra-Iśāna-Soma ou Pṛthivī auxquels seront ajoutés Brahmā (zénith) et Viṣṇu-Ananta (nadir) ; puis tous les cultes s'orienteront autour des trois figures principales : Śiva, Viṣṇu et Brahmā.

figures principales	figures associées	épthètes et attributs	fonctions
ŚIVA (suite)	VARUṆA son épouse : VĀRUṆAṆĪ	ou Varuṅī, déesse de la Liqueur parfois dite Gaurī monture : tortue ou monstre marin	souverain des mers, des rivières, des eaux souterraines, des génies Nāga
	YAMA	ou Antara « Celui qui met fin », Kāla (la Mort), Dharma (la Loi), Dharmarāja (le Roi du Dharma), Karman (l'Acte), Vidmi (l'Ordonnance) monture : le buffle animal : le chien (gardien de la porte de l'enfer)	souverain des enfers
	son épouse : YAMĪ	assimilée à la rivière Yamunā, affluent du Gange	
VIṢṆU		l'« Immanent » ? ou Hari (de couleur « fauve », comme Rudra), Bhagavant (le Bienheureux), Jagannātha (Seigneur du Monde), Dāmodara « Ceint d'une corde » ?, Nārāyaṇa (Fils de l'Homme primordial, Nārā), Para (le Suprême) attributs : le conque śankha des cinq éléments, le disque cakra à six rayons du mental, l'arc śārnga ou la massue gadā du pouvoir d'illusion, le lotus padma de l'univers mobile, le cordon sacré des hautes castes, l'épée nandaka de la connaissance dans son fourreau, le parasol royal monture : l'oiseau (aigle ?) géant Garuḍā	incarne l'énergie cohésive (Sattva) maintient l'ordre cosmique de couleur sombre, à quatre bras représenté le plus souvent reposant sur le serpent Śeṣa (le Reste) ou Ananta (Sans Fin)
	ses incarnations ou avatara (descentes sur terre) dont le nombre a été ramené à dix principales		
	MATSYA	le poisson sauvant Manu du Déluge	
	KŪRMA	la tortue retrouvant l'ambroisie perdue dans le Déluge et permettant de baratter la mer	
	VARĀHA	le sanglier soulevant la terre précipitée au fond des eaux par un démon	
	NARASIṀHA	l'« homme-lion » qui tue le frère de ce démon	
	VĀMANA	le nain qui défait Bali, rival des dieux	
	PARAŚURĀMA	(Rāma à la hache) qui purge le monde des kśatriya (guerriers) révoltés contre les brahmanes	
	RĀMA	le « Charmant », ou Rāmacandra, vainqueur de Rāvana le roi des démons	
	KṚṢṆA	le « Noir » délivrant le monde du tyran Kaṁsa	
	BUDDHA	l'« Illuminé » adversaire du brahmanisme, intégré à l'hindouisme	
	KALKIN	à tête de cheval qui viendra procéder au jugement dernier et rétablir l'âge d'or	
	son épouse : LAKṢMĪ	(la Fortune) ou Śrī (la Splendeur) dite Padma, Kamala ou Indirā, c'est-à-dire « Lotus »	
	avec ses réincarnations en épouses des avatara : SĪTA RUKMĪNĪ	 pour Rāma pour Kṛṣṇa	
	les figures alliées des avatāra : LAKṢMANA BALARĀMA (ou BALADEVA) HANUMANT RĀDHĀ	 le frère et le compagnon de Rāma le frère et le compagnon de Kṛṣṇa le général des singes qui aide Rāma contre Rāvaṇa la bergère (gopī), maîtresse favorite de Kṛṣṇa	
	sa suite : INDRA	ou Vasāva (Chef des Vāsu), c'est-à-dire des dieux armes : le vajra (foudre, diamant, pénis), le lacet (de Varuṇa) et la magie attributs (royaux) : tiare, char Jaitra (le Victorieux), étendard Vaijayanta monture : l'éléphant blanc Airāvata capitale : Amarāvatī près du mont Meru	chef des dieux et dieu des Pluies
	son épouse : INDRĀṆI VĀYU TVAṢṬR PṚTHIVI	ou Saci, Sūrya ou Savitṛ, Vivasvant, Martāṇḍa, Aditya, etc. ou Vāta, Pavana ou Māruta (Héritier des Mārut) l'Artisan ou Viśvakarman (« Celui qui fait tout » : plus tard Brahmā) ou Mahī (la Grande), Dhātrī (la Nourricière), Bhūmi (le Sol), Bhūdevi (la Déesse du Sol)	le Soleil le Vent, « fils préféré de Viṣṇu » la Terre, « épouse de Viṣṇu »
BRAHMĀ (masculin)		ou Dhātṛ (le Créateur), Vidhātṛ (l'Ordonnateur), Svayaṃbhū « issu de lui-même »), Devadeva (Dieu originel) monture : le haṁsa (canard sauvage, cygne ou flamant)	personnification du brahman (neutre) âme universelle incarne l'énergie créatrice : Rajas héritier de Prajāpati (Sāvitrī), Bṛhaspati-Brahmaṇaspati et Viśvakarma (Tvaṣṭri) de couleur rose, il a quatre visages et quatre bras
	son épouse SARASVATĪ	ou Vāgdevī (la Déesse-Parole), Bhāratī (le Discours), ou Gāyatrī (la Métrique védique), ou Sāvitrī « Celle de Savitr »)	patronne de l'éloquence, de la poésie, de la musique, personnification de la métrique védique et patronne des castes aryennes
évolutions tardives	śakti : « énergie », élan vital, compagne féminine de chaque dieu : Durgā, Lakśmī, Sarasvatī trimūrti : « triple forme » divine combinant Śiva-Viṣṇu-Brahmā, parfois réunis sous le nom de Dattatreya Hari-Hara : association en un seul personnage de Hari (Viṣṇu) et Hara (Śiva) Buddha-Śiva : combinaison « tantrique » des cultes de Buddha et Śiva ; la religion du dieu Dharma (XIe s.) et « religion simplifiée » (sahajiya) au Bengale, combinant bouddhisme et hindouisme : religion pacasakha du vide et de l'informe (Ṣūnya) en Orisā (XVe s.) Rama-Allah : objet de vénération, syncrétise des courants monothéistes indiens exprimés par Kabīr (XVe s.), puis le guru Nanak (XVIe s.) et la communauté sikhe, et enfin la Dīn Llāhī (Divine Religion) proclamée par l'empereur Akbar (XVIe s.) Kṛṣṇa-le-Christ : rapprochement familier en Inde depuis le XIXe siècle. Buddha-Jésus-Gandhi : vénération propagée dans l'iconographie populaire (XXe s.) et le succès de la non-violence. N.B. – Entre le polythéisme caractérisé et le monothéisme affirmé, l'hindouisme est resté fidèle à l'hénothéisme védique : chacun invoquant le divin sous la figure de son choix. L'évolution a porté plus généralement les brahmanes vers le shivaïsme (ritualisme et ascète), les classes moyennes et commerçantes au vishnouisme-krishnaïsme de la bhakti (dévotion) et au râmaïsme et les masses populaires vers le shaktisme (culte de Mā, la « Mère ») et spécialement Mā-Kaī, et dans le pays dravidien, de Mari-Amman (Dame-variole).		

Le panthéon hindou (suite et fin)

Le lettré Fou Cheng commentant un passage du livre des « Documents », sauvé par lui de la destruction lors de la persécution anticonfucéenne ordonnée par l'empereur Shi Huangdi en 213 avant J.-C. Peinture de Wang Wei, VIIIe siècle, Osaka City Museum (Shobunsha, Artephot).

ÉCRITURES ET TRADITIONS

Les religions ne possèdent pas toutes des Écritures (avec une majuscule), un livre qui serait le Livre, lieu d'une vérité révélée. Si la plupart d'entre elles sont néanmoins dotées d'un certain nombre d'écrits particuliers, les usages qu'elles font de ceux-ci n'obéissent pas à un même principe ni ne revêtent une même fonction. Il importe ici de montrer la richesse des emplois de l'Écriture (ou de l'écrit) dans le domaine du religieux. On s'interrogera d'abord sur la possibilité d'une pratique et d'une tradition qui seraient entièrement ou surtout orales. Que signifie alors l'absence d'écriture ? Ensuite, on étudiera sous quelles formes la « raison graphique » organise et soutient le discours et le savoir religieux, que le groupe ait, en la matière, des récits mythiques dispersés, de simples codes liturgiques ou un véritable canon scripturaire.

Les sociétés anciennes

MARCEL DETIENNE

Le régime assidûment chrétien des sociétés occidentales nous a rendu familier le modèle de l'Écriture sainte et du Livre révélé au point de nous faire oublier combien d'alliances diverses pouvaient se nouer entre la religion et l'écrit comme entre les dieux et l'activité scripturale. Le dieu ombrageux de Moïse, Yahvé, n'est d'abord qu'une puissance plus ou moins lettrée comme ses collègues et rivaux de l'ensemble du Proche-Orient. Deux millénaires avant que le dieu du Sinaï ne remette à son protégé les tables de pierre écrites de son doigt, les scribes de Sumer avaient dressé le catalogue de leurs 473 divinités, sans oublier les autres. Dans le monde des dieux sumériens, la souveraineté s'exerce par les signes écrits : ce sont les « Tablettes du Destin », inséparables de la parole organisatrice, de celle qui dit le nom de chaque chose et en dessine la forme, l'idéogramme tracé par le calame ou avec le poinçon. Les Tablettes du Destin sont placées sur la poitrine d'Enki, le grand dieu de Sumer, le grand organisateur, de même que, dans la tradition catholique du Moyen Âge, le pontife romain possède dans sa poitrine toutes les archives du monde.

Des Mésopotamiens aux Étrusques et aux Grecs

En Mésopotamie ancienne, l'écriture exerce une fonction cosmique : les décisions des dieux se manifestent graphiquement ; messages divins et présages s'expriment par écrit, et l'écriture du ciel se lit, en particulier sur les foies des victimes que déchiffrent devins et lettrés. Parallèlement, dans la civilisation égyptienne, l'écriture hiéroglyphique, dite sacrée, contient en elle la parole des dieux ; elle donne forme au réel, lequel s'écrit, se dessine et se peint. Le dieu Thot, seigneur à la voix puissante et maître de l'écriture, jouit d'une compétence universelle. Scribe calculateur, préposé au comptage du temps, grand praticien du rituel, responsable de l'ensemble de l'administration, Thot est le dieu auquel le roi, scribe lui-même, vient offrir l'écritoire, c'est-à-dire, dans la tradition égyptienne, l'instrument qui permet de mesurer la terre après chaque crue du fleuve Nil. L'ibis, oiseau emblème du dieu scribe, confirme l'importance du calcul dans l'activité graphique de Thot : il fait naturellement des pas d'une coudée et son intestin, de l'avis des embaumeurs, possède les mêmes dimensions que l'étalon déposé dans certains sanctuaires. Il mesure la terre, calcule le temps, exécute la totalité des rites et régente la bureaucratie millénaire de l'Égypte. Mais ni à Sumer ni au pays de Thot l'écriture des dieux ne revêt la forme d'une révélation, d'une Table ou d'un Livre révélé, avec les retombées en chaîne qui s'observent dans l'histoire du christianisme s'appropriant le Livre de l'ancien Israël, ainsi que la tradition d'une écriture inspirée. Autour du Livre, avec ses gardiens et avec son Église, le christianisme construit son universalisme, édifie sa catholicité et fonde son empire sur toutes les nations, assujettissant la croyance individuelle à des formules écrites. Tandis que, dans sa filiale protestante, où s'invente la solitude de l'individu devant l'Écriture et son autorité souveraine, la religion chrétienne redécouvre la parole de Dieu dans l'histoire continue de la même Écriture. Une histoire qui montre, sur des siècles, le cheminement parallèle de la conversion au Livre et de sa traduction répétée. Un grand nombre de sociétés à tradition orale entrent dans l'alphabétisation par la voie d'une Bible en langue vernaculaire, apportant dans son sillage la Loi non moins écrite de ces visiteurs appartenant à l'espèce de « ceux qui ne sont jamais partis ».

Assurément, rien n'autorise à déduire d'un système d'écriture donné les effets qu'il est capable de produire. Mais tout invite, aujourd'hui, à définir les manières de penser mises en œuvre par les systèmes de signes écrits dans les sociétés complexes, dont les unes se dotent de puissances de l'écriture ou du Livre, et les autres, non moins bien pourvues de dieux, semblent exclure de leur panthéon toute activité scripturale. Deux sociétés, voisines dans le temps et dans l'espace, la grecque et l'étrusco-romaine, permettent de comparer des manières contrastées dans la définition du champ religieux, dans le rapport à la tradition et dans le rôle réservé à l'écriture. Toutes deux sont, en apparence, également partagées entre culture orale et pratiques de l'écrit sur plusieurs siècles. Aux alentours de 750

En Grèce. L'écrit remplace la voix avec l'importance prise, au Ve siècle, par le « livre » de papyrus. Bientôt les Muses devront revendiquer l'invention des lettres et Apollon se mettre à dicter les poèmes écrits sous son inspiration. Lécythe grec du Kestner Museum, Hanovre (Lindner).

avant l'ère chrétienne, les Grecs réapprennent à écrire avec un système alphabétique préparé par les Phéniciens. À la même époque, les dieux d'Homère composent déjà une société pleinement autonome. Et, dans les premières cités coloniales des mêmes années, les sanctuaires tracés sur le sol de la Sicile et de l'Italie du Sud révèlent des panthéons déjà organisés. Les dieux implantés et racontés se partagent les grands départements de l'activité humaine à l'intérieur desquels ils nouent des relations actives. Mais, si le chant, par exemple, avec la voix, la lyre et la cithare, se trouve distribué entre les Muses, filles de Mémoire, et les deux frères rivaux, Apollon et Hermès, la tablette et le stylet ne sont revendiqués par aucune puissance. Bien plus, aucune forme d'écriture n'a cours dans le monde des dieux. Les Olympiens sont des analphabètes. Il n'y a pas d'écritoire à dérober dans le ciel de la Grèce. L'humanité découvre seule les premiers éléments graphiques ; elle a ses inventeurs : l'intelligent Palamède ou le savant Orphée. C'est très précisément dans le cadre de la cité et de ses institutions que l'écriture alphabétique conquiert son autonomie, en devenant à la fois publique et monumentale. Alors que, à Sumer ou sur les bords du Nil, les dieux mettent le monde par écrit pour l'espèce humaine invitée à s'alphabétiser, dans les minuscules cités de la Grèce, ce sont les mortels devenus citoyens qui décident en leurs assemblées politiques d'écrire eux-mêmes les affaires des dieux.

En Grèce comme à Rome, et dans la plupart des sociétés archaïques, la religion est inséparable du social et du politique. En d'autres termes, elle ne constitue pas un domaine autarcique. En Grèce aussi bien qu'à Rome, les dieux sont nommés, honorés et distribués en configurations variables au sein de la communauté politique et des institutions sociales comme la famille, la *gens* ou la phratrie (le groupe élargi des frères). Toutes les relations avec des puissances divines mettent en cause des sujets sociaux, non des sujets religieux. Le culte rendu aux puissances divines dans les temples publics où elles demeurent est confié à des magistrats exerçant des prêtrises : ils sont tirés au sort parmi l'ensemble des citoyens actifs. Donc une religion des us et coutumes, sans croyance obligatoire, ignorant le sens du mot « orthodoxie » ou celui d'« Église ».

Affaires divines, affaires humaines

Dès que la cité grecque apparaît avec son domaine des affaires communes et son exigence de publicité, elle distingue deux secteurs dans le champ de sa compétence : les affaires des dieux et les affaires des hommes. Avec les premières législations, les fêtes, les calendriers, les règles du code sacrificiel sont mises par écrit après délibération des membres de l'assemblée et décision prise à la majorité. Les lois dites sacrées, les règlements de sanctuaires, les prescriptions relatives aux victimes du sacrifice avec des précisions sur les façons de partager les viandes, de les traiter culinairement, sur la présence nécessaire de tel sacrifiant ou de tel participant, toutes ces règles gravées sur des tables de pierre ou de marbre sont des éléments essentiels dans l'œuvre des législateurs. La moitié des lois de Solon sont consacrées aux cérémonies religieuses de la cité. Les assemblées légifèrent pour savoir quel sacrifice il convient de faire et à quels dieux il

faut l'adresser. Sans doute sont-elles respectueuses de la tradition ; et un renversement de majorité n'entraîne pas nécessairement la destitution de divinités trop marquées par le régime précédent. Mais, si d'aventure deux cités, disposant chacune de son panthéon et d'un calendrier, décident de fusionner en procédant à un synécisme (un habitat commun), c'est l'assemblée de la nouvelle entité politique qui fait les choix nécessaires, et à la majorité simple. De pareilles affaires – qui sont celles des dieux – sont suffisamment graves pour être réservées aux seuls citoyens à part entière, réunis dans l'assemblée dite des affaires divines qui se tient avant celle, plus largement ouverte, où se discutent les « affaires humaines ». Les relations de la cité avec ses dieux sont inséparables des rapports politiques.

Dans le monde romain. Cumes est d'abord un des premiers établissements pour les Grecs en Occident. Apollon, des initiés, une sibylle possédée par le dieu : « Sous la roche profonde, elle chante les destinées. » Sur des feuilles, elle inscrit des lettres et des mots, mais le vent les disperse. « Il faut qu'elle-même les chante » (Virgile, « L'Énéide », chant III, v. 443-457). Une autre tradition attribue à la Sibylle les « Livres sibyllins », consultés à Rome à l'époque historique et que Michel-Ange mit entre les mains de la prophétesse elle-même. Chapelle Sixtine, Rome (Scala).

En Égypte. Depuis la fin du IIIe millénaire, le dieu Thot règne sur l'écrit et sur la parole. L'écritoire du scribe sert aussi à mesurer la terre après chaque crue du Nil. Statuette de Thot et du scribe Nebmertouf, XVIIIe dynastie. Musée du Louvre, Paris (E. Lessing, Magnum).

En Grèce, la fondation des premières cités, qui sont autant de monades, ne donne pas lieu à la mise par écrit de la tradition mythologique comme il advient au Japon à la création de l'empire avec le *Récit* [officiel] *des faits du passé*, le *Kojiki* (712). L'écriture des mythes – déluge de Deucalion, naissance du premier homme, généalogie des dieux – commence au début du Ve siècle avant J.-C. Elle est entièrement laissée à l'initiative privée, comme d'ailleurs l'école et l'éducation. La mythologie, rédigée par des prosateurs appelés logographes, est un objet de savoir vers lequel convergent une histoire-mémoire, un besoin d'identité et les exigences de l'enquête et de la critique.

Quand, à l'époque d'Hérodote, certains intellectuels se réclament d'Homère et d'Hésiode, les premiers à donner aux dieux des noms et des formes, ils ne s'y réfèrent pas ainsi qu'à de grands livres, mais comme aux rédacteurs très humains d'un discours en langue grecque sur les puissances divines et leur genèse. C'est dans le monde étrusque au miroir de Rome qu'apparaît l'idée qu'« un peuple civilisé doit s'appuyer sur des écrits, et des écrits prestigieux » (G. Dumézil). L'Étrurie connaît des livres du destin et de la mort, et certains de ses dieux manipulent des rouleaux et écrivent sur des tablettes. Dans la tradition des prêtres étrusques, les révélations de Tagès et de Végoia inaugurent le corpus des traditions religieuses. L'enfant Tagès émerge d'un sillon fraîchement ouvert ; les *lucumons*, plus ou moins rois-prêtres, accourent afin de prendre note de toutes les paroles du minuscule prophète. De son côté, la nymphe Végoia aurait écrit elle-même le Livre des Foudres et enseigné l'arpentage. Les rituels étrusques semblent avoir constitué un ensemble d'ouvrages rassemblant les liturgies de la fondation aussi bien de l'autel et de la maison que des villes avec leurs enceintes. Un sanctuaire, découvert à Este en pays vénète, a révélé l'existence d'un milieu sacerdotal voué à l'enseignement de l'écriture sous le patronage d'une déesse appelée Reitia, c'est-à-dire « Écriture ». Un clergé lettré avait mis au point une pédagogie de l'écriture et de l'orthographe dont les exercices pratiques, gravés sur bronze, ont été dédiés en ex-voto à la dame de l'Écriture. Tradition plus mésopotamienne que grecque.

Les dieux de Rome, eux, ne sont pas des lettrés. Pas plus que la Rome ancienne n'est peuplée de ces prêtres imaginés par Fustel de Coulanges en train de noter fébrilement les prières et les rites reconnus efficaces afin de les conserver intacts. En fait, l'écriture est à Rome beaucoup plus discrète qu'en Grèce : les prêtres-magistrats tels les augures et les flamines exercent leur pouvoir par l'énonciation autorisée. Parallèlement, dans le domaine politique, les lois sont promulguées par la lecture qu'en donne l'autorité compétente, non par la publication sur bronze ou sur pierre. Les Pontifes qui ont la haute main sur l'ensemble des pouvoirs religieux ne sont pas des maîtres de l'écriture publique ou religieuse. Tout au plus des archivistes chargés de tenir le registre des faits importants de l'année (les *annales*). La liturgie romaine est une liturgie sans livre et, dans les confréries, la part de l'écriture privée l'emporte sur celle des publications sur pierre. Mais il y a, en apparence, une exception dans cette société romaine alphabétisée par les Étrusques et par les Grecs : ce sont les *Livres sibyllins*. Il s'agit d'un recueil d'oracles, confié à un collège de dix magistrats. Tarquin l'Ancien avait acheté la collection oraculaire à une vieille femme semblable à la Sibylle de Cumes, prophétesse inspirée chantant les destinées en même temps qu'elle inscrit des lettres et des mots sur des feuilles. Et, dans *L'Énéide*, le chant de la Sibylle paraît plus véridique que ses écrits toujours exposés à la confusion et au désordre d'un vent coulis. Comme si, selon un modèle davantage grec, la parole de l'Oracle l'emportait sur une rédaction écrite abandonnée à un office subalterne. Bien qu'ils soient déposés sur le Palatin, au cœur de Rome, les *Livres sibyllins* ne fonctionnent nullement comme un livre saint de la religion romaine. Consultés à l'occasion de prodiges par de hauts magistrats tenus au secret, ils assurent par leur fixité d'oracles tout écrits – ce que les Mésopotamiens connaissent mais non les Grecs – la maîtrise de Rome sur toutes les formes de mantique parlées et mobiles.

L'Afrique noire

Pierre SMITH

Traditions écrites et traditions orales, de même que certains modes mnémotechniques intermédiaires, sont largement représentées dans la vaste diversité des peuples, langues et religions du continent noir. Partout, cependant, même là où les lettrés sont les plus nombreux et depuis plus longtemps – Soudan sahélien, du Sénégal à Tombouctou (Mali), au Niger et au Nigeria ; côte de langue swahilie, du sud de la Somalie au Mozambique ; massif éthiopien, où le guèze, ancêtre de l'amharique, n'est plus, depuis de très nombreux siècles, qu'une langue écrite dans laquelle se conservent les textes et traditions liturgiques du christianisme monophysite et les chroniques historiques de l'antique empire abyssin –, partout, la tradition orale dominait, soit largement, soit, la plupart du temps, exclusivement.

Les systèmes d'écriture en Afrique noire commencent avec la diffusion, à partir du VIe siècle avant J.-C., de celui de l'Égypte antique à des royaumes noirs du sud de la Nubie (Méroé, Kouch). Outre les problèmes de déchiffrement qui continuent à se poser à son sujet, il faut noter le fait qu'elle ne semble pas s'être poursuivie au-delà. On peut se demander, cependant, si les systèmes complexes de signes graphiques symboliques (qu'on peut dire par là idéographiques, tels que ceux qu'on trouve chez les Dogon et les Bambara du Mali) n'y ont pas puisé, avant même la pénétration de l'islam et de l'écriture arabe dans cette zone, une part de l'inspiration qui les situe à mi-chemin de l'écriture et de la tradition orale. Intervient ensuite la diffusion du christianisme (et même du judaïsme) dans ces mêmes régions nubiennes, et surtout au nord de l'Éthiopie (royaume d'Axoum, IVe-IXe s. apr. J.-C.), où se sont mêlées des influences de l'Égypte copte, de Byzance et de l'Arabie du Sud, dite Arabie heureuse. Elle a entraîné, à des fins liturgiques d'abord, la confection d'alphabets originaux (notamment pour le guèze et l'amharique) mieux adaptés aux langues locales que ceux dont ils s'inspiraient. Le tifinagh, tel que l'écrivent les Touareg (de langue berbère), est transcrit dans un alphabet particulier qui est sans doute dû aux mêmes courants d'influence à partir de l'Afrique du Nord. Dès l'an mille, l'islam – notamment sous la puissante dynastie des Fāṭimides (X^e^-XIIe s.), qui était originaire de Tunisie, puis régna sur l'Égypte – commença à pénétrer profondément en Afrique noire, notamment aux confins du Mali (ancien empire du Ghāna) et du Sénégal (Tekrour), d'où sont partis les Almoravides, qui s'imposèrent au Maroc et en Espagne. Cette diffusion de l'islam sur le continent noir n'a jamais cessé et aujourd'hui encore continue de progresser. On apprit d'abord l'alphabet arabe pour lire et écrire la langue du Coran, mais, par la suite, on l'utilisa aussi pour transcrire des langues indigènes (swahili, hausa, peul, etc.) et rédiger des commentaires ou des poèmes religieux, des chroniques historiques et même des morceaux dérivés de la tradition orale locale sans rapport avec l'islam. L'arrivée puis

Transmission orale. Le conteur transmet, d'une parole souvent très codifiée, usages, traditions, légendes qui contribuent à donner au groupe social sa cohésion. À côté du langage ordinaire, il existe des langues « secrètes », réservées à des usages initiatiques. Village de Yaou, tribu aburé, Côte-d'Ivoire (M. et E. Bernheim, Rapho).

la prépondérance des Européens sur les côtes de l'Afrique occidentale et du golfe de Guinée entraînèrent aussi, dans ces régions non islamisées, la création de quelques systèmes de transcription indigènes tout à fait originaux, tels celui des Vaï du Liberia et celui des Bamoun du Cameroun. Enfin, les missionnaires se préoccupèrent très tôt de transcrire, grâce à l'alphabet latin, dans des traductions en langues locales, les textes qui leur servaient pour l'évangélisation. Très vite, aussi, les Africains concernés adoptèrent cet alphabet pour écrire eux-mêmes dans leurs langues des textes de tous genres. Ce processus fut particulièrement remarquable dans l'aire bantoue (de la région des Grands Lacs à l'Afrique australe), où les différentes branches du christianisme et de très nombreux syncrétismes proprement indigènes s'implantèrent plus profondément qu'ailleurs.

La puissance de la parole

Ce rappel historique permet de comprendre une constante des civilisations africaines, quelle que soit, par ailleurs, leur prodigieuse diversité (quelque 1 700 langues et donc autant de traditions différentes à transmettre). En effet, ce n'est pas faute de connaître l'existence de systèmes d'écriture, diffusés à travers ou en bordure de très vastes zones, que l'Afrique noire, même musulmane, même christianisée, a conservé à la tradition orale sa prépondérance. Qu'il s'agisse de ces zones de contact ou des régions plus isolées ou plus éloignées des côtes, qui n'ont eu vent de l'existence de l'écriture qu'au cours de la période coloniale, cette prépondérance toujours vivante résulte d'un choix délibéré, dépendant de conceptions de la parole qui régissent bien des expressions culturelles sur l'ensemble du continent. Pour les Africains, amoureux de la palabre et souvent orateurs nés, la parole constitue une sorte de magie : elle excite, ridiculise, exalte, guérit, console, redresse, chante, terrasse ; elle atteste, à travers des voix déformées, rauques ou stridentes, la présence des esprits surnaturels ; elle calme les troubles ou les suscite ; elle peut gagner les guerres et les procès, faire obtenir ou perdre l'épouse destinée, conférer ou ruiner l'autorité.

Pour Ésope le Phrygien, la langue était la pire ou la meilleure des choses ; et les Grecs, qui avaient fait de lui leur captif, ont résisté longtemps à l'avènement de l'écriture, aussi longtemps que le *muthos* (« histoire racontée » ou « fabulation », « opinion exprimée » ou « rumeur ») put résister au *logos* (discours dont la visée rationnelle est favorisée par l'accumulation de mises par écrit qui se transmettent par-dessus les générations et auxquelles on peut se référer à distance et de façon plus abstraite). En Afrique noire, la puissance de la parole est conçue de façon plus radicale : c'est à la fois une force concrète et tangible qu'on essaie de matérialiser pour la faire apparaître et une transcendance spirituelle qui confère aux sociétés humaines leur empreinte distinctive majeure. Le souci de matérialiser la parole autrement que par des transcriptions est manifeste, par exemple, dans les représentations concernant le griot d'Afrique occidentale (Mali, Sénégal, Mauritanie, Guinée, etc.), qui est un homme d'une caste où l'on ne se marie qu'entre soi, à l'instar de celles des forgerons, des cordonniers, des boisseliers et autres artisans ; il est ainsi conçu comme un artisan de la parole, qui est elle-même un matériau à façonner, un outil à manipuler, une concrétion vivant de sa vie propre. On trouve un autre exemple de ce phénomène dans les langages tambourinés du Nigeria et de l'Afrique centrale : en jouant sur la tonalité (tons hauts ou bas) et sur la quantité (voyelles longues ou brèves) propres à ces langues, les tambourinaires font entendre, sans aucune parole articulée, des mélodies de phrases et même des morceaux poétiques improvisés dont l'auditeur reconnaît le sens à distance, porté par les ondes des battements. Le grand érudit du Rwanda, Alexis Kagame (1912-1981), racontait qu'au début des années vingt un missionnaire l'avait envoyé dans une lointaine école muni d'une lettre qu'il portait devant lui, fixée au sommet d'un bâton fendu. Faisant étape chez des vieux qui n'avaient vu arriver l'écriture que récemment, il fut reçu d'abord à bras ouverts avec des paroles flatteuses pour les Blancs qui s'occupaient ainsi de lui ; puis les vieux lui firent signe de déposer la lettre dans un coin écarté et se mirent à déblatérer contre ceux-ci ; ils pensaient, en effet, que la lettre pouvait capter et rapporter leurs paroles à son destinataire, à la manière d'une bande enregistreuse.

La puissance de la parole apparaît encore dans le cas des proverbes. Alors que ce genre lapidaire est pratiquement absent chez les Indiens d'Amérique, il est universellement répandu en Afrique, où il n'est pas rare qu'un seul chercheur recueille dans une modeste population plusieurs milliers de dictons. Cependant, une fois traduits et publiés, ils ne parlent guère en comparaison de l'usage qui en est fait dans le vif d'une conversation ou d'un débat. Le proverbe alors ne sert pas d'abord à redire ce qu'il énonce, ou à étaler, comme on le croit, une sagesse populaire empreinte de bonhomie : il est soit une arme, offensive ou défensive, soit un instrument d'autorité ou de conciliation (les Bahaya de Tanzanie classent ainsi l'ensemble de leurs proverbes) ; et l'on n'en use bien qu'en jetant la formule sentencieuse de façon imprévisible dans un contexte où elle surprend et désarçonne par sa pertinence.

À la suite de ces exemples, on peut comprendre le succès que le chant et la musique d'origine africaine ont fini par avoir dans le monde entier, à travers la diaspora noire des Amériques. Pour les Africains, comme pour les Afro-Américains, la voix qui chante est un instrument et les instruments sont des voix qui parlent à l'instar des tambours. Les deux premières décennies de l'histoire du jazz (1920-1940) ont bien montré que celui-ci cherche à avoir un impact concret sur l'ensemble de la personne, physique et spirituelle, des auditeurs, la parole dite ou chantée trouvant alors tout son sens dans le corps même de ceux-ci, transportés par le rythme et les sons. D'ailleurs, le sens en tant que tel est moins l'expression d'une pensée individuelle que la stimulation collective qu'il produit moyennant tout ce qui le porte jusqu'aux tympans des destinataires.

Quant à la transcendance spirituelle de la parole, il faut en chercher l'illustration plutôt du côté du secret ou de l'ésotérisme : verbe au sens voilé, allusions destinées aux seuls initiés, cris rituels inarticulés, silence imposé, voix déformées des masques, oracles des devins, chœurs liturgiques, etc. De façon générale, le rapport entre parole et pensée est senti autrement en Afrique noire qu'en Europe occidentale. On n'a guère de chance d'y entendre quelqu'un dire d'un autre : « Il pense bien, mais il parle mal », ou bien : « Il parle bien, mais il pense mal ». La première formule n'est pas pertinente, car la pensée qui ne sait pas s'exprimer n'a guère plus d'intérêt que les intentions, bonnes ou mauvaises, qui sont sans

Écriture éthiopienne. Attesté dès le IVe siècle par des inscriptions, ce syllabaire, dérivé de l'écriture sud-arabique, est utilisé pour noter le guèze, vieille langue liturgique du christianisme monophysite, et l'amharique moderne. Manuscrit guèze (C. Monty, Rapho).

Lire le Coran. L'islam à partir du XIe siecle a introduit en Afrique noire l'alphabet arabe, ensuite utilisé pour noter les langues locales. Djenné, Mali (G. Gerster, Rapho).

effet. Quant à la seconde, si quelqu'un de l'entourage est frappé par un malheur, elle mène droit non pas à l'accusation d'erreur, mais à celle de sorcellerie : « Je suis malade parce qu'il a mangé mon âme ! » Ou encore : « Mon enfant est mort parce qu'il l'a empoisonné en esprit ! » L'accusé peut être alors soumis à l'épreuve du poison de l'oracle, qui tue ou absout, ou à l'interminable palabre en forme de procès d'assises. Ailleurs, la sorcellerie sera conçue comme un conciliabule d'esprits assassins qui s'échappent momentanément, pendant leur sommeil et à leur insu, du corps des sorciers ; si un malheur s'abat sur un membre de leur entourage, ils n'en seront pas moins accusés et punis une fois que le devin les aura identifiés. Mais une telle accusation ne tombera pas sur n'importe qui : elle visera celui de la part de qui les personnes touchées ressentaient déjà un malaise, que toutes ses paroles, aussi convaincantes qu'elles se voulussent, ne pouvaient dissiper ; ce peut être un voisin, mais aussi le mari ou l'épouse.

L'oral et l'écrit

Quand il s'agit de croyances importées, avec leurs livres et systèmes d'écriture propres, les Africains convertis, musulmans ou chrétiens, ne montrent aucune réticence à devenir des lettrés érudits et à entrer dans ces religions du Livre, comme d'autres le font ailleurs. Mais il en va tout différemment quand il s'agit de leurs propres traditions ancestrales, même dans le cas où tous les moyens de passer à l'écrit sont disponibles et même de la part d'hommes qui sont de fins lettrés et des croyants dans le champ des systèmes importés. La tradition swahilie, qui est en Afrique noire une des plus raffinées, en est un bon exemple. Depuis des siècles, on y fait usage de l'écriture, mais, quand il s'agit de textes, mythes, poèmes, épopées, traditions musulmanes même, qui sont néanmoins d'inspiration proprement swahilie, ils ne sont mis par écrit que pour être remémorés en privé par celui qui va les réciter par cœur en public. Chez les Swahili comme chez les Somali, les plus grands poètes, d'inspiration religieuse ou profane, n'écrivaient pas leurs compositions ; certains de leurs auditeurs les apprenaient par cœur à l'audition et ne les mettaient par écrit qu'afin que d'autres, plus loin ou plus tard, les récitent tout haut, sans livre, à leur tour. Si les Vaï et les Bamoun se sont inventé des systèmes d'écriture originaux, ce fut moins pour transcrire leurs traditions les plus précieuses que pour obéir à des fins administratives et économiques, et sans doute parce qu'il leur fallait faire face, à leur façon, aux Blancs, qui disposaient de l'avantage en ces matières, et en ces matières seulement. Quant aux Touareg, étranges musulmans où les hommes sont voilés plutôt que les femmes, ils ne disposaient d'un système d'écriture original et ancien que pour laisser les femmes en monopoliser l'usage. La tradition écrite, où sont consignés des morceaux littéraires d'inspiration purement touareg, n'était qu'une affaire de femmes !

Certaines civilisations ont développé, de façon très explicite, une véritable philosophie de la parole dans laquelle l'univers entier et son histoire peuvent être consignés. C'est notamment le cas de celle des Dogon, chez lesquels, comme chez les Bambara leurs voisins, d'innombrables signes graphiques ayant des connotations symboliques et organisés en système complexes constituent les repères d'une grandiose histoire mythique qui n'est jamais vraiment racontée telle quelle. Ailleurs, en particulier dans le monde bantou, comme chez les Bemba de Zambie et les Lega du Zaïre oriental, de simples figurines quelque peu déconcertantes servent de supports aux enseignements initiatiques. Au Rwanda, des assemblages de petits morceaux d'objets fabriqués et de matériaux d'origine minérale, végétale ou animale formaient une sorte de rébus permettant d'adresser des messages, que seul le destinataire pouvait décoder, ou de constituer des amulettes et des remèdes, dont l'effet bénéfique tenait principalement aux autres sens possibles des noms donnés aux composantes (si une plante est nommée « belladone », elle peut aider à obtenir une belle femme !). Il est très fréquent que les noms propres des personnes et des lieux fassent l'objet de toutes les attentions, car ils sont censés conjurer la mort, appeler la bénédiction divine, s'adresser au futur, tracer le destin, résister aux ennemis, etc. Mais le meilleur support des traditions ancestrales reste, dans toute l'Afrique noire, la mémoire prodigieusement développée des spécialistes en morceaux littéraires (épopées, mythes, poèmes, légendes, chroniques historiques...), liturgiques (prières, canons des scénarios rituels, enseignements initiatiques), divinatoires, juridiques. À côté de ces mémorisations d'une fidélité pointilleuse, même quand doivent passer des morceaux de phrase incompréhensibles à cause de leur archaïsme, on trouve aussi, dans le domaine de la littérature surtout, des genres où la mémoire et l'improvisation selon des normes assimilées se le disputent pour le plus grand plaisir des auditeurs. Au Rwanda, les grands genres poétiques – éloges des rois sacrés ; éloges des vaches des troupeaux royaux, qui

constituaient des sortes de monuments de la dynastie et que les poèmes, dits « noms des vaches », recensaient comme un cadastre ; éloges guerriers qu'on clamait à la première personne pour chanter ses propres exploits et se mettre ainsi en condition d'exaltation belliqueuse et d'extase victorieuse – étaient appris et retenus, mot à mot, de génération en génération, par des familles de spécialistes dont la mémorisation remontait, pour le premier genre cité, à plus de quatre siècles. Quant aux grands rituels royaux, leurs scénarios et les formules à prononcer faisaient l'objet de longs textes tenus secrets et récités exactement, parfois sous peine de mort, devant le roi seul, par des ritualistes dont c'était la mission et qui détenaient ainsi les clés constitutionnelles du royaume.

Pictogrammes. Les Dogon possèdent sinon une écriture, du moins un système graphique dont le sens ésotérique est révélé aux seuls initiés, à l'occasion de cérémonies telles que la circoncision. Les intéressés s'y préparent par une longue retraite au cours de laquelle leur est enseignée la signification des masques et celle des symboles tracés sur les parois des abris-sous-roche. Peintures rupestres dogon, Mali (G. Gerster, Rapho).

Cette philosophie africaine de la parole, sa position par rapport à l'usage de l'écrit, les pratiques qu'elle régit se trouvent assez bien résumées dans la célèbre formule du grand érudit peul du Mali, Hamputé Ba, qui disait : « Quand un vieux meurt, en Afrique noire, c'est une bibliothèque qui brûle ! »

L'Amérique précolombienne

Christian DUVERGER

Si la plupart des sociétés précolombiennes sont des sociétés à tradition orale, l'Amérique a pourtant vu éclore des civilisations qui ont connu l'écriture. Ces hommes ne se sont pas contentés de graver des inscriptions sur

Disque de Chinkultic (Chiapas). Civilisation maya classique. Cette pierre sculptée est un marqueur d'allée de jeu de balle. L'inscription circulaire est une date correspondant à l'année 590 après J.-C. Le personnage central, probablement un souverain local, est représenté en position de jeu, frappant la balle de caoutchouc avec sa hanche. Le jeu de balle maya est un rite religieux et la scène possède, bien entendu, une signification symbolique (G. Dagli Orti).

des stèles et des monuments, ils ont aussi possédé des livres, des bibliothèques et des dépôts d'archives. L'existence d'une tradition écrite dans l'Amérique précolombienne est souvent passée sous silence. Cela tient essentiellement à deux raisons. D'abord, la diffusion de l'écriture s'est, semble-t-il, limitée à la Méso-Amérique (Mexique et Amérique centrale) ; le cas des Andes est toujours en discussion, mais la technique d'enregistrement par les fameux *quipu*, les cordelettes à nœuds des Inca, ne semble pas relever des principes de l'écriture ; l'invention du système glyphique, que l'on doit apparemment aux Olmèques (Mexique, environ 1500 avant J.-C.), n'a donc pas fait tache d'huile. La seconde raison est qu'en détruisant les cultures indigènes les Espagnols ont supprimé la plus grande partie des vestiges d'écriture. Combien de monuments couverts d'inscriptions n'ont-ils pas été jetés bas par les conquistadores ! Combien de manuscrits pictographiques n'ont-ils pas été brûlés dans les autodafés des missionnaires ! La rareté des documents indigènes doit donc bien être considérée comme le résultat de la Conquête au XVIe siècle et non comme la preuve de la non-utilisation de l'écriture à l'époque précolombienne. Aujourd'hui, les livres précolombiens – appelés codex – sont en nombre extrêmement réduit : on n'en connaît qu'une quinzaine en tout, éparpillée dans le monde. Mais l'archéologie apporte en complément plusieurs centaines d'inscriptions anciennes. À cela il faut ajouter les copies coloniales de manuscrits précolombiens aujourd'hui disparus et les témoignages des Indiens que certains chroniqueurs religieux n'ont cessé de recueillir tout au long du XVIe siècle. Car, à la différence de la civilisation maya classique, éteinte à l'arrivée des Espagnols, les Aztèques et les Mixtèques étaient alors vivants ; aussi nombre de témoins ont-ils pu voir à l'œuvre les scribes indigènes. Au demeurant, il est parfaitement possible de reconstituer le contenu des écrits de l'ancien Mexique.

Le calendrier et les « comptables des destins »

Dès la première mise en forme du système idéographique chez les Olmèques, l'écriture semble avoir été largement consacrée à l'enregistrement du temps et à la notation du calendrier. Encore faut-il préciser ce que recouvre la conception méso-américaine du calendrier. Celui-ci repose sur l'imbrication de trois cycles chronologiques : un comput « rituel » de 260 jours, un cycle solaire de 365 jours et un cycle vénusien de 584 jours. Le plus important est incontestablement le calendrier de 260 jours appelé *tonalpoualli* par les Aztèques et *tzolkin* par les Maya. Il a été établi à l'aide de 13 chiffres et de 20 signes. Comme la série des chiffres et la série des signes se déroulent

Inscription chronologique maya. Détail d'une stèle provenant du palais de Palenque (Chiapas), VIIe siècle après J.-C. Comme sur un grand nombre d'inscriptions maya, ces glyphes notent le temps. Mais il s'agit ici d'un exemple d'iconisation de l'écriture ; le glyphe central, dit « à figure entière », est un développement anthropomorphisé d'un signe généralement beaucoup plus abstrait. Les stèles maya consignent les dates du calendrier en comptabilisant le temps écoulé depuis une date 0 située en 3113 avant l'ère chrétienne (G. Dagli Orti).

de façon continue et parallèle, on obtient, de la sorte, 260 combinaisons originales, 260 binômes qui constituent les véritables noms des jours. Mais la spécificité des systèmes méso-américains vient de ce que les computs rituel, solaire et vénusien se déroulent simultanément. Chaque jour peut ainsi être repéré en même temps par son signe dans le calendrier rituel et par sa position dans les calendriers solaire et vénusien. Il faut attendre 52 ans (18 980 jours) pour revenir à la conjonction du cycle solaire et du calendrier rituel et 104 ans pour obtenir la triple corrélation. Aussi curieux que cela paraisse, ce complexe système calendarique n'est pas seulement un outil de compte du temps ; il est aussi – et surtout – un instrument religieux qui sert à fixer le destin des hommes.

Dans le Mexique ancien, chaque individu porte comme nom le signe de calendrier qui correspond à sa naissance. Mais ce signe, que les Aztèques appellent *tonalli*, est une image du destin qui imprimera de manière quasi irrémédiable la vie de celui auquel il est attribué. Chaque date de calendrier fixée par le compte rituel de 260 jours contient un destin « en creux », avec ses qualités et ses dangers, son mode d'emploi obligatoire, ses contraintes et son déterminisme. Et, lorsque l'enfant reçoit de la bouche du prêtre son nom au cours d'une cérémonie, qui évoque d'ailleurs beaucoup le baptême catholique, le destin contenu dans le signe s'incarne alors dans le nouveau-né qui a désormais sa place assignée dans la société.

La fonction de « comptable des destins » – tel est le titre en usage chez les Mexicains – correspond à l'un des plus hauts ministères de la société méso-américaine. Elle est le monopole d'une corporation spécifique de prêtres, les *chilam* chez les Maya, les *tonalpouhque* chez les Aztèques. Eux seuls sont initiés à la lecture des signes ; eux seuls sont habilités à interpréter les influences de chaque paramètre calendarique ; eux seuls enfin possèdent les livres indispensables à l'exercice de leur charge. Car la lecture des destins ne peut se faire sans les livres sacrés qui, au Mexique, sont

« Codex Borbonicus ». Ce précieux manuscrit aztèque peint à Mexico dans les premières années de la conquête espagnole est un « tonalamatl », l'un de ces livres sacrés qu'utilisaient les prêtres spécialisés pour attribuer un destin aux nouveau-nés. En haut (pl. 21 du Codex), Oxomoco et Cipactonal, le vieux couple divin inventeur du calendrier, à l'intérieur d'une grotte figurant un cycle lunaire. Autour d'eux se distribuent les vingt-six premières années du cycle de 52 ans. Chaque année est notée par un chiffre et un signe, et placée sous la protection d'un dieu. En bas (pl. 14) figure la quatorzième treizaine du calendrier de 260 jours, gouvernée par le signe 1 - chien ; elle est située sous l'influence du dieu Xipe Totec, « Notre Seigneur l'Écorché », qui apparaît dans le cadre central face à un serpent à plumes dévorant un humain, évocation de l'idée de régénération. Dans les cartouches : les noms des jours, les neuf dieux infernaux, les treize dieux célestes et les oiseaux associés aux chiffres. Bibliothèque de l'Assemblée nationale, Paris.

« Codex Vindobonensis ». Ce manuscrit mixtèque peint sur une bande de peau de cerf a été envoyé du Mexique par Cortés en 1519. Son contenu est considéré comme « historique » car il comporte une succession de dates indigènes courant du Xe siècle à l'an 1518. Mais, à côté de scènes profanes (guerres, mariages, intronisations…), on y voit aussi figurer des dieux acteurs de scènes mythiques et rituelles. Bibliothèque nationale autrichienne, Vienne (G. Dagli Orti).

avant tout des calendriers. Par chance, nous possédons certains de ces manuscrits qu'utilisaient les devins aztèques pour déchiffrer les destins. Le meilleur exemple de ces *tonalamatl* est le Codex Borbonicus, aujourd'hui préservé à la bibliothèque de l'Assemblée nationale de Paris ; il s'agit d'un manuscrit peint sur du papier d'écorce (*amatl*) et plié en accordéon ; exécuté à Mexico entre 1520 et 1530, il conserve 36 de ses 40 planches initiales. Le calendrier divinatoire se composait de 20 planches figurant chacune une série de 13 jours, gouvernée par deux divinités tutélaires ; en regard des treize dates apparaissent différents facteurs dont l'influence s'ajoute à celle des signes fondamentaux : la série des « seigneurs de la nuit », au nombre de neuf, et la série des « seigneurs du jour », au nombre de treize, chacun de ces derniers étant associé à un oiseau emblématique. Le rôle spécifique du lecteur d'un tel document est d'analyser et de synthétiser le réseau d'influences qui caractérise chaque jour. Pour ce faire, il doit tenir compte d'un grand nombre de coefficients : influence propre du chiffre et du signe de jour, du signe de la série de treize, du chiffre et du signe de l'année ; influence des divinités protectrices du jour, de la « treizaine », de l'année ; influence aussi de l'espace, car chaque direction fondamentale colore cycliquement les années, les treizaines et les jours selon une rotation immuable est-nord-ouest-sud. Et chaque point cardinal confère alors ses caractéristiques symboliques à la division du temps qu'il régit. Par exemple, chez les Aztèques, les années « silex » sont associées au nord, donc à la sécheresse, à l'aridité, à la guerre et à la mort ; en revanche, les années « roseau » sont imprégnées des caractéristiques de l'est : abondance végétale, fertilité, richesse, lumière, savoir, etc.

Dans cette perspective, on comprend aisément qu'il fut indispensable d'utiliser l'écrit pour maîtriser un système aussi complexe. Sans compter que le cycle « divinatoire », en plus de sa charge symbolique et religieuse, fonctionne comme un calendrier qui doit impérativement être corrélé avec les deux autres cycles astronomiques. Dans l'ancien Mexique, le livre est donc essentiellement le truchement de la prédestination. Le destin apparaît comme la seule force transcendante et il s'impose aux hommes par le canal du « livre des destins ». Ces destins s'impliquent dans le calendrier avant de s'incarner dans un nouveau-né ou d'investir un acte social. Car, si les prêtres lecteurs des destins sont surtout consultés pour imposer un nom à un enfant, ils le sont aussi afin de choisir des dates fastes pour un certain nombre d'événements sociaux tels que mariage, départ d'expédition, intronisation du souverain, déclaration de guerre, etc. Le prêtre recherche alors la date qui contient en elle-même les attributs symboliques que requiert l'événement en soi et qui, d'autre part, se révèlent compatibles avec les enjeux de l'action et les signes personnels des protagonistes. Encore une fois, le possesseur du livre sacré n'agit ni en devin inspiré ni en dictateur arbitraire, mais en véritable comptable des signes inféodé aux paramètres calendariques définitivement fixés par l'écrit.

Dans un certain nombre de livres précolombiens (tels les Codex Borgia, Laud, Fejervary-Mayer, pour les Nahua, ou les Codex Tro-Cortesianus et Dresdensis, pour les Maya), les seuls personnages qui soient associés aux signes du calendrier sont des dieux. C'est un indice puissant du caractère essentiellement religieux du temps, mais il est également intéressant de constater que les dieux ne sont pas représentés indépendamment des symboles chronologiques. Comme si les dieux n'avaient de vie ni hors du temps, ni hors du champ du déterminisme. Il y a là une information précieuse sur la façon dont les populations de l'ancien Mexique concevaient la nature divine. Les dieux accompagnent toujours les signes du temps parce qu'ils participent du sacré mais ils ne peuvent s'en affranchir ; n'étant pas transcendants, ils sont soumis comme les hommes à la mécanique des destins qu'engendre le calendrier. Ils sont représentés dans les codex par référence à des cycles qui peuvent définir aussi bien la genèse cosmologique que l'ordonnance des rites, mais ils sont toujours figurés dans un rapport au temps. S'il n'y a pas de calendrier sans dieux, il n'y a pas non plus d'histoire des dieux hors du temps.

L'écriture et le sacré

La tradition veut que la connaissance de l'écriture et la possession des livres aient été jadis réservées à la seule caste sacerdotale. À Mexico, les manuscrits religieux peints à la main sur papier d'écorce ou sur peau de cervidé tannée et stuquée étaient conservés dans les *calmecac*, les collèges religieux où étaient élevés les fils de la noblesse. Mais, chez les populations de l'époque postclassique (entre 1000 et 1500 apr. J.-C.), il est incontestable que l'écriture n'a pas exclusivement possédé une valeur religieuse. On observe un usage juridique de l'écriture pour consigner des procès, des litiges fonciers notamment. Des familles régnantes font rédiger des généalogies dynastiques pour asseoir la légitimité de leur pouvoir. Des cités enregistrent le souvenir de la migration ayant abouti à la fondation de la ville pour établir leurs droits territoriaux. Des souverains font consigner la chronique de leurs conquêtes et comptabiliser le tribut payé par les vaincus. C'est là une utilisation profane de l'écrit. Pourtant, l'idée d'une antique association entre l'écriture et le sacré, le livre et la religion, n'est pas dépourvue de pertinence. Les livres profanes paraissent bien calqués sur des modèles religieux dans la mesure où ils demeurent dépendants d'une structure calendarique.

L'épopée du roi mixtèque 8 - cerf narrée dans les Codex Nutall et Vindobonensis est articulée autour du cycle de cinquante-deux ans. Les récits de migration tribale sont toujours ordonnés par une succession de cartouches calendariques aux valeurs symboliques. La trame chronologique n'intervient pas là comme une information neutre et objective ; elle définit plutôt le cadre du déterminisme calendarique auquel ne saurait se soustraire l'histoire des hommes.

La parole et l'écriture ont apparemment correspondu en Méso-Amérique à deux pôles distincts de pouvoir. Si le pouvoir politique est inféodé à la parole, le pouvoir religieux a partie liée avec le livre. Il est significatif que le souverain aztèque porte le titre de *tlatoani*, « celui qui parle, qui a la parole ». D'un autre côté, le grand dieu Quetzalcoatl, protecteur de la classe sacerdotale, est associé dans sa geste mythique avec « le pays du savoir », littéralement « le pays du noir et du rouge » (du nom des deux encres utilisées pour peindre les manuscrits). Les prêtres indigènes sont toujours présentés comme possesseurs de livres, y compris durant les périodes migratoires ; la tribu transporte toujours avec elle ses dieux et ses livres. L'écrit possède donc une valeur qui va bien au-delà de son rôle de mémoire. Il est clair que les systèmes de transcription idéographique méso-américains ne pouvaient, à eux seuls, enregistrer la totalité de la pensée. La connaissance préalable de la tradition était une condition nécessaire pour pouvoir « lire » un manuscrit sacré. Il faut donc admettre que le respect dont est entouré l'écrit concerne moins son caractère de dépôt de savoir que sa fonction essentielle de fixation du calendrier. En devenant le lieu de matérialisation des destins, le livre donnait aux prêtres lecteurs le monopole de la médiation du transcendant.

Les Indiens d'Amérique

CARLO SEVERI

Les traditions religieuses des Indiens d'Amérique sont généralement classées par les anthropologues et les historiens de l'écriture comme appartenant au domaine des cultures orales. En effet, si les genres de la littérature amérindienne sont nombreux et complexes (mythes, chants rituels, légendes, incantations, etc.), leur transmission se fonde pratiquement toujours sur l'apprentissage oral. Qu'il soit systématiquement réglé, comme dans certaines traditions chamaniques, ou diffus et informel, cet apprentissage a rarement recours à des systèmes graphiques permettant de fixer le savoir par des signes alphabétiques.

Spécificité des systèmes pictographiques amérindiens

Depuis longtemps, des théoriciens du développement de l'écriture tels que L. Diringer (*L'Alfabeto nella storia della civiltà*, 1937), I. Gelb (*A Study of Writing*, 1952), M. Cohen (*La Grande Invention de l'écriture*, 1958) et, plus récemment, J. Février (*Histoire de l'écriture*, 1984) ou Cardona (*Antropologia della scrittura*, 1981) ont fait remarquer que, là où le spécialiste religieux amérindien s'appuie sur des représentations graphiques (par exemple, chez les Ojibwa du Canada ou chez les Cuna de Panamá) pour conserver ou transmettre un mythe ou un chant rituel, ces images ne peuvent nullement être comparées à un alphabet. L'argument principal invoqué par ces auteurs peut se résumer ainsi : il y a écriture là où – et seulement si – les signes que l'on emploie pour fixer le savoir ont une valeur phonétique. Systématiquement associés à des sons de la langue, ces signes se trouvent alors soumis à une double évolution : assumant une forme de plus en plus stylisée, ils cessent de représenter des choses pour devenir des moyens, plus ou moins élaborés, de représenter des mots ou des parties de mots.

Tout en distinguant plusieurs étapes de développement technique des différents alphabets (pictographiques, idéographiques, logo-syllabiques, syllabiques et phonétiques), cette méthode – qu'on peut à juste titre qualifier d'ethno-

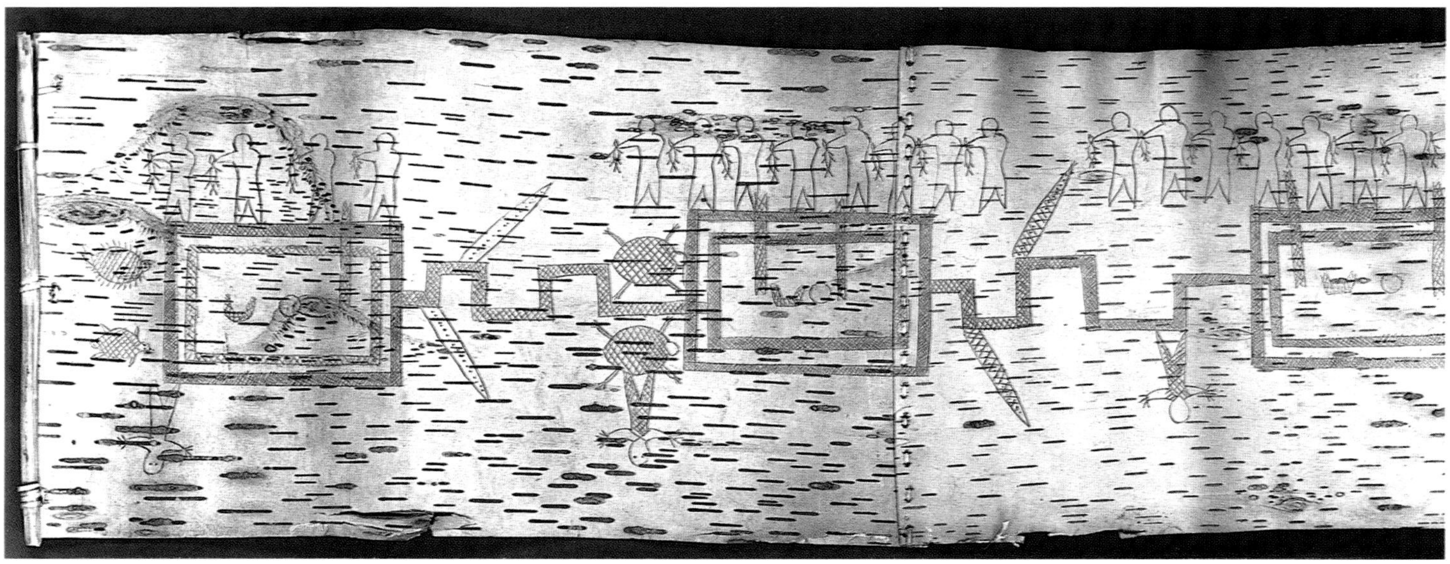

Image de la création du monde. Ce rouleau initiatique en écorce décrit les quatre tentatives du Manitou pour créer un monde parfait (trois seulement sont représentées sur ce détail). Utilisé dans un contexte cérémoniel, il donnait lieu à un commentaire destiné à l'instruction de l'assemblée. Canada, région du lac des Bois (Ontario), ethnie ojibwa. Glenbow-Alberta Institute, Calgary (musée de l'Homme, Paris).

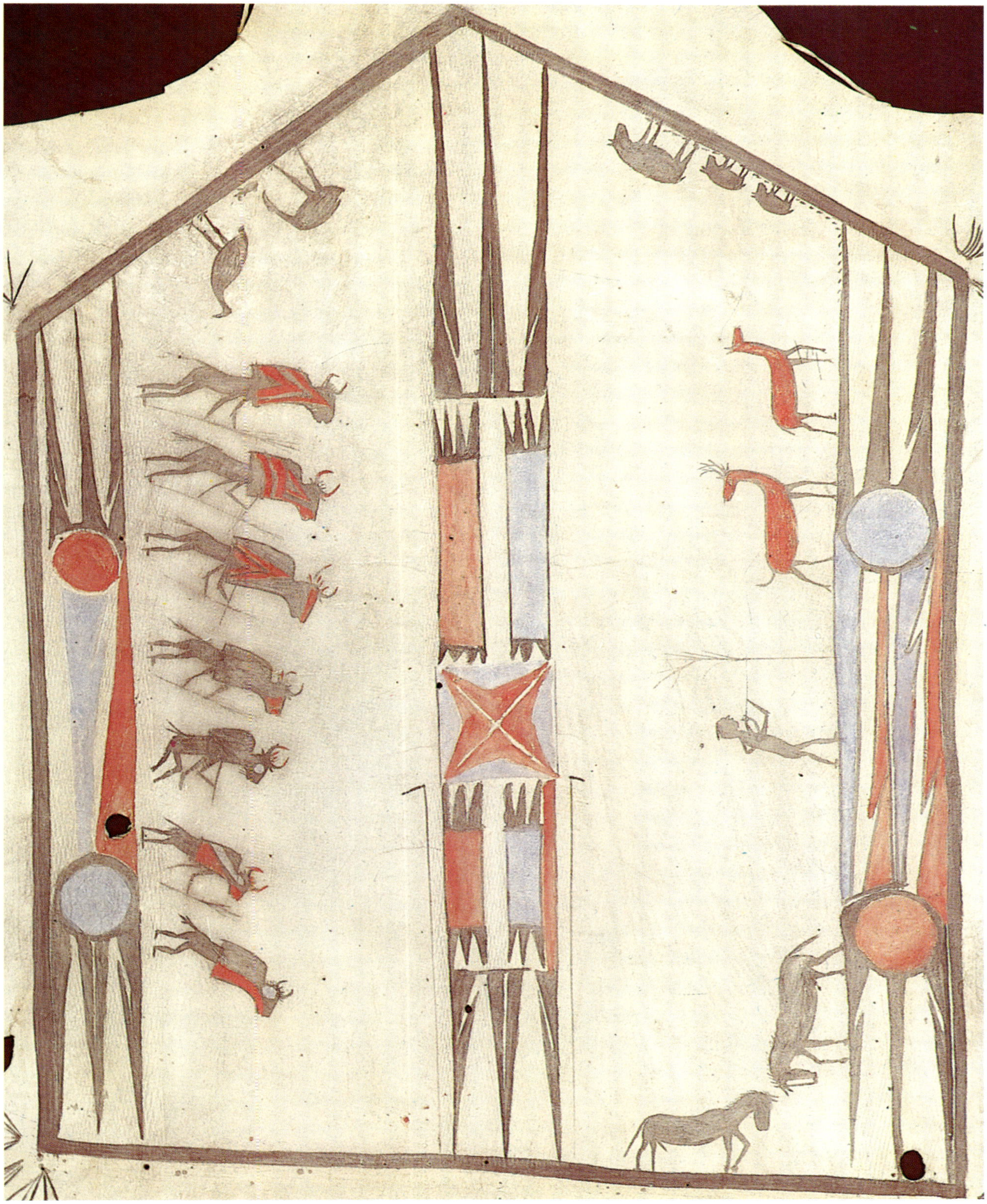

Indiens des Prairies. Le cheval et le fusil, apparus au XVIIe siècle, modifièrent la vie des tribus en y favorisant l'activité de chasse, à laquelle est consacré le décor de cette peau de caribou. On y voit une « danse du bison » à sept personnages et une scène de chasse au daim. États-Unis, région des Prairies, ethnie sioux (musée de l'Homme, Paris).

centrique – retrace rétrospectivement l'évolution de tout système graphique à partir du modèle de l'alphabet grec. Ainsi la pictographie des Indiens d'Amérique se trouve réduite à une sorte de tentative vouée à l'échec d'emprunter le chemin qui mène à l'invention de l'écriture. Restées à l'écart des civilisations historiques, les traditions de l'Amérique indienne témoigneraient donc d'un tel insuccès, qui confirmerait leur caractère « primitif ».

On peut adresser à cette interprétation deux objections : elle concerne des faits longtemps négligés ou mal compris et elle achoppe sur des erreurs de perspective théorique. D'abord, on peut constater que, même si bien des témoignages que nous possédons aujourd'hui – tels ceux qui ont été récoltés par G. Mallery puis par E. Nordenskiöld entre la fin du XIXe siècle et les premières décennies du XXe – sont épars, incohérents et difficilement utilisables, la technique pictographique est attestée dans de nombreuses sociétés amérindiennes, de l'Alaska à la Terre de Feu. Il ne s'agit donc ni d'une pratique sporadique ou rare, ni du seul sous-produit du contact avec les colonisateurs blancs. En second lieu, le point de vue généralement adopté par les historiens de l'écriture réduit drastiquement la complexité inhérente aux systèmes pictographiques amérindiens que nous connaissons, et il ne permet nullement d'en comprendre la fonction. La comparaison de ces systèmes graphiques avec notre alphabet est stérile et conduit à une impasse : si l'on place la phonétisation des signes à l'origine de toute écriture proprement dite, on ne peut juger les systèmes en question que pour ce qu'ils ne sont pas.

Pour comprendre leur nature spécifique, il faut suivre une démarche inverse et les replacer dans le contexte des sociétés qui les ont produits. Dès que l'on considère ces graphismes pour ce qu'ils sont, en analysant leur logique propre, ils cessent aussi de nous paraître inutiles ou rudimentaires. L'exemple de la pictographie qui est en usage encore aujourd'hui chez les chamanes cuna (Panamá occidental) permet de le montrer. Chez ces agriculteurs tropicaux, des spécialistes traditionnels, et notamment des chamanes, pratiquent un tel système de notation au sein d'une tradition orale remarquablement développée. Rappelons d'abord les conditions sociologiques d'usage de cette technique. On distingue aujourd'hui, chez les Cuna, trois variétés linguistiques : une langue « des mythes », qui est réservée aux chefs ; une langue « des chants thérapeutiques », que seuls les thérapeutes traditionnels connaissent ; le cuna courant. Les deux premières variétés sont le résultat d'un processus de spécialisation de certains lexiques techniques liés au savoir des chefs et à celui des chamanes, processus qui a impliqué une différenciation aussi bien sémantique que syntaxique (J. Sherzer, *Kuna Ways of Speaking*, 1983). Cela signifie que les gens du commun ne peuvent comprendre, sans une traduction et un commentaire appropriés, ni leurs chefs quand ils chantent publiquement les mythes relatant l'origine et l'histoire de la nation cuna, ni leurs chamanes quand ils récitent rituellement des chants destinés à la thérapie de plusieurs maladies, aussi bien somatiques que mentales (C. Severi, « Le Chemin des métamorphoses », 1982).

Transcription pictographique d'un chant cuna. Cette « écriture » à finalité mnémotechnique note des éléments de la langue ésotérique des chamanes. Coll. Severi (E.U.).

Le texte traditionnel et sa transcription pictographique

La notation par pictogrammes ne peut s'appliquer qu'aux deux variantes « savantes » de la langue indienne : il serait inconcevable, chez les Cuna, d'écrire des mots de la langue courante. Cette condition marque une première différence fondamentale avec ce que nous avons l'habitude d'appeler « écriture » : dans un système alphabétique, on peut toujours, à l'aide d'un nombre limité de signes, transcrire n'importe quel mot de la langue. Dans un système pictographique comme celui des Cuna (et c'est là une caractéristique générale, commune à tous les témoignages amérindiens dont nous avons connaissance), seules certaines listes de mots relevant de lexiques spécialisés peuvent s'écrire. Qu'il soit le disciple d'un chamane ou celui d'un chef, le jeune Cuna qui se consacre à la pictographie apprend une technique graphique qui ne permet de noter que certains textes traditionnels. On en trouve un exemple dans la partie du chant destiné à la thérapie des maladies mentales qui raconte le voyage entrepris par les esprits du chamane dans le monde souterrain, en vue de retrouver l'« âme » du malade et de réaliser ainsi sa guérison (E. Gomez et C. Severi, « Los Pueblos del camino de la locura », 1983). Un tel chant traditionnel décrit de la manière suivante une des étapes de ce grand voyage dans l'au-delà.

Au loin, là où se lève le bateau du soleil, un village apparut. Le village *des singes* apparut. Le village montre ses *singes*. Au loin, là où se lève le bateau du soleil, là-bas, encore plus loin, un autre village apparut. Le village *qui s'enroule comme un fil* apparaît. Le village *qui s'enroule comme un fil* se montre. Le village *qui s'enroule comme un fil* et le village *des singes* s'unissent maintenant ; tels deux bateaux dans la mer, qui se heurtent. De loin, de très loin, les deux villages s'unissent, les deux villages semblent se toucher.

Au loin, là où se lève le bateau du soleil, un autre village apparut. Le village *de la jupe* apparut. Le village *de la jupe* se montre. Le village *de la jupe* et le village *qui s'enroule comme un fil* s'unissent maintenant ; tels deux bateaux dans la mer qui se heurtent. De loin, de très loin, les deux villages s'unissent ; les villages semblent se toucher.

Au loin, là où se lève le bateau du soleil, un autre village apparut. Le village *des lianes* apparaît. le village *des lianes* se montre. Le village *des lianes* et le village *de la jupe* s'unissent ; tels deux bateaux dans la mer, qui se heurtent. De loin, de très loin, les villages s'unissent, les villages semblent se toucher.

Avant de comparer ce texte à sa transcription pictographique (illustration page précédente), résumons brièvement sa structure : alors que des formules verbales sont constamment répétées par le thérapeute-chanteur, un certain nombre de variations (constituées ici par la liste de noms de villages que nous avons soulignés) vient marquer, une par une, les étapes du voyage cosmique des esprits du chamane. Il est clair que, pour l'élève du chamane, qui doit toujours parvenir à réciter rituellement des chants parfois très longs sans avoir recours à aucun document graphique, la difficulté principale réside dans l'apprentissage des variations du texte, qui sont naturellement beaucoup plus nombreuses, dans l'ensemble d'un chant, que les formules récurrentes.

Si nous regardons maintenant la planche qui montre comment un chamane cuna a transcrit ce texte, nous découvrons que le dessin est, lui aussi, constitué de deux registres différents. D'une part, une forme triangulaire

Les Cuna de San Blas. Installés dans la partie occidentale de l'isthme de Panamá, lieu de passage et de rencontre entre les cultures des deux Amériques, les Cuna cultivent le manioc, ce qui est la marque d'une influence sud-américaine. Ils appartiennent à la famille linguistique chibcha, dont le centre est en Colombie (G. Sioen, C.E.D.R.I.).

constante (ici répétée quatre fois) désigne la notion générale de « village d'esprits ». Comme la formule verbale qui lui correspond, cette formule graphique est, elle aussi, tout à fait récurrente dans le texte. Toutefois, elle ne semble nullement contenir les mêmes informations : l'indication, cruciale dans la cosmologie indigène, du point cardinal qu'est l'est (« là où se lève le bateau du soleil »), notamment, n'y figure jamais. D'autre part, à ce schéma graphique très simple s'ajoute, dans la planche pictographique, une traduction en image du nom du lieu visité par les esprits auxiliaires du chamane : les singes, les fils enroulés, les lianes, etc. Le seul élément véritablement transcrit dans le pictogramme est donc la variation du texte oral. La conservation du reste du texte est confiée à une mnémotechnique orale, elle-même fondée sur la répétition d'un nombre limité de formules récurrentes.

Si le symbolisme pictographique n'a ni la cohérence ni l'uniformité d'une écriture alphabétique, il n'est pas pour autant le produit de l'imagination d'un seul individu. En apprenant à noter un chant, un jeune chamane cuna peut effectivement choisir telle ou telle image pour représenter tel village ou tel esprit. Mais sa liberté est toujours limitée par le jugement sévère de la tradition. Les différences qu'il est donné de constater entre plusieurs transcriptions d'un texte pourront concerner le style graphique choisi, mais suivront toujours, de la façon qu'on vient de montrer, sa structure. Ni dessin individuel ni écriture phonétique, la pictographie des Indiens d'Amérique trouve ses fondements, logiques et techniques, dans le rapport que l'image-signe entretient avec le texte. Les règles qui la régissent ne concernent pas immédiatement la représentation de la langue, mais plutôt la structure des textes figés par la tradition.

La Mésopotamie

JEAN BOTTÉRO

Seules les religions « historiques », œuvres d'un fondateur qui a su imposer et institutionnaliser ses convictions et ses attitudes religieuses, ont un besoin vital de se rattacher à leur source pour en garder le même courant, sous peine de perdre leur identité. Elles le font, en bonne règle, plus que par voie orale, par une tradition écrite qui remonte plus ou moins immédiatement à ce fondateur, et se trouve consignée en des « livres saints » normatifs, régulièrement interprétés par une autorité doctrinale. Tel n'était pas le cas de la religion mésopotamienne, simple fonction de la civilisation locale, sans plus de promoteur que celle-ci et dont les origines se perdaient également dans la nuit de la préhistoire.

L'écrit et l'oral

Pourtant, les premiers au monde, depuis les débuts du IIIe millénaire, ses fidèles ont disposé d'un moyen de fixer et de transmettre la pensée : l'écriture. Construite sur un système de croquis significatifs – pictogrammes et idéogrammes, auxquels on avait ultérieurement conféré une capacité d'exprimer aussi des sons, des phonèmes, sans leur ôter le moins du monde celle, antérieure, d'évoquer immédiatement des choses –, cette écriture, d'abord simple aide-mémoire, puis rattachée assez vite à la langue et mise à même d'en traduire le contenu entier (le plus vieux corpus *littéraire* connu est des environs de 2700 !), était assez extraordinairement compliquée, avec ses quelques centaines de signes, tous polyvalents et dont le sens précis ne pouvait guère se tirer que du contexte. C'est une des raisons – mais sans doute pas la seule – qui en a fait l'apanage d'une corporation de spécialistes, entraînés par de longues années d'études et d'exercices, et qui seuls étaient en mesure non seulement d'écrire, mais de lire, les deux exercices ne pouvant guère aller l'un sans l'autre.

En d'autres termes, non seulement la tradition orale n'a cessé, dans ce pays, de subsister de pair avec la tradition écrite, mais celle-ci n'a jamais été le fait que d'une élite de spécialistes. L'identité substantielle, et plus que substantielle, des deux ne saurait pourtant faire le moindre doute : même si la tradition orale a toutes chances d'avoir été infiniment plus riche et variée, et s'il est hautement vraisem-

Moitié inférieure du revers d'une tablette cunéiforme astrologique. Sur cette tablette de l'époque des Séleucides (après – 300), rédigée en akkadien et retrouvée à Uruk, on voit une représentation partielle des signes du zodiaque (énumérés verticalement au complet par-dessous) : le Corbeau, qui pique la queue du Dragon (dont le reste de l'image figurait sur l'autre morceau de la tablette), et la Vierge, avec, entre les deux, la planète Mercure. Musée du Louvre, Paris (Lauros-Giraudon).

blable que les lettrés, plus informés, plus réfléchis, plus subtils que le commun du peuple, de par leur culture et leur position sociale, y ont mis du leur même en la transcrivant, nous pouvons compter que la seule tradition religieuse parvenue à notre connaissance, dans les documents sans nombre composés ou recopiés par les antiques scribes, nous rend avec assez d'authenticité le contenu entier de cette vieille religion.

Même si, comparée à tout ce qui s'est jamais transmis de vive voix durant ces millénaires, elle devait se trouver, et se trouve, en effet, trop souvent incomplète ou lacunaire, cette tradition est d'autant plus opulente et multiforme qu'en ce temps-là la religion était encore profondément intégrée à la vie courante et que, de la sorte, les documents de n'importe quel département culturel peuvent nous fournir, sur son compte, directement ou non, quelque notion, parfois inédite ou de prix. C'est ainsi que les anthroponymes, qui consistaient alors régulièrement en des sortes d'invocations ou d'affirmations religieuses – du type « Ô Nabû protège mon enfant ! » (*Nabû-kudurri-uṣur*) ; « Ištar est mon soutien ! » (*Ištar-nematti*) –, nous apportent les éléments de toute une « théologie » populaire ; et qu'un billet de livraison d'huile fine nous révèle l'existence et la date d'une festivité liturgique, au cours de laquelle intervenait un rite d'onction.

Mais, heureusement, il nous reste aussi quantité de documents ad hoc, et qui jettent une lumière spécifique sur les aspects principaux du phénomène religieux. Une partie intéresse plus directement l'expression du sentiment religieux : en particulier des prières, parfois individuelles,

Un des six ou sept manuscrits d'un hymne sumérien en dix « couplets » à l'honneur de la déesse Inanna. Il mentionne les épousailles sacrées du roi d'Isin, Iddin-Dagan (– 1974-1954), avec la déesse, que remplaçait apparemment une prêtresse. Musée de l'Orient ancien, Istanbul (E. Lessing, Magnum).

le plus souvent officielles – en général, du reste, plus formalistes que spontanées ; et des hymnes et chants religieux, plus solennels, mis en forme lyrique (encore que leur lyrisme ne nous touche plus guère) et adressés chacun à une divinité particulière, au cours du culte solennel de laquelle on les récitait ou chantait. En dépit du hiératisme qui les imprègne, on y perçoit distinctement le respect, la révérence, l'humilité, la servilité qu'on éprouvait devant les dieux ; la conviction de leur sublimité, de la totale dépendance à leur égard et du besoin profond que l'on éprouvait de leur aide – tous sentiments qui trahissent à merveille la tonalité générale de la religiosité, dont se trouvaient radicalement exclus tous attraits du divin, toute « mystique ».

L'idéologie et les mythes

Les documents qui rendent le mieux les représentations que l'on se faisait de l'ordre surnaturel en lui-même, des dieux, pris singulièrement ou en corps, des rapports de ces dieux entre eux ou avec le monde et les hommes, ce sont avant tout les mythes. C'est, en effet, par recours aux « imaginations calculées » de la mythologie que l'on construisait les réponses vraisemblables, et comme telles suffisantes, aux infinis problèmes qui étaient posés par le monde et ses énigmes et qui nécessitaient le recours au surnaturel. Cette mythologie est parfois diffuse, par simple rappel de mythes qui se trouvaient conservés entiers par la tradition orale et que l'on n'avait pas songé (à notre connaissance, du moins) à systématiser et à rédiger : la mythologie de la mort et de l'au-delà ne nous est ainsi accessible qu'en mettant bout à bout nombre de ces allusions éparses. Mais il nous reste aussi, souvent encore bien conservés, voire presque en entier, une cinquantaine de mythes proprement dits, qui considèrent l'un ou l'autre de ces problèmes, ou même tout un enchaînement. Sur le ton volontiers « poétique », du récit léger à la plus imposante épopée, les plus vieux ont été composés en sumérien, parfois traduits, dès le début du IIe millénaire, en akkadien ; d'autres ont été élaborés directement en cette langue. Certains n'abordent que des sujets limités et d'assez peu de portée, à notre sens : comment une divinité étrangère a été introduite dans le panthéon du pays ; pourquoi le Royaume infernal, d'abord aux mains souveraines d'une déesse, s'est à la fin trouvé un roi, venu d'En-haut ; comment tel dieu, d'abord de second rang, est devenu l'un des plus grands, universellement vénéré… D'autres mythes – en akkadien, il faut le dire – voient les choses de plus haut. C'est par l'un d'eux, écrit autour de 1750, à Babylone, et que nous intitulons « le Supersage » (traduction littérale d'*Atra-ḫasîs*), que nous avons appris les présupposés, les buts et les détails de la création des hommes. Et, lorsque Babylone a voulu, peu avant 1100, promouvoir son dieu Marduk à la tête de l'univers, ses théologiens ont écrit, dans ce but, une vaste et fameuse composition mythologique : l'« Épopée de la Création », qui embrasse toute l'histoire du cosmos, théogonie, cosmogonie et anthropogonie, pour démontrer le rôle éminent qu'y a joué leur dieu et à combien juste titre il méritait le trône suprême.

Savamment composés ou connus par de simples allusions, ces expressions de l'idéologie religieuse traduisaient, non, certes, des manières de « dogmes » commandés par la recherche du vrai, un et univoque, mais seulement des vraisemblances : des intuitions générales, dont les détails pouvaient se contredire sans porter préjudice au message essentiel. On l'a vu, ci-dessus, à propos des scénarios multiples de la création du monde ; et on l'a deviné en constatant, à propos du destin des hommes après la mort, que, s'ils étaient de soi relégués à jamais dans le « pays sans retour » de l'Enfer, il leur arrivait d'en sortir pour persécuter les vivants et leur rappeler leurs devoirs envers eux…

Pas plus que les autres textes religieux, les mythes n'avaient à faire avec une « révélation » quelconque : si certains de leurs auteurs assurent en avoir reçu d'un dieu le mot à mot, qu'ils n'avaient plus eu qu'à coucher par écrit, c'est en tout et pour tout afin de valoriser leur œuvre et par simple précaution littéraire. La Mésopotamie ancienne était, dans le domaine de l'idéologie religieuse, ce qu'elle était dans celui des obligations sociales et politiques : en régime de droit non écrit. Comme les contraintes de la vie en commun se devinaient et se transmettaient intuitivement en filigrane de mille solutions quotidiennes apportées aux problèmes de la vie en société – matériellement différentes, mais animées d'un même sens des valeurs, des devoirs et des droits –, les énoncés de l'idéologie religieuse convoyaient essentiellement, par-delà leurs particularités variables, des sortes de convictions profondes, mais diffuses, directement émanées de la représentation générale du monde surnaturel : certitude de l'existence des dieux, de leur autorité et emprise sur le monde et les hommes, de l'obligation pour ces derniers de les servir ici-bas, avant le grand sommeil de la mort. Aucune des précisions complémentaires fournies par mythologues ou mythographes n'avait en soi d'autre valeur que de traduire convenablement et sans la contredire, à sa façon, une de ces convictions essentielles, mais vagues, de la religiosité.

Les œuvres et la culture

Cette « théologie », au sens étymologique de ce mot, n'a jamais été le moins du monde normative ; et il n'y a jamais eu, dans le pays, d'autorité religieuse pour l'imposer et l'interpréter dans le sens d'une orthodoxie. Il est vrai que, à partir du milieu du IIe millénaire, s'est fait un choix officiel d'œuvres à préserver, à propager et à rééditer : mais ce n'était là qu'un « canon » littéraire, fondé non sur l'autorité de ces œuvres, mais sur leur perfection littéraire et leur utilité, en particulier pour la formation des lettrés. De même qu'à partir du Ier millénaire, au moins, un certain nombre de ces derniers se sont voués à gloser, commenter et expliquer des pièces anciennes, dont la langue, le vocabulaire ou la pensée posaient des problèmes : mais, dans ce cas, encore, il ne s'agissait pas seulement de mythes, loin de là ; et ces explications, littéraires et techniques avant tout, n'avaient rien à faire avec une *orthodoxie*.

En revanche, dans le domaine des obligations rituelles envers les dieux, strictement limitées au culte, sans que se soit jamais fait jour la moindre idée d'une « morale religieuse », l'existence d'une *orthopraxie* est indubitable. Il

Face d'une tablette cunéiforme en akkadien provenant d'Uruk. Le roi Nabû-apla-iddina de Babylone (vers – 850) y énumère des fondations pieuses qu'il a faites au temple principal d'Uruk, l'Eanna. Il s'agit principalement de pièces de viande à fournir régulièrement, tous les jours de l'année, pour servir aux repas des déesses Ištar et Nanna, ainsi qu'à ceux de leurs divers officiants et officiers (Ashmolean Museum, Oxford).

nous reste, en effet, un nombre impressionnant de rituels et de cérémonials liturgiques, dans lesquels se trouvent consignés, en ordre et par manière d'instructions ou de préceptes, tous les gestes à accomplir et les paroles à réciter au cours de cérémonies régulièrement faites du mariage, les *dromena* et les *legomena*, ceux-là matérialisant et renforçant ceux-ci, et ceux-ci explicitant ceux-là et leur donnant tout leur sens. Ces rituels intéressent soit le culte officiel, adressé aux dieux – fêtes, annuelles, mensuelles ou occasionnelles ; processions, à char ou en bateau ; pèlerinages ; « repas quotidiens » ; édification et réfection des sanctuaires, etc. –, soit le culte « sacramentel » et exorcistique, à l'avantage des fidèles. On sent très bien – et l'identité matérielle des diverses copies d'un même document, quand il nous en est resté, le confirme – que le mot à mot de ces prescriptions était obligatoire et que ces textes sont bel et bien normatifs. La raison profonde en est à chercher, sans doute, dans le propre modèle que l'on avait adopté pour réglementer le culte des dieux : l'étiquette royale, qui est une des formalités les plus importantes de la vie politique et qui, de soi, participe à la pérennité du pouvoir, tout en y contribuant. Voués au service des dieux, comme ils l'étaient, sur un autre plan, à celui de leurs rois, les hommes ne pouvaient, dans un cas comme dans l'autre, s'éloigner d'un cérémonial rigide. Il y a des chances que ce dernier, remontant lui aussi à la nuit des temps, ait été conservé fidèlement, de siècle en siècle, seulement enrichi et compliqué à mesure de l'extension et de la « sublimisation » des pouvoirs de ceux à qui il s'adressait. Dans le culte sacramentel notamment, et peut-être aussi depuis les antiques manipulations de la « magie » qui en sont l'origine, l'observation scrupuleuse du rituel était notoirement une condition *sine qua non* de la « réussite » du rite.

Ne fût-ce que pour cette raison, les officiers du culte devaient être au courant de la teneur des rituels, dont ils gardaient sans doute entre les mains le texte, recopié sur des tablettes. Et il y a les plus grandes chances qu'il faille en dire autant des autres documents religieux : hymnes, prières, mythes. Par ce biais, le « temple » a dû constituer un des points forts de la conservation et de la transmission de la tradition religieuse, orale et écrite, et de la tradition tout court – autrement dit de la culture. Cela s'explique par le fait que le haut clergé, tout au moins, était obligatoirement lettré et au propre centre des préoccupations religieuses, alors essentielles à la vie du pays.

L'Égypte ancienne

Alain-Pierre ZIVIE

L'Égypte ancienne apparaît comme le pays de l'écriture par excellence, et quelle écriture : les hiéroglyphes (du grec, « gravures sacrées ») ! Comme elle est également connue par sa religion omniprésente, on s'attendrait à ce que ces deux faits soient comme consubstantiellement liés ; et, du reste, les statues et les temples couverts d'inscriptions, les papyrus, les tombes et leurs textes funéraires, tout concourt, semble-t-il, à nous confirmer dans cette impression. Pourtant, n'ayons garde d'oublier que l'Égypte pharaonique, par son ancienneté même (des millénaires de gestation ont précédé la naissance d'une écriture vers 3300 avant l'ère chrétienne) comme par les traits profondément africains de sa personnalité, restera une culture où l'oralité tiendra une place capitale – en dépit des apparences – dans toutes les sphères, à commencer par celle du religieux ; et cela d'autant plus que lecture et écriture restèrent toujours le privilège de quelques-uns seulement.

Écriture, image, texte sacré

La tradition orale, difficile à appréhender par nature et plus encore dans une civilisation où l'écriture paraît omniprésente, reste le principal vecteur de la transmission des mythes ; pour cette raison, ceux-ci nous échappent en très grande partie, en dehors d'échos et d'allusions plus ou moins obscurs ou voilés dans certains textes religieux, cultuels, magiques ou littéraires et, plus tard, dans les témoignages des auteurs grecs comme Plutarque (mais, naturellement, il faut aussi compter avec la disparition d'une large catégorie de textes sur papyrus qui développaient parfois plus systématiquement des approches mythographiques, par exemple le *Papyrus Jumilhac* à propos des dieux Anubis et Bata).

Dans ces conditions, le récit mythique égyptien, qui semble souvent prendre la forme de récits courts, voire de recréations plus littéraires, n'a pas toujours une fonction très claire, compte tenu des quelques bribes qui ont seules survécu. Il devait naturellement avoir un rôle plus ou moins justificatif et étiologique, par exemple pour justifier l'existence de tel toponyme, de tel interdit ou de tel rite ; il pouvait aussi agir en encourageant les dieux à accorder telle faveur (même dans l'offrande rituelle où figurent quelques allusions bien senties au substrat mythique de la divinité invoquée), voire en les y contraignant grâce à des menaces à peine voilées fondées sur des références à des épisodes peu glorieux de la « carrière » de certaines divinités. La transcription par écrit de ce genre de propos prend alors une grande importance, car elle fixe les situations et donne aux allusions et aux menaces un caractère prégnant grâce au pouvoir de l'écriture. Cela est particulièrement vrai pour les textes magiques, mais c'est valable aussi pour beaucoup d'autres inscriptions : l'écriture égyptienne était, en effet, le lieu de rencontre de deux modes de communication qui ne sont pas anodins – le langage (sons, mots)

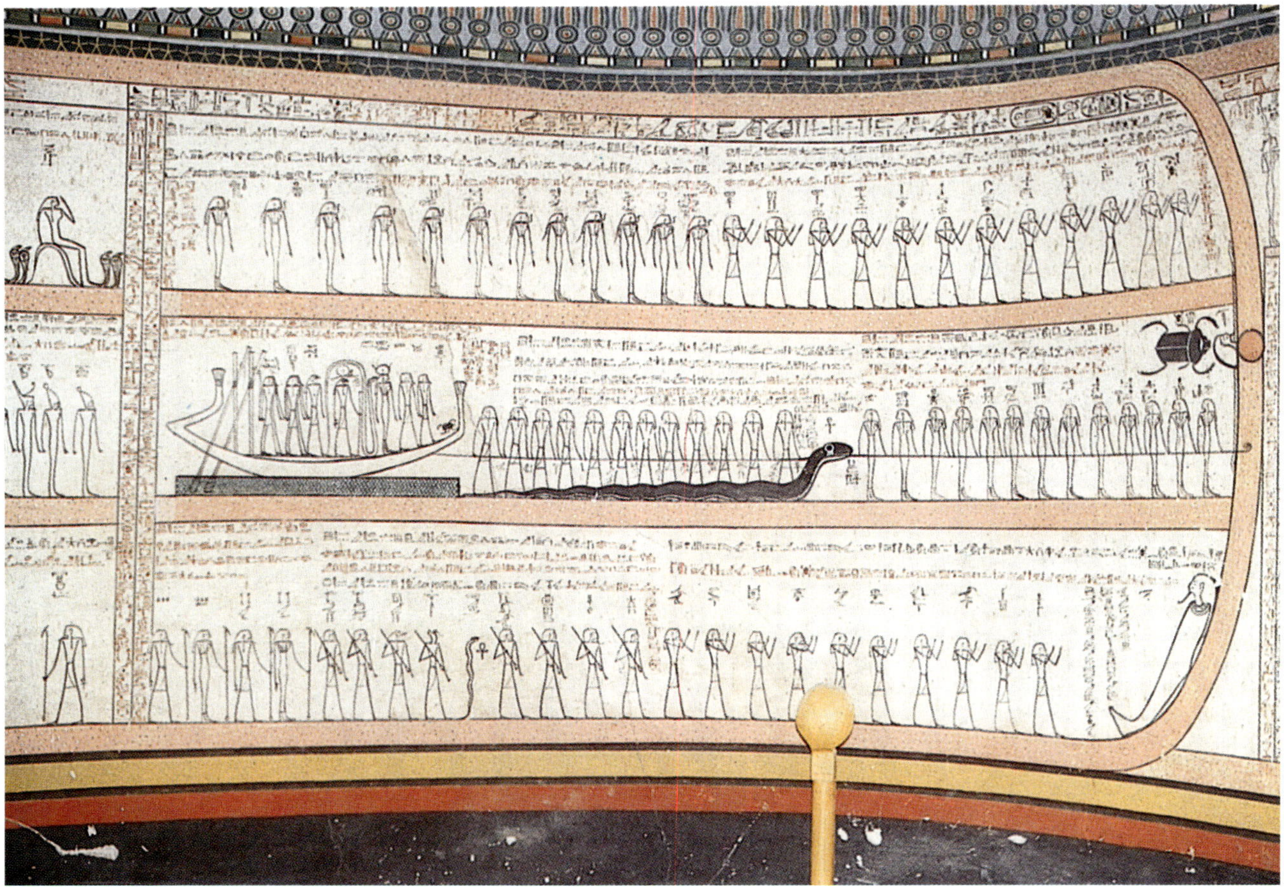

Extrémité de la chambre funéraire de l'hypogée de Thoutmosis III (XVIIIe dynastie) dans la Vallée des Rois à Thèbes. La chambre a la forme arrondie d'un « cartouche » royal. Sur les parois figurent, comme sur un grand papyrus déroulé, textes et illustrations d'une vaste composition funéraire, le « Livre de ce qu'il y a dans la Douat [= l'au-delà] ». D'où l'aspect particulier et austère de ce décor linéaire et de ce texte cursif qui visent avant tout à l'efficience contraignante de l'écrit (A.-P. Zivie).

et l'image – et permettait ainsi d'élaborer un outil original et subtil, en même temps qu'efficient et redoutable selon l'optique égyptienne.

L'écriture est une invention spécifique de l'Égypte pharaonique qui a largement contribué à l'extraordinaire développement de cette civilisation. Mais elle reste aussi un auxiliaire, une prolongation de la parole. Le nom égyptien de l'écriture hiéroglyphique est *medou neter*, les « paroles divines ». Elle est transcription des sons et des paroles des dieux, en particulier du scribe par excellence, Thot ; et ses liens avec le divin se situent à ce niveau-là. Thot est à l'origine de l'écriture et, qu'il soit figuré comme un homme à tête d'ibis ou comme un babouin, on le voit souvent muni de sa palette, du godet d'eau, du calame (ou jonc) et du papyrus pour retranscrire les paroles de Rê ou ses propres formules. Mais on ne connaît pas vraiment de mythe relatif à l'invention de l'écriture et à sa communication aux hommes ; malgré son ancienneté, celle-ci est venue trop tard dans un monde déjà trop vieux (et tourné par vocation vers les modèles du passé) pour bouleverser les infrastructures mythiques de celui-ci. Mais la parole a, dans certaines conditions, sa vie propre et un pouvoir bien réel, dans la mesure où la chose est tout entière dans le mot qui la désigne, où la connaissance du nom confère un pouvoir sur l'objet ou la personne nommée. À cela s'ajoute le fait capital que l'écriture égyptienne a des liens étroits avec l'image, qu'elle reste figurative, même si ces images transcrivent surtout des sons et même si une cursive – le hiératique – a existé parallèlement aux hiéroglyphes (sans même parler du démotique, cursive extrême venant s'ajouter à la première au cours du Ier millénaire). Les hiéroglyphes, au fond, sont aussi une suite d'images et, à ce titre, ils ne sont pas neutres, ni dénués de pouvoir, tout comme les images dans certaines conditions.

C'est dans ce contexte général, en liaison avec la parole et avec l'image, qu'il faut se situer pour examiner la notion de texte sacré, voire de livre sacré en Égypte ancienne. D'emblée, une constatation : tous les textes en rapport avec le religieux participent à ce titre du sacré, mais il n'y a pas à proprement parler de livre sacré dans cette civilisation. Cependant, on y retrouve toutes les caractéristiques secondaires du livre sacré, comme la volonté de fixer un texte, la nécessité de la glose pour actualiser celui-ci, la priorité de la lecture à haute voix ou psalmodiée sans déformation ni erreur, le respect qui l'entoure, etc. Certaines grandes compositions religieuses qui ont toute l'apparence de textes sacrés restent, en fait, à jamais marquées par les périodes qui précédèrent leur transcription et les raisons qui amenèrent à celle-ci. L'exemple des *Textes des pyramides* (et indirectement de leurs « descendants », les *Textes des sarcophages* et le *Livre des morts*) le montre bien. Inscrits dans les appartements funéraires des sépultures royales de la fin de l'Ancien Empire (seconde moitié du IIIe millénaire), ces textes sont, en réalité,

Stèle dite « de la famine » dans l'île de Séhel (première cataracte, au sud d'Assouan). Ce long texte hiéroglyphique en colonnes est un apocryphe. Se présentant comme une inscription remontant au roi Djoser (IIIe millénaire av. J.-C.), il doit en réalité dater de Ptolémée V (IIe siècle). La stèle rapporte comment il a été mis fin à une terrible famine due à une suite de crues irrégulières. En particulier parce que le roi a demandé à un prêtre d'Imhotep, un spécialiste des vieux écrits, de rechercher dans les archives de Thot les informations géographiques, économiques et cultuelles nécessaires au rétablissement de la prospérité. La science sacerdotale contient, en effet, les réponses à tous les problèmes, à condition qu'on sache les y trouver (A.-P. Zivie).

une sorte de rituel composé de pièces et de morceaux très anciens qui ont dû être transmis oralement avant d'être transcrits sur papyrus et peut-être lus en partie au moment des funérailles. À un certain moment, il fut décidé de les faire figurer dans les pyramides elles-mêmes, sur les parois, sans doute par souci d'efficacité (recherche de permanence, conscience du caractère éphémère et fragile du papyrus), mais aussi – et c'est lié – à cause de la pression sur le réel que les inscriptions exercent « magiquement » comme le font les images en général. Plus caractéristique encore est l'exemple suivant, qui offre des différences avec le précédent et qui, en outre, prendra effet près de deux millénaires plus tard. Il s'agit de la multiplication des textes explicites et développés, voire bavards (concernant aussi bien des rituels, des calendriers de fêtes, des offrandes, des listes divines), sur les parois des temples à l'Époque tardive et surtout à l'Époque ptolémaïque et romaine, textes qui préexistaient pour la plupart sur des papyrus conservés dans les sanctuaires et qui, à la suite des expériences difficiles engendrées par la dureté des temps (invasions étrangères, incendies et destructions, fermeture des temples, baisse des effectifs et du savoir-faire des copistes potentiels) et par souci de prudence et d'efficacité, sont retranscrits sur les murs des temples comme on peut encore le constater à Edfou, Dendérah, Esna ou Kôm-Ombo pour citer les principaux d'entre eux. Ainsi ces textes pourraient-ils, dans l'esprit des prêtres tardifs, jouer pleinement et à

La tombe de Pétosiris.
Au fond de l'oasis de Dakhla, à Mouzawaka, cette tombe rend bien compte de la situation d'acculturation avancée vécue par l'Égypte du début de l'ère chrétienne. Les thèmes pharaoniques sont souvent traités à la grecque et déformés. Mais la tradition se veut pourtant intacte et les hiéroglyphes restent prestigieux et indispensables, bien qu'ils soient de moins en moins bien compris et qu'ils soient rendus avec maladresse (A.-P. Zivie).

jamais leur rôle et assurer la bonne marche du sanctuaire et du monde, même – à la limite – en cas de disparition du personnel sacerdotal et du matériel cultuel.

Une religion des livres

Point donc de « religion du Livre » en Égypte, mais certainement un culte, une religion des livres. Il ne s'agit pas de fixer et de transmettre une révélation qui fonderait globalement doctrine et pratiques, mais de se servir des livres comme mode d'approche des sciences sacrées et, au-delà surtout, comme référence. On retrouve ici l'insaisissable et omniprésent dieu Thot, éventuellement accompagné de sa parèdre, la déesse-scribe Séchat, voire de divinités mineures ou de grands personnages, mi-architectes mi-prêtres, divinisés : Imhotep (confondu par la suite avec Asclépios) et Amenhotep, fils de Hapou. C'est ce même Thot qui, sans trop le vouloir, prendra une si grande dimension chez les auteurs classiques qu'il deviendra une sorte de doublet d'Hermès ou qu'il sera même identifié avec lui.

La relation de Thot avec l'écriture et le livre fonde et illustre à la fois celle des Égyptiens eux-mêmes, et plus particulièrement des prêtres-scribes, avec l'écriture et le livre. Il s'agit là d'une relation essentielle et, si inspiration il y a, c'est une inspiration due à Thot qui est à l'origine de bien des écrits ; mieux même, c'est Thot lui-même qui est présenté comme l'auteur d'une littérature de plus en plus abondante au fur et à mesure que le temps passe : chapitres du *Livre des morts*, formules magiques, mais aussi, et surtout, tout un ensemble d'écrits touchant aussi bien à l'inventaire de l'Égypte – texte essentiel dans la transmission de la royauté – qu'aux normes selon lesquelles le temple doit être bâti et, d'une manière générale, à toute la littérature sacerdotale. Mais si Thot est présenté comme celui qui préside aux livres, il ne faut pas oublier que les livres sont aussi les « âmes de Rê », c'est-à-dire que la référence finale est faite à un dieu suprême qui s'en remet à son vizir, son substitut, pour retranscrire et même, on l'a vu, rédiger ses « discours », quitte à ce que cet indispensable second dépasse largement les limites de ce rôle en transcrivant ses propres paroles et en renforçant ainsi sa redoutable efficacité. Il y a certainement là, dans cette ambiguïté fondamentale du rôle de Thot, ce qui distingue la démarche égyptienne de celle d'autres religions et l'a empêchée de pousser plus loin les notions de révélation, d'inspiration, de canon même, avec les querelles d'interprétation et les coupures ou les schismes qui auraient pu en découler.

Cette situation est d'autant plus frappante qu'il y a eu cependant dans l'histoire de l'Égypte un moment où ces notions ont failli connaître un bouleversement durable. Il s'agit de l'« épisode amarnien » qui, au XIVe siècle avant J.-C., vit la tentative d'éviction des dieux traditionnels au profit du disque solaire Aton, sous l'impulsion du pharaon Aménophis IV-Akhénaton. Celui-ci se présentait comme le fils – en quelque sorte – qui répandait autour de lui la connaissance et le culte de son père, Aton. Il fut même l'auteur inspiré d'un très bel hymne qui figure dans certaines tombes de Tell el-Amarna. L'épisode n'a pas duré assez longtemps pour bouleverser durablement l'ancien schéma : Thot disparu, le roi devenant une sorte de prophète, mi-humain mi-divin, la diffusion et la transmission du nouveau culte, de nature exclusive, auraient pu entraîner la constitution de textes canoniques, le commentaire et la controverse, voire les exclusions et les divisions qui finissent souvent par se produire en pareils cas.

Cette période de rupture laissa peu de traces, et les prêtres-scribes retrouvèrent leurs rapports traditionnels avec le monde des textes. Le milieu sacerdotal vit à cet égard croître son importance, en particulier quand l'Égypte dut s'ouvrir bon gré mal gré aux influences, voire aux dominations, étrangères, et que le temple devint partout le refuge des vieilles traditions, de leur mise en œuvre comme de leurs développements dans de nouvelles directions. L'écriture et le texte jouèrent, à ce titre, un rôle essentiel, en particulier avec la vieille institution – difficile à appréhender dans sa réalité quotidienne – du *per-ankh* ou « maison de vie ». C'est dans ces sortes de *scriptoria* attachés aux grands temples, mais aussi à des sanctuaires mineurs, que l'on recopiait les vieux textes, qu'on les restaurait, qu'on les commentait, qu'on composait aussi de nouveaux rituels dans la lignée des anciens, ou même qu'on rédigeait des traités dont les raisons d'être cultuelles ou théologiques étaient parfois bien ténues. En un mot, c'est là que se rencontraient, sous le signe de l'écriture, la tradition et la recherche. On se plaît à rêver à ce que durent être les bibliothèques sacerdotales (dont seuls quelques éléments épars ont survécu), par exemple celle du temple d'Héliopolis, dont les prêtres jouirent d'une renommée qui dépassa les frontières de l'Égypte, ou encore celle du temple d'Hermopolis Magna en Moyenne Égypte, lieu quasi mythique pour tous les scribes et « intellectuels » passionnés de vieux textes, puisque c'était la ville et le sanctuaire d'Hermès, c'est-à-dire de Thot lui-même.

Relief des catacombes de Kom el-Choughafa à Alexandrie (Ier-IIe siècles après J.-C.). Thot est représenté selon une esthétique revue et corrigée. Mais, s'il s'agit toujours de la figure omniprésente du vieux dieu lunaire, scribe et magicien, c'est aussi l'image d'Hermès qui est désormais évoquée à travers lui (A.-P. Zivie).

Dans cet univers de plus en plus confiné où la tradition et la connaissance étaient jalousement entretenues pour ne pas subir les atteintes d'un monde extérieur jugé trop profane et trop décevant, la question de l'ésotérisme se posait à peine. La discrétion et le secret étaient de toute façon de rigueur, et le prestige intellectuel et religieux finit par se mesurer à l'aune de la subtilité scripturaire. L'écriture dite « ptolémaïque », avec sa complexité et le renouvellement qu'elle apporte dans la tradition, illustre bien cette attitude du monde sacerdotal, tourné non pas tant vers le passé que vers une recherche de plus en plus impénétrable, et provoquant par là même l'agonie de la tradition et de la science qu'il voulait défendre. Et, s'il y eut survie de cette vision égyptienne, ce fut dans l'image déformée qu'en donnèrent les auteurs gréco-romains et même des chrétiens tel Clément d'Alexandrie. Tous manifestèrent à l'égard des prêtres-scribes égyptiens une révérence presque excessive et voulurent faire reconnaître l'importance de cette littérature, hermétique à double titre, où ils devinaient un monde vertigineux et condamné par sa spécificité même.

L'hindouisme

Charles MALAMOUD

Selon le *Grand Dictionnaire hindi* (*Bṛhat hindī koś*, Bénarès, 1951), « un hindou est un Indien qui croit et se conforme dans sa vie aux règles de conduite, aux coutumes, à l'organisation sociale et à la religion [*dharma*] fondées sur les principes énoncés explicitement ou implicitement par le *Veda.* » Cette définition est très restrictive, puisqu'elle rejette une grande partie de ce qu'on appelle l'hindouisme populaire, mais elle a le mérite de formuler franchement une orthodoxie. De fait, parmi les innombrables sectes et traditions qui composent l'hindouisme passé et présent, les plus structurées et les mieux connues reposent sur une base scripturaire. Ces « livres sacrés » de l'hindouisme peuvent se répartir en deux grandes catégories : les uns affirment expliciter le *Veda* ; les autres ont pour raison d'être de le compléter, ou plutôt de le relayer, et donc, en quelque manière, de le remplacer. À ce titre, l'hindouisme peut passer pour une religion du livre, non certes d'un livre, mais d'une immense floraison de textes fondateurs, très différents les uns des autres par l'âge, le contenu doctrinal, la forme, le statut, mais qui tous ont à se situer par rapport au *Veda*.

Les textes védiques

Qu'en est-il donc du *Veda* lui-même ? Ce nom, qui signifie « savoir », désigne un corpus dont les contours ne sont pas parfaitement définis : il n'y a jamais eu en Inde d'institution qui ait proclamé une « clôture » du *Veda*, et c'est par un consensus empirique que l'on distingue ce qui est *Veda* proprement dit, ce qui relève du *Veda* sans en faire véritablement partie (les « membres » attachés à ce corps), et ce qui lui est extérieur tout en lui étant conforme.

Le *Veda* est désigné aussi comme *śruti* (« audition »). Ce terme se réfère au fait que le texte védique est destiné à être dit, chanté, murmuré ou même prononcé mentalement, non à être écrit ; l'élève apprend donc le *Veda* en entendant son maître le réciter et en le récitant à son tour. En outre, le *Veda* est une parole (*vāc*) qui vaut non seulement par son sens, mais par la force inhérente aux souffles et aux vibrations sonores qui la manifestent. Il n'est pas un discours sur le monde, il est la quintessence du monde en tant que son (*śabda*). Cependant, cette parole se fait entendre des hommes et peut être proférée par eux parce que, dans les temps immémoriaux, des hommes aux pouvoirs exceptionnels de « voyants » (*ṛṣi*) l'ont « vue ». Tel ṛṣi a eu la vision de telle portion du *Veda*. Les ṛṣi ne sont donc pas, dans la doctrine indienne, les auteurs du *Veda*. Il leur échoit de transposer et de disposer en séquences de mots et de phrases, en poèmes, formules sacrificielles et discours en prose, cette parole qu'ils ont d'abord perçue par la vue. Mais y a-t-il un véritable auteur ou créateur du *Veda* ? Le texte védique lui-même se dérobe à cette question : car, dans les cosmogonies souvent réversibles du *Veda*, où l'on voit les créateurs créés ou recréés par les créatures, la parole védique occupe l'une et l'autre position. Pour la tradition postvédique, c'est un sujet de controverse : certaines écoles philosophiques (celle qui théorise le yoga, par exemple) et la plupart des mouvements religieux de l'hindouisme tiennent que le *Veda* est l'œuvre d'un dieu, ou, pour mieux dire, du souverain (*īśvara*) divin ; d'autres, qui se considèrent comme les gardiens de l'orthodoxie authentique (les ritualistes et les philosophes de la Mīmāṃsā ou « Exégèse ») enseignent que le *Veda* est éternel et increé, qu'il n'est pas la parole de quelqu'un, mais la parole en soi. Remarquons que, pour tous, la révélation ou la série de révélations du *Veda* aux ṛṣi n'est pas un événement qui marquerait une coupure dans l'histoire humaine. Cette révélation ne détermine pas une conversion : tout commence, pour autant qu'on puisse parler de commencement à propos de la conception védique de l'action et du temps, par ces prises de conscience. Les dieux eux-mêmes ont à découvrir, par fragments, la science sacrificielle qui est le contenu du *Veda*, et il leur arrive d'être en compétition, sur ce terrain, avec les hommes.

Concrètement, le *Veda* se présente comme un étagement de textes dont la composition, au regard de l'historien, s'est effectuée pendant le millénaire compris entre 1500 et 500 avant l'ère chrétienne. Ces textes s'élaborent parmi les clans *ārya* qui, en cette période, pénètrent dans l'Inde par les passes du nord-ouest et conquièrent progressivement le Panjāb et la plaine indo-gangétique. La langue de ces textes est un sanskrit archaïque. Dans cette superpo-

Deux images du cycle vishnouite. En haut, Viṣṇu et son épouse Lakṣmī, assis sur un lotus et installés sur le dos de l'aigle Garuḍa, représenté, comme souvent, sous la forme d'un homme pourvu d'ailes et d'un bec. Garuḍa est le « vāhana » (« véhicule »), mais aussi le serviteur très proche et une sorte de représentant de Viṣṇu, comme le taureau Nandin l'est de Śiva. Dans les temples, il faut rendre un culte aux images de vāhana avant et après celui qu'on rend au dieu lui-même. Viṣṇu est par excellence le dieu qui occupe tout l'espace aérien qui enveloppe la terre. Manuscrit du XVIIIe siècle (Bibliothèque nationale de France, Paris). En bas, le singe Hanuman devant Rāma et Sītā. Rāma, incarnation de Viṣṇu, a bénéficié de l'amitié de Sugrīva, roi des singes, lorsqu'il lui a fallu se battre contre le démon Ravaṇa, qui avait enlevé son épouse Sītā. Guidés par Hanuman, les singes ont construit le pont sur lequel Rāma a pu passer pour gagner l'île de Laṅka. Hanuman est le symbole de la dévotion à Rāma. Il n'est pas confiné cependant dans le vishnouisme. Inventeur mythique de la grammaire, il fait aussi partie du cercle de Śiva. Manuscrit sur papier indien du XIXe siècle (Bibliothèque nationale de France, Paris).

sition chronologique, des coupes verticales font apparaître trois blocs distincts. La Śruti, en effet, est une *trayī vidyā*, une « triple science » : il y a le « Veda des strophes » (*Ṛg-Veda*), celui des « mélodies » (*Sāma-Veda*) et celui des « formules rituelles » (*Yajur-Veda*) ; à quoi s'ajoute un quatrième ensemble, quelque peu à l'écart des autres, le « *Veda* des incantations », connu sous le nom d'*Atharva-Veda*. Ces blocs ont tous même structure. En premier lieu, à la base, formant la strate la plus ancienne, se trouvent des Saṃhitā (« collections »). La Saṃhitā du *Veda des strophes* est faite d'un millier d'hymnes et de prières, en vers, dont beaucoup, en dépit ou peut-être en raison de leur tournure énigmatique, sont pleins de force et de sublime beauté ; les Saṃhitā du *Veda des mélodies* consistent en strophes extraites du *Ṛg-Veda* et adaptées à la récitation chantée ; dans les

Saṃhitā du *Veda des formules* sont réunis les versets accompagnant les différents gestes du sacrifice ; enfin, la Saṃhitā de l'*Atharva-Veda*, magique pour l'essentiel, contient aussi quelques grands hymnes spéculatifs. En deuxième lieu, à chacune des Saṃhitā sont affectés un ou plusieurs Brāhmaṇa, ouvrages en prose qui traitent du sacrifice : ils expliquent le symbolisme et la portée des rites et justifient la connexion, dans la liturgie, entre les mots et les gestes. En troisième lieu, les Brāhmaṇa se prolongent par les *Āraṇyaka* (« [textes] forestiers ») : ésotériques, ils ne peuvent être étudiés et récités que dans la solitude de la forêt. Enfin, les *Upaniṣad* (« équivalences »), textes généralement courts, en prose, où s'affirme le projet d'intérioriser le rite et de mettre en lumière les correspondances mystiques entre l'homme et le cosmos, enseignent l'identité ultime de l'*ātman*, l'âme individuelle, et du *brahman*, entendu ici comme l'âme cosmique ou l'« absolu ».

Les lignées de brahmanes, de nos jours encore, se définissent par leur appartenance à telle « branche » (*śākhā*) de tel *Veda* : affiliation qui entre en ligne de compte dans le fonctionnement des règles d'exogamie. Et l'on s'acquitte d'une dette congénitale envers les ṛṣi et le *Veda* lui-même en étudiant, en faisant siens les textes de la tradition familiale à laquelle on se rattache.

Les prolongements du Veda

Ainsi constitué et diversifié, le *Veda*, pour la pensée hindoue orthodoxe, est une voie d'accès à la vérité : une connaissance est valide si elle résulte d'une perception directe ou d'un raisonnement sans défaut, mais aussi si elle correspond à une assertion védique.

Le Veda des mélodies.
Il est personnifié sous les traits d'un maître védique, mais avec le grandissement propre aux êtres surnaturels. Le texte mentionne la pureté de son vêtement blanc, sa peau couleur de soleil, son regard doux, le bâton de bois de « śami » qu'il tient à la main. Il a sous le bras un manuscrit du texte védique qu'il incarne, de même que ses auditeurs, ce qui dénote une date tardive. Le geste qu'il fait de la main droite est une manière de figurer, à des fins didactiques, les rythmes et les tons de la récitation. Bien que le « Sāma-Veda » soit, en fait, la version chantée d'une partie du « Ṛg-Veda », il jouit d'un très grand prestige. Dans le « Mahābhārata », et notamment dans la « Gītā », le dieu suprême affirme que, de tous les Veda, il est lui-même le Sāma-Veda, tout comme il occupe le premier rang de toutes les séries hiérarchisées possibles (Mandel, Artephot).

Illustration du Matsya-Purāṇa. Viṣṇu, incarné dans l'« avatāra » du poisson (« matsya »), le premier dans l'ordre chronologique, s'attaque, dans les eaux, au démon Hayagrīva (« cou de cheval ») qui avait dérobé les Veda à Brahmā endormi. On les voit captifs, sur le rivage, mains liées. Le torse de Viṣṇu émerge – avec tous ses attributs (la conque, la massue, le cercle, qui est une arme, le lotus) et ses bras multiples de dieu au sens plein – de la bouche du poisson. L'avatāra du poisson reprend le thème védique du poisson sauveur lors du déluge. Art hindou du Panjāb, XVIe siècle (E. Isacco).

Cette parole doit donc être enseignée et mise en œuvre dans le rite sans que s'y glisse la moindre altération. Des « sciences auxiliaires », qui connaîtront un développement autonome et profane, se forment vers le Ve siècle avant J.-C. pour répondre d'abord à ce souci ; ce sont les six « membres » (*aṅga*) du *Veda* : phonétique, grammaire, métrique, étymologie, rituel et, curieusement, astrologie.

Un paradoxe de l'Inde est que le *Veda*, préservé avec une précision stupéfiante, infiniment révéré et glorifié au cours des âges, toujours vivant par la place qu'il tient dans le rituel (les cérémonies du mariage et des funérailles, maintenant encore, comportent des récitations de textes védiques), cesse d'être porteur de sens au moment où il achève de se constituer. On le voit notamment par l'absence quasi totale d'exégèse proprement religieuse. Précisons. De très vastes portions du *Veda* ont fait l'objet d'un commentaire continu par Sāyaṇa au XIVe siècle après J.-C. ; mais c'est une glose littérale, non une réflexion sur le contenu. En outre, deux écoles philosophiques prennent appui sur le *Veda* pour construire leur système : la « Première Mīmāṃsā » élabore une théorie de la connaissance, de la parole et de l'acte à partir d'une analyse des phrases qui, dans les Brāhmaṇa, prescrivent l'exécution des rites. La « Deuxième Mīmāṃsā », ou Vedānta (« fin du Veda »), fondée par Śaṅkara (VIIIe s. apr. J.-C.), expose, en s'appuyant sur les *Upaniṣad*, une doctrine de l'absolu et de la connaissance de l'absolu comme moyen de gagner la « délivrance » (*mokṣa*), c'est-à-dire d'échapper à l'obligation de renaître indéfiniment. En revanche, les hymnes des Saṃhitā, protégés, dirait-on, par l'archaïsme de la langue, la hardiesse violente du style poétique et surtout par l'efficace de cette parole faite de *mantra*, sont entourés d'une vénération stérile et quasi muette.

Il est des textes qui enseignent en détail et de façon dogmatique ce qu'est le *dharma*, l'ordre du monde, le système des normes, les devoirs des hommes (les rites, certes, mais aussi les vertus personnelles et les règles de la vie sociale) et qui donnent lieu, au long des siècles, à un immense travail d'interprétation, de vulgarisation et même de discussion : ils sont à chercher non dans la Śruti, mais dans les recueils de préceptes connus sous le nom de *Smṛti* (« mémoire »). À la différence du *Veda* immémorial, ces codes, pour la tradition indienne, appartiennent à l'histoire humaine : c'est pour mettre fin à l'anarchie de l'état de nature, à la « loi des poissons » (les gros mangent les petits) que des législateurs, mythiques il est vrai, ont composé ces aphorismes en prose (*sūtra*), puis ces traités (*śāstra*) versifiés dont le plus fameux est le livre des *Lois de Manu*. La Smṛti est de dignité moindre que la Śruti. Elle fait partie de la mouvance védique en ce sens qu'elle invoque constamment l'autorité du *Veda*. Mais, par bien des traits essentiels, la religion de la Smṛti s'écarte du védisme : le panthéon et la cosmogonie sont repensés à la lumière d'une conception nouvelle, les âges du monde et leurs cycles ; le thème des quatre « classes » (ou « couleurs » [*varṇa*]) de la société ārya est repris avec force mais s'accompagne d'une doctrine de leur fragmentation en « castes » spécialisées et hiérarchisées (les *jāti*) ; enfin, la théorie du *karman* (les « actes » des vies passées déterminent les vies futures), du *saṃsāra* (« flux » des renaissances) et, corrélativement, de la délivrance s'impose comme principe explicatif majeur.

Incluses dans la Smṛti, les deux grandes épopées, le *Mahābhārata* et le *Rāmāyaṇa*, s'écartent davantage encore du Veda proprement dit. Dans ces récits, trésors de l'imaginaire indien, réserves où puisent sans cesse poètes, dramaturges et conteurs, les caractères des héros, les situations, la trame générale de la narration sont comme des illustrations de ce même *dharma* qu'énonce le traité de Manu. Et les épopées contiennent en outre, sur le *dharma*, de longs développements didactiques. Mais des nouveautés se font jour qui montrent que ces textes nous introduisent à un système désormais modifié. Le *Veda*, bien qu'il soit vérité pour tous, ne peut être appris et appliqué dans le rite que par les hommes des trois « classes » supérieures. Les épopées, elles, sont perçues comme un quatrième ou cinquième *Veda*, qui, sans rendre caduque la « triple science », se fait accessible aux femmes et à la classe la plus basse, celle des *śūdra*. Tandis que le contenu du *Veda* est indissociable de sa forme sonore – donc, en tant que texte sacré, intraduisible –, les épopées suscitent un foisonnement de versions et d'adaptations dans les langues indiennes. Contrepartie théologique de cette ouverture : l'idée que la divinité fait des « descentes » (*avatāra*) dans le monde humain pour s'incarner en figures de héros salvateurs (Kṛṣṇa dans le *Mahābhārata*, Rāma dans le *Rāmāyaṇa*) lors des crises qui marquent la transition entre deux âges cosmiques (cette vision sera amplifiée et systématisée dans de vastes encyclopédies, les *Purāṇa* [« antiquités »]). À la base de l'hindouisme dit « sectaire », il y a l'ensemble très diversifié des *Tantra* et des *Āgama*, tradition véritablement distincte et complémentaire de celle des *Veda*. Les *Tantra* sont des textes où se trouve exalté le culte de « la déesse » en tant que « puissance » (*śákti*), partenaire féminine de Śiva. Les *Āgama*, populaires surtout dans le Sud, sont consacrés à la théologie et au rituel de Śiva lui-même (mais il existe aussi des *Āgama* vishnouites, nommés *Saṃhitā*). Les plus anciens de ces recueils remonteraient au VIe siècle de l'ère chrétienne. Un trait notable des *Āgama* shivaïtes est qu'ils contiennent des traités d'architecture et de construction des images dont l'influence s'est étendue à toute l'Asie du Sud-Est. Dans un développement dont on saisit le point de départ dans les épopées, les dieux des avatāra deviendront les dieux de la *bhakti*, c'est-à-dire de la relation d'amour fusionnel du dévot et de la personne divine : voie pour atteindre le salut plus largement offerte que celle que tracent les rites sacrificiels ou la connaissance du brahman. De ce visage que prend la religion indienne quand, sans rompre avec le *Veda*, elle s'en éloigne, et trouve une autre perspective, une image particulièrement nette et, en même temps, synthétique nous est donnée par la *Bhagavad-Gītā*. Ce poème – un moment du *Mahābhārata* – est devenu, de tous les textes religieux de l'Inde hindoue, le plus universellement religieux, puisqu'il est à la fois prière et doctrine, support de méditation, récit mythologique et thème de commentaires pour les penseurs spéculatifs, et le plus universellement hindou, puisqu'il est ainsi fait que toutes les écoles, toutes les traditions de l'hindouisme l'ont lu de manière à pouvoir s'y reconnaître.

Le jinisme

Nalini BALBIR

Les jaïna, qui donnent une grande importance à la connaissance de leurs propres Écritures, ne croient pas en une révélation divine. Pour eux, la source ultime de l'enseignement, ce sont les Jina, êtres humains qui, ayant progressivement atteint, par l'ascèse, la perfection et l'omniscience, ont prêché la voie du salut. D'abord uniquement orale, la tradition a été transmise par les lignées de disciples qui ont suivi Mahāvīra, l'organisateur historique du mouvement (Ve s. av. J.-C.). Ce n'est qu'à la suite de plusieurs conciles, après avoir subi pertes et remaniements divers, que la tradition a été fixée par écrit et largement diffusée.

La version du Canon que nous lisons aujourd'hui remonte ainsi au Ve siècle de l'ère chrétienne. Elle nous est connue par d'innombrables manuscrits sur papier (XIVe s.) et d'intéressants, mais plus rares, manuscrits sur palme (XIe-XIIe s.). La langue du Canon est l'ardha-māgadhī, une variété de prakrit ancien que les jaïna tiennent pour sacré. Le Canon est constitué d'un ensemble de textes d'âges, de styles et de contenus divers, en vers ou en prose. L'examen philologique permet de déterminer quelle en est la chronologie relative, et les études métriques sont parvenues, avec succès, à déceler des couches textuelles (noyau/amplifications), contribuant ainsi à mieux dégager la manière dont se suivent les idées dans les traités. L'étude de certaines variantes montre que le rôle unificateur des conciles n'a pas été absolu. Le style ancien est hautement formulaire (stances et clichés narratifs ou descriptifs récurrents).

Le corpus canonique des jaïna traite de cosmologie, d'éthique, de philosophie ; il rassemble nombre de légendes hagiographiques ou critique les doctrines hétérodoxes. Il est traditionnellement divisé en six groupes : les Membres (11 *Anga*) ; les Membres auxiliaires (12 *Upānga*) ; les Mélanges (10 *Prakīrṇaka*) ; les Textes de droit monastique (6 *Chedasūtra*) ; deux exposés méthodologiques ; les Textes de base (4 *Mūlasūtra*). Ces derniers sont enseignés dès le noviciat. Aucune de ces catégories, sauf parfois la quatrième, celle des Textes de droit monastique, n'est exclue de l'apprentissage : l'enseignement des Jina se veut traditionnellement « ouvert », accessible à tous, par opposition à l'ésotérisme brahmanique.

Les écrits canoniques ont donné lieu à une littérature d'exégèse très élaborée, où il est fait grand usage de procédés scolastiques. Elle prend successivement la forme de « condensés » versifiés – canevas pour la mémorisation et l'explication orale –, de commentaires discursifs en prakrit, d'explications rédigées en sanskrit (VIIe-VIIIe s.), puis dans les langues néo-indiennes (hindi, gujerati, etc.), si bien que

Un Jina délivré. « Il a quitté le monde, rompu les chaînes de la naissance, de la vieillesse et de la mort, a mis fin à toutes les souffrances. » Représentation traditionnelle du Siddha (« Parfait ») : richement paré, il trône, à l'abri d'un dais, sur la Siddhaśilā, le sommet de l'Univers symbolisé par un croissant surmontant des flammes. Le texte indique qu'il s'agit ici de Mahāvīra, le vingt-quatrième Jina, et donne toutes les précisions possibles sur la date de sa Délivrance. Manuscrit du « Kalpasūtra », XVe siècle (Bibliothèque nationale de France, Paris).

L'histoire de Kapila. Le roi souhaite dédommager le jeune homme pris à tort pour un voleur. « Plus on en a, plus on en veut... Deux sous seraient assez, et cent millions ne suffisent pas », songe Kapila. Éveillé, il s'arrache les cheveux en signe de conversion à l'ascèse. Manuscrit de l'« Uttarādhyayanasūtra » daté de 1473 (Bibliothèque nationale et universitaire, Strasbourg).

l'on est en présence d'une tradition écrite ininterrompue. Le renouvellement des idées se fait comme imperceptiblement, mais il existe : ainsi, les grands maîtres du Moyen Âge (XIe-XIIe s.) ont largement contribué à valoriser la notion de non-violence (*ahiṃsā*) par exemple, en censurant et expurgeant les récits antérieurs, plus crus. À l'époque contemporaine, la prédication puise sa matière dans le Canon, mais, le plus souvent, le fidèle y accède par le biais de traductions ou d'adaptations.

Toutefois, le Canon ne fait pas l'unanimité. Son authenticité est récusée en bloc par les digambara, qui lui substituent des écrits « procanoniques » dus à certains vieux maîtres de l'Inde du Sud (Kundakunda, Vaṭṭakera...). Ils sont rédigés dans une variété de prakrit un peu différente de celle du Canon. Quant aux śvetāmbara, tous ne reconnaissent pas pour canoniques le même nombre de traités : les sthānakvāsin n'en retiennent que trente-deux sur quarante-cinq et tiennent les autres pour apocryphes.

Il est, en outre, une œuvre fondamentale que tous revendiquent, moyennant quelques variantes dans la teneur, en sorte qu'on a pu parler de « canonisation hors du Canon » : le *Tattvārthasūtra* d'Umāsvāti. Premier traité jaïna à avoir été rédigé en sanskrit, il présente, dans le style concis du sūtra, une somme systématique de la doctrine.

Plus largement, aucun domaine des lettres n'est resté étranger aux jaïna, dont le patrimoine est immense. Le livre tient chez ces derniers une place de choix dans la vie religieuse : il inspire les sermons des maîtres ; il est offert au temple et célébré lors d'une fête annuelle, en tant que source de la connaissance. Le *Kalpasūtra*, qui relate les vies des principaux Jina, ou l'*Uttarādhyayanasūtra*, qui est un recueil de légendes édifiantes et de leçons sur la doctrine, sont des auxiliaires précieux de l'enseignement, tant par leur contenu que par les enluminures qui en décorent souvent les manuscrits. Patronner des copistes ou des artistes est, traditionnellement, l'un des moyens dont dispose le laïc pour acquérir des mérites, et les bibliothèques jaïna (*bhaṇḍāra*) sont célèbres pour leurs trésors. Aujourd'hui, les fondations subventionnées par de riches fidèles se chargent de la publication des textes, tout aussi bien pour des éditions scientifiques que pour des brochures à destination du grand public.

Le mazdéisme

Clarisse HERRENSCHMIDT

Les sources directes pour la connaissance du mazdéisme sont au moins de trois sortes : l'*Avesta*, les livres pehlevis et les *Rivāyat* persanes. L'*Avesta* (« éloge [d'Ahura Mazdā] ») forme le corpus des textes sacrés de cette religion. Ce n'est pas un livre homogène, mais un ensemble de textes dont les dates de composition orale, les langues et les conceptions religieuses diffèrent ; seule les rassemble leur commune rédaction, sous le règne du roi sassanide Shāhpuhr II (309-379) ; cet « archétype sassanide », aujourd'hui disparu, comprenait sans doute 21 *nask* (« livres ») dont les trois quarts se sont perdus entre la chute de l'empire sassanide (636) et la redécouverte de l'*Avesta* par Anquetil-Duperron en 1754 auprès des Parsis de l'Inde. Tel que nous le connaissons, l'*Avesta* se compose de plusieurs livres, dont les principaux sont : le *Yasna* (« sacrifice »), ensemble de prières, de litanies et d'hommages dans lequel sont insérés les 17 *Gāthā* (« chants ») attribués à Zarathustra ; les 21 *Yasht*, qui sont des « hymnes » adressés à différents dieux, les plus vénérables étant le *Yasht* à Aredvī Sūrā Anāhitā (« l'humide, la forte, l'immaculée »), le *Yasht* à Mithra, le *Yasht* à Tishtrya (« Sirius ») et celui des *Fravashis* (« âmes des héros et des justes ») qui mettent en scène les héros de la vieille mythologie indo-iranienne ; le *Vidēvdāt* (« loi de séparation d'avec les démons »), recueil de prescriptions juridiques, rituelles et morales. Les *Gāthā*, seuls textes versifiés intégralement, nous font connaître l'état linguistique le plus reculé de l'iranien ancien, comparable au sanskrit védique, et des conceptions religieuses mazdéennes ; le reste de l'*Avesta* est rédigé en avestique récent. Si, dans les *Gāthā*, les daivas sont des dieux à qui l'on reproche le rituel qu'ils demandent, le même terme désigne, dans l'*Avesta* récent, des démons dont le plus grand est Ahriman, avec la Druj (« mensonge ») personnifiant le mal, tandis que les dieux critiqués dans la querelle gāthique acquièrent le nom de *yazata*, en se soumettant à Ahura Mazdā et à son rituel.

La composition des textes de l'*Avesta* étant fort ancienne, il faut admettre que leur conservation orale a duré entre cinq et quatorze siècles... Lors de leur rédaction, les textes n'étaient plus ni connus ni compris dans leur intégralité : on mit donc ensemble des fragments d'inégale longueur se rapportant plus ou moins au même sujet, ce qui créa des ruptures dans la syntaxe et dans la logique du discours ; curieusement, ce sont les *Gāthā* qui nous sont parvenus dans le meilleur état de conservation. Pour achever l'histoire de l'*Avesta*, il faut dire que la majorité des manuscrits disponibles datent des XVIe et XVIIe siècles, ce qui explique l'état lamentable des textes du point de vue de la langue. Quand Anquetil-Duperron publia l'*Avesta* en 1771, Voltaire, qui en attendait des outils utiles à sa lutte contre le christianisme, le qualifia d'« abominable fatras qu'on attribue à Zoroastre ». Remarque impertinente, mais un peu vraie, car l'*Avesta* offre effectivement l'image d'un fatras plus ou moins abominable.

Les livres pehlevis datent, dans l'ensemble, du IXe siècle de l'ère chrétienne, c'est-à-dire d'un moment où l'Église mazdéenne avait perdu le support du pouvoir politique en Iran et où peu à peu les Iraniens ralliaient l'islam, ce mouvement de conversion ayant duré au moins trois siècles. Les deux plus importants sont le *Bundahishn* (« création originelle ») et le *Dēnkart* (« livre de la religion ») ; ils traitent, de façon passablement emmêlée, de nombreux sujets. D'abord, de la cosmogonie, de l'histoire de l'univers telle que se la représentent encore certains mazdéens. Cette histoire s'étend sur douze millénaires : pendant les trois premiers, la création est à l'état *mēnōg* (« spirituel »), sans pensée, sans mouvement et impalpable ; pendant les trois suivants, elle est mise en mouvement par Ahura Mazdā à cause de l'attaque d'Ahriman, mais Ahura Mazdā continue de régner ; puis se produit l'assaut de toutes les forces du mal ; c'est la période du mélange, où Ahura Mazdā domine dans le combat, et à la fin de ce trimillénaire naît

Zurvān donnant naissance aux deux jumeaux Ahura Mazdā et Ahriman. Faire de ce Zurvān primordial un dieu véritable nous porte à assigner au mazdéisme une origine monothéiste. En fait, ce personnage ne serait qu'un principe indéterminé, ce qui sauve la thèse dualiste. Dualisme dans lequel cependant, entre Ahura Mazdā et Ahriman, c'est le premier qui a la prééminence. Plaque en argent du Luristān, VIIIe-VIIe siècles avant J.-C. Cincinnati Art Museum (Giraudon).

Zarathustra ; le dernier trimillénaire est celui de l'histoire, au cours de laquelle Ahura Mazdā et Ahriman se battent à forces égales et dont le terme est la Rénovation finale, menée à bien par un sōshyant (« sauveur »), descendant de Zarathustra. Alors, le temps cessera, l'humanité sera sauvée, le mal définitivement anéanti.

L'eschatologie est considérablement plus développée dans ces livres que dans l'*Avesta* : l'âme du mort, qui quitte le corps après trois jours, gagne le pont *Cinvant* (« pont de l'empileur »), où elle rencontre sa religion (la *daēnā*), sous les traits d'une belle jeune fille, si le vivant a été un bon mazdéen, sous les traits d'une méchante vieille, dans le cas contraire ; elle passe le pont et va vers le paradis d'Ahura Mazdā ou vers l'enfer d'Ahriman ; lors de la Rénovation finale, la création entière sera détruite par le feu et ne subsistera que sous une forme « spirituelle ». Le thème de la rénovation est constant dans les livres pehlevis, et cela se comprend par la soumission désormais irrémédiable des communautés mazdéennes au pouvoir de l'islam.

Les livres pehlevis présentent aussi la liste canonique des Amesha Spenta (« bienfaisants immortels »), nom donné aux anciennes entités gāthiques ; au nombre de sept, elles patronnent les éléments de la création : Spenta Manyu, assimilé à Ahura Mazdā, correspond à l'homme et au soleil ; Vahuman (l'ancien Vohu Manah) ou la « bonne pensée » règne sur le bétail ; Ardavahisht (« vérité excellente », l'ancien Asha, qui était « le bon ajustement des choses ») est en relation avec le feu ; Shahrēvar (« puissance désirable », l'ancien Xshathra [« maîtrise »]) patronne les métaux ; Spandarmat (« bienfaisante application », l'ancienne Ārmaiti) correspond à la terre, tandis que Hurdāt (« santé ») et Amurdāt (« immortalité ») sont respectivement responsables des eaux et des plantes. C'est dans cette liste que Georges Dumézil a vu une des applications en Iran de l'idéologie trifonctionnelle indo-européenne : les trois premiers Amesha Spenta réalisent la fonction de prêtrise ; Shahrēvar, à lui seul, la fonction guerrière ; les trois derniers la production. Si une telle démonstration peut être concluante pour cette liste tardive, elle ne l'est guère pour les entités de l'*Avesta*, qui ne sont ni classées, ni clairement responsables des éléments de la création, et qui ne sont pas au nombre de sept, mais bien plus nombreuses.

On a vu que dans les livres pehlevis, en particulier dans le chapitre III du *Bundahishn*, Ahura Mazdā est identifié à Spenta Manyu ; c'est là une des implications de la forme dualiste que prit partiellement le mazdéisme de l'ère historique : si Ahura Mazdā s'y oppose directement à Ahriman, il y a une puissance supérieure, appelée Zurvān (« le temps »). On a appelé cette religion le zurvanisme et elle a fait couler beaucoup d'encre ; il semble, en fait, que Zurvān n'ait jamais été un dieu à part entière à qui l'on rendait un culte précis, mais un principe initial indéterminé, responsable du premier sacrifice et laissant à Ahura Mazdā la divinité souveraine. Ceux qui admettaient l'existence de Zurvān étaient mazdéens, car ils observaient les pratiques du mazdéisme.

La place de l'homme dans l'univers est aussi un thème central des textes pehlevis. L'homme, comme les animaux, est un « immortel séparable » ; son essence constitue un rayon de lumière divine, qui retourne à la lumière d'Ahura Mazdā, et il est la meilleure des créatures réalisées. Les dieux sont des « immortels inséparables », et les daivas (démons) des mortels séparables. Si l'on peut reconnaître là l'influence de la pensée grecque, il faut aussi voir combien ce système est, pour finir, peu dualiste en même temps que réconfortant : bien que mortel, l'homme est de nature divine, ce qui le rend indestructible et inaliénable, tandis que les puissances du mal et les mauvaises créatures seront assurément détruites.

De nombreux autres livres pehlevis nous sont parvenus, dont des apocalypses, des traités de sagesse, des catéchismes, des discussions à but apologétique écrites contre les autres religions implantées en Iran (manichéisme, christianisme, islam), des romans mêlant le religieux et le profane, des livres où se succèdent questions et réponses sur tel ou tel point des doctrines, des coutumes, des rites et des lois. Le corpus pehlevi est bien plus vaste que le corpus avestique ; il n'est cependant pas d'un abord plus facile, car la graphie pehlevie est dépourvue de clarté, au contraire de l'avestique : plusieurs consonnes y sont notées par le même signe et les voyelles le sont de façon défectueuse. La langue se rapproche plus du persan classique que de l'iranien ancien et offre moins de difficulté.

Vers le Xe siècle de l'ère chrétienne, un certain nombre de Persans du centre et du sud de l'Iran gagnèrent l'Inde, où ils avaient déjà des comptoirs commerciaux, et s'installèrent dans la région de Bombay ; ils conservèrent tant bien que mal leur religion et, vers la fin du XVe siècle, ils reprirent contact avec les mazdéens d'Iran, pour que ceux-ci éclairent leur lanterne. Il s'ensuivit une correspondance écrite en persan, qu'on appelle les *Rivāyat* et qui fut interrompue par la prise de Kermān par les Afghans en 1768. Les *Rivāyat* traitent de la vie pratique du mazdéen, du mariage, de l'état nécessaire de pureté du bois qui devait servir à un feu rituel, du paiement des prêtres, des fêtes et aussi de théologie.

Parallèlement aux sources proprement religieuses, il existe des textes historiques qui offrent au moins la qualité d'être clairement datés ; ce sont les inscriptions royales des rois achéménides (539-332 av. J.-C.) écrites en cunéiforme vieux perse et les inscriptions des premiers rois de la dynastie sassanide (224-636) écrites en pehlevi. Les Achéménides, adorateurs d'Ahura Mazdā en premier, lui adjoignirent Mithra et Anāhitā pour une plus ample définition de la fonction royale. Pointilleux sur la question du rituel, ils sont sans doute responsables de la soumission des autres dieux à la loi ahourienne. Les inscriptions des Sassanides montrent ces rois préoccupés par leur accord avec le clergé mazdéen et par la fondation de feux. À partir de l'époque achéménide, la fonction royale revêtit une importance considérable dans la vie et la conservation de la religion mazdéenne : les garants de la « bonne religion », nom que les mazdéens donnent à leur foi, sont, dans les livres pehlevis, le bon prêtre et le bon roi.

Mais on ne peut faire le tableau des sources pour la connaissance du mazdéisme sans mentionner au moins l'énorme apport que constituent les textes en langues non iraniennes ; au cours de leur histoire, les Iraniens, Perses, Mèdes, Bactriens, Parthes, etc., entrèrent en contact avec de nombreux peuples qui eurent la bonne idée de consigner par écrit ce qu'ils connurent des religions de l'Iran. On trouve ainsi des renseignements chez des auteurs grecs, dont les plus notables sont Hérodote, Xénophon, Plutarque et les historiens d'Alexandre ; les auteurs de l'Arménie christianisée, les *Actes des martyrs chrétiens de Perse*, le Talmud de Babylone (écrit sous gouvernement parthe) sont des sources indirectes, difficiles et souvent contradictoires, qui n'ont pas encore été utilisées dans leur totalité, car la connaissance de multiples langues est pour cela nécessaire. Enfin, les historiens arabes transmettent des faits et des croyances concernant la fin de la période sassanide, tels Tabarī, Mas'udī, Tha'alibī, Bīrūnī.

Mais l'étude du mazdéisme a cinquante ans de retard sur l'étude des religions grecque, romaine ou indienne ; cela est dû à des causes variées : le retard même des études avestiques, la variété, la rareté et le mauvais état des sources, la réinterprétation qu'ont faite de leur religion les Parsis sous l'influence de la philologie depuis le XIXe siècle, à quoi s'ajoutent les projections idéologiques de la science occidentale inspirée par le mythe de Zoroastre.

Le bouddhisme

André BAREAU

Les plus anciennes traditions bouddhiques se sont constituées collectivement et anonymement dans la communauté monastique dispersée sur un territoire de plus en plus vaste. Pendant cinq siècles environ, elles se sont conservées uniquement par la parole et elles ne furent fixées par écrit que vers le début de l'ère chrétienne. À partir de là, les nouvelles œuvres de la littérature bouddhique furent rédigées dès leur composition ou peu après.

Bibliothèque du monastère de Thiksey (Ladakh). Les bibliothèques occupent une place particulière dans les monastères bouddhistes. C'est là que sont conservés, dans la langue propre à chaque secte ou à chaque pays où s'est répandue la doctrine, les manuscrits du canon bouddhique. À chaque œuvre est attribué un casier précis (G. Kremer, Explorer).

La constitution du canon bouddhique

Tous les enseignements doctrinaux étaient attribués au Buddha ou, parfois, à l'un de ses principaux disciples, et toutes les règles de la discipline avaient, croyait-on, été édictées par lui seul. Ces sermons et ces règles étaient donc revêtus de l'autorité du Maître et respectés en conséquence. Cela n'empêchait pourtant pas les moines d'y apporter toutes les additions et modifications qu'ils jugeaient utiles pour les adapter à des circonstances nouvelles et qui étaient attribuées au Bienheureux si elles étaient reconnues conformes à son enseignement. Quelques ouvrages, notamment le *Saddharmapuṇḍarīka-sūtra* du Mahāyāna, furent vraiment tenus pour sacrés et devinrent alors les objets d'un culte dans certaines sectes.

Qu'il s'agisse de sermons ou de règles monastiques, les textes canoniques sont considérés comme étant nés de l'intelligence extraordinaire mais humaine du Buddha et comme n'étant donc aucunement dus à une inspiration divine ou à une révélation quelconque. Dès le début, le bouddhisme fut prêché dans les dialectes parlés dans les diverses régions où il se répandit, afin de permettre à tous les hommes de comprendre son message de salut. La constitution progressive de ces énormes canons d'Écritures obligea cependant à unifier la langue dans laquelle chacun d'eux était transmis. La seule secte antique existant encore aujourd'hui, à Sri Lanka et dans l'Asie du Sud-Est, choisit ainsi le pāli, langue dont l'origine géographique demeure problématique, mais qui est proche parente du sanskrit, et elle le conserva pour rédiger toute sa vaste littérature postcanonique. Dès avant le début de l'ère chrétienne, le sanskrit fut utilisé ailleurs de plus en plus pour composer les œuvres de la littérature bouddhique, un sanskrit qui a été d'abord fortement altéré sous l'influence des dialectes dits prākrits, mais qui s'épura assez vite. C'est donc en sanskrit que furent rédigés les innombrables ouvrages du Mahāyāna, ce grand mouvement réformateur qui naquit avec l'ère chrétienne. À partir de cette époque, le pāli pour les uns, le sanskrit pour les autres furent considérés comme ayant été la langue parlée par le Buddha et ils devinrent ainsi, pour chacun des groupes d'adeptes, des langues sacrées. C'est pourquoi la récitation de certains textes en pāli et d'autres en sanskrit est regardée comme douée de puissance surnaturelle ; c'est pourquoi aussi les sermons attribués au Bienheureux – en pāli ou en sanskrit – sont utilisés comme textes liturgiques.

Selon la tradition, tout le canon des Écritures bouddhiques aurait été récité et fixé lors du premier concile, qui s'est tenu quelques mois après la mort du Buddha ; puis il aurait été récité à nouveau cent ans plus tard, au second concile, mais ce ne sont là que légendes. En réalité, les canons ne furent achevés et fixés que vers le début de l'ère chrétienne, séparément dans chaque secte

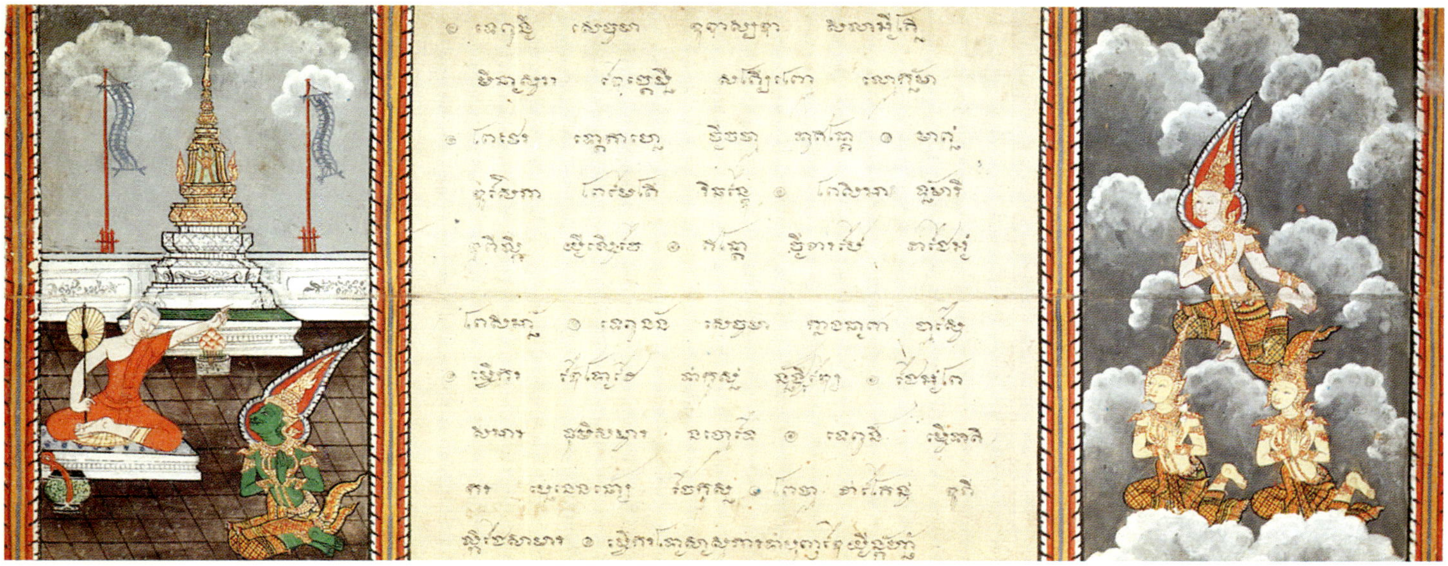

Feuillet d'un manuscrit pāli. Ce manuscrit en pāli versifié, datant du règne de Rama IV, en Thaïlande (seconde moitié du XIXe siècle), représente le voyage du moine Phra-Malai, qui annonce au dieu Indra la venue du grand bodhisattva Maitreya. Musée national des arts asiatiques-Guimet, Paris (R.M.N.).

antique, et plus tard encore dans le Mahāyāna. Lentement constitué, collectivement et anonymement, par chacun de ces groupes, un canon bouddhique comprenait en général trois énormes corpus (*piṭaka*), d'où le nom sanskrit qu'on lui donnait (*tri-piṭaka*) : celui des sermons (*sūtra*), celui de la discipline monastique (*vinaya*) et celui de la doctrine approfondie (*abhidharma*), dont quelques sectes contestaient la valeur canonique. On constate de très nombreuses similitudes, dans l'esprit sinon toujours dans la lettre ou dans l'ordre de classement, entre les corpus des sermons et de la discipline appartenant aux différentes sectes. Au contraire, les corpus de la doctrine approfondie diffèrent grandement d'une école à une autre, car, composés plus tard que les deux premiers, ils exposent en partie les idées propres à leur secte, parfois en critiquant celles des autres groupes. Dans la dernière partie du corpus des sermons, on range des ouvrages de genres fort divers, en prose ou en vers. Les plus célèbres sont l'énorme collection des *Jātaka*, légendes contant les « naissances » antérieures du Buddha, et le *Dhammapada*, petit recueil de stances gnomiques dont la beauté va de pair avec la valeur morale.

Formé peu à peu à partir du début de l'ère chrétienne, le canon du Mahāyāna est à la fois moins structuré et beaucoup plus vaste encore que celui du bouddhisme antique, tout en ayant le même caractère collectif et anonyme que celui-ci. Il est essentiellement constitué de sermons (sūtra), dans lesquels le Buddha enseigne la doctrine propre au Mahāyāna, à grand renfort de prodiges et de légendes où l'imagination indienne se donne libre cours. Ces ouvrages sont souvent volumineux et parfois même énormes. Les plus importants sont les *Prajñāpāramitā*, qui exaltent la « Perfection de la sagesse », et le *Saddharmapuṇḍarīka*, ou « Lotus de la vraie doctrine ».

Version chinoise. Le « Lotus de la vraie doctrine » (« Saddharmapuṇḍarika ») est l'un des textes fondamentaux du Mahāyāna (Grand Véhicule) et on en connaît de nombreuses traductions. Ce manuscrit chinois du VIIIe siècle reprend la version de Kumārajiva, moine d'origine indienne né en 350 environ à Koutcha, en Asie centrale, et qui fut le plus grand propagateur du bouddhisme en Chine. Le rouleau est décoré, à la partie supérieure, de peintures illustrant le texte qui figure au-dessous (Bibliothèque nationale de France, Paris).

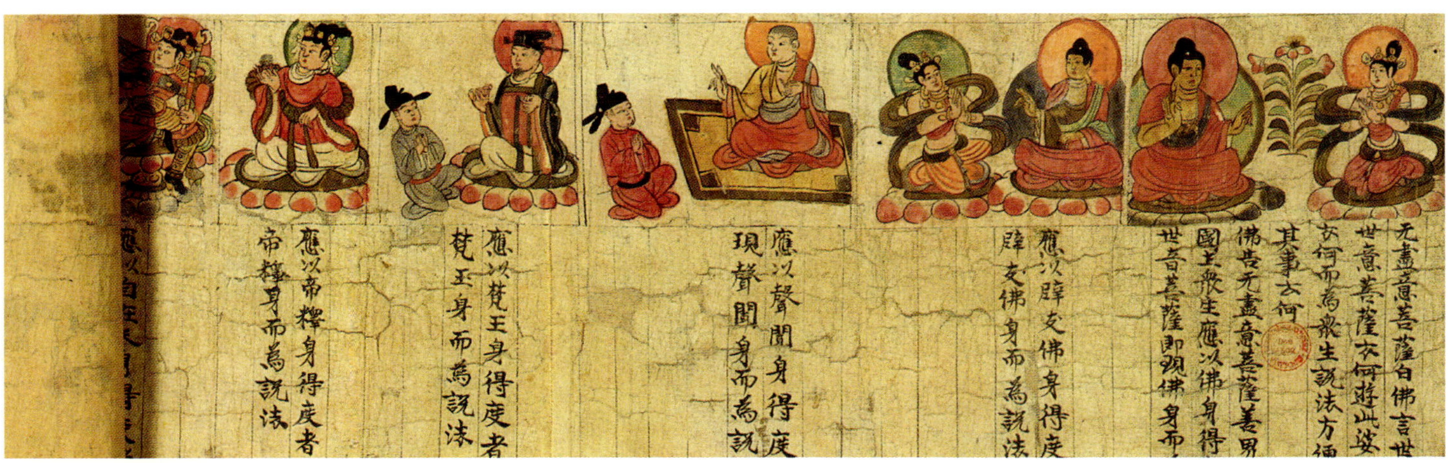

Les écoles et leurs littératures respectives

Les recueils canoniques du bouddhisme tardif sont aussi divers que les sectes qui les ont constitués. Les plus anciens, tels le *Mahāvairocana* et le *Mañjuśrīmūlakalpa*, portent encore le nom de sūtra, mais les autres, le *Guhyasamāja*, le *Kālacakra*, etc., sont appelés *tantra*. Les uns et les autres décrivent en grand détail d'innombrables pratiques rituelles, règles de conduite et exercices de yoga menant à l'identification avec un buddha mythique ou avec l'une des multiples divinités du panthéon de cette forme du bouddhisme. Les formules rituelles (*mantra*) et magiques (*vidyādhāraṇī*) y abondent.

La littérature post-canonique est tout aussi vaste et importante que celle des canons, et elle est beaucoup plus variée. Elle s'en distingue, en outre, par le fait que, sauf exceptions, chacune de ses œuvres est attribuée à un auteur précis et non plus au Buddha. Elle contient notamment des biographies légendaires de celui-ci, dont le *Buddhacarita* du grand poète Aśvaghoṣa, des collections d'hymnes de louanges (*stotra*), dont les plus beaux sont l'œuvre de Mātṛceta, les fameuses chroniques cinghalaises, *Dīpavaṃsa*, *Mahāvaṃsa* et *Cūḷavaṃsa*, et de nombreux traités dans lesquels les docteurs du bouddhisme exposèrent et défendirent les idées de leurs écoles respectives. Tels sont le *Visuddhimagga* du theravādin Buddhaghosa, l'*Abhidharmakośa* du sarvāstivādin Vasubandhu, le *Madhyamaka* de Nāgārjuna et la *Yogācārabhūmi* d'Asaṅga, tous deux grands

Bonze laotien du that d'Ing Nang copiant un texte sacré. L'étude, la récitation et la conservation des écritures sacrées – pour lesquelles on utilise différentes sortes de supports, ici des feuilles de palmier – constituent, dans le bouddhisme, une part importante de l'activité religieuse des communautés monastiques (Balanant, A.A.A. Photo).

maîtres du Mahāyāna, la *Prasannapadā* de Candrakīrti et le *Nyāyamukha* du grand logicien Diṅnāga, qui ont tous fait l'objet de nombreux commentaires.

Le bouddhisme n'ayant jamais été unifié sous une autorité supérieure, garante d'une orthodoxie définie et capable de l'imposer, il était toujours possible de donner une nouvelle interprétation d'un enseignement ancien, d'inventer un nouveau sermon ou une nouvelle règle, afin de répondre à des questions ou à des objections auxquelles la doctrine primitive n'offrait pas de réponses satisfaisantes ou afin d'adapter la discipline à des circonstances imprévues. Si l'auteur pouvait convaincre les moines de sa secte de la conformité de son innovation à la pensée du Bienheureux, auquel il ne manquait pas de l'attribuer pour lui donner de l'autorité, cette nouveauté s'ajoutait aux traditions canoniques de son groupe. Dans le cas contraire, il pouvait soit se soumettre à celui-ci, soit s'en séparer pour fonder une nouvelle école, dans laquelle son innovation, jugée apocryphe par ses anciens compagnons, allait être reconnue canonique par ses propres disciples.

Faute d'une autorité supérieure analogue à la papauté, le magistère, la faculté de faire condamner ou admettre une interprétation nouvelle, dépendait surtout de l'influence acquise au sein de la communauté par les moines qui avaient su s'attirer le respect des autres par leur âge, leur austérité, leur érudition et leur sagesse.

Les traductions et la conservation des Écritures

L'explication des sermons et des règles attribués au Buddha était naturellement une partie importante de l'enseignement donné par les moines âgés et doctes aux plus jeunes et aux novices. Plus tard, les commentaires écrits formèrent une très grande part de la littérature bouddhique. Comme tous leurs compatriotes, les moines indiens goûtaient fort les discussions abstraites, qui pouvaient aboutir à la naissance d'écoles ou de sectes nouvelles. Ces controverses eurent cependant pour heureux effet de faire progresser librement et considérablement la pensée bouddhique dans les domaines les plus divers et de l'y faire briller d'un vif éclat.

Il ne fut jamais interdit, mais au contraire conseillé, de traduire les ouvrages bouddhiques, canoniques et autres, dans les différentes langues des pays où se répandait la doctrine du Bienheureux. Cela explique l'immense travail accompli par les traducteurs chinois, japonais, tibétains... qui nous ont ainsi conservé de très nombreuses œuvres dont l'original indien a disparu. On accorde une grande autorité à ces traductions, dont certaines sont même regardées comme sacrées ; ainsi en est-il de celles du *Saddharmapuṇḍarīka-sūtra*.

Pendant les cinq premiers siècles, les divers tri-pitaka furent conservés uniquement par voie orale dans chaque secte : les moines, formant des groupes spécialisés chacun dans la transmission d'une partie de ces œuvres, étaient chargés de les apprendre par cœur et de les réciter collectivement. Plus tard, quand toute la littérature bouddhique eut été mise par écrit, sa conservation fut assurée par les manuscrits, entreposés dans les bibliothèques des monastères. La récitation, la rédaction, la copie et la lecture de ses ouvrages étaient regardées comme des actes créateurs de mérites très importants, car elles contribuaient à assurer la diffusion et la pérennité de la doctrine bouddhique de salut.

Les manuscrits des textes attribués au Buddha étaient considérés comme des matérialisations, presque des incarnations, de la Doctrine (*dharma*), qui formait, avec le Buddha et sa communauté (*saṃgha*) monastique, les Trois Joyaux (*tri-ratna*) de la religion bouddhique. On plaçait donc souvent, dans les tumulus reliquaires (*stūpa*) où l'on murait des restes du Maître ou de ses saints disciples, de tels manuscrits ou du moins des feuilles d'or ou de cuivre sur lesquelles étaient gravées des paroles prononcées par le Bienheureux. Comme les reliques, les écrits ainsi enfermés étaient les objets d'un véritable culte, rendu par des actes et attitudes de vénération. Ce culte fut confirmé et développé quand on en vint à penser, avec le Mahāyāna, que la vraie nature du Buddha était son « corps de Doctrine » (*dharma-kāya*), c'est-à-dire la quintessence éternelle, immuable et inconcevable de son enseignement, identifiée avec celle de toute réalité.

Se définissant comme étant la Voie de la délivrance (*vimukti-mārga*) de toute douleur, montrée par compassion à tous les êtres vivants, le bouddhisme est par nature exotérique. Le Bienheureux nia, dit-on, « avoir gardé son poing fermé » sur des connaissances utiles au salut de ses disciples. Pourtant, des formes tardives du bouddhisme indien, extrême-oriental et surtout tibétain ont un enseignement en partie ésotérique, donné par des maîtres initiés à des disciples jugés par eux capables de le comprendre et de le mettre en pratique sans danger pour eux-mêmes ni pour autrui. Cet enseignement est donné oralement, mais il s'appuie sur des ouvrages écrits dont le véritable sens reste caché aux profanes.

Comme l'ont fait ceux du christianisme sur l'Occident, les textes sacrés du bouddhisme ont exercé une influence profonde sur l'ensemble de la culture profane des pays où la doctrine du Bienheureux a prospéré, sur leurs littératures, leurs arts, leurs institutions, leurs mentalités, leurs langues. Même dans la plupart des pays d'où le bouddhisme a disparu et de ceux où il déclinait depuis longtemps – et qui ont adopté des religions ou des idéologies très éloignées de lui –, on retrouve nombre de vestiges de l'emprise que l'enseignement du Buddha a maintenue jadis sur toutes leurs civilisations pendant des siècles.

Religions de la Chine et du Japon

Écriture et tradition lettrée constituent la dimension de la culture et de la religion en Chine. La doctrine du confucianisme se fonde sur les « Classiques », textes fixés à partir du IIe siècle avant J.-C., qui ont représenté, pendant toute la durée de l'Empire, le noyau de l'enseignement, non seulement pour les « docteurs » confucéens, mais aussi pour les fonctionnaires chargés de l'administration. Quant au taoïsme, il est devenu une pratique rituelle inséparable de l'écrit, des centaines de rouleaux qui composent son *Canon*. Le modèle scripturaire chinois a été si puissant que les Japonais, au VIIIe siècle, se dotèrent, eux aussi, d'œuvres mythologiques fondatrices.

E.U.

Le confucianisme

ANNE CHENG

Qui dit culture chinoise dit tradition ininterrompue pendant des millénaires, et qui dit tradition dit transmission, de textes avant tout, dans cette culture où la primauté a été de tout temps accordée à l'écrit, tout particulièrement par le courant confucéen qui, très tôt, au moment même où la Chine se constituait en un empire sous les Han (206 avant J.-C.-220 après J.-C.), détermina un corpus initial de cinq « Classiques » considérés comme canoniques : les *Odes*, les *Documents*, les *Rites*, les *Mutations* et les *Annales des printemps et automnes*. À la fin de cette dynastie, au IIIe siècle de l'ère chrétienne, vinrent s'ajouter le *Livre de la piété filiale* et les *Entretiens* de Confucius. Sous les Tang (VIIe-IXe siècle), les Classiques étaient au nombre de neuf avec une distribution quelque peu différente ; mais c'est sous les Song (Xe-XIIIe siècle) que le corpus se stabilisa pour les siècles à venir dans ce qui est connu encore aujourd'hui comme les Treize Classiques, qui incluaient les Quatre Livres, base de la nouvelle orthodoxie néo-confucéenne : la *Grande étude*, l'*Invariable Milieu*, les *Entretiens* et le *Mencius*.

Selon la tradition confucéenne, il n'existe de tradition que confucéenne. En d'autres termes : la tradition serait confucéenne par définition et les textes canoniques sur lesquels elle s'appuie et qui sont à sa source existeraient comme tels de toute éternité, ou du moins depuis l'avènement de Confucius (dates traditionnelles : 551-479 avant J.-C.). La question du rapport des Classiques à Confucius a fait couler beaucoup d'encre et donné lieu à toute une gamme d'hypothèses, allant d'un extrême, qui consiste à faire de Confucius l'auteur ou du moins le compilateur de tous les Classiques, à l'autre extrême, qui nie que Confucius y ait touché, de près ou de loin. Comme en témoignent ses *Entretiens*, recueil de propos qui donne l'aperçu le plus direct de son enseignement, Confucius a plus vraisemblablement sélectionné et utilisé des textes anciens en tant que matériaux d'enseignement et en a par là même infléchi la signification et l'interprétation dans un sens bien déterminé.

Après la disparition du Maître, son enseignement continua d'être transmis en même temps que les textes sur lesquels il se fondait. Mais, du fait de la diversification, voire de la rivalité des écoles, ainsi que de l'influence des autres courants de pensée fort vivaces à l'époque des Royaumes Combattants (453-221 avant J.-C.), l'enseignement confucéen ainsi transmis subit de multiples modifications qui l'éloignaient de sa signification première. Diversification qui devait se retrouver sous les Han dans la diversité des écoles d'interprétation sur les Classiques. Il semble alors probable que la canonisation de ce qui n'était considéré que comme des textes anciens dans les *Entretiens* ait été un phénomène apparu *a posteriori*, vraisemblablement à partir de la fin des Royaumes Combattants ou du tout début de l'empire. C'est la transmission orale de maître à disciples qui a modelé et modulé le texte des Classiques tels que nous les connaissons ; et ce n'est qu'avec l'élaboration d'une tradition exégétique pendant toute la période des Royaumes Combattants que les textes qui avaient servi de matériau didactique à Confucius ont pris le nom de « Classique » (*jing*). Autant dire que c'est, en quelque sorte, le commentaire qui a fait le Classique.

Mais les Classiques ne commencèrent à prendre leur visage d'éternité qu'à partir des Han, au moment où s'opéra la fixation des textes transmis dans des versions reconnues et établies officiellement, en même temps que

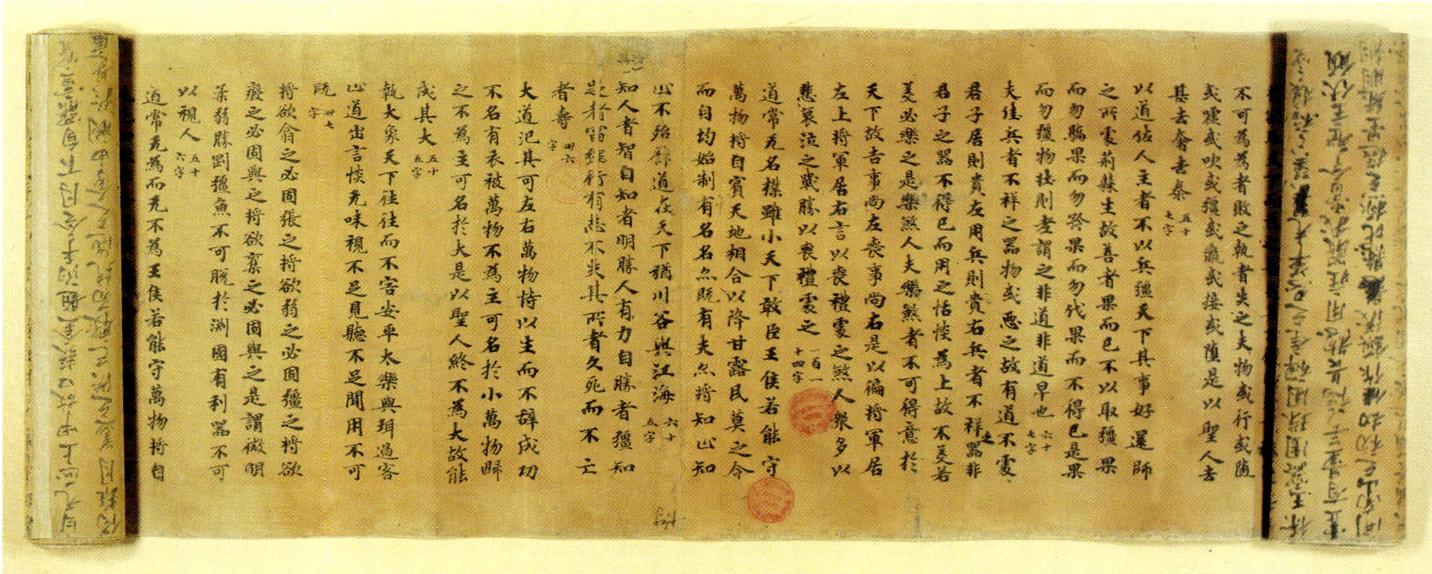

Le « Daode jing ». Le livre (« jing ») de la voie (« dao ») et de la vertu (« de ») expose sous forme de dictons et de maximes la doctrine mystique du taoïsme. On ne sait presque rien des origines de ce texte illustre, et son attribution à Laozi ne dissipe aucunement le mystère, puisque le « Vieux Maître » lui-même n'est connu qu'à travers des légendes Tout au plus peut-on dater du début du IIIe siècle avant J.-C. la majeure partie de l'ouvrage, qui contient aussi des stances rimées plus anciennes. Manuscrit daté de 751, provenant du dépôt de Dunhuang, province de Gansu (Bibliothèque nationale de France, Paris).

se constituaient des traditions d'interprétations orthodoxes. En 136 avant J.-C., l'empereur Wu, dont le règne marqua probablement l'apogée de la dynastie, établit des chaires officielles de docteurs spécialisés dans l'étude et l'enseignement des Cinq Classiques énumérés plus haut, à l'exclusion de tous les autres ouvrages, confucéens ou non. Cette décision, qui marque la fameuse « victoire du confucianisme », traduisait la volonté d'instaurer une orthodoxie officielle qui pût servir de substrat idéologique à l'unification de l'empire réalisée sur le plan politique. Cette orthodoxie, en l'occurrence confucéenne, n'admettait plus comme docteurs, c'est-à-dire comme détenteurs du savoir, que des confucéens ou du moins ceux qui prétendaient l'être. Le monopole intellectuel était, en outre, doublé et garanti par un monopole bureaucratique. Un quota d'étudiants des Classiques fut en effet établi sous les auspices des docteurs, constituant ainsi l'Académie impériale créée en 124 avant J.-C. dans la capitale Chang'an. Après un an d'études à l'Académie et après avoir passé un examen sur l'un des Classiques, l'étudiant était nommé à un poste gouvernemental subalterne, processus qui est à l'origine du système de recrutement des fonctionnaires par la voie d'examens et qui témoigne déjà de l'importance primordiale de la connaissance des Classiques pour la carrière politique.

À partir des Han, toutes les réunions et polémiques tenues à propos des Classiques et de la signification à leur donner furent présidées par l'empereur en personne, à qui revenait le pouvoir de trancher en dernier lieu. Pendant la première moitié de la dynastie, les chaires officielles à l'Académie impériale étaient réservées exclusivement aux Classiques en versions dites « modernes », c'est-à-dire consignées dans l'écriture courante sous les Han à partir de la transmission orale qui avait suivi l'autodafé de 213 avant J.-C. – celui-ci avait été ordonné par Qin Shihuang (Shi Huangdi), premier empereur de Chine, et visait à la

Les « Entretiens » de Confucius. Si Confucius (Kongzi, 551-479) n'a pas composé lui-même d'ouvrage doctrinal, il a contribué par son enseignement à l'élaboration des Cinq Classiques, officialisés beaucoup plus tard sous les Han. Quant à ses « Entretiens » (en chinois « Lunyu »), qui rapportent des propos prononcés par le maître au cours de conversations avec ses disciples, ils n'ont trouvé leur forme actuelle qu'au IIIe siècle de notre ère. « Lunyu », manuscrit chinois, VIIIe siècle (Bibliothèque nationale de France, Paris).

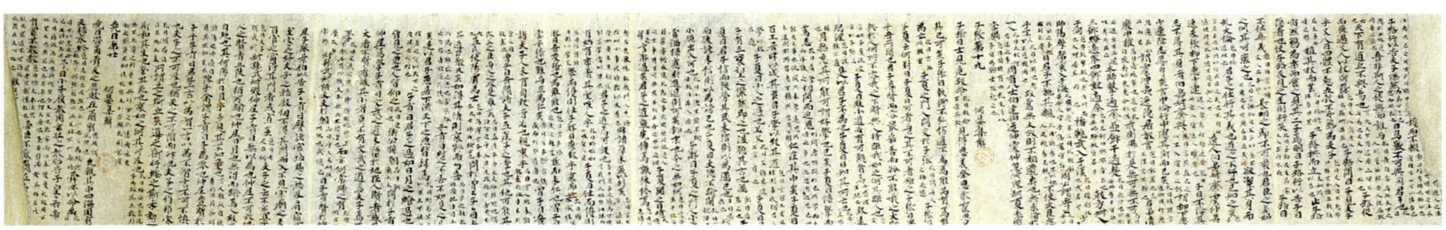

destruction de tous les livres influents et pouvant servir d'instruments de critique contre son régime, tout particulièrement les ouvrages d'inspiration confucéenne. Mais ce monopole se trouva ébranlé vers le milieu de la dynastie par la « redécouverte » des Classiques consignés dans une écriture « ancienne », prétendument antérieure à 213 avant J.-C. et donc plus susceptible d'authenticité. Une controverse s'ensuivit, qui devait avoir des répercussions jusqu'à l'aube du XXe siècle et qui fut tranchée pendant la majeure partie de la dynastie Han par des décisions impériales successives en faveur des Classiques « modernes ».

Au-delà de l'enjeu immédiat que représentaient les privilèges et les avantages substantiels liés au monopole des chaires de docteurs, la polémique remettait en question le sens et la valeur à donner aux Classiques et, en conséquence, la définition même de l'orthodoxie. Les lettrés partisans des Classiques « anciens » mettaient d'abord en cause dans l'école établie sa façon de solliciter les textes. Quelle qu'ait pu être leur authenticité, les versions en écriture ancienne refaisaient surface au beau milieu de la dynastie Han comme pour réaffirmer la nature textuelle des Classiques, se situant en cela à l'origine de l'analyse philologique en Chine, face à une tradition exégétique déjà confirmée, qui manifestait une fâcheuse tendance à rendre ces textes ouverts à toutes les extrapolations, jusqu'à reconnaître une validité à un curieux ensemble d'ouvrages de nature souvent cabalistique, voire prophétique, et connus sous le terme générique d'Apocryphes. Face à l'école « ancienne », soucieuse de revenir au sens authentique des Classiques et au bon sens tout court, l'apparition des Apocryphes, dont les origines restent encore mal connues, correspond sans doute au besoin de doubler les textes canoniques d'un fil ésotérique, la métaphore textile étant employée à dessein, puisque les termes chinois pour les Classiques et les Apocryphes désignent respectivement la chaîne et la trame d'un tissu. Dans la chaîne des Classiques vient se tisser la trame des Apocryphes, qui posent à leur insu la question de la vérité des Classiques. De quel droit, en effet, les Classiques peuvent-ils prétendre énoncer une vérité absolue ? Peuvent-ils avoir réponse à tout, précisément, si leur autorité n'est pas garantie par une instance transcendante ? Dans cette perspective, les Apocryphes apparaissent comme des tentatives pour retrouver un discours mythique et pour reconstituer dans les Classiques une vérité d'ordre quasi religieux.

Le canon taoïste

Kristofer SCHIPPER

Le taoïsme est considéré à juste titre comme la tradition écrite de la religion indigène chinoise. Dès l'Antiquité, les ouvrages des mystères de l'Empereur jaune (Huangdi) et du Vieux Maître (Laozi) furent connus sous l'appellation de livres « taoïstes » (*daojia*). Parmi eux, on trouve les grands textes du *Daode jing* attribué à Laozi et celui de maître Zhuang, le *Zhuangzi*. La première bibliographie de la Chine, celle de Liu Xin (– 6), classe leurs auteurs parmi les philosophes, tandis que les ouvrages techniques concernant la recherche de l'immortalité par la diététique, la gymnastique ou les « arts de la chambre à coucher » sont rangés parmi les textes médicaux. Ainsi, au départ, les ouvrages taoïstes faisaient simplement partie de la littérature chinoise en général. Quelle est alors l'origine du *Canon taoïste* (*Daozang*), cette collection prestigieuse qui, dans sa dernière recension de 1445, ne compte pas moins de quinze cents ouvrages différents sur tous les aspects de la religion chinoise ? C'est au Ve siècle après J.-C. que les taoïstes, sous l'influence indirecte du bouddhisme, commencèrent à regrouper leurs textes canoniques. Celui-ci, originellement religion indienne, conquit la Chine à partir du IVe siècle. Ses missionnaires y introduisirent les grands *sūtra* du Mahāyāna et présentèrent d'abord le Buddha comme un avatar de Laozi. Face à cette situation, les taoïstes se devaient, eux aussi, d'avoir leurs textes propres, des textes qui jusqu'ici étaient restés dans « les cieux occidentaux » et qui pouvaient maintenant être révélés ! Sous l'influence de l'explosion littéraire bouddhiste, ils se mirent donc à « recevoir », par voie médiumnique, un très grand nombre d'ouvrages qui, pour la plupart, n'étaient que leurs textes anciens, récrits et actualisés afin de correspondre aux impératifs de la concurrence étrangère. Ces nouveaux textes furent considérés comme supérieurs aux anciens et obtinrent un statut à part dans la transmission de maître à disciple. Bientôt, leur prolifération fut telle qu'une sélection s'imposait. Ce fut l'œuvre du grand patriarche Lu Xiujing (406-477). Ce dernier catalogua les textes nouvellement révélés et les classa en trois groupes, qu'il désigna sous le nom de Trois Grottes (les grottes sont les lieux saints du taoïsme dans lesquels les écritures sont révélées). La première Grotte réunit les textes de la Grande Pureté (*Shangqing*) révélés, entre 364 et 375, à un médium nommé Yang Xi dans l'actuelle Nankin. La deuxième regroupa les textes liturgiques du Joyau sacré (*Lingpao*) et la troisième ceux des Trois Augustes (*Sanhuang*) qui concernent les rites prophylactiques et exorcistiques. L'ensemble comptait environ deux cents titres en autant de rouleaux (un rouleau compte de 3 000 à 5 000 mots). Plus tard, au début du VIIe siècle, on devait ajouter à ce *Canon* les textes de l'Antiquité, le volume total passant alors à plus de mille rouleaux. Quatre divisions supplémentaires (les *Quatre Auxiliaires*, *Sifu*) furent créées ; cette forme de groupement en sept divisions devait rester inchangée par la suite. Ces dernières exprimaient, en fait, les différents stades de l'initiation des adeptes, classés selon des rangs cléricaux et des capacités liturgiques correspondants.

Entre le VIIe et le XIIIe siècle, le *Canon* fut compilé une dizaine de fois, tandis que son volume augmentait jusqu'à sept mille rouleaux. Cette énorme collection fut imprimée pour la première fois en 1119. En 1281, le Khan mongol Khubilaï ordonna la destruction par le feu de l'ensemble de la littérature taoïste, à l'exception du *Daode jing*. Après l'holocauste, le *Canon* ne fut reconstitué que sous la dynastie des Ming, de 1406 à 1445 (avec un petit supplément en 1608). Au début du XXe siècle ne subsistait qu'un seul exemplaire complet de la collection. Elle fut heureusement réimprimée en 1926 et son étude scientifique est actuellement en cours.

Un haut lieu du shintō. Le « sanctuaire intérieur » d'Ise, dans l'île de Honshu, est dédié à la déesse Amaterasu. On voit ici les toits du Kaguraden, ou pavillon des danses sacrées en l'honneur de la divinité (G. Gerster, Rapho).

Les premiers livres de la tradition japonaise

Dès les premiers contacts avec la civilisation continentale, les Japonais furent confrontés à un univers mental et religieux où l'écrit, que ce soit le canon bouddhique ou les classiques du confucianisme, était le gage de l'autorité, de l'authenticité. Pour maintenir la valeur de leur propre tradition face à ce nouveau critère, il leur fallut se doter eux aussi de références scripturaires. Deux livres du début du VIIIe siècle vont jouer ce rôle : le *Nihonshoki* et le *Kojiki*. Le premier, qui a intériorisé l'esprit chinois, présente d'une façon pour ainsi dire scientifique les différentes versions des mythes, puis projette sur les règnes légendaires des premiers empereurs une grille chronologique et se termine sous forme d'annales. C'est cette vision « moderne », historicisante, qui prévalut jusqu'au XVIIIe siècle, même dans les milieux *shintō*.

Le second livre, le *Kojiki*, longtemps oublié, ne sera reconnu qu'alors. Il retrace l'histoire du Japon depuis le chaos originel jusqu'au début du VIIe siècle. Le temps des dieux s'y organise autour de quatre séquences, elles-mêmes centrées sur quatre épisodes pivots : la visite d'Izanagi à sa sœur-épouse au pays de Yomi (pays des morts) ; la retraite d'Amaterasu (déesse du Soleil) dans la caverne céleste et le retour de la lumière après la danse érotique d'Uzume ; la construction du pays par le « maître de la grande province » ; la descente sur terre du petit-fils céleste suivi du voyage de son fils au pays du roi de la mer. L'âge des dieux se conclut par l'installation du premier empereur en Yamato. La suite du livre reprend, pour décrire les règnes des empereurs, la même structure et presque les mêmes éléments que les séquences mythiques, dans des récits proches du roman.

Le *Kojiki* se présente donc comme une synthèse du mythe, de l'histoire et du roman, une sorte de chant du cygne de la pensée mythique, devenue soudainement obsolète face à la pensée continentale.

François MACÉ

Le judaïsme

JACOB NEUSNER

Le judaïsme le plus important historiquement, qui est celui de la double Tōrah et s'est formé au cours des six premiers siècles de l'ère chrétienne, n'est pas une religion issue d'un livre, même de ce livre qu'est la Bible. Il se réfère à un canon, mais à un canon qui ne prend pas uniquement la forme d'un livre ni même d'une tradition orale. Il est une religion qui repose sur l'idée de Tōrah, c'est-à-dire de Révélation. Et cette révélation s'est précisément exprimée ou s'exprime sous trois formes : un livre, la Bible hébraïque (pour une large part, l'Ancien Testament du christianisme) ; une tradition orale mémorisée, puis mise par écrit dans la Mishnah, à partir de 200 après J.-C. environ, ainsi que dans d'autres documents ultérieurs ; enfin, surtout, le modèle d'un sage qui incarne, ici et maintenant, le paradigme de Moïse, et qu'on appelle rabbin. Le judaïsme de la double Tōrah, qui n'est qu'un des nombreux judaïsmes connus dans l'histoire, est donc la religion non de la Bible, mais de la Tōrah s'exprimant par ces différents moyens, qui ne relèvent pas tous de l'écriture ni même de la parole.

Bien que, dans l'Antiquité comme dans les Temps modernes, différents ensembles de livres aient été définis comme constituant le canon du judaïsme, on doit préciser d'emblée qu'il n'y a jamais eu un « judaïsme » unique qui aurait perduré de façon linéaire tout au long de l'histoire et qui définirait une « orthodoxie ». En réalité, divers systèmes judaïques ont fleuri, chacun avec sa conception de la vie et du monde, avec sa définition d'une entité sociale, d'un « Israël » et ils diffèrent beaucoup les uns des autres, tels celui de Philon d'Alexandrie et celui des esséniens de Qumrān ; celui des anciens rabbins et celui des rédacteurs du Pentateuque au Ve siècle avant J.-C. Chacun de ces judaïsmes a sa structure symbolique particulière, si bien qu'on ne peut ni tenter de les harmoniser, ni distinguer, parmi eux, un système « orthodoxe », et d'autres plus ou moins « hérétiques ».

Le seul système judaïque qui s'impose à notre attention, celui de la double Tōrah, tire sa substance de matériaux anciens, à commencer par l'Ancien Testament, et a pour mythe caractéristique l'événement par lequel, sur le Sinaï, Dieu a fait connaître à Moïse sa révélation, ou « Tōrah », sous deux formes : une forme écrite, la « Tōrah écrite » (*Tōrah shebikhtab*), qui correspond en gros à l'Ancien Testament des chrétiens ; l'autre, transmise oralement, la « Tōrah orale » (*Tōrah she be'al peh*). Comme ce judaïsme de la double Tōrah attribue à ses sages le titre de « rabbin », on l'appelle « judaïsme rabbinique ». Et, comme son autorité ultime est le Talmud de Babylone, ou Bavli, on l'appelle aussi judaïsme talmudique. Bénéficiant par là du statut d'orthodoxie, il est enfin désigné sous le nom de judaïsme normatif ou classique. Aujourd'hui, en effet, il constitue la cour d'appel ultime de tous les judaïsmes (orthodoxe, réformé, conservateur, reconstructionniste, etc.).

En ce qui concerne la notion de texte sacré, ce judaïsme se définit donc par le fait que ce qui est premier, c'est la Tōrah mémorisée ; ensuite seulement viennent les documents qui ont été établis à titre d'éléments de cette dernière. Il trouve son principe générateur en ceci que Dieu n'a pas eu recours uniquement à un livre pour porter et préserver son message, mais à des enseignements, qui pouvaient être transmis sous diverses formes. De soi, la Tōrah était destinée à déborder les écrits bibliques ; et, de fait, dans l'Antiquité tardive, elle a fait place non seulement à la vérité formulée en des paroles, écrites ou mémorisées, mais aussi à des gestes et même à des personnes. C'est ainsi que le sage fut considéré comme une Tōrah. Il est par lui-même l'équivalent d'un rouleau de la Tōrah : « Celui qui voit un disciple d'un sage qui est mort est comme s'il voyait un rouleau de la Tōrah qui a brûlé » (Y. Moed Qatan 3, 7, X). Et l'on peut dire, inversement, que le rouleau de la Tōrah se réalise dans la personne du sage. Aucun de ces deux énoncés n'est à prendre comme une métaphore, car, dans les deux cas, une telle conception modifie le comportement réel. Bien plus, ce que fait le sage a statut de loi : le sage est le modèle de la loi, et ainsi, à un titre nouveau, l'incarnation humaine de la Tōrah. Le pouvoir surnaturel qu'il exerce en tant que Tōrah vivante pour ainsi dire fait que ses actes servent eux-mêmes à révéler la loi, tandis que ses paroles expriment la révélation.

De la Mishnah au Talmud

Après la Bible hébraïque, le premier document du judaïsme de la double Tōrah est la Mishnah, qui date d'environ 200 après J.-C., et le dernier témoin de sa période de formation

La Bible, du judaïsme au christianisme. Au terme d'une longue évolution (les premiers textes datent du Xe s. av. J.-C.), le regroupement des écrits religieux hébraïques en trois ensembles : Tōrah, Nĕbi'īm, Kĕtūbīm, traditionnellement appelé « tanak », est attesté en 130 avant J.-C. environ. Du IIIe au Ier siècle avant J.-C., les juifs d'Alexandrie ont élaboré une traduction, dite des Septante, qui comprend aussi des textes rédigés directement en grec. C'est dans ce milieu du judaïsme hellénistique que s'est propagé le christianisme, lequel a reçu le terme de Bible (du grec « hè biblos » ou « ta biblia », le ou les livres) pour désigner ses livres saints ; la liste de ces derniers semble arrêtée au IVe siècle. Confronté à la chute du Temple (70 apr. J.-C.) et aux progrès du christianisme, dont l'Ancien Testament (par opposition au Nouveau : recueil des écrits relatifs à la venue du Christ) se confondit à peu près avec la version des Septante jusqu'à l'apparition de la Vulgate, le judaïsme fit retour strictement au texte hébreu, fixé par le travail massorétique (VIIe-Xe s.) et diffusé ensuite comme « bible hébraïque ». Les protestants s'y référèrent pour écarter les textes connus seulement en grec, provoquant chez les catholiques la définition tardive de la doctrine du canon des Écritures (1546, concile de Trente).

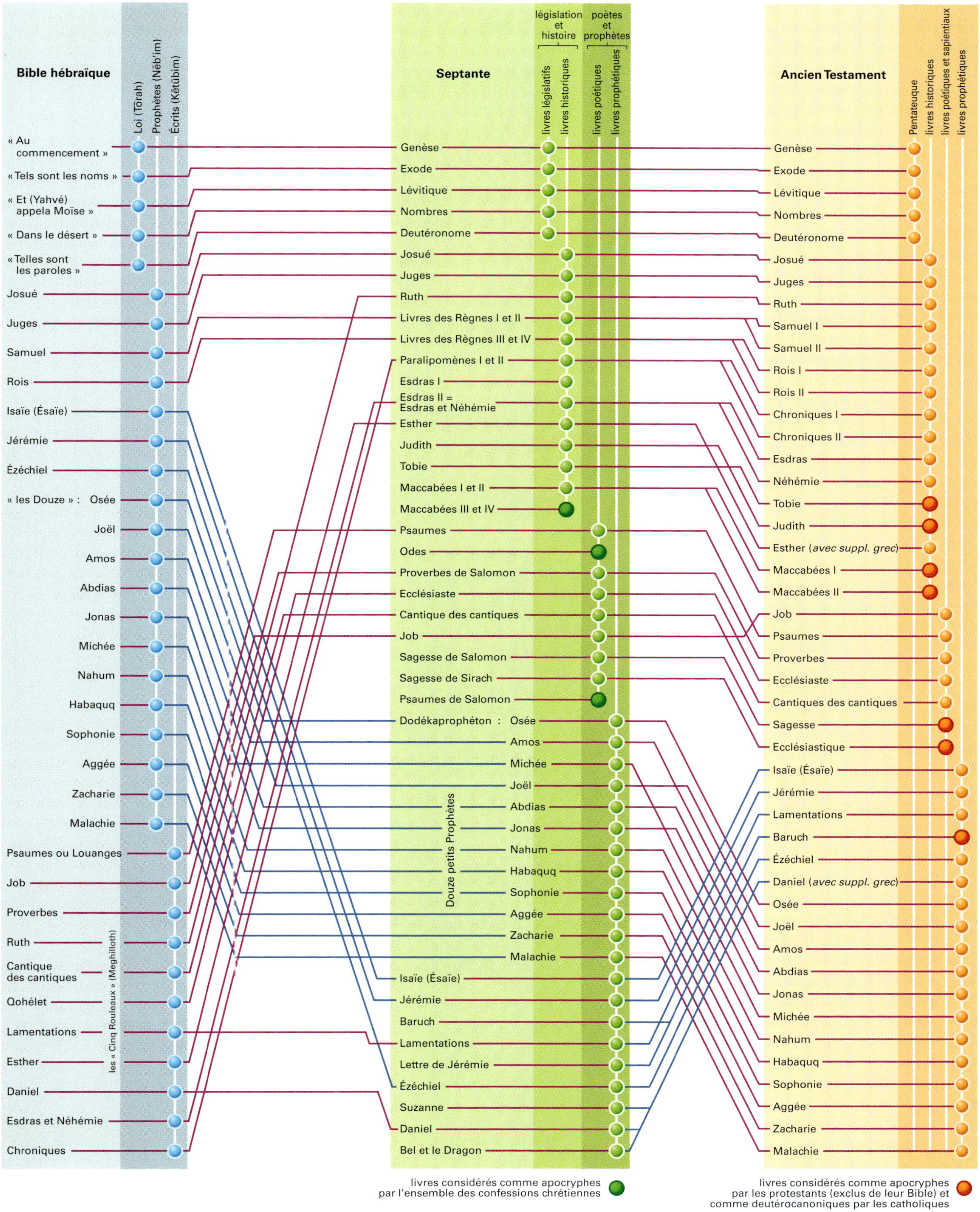
Bible hébraïque
Loi (Tōrah)
Prophètes (Nĕb'im)
Écrits (Kĕtūbim)
« Au commencement »
« Tels sont les noms »
« Et (Yahvé) appela Moïse »
« Dans le désert »
« Telles sont les paroles »
Josué
Juges
Samuel
Rois
Isaïe (Ésaïe)
Jérémie
Ézéchiel
« les Douze » : Osée
Joël
Amos
Abdias
Jonas
Michée
Nahum
Habaquq
Sophonie
Aggée
Zacharie
Malachie
Psaumes ou Louanges
Job
Proverbes
Ruth
Cantique des cantiques
Qohélet
Lamentations
Esther
les « Cinq Rouleaux » (Meghilloth)
Daniel
Esdras et Néhémie
Chroniques
Septante
législation et histoire
poètes et prophètes
livres législatifs
livres historiques
livres poétiques
livres prophétiques
Genèse
Exode
Lévitique
Nombres
Deutéronome
Josué
Juges
Ruth
Livres des Règnes I et II
Livres des Règnes III et IV
Paralipomènes I et II
Esdras I
Esdras II = Esdras et Néhémie
Esther
Judith
Tobie
Maccabées I et II
Maccabées III et IV
Psaumes
Odes
Proverbes de Salomon
Ecclésiaste
Cantique des cantiques
Job
Sagesse de Salomon
Sagesse de Sirach
Psaumes de Salomon
Dodékaprophéton : Osée
Amos
Michée
Joël
Abdias
Jonas
Nahum
Habaquq
Sophonie
Aggée
Zacharie
Malachie
Douze petits Prophètes
Isaïe (Ésaïe)
Jérémie
Baruch
Lamentations
Lettre de Jérémie
Ézéchiel
Suzanne
Daniel
Bel et le Dragon
Ancien Testament
Pentateuque
livres historiques
livres poétiques et sapientiaux
livres prophétiques
Genèse
Exode
Lévitique
Nombres
Deutéronome
Josué
Juges
Ruth
Samuel I
Samuel II
Rois I
Rois II
Chroniques I
Chroniques II
Esdras
Néhémie
Tobie
Judith
Esther (avec suppl. grec)
Maccabées I
Maccabées II
Job
Psaumes
Proverbes
Ecclésiaste
Cantiques des cantiques
Sagesse
Ecclésiastique
Isaïe (Ésaïe)
Jérémie
Lamentations
Baruch
Ézéchiel
Daniel (avec suppl. grec)
Osée
Joël
Amos
Abdias
Jonas
Michée
Nahum
Habaquq
Sophonie
Aggée
Zacharie
Malachie
livres considérés comme apocryphes par l'ensemble des confessions chrétiennes
livres considérés comme apocryphes par les protestants (exclus de leur Bible) et comme deutérocanoniques par les catholiques

est le Talmud de Babylone, qui date d'environ 600. Entre les deux, les écrits canoniques comprennent, d'une part, des documents qui fournissent des énoncés supplémentaires et une exégèse de la Mishnah, d'autre part, des textes qui ont le même rôle par rapport à la Bible. La Tōrah orale, notamment la Mishnah, et la Tōrah écrite forment par conséquent le double foyer de la composition du canon judaïque.

L'histoire de la formulation et de la transmission de la Mishnah commence avec son premier traité apologétique, intitulé Avot (les Pères ou les Fondateurs), qui figure maintenant dans la Mishnah mais qui, dans sa forme et dans son projet, est un écrit autonome et distinct. Rédigé vers 250, c'est-à-dire environ un demi-siècle après l'achèvement de la Mishnah, le traité Avot commence ainsi : « Moïse reçut la Tōrah au Sinaï et la transmit à Josué, Josué aux prophètes. » Et elle parvint par la suite jusqu'aux sages. Chaque fois que l'un d'eux est cité, des paroles lui sont attribuées. Par exemple, ce passage : « Si je ne suis pas pour moi, qui sera pour moi ? Et, si je suis seulement pour moi, que suis-je ? Si ce n'est pas maintenant, quand ? », est dit être de Hillel, qui vivait vers la fin du Ier siècle. Du fait que la liste des sages d'Avot se continue jusqu'à des personnages importants de la Mishnah elle-même, les auteurs d'Avot posent que tous ces sages descendent en droite ligne du Sinaï, c'est-à-dire que la Mishnah constitue un ensemble d'énoncés de la Tōrah du Sinaï sous sa forme orale ou mémorisée.

Le groupe d'écrits qui commence avec la Mishnah se termine à peu près deux siècles plus tard, en 400 environ, avec la Tosefta (« Supplément ») et les traités étroitement associés à la Mishnah, tandis qu'un autre groupe s'élabore avec le Talmud de Jérusalem vers cette même époque pour se terminer deux siècles plus tard avec le Talmud de Babylone. Se rattachant donc à la Mishnah comme le traité Avot, la Tosefta, qui date d'environ 300-400, est une compilation de suppléments de toute sorte aux énoncés de la Mishnah. S'y ajoutent trois exégèses systématiques de livres de la Tōrah écrite, reliées à la Mishnah parce que, dans certains passages, elles citent littéralement celle-ci ou la Tosefta et posent d'intéressantes questions sur la relation entre la Mishnah ou la Tosefta et la Bible : ce sont le Sifra (littéralement, « Livre ») pour le Lévitique, le Sifré (« Livres ») pour les Nombres et un autre Sifré pour le Deutéronome. L'ensemble de ces livres constitue, dans le développement du judaïsme de la double Tōrah, une étape qui met l'accent sur la sanctification de la vie du peuple d'Israël, au lendemain de la destruction du Temple de Jérusalem en 70 après J.-C.

Le second ensemble de textes, qui culmine avec le Talmud de Babylone (400-600), insiste sur le double problème de la sanctification et du salut, en présentant une doctrine de la rédemption d'Israël par le Messie, un Messie qui aurait pour modèle le sage. Tandis que la Mishnah en tant que Tōrah orale s'amplifiait pour aboutir au Talmud de Jérusalem et ainsi trouvait véritablement l'expression littéraire de son programme théologique, on travaillait parallèlement sur la Tōrah écrite. Ainsi se constitua un second ensemble de compilations comprenant : d'abord le Rabbah (littéralement, « Grand ») de la Genèse, qui interprète l'histoire et le salut de l'Israël d'aujourd'hui à la lumière de l'histoire et du salut des Patriarches, considérés comme les fondateurs de la famille d'Israël selon la chair ; puis, un demi-siècle plus tard, en 450 environ, le Rabbah du Lévitique, ouvrage qui cherche, dans la lecture de ce livre biblique consacré au problème de la sanctification d'Israël, des leçons sur la manière dont l'Israël d'ici et maintenant doit se sanctifier et préparer son salut pour la fin des temps ; en dernier lieu, le Talmud de Babylone (Bavli), qui se consacre aux deux Tōrah, l'orale et l'écrite, la Mishnah et la Bible, mais à l'intérieur d'un seul et même texte (il est le seul texte du judaïsme de la double Tōrah à le faire systématiquement et en détail). Il existe, en outre, d'autres lectures de livres bibliques importants pour la liturgie synagogale, notamment des Cinq Rouleaux : citons, par exemple, les Rabbati des Lamentations, le Rabbah d'Esther et une remarquable compilation de leçons scripturaires convenant à des occasions spéciales de la synagogue, Pesiqta (littéralement, « Section ») deRab Kahana, qui fut achevée, elle aussi, au Ve ou au VIe siècle.

Ces deux ensembles de textes se distinguent non seulement par des caractéristiques littéraires et techniques, mais aussi par leurs orientations théologiques. Le premier, qui va de la Mishnah au Talmud de Jérusalem, ne manifeste pas le moindre intérêt pour l'avènement du christianisme et ne paraît pas se soucier d'avoir à y répondre. Le second, qui commence avec le Talmud de Jérusalem, présente des traits qui semblent, rétrospectivement, répondre ou s'opposer au défi du christianisme. La différence s'explique par le fait qu'entre le moment où celui-ci a commencé à être reconnu par la loi, sous Constantin, et celui où il s'est trouvé véritablement établi, à la fin du IVe siècle, les juifs de la terre d'Israël n'avaient pas de raison pressante de prendre le phénomène en considération. Une crise se produisit lorsque les chrétiens purent se servir du succès de l'Église dans la politique de l'État romain comme d'une preuve que Jésus-Christ était le souverain du monde et que sa prétention à être le Messie et le Roi d'Israël avait désormais trouvé sa justification. Les textes judaïques liés ou postérieurs à ce contexte en viennent alors à traiter de questions concernant le salut. On y trouve notamment des enseignements sur l'histoire et sur le Messie, sur la lecture autorisée que font de la Bible les sages, par opposition à l'interprétation qu'en donnent les chrétiens, sur d'autres questions du même ordre, qui n'avaient pas jusque-là été abordées expressément.

Le Midrash rabbinique

Dans le judaïsme de la double Tōrah, l'interprétation de la Bible relève d'un genre littéraire qui porte le titre de Midrash (« exégèse », pluriel : *midrashim*). Il se caractérise de manière frappante par l'appel persistant qu'il fait, lorsqu'il interprète un verset ou un thème de la Bible, à un ensemble de valeurs, ou de considérations étrangères à ceux-ci. Le Midrash rabbinique compare une chose à une autre, comme le fait la parabole, ou explique l'une par l'autre, comme le fait l'allégorie. Sa lecture de la Bible part du principe que les choses ne sont jamais ce qu'elles paraissent. Les questions que le Midrash juge urgent de traiter sont liées à l'importance que le christianisme était alors en train de prendre dans l'Empire romain et il se donne pour tâche d'y faire face et d'y répondre par un système tirant sa force de la Tōrah telle que les sages la lisent, l'incarnent et l'illustrent. Cette immense entreprise fait ainsi pendant à la relecture de la Bible que les évangélistes, de leur côté, avaient développée autour de la question de Jésus : « Qui le peuple dit-il que je suis ? » Par le Midrash, les sages rabbiniques cherchaient à faire le lien entre ce que percevait Israël de sa condition dans un contexte incertain et sa foi vivante dans le Dieu qui l'avait choisi et lui avait révélé la Tōrah. Confrontés à un monde non racheté, ils lisaient la Bible comme un exposé de ce que les choses étaient destinées à être, car elles ne sont pas, en réalité, ce qu'elles paraissent être. Une telle vision, d'ailleurs, concerne non seulement ce monde-ci, mais la Bible elle-même. Pas plus que celui-là ne témoigne de la volonté ou du plan de Dieu, la Bible ne se contente de rapporter les récits et les dires que nous y lisons. Ce monde-ci sert de métaphore à la réalité de la Bible et cette dernière est, elle aussi, une métaphore pour Israël. Par cette lecture de la Tōrah écrite, le Midrash rabbinique est devenu un puissant instrument de renouveau théologique.

Dans les versets bibliques qu'il cite, on passe de leurs significations à leurs implications : ils parlent d'une chose, mais en disant autre chose que ce qu'ils semblent dire. Par cette approche fondée sur le « comme si », l'Écriture renouvelle l'Écriture, le sage voyant tout avec des yeux neufs. Celui-ci en vient ainsi à réimaginer le monde social évoqué par le texte, c'est-à-dire le monde quotidien d'Israël sur sa terre en cette époque difficile. Il propose une reconstruction de l'existence selon les antiques desseins de la Bible telle qu'il la lit.

Transposant une chose en une autre, les auteurs du Midrash adaptaient systématiquement la réalité de la Bible, son histoire et ses doctrines à leur propre situation. Ils transformaient cette histoire, telle séquence d'événements qui s'étaient déroulés une fois, en un monde mythique toujours présent. Il n'y avait plus un Moïse, un David, une série de faits singuliers condamnés à ne jamais se répéter. Désormais, tout ce qui arrivait devait entrer dans cette structure omniprésente fondée dans la Bible. Ce n'est pas que l'histoire biblique se répète. En réalité, elle n'est plus histoire, récit de choses qui sont arrivées une fois jadis et

Arche portative pour le rouleau de la Tōrah (Vienne, 1717). Celui-ci est soutenu par deux bâtons autour desquels il est enroulé. Après la lecture synagogale, il est serré par une bande. L'étui dans lequel on l'enferme marque, par sa richesse (c'est ici une pièce d'orfèvrerie), la vénération qu'on porte à la sainteté des Écritures (C.d.A. Edimedia).

qui orienteraient l'esprit vers un certain moment de l'avenir. Elle devient le compte rendu d'événements qui arrivent tous les jours et fait advenir un monde mythique toujours présent. Aussi n'est-ce pas la Bible prise comme un tout qui dicte l'ordre du discours midrashique. Les sages choisissent tel verset, tel passage. Et, dans les compilations les plus achevées comme le Rabbah du Lévitique et Pesiqta deRab Kahana, ces citations donnent prétexte à un discours qui est le plus souvent tout à fait déphasé par rapport au texte retenu.

Puisque les événements bibliques deviennent ainsi des exemples de situations récurrentes – péché et rédemption, pardon et expiation –, ils perdent leur singularité temporelle. Simultanément et de la même manière, des événements actuels trouvent place dans le schéma paradigmatique dont l'inscription historique est ancienne, mais qui devient éternellement présent. De ce fait, aucun événement historique nouveau autre que les épisodes exemplaires de la vie de héros n'a à être narré, car, par l'intermédiaire de ce qui est dit du passé, les rédacteurs du Midrash prennent aussi en considération ce qui arrive à leur époque. Cette manière de traiter à la fois l'histoire biblique et les événements contemporains a eu deux effets réciproques : d'une part, la mythification de la première et son retrait du cadre des schémas événementiels singuliers au profit de récits portant sur des faits omniprésents ; d'autre part, à l'inverse, la perte, pour les événements contemporains, de leur spécificité et leur insertion dans le cadre paradigmatique d'une existence mythique. Ainsi, le mythe de la Bible arrive chaque jour.

L'exégèse biblique

Le judaïsme de la double Tōrah n'a pas jugé nécessaire de se donner une doctrine explicite de l'autorité de la Bible et n'a pas fait d'efforts systématiques d'exégèse pour relier à celle-ci son principal ensemble de textes, la Mishnah. Il se fonde sur la Mishnah comme sur un document si indépendant de la Bible que, lorsque ses auteurs voulaient exprimer ce que cette dernière avait dit, ils le faisaient dans leur langage et à leur manière propres. Quel qu'ait été leur dessein, cela n'impliquait pas qu'ils eussent à expliquer à un Israël en compétition avec d'autres cultures, et héritier des Écritures mêmes du Sinaï, quelles autorités validaient le document ni comment ce document se rattachait à la Bible. Cette indépendance de la Mishnah par rapport à la Tōrah écrite est évidente. On constate, par exemple, que ses auteurs et leurs principaux héritiers suivaient leur propre plan, qui s'ordonne selon les matières et les sujets sans tenir compte de l'ordre des versets bibliques. D'ailleurs, ils ne se servaient pas de ceux-ci comme de preuves textuelles pour appuyer leurs idées.

En revanche, les compilations midrashiques les plus proches de la Mishnah telles que le Sifra sur le Lévitique, le Sifré sur les Nombres et le Sifré sur le Deutéronome citent des passages de cette dernière et montrent comment ils se rattachent à tel ou tel verset de la Tōrah écrite. Des compilations midrashiques ultérieures sont allées encore plus loin et fournissent systématiquement des développements scripturaires dans l'esprit du programme du judaïsme de la double Tōrah. Ainsi, tandis qu'au début il ne s'intéressait pas aux relations entre la Bible et la tradition orale, ce judaïsme s'y est, par la suite, systématiquement attaché. Il en fut ainsi dans les textes suivants : le Talmud de la Terre d'Israël, qui commente trente-neuf des soixante-deux traités de la Mishnah ; le Rabbah de la Genèse, qui relit ce livre biblique à la lumière de l'histoire contemporaine d'Israël : le Rabbah du Lévitique, qui expose les règles sociales de l'histoire et du salut, ainsi que la doctrine de la sanctification, contenues dans ce livre ; Pesiqta deRab Kahana, recueil de développements syllogistiques, en forme d'exégèses, qui ont trait au salut d'Israël et se rapportent à tel moment du temps sacré ou servent aux lectures mobiles qu'on fait à la synagogue lors de Sabbath particuliers et pour certaines fêtes.

Cette évolution s'explique, dans le contexte de la confrontation avec le christianisme, par le souci de montrer de façon systématique comment il fallait lire la Bible en Israël. Le christianisme s'adressait au monde, y compris aux juifs, avec une apologétique tendant à démontrer que les événements de la vie de Jésus accomplissaient, telle une exégèse vivante, les prophéties de la Bible commune. La réponse du judaïsme prit la forme d'une contre-exégèse. Quand la Mishnah négligeait de faire une exégèse systématique de la Bible, c'est que les sages n'en voyaient pas la nécessité, car il n'existait pas alors de lecture opposée à la leur. Par la suite, face à la puissante apologétique chrétienne et à son interprétation propre de la Bible commune, ils comprirent la nécessité de relever le défi et y répondirent par des compositions d'un nouveau genre. Tel fut l'enjeu du IVe siècle, alors que l'Église, après avoir fait sien l'Ancien Testament, était arrivée à un consensus au sujet du canon du Nouveau Testament et avait, par là, fait passer la question de la Bible au premier plan. La manière qu'elle avait de poser cette question mobilisa l'attention des sages sur le sujet plus vaste de l'exégèse systématique. Quand, par exemple, Jérôme fit remarquer que les juifs avaient une « seconde » Tōrah, une Tōrah qui ne pouvait pas faire autorité, et que des Pères de l'Église produisirent de multiples interprétations de la Bible selon une perspective foncièrement christologique, cela amena les sages d'Israël à suivre, pour leur propre compte et à l'intention de leur auditoire propre, à peu près la même voie. Ils le firent en expliquant le statut de la « seconde Tōrah », et en produisant non seulement des exégèses prenant le contrepied de celles des chrétiens, mais aussi des compilations correspondant à ces nouvelles interprétations.

Le christianisme

André PAUL

La doctrine chrétienne, du moins catholique, établit une distinction entre l'Écriture et la Tradition : l'une et l'autre sont considérées comme témoins de la « révélation » divine. De son côté, le judaïsme a la Tōrah, mot qui signifie « Doctrine », avec une face dite « écrite » et une autre dite « orale » : Écriture et Tradition y constituent de quelque façon une seule et même entité. La dualité chrétienne relève d'un système englobant que régit un Magistère et une orthodoxie. Dans l'Église ou les Églises, les textes sacrés – la Bible, composée d'un Ancien et d'un Nouveau Testament – se trouvent diffusés et commentés lors de la lecture circonstanciée de textes isolés, sélectionnés pour leurs évocations doctrinales mais à raison de doses conditionnées pour leurs résonances théologales. Un tel système, néanmoins, est paradoxalement *centrifuge*. Il a prise, largement et en profondeur, sur les sociétés et les cultures. Si, en effet, le propre des Écritures chrétiennes est d'être « clôturées », à tel point qu'on les appelle du mot grec *canon* ou « règle », c'est comme telles que, dans l'histoire, du moins celle de l'Occident, elles ont produit des masses de biens, littéraires, plastiques et autres, propres à la culture. On peut dire que dans le christianisme, l'orthodoxie, avec ce qui la fonde et la maintient, apparaît non seulement comme possible mais encore comme nécessaire : elle est inhérente au système même ; à l'intérieur de celui-ci, elle se présente comme une force de synthèse et de vérification grâce à laquelle l'articulation entre Église comme communauté, christianisme comme culture et chrétienté comme société, subsiste dans sa réalité sociale et son effectivité culturelle. Le corpus littéraire qu'est la Bible ne subsiste vraiment ni même n'existe, que parce qu'il est d'abord « *canon* des Écritures », facteur et fonction de son unité stable. Et ce canon entretient des liens obligés avec l'empire de la Bible, sa surface sociale. Aujourd'hui, toutes les Bibles éditées et diffusées, les Bibles commerciales peut-on dire, sont canoniques de fait ; et ce, jusqu'à la Bible du juif Chouraqui, qui va du livre de la Genèse à l'Apocalypse de Jean.

L'histoire de la Bible – par Bible, il faut entendre la Bible chrétienne, si l'on considère que les juifs, eux, n'ont pas de Bible, mais la Tōrah – se confond avec celle de ses versions. Dans l'Antiquité et jusqu'à nos jours, une telle Bible n'a pu s'imposer que parce qu'elle fut toujours traduction. On peut dire même qu'il n'y a de Bible véritable qu'avec l'habit d'une « vulgate » (de *vulgata editio*, « édition communément admise »), autrement dit quand la totalité des membres d'un groupe ou d'une communauté peut la reconnaître et la lire dans sa langue propre.

Dans l'histoire de la traduction de la Bible, c'est-à-dire dans l'histoire de la Bible tout court, on peut distinguer deux moments : celui des *versions anciennes*, jusqu'au Moyen Âge inclus avec la traduction de Cyrille et de Méthode (IXe siècle) et la Bible arabe de l'éminent universitaire juif Saadia Gaon (vers 885-942), en passant par les Bibles grecques et latines, araméennes et syriaques, éthiopiennes, coptes et arméniennes ; et celui des *versions modernes*, qui, elles, jalonnent l'histoire de l'imprimerie (d'après les chiffres officiels, à la fin du XXe siècle, quelque deux mille langues possédaient la traduction d'au moins un livre biblique, la Bible entière était traduite en plus de trois cents langues et le Nouveau Testament en plus de six cents alors qu'il ne l'était qu'en soixante et onze au début du XIXe siècle ; cette prolifération biblique est surtout l'œuvre protestante).

Les territoires où les catholiques romains dominent n'ont longtemps disposé comme Bible officielle (la seule « authentique » selon le concile de Trente, 1546) que de la Vulgate dite de Jérôme (vers 347-420) ou des traductions directement faites à partir d'elle. Deux éditions italiennes de la Bible furent publiées à Venise en 1471, dérivant d'une version du XIIIe siècle, elle-même issue du latin. Au XVIe siècle, la Bible française de Lefèvre d'Étaples était une traduction de la Vulgate latine, laquelle joua pour les catholiques un rôle analogue à celui de la Bible de Luther pour l'Allemagne protestante et de la *King James Version* pour le monde anglican. Avec son encyclique *Divino afflante Spiritu* (1943), Pie XII redonna à la Vulgate sa place limitée de version ancienne et l'on se mit alors à traduire la Bible à partir des textes originaux. En France, et en beaucoup de régions du monde chrétien, une Bible allait bientôt s'imposer comme une vraie vulgate : la *Bible de Jérusalem*, dirigée par les Dominicains et réalisée, sur la base d'un important travail scientifique et littéraire, par un groupe nombreux de biblistes catholiques. Publiée en édition manuelle en 1955, cette Bible est reçue comme celle des pays francophones, catholiques mais aussi protestants. Bien plus, à l'instar des premières Bibles qui furent publiées dans les langues de l'Europe occidentale – et qui consistaient en des traductions de la version en grande partie de Jérôme –, elle fut elle-même traduite (avec ou sans recours aux textes originaux, avec ou sans support d'une version existante, mais toujours avec les introductions et les notes d'origine) au moins dans la majorité des langues européennes (italien, allemand, anglais-américain, espagnol, portugais, néerlandais, catalan) et aussi en russe et en japonais. Dans le sillage du IIe concile du Vatican (1962-1965), les biblistes chrétiens – catholiques, protestants et orthodoxes – tinrent à concrétiser l'« œcuménisme » que les années 1960 avaient porté à son sommet en publiant la *Traduction œcuménique de la Bible* (T.O.B.) :

Saint Jérôme, père de la Vulgate. En consultant les « Hexaples » d'Origène, il conçoit le monumental projet d'une nouvelle traduction de l'Ancien Testament sur l'original hébreu, surtout pour donner aux chrétiens un texte défendant, face à l'exégèse juive, les titres messianiques du Christ. Sa Vulgate allait s'imposer à tout l'Occident à partir du VIIe siècle. Peinture de Reymerswaele (1495 ?-1567). Musée du Prado, Madrid (Oronoz, Artephot).

le Nouveau Testament parut en 1973 et l'Ancien en 1975. Il y eut bien d'autres Bibles françaises dans les années 1950, 1960 et 1970, jusqu'en 2001 avec la « Nouvelle Traduction » des Éditions Bayard. Il faut mentionner, entre autres, les nouvelles éditions révisées des deux Bibles séculaires, de Louis Segond pour les protestants et d'Augustin Crampon pour les catholiques ; la *Bible du centenaire*, protestante ; la *Bible du rabbinat*, juive ; la Bible d'André Chouraqui, franco-israélienne ; la Bible d'Émile Osty, catholique ; la Bible de la Pléiade, non confessionnelle, etc. Un effort semblable fut fait en d'autres pays, ainsi, parmi bien d'autres : la *New English Bible* (1970), patronnée par l'ensemble des Églises d'Angleterre ; la *New American Bible* (1970), avec la collaboration de biblistes catholiques et protestants ; la *Nueva Biblia española*, publiée à Madrid en 1975, qui est une belle réussite littéraire, etc.

La transmission de la Bible en Occident. La Réforme, l'imprimerie et la dignité reconnue aux langues « vulgaires » ont permis la diffusion massive de la Bible au XVIe siècle. Ceux qui souhaitaient la traduire disposaient principalement de deux sources : pour le Nouveau Testament (N. T.), l'édition très diffusée d'Érasme, qui reprenait sans véritable effort critique le texte grec reçu dans l'Église d'Orient ; pour l'Ancien Testament (A. T.), l'hébreu de la tradition massorétique, mieux assurée et où les variantes entre manuscrits étaient rares. La traduction latine de Pagnino et celle d'Érasme pour le N. T., réputées fidèles aux langues d'origine, furent beaucoup utilisées. Le concile de Trente affirma le primat chez les catholiques de la Vulgate, dont l'influence littéraire reste considérable. Depuis le XVIIe siècle, la critique textuelle a révélé des témoins d'états antérieurs du texte, quoique aucun original proprement dit ne soit connu. Elle a montré comment la transmission de la Bible suit naturellement l'histoire du christianisme ; aux époques de grand essor correspond une circulation accrue des Écritures : nombreuses copies et, par conséquent, altérations, nécessité de recensions, éloignement progressif des sources. La Vulgate elle-même a subi ce processus ; elle était connue, en 1500 environ, principalement à travers le texte reçu par l'Université de Paris. Les éditions courantes actuelles tiennent compte autant que possible de ce travail scientifique, faisant appel à des témoins ignorés auparavant (les adaptations en araméen ou « targums », les versions en syriaque et en copte, etc.), et s'écartent dans cette mesure des grandes filiations que l'on a esquissées ici (d'après F. Trémolières).

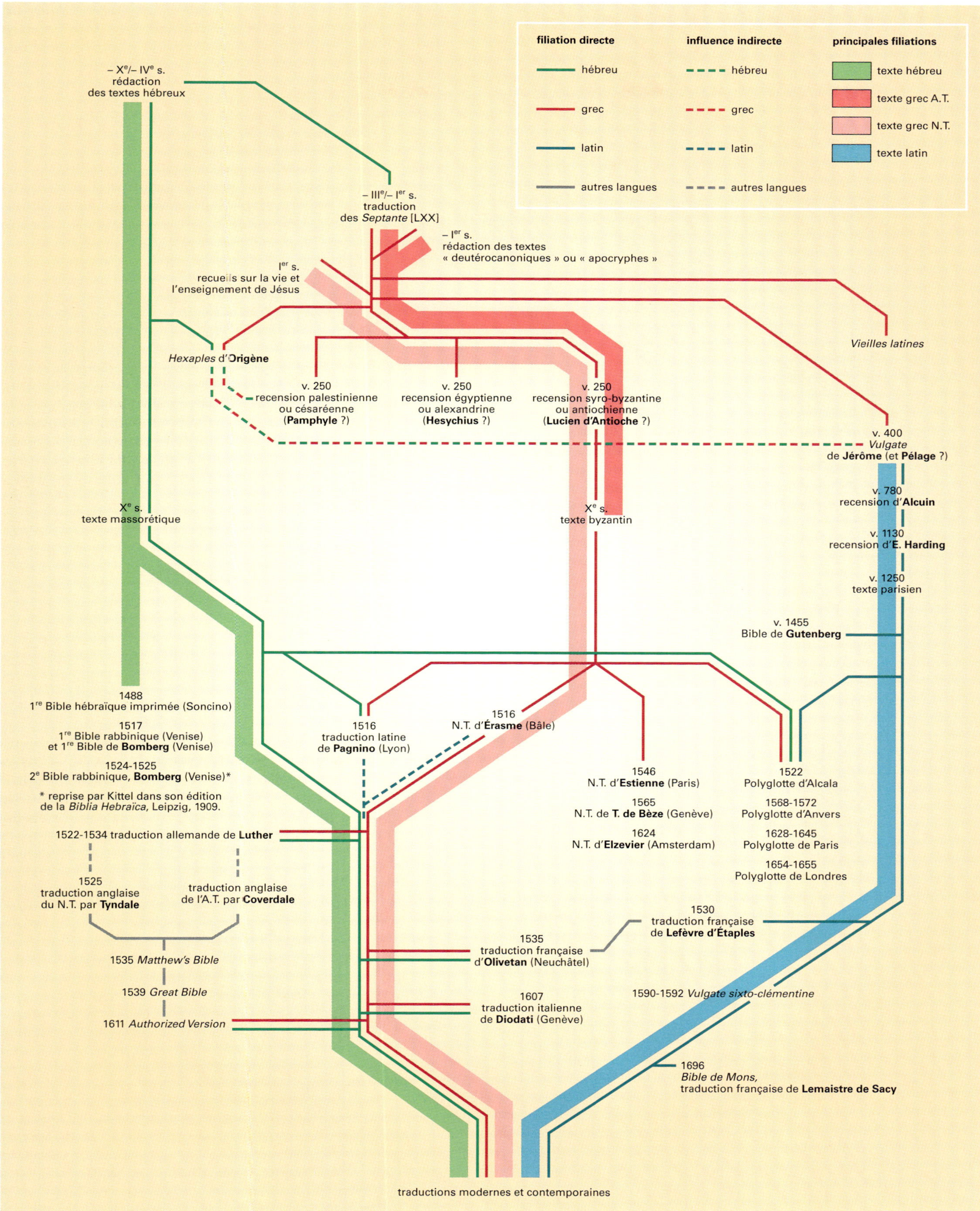
filiation directe
hébreu
grec
latin
autres langues
influence indirecte
hébreu
grec
latin
autres langues
principales filiations
texte hébreu
texte grec A.T.
texte grec N.T.
texte latin
– Xe/– IVe s. rédaction des textes hébreux
– IIIe/– Ier s. traduction des Septante [LXX]
– Ier s. rédaction des textes « deutérocanoniques » ou « apocryphes »
Ier s. recueils sur la vie et l'enseignement de Jésus
Hexaples d'Origène
v. 250 recension palestinienne ou césaréenne (Pamphyle ?)
v. 250 recension égyptienne ou alexandrine (Hesychius ?)
v. 250 recension syro-byzantine ou antiochienne (Lucien d'Antioche ?)
Vieilles latines
v. 400 Vulgate de Jérôme (et Pélage ?)
v. 780 recension d'Alcuin
v. 1130 recension d'E. Harding
v. 1250 texte parisien
v. 1455 Bible de Gutenberg
Xe s. texte massorétique
Xe s. texte byzantin
1488 1re Bible hébraïque imprimée (Soncino)
1517 1re Bible rabbinique (Venise) et 1re Bible de Bomberg (Venise)
1524-1525 2e Bible rabbinique, Bomberg (Venise)*
* reprise par Kittel dans son édition de la Biblia Hebraïca, Leipzig, 1909.
1516 traduction latine de Pagnino (Lyon)
1516 N.T. d'Érasme (Bâle)
1546 N.T. d'Estienne (Paris)
1565 N.T. de T. de Bèze (Genève)
1624 N.T. d'Elzevier (Amsterdam)
1522 Polyglotte d'Alcala
1568-1572 Polyglotte d'Anvers
1628-1645 Polyglotte de Paris
1654-1655 Polyglotte de Londres
1522-1534 traduction allemande de Luther
1525 traduction anglaise du N.T. par Tyndale
traduction anglaise de l'A.T. par Coverdale
1535 Matthew's Bible
1539 Great Bible
1611 Authorized Version
1530 traduction française de Lefèvre d'Étaples
1535 traduction française d'Olivetan (Neuchâtel)
1607 traduction italienne de Diodati (Genève)
1590-1592 Vulgate sixto-clémentine
1696 Bible de Mons, traduction française de Lemaistre de Sacy
traductions modernes et contemporaines

De la version des Septante aux effets culturels des traductions bibliques

Il ne faut pas avoir peur d'affirmer ceci : « Au commencement, la Bible était grecque ! » Le baptême de la Bible fut, en effet, grec : il eut lieu à Alexandrie, au IIIe siècle avant J.-C. C'est en effet là et en ce temps que, selon les documents connus, on appela pour la première fois le corps des écrits sacrés, la Loi de Moïse exactement, *hè Biblos*, « le Livre » (les membres de la communauté du Désert de Juda ou de Qumrān dénommeront semblablement leurs Écritures *ha-Sepher*, « le Livre »). La communauté juive locale d'Alexandrie vivait en situation de diaspora. Aussi peut-on dire que la Bible comme telle, née en diaspora, a commencé par une traduction. L'apparition de cette traduction de la Bible, de la première Bible peut-on dire, signifiait une conversion culturelle profonde. Le Juif Philon d'Alexandrie appela le grec « notre langue » (*De congressu*, 44) et déclara « patrie » toute terre habitée par des juifs (*In Flaccum*, 45). Cette traduction grecque, dite des *Septante* par la tradition postérieure, ne fut pas chez les juifs d'Égypte un acte isolé. « Conversion » culturelle veut dire « production » culturelle. On vit, en effet, un ensemble d'ouvrages venir comme seconder cette Bible née grecque. Les auteurs juifs furent nombreux à écrire sur des sujets bibliques, empruntant telle ou telle forme à la littérature grecque classique. Ce qui montre bien que, dès l'origine, la traduction de la Bible entraîna une authentique naturalisation des Écritures et suscita de soi un mouvement de production littéraire dont elle était fortement solidaire. Il en sera toujours ainsi par la suite, mais dans le christianisme désormais. Car la Septante fut d'emblée la Bible des chrétiens ; et elle le restera durant des siècles, soit directement pour les populations hellénophones du monde gréco-romain, soit indirectement par le biais des traductions que l'on fera à partir d'elle (à l'exception de la Bible syriaque ou *Peschitto* et, pour une bonne part, de la traduction latine de Jérôme – et encore avec des nuances –, toutes les versions dites anciennes de la Bible furent réalisées à partir de la Septante). Pour une large part, la diaspora littéraire de langue grecque a fourni au christianisme sa matrice, son modèle et même son premier fonds scripturaire. Les choses ont continué selon la même procédure. On vérifie sans cesse, dans l'histoire chrétienne, que toute traduction instituée de la Bible s'est révélée initiatrice, créatrice et promotrice d'une étape culturelle nouvelle, ou au moins enrichie. On peut relever sur ce point quelques faits particulièrement marquants.

Alors que la version des Septante a fourni l'essentiel de l'équipement conceptuel du Nouveau Testament et de la première littérature chrétienne, les traductions latines de la Bible influèrent sur le vocabulaire ecclésiastique de l'Église romaine et indirectement sur celui des langues modernes issues du latin. Selon une vieille tradition, l'évêque des Goths Ulfilas (311-383) inventa l'alphabet gothique pour traduire les Écritures (sa Bible aurait omis les livres des Rois I et II afin de ne pas aviver le penchant guerrier de ses compatriotes). L'apparition des alphabets arménien et cyrillique s'explique d'une façon semblable. On sait aussi que la fameuse Bible anglaise dite *King James Version* ou *Authorized Version* – qui, achevée en 1611, tint une place unique dans l'Église et la nation anglaises durant deux siècles et demi – s'imposa comme un monument littéraire. Quant à la célèbre Bible germanique de Luther (1534), qui devint la Bible canonique de l'Église protestante d'Allemagne, elle fut la source et le moteur de la littérature allemande de l'époque moderne, laquelle lui doit sa langue et une partie de son inspiration. C'était la première Bible complète traduite sur les textes originaux dans une langue européenne moderne ; plusieurs autres traductions seront exécutées qui la prendront comme texte original, telles les premières Bibles en suédois (1541), en danois (1550), en islandais (1584) et en slovène.

L'effet culturel des traductions de la Bible est très important ; l'impact proprement littéraire s'accompagne de phénomènes intéressant aussi les arts, plastiques, musicaux et autres, jusqu'aux plus nouveaux (par exemple, le cinéma). La Bible n'existe et ne vit dans le christianisme que grâce au concours de plusieurs séries d'expressions, lesquelles contribuent elles-mêmes et à leurs façons respectives à sa traduction. Il faut signaler, en outre, la dimension éthique du discours social forcément marqué par la prolifération biblique, et bien d'autres effets qui, reliés et assemblés, bâtissent ce que l'on appelle une culture et, à plus long terme, une civilisation.

Le Nouveau Testament et l'Ancien

A posteriori et assez tardivement, le christianisme a déclaré que la totalité de ses Écritures sacrées comprenait un « Ancien Testament » et un « Nouveau Testament ». Les deux formules se trouvaient ainsi à tout jamais instituées.

Au IIe siècle seulement, on aboutit à la constitution d'une collection de textes qui, vers le milieu du IIIe siècle, s'imposa avec l'appellation de « Nouveau Testament ». Jusque-là, on ne possédait que de simples groupements de documents, les Évangiles et les Lettres de Paul, par exemple. Un double processus allait alors atteindre son terme : d'une part, la production d'un Nouveau Testament comme ensemble littéraire institué ; de l'autre, la clôture de la Bible en tant que composée de deux parties distinctes mais articulées, « intertextualisées » pourrait-on dire, qu'on appela respectivement « Ancien » et « Nouveau Testament ». Or c'est bien la désignation d'un Nouveau Testament qui entraîna celle d'un Ancien Testament au sein d'un Livre unique, la Bible.

La formule Nouveau Testament est latine : *novum testamentum*. Les Pères latins l'ont utilisée pour rendre

Salomon d'après la Bible de Saint-Pierre de Roda (Xe-XIe s.). Scènes de la vie du roi Salomon évoquées à propos de sa prière lors de la dédicace du Temple (texte correspondant à III Rois, VIII, 29-30 selon le texte de la Vulgate qu'éditera Clément VIII en 1592). C'est à Salomon que, par fiction pseudépigraphique, on attribua les livres sapientiaux (Proverbes, Ecclésiaste, Sagesse, Cantique des cantiques), de même que Moïse fut tenu pour l'auteur du Pentateuque et David pour celui des Psaumes. Bibliothèque nationale de France, Paris (Explorer, Archives).

EXPLICIT ORATIO
SALOMONIS

l'expression biblique et grecque *kaïnè diathèkè*, « nouvelle alliance ». L'accent sémantique s'était progressivement déplacé par rapport au mot *diathèkè* : du registre biblique et doctrinal de la Septante, dans lequel prévaut l'acception d'« alliance » (en hébreu : *berith*), on passait, avec le sens de « testament », au registre documentaire et littéraire. On revenait ainsi à la signification classique du mot : à la différence de ce que reflètent la Septante (qui traduit *berith* par *diathèkè*) et, à sa suite, le Nouveau Testament, le sens grec de *diathèkè*, documenté depuis Démocrite et Aristophane, est bien celui d'une disposition ou volonté testamentaire. Et l'on connaît nombre de *Testaments* (*diathèkaï*) littéraires, philosophiques entre autres.

Vers la fin du IIe siècle, une doctrine des « alliances » centrée sur la « nouvelle alliance » s'était développée ; et l'évêque de Lyon Irénée, en aval de traditions antérieures, en fut pour sa part l'artisan. L'antithèse « ancienne » et « nouvelle alliance » est probablement originaire d'Asie Mineure. Elle évoluera vite pour s'imposer aussi, et même surtout, comme littéraire, désignant deux unités textuelles définitivement instituées comme saintes et inspirées : l'« Ancien » et le « Nouveau Testament ». En quelque sorte, le contenant, littéraire, prit le nom du contenu, doctrinal. On trouve les premiers indices de cette terminologie nouvelle des Testaments chez l'évêque de Sardes Méliton, contemporain et compatriote d'Irénée, lui-même témoin privilégié de cette évolution sémantique. Et Tertullien, mort vers 220, qui parle plutôt de *novum instrumentum*, atteste aussi la diffusion latine de la formule.

Il faut noter que le christianisme s'est employé à créer et à imposer ces appellations, tandis que, de son côté, le judaïsme instaurait ces deux formules : « Tōrāh écrite » (ou Écritures hébraïques) et « Tōrāh orale » (ou Talmud). Cette homologie est intéressante, notamment par la différence qu'elle met en relief : dans le christianisme, les Écritures saintes (la Bible) ne sont qu'écriture (« testament ») ; dans le judaïsme, les Écrits sacrés (bibliques, mais aussi talmudiques et autres) ne sont que doctrine (« tōrah »). Autrement dit, celui-ci, le judaïsme, comprend sa « tradition » dans sa double Tōrah, tandis que celui-là, le christianisme, la postule comme distincte avec son double Testament.

La distinction et l'articulation chrétiennes d'un Ancien et d'un Nouveau Testament ont eu des effets internes dont les excès ont pu franchir le seuil de l'antijudaïsme. Ainsi, sur la base d'un véritable système de références et de relations mis en place dès le Nouveau Testament, avec l'Évangile de Matthieu et les Lettres de Paul surtout, s'est précocement élaborée la doctrine de l'« accomplissement des Écritures », que les Pères de l'Église mèneront à sa maturité. (Telle est l'origine de la théologie dite de « substitution » que l'on ne manqua pas de corriger dans le sillage du dernier concile.) Corrélativement, plus près de nous (à partir du XIXe siècle), on a eu tendance à désigner l'ancien judaïsme comme « bas judaïsme », *late judaism* ou *Spätjudentum* : autant de formules péjoratives et apologétiques, dans la mesure où elles désignent un monde juif finissant destiné à laisser sa place au « christianisme primitif » (autre expression elle-même inadéquate, d'autant plus que l'on peut déceler, en de multiples endroits de la société juive ou du monde méditerranéen antique, les solides éléments d'un « protochristianisme »). Au XXe siècle, la thèse implicite du judaïsme finissant se devine encore aisément, en particulier dans la lecture dite « existentiale » du Nouveau Testament dont Rudolf Bultmann a été le théoricien. Il faut noter aussi l'emploi équivoque par les biblistes protestants de l'adjectif « intertestamentaire » pour désigner la littérature non canonique du judaïsme ancien, celle que l'on appelle traditionnellement « apocryphe » chez les catholiques et, de plus en plus, dans les milieux des spécialistes, « pseudépigraphique ». Pour le canon protestant, où les livres deutérocanoniques ne figurent pas, le vide est grand, en effet, entre le dernier livre de l'Ancien Testament et le premier livre du Nouveau ; dès lors, les écrits « intertestamentaires » devraient assurer les liens nécessaires...

Le canon des Écritures chrétiennes

Il a fallu plusieurs siècles à l'Église pour instituer et promouvoir le « canon des Écritures », un canon qui devait s'affirmer dans une fonction à la fois littéraire et doctrinale. Le *Dictionnaire de théologie catholique* donne des notions de canon et de canonicité les définitions suivantes : « Le canon des Écritures est la liste ou la collection, réglée par la tradition et l'autorité de l'Église, des livres qui, ayant une origine divine et une autorité infaillible, contiennent ou forment eux-mêmes la règle de la vérité inspirée par Dieu pour l'instruction des hommes [...]. La canonicité est la constatation que l'Église fait officiellement, par une décision publique, ou équivalemment, par l'usage et la pratique, de cette origine divine et de cette autorité infaillible » (t. II, col. 1554-1555).

Par ses antécédents sémitiques – telle racine hébraïque ou assyrienne signifiant « roseau » –, le mot grec *kanon* veut dire « mesure » ou « règle » ; secondairement, il s'applique à la chose mesurée. Mais, à Alexandrie, les grammairiens antiques appelaient *kanon* la collection des œuvres classiques pouvant servir de modèles littéraires. Selon Pline, le « canon de Polyclète » était l'ensemble des règles et des mesures de la statuaire ; et Épictète appelait *kanon* l'homme capable de servir de modèle moral. Quant aux Pères de l'Église, dès les plus anciens, ils ont employé le mot avec le sens de « règle », dans les formules suivantes : le « *kanon* de la tradition » (Clément de Rome) ; le « *kanon* de la foi » (Eusèbe de Césarée) ; le « *kanon* de vérité » (Irénée) ; le « *kanon* de l'Église » ou « ecclésiastique » (Clément d'Alexandrie).

Dès les origines du christianisme, les Écritures ont été considérées par l'Église comme renfermant une règle de foi et de vie égalant en autorité le magistère ecclésiastique. Aussi en vint-on naturellement à parler du « *canon* des Écritures » pour désigner cette règle. Et l'on donna le nom de *canon* au recueil institué des livres bibliques qu'on déclarait « inspirés par Dieu ». On assigna donc au mot « canon » (« règle ») un référent littéraire, la Bible, alors que, jusque-là dans l'Église, il s'appliquait à des réalités théologales ou doctrinales, celles-là mêmes qui constituent la « Foi » (en grec *Pistis*), réalité objective, ou *Credo*. Ce processus est semblable à celui qu'on a observé à propos du mot *diathèkè* (qui signifiait d'abord « alliance », puis en vint à être traduit par « testament »). C'est seulement dans les décisions du concile de Laodicée, en 360, que, pour la

première fois dans un document du magistère, on trouve le mot « canonique » avec le sens proprement biblique qu'il conservera par la suite. Et ce n'est pas un simple hasard si le champion de l'*homooúsios* (« de même nature ») au concile de Nicée (en 325) est également l'un des tout premiers témoins de cet usage spécifique du mot « canon », pratiquement synonyme, pour les chrétiens, du mot « Bible ».

À la différence de ce qui se passe pour le judaïsme, qui se réfère à une langue « sainte », langue « céleste » et langue « du sanctuaire » – l'hébreu –, la dimension linguistique est, pour les chrétiens, centrifuge : toute langue est « sainte » à travers laquelle la Bible s'exprime. L'existence de l'homme chrétien ne dépend ni directement ni exclusivement de la Bible ; elle dépend d'une foi objective, autrement dit d'un credo et d'une Église. Les limites de celle-ci et de celui-là sont celles-là mêmes de la totalité des institutions et des pratiques parmi lesquelles la Bible, en tant que canon des Écritures, occupe une place propre et privilégiée. Or, dans le cadre des autres institutions, le christianisme, ou plutôt l'Église, propose à lire à l'ensemble de ses membres (individuellement ou non, de telle façon ou de telle autre) la Bible comme canon des Écritures.

Mais on peut relever une autre différence par laquelle le christianisme se distingue du judaïsme : c'est qu'il dispose et du sacrifice et du Temple (le « Temple de son corps », selon la formule symbolique de saint Jean appliquée au Christ, mais aussi le Temple du culte véritable avec son *hiéron* ou système hiérarchique). Aussi la Bible « canonique » est-elle le substitut non point du Temple, qui de deux façons est bien là, mais de la Terre unique, qui comme telle est bien manquante : il n'y a pas de terre chrétienne, pas plus au pluriel qu'au singulier ; il n'y a que des chrétiens. Or, à l'instar de la Terre nationale des juifs, le canon scripturaire possède un tracé et des frontières : le mot *canon* veut dire « règle » et « mesure ». Mais, disposé qu'il est à revêtir autant d'expressions nouvelles qu'il y a et qu'il y aura de langues sur la terre, on peut dire qu'il est à sa façon une terre portative. En d'autres termes, le canon est, pour la Bible, la condition sine qua non de sa manifestation indéfinie comme vulgate.

Dès les origines, l'Église a exercé son droit de reconnaissance et de garde sur ses Écritures. Elle l'a fait par des décrets, particuliers ou généraux, disciplinaires ou dogmatiques, concernant un ou plusieurs livres dits inspirés, voire le recueil biblique tout entier. Très tôt, l'instance ecclésiastique suprême s'est prononcée sur le contenu, les limites et le statut de l'ensemble des textes sacrés ; et elle n'eut de cesse de réitérer périodiquement sa responsabilité et sa vigilance. Or toute déclaration sur le canon biblique complet n'eut longtemps qu'une valeur disciplinaire. Il fallut attendre le concile de Trente en sa IVe session de 1546 (« Décret sur la réception des livres sacrés et des traditions ») pour que la question de la canonicité fût abordée directement et traitée dogmatiquement. De l'autorité de ce concile devait ainsi dépendre, pour l'essentiel, la doctrine catholique postérieure de la Bible comme « Écriture sainte ».

Un principe dogmatique central a toujours présidé à toute élaboration doctrinale concernant les Écritures chrétiennes, c'est celui de l'*inspiration divine* des textes canoniques. Ce principe a pour antécédents lointains l'enseignement et jusqu'à la terminologie des philosophes grecs, Platon surtout, repris à propos des écrits bibliques, à la veille de la naissance du christianisme, par Philon d'Alexandrie, puis, durant les premiers siècles chrétiens, par les Pères de l'Église. La formule définitive, apparue relativement tard, d'une telle élaboration est celle-ci : « Dieu est l'*auteur* des Écritures. » On ne la repère guère avant Grégoire le Grand (mort en 604) ; ce sont probablement les controverses entre l'Église d'Afrique et les manichéens qui, aux IVe et Ve siècles, ont fondé son emploi. Comme tel, ce mot « auteur » a pénétré ensuite dans le langage officiel des déclarations ecclésiastiques, pour y persister jusqu'à l'époque contemporaine avec le IIe concile du Vatican. En bref, déclarer Dieu l'auteur de la Bible, c'était projeter dans l'ordre de l'absolu l'artifice littéraire de la pseudonymie, artifice que l'Antiquité – classique, juive et chrétienne – n'avait cessé de pratiquer (voir A. Paul, « Genèse et avènement des Écritures chrétiennes », in *Histoire du christianisme*, t. I, Desclée, 2000, pp. 673-757).

L'islam

Claude GILLIOT

Comme la chose perçue, la chose lue se donne à voir sous divers aspects. Cette diversité des modes d'approche possibles confère au texte une étendue sémantique qu'on peut appeler son « horizon interne » et qui ne peut être dissociée d'une temporalité propre à la communauté dans laquelle il est reçu. Cela vaut pour les écritures de sens en général, mais a fortiori pour les Écritures fondatrices des grandes religions. Les lectures successives qui en sont faites s'inscrivent dans le devenir homogène d'une *tradition*. Cette dernière est la marque de la temporalité propre au questionnement de la communauté interprétante, mais aussi de l'interrogation de celle-ci sur la permanence sémantique de la Révélation en laquelle elle reconnaît ses fondements.

Si la notion d'Écriture n'exige ici aucune explication particulière, il en va tout autrement du concept de tradition. Dans sa définition la plus commune, celui-ci implique la conformité aux règles de conduite prescrites par le

L'islam, religion du Livre. La calligraphie qui caractérise la transcription du Coran préserve et magnifie la parole d'Allāh, révélée au Prophète en langue arabe. Ainsi l'artiste participe-t-il à l'exaltation de l'Écriture, dans une tradition qui lui interdit le recours à l'image. Coran ottoman, fin du XVIe siècle, musée Topkapi, Istanbul (R. et S. Michaud, Rapho).

ويل لكل همزة لمزة الذي جمع مالا وعدده يحسب أن ماله أخلده كلا لينبذن في الحطمة وما أدراك ما الحطمة نار الله الموقدة التي تطلع على الأفئدة إنها عليهم مؤصدة في عمد ممددة

سورة الفيل مكية

بسم الله الرحمن الرحيم
ألم تر كيف فعل ربك بأصحاب الفيل ألم يجعل كيدهم في تضليل وأرسل عليهم طيرا أبابيل ترميهم بحجارة من سجيل فجعلهم كعصف مأكول

سورة قريش مكية

بسم الله الرحمن الرحيم
لإيلاف قريش إيلافهم رحلة الشتاء والصيف فليعبدوا رب هذا البيت الذي أطعمهم من جوع وآمنهم من خوف

Arabesques. À la diversité des commentaires font écho la variété des styles d'écriture et leur évolution dans le temps. Les uns et les autres s'inscrivent pourtant dans une tradition qui vise au respect absolu de l'Écriture. Coran maghrébin, XVIIIe siècle. Bibliothèque nationale, Le Caire (R. et S. Michaud, Rapho).

groupe social, l'adhésion à son ordre spécifique et à sa culture. Selon cette perspective, l'histoire est abolie et l'on comprend mal comment des courants divergents peuvent subsister et se réclamer de la même fidélité aux origines. Or, comme l'a montré Georges Balandier, même les sociétés dites traditionnelles ne sont jamais faites, « mais toujours problématiques et en procès d'engendrement ». C'est dire que la tradition est aussi un processus d'interprétation lié à l'être historique des groupes humains et à l'imaginaire social grâce auquel l'homme se situe dans l'histoire pour relier entre elles ses attentes tournées vers le futur, ses traditions héritées du passé et ses initiatives dans le présent. On peut voir dans ce phénomène l'une des ruses de la « raison des sociétés », qui affirment la permanence de leur identité au sein même de l'évolution. Un exemple éloquent nous en est fourni par l'histoire de la notion de tradition en droit musulman dans les premiers siècles de l'islam.

Traditions locales et tradition prophétique. De l'oral à l'écrit

Les études islamologiques ont exagérément limité le rapport entre l'Écriture et la tradition au lien entre le Coran et la tradition prophétique (*sunna*), que les savants musulmans s'étaient attachés à mettre en valeur, en insistant sur la complémentarité entre le Livre et les dits ou faits du Prophète : « Sache que le Coran et le *ḥadīth* [les traditions attribuées formellement au Prophète] se complètent toujours, dégageant de manière exhaustive la vérité des chemins de la sagesse. C'est ainsi que chacun d'eux spécifie ce que l'autre exprime sous le mode de la généralité et explicite ce que l'autre dit de façon concise », déclare al-Zarkašī (mort en 794/1391). Cela peut s'entendre soit de l'exégèse du Coran, soit de la coextensivité entre la *sunna* du Prophète et le Coran. Sur le premier point, selon certains, tel Ibn Taymiyya (mort en 728/1328), le Prophète a commenté l'ensemble du Coran ; pour d'autres, il n'en a expliqué qu'un petit nombre de versets. Selon la seconde perspective, la *sunna*, telle qu'elle est incarnée dans les traditions prophétiques, contient tous les ordres et toutes les interdictions qui se trouvent dans le Coran ; on attribue au Prophète la déclaration suivante : « Je n'ai rien laissé de ce à propos de quoi Dieu vous a donné un ordre sans vous donner cet ordre et je n'ai rien laissé de ce à propos de quoi il a énoncé une interdiction sans énoncer cette interdiction. »

Dans la conception devenue classique de la loi musulmane, la *sunna* est définie comme un comportement exemplaire du Prophète. Ainsi l'entend le grand juriste al-Shāfi'ī (mort en 204/820), pour lequel *sunna* et « *sunna* du Prophète » sont des synonymes. Or il n'en fut pas toujours ainsi, comme l'a montré Joseph Schacht. Les « anciennes écoles de droit » avaient en commun le vieux concept de *sunna*, c'est-à-dire de « pratique généralement admise » ou de « tradition vivante ». Dans les textes des juristes médinois de cette période, la mention de la « *sunna* du Prophète » est très rare. Les juristes irakiens de la même période ne se représentaient pas non plus la *sunna* comme nécessairement établie sur les traditions du Prophète et de ses Compagnons. Toutefois, dans la période antérieure à al-Shāfi'ī, parallèlement au développement de la doctrine des anciennes écoles de droit, on assista à la multiplication de traditions, notamment celles du Prophète.

C'est contre cette opposition entre la doctrine et les traditions que réagit al-Shāfi'ī, en identifiant la « *sunna* du Prophète » avec les contenus des traditions du Prophète. Cette doctrine avait été préparée par le mouvement des « traditionnistes » au cours du IIe/VIIIe siècle. Certes, les anciennes écoles de droit affirmaient que leur doctrine était fondée sur l'enseignement des Compagnons ; mais, pour les traditionnistes, les traditions formelles (*ḥadīth*) devaient remplacer la tradition vivante des écoles. Il fallait, pour eux, qu'on eût des témoignages sur des déclarations explicites ou sur des actes du Prophète ; cela devait être attesté, dans chaque cas, par des chaînes de garants (*isnād*). Al-Shāfi'ī, bien que se considérant comme un membre de l'école de Médine, fit triompher dans le droit musulman la thèse essentielle des traditionnistes. Pour lui, la *sunna* n'est pas la pratique idéalisée par des savants porte-parole d'une pratique locale : elle s'identifie au contenu des traditions formelles venant du Prophète. Ainsi, des pratiques locales, justifiées par les « anciennes écoles de droit » et, dans certains cas, probablement plus anciennes, durent céder le pas à des traditions explicitement attribuées au Prophète. Historiquement, ce mouvement a coïncidé avec l'établissement de la dynastie abbasside, soucieuse d'asseoir son autorité sur des bases plus « universelles ». La réforme d'al-Shāfi'ī correspond à ce moment historique. Peu après furent écrits les grands corpus canoniques de traditions prophétiques considérées comme authentiques. Dans cette évolution, le rôle joué par l'écriture (sans majuscule) doit être pris en considération.

Le passage de l'oral à l'écrit correspond à ce « moment impérial » de la civilisation musulmane que constitue la rapide croissance de l'État califal à partir des Omayyades. De l'histoire de la collecte du Coran et des problèmes qu'elle pose (cf. l'*Encyclopædia Universalis*, article « Coran »), rappelons seulement que c'est sous le cinquième calife omayyade 'Abdalmalik (65-86/685-705) qu'on fit homogénéiser l'orthographe coranique, que c'est à la fin du IIIe/IXe siècle, soit à l'apogée du califat abbasside, qu'un grand lecteur de Bagdad, proche du pouvoir, Ibn Muǧāhid, mit en place le système des sept lectures canoniques du Coran, que c'est dans la seconde moitié du IIIe siècle de l'hégire que les grands recueils canoniques de traditions prophétiques considérées comme authentiques ont vu le jour. L'institutionnalisation du pouvoir impérial et la mise par écrit des deux grandes sources du savoir et des pratiques religieuses, juridiques et éthiques sont allées de pair. Le renforcement du pouvoir politique était accompagné d'un contrôle exercé par une classe de lettrés qui veillaient sur « l'authenticité » du texte coranique récité et des traditions prophétiques transmises. Mais, de même que le pouvoir politique devait faire face à la résistance des « partis d'opposition politico-religieux », des groupes « sectaires » issus des diverses formes du shī'isme, du khāridjisme et d'autres courants, les traditionnistes et les juristes-théologiens menaient une lutte acharnée contre des courants théologiques dont les ouvrages d'hérésiographie, les traités sur les fondements de la religion et les commentaires coraniques nous ont conservé le souvenir souvent simplifié et déformé.

Certes, les recueils de traditions continuaient à être transmis oralement de maître à disciple, sous les modes de l'audition (*samā'*), de la récitation (*qirā'a*), de la dictée (*imlā'*), avec les chaînes de garants ; mais le passage à l'écrit préparait l'hégémonie de la « raison graphique ». Il permettait, en effet, qu'on fît retour à un texte, qu'on s'y référât comme à une norme. De la sorte, d'autres traditions qui cherchaient elles aussi à s'imposer pouvaient être marginalisées

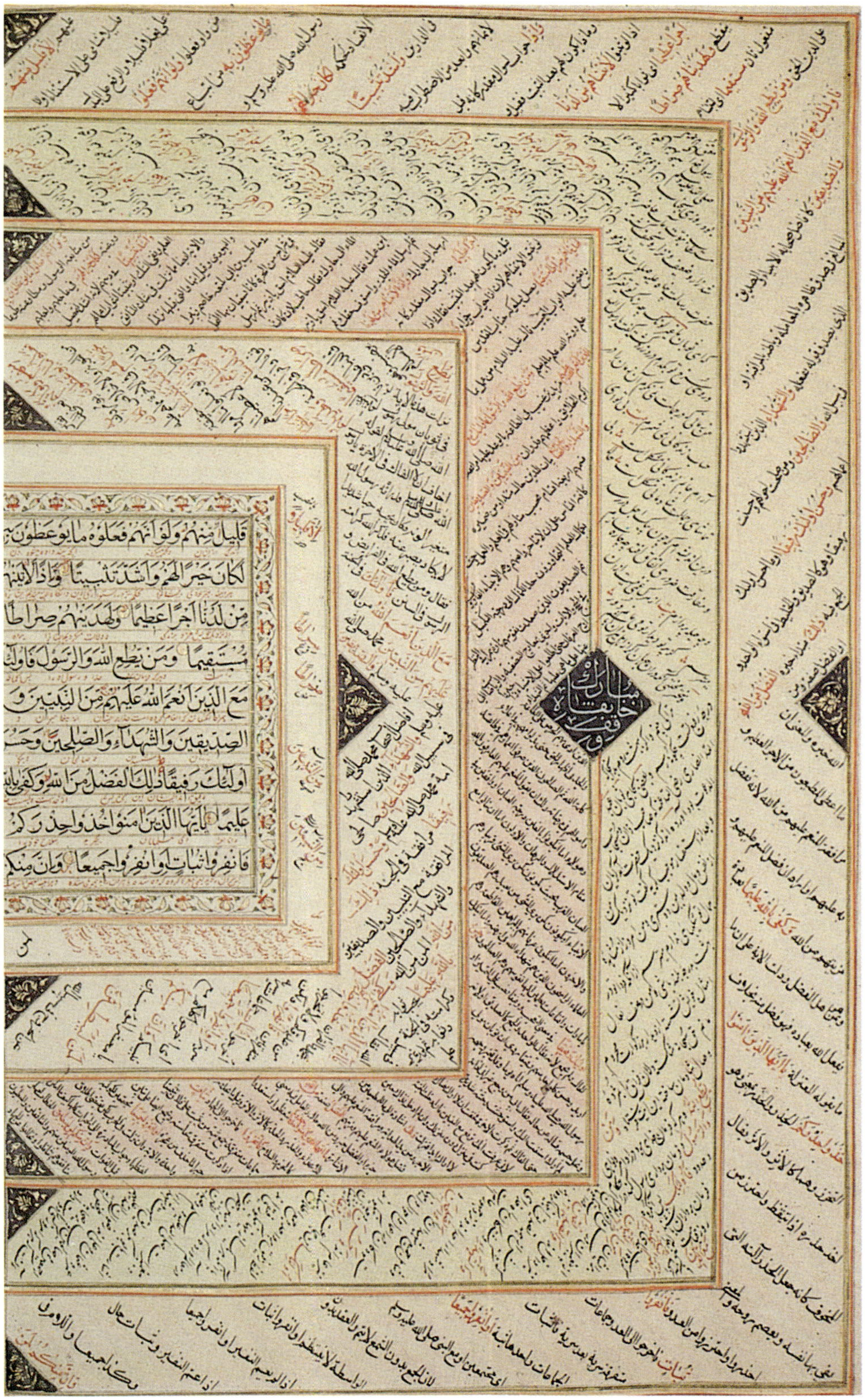

« Les Clés du mystère ». Ce titre du commentaire d'al-Rāzī (1149-1209) dénote l'esprit d'investigation de l'exégèse coranique. Page du Coran entourée du commentaire de quatre exégètes, calligraphie du XIXe siècle, bibliothèque de Kaboul (R. et S. Michaud, Rapho).

et rejetées comme apocryphes ou « fabriquées » (*mawḍū'āt*) ou encore comme non fiables, parce que leurs chaînes de garants comportaient une lacune. C'est à cette époque de la « science triomphante » que fut mis au point un véritable arsenal méthodologique qui visait au contrôle et à l'authentification des divers savoirs (religieux, juridico-éthique, linguistique, etc.). Ainsi devait s'imposer progressivement l'image d'une loi islamique (*šarī'a*) au caractère intemporel, universalisable, indifférente aux milieux sociaux et aux groupes ethniques et l'emportant sur toutes les divergences.

Les traditions adverses ou locales n'en étaient pas moins vivantes, comme le montre le caractère polémique de maintes traditions dominantes, mais elles étaient présentées comme « contraires à la raison en son état naturel ». On leur reprochait d'être infidèles à la « lettre » du texte coranique et de ne pas être appuyées par une preuve d'autorité. En fait, elles n'entraient pas dans la configuration culturelle qui s'était tissée progressivement et dans laquelle la fonction cognitive et la fonction idéologique étaient intimement liées, ce qui était énoncé ou transmis pouvant alors se présenter comme la seule rationalité possible.

Langue et Écriture. L'exégèse coranique

Le problème d'une tradition est aussi celui d'une langue et cela d'autant plus que le Coran a été d'abord révélé à des Arabes dans leur propre langue. Mais, si l'histoire de la Bible chrétienne se confond avec celle de ses versions, il en va tout autrement du Coran, qui se définit lui-même comme une Écriture arabe, révélée en « langue claire » (en arabe). Le thème de l'exposition claire (*al-bayān*) est l'une des idées-forces de l'imaginaire islamique commun, dans lequel cette conviction religieuse est érigée en argument de la raison (théologique). Dès le IIIe/IXe siècle, des textes énoncent que l'arabe est de toutes les langues, par ses qualités phonétiques, lexicales, grammaticales, sémantiques et rhétoriques, la plus excellente. La langue du Coran, qui, selon cette conviction, est purement arabe, est promue au rang de modèle inégalé et inégalable de la langue arabe. Dans les siècles suivants, des traités spéciaux ont été consacrés à l'inimitabilité (*i'ǧāz*) du Coran, bien qu'il y ait des débats sur le fait de savoir si cette précellence tenait d'abord au contenu ou à la forme sémantique et rhétorique du Livre.

Il semble que, dans les débuts de l'exégèse, l'insistance sur l'arabité du Coran ait servi aussi de principe exégétique pour en justifier l'interprétation et pour la contrôler : Dieu s'est exprimé aux Arabes en langue arabe pour être compris, il est donc normal qu'on ait recours à la tradition linguistique arabe pour interpréter sa Révélation. Cela est particulièrement apparent dans le Commentaire de Abū 'Ubayda (mort en 207/822 env.), qui se réfère à la pratique langagière des Arabes pour expliquer le Coran. Néanmoins, certains lettrés du IIe et du IIIe siècle de l'hégire, si prompts à donner des explications lexicales sur des termes arabes, se refusaient à le faire lorsqu'il s'agissait du Coran.

Le caractère fixiste que d'aucuns ont voulu voir dans la tradition islamique est illusoire. Il y avait, sur tous ces sujets, des débats, surtout lorsque les savoirs se spécialisèrent. On se demanda quelle était l'autorité déterminante pour l'interprétation du texte coranique : les juristes théologiens ? les anciens exégètes, c'est-à-dire les Compagnons du Prophète, les Successeurs (la génération qui a connu des Compagnons), ou des exégètes reconnus postérieurs d'une ou de deux générations ? les philologues ? les lecteurs-grammairiens ? Avec l'institutionnalisation de l'islam au IIe et au IIIe siècle, les exégètes, juristes et théologiens imposèrent peu à peu leur autorité en appuyant leurs choix exégétiques sur des traditions qui étaient censées remonter au Prophète et aux anciens exégètes. Elles devaient avoir été introduites par des chaînes de garants (*isnād*) qui en auraient assuré la transmission ininterrompue par voie orale directe. C'est ainsi qu'un exégète comme al-Tabarī (mort en 310/923) fait ses choix dans la tradition philologique et grammaticale en fonction des conceptions du courant théologique et juridique auquel il se rattache, à savoir les idées sunnites dominantes à son époque.

Depuis les travaux de Theodor Nöldeke (1909), de Ignaz Goldziher (1920) et de leurs disciples sur l'histoire de l'exégèse coranique, des sources plus anciennes ont été découvertes et éditées. De plus, alors que ces auteurs s'inscrivaient dans la mouvance philologiste et historiciste, le problème, doit être repris aujourd'hui dans le cadre d'une anthropologie de la tradition. Enfin, l'étude de la « tradition islamique » était alors le plus souvent réduite à celle du courant sunnite. On a moins travaillé sur l'exégèse shī'ite et ignoré la tradition khāridjite ou d'autres orientations « sectaires », qui devraient être prises en considération, si l'on veut vraiment saisir l'imaginaire islamique dans son rapport à l'Écriture. L'étude de commentaires coraniques khāridjites devrait nous dévoiler des chaînons manquants dans l'histoire des traditions exégétiques en islam ; la communauté khāridjite, ayant été refoulée géographiquement et idéologiquement, a certainement conservé des interprétations qui ont disparu des autres commentaires. Citons déjà le Commentaire de Hūd b. Muḥkim al-Hauwārī (milieu du IIIe s.), qui nous est parvenu à l'état de manuscrit, mais aussi un commentaire khāridjite de l'époque moderne, celui de Muḥammad b. Yūsuf Aṭfayyiš (mort en 1914), intitulé : *Haymān az-zād ilā dār al-ma'ād*, et édité à Qatar.

La tradition shī'ite duodécimaine, en principe mieux connue, n'est pas non plus assez étudiée par les orientalistes. L'exégèse shī'ite s'appuie, elle aussi, sur des traditions, mais pas seulement sur des traditions du Prophète ou des Compagnons. Car, pour elle, les douze Imāms sont les seuls à garantir la permanence du sens révélé. Aussi les commentateurs shī'ites s'appuient-ils sur des « informations » (*aḫbār*) des Imāms, surtout du quatrième, 'Alī Zayd al-'Abidīn, du cinquième, Abū Ǧa'far Muḥammad al-Bāqir, et du sixième, Abū 'Abdallāh Ǧa'far al-Ṣādiq. Mais, comme pour les commentaires sunnites, la place des traditions varie selon les commentateurs. Les versets qui, pour les shī'ites, portent sur l'imamat (Cor. II, 124 ; III, 7 ; V, 55 ; XXIV, 35 ; XXVI, 219 ; XXXIII, 25, 33 ; XLII, 33 ; LXXV, 17-19, etc.) jouent un rôle capital, car ceux-ci y voient des allusions au « prince des Successeurs » (*sayyid al-waṣiyyīn*), 'Ali ibn Abī Ṭālib.

Lecture publique. Le Coran imprègne tous les aspects de la vie musulmane. Ici, un « faqih », juriste versé dans la loi coranique, lit le texte sacré lors de la fête d'Aïd el-Adh. Cette commémoration du sacrifice d'Abraham unit les pèlerins de La Mecque à tous les musulmans restés chez eux à travers le monde. Haut-Atlas, Maroc (J. Joffre, Explorer).

Un commentaire coranique est un lieu privilégié pour étudier les diverses manifestations de la configuration culturelle islamique. Le Commentaire sunnite classique d'al-Ṭabarī, par exemple, comporte des explications lexicales et grammaticales, stylistiques et rhétoriques, des citations poétiques, des justifications sur le choix d'une leçon plutôt que d'une autre. Superficiellement, il apparaît comme une œuvre de compilation, l'auteur y ayant regroupé une foule de traditions introduites par des chaînes de garants. En fait, il y fait des choix, en fonction d'une grille herméneutique propre, établie sur la base des idées sunnites dominantes à l'épo-

« Au nom de Dieu, le Bienfaisant, le Bienveillant. » La formule introductive des sourates sert aussi à consacrer à Allāh tous les actes importants de la vie du croyant. Coran seldjouk, XIIe-XIIIe siècle. Musée ethnographique d'Ankara (R. et S. Michaud, Rapho).

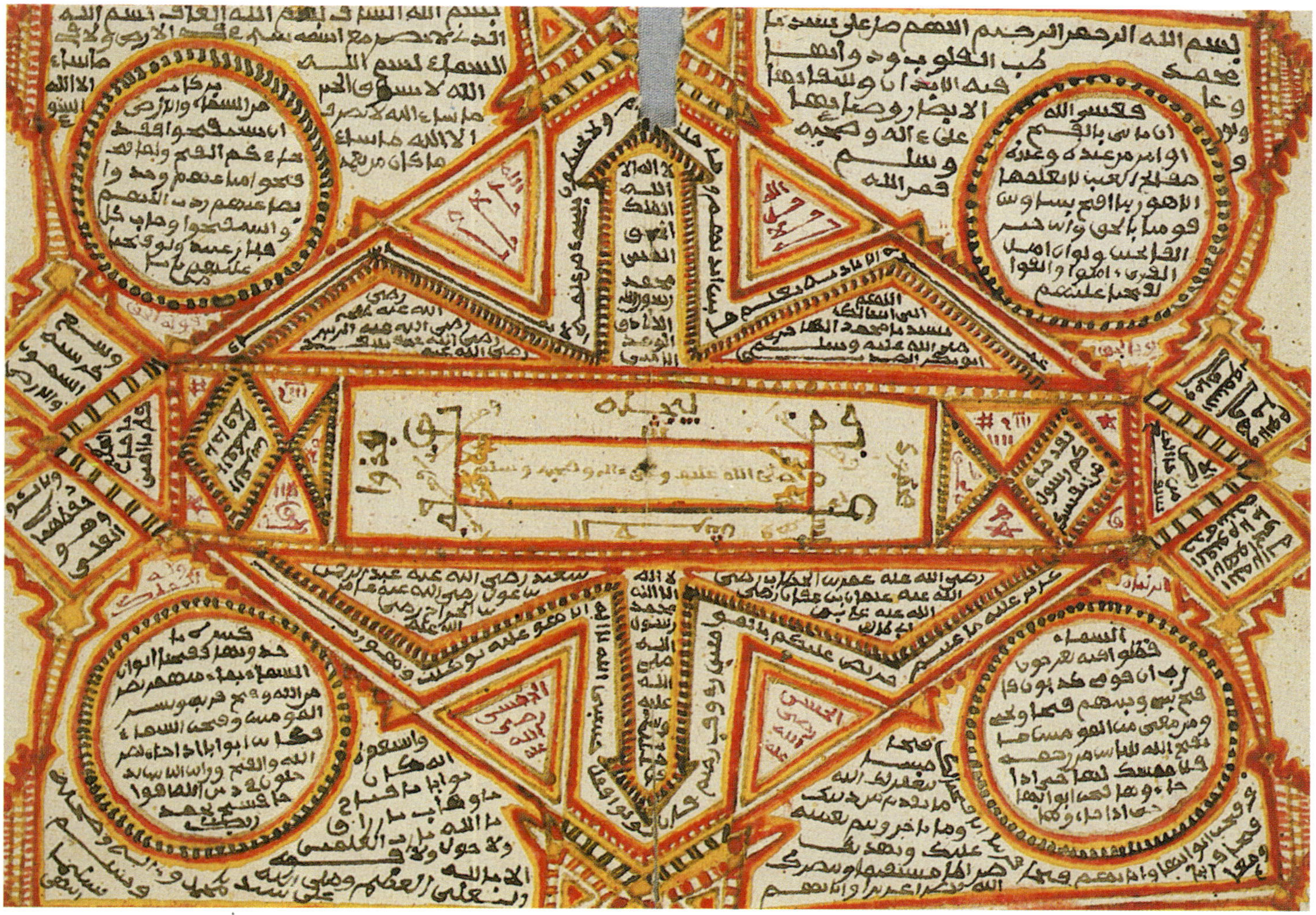

Talisman d'origine libyenne. En dehors de signes « mystérieux » typiques, le texte de ce talisman comprend des formules pieuses conventionnelles (bénédictions sur le Prophète, sa famille, ses compagnons...) et des déclarations sur l'unicité et la toute-puissance d'Allāh. L'usage et la destination de ce talisman sont inconnus. On remarquera sa géométrie colorée, proche des arts berbères sahariens. Musée de l'Homme, Paris (D. Ponsard).

que, qu'il s'agisse de théologie, d'hérésiographie ou de droit. C'est un immense « laboratoire » dans lequel on peut étudier la façon dont fonctionne une tradition : sous l'apparence de l'exhaustivité, ce commentaire diffuse, en fait, l'image d'un islam qui se veut dominant. Historiquement, il se situe à l'apogée de la dynastie abbasside, alors que, à l'entreprise politique de l'unification de l'Empire, correspond un essai d'unification idéologique. On peut aussi y décrypter les traces des grands débats qui se sont déroulés au cours des trois premiers siècles musulmans. D'autres commentaires, plus tardifs, tel celui d'Ibn Kaṯīr (mort en 774/1373), se contentent le plus souvent de donner les solutions retenues sans exprimer les enjeux des problèmes et les divergences. Il conviendrait de mentionner ici spécialement la tradition mu'tazilite, qui a été à l'origine de débats intellectuels fructueux sur le rapport entre le décret divin et la détermination divine, d'une part, et les actes humains, de l'autre. Ses exégètes-théologiens, soucieux d'innocenter le Coran de tout soupçon d'anthropomorphisme, ont été conduits ainsi à approfondir les recherches en rhétorique, dont ont bénéficié également les études « littéraires ». En matière d'exégèse coranique, on oppose l'exégèse en tradition – c'est-à-dire celle qui s'appuie sur des traditions exégétiques attribuées au Prophète, aux Compagnons et aux premières générations de commentateurs – à celle qui fait appel à la recherche personnelle et à l'investigation rationnelle (*attafsīr bi-r-ray'*). Al-Ṭabarī appartient à la première catégorie. La seconde est représentée par Faṯraddīn al-Rāzī (mort en 606/1209), lequel toutefois ne fait pas fi de l'exégèse « traditionnelle ». Il se distingue seulement par la place plus grande qu'il donne aux débats théologiques et philosophiques : avec les mu'tazilites, partisans de l'appropriation par l'homme de ses actes, avec les ǧabrites, défenseurs du déterminisme des actes humains, avec les dahrites (« matérialistes »), qui n'assignent pas de cause au monde, avec les « philosophes », qui affirment l'existence d'une telle cause, mais déterminée au lieu d'être dotée du libre choix, etc.

Le Coran, le « grand code » de la culture islamique

L'interaction entre le Coran et la tradition islamique ne saurait être limitée aux domaines qu'on considère habituellement comme religieux : exégèse, science des variantes coraniques, théologie, théologie morale, droit musulman, mystique. Ce sont toutes les branches du savoir qui dans l'islam classique et jusqu'à nos jours, bien qu'avec des modalités différentes, sont « informées » par le Coran. Il en est ainsi pour l'*adab* qu'on peut définir comme l'« ensemble des connaissances profanes directement utilisables par le citadin cultivé dans l'ordre cognitif, éthique et esthétique » (M. Arkoun). Au IVe/Xe siècle, il déborde le champ couvert aujourd'hui par le concept de littérature, pour s'étendre à la culture linguistique, historique, géographique, scientifique et philosophique. On a pu y voir une certaine orientation rationalisante et réaliste. Mais, même dans l'*adab* philosophique, marqué par les perspectives grecques du cosmos, des liens se tissent avec la perception des « merveilles de la création » telles que le Coran les présente.

« Grand code », le Coran ne l'est pas seulement parce qu'il informe les diverses manifestations du savoir, mais aussi parce qu'il suscite un mode particulier de *réception* par association d'idées, d'une manière analogue à la fonction qu'avait le psautier chez les moines du Moyen Âge latin. La récitation quotidienne des psaumes et la *lectio divina* tenaient une telle place qu'elles fournissaient à ceux-ci une grille de lecture pour les événements et d'interprétation pour les diverses expressions du savoir. De même dans l'islam, mais alors pour toutes les classes de lettrés, les versets, le style, les mots et les motifs coraniques modèlent une configuration du savoir, de l'affectivité et de l'esthétique. Cela vaut aussi, d'ailleurs, pour la culture dite populaire, trop négligée par l'islam des clercs, alors qu'elle est au moins aussi importante pour la transmission de la doctrine que l'enseignement considéré comme officiel, celui des théologiens et des juristes. Ainsi en est-il des pratiques populaires, telles que la visite aux tombeaux des pieux personnages, ou des pratiques antérieures à l'islam qu'on rencontre dans tout pays musulman et qui, malgré l'opposition des lettrés, se sont maintenues jusqu'à nos jours. Elles ont été « islamisées » par le peuple, qui les a mises en rapport avec le Coran, par la récitation de versets coraniques et par des prières non canoniques. En fait, ces pratiques et croyances correspondent le plus souvent à un espace géographique et social-historique particulier et sont l'expression d'une mémoire collective symboliquement et sémantiquement riche. Tel est le cas du maraboutisme en Afrique du Nord. Les marabouts, à la fois directeurs spirituels, chefs de confrérie et personnages charismatiques, ont, dès le XIIIe siècle, encadré des populations qui se trouvaient éloignées du pouvoir central ou voulaient garder leur autonomie. S'insérant dans une société segmentaire, dans des modes particuliers de production et d'échange, ils « étaient, à leur manière, écrit Mohammed Arkoun, des *'Ulamā* [savants religieux], puisqu'ils savaient lire et écrire ; mais ils ont su s'intégrer dans des populations de culture exclusivement orale en partageant leurs croyances (qualifiées de superstitieuses par les 'Ulamā des villes), en tolérant des rituels saisonniers, animistes, plus ou moins islamisés (c'est ce qu'a fait le Prophète à propos du pèlerinage, par exemple), en servant surtout de médiateurs efficaces dans de nombreux conflits qui divisaient les clans et les familles ».

Le modèle coranique a aussi été transmis au peuple par des prédicateurs populaires ou par des conteurs qui narraient les « histoires des prophètes », c'est-à-dire des « légendes bibliques » ou extra-bibliques auxquelles le Coran fait allusion. Les récits coraniques sont, pour ces conteurs et ces « sermonnaires », l'occasion de développements narratifs à partir d'un fonds ancien hérité du Proche-Orient, du judaïsme, du christianisme, mais aussi de traditions antérieures. L'ensemble fut adapté à la nouvelle religion, amplifié et transformé au cours des siècles au sein de la mémoire collective. Par cette voie orale furent transmis des modèles de conduite et de réflexion, des types et des antitypes : par exemple, Abraham *versus* Nemrod, c'est-à-dire le croyant soumis (*muslim*) opposé au potentat « impie ». Une grande partie de ces traditions ont été intégrées dans des commentaires coraniques comme celui d'al-Ṭabarī ou dans les parties des ouvrages d'historiographie qui traitent de la création du monde et de son histoire d'avant la révélation du Prophète. Par là étaient figurés et enseignés non seulement des modèles de conduite, mais aussi une représentation globale de l'histoire interprétant les « faits » à l'aide de figures « mythiques ».

Chaque peuple musulman du monde non arabe a repris ces traditions et les a adaptées à sa langue et à sa culture propres. Elles ont eu alors d'autant plus d'importance que la langue du Coran n'était pas la langue de ces populations, qui les ont fait entrer ainsi dans leur propre logosphère. Parmi de nombreux autres travaux, le phénomène a été étudié notamment par Jan Knappert pour les légendes en swahili et en malais.

« Grand code », le Coran le demeure chez les peuples musulmans actuels. Son importance paraît même renforcée par la place qu'il occupe dans les programmes de radio et de télévision des États arabes et musulmans et par la généralisation de l'enseignement religieux, qui est obligatoire et sanctionné dans l'évaluation pédagogique. Cet impact est d'autant plus fort que les univers culturels des pays concernés n'ont guère été touchés par la coupure épistémologique qu'a connue l'Occident et que la transmission orale du savoir religieux y demeure très vivace. Les appels fréquents à retourner au « patrimoine arabe et islamique » doivent-ils pour autant donner le change ? Les mêmes appels ne traduisent pas forcément les mêmes exigences. Certains, en prônant le retour à l'expérience de la Communauté de Médine (c'est-à-dire la première communauté musulmane sous la direction du Prophète), songent, en fait, à un certain état mythique de la société musulmane, à un islam unitaire d'où seraient bannies toutes les divergences, à un état « matriciel » de la société. Les autres, au contraire, rêvent d'un « islam en débat », tel qu'il a existé à l'époque de sa grande créativité jusqu'au IVe/Xe siècle. En fait, cette dispute ne fait qu'exprimer les deux faces de la tradition – conservation et imagination créatrice –, ainsi que les deux sollicitations d'une écriture de sens : la permanence sémantique et l'interpellation herméneutique.

L'usage magique des écrits islamiques

Pour rendre compte de son émotion en retrouvant sa ville natale, Tanger, après avoir parcouru le monde, Ibn Battūta (mort en 779/1377) laisse échapper : « Pays où on me mit mes amulettes... ». Ce vers était déjà venu sous la plume d'un mystique persan ('Ayn al-Qudāt, mort en 525/1131), alors qu'il était près de la mort et désespérait de revoir sa région natale. C'est dire le caractère commun de la pratique et surtout la charge affective attachée à ces petits fourreaux de cuir ou de métal qui sont portés surtout autour du cou ou du bras et dont on munit très tôt les petits enfants pour les préserver du mal. Le contenu des amulettes (de l'arabe *ḥamilat*, « celle qu'on porte ») consiste le plus souvent dans des passages coraniques recopiés par un homme de religion. C'est que le Coran a pour caractéristique radicale d'être parole divine directe. Et la parole d'Allāh est toute-puissante. Ainsi s'expliquent les utilisations préservatrices du livre coranique lui-même : en avoir un exemplaire chez soi préserve de la foudre, le mettre sur la tête protège, etc. Fixer ensuite par l'écriture des paroles choisies d'Allāh doit permettre de capter leur pouvoir – et de façon plus durable que par une simple récitation. Pour s'approprier leur efficience, on ira jusqu'à les absorber physiquement, le plus souvent sous la forme de l'encre délavée de textes ou de formules.

Capter à son profit la puissance verbale d'Allāh, telle semble être la démarche générale des magies islamiques concernant les Écritures. S'y ajoute une autre démarche, tout aussi nécessaire, qui consiste à passer par le « travail » d'un intermédiaire spécialisé dans les choses de la religion et à profiter de son pouvoir particulier (*baraka*). Cela veut dire que l'efficacité de l'écrit n'est pas mécanique ; elle ne peut s'actualiser que par l'intervention d'un « magicien ».

Le passage coranique le plus sollicité en cet art talismanique est le « verset du trône », qui magnifie avec éclat la toute-puissance divine : « ... son trône est plus vaste que les cieux et que la terre » (Coran, II, 255). Mais on utilise aussi les noms de personnages islamiques (prophètes, mères des prophètes, archanges, saints, djinns) comme si l'emprisonnement de leur nom dans l'écrit devait contraindre ces puissants personnages à intercéder en faveur du fidèle et à mettre leur pouvoir à sa disposition. Les procédés habituels de la magie se retrouvent dans les choix du matériau coranique : magie de type sympathique, par contiguïté, par inversion, etc. Ainsi, exemple de magie « sympathique », pour faire aller une grossesse à terme, on utilise (Coran, IV, 1) : « Ô gens, craignez votre seigneur qui, à partir d'une seule âme, vous a créé ainsi qu'une épouse et puis par cette union a fait se propager une multitude d'hommes et de femmes. Craignez Allāh au nom de qui vous faites des demandes, comme [la constitution] d'une famille, car Allāh veille sur vous. »

Les supports d'écriture, ses présentations formelles (tableaux, carrés magiques), l'adjonction d'autres graphismes magiques, les modalités d'utilisation (l'amulette n'en est qu'une), l'insertion dans des rituels plus ou moins compliqués ont donné lieu à une codification au début du XIIIe siècle, sous l'égide d'un personnage fort mal connu, Al-Būnī (« le Bônois », mort peut-être en 622/1225), dont l'encyclopédie magique, *Chams al-ma'ārif al-kubrā* (« Le Soleil des plus hautes connaissances »), a servi ensuite de modèle dans la plupart des pays de l'islam. Il reste, au XXe siècle, un best-seller de l'édition arabe.

La réalité de la magie-sorcellerie (*siḥr*) n'est pas déniée par le Coran, qui en impute l'origine aux « diables qui ont apostasié, qui enseignent aux gens la magie et ce qui a été révélé aux deux anges Hārūt et Marūt à Babylone... » (Coran, II, 102). D'ailleurs, les deux dernières sourates (CXIII et CXIV) expriment un sentiment de défiance et de défense contre ces maux et, pour cela, sont surnommées *al-mu'awiddatān*, « les [deux] protectrices ». En revanche, ce qui est explicitement condamné par une pensée islamique récurrente (Ghazālī, Ibn Khaldūn), c'est la mauvaise utilisation de cette efficacité particulière, c'est-à-dire une utilisation socialement nuisible, plus précisément la magie noire et la sorcellerie.

Or les pratiques magiques du genre de l'amulette, qui sont répandues dans tous les pays musulmans, répondent massivement à des besoins soit de protection-évitement (éloigner toutes sortes de malheurs physiques et moraux), soit de propitiation (pour la fécondité et la fortune surtout). Rares sont les prescriptions visant un usage antisocial (volonté d'homicide, par exemple). D'ailleurs, la marge entre les invocations religieuses ritualisées (*du'ā*) et la magie proprement dite demeure floue dans bien des cas et certains corpus de textes à usage talismanique mêlent prières et procédés magiques. Le consensus historique relatif sur la licéité de telles pratiques trouve une confirmation, parmi d'autres, dans la populaire *Risāla* du docteur mālikite Ibn Abī Zayd (mort en 386/996), pourtant sévère et austère comme le mālikisme de l'époque : « Il n'y a pas de mal, écrit-il, à se préserver du mauvais œil et d'autres choses semblables, en demandant à quelqu'un des recettes magiques [...], pas de mal non plus à se servir du livre d'Allāh ou de formules pieuses et pas de mal à porter des amulettes contenant du Coran [*wa fihāl-Qur'ān*]. » En général, les condamnations portées contre ces pratiques proviennent du corps social des *'ulamā* réformistes de différentes tendances, tous plus ou moins héritiers de l'élitiste Ibn Taymiyya (mort en 728/1328).

Constant HAMÈS

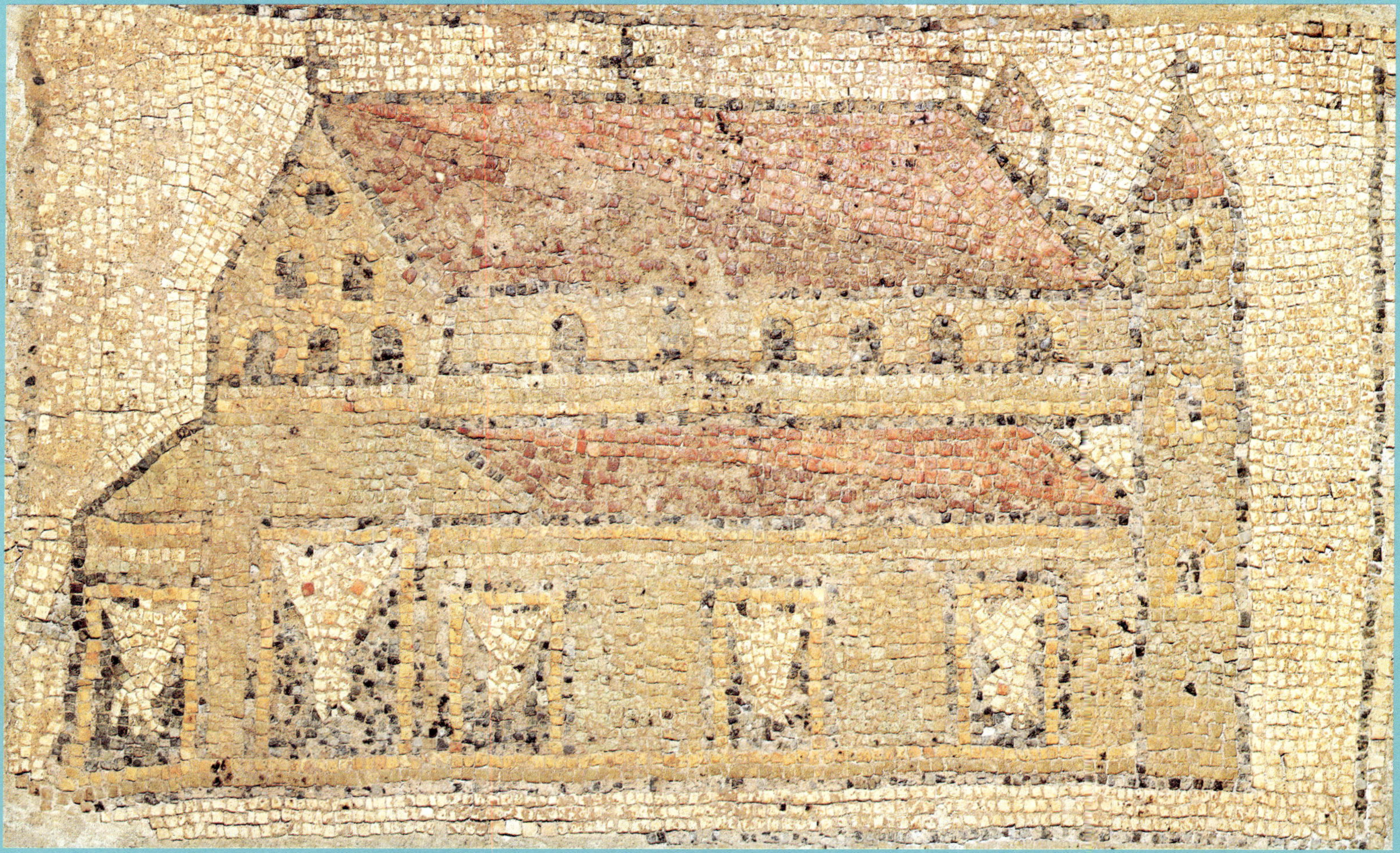

Mosaïque représentant une église des premiers temps du christianisme, Ve siècle après J.-C. Musée du Louvre, Paris (E. Lessing, Magnum).

ORGANISATION, RÈGLES ET POUVOIRS

Peut-on concevoir une pratique religieuse indépendante de toute structure formelle, de toute forme d'autorité, de toute inscription de pouvoir ? Même si l'histoire mouvementée et complexe d'une religion comme le christianisme a si souvent été marquée par des instances de contestation et de refus à l'égard des effets institutionnels du dogme, même si certaines sociétés ignorent un clergé fortement organisé et séparé, même si la méditation personnelle est parfois le noyau dur d'une expérience religieuse, l'identité d'une religion semble impensable en dehors d'une réglementation, fût-elle minimale, des principes et des tâches, des croyances et des fonctions. Sans adhérer à une théorie générale du religieux comme représentation du social ou du pouvoir dans son extériorité imaginaire, dans le lieu même destiné à l'avènement de l'État, on présente ici cet aspect essentiel de toute religion qu'est sa structure sociale.

L'Orient antique : Mésopotamie

JEAN-JACQUES GLASSNER

L'ultime explication du monde, selon les anciens Mésopotamiens, résidait dans l'existence d'une pluralité de puissances divines. Or, s'il s'était trouvé, parmi cette multitude, une poignée de dieux pour créer le cosmos, encore fallait-il le faire durer. Telle fut la tâche dont fut investie l'humanité et dont elle s'acquitta, principalement, par ses actes de dévotion, les dieux mésopotamiens étant de nature à se laisser traiter par des manipulations diverses. Ces actes, pour être efficaces, nécessitaient un personnel stable. De fait, cherchant à préciser les termes de leur propre identité par opposition à l'autre, les Mésopotamiens caractérisaient les êtres étrangers à la culture à l'aide de critères négatifs : par l'absence d'institution monarchique et d'agents spécialisés pour honorer les dieux, définissant du même coup, par antithèse, la société humaine comme soumise aux ordres d'un roi et pourvue d'un personnel qualifié pour célébrer les dieux.

Chef de la communauté humaine, parent ou ami des dieux, élevé par eux, transi de la parole du démiurge, le roi était l'intermédiaire indispensable entre les hommes et les dieux et avait vocation pour gouverner le monde et en assurer la pérennité. La nature du rapport qui l'unissait aux dieux était, au demeurant, variable. En pays de Sumer, il agissait en faveur et au nom d'un dieu, véritable souverain dont il était, en quelque sorte, le gouverneur. En pays d'Akkad, il en allait très différemment. Là, le dieu était censé intervenir dans un premier temps au moyen d'un don qu'il présentait au roi, préalablement à toute action de celui-ci ; il revenait ensuite au monarque d'agir à son tour et de prouver qu'il était digne du don qui lui était fait. En d'autres termes, l'action se situait au point de rencontre de deux modes opératoires, celui qui plaçait le divin entre le roi et son acte, et celui qui attribuait au roi lui-même la réalisation de cet acte.

	charges solidaires	charges collégiales	charges confiées à des équipes
fonctions cultuelles	en lagar lu.mah nin.dingir ishib	gudu.abzu gudu abrig nu.esh	sanga_2 - sanga_2.mah nar - nar.gal gala - gala.mah ku.é - shesh.gal
fonctions administratives	sanga shabra kishib.gal zabar.dab shaduba	agrig shatam	

Fonctions cultuelles et administratives sumériennes. Un personnage qualifié de « gal » (grand) ou « mah » (éminent) dirige les équipes.

Le roi se consacrait principalement à l'accomplissement d'un certain nombre de rituels qui lui étaient réservés. Il participait à l'hiérogamie, il prenait l'initiative de fonder les temples, il chassait le grand fauve et conduisait la guerre, car, en se proclamant vainqueur des lions et des rois, il affirmait étendre sa souveraineté sur la terre entière et promouvoir partout l'ordre cosmique instauré par le démiurge. Dans l'Assyrie du Ier millénaire, la guerre était conçue comme une activité hautement religieuse, le roi y mettant à mort ses ennemis comme on faisait d'un agneau sacrificiel, en les égorgeant.

Quant aux autres spécialistes du divin, on est accoutumé à les désigner sous l'appellation collective de « clergé ». Le terme a le mérite de la commodité, quoique ayant toute l'apparence d'un néologisme, puisqu'il n'est aucun vocable, dans l'Antiquité, qui lui corresponde. Ce clergé exerçait sa compétence à l'intérieur des temples – lesquels étaient de grands complexes économiques –, possédant d'amples domaines fonciers et se livrant à toutes sortes d'activités artisanales et bancaires. Les dieux y demeuraient qui en étaient les maîtres. Somme toute, maison, palais ou temple se distinguaient premièrement par la qualité de leur hôte, simple mortel ou monarque, personnage réel ou imaginaire. Il apparaît dès lors comme une évidence que l'on ne peut entendre par « clergé » les seuls agents du culte, mais que le terme englobe nécessairement les agents administratifs et les domestiques, bref tout le personnel d'un temple.

Parmi les fonctions cultuelles et administratives, on distingue celles dont l'exercice était solitaire, et qui étaient détenues par un seul titulaire, de celles dont l'exercice était collégial ou de celles qui étaient confiées à des équipes placées sous l'autorité d'un de leurs membres. En l'état que nous leur connaissons, les sources n'autorisent guère à établir une hiérarchie rigoureuse entre les uns et les autres. Du reste, d'une ville à une autre, voire d'un temple à un autre, les titres variaient considérablement, entraînant autant de mutations dans l'ordre hiérarchique. Une approximation grossière permet tout au plus de situer les titulaires de fonctions solitaires dans les échelons supérieurs de la hiérarchie. Ainsi le sumérien *en* désignait-il le dépositaire de la plus haute fonction cultuelle, un grand-prêtre lorsqu'il s'agissait du service d'une déesse, une grande-prêtresse dans le cas d'un dieu ; quant au *sanga/shangû*, il était le plus haut responsable administratif. La pratique largement répandue des cumuls ajoute encore à la complexité de la situation. Sous l'empire d'Ur, par exemple, un *nu.esh* du temple d'Enlil à Nippur exerçait, dans cette même ville, la fonction de *shabra* du temple d'Inanna. De prime abord, le fait est surprenant, car, si *nu.esh* était une charge religieuse de second ordre, *shabra* était une fonction administrative de premier plan. Le fait qu'Enlil précédait Inanna dans la hiérarchie divine aidait peut-être à rétablir un certain équilibre.

Au rang des personnels domestiques et subalternes, on comptait les balayeurs, les brasseurs, les cuisiniers et les portiers, un nombre important, enfin, de manutentionnaires souvent recrutés parmi les oblats.

Cette description demeurerait incomplète s'il n'y figurait, pour finir, le petit peuple des hommes et des femmes, acteurs ou danseurs, à l'occasion castrats, invertis ou hiérodules, qui participaient à certaines fêtes et certains rituels.

On ignore le plus souvent les tâches et les attributions de chacun. Quoi qu'il en soit, les divinités mésopotamiennes avaient des besoins spécifiques à satisfaire, demandant à être nourries, abreuvées, baignées, parfumées, habillées, promenées et distraites ; bref, le culte qui leur était rendu ressemblait à s'y méprendre à un service royal et requérait, donc, tout un personnel approprié. On est frappé, en son sein, par l'extrême spécialisation des tâches. Ainsi, parmi les purificateurs, le *sanga*$_2$ avait pour rôle d'ouvrir, chaque jour, la bouche de la statue divine, l'*enkum* accomplissait ses activités en usant d'eau alors que l'*abrig*, chargé de la fermeture quotidienne des portes et des offrandes aux verrous, usait d'huile. Quant au *zabar.dab*, il veillait sur le gobelet de bronze dans lequel le dieu buvait ; partant,

Mardouk à quatre faces. « Quatre sont ses yeux et quatre ses oreilles... » Ainsi voit-il l'ensemble de l'Univers. Bronze trouvé en Iraq, environ 1900-1600 avant J.-C. (University of Chicago, Oriental Institute).

responsable de la vaisselle en métal, il devint le grand argentier qui versait au palais l'impôt dû par le temple.

Les activités de certaines catégories de personnel étaient étroitement associées à la sphère de l'écriture et exigeaient aussi un certain nombre de connaissances approfondies. C'est dire assez que la préoccupation de l'enseignement, dans des écoles ou à domicile, était présente et que la formation des futurs scribes était largement le fait du clergé.

Tous les agents, enfin, ne remplissaient pas exclusivement leurs fonctions à l'intérieur d'un temple. Il en allait ainsi des *nadītu* qui étaient fermières des propriétés divines en même temps que banquières dans leurs cités ; il en allait de même des devins et des exorcistes, les premiers identifiant, parmi leurs nombreuses activités, le mal qui pouvait frapper une personne, mal auquel les seconds devaient porter remède.

S'agissant du statut des personnes, le fait marquant et qui retient immédiatement l'attention tient dans l'hérédité des charges. Les exemples ne manquent pas qui montrent qu'une fonction était l'apanage d'une même famille pendant cinq générations ou davantage. On alla même, parfois, jusqu'à inventer des filiations fictives afin de se rattacher à des ancêtres, prêtres illustres. Certaines charges étaient détenues en priorité par des membres des familles royales régnantes.

À y regarder de plus près, on peut distinguer entre deux catégories de fonctions, les unes qui se transmettaient intactes de père en fils et qu'on exerçait sa vie durant, les autres, également transmissibles, qui étaient prébendées, divisibles dans le temps et négociables, voire susceptibles d'être aliénées. Les tâches attachées à ces prébendes étaient de durée variable, allant d'une demi-journée à quelques mois par an.

Il n'était d'autre exigence requise à l'accession à une charge cléricale que l'intégrité corporelle et la pureté cultuelle ; la première était une qualité inhérente à la personne, la seconde s'obtenait au moyen d'un acte rituel. En Sumer, la divination était l'instance de légitimation des hautes fonctions religieuses.

Il ressort de l'ensemble de ce qui vient d'être dit une forte impression de diversité, de cloisonnement à l'horizontale et de stratification à la verticale. Les spécialistes du divin formaient un corps relativement hétérogène quoique exerçant la même fonction sociale. Les différences de nature dans les relations entre les rois et les clercs

Porteurs d'offrandes. Une des plus anciennes représentations cultuelles en Mésopotamie. Les prémices des récoltes sont apportées solennellement au temple de la déesse Inanna, à Uruk. On observe la nudité rituelle des porteurs d'offrandes. Vase d'albâtre, environ 3000 avant J.-C., musée de Bagdad (G. Dagli Orti).

témoignent de cette hétérogénéité. Certes, la Mésopotamie du IIIe millénaire ne connut pas de roi-prêtre, mais les rois pouvaient exercer certaines fonctions cultuelles. Plus tard, en Assyrie, le roi fut administrateur et grand-prêtre du dieu national, exerçant l'autorité suprême sur les temples et désignant les membres du clergé. À Babylone, par contre, les deux fonctions furent toujours distinctes.

L'Égypte

Christine FAVARD-MEEKS

L'autorité religieuse en Égypte, selon les mythes, est entre les mains du pharaon, dont le caractère divin découle de la mission qu'il a reçue des dieux et dont la finalité est de maintenir l'ordre universel sans cesse menacé. Cette mission est un contrat : le souverain, par la pratique rituelle, satisfait les dieux ; ceux-ci, en retour, lui accordent le maintien de cet ordre nécessaire aux deux parties. Cela donne la mesure de l'autorité royale ; le mythe ne reconnaît que la seule médiation du pharaon. Il est, d'ailleurs, le seul à être représenté face aux dieux dans les multiples bas-reliefs des temples. Le roi est donc, en théorie, tout à la fois le garant et le support des dogmes. La notion même de dogme peut paraître, à première vue, excessive. Toutefois, la pluralité apparente des positions théoriques, que la pratique religieuse officielle manifeste, ramène toujours à une structure identique, celle du dogme royal. Celui-ci est la clef de voûte de la médiation rituelle, tout comme l'enjeu du pouvoir. Cet enjeu de la fonction pharaonique, dans ses rapports avec le divin, est tel que l'histoire du peuple égyptien, dans sa quête de spiritualité, pourrait n'être qu'une énumération des conquêtes successives sur les prérogatives royales, conquêtes qui témoignent d'une totale adhésion aux mythes fondateurs, donc à la mission royale.

Les dogmes imbriquent tout à la fois le culte divin, le culte du roi et son culte funéraire. Paradoxalement, jusqu'au Nouvel Empire, le culte divin est mal attesté. En fait, les manifestations religieuses, officielles ou privées, dont nous avons connaissance émanent essentiellement du culte funéraire, et la conquête la plus significative qu'on puisse alors constater sur les prérogatives royales réside dans le partage que le pharaon doit faire avec ses sujets de son destin dans l'au-delà.

On ne peut prétendre, pour autant, que le culte divin soit absent en ces périodes : quelques vestiges de temples de faibles dimensions, malheureusement muets, sont peut-être les témoignages d'un culte dont la finalité reste encore mal connue. La toponymie elle-même est révélatrice en ce sens : les « demeures » dédiées à tel ou tel dieu, à quelques exceptions près, n'apparaissent vraiment qu'au Nouvel Empire et se multiplient dès lors. Il est possible que ce constat soit trompeur, car l'écriture hiéroglyphique a conservé des signes qui, de toute évidence, sont autant de représentations de sanctuaires primitifs. Ceux-ci paraissent se rattacher exclusivement aux cérémonies organisées autour du pharaon et de son culte funéraire. Cette religion officielle, qui est une religion d'État, masque peut-être les formes de croyances et de pratiques locales, mais le roi, en fait, de par la mission dont il est investi, décide seul de la construction du temple, qui ne dépendra jamais de l'initiative privée. Pharaon ne pouvant être présent dans tous les temples, la nécessité de déléguer les pouvoirs cultuels a-t-elle entraîné une limitation du nombre des sanctuaires, l'essentiel s'organisant autour du roi lui-même ? Cette délégation semble ne s'être opérée que progressivement et les membres de la famille royale ont été les premiers à en bénéficier. Qui plus est, il n'y a pas, à l'origine, de clergé constitué, mais des fonctionnaires cumulant des tâches administratives et religieuses : le service de l'État et le service divin sont plus ou moins confondus.

Le processus de délégation une fois mis en place, le clergé manifeste très vite son autorité, dès lors que le pouvoir fait apparaître un décalage entre sa nature sacrée et la réalité humaine de son exercice. Ce clergé, qui veut être le garant du dogme, va progressivement s'arroger le droit de choisir qui en sera le support. Dès la Ve dynastie, en effet, le clergé d'Héliopolis – à un moment où les prêtres s'emparent, sans doute par le biais de la maîtrise de l'écrit, des textes sacrés – semble avoir acquis un pouvoir considérable. Ainsi, le passage de la IVe à la Ve dynastie est-il justifié – un conte en fait état – par le choix que fit Rê, dieu solaire et créateur, de s'unir à l'épouse d'un de ses prêtres afin de donner naissance à une nouvelle souche qui devait l'honorer plus particulièrement. Ce même clergé saura doter Rê d'une universalité telle que, par la suite, les autres dieux feront leur cette universalité, par assimilation au dieu solaire, dès lors que l'un d'entre eux bénéficie des faveurs royales ou dynastiques. Les dieux eux-mêmes finissent donc par s'intégrer dans un schéma qui justifie tant l'ordre universel que l'ordre social, dont le pharaon est le pivot. L'Égypte est une réduction du monde, que le temple symbolise. Dès qu'il y a temple, il y a mise en œuvre, par le roi, d'un mythe à vocation universaliste, quelles que soient ses variantes. La fondation royale réalisée, le rôle du clergé sera de la faire perdurer afin d'attirer vers le temple le plus grand nombre de richesses. Il semble bien que les plus grands temples, quand on peut enfin mesurer leur impact, correspondent à autant de dieux dynastiques ou de patrons royaux stratifiés dans les pratiques cultuelles.

Dès lors que les temples divins nous deviennent connus, on constate l'existence d'un clergé spécialisé, détaché du service du roi, accomplissant en son nom « une besogne de techniciens » pour reprendre l'expression de S. Sauneron. Le prêtre doit uniquement accomplir les rites, en actualisant la divinité dans sa statue – qui est enfermée dans le sanctuaire –, afin de maintenir l'ordre du monde. Toutefois, cet acte même l'investit d'une autorité de nature spirituelle, puisque l'ordre du monde, c'est l'ordre social. Le temple est donc un espace clos, d'où le non-professionnel est exclu. Il n'y a pas irrigation de la société par le lieu de culte proprement dit. Ce n'est pas une religion de l'individu ni pour l'individu, mais le clergé saura multiplier les occasions de contact avec la population par le biais des fêtes, qui impliquent des sorties processionnelles du dieu. Celles-ci constituent le véritable ciment d'une adhésion commune qui va de soi. S'il y a contestation, elle ne porte pas sur le contenu du dogme, mais sur la pertinence de son application. La vulnérabilité du pouvoir royal, à travers la personne qui en est investie, vient de son incapacité à résoudre, en certaines circonstances précises, les problèmes qui assurent le bien-être général. Il ne peut pas y avoir de schisme, mais il peut y avoir désaffection. Le non-respect du dogme, qui est un manquement à l'ordre du monde, mobilise le corps social, qui rejette l'élément perturbateur. Ainsi, la prétendue hérésie d'Akhenaton naît d'un conflit entre le sujet du dogme et ses gardiens, mettant en lumière tant la faiblesse du roi que sa volonté de récupérer les prérogatives dogmatiques perdues au profit de ses sujets, et d'échapper ainsi aux obligations contractées vis-à-vis d'un clergé et consacrées par le temps.

Investi d'une fonction, mais sans recevoir une onction ou bénéficier d'une révélation, le prêtre demeure un « laïc ». Il est typique que, dans une communauté relativement fermée, comme celle de Deir el-Médineh, village des artisans de la tombe royale, le clergé local soit recruté parmi les ouvriers eux-mêmes. Le clergé vient du monde séculier et il y retourne, sa fonction cultuelle achevée. S'il est, dans la société, une ligne de partage, celle-ci sépare ceux qui écrivent et ceux qui n'écrivent pas. Il est significatif que, dans un texte littéraire, la *Satire des métiers*, qui

Statue d'Ounnefer, premier prophète d'Osiris à Abydos, sous le règne de Ramsès II (Nouvel Empire). Ounnefer est représenté ici revêtu de la peau de panthère – insigne de son ministère – et portant une enseigne dont le sommet est surmonté du reliquaire du dieu qu'il sert. Sous les Ramessides, le clergé d'Osiris à Abydos prend une importance capitale. Après l'échec de la réaction amarnienne qui visait essentiellement à minimiser le pouvoir séculier des prêtres d'Amon de Thèbes, Ramsès II tenta lui aussi de contrer ce même pouvoir en nommant à sa tête un pontife issu du clergé d'Abydos. Ce geste politique était d'autant plus habile que le roi favorisait, aussi, le dieu de la région dont il était originaire, le dieu Seth, l'assassin d'Osiris. La politique religieuse de Ramsès II vise donc à contrebalancer la puissance du clergé thébain par la promotion de différentes divinités de rang national en plusieurs points du pays. Musée du Louvre, Paris (R.M.N.).

Le prêtre repère. Tombe de Ramsès VI, vallée des Rois, XXe dynastie. Les moments du culte étaient réglés sur les astres, de jour comme de nuit. Un prêtre s'asseyait, la nuit, sur le toit du temple, selon une orientation préétablie ; le changement de position de certaines étoiles, par rapport aux différentes parties de son corps, indiquait les heures que relevait l'horologue qui lui faisait face. Celui-ci les annonçait à haute voix, ce qui permettait d'assurer le déroulement régulier des cérémonies. Dans un système iconographique figé par la figuration de profil, la frontalité des visages constitue ici une exception nécessaire, car elle permet le positionnement correct des astres par rapport aux deux yeux et aux deux oreilles (D. Meeks).

examine les principales composantes de la société égyptienne, on oppose le métier de scribe à tous les autres, le prêtre n'y étant pas isolé comme faisant partie d'un corps de métier particulier.

La hiérarchie sacerdotale va se structurer autour de tâches purement internes au temple et autour de l'importance accordée au dieu par le pharaon. Dès sa constitution, et tout au long de son histoire, la fonction sacerdotale a connu essentiellement trois degrés correspondant à des implications croissantes dans le contact avec le divin : le « pur », le « père divin », le « serviteur du dieu ». Dès le degré inférieur, la fonction sacerdotale s'inscrit donc dans un cadre où la pureté est nécessaire, car ce milieu fermé qu'est le temple ne doit pas être souillé par le monde extérieur. Cette pureté est essentielle au moment de l'accomplissement des tâches rituelles. Mais la rotation périodique, et par équipes, des prêtres fait que ceux-ci ne sont pas investis de façon permanente dans les activités cultuelles et ne tombent pas continuellement sous le coup des prescriptions qui s'y rattachent. Le célibat, par exemple, n'est pas une obligation ; le prêtre sera chaste durant son activité cultuelle et dans les instants qui l'y préparent. Ce système de rotation concerne les auxiliaires et le bas clergé : le grand prêtre, qui cumulait aussi la gestion administrative des biens, s'y consacre de façon permanente.

Ces charges naturellement héréditaires aboutissent à la constitution de castes. Le clergé aura d'autant plus tendance à s'ériger en caste que le pouvoir royal deviendra politique dans sa nature.

Enfin, la précarité constatée du culte funéraire assuré par la piété filiale ou le pouvoir royal fait que l'on se tournera de plus en plus vers le temple de sa ville pour assurer la durée du service d'offrandes, la permanence du sanctuaire étant en soi une sécurité. Mais cette durée est gagée sur une donation ou une fondation qui l'entretient.

Le clergé, à Basse Époque, aura donc réussi, à la fois, à se présenter comme seul garant des dogmes – au point de pouvoir intégrer, sans heurts véritables, les pharaons étrangers qui les respectent – et à assurer aux fidèles qui en avaient les moyens la permanence d'une vie posthume devenue, ailleurs, des plus hypothétiques.

L'Antiquité grecque

STELLA GEORGOUDI

On répète souvent et à juste titre que la Grèce a été une culture sans corps sacerdotal, sans hiérarchie « ecclésiastique », sans dogme, sans Livre « sacré ». Cette constatation, forcément générale, partant sommaire, demande à être nuancée et analysée, compte tenu des formes variées qui individualisent les constitutions des cités grecques. Mais cet examen de détail, tout en apportant des retouches significatives à ce tableau d'ensemble, ne le déforme pas.

On peut faire une autre observation : la religion, en pays grec, est, peut-on dire, l'affaire de tous (de tous les citoyens, s'entend) et elle irrigue toutes les ramifications de la vie civique. Le religieux compose avec le politique et le social non pas une addition artificielle de ce qu'on appelle souvent et communément le domaine du « sacré » et le domaine du « profane » (ce qui présuppose une nette distinction préalable entre les deux) mais plutôt un ensemble complexe d'incessantes interférences, plus ou moins compréhensible pour nous. Ce système, que l'on trouve dans toutes les cités-États de la Grèce ancienne, avec naturellement des variations tenant à différents « profils » constitutionnels, établit une communication permanente avec les dieux, à travers des voies et des occasions multiples, par l'intermédiaire de personnes diverses, sans que cette tâche devienne jamais l'apanage d'un corps spécialisé, qui serait détenteur d'un savoir secret, inaccessible aux autres.

Néanmoins, on n'a pas affaire à une situation où le religieux serait dilué indistinctement dans les rouages de l'État. Dans les cités grecques, divers agents s'occupent exclusivement des activités religieuses : prêtres et prêtresses, devins et exégètes de la volonté divine, titulaires chargés des cultes à mystères (éleusiniens, dionysiaques, etc.). La communauté civique prend bien soin de distinguer les « affaires des hommes » des « affaires des dieux » et de traiter, souvent en priorité, ces dernières dans les assemblées du peuple ou du conseil. Et, en matière financière, elle veille attentivement à faire une place à part aux fonds réservés aux cultes, aux biens meubles ou immeubles appartenant aux divinités, aux « trésors sacrés » gérés par des personnes assignées à cette tâche. Conscients de faire partie d'un monde différent de l'univers divin, avec lequel ils communiquent surtout à travers l'acte sacrificiel, les Grecs ont donc tracé, dans divers secteurs, des limites entre ces deux espaces.

Cependant, dans le réseau de relations liant les dieux et les hommes, l'essentiel ne se mesure pas tellement à cette mise en place de leurs domaines respectifs. Ce qui importe surtout, ce sont les instances qui détiennent l'autorité religieuse, ce sont les centres de décision et de contrôle dont relève en général la vie cultuelle. Or, dans les cités grecques, ce n'est pas l'institution de la prêtrise qui est investie d'un tel rôle. Qualifiés de « serviteurs des dieux », les prêtres ont, comme préoccupation majeure, le devoir d'imposer, dans l'espace sacré du temple, l'*eukosmia*, le bon ordre et la décence, et d'assurer la valeur et l'efficacité des rites, par l'observance stricte des modalités nécessaires, prescrites aussi bien par la tradition que par des règlements ponctuels. Ils doivent aussi accomplir des sacrifices ou être, au moins, présents pendant l'immolation des victimes pour adresser des prières aux dieux au bénéfice de toute la communauté.

En règle générale, les prêtres des cités grecques étaient élus ou tirés au sort pour une période déterminée, le plus souvent un an. Ils devaient être citoyens de naissance, n'avoir jamais été frappés d'*atimia* (privation des droits civils et politiques), être physiquement intègres et sans tares corporelles. On les préférait même beaux, de bonne réputation et issus d'une famille estimée, mais l'on n'exigeait pas des candidats à la prêtrise des connaissances spéciales, un savoir acquis par un apprentissage préalable. Les prêtres grecs ne prêchaient pas ; ils n'enseignaient rien. Un long conservatisme ritualiste, un souci permanent de ne « rien mouvoir » (*mè kinein*) dans la pratique cultuelle fixée par la tradition, mais de suivre fidèlement la voie tracée par la piété des ancêtres, l'existence enfin de nombreux règlements écrits (qu'on appelle globalement « lois sacrées »), dont une bonne partie, exposée à la vue de tous, familiarisait chaque citoyen avec divers aspects cultuels, tout cela contribuait à rendre la prêtrise accessible à un grand nombre de citoyens. « Tout le monde peut être prêtre », disait Isocrate ; et, si cette formulation générale ne correspondait pas tout à fait à la pratique des cités grecques, il n'en est pas moins vrai que celle-ci ne se conformait pas exactement à l'idéal aristotélicien qui voulait exclure de la prêtrise cultivateurs et artisans.

Bien entendu, à côté de ces prêtrises temporaires, il existait, dans plusieurs cités, des sacerdoces à vie, dits « patrimoniaux » (*patriai*), appartenant à de vieilles familles honorables qui détenaient le « monopole » de certains cultes, monopole qui, généralement, n'était pas aboli par les réformes et les changements constitutionnels. Et, face à ces deux catégories de prêtres – ceux qui étaient affectés

Le rapt de Cassandre. Réfugiée dans le temple d'Athéna, Cassandre embrasse la statue de la déesse, tandis qu'Ajax s'efforce de l'arracher à cette protection. À gauche, la prêtresse fuit, apeurée, devant cet acte de violence sacrilège. Elle tient à la main la clé du sanctuaire, insigne de sa fonction. Les prêtres étaient en effet avant tout les gardiens du temple dont ils avaient la charge et les responsables du respect des usages. Attachés chacun à un sanctuaire particulier, ils n'étaient pas reliés entre eux par des structures de type hiérarchique ou associatif. Vase italiote, 360-350. Musée national, Tarente (A. Held, Artephot).

pour un temps au service d'un temple et ceux qui étaient voués à vie au culte « ancestral » d'un dieu –, il y avait ceux qui accédaient à la prêtrise en achetant à la communauté le sacerdoce d'une divinité ; cette pratique fut courante, à partir surtout du IIIᵉ siècle avant J.-C., en Asie Mineure, où la vente des prêtrises constituait, pour les cités, une importante opération financière.

Quel que soit, cependant, son mode d'investiture, le prêtre reste, en dernière analyse, un officier public, attaché à un culte d'État, soumis à toutes les obligations qui sont imposées à chacun des magistrats et dont la plus importante est la « reddition des comptes » : « Dans cette cité ancienne et si grande, dira Eschine à propos d'Athènes, personne n'est soustrait à l'obligation de rendre ses comptes, d'entre ceux qui touchent de près ou de loin aux affaires publiques [...]. C'est ainsi que la loi impose cette formalité aux prêtres et aux prêtresses [...] et non seulement ils sont responsables comme individus, mais cette responsabilité s'étend aux familles sacerdotales tout entières [...]. » Soumis au contrôle suprême du conseil et de l'assemblée du peuple, les comptes qu'avaient à rendre les prêtres ne portaient pas sur la gestion financière des sanctuaires, puisque, en règle générale, les titulaires d'une prêtrise n'étaient pas « trésoriers » des fonds publics affectés aux temples. Ce que les prêtres devaient prouver, c'est qu'ils avaient rempli avec exactitude les devoirs de leur charge, qu'ils avaient agi, en toute circonstance, conformément aux lois et aux décrets du conseil et du peuple, sans usage abusif de leurs prérogatives. Mais, bien que les prêtres fussent considérés, dans la pratique, comme des magistrats, la fonction sacerdotale ne pouvait pas être classée parmi les vraies magistratures, qui, selon la conception aristotélicienne, avaient « le pouvoir de délibérer, de décider et d'ordonner ».

Ce pouvoir discrétionnaire appartenait, en matière de religion, au *dèmos*, au peuple, qui, en dernière instance, pouvait introduire par décret de nouveaux cultes, autoriser la construction ou la restauration de sanctuaires, fixer les devoirs et les privilèges des prêtres et des prêtresses, poursuivre les crimes de nature religieuse, définir tout ce qui est permis ou interdit dans les limites d'un espace sacré. C'est le dèmos qui réglemente l'organisation d'une fête, la mise en place d'une procession, les détails d'une procédure sacrificielle, les modalités de la participation ou de l'initiation aux mystères. C'est lui enfin qui exerce son autorité sur toute matière concernant les trésors sacrés, le financement et le budget des cultes publics : il contrôle les richesses des temples, il détermine les taxes cultuelles, il fixe les casuels des prêtres et des prêtresses, il décide des emprunts auprès des caisses sacrées, il prévoit les dépenses sacrificielles, il choisit les victimes. Il arrive parfois qu'un prêtre puisse promulguer un édit portant, par exemple, sur la protection du sanctuaire dont il a la charge. Mais, dans ce cas, il est obligé d'agir également « au nom des démotes et du peuple athénien », et tous ses actes doivent être conformes aux décisions du conseil et du peuple d'Athènes.

Soucieuse de maintenir constamment la bonne entente avec ses dieux, desquels dépendent finalement la réussite des entreprises humaines, le bonheur et la prospérité des citoyens, la cité grecque ne se contente pas de son pouvoir de décision. En même temps qu'aux différents détenteurs de sacerdoces, elle confie un grand nombre des tâches religieuses à toute une série de personnes qui se placent en dehors du cadre de la prêtrise : il s'agit surtout des magistrats civils, politiques et militaires, ou des membres de divers groupes et commissions, qu'on institue *ad hoc* de façon temporaire ou permanente. Ces personnages, en agissant individuellement ou collégialement, s'occupent activement des « affaires divines » : ils offrent ou accomplissent en personne des sacrifices publics ; ils veillent au choix des victimes et à la distribution des viandes ; ils remplissent des fonctions de police et de juridiction sur les lieux sacrés ; ils ont la haute responsabilité de plusieurs fêtes, parfois même des plus importantes ; ils contrôlent les inventaires des temples ; ils supervisent les travaux publics concernant les édifices du culte ; ils agissent en administrateurs des biens sacrés, en intendants ou trésoriers des dieux de la cité. Loin d'être des « assistants des prêtres », comme on le dit parfois, ces magistrats et ces « commissaires des cultes » sont souvent de véritables « gouverneurs » qui président à l'organisation de la vie cultuelle.

Ainsi, en faisant de la participation aux cultes le devoir de tout citoyen, en rendant, grâce à la rotation des charges, plusieurs de ses membres responsables des « affaires des dieux » – qu'elle traite publiquement et en corrélation étroite avec ses préoccupations politiques et sociales –, la cité « pratique la piété à l'égard des dieux », et renforce aussi la cohésion de son corps civique.

Rome

JOHN SCHEID

Dans la Rome antique, où toute conduite religieuse émane d'une communauté et exprime la piété de cette dernière, l'organisation et l'exercice des pouvoirs religieux ne peuvent être compris que dans un cadre poliade ou communautaire. De ce fait, il n'existe pas *un* pouvoir religieux, mais plusieurs, dont le type et le mode d'exercice varient en fonction du statut des cultes concernés. L'autorité ne s'exerce pas de la même manière dans les cultes publics et dans les cultes domestiques, dans les cultes traditionnels et dans les cultes des étrangers installés à Rome. Et, bien entendu, malgré de fortes homologies, les règles changent selon que l'on envisage Rome ou les cités romaines de l'Empire (municipes ou colonies), voire les cités qui ont conservé leurs propres institutions politiques et religieuses. Les sources nous informent surtout sur les cultes publics, et c'est donc avant tout dans ce secteur essentiel de la « vie religieuse » des Romains que le jeu de l'autorité religieuse peut être étudié.

La sujétion vis-à-vis de celle-ci et même l'adhésion à une religion ne sont pratiquement jamais des actes volontaires. Elles dérivent du statut juridique ou des fonctions sociales. L'adhésion volontaire, non déterminée par une situation sociale ou par un statut, existait aussi, mais elle demeurait un fait marginal et d'ailleurs parfaitement compatible avec les formes traditionnelles d'appartenance. Un Romain – ou un citoyen d'une cité de l'Empire – est membre d'une communauté cultuelle par la naissance, par l'acquisition de la citoyenneté, par ses fonctions ou son domicile. Par la naissance, par l'adoption ou bien par l'affranchissement dans le cas des esclaves, on devient membre de la communauté cultuelle qu'est la famille – et, à un niveau différent, le quartier. Au sein des grandes familles, on entre aussi dans la communauté cultuelle de la *gens*. Bien entendu, les fils de citoyens ou les affranchis deviennent également membres de la communauté religieuse du peuple romain tout entier. Avec les années, le citoyen pourra s'intégrer, suivant ses activités, dans d'autres groupes cultuels, par exemple dans le collège des boulangers, des bateliers ou dans la communauté religieuse du camp de légion.

Étant déterminée par la naissance, par l'acquisition d'un statut ou par l'exercice d'une activité, l'appartenance religieuse n'exige pas du « fidèle » la reconnaissance d'une doctrine et ne dépend pas d'une décision émanant d'une autorité spécifiquement religieuse, mais de la décision même qui confère un statut donné, toute décision prise par un citoyen responsable produisant des effets à la fois sociaux et religieux : en reconnaissant son fils, en affranchissant son esclave, le père de famille les reçoit dans la communauté cultuelle domestique. De ce fait, seule la perte d'un statut social peut entraîner l'exclusion d'une communauté religieuse donnée, car la notion d'hérésie et l'excommunication n'existent pas à

Insignes des collèges sacerdotaux. Sur ce denier de 16 avant J.-C. sont figurés le « simpulum » (coupe à libations) des pontifes, le « lituus » (crosse) des augures, le trépied des quindécemvirs et la patère (coupe évasée) des septemvirs (Bibliothèque nationale de France, Paris).

Rome. Les superstitions font seulement sourire et aucun culte n'est exclusif d'un autre. Quant à ceux qui se rendent coupables d'une offense à une divinité, les magistrats se contentent de les désigner, en les mettant en marge de la communauté civique et en laissant aux offensés, aux dieux, le soin de faire justice.

L'autorité religieuse et les collèges majeurs

La participation active aux communautés cultuelles concerne avant tout les hommes, les femmes étant reléguées dans quelques fonctions spécifiques comme le sacerdoce de Vesta (six prêtresses), une poignée d'autres prêtrises ou quelques célébrations (par exemple, les Damia). Dans les cités romaines, le culte des dieux est l'affaire des citoyens mâles, la participation des femmes pouvant être plus importante au sein de certaines religions importées, par exemple dans le culte d'Isis ; mais, en règle générale, c'est seulement dans les cultes domestiques que les femmes jouaient un rôle effectif et permanent.

L'autorité religieuse s'exerçait dans le même cadre et par les mêmes voies. Dans les cultes publics, qui établissaient et fondaient les bons rapports du peuple romain avec ses dieux, il n'existait pas d'autorité religieuse centrale. Le pouvoir était distribué entre les magistrats, les prêtres, le sénat, et remontait même, dans une certaine mesure, au peuple tout entier. Une grande partie du culte (notamment les sacrifices publics, les vœux, les dédicaces de sanctuaires, les prises d'auspices et la divination) incombait aux autorités politiques élues, aux consuls et aux préteurs. À l'occasion, ceux-ci recouraient à l'assistance de prêtres ou aux conseils du sénat, mais ils décidaient toujours seuls de la voie à suivre. Groupés en plusieurs collèges, les prêtres contrôlaient la régularité des actes religieux. Ils étaient dépositaires du droit sacré ; mais, pour exercer leur droit de contrôle, ils devaient être saisis par les magistrats ou par le sénat. Certains prêtres n'avaient de pouvoir que sur certains rituels (les flamines, les saliens, les arvales, les luperques, les prêtres de tel ou tel dieu), l'autorité proprement dite appartenant à quatre collèges sacerdotaux dits majeurs (*quattuor amplissima collegia*) et, dans une certaine mesure, au sénat. Dans les cités romaines d'Italie ou des provinces, c'étaient deux sacerdoces et le conseil des décurions qui détenaient cette autorité.

Le premier des collèges majeurs, celui des pontifes, présidé par le *pontifex maximus*, était chargé de conserver et de contrôler l'ensemble de la tradition liturgique. Son pouvoir était donc important et, même s'il devait être saisi pour donner un avis, il infléchissait toujours les évolutions de la religion. Le contrôle des bonnes relations entre le peuple romain et ses dieux – autrement dit, le contrôle du culte dû et l'inventaire des signes manifestant la colère des dieux, ainsi que la formulation de nouvelles règles cultuelles, l'introduction de nouveaux dieux ou de nouvelles fêtes – incombait surtout au sénat. Ainsi, l'année civile débutait par une séance du sénat, au cours de laquelle le consul en charge consultait les sénateurs sur l'état de la religion publique. C'est au cours de ces consultations, ou sur une saisie directe par un magistrat, que le collège des pontifes était appelé à donner ses avis « techniques ».

Les autres collèges sacerdotaux majeurs avaient, dans leurs domaines respectifs, des pouvoirs analogues à ceux des pontifes. Spécialistes des signes envoyés par les dieux, les augures servaient de conseillers aux magistrats pour déchiffrer les signes obtenus dans la consultation des dieux (auspices) ou les prodiges survenus à l'improviste. Comme il était obligatoire de prendre l'avis des dieux pour tout acte public de souveraineté, l'autorité des augures était grande, surtout au cours des dernières décennies de la République (150-31 av. J.-C.), lorsque des tensions politiques de plus en plus fortes se développèrent à Rome. Les augures avaient même le droit d'interrompre des élections s'ils déclaraient avoir perçu un signe défavorable. Les décemvirs, devenus, en 80 avant J.-C., les quindécemvirs (les quinze), étaient chargés des Livres sibyllins ; ils avaient pour tâche de conserver et, sur la demande du sénat, de consulter ceux-ci (un vieux recueil de prophéties) pour y trouver les oracles permettant à la République de résoudre des conflits majeurs avec les dieux, conflits qui se traduisaient par des crises militaires ou par des catastrophes de toutes sortes. Le collège des décemvirs ou des quindécemvirs pouvait donc peser sur l'évolution de la religion, puisque les oracles communiqués par eux au sénat révélaient souvent des oublis ou des manques dans la vie religieuse publique, les solutions proposées faisant fréquemment appel à des divinités extérieures ou à des rites étrangers pour combler ces lacunes. Dès que de nouveaux dieux étaient intronisés à Rome, c'est à ce collège qu'incombait la responsabilité de leur culte. Les septemvirs épulons, enfin, se chargeaient de surveiller la célébration des jeux publics et des grands sacrifices qui y étaient liés. Dans les cités d'Italie ou des provinces de l'Empire existaient des pontifes et des augures dont les compétences étaient en gros analogues à celles de leurs collègues de Rome.

À côté de ces prêtres publics, Rome et les cités de son Empire connaissaient bien d'autres autorités religieuses, dont le pouvoir était toutefois limité à des groupes sociaux plus restreints. Les collèges d'artisans, qui étaient également des communautés cultuelles, étaient dirigés par des présidents élus (*magistri*) détenant l'initiative religieuse. Les quartiers urbains étaient dotés, eux aussi, de présidents élus et de flamines qui entretenaient, pour autant que nous le sachions, les mêmes rapports que les magistrats et les prêtres du peuple romain. Dans les familles, enfin, le père de famille, assisté de son épouse, exerçait le pouvoir religieux.

L'orthopraxie du rituel

L'inventaire des compétences suffit à établir qu'à Rome l'autorité religieuse s'exerçait de deux manières, selon qu'il s'agissait de la célébration de rites religieux ou du contrôle des règles et des traditions cultuelles. Au cours de la

Un rituel célébré selon les règles. Jusqu'à une date tardive, la religion romaine a maintenu strictement les formes du culte officiel. Témoin le sacrifice à Mars (représenté nu à gauche de l'autel) offert ici par le père de Constantin, Constance Chlore (à droite de l'autel). Face à lui se tiennent le flamine de Mars et un porteur d'encens. Base de colonne dite des Jeux décennaux de 303, Forum romain, Rome (J. Scheid).

célébration du culte confiée aux magistrats, aux présidents de collèges ou aux prêtres, l'autorité était à la fois concentrée dans les mains d'un seul et diffusée entre plusieurs personnes. Le « maître » du rite sacré – consul, prêtre ou président de collège – avait l'initiative, et c'est lui qui agissait. Les magistrats ou les membres des collèges sacerdotaux majeurs pouvaient agir individuellement, à condition que leurs collègues n'y fissent pas objection. Dans les autres collèges sacerdotaux, la présence de trois membres était requise pour que la communauté cultuelle pût célébrer le culte. Toutefois, le célébrant n'était pas seul. À ses côtés se tenait souvent un prêtre, ou un collègue s'il s'agissait d'un prêtre, qui lui dictait la formule de la prière (*praeire uerba*) ou contrôlait en silence ce qu'il faisait. Les gestes proprement dits étaient souvent accomplis par des assistants plus jeunes, eux-mêmes aidés par des appariteurs. Ainsi, un sacrifice d'encens et de vin offert par le collège des frères arvales était porté à l'autel par des enfants de rang sénatorial avec l'aide des esclaves publics du collège. Cette dilution de l'autorité, qui paraît indiquer que le pouvoir d'agir rituellement n'est à proprement parler que le pouvoir d'agir, l'action elle-même étant du ressort d'assistants, traduit aussi la volonté de rendre « objectifs » les actes religieux célébrés au nom du peuple romain. En même temps, la collaboration de citoyens libres et d'esclaves, d'adultes et d'enfants manifeste clairement la structure de la société romaine. Ainsi n'est-il guère surprenant que, dans le culte domestique, le père de famille célèbre les rites, assisté de son épouse, qui se tient silencieuse à ses côtés.

Pour remplir leur deuxième mission – le contrôle de la religion constituée et le débat éventuel sur ses limites ou son évolution –, les collèges sacerdotaux disposaient d'archives, des *libri* ou des *commentarii*, où étaient consignés pêle-mêle les comptes rendus de rituels célébrés, les décrets émis en réponse à des consultations anciennes sur des points précis des rituels ou sur des liturgies complexes. Ces livres ne contenaient ni une doctrine révélée, ni même une description complète du système religieux ou des liturgies dont chaque collège était chargé. Ce genre d'exposé normatif n'existait pas à Rome, et les liturgies elles-mêmes, ces séquences de rites plus ou moins complexes, étaient vraisemblablement transmises oralement de génération en génération. C'est la conclusion qui s'impose du fait que nos sources ne contiennent jamais des prescriptions rituelles précises et complètes, alors que les Romains étaient attachés au plus haut point à l'exactitude scrupuleuse des gestes liturgiques. Même lorsqu'il s'agissait de restaurer des rituels tombés en désuétude, les édits sacerdotaux ne comprenaient jamais de telles prescriptions, mais seulement des règles générales et des dispositions accessoires.

Le savoir sacerdotal et les arrêts par lesquels celui-ci s'exprimait ne concernaient que les aspects rituels et matériels du culte, jamais la doctrine. L'orthopraxie de la religion civique exigeait une célébration rigoureusement

Procession du collège pontifical. Auguste (à gauche, de profil et le bras tendu), en sa qualité de grand pontife, précède les trois flamines majeurs et le flamine du divin Jules [César], reconnaissables à leur coiffe [le « galerus »]. Le flamine de Jupiter, qui porte une baguette destinée à écarter ceux qui viennent à sa rencontre, est suivi du licteur flaminal, armé de la hache. Frise de l'enceinte méridionale de l'autel de la Paix, Rome (Scala).

fidèle des rites traditionnels et ne s'occupait pas de l'exégèse que l'on pouvait en faire. De ce fait, une notion comme l'hérésie n'existait pas dans la religion publique. Elle existait d'autant moins que, tout en cherchant sa légitimité dans la référence aux ancêtres et à la tradition, les autorités religieuses pouvaient toujours faire évoluer par extension et agglomération le corpus des rituels et le panthéon. Quant aux simples citoyens, qui n'étaient concernés que d'une manière passive par la vie cultuelle publique, ils avaient toute liberté d'organiser la vie religieuse de leur famille comme ils l'entendaient. Les autorités n'exerçaient aucun contrôle doctrinal sur les citoyens ; et les frictions ou conflits entre une secte religieuse et le pouvoir étaient une affaire de police, mais ne concernaient pas l'autorité religieuse. Tant que les pratiquants de tel ou tel culte ne troublaient pas l'ordre public, ils n'étaient pas inquiétés. D'ailleurs, d'un point de vue matériel, ce contrôle des consciences était impossible. En effet, ce ne sont pas les six douzaines de prêtres officiels de Rome – environ dix-neuf membres dans les collèges des pontifes, des augures et des quindécemvirs, dix dans celui des septemvirs – qui pouvaient contrôler et guider un peuple de « fidèles » comprenant au début de l'ère chrétienne deux millions d'individus, et bientôt quatre millions. Leur pouvoir se limitait à l'exercice et au contrôle du culte public tel qu'il était célébré par les magistrats et les prêtres de Rome et des cités romaines. Seuls les pontifes dépassaient ce cadre étroit et avaient compétence sur les questions funéraires de toutes les cités romaines. Mais on peut se demander comment ils pouvaient exercer ce pouvoir. Il va sans dire que, localement la situation n'était guère différente. Cette absence d'encadrement sacerdotal des citoyens et les compétences spécifiques des prêtres peuvent expliquer l'ouverture des esprits à tous les systèmes philosophiques ou religieux et l'incapacité des pouvoirs publics à enrayer la propagation des doctrines nouvelles. Ce n'est que lorsque ces dernières étaient devenues l'élément organisateur de communautés importantes par le nombre ou par le rang social et passaient, à tort ou à raison, pour une menace contre l'ordre public que les autorités – les magistrats et non les prêtres – réagissaient. Une telle perméabilité de la société romaine, l'absence de toute structure d'encadrement sacerdotal et même la grande capacité d'intégration des polythéismes antiques peuvent expliquer, d'une certaine manière, pourquoi cette société fut si vulnérable aux assauts d'une religion exclusive telle que le christianisme.

L'Afrique noire

Emmanuel TERRAY

« L'Afrique, terre du sacré… » Pour une fois, les poètes et les anthropologues s'accordent : en Afrique plus qu'ailleurs peut-être, il est difficile d'isoler au sein de la vie sociale une sphère des activités religieuses. C'est que, nous dit-on, la religion imprègne chaque aspect et chaque moment de l'existence publique et privée. Les systèmes d'interprétation au moyen desquels les individus déchiffrent leur environnement et les événements qui les affectent sont toujours, au moins en partie, constitués par des croyances d'ordre religieux : ils mettent en scène des dieux, leurs volontés, leurs exigences, leur faveur et leur ressentiment. De même, toute entreprise de quelque importance appelle l'accomplissement de procédures rituelles destinées à en assurer le succès ; bien souvent, les gestes les plus humbles sont eux-mêmes porteurs d'une référence au sacré. Bref, les dieux peuplent l'horizon de la pratique comme celui de la pensée. Si notre époque se caractérise par ce processus que Marcel Gauchet, après Max Weber, a nommé « le désenchantement du monde », alors l'Afrique se tient à l'écart de cette évolution : aujourd'hui comme hier, elle apparaît par excellence comme le continent enchanté.

On peut pourtant se demander si le sacré africain est bien de même nature que celui auquel nous ont accoutumés les grandes religions monothéistes nées sur le pourtour de la Méditerranée. S'il en était autrement, si le même terme désignait des représentations tout à fait dissemblables, il se pourrait que, par un certain biais, l'Afrique nous mette en présence d'un monde encore beaucoup plus désenchanté que l'univers apparemment laïcisé dans lequel nous vivons.

Les cosmologies : continuité et ouverture

Dans notre langage, tout d'abord, qui dit sacré dit rupture, discontinuité au sein du monde, divorce d'avec une zone définie, par contraste, comme profane. La mention du sacré est liée pour nous à l'idée d'une faille entre les dieux et les hommes ou tout au moins, de façon plus générale et plus vague, entre l'invisible et le visible. Or les cosmologies africaines – quel que soit par ailleurs leur degré d'élaboration et de raffinement – nous proposent au contraire des univers continus. Les êtres y sont ordonnés selon une hiérarchie totalisante : au sommet de celle-ci, un créateur unique, dont le rôle est avant tout d'apporter une réponse aux questions dernières que les hommes peuvent se poser sur le monde et la destinée ; lointain, inaccessible, abstrait, indifférent aux vicissitudes de l'ici-bas, il n'est l'objet d'aucune vénération effective – à quoi servirait-elle, puisqu'il n'intervient jamais ? Au-dessous de lui, des divinités plus présentes et plus agissantes, mais aussi plus bornées dans leurs pouvoirs, comme si la puissance était en raison inverse de la proximité ; assez efficaces cependant pour qu'il soit nécessaire et opportun de leur rendre un culte. À l'étage inférieur, les ancêtres et les morts, eux aussi objets de cérémonies variées ; puis, la communauté des vivants, elle-même conçue comme une pyramide ; en son sein, les distinctions de sexe, d'âge, de génération et aussi, le cas échéant, la superposition des statuts, des rangs et des fonctions définissent ensemble une échelle sociale sur laquelle tous les individus sont disposés, chacun à sa place propre, entre ses supérieurs et ses subordonnées. Au-delà du genre humain, enfin, cette hiérarchie se prolonge dans les règnes animal, végétal et minéral. Ainsi, l'ordre social est une section parmi d'autres de l'ordre du monde ; à l'intérieur de celui-ci,

Connaissances du futur. Avec des bâtonnets, le devin compose une image symbolique du monde sur le sable qui tapisse le fond d'une calebasse. Un crabe y est alors placé, sous un couvercle qui le dissimule aux regards. Le devin lira ensuite l'avenir en interprétant les transformations opérées dans le « paysage ». Pays kirdi, Nord-Cameroun (P. Maître, Hoa-Qui).

pas de frontières nettement tranchées : de la transcendance à l'immanence, de la divinité à l'homme, de l'esprit à la matière, on passe par une série de gradations insensibles dans laquelle il est bien difficile de repérer des seuils.

Bien entendu, continuité ne signifie pas homogénéité indifférenciée : dans le tissu des êtres, il existe des nœuds, ou plutôt des lignes stratégiques ; et les contacts qui s'établissent de part et d'autre de celles-ci sont des processus délicats, appelant la mise en œuvre de savoirs ou de savoir-faire particuliers. Quelques exemples suffiront : la conclusion d'un pacte entre le premier occupant d'un territoire et les divinités du lieu, l'administration à un mort du traitement qui lui permettra de s'intégrer à la collectivité des ancêtres, la propitiation des génies dépositaires de la pluie, de la santé, de la victoire, autant de « moments cruciaux » dont le succès ou l'échec entraîne, pour l'individu ou pour le groupe, des conséquences capitales. Mais le succès ou l'échec dont il s'agit, c'est précisément celui d'un contact ou d'une rencontre entre les divers maillons de la chaîne ; la discontinuité est, dans cet univers, un accident qui doit et qui peut toujours être réparé.

Une telle représentation entraîne une première conséquence : sur cette terre, les hommes, et tout particulièrement les vivants, ne sont pas chez eux. Leurs ancêtres les ont précédés, et ceux-ci n'ont eux-mêmes pu s'installer et survivre qu'avec l'accord des véritables maîtres de céans, la troupe innombrable des dieux connus et inconnus. Ces dieux exercent les prérogatives de l'hôte : ils prononcent des interdits, émettent des exigences, formulent des vœux. Leurs prescriptions, positives ou négatives, concernent des domaines variés : l'emploi de l'espace et du temps – il y a des lieux saints et des jours fastes –, l'utilisation des ressources, le comportement social, individuel et collectif. Toute transgression appelle une sanction, qui prend la forme d'une infortune plus ou moins cruelle : maladie, deuil, sécheresse, etc. À tous les échelons de la hiérarchie sociale, la sauvegarde de la *pax deorum* est donc une préoccupation de tous les instants.

Deux traits caractérisent le dispositif qui vient d'être décrit : son opacité relative et sa permanente ouverture. Opacité : la connaissance des dieux et de leurs volontés n'est pas immédiatement accessible à tous ; de même, les techniques qui permettent de leur parler et de les fléchir ne se trouvent pas dans le domaine public ; tout cela est réservé à des corps de spécialistes qui exercent un contrôle strict sur la diffusion et la transmission de leur savoir ; du même coup, il faut passer par leur médiation pour s'adres-

Les protecteurs. Les honneurs rendus aux défunts ne sont pas simplement un moyen de se concilier leur bienveillance : ils font partie d'un jeu complexe où la hiérarchie des puissances ne provoque pas de coupure entre les êtres. En les honorant, les vivants protègent aussi les morts. Dans les tombeaux à personnages, des symboles chrétiens indiquent la recherche d'une protection supplémentaire plutôt que l'adhésion à un dogme. Tombeau, Togo (R. Chemin, Hoa-Qui).

L'intervention des ancêtres. Les vivants partagent avec les morts un univers sans discontinuité entre le visible et l'invisible. Les ancêtres défunts ne sont pas coupés de la communauté des vivants, qui peut, en les questionnant, bénéficier de leur sagesse. Le sacrifice est l'instrument habituel de cette interrogation. Pays lobi, Côte-d'Ivoire (M. Huet, Hoa-Qui).

ser aux dieux, et cette nécessité concerne le chef aussi bien que le sujet, le riche aussi bien que le pauvre, l'enfant aussi bien que le vieillard. Ce rôle d'intermédiaire obligé conférerait aux devins et aux prêtres un pouvoir redoutable si le champ du divin n'était pas par ailleurs irréductiblement ouvert. Sur un espace géographique ou social déterminé, aucun dieu ne peut revendiquer une autorité exclusive, aucun dieu – et en conséquence aucun prêtre – ne peut prétendre au monopole de l'efficacité ; ce qu'une divinité interdit, une autre peut toujours le défaire : aux hommes de jouer de cette concurrence au mieux de leurs intérêts. Bien plus, la liste des puissances capables d'intervenir n'est jamais close, pas plus que l'inventaire de leurs exigences. L'une et l'autre peuvent toujours s'enrichir ; il suffit pour cela d'un événement que les savoirs et les recettes disponibles à un moment donné ne permettent pas de traiter de manière satisfaisante : des accidents répétés, une épidémie particulièrement tenace. Bref, l'homme habite une demeure dont il n'est jamais assuré de connaître tous les propriétaires et dont le « mode d'emploi » ne lui est jamais intégralement livré. Du coup, son existence est nécessairement incertaine, mais, inversement, aucune situation n'est pour lui sans recours.

Une activité religieuse d'essence politique

Des puissances supérieures dont il faut percer les desseins, gagner la bienveillance, éviter la colère, telles sont les divinités africaines. L'activité religieuse consiste donc à interpréter les signes par lesquels elles expriment leurs intentions, à respecter les interdits qu'elles décrètent, à leur offrir les dons pouvant les apaiser ou les amadouer : elle prend la forme d'une perpétuelle négociation. Celle-ci n'exclut nullement les artifices et la ruse : les dieux sont forts, mais leur pouvoir n'est pas sans limite ; de même, ils voient loin, mais ils ne sont pas omniscients ; le plus souvent, il est possible de les tromper : de substituer, par exemple lors d'un sacrifice, une victime animale à une victime humaine, ou bien encore de donner un prénom péjoratif à un enfant menacé de la colère divine, de manière à détourner celle-ci vers d'autres cibles plus flatteuses... Enfin, la pratique religieuse doit tenir compte de l'irréductible pluralisme du divin : aucun des interlocuteurs possibles ne doit être négligé ; les protections d'origines diverses ne s'annulent pas ; au contraire, elles s'additionnent et conjuguent leurs effets ; il n'y a donc jamais lieu de choisir entre des allégeances incompatibles ; bien au contraire, chacun a tout intérêt à multiplier les adhésions et les fidélités.

Bref, l'activité religieuse est fondamentalement diplomatie et stratégie ; du même coup, elle n'est pas d'une autre essence que l'activité politique en général. L'individu et la communauté sont environnés de puissances dont les sentiments sont mystérieux ; mais le secret qui entoure le chef ou le roi est souvent aussi épais que celui qui enveloppe le dieu, et il est de même nature. Par des dons, par des flatteries, il faut s'attirer les bienfaits et parer les coups de ces puissances ; de ce point de vue, les offrandes et les sacrifices jouent le même rôle

La spirale de vie. La danse, que tout distingue ici d'un jeu profane, exprime un accord avec la puissance divine qui rythme le monde. Pour ces agriculteurs lobi, elle est action de grâces, rendue pendant la saison sèche pour la récolte passée, et participation à l'énergie vitale universelle. Les Lobi expriment leur conception du monde dans le dioro, ensemble complexe de cérémonies qui s'étendent sur une durée de deux ans. Pays lobi, Côte-d'Ivoire (M. Huet, Hoa-Qui).

que les redevances et les tributs : il s'agit de payer le prix de la sécurité. D'un côté comme de l'autre, le recours à la fraude est licite, pourvu qu'il soit manié avec dextérité. Bref, la politique et la religion font appel aux mêmes qualités : l'appréciation réaliste des rapports de force, le tact, la prudence, la vigilance ; elles mettent en œuvre les mêmes catégories, les mêmes principes, les mêmes procédés ; du point de vue de l'action, elles ne forment en réalité qu'un seul et même domaine.

Un domaine désenchanté ? Assurément, car en lui ce sont les maximes millénaires de la sagesse des nations – le droit du plus fort, l'égoïsme éclairé – qui s'appliquent au premier chef. Écoutons nos informateurs nous parler de leurs relations avec le surnaturel. Ils nous peignent le tableau d'un monde incertain, semé de périls et de pièges, empreint de sécheresse et de froideur ; en revanche, la notion de péché y est inconnue : l'homme n'y commet que des erreurs d'appréciation et des fautes de calcul ; les affres de la culpabilité et du remords lui sont épargnées. C'est que ces relations consistent pour l'essentiel en tractations et en contrats entre des partenaires que rien ne réunit, sinon les nécessités de la coexistence : entre les dieux et les hommes, pas d'amour, pas de miséricorde, pas de reconnaissance ; au mieux, le respect de la parole donnée, et une loyauté réciproque. On pourrait se demander au surplus si les croyances liées à la sorcellerie n'ont pas pour effet d'étendre ce régime à l'ensemble des rapports sociaux : en vertu de ces croyances, des individus qui me sont très proches peuvent faire peser sur moi de terribles menaces, et la sagesse me conseille de demeurer sans cesse sur mes gardes…

On comprend mieux, du même coup, les difficultés que rencontrent les grandes religions monothéistes pour s'implanter en tant que telles en Afrique. Certes, elles connaissent en apparence sur le sol africain des succès spectaculaires, mais, en fait, leurs progrès sont d'autant plus grands qu'elles sont davantage prêtes à transiger avec leurs principes et à s'adapter à la religiosité ambiante. Or celle-ci, on l'a vu, est réfractaire aux exclusives et aux intolérances qui sont constitutives du monothéisme. En conséquence, le christianisme qui réussit est celui qui sait fermer les yeux sur ses dérives « fétichistes » ; de même, le marabout contribue plus efficacement que le lettré à la propagation de l'islam. Pour qu'il en soit autrement, il faudrait que les fidèles acceptent de creuser entre le visible et l'invisible un abîme infranchissable ; qu'ils fassent de la nature et de la surnature deux mondes séparés, obéissant à des lois différentes ; bref, qu'ils donnent un contenu effectif à l'idée de transcendance. On imagine bien qu'une telle mutation ne saurait s'accomplir en un jour, ni même en un siècle, à supposer qu'elle soit possible...

L'Océanie

Alban BENSA

Dans l'Océanie traditionnelle, le groupe familial (de dimension et de structure variables d'une culture à une autre) demeure l'unité de base. Une organisation domestique de la production assure totalement ou en partie l'autosubsistance des familles. Les liens qui unissent celles-ci ont donc un caractère largement extra-économique et, à ce titre, demeurent fragiles et changeants. Ainsi, à l'édification de fortes solidarités peuvent succéder, avec le repli des groupes domestiques sur eux-mêmes, diverses formes d'atomisation du corps social (segmentations, éclatements, migrations). Contre ces forces centrifuges travaillent les stratégies matrimoniales, le jeu des alliances et allégeances politiques ou rituelles qui unissent entre elles les maisonnées. Sans appropriation inégalitaire possible des moyens de production, sans dépossession des groupes familiaux (au profit d'autres groupes) de leurs terres et de leurs outils, asymétries sociales, hiérarchies politiques et toutes formes de dépendance interpersonnelle se fondent et se légitiment – comme dans la féodalité européenne selon Karl Marx – par un luxe de « fioritures et de complications » d'ordre sociosymbolique et religieux.

Organisation politique et rituels en Kanaky

En Mélanésie comme en Polynésie, toute position d'autorité, que la société soit de type égalitaire ou de type hiérarchique, s'enracine dans l'exercice d'un pouvoir surnaturel sur les trois règnes du monde vivant. Chez les Iafar de Papouasie-Nouvelle-Guinée, la maîtrise magique de la fécondité du sol et des femmes repose sur un savoir mythologique secret qui est l'assise de la notabilité. L'ascension politique des *big men* des îles Salomon tire son succès d'habiles stratégies matrimoniales et guerrières et, dit-on, d'un exceptionnel charisme (*mana*) soutenu par la bienveillante puissance des ancêtres. Aux îles Banks (Vanuatu), l'acquisition des grades les plus élevés, dans une hiérarchie (*suque*) qui en compte douze, se fortifie d'une progression parallèle au sein de la société des masques, garante d'une relation opératoire avec le monde des morts (*tamate*). Le chef polynésien de Tikopia conjugue la responsabilité du culte des ignames avec la position la plus éminente dans la société. Pouvoir rituel et rang politique élevé, toujours liés, peuvent être assumés par un seul et même individu ou bien se trouvent confiés à des personnages différents. Ainsi, dans les îles Trobriand, les chefs s'associent le savoir-faire d'un magicien des cultures qui assure l'abondance des récoltes ostentatoirement exposées aux regards de tous.

L'organisation socio-politique, toujours très vivante, de la Kanaky/Nouvelle-Calédonie traditionnelle constitue une variation par rapport à cette règle bien océanienne qui mêle indistinctement ordre politique et efficacité symbolique. Comme à Fidji, le socle des institutions s'identifie à l'autorité incontournable des maîtres de la terre. Premiers occupants et défricheurs du terroir, ils obtiennent, au bénéfice de tous les clans venus s'y installer, la protection des génies du lieu. Dans les chefferies du nord-est de la Nouvelle-Calédonie, ces entités surnaturelles, antérieures à l'apparition des hommes, auraient livré à ces derniers les techniques de prédation et la connaissance des plantes sauvages comestibles. Dès lors, toute activité cynégétique ou horticole se trouve subordonnée aux rituels propitiatoires mis en œuvre par les maîtres de la terre pour que les génies gardiens du pays accordent à chacun l'autorisation d'entreprendre une partie de chasse ou de pêche, de préparer les jardins ou de partir pour une cueillette abondante. Gestes convenus, invocations et offrandes dispensés sur des sites sacrés « dénouent les interdits » qui scellent l'accès aux richesses naturelles du territoire. Par ces rites d'ouverture, les maîtres du sol s'interposent entre les hommes et la puissance de leurs génies-ancêtres immémoriaux. En tant que tels, ils sont appelés « base du pays » et symboliquement identifiés à ses rochers, ses forêts et ses montagnes. Premiers occupants-fondateurs, ils demeurent les seuls à pouvoir donner droit de résidence et de culture aux clans étrangers qui veulent s'installer dans le terroir. Mais ces nouveaux arrivants s'y intègrent en faisant aussi valoir des fonctions magico-religieuses.

Parmi eux, les maîtres des magies de croissance horticole jouent un rôle de tout premier plan. Pour que les tubercules poussent bien, il faut ordonner et activer le cycle agraire par des rites respectueux autant des plantes et de la météorologie que des hommes et de leur organisation sociale. Pierres en forme d'ignames ou de taros, bouquets votifs aux abords des jardins, rites appelant la pluie ou le soleil accompagnent l'agriculture kanake dont chaque phase importante est ponctuée d'une magie particulière et d'un don cérémoniel au « chef ». Le maître des ignames – bien distinct des maîtres de la terre – assume cette charge. En mars, il présente la première igname au « chef ». Quand ce dernier l'a mangée, tous les clans peuvent faire de même ; la période de récolte est ouverte.

Kanaky, Néami (côte ouest), 1973. Des danseurs – dont ce jeune homme – figurent, à l'occasion d'un deuil, le retour des défunts. Les hommes sortent de la forêt, puis se mêlent à la danse des convives, image de celle des esprits des morts, là-bas, sous la mer (A. Bensa).

Les rituels nourriciers ne peuvent se dérouler sereinement qu'avec le concours des clans guetteurs, guerriers et messagers, qui veillent à la sécurité de la chefferie. À cette fin, ils renforcent les limites naturelles de celle-ci d'une protection magique : parcourant les sentiers des confins du terroir, ils y déposent des sources de puissance, y attachent des nœuds tabous et fichent en terre perches et pierres comme autant de bornes sacrées. Installés aux portes de la chefferie, ils entretiennent ses relations extérieures, ses alliances. Grâce à leur entregent, de nouveaux lignages sont accueillis et des épouses prestigieuses parviennent aux clans nobles du pays.

Ce travail de médiation politique se soutient d'une capacité religieuse d'intercession auprès des défunts. Quand la famille du chef est frappée par un deuil, un des clans gardiens des chemins de l'alliance entreprend un voyage au séjour des morts, sous la mer. Véritable psychopompe, il s'efforce d'en ramener l'âme du disparu, qui avait été donnée à ce dernier, à sa naissance, par ses oncles maternels. Les médiateurs, protecteurs du terroir et pourvoyeurs de femmes et d'alliés, sont aussi des guérisseurs en mesure de circuler, au bénéfice de la chefferie, sur la route qui relie les vivants et les morts.

Corps du souverain, monde des morts et reproduction du corps politique

Les fonctions politico-religieuses des composantes de la chefferie kanake s'ordonnent autour de la personne du souverain : les maîtres de la terre l'installent et lui remettent les insignes du rang le plus élevé (nom prestigieux, habitat, masque, flèche faîtière surmontée d'un oiseau) ; le maître des ignames fait de lui l'horloge vivante du calendrier agraire ; les champions de la sécurité et de la diplomatie prennent soin de sa santé comme de celle d'un enfant choyé. En Kanaky/Nouvelle-Calédonie, le « chef » dépend entièrement de ses soutiens. Hissé et porté par eux, il fait plus que les représenter ; il les incarne, tout comme il incarne la prospérité, l'équilibre entre la vie sociale et la vie cosmique, dont tous les clans de la chefferie à leur tour sont tributaires.

Le chef en colère, dit le mythe, peut d'un seul geste faire tonner l'orage et déclencher une inondation dévastatrice. Surgissant parfois dans une bourrasque, il est associé par la rhétorique kanake au vent, au ciel et au soleil. Les chefs du Nord-Est ne sont-ils pas appelés parfois « fils du soleil » ? Les mythes donnent à ce personnage une origine naturelle, minérale, végétale ou animale : cailloux, fougères et lézards trouvés dans la brousse et rapportés près du foyer se transforment en des hommes qu'on élève et qui, plus tard, reçoivent la chefferie. Et celle-ci prend corps à travers le corps même du souverain. Autrefois – avant l'arrivée des Blancs –, le chef était périodiquement nourri de la chair d'un de ses sujets. Dans le clan régnant se pré-

Vanuatu, sacrifice de porcs. Le sacrifice des porcs est une activité religieuse et politique qui permet de rehausser le prestige des hommes. Pour s'élever dans la hiérarchie sociale, il convient d'accumuler un très grand nombre de cochons et de brasses de « monnaie de coquillages », nécessaires à l'achat des grades qui définissait le statut des individus. Le « big man » s'y emploie en développant diverses stratégies matrimoniales et économiques. Sa réussite fortifiera son « mana » (K. Muller, C.E.D.R.I.).

parait chaque année un homme qui acceptait de s'offrir en sacrifice et, par là, de contribuer à la santé et à la fécondité du chef, garantes du bien-être de tous.

Rêver d'un notou déplumé annonce la mort du chef. Il n'est pas étonnant que le décès de ce personnage, dont la vie commémore celle de la société, soit assimilé à un cataclysme naturel : « Le pays est sombre [...]. Le soleil s'en est allé [...]. Les vagues nous recouvrent [...]. L'arbre s'est brisé », s'exclame le poète kanak pleurant la disparition de son chef. Autour de sa succession s'ouvre alors une période de crise : « Il nous laisse [...] en faveur de qui ? / Il laisse ses affaires à qui ? / Il agit ainsi pour qu'elles soient continuées par qui ? [...]. Il y aura des disputes et des différends / Nous n'y verrons plus clair... » Les désordres de la nature font écho aux déséquilibres sociaux. Ils ne peuvent être prévenus que par une organisation politico-rituelle où chacun trouve sa place et intercède auprès des ancêtres-dieux liés aux fonctions des groupes : les génies chthoniens (maîtres de la terre), les divinités gardiennes des chemins (médiateurs), les puissances célestes (chefs), les esprits protecteurs des cultures (maîtres des ignames, des taros). À l'origine, certaines de ces entités sont des défunts qui, déposés dans la brousse, revêtent le statut d'ancêtre et deviennent pour les vivants des réservoirs d'énergie, des totems. Car surnature et espaces incultes se confondent. Tout rituel importe dans le monde des vivants, près des habitats et des jardins, la force du monde sauvage, qui est aussi celle du monde des morts. Chaque clan fait ainsi profiter l'ensemble de la chefferie des pouvoirs de ses ancêtres totémiques.

L'interdépendance des responsabilités politico-rituelles n'entraîne pas nécessairement la mise en place d'institutions stables. D'une part, fortes de leur autonomie économique, les composantes du terroir négocient librement leur soutien à la chefferie. D'autre part, les groupes domestiques peuvent s'autoriser à s'agréger à tel ensemble local

Kanaky, mariage près de Touho, 1987. Chaque naissance, chaque deuil ou chaque mariage (comme ici) s'accompagne d'échanges cérémoniels importants entre parents maternels et parents paternels. Les clans apparentés à la famille de la fiancée offrent nattes, étoffes, « monnaies de coquillages », ignames aux groupes qui accueillent la future épouse de leur fils. Ces derniers rendent ensuite en contre-don une quantité équivalente de biens identiques. Le lendemain, l'alliance traditionnelle donnera lieu à la célébration d'un rituel religieux chrétien, catholique ou protestant selon le cas (A. Bensa).

plutôt qu'à tel autre, à quitter une vallée pour s'installer ailleurs. Si, au sein d'une institution bien établie, les charges assumées par chacun semblent héréditaires, les déplacements et segmentations favorisent, en fait, l'acquisition de responsabilités nouvelles, voire le cumul de fonctions prestigieuses. Dépourvues de soutènements économiques solides, les institutions kanakes traditionnelles sont traversées d'un jeu de compétitions intense et permanent, qui peut toujours mettre à mal les fragiles accords contractés entre fondateurs-maîtres du sol et clans d'origine étrangère. Les pouvoirs magico-religieux constituent, dans les affrontements politiques, un atout essentiel. Objets de convoitise, ils sont souvent l'expression d'une ambition toute circonstancielle. Ainsi, magies, rituels, puissances totémiques, ancêtres, loin de demeurer attachés aux mêmes lignages ou clans, circulent, s'élaborent ou disparaissent au gré des enjeux et des situations.

L'archéologie couplée à l'étude des traditions orales a montré combien en Océanie les institutions fluctuent et se transforment. Les systèmes politico-religieux de Kanaky/Nouvelle-Calédonie n'échappent pas à cette règle. En outre, placés depuis près de deux siècles sous le joug de l'invasion européenne, ils ont dû masquer leurs formes les plus visibles. Toutefois, leur subtilité et les conditions particulières de l'administration coloniale en Nouvelle-Calédonie (notamment le cantonnement des Kanaks dans des réserves) les a, à l'évidence, préservés de façon durable de l'effondrement. Aujourd'hui, ces institutions sont toujours observables et constituent le substrat culturel vivant des revendications du peuple kanak.

D'une manière générale, les riches et délicates sociétés océaniennes ont résisté de façons très variables au choc du colonialisme, qui s'est révélé être un système culturellement et humainement pauvre et brutal. De même, sur le plan religieux, le christianisme a fait des percées inégales (plus importantes, par exemple, en Polynésie qu'en Mélanésie) et donné lieu parfois à des évolutions syncrétiques originales.

L'hindouisme

Charles MALAMOUD

L'hindouisme est la religion non des hindouistes mais des hindous, ce qui est presque un nom d'ethnie. En principe, on ne devient pas hindou par adhésion personnelle : les Occidentaux et, plus généralement, les non-Indiens qui se font les dévots d'un *guru* hindou ont beau adopter les croyances, les postures et la vêture des hindous, ils n'en sont pas moins empêchés – et fermement – de pénétrer dans les enceintes les plus sacrées des temples, par des gardiens qui n'ont pas de critère formulable, mais de solides certitudes. On ne peut être hindou que de naissance, parce qu'on a vu le jour dans une famille hindoue, c'est-à-dire incluse dans le système des castes. C'est un problème historique difficile que de savoir comment se sont faites concrètement l'expansion de l'hindouisme à tout le sous-continent et la formation, dans l'Antiquité, des États hindouisés de l'Asie du Sud-Est. Des populations ont été absorbées dans l'hindouisme, et le processus n'est pas terminé, mais il ne s'agit pas à proprement parler de conversion : des groupes (tribus, fractions d'ethnies) sont perçus et se perçoivent comme castes et sont intégrés au monde de pratiques et concepts qu'est la civilisation hindoue.

Si, passant au plan individuel, on considère les rites de la petite enfance, on remarque que l'hindouisme général n'a rien de comparable au baptême ou à la circoncision : chez les hindous, les cérémonies qui marquent le début du cycle de vie effectuent l'intégration dans le lignage ou la caste, et indiquent qu'on est déjà par avance dans l'humanité hindoue ; quant au rite d'initiation proprement dit (*upanayana*), auquel sont théoriquement soumis les garçons nés dans l'un des trois premiers « ordres », ou « classes » (*varṇa*) de la société, il leur donne accès à la parole védique et constitue une deuxième naissance qui confirme leur appartenance à ces strates supérieures, non à la société hindoue en tant que telle. De même, on ne sort de l'hindouisme que si on décide expressément de le quitter pour adhérer à une religion qui s'estime elle-même incompatible avec l'hindouisme. En revanche, on peut être exclu de sa caste (*jāti*) – et précipité ainsi dans une condition misérable – par des organes composés de notables du groupe. Ce n'est que par voie de conséquence qu'on risque d'être ainsi rejeté à la périphérie de l'hindouisme lui-même.

Parce qu'il ne comprend pas d'orthodoxie unique, l'hindouisme, qui pourtant met au centre de sa doctrine et de sa pratique la notion de hiérarchie et qui attache tant d'importance à la distinction des statuts, liée à la séparation des tâches et à l'évaluation de leur pureté respective, est dépourvu de hiérarchie ecclésiale. Il n'est en rien une Église. On y chercherait en vain une instance suprême d'où émanerait l'autorité en matière de foi ou de culte. Mais quand, dans un temple, plusieurs officiants collaborent, la hiérarchie des compétences, combinée à celle des castes, est un principe fondamental de leurs rapports. Et, s'agissant des dévots, c'est au prix de longs et rudes combats que Gandhi a pu imposer l'entrée des intouchables dans les temples.

Ce n'est pas chose aisée que de repérer et d'englober dans une même définition les différents spécialistes du religieux dans l'hindouisme. Qui peut-on qualifier de « prêtres », quelles sont leurs compétences, quels sont leurs modes d'action, à quels pouvoirs internes et externes sont-ils soumis, comment sont-ils organisés ? Où passe la limite entre « religieux » et « laïcs » ? D'emblée, on est frappé par l'absence d'étagement territorial. On ne trouve rien dans l'hindouisme qui rappelle la pyramide des paroisses, diocèses et provinces. Il y a, certes, des cultes locaux, des divinités et des sanctuaires de village et de quartier, avec leurs desservants, mais ce sont des unités autonomes, non des divisions de circonscriptions plus vastes. Il y a, d'autre part, les grands temples, les lieux de pèlerinage : ils sont des foyers d'activité religieuse, culturelle et économique dans leur région et portent sans doute les signes de leur enracinement local ; mais, en fait, leur pouvoir d'attraction s'étend à tout le monde indien ; dans sa géographie mythique et rituelle, l'Inde hindoue, continent du Pommier rose (*jambudvīpa*), est vraiment une : parsemée de pôles qui ne dessinent pas autour d'eux des zones d'influence, mais sont simultanément des centres pour tout l'ensemble.

Le « prêtre », le brahmane, le temple du dieu

Le « clergé », ou plutôt le personnel spécialisé qui se consacre à ces divers lieux de culte, est fait d'éléments très hétérogènes. Rappelons que les brahmanes (les membres du premier varṇa) ne sont pas tous prêtres et que tous les prêtres ne sont pas brahmanes. Il est vrai que le *Veda* (qui les qualifie de dieux terrestres) leur assigne comme tâches principales, ou comme raison d'être, d'officier dans les sacrifices solennels offerts par des sacrifiants appartenant à l'un des trois premiers varṇa. Mais cela demandait des savoirs particuliers que tous les brahmanes ne possédaient pas. Et ce précepte ne dit rien des cultes célébrés par les *śūdra*, les membres du quatrième varṇa. (Il faut en outre remarquer que seuls des hommes, désormais, exercent des fonctions de

« Ascète » de secte shivaïte. Sur son front, ses bras et sa poitrine, trois lignes horizontales de cendre, marque de Śiva. Dans sa main droite, un rosaire de grains de « rudrākṣa » (Bibliothèque nationale de France, Paris).

prêtrise : en 1930 a été supprimée l'institution des *devadāsī*, « servantes du dieu », jeunes femmes « mariées au dieu » qui étaient actives dans le culte par leurs chants, leurs danses et la « prostitution sacrée ».)

Parmi les prêtres, la différence majeure est celle qui sépare les brahmanes des non-brahmanes. Dans les villages où il n'existe pas de caste de brahmanes, le temple est en général consacré à une divinité à qui l'on peut ou doit faire des oblations carnées et offrir des sacrifices sanglants. Les observants de ces temples sont appelés *pūjārī* (de *pūjā*, cérémonie quotidienne d'adoration de la statue). Ils appartiennent à des castes basses, sont tenus pour très ignorants et leur prestige est faible. Les grands temples, en revanche, qui souvent sont aussi des lieux de pèlerinage, comme celui de Jagannāth à Puri, dans l'Orissa, de Mīnākṣī à Madurai, dans le Tamil Nadu, de Sucīndra, au cap Comorin, sont la chose des brahmanes, et même, dans chaque cas, d'une sous-caste particulière de brahmanes. Les principales charges sacerdotales se transmettent de père à fils aîné. Mais la naissance ne suffit pas. Pour être en mesure d'officier dans un grand temple, pour être un *arcaka*, notamment dans les grands temples shivaïtes du Sud, il faut être marié (et que l'épouse soit vivante) et avoir reçu, des mains d'un prêtre plus ancien, une consécration (*abhiṣeka*, littéralement « aspersion ») : au cours de cette cérémonie, le futur prêtre est baigné, revêtu d'habits, nourri, encensé, entouré de lumières, exactement comme la statue du dieu lui-même ; il est assimilé, en somme, à une forme du dieu, en vertu du principe (invoqué en d'autres occasions) selon lequel « seul Śiva peut adorer Śiva ». Le couple qu'il forme avec son épouse est la réplique de celui du dieu et de sa parèdre, qui est toujours une figure de la *śakti*, l'« énergie » féminine. Mais, bien que l'épouse assiste à la consécration de son époux et en reçoive en quelque manière sa part, elle n'est pas habilitée à officier elle-même. La dignité plus ou moins grande des prêtres tient au caractère plus ou moins « sacré » des images divines qu'ils peuvent toucher : il y a l'image du dieu « lui-même », dans sa réalité essentielle

Le maître spirituel se révèle à la vue de ses dévots. Avoir le « darśana » du guru est un bonheur aussi ardemment désiré et souvent plus difficile à obtenir que de voir la statue du dieu logée dans le « garbhagṛha », la « matrice » du temple. Il faut pour cela avoir subi une régénération spirituelle. Miniature du XVIIIe siècle, coll. part. (R. et S. Michaud).

Les arbres et les dieux. Les arbres, notamment le banyan, sont révérés dans l'Inde pour eux-mêmes, mais aussi en tant qu'ils peuvent se révéler être la résidence de dieux. On y installe des statues rudimentaires et on en fait d'humbles sanctuaires (R. et S. Michaud, Rapho).

et éternelle, et les images des « formes » ou manifestations partielles et transitoires qu'il revêt, et parmi lesquelles il faut distinguer les images fixes et les images mobiles (promenées dans les processions), les images de l'épouse du dieu et des personnages qui forment l'escorte du couple. Des spécialistes non consacrés font partie de l'équipe sacerdotale : ils assistent les prêtres, préparent les ingrédients du culte, ouvrent et ferment les portes, prennent part aux cérémonies en tant que chantres et musiciens ou travaillent dans la bureaucratie du temple. Le plus souvent, ce sont des brahmanes. Pour certaines tâches jugées plus viles, et dans certains temples moins stricts, on peut employer des non-brahmanes, mais en aucun cas des intouchables.

Voici la raison d'être et le sens général de l'activité sacerdotale : le temple est la maison du dieu. Le dieu est juridiquement le propriétaire du temple, de même qu'il possède, nominalement, les richesses qui affluent sous forme d'offrandes (et, de nos jours, de droits d'entrée), de biens fonciers donnés par des particuliers ou des princes. La gestion effective de ces biens, et notamment la rétribution des prêtres, est prise en charge par des complexes de comités formés des prêtres eux-mêmes et de représentants de l'État. Le prêtre est le serviteur du dieu, c'est-à-dire des images (*mūrti*) de ce dieu. La consécration que le prêtre a reçue dans un temple lui donne la capacité de servir les mūrti de ce temple, et non celles du même dieu qui se seraient logées ailleurs. Officier, c'est exécuter les actes de service, d'hommage et d'adoration réglés qui demandent proximité immédiate et même contact avec la mūrti. Chaque jour, il y a dans cet ensemble de rites un moment culminant : la *pūjā*, offrande solennelle de lumières et d'aliments à la divinité. Les dévots viennent au temple pour y faire des actes d'adoration privée (*arcana*), assister à la pūjā et recevoir, sous forme de gouttes d'eau et de cendre que le prêtre applique sur le front du fidèle et de fragments de nourriture, le *prasāda*, la « grâce » du dieu. Ils viennent aussi pour être admis au *darśana*, c'est-à-dire à la possibilité de voir la statue sise dans l'espace le plus saint du temple. À cela se résume l'action du prêtre : servir la statue du dieu, célébrer des offices. Le culte ne comporte pas d'homélie, ni aucun colloque d'aucune sorte entre les prêtres et les fidèles, ni, du reste, des fidèles entre eux. Il n'entre pas dans les attributions du prêtre de temple d'édifier, d'instruire ou de consoler le fidèle, ni même de le guider dans la prière. Ce n'est pas au temple que les hindous effectuent les cérémonies du cycle de vie ou du culte des ancêtres ; ils n'y viennent pas non plus puiser le sentiment qu'ils forment une communauté unie dans l'adoration d'un même dieu : on a, du reste, souvent remarqué qu'il n'existe pas dans l'hindouisme de culte véritablement public ou civique : les sacrifices offerts par le roi sont destinés à assurer la prospérité de tous les sujets, mais c'est toujours en tant qu'individu sacrifiant que le roi agit. Le sacrifice védique était affaire individuelle ; les grands temples de l'hindouisme réunissent des foules d'individus.

Aussi bien, malgré le caractère grandiose des temples (dont certains, dans le Sud, sont de véritables villes), malgré la ferveur des dévots pendant les pūjā et leur enthousiasme

Le mérite du son de la cloche. Pour effrayer les démons hostiles et jaloux, mais aussi pour attirer l'attention du dieu qu'il vient prier dans le temple, le dévot donne un coup sec à une des cloches suspendues. « La cloche, faite de tous les sons, est très chère au dieu des dieux. Faire retentir une cloche apporte autant de mérite que dix millions de sacrifices » (« Skanda-Puráṇa », II 6). Taper bruyamment dans ses mains peut être un substitut (R. et S. Michaud).

lors des grandes processions festives, le culte du temple n'est qu'une partie de la religiosité hindoue : partie d'autant plus faible qu'on est haut dans la hiérarchie des castes. Un brahmane d'éducation traditionnelle tient sans doute à se rendre en pèlerinage dans l'un ou l'autre des grands lieux saints (Bénarès, Hardwar, Gayā, Prayāg, etc.), mais il peut fort bien ne jamais mettre les pieds dans le temple voisin. L'essentiel de sa vie religieuse se concentre dans le culte domestique, individuel ou familial : pūjā quotidienne à l'image installée dans la maison même du dévot, ablutions, prières, méditation, jeûnes, aumônes, lectures à dates fixes de vastes portions des textes sacrés ; d'autre part, célébration scrupuleuse, pour lui-même et les siens, de toutes les fêtes du cycle de vie, les très nombreux *saṃskāra*, « perfectionnements », qui, de la conception aux funérailles, en passant par l'initiation et le mariage, jalonnent l'existence individuelle ; enfin, cérémonies périodiques du culte des ancêtres (rites dits de *śrāddha*). Pour réaliser certaines de ces formes religieuses, le maître de maison (le *gṛhastha*), surtout s'il est brahmane, peut être à lui-même son propre prêtre ; d'autres requièrent la présence d'officiants distincts, brahmanes qui exercent en ce cas, mais d'une tout autre manière que ne le fait le brahmane du temple, une fonction sacerdotale. Ce qui qualifie un brahmane pour servir de prêtre domestique (*guru*, littéralement « personnage de poids »), ce n'est pas une consécration ou une ordination. C'est sa réputation de savoir et de vertu, et le fait d'appartenir à la même tradition que le fidèle pour qui il officie. Le plus souvent, du reste, surtout dans les villages, une même famille de brahmanes fournit d'âge en âge des guru à un même groupe de familles ou de castes de dévots, qui s'acquittent envers eux par des prestations réglées (système *jajmani*).

Le fait notable est que, dans le temple, le prêtre brahmane a, certes, plus de prestige et de pouvoir que le desservant non brahmane, mais le brahmane non-prêtre, ou prêtre en tant que guru domestique, a beaucoup plus de prestige que le brahmane prêtre. Pour la tradition brahmanique, c'est en quelque manière se compromettre et risquer de se dégrader que de se consacrer au service du temple, de tirer bénéfice de richesses qui viennent s'y accumuler et de côtoyer de telles foules. Selon la même logique, du reste, le brahmane savant et pieux accroît encore son prestige s'il évite d'être entièrement absorbé par l'activité sacerdotale. Dès les temps védiques, la fonction de chapelain royal (*purohita*, littéralement « préposé ») était considérée comme dévalorisante pour le brahmane qui l'acceptait (et pourtant, c'est une obligation absolue pour le roi que d'avoir un chapelain et de l'honorer de toutes les manières).

Le monachisme hindou

On s'élève encore dans l'échelle du prestige lorsqu'on en vient aux différentes formes de vie monastique, lorsqu'elles sont assumées par des brahmanes. Aujourd'hui, le monachisme résulte de la convergence de deux traditions distinctes : d'une part, la doctrine classique du « départ pour la forêt » et du « renoncement » ; d'autre part, les mouvements « sectaires » de réforme qui, depuis le début de notre Moyen Âge, travaillent constamment le monde hindou. Dans les textes brahmaniques des siècles précédant immédiatement l'ère chrétienne est affirmée la règle concernant la vie du brahmane, qui se partage idéalement en quatre périodes : aussitôt après son initiation, celui-ci doit passer plusieurs années à étudier auprès d'un maître vénéré ; puis se marier, faire des enfants, avoir une activité professionnelle, offrir des sacrifices ; l'âge venu, se faire « ermite forestier », c'est-à-dire se retirer, avec ou sans sa femme, dans un ermitage (*āśrama*), où il se consacre, en compagnie d'autres ermites, à une vie simple presque tout entière vouée à des tâches religieuses ; enfin, s'il en a la force, il peut devenir *saṃnyāsin*, « renonçant », choisir la solitude totale, renoncer à toute activité sociale et même aux rites, ne vivre que d'aumônes et de cueillette, éteindre ses feux sacrificiels après les avoir incorporés symboliquement en lui-même et brûler désormais d'une ferveur qui doit détruire tout ce qui, en lui, l'attache aux actes et au monde, et lui assurer la « délivrance ».

Ce modèle ascétique a fortement influencé la pensée brahmanique. Même « dans le siècle », une conduite est d'autant plus proche de la perfection qu'elle ressemble à celle du renonçant. C'est pour se conformer à cet idéal que les brahmanes (et beaucoup d'autres hindous) se sont faits végétariens et qu'ils ont proclamé leur volonté de « non-violence ». En outre, l'institution même des « renonçants » a subsisté jusqu'à nos jours : ces anachorètes représentent la quintessence de la brahmanité, ils sont considérés comme des saints ; et les lieux où ils résident, leurs tombes (car ils sont inhumés, non incinérés comme le reste des hindous) deviennent des sanctuaires. C'est auprès d'eux qu'on vient chercher leçons ou exemples de sagesse suprême. À l'imitation de ces renonçants « orthodoxes », d'innombrables *sādhu*, qui n'ont pas suivi le même cursus et viennent de toutes les castes, subjuguent et enthousiasment des foules de dévots par leurs exploits ascétiques et leurs enseignements mystiques. Quant à la tradition des āśrama forestiers, elle s'est elle aussi perpétuée, en se transformant : autour d'un maître spirituel charismatique se groupent des adeptes, individus ou familles, en microsociétés utopiques pour prier, méditer, parfois même étudier et travailler, et s'essayer à réaliser la vie parfaite.

En outre, sous l'impact, peut-être, du monachisme bouddhiste, des penseurs religieux hindous, le plus souvent brahmanes, ont fondé de véritables ordres monastiques qui sont comme des concentrations de renonçants. Cessant d'être des solitaires, ces saṃnyāsin se rassemblent dans des monastères (*maṭh*) sous l'autorité d'un guru héréditaire ou régulièrement désigné. Ces ordres forment le noyau de sectes (*saṃpradāya*) comprenant une vaste périphérie de laïcs, unis, à l'intérieur de l'hindouisme général, par une dévotion particulière pour tel dieu ou une conception originale des voies du salut. Ainsi les ordres fondés sur l'idéal du « renoncement » (par exemple, celui que créa Śaṅkarācārya, au VIIIe siècle) en viennent-ils à patronner, au moins spirituellement, les temples consacrés à la divinité qui est la leur. Ils ont un rôle déterminant, aussi, dans les innombrables confréries charitables et d'éducation qui constituent, plus que les groupements dépendant des castes, le véritable réseau d'organisation et de communication de l'hindouisme. C'est dans ces associations, dont le modèle ultime est une forme ou une autre d'ascétisme collectif, que s'élabore le message spirituel, social et, finalement, politique de l'hindouisme.

Message polymorphe et même contradictoire : depuis que l'Inde, à la fin du XIXe siècle, est entrée dans le monde moderne, les hindous tirent d'une même tradition des arguments pour restaurer ou inventer un hindouisme militant, structuré, organisé, face aux Européens, aux musulmans et, maintenant aux sikhs – et, inversement, avec Gandhi, les motifs d'une religion qui allierait au sentiment océanique une morale d'abnégation et du service de tous.

Le bouddhisme

André BAREAU

En principe, dans le bouddhisme, tous les moines sont égaux et la hiérarchie, purement honorifique, est uniquement déterminée par le nombre des années d'ordination. Il n'y a donc aucune autorité suprême analogue à la papauté. En fait, la vénération, très forte en Asie, des jeunes pour leurs aînés, des disciples envers leurs maîtres, des hommes ordinaires pour ceux qui se distinguent par leur science, leur sagesse, leur austérité et d'autres qualités donne à ces aînés une autorité certaine. En outre, l'origine sociale élevée de certains moines leur a souvent facilité l'accès au sommet de la hiérarchie.

La vie des communautés

Il semble qu'autrefois les communautés monastiques locales aient joui d'une grande autonomie. Aujourd'hui, en Asie du Sud-Est, où le bouddhisme est religion d'État, la communauté de chaque secte, dans chaque pays, est organisée selon un système de gouvernement et d'administration analogue à celui du pouvoir laïc national et ayant à sa tête un « roi de la communauté » (*saṅgha-rājan*) assisté d'une sorte de conseil supérieur dont les membres sont choisis selon des critères variés.

La communauté (*saṅgha*) bouddhique est formée de quatre groupes : les moines, les nonnes, les fidèles laïcs répartis en deux groupes, les hommes et les femmes. Dans le Theravāda, les nonnes ont disparu depuis longtemps. Les moines, plus exactement les ascètes « mendiants » (*bhikṣu*), ont renoncé au monde, définitivement ou non, pour avancer sur la Voie menant au *nirvāṇa*. Les laïcs ont pour devoir d'observer cinq commandements moraux et de fournir aux ascètes la nourriture, les vêtements et les autres choses indispensables à leur vie matérielle.

Les candidats à la vie monastique doivent demander à un groupe de moines réunis solennellement leur introduction au sein de la communauté locale, et, si cela convient à celle-ci, ils y sont admis par décision collective. Les fidèles laïcs doivent seulement déclarer qu'ils prennent refuge auprès du Buddha, de sa doctrine et de sa communauté, et promettre d'observer les cinq commandements moraux (ne tuer aucun être vivant ; ne pas prendre ce qui n'est pas donné ; ne pas se livrer à des pratiques sexuelles illicites ; ne pas mentir ; ne pas boire de liquides enivrants).

Si un moine commet une faute d'une certaine gravité – qu'il ait été dénoncé par un autre ou qu'il l'ait confessée de lui-même –, il est soumis à un jugement par tous les moines de sa communauté locale, qui décident du châtiment à lui appliquer. Quand il y a crime, le coupable est chassé du Saṅgha.

L'unité de la communauté n'était assurée que par sa fidélité à la doctrine et à la discipline monastique attribuées au Buddha et conservées par la tradition orale, mais les moines furent souvent obligés d'expliquer, de commenter et de compléter ces enseignements pour répondre à des questions imprévues ou faire face à des circonstances nouvelles. Quoiqu'ils dussent alors demeurer aussi fidèles que possible à la parole du Bienheureux, dans l'esprit sinon dans la lettre, cela entraîna des divergences de plus en plus nombreuses. Comme il n'existait aucune autorité habilitée à juger, définir et imposer ce qui était orthodoxe, il en résulta bientôt un pluralisme que renforça la rapide expansion géographique du bouddhisme. Cependant, la tolérance paraît avoir été généralement respectée au sein de la communauté, si vives que fussent parfois les discussions causées par ces divergences.

Les interprétations ou les décisions que certains maîtres voulaient imposer à leur communauté étaient parfois contestées par plusieurs autres moines, qui les jugeaient non conformes aux enseignements du Buddha. Il en résultait des conflits internes auxquels ne pouvaient pas toujours mettre fin les procédures d'apaisement prévues par les codes de discipline, et qui aboutissaient alors à l'expulsion des uns ou des autres.

Le schisme (*saṅgha-bheda*) était considéré comme l'un des cinq crimes les plus graves. Selon la définition des *Vinayapiṭaka*, il était accompli lorsqu'un groupe de moines cessait de cohabiter avec les autres, de partager leurs repas et de participer aux réunions où ils décidaient en commun des actes (*karman*) concernant la vie de leur communauté. En fait, pour diverses raisons, les schismes de ce type

Bonzes du Laos recevant leur nourriture des fidèles. Les laïcs s'acquièrent des mérites en remplissant le traditionnel bol à aumônes des moines, dont l'usage remonte à un temps immémorial. Cette scène, courante dans les pays bouddhistes, n'est plus très fréquente, depuis 1975, dans les rues de Louang Prabang et des autres villes laotiennes, à cause de l'hostilité fréquente des pouvoirs publics (Weisbecker, Explorer).

étaient rares, et causés bien plutôt par des querelles d'intérêts matériels ou de graves mésententes individuelles que par des divergences doctrinales aboutissant à la création d'écoles nouvelles. En tout cas, les moines considérés comme schismatiques étaient toujours accusés de graves manquements aux règles de la discipline, voire à la morale.

Aucun terme bouddhique ne désigne ce que nous entendons par hérésie, puisque, à défaut d'une orthodoxie strictement définie et protégée par une autorité suprême, la chose n'existe pas dans le bouddhisme. Toutefois, celui-ci reconnaît des *nikāya*, mot que l'on traduit généralement par « secte », mais qui correspond mieux, selon les cas, aux écoles philosophiques de la Grèce antique, aux ordres monastiques du Moyen Âge occidental, à des groupes se réclamant d'un même maître fondateur ou présentant encore d'autres particularités ; mais ces « sectes » demeuraient toutes au sein de la communauté générale.

Faute de pouvoir définir une orthodoxie, le Saṅgha était désarmé devant les dissidences causées par des divergences doctrinales, mais cela avait peu d'importance, puisque celles-ci n'intéressaient guère les laïcs et ne suscitaient donc pas leur réprobation. Il en allait tout autrement lorsque les querelles concernaient le comportement des moines, leur inobservation des règles disciplinaires, car cela provoquait alors l'indignation des laïcs et menaçait donc le bon renom de la communauté, et, par conséquent, sa subsistance matérielle. On faisait alors appel à l'arbitrage d'un concile ou d'un synode, qui instruisait l'affaire et rendait un jugement dont l'exécution – à savoir l'expulsion des coupables ou, du moins, des vaincus – était souvent confiée à l'autorité royale.

Ascète en méditation. Même à l'époque Song (XIIIe-XIVe s.), où les monastères sont des institutions compliquées, le renonçant solitaire demeure un thème majeur de l'art bouddhique chinois. Musée national des arts asiatiques-Guimet, Paris (Lavaud, Artephot).

Le quadrillage de l'espace géographique communautaire est complexe et divers, celui de la secte se superposant généralement à celui des pays et des régions, mais selon des modalités qui sont variées et que l'on connaît souvent mal pour les époques anciennes.

Dans les nombreuses réunions où chaque communauté locale discute de ses propres affaires et prend les décisions adéquates ou actes (karman), chaque moine a en principe les mêmes droits que les autres et dispose d'une voix. Chacun peut proposer une motion (*jñapti*), qui peut être adoptée d'emblée ou soumise à discussion. Dans ce cas, l'assemblée vote, mais, comme toute décision doit être prise à l'unanimité, on s'arrange pour obtenir ce résultat par diverses méthodes, où le prestige des maîtres et des aînés joue un rôle important.

Les exigences de la Voie de la Délivrance

La vénération orientale des disciples envers les maîtres permet à ceux-ci de transmettre aisément aux autres leurs idées et de les imposer dans une large mesure. D'autre part, les moines bouddhistes étaient, à l'origine, des ascètes errants et ceux d'aujourd'hui ont gardé le goût et la pratique des voyages, pour diffuser la doctrine ou se rendre en pèlerinage. Cela a beaucoup facilité l'entretien des relations et des communications entre les communautés les plus diverses, si éloignées fussent-elles les unes des autres dans l'espace ou par leur appartenance à des sectes différentes.

À l'intérieur de la communauté, la hiérarchie se définit selon l'ancienneté depuis l'ordination, mais elle est surtout honorifique. Le Buddha ayant nié que la naissance fût un critère de valeur humaine, tout homme peut en principe entrer dans le Saṅgha, puis y assumer des fonctions diverses et y progresser dans la hiérarchie, sans qu'il soit tenu compte de sa race ou de sa caste. Cependant, depuis longtemps, en divers pays, certains nikāya n'accordent l'ordination qu'aux membres des hautes castes, mais un homme d'humble extraction peut alors être admis dans un autre ordre monastique.

L'orthodoxie relative, celle qui est propre à chaque secte et qui varie du reste avec le temps dans une certaine mesure, est promulguée par les recueils canoniques propres à chaque nikāya, en particulier par son *Abhidharmapitaka* et, plus encore, par ses traités postcanoniques et leurs commentaires. Une grande partie de ces ouvrages comprend de nombreux passages ayant la forme de dialogues ou de controverses entre l'auteur, maître reconnu de la secte, et un ou plusieurs contradicteurs, qui sont finalement vaincus, comme il se doit.

Pour assurer le bon ordre et le bon renom de la communauté, chaque moine doit surveiller le comportement des autres comme le sien propre, signaler aux coupables leurs fautes et confesser celles qu'il a lui-même commises. Plus particulièrement, chaque novice ou chaque jeune moine est surveillé et conseillé par un moine âgé qui a, auprès de lui, la fonction de censeur (*upadhyāya*) et qui est chargé, en outre, de lui enseigner les règles de la discipline (*vinaya*). Ce censeur est désigné lors de l'ordination du nouveau bhikṣu, en même temps que le précepteur (*ācārya*) qui lui enseignera la doctrine. S'il a toujours nié l'efficacité de la religion brahmanique et populaire pour atteindre le nirvāna, et dissuadé ses moines de la pratiquer, le Buddha n'a jamais empêché ses fidèles laïcs d'en célébrer les rites, du moins ceux qui ne transgressaient pas la morale qu'il leur enseignait. Soumis ainsi à une double influence, ces fidèles ont inventé très tôt une religion populaire spécifiquement bouddhique en faisant de nombreux emprunts aux croyances et pratiques anciennes et en les adaptant ingénieusement à la doctrine du Bienheureux. De nos jours, certains vénérables bhikṣu condamnent ces formes de dévotion populaire, qui se sont notablement enrichies avec le temps, les uns prétendant revenir aux sources pures et lointaines du bouddhisme, les autres voulant adapter celui-ci à l'époque où ils vivent.

Chacun étant seul et entièrement responsable de ses actes et, par conséquent, de sa progression sur la Voie de la Délivrance, le bouddhisme ne possède en principe ni prêtres ni médiateurs. Cependant, le fidèle peut être aidé par l'enseignement et les conseils des moines. En outre, ceux-ci, et le Buddha bien davantage, peuvent contribuer indirectement et même passivement à procurer aux laïcs un sort futur agréable, parce que les dons et les hommages qu'on leur adresse produisent des « mérites » (*puṇya*) très importants qui « fructifieront » en ce sens. Les mérites ainsi acquis peuvent être transmis à d'autres êtres, notamment aux parents défunts. En outre, les moines récitent, en certaines circonstances, des textes sacrés censés assurer une protection surnaturelle.

Dans certaines formes du bouddhisme tardif, tibétain ou extrême-oriental, qui ont un rituel très complexe, les moines ont, en fait, le rôle de prêtres. Dans le bouddhisme populaire, même parfois dans celui du Theravāda, ils assument aussi les fonctions de devins, d'exorcistes ou de guérisseurs.

La Voie menant à la Délivrance exige le renoncement au monde et à tous ses plaisirs, donc l'ascétisme, mendiant et errant en principe, avec la pratique d'austérités, variées dans leur forme et leur degré, mais sans excès inutiles. Elle exige aussi et surtout la pratique assidue des méditations et autres exercices analogues au yoga, apparentés au mysticisme, surtout dans certaines formes du bouddhisme tardif. Si la plupart des bhikṣu vivent depuis bien longtemps dans des monastères, il y eut toujours des moines pour aller demeurer seuls dans la solitude des forêts et y méditer en paix. De nos jours encore, leur exemple est, du reste, suivi par des laïcs pour un temps plus ou moins long. Nombre de femmes, jeunes ou âgées, à Ceylan et en Asie du Sud-Est, observent la règle des nonnes de jadis avec certains allégements ; elles demeurent en groupes près des monastères ou dans des ermitages forestiers pour y pratiquer les méditations.

Le renoncement au monde et à ses plaisirs comprend naturellement la chasteté absolue, car le désir sexuel est l'un des liens majeurs qui attachent l'être au pénible enchaînement des existences successives. Toutefois, plusieurs sectes importantes du bouddhisme tardif, au Tibet et en Extrême-Orient, admettent le mariage d'adeptes, que l'on ne peut appeler « moines », car leur activité consiste surtout en l'accomplissement de rites divers à la demande des fidèles laïcs.

Comme on l'a vu plus haut, certains nikāya s'apparentent bien plutôt aux ordres monastiques chrétiens qu'aux sectes au sens où nous entendons ce mot. Il en est ainsi notamment des congrégations du Theravāda actuel, comme celles des Mahānikāya et des Dhammayutta de Thaïlande et du Cambodge, ou des Syāma, Amarapura et Rāmañña de Sri Lanka.

Le bouddhisme en Chine et au Japon

JEAN-NOËL ROBERT

La communauté bouddhique chinoise (*seng* ; en japonais *sō* = *saṅgha* en sanskrit) s'organisa sur le modèle indien ; et ses rapports avec le pouvoir politique eurent pour idéal le patronage accordé à la religion par le souverain indien Aśoka (IIIe s. av. J.-C.). La vie monacale était réglée par le corpus disciplinaire indien, le *vinaya* tel qu'il fut transmis dans le recueil dit « Discipline quadripartite » (*Sifenlü* ; en japonais *Shibun-ritsu*), traduit par le Cachemirais Buddhayaças au début du IVe siècle et constituant dès lors – avec ses divers commentaires et propagé qu'il fut par l'école de la Discipline (Lüzong ; en japonais Risshū) en Chine et au Japon à partir des Tang – la référence obligée pour toutes les tentatives de réforme de la vie religieuse. Une tradition maintient que, jusqu'à l'époque du roi Shi Hu (mort en 439), du royaume barbare nordique des Zhao postérieurs, les Chinois n'avaient pas le droit d'entrer dans le saṅgha (il y eut certainement des exceptions, comme pour Zhu Shixing) et que c'est ce souverain qui, sous l'influence de Fotudeng, donna l'autorisation aux sujets chinois de prendre les ordres. Au Japon aussi, les premiers religieux et religieuses étaient d'origine coréenne. Une communauté s'étant établie, elle devenait dès lors une entité que le pouvoir politique devait garder sous son autorité, laquelle ne pouvait être que difficilement admise par le saṅgha. Ce conflit de pouvoir est révélé par le manifeste de Huiyuan (334-416) qui fut rédigé en 404 (« Que le religieux ne doit point rendre hommage au souverain ») et qui pose que seul le laïc est astreint aux conventions sociales et morales du confucianisme, alors que le clergé est au-delà de la juridiction

L'autel fleuri. Le bouddhisme chinois a traversé au cours de son histoire des périodes d'expansion et de rétraction, voire de répression. Objet d'une certaine méfiance du fait de son origine étrangère, il a toujours été soumis à la tutelle de l'État, en particulier par le biais du contrôle des ordinations. En temps de crise face à des autorités devenues hostiles, il a pour lui la conscience de sa durée. Actuellement, le retour aux valeurs culturelles traditionnelles encouragé par le régime lui vaut un regain de faveur. Temple bouddhique, Canton (J. Decange, Top).

impériale. Au terme d'un débat séculaire, l'empereur Gaozong des Tang donna en partie raison au clergé, en stipulant toutefois que les moines devraient rendre hommage à leurs parents, ce qui reconnaissait le devoir de piété filiale comme inéluctable en Chine. Il est significatif que la question ne fut guère posée au Japon ; les conditions mêmes de l'entrée du bouddhisme en ce pays l'ayant mis d'emblée sous tutelle impériale, les quelques exemples historiques de manquement à l'obédience furent toujours sévèrement réprimés. Cependant, en dehors de ces rapports de prestige, l'État en Chine entendit toujours maintenir son emprise sur le clergé, notamment par l'établissement d'une hiérarchie ecclésiastique officiellement nommée. La hiérarchie traditionnelle à l'intérieur du monastère, désignée du terme de « triple corde » (maintenant la communauté, *sangang* ; en japonais *sangō*) reposait sur une tradition indienne déjà attestée à Nālandā par les pèlerins chinois et passa au Japon dès le VIIe siècle. Elle finit par n'avoir qu'un rôle rituel, car elle fut concurrencée et supplantée par une autre hiérarchie établie en Chine du Sud dès le Ve siècle, dans laquelle le Recteur monacal (*sengzheng* ; en japonais *sōjō*) était prépondérant ; ce système passa aussi au Japon où ces grades, conférés par la cour, étaient des distinctions honorifiques. En ce dernier pays, l'administration effective du monastère devint l'affaire des Intendants monastiques ou *bettō*, parfois au nombre de deux, un religieux et un laïc (dit *zoku-bettō*). Sous la dynastie Tang, après la réforme de l'impératrice Wu Zetian (624-705), secondée par son favori le moine Huaiyi, les rapports entre État et clergé se firent plus étroits. Il est curieux de constater qu'un peu plus tard, au Japon, un autre moine, Dōkyō (mort en 772), favori de l'impératrice Kōken (Shōtoku), entreprit aussi de réunir les deux pouvoirs, mais échoua. Nombre de réformes de Wu Zetian passèrent cependant au Japon, notamment le système des monastères officiels provinciaux. De même, sous les Tang et au Japon, l'ordination des moines en vint à être contrôlée par le gouvernement, qui peut parfois exiger un examen préalable ; tout moine ordonné obtenait un certificat d'ordination (*dudie* ; en japonais *dochō*) émis par les autorités civiles, et cela à partir de 747 de façon systématique, sous le règne de Xuanzong. Ces certificats furent parfois vénaux, par exemple pour financer l'armée ; on relève ainsi le chiffre énorme de 230 000 certificats émis sous les Song en 1019 (rappelons que, dans la persécution de 845, 260 500 moines et nonnes furent réduits à l'état laïque). Au Japon, le même système fut établi au début du VIIIe siècle et appliqué de façon stricte, de même que le nombre de religieux à ordonner chaque année (*nenbun dosha*) était limité à deux ou trois pour les six, puis huit grandes écoles ; ce système disparut au Xe siècle.

L'hérésie est difficile à définir dans le bouddhisme, où l'abondance des écoles et des sectes, l'absence d'autorité centrale et le dogme selon lequel les doctrines ne se contredisent pas mutuellement, mais sont adaptées aux facultés diverses des êtres auxquelles elles s'adressent, font qu'il est relativement rare de réunir toutes les conditions pour qu'un courant soit taxé d'hérésie (*xiejiao* ; en japonais *jakyō*). Il semble que le fait ait été plus courant au Japon qu'en Chine, ce que l'on peut attribuer à l'évolution des écoles en sectes fixées dans un dogmatisme plus pointilleux. L'intolérance marquée de la vigoureuse pensée de Nichiren (1222-1282), qui rejetait l'ensemble des doctrines de son époque, a déchaîné les polémiques où l'on se traitait de part et d'autre d'hérétique ; mais c'est plus tard, avec Nichiō (1564-1630) surtout, qu'apparut la branche Fuju-fuse-ha du Nichiren-shū cette expression, signifiant littéralement « qui ne reçoit ni ne donne », montre bien la volonté de cette secte de se couper de tout ce qui lui était étranger, en refusant d'admettre, en rupture avec la tradition bouddhique, tout échange d'aumônes et de prédications avec ceux qui ne partageaient pas sa foi. Fait unique au Japon, si l'on met à part les chrétiens, ces principes conduisirent les tenants de la secte au refus d'obéissance envers le pouvoir shōgounal, ce qui leur valut la clandestinité et de longues persécutions jusqu'à la restauration de Meiji. Ce mouvement est la seule secte bouddhique au Japon qui s'enorgueillisse d'une tradition de martyrs.

On trouve aussi, dans les écoles Shingon et Tendai, deux mouvements clandestins, qualifiés d'hérétiques par les écoles mères, qui ne sont pas sans rappeler les frères du Libre-Esprit européen. Le Tachikawa-ryū – né au sein du Shingon-shū au XIIe siècle avec Ninkan, qui fut influencé par un maître de l'onmyō-dō, courant proche du taoïsme, puis avec Monkan (1281-1357) – prôna l'union sexuelle où homme et femme manifestent corporellement la fusion des deux mandalas et réalisent, dès cette vie et en leurs corps actuels, l'état de buddha (*sokushin-jōbutsu*). L'école Tendai vit l'éclosion du mouvement dit Genshi-kimyō-dan avec le religieux Enkan (1281-1356) ; l'union sexuelle y était aussi prônée et pratiquée, parce qu'elle portait sur le plan physique la conclusion logique des théories de l'Éveil foncier (*hongaku*). Ces deux courants « hérétiques » auraient été tenus pour normaux dans le tantrisme indien et tibétain, mais on sait que les traducteurs des tantras en chinois avaient volontairement omis ce qui pouvait choquer les conventions confucéennes, sourcilleuses en ce domaine. Cette redécouverte japonaise des pratiques tantriques fut sévèrement réprimée et condamnée à la clandestinité ; un édit de 1689 interdit le Genshi-kimyō-dan et les écrits en furent détruits. Il est intéressant de retrouver le taoïsme dans un autre mouvement « hérétique » du Tendai japonais, avec la secte fondée par le moine Jōin au Togakushi-yama, lorsqu'il en devint Intendant en 1727 : en plus de la pratique du syncrétisme shintō-tendai (*ichijitsu-shintō*), les moines de ce monastère récitaient le *Daodejing* de Laozi comme un sūtra bouddhique et se laissaient pousser les cheveux à la manière des ascètes ou ermites du taoïsme. Jōin fut exilé et ses livres brûlés.

Le buddha des temps futurs, Maitreya (en chinois Mile ; en japonais Miroku), joua un grand rôle dans les mouvements bouddhiques populaires non contrôlés et les bouleversements politiques : Wu Zetian se laissa convaincre qu'elle en était une incarnation, ce qui lui permit de justifier ses réformes radicales, en s'appuyant en outre sur un sūtra maitreyique apocryphe que Huaiyi expliquait ad hoc. Le personnage historique du Xe siècle qui devint le Moine au Sac de toile (Budai heshang) fut reconnu à son tour par le peuple comme une incarnation de Maitreya et présentait les caractères d'une divinité populaire de l'abondance. La grande vague religieuse populaire qui submergea le Japon en 1867, la dernière année du régime féodal, et qui est connue sous le nom de mouvement *ee ja naï ka* présentait à la fois une inspiration shintoïste et « messianique » fondée sur l'attente de la venue de Maitreya pour « rétablir le monde » (*yonaoshi*).

Si le clergé bouddhique en Chine et en Corée a fidèlement suivi le *vinaya* traditionnel, il n'en fut pas de même au Japon, singulièrement en ce qui concerne le célibat monacal, qui, après son abandon formel par Shinran au XIIIe siècle, fut peu à peu rejeté par les autres sectes, pour devenir l'apanage de rares « moines observant les préceptes » (*kaisō*). Cela eut des conséquences importantes sur le régime de la succession monastique : les monastères de moindre importance sont maintenant en usufruit héréditaire et, dans les grands monastères, les charges se transmettent de père en fils, avec des différences selon les sectes. Seuls les couvents de nonnes maintiennent le célibat. Durant l'annexion de la Corée, les Japonais établirent une secte coréenne de religieux mariés, qui se maintint, avec des difficultés qu'on peut imaginer, après l'indépendance.

Le taoïsme

KRISTOFER SCHIPPER

Nous ignorons à peu près tout de l'organisation du taoïsme à ses débuts. Seules les légendes concernant Laozi (Lao-tseu), le « Vieux Maître » fondateur de la religion, nous donnent quelques éléments d'information, complétés par les histoires que nous a rapportées l'apologiste Zhuangzi (Tchouang-tseu). On y voit l'importance fondamentale revêtue par la relation entre maître et disciple. Selon ces légendes, Laozi fut astrologue et « gardien des écrits » à la cour des Zhou (Tcheou), au VIe siècle avant J.-C. À un âge très avancé, il décida de quitter le monde et de se rendre vers les contrées occidentales, où la mythologie chinoise situe les pays des immortels. En traversant la passe qui sépare la Chine – le monde civilisé – des pays incultes, il fut interrogé au sujet de sa sagesse par le gardien de la passe, le nommé Yin Xi (Yin Hi). Laozi lui donne alors le *Livre de la Voie et de la Vertu* (*Daode jing*), le premier texte du taoïsme.

Un tel récit est significatif : il met en évidence que le taoïsme fut fondé par un acte de transmission de maître à disciple. Effectivement, cette religion, à ses débuts, ne semble pas avoir connu d'autre forme institutionnelle. On n'y rencontre rien d'analogue au gymnase où se rassemblent les jeunes nobles sous la direction de leur maîtres confucianistes, ni aux communautés des disciples du philosophe Mozi (Micius), ni aux communautés monastiques telles que les *saṅgha* bouddhistes.

Du texte sacré à la règle

Dans le *Zhuangzi* (IVe s. av. J.-C.), de nombreux récits décrivent les maîtres taoïstes. Ils enseignent à leur domicile, où leurs disciples, sélectionnés, souvent habitent eux-mêmes. Ces derniers doivent servir le maître, et même travailler pour lui. À la différence des lettrés confucianistes, qui voyagent d'une cour princière à une autre, le maître taoïste est sédentaire. Bien qu'il ne veuille pas se distinguer des gens du commun, ceux-ci reconnaissent en lui un sage, dont l'influence est bénéfique pour son entourage (y compris pour les animaux et la végétation).

Les maîtres pratiquaient la méditation extatique et devaient avoir une liturgie simple, d'expression panthéiste. Un chapitre tardif (33) du *Zhuangzi*, qui pourrait dater du IIIe siècle avant J.-C. et qui traite des différents courants de pensée de l'époque, explique que Laozi et Yin Xi (c'est-à-dire les adeptes du taoïsme) « plaçaient en tête [de leur système] le Grand Un ». Or le Grand Un (*Taiyi*) est une divinité de l'Antiquité dont les liens avec les mystères sont multiples. Ces liens deviennent des plus évidents à partir du moment où le grand empereur Wu des Han (140-87 av. J.-C.) adopte les rites taoïstes dans le culte de l'État. Il fait alors construire un sanctuaire en pleine harmonie avec les théories cosmologiques des mystères, une sorte de maison du calendrier suivant les principes du *yin* et du *yang*, des cinq éléments et d'autres catégories analogues, pour y sacrifier au Grand Un. Le fait que les gens du peuple, sur une échelle bien entendu plus modeste, s'adonnent aux mêmes pratiques nous est connu par une stèle, qui date de 165 après J.-C. et qui dit : « Les groupes de ceux qui aiment le Dao [*Tao*] chantent et dansent en honneur du Grand Un et s'adonnent à la méditation extatique. » Cela indique que, dès cette époque, les taoïstes avaient constitué des groupes, dont on reparlera.

C'est aussi au IIe siècle après J.-C. qu'apparaissent les *Neuf Commandements* de Laozi (*Xiang'er jiujie*), le plus ancien ensemble de règles taoïstes qui nous soit parvenu. Il y est dit :

« – Pratiquez la non-action, la douceur, la féminité sans jamais prendre l'initiative. Ce sont les trois commandements supérieurs.

– Pratiquez le sans-parole, la pureté, la bonté. Ce sont les trois commandements moyens.

– Pratiquez la loyauté, la modération, la modestie. Ce sont les trois commandements inférieurs. »

Ces règles, rattachées au *Livre de la Voie et de la Vertu*, s'imposaient à quiconque détenait cet ouvrage. On peut y voir un des premiers témoignages d'une institution fondamentale du taoïsme : celle qui consiste dans les règles et vœux liés à la transmission des textes sacrés de maître à disciple.

Taoïsme mystique. L'ordre monastique de la Perfection totale (« Quanzhen ») a été fondé en Chine du Nord au XIIe siècle. Il réserve une place importante à la méditation et aux exercices spirituels, prône l'ascèse et condamne les pratiques magiques. Maître du Quanzhen, monastère du Qingcheng shan (« montagne de la Forteresse bleue »), Sichuan du Nord (L. Vidal, Top).

Par la suite, en effet, le taoïsme devait s'enrichir d'autres canons scripturaires, pour chacun desquels fut créé un nouvel ensemble de règles. Au Ve siècle, le grand patriarche Lu Xiujing (406-477) dresse un premier catalogue des livres taoïstes. Il classe alors les textes par ordre de sainteté et établit des liturgies de transmission. À chaque étape du chemin de la perfection correspond un ensemble de textes et une liste de règles. Plus l'adepte progresse, plus les commandements deviennent nombreux. Les maîtres ne doivent pas observer moins de cent quatre-vingts interdits, qui couvrent tous les aspects de la vie privée et sociale. Ils ne se limitent pas à la conduite morale, mais énoncent des prescriptions pour le train de vie (sobre), pour les fréquentations (dont les fonctionnaires et les nobles sont exclus), etc. Un certain nombre de règles concernent la sauvegarde du milieu naturel : interdiction d'abattre des arbres, de détruire des nids, de polluer les sources et les cours d'eau – ces obligations répondant à un souci tout à fait écologique qui procède de l'observation de la nature et du devoir de la préserver. L'adoption de ces règles et le vœu solennel qu'on fait de les suivre sont les conditions nécessaires à la transmission des écritures saintes. À chaque grade de la hiérarchie taoïste correspond un ensemble de textes, si bien que le corps ecclésiastique s'ordonne degré par degré au corpus des écritures.

Le rituel de transmission, véritable clef de voûte de la liturgie, est un renouvellement de la révélation originale des écritures. Cette révélation légitime le pouvoir du maître, sa qualité de vicaire du Dao, personnifié sur terre par Laozi. Son office ici-bas consiste à « pratiquer la transformation [ou à répandre la civilisation] pour le compte du Ciel [*daitian xinqhua*] ».

Cartes et diagrammes des énergies

Mais quel est donc le pouvoir de l'écrit ? Cette question revêt, pour l'étude du taoïsme, la plus haute importance. Les livres sacrés sont, en effet, des discours, des paroles qui, par leur essence, ne sauraient être des réalités irréductibles et absolues (*chang*, *chen*). La véritable révélation du Dao ne se donne pas dans un traité discursif. Le Dao ne peut s'exprimer que dans la nature des choses, dans le spontané, dans le monde « tel qu'il est de par soi-même [*ziran*] ». La révélation et, par conséquent, la transmission ne concernent donc pas tant les textes que « ce qui fait que les choses soient des choses, mais n'est pas soi-même une chose » – autrement dit, la force sous-jacente à l'organisation du langage, le principe structurant du discours du Dao. Cette dimension est celle du processus (*dao*) de l'œuvre cosmogonique, de la naissance de l'univers à partir du chaos primordial et de la différenciation des énergies (*yin*, *yang*, cinq éléments, huit trigrammes, etc.), qui constituent notre monde phénoménal. Le taoïsme ne se lasse pas de dresser une cartographie de ces énergies, d'établir des diagrammes cosmologiques, d'écrire par des signes abstraits ce qui est antérieur au discours. Cela donne des « cartes » ou « tableaux » (*tu*), qui sont le fondement de la révélation et par rapport auxquels les textes sacrés ne sont que des amplifications discursives. Les diagrammes contiennent et révèlent les énergies cosmiques ; l'identification de ces forces fait l'objet de l'enseignement oral, qui reste secret, du maître au profit du disciple. Les « noms » des énergies constituent des répertoires qui, eux, relèvent de la connaissance essentielle, puisqu'ils confèrent un pouvoir sur les énergies. Les répertoires liés aux diagrammes s'appellent des « registres » (*lu*). L'ordination des maîtres consiste, avant tout, dans la transmission de ces registres.

Lorsque, en 142 après J.-C., Laozi réapparut dans ce monde à son prophète et vicaire le Premier Maître Céleste Zhang Daoling, pour y établir son « nouveau testament » par la révélation de la nouvelle cosmologie de « l'Alliance Une et Correcte avec les Puissances » (*Zhengyi mengwei zhi Dao*), ce n'est pas un livre qu'il lui donne, mais un diagramme cosmologique et un registre. La carte montre l'ordre du temps nouveau : une année soli-lunaire divisée en trois parties et vingt-quatre périodes énergétiques (*jieqi*). Le registre donne les noms de ces énergies astrales et de toutes les autres puissances de l'Alliance.

Le Premier Maître Céleste organise ensuite son Église sur le modèle révélé. Il crée vingt-quatre diocèses, en harmonie avec les stations calendaires du même nombre. Il fait célébrer trois assemblées annuelles dans ces diocèses, à la première, à la septième et à la dixième lune. Les fidèles y viennent renouveler leur alliance avec les puissances de leur registre individuel. À la tête des diocèses sont placés des maîtres des deux sexes, vingt-quatre hommes et vingt-quatre femmes, afin de préserver l'équilibre nécessaire entre le *yin* et le *yang*. Ces maîtres se livrent à la méditation sur les trois étages et les vingt-quatre énergies cosmiques de leur corps, lesquelles se transforment en des divinités intimes innombrables, constituant un véritable panthéon intérieur. Puis, ils s'allient et « mélangent leurs énergies » (*heqi*), c'est-à-dire qu'ils conjuguent les puissances de leurs registres respectifs, au cours de cérémonies d'union sexuelle, sortes de ballets cosmiques d'une grande beauté. Les forces ainsi acquises sont si bénéfiques qu'elles permettent aux maîtres de guérir les malades et de tout faire prospérer dans leur entourage.

On entre dans le système des registres des puissances à l'âge de la connaissance, à six ans. Le maître révèle alors à l'enfant la force cosmique qui est en lui, en lui apprenant les techniques élémentaires de la concentration et l'extase.

Le panthéon taoïste. Le « Daozang » est l'ensemble des écritures canoniques du taoïsme. Au cours des âges, il a fait l'objet de plusieurs définitions et donné lieu à de monumentales éditions xylographiques. En tête de l'une d'elles, la grande assemblée des divinités est ici réunie autour de trois figures principales, les Trois Purs, qui représentent les aspects les plus importants du Dao : l'Origine de l'univers (au centre), le Salut (à droite) et la Révélation (à gauche). Autour se pressent des rangées de divinités célestes et terrestres. Au premier plan, un maître taoïste présente une supplique. Frontispice du grand canon taoïste, impression de 1598 (Bibliothèque nationale de France, Paris).

L'organisateur. Le Premier Maître Céleste, le patriarche Zhang Daoling, qui fut investi de la propagation de la vieille voie « une et correcte » du taoïsme, est considéré comme le fondateur du taoïsme religieux (IIe s. apr. J.-C.). Son aspect terrible et l'épée à son côté indiquent ici sa qualité de grand exorciste. Il porte la robe taoïste traditionnelle. Peinture liturgique provenant du Fujian du Sud, XIXe siècle, coll. part. (K. Schipper).

Cette force, l'enfant la visualise sous la forme d'un « ange gardien », un grand archange d'allure militaire appelé « le général », qui le guide et le protège. Lorsque l'enfant reçoit le Registre du Premier Général (*Yi jiangjun lu*), il fait le vœu suivant : « Je déclare que, dans son état simple, mon corps a été investi de l'énergie divine du Vieux Maître nouvellement apparu, mais que je suis néanmoins incapable de l'identifier moi-même. Ce jour donc, ayant préparé des gages de ma foi, je me suis présenté devant le maître afin de lui demander de me transmettre le Registre à Un Général. Désormais, je sais que celui-ci est [suit le nom secret de l'agent spirituel de l'enfant]. [...] Désormais, je m'engage à assister le Maître Céleste, à guérir le peuple et à respecter les règles de l'Alliance [suit une série de commandements]. » Par la suite, l'enfant obtiendra d'autres registres, à trois, dix, quinze, et jusqu'à soixante-quinze Généraux. À chaque étape le nombre d'interdits augmente, ainsi que les puissances avec lesquelles il a conclu une alliance. Parvenu au stade de maître, il obtiendra les livres et les cartes et registres qui les accompagnent.

Tel est, fort schématisé, le système (*fa*) de la liturgie taoïste. On voit ainsi que, tout en conservant l'institution fondamentale de la relation entre le maître et son disciple, cette religion en est venue à se doter de formes organisationnelles très complexes, que nous sommes loin de comprendre entièrement. Une des raisons de cette ignorance tient à ce que, malgré ses structures séculaires et malgré sa tradition écrite et sa liturgie si particulière, le taoïsme se fond à jamais dans la masse. Il n'est jamais devenu une véritable Église, encore moins une secte coupée des groupes naturels. Les vingt-quatre diocèses du Premier Maître Céleste étaient situés sur les lieux saints communaux du Sichuan septentrional, où les paysans se rassemblaient périodiquement depuis les temps les plus reculés. Les maîtres, chefs de ces diocèses, se confondaient avec les chefs des villages traditionnels. Cette situation caractérise encore le taoïsme contemporain : il refuse d'intervenir dans l'ordre naturel des groupes humains ; il se limite à en révéler les structures profondes, les correspondances universelles, les forces secrètes, visibles aux seuls initiés.

Le judaïsme

DANIEL J. ELAZAR

L'organisation des communautés juives contemporaines repose sur un mélange d'institutions territoriales et d'institutions non territoriales. Les structures politiques d'un pays servent alors de base, moyennant quelques aménagements, pour l'organisation des communautés locales. Mais les divisions idéologiques du judaïsme mondial constituent, elles aussi, des facteurs significatifs d'organisation, tout comme certains intérêts communs au groupe local ou national commandent divers mécanismes particuliers à celui-ci. Les organisations ayant une base territoriale, telles que les fédérations des communautés juives des États-Unis et du Canada, les autorités locales d'Israël ou les conseils régionaux des délégués juifs en Australie, sont les plus englobantes, avec la charge qui leur incombe de régir la communauté en tant que totalité ou sous-ensemble. Les organisations idéologiques, fonctionnelles ou fondées sur certains intérêts, telles que les synagogues ou les agences de services sociaux, s'intéressent en général aux aspects plus personnels de la vie juive. Ces deux bases de l'organisation communautaire se distinguent en tant que telles de manière reconnaissable, mais les unités concrètes ou structures spécifiques sont habituellement moins bien différenciées.

D'ailleurs, étant donné la nature du judaïsme, les organisations mêmes qui reposent sur une base territoriale ne sont pas nécessairement assujetties à des frontières bien définies. Ce mode de délimitation géographique n'est pas, en effet, très pertinent pour les juifs, lesquels, de par leur culture politique, sont amenés à envisager le problème du point de vue des Proche-Orientaux plutôt que des Occidentaux. À leurs yeux, le monde serait divisé d'après la relation réciproque entre les oasis et les déserts plutôt qu'en fonction de secteurs territoriaux bien délimités. Chaque oasis possède un noyau précis et une périphérie, qui est de plus en plus mouvante à mesure qu'elle s'évanouit dans le désert à la lisière de la zone irriguée et qui se transforme avec les changements du ravitaillement interne en eau à partir de l'oasis. Le désert lui-même n'appartient à personne ou appartient à tous. Ainsi, la périphérie peut s'élargir ou se contracter sans que soit transformé de manière significative le caractère du noyau. La loi juive aussi bien que l'organisation politique juive peuvent donc être considérées comme obéissant à ce modèle. Pour les juifs traditionnels, la première consiste en un noyau dur et immuable (la Tōrah), d'où rayonnent des réseaux d'application et d'interprétation dont chacun est relié au centre originel par-delà le temps et contribue à l'expansion de tout l'ensemble. Ainsi la culture juive en est-elle venue à considérer la loi comme exigeant un noyau fixe d'observance, entouré, à la périphérie, d'un espace à l'intérieur duquel intervient l'interprétation. Les juifs sont attachés à leur loi, mais ne se sentent pas liés par elle. L'obligation de l'observer relève, en dernière analyse, d'une responsabilité personnelle, soutenue ou renforcée par les attentes et les pressions de la communauté. Cette relation entre la loi et la culture paraît typique de la situation propre à l'ensemble formé par la terre d'Israël et le Moyen-Orient.

À l'inverse, les institutions de l'Europe occidentale ont pris forme dans des régions bien irriguées, dont les pays sont délimités de manière fixe par des frontières entre lesquelles ils se trouvent contenus. Le statut est déterminé par la réponse qu'on peut faire à la question de savoir qui est ou qui n'est pas à l'intérieur du périmètre particulier ainsi défini. Normalement, il n'y a pas, dans le monde européen,

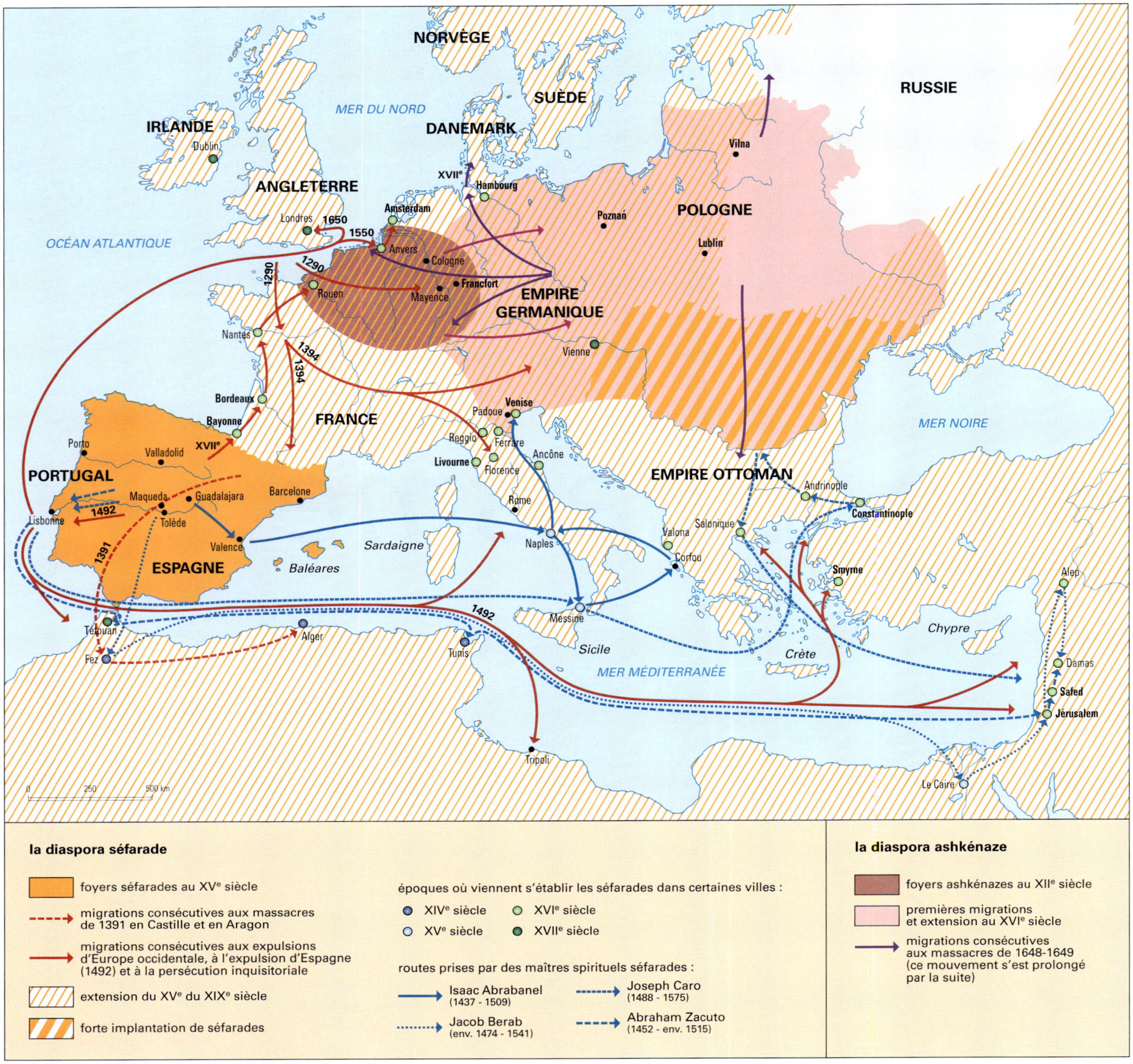

La diaspora. À la suite de la dispersion des juifs dans l'Empire romain, deux foyers de peuplement, situés en Espagne et autour de la vallée du Rhin, ont donné naissance aux deux grandes communautés qui composent encore aujourd'hui l'essentiel de la population juive à travers le monde : les séfarades, ou « espagnols », et les ashkénazes, ou « allemands ». Au cours des siècles, persécutions et expulsions ont entraîné de complexes mouvements de migration, principalement autour du bassin méditerranéen pour les séfarades et à travers l'Europe centrale pour les ashkénazes. La carte ci-dessus se borne à indiquer les migrations qui se sont effectuées entre la fin du Moyen Âge et l'aube des Temps modernes.

d'espace sans frontières. Aussi le noyau y est-il beaucoup moins important que les démarcations frontalières, tandis que, à bien des égards, les communautés territoriales locales des juifs sont alors de simples agrégats de gens qui habitent des villes ou des zones métropolitaines particulières. Le même modèle vaut aussi en grande partie pour les organisations qui reposent sur des bases idéologiques. Celles-ci ont généralement perdu, à une époque récente, leur pouvoir d'attraction. Seuls survivent de puissants mouvements sionistes tels que certains partis politiques israéliens, par le moyen desquels des individus tentent d'obtenir des postes de direction au sein de la communauté juive ou d'y exercer des tâches spéciales. Les organisations qui s'inspirent d'idéologies séculières non sionistes ont de la peine à subsister. Leur situation correspond assez bien à celle de l'oasis dans le modèle qu'on vient d'évoquer.

Les mouvements religieux occupent une position plus favorable. C'est le cas, en particulier, du courant orthodoxe militant, qui depuis peu s'est répandu dans le monde à partir de noyaux constitués par un nouveau réseau de *yeshivot* (écoles talmudiques supérieures). Mais, tandis que s'étend ce judaïsme orthodoxe, peu de membres des groupes qui en relèvent sont rigoureusement orthodoxes en dehors d'Israël et des États-Unis. Plus brillante encore est la situation des mouvements conservateurs et réformés, qui se sont constitués autour de noyaux assez restreints de juifs sérieusement attachés à ces courants et qui comptent un très grand nombre de membres plus épisodiques, attirés là par leur implantation, leurs habitudes, leurs liens familiaux et amicaux ou du fait de simples circonstances historiques ou géographiques. Dans le camp orthodoxe, où l'idéologie prend traditionnellement des formes religieuses, les groupements fondés sur celle-ci ont réussi à se maintenir, avec leurs principes propres, dans des structures organisées, au point qu'ils représentent de petites minorités réduites mais actives au sein du peuple juif. Leur vitalité leur a d'ores et déjà donné un poids qui dépasse l'importance de leurs effectifs.

Du point de vue politique, les organisations ayant une base idéologique ont plus de succès à l'échelle mondiale ou nationale – surtout là où l'absence d'institutions territoriales se fait sentir – qu'à l'échelle locale. Toutefois, la modernité a donné aux éléments territoriaux une prévalence sur les éléments non territoriaux et a réduit ces organisations idéologiques au rang de groupes spécialisés dans des fonctions ou des tâches particulières. Une conséquence importante de cette situation a été de limiter, au sein de la diaspora, les pouvoirs des organisations s'étendant à tel ou tel pays et de faire du niveau local le centre premier de décision. Ce phénomène prend deux formes différentes. Dans la première, la communauté locale dominante s'empare du contrôle total des organisations juives au niveau national, qui apparaissent alors comme l'expression essentielle de ses perspectives et de ses intérêts. Il en est ainsi dans des pays comme la Suède et la France. Selon la seconde formule, les organisations nationales sont faibles, comparées aux organisations locales, et se trouvent soit ignorées soit manipulées par ces dernières selon les nécessités. Tel est le modèle qui prévaut aux États-Unis et au Brésil. Dans certains cas, notamment en Australie, en Afrique du Sud et en Suisse, les organisations nationales ont un statut largement autonome. Ce n'est qu'en Israël, où celles-ci soit constituent des institutions publiques soit sont étroitement dépendantes de l'État, qu'elles jouent en tant que telles un rôle dominant, au lieu de ne représenter que l'extension d'une communauté locale ou un regroupement de communautés locales. Le modèle qui s'impose n'est pas celui d'une structure pyramidale, ni même d'une organisation dans laquelle la « base » impose sa loi au « sommet », comme le laissent croire parfois les statuts des institutions.

Le Grand Sanhédrin. Cette assemblée, convoquée par Napoléon Ier, siégea en février et mars 1807. Composée de deux tiers de rabbins et d'un tiers de laïcs, elle définit les modalités de l'intégration des juifs à la nation. Le principe majeur de ses décisions fut la distinction entre les lois religieuses, valables à jamais, et les lois liées à la vie juive d'autrefois en Palestine, sujettes à de possibles adaptations. Gravure coloriée, bibliothèque Thiers, Paris (G. Dagli Orti).

Maison de réunion. La synagogue reste pour la communauté un lieu de rassemblement consacré à la prière, à la lecture de la Loi et à la délibération des affaires communes. K. J. Polak, Israel Museum, Jérusalem (G. Dagli Orti).

Il n'y a pas de base ni de sommet, sauf en raison d'objectifs fonctionnels et pour des tâches spécifiques, mais une matrice d'organisations et d'institutions liées par un réseau commun d'instances de communication et de formation plus ou moins puissantes. Cette absence de hiérarchie est la caractéristique essentielle de la manière dont fonctionnent les institutions juives.

Les organisations et leurs modèles

Dans un tel contexte, les institutions et organisations juives se regroupent en fonction de cinq sphères principales d'activité publique : la sphère religieuse et cultuelle (*congregational*) ; la sphère éducative et culturelle ; la sphère des relations extérieures et de la défense ; la sphère communautaire et sociale ; la sphère des relations avec Israël ou avec les juifs dans le monde. Nous nous bornerons ici à examiner la première. De ce point de vue religieux et cultuel, les synagogues contemporaines pourvoient aux fonctions à la fois rituelles et sociales, immédiatement personnelles ou interpersonnelles, que requiert la communauté ; et, dans la plupart des pays, elles le font principalement à travers des groupements particuliers fortement indépendants, qui ont localement le monopole de telles fonctions ; les confédérations de synagogues, les associations rabbiniques, les séminaires et les *yeshivot* exercent un monopole parallèle quant aux préoccupations religieuses et relatives à la *halakha* des communautés d'une nation. Les seules institutions de style nouveau qui aient émergé dans cette sphère au cours de l'après-guerre sont les centres de recherches et d'études religieuses, notamment des organismes comme le C.L.A.L. aux États-Unis et les instituts Pardes et Shalom Hartmann en Israël, qui offrent une instruction et une animation religieuses aux juifs désireux de reprendre contact avec leur tradition.

Localement, les groupements peuvent s'adjoindre des instances intéressant l'orthodoxie (éventuellement en relation avec le mouvement conservateur), par exemple un tribunal rabbinique ou un conseil de *Cacherouth* (pour les règles alimentaires). Dans des communautés plus importantes, on trouve aussi des « avant-postes orthodoxes », des *yeshivot* ou des branches du mouvement Loubavitch qui constituent (et essaient de développer) des circonscriptions spéciales. En outre, les communautés locales les plus vastes possèdent des organisations régionales « intercongrégationnelles » et des conseils de rabbins.

À l'échelle nationale, les synagogues peuvent être regroupées selon quatre modèles différents : en unions, en fédérations, en confédérations, en ligues ou selon une combinaison de tel et tel de ces modèles. La France et la Grande-Bretagne connaissent deux formes diverses d'union de synagogues. Le Consistoire français, fondé à l'époque napoléonienne, obéit à un modèle centralisé classique. Il fut un véritable instrument de l'État pendant la plus grande partie du XIXe siècle et jusqu'à la séparation de l'Église et de l'État en 1905. Il est resté l'instance dominante de la communauté jusqu'à la Seconde Guerre mondiale. L'arrivée des juifs d'Afrique du Nord a élargi sa base sans changer fondamentalement ses structures. Deux autres institutions exercent une grande influence au sein de la communauté : le Fonds social juif unifié (F.S.J.U.) et le Conseil représentatif des institutions juives de France (C.R.I.F.), dont l'action, politique, s'exerce en particulier dans la solidarité avec l'État d'Israël. Cependant, le consistoire central conserve un rôle déterminant en métropole et dans les D.O.M.-T.O.M., l'Alsace-Lorraine ayant un statut spécial en raison de particularités historiques qui ont fait d'elle un territoire longtemps disputé entre la France et l'Allemagne. Le grand rabbin de France, chef spirituel du judaïsme français, est membre de droit du Consistoire. Les synagogues sont généralement la propriété de l'association cultuelle locale et les rabbins sont en principe appointés par les institutions consistoriales correspondantes. L'organisme dominant en Grande-Bretagne, la

Synagogue à Brooklyn. Conformément à la tradition, la salle centrale est réservée aux hommes : les femmes assistent à l'office depuis une tribune. Du modernisme à l'ultraconservatisme, chaque tendance du judaïsme dispose de ses propres synagogues (L. Freed, Magnum).

L'autorité du rabbin. Animateur spirituel de la communauté qui l'a engagé et qui lui verse un salaire, le rabbin (« rabbi » signifie « mon maître ») n'est pas un prêtre. Ses fonctions consistent à « juger et décider » de l'application de la Loi dans la vie quotidienne, à prêcher et à « répandre la Tōrah » (Versele, Gamma).

Synagogue unie, est un peu moins centralisé que celui de France, comme il sied au tempérament britannique. Mais, là aussi, les synagogues qui en dépendent sont la propriété de l'instance commune. L'agrément de celle-ci est nécessaire pour la nomination des rabbins des diverses communautés, qui sont tous placés sous l'autorité du grand rabbin ashkénaze. Le bureau britannique de la Synagogue unie a, en quelque sorte, plus d'autorité vis-à-vis du grand rabbin que n'en a le Consistoire de France vis-à-vis du sien, dans le cadre d'une tradition organisationnelle plus hiérarchisée. Les bureaux ou conseils de Grande-Bretagne sont constitués de personnalités qui disposent d'une réelle indépendance au sein de la communauté. En outre, sauf en matière de controverse doctrinale, la Synagogue unie dirige les organisations qui dépendent d'elle avec plus de souplesse que ne peut le faire le Consistoire de France, ce qui leur laisse un certain degré de décentralisation comparable à celui dont les autorités britanniques locales bénéficient par rapport au Parlement.

La Fédération des synagogues d'Afrique du Sud est un bon exemple du modèle fédéral. Les organisations particulières sont indépendantes, dans la mesure où elles sont la propriété de leurs membres, qui appointent leurs propres rabbins, mais elles sont étroitement liées les unes aux autres sous l'autorité du grand rabbin d'Afrique du Sud.

Le modèle américain constitue la meilleure illustration de la formule des confédérations et des ligues. La plupart des synagogues permanentes des États-Unis dépendent de trois grandes confédérations de synagogues – celle des orthodoxes, celle des conservateurs et celle des réformés – auxquelles s'en ajoutent une, plus petite, pour le mouvement reconstructionniste et diverses ligues subsidiaires rattachées au courant orthodoxe. Toutefois, du fait que chaque groupement est autonome selon la loi, il n'a pas besoin d'appartenir à un organisme plus large, à moins que ses membres n'en fassent le choix. Aussi de nombreuses associations sont-elles indépendantes, tandis que beaucoup d'autres sont nominalement membres d'organismes nationaux. Il en résulte que ces derniers ont peu de pouvoirs, sauf en matière de placement professionnel. Et même pour cela, chaque groupement, quel que soit le lien qu'il entretient avec tel ou tel mouvement, engage son propre personnel rabbinique, selon une formule qui ressemble à celle du marché libre. Le pouvoir de contrôle des synagogues particulières dans la sphère religieuse et cultuelle aux États-Unis fait qu'une grande partie de l'activité juive – représentant près de la moitié de la dépense totale du judaïsme américain – est organisée et gérée en dehors de tout système communautaire de décision.

En 1926, dans leur souci commun d'acquérir un rôle croissant au sein de la vie juive nationale, les trois grandes confédérations de synagogues formèrent une ligue, le Synagogue Council of America. Pendant quelques années, à l'apogée du « renouveau religieux » qui marqua les années 1950, cet organisme voulut être le porte-parole de la communauté juive américaine. Apparemment, il serait l'équivalent juif du Conseil national des Églises ou du Comité de l'épiscopat catholique, mais, en fait, son rôle est différent. Il a aujourd'hui pour fonction principale de constituer le seul forum religieux où des représentants des orthodoxes, des conservateurs et des réformés se rencontrent sur des sujets communs. Chaque confédération de synagogues possède un séminaire qui, du fait de son caractère académique, occupe sur la scène juive américaine une position de quasi-indépendance. Et, même avec le développement des études judaïques au sein des universités, de tels séminaires demeurent l'épine dorsale de l'érudition juive aux États-Unis. Leurs élèves dirigent les différents organes de la communauté juive et, à travers leurs associations rabbiniques, font le lien entre les séminaires dont ils sont issus et les confédérations. Enfin, à New York et dans les autres grandes communautés, se multiplient des yeshivot dans lesquelles on voit proliférer de nouveaux éléments ultra-orthodoxes et qui portent les études traditionnelles à un niveau qui n'avait jamais été atteint dans toute l'histoire juive américaine.

L'État d'Israël et le statut personnel

En Israël, la sphère religieuse et cultuelle comprend, d'une part, les organismes d'État, d'autre part, des milliers de petites associations indépendantes. Certaines possèdent des immeubles et assument des activités autres que les services cultuels, mais la plupart se cantonnent dans le cadre des lieux de culte, en animant des cercles d'études traditionnels et en organisant des manifestations occasionnelles, telles que des soirées de musique liturgique ou des conférences d'éminentes personnalités rabbiniques. Par l'entremise du ministère des religions et des conseils religieux locaux, l'État pourvoit à une grande variété de services religieux. Les tribunaux rabbiniques, appointés et soutenus par lui, s'occupent de la plupart des aspects pratiques de la loi juive, en particulier dans les domaines intéressant le statut personnel, qui sont sous leur juridiction exclusive. Ainsi, la dichotomie israélienne est telle que les associations ou groupements ne jouent aucun rôle dans la direction de la politique juive et se trouvent confinés dans des activités religieuses strictement locales, alors que la puissante institution politique juive qu'est l'État d'Israël assure tous les autres services, directement ou par le truchement des conseils religieux qui sont l'organe des municipalités.

Depuis la Seconde Guerre mondiale, des tentatives diverses et de réels progrès ont été accomplis en vue de développer des institutions de niveau mondial dans la sphère religieuse et cultuelle. Cela a donné lieu à la fondation de ligues universelles de synagogues liées aux trois branches majeures du judaïsme. Bien qu'elles aient intensifié leurs modes de présence, elles demeurent des institutions du troisième degré dans le schéma d'ensemble établi, maintenu et dirigé à partir des États-Unis ou par des Américains installés en Israël. Ces trois associations ont rejoint l'Organisation sioniste mondiale (O.S.M.), qui les y avait incités dans le souci de renforcer sa position sur la scène juive, face à l'Agence juive reconstituée, laquelle est dominée de plus en plus par les fédérations de communautés locales. L'O.S.M., à son tour, a soutenu les trois mouvements mondiaux en leur fournissant la possibilité de participer à la politique juive dans le monde, ainsi que les fonds

Parlement israélien. Héritière par le nom de la Grande Assemblée de l'époque du Second Temple, la Knesset joue un rôle important vis-à-vis de la religion, non seulement à cause de la présence en son sein de très actifs représentants des petits partis religieux, mais aussi parce qu'elle est appelée à statuer sur la définition même de la « judéité » : question cruciale dans ce pays où le civil et le religieux sont étroitement entremêlés (P. Y. Loirat, Explorer).

לנשים
WOMEN IN IMMODEST DRESS
ARE STRICTLY FORBIDDEN
TO ENTER
OUR NEIGHBORHOOD
TEKHMAN
44
M. SCHREIBER
NEW AND ANTIQUE BOOKS
TALLETHIM
TEFILLIN
PRESENTS

Jérusalem. Au nord-est de la vieille ville ceinte de remparts, le quartier de Mea Shearim, fondé à la fin du XIXe siècle par des juifs ultra-orthodoxes originaires d'Europe centrale, abrite de nombreuses synagogues et écoles religieuses (P. Vauthey, Gamma).

nécessaires à cet objectif sur une échelle dépassant de beaucoup ce que leurs organismes nationaux pouvaient leur accorder.

Beaucoup plus puissantes sont les organisations mondiales des ultra-orthodoxes telles que Agudath Israel, Habad

Contrat de mariage. Religion du Livre, le judaïsme magnifie aussi l'écrit comme ciment de la communauté : mémoire d'un passé commun et engagement pour l'avenir. Traditionnellement, c'est le même scribe (« sopher ») qui copie les rouleaux de la Tōrah, les rituels du repas pascal (« haggadot ») ou les contrats de mariage (« ketoubot »). Ces derniers stipulent les engagements pris par le prétendant à l'égard de son épouse, et l'usage s'est répandu de les décorer richement pour en marquer l'importance. Contrat de mariage, Singapour, 1880, Israel Museum, Jérusalem (G. Dagli Orti).

(le mouvement Loubavitch) et les autres communautés hassidiques, qui relèvent originellement de la sphère religieuse et cultuelle, mais dont l'influence déborde celle-ci à l'intérieur de la plupart des autres courants. De tels mouvements sont beaucoup plus anciens que les ligues mondiales de synagogues, mais ils représentent tous, même ceux dont l'origine remonte au XVIIIe siècle, des phénomènes caractéristiques du XXe siècle. Le mouvement appelé Agudath Israel, fondé en 1912, sert, à bien des égards, de couverture à la plupart d'entre eux. Une fédération des organisations du camp ultra-orthodoxe s'est construite autour de trois groupes distincts d'Europe orientale : les communautés des yeshivot de Lituanie, l'ultra-orthodoxie polonaise et les tribunaux hassidiques de Hongrie et de Roumanie. Chacun de ces groupes a ses représentants à la Knesset (le Parlement) de l'État d'Israël par l'entremise du parti qu'il a choisi.

À la différence des ligues mondiales de synagogues, Agudath Israel a développé une vaste organisation de type para-politique qui s'étend à l'ensemble du peuple juif et sur laquelle le Conseil des sages de la Tōrah garde expressément la haute main, mais cela n'empêche pas une couche subordonnée d'hommes politiques professionnels d'occuper des positions personnelles au sein du monde juif. De leur côté, les divers groupes hassidiques ont créé leurs structures propres, celle de Habad étant la plus importante. Bien qu'ils débordent, eux aussi, la sphère religieuse et en viennent à empiéter sur les autres sphères, ils restent plus nettement confinés dans les principaux objectifs « congrégationnels », à leur manière toutefois.

Le rabbinat israélien représente une force réelle en matière religieuse et cultuelle pour l'ensemble du judaïsme mondial en raison du rôle qui lui revient dans la détermination du statut personnel des juifs d'Israël. À l'époque des voyages et des échanges démographiques croissants entre ce pays et la diaspora, les décisions prises en ce domaine par le rabbinat ont d'importantes répercussions au sein du judaïsme. Ainsi, la Knesset a acquis une influence, qu'elle n'avait pas recherchée, à l'intérieur de la sphère religieuse. Elle est ainsi devenue le premier organisme « séculier » à intervenir en la matière, ne serait-ce qu'à cause de son rôle central lorsqu'il s'agit de définir « qui est juif » selon la loi israélienne, dans un contexte où religion et État se trouvent particulièrement entremêlés. La sphère religieuse et cultuelle présente donc une curieuse situation : d'un côté, elle constitue une instance puissance qui s'impose à tous les juifs ; de l'autre, elle se voit incapable d'en mobiliser une des deux moitiés, celle qui se trouve liée aux institutions religieuses de la diaspora. À l'exception des quelques groupes qui ont gardé la pratique de l'enregistrement de type collectif, l'adhésion à une communauté synagogale ou à une organisation religieuse est volontaire : si quelqu'un choisit de ne pas s'y affilier, il n'en fera pas partie. Ainsi, aux États-Unis, 50 p. 100 environ des juifs se maintiennent dans l'adhésion qu'ils ont donnée à la synagogue à un moment donné, bien qu'approximativement les trois quarts se soient trouvés affiliés de façon éphémère en telle ou telle occasion.

En France, le nombre des adhérents est plus faible. En Israël, où prévaut un type différent d'affiliation, ils sont sans aucun doute encore beaucoup moins nombreux, mais chacun se trouve inséré dans la sphère religieuse et cultuelle par le fait qu'il est lié, en tant que juif, à la loi halakhique du statut personnel à travers les institutions rabbiniques et religieuses proprement étatiques.

En un sens, une telle situation est le reflet des différents degrés de l'entrée du monde juif dans la modernité. À l'époque prémoderne, tous les juifs étaient liés à la fois par la halakha et par la pression exercée par la communauté dans le sens d'une observance effective. Aujourd'hui, le pouvoir de liaison de la halakha ou d'un facteur autre que volontaire a presque totalement disparu, sauf en Israël, où il joue – bien qu'en se trouvant limité à cela – dans le domaine du statut personnel. Quant à la pression sociale, elle ne prévaut plus que là où la population choisit d'appartenir à des sous-communautés de juifs observants. Par ailleurs, le caractère et le degré du lien d'affiliation qui fait qu'on participe à une communauté juive en tant que groupe religieux ont eux-mêmes changé. Le seul domaine dans lequel l'ensemble des juifs se trouvent assujettis à un quelconque lien décisif est celui où se détermine la judéité elle-même, c'est-à-dire où l'on peut répondre à la question : « qui est juif ? » Or, en cette affaire, l'influence d'Israël est telle que la décision de ses institutions autorisées font précisément autorité pour l'ensemble du monde juif.

Le christianisme

Le christianisme comprend plusieurs grandes confessions ou « communions » que souvent, selon une terminologie plus sociologique que théorique, on appelle indifféremment Églises et qui ont des formes d'organisation très variées ; l'Église catholique est connue pour sa hiérarchie centralisée ; les Églises orientales se caractérisent par une double structure, patriarcale et synodale ; le protestantisme privilégie la collégialité, le caractère délégué de l'autorité, le sacerdoce universel des croyants. Loin de représenter un aspect accidentel, la forme institutionnelle témoigne des choix que chacune de ces confessions opère dans la définition de son identité. Ainsi sont apparues des ecclésiologies différentes, à partir desquelles le mouvement œcuménique tente cependant d'en reconstruire une qui soit communément acceptée.

L'Église catholique

ÉMILE POULAT

L'Église catholique, apparemment, c'est très simple. Tout le monde connaît : le pape à Rome, les évêques dans leurs diocèses, puis les paroisses, avec la masse du clergé et des fidèles. On sait aussi qu'elle est très active et très entreprenante : des organisations, des congrégations, des missions… Dès qu'on veut entrer un peu dans le détail, c'est moins clair. On découvre même vite que c'est très compliqué, un véritable lacis où l'on se perd à peine entré : deux mille ans d'histoire ; une présence inégale, mais universelle ; plusieurs centaines de millions d'adeptes ; un réseau de relations et d'influences défiant toute description ; un organigramme général défiant toute modélisation… Pour s'en rendre compte, il suffit de prendre l'*Annuaire pontifical* – le célèbre *Annuario pontificio* publié chaque année à Rome sous couverture rouge, avec ses 2 000 pages – ou l'*Annuaire catholique de France*. Mais a-t-on là mieux qu'un Meccano en boîte ou les pièces d'un puzzle ? Il faut encore assembler tout cela et donner vie à ces ossements.

La communion ecclésiale et le nouvel ordre de société

Autrefois, on disait « la Sainte Église catholique, apostolique et romaine » : d'institution divine et donc ne dépendant d'aucun pouvoir terrestre, souveraine dans son ordre, demandant à la communauté internationale et à chacun de ses membres – les États – de lui reconnaître cette prérogative d'exception dont elle est seule à bénéficier. L'Église catholique est ainsi une société sans frontières nationales, ayant sa place dans le concert des nations, disposant d'une base territoriale propre – la Cité du Vatican –, et personnifiée juridiquement par son organe suprême de gouvernement, le Saint-Siège (*Holy See*, dit l'O.N.U.), auprès duquel sont accrédités les ambassadeurs des cent soixante-quatorze États qui entretiennent avec lui des relations diplomatiques. Si le catholicisme est une religion, au sens moderne du mot, il est aussi plus et autre chose

« Pour la plus grande gloire de Dieu. » La Compagnie de Jésus a été conçue par son fondateur, Ignace de Loyola (1491-1556), comme une troupe d'élite liée au pape par un vœu d'obéissance particulier. Sur cette gravure française du XVIIe siècle, saint Ignace présente à Paul III les « Constitutions » de l'ordre. Bibliothèque nationale de France, Paris (Lauros-Giraudon).

qu'une religion vouée au salut des âmes, au spirituel et à l'au-delà. Il faut y regarder de plus près.

Si David Barrett (*World Christian Encyclopedia*, Oxford, 1982) a pu compter dans le monde plus de 20 000 dénominations chrétiennes, la plupart se rattachent à l'une des grandes confessions historiques qui ont formé le Conseil œcuménique des Églises à Genève. Si l'Église catholique en est venue à collaborer avec celui-ci, elle a toujours avancé des raisons de principe pour refuser d'y entrer. Elle se conçoit comme l'unique et véritable Église, dont les autres se sont séparées et à laquelle elles doivent revenir. Au sein de cette communion catholique, le siège de Rome représente l'Église mère, centre et clef de voûte de l'unité, maîtresse de la vérité et héritière des promesses faites à Pierre, le chef des Apôtres. À l'échelle internationale, les statistiques religieuses de population sont à prendre avec précaution et à interpréter avec doigté. Pour les catholiques, elles donnent aujourd'hui aux environs d'un milliard de fidèles. On est mieux assuré des structures – 2 950 circonscriptions dont 2 700 diocèses, divisées en 400 000 paroisses ou centres de pastorale –, de l'encadrement – 4 500 évêques, assistés de 265 000 prêtres diocésains (dits aussi séculiers), 200 000 religieux (dont 125 000 prêtres dits réguliers), et 800 000 religieuses, 26 000 diacres permanents, 80 000 missionnaires laïcs, 2 500 000 catéchistes... – et des activités. Un *Annuaire statistique de l'Église*, qui paraît chaque année, aide à suivre cette évolution. En réalité, de ce vaste ensemble, il faut aussitôt différencier deux sous-ensembles. Le premier a longtemps eu une importance territoriale considérable : ce qu'on appelait jadis les « pays de mission », confiés à des vicaires ou préfets apostoliques œuvrant avec des congrégations missionnaires et des ressources extérieures. Le second était jadis bien localisé : les Églises de rites orientaux unies à Rome, qui leur a toujours reconnu une autonomie particulière en raison de leur irréductible originalité. La décolonisation a accéléré un peu partout l'établissement d'Églises de plein exercice, ne supprimant pas l'activité missionnaire, mais l'obligeant à une profonde mutation. De son côté, l'émigration aboutit à multiplier dans les pays dits occidentaux les diocèses de rite oriental (aux États-Unis, 75 p. 100 des Arabes sont chrétiens), pendant que s'atrophie ce témoin historique que sont les chrétiens latins d'Orient.

On le soupçonne déjà, cette communion si diverse culturellement n'est pas seulement spirituelle. Elle est aussi l'exemple d'une organisation savamment hiérarchisée et fortement centralisée, qui repose sur une longue expérience à la fois juridique, administrative et financière. Avant l'État de droit, il y avait l'Église de droit et, à côté du droit civil, un droit canonique qui s'imposa longtemps à ce dernier. En revanche, l'Église a été plus tardive à codifier le sien : si le premier Code civil – celui de Napoléon – remonte à 1804, le Code de droit canonique, qui ne

La transmission du sacré. Le sacrement de l'ordre, que les évêques ont seuls pouvoir d'administrer, confère à celui qui le reçoit l'aptitude à exercer au sein de l'Église un ministère apostolique : diaconat, presbytérat ou épiscopat suivant le cas. Ainsi l'institution ecclésiastique assure-t-elle le renouvellement de ses cadres spirituels dans le respect de la hiérarchie. Ici, une ordination épiscopale dans le rite latin. L'évêque a la charge d'une Église locale (d'un diocèse) qui est, en un lieu déterminé, la manifestation de l'Église entière. En rendant son relief à ce principe, le IIe concile du Vatican permet de situer plus exactement l'évêque et la collégialité des évêques par rapport au pape (C.I.R.I.C.).

concerne que la partie latine de l'Église, date de 1917 et sa révision de 1983. Depuis 1990, un autre Code, destiné aux Églises orientales, le complète. Ces codes règlent la vie interne de l'Église (le statut des personnes et des biens, la discipline, le jugement des infractions et des conflits, la procédure pour canoniser les saints), sans constituer tout son droit. S'y ajoute – non codifié – ce qu'on appelle le droit international public et privé de l'Église, pour tous les problèmes de sa vie en société, de ses rapports avec les instances et autorités non religieuses.

Pendant des siècles, l'Église catholique a été étroitement associée à la vie politique de l'Europe, puis de l'Amérique ibérique. On ne concevait pas un pays sans son intervention qualifiée dans tous les domaines. La religion y était affaire publique : ses lois étaient aussi celles de la société. On distinguait bien deux ordres – temporel et spirituel – comme deux puissances – civile et ecclésiastique –, mais on se querella sans fin pour savoir qui avait autorité sur l'autre – le pape ou le souverain – et comment articuler leurs rapports. Aujourd'hui, la situation s'est inversée : les États confessionnels étaient la règle ; ils deviennent l'exception. Au principe de catholicité ont succédé, plus ou moins selon les pays, un régime de séparation et un principe de laïcité. Ce qui est public, ce n'est plus la religion, mais, pour chacun, la liberté de religion, c'est-à-dire de conscience et de culte. Cette évolution s'est faite sous le signe d'une formule : « la religion est affaire privée ». Mais, de la liberté de conscience et de la laïcité de l'État, on ne déduira pas trop vite la privatisation de l'Église : sous de nouvelles formes, celle-ci n'a pas cessé d'être activement présente dans la vie publique, ni de multiplier ses efforts dans cette direction. Elle a renoncé à être service public de l'État, reconnu et salarié comme tel par celui-ci, mais elle utilise toutes les ressources de la vie associative – favorisée par l'État lui-même – pour satisfaire la vocation sociale qu'elle se reconnaît, jouer un rôle et exercer une influence, bien au-delà du simple exercice d'un culte. Par là, elle diffère profondément de la tradition orthodoxe, passée de l'Empire russe à l'Union soviétique, puis à la C.E.I.

En ce sens, la vie de l'Église catholique depuis la fin du XIXe siècle, c'est l'histoire de sa difficile et nécessaire *conversion* au nouvel ordre de société dont dépendent les conditions de son existence dans le monde, sans pour autant qu'elle canonise cet ordre et se rallie aux principes qui l'inspirent, plus ou moins variables d'ailleurs selon les régimes. Ainsi se fait-elle une place que nul ne peut lui dénier à moins d'inscrire dans son programme la lutte contre la religion. La singularité de l'Église catholique – qui est une force comme aussi un embarras –, c'est bien sa répugnance profonde par rapport à tout régime de *séparation* – une invention moderne –, et d'abord pour elle-même. Distinguer, oui, mais pour unir : qu'elle enseigne ou qu'elle agisse, elle se réfère toujours à un idéal d'*intégration*, sans toujours maîtriser les mots pour le dire, chargés de la vieille opposition entre « l'Église et le monde ». Le maître

Se retirer du monde ? Renouant d'une certaine façon avec la tradition des anachorètes, les ermites sont aujourd'hui des religieux ou des religieuses qui s'éloignent pour un temps de leur communauté afin de mener dans la solitude une vie de prière et de méditation. Cependant, le lien matériel avec cette communauté et avec le monde persiste, même s'il cède la place à la recherche d'un lien plus purement spirituel.
Ermitage carmélitain (R. Mazin, Top).

d'œuvre de cette conversion, c'est, en droit et en fait, le Saint-Siège, soit, d'un autre mot, la papauté, ou (improprement) le Vatican. La papauté consiste, d'une part, dans la dignité personnelle du pape, d'autre part dans l'institution historique dont celui-ci assume la charge et représente la continuité. Le Saint-Siège, c'est à la fois le pontife romain, le gouvernement central de l'Église universelle – sur laquelle il exerce « le suprême et plein pouvoir de juridiction » – et la personnification juridique de la communion catholique.

De la papauté à l'« apostolat des laïcs »

L'activité du Saint-Siège s'exerce avant tout par un organisme traditionnel, périodiquement réformé, la curie romaine. Depuis 1967, elle a à sa tête la secrétairerie d'État, dont le titulaire joue le rôle de chef de gouvernement et de ministre des Affaires étrangères : chargé de la diplomatie pontificale et des rapports avec les gouvernements, il veille sur le travail de neuf *congrégations*, qui constituent autant de ministères, mais dont les chefs restent directement responsables devant le pape. Leur nom dit clairement la tâche qui leur incombe : 1) la congrégation pour la doctrine de la foi (l'ancien Saint-Office, héritier de l'Inquisition) dont dépendent une commission biblique et une commission théologique internationale ; 2) celle des Églises orientales ; 3) celle du culte divin et de la discipline des sacrements ; 4) celle des causes des saints (procédures de canonisation) ; 5) celle des évêques ; 6) celle des missions, dite autrefois de la propagation de la foi et aujourd'hui de l'évangélisation des peuples ; 7) celle du clergé ; 8) celle des instituts de vie consacrée (religieux et religieuses) ; 9) celle de l'éducation catholique (chargée des séminaires, écoles et universités catholiques). À ces congrégations s'ajoutent trois tribunaux, aux noms archaïques (la Signature apostolique, qui juge en cassation ou au contentieux administratif ; la Rote romaine, pratiquement spécialisée dans les mariages en litige ; la Sacrée Pénitencerie, pour les affaires de conscience, privées ou réservées au pape). Puis des offices ou bureaux, parmi lesquels la préfecture des Affaires économiques (notre Cour des comptes) et l'administration du patrimoine du Saint-Siège. Enfin, outre diverses commissions permanentes, les conseils pontificaux, nés du dernier concile, qui s'attachent à la promotion de l'unité des chrétiens, au dialogue interreligieux, aux laïcs, à la culture, à la pastorale des migrants, aux œuvres caritatives, etc. À côté de ces organismes de gouvernement existent des institutions chargées de gérer et mettre à la disposition du public le patrimoine culturel du Saint-Siège et de l'État du Vatican : la Bibliothèque vaticane, les Archives vaticanes, les musées du Vatican. Au terme de cette revue rapide, une question se pose : quels effectifs suppose pareille administration ? Faibles : 3 000 à 3 500 actifs et un bon millier de retraités. C'est peu pour la tâche et beaucoup pour le budget, dont l'équilibre reste un problème.

On dit « le Vatican », pour faire bref ou faire peur. C'est un mythe, mais aussi une réalité de droit international, définie par les accords du Latran (1929) : un État miniature de 44 hectares – soit, à Paris, la superficie du Père-Lachaise –, témoin d'un long passé historique (les « États pontificaux »), doté d'un régime et d'un gouvernement propres, à vocation administrative (bureaux de travail et logements de fonction), mais, par-dessus tout, assise territoriale de l'indépendance du Saint-Siège.

La papauté est souvent considérée comme l'une des dernières monarchies absolues. L'expression est impropre, doublement : au regard de la science politique (désarmée devant ce cas singulier) et de l'ecclésiologie catholique. Si le pouvoir du pape est suprême et entier, il n'est ni absolu ni solitaire, mais vicaire et collégial. Cette relativisation n'a ni arrêté sa croissance depuis la fin du XIXe siècle ni empêché sa rééquilibration par le rappel, lors du IIe concile du Vatican, de la collégialité épiscopale. Celle-ci s'exerce à plusieurs niveaux : exceptionnellement, à l'occasion d'un concile ; périodiquement, par la réunion de synodes (dix sessions ordinaires de 1967 à 2001, auxquelles s'ajoutent une session extraordinaire et huit sessions spéciales) ; régulièrement, au sein des conférences épiscopales nationales ou régionales. Structure plus légère et plus mobile en comparaison apparaît ce conseil particulier du pape que constitue le Sacré Collège des cardinaux – 120 en dessous de quatre-vingts ans –, dont la responsabilité majeure sera d'élire son successeur à sa mort.

Le Saint-Siège se veut supranational : il n'est pas un État dans le concert des États tout en participant à leurs organisations comme « observateur » ; et la citoyenneté vaticane dont jouissent ses fonctionnaires se cumule avec leur nationalité d'origine. L'Église catholique, elle, se pense plutôt comme étant transnationale : s'accommodant des frontières étatiques et les respectant, mais n'en faisant pas un discriminant entre ses fidèles. Quant à ceux-ci eux-mêmes, ils donnent volontiers une forme internationale à leurs activités nationales. Ainsi s'est mise en place depuis 1951 une Conférence des Organisations internationales catholiques (O.I.C.) : 36 membres, 4 associées, 4 invitées, dont la plupart ont le statut consultatif des Organisations internationales non gouvernementales (O.N.G.) auprès des Nations unies et de leurs agences spécialisées, telles que l'U.N.E.S.C.O.

Si le diocèse et la paroisse sont la structure ordinaire et millénaire de l'Église, on ne négligera pas l'importance des structures ajoutées : le réseau le plus ancien, fortement contrôlé, des ordres et instituts de vie religieuse (les fameuses « congrégations » en droit civil français) ; le secteur de l'enseignement (séminaires, écoles et universités catholiques), de la presse et de l'édition ; le secteur de l'assistance hospitalière et caritative (ainsi, en France, le Secours catholique), désormais complété par la coopération missionnaire et le développement économique ; enfin, l'immense mouvement d'apostolat des laïcs, plus connu en France sous le nom d'Action catholique, agrégat de mouvements fort divers autour d'un noyau plus homogène dont la J.O.C. a constitué le prototype.

Il arrive que tout cela s'enchevêtre un peu, ou que des tensions naissent entre les deux faces de ces activités : une face interne tournée vers la spiritualité et parfois tentée d'ignorer « le monde » ; une face externe tournée vers l'apostolat et l'évangélisation, engagée dans ce monde jusqu'à y dépouiller son identité chrétienne – ainsi va-t-on de la « déchristianisation » à la « déconfessionnalisation ».

Ce fut la grande aventure du Mouvement social catholique, né en Europe occidentale autour de 1870 : de lui sont sortis aussi bien les syndicats chrétiens que les partis politiques d'inspiration chrétienne : si ce ne sont pas – ou plus – des organisations catholiques, une étude sur l'organisation catholique ne peut les passer sous silence. Le secret de celle-ci, en effet, n'est pas dans sa forme de rationalité, mais dans sa capacité de présence.

Ordres et congrégations dans l'Église latine

Le monachisme oriental de l'ermite égyptien Antoine (251-356) et de son biographe Athanase suscite des vocations d'anachorètes et de cénobites jusqu'en Occident. Dans tout l'empire romain, l'installation de la paix constantinienne et la diffusion du néo-platonisme ont déplacé l'idéal chrétien du « martyre dans l'arène » vers la « fuite hors du monde ». Ainsi, la *Vie de saint Martin* de Tours exerce une forte influence dans la Gaule du Ve siècle, où apparaissent de nombreux monastères. Jean Cassien et Honorat en Provence, puis Patrick en Irlande animent alors des communautés monastiques modèles. Si à l'époque on se réfère généralement à la spiritualité et aux normes de saint Augustin (354-430), au siècle suivant s'impose la règle de Benoît de Nursie, qui organise, sous la houlette d'un abbé, une vie commune axée sur la prière et le travail. Au VIIe siècle, après le choc des invasions, l'Irlandais Colomban et ses compagnons viennent aider à la réévangélisation du continent, en s'appuyant sur de solides foyers de vie monastique (Luxeuil, Saint-Gall, Bobbio).

Du VIIe au Xe siècle, période où le pouvoir épiscopal et le réseau paroissial ne sont pas solidement reconstitués, se multiplient en Europe les monastères, dont Benoît d'Aniane (750 env.-821) place un grand nombre sous la règle bénédictine. Apparaissent alors également des communautés de chanoines, clercs regroupés autour d'un évêque ou vivant en collégiales sous la règle de saint Augustin. Puis, en 910, surgit Cluny, centre de réforme bénédictine qui se place sous la seule autorité du Saint-Siège et qui fédérera en deux siècles près d'un millier d'abbayes et de prieurés : de cette matrice internationale sortiront des missionnaires, des évêques, des conseillers diplomatiques et même deux papes. En réaction à leur réussite triomphaliste, vont naître des familles monastiques plus austères : les Camaldules, les Chartreux et surtout les Cisterciens, dont l'ordre atteindra la taille de Cluny et sera le protagoniste majeur de l'essor de l'art roman. Cette époque, qui est aussi celle des croisades, voit naître les ordres militaires : Hospitaliers de saint Jean (1050), Templiers (1120) et Teutoniques (1191).

Après le temps des moines, essentiellement ruraux, contemplatifs, sédentaires et vivant sous un régime patriarcal, voici venir celui des religieux mendiants, citadins, apostoliques et itinérants, qui élisent leurs supérieurs pour un mandat et un temps déterminés. Le développement des villes et la montée de l'autogestion communale suscitent en effet, dans le premier quart du XIIIe siècle, la triple efflorescence des Franciscains, témoins de la pauvreté évangélique, des Dominicains, voués à la prédication et à la lutte contre l'hérésie, et enfin des Carmes, consacrés à l'enseignement et aux missions. Ces ordres masculins – qui échappent à la juridiction des évêques – ont leurs homologues féminins, ainsi que leurs tiers ordres, associant des laïcs à leur spiritualité. Les Mendiants, formés dans les universités naissantes, donnent à l'Église et à la société des penseurs comme Thomas d'Aquin, Duns Scot ou Bonaventure et des artistes comme Fra Angelico.

La Réforme protestante récuse à la fois le centralisme romain et l'engagement religieux par les trois vœux (pauvreté, chasteté, obéissance). La Contre-Réforme catholique, qui veut au contraire développer et utiliser ces forces d'intervention mobiles, dociles et bien formées que sont les religieux, suscite en riposte les Théatins, les Barnabites et autres clercs réguliers, juste avant la Compagnie de Jésus, fondée en 1534 par Ignace de Loyola et dont les membres (les Jésuites) se lient par la double promesse d'obéissance au pape et de soumission inconditionnelle au supérieur. Ces corps d'élite spirituels seront l'instrument de la reconquête de la Chrétienté latine. Dans la même perspective se situent les Oratoriens de Philippe Néri (1564), puis l'Oratoire de France et les Ursulines. Plusieurs ordres médiévaux connaissent alors une réforme et développent de nouveaux rameaux plus engagés dans le monde (Capucins, Feuillants, etc.).

Le XVIIe siècle voit l'émergence des Mauristes, des Trappistes, des Sulpiciens, des Eudistes, des Missions étrangères de Paris. C'est aussi le temps de nouvelles congrégations féminines : Visitandines, Filles de la Charité... Au siècle des Lumières apparaissent les Montfortains et les Rédemptoristes. Pour assurer un apostolat de plus en plus spécialisé (écoles, hôpitaux, missions), le XIXe siècle donnera le jour à trois cents congrégations féminines et à un solide contingent de congrégations masculines (Maristes, Assomptionnistes, Oblats de Marie immaculée, Salésiens, Pères blancs...).

Parmi les fondations du XXe siècle, nettement moins nombreuses, on peut signaler les Petites Sœurs de Jésus, les Missionnaires de la Charité et les Frères de Saint Jean. Après la Seconde Guerre mondiale, la papauté reconnaît les instituts séculiers (tel l'Opus Dei) et encourage les communautés charismatiques, dont la plupart sont aujourd'hui rattachées à Rome, qui leur a conféré un statut similaire à celui des congrégations. La frontière entre clergé et laïcat, entre mystiques hors du monde et croyants engagés sur le terrain tend désormais à s'estomper.

Charles CHAUVIN

Le christianisme oriental

Irénée-Henri DALMAIS

Sous la dénomination, assez arbitraire, d'Églises orientales se trouvent regroupées les communautés chrétiennes qui se sont constituées et organisées dans les provinces orientales de l'Empire romain et dans les régions avoisinantes. Malgré leur diversité, on y peut reconnaître des traits communs qui les différencient profondément de ceux qui caractérisent le christianisme occidental d'expression latine. Cela tient avant tout à ce qu'elles ont toutes – à des titres divers – été modelées sous l'influence prédominante de la culture byzantine d'expression grecque. Alors qu'en Europe occidentale l'unité et la cohérence impériales s'effondrent très rapidement sous la poussée des ethnies germaniques et autres et que l'Église se voit affrontée à des situations nouvelles, en fonction desquelles elle doit sans cesse adapter ses institutions, l'empire byzantin se prolonge durant plus d'un millénaire, fournissant à l'Église un cadre stable. Dans les régions où s'instaurent des pouvoirs islamiques, les communautés chrétiennes, placées en situation de « protégées » (*dhimmi*), voient se réduire considérablement leurs possibilités d'initiative et conservent – autant que possible – les institutions d'origine byzantine.

D'autre part, il n'existe pas, dans ces régions, de métropole qui réunisse comme Rome le prestige d'une tradition culturelle et politique avec l'autorité nouvelle fondée sur le témoignage de la foi que constitue le martyre d'apôtres tels que Pierre et Paul. Il n'y a pas en Orient d'Église qui puisse se prévaloir du titre de siège apostolique au sens étroit que l'on donne à cette notion. Constantinople ne pourra faire reconnaître sa primauté qu'en tant que « Nouvelle Rome », prérogative dont un jour Moscou se considérera comme héritière. Bien au contraire, la spécificité d'anciennes cultures toujours vivantes, soucieuses de manifester leur droit à la différence face aux prétentions unificatrices de l'administration impériale, favorisa le développement d'institutions particulières interférant avec les organisations officiellement reconnues. Ainsi s'explique un pluralisme déconcertant dont l'un des traits les plus immédiatement perceptibles est la pluralité de sièges épiscopaux dans la même cité, en contradiction avec la règle reconnue, en principe, par toutes les Églises chrétiennes.

La structure patriarcale et synodale

Des caractères communs à toutes les Églises orientales, le plus remarquable est sans doute la prédominance de struc-

De la divergence à l'hérésie. Marie est ici représentée comme « Mère de Dieu », conformément à une orthodoxie avalisée par la présence des empereurs Justinien et Constantin. Pour les nestoriens, elle est seulement la mère de l'homme Jésus, non celle du Verbe incarné. Mosaïque, Xe siècle, Sainte-Sophie, Istanbul (H. Lessing, Magnum).

Le concile de la désunion. Marqué par de vives polémiques, et en particulier par la séquestration du pape Vigile à qui l'empereur Justinien reprochait de ne pas appuyer assez fermement sa politique, le IIe concile de Constantinople (553) divisa les Églises qu'il était censé réunir. Sur le plan doctrinal, il reprit et précisa les enseignements de Chalcédoine. Speranza, fresque de la salle Sixtine, Bibliothèque du Vatican (Scala).

tures de type collégial, et cela à tous les degrés des institutions ecclésiastiques. Cette collégialité devait trouver sa plus haute expression dans la « symphonie » des patriarches. Le régime patriarcal, caractéristique normale des Églises orientales, est l'aboutissement d'une évolution complexe codifiée par la législation impériale de Justinien (notamment par les *Novelles* 126 et 131). Cette législation mettait en forme juridique l'organisation qui avait été préconisée par les conciles des IVe et Ve siècles. Déjà le premier concile œcuménique de Nicée (325) reconnaissait un droit d'appel et une responsabilité particulière dans la sauvegarde de la doctrine orthodoxe à l'Église de Rome et – dans une mesure plus restreinte ou localisée – aux Églises d'Alexandrie et d'Antioche, métropoles et centres culturels importants, mais aussi Églises considérées comme étant de fondation apostolique. Le premier concile de Constantinople en 381 (canon 3), le concile d'Éphèse (431), où est reconnue l'indépendance de l'Église de Jérusalem et de celle de Chypre (confirmée en 468), et surtout le concile de Chalcédoine en 451 (canon 28) avaient affirmé la primauté d'honneur du siège de la ville impériale, en tant que « Nouvelle Rome » et avant celui d'Alexandrie. Ainsi s'était préparée la constitution des « Cinq Patriarches » (*Pentarchie*), codifiée par Justinien dans l'ordre suivant : Rome, Constantinople, Alexandrie, Antioche et Jérusalem. Le statut « apostolique » de l'Église de Chypre – en raison de saint Barnabé – est reconnu, mais sans entraîner un droit particulier en ce qui concerne l'organisation au plus haut degré de l'Église du Christ dans sa *catholicité orthodoxe*. Ce statut est, en principe, toujours honoré par les Églises qui se dénomment elles-mêmes « orthodoxes », sauf que, le siège de Rome se trouvant, de fait, exclu de cette communion, on en est venu à reconnaître comme élément de la *Pentarchie* le patriarcat de « Moscou et de toutes les Russies », institué en 1589.

Mais, au moment même où prenait forme définitive une telle conception de l'organisation ecclésiastique, celle-ci éclatait du fait de la constitution d'Églises qui – pour des raisons complexes et diverses – refusaient les formulations de la foi orthodoxe entérinées par le concile de Chalcédoine et précisées sous Justinien par le deuxième concile de Constantinople (553). Il y aura donc désormais en Orient, à côté des Églises « orthodoxes », des Églises qui récusent le primat de la culture byzantine et les décisions émanant de l'autorité impériale. On les désigne souvent sous la dénomination commune d'Églises non chalcédoniennes ou d'Églises orientales anciennes.

Il convient de distinguer, dans cet ensemble, l'Église qui s'est organisée, à partir de 410, au sein de l'empire perse sassanide, puis du califat de Bagdad. En raison de sa fidélité rigoureuse aux positions de la tradition d'Antioche, elle a été communément qualifiée de « nestorienne ». Son influence s'est exercée, jusqu'au milieu du XVIe siècle, sur les chrétientés du sud de l'Inde ; mais celles-ci avaient leurs structures propres, malheureusement très mal connues. Les autres Églises orientales anciennes se prévalent de leur fidélité aux enseignements de saint Cyrille d'Alexandrie, mais ne constituent pas, en ce qui concerne leur organisation, un groupe homogène. Ce sont l'Église syrienne-orthodoxe (souvent dénommée « jacobite », du nom de son principal organisateur au VIe siècle, Jacques Baradée), l'Église copte (c'est-à-dire l'égyptienne, marquée plus que toute autre par l'influence des structures monastiques), l'Église d'Éthiopie (étroitement unie jusqu'au XXe siècle à l'Église copte, dont elle a adopté de nombreux usages), l'Église d'Arménie (qui s'est constitué une législation originale, intégrant de nombreuses traditions d'origine palestinienne). Il faut enfin faire une place spéciale au patriarcat d'Antioche pour la nation maronite, plus communément dénommé Église maronite, qui se constitua aux VIIe et VIIIe siècles à partir de monastères de tradition syriaque, dans la vallée de l'Oronte, et qui devait s'organiser définitivement au mont Liban. À partir du XIIe siècle, sous l'influence de principautés franques puis de « missionnaires » latins, cette Église se modela de plus en plus étroitement sur les règles de type romain, du fait de sa fidélité à maintenir la communion avec l'Église catholique romaine.

Il est évident qu'au sein d'une telle diversité de traditions et d'usages, du fait aussi de la différence des situations, la structure patriarcale et synodale, commune à toutes les Églises orientales, s'est diversement modulée, et cela même au sein des Églises de la communion orthodoxe. C'est ainsi que le type synodal est toujours demeuré prédominant dans le patriarcat de Constantinople, alors que le patriarcat de Moscou, étroitement lié depuis ses origines à la centralisation tsariste et, depuis sa reconstitution en 1917, aux structures du régime soviétique, exprime un caractère plus monarchique, si important que soit le rôle du Saint-Synode qui est l'expression de la collégialité épiscopale. De même, le patriarcat d'Alexandrie – tant pour l'Église orthodoxe que pour l'Église copte – a revêtu très tôt un caractère monarchique, héritier de la tradition pharaonique. En revanche, les patriarcats orthodoxes qui se sont créés, ou reconstitués, depuis le XIXe siècle ont accentué la collégialité, l'étendant même à la présence d'éléments laïcs ; il en va de même pour l'Église apostolique arménienne. L'Église orthodoxe de Grèce s'est instituée selon le seul régime synodal, sans établir de patriarcat.

L'importance reconnue au caractère synodal des structures ecclésiastiques se répercute à tous les niveaux. Mais il faut bien reconnaître que, du fait de la situation souvent difficile qui fut la leur, les Églises orientales n'ont pu en assurer toujours l'exercice normal. C'est ainsi que l'organisation de provinces ecclésiastiques, sous la présidence du métropolite titulaire du siège le plus honorable, est fréquemment devenue une fiction juridique. Dans certaines Églises, même, tous les évêques ont reçu le titre de métropolite. En conséquence, les synodes provinciaux ont perdu beaucoup de l'importance qui fut jadis la leur. Le même phénomène s'est d'ailleurs produit en Occident.

Apparat de l'Église grecque. Si le monachisme oriental fait la part belle à l'isolement et à l'ascèse, il sait aussi déployer ses fastes au grand jour, en particulier à l'occasion des fêtes. Liturgie de la semaine sainte au monastère Saint-Jean l'Évangéliste, île de Patmos (F. Le Diascorn, Top).

Les communautés locales et leurs ministres

L'Orient chrétien n'a pas connu au même titre que l'Occident la distinction que celui-ci a établie entre les deux groupes socialement bien distincts du clergé et du laïcat. Il y a à cela plusieurs raisons. D'une part, les prêtres et les diacres, qui sont les acteurs fondamentaux des ministères ecclésiastiques en tant que collaborateurs immédiats de l'évêque, peuvent en Orient être mariés, et même le sont le plus habituellement. Ils partagent en conséquence les conditions de vie et les préoccupations quotidiennes de l'ensemble des chrétiens. D'autre part, l'Orient chrétien n'a jamais constitué une « culture cléricale » aussi spécialisée, par la langue et par les domaines d'étude, que celle qu'a connue l'Occident depuis le haut Moyen Âge. Certes, les prêtres doivent pouvoir lire et comprendre – au moins sommairement – les textes scripturaires, liturgiques ou autres, rédigés dans une langue devenue archaïque. Mais, pour la liturgie, par exemple – domaine particulièrement sensible –, le principe est qu'elle soit célébrée dans la langue effectivement connue de l'ensemble de la communauté. C'est ainsi qu'en bien des régions l'arabe s'est progressivement substitué au syriaque ou au copte et que – dès la christianisation des Bulgares au IXe siècle – un slavon ecclésiastique s'est constitué sur la base des dialectes parlés dans les pays slaves, pour céder la place au roumain – depuis le XVIIIe siècle – dans les régions de l'ancienne Dacie. Du fait de l'homogénéité de la culture, les « sciences ecclésiastiques » – et notamment la théologie – ont été de tout temps pratiquées par des laïcs. Enfin, ceux-ci ont toujours eu leur place dans le cadre du régime synodal ainsi que, par une participation effective, au moins gestuelle, dans les célébrations liturgiques, qui ont été reconnues à toute époque comme des actions fondamentalement communautaires à la réalisation desquelles chacun des membres de l'assemblée prend sa part. Il en résulte que, dans leur ensemble et compte tenu de la diversité des situations et des traditions comme de l'impact éventuel des usages occidentaux, les chrétientés orientales ne connaissent pas la structuration rigide des paroisses latines, ni la diversification d'institutions juridiquement organisées. Souvent, la relation entre le prêtre et le laïc – du moins en milieu urbain – fait du premier le « prêtre de la famille » (chaque membre de celle-ci étant pris en charge par le second du baptême jusqu'à la mort) plutôt que le responsable d'un secteur territorial ou sociologique prédéterminé.

Monachisme et structures ecclésiastiques

Dans toutes les traditions de l'Orient chrétien, le monachisme n'a cessé, au cours des âges, de tenir une place privilégiée. Il faut entendre sous le terme de monachisme une forme de vie qui se caractérise avant tout par le célibat ; c'est d'ailleurs l'un des sens du mot *monachos* dans le monde grec, où il a pris assez tôt cette signification spécifique. Ajoutons que ce célibat a pour fonction de libérer le moine pour la recherche de Dieu ; aussi implique-t-il d'autres formes d'ascèse et, avant tout, les veilles et le jeûne, pour favoriser la prière. Cet ensemble complexe d'exigences est reconnu, dans les chrétientés orientales, comme constituant un état de vie qui anticipe la vocation ultime de tout être humain et qui est souvent appelé l'« état angélique », vers lequel doit tendre tout chrétien. Le monachisme peut se vivre dans la solitude plus ou moins totale (érémitisme) ou dans une vie communautaire plus ou moins accentuée ; celle-ci va du cénobitisme à l'idiorythmie, qui laisse place à des manières de vivre individualisées, en principe sous le contrôle d'un « père spirituel », cette fonction étant considérée comme très importante et réservée à ceux qu'on appelle « anciens » (en russe : *starets*). L'évêque est presque partout choisi parmi ceux qui ont embrassé l'état monastique ; il doit, en tout cas, vivre dans le célibat.

À la différence de ce qui est advenu dans l'Église d'Occident, du moins à partir du XIIe siècle, la vie monastique en Orient ne s'est pas organisée en instituant ou développant des « ordres religieux » différenciés selon des règles et en fonction de leur mode d'insertion dans les ministères ecclésiastiques. Chacun des monastères vit selon le règlement (en grec : *typikon*) établi par le fondateur et sous la responsabilité de l'évêque du lieu, hormis – dans la tradition byzantine – quelques-uns d'entre eux, qui dépendent directement du patriarche et qui sont appelés « stavropégiaques » parce que le patriarche y fait planter une croix pour signifier qu'il exerce sur eux son autorité.

Le protestantisme

Jean-Paul Willaime

En contestant l'autorité de l'Église romaine au nom de la Bible, les réformateurs ont relativisé l'appareil ecclésiastique et sa hiérarchie et effectué par là même un déplacement significatif du lieu de la vérité religieuse : celle-ci ne réside pas, *per se*, dans l'Église comme institution énonciatrice, mais dans le message proclamé. L'Église est seconde par rapport au message qu'elle sert et sa fidélité doit être évaluée selon le donné biblique. Excommunié par Rome et invité à abjurer, Luther déclarait devant la diète de Worms en 1521 : « À moins d'être convaincu par le témoignage de l'Écriture et par des raisons évidentes – car je ne crois ni à l'infaillibilité du pape ni à celle des conciles, puisqu'il est établi qu'ils se sont souvent trompés et contredits –, je suis lié par les textes bibliques que j'ai cités. Tant que ma conscience est captive de la Parole de Dieu, je ne puis ni ne veux rien rétracter, car il n'est ni sûr ni salutaire d'agir contre sa conscience. Que Dieu me soit en aide ! Amen. » À l'autorité de l'Église-institution, la Réforme a substitué l'autorité de la Bible (*sola scriptura*) et établi une distinction entre l'Église invisible et l'Église visible : celle-ci n'est pas sainte en elle-même et la succession apostolique ne se mesure pas à la continuité d'une hiérarchie, mais à la fidélité d'un message.

Ce principe général a une portée considérable, car il est à la base d'une conception originale du fonctionnement de l'autorité dans l'Église, des rapports entre clercs et laïcs et de l'organisation de la vie ecclésiale. En désacralisant l'institution ecclésiastique, la Réforme a aussi rendu possible la formation de diverses Églises sur une base territoriale (Église de Genève, Église réformée de France, Church of Scottland, Église de Wurtemberg...) et a abouti à un pluralisme *ecclésiastique* de fait. Dès le XVIe siècle, ce pluralisme ecclésiastique fut aussi un pluralisme *confessionnel*, avec des Églises luthériennes, réformées (calvinistes), zwingliennes. Loin d'être perçu négativement, ce pluralisme témoigne, pour les protestants, du caractère contingent des organisations ecclésiastiques et de leur lien avec une configuration socio-historique et une sensibilité théologique particulières. Ce pluralisme s'est accentué au cours des siècles avec la formation des Églises méthodistes, baptistes, pentecôtistes à la suite de mouvements de réveil et de diverses protestations contre les Églises officielles.

Le sacerdoce universel, le ministère du pasteur et la direction ecclésiastique

Luther et Calvin insistent sur le sacerdoce universel des croyants, selon lequel tous les baptisés sont des prêtres : « Que tout homme qui se reconnaît chrétien soit assuré et sache que nous sommes également prêtres, c'est-à-dire que nous avons le même pouvoir à l'égard de la parole et de tout sacrement » (Luther). Si les réformateurs reconnaissent néanmoins des ministères particuliers – Calvin distinguait les ministères de pasteur, de diacre, d'ancien et de docteur –, ce n'est pas pour introduire une différence d'état entre le laïc et le clerc, mais par nécessité fonctionnelle. S'il y a Église là où la parole est correctement prêchée et les sacrements correctement administrés, il faut, pour le bon ordre de la vie ecclésiale et la fidélité aux origines, qu'il y ait des personnes spécialement chargées de la prédication et des sacrements : les *pasteurs*. Ces clercs d'un nouveau

Le baptême des mennonites. Branche pacifique de l'anabaptisme, les mennonites (dont l'un des chefs fut Menno Simons, 1496-1561) sont, dans le protestantisme, un des groupes professants qui n'admettent que les convertis : seuls les adultes faisant une profession personnelle de leur foi peuvent recevoir le baptême. Gravure tirée de « Cérémonies et coutumes religieuses de tous les peuples du monde », Prudhomme, Paris, 1808 (Kharbine, Tapabor).

style – nous employons ici le terme de clerc dans le sens sociologique de professionnel du religieux – ne sont pas séparés des laïcs par un statut ontologique différent, qui ferait d'eux des intermédiaires obligés pour la vie religieuse des laïcs. Les pasteurs sont eux-mêmes des laïcs, leur seule spécificité étant qu'ils ont été reconnus dignes et capables, en vertu de leur vocation et de leur formation, d'exercer au sein de l'Église les fonctions particulières inhérentes au ministère de la parole et des sacrements. On comprend, par là, que, dès le XVIe siècle, les pasteurs aient pu se marier : cela s'inscrit dans une certaine laïcisation du rôle clérical introduite par la Réforme.

Deux conséquences importantes découlent de cette conception de l'Église et des rapports entre clercs et laïcs. La première concerne la façon dont, dans le protestantisme, s'exerce la direction ecclésiastique ; la seconde concerne l'organisation même des Églises protestantes.

Comme les pasteurs remplissent la plénitude du rôle clérical, on peut dire que, dans le protestantisme, chacun d'eux a l'autorité religieuse d'un évêque : il n'y a pas d'autorité religieuse *individuelle* supérieure à lui. Les pasteurs qui deviennent présidents de régions, inspecteurs ecclésiastiques, présidents d'Églises, évêques (tous ces titres se rencontrent dans les Églises protestantes) ne détiennent qu'une autorité déléguée, la plupart du temps pour une période déterminée, et n'ont pas une dignité *religieuse* supérieure au pasteur de paroisse.

Une mention particulière doit être faite du rôle important joué par les théologiens dans la vie du protestantisme. Par théologiens, nous entendons ici les spécialistes de telle ou telle discipline théologique (sciences bibliques, dogmatique, histoire ecclésiastique, théologie pratique, éthique) qui sont, la plupart du temps, enseignants dans une faculté de théologie protestante, mais qui peuvent être aussi pasteurs de paroisse ou chargés d'aumôneries (il s'agit ici des pasteurs qui, tout en exerçant leur ministère, ont produit une œuvre théologique faisant autorité dans tel ou tel domaine). Loin d'être subordonnés à la hiérarchie ecclésiastique, ces théologiens exercent un véritable magistère intellectuel dans les Églises et sont souvent consultés comme experts par les instances dirigeantes de celles-ci. Un des exemples particulièrement significatifs du rôle

La bénédiction du pasteur dans un temple réformé de Paris.
À la fin du culte, le pasteur bénit l'assemblée. La robe noire qui lui sert de vêtement liturgique a pour origine la robe universitaire. Aujourd'hui, certains pasteurs préfèrent porter l'aube blanche (C. Rausc, Rapho).

En Islande, deux femmes pasteurs – la mère et la fille –, à la fin de l'office. Dans beaucoup d'Églises protestantes, les femmes peuvent accéder au ministère pastoral. C'est aux États-Unis, où l'on compte plusieurs milliers de femmes pasteurs, que les structures patriarcales de l'institution sont le plus contestées (A. Testut, Rapho).

important joué par les théologiens dans la vie des Églises protestantes est celui du théologien réformé suisse Karl Barth (1886-1968), auteur d'une monumentale *Dogmatique* et opposant au nazisme ; son œuvre servit de référence à de nombreux pasteurs, surtout dans les années 1940 et 1950. Tel pasteur peut aussi avoir une grande autorité tant auprès de ses collègues qu'auprès des laïcs. Ce fut, par exemple, le cas de Marc Boegner (1881-1970), qui fut président de la Fédération protestante de France durant plus de trente ans.

L'organisation des Églises

Le protestantisme n'admettant pas de magistère ecclésiastique et ne reconnaissant qu'une autorité fonctionnelle aux présidents d'Églises ou aux évêques (luthériens, méthodistes), l'organisation des Églises protestantes, quoique diversifiée selon les dénominations, se caractérise de façon générale par une structure pyramidale d'assemblées et d'instances et par un gouvernement collégial.

Si ces Églises ne sont pas toutes organisées selon le régime presbytérien-synodal, ce dernier est cependant bien caractéristique de l'organisation ecclésiastique protestante : non seulement il est très répandu – dans les Églises réformées et dans de nombreuses Églises luthériennes –, mais il représente une forme intermédiaire d'organisation entre deux pôles extrêmes que l'on rencontre aussi dans le protestantisme : le type épiscopal et le type congrégationaliste. Le système presbytérien-synodal repose fondamentalement sur les paroisses et sur leurs conseils presbytéraux, composés du (ou des) pasteur(s) et de laïcs élus pour diriger la paroisse avec le (ou les) pasteur(s). Chaque paroisse est représentée au sein du synode régional par un pasteur et un laïc ayant la fonction de conseiller presbytéral. Ce synode est donc composé pour moitié de pasteurs et pour moitié de laïcs. À ces membres, qui ont voix délibérative, s'ajoutent des représentants de divers mouvements et œuvres protestants, qui ont voix consultative. Chaque synode régional élit enfin ses représentants au synode national, au sein duquel laïcs et pasteurs sont, là aussi, en nombre égal. Le système est dit presbytérien-synodal, en ce que s'y articulent deux niveaux essentiels : le « presbytéral », c'est-à-dire le niveau local de chaque paroisse représentée par ses « conseillers presbytéraux », et le niveau synodal, qui représente les échelons régionaux et nationaux et les assemblées qui y correspondent.

Ce système donne, certes, un certain poids aux laïcs dans la vie de l'Église, mais il n'empêche pas, en fait, la prépondérance des pasteurs : occupés à plein temps par l'Église, bien formés théologiquement, habitués à la parole publique, ceux-ci dominent facilement les assemblées synodales face à des laïcs moins bien armés pour intervenir dans les débats. Seuls des laïcs dotés d'un fort capital culturel et d'une bonne assise sociale peuvent peser de

Vitrail de Canterbury, la famille royale. En rompant avec Rome, les protestants formèrent souvent des Églises nationales étroitement liées aux autorités du pays. Ainsi, l'anglicanisme, né d'une initiative d'Henri VIII, est la religion officielle de la couronne d'Angleterre, qui nomme les archevêques anglicans de Canterbury et de York (B. Gérard, Explorer).

façon sensible sur ceux-ci : le protestantisme se caractérise ainsi par des figures de « grands laïcs » (universitaires, banquiers, hauts fonctionnaires) qui jouent un rôle important dans les assemblées synodales et qui y disposent d'une certaine autorité. Certains reprochent au système presbytérien-synodal d'être un système « crypto-clérical ». C'est, en fait, un mélange d'un système épiscopal et d'un système congrégationaliste. D'un système épiscopal, par l'importance particulière qui y est reconnue aux pasteurs comme théologiens chargés de veiller à la fidélité des discours et pratiques de l'Église : les pasteurs et les théologiens professionnels exercent là un pouvoir normatif indépendant du régime d'assemblée. Ils sont les garants de l'intégrité doctrinale de l'Église et se sont engagés sur une confession de foi en se faisant ordonner. La formule relève aussi du système congrégationaliste par le souci qui s'y exprime de représenter chaque paroisse aux synodes régionaux et par la méfiance manifestée à l'égard de toute autorité ecclésiastique centrale, comme de toute sacralisation de l'Église-institution et de ses représentants (ce qui reviendrait à réintroduire un magistère ecclésiastique).

Le protestantisme étant travaillé par cette tension entre l'épiscopal et le congrégationaliste, il n'est pas étonnant que l'on rencontre aussi le type épiscopal et le type congrégationaliste dans certaines de ses dénominations. Le premier est en vigueur dans l'Église anglicane – qui, aux États-Unis, s'appelle Église épiscopalienne – et dans quelques Églises luthériennes, telles que l'Église de Suède. La fidélité de l'Église à ses origines ne se mesure pas ici seulement d'après la conformité de son message à la Révélation biblique, mais aussi en fonction de la continuité d'une hiérarchie épiscopale depuis les Apôtres. Toutefois, l'affirmation du principe épiscopal ne signifie pas que les laïcs ne jouent pas eux-mêmes un rôle important : ainsi, dans la Protestant Episcopal Church américaine, ces derniers participent avec le clergé à l'élection des évêques. Dans les Églises luthériennes et dans les Églises méthodistes admettant l'épiscopat, celui-ci n'a pas de pouvoir en matière dogmatique et n'appartient pas à l'*esse* de l'Église, mais à son *bene esse* : il s'agit de maintenir en celle-ci le principe d'autorité et de ne pas faire dépendre ses orientations de mouvements d'assemblée. Mais la présence d'évêques n'empêche pas une vie synodale faisant place à la représentation des laïcs. En Allemagne, le synode est même traditionnellement présidé par un laïc.

À un autre pôle, on rencontre le type congrégationaliste, essentiellement dans les Églises baptistes. Il se caractérise par le fait qu'il identifie l'Église avec la communauté locale, la « congrégation » des fidèles rassemblés dans un lieu donné. Chaque Église locale est ainsi autonome et souveraine : toutes les organisations supra-locales telles que les fédérations d'Églises n'ont qu'une autorité fonctionnelle et ne se justifient que pour mieux agir dans la société. Mais l'affirmation du principe de l'autonomie des Églises locales ne signifie point absence de régulation doctrinale entre ces différentes Églises. Un sociologue américain, Paul Harrisson, a pu montrer, en effet, qu'un contrôle étroit pouvait s'exercer sur les Églises locales à travers l'American Baptist Convention.

L'islam

Mohammed ARKOUN

Toute présentation de l'islam doit aujourd'hui tenir compte de deux données majeures – et, en premier lieu, du fait que les sciences sociales ont profondément modifié notre compréhension du phénomène religieux : l'histoire comparée des religions, l'ethnographie, l'anthropologie sociale et culturelle, les sciences du langage ont rendu caduques les définitions à base théologique ou scientiste qui ont longtemps été imposées, surtout durant la période coloniale, par la raison chrétienne et occidentale, mais aussi par la raison islamique théologico-juridique. Ce regard scientifique nouveau est loin, cependant, d'avoir gagné tous les chercheurs et enseignants, même dans les sociétés occidentales où il est né. L'étude de l'islam souffre à cet égard d'un retard considérable : les musulmans eux-mêmes refusent d'appliquer des méthodes dites « occidentales » à l'étude de leur religion ; les islamisants occidentaux se contentent trop souvent de retranscrire dans leurs langues respectives les discours « islamiques », sans les soumettre aux analyses critiques qu'exigent les sciences sociales. En second lieu, il importe de prendre en compte le fait que, dans les pays musulmans aussi bien que dans les démocraties européennes où vivent de fortes minorités musulmanes, l'islam est devenu un thème mobilisateur en vue de conquêtes politiques. Les contenus proprement religieux et culturels de ce que l'on a nommé l'islam jusqu'aux années 1950-1960 sont maintenant soit éliminés, soit utilisés à des fins politiques. Cette situation crée des exigences particulières pour l'historien et l'analyste, en ce sens qu'une interprétation scientifique des faits doit faire contrepoids aux manipulations idéologiques auxquelles se livrent sans retenue tous les acteurs sociaux, du croyant le plus ordinaire aux hauts responsables de l'État (même en France) en passant par les intellectuels (par exemple, au sujet du port du « foulard » dans les établissements français d'enseignement public).

L'émergence d'une religion

Pour les fidèles des religions monothéistes – juifs, chrétiens et musulmans –, la religion est révélée aux hommes par Dieu : selon une métaphore courante, c'est une « descente » (*tanzīl*) soit de la Parole de Dieu transmise par les prophètes, soit de Dieu lui-même, qui, pour le christianisme, a pris une forme humaine dans la personne de Jésus de Nazareth. Cette conception impose une vision verticale de l'histoire du salut commune aux trois religions révélées. Défendue avec insistance par le Coran, cette vision arrache la « religion vraie » à tous les conditionnements historiques et sociologiques. La vision scientifique, au contraire, est horizontale ; si elle fait place à la transcendance, c'est en l'intégrant dans les langages et les conduites empiriques des hommes en société. La première forge une psychologie, une configuration mentale propres aux croyants ; la seconde introduit une distance analytique qui permet de préciser les conditions concrètes d'émergence d'une nouvelle religion.

Le concept d'*islam* tel qu'il fonctionne dans le discours coranique n'a pas les mêmes contenus que celui qu'imposera ultérieurement la pratique politique des États omeyyade (661-750) puis abbasside (750-1258) avec le concours des docteurs – théologiens juristes – de la Loi religieuse. Dans le Coran, *islam* désigne le renoncement volontaire à soi-même, voire à sa vie, pour œuvrer en faveur d'une cause jugée supérieure ; quand Abraham y est qualifié de *muslim*, c'est en raison de son acceptation empressée et amoureuse des commandements de Dieu, acte d'obéissance par lequel il entre dans l'Alliance (*mīthāq*). On a là un paradigme de la vie spirituelle qui se dégradera ensuite, dans l'islam ritualiste, en une soumission craintive aux « promesses et menaces » (*wa'd/wa'īd*) explicitées dans la Loi.

La tension entre l'« esprit » et la « lettre », souvent invoquée à propos des différentes religions, a été vécue en islam selon diverses formes et à des degrés variés dès les débuts. Ainsi, quand les *A'rāb* – les Arabes qui restent liés aux traditions tribales et aux croyances dites païennes après le triomphe politique d'un pouvoir islamique – refusent de suivre le Prophète pour combattre (*Jihād*) les opposants à l'islam naissant, leur attitude traduit les enjeux culturels, politiques et sociaux de la substitution d'une religion – l'islam – à une autre, celle des Arabes d'avant l'islam. En réalité, la description de l'émergence de celui-ci s'est pliée régulièrement, et jusqu'à nos jours, au vocabulaire et au cadre dichotomique et polémique qui nous ont été légués par le Coran. Ainsi, pour ce dernier, la société arabe antérieure est disqualifiée sous le nom générique de *Jāhiliyya*, l'Âge de l'ignorance, des ténèbres, du pouvoir injuste, par opposition à la connaissance vraie (*'ilm*) qu'apporte le Livre révélé. Les croyances et les récits des anciens ne sont que légendes, affabulations vaines (*asāṭīr*) sans commune mesure avec les récits vrais, édifiants (*qaṣaṣ*) dont se sert le Coran pour enseigner l'histoire du salut. Une telle vue des choses peut s'analyser à la lumière d'une anthropologie culturelle : la *Jāhiliyya* correspond exactement à ce que nous nommons aujourd'hui la « pensée sauvage », la culture non domestiquée, non contrôlée par l'État et la classe savante ; l'*usṭūra* est le mythe de la culture orale, qui sera rejetée par la raison graphique, laquelle impose des récits articulés et argumentés. Ainsi, selon qu'on lit l'émergence de l'« islam » en des termes théologiques édifiants ou dans le cadre de l'analyse anthropologique, ou bien l'on conforte les thèmes de l'idéologie islamiste actuelle, ou bien l'on dévoile, au contraire, les mécanismes psycho-socio-culturels par lesquels un mouvement d'innovation parvient à mobiliser les intérêts d'un groupe social contre les groupes concurrents.

Le groupe dit des Compagnons (*Ṣaḥāba*) – premiers convertis à La Mecque – et des Auxiliaires (*Anṣār*), soutiens du Prophète à Médine à partir de 622, forme le moyen social sur lequel s'est appuyée la « Communauté » naissante. La gestion politique et juridique de cette dernière de 610 à 622 à La Mecque, puis de 622 à 632, et 661, à Médine, a donné lieu à de nombreuses décisions du Prophète lui-même et de ses quatre successeurs, dits Califes bien guidés (*Khulafā Rāshidūn*). Dans cette mise en place d'institutions et de règlements à l'intention d'un groupe social encore réduit, le Prophète utilisait sa parfaite connaissance de la société arabe et son expérience du divin ; il joignait la compétence du héros civilisateur ancré dans son milieu natal au charisme propre aux grands prophètes familiers de l'imaginaire religieux du Proche-Orient depuis Abraham.

Révélation. Selon la tradition, c'est l'archange Gabriel (en arabe Jibril) qui révéla d'abord à Muḥammad les éléments du message divin dont la mise par écrit donna naissance au Coran (en arabe « al-qur'ān », c'est-à-dire « la récitation »). Miniature turque du début du XVIIIe siècle, musée des Arts turcs et musulmans, Istanbul (R. et S. Michaud, Rapho).

Prédication. La littérature arabe est imprégnée d'influences musulmanes dont témoignent aussi les illustrations des manuscrits anciens. Ici, un prédicateur s'adresse à son auditoire depuis le « minbar » (chaire) d'une mosquée. Miniature illustrant un recueil des « Maqāmāt » (« Séances ») d'al-Ḥarīrī, 1237 (Bibliothèque nationale de France, Paris).

Ce sont là des conditions psycho-socio-culturelles irréductibles à celles qui prévaudront aussitôt après la mort du Prophète (le caractère spécifique de l'action et de l'enseignement de celui-ci se retrouve dans la structure linguistique propre au discours coranique ; cf. M. Arkoun, *Lectures du Coran*). De ce moment inaugurateur que l'imaginaire musulman transfigurera en modèle mythique de reproduction de l'histoire idéale de la cité musulmane, on retiendra une donnée clef pour la compréhension de tout ce qu'on appellera l'histoire de l'islam : le charisme du Prophète confère immédiatement une valeur sacrée et une dimension transcendante à des décisions, des acteurs sociaux, des institutions, des règlements qui appartiennent tous à des instances et des registres séculiers (ce puissant phénomène de sacralisation d'une histoire profane n'est évidemment pas propre à l'expérience de Médine ; il caractérise les moments d'émergence de toutes les religions). Les conséquences pratiques de cette transmutation d'une histoire profane en une histoire sacrée du salut, bien que n'étant pas encore correctement mesurées dans la pensée scientifique contemporaine, sont culturellement d'une grande importance. D'une part, les sociétés chrétiennes ont connu une désacralisation (notamment en France, avec la rupture révolutionnaire de 1789-1793, suivie par la loi de séparation des Églises et de l'État) ; et ce phénomène n'a pas été accompagné par une pensée anthropologique qui eût su y reconnaître des métamorphoses du sacré au lieu de conclure à sa disparition devant le progrès scientifique. D'autre part, dans les sociétés musulmanes, l'évolution politique depuis le XIXe siècle, sous la pression de l'entreprise coloniale, puis du modèle industriel, a accentué le processus de sacralisation et de transcendantalisation au sein d'un contexte économique et avec des outils mentaux totalement désaffectés par le poids des idéologies séculières. Face à cette situation, il conviendrait de main-

Une bibliothèque. L'islam est une civilisation du livre où l'enseignement, oral, prend appui sur le prestige de l'écrit. Miniature illustrant un recueil des « Maqāmāt » (« Séances ») d'al-Ḥarīrī, 1237 (Bibliothèque nationale de France, Paris).

tenir une distinction capitale, d'une part, entre sacré ou transcendance comme données de portée anthropologique et philosophique, d'autre part, entre sacralisation ou transcendantalisation comme opérations multiples, récurrentes et omniprésentes dans les conduites de tous les acteurs sociaux, donc formant la substance même de l'action historique et du discours historiographique qui est censé en rendre compte. C'est alors que l'ensemble de l'histoire de l'« islam » devrait être réécrite de façon à mettre en vis-à-vis le devenir de ces deux faces constitutives de toute religion.

De la cité-État de Médine à l'État-empire

Les sources anciennes de l'islam contiennent un document précieux, la « Charte de Médine » (*Ṣaḥīfat al-Madīna*), où se trouvent définies, pour la première fois, les bases juridiques d'un pouvoir unique reconnu par différentes tribus qui conservent une autonomie pour la gestion de leurs problèmes particuliers. La nouveauté réside dans l'acceptation d'un pouvoir-arbitre confié au

Prophète qui développe une stratégie d'unification politique d'unités sociales jusque-là rivales et isolées. Parallèlement au travail de celui-ci sur le terrain, le discours coranique définit une instance de l'autorité spirituelle qui confère une légitimité et une finalité religieuses (obéissance à un Dieu vivant, créateur, juste, ordonnateur du bien, du mal, du vrai, du juste pour tous les êtres et mondes créés) au pouvoir-arbitre naissant à Médine. Le principe de solidarité agnatique (*'aṣabiyya*), qui commandait les alliances et les conflits dans la société tribale, se voit alors contesté et dépassé par le Pacte originel (*'Ahd*) ou Alliance (*mīthāq*) qui lie le Créateur et la créature dans l'indestructible relation entre bienfaits de Dieu et obéissance reconnaissante (*ni'am/ṭa'a*). À des rapports de violence où le plus fort impose son pouvoir se substitue une dynamique spirituelle de dépassement des injustices et des oppressions au profit de la libération de la personne. Jusqu'à quel point les contemporains du Prophète ont-ils eu conscience de la nouveauté d'un pouvoir politique tenant sa légitimité d'une autorité spirituelle définie et exercée par Dieu lui-même ? Toujours est-il que les mécanismes tribaux de conquête et d'exercice du pouvoir – donc les rivalités entre clans – n'ont jamais disparu depuis l'avènement du modèle de Médine : on s'est battu sans interruption, de 632 à nos jours, pour faire triompher le modèle de Médine devenu une référence mythique à mesure que les pouvoirs institués et les figures de l'État dit islamique se sont éloignés de l'idéal et de la pratique suggérés, pour la première fois, dans la Charte de Médine.

Le débat institué entre sunnites, shī'ites et khāridjites – appellations données tardivement à des fractions de la communauté (*Umma*) sur la base de divisions doctrinales – ne fait pas ressortir clairement les enjeux politiques, sociologiques et religieux en cause. Les historiographes ont travesti la réalité des divergences en transférant dans le champ religieux des clivages qui relèvent du politique, de l'économie et du culturel. C'est cette confusion perpétuée au long des siècles par tous les historiens de l'« islam », y compris occidentaux, qui « fonde », aujourd'hui, le dogme de la non-séparation en islam du spirituel et du temporel, de la religion et de l'État. Sunnites, shī'ites, khāridjites ont forgé des traditions parallèles s'appuyant sur des corpus distincts de *Hadīth* ou « enseignements du Prophète » de manière à revendiquer le monopole de l'« orthodoxie » non seulement dans la transmission des textes sacrés (Coran et Hadīth), mais aussi quant à leur application dans la gestion de la cité. En gros, les sunnites sont ceux qui ont reconnu le fait accompli politique de la prise de pouvoir par les Omeyyades à Damas en 661 ; les shī'ites sont restés longtemps dans l'opposition à ce « coup de force » au nom d'une théologie politique réservant le califat-imāmat aux descendants du Prophète dans la lignée de 'Alī et Fatima ; les khāridjites, également dans l'opposition, ont réclamé un califat électif hors de toute règle généalogique. Ainsi, l'orthodoxie en matière doctrinale s'est-elle trouvée, en

Étude. Dans les pays arabes, l'alphabétisation des enfants est traditionnellement conçue comme le moyen de leur donner accès à la lecture du Coran. Dans le reste de l'islam, l'initiation au texte sacré suppose l'apprentissage simultané de l'alphabet arabe. Grande mosquée de Diyarbakir, Turquie (A. Güler, Magnum).

fait, commandée par l'institution étatique : les Omeyyades et leurs successeurs, les Abbasides, ont progressivement *étatisé* l'islam en se servant de son *éthos* spirituel, pour légitimer et appliquer la Loi unificatrice sur l'étendue de l'empire. C'est alors que l'on passa de la cité-État de Médine, où l'*éthos* spirituel s'exprimait à travers plusieurs personnalités religieuses, à l'État-empire, où le clivage entre les expériences personnelles du divin (mystique ṣūfī) et les développements théologico-juridico-politiques d'une orthodoxie officielle s'est étendu à tout l'espace dit musulman.

Le califat sunnite ne dura, en fait, que jusqu'en 945 en Orient et de 756 à 1031 en Espagne ; l'imāmat fatimide en Ifrīqiya et en Syrie-Égypte domina de 909 à 1171. En dehors de ces périodes de grande extension de l'empire et des institutions classiques de la cité musulmane, les centres de pouvoir politique se multiplient avec des stratégies de légitimation empruntées aux systèmes doctrinaux élaborés au temps de l'État-empire. Les Ottomans ressuscitèrent politiquement et militairement la notion d'État-empire (1281-1924), tandis que la pensée religieuse connut une réduction du débat doctrinal, puis l'élimination du pluralisme des écoles qui avait caractérisé l'« islam » classique. L'« islam » actuel est davantage l'héritier de cet « islam » ottoman que du riche pluralisme de l'« islam » classique.

Rites, Loi et production imaginaire

En liant ces trois concepts, on peut tenter de mieux expliquer les fonctions de toute religion dans les sociétés et, par là, de dénoncer deux discours aliénants par rapport à ce que les croyants nomment « la religion vraie » (*dīn al-ḥaqq* pour les musulmans ; *religio vera* pour les chrétiens, etc.). Pour sa part, le discours théologique construit une cohérence « rationnelle » à l'aide des outils « logocentristes » de la métaphysique classique ; il se prive ainsi des moyens de détecter la part imaginaire de cette rationalité, puisqu'il vise, par une série d'éliminations et de réductions, à expliciter le logos divin dans le logos humain. Cette « rationalité » gonflée d'imaginaire sert à son tour de fondement démonstratif à la « rationalité » juridique de la Loi, déclarée par ailleurs divine puisque déduite « logiquement » de la Révélation. La pensée islamique a particulièrement insisté sur la méthode « logique » d'élaboration-déduction (*istinbāt*)

Religion populaire. Parmi les nombreux symboles religieux ou culturels qui, dans un style naïf, décorent cette maison égyptienne, la Ka'ba de La Mecque figure en bonne place, entourée de la foule des pèlerins. Ainsi coexistent la culture traditionnelle et la religion musulmane (J. Prévost, Explorer).

Les heures de la prière. La vie des croyants est rythmée par les prières rituelles. Dans tout l'islam, hommes, femmes et adolescents sont appelés à adresser à Dieu, cinq fois par jour, une prière (« salāt ») détachée de toute demande, faite uniquement de louange et d'adoration. L'individu se fond ainsi dans une large communauté spirituelle. Appel du muezzin à Sarajevo, Bosnie-Herzégovine (Y. Gellie, Gamma).

de la Loi « divine » en instituant la science des fondements de la religion (*Uṣūl al-dīn*) et de la méthodologie du droit (*Uṣūl al-fiqh*). Le discours des sciences sociales, de son côté, produit une rationalité positiviste qui tend à réduire les idées religieuses et leurs expressions rituelles à un simple reflet de la société. Le concept de *fait social* total ne cesse d'éclater en fragments pris en charge par des disciplines cloisonnées. Les effets négatifs des deux discours se trouvent cumulés dans le cas de l'islam qui demeure, de ce fait, en dehors des efforts récents de réinterprétation du religieux en rétablissant les liens profonds entre l'acte rituel, la Loi et l'imaginaire social.

Les cinq obligations canoniques qui pèsent sur chaque musulman (la *Shahāda* ou profession de foi, les cinq prières quotidiennes, la dîme purificatrice des biens, le jeûne et le pèlerinage à La Mecque) constituent l'armature rituelle commune à tous les croyants. Par l'acte rituel, le fidèle incorpore, au sens le plus neuro-psychologique du terme, le système de croyances et de non-croyances instauré par les textes sacrés et systématisé par la théologie et le droit. L'assimilation des vérités-certitudes, grâce à leur réactualisation régulière et stricte par le rite, dispense de toute interrogation ou remise en question. Ainsi se trouve maintenu l'équilibre dans la société et sauvegardée la continuité de l'ordre défini par la Loi et sublimé grâce à l'imaginaire religieux toujours ouvert aux dimensions anthropologiques du merveilleux, du surnaturel, du mystère, du sacré, du divin... Ces catégories psychologiques, exploitées littérairement par le discours religieux, structurent un imaginaire dynamique, apte à toutes les opérations de sublimation, de divinisation et, par suite, de projection dans les conduites sociales des figures symboliques issues de ces opérations.

Lorsque les musulmans contemporains qui militent pour le modèle islamique d'action historique répètent, en forme de slogan, que « l'islam est valide pour chaque temps et chaque lieu de l'histoire », ils pensent à ces figures symboliques vivifiées par l'action rituelle et codifiées par la Loi, mais démenties, en fait, par l'histoire concrète. La récitation des textes sacrés, qui réactivent dans l'imaginaire les contenus idéaux des figures désirées, mais toujours inadéquates à la réalité politique, ethnique et sociale, contribue à perpétuer, dans la société, une contestation des conduites effectives au nom des modèles qui hantent un tel imaginaire. Ainsi, la distance entre les modèles de l'Absolu révélé et l'histoire réelle des sociétés n'a-t-elle jamais été aussi grande que depuis la généralisation des militantismes islamistes dans le sillage des « Frères musulmans », puis des « révolutionnaires » khomeinistes. L'imaginaire religieux enflammé par les célébrations collectives, les conduites rituelles, les revendications apocalyptiques a de tout temps maintenu une pression revendicative sur les sociétés : c'est ce qu'on fait les *mahdī* apparus à diverses époques dans plusieurs milieux sociaux. Il en va de même aujourd'hui avec les leaders islamistes, dont le succès doit beaucoup à la permanence de cadres sociaux soumis aux conduites rituelles orthodoxes (comme en témoignent notamment la multiplication des mosquées depuis les années 1970 et la ritualisation débordante du costume, du maintien, des signes physiques, de la ségrégation des sexes, etc.), à la résurgence des surenchères mimétiques entre groupes concurrents en vue de monopoliser le contrôle et la reproduction de l'« orthodoxie » la plus authentique...

De tels phénomènes atteignent aujourd'hui les sociétés européennes elles-mêmes dans lesquelles vivent d'importantes minorités musulmanes et qui, en l'occurrence, révèlent leur incapacité intellectuelle et institutionnelle à gérer des mouvements complexes, globalement rejetés dans un champ religieux qui, comme on l'a dit, reste très mal circonscrit. La pensée chrétienne et la pensée laïque ont l'une et l'autre beaucoup à faire pour réviser leur perception et leur interprétation du fait religieux, ce qui suppose qu'elles adoptent une attitude scientifique elle-même émancipée de catégories et d'axiologies désuètes. Mais cela vaut a fortiori pour la pensée islamique, du point de vue de laquelle les nombreuses conquêtes de la modernité appartiennent encore au domaine de l'impensé, et trop souvent de l'impensable, pour des raisons idéologiques, sociales et politiques.

Enseignement, culture savante, cultures orales

L'islam comme loi et comme culture s'est exprimé essentiellement dans les milieux urbains jusqu'à l'avènement des nationalismes contemporains. Ce qu'on nomme la religion populaire est lié aux expressions orales chez les ruraux et les pasteurs. On a pris l'habitude de parler de l'islam en général à partir de la pensée et de la culture des élites (*khāṣṣa*), lesquelles ont toujours été distinguées, même dans la période classique, de celles des masses (*'awāmm*). Jusqu'au XIe siècle, la langue arabe écrite s'est imposée à toutes les élites – quelles que fussent leurs origines ethno-linguistiques – comme la seule langue intellectuelle, administrative, scientifique, littéraire. Les institutions d'enseignement, de recherche et d'échange – mosquées, medersas, zāwiyas, bibliothèques, cercles scientifiques, etc. – se sont multipliées à travers le territoire de l'empire, surtout aux IIIe-VIe/IXe-XIIe siècles. Cependant, le pouvoir central, qu'il fût d'obédience sunnite ou shī'ite, a toujours défendu la notion d'orthodoxie contre toutes les formes de déviation nommées hérésies. C'est ainsi que les sunnites, partisans, en fait, de l'islam officiel des Omeyyades et des Abbasides, ont accaparé l'« orthodoxie », fondée, à la fois, sur l'appui de l'État et sur la majorité sociologique. Les shī'ites ismaéliens pendant le règne des Fāṭimides et les shī'ites imāmiens en Iran, surtout à partir du shāh Ismā'il (906/1501), imposent, de la même façon, leurs « orthodoxies » respectives. Voilà pourquoi, théologiquement, la notion d'orthodoxie, en islam, reste à définir par-delà ses expressions et ses fonctions idéologiques officielles.

Les trois grandes universités d'Al-Azhar, au Caire, de la Zeitouna, à Tunis, de Qarawiyyīn, à Fès, ont eu un grand rayonnement depuis leur fondation au IVe/Xe siècle. Cependant, les programmes et les méthodes d'enseignement se sont progressivement appauvris à partir du VIe/XIIe siècle au moins. Elles restent, encore aujourd'hui, des institutions de conservation, de reproduction et de contrôle d'une orthodoxie plus étroite encore que celle qui prévalait au temps du pluralisme doctrinal. Bien plus, avec la recrudescence de la demande « religieuse », les États ont tenu à marquer leur sollicitude pour l'« islam » en créant des facultés de Loi religieuse (*sharī'a*) faisant prévaloir la référence à la *loi* plutôt qu'à la théologie (*Kalām*). Effectivement, dans l'islam actuel, on ne peut mentionner aucun théologien jouissant d'un renom intellectuel et doctrinal comparable à celui d'Al-Ash'ari (mort en 324/935) ou de 'Abdal-Jabbār (mort en 415/1025). Cette situation résulte d'une longue coupure entre les sciences religieuses et les sciences rationnelles qui étaient qualifiées autrefois d'« intruses » (*dakhīla*) et qui sont abandonnées aujourd'hui aux universités modernes. Ainsi se complique le problème des rapports entre pensée islamique et modernité, d'une part, islam et cultures orales, d'autre part, alors que les expressions sociales et politiques se dissimulent de plus en plus sous un vocabulaire et des signes extérieurs qui se proclament « islamiques ».

Droit dit musulman et institutions

Le devenir de l'islam est inséparable de celui de l'État, de l'appareil étatique et du code juridique à visée unificatrice qui a été progressivement défini durant les trois premiers siècles de l'hégire (VIIe-IXe s.). À propos de la mise en place de ce qui est devenu communément, depuis le IVe siècle, la Loi religieuse ou *sharī'a*, il importe de retenir les données historiques suivantes, malheureusement faussées ou niées dans le discours islamiste contemporain :

– L'historicité foncière du droit dit musulman est clairement illustrée dans la fameuse *Riṣāla fi-l-Ṣaḥāba* de l'écrivain Ibn al-Muqaffa', mort en 139/758 (?). Il est dit dans ce document précieux : « Une des questions qui doivent retenir l'attention du Commandeur des Croyants touchant la situation de ces deux métropoles [Baṣra et Kūfa] et d'autres cités et régions [de l'Empire] est le manque d'uniformité, la contradiction qui se fait jour dans les jugements rendus [...]. À Al-Ḥīra, condamnation à mort et délit sexuel sont considérés comme licites, alors qu'ils sont illicites à Kūfa ; on constate semblable divergence au cœur même de Kūfa, où l'on juge licite dans un quartier ce qui est illicite dans un autre... » (trad. C. Pellat, Ibn al-Muqaffa', *« conseilleur » du calife*, Paris, 1976, p. 40).

– Les écoles juridiques qui ont survécu jusqu'à nos jours ont été constituées entre 750 et 850 à la suite d'une lente évolution davantage liée à la pratique des juges qu'à la spéculation théorique telle que la représente la *Riṣla* ou Épître de Shāfi'ī (m. en 820). Les docteurs fondateurs d'écoles sont Abū Ḥanīfa (m. en 767), Mālik ibn Anas (m. en 795), Shāfi'ī et Ibn Hanbal (m. en 855) pour les sunnites ; Dja'far al-Sādiq (m. en 765), Kulīnī (m. en 940), Ibn Bābūya (m. en 991) pour les shī'ites imāmiens ; Qāḍī al-Nu'mān

(m. en 974) pour les ismaéliens ; Ibn Ibāḍ (VIIIe s.) pour les khāridjites.

– Toutes ces écoles reposent sur les mêmes sources-fondements (*Uṣūl*) : le Coran et la Tradition prophétique (*Hadīth*) prolongée chez les shī'ites par la Tradition des 7 (ismaéliens) ou 12 Imāms (duodécimains) ; par des techniques d'exégèse variant de la lecture littéraliste (*tafsīr*) à l'interprétation ésotériste (*ta'wīl*) ; des théoriciens ont transcendantalisé des normes théologico-juridiques (*aḥkām*) élaborées, énoncées et appliquées de façon pragmatique durant la période de formation (632-850).

– Les *Corpus juris* constitués après 850 ont été appliqués par des juges (*Quḍāt*) nommés par le calife ou le sultan considérés pour cette raison comme les protecteurs, les garants de la Loi « divine ». En retour, le calife ou le sultan – comme aujourd'hui les rois ou présidents – reçoivent une légitimité qui justifie l'obéissance des sujets « citoyens ».

– La solidarité État-Loi « divine »-juristes-théologiens-orthodoxie n'a jamais cessé de s'imposer dans l'espace politique dit musulman depuis la mort du Prophète : c'est elle qui, depuis les années 1930 (lancement du mouvement des Frères musulmans), fait l'objet d'une compétition sévère entre les États laïcisants (Nasser, Bourguiba, Boumediene, Bhutto, État turc, le shāh...) et les mouvements islamistes opposés à la désintégration des institutions héritées du Moyen Âge (632-1000).

– Sous la pression de la modernité et de la laïcisation-sécularisation, le droit dit musulman a été démantelé et remplacé par des Codes empruntés aux divers droits européens ; seul continue de résister à tout changement le Code de la famille (statut personnel) touchant plus particulièrement le statut de la femme. On connaît les luttes en cours au sujet de l'émancipation ou de la claustration de la femme dans les pays dits musulmans.

– L'offensive politique pour la restauration de la *sharī'a* dans plusieurs pays puise son efficacité dans la croissance démographique et l'espérance de justice sociale que savent nourrir les islamistes face aux politiques économiques, sociales et culturelles souvent désastreuses conduites par des États-nations-partis coupés des réalités des sociétés, qu'ils sont censés gérer.

– La surenchère idéologique entre les États-nations-partis et les mouvements islamistes contestataires ne conduit pas seulement à la négation des apports les plus positifs de la modernité, comme les droits de l'homme ; elle nie la réalité historique et sociologique au sujet de l'application réelle de la *sharī'a* dans beaucoup de sociétés : on sait, en effet, que de larges groupes ethnoculturels ont continué, jusqu'aux indépendances, d'être régis par des coutumes antérieures à l'islam ; les États-partis ont étendu, pour la première fois, à tout le territoire « national » (comme le voulait déjà Ibn al-Muqaffa') une Loi dont l'application a toujours été restreinte aux villes et à leurs environnements, espace de la souveraineté du pouvoir central nommé au Maroc *blād al-Makhzen* par opposition à l'espace « sauvage » non soumis (*blād al-siba*).

– Le droit dit musulman et les institutions qu'il a suscitées ont reçu un grand choc en Turquie avec la révolution laïciste d'Atatürk ; laïciste et non pas laïque, car elle n'a pas été précédée, nourrie, soutenue par la raison des Lumières qui avait si fortement conditionné les révolutions anglaise, américaine et française. Autrement dit, la culture exégétique et théologique qui sous-tend tout le *Corpus juris* dit musulman (comme le droit canon pour les catholiques ou la Loi talmudique pour les juifs) n'a pas encore fait l'objet d'une critique scientifique moderne. Bien au contraire, le vaste phénomène socioculturel du populisme entretient les revendications fantasmagoriques d'un modèle islamique indépassable et injustement refoulé, discrédité par le « faux » modèle de l'Occident.

Telles sont les lignes de force qui traversent, on le voit, non seulement toute l'évolution historique de la Loi et des institutions dites musulmanes, mais l'imaginaire islamique commun dans ses dimensions diachroniques et ses composantes synchroniques. Oublier ces données et réduire, comme on le fait si couramment, l'« islam » aux effervescences quotidiennes des sociétés contemporaines, c'est ajouter de la confusion à des situations déjà très embrouillées. C'est ainsi que la littérature politologique habituelle renforce la rupture entre la perspective historique de longue durée et les descriptions superficielles de l'histoire immédiate. Le passage par les neuf points exposés ci-dessus est obligatoire aussi bien pour l'analyse scientifique que pour les acteurs de l'histoire qui veulent inscrire les sociétés « musulmanes » dans le mouvement de la modernité.

Les monachismes

HENRY DUMÉRY

Le monachisme, fleur d'Orient et terreau d'Occident, appartient aux religions les plus diverses. Il prend des formes si variées, si différentes, parfois si incompatibles, qu'on doute à leur propos d'une identité d'inspiration.

Quoi de commun entre l'ermite, le reclus, qui se met en congé de société, et le postulant qui s'agrège à un groupe, obéit à une règle, a conscience de renaître dans une société transmuée (communauté des saints, des parfaits, des séparés, communauté des derniers temps) ou, plus modestement, de participer à une fraternité d'émulation, de soutien mutuel, de perfectionnement individuel et collectif ?

Quoi de commun entre l'errant hindou, le « sans-passion » démuni, dévêtu, vagabond, celui qui se veut sans feu ni lieu, qui oublie ses attaches et son nom, qui se perd dans la nation, qui efface tous ses repères avec la volonté opiniâtre de s'indéterminer, et le retiré du monde qui pense et qui vit son retrait comme une autre façon de se rattacher au monde (même la Thébaïde était un faux désert, un but de visites ; même l'hallucinante Cappadoce, lorsqu'elle ne se bornait pas à être refuge et protection, n'arrachait à la terre que des fiertés un peu ombrageuses, des indépendances soucieuses de raréfier les contacts, de les filtrer, de les choisir) ?

À plus forte raison doit-on distinguer des rares exemples de mysticisme asocial, de piété ou de recueillement solipsistes, les innombrables exemples d'adhésion à des foyers de culture, d'enseignement, de loisir contemplatif ou de travail actif, de faste liturgique ou de philanthropie charitable, de dévouement auprès des masses.

Mais là encore, que de formes, que de styles de vie en commun : moines bouddhiques (variantes multiples, du régime libéral des bonzes à la théocratie lamaïque), moines taoïstes, moines esséniens, moines chrétiens, eux-mêmes évangélistes, défricheurs, bâtisseurs, orants, savants, mendiants, pénitents, prêcheurs, missionnaires au loin..., sans parler des moines guerriers (qui ne furent pas l'exclusivité de l'Europe), des moines ligueurs, des moines sectateurs, et sans pouvoir évoquer d'un trait ferme, en l'absence de renseignements indiscutés, le comportement des Thérapeutes d'Égypte ou des adeptes, mi-religieux mi-philosophes, des chapelles orphiques, pythagoriciennes ou néo-pythagoriciennes.

À elle seule, d'ailleurs, l'explosion cénobitique, au IVe siècle de notre ère, pose d'inextricables problèmes sur la finalité du monachisme d'institution. Elle semble liée, comme l'avaient pressenti certains cercles païens (parmi ceux-ci l'école de Plotin), à une conception aristocratique de l'*otium*, de l'état de vie non productif au sens socio-économique, mais surproductif du point de vue spirituel et, dans les meilleurs cas, du point de vue intellectuel. Cela implique, on le sait, une échelle d'estimation où les tâches serviles sont peu honorées (sans être discréditées ni négligées, dès les premiers essais monastiques).

Pourtant, transmis à l'Occident, cet idéal de désintéressement, de désœuvrement noble (trahi, bien sûr, par le moine-parasite, le moine-fugueur, et aussi le moine-à-tout-faire, à toute main, qu'utilisent les puissants) s'est changé en idéal d'animation humaine, de levain social, de diffusion du savoir, des arts, des techniques, au point de fonder, ou de contribuer à fonder, une civilisation.

Par où l'on devine qu'une société peut secrètement requérir, pour son équilibre et son progrès, l'apparente mise en marge d'une partie de ses membres.

Déjà, pour la conscience archaïque, c'était une évidence que la collectivité se sauve par la concentration du sacré dans des individus d'élite, et même par la recréation en eux de l'énergie universelle, par la recharge de puissance dont ils sont capables : vue quelque peu magique, magnétique, superstitieuse, et néanmoins indication précieuse ; elle signifie, en effet, qu'une société cherche toujours à conjurer, à réparer l'entropie qu'elle subit, l'usure et la dégradation de son dynamisme.

À travers une histoire multiséculaire et multiforme, le monachisme a été, malgré ses déficits, ses abus, ses étroitesses, l'un des mécanismes de cette compensation, de cette réfection du courage de tous par l'ardeur de quelques-uns. C'est pourquoi il a été prisé, primé, subsidié (le donataire donnant plus que le donateur, quoique autrement, selon une pratique du don et de l'échange qui traverse, d'Orient en Occident, la plupart des mentalités religieuses).

Nul ne peut dire si, dans d'autres contextes, d'autres phases d'évolution, d'autres systèmes de production, il gardera un rôle, et lequel. Tout dépend d'une question plus générale, de l'intensification ou de la récession du facteur religieux dans la régulation sociale.

On notera cependant, avec plusieurs sociologues, que le monachisme illustre à sa manière la théorie des « petits groupes » comme régénérateurs privilégiés des idéaux et des valeurs, comme réformateurs plus efficaces que les appareils trop lourds, trop étendus, trop compliqués. Parce que cette théorie reçoit de nos jours des confirmations inattendues, parce que notre société voit des marginaux se placer plus au centre de l'interrogation fondamentale que bien des professionnels de la raison de vivre, il n'est pas interdit de penser que le monachisme sera rénové, réinventé, que des équivalents, des analogues ou des répliques lui seront donnés (peut-être sous des allures paradoxales, scandaleuses au regard des normes actuelles).

Les articles qu'on va lire font le point historique sur ce mouvement persévérant et diversifié. On admirera comment chaque religion parvient à le prendre en compte, à le canaliser, à l'éduquer, à l'orienter (parfois à le récupérer, après l'avoir vitupéré). En un sens, le monachisme réglementé ne peut être qu'un ascétisme atténué, qu'un mysticisme assagi (on a même prétendu que l'Église s'en est servie pour « fixer » l'ascèse et pour « digérer » la mystique). En un autre sens, il est l'indispensable contrepoids aux spiritualités d'évasion, aux prophétismes de délire, aux piétismes narcissiques. Le clos et l'ouvert, l'institutionnel et le personnel composent en lui, comme dans tout phénomène religieux, comme dans tout phénomène humain, s'ils veulent être plus qu'impression fugace, illumination subjective, expérience non communicable.

Le monachisme brahmanique et hindou

Guy BUGAULT

Ermites forestiers et « renonçants »

Il n'y a pas, à proprement parler, de vie cénobitique dans l'Inde brahmanique. Il y a d'une part des ermites forestiers (*vānaprastha*), que les Grecs appelèrent pour cette raison ὑλόβιοι, d'autre part des ascètes (*śramaṇa*), qui sont des moines errants (*parivrāj*) et mendiants (*bhikṣu*) ; ce sont ceux qui ont entièrement renoncé (*saṃnyāsin*) à la société religieuse séculière. Les *Veda* et les deux premières *Upaniṣad* védiques ne font pas de distinction explicite entre ces deux états. Peu à peu cependant, à partir de la *Śvetāśvatara Upaniṣad*, la division se précise.

Les ermites forestiers sont des anachorètes sédentaires. Accompagnés ou non de leur femme, ils continuent de réciter les *Veda*, d'accomplir des sacrifices, prennent des bains lustraux. Ils y ajoutent la méditation silencieuse, la chasteté et d'extrêmes austérités (*tapas*). En pratiquant celles-ci, ils deviennent des accumulateurs d'énergie (*tapasvin*), rivalisant parfois même avec les dieux. Toutefois, retraite n'est pas rupture. Ces ermites forestiers font toujours partie de la société brahmanique et reçoivent, à l'occasion, des hôtes, comme on le voit au théâtre et dans l'épopée.

Il en va tout autrement pour les moines errants, les « renonçants ». Tolérés autant qu'admirés par la société religieuse séculière, ils ont, quant à eux, rompu tout lien avec elle. Ce qui les définit, au sens propre comme au sens figuré, c'est qu'ils sont sans feu ni lieu, sans attaches. La grande différence avec les moines bouddhistes ou jaïnistes, comme avec les ordres monastiques hindous postérieurs au VIIIe-IXe siècle, c'est qu'en quittant la société séculière ils ne deviennent pas des réguliers mais plutôt des irréguliers. Toutefois, un trait commun à leur vocation, et qui leur sert de règle informelle, c'est le *vairāgya*, avec sa double nuance de dégoût du monde ou mieux d'indifférence au monde. C'est là la condition décisive qui fait que ces vagabonds, toujours marginaux, parfois déviants, ne sont pas purement et simplement des hors-la-loi, ce qu'ils seraient s'ils désertaient le monde tout en y restant attachés. Ce sont, en quelque sorte, des hors-caste d'élite. Comme l'a fortement souligné L. Dumont, tandis que les membres de la société séculière n'ont guère d'existence individuelle mais sont caractérisés par une existence plutôt relationnelle, étant toujours un maillon d'une chaîne hiérarchique, les « renonçants » accèdent au statut d'individu-hors-du-monde. Ils existent par eux-mêmes et n'ont souci que d'eux-mêmes. Mais, pour autant que leur vocation est réelle, il ne s'agit aucunement d'un individualisme au sens où l'Occident moderne entend ce mot. Ils n'acquièrent d'existence individuelle que pour la transcender et la résorber dans un *x* indifférencié. Le « soi-même » dont ils ont souci n'est pas leur moi-un-tel mais plutôt le pur sujet, l'*ātman* universel dont on ne peut rien dire sinon qu'il est à l'intérieur de tout (*sarva-antara*). Tenant d'une main leur bâton, de l'autre leur bol à aumônes, ne couchant pas plus de deux à trois nuits dans le même endroit (sauf à la saison des pluies), ce sont des chemineaux en quête de « soi-même ».

Le renoncement et la société séculière

La société séculière s'efforcera d'apprivoiser ce monachisme sauvage, en l'institutionnalisant à la faveur de la théorie des quatre *āśrama* : comme on s'en aperçoit à partir de la *Setāśvatara Upaniṣad*, dans le *Mahābhārata*, et plus strictement dans les traités juridiques (*Dharmaśāstra)*, notamment les *Lois de Manu*. Cette théorie ordonne le déroulement idéal de la vie d'un initié ou deux fois-né (*dvija*), c'est-à-dire de toute personne mâle appartenant aux trois castes supérieures, en quatre *āśrama*, ou phases, dont les deux premiers sont obligatoires, les deux derniers facultatifs.

Après initiation (*upanayana*), le jeune homme est étudiant brahmanique (*brahmacārin*), astreint à l'étude des *Veda*, à la chasteté, et au service du *guru*. Il devient ensuite chef de famille, maître de maison (*gṛhastha*), avec les joies et les charges que cela comporte, notamment l'entretien des feux rituels, les soins donnés aux ancêtres. Les *Lois de Manu* maintiennent très fermement que c'est là le pilier essentiel de la société brahmanique. On peut éventuellement, en un troisième temps, à l'âge où les cheveux grisonnent et lorsqu'on a des fils à même de prendre la relève, faire retraite dans la forêt, être *vānaprastha*. Enfin, dernière étape, qui est un état-hors-état (*atyāśrama*), on peut renoncer définitivement au monde, être un *saṃnyāsin*. Pour marquer, malgré tout, une certaine continuité de cet état avec les précédents, le renonçant offre un sacrifice à Prajāpati au moment de son départ. Désormais il pratique le sacrifice intérieur, reployant ses feux et ses désirs à l'intérieur de lui-même. Mais il ne saurait renoncer au renoncement et revenir dans la société séculière sans être tenu pour un renégat.

Le rattachement de cet état d'exception aux confins de la société séculière eut pour contrepartie que celle-ci s'ouvrît à son influence jusqu'à un certain point : à son idéal, non à ses pratiques. Le résultat de cette synthèse sélective se concrétise avec éclat dans l'enseignement de la *Bhagavad Gītā* : agis et vis dans le monde, accomplis ton devoir d'état (*svadharma*), mais en étant détaché des fruits de l'action. C'est, en quelque sorte, une intériorisation du renoncement (*saṃnyāsa, tyāga*), comme celui-ci avait été, chez les moines errants, une intériorisation du sacrifice védique. L'enseignement de la *Bhagavad Gītā* est donc, à cet égard, une intériorisation au second degré. Les renonçants ont joué un rôle décisif dans l'évolution qui a conduit de l'idéal de l'homme védique (prospérité sur cette terre et dans la vie posthume) à l'idéal upaniṣadique, et ensuite hindou, de la délivrance (*mokṣa*). Ils ont largement contribué à l'élaboration de la théorie du *karman* (l'acte et sa rétribution) et du *saṃsāra* (la transmigration à travers une infinité de vies), dont la libération n'est que le corollaire. Ce qui importe, c'est d'éviter d'avoir à remourir (car la mort qui nous attend n'est pas la première) et d'avoir ensuite à re-naître. Il y a, ainsi, une homologie entre la structure sociale du renoncement, sans retour possible dans la société séculière, et le but visé, à savoir l'accès au monde du *bráhman* duquel on ne revient pas.

Dans l'hindouisme récent, à partir du VIIIe-IXe siècle de notre ère, des renonçants, tels Śaṅkara et Rāmānuja, fondent des ordres monastiques. Ceux-ci, tantôt śivaïtes, tantôt viṣṇuites, comportent une règle et la vie au monastère (*maṭha*), ce qui les apparente bien davantage au monachisme tel qu'on le connaît en Occident. De nos jours, des renonçants généralement appelés *sādhu* voient aussi se grouper autour d'eux dans des ashrams (*āśrama*), mais d'une manière beaucoup plus souple et plus intermittente, des disciples qui viennent faire retraite auprès du maître, quelle que soit leur caste ou leur nationalité : parmi ces maîtres, les noms célèbres d'Aurobindo, de Rāmana Maharṣi, du Svāmi Rāmdās.

Le monachisme bouddhique

André BAREAU

Des premiers disciples du Bouddha aux religieux d'aujourd'hui

L'institution de l'ordre monastique dans le bouddhisme remonte au Bouddha lui-même qui, pour cela, emprunta largement à une tradition toujours florissante dans l'Inde. Comme les autres religieux de ce pays, le moine bouddhiste était un ascète (*śramaṇa*), c'est-à-dire un homme qui « s'efforçait » d'obtenir une certaine forme de salut. Pour atteindre ce but, il avait d'abord abandonné complètement la vie laïque, ses plaisirs qu'il jugeait décevants, ses commodités et ses obligations, et il se livrait à des austérités et à des exercices enseignés par les maîtres de la secte à laquelle il appartenait.

Le moine bouddhiste se distinguait de la plupart des autres ascètes indiens par certains caractères que lui imposaient les codes de discipline (*Vinayapiṭaka*), dont les principaux articles et surtout l'esprit général sont l'œuvre du Bouddha. Comme l'indique son nom, c'était essentiellement un « mendiant » (*bhikṣu*), devant vivre exclusivement des aumônes données par les fidèles laïques (*upāsaka*). À ceux-ci, comme pour les remercier, il prêchait les rudiments de la doctrine bouddhique, leur recommandant particulièrement la générosité et la moralité qui les feraient renaître parmi les dieux ou les hommes fortunés. À l'origine, le moine bouddhiste était un ascète errant, n'ayant d'autre toit que le feuillage des arbres au pied desquels il s'abritait ou se reposait, vêtu de haillons ramassés dans la poussière, la tête entièrement rasée, ne mangeant qu'une seule fois par jour, avant midi, le peu de nourriture obtenue en mendiant. Il passait le plus clair de son temps à pratiquer les méditations et les autres exercices psychophysiologiques apparentés au *yoga* grâce auxquels, en purifiant sa pensée et en apaisant ses passions, il se rapprochait progressivement de la délivrance du cycle des transmigrations, de « l'extinction » (*nirvāṇa*). Pendant les trois mois de la saison des pluies, où tout déplacement était impossible, les moines bouddhistes demeuraient par petits groupes en un même endroit, habitant quelques huttes légères dispersées dans un parc. Si, comme tous les ascètes indiens, ils menaient une vie fort austère, où la chasteté absolue était de règle, ils se distinguaient cependant de la plupart des autres religieux en s'abstenant de toute pratique recherchant délibérément la douleur : blessures et brûlures volontaires, jeûnes prolongés, immobilité dans des postures fatigantes, tous exercices que le Bouddha jugeait non seulement stériles mais nuisibles à la progression sur la voie du salut.

De tout temps et de nos jours encore, dans tous les pays où s'est répandu le bouddhisme, certains de ses moines ont volontairement choisi la rude existence des premiers disciples du Bouddha. Ce sont les ascètes « forestiers » (*āraṇyaka*) qui, retirés dans des endroits écartés de forêt ou de jungle, souvent dans des grottes de montagne, observent scrupuleusement les « austérités » (*dhutāṅga*) qui étaient de règle à l'origine. Dans un dénuement presque total, loin des agglomérations et des troubles qu'elles causent, ils se livrent à loisir aux méditations et autres exercices psychophysiologiques. Beaucoup d'entre eux ne passent là que quelques années, ou même quelques mois, avant de regagner leur monastère. Notons à ce propos que les moines bouddhistes ne prononcent pas de vœux et qu'ils sont toujours libres de retourner à la vie laïque.

Dans leur grande majorité, les religieux bouddhistes ont adopté très tôt une vie sédentaire, habitant des monastères qui n'étaient primitivement que ces groupes de huttes où ils devaient seulement passer la saison des pluies. Leur vie est plus douce que celle des ermites forestiers, différente aussi dans son organisation, à cause des relations plus nombreuses et plus étroites qu'ils entretiennent avec les laïques. Dépendant entièrement de ceux-ci pour leur subsistance, comme on l'a vu, ils ont été progressivement entraînés dans un système d'obligations reposant sur des échanges de dons et de services entre eux et les fidèles. Aux aumônes de toute sorte – nourriture, vêtements, logement, mobilier, médicaments, etc. – des laïques, les moines doivent répondre par le « don de la doctrine », c'est-à-dire par la prédication et les conseils moraux, et aussi, dans certains pays, par l'aide et la protection des pouvoirs surnaturels nés de leur vie austère, selon les croyances orientales. Les religieux bouddhistes vivant dans les monastères doivent donc consacrer une grande partie de leur temps à la prédication, à l'enseignement et à la célébration de diverses cérémonies publiques ou privées, ce qui restreint d'autant celui qu'ils peuvent utiliser à la pratique des méditations et autres exercices nécessaires à leur progression sur la voie du *nirvāṇa*.

La communauté monastique et la religion bouddhique

Les fidèles regardent en effet la communauté des moines comme un « champ de mérites » éminemment fertile, les

Novices bouddhistes mendiants. Les jeunes postulants du monastère de Kyaing Tong, en Birmanie centrale, partent dès l'aurore, munis de leur bol à aumônes, pour une tournée de quête dans la ville. Les bouddhistes croient qu'une offrande à un moine leur acquerra des mérites aux yeux de Bouddha (J. Reed, Reuters/MAX PPP).

Un monastère tibétain au Népal. En contrebas de l'estrade où se tient l'officiant, les moines, enfants et adultes mêlés, participent à la célébration du rituel. Costumes et attitudes créent une impression d'intemporalité démentie par quelques détails : montre du musicien ou éclairage électrique de l'arrière-plan. Monastère de Bodnath, Népal (Weisbecker, Explorer).

dons qu'on lui fait produisant automatiquement, par le jeu de la rétribution des actes, des mérites beaucoup plus importants que les mêmes dons faits à d'autres personnes. Or ces mérites fructifieront, dans cette vie ou dans une autre, sous forme de bonheur, santé, longévité, richesse, renommée, etc. – tous biens auxquels les fidèles laïques sont très attachés, comme tous les hommes –, et c'est ce qui les pousse à se montrer particulièrement généreux envers la communauté monastique. Cette fertilité est une conséquence de la sainteté des moines, c'est-à-dire essentiellement de la rigueur avec laquelle ils observent les règles de discipline auxquelles ils sont soumis. La charité, vertu hautement bouddhique, oblige donc les religieux à accepter des laïques tous les dons compatibles avec la morale et la discipline pour ne pas priver les donateurs des mérites qui naîtront de ces dons et des « fruits » agréables qu'ils produiront tôt ou tard.

Cela explique les richesses considérables qui affluèrent dans les monastères bouddhiques à certaines époques et dans certains pays. Ces richesses constituaient les biens de la communauté, mais non pas les biens individuels des religieux, puisque chacun de ceux-ci devait en principe se contenter des quelques objets nécessaires à sa vie tels qu'ils étaient décrits avec une grande précision dans les codes monastiques. En fait, les moines se laissèrent assez souvent amollir par le luxe qui les entourait ainsi ; ils négligèrent alors les règles de discipline et perdirent en conséquence leur réputation de sainteté qui était précisément la cause de la générosité des fidèles. Cela entraîna bien des fois la persécution et la ruine de la communauté dans des pays où elle était naguère florissante.

Les religieux bouddhistes passent assez souvent pour posséder des pouvoirs surnaturels acquis par leur austérité, leur sagesse et aussi par leur pratique assidue des méditations et des exercices apparentés. Cela leur donne, aux yeux des dévots, un caractère en quelque sorte sacré, qui les rend particulièrement aptes à accomplir les actes rituels de la religion bouddhique. Ces actes rituels, dont le nombre et la nature diffèrent beaucoup d'une secte à l'autre, ont pour buts principaux de permettre une heureuse et avantageuse « fructification » des pieuses actions des fidèles, souvent de transmettre les « mérites » ainsi obtenus à d'autres êtres, notamment aux parents défunts, et de protéger les laïques contre toutes sortes d'influences malignes. Les moines jouent donc, et depuis bien des siècles, un rôle analogue à celui des prêtres dans les autres religions. Dans certaines régions et surtout dans certaines sectes, on rencontre aussi des moines qui jouissent d'une réputation de thaumaturge, de devin, de guérisseur ou de sorcier. Ils opèrent avec des méthodes variées, empruntées à des croyances extérieures au bouddhisme et adaptées plus ou moins grossièrement à celui-ci.

L'austérité n'exclut pas la fête. Trois bonzes du monastère bouddhiste Wat Suanmok, à Chaiya (Thaïlande), participent aux célébrations d'anniversaire du dernier sermon de Bouddha. Leur communauté anime un centre de retraite international très fréquenté (P. Lissac, C.I.R.I.C.).

Les religieux de quelques formes tardives mais importantes du bouddhisme ont abandonné le célibat et mènent régulièrement une vie très proche de celle des laïques. Leurs enfants peuvent leur succéder dans leurs fonctions religieuses et l'on trouve ainsi, à la tête de plusieurs sectes japonaises, de véritables dynasties ayant un tel statut social qu'elles sont apparentées aux plus grandes familles du pays.

Le bouddhisme japonais a connu une autre institution qui lui est propre et qui a joué un rôle important dans l'histoire du Japon pendant des siècles : celle des moines soldats. Organisées pour défendre les biens et les droits de leurs monastères au milieu des guerres féodales dont le Japon était alors le théâtre, leurs armées, nombreuses, bien entraînées et bien équipées, purent résister pendant longtemps aux vigoureux efforts d'unification politique du grand homme d'État Nobunaga, à la fin du XVIe siècle.

Depuis l'Antiquité, les moines bouddhistes ont exercé une influence souvent profonde sur la vie et la civilisation des pays où ils demeuraient. L'enseignement, dérivé du devoir de prédication, est une vieille tradition du bouddhisme, l'une des fonctions secondaires le plus fréquemment assumées par ses religieux. On lui doit même des universités qui eurent un grand rayonnement, comme celle de Nālandā dans l'Inde médiévale, pour ne rien dire de celles qu'il dirige aujourd'hui, au Japon et ailleurs. Nombreux et parfois célèbres furent les moines philosophes, poètes, juristes, grammairiens, médecins, érudits de toute sorte, qui firent la gloire de la littérature et de la pensée bouddhiques. Nombreux aussi furent ceux qui participèrent à la construction de tant de monastères et les décorèrent de peintures et de sculptures, laissant ainsi des œuvres admirables, dispersées dans la plus grande partie de l'Asie. Enfin, dans les pays où le bouddhisme fut ou est encore la religion de la majeure partie de la population, parfois même la religion de l'État, la communauté monastique joua souvent un rôle politique important, quelquefois même prééminent. Dans bien des cas, celui-ci n'était du reste pas sans rapport avec la puissance économique des monastères, vers lesquels la générosité des fidèles drainait une part non négligeable du revenu national. Naguère encore, au Tibet, la communauté bouddhique constituait la classe dirigeante, si bien qu'on a pu parler de « théocratie ».

Qu'ils soient ermites forestiers ou religieux vivant en monastère, les moines bouddhistes tiennent une place essentielle dans la religion fondée par le Bouddha il y a plus de vingt-cinq siècles, une place comparable à celle des prêtres ailleurs. En effet, toutes les fois que la communauté monastique disparut d'un pays pour une raison quelconque, le bouddhisme fut peu de temps après remplacé par une autre religion. C'est pourquoi la diminution sensible du nombre de ses moines, qu'on observe depuis quelques lustres dans la plupart des pays où il subsiste, est un signe inquiétant pour l'avenir du bouddhisme.

Le monachisme chrétien en Orient

Jean Gouillard

Comme l'Évangile, son modèle, le monachisme chrétien est un produit autochtone de l'Orient. Il est tributaire de l'émulation qui, avant lui, avait éveillé, dans la société urbaine, des vocations d'ascètes et de vierges « à domicile ». Mais c'est dans le bassin de la Méditerranée orientale que son idéal a atteint son degré extrême : vivre « moine », à la lettre « seul », dans un site inhabité.

Cet idéal intransigeant et sa vogue démesurée conduisirent le monachisme des origines à une double contradiction, qu'il dépassa. D'une part, son individualisme natif – fuite des devoirs sociaux, austérité déroutante, indépendance de fait à l'égard de tout pouvoir – lui donnait un air d'anachronisme. Alors que l'Église fixait sans appel ses structures sur le modèle de l'administration civile, il restaurait la libre inspiration de certains milieux protochrétiens. Par réaction, l'Église entreprit d'institutionnaliser ce qui était mouvement. Loin d'y perdre, le monachisme imprégna de son esprit la société chrétienne.

D'autre part, le monachisme à l'état pur n'était pas viable. Par le jeu des déterminismes psychologiques autant que grâce à la lucidité des spirituels s'élabore un monachisme intérieur, allégé de ses composantes matérielles – le désert et la compétition ascétique naïve –, au demeurant toujours disponible pour un retour au vieil idéal.

Cette capacité de résistance ne cessera de se renforcer par un attachement viscéral à la tradition, mais aussi par une analyse soutenue – en dépit de temps morts – des mécanismes de l'âme, du mystère chrétien dans son expérience directe.

Les origines

À l'encontre d'une idée familière, le monachisme ne fut pas un autre « don du Nil ». Aussi haut que l'on puisse remonter, c'est-à-dire au IIIe siècle, l'existence d'anachorètes est attestée en Syrie et en Mésopotamie aussi bien que dans l'arrière-pays d'Alexandrie. Mais il revenait à l'Égypte de concevoir et d'éprouver ses modalités durables, de drainer aussi les pèlerins qui ont consigné sa légende et lui ont suscité des répliques jusqu'aux confins de l'Occident (Ligugé, 361).

Deux hommes marquent, presque en même temps, les branches maîtresses du courant. Antoine (250 env.-356), le « père des moines », en tout cas le plus notoire, consacre par son exemple les deux formes de l'anachorèse : érémitisme absolu, pratiqué à un ou deux, et érémitisme tempéré dans lequel les solitaires s'égaillent au voisinage d'un lieu de culte (pour l'eucharistie hebdomadaire) et de la retraite d'un « vieillard » ou « ancien », ainsi dénommé en raison de son expérience. Pacôme († 346), le père des cénobites, inaugure la communauté, enserrée dans une enceinte, assujettie à un régime commun de prière et de travail, soumise à un supérieur. Ses fondations foisonnent en Haute-Égypte, dans un vaste rayon autour de Thèbes. L'anachorèse fleurit dans les déserts de Basse-Égypte (Nitrie, Scété), mais aussi très loin le long du Nil.

Le monachisme égyptien, sédentaire, se propage par magnétisme plutôt que par essaimage. Si Athanase d'Alexandrie († 373), le futur biographe d'Antoine, en divulgue les pratiques dans son exil en Gaule, on fait d'ordinaire le voyage d'Occident en Orient : Rufin d'Aquilée, Jérôme, Mélanie, Cassien pour l'Occident, Basile de Césarée et Évagre du Pont pour l'Orient, parmi cent autres, se rendent en Égypte et s'en retournent – à moins qu'ils n'y restent, tel Évagre – emportant des relations libres (recueils dits de vieillards ou « apophtegmes », « histoire des moines d'Égypte », « conférences », « entretiens », etc.) qui suscitent partout des imitations.

L'anachorétisme prolifère, du vivant d'Antoine, dans la péninsule du Sinaï, stimulé par le souvenir des grands jeûneurs visionnaires Élie et Moïse. Il est attesté en Palestine (Hilarion), où le concurrencent, vers la fin du IVe siècle, les couvents occidentaux de Jérusalem et de Bethléem. Mais ici, l'âge d'or, comparable à l'âge d'or égyptien, se situe sous les Euthyme (377-473) et les Sabas (439-532), avec une généralisation de la *laure* (variante du semi-anachorétisme) dans le désert de Jérusalem.

Jaloux de son originalité, le monde syro-mésopotamien s'adonne à un anachorétisme forcené (moines arboricoles, ou brouteurs). Il invente la retraite dans le ciel, au sommet d'une colonne, avec Syméon l'Ancien († 459), dont l'exemple suscitera des adeptes jusque sous les murs de Constantinople et dans la province d'Europe (Daniel le stylite, Luc le stylite...).

En Asie Mineure, la marche orientale, la Cappadoce, est la première touchée par des courants rivaux et contemporains. Eustathe de Sébaste préconise un régime maximaliste, teinté d'anticléricalisme ; Basile de Césarée († 379) encourage la communauté de prière, d'obéissance et de travail par des directives passées indûment à la postérité sous le nom de *Règles*. En même temps, le monachisme se développe dans la capitale, non sans une certaine incohérence. Peu organisé, instable, déchiré entre les particularismes provinciaux et ethniques, il ne tarde pas à s'assagir, après une phase confuse où surgissent les premiers grands couvents : Dalmatos, Rufinianes, Acémètes.

L'encadrement juridique : le monachisme byzantin

Au Ve siècle, le monachisme est presque partout fortement urbanisé. Il constitue une sorte de classe immense et mal définie. Ni clerc ni vraiment laïc, le moine n'entre dans aucune catégorie. La disparate est complète : conventuels, qui casaniers, qui en proie à un prurit chronique de « pèlerinage », succédané du désert perdu ; ermites répandus dans la nature ; reclus emmurés dans une ruine ou dans la tour d'une forteresse ; stylites ; enfin, gyrovagues inquiets ou inquiétants. Cette masse, de plain-pied avec le populaire, devient redoutable quand elle prend parti. À Alexandrie, elle fournit les « troupes de choc » du patriarche dans ses menées antibyzantines ; à Constantinople, d'abord semi-arienne pour une bonne part, on la voit ensuite se commettre avec les ennemis de Jean Chrysostome. Et au « Brigandage d'Éphèse » (449), ces troupes de moines se montrèrent particulièrement actives.

Il devint urgent pour le pouvoir de donner un statut à ce qu'on s'accordait à reconnaître comme une vocation, une expression exemplaire du christianisme. À cette tâche s'employèrent successivement le concile de Chalcédoine (451), l'empereur Justinien (527-565), les grands conciles du VIIe au IXe siècle (Quinisexte, 692 ; Nicée, 787 ; Constantinople, 869-870). Si l'on pratique une sorte de coupe dans cette législation, on obtient à peu près l'image suivante : l'intention est de faire prévaloir la forme dite basilienne du cénobitisme ; les moyens adoptés reviennent à mettre le gyrovague hors la loi. La fondation d'un monastère est subordonnée à la permission de l'évêque. Les membres de la commu-

La sainte montagne. Les grands monastères du Mont-Athos, dont le premier fut fondé au Xe siècle, attirèrent, au fil des âges, des moines originaires de toute la chrétienté orthodoxe, et même quelques religieux latins (bénédictins d'Amalfi) avant le schisme. La vie monastique s'y est également développée dans les « skites », de dimensions plus modestes, et dans de nombreux ermitages. Appel à l'office devant la skite roumaine du Prodromos (H. Nègre, Explorer).

nauté, astreints à la résidence, renoncent à toute ingérence dans la vie publique. L'anachorèse n'est pas condamnée, mais elle sera précédée d'une longue probation d'obéissance. La propriété monastique est inaliénable. Le couvent est soumis à l'higoumène (guide), assisté d'un économe. L'usage dominant veut qu'on puisse montrer, en y entrant, un duvet de barbe (16-18 ans). Après une sorte de noviciat, le candidat est tondu et prend l'habit distinctif de sa condition, l'« habit angélique » (la différenciation d'un grand et d'un petit habit constitue une dérogation très contestée).

Tel était le droit. Autrement en décidèrent les mœurs. L'obstacle de l'incapacité publique fut souvent tourné. Pendant la longue parenthèse iconoclaste (730-842), c'est le monachisme qui assuma la tutelle de l'Église « réfractaire », face à l'Église « constitutionnelle » et opportuniste, à la dévotion de l'empereur. De même, au XIVe siècle, son poids allait être décisif dans le règlement du débat hésychaste. L'ermite exerça parfois une influence plus forte encore, témoin Étienne du Mont-Auxence († 765) qui commandait de sa grotte l'opposition constantinopolitaine. Le gyrovague lui-même, enfin, resta toujours l'objet d'une créance superstitieuse.

En simplifiant un peu, on peut dire que le droit s'imposa mieux dans les fondations urbaines que dans les « montagnes saintes » des provinces (en Asie Mineure : la Cappadoce rupestre, l'Olympe de Bithynie, le Latros ou Latmos ; en Europe : le Mont-Athos) ; la situation présentait cependant quelques nuances lorsque ces colonies tombaient sous la coupe de fortes personnalités (Paul de Latros, † 955 ; Athanase l'Athonite, † 1004). On peut citer un cas exemplaire de la vitalité des formes rivales : en 799, Théodore réforme le Stoudios, à Constantinople, dans un esprit « hyperbasilien », imperméable à l'évasion anachorétique ; mais parallèlement, le mont Olympe, à côté du couvent classique et légal, se couvre de communautés naines, qui se font et défont, semées au gré de l'inspiration par des ermites tels que Joannice († 846) ; il n'empêche que partout on se recommandera peu ou prou des usages du Stoudios.

Au Xe siècle, la laure d'inspiration palestinienne s'impose dans le Latros avec Paul, que les empereurs comblent de faveurs, tandis qu'au mont Athos, fourmilière d'ermites, surgit la concurrence cénobitique avec la fondation de la Grande Laure (963). Cette création assortie de dotations énormes prélude aux grandes fondations aristocratiques, impériales ou privées, qui se succèdent jusqu'au XIVe siècle, à Constantinople surtout et dans sa banlieue. Du même pas grandit l'influence de ces fondateurs, exprimée dans des règlements particuliers (*typika*), judicieux, mais générateurs de servitudes, comme la liberté pour le fondateur et ses proches de s'y retirer.

D'autre part, le monastère se soustrait autant qu'il peut à l'évêque au profit du patriarche ou du basileus : il y gagne en ressources, sinon en ferveur. L'administration glisse souvent de l'higoumène à une oligarchie conventuelle. Déjà on est tenté par l'« idiorythmie » qui permet à des groupes de vivre à part au sein de la communauté.

L'institution la plus originale reste l'Athos, à son apogée, moins encore par son cosmopolitisme que parce qu'il constitue une « réserve » de toutes les formes antérieures du monachisme, y compris celle qu'ont adoptée les gyrovagues. Et cela reste vrai à l'époque actuelle, malgré la chute du recrutement, la généralisation de l'idiorythmie, etc. Cette incohérence apparente, et jamais démentie, va de pair avec l'attitude ambiguë du Byzantin à l'égard du monachisme. On dote le monastère avec prodigalité, mais on l'exploite aussi comme en témoignent ces fondations fictives destinées à protéger des fortunes ou les pensions de « charisticaires » (XIe-XIIe s.) prélevées sur la part de revenus qui excède les besoins de l'institution. L'épiscopat se recrute dans le corps monastique ; on demande au moine l'absolution des péchés ; on revêt son habit à l'article de la mort pour paraître, tel Constantin le Grand, comme un néophyte au Jugement. Mais on tondra de force un rebelle ou un suspect pour le marquer d'une indignité irrévocable, tout en faisant l'économie d'une mutilation. Au sein même de l'institution, le détachement des contingences séculières familiarise le moine avec un opportunisme politique qui le fait s'accommoder sans résistance du pouvoir temporel pourvu qu'il le protège (ainsi en est-il de l'Athos sous les Serbes, puis sous les Turcs). Il est superflu enfin d'insister sur le dangereux et paradoxal enrichissement d'une fraction du monachisme byzantin : il est connu et n'est point original.

Les caractéristiques profondes

Le monachisme byzantinisé garde, en dépit de tout, une résolution intime de fidélité aux origines, qu'il s'agisse de son individualisme ou de la primauté du salut.

Il ignore la notion d'ordre religieux. Les esquisses de confédérations dont il offre l'exemple n'ont guère survécu à leurs inspirateurs, Pacôme, Sabas et autres. Point de règle, mais des coutumes se réclamant de Sabas, Basile, Théodore de Stoudios. On y tend uniformément à barrer l'ingérence de l'évêque : le moine est maître chez soi. La prière, commune ou privée, est son occupation essentielle. Il n'est pas missionnaire ; il boude le travail intellectuel ou manuel organisé. Certains grands monastères, surtout urbains, ont des œuvres d'assistance, hospices et hôpitaux, mais ils sont l'exception. Le moine n'est que moine. Le sacerdoce est pour lui une ambition dangereuse. Son directeur, son « père spirituel », le seul arbitre de sa conscience après Dieu et en place de Dieu, peut n'être pas prêtre : son investiture spirituelle en dernière analyse ne procède pas de l'ordination. Bref, le moine n'appartient plus à une catégorie de l'Église visible, pas plus que le martyr dont il a conscience d'être l'héritier.

Cette situation est de soi propice à l'initiative, au sens de la responsabilité, à la liberté d'inspiration. Elle peut susciter des mouvements marginaux suspects comme le messalianisme au IVe siècle, mais elle excelle à en récupérer l'élément fécond. De là aussi une tension chronique entre le moine et l'évêque, entre le charisme et l'ordre.

L'idéal monastique recèle une tentation de maximalisme, le salut ne paraissant plus assuré que dans son acceptation. Dans la pratique, ses adeptes sauront généralement nuancer cette rigueur. Il reste que, dans les formes de la vie religieuse publique, ils ont laissé leur marque : envahissement du jeûne, longueur des offices, alourdissement de certains rites (comme la phase préparatoire de la messe) par des symbolismes fort cérébraux, hypertrophie de l'iconostase, etc.

Dans son développement, la philosophie du monachisme s'est diversifiée par des équilibres variables des mêmes composantes plus que par des exclusions.

Le premier anachorète s'est retiré au désert pour vivre avec Dieu, seul à seul. Ce mode d'existence revient à recouvrer la nature originelle, à se dépouiller des « passions » par une introspection constante et par l'incessant « souvenir de Dieu ». La retraite spatiale se sublime en retraite intérieure dans une concentration et une unification des facultés à la pointe de l'intellect. Le moine obtient ainsi l'*hèsychia*, la vacance, l'état de quiétude propice à la familiarité de Dieu. Il voit Dieu. Les spéculatifs s'empareront de cette expérience pour l'analyser et la décomposer en ses degrés : conquête de l'*apatheia*, ou indifférence, par l'observation des commandements, la lutte contre la passion, la contemplation des significations du monde créé, y compris la divine Humanité ; puis prière pure, sans forme (la vision est condamnée) qui fait « voir Dieu dans le miroir de l'âme ».

Ce goût pour la spéculation, poussé à l'extrême par Évagre (346-399), s'accompagne d'une exploration du mystère chrétien. Dès le IVe siècle s'affirme une hantise de percevoir la grâce en activité. La prière pure, dans l'état d'*apatheia*, détermine un sentiment de l'action divine. Le sujet assiste à un brusque éveil des puissances demeurées en léthargie après son baptême d'enfant. Favorisé d'une nouvelle Pentecôte, il partage avec les Apôtres le baptême dans l'Esprit. Mieux, il réalise dans son corps l'état du corps glorieux du Christ. Il lui arrive de se trouver imprégné de lumière et même d'apparaître tel.

Formulée avec une vigueur jamais atteinte par Syméon le Nouveau Théologien (949-1022), cette perspective spirituelle trouvera ses dimensions définitives à l'occasion de la renaissance hésychaste du XIVe siècle. Des moines fervents (Nicéphore l'Athonite, Grégoire le Sinaïte), en réaction contre les routines, prêchent le retour à l'*hèsychia*, à la disposition de solitude. Pour cela, ils recommandent comme infaillible une méthode de concentration – prière consistant dans le synchronisme du souffle et de l'invocation (« prière du cœur »), dans une certaine posture. Cette méthode est parfois récompensée par la vision de la lumière incréée, comme celle de la Transfiguration. Les détails de la technique et les implications dogmatiques liées à la « lumière incréée » dressèrent les « rationalistes » contre les hésychastes. L'hésychasme l'emporta, décanté et enrichi par Grégoire Palamas. Très vivant en Russie, au XVIe siècle, remis en honneur en Grèce dans les dernières décennies, il paraît être à l'heure actuelle la tendance la plus vivante du monachisme d'extraction byzantine.

À de nombreux égards, le monachisme oriental demeure un problème ouvert. On discute encore de ce qu'il peut devoir au précédent juif des Esséniens ou des Thérapeutes. On s'interroge sur la pression économique ou politique qui a pu encourager la « désertion monastique ». L'histoire détaillée des institutions fourmille encore d'obscurités. Pour l'historien du christianisme, le problème le plus actuel semble être de savoir comment situer le monachisme dans l'Église. On parle volontiers à son sujet de prophétisme. Ce terme peut, en effet, être retenu, à condition de ne pas le gâcher en y mêlant des manifestations de voyance ou de prédiction généralement desservies par la trivialité de leur objet. Le monachisme est l'un des termes d'une tension dialectique entre l'Église condamnée à s'accommoder du monde pour survivre et la même Église vouée à n'être pas du monde, entre l'autorité d'ordre et l'autorité prophétique du charisme.

Aux extrêmes de l'anachorétisme. Saint Siméon le Stylite, ascète syrien du Ve siècle, passa trente-sept ans de sa vie, isolé au sommet d'une colonne, dans une zone désertique. Ce retrait excessif du monde fit assez d'émules pour que les évêques de la région s'en émeuvent et l'interdisent. Icône grecque datée de 1807, collection Roger Cabal (G. Dagli Orti).

Le monachisme chrétien occidental

JACQUES DUBOIS

Étymologiquement, le moine est celui qui vit seul, mais le mot a pris un sens plus large et s'applique à tous les ascètes, qui se séparent de la société des hommes pour se vouer dans la prière au service de Dieu, qu'ils vivent isolés, « ermites » et « anachorètes », ou groupés, « cénobites ». Dans l'Église catholique, on réserve le nom de moines aux religieux qui pratiquent les plus anciennes règles, mais l'originalité de l'ordre monastique ne doit pas laisser oublier ce que les moines ont de commun avec tous les hommes, tous les chrétiens et tous les religieux. Définir les moines par des usages précis conduirait à de véritables erreurs. Par exemple, on se représente volontiers aujourd'hui le moine sous les traits du bénédictin ou du religieux passionné par l'office liturgique, mais c'est oublier que certains moines, des ermites surtout, n'ont jamais pratiqué l'office liturgique, lequel, en revanche, fut en honneur dans des cathédrales ou des basiliques non monastiques. Seule une synthèse historique permet de faire ressortir les grandes lignes du monachisme occidental dans la variété de ses réalisations ; l'évocation des autres familles religieuses révèle les influences réciproques et situe chacun à sa vraie place.

Les origines

Le monachisme n'est pas une institution exclusivement chrétienne, mais il n'y eut dans l'Occident antique aucun monachisme qui eût pu influencer le monachisme chrétien. Quelles qu'aient pu être en Orient les relations des moines juifs et païens avec les chrétiens, le fondement du monachisme chrétien dans sa spécificité se trouve dans l'Évangile. C'est la mise en pratique de la parole du Christ : « Si quelqu'un veut être mon disciple, qu'il renonce à lui-même, qu'il se charge de sa croix et qu'il me suive. »

Jean Cassien († env. 435), qui fut l'abbé de Saint-Victor de Marseille après avoir visité les monastères de Palestine et d'Égypte, estimait que le monachisme avait commencé avec les Apôtres, à Jérusalem ; puis que, par réaction contre le relâchement des mœurs de la majorité des chrétiens, quelques-uns d'entre eux s'étaient retirés au désert ou avaient constitué des communautés (*Conférence XVIII*, chap. V).

Bien que beaucoup d'auteurs aient reproché à Cassien d'avoir été trop sévère pour les premiers chrétiens et d'avoir fait remonter trop haut les origines du monachisme, on admet volontiers aujourd'hui qu'en dépit de simplifications hardies l'analyse de Cassien était pénétrante : le Christ appelle tous les hommes à la perfection, mais à part les périodes de persécution, quelques-uns seulement apportent à cet appel une réponse totale, ce sont les moines.

Et l'Occident a connu dès les premiers siècles des groupes de chrétiens fervents décidés à répondre pleinement à l'appel de Dieu. L'absence de documents ne permet pas de connaître avec assez de détails la vie des ascètes, hommes et femmes, qui existaient bien avant que ne les rencontrassent au IVe siècle, à Rome en particulier, saint Athanase, saint Jérôme ou saint Augustin. Les plus illustres évêques, saint Eusèbe († 371) à Verceil, saint Ambroise († 397) à Milan, saint Augustin († 431) à Hippone, avaient organisé la vie commune pour leurs clercs. Cet usage était fort répandu ; l'absence de documentation rend précieuses les mentions épisodiques, comme celle qui signale qu'en 370 Jérôme et Rufin séjournaient dans un monastère d'Aquilée.

Parce que les très anciennes réalisations du monachisme occidental sont mal connues, leur importance est habituellement sous-estimée, alors qu'on insiste sur l'influence du monachisme oriental. Celle-ci fut réelle, et son souvenir s'est bien conservé parce qu'elle s'exerça surtout par des écrits : règles ascétiques de saint Basile, règle de saint Pacôme, *Vie de saint Antoine* par saint Athanase, sentences des pères des déserts d'Égypte, etc. Toute cette littérature obtint un succès considérable qui a duré jusqu'à nos jours, sans jamais connaître d'éclipse, sans craindre la concurrence d'aucun texte monastique occidental.

L'évangélisation de l'Europe

Alors que, dans les pays méditerranéens évangélisés les premiers, la vie monastique était née dans les communautés chrétiennes, dans le reste de l'Europe, les moines furent les missionnaires les plus actifs et créèrent leurs monastères dans des régions encore païennes. Saint Martin († 397), apôtre des campagnes gauloises, avait vécu avant son épiscopat dans le monastère qu'il avait fondé à Ligugé, près de Poitiers ; devenu évêque, il organisa un autre monastère, en face de sa ville épiscopale de Tours, sur l'autre rive de la Loire, à Marmoutier ; c'est là qu'il trouva ses principaux collaborateurs. L'apôtre de l'Irlande, saint Patrick († env. 461), organisa l'Église en ce pays d'une manière très originale ; les monastères en constituaient le cadre ; certains abbés cumulaient la charge épiscopale avec leur charge abbatiale. Le pape saint Grégoire le Grand envoya en 596 des moines pour convertir l'Angleterre ; ils créèrent des monastères pour assurer l'office dans les cathédrales. L'évangélisation des pays germaniques aux VIIIe et IXe siècles fut l'œuvre des moines ; saint Willibrord († 739) avait fixé sa base à Echternach (grand-duché de Luxembourg), saint Boniface († 754) progressa vers l'est et fut, après son martyre en Frise, enseveli selon sa volonté dans son monastère de Fulda.

La multiplication des monastères en Occident durant le haut Moyen Âge défie toute énumération ; la variété des observances, sanctionnées par l'existence de règles innombrables, interdit toute simplification. Les formes de vie monastique les plus diverses coexistaient : il y eut des monastères dans les faubourgs de la plupart des villes anciennes, d'autres devinrent le noyau de villes nouvelles, certains acquirent une importance intellectuelle, économique ou même politique de premier ordre, certains restèrent plus modestes ; enfin, il y eut beaucoup d'ermites. Le souvenir de nombre de ces derniers qui ne laissèrent aucun disciple s'est perdu ; certains furent ignorés de leurs contemporains, d'autres eurent une action limitée à un petit coin de terre. Leur rôle ne doit cependant pas être méconnu ; en un temps où les cénobites connaissaient un prodigieux succès sur tous les plans, les ermites maintenaient la tradition d'une vie entièrement détachée des ambitions terrestres, fidèle à la simplicité évangélique. L'austérité de vie des moines était grande, elle n'atteignit jamais cependant les records de pénitence établis en Orient. Sans doute, le climat et les conditions étaient différents, les évêques n'aimaient

La solitude en communauté. Les cisterciens sont des bénédictins réformés au XIIe siècle sous l'impulsion principale de Bernard de Clairvaux. Ils appliquent la règle de saint Benoît dans toute sa rigueur, notamment en respectant un silence quasi total. Cloître de l'abbaye mère de Cîteaux, en Bourgogne (P. Thébault, C.I.R.I.C.).

pas ce qui leur semblait être des excentricités. Quand, vers la fin du VIe siècle, le diacre Walfroy, voulant imiter les illustres stylites, monta sur une colonne à Ivois (aujourd'hui Carignan, dans les Ardennes), les évêques vinrent l'obliger à en descendre.

L'apogée

Détachés des soucis terrestres et possédés du désir d'agrandir le royaume de Dieu, les moines voyageaient beaucoup, les Irlandais, comme saint Colomban († 615), étant les plus rudes et les plus actifs. Plus pacifiquement mais plus sûre-

Saint Antoine rend visite à l'ermite Paul en Thébaïde. C'est au cœur du désert, dans le combat spirituel avec les forces obscures, que naquit le monachisme des anachorètes, avant de se développer sous la forme du cénobitisme. Peinture de Grünewald (détail). Musée Unterlinden, Colmar (E. Lessing, Magnum).

ment, la règle de saint Benoît († 547) se propagea dans toute l'Europe en supplantant progressivement toutes les autres. Dans l'Empire carolingien, les autorités civiles et ecclésiastiques apprécièrent la commodité d'une législation unifiée, et, vers 817, on put croire que l'Église d'Occident ne connaîtrait plus que deux formes de vie religieuse, les moines vivant sous la règle de saint Benoît et les chanoines réguliers.

En fait, le monachisme devait se ramifier en une multitude d'observances et faire naître des familles religieuses d'esprit nouveau. La multiplicité des réformes et des fondations à l'intérieur de l'ordre monastique, la disparition de communautés, l'incessante apparition de nouvelles ne sont pas les signes d'une faillite permanente ; elles montrent qu'on n'a jamais voulu préférer la stabilité des institutions, en fait assez illusoire, au maintien de l'esprit.

La fin du IXe siècle et le début du Xe furent dans toute l'Europe une période d'anarchie et de malheurs qui secoua fortement l'ordre monastique ; partout le nombre des moines diminua, beaucoup de maisons disparurent ou furent complètement transformées. Saint Dunstan († 988) découvrit, dans la bibliothèque de l'ancienne abbaye de Glastonbury, l'existence de la règle de saint Benoît, que personne ne pratiquait plus en Angleterre ; entrant dans le mouvement qui, parti de Cluny en 910, commençait déjà à faire sentir son influence dans toute l'Europe, il y rétablit l'observance monastique en 940.

À partir du milieu du Xe siècle, les fondations de nouveaux monastères se multiplièrent et le nombre des moines augmenta plus rapidement encore ; à aucune époque en Occident les moines ne furent plus influents. Leur puissance et leur richesse ne s'accompagnèrent pas fatalement d'un relâchement dans la discipline, mais en réaction naquit un désir de vie plus simple et moins engagée dans les soucis politiques. Cela se manifesta d'abord par un renouveau de la vie érémitique, qui porta des fruits durables par la fondation d'ordres monastiques en Italie au début du XIe siècle et en France à la fin. À Camaldoli et à la Chartreuse, on garda la formule érémitique, tempérée par l'introduction de pratiques cénobitiques, tandis qu'à Vallombreuse et à Cîteaux, on opta vigoureusement pour la vie communautaire. Ce sont ces nouveaux ordres monastiques qui séparèrent en deux groupes distincts, à l'intérieur du monastère, les clercs auxquels on réserva le nom de moines et les laïcs qui reçurent le nom de convers. Cette distinction, voulue à l'origine pour répartir les tâches selon les compétences, prit progressivement, et parallèlement à l'accentuation des classes sociales,

Une prière fréquente et collective. La règle bénédictine, norme modèle du cénobitisme occidental, place au premier rang des obligations du moine l'« opus Dei », l'office divin célébré en commun. Réparties sur le jour et la nuit, une demi-douzaine d'assemblées de prière quotidiennes rythment la vie monastique. S'y ajoute la messe, généralement chantée. Abbaye de Sainte-Anne de Kergonan, à Plouharnel, dans le Morbihan (F. Prével, C.I.R.I.C.).

l'aspect d'une subordination des convers aux clercs, qui est parue, à juste titre, intolérable à notre époque. La suppression du statut de convers, intervenue dans les années 1980, présenta des difficultés : les compétences des moines sont trop variables pour qu'on puisse distribuer les occupations indifféremment ; si le désir de servir Dieu leur est commun, les modalités diffèrent, les uns apprécient de longs offices liturgiques, d'autres préfèrent donner plus de place au travail manuel. Pis encore, on a eu le tort de confondre monachisme et cléricature, de considérer le monachisme laïc comme de second ordre, de vouloir pousser tous les moines vers le sacerdoce, ou au moins de les faire accéder tous à quelque degré de la cléricature. Vie monastique et sacerdoce ne sont pas inconciliables certes, mais confondre monachisme et charge pastorale conduit à une incohérence qui ne profite à personne.

Les moines dans la chrétienté occidentale

Le désir de nouvelles formes de vie religieuse indépendantes des vieilles coutumes monastiques se fit sentir dès le XIIe siècle. Il provoqua l'inquiétude des évêques, et le IVe concile de Latran en 1215 décréta que toute nouvelle maison religieuse devait adopter un coutumier déjà approuvé avec une des règles reconnues, celles de saint Basile, de saint Augustin ou de saint Benoît. Des mesures sévères prises contre quelques communautés n'empêchèrent pas, dès le XIIIe siècle, le développement des ordres mendiants, qui gardèrent d'ailleurs certaines observances monastiques, par exemple la célébration de l'office en commun et l'abstinence de viande. Ils bénéficièrent de la bienveillance des anciens moines, qui les laissaient volontiers s'installer dans leurs vastes domaines, alors que les évêques se méfiaient d'eux. Leur idéal de pauvreté retint l'attention, et les nouveaux ordres monastiques – Silvestrins et Célestins au XIIIe siècle, Olivétains au XIVe – essayèrent de concilier l'esprit de saint Benoît et celui de saint François d'Assise.

Par la suite, les ordres anciens, de tradition purement monastique, et les ordres nouveaux, orientés plus directement vers des activités apostoliques ou charitables, ne cessèrent d'influer les uns sur les autres, soit par imitation, soit par création. Saint Ignace de Loyola, qui en fondant au milieu du XVIe siècle l'ordre des Jésuites inaugura une forme de vie religieuse sans récitation commune de l'office, s'était largement inspiré pour la rédaction de ses *Exercices spirituels* du livre de l'abbé de Montserrat, dom Francisco Garcia de Cisneros († 1510). Un siècle plus tard, saint Vincent de Paul, créant des congrégations fort étrangères apparemment à l'institution monastique, ne craignait pas de glorifier les Chartreux et de leur demander conseil. En revanche, les Bénédictins utilisaient les livres de spiritualité ou de théologie composés par des religieux d'autres ordres, ils adoptaient les nouvelles dévotions, ils renforçaient les liens juridiques entre monastères et allaient jusqu'à constituer des congrégations centralisées à l'image des ordres actifs. Mais, s'ils imitèrent les ordres nouveaux dans certaines activités – la transformation des écoles monastiques en collèges en est un exemple frappant –, ils profitèrent de leur existence pour abandonner des tâches qui leur étaient échues en un temps où personne ne pouvait les assumer.

Le monachisme occidental de la fin du Moyen Âge a été souvent fort mal jugé. Il est vrai que la bonne volonté ne pouvait remédier aux maux de l'époque, empêcher la mainmise des puissants sur les biens et le gouvernement des monastères, rendre à une institution glorieuse, mais déjà vieille, la fraîcheur des origines. On ne saurait cependant oublier que de nombreux moines menèrent sans ostentation une vie régulière. Cette fois encore, l'érémitisme permit à des âmes d'exception de retrouver le détachement absolu ; le saint patron de la Suisse Nicolas de Flue († 1487) quitta sa femme et ses dix enfants pour vivre près de vingt ans seul dans la montagne, ce qui ne l'empêcha pas de contribuer à la constitution de la Confédération helvétique. Pendant longtemps, la garde du phare de Cordouan fut assurée par des ermites. Beaucoup de reclus et plus encore de recluses vivaient enfermés dans une petite cellule au flanc d'une église.

La Réforme protestante fut impitoyable pour les monastères et les supprima dans tous les pays où elle triompha ; la Contre-Réforme catholique accentua l'organisation des congrégations monastiques et instaura une austérité rigide et une piété solennelle, qui, malgré les réalisations de l'art baroque, paraît froide. Dans toute l'Europe, on rebâtit les monastères qui devinrent des édifices solennels et magnifiquement ordonnés, un peu trop sans doute. Quant aux ermites, ils ne furent plus guère que souvenirs : malgré leur nom, les ermites du Mont-Valérien et de la forêt de Sénart vivaient en cénobites. En Lorraine et en Franche-Comté, des hommes mariés et cultivant un lopin de terre portaient le nom d'ermites parce qu'ils gardaient et entretenaient les chapelles d'anciens ermitages.

Le renouveau moderne et l'avenir

La Révolution française et ses suites malmenèrent terriblement l'ordre monastique. Les Chartreux, les Cisterciens, les ordres et congrégations qui survécurent, surtout en Italie et en Autriche, subirent des pertes sévères. En France et en Allemagne, tout fut détruit, mais l'Angleterre vit revenir les moines qui depuis deux siècles cherchaient refuge sur le continent. Cependant, le nombre des monastères supprimés était si grand que beaucoup s'imaginèrent que les moines ne tarderaient pas à disparaître complètement.

Inattendu, le renouveau du XIXe siècle progressa sans interruption jusqu'au milieu du XXe siècle. Les moines s'installèrent dans des pays d'où ils avaient été chassés depuis plusieurs siècles comme la Hollande, et dans d'autres où ils n'avaient jamais pénétré comme l'Amérique du Nord. Dans plusieurs Églises protestantes, on fonda des communautés monastiques, en Angleterre d'abord, puis dans d'autres pays, en France enfin avec Taizé.

Ce mouvement se caractérisa par la victoire à peu près totale du cénobitisme. L'ancien droit canonique contenait nombre de prescriptions pour les ermites ; elles visaient habituellement à les empêcher de vivre dans une complète indépendance et à les astreindre à un certain encadrement de type cénobitique. Le Code de droit canonique promulgué en 1917 ne mentionne pas une seule fois les ermites.

Cette omission ne marque pas la fin de l'érémitisme. Sentant qu'un cénobitisme trop bien organisé risque d'éteindre la spontanéité qui doit être une des marques du monachisme, on tend à revenir à plus de simplicité, à créer de petites communautés fraternelles régies par une réglementation souple, quelquefois à restaurer l'isolement absolu cher aux anciens ermites. Il est vrai que trop d'indépendance favorise toutes les fantaisies, voire les impostures, car on ne saurait désigner d'un autre mot les prétentions de ceux qui se parent du titre de moine ou du nom d'un ordre vénérable pour proposer des idées ou pratiquer des formes de vie qui sont absolument étrangères à la tradition authentique. Mais quelques abus n'autorisent nullement à condamner un mouvement prometteur. Les réalisations en cours sont trop récentes pour qu'il soit possible de présenter une synthèse, leur nombre et leur qualité suffisent à montrer que les thèmes fondamentaux de l'idéal monastique ne sont pas tributaires des conceptions de certains siècles et que, s'ils exigent un effort d'adaptation aux situations nouvelles, ils ne sauraient disparaître.

Le monachisme en islam

Louis GARDET

Lā rahbāniyya fī l-islām, « pas de monachisme en islam » : ce *hadīth* (parole attribuée au Prophète), à l'authenticité d'ailleurs discutée, conduisit des islamisants occidentaux à affirmer l'absence de toute vie « monastique » dans le monde musulman. De fait, tout croyant doit être un « remis à Dieu » (*muslim*) dans sa vie personnelle, familiale et sociale ; la distinction entre préceptes et conseils (évangéliques), qui fonde l'état religieux dans les Églises chrétiennes, ne saurait ici s'appliquer. L'islam officiel n'organisa jamais une institution monastique comme telle.

Cependant, la *rahbāniyya*, entendue comme continence et solitude, ne fut point rare. Un texte du Coran (LVII, 27) la loue chez les disciples de « Jésus, fils de Marie ». Ajoutons que la chasteté temporaire est requise des pèlerins de la Mekke et que la retraite en solitude (*itikāf*) est recommandée par les ouvrages de jurisprudence. Des dévots s'adonnèrent à l'une et à l'autre. « La vie monastique arabe, écrit Louis Massignon, est fondée sur un vœu de chasteté et un vœu de clôture. » Il convient d'examiner quels témoignages on en trouve au cours de l'histoire.

Aux premiers siècles de l'islam

Dès les tout premiers siècles de l'hégire, des ascètes, vivant parfois en solitude, et parfois « au milieu du monde », se consacrèrent aux « exercices spirituels ». Le début du ṣūfisme (sommairement : mystique musulmane) fut marqué par la recherche d'un « genre de vie » qui se réclamait volontiers du Jésus coranique, dans une volonté de totale remise à Dieu (*islām*), de culte « pur » offert à Dieu (*ikhlāṣ*), de vie en présence de Dieu (*iḥsān*). Il ne s'agit donc point d'une institution monastique au sens strict, mais d'un désir de perfection intérieure. C'est le sens premier de *ṭarīqa* ou « voie (spirituelle) ». À l'ordinaire, ces « assoiffés de Dieu » se distinguaient par leur habit de laine (*ṣūf*) ; certains se plurent à adopter la *muraqqaa*, l'habit « rapiécé » des errants, fait de morceaux disparates. Assez vite se constituèrent des compagnies de ṣūfī, soit vivant ensemble, soit se réunissant fréquemment, en particulier pour la récitation des *wird* et des *dhikr*, prières invocatoires et « litanies » inlassablement répétées. Il y eut aussi des isolés (des moines au sens premier du mot), ermites ou vagabonds. L'histoire du ṣūfisme en fournirait maint exemple. Citons, au IIe siècle de l'hégire, le cas bien connu de Rābia, la joueuse de flûte convertie, intégrée dans les groupes de ṣūfī de Baṣra, où elle fut plus tard entourée de disciples. Selon une tradition, elle aurait vécu en ermite les dernières années de son existence.

À vrai dire, ces différents « genres de vie » ne furent pas toujours sans prêter à des outrances. Des annales d'époque sont sévères pour la moralité de divers cercles ṣūfī de Baghdād. On peut y voir l'une des raisons de l'opposition, au IIIe siècle de l'hégire, de l'islam officiel à l'égard de la mystique. Au siècle suivant se multiplient des ouvrages didactiques consacrés à la doctrine et aux expériences des ṣūfīs les plus notables du passé, dont ils s'attachaient à montrer la parfaite orthodoxie.

Les confréries (ṭuruq)

À partir des XIIe et XIIIe siècles, aux cercles ou compagnies spontanés des débuts succédèrent des confréries constituées, les *ṭuruq* (singulier *ṭarīqa*). Le terme, on l'a vu, signifie d'abord route, voie. Il en vint à désigner une organisation de vie commune (*muāshara*) « fondée sur des séries de règles spéciales s'ajoutant aux observances ordinaires de l'islam » (L. Massignon). Les *ṭuruq* peuvent évoquer, analogiquement, une institution monastique. Elles en diffèrent cependant. Les adeptes, liés au fondateur par une chaîne ininterrompue de « transmetteurs », reçoivent devant témoins une « initiation » orientée vers la recherche d'« états spirituels » (*aḥwāl*). Quelques-uns vivent pour un temps, ou pour de longues années, voire jusqu'à leur mort, dans des sortes de monastères appelés *zāwiya* au Maghrib, et de préférence *khānqā* (terme d'origine persane) en Orient ; la plupart gardent leur vie familiale et sociale et se réunissent régulièrement sous la direction de « maîtres » dans les centres de la confrérie, parfois dans les mosquées. Certaines *zāwiya* ou *khānqā* prirent l'aspect d'ordres militaires : ce sont les *ribāṭ* fortifiées (en Afrique du Nord surtout) où se groupaient périodiquement, en vue d'une défense du territoire ou d'expéditions militaires, des « frères » désignés comme *murābiṭūn*, « habitants d'un *ribāṭ* » (d'où la forme francisée « marabout »). Durant leur temps de séjour en *ribāṭ*, ils devaient abandonner femmes et enfants. Notons qu'il y eut au XIIIe et au XIVe siècle, en Syrie et en Égypte, des essais de « monastères » de « sœurs », et aujourd'hui encore, semble-t-il, en Éthiopie.

L'initiation crée un lien indélébile entre l'adepte ou « frère » (*akh*, pluriel *ikhwān*) et la confrérie. Le débutant ou novice (*murīd*) doit obéissance absolue à son « ancien » ou « directeur spirituel » ; il doit lui confier toutes ses pensées, ses rêves même ; il doit l'évoquer sans cesse « devant les yeux de son cœur » durant les séances de *dhikr*. Les

La danse en l'honneur d'Allāh. La confrérie soufie des Mawlawiyya, ou derviches tourneurs, fut instituée au XIIe siècle par le poète mystique persan Djal āl al-Dīn Rūmī. Ses membres expriment leur adoration par une danse extatique et virevoltante aux règles aussi complexes qu'immuables. Derviches tourneurs de Damas (J. Picot, C.I.R.I.C.).

confréries ont à leur tête le *shaykh*, l'ancien (en persan *pīr*). Elles connaissent en outre la hiérarchie des *murshid*, *muqaddam*, etc. Les exercices spirituels surérogatoires (mais obligatoires pour les *ikhwān*) consistent en veilles, jeûnes, retraites périodiques dirigées par le maître, séances d'invocation ou de litanies, tantôt publiques, tantôt solitaires.

Assemblée de soufis dans un jardin fleuri. Contrastant avec la fixité du droit islamique, la réflexion théologique et spirituelle se prolonge bien au-delà du IXe siècle. Le soufisme, qui en est la branche mystique, insiste volontiers sur la dimension esthétique de la spiritualité. Le jardin sert à la fois de cadre et de point de départ à la méditation. Miniature persane du XVe siècle illustrant la « Khamsa » de Shīr Nawā'ī (Bodleian Library, Oxford).

Les confréries abondèrent à travers le monde musulman. L'une des plus anciennes et des plus répandues est celle des Qādiriyya, diversifiée en de multiples branches et fondée au XIIe siècle par un ṣūfī ḥanbalite de Baghdād, Abd al-Qādir al-Djīlānī. L'une des plus célèbres est celle des Mawlawiyya (derviches tourneurs), instituée au XIIIe siècle par le grand poète et mystique persan Djalāl al-dīn Rūmī. Signalons encore l'ordre des Shādhiliyya, qui se recommande d'Abū Madyan de Tlemcen (mort en 1197) et fut fondée au XIIIe siècle par Alī Shādhilī de Tunis. Il devait fleurir surtout au Maghrib, où il donna naissance à diverses branches « réformées », et en Égypte. Plusieurs de ses maîtres laissèrent des écrits spirituels d'une réelle valeur. Bien connus également furent les Qalandariyya (Calendars), ordre itinérant de ṣūfī « vagabonds », qui fut fondé en Iran au XIIIe siècle et se répandit en Syrie et en Inde du XIVe au XVIe siècle.

On ne peut énumérer les autres confréries, même importantes. L'article « Ṭarīqa » de l'*Encyclopédie de l'Islam* par Massignon en relève cent quatre-vingts environ. Le shaykh Sanūsī, fondateur de l'ordre militaire des Sanūsiyya, qui joua au XIXe siècle un rôle politique marquant en Tripolitaine, les répartit dans son *Salsabīl muīn* sous quarante chefs principaux. Elles se distinguent essentiellement par les procédés et techniques adoptés dans les séances de *dhikr*. L'islam arabo-berbère, d'une part, le climat hindouisé de l'islam populaire indo-pakistanais, de l'autre, furent particulièrement favorables à la multiplication des confréries. Les plus répandues en Inde et au Pakistan sont tantôt communes à tout le monde musulman, tels les Naqshabandiyya, nés au Turkestan, ou les Qadiriyya, tantôt originaires du sud-continent. Elles s'y distinguent en confréries « légales » (*bā-shara*), fidèles aux prescriptions de l'islam, et confréries « non légales » (*bē-shara*), fortement imprégnées d'influences extra-musulmanes.

L'évolution des confréries

À partir du XVIe siècle environ, les confréries se répandirent en de très larges couches populaires. Elles axèrent la piété des humbles sur l'abandon à Dieu (*tawakkul*) et au shaykh. Mais trop souvent elles exaltèrent cette piété et sa recherche des états spirituels par des techniques qui donnaient lieu à d'étranges abus : usage de drogues, danses « acrobatiques » (L. Massignon), cris scandés des « derviches hurleurs », lacérations et procédés quasi hypnotiques d'insensibilisation à la douleur... Des influences anté- ou extra-islamiques (animisme africain, shamanisme asiatique) contaminèrent ici ou là la grande tradition ṣūfī des premiers siècles. À l'époque contemporaine, cette décadence, très sensible en certaines confréries (les fameux Isawiyya) et jointe à maintes compromissions politiques avec les pouvoirs coloniaux, suscita la méfiance puis l'opposition déclarée des mouvements réformistes. « Les jongleries acrobatiques de certains adeptes de basse classe, la corruption morale de trop de chefs font encourir à presque toutes [les *ṭuruq*] l'hostilité et le mépris de l'élite musulmane moderne » (L. Massignon). En Turquie, au Proche-Orient et en Afrique du Nord, non seulement les courants réformistes des *salafiyya* et des *ulamā'* algériens par exemple, mais aussi les gouvernements mis en place après l'indépendance politique luttèrent contre l'influence des confréries ; et trop souvent un jugement d'ensemble défavorable fut porté, à travers elles, à l'égard du ṣūfisme.

Les confréries malgré tout demeurent vivantes, enracinées dans la piété populaire. Certaines d'entre elles, tels les Rifāiyya au Caire ou les Darqāwa marocains (sous-branches des Shādhiliyya), s'efforcent de se renouveler. Récemment, des khānqā aux influences diverses se sont ouvertes en milieu shīite iranien. Signalons encore les « Murīdin » au Sénégal, et l'accent mis par eux sur le travail manuel en sa valeur directement sociale. Il serait certes abusif de parler de renouveau monastique : les principes de « vie religieuse » et d'« état de vie » qui commandent le monachisme chrétien n'entrent pas ici en jeu. Il s'agit plutôt d'un effort pour retrouver la voie spirituelle des grands ṣūfī du passé, cependant que ces derniers, et les œuvres littéraires par eux laissées, sont étudiés officiellement, aussi bien dans les universités religieuses, tel al-Azhar au Caire, que dans les universités d'État. Mais les confréries ne sont point, ni ne semblent appelées à devenir, une institution de l'islam comme tel. Elles restent néanmoins toujours animées par le besoin dévotionnel du peuple.

Un cortège funéraire. Fresque provenant de Ruvo, en Apulie, Ve siècle avant J.-C. Musée national de Naples (Nimatallah, Artephot).

LES PRATIQUES

« Je ne sais pas, déclarait Marcel Mauss en 1935, si vous avez fait attention à ce que notre ami Granet a déjà indiqué de ses grandes recherches sur les techniques du taoïsme, les techniques du corps, de la respiration en particulier. J'ai assez fait d'études dans les textes sanskrits du Yoga pour savoir que les mêmes faits se rencontrent dans l'Inde. Je crois que précisément il y a, même au fond de tous nos états mystiques, des techniques du corps qui n'ont pas été étudiées, et qui furent parfaitement étudiées par la Chine et par l'Inde, dès des époques très anciennes » (« Les Techniques du corps », in « Journal de psychologie », 1935). Jusqu'au cœur de l'expérience mystique, personnelle et intime par excellence, M. Mauss voit donc une dimension technique. La religion est, en effet, inséparable d'une activité réglée, qu'elle soit cérémonie solennelle ou travail d'un individu solitaire sur son propre corps.

La Mésopotamie

JEAN BOTTÉRO

Les diverses activités auxquelles on se livrait, en Mésopotamie, à l'adresse des dieux étaient de deux ordres principaux. Les unes constituaient leur « service » proprement dit, celui pour lequel, précisément, ils avaient mis au point et produit les hommes : c'était le *culte officiel*. Cependant, comme les simples sujets non seulement servent leurs souverains, mais peuvent aussi attendre d'eux des faveurs et des grâces, il était loisible aux fidèles de chercher à obtenir des dieux un certain nombre d'avantages : ce qui se faisait par le *culte sacramentel*, ou *théurgique*, ou encore *exorcistique*.

Hormis rites et cérémonies commandés par cette double fonction liturgique, personne n'était tenu à rien d'autre vis-à-vis des dieux. Il n'y a jamais eu dans ce pays la moindre idée qu'on pût les honorer par la simple conformité à des règles éthiques. Si l'on manquait à ces dernières, comme à n'importe quelle autre obligation ou prohibition de la vie en société, ils pouvaient être amenés à châtier les fauteurs de ces « péchés », mais seulement parce que de tels manquements portaient atteinte à leur souveraineté et à leur majesté, et qu'il était dans leur rôle de faire respecter le bon ordre, sans que l'on eût jamais imaginé qu'il pût y avoir pour eux quelque avantage ou quelque gloire à ce que leurs dévots le respectassent spontanément, pour leur être agréable.

Le culte officiel

Comme la propre idée foncière que l'on se faisait des dieux en Mésopotamie, le culte officiel rendu à ceux-ci était tiré du modèle royal, calculé et transposé, magnificence en plus, des services que les rois et leur entourage attendaient de leurs sujets. Dans cette religion anthropomorphiste,

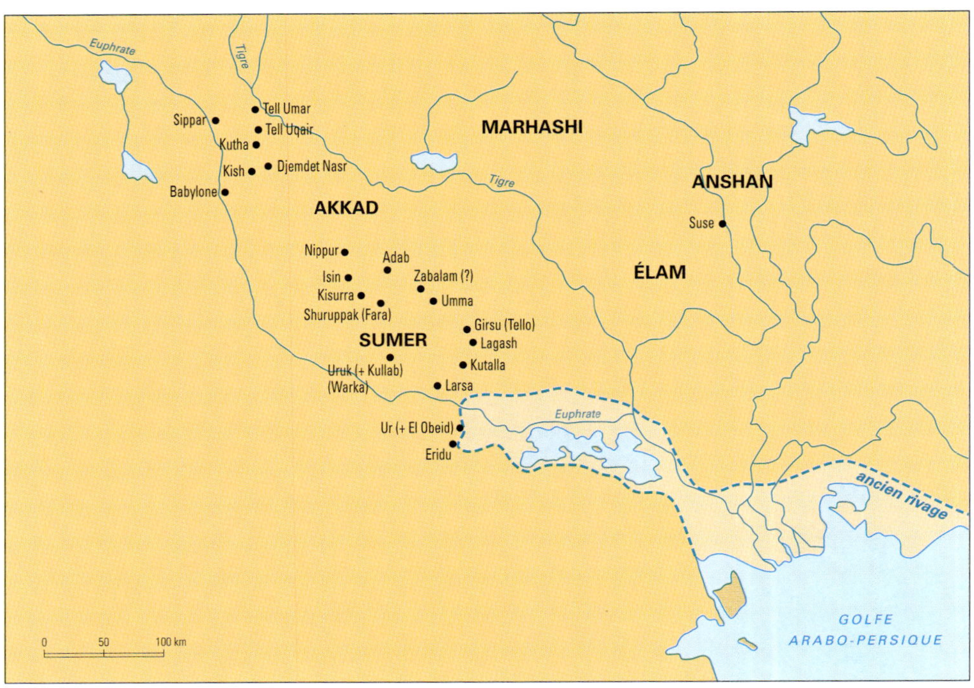

La Mésopotamie ancienne (Sumer-Akkad et, plus tard, Babylonie). C'est au sud de l'actuelle Bagdad que se constitue, au IVe millénaire, la civilisation locale. Sont marquées les capitales des vieilles cités-États. Parmi elles, la métropole religieuse du IIIe millénaire, Nippur, et Babylone, qui lui a succédé dans ce rôle à partir du IIe millénaire.

Le site de Babylone.
On n'a retrouvé que la ville néo-babylonienne (500 av. J.-C. environ). Ici, le quartier des temples, avec les bases de la célèbre tour à étages. En haut, à gauche, un bras de l'Euphrate (Gerster, Rapho).

tous ces services étaient d'ordre matériel : on devait représenter les dieux et les loger, les meubler et les fournir de biens d'usage et de luxe, les vêtir, les nourrir, les promener et assurer leur vie de famille, tout comme ces êtres de chair et d'os qu'étaient les rois.

On leur bâtissait donc, entourés de grands murs percés de portiques grandioses, des temples magnifiques, édifiés autour d'une pièce centrale qui jouait le rôle du saint des saints de la Bible et qui était entourée de salles sans nombre, de chapelles, de vestibules, de communs et de cours cérémonielles. Dans l'une de celles-ci s'élevait une tour à étages (*ziqqurrat* : « pointue », en akkadien), couronnée d'un petit sanctuaire et semblant relier le ciel et la terre. Tout un mobilier précieux garnissait ce somptueux habitacle, en particulier lits, tables et trônes.

Le temple, c'était la « maison » (*é*, en sumérien ; *bîtu*, en akkadien) du dieu auquel il était dédié, sa résidence de souveraineté, situé volontiers en pleine ville, où sa gloire offusquait celle du palais royal. Le dieu en question l'habitait en personne, sous les apparences de sa précieuse statue de culte, volontiers faite d'une âme de bois rare plaquée de feuilles modelées d'or ou d'argent, et adornée de pierres fines. Elle occupait la place d'honneur dans le susdit saint des saints, entourée des images des divinités plus ou moins nombreuses qui composaient sa famille et sa cour : sa déesse parèdre, ses enfants, ses familiers et ses hauts fonctionnaires.

Sommet d'une borne de fondation (« kudurru »), trouvée à Suse.
Le roi Melišipak (ou Melišihu) de Babylone (vers – 1180) promulgue une donation foncière à sa fille. Sous les symboles des dieux du Soleil (Šamaš), de la Lune (Sîn) et de la planète Vénus (Ištar), garants de la donation, il présente la donataire à la déesse Nanna, qui siège sur son trône et bénit, des deux mains, le souverain et sa fille. Musée du Louvre, Paris (E. Lessing, Magnum).

C'était le théâtre du cérémonial magnifique dont les rituels fixaient dans le détail tout le déroulement. Nous n'en avons que des fragments et beaucoup nous en échappe. Du moins savons-nous que ce culte quotidien était organisé autour de la table et que nul « sacrifice » n'y intervenait comme tel, si ce n'est celui des animaux choisis, dont la chair était nécessaire à la préparation des repas. Comme aux grands de ce monde, on en servait quatre par jour. Ces repas comportaient un menu varié et précieux, qui était accompagné des boissons les plus recherchées servies dans des coupes d'or, et qui, suivant la mode du pays et du temps, était rehaussé de fumigations odorantes, de musique et de chants sacrés.

On faisait aussi la toilette du dieu et de son entourage, les revêtant à chaque fois d'habits précieux, souvent renouvelés, et les chargeant de joyaux, dont chacun possédait une riche cassette. Il arrivait que l'on sortît le même dieu, accompagné d'une procession solennelle, pour le conduire d'un emplacement à un autre dans le temple, dans la ville et jusqu'à la campagne. Des sanctuaires de moindre importance, disséminés un peu partout, servaient de reposoirs. Quelquefois, il s'agissait d'un déplacement plus important, sur un char ou en bateau, d'un véritable pèlerinage, suivi par une foule d'officiants et de dévots, qui l'emmenaient, d'une ville et d'un temple à l'autre, rendre à d'autres dieux des visites de parenté ou de courtoisie.

La liturgie semble avoir été à la fois mensuelle et annuelle ; elle comprenait des fêtes qui revenaient chaque mois, d'autres chaque année, à jour fixe. La plus célèbre inaugurait l'an neuf, au printemps : au mois de Nisan, qui répondait à notre fin mars-début avril. Nous en avons, au moins pour le rit de Babylone à basse époque, une partie du rituel : elle durait onze jours, bien remplis, et semblait vouloir souligner et réaliser avant tout une façon de refonte générale, pour l'entrée dans un temps nouveau.

Une autre fête, qui pourrait avoir été célébrée, de préférence, à peu près à la même époque, était le « mariage » du dieu : la « hiérogamie ». Quelques témoignages nous portent à croire qu'au moins dans certaines villes – car chacune, en souvenir des temps anciens, gardait sa propre liturgie –, à la fin du IIIe millénaire, elle était célébrée figurativement, mais avec un certain réalisme, par le roi couchant avec une prêtresse choisie ; plus tard, il y a lieu de croire que la cérémonie se faisait sans intermédiaire entre le dieu et son épouse, sous les espèces de leurs statues, apportées en grande pompe dans une salle particulière dite « nuptiale », et laissées côte à côte dans leur « lit conjugal » toute la nuit ; le lendemain se déroulaient des réjouissances populaires et un banquet. Nous connaissons ainsi, mais le plus souvent par leur nom seul ou par quelques chétifs détails, un certain nombre de telles fêtes, mensuelles, annuelles ou extraordinaires. Il nous reste aussi de quoi nous faire une idée de ce que l'on pourrait appeler « l'année liturgique » : en particulier, des sortes de directoires pieux, que nous appelons « hémérologies », ou « ménologies », où étaient consignés, pour chaque jour de chaque mois, les obligations religieuses pertinentes, les dieux à honorer particulièrement, les gestes pieux recommandés, les aliments ou démarches déconseillés ou carrément défendus…

Les temples

Les temples, qui portaient tous, en sumérien, un nom, souvent tiré de l'admiration qu'ils soulevaient – celui d'Enlil, à Nippur, s'appelait *É.kur* (« Temple-montagne ») ; celui de Marduk à Babylone, *É.sag.il* (« Temple au pinacle sublime ») ; et c'était aussi le cas des tours à étages : celle de l'Ésagil, par exemple, était dénommée *É.temen.an.ki* (« Temple-support de l'Univers »)... –, n'étaient que la forme la plus parfaite et la plus majestueuse des sanctuaires : tout le pays était semé d'édifices religieux mineurs – chapelles ou simples statues divines sur leur socle – dont certains jouaient parfois un rôle particulier, tel celui qui était consacré au dieu du fleuve et qui marquait le lieu choisi où le même dieu, par la procédure de l'ordalie, discriminait coupables et innocents.

Le temple, comme les autres chapelles, paraît avoir été ouvert au public, hormis peut-être telle ou telle partie considérée plus « sacrée » et accessible seulement aux membres du clergé. Celui-ci est peu connu, et nous ne savons guère distinguer, parmi les titres que nous connaissons du personnel ayant des relations plus particulières et professionnelles avec les dieux, les fonctions proprement religieuses et celles qui étaient plutôt administratives. Il est, du reste, possible qu'au moins en certains cas les deux aient coïncidé. À côté des prêtres figuraient des prêtresses, que nous ne voyons, d'ailleurs, pas mieux.

Certaines étaient astreintes sinon au célibat, et encore moins à la « chasteté », au moins à l'obligation de ne point faire d'enfants. Quelques-unes vivaient ensemble et à part, dans une sorte de béguinage. Il y a quelque apparence que les catégories peut-être assez nombreuses, mais difficiles à définir pour nous, des prostituées et des prostitués étaient plus ou moins enrégimentées dans le personnel sacré, au moins pour certains dieux ou certaines cérémonies. Nous ignorons si ce clergé vivait à demeure dans les temples qu'il desservait, même s'il paraît imaginable que le caractère de lettrés des plus élevés d'entre eux devait favoriser une certaine vie commune, des préoccupations communes et peut-être un travail commun.

Le culte sacramentel

Le culte sacramentel proprement dit avait pour fin propre d'obtenir que les dieux écartent le mal venu frapper, ou menacer, ses victimes : maladies, épreuves et catastrophes, ennuis de toute sorte ou mauvais sort promis par quelque procédure divinatoire. Ces gens, avec une certaine philosophie, pensaient que la vie est assez supportable, sinon agréable, une fois supprimées les malplaisantes misères qui la parasitent. Ces maux, on le sait, étaient causés aux hommes par la cohorte obscure des « démons ». Il y a des chances que les procédés les plus archaïques pour chasser ces importuns aient été de l'ordre de la « magie » : par l'usage de manipulations ou de paroles jugées auto-efficaces. On aura intégré très tôt ce système à celui que présidaient les dieux souverains : ce faisant, on a préservé gestes et discours ritualisés, mais pour n'en faire plus que de simples cérémonies offrant aux dieux un cadre matériel d'intervention, grâce auquel, dûment priés et rendus favorables, ils pouvaient agir eux-mêmes et éloigner tout à la fois de leurs victimes, et leurs démoniaques commis, et le mal qu'ils

Fragment de peinture murale du palais de Mari (vers 1780 av. J.-C.). Cérémonie présidée par le souverain (de plus grande taille), au cours de laquelle, convoyé par deux assistants, un taureau était mené au sacrifice, pour être servi au repas du dieu dédicataire. Musée du Louvre, Paris (E. Lessing, Magnum).

leur avaient infligé. C'est pourquoi l'on doit parler non de « magie », au sens propre de ce mot, mais de théurgie et d'exorcisme.

À la différence du culte officiel, le culte sacramentel ne se pratiquait pas nécessairement au temple, mais, selon que le rituel l'exigeait, soit auprès du malade, soit à portée de l'eau courante, ou en pleine steppe, ou ailleurs. Toutefois, le lieu précis où on l'exécutait devait toujours être purifié et « sacralisé », selon les temps, par des procédures appropriées. Ce culte avait son officiant particulier, lui aussi membre du « clergé » à sa manière : l'exorciste (*âšipu*, en akkadien), lequel, après de longues études dont nous avons quelque idée, en connaissait tous les rituels, tous les rites, et en dirigeait l'application. Il s'agissait toujours de manipulations utilisant le feu, l'eau, d'autres matières et d'autres moyens censés chargés de vertus spécifiques, et accompagnées de prières et d'adresses aux dieux, le plus souvent formalisées et passe-partout. Quand on considère la masse impressionnante de ces procédures parvenues jusqu'à nous par centaines et ce que nous savons de leur rôle universel dans la vie quotidienne, on est tenté de croire que le culte sacramentel aura constitué la pratique religieuse la plus populaire, celle qui traduisait le mieux la religiosité au moins du plus grand nombre.

Paraliturgies et culte familial

On peut rattacher, de plus loin, à ce même culte finalisé par les fidèles un certain nombre de pratiques, notamment de divination « déductive » : si elles mettaient d'abord en jeu la « science » et la technique de leur spécialiste (*bârû*, en akkadien), elles ne se faisaient point sans des appels aux dieux, pour ne rien dire du sacrifice, ritualisé, des animaux dans les entrailles desquels les aruspices chercheraient à décoder l'avenir.

Reste à évoquer ce que l'on peut appeler la liturgie familiale, dont beaucoup d'aspects nous échappent. Nous ne savons pas grand-chose des rites funéraires, si ce n'est que le corps, avant l'ensevelissement, devait être lavé, habillé et exposé. La mise en terre se faisait, traditionnellement, volontiers dans le sous-sol de la maison de famille : une « aile » était réservée à cette sépulture, et peut-être y trouvait-on aussi la chapelle domestique, ornée des images des dieux protecteurs particuliers des membres de la famille. Outre les modestes offrandes occasionnelles et régulières que leurs descendants devaient faire aux trépassés, il existait un autre rite privé dont il se trouve que nous sommes mieux informés : une fois par mois, tout au moins, lorsque la lune, en disparaissant, ramenait la pensée vers la mort, chaque famille se rassemblait autour d'un repas cérémoniel réservé à ses membres, au cours duquel, ceux-ci, en partageant les mêmes vivres, non seulement en tiraient la même vie, mais affirmaient ainsi leur communion et solidarité familiales. On l'appelait, en akkadien, *kispu*, d'une « racine » *kasâpu*, qui signifie précisément quelque chose comme « rompre » le pain pour le « partager ». Et les morts, eux aussi, étaient censés prendre part, mystérieusement, au repas...

À l'autre bout de l'existence, à la naissance, d'autres cérémonies analogues se pratiquaient sans doute en famille, non moins qu'à cet autre point fort de la vie qu'était le mariage – mais nous n'en savons quasi rien.

L'Égypte ancienne

Yvan KOENIG

Le rite est au centre de la conception de la vie religieuse dans l'Égypte antique. Il suppose qu'un manque, un déséquilibre, une activité néfaste pourraient se produire. Et il est là pour empêcher que de tels troubles n'interviennent. Il est permis, peut-être, de distinguer le rite accompli pour le bienfait de la communauté de celui qui l'est au bénéfice d'un individu. Mais cette distinction est artificielle dans la mesure où la communauté est justement composée d'individus. Il existe une sorte d'interaction dialectique entre ces deux aspects du rite, le pharaon se situant à leur charnière. Au bien-être royal, au moins théorique, est lié le bien-être de la communauté égyptienne, dont le souverain est le membre le plus éminent et celui qui se trouve le plus proche des dieux, s'il n'est dieu lui-même.

Le rite, gardien de l'équilibre

La conception fondamentale qui est à l'origine du rite, tel qu'il était accompli dans le temple, est relativement simple : il s'agit de maintenir l'équilibre de l'univers sans cesse menacé par les forces du chaos. La création du monde n'est pas un donné, mais une opération qui se renouvelle chaque jour. Le rite contribue à cette création ; il fait en sorte que tout « se passe bien ». Il se concentre sur la statue du dieu, qui est aussi une manifestation ou une incarnation de celui-ci. On la traite comme on traiterait un seigneur : on la sort de son naos en la saluant par des hymnes ; on lui procure des offrandes ; on la parfume ; on l'orne… Bref, le prêtre – qui, en égyptien, est appelé « serviteur du dieu » – s'occupe de son entretien quotidien.

Accomplis dans le temple construit sur la butte originelle où se manifesta « pour la première fois » le dieu créateur du monde, de tels rites s'expliquent par le fait que c'est ainsi l'équilibre du monde tout entier que l'on perpétue. Cet ordre du monde, les Égyptiens l'appellent *Maât*, mot qui signifie aussi, suivant les cas, « vérité » ou « justice ». Cette même Maât est au centre de la fameuse scène de la pesée de l'âme du *Livre des morts* où le défunt, introduit par Thot, se présente devant Osiris pour y être jugé. Face au dieu des morts se trouve une balance avec, sur un plateau, la plume, qui est le symbole de Maât, et, sur l'autre, le cœur du défunt. Si celui-ci s'est comporté suivant Maât, alors il aura droit aux délices de l'au-delà ; sinon, un monstre, « la dévoreuse », l'attend. *Maât* concerne donc non seulement le monde mais aussi l'individu. Parmi les scènes qui ornent les parois des temples, on voit souvent le pharaon, représentant éminent de l'ensemble des Égyptiens, faisant une offrande au dieu. Le principe de ces scènes est simple ; c'est celui du *do ut des* : pharaon offre, par exemple, à Maât ce qu'il attend en retour du dieu.

De nombreux rites sont accomplis dans le temple, mais on peut évoquer plus spécialement ceux qui se caractérisent comme étant des formes d'envoûtement. Ainsi, l'ennemi politique étant assimilé à l'ennemi cosmique – car, comme lui, il menace l'ordre établi –, on détruit, dans les temples, des figurines de cire représentant soit l'ennemi de Rê (Apophis), soit même des statuettes de prisonniers étrangers. Ces rites d'envoûtement pouvaient être accomplis à l'initiative de la chancellerie royale. Les scribes établissaient des listes, soigneusement mises à jour, des roitelets des régions entourant l'Égypte, ainsi que des différentes catégories d'Égyptiens, des morts inquiétants et des éléments dangereux en général. Puis ils envoyaient ces listes aux forteresses entourant le pays. Mais les mêmes rites se pratiquaient aussi en Égypte : on recopiait le texte sur des vases destinés à être brisés ou sur des figurines, après quoi se déroulait un rituel complexe, qui pouvait comprendre un sacrifice humain. Il était destiné à protéger le pays contre tout danger éventuel, car, comme les textes

Le rite d'offrande des vases nou. La reine Néfertari, épouse de Ramsès II, accomplit devant une divinité un rite d'offrande afin d'obtenir des bienfaits. Le geste n'est pas accompli pour la reine elle-même, mais vise l'ensemble des Égyptiens car il est figé pour l'éternité et donc se perpétue sans cesse (Y. Koenig).

Le temple, centre du rituel. Conçu comme une véritable « usine cosmique », le temple du Nouvel Empire est précédé de deux pylônes et d'obélisques. Ici, à Louxor, les colosses représentent pharaon divinisé. L'obélisque figure essentiellement la pierre sur laquelle le créateur est apparu « pour la première fois », acclamé par les singes comme le soleil à son lever (Y. Koenig).

La déesse Maât. Dans une tombe royale, Maât déploie ses ailes. Cette déesse est représentée sous une forme humaine, caractérisée par la plume qu'elle porte sur la tête. Elle symbolise l'ordre et la stabilité autour desquels tournent les rites et les pratiques égyptiens. Au niveau individuel, elle correspond à une norme à laquelle chacun doit, au moins en théorie, se conformer pour ne pas « mourir une seconde fois » (Y. Koenig).

Akhénaton. Il est surprenant de voir à quel point ce bref intermède dans l'histoire de l'Égypte a pu échauffer les esprits, même les plus grands, comme Freud. S'il est vrai que les hymnes amarniens sont d'une incontestable poésie, il n'en demeure pas moins que l'hérésie amarnienne n'a rien à voir avec le monothéisme biblique et, comme en témoigne l'onomastique, n'a pas suscité une adhésion enthousiaste de la population (Y. Koenig).

l'indiquent, ce rituel « prospectif » ne devait devenir effectif que si un trouble se produisait réellement.

Le pharaon joue un rôle considérable dans tous les rites. Ce n'est pas un hasard si les pylônes et les murs des temples s'ornent de reliefs représentant le roi détruisant ses ennemis au cours de batailles censées avoir été gagnées par lui. Les pylônes symbolisent aussi les deux montagnes entre lesquelles se lève le soleil après avoir combattu ses ennemis. On représente sur leurs parois le pharaon triomphant. Il est à ce point indispensable que, lorsqu'il n'y a pas de pharaon régnant, il est quand même représenté, le cartouche de son nom étant laissé en blanc. On entoure le nom du pharaon dans un cartouche (*shenout*), de même que l'on entoure le pays d'une protection magique (*sheni*).

La personne royale a un caractère sacré. Ses habits sont pleins d'une potentialité qui peut être dangereuse. Par exemple, ses couronnes, son lever, son habillement… font l'objet d'un rituel minutieux. On évite de mentionner directement son nom, qui, dans tous les textes, est précédé de l'expression *hem en*, c'est-à-dire le « serviteur de ». Sans doute, en ne le nommant pas, le protège-t-on de toute influence néfaste, ce qui se comprend par le fait qu'écrire un nom c'est, en quelque sorte, évoquer la personne elle-même.

Une réponse à l'angoisse

À l'angoisse de la « deuxième mort », le rituel répondit par un système très élaboré. Dans l'Ancien Empire, la pyramide, investie de significations multiples (butte primordiale, rayon du soleil, échelle pour accéder au ciel), est le centre d'un vaste complexe funéraire. Des rites

Un phylactère magique. Parmi les moyens utiles pour se protéger des « mauvaises choses », on pouvait faire appel à l'écrit et à l'amulette. Le texte est rédigé ici sur un papyrus de 25 cm de longueur et de 5 cm de largeur. Roulé, il était suspendu au cou du patient. Le mal est un revenant qui a pénétré dans le corps de la malade. L'identification du cas avec un événement mythologique est manifeste, car on évoque une attaque dont a été victime le poisson qui accompagne la barque du soleil, le dieu Rê. Le châtiment est accompli par la destruction de la tombe du revenant, ce qui lui ôte toute possibilité de subsister. Le texte dit : « Le corps de "Taditpabik" née de "Bouirouteh" tremble : le poisson ("in") de Rê a été attaqué ; que le feu jaillisse contre la tombe de celui qui se répand en elle [bis] » (Y. Koenig).

s'accomplissent dans le temple de la pyramide. Mais le plus spectaculaire a trait aux fameux textes qui sont gravés à l'intérieur de la pyramide à partir de la Ve dynastie et qui se rapportent à la résurrection du roi. On a mis en relation les différentes parties de l'architecture interne de la pyramide avec certains passages du texte : la salle du sarcophage serait identifiée à l'au-delà (*Douat*), l'antichambre à l'horizon (*Akhet*), la descenderie à la montée vers la barque solaire et les herses aux « doigts d'Aker », divinité chthonienne. Si un particulier ne peut, à cette époque, devenir dieu, la résurrection lui est accessible au niveau qu'il occupait dans la vie quotidienne. Le rite principal consiste à faire une offrande dans la chapelle (*mastaba*) construite au-dessus du caveau. La table d'offrande est disposée devant un simulacre de porte (stèle fausse porte), que le mort peut traverser pour bénéficier de ces offrandes. Si ces dons contribuent à la survie, il ne faut pas négliger le rôle des textes et des représentations. Car le simple fait de représenter la chose crée la chose. Ainsi, on voit le mort présider toutes les activités de sa vie quotidienne, qui lui sont indispensables dans l'au-delà. On notera, d'ailleurs, que tous les reliefs sont orientés vers la fausse porte.

Au Moyen Empire, avec le développement du culte d'Osiris et de ce que l'on a appelé la « démocratisation de l'au-delà », tout Égyptien peut désormais devenir un dieu, un « osiris ». Dès lors, l'embaumement joue un grand rôle ; les rites deviennent de plus en plus complexes : rites de l'embaumement, rites des funérailles, culte funéraire. Les particuliers déposeront stèles et statues de petites dimensions dans le grand sanctuaire d'Osiris à Abydos. La préoccupation du pèlerinage aux lieux saints, déjà présente à l'Ancien Empire, est bien connue à la Première Période intermédiaire (avec les modèles de barques en bois, où le défunt est représenté dans une pose caractéristique, que l'on retrouve dans les statues-cubes) et, bien entendu, elle bat son plein au Moyen Empire. En liaison avec ces conceptions, de nouveaux textes font leur apparition. Souvent écrits dans les cercueils, on les appellera *Textes des sar-*

Une statuette d'envoûtement. Celle-ci, en calcaire, a été trouvée à Mirgissa en Nubie près d'une forteresse. Ce dépôt comprenait de nombreux autres objets : vases brisés, objets symboliques et même un crâne sur une coupe, ce qui fait penser à un sacrifice humain, accompli au cours d'un rituel complexe (Y. Koenig).

cophages ou *Coffin Texts*. Ils évolueront pour donner au Nouvel Empire le *Livre des morts*, qui est plutôt un recueil de formules qu'un véritable « livre ». Le rôle du connaître est considérable : le mort doit avoir connaissance des formules, du nom des génies des portes de l'au-delà... La simple possession du recueil suffit pour assurer au défunt un véritable passeport pour l'autre monde. Car, écrire ces formules, c'est leur donner « vie » ; le défunt peut donc, par leur intermédiaire, s'assurer une vie après la mort. Pour lui permettre de se décharger de tous les travaux qui l'attendent, on lui adjoint un grand nombre de petites figurines de serviteurs, souvent représentés avec leurs instruments (*oushebtis*), qui feront le travail à sa place.

Le roi, au Nouvel Empire, bénéficie de certains privilèges. Tout d'abord, pour lui, le lieu de culte funéraire est séparé de la tombe : ce sont les grands temples de la rive ouest à Thèbes ; la tombe, quant à elle, est creusée dans le flanc de la montagne, qui ressemble par sa forme à une pyramide. Outre le fait qu'il possède les formules du *Livre des morts*, le roi est le seul à bénéficier de grands livres funéraires qui se rapportent au voyage du soleil dans l'au-delà pendant la nuit et à sa résurrection au matin. Ce sont des compositions uniques, qui seront rapidement utilisées par les particuliers. Le luxe et le raffinement du matériel funéraire d'un petit roi tel que Toutankhamon peuvent surprendre. Toutefois, il ne faut pas oublier que l'économie du pays faisait que le surplus était investi dans des dépenses d'apparat, soit pour les temples, soit pour les tombes. Ces dépenses contribuaient au prestige social ou politique de celui qui les faisait.

Outre les rites funéraires et ceux qui étaient pratiqués dans les temples, on peut considérer qu'une certaine forme de rituel à usage privé a pour substrat de nombreux textes magiques égyptiens. En général, ces derniers comportent des formules « à dire » (rite oral), suivies de prescriptions pratiques (rite manuel). Au fond, la démarche qui s'y trouve impliquée est tout à fait comparable avec celles qui concernent les autres textes rituels. La maladie, la morsure venimeuse sont autant de facteurs qui perturbent l'ordre de l'univers. Le rôle du magicien, spécialiste de l'écrit, consiste essentiellement à banaliser l'événement perturbateur en lui donnant une explication ou une solution. Ce type de démarche est un véritable transfert introduit par la préposition *mi* (« comme ») : quelqu'un a été piqué par un serpent comme tel dieu l'a été dans telles circonstances ; et, de même que le dieu a guéri, de même le malade retrouvera la santé. On peut aussi menacer les dieux de tuer leurs animaux sacrés ou de mettre le feu à leurs temples si le malade n'est pas guéri. Ainsi, le magicien, en identifiant le mal dont souffre son patient avec celui dont a souffert un dieu, passe de l'inconnu perturbateur au connu qui a déjà trouvé une solution. Psychiquement, le malade est mis en condition et la perturbation est annihilée, en étant réintégrée dans l'histoire des dieux.

Comme on peut le constater, le rite répond fondamentalement à une peur, pour ne pas dire une angoisse. Par lui, l'univers est maintenu contre toutes les forces centrifuges qui tendent à introduire le désordre. Par lui, l'homme égyptien s'assure de ne pas « mourir une deuxième fois » : il peut « sortir au jour » et vaincre ainsi la mort. Par lui encore, sous une forme dérivée, l'individu malade voit sa maladie, perturbation de l'ordre, réinsérée dans le connu et annihilée. On peut dire sans exagération que le rite est au cœur du paganisme égyptien.

L'Antiquité grecque

Dans le monde grec, le divin est omniprésent, non seulement divisé entre les personnalités anthropomorphes des héros et des dieux, mais encore incorporé à certaines pierres (des Charites à Thespies ; de Cronos à Delphes), à certains arbres (chêne de Dodone, olivier d'Athéna, laurier oraculaire d'Apollon), à certains animaux (« vénérable taureau » de Dionysos, « pouliche » de Déméter, « abeilles » d'Artémis), vestiges de cultes très primitifs remontant à la nuit des temps. En l'absence de toute idole, de tout monument, Socrate, au bord de l'Ilissos, sous un platane bruyant de cigales, éprouve devant la calme beauté du paysage ce sentiment de *thambos*, de crainte et d'émerveillement à la fois, à quoi se reconnaît l'existence immanente du sacré. Il n'en faut souvent pas davantage pour motiver l'installation d'un sanctuaire rustique, marqué par une statue de Pan ou d'Héraclès à l'entrée d'un verger, par un simple amas de cailloux auquel le passant pieux ajoute un caillou et qui forme un autel.

Lieux sacrés et comportements rituels

Georges Roux

L'église du chrétien, la synagogue du juif, la mosquée du musulman concentrent les actes essentiels de leur vie religieuse. Celle de l'homme grec est beaucoup plus dispersée. Strabon a noté le grand nombre de sanctuaires ruraux qui parsemaient la campagne de l'Élide. Toutefois, il est trois endroits qui constituent, pour les relations humaines avec le divin, des cadres privilégiés : la maison, abri des cultes domestiques ; l'agora, centre des cultes civiques ; les grands sanctuaires où sont collectivement célébrés les dieux reconnus par tous les Grecs.

Les dieux, dans la maison, assurent la prospérité et la perpétuité de la cellule familiale. Hermès *Propylaios* ou Apollon *Agyieus*, « dieu des routes », montent la garde à la porte, sur la rue. Leur buste surmontant un pilier est, aux jours de fête, oint d'huile et orné de couronnes de fleurs. Dans la cour se dresse, protégé parfois par un auvent, l'autel de Zeus *Herkeios*, « patron de la clôture », protecteur de l'ensemble du logis. Là sont sacrifiés les animaux et versées les libations quand, pour honorer un hôte ou participer à une fête, on décide d'ajouter un plat de viande au repas. Au cœur de la demeure, le foyer domestique, source de chaleur, de lumière et de vie, est l'autel d'Hestia, déesse vierge, pure comme la flamme qu'elle personnifie. Tout doit être pur autour d'elle. Au maître de maison pressé de ranimer les braises assoupies sous les cendres de la nuit Hésiode conseille de ne l'approcher qu'après sa toilette matinale, les mains nettes. Il faut rituellement purifier la maison après une naissance, un décès, un meurtre : Ulysse brûle du soufre dans son palais d'Ithaque après le massacre des prétendants.

Hestia préside à l'admission de tout nouveau membre au sein de la famille. L'esclave acheté au marché, la jeune épousée sont conduits autour du foyer qui sera désormais le leur. Le nouveau-né, de même, est porté par son père, cinq ou sept jours après la naissance, autour du foyer, lors de la cérémonie solennelle des *Amphidromies*. Au repas quotidien, Hestia reçoit la première libation et une portion de la nourriture qu'elle a contribué à cuire. Elle assure un asile au suppliant venu s'asseoir à son foyer.

De la religion domestique à la religion civique, le passage est aisé. Xénophon considère la maison comme l'image en réduction de l'État : le citoyen y fait l'apprentissage de ses devoirs envers la collectivité. Comme la maison, la cité se groupe autour d'un foyer, l'autel d'Hestia, habituellement abrité, sur l'agora ou à proximité immédiate, dans le prytanée, à la garde des premiers magistrats. À ce foyer sont accueillis pour un repas officiel les hôtes de la cité, les ambassadeurs étrangers et les citoyens que, par un honneur exceptionnel, elle a décidé de nourrir au prytanée. La flamme de l'autel symbolise à la fois la personnalité originale, autonome, de la cité et sa participation à la communauté de l'hellénisme : elle est en effet périodiquement rallumée, lors de la cérémonie des *Pyrphories* (« transport du feu »), à la flamme des plus purs de tous les autels, la « thymélé » du temple d'Apollon Pythien à Delphes, ou l'« autel des cornes » bâti par Apollon dans le *Pythion* de Délos.

Sur son agora, « nombril de la ville », le citoyen grec trouve rassemblés les sanctuaires et monuments indispensables aux cultes civiques. Aussi l'agora est-elle considérée elle-même comme un sanctuaire, l'un des plus vénérés. Des bornes marquent à Athènes les limites de son espace sacré, que ne peuvent franchir les impurs, criminels, débauchés, fils indignes abandonnant leurs vieux parents dans le besoin. Aux jours de fêtes, on dispose, à ses entrées, des vasques lustrales pour la purification du public. Car toutes les activités de l'agora, celles du marché comme celles – essentielles – de la vie politique, sont placées sous le patronage des dieux « de l'agora » (*agoraĩ ;oi*) : Zeus, garant des institutions, des serments des magistrats, de la justice, des tribunaux, en un mot du bon ordre social, et Hermès *Agoraios*, dieu de l'échange, de la communication qui rapproche les hommes et maintient la concorde. Les bâtiments politiques – « cercle sacré » de la primitive assemblée du peuple (appelée *agora*), salle du Conseil, prytanée, tribunaux – sont autant de sanctuaires, pourvus d'un autel. Toute séance est précédée d'une purification, de libations et d'un sacrifice aux divinités de la « bonne délibération », Zeus *Boulaios* et Artémis *Boulaia*. Protecteurs des « phratries », unions des familles dont est issue la cité, Zeus *Phratrios*, Athéna *Phratria*, Apollon *Patrôos* ont leur place sur l'agora. Un enclos des Douze Dieux offre un asile inviolable aux suppliants, non loin des tombeaux et cénotaphes des héros que la cité, en récompense des services rendus, fait inhumer ou commémorer dans cet espace sacré – héros fondateur, héros historiques (tels les dix éponymes des tribus athéniennes) ou citoyens glorieux, tels Hésiode sur l'agora d'Orchomène, Miltiade sur celle de Chersonèse, Hérodote à Thourioi. Tous ces cultes font de l'agora un lieu de fêtes et de spectacles : une « place de danse » (*orchestra, choros*) est aménagée pour la célébration des hymnes, dansés et chantés ; le culte funéraire rendu aux héros prend souvent la forme de compétitions athlétiques : sur les agoras de Corinthe et d'Argos ont été exhumés les vestiges d'une piste de stade. Lorsque, la cité se développant, l'assemblée du peuple se tiendra hors de l'agora (à Athènes, sur la Pnyx), l'orchestra sera transférée au théâtre et le stade aménagé comme un monument à part, ils n'en garderont pas moins le caractère religieux qu'ils empruntaient à l'agora primitive, symbole à la fois moral et matériel de la *polis*, lieu où se manifestaient les liens étroits qui reliaient sa vie civique et son histoire au culte de ses dieux protecteurs.

Ceux-ci sont honorés de façon plus générale et plus diverse hors de l'agora, dans les multiples sanctuaires qui ont fleuri sur le sol grec, dans la dépendance des cités toujours, mais avec une plus grande conscience de l'unité profonde de la religion hellénique.

Un sanctuaire (*hiéron*) est un espace sacré « découpé » (*téménos* : même racine que le latin *templum*) dans l'espace profane et délimité par une enceinte (*péribole*) que marque soit une barrière de bois, soit un alignement de bornes (à Épidaure) ou un mur (à Délos, à Olympie). Cette clôture, infranchissable aux impurs, est avant tout morale : à Delphes, les murs imposants du sanctuaire d'Apollon ne sont pas une défense, mais des soutènements contenant les terrasses artificielles étagées sur la pente. Les entrées n'en sont pas fermées par des portes. En

Le sanctuaire d'Apollon, nombril de la terre. Le long du chemin qui monte vers le grand temple se dressaient les « trésors » où les cités conservaient leurs plus précieuses offrandes en l'honneur du dieu. Des ex-voto, des statues, des inscriptions en grand nombre proclamaient le caractère sacré du lieu, que fréquentaient des fidèles venus de partout interroger la Pythie. Voie sacrée avec, au fond, le trésor des Athéniens, Delphes (J.-P. Charbonnier, Top).

revanche, celles de l'Acropole athénienne le sont, parce qu'elle renferme, déposées sous la garde d'Athéna, les réserves monétaires de l'État ; celles d'Éleusis interdisent aux non-initiés l'accès du sanctuaire des deux déesses.

L'aspect spécifique d'un sanctuaire découle de trois caractéristiques de la religion grecque : le rite du sacrifice, la représentation des dieux par des statues, l'usage de leur consacrer des offrandes matérielles, souvent très précieuses.

Si humble soit-il, le téménos, souvent réduit à un bois sacré (*alsos*), renferme toujours un autel pour recevoir soit des offrandes non sanglantes (céréales, pâtisseries), soit, le plus souvent, les chairs de la victime sacrifiée. L'autel (*bômos*) est un socle de pierre portant un foyer (*eschara*, *thymélé*). Dans le culte des divinités infernales, le socle est supprimé et l'*eschara* déposée à même le sol. En ce cas, les chairs de la victime ne sont pas réparties entre le dieu et l'officiant, mais intégralement brûlées (*holocauste*). Parfois simple cylindre de pierre, l'autel peut atteindre des proportions colossales : 192 mètres soit un stade olympique, pour celui que construisit Hiéron II à Syracuse. Celui de Zeus à Pergame, avec son environnement de colonnades et de bas-reliefs géants, est le plus somptueusement monumental qui fût jamais bâti.

L'autel, indispensable au sacrifice, est parfois le seul monument du téménos. Si ce dernier est de quelque importance, possède une statue de culte et reçoit des offrandes précieuses, il doit les abriter sous ces édifices qui donnent au sanctuaire grec sa parure architecturale et son aspect typique : le temple, les trésors, les portiques.

Ne confondons pas le temple avec l'église (*ecclesia*, assemblée) spécifiquement construite pour la réunion des fidèles en vue de la célébration du culte. Les principales manifestations collectives de la religion grecque se déroulent en plein air ; certains temples ne sont ouverts qu'un jour ou deux par an, d'autres ne sont accessibles qu'aux prêtres et prêtresses. Seuls préfigurent nos églises les temples d'Éleusis et de Samothrace, pourvus de sièges, où avaient lieu les rites d'initiation aux mystères. Il faut, en fait, distinguer deux catégories de temples : les temples-sanctuaires et les temples-trésors.

Les premiers, édifiés souvent sur l'emplacement d'un sanctuaire plus ancien, ou pour la conservation d'une relique vénérable, ont le caractère le plus sacré : ainsi l'Érechthéion abrite sur l'Acropole la statue d'Athéna en bois d'olivier, miraculeusement tombée du ciel, l'olivier de la déesse, la marque du trident de Poséidon dans le rocher, les cultes des héros nationaux. Tel est aussi le temple de Delphes, érigé sur le sanctuaire de Gâ, avec sa faille oraculaire, son laurier sacré, son *omphalos* et sa source. Ces reliquaires divins ont une fonction cultuelle. Tels sont aussi les temples d'initiation aux mystères. Au contraire, les temples-trésors ont une fonction d'abord utilitaire : abriter de précieuses offrandes comme la colossale statue chryséléphantine d'Athéna et les réserves monétaires d'Athènes dans le Parthénon, la statue de Zeus à Olympie, les « sept statues » également chryséléphantines du « temple des Athéniens » à Délos. Ces temples se distinguent uniquement par leur taille des « trésors » proprement dits, petits édifices, souvent somptueusement sculptés, consacrés par les cités pour conserver les offrandes de leurs concitoyens : le trésor des Athéniens, reconstitué à Delphes, en est l'exemple le plus connu. Le trésor était parfois un simple portique : ainsi l'auvent ionique construit à Delphes par les Athéniens pour exposer leur trophée, les énormes câbles qui liaient le pont de bateaux jeté par Xerxès sur l'Hellespont.

Autour de ces édifices, un peuple innombrable de statues ajoutait à la splendeur des grands sanctuaires, où le génie grec exprimait le meilleur de son art. Beauté, intelligence : telles étaient pour Pindare les deux manifestations les plus sensibles du divin. Et c'est en cela que ces grands musées demeuraient avant tout des sanctuaires, baignés de surnaturel.

La figuration des dieux

François LISSARRAGUE

La figure des dieux en Grèce ancienne prend des formes multiples, de la pierre à la statue, en passant par le masque ou le pilier, et ce dans des matériaux divers : bois, terre cuite, calcaire, marbre, bronze, métaux précieux, ivoire et or. L'histoire de ces formes, des plus brutes aux plus raffinées, ne se laisse pas réduire à une simple évolution chronologique, comme si l'on avait d'abord vénéré des cailloux avant de leur donner une apparence humaine. La typologie des objets cultuels est très variée, autant que les modes d'action des dieux dont ils sont l'expression. À l'époque classique, ces formes coexistent et sont traitées avec les mêmes égards dans les sanctuaires où elles se sont accumulées. Certains objets – pierres brutes (*argoi lithoi*) ou pièces de bois à peine façonnées (*xoana*) – sont perçus par les Grecs eux-mêmes comme étranges et primitifs, et par là d'autant plus vénérables ; ils continuent d'être honorés, encore au Iᵉʳ siècle de l'ère chrétienne, quand Pausanias, étonné, les décrit ; mais l'explication évolutionniste, rationalisante, si elle satisfait un guide féru d'antiquités comme Pausanias, ne rend pas compte de la variété des rituels grecs, ni de la richesse figurative des sanctuaires.

Pour en prendre brièvement la mesure, on évoquera ici quelques exemples caractéristiques du discours et des pratiques grecques concernant les dieux et leur figuration. Certaines statues ont une origine divine ; on dit à Athènes que celle de la déesse poliade, sur l'Acropole, est tombée du ciel, tout comme le *Palladion* de Troie. Ailleurs, on raconte qu'« un jour des pêcheurs de Méthymna ramenèrent dans leurs filets en pleine mer un masque en bois

Autour de l'image de Dionysos. Quatre ménades entraînées par une joueuse d'aulos dansent autour de l'autel du dieu. Au centre se dresse le masque de Dionysos, accroché à un pilier que couvre un riche vêtement. Coupe attique, vers 490 avant J.-C., Antikenmuseum, Berlin (I. Geske, Staatliche Museen Preussicher Kulturbesitz).

d'olivier. Son aspect offrait quelque chose de divin mais aussi d'étrange et qui ne convenait à aucun des dieux grecs ». Consultée, la pythie ordonna aux habitants de l'adorer sous le nom de Dionysos Sphalen ; de ce masque en bois, une copie en bronze fut consacrée à Delphes. Ainsi chaque effigie a son histoire et sa spécificité.

Ces représentations de dieux font l'objet de traitements divers ; souvent on les habille, et la confection de ce vêtement est réservée à des personnages particulièrement choisis, comme les arrhéphores qui à Athènes tissent le péplos d'Athéna, ou le collège de seize femmes qui, à Elis, prépare tous les quatre ans le nouveau vêtement d'Héra. On sait que certaines statues sont couronnées, ointes ou baignées. Souvent, on les mène en procession, ou, au contraire, on les enchaîne ; les unes sont exhibées, les autres cachées. En somme, ces effigies font l'objet d'un traitement qui vise à contrôler la puissance divine, à évoquer des êtres invisibles en leur donnant une forme matérielle, en les présentifiant de manière à permettre le contact entre hommes et dieux. Ainsi peut-on comprendre l'effigie de Dionysos-masque, dont la céramique attique nous fait connaître l'aspect général (illustration page précédente). À un simple poteau, parfois surmonté d'un chapiteau, est accroché un masque du dieu ; le pilier est le plus souvent habillé d'un vêtement long et orné de lierre. L'ensemble constitue une effigie temporaire, démontable ; le masque est parfois transporté dans un panier (*liknon*). Ce visage n'est pas porté par un officiant et il ne dissimule rien ; bien au contraire, il révèle la figure du dieu. Autour du pilier dressé, les dévotes de Dionysos, les ménades, dansent en cercle, sous le regard du dieu, en un rituel où la manipulation du vin a aussi sa place. Ainsi les femmes fixent temporairement le dieu au centre de leur danse.

D'autres effigies ont l'aspect plus classique d'une statue anthropomorphe. Mais, en prenant corps à la façon des hommes, les dieux sont dotés d'une apparence qui vise à la perfection. Ce qui à nos yeux constitue, dans l'histoire de la sculpture grecque, un idéal esthétique est en fait, du point de vue de la pensée religieuse, la marque des qualités supérieures qui font du corps des dieux un « sur-corps », immuable, éclatant de vigueur et de jeunesse. Selon Xénophane, les hommes auraient fait les dieux à leur image ; mais on a montré que tout l'effort de la statuaire grecque consistait, au contraire, à traduire les valeurs impérissables du corps dont la forme humaine, dans tout l'éclat de sa beauté, n'est qu'un éphémère reflet. Aussi ne faut-il pas s'étonner que les statues archaïques masculines, les *kouroi*, puissent autant figurer le jeune athlète vainqueur ou le dédicant que le dieu Apollon lui-même. Ce qui fait la valeur particulière du *kouros* ainsi représenté, c'est précisément ce qu'il y a de divin en lui.

L'anthropomorphisme des dieux grecs, qui a ses limites, a pour conséquence l'élaboration d'un système d'attitudes et d'attributs qui permet l'identification de ces figures au sein du panthéon. Ainsi la foudre, le trident ou le thyrse deviennent les éléments d'un code et désignent Zeus, Poséidon ou Dionysos. Mais ce système reste ouvert et les variantes locales des grandes figures divines se spécifient en types exceptionnels, telle l'Artémis d'Éphèse, à la poitrine multiple. Parfois, certaines figures semblent polyvalentes ; ainsi le Zeus de Mégalopolis, qui a tous les attributs de Dionysos, à ce détail près qu'un aigle est posé sur son thyrse, ou l'Asclépios de Trézène, que les habitants prennent pour le héros local Hippolyte.

La statue cultuelle est en général placée à l'intérieur du temple, souvent accompagnée de quantité d'autres statues, offrandes, dédicaces, qui s'entassent dans l'édifice ou tout autour, à l'air libre, dans le sanctuaire. De tels regroupements, produits par l'effet du temps, sont dus à des consécrations successives ; mais les associations de dieux ainsi créées sont rarement insignifiantes. Suivons Pausanias au sanctuaire de Zeus, à Olympie ; entrons dans le temple d'Héra : la déesse y trône, et, derrière elle, se tient Zeus. Autour d'elle sont présents les Saisons ; Thémis ; les cinq filles du héros Hespéros ; Athéna ; Déméter et Coré ; Apollon, Artémis et Léto ; Tyché, Dionysos et Niké ; Hermès portant Dionysos enfant (le célèbre Hermès de Praxitèle, seul rescapé, au musée d'Olympie, de cette troupe divine) ; Aphrodite et Éros ; enfin, les deux princesses macédoniennes Eurydice et Olympias. On le voit, la présence de tant de figures féminines autour d'Héra n'est pas un fait du hasard.

Les offrandes ainsi associées mettent en scène, aux yeux du pèlerin, la richesse du polythéisme grec, dans toutes ses nuances et avec toute sa flexibilité. On comprend à quel point un tel système est ouvert et se prête mal aux nomenclatures trop strictes des rédacteurs de mythologies. Chaque dieu peut en cacher un autre, et l'interaction entre les différentes effigies devenir productrice d'une dimension nouvelle. Les groupements de divinités que l'on observe ainsi, dus à l'accumulation des offrandes, sont parfois délibérément créés dans des représentations particulières, que ce soit par exemple la célèbre frise du Parthénon, où siègent les dieux assemblés recevant l'hommage d'Athènes, ou les reliefs du passage des théores à Thasos. Un exemple plus abstrait de ce type de « mini-panthéon » est fourni par le curieux autel de Phères, en Thessalie : une série d'inscriptions, et probablement de bustes, associe six déesses – Hestia, Déméter, Énodia, Aphrodite, Athéna et Thémis ; la représentation de ces six figures divines, groupées en un même lieu, est construite sur cet autel comme un ensemble homogène, révéré comme un tout.

Ainsi les statues fonctionnent à la fois comme un moyen de présentifier les dieux et de monnayer leur regroupement en une infinité de combinaisons. Dans le temple ou dans le sanctuaire, leur disposition relative organise l'espace cultuel à l'intérieur duquel le regard circule et évolue, pour découvrir, contempler et honorer les dieux. Cette manière de concevoir l'espace et de le baliser est particulièrement développée par les statues d'hermès-pilier. Ce type d'effigie n'est qu'en partie anthropomorphe, ne comportant qu'un buste et un phallus ; pour le reste, simple pilier quadrangulaire, il fonctionne comme une borne, orientant l'espace. On le trouve placé près des autels comme à l'entrée des sanctuaires, et en de nombreux points de passage, souvent démultiplié. Le tyran d'Athènes Hipparque en aurait dressé près de cent cinquante, sur les routes de l'Attique, et y aurait fait graver diverses maximes morales pour l'édification de ceux qui se rendaient à la ville. Ainsi, l'image du dieu, partout présente, rythme l'espace et l'organise, orientant les pas et les pensées des voyageurs.

Une image de vase résume tous ces aspects (illustrations page suivante) ; le peintre, exceptionnellement, a choisi de représenter un sanctuaire vide, comme pour nous en dresser

Le sanctuaire. Dans un espace en plein air, un arbre, un hermès-pilier, un autel, un tableau – où figure une sirène – et de larges cornes de bovidé sont juxtaposés, organisant le lieu rituel du sacrifice. Lécythe attique, vers 480 avant J.-C., musée du Louvre, Paris (R.M.N.).

l'inventaire, avant toute intervention humaine. À gauche, un arbre, puis un hermès-pilier, vu de profil, dressé près d'un autel ; au-dessus de l'autel, un petit tableau votif (*pinax*), image peinte figurant une sirène, offerte en hommage aux dieux ; à droite, les cornes d'un bœuf, marquant l'espace d'un signe sacrificiel. Autour de l'hermès-pilier, dans l'immobilité du sanctuaire vide, sont présentés deux objets destinés à réjouir la divinité : l'image peinte du tableau et les restes de l'animal sacrifié ; l'un comme l'autre sont de simples signes, placés près de la statue qui rend visible la présence du dieu. L'image de vase à son tour donne à voir cet ensemble d'objets symboliques organisés en un tout cohérent. Devant l'autel, l'hermès est dressé, destinataire du culte, n'attendant plus que les regards et les gestes dont la combinaison forme, dans cet espace spécifique, la trame du rituel.

Les pratiques corporelles et leur mise en image

Jean-Louis DURAND

Pour la culture grecque de l'Antiquité connue comme classique, l'accès à la richesse du gestuel suppose un détour par l'imagerie développée sur les vases peints, dont une part importante concerne les rituels au sens strict de pratique religieuse organisée dans un espace spécifique. On dispose ainsi dans les musées et collections d'un stock important de scènes où la pratique matérielle du rite est prise en charge à travers gestes et objets mis en rapport les uns avec les autres. Précaution de départ : garder présent à l'esprit, tout au long des parcours dans l'imagerie grecque, que l'image est une construction et que, de ce fait, elle montre, elle établit des relations entre ces éléments sélectionnés par elle, elle ne représente pas. C'est précisément à travers ces choix que se met en place pour nous la vision grecque des choses, exprimant, du fait même de son anthropomorphisme constant, les valeurs de sa culture au moyen d'une complexe panoplie de pratiques corporelles.

Pratique centrale pour le culte divin, le sacrifice dans lequel se remet régulièrement en place le bon rapport de distance et de proximité à la fois que doivent entretenir hommes, bêtes et dieux. Les uns faisant couler le sang des autres en l'honneur des derniers. C'est donc le sacrifice mis en image que l'on choisira pour aller voir comment s'y investissent les pratiques corporelles. En termes iconiques, il faut tout d'abord établir un lieu spécifique, le sanctuaire en image, puis élaborer les liaisons gestuelles et posturales par lesquelles les hommes sont articulés à lui. La plus simple met en rapport un homme et un autel ou un autre élément fixe que l'on peut affecter au sanctuaire mis en image, hermès-pilier ou bassin aux ablutions. Dans cet espace qualifié par la présence d'un élément construit et fiché en terre, situé parfois explicitement à l'air libre par l'indication d'un arbre, les hommes portent, comme signe minimal de l'insertion dans le rite, couronne ou bandelette. Les gestes en rapport avec l'autel sont exécutés majoritairement debout. Nudité, forme des vêtements, manière de les porter sont associées au geste et à la posture des participants, de même que les objets manipulés dans ce cadre. Un homme debout devant un autel peut alors être montré isolément comme accomplissant une action intelligible par elle-même pour le spectateur – acheteur éventuel du vase portant l'image. Bras étendu au-dessus de l'autel, par exemple, le personnage tient à la verticale de l'autel une coupe. Il accomplit de sa main droite l'offrande de vin combinable avec le sacrifice dont elle ponctue en image les temps rituellement forts. Il s'agit alors de faire libation, d'offrir aux dieux le vin, liquide lui-même divin, répandu sur les autels en leur honneur et comme marque d'une temporalité spécifique. Le personnage à l'autel peut, avec l'autre bras tendu, le gauche, relever vers le haut la pointe des doigts, paume en avant, poignet cassé. La libation est ainsi articulée à la prière, dont elle se révèle être une des composantes.

Espace sacrificiel. Cratère à figures rouges représentant une scène de sacrifice, 425-400. Une interprétation détaillée est donnée dans l'article, ci-dessus. Musée archéologique, Laon (R. Delbecq).
À droite, même cratère, autre face (R. Delbecq).

L'égorgement. Amphore à figures noires provenant de Viterbe, 550 avant J.-C. Une interprétation détaillée est donnée dans cet article. Villa Giulia, Rome (d.r.).

La construction peut se compliquer avec l'adjonction d'éléments nouveaux, objets et personnages, dont il faut à chaque fois élaborer la combinatoire concrète. Ainsi, sur un même vase (cratère à figures rouges, illustrations page précédente), s'articulent deux modalités du rite en relation avec l'autel de l'espace sacrificiel. Sur l'une des faces, deux personnages ; sur l'autre, quatre, tous imberbes et couronnés, une célébration de jeunes gens, d'éphèbes. L'aspect sanglant du lieu sacrificiel est noté par les traces doubles d'écoulement sur le bloc de l'autel dans l'une et l'autre scène, trois pour la première, deux pour la seconde. L'espace de la première est de plus marqué par l'hermès-pilier vers lequel se tournent les deux personnages placés à gauche, l'un nu, l'autre drapé dans un vêtement qui lui dégage l'épaule et le bras droit. L'avant-bras à l'horizontale au-dessus de l'autel, il tient dans sa main une masse oblongue, paume en haut, doigts vers le pilier. Il s'agit proprement de l'officiant : le corps en position de pivot, en appui sur le pied gauche, il vient de se retourner pour accomplir le geste cultuel de déposer. Le personnage totalement nu derrière lui maintient de l'avant-bras gauche, position attendue, un panier à trois pointes, visible par ailleurs dans l'autre scène où l'officiant de droite le porte de la même manière, tenant de l'autre main un vase à verser le vin. Simple assistant, il introduit dans l'espace du rite l'instrument lié aux matières céréalières. L'officiant vient d'y prélever une pâte dont le dépôt sur l'autel devant l'hermès est à proprement parler l'acte rituel mis en image. Déposer sur l'autel sans feu une pâte qu'on peut diversement traiter, cuite ou crue, élaborée à partir de céréales. La scène isole ainsi, en les articulant l'un à l'autre, le panier, la pâte céréalière et l'autel, construisant la face végétale du sacrifice vue comme dépôt céréalier sur un autel, sans crémation. Le lien avec le sang obligatoire des bêtes qui coule à l'autel est indiqué par les seules traces doubles. Les graines ainsi isolables peuvent se combiner à la viande des bêtes traitées pour qu'on les mange par le sacrifice dans son aspect sanglant, ce que met en image l'autre scène du vase.

Sur l'autel, plusieurs couches de bois à brûler et, du côté gauche, deux petites pointes. Elles indiquent la présence des vertèbres terminales tordues au feu de l'autel, première mention du corps animal dont une part de l'ossature brûle pour les dieux, portant sous cette forme incorruptible la part qui leur revient au cours de l'opération sacrificielle, aux immortels. Mangeant, quant à eux, la chair cuite des bêtes, les hommes se reconnaîtront dès lors mortels. À gauche et à droite, convergeant vers l'autel, deux jeunes gens nus tiennent à deux mains une longue tige, broche à rôtir chargée à la pointe des premières portions comestibles de l'animal. Ces viscères nobles, grillés directement à la flamme de l'autel, font sur place l'objet de la consommation qui permet d'impliquer chacun des ayants droit dans l'opération sacrificielle. Condition nécessaire et suffisante pour garantir la participation à ses bénéfices. Entre les deux, à gauche de l'autel, un troisième jeune homme, très richement vêtu, tient de la main droite, bras pendant le long du corps, un vase utilisable dans les libations et lié au vin non mélangé, le canthare. Le geste du marquage de l'espace et du temps rituels est suspendu comme celui du rôtissage. La main gauche qui se lève, bras replié, en un geste d'accueil dirigé vers le spectateur, ponctue la réalisation en suspens dans l'image d'une phase essentielle de l'opération d'ensemble. Le rituel est ainsi reconnu comme étant de l'ordre fragile de la performance à jamais aléatoire. Le sacrifice n'est jamais donné d'avance et il existe des procédures pour examiner son opportunité ou garantir sa légitimité, dès la mise en marche du procès rituel. Dans cette image de rôtissage, à un moment où les graines ne sont plus fonctionnelles dans la pratique du rite, l'assistant de droite, porteur de l'œnochoé qui sert à verser le vin dans le canthare pour la libation, lui associe les céréales introduites dans cet ensemble par le panier, identique à celui de la première scène. De même que l'animal sur pied, aspergé par les graines, dit son accord avec le sacrifice par un mouvement de la tête, de même les graines ici présentes, et mises en rapport avec la libation, établissent la légitimité de l'accès à la viande produite par le sacrifice. Manger la viande sacrificielle suppose, dans le contact avec les dieux, l'accord avec l'ordre du monde dont la terre donneuse de blé est le garant. Sans présence des graines, pas de sacrifice possible, pas de sacrifice sanglant avec consommation de grillades sacrées puis répartition à la table et cuisson au chaudron des viandes à bouillir.

Pas de viande grecque sans sacrifice, donc. Mais, pour les Grecs comme dans d'autres cultures sacrifiantes, une forte proximité est nécessaire entre les animaux à sacrifier. N'est pas sacrifiable n'importe quelle espèce et le cheptel sacrificiel se recrute dans les espèces domestiques les plus proches de l'humanité, les victimes majeures étant le bœuf, le mouton et la chèvre. À l'intérieur du rituel lui-même, cette proximité se redouble par le rapprochement physique des hommes et des bêtes lors du lent parcours de la procession vers le lieu adéquat, moment où interviennent les femmes en porteuses des graines et de leur panier. Déplacement mis en image, dans lequel l'homme et l'animal, portant les marques festives, sont rapprochés les uns des autres par le geste de conduire, parfois précisé avec l'emploi d'une longe, contrôle et contact à la fois. Dans le voisinage immédiat des autels, le rapport des corps des uns et des autres est mis en image par un geste de douceur vers l'encolure de la bête exprimant cette relation paisible qui unit alors, dans un espace ordonné, sacrificateur et victime avant l'instant de la mise à mort, jamais montrée telle quelle.

Autre façon de montrer ce rapport de proximité dans le maintien de l'ordre sacrificiel à l'approche de l'égorgement pratiqué à la lame. Sur une image de vase (amphore à figures noires, illustration page précédente), la scène tout à fait exceptionnelle où onze personnages barbus – et, sauf un, nus – sont diversement impliqués dans la maîtrise du corps d'un puissant bovidé. Deux maintiennent en extension, de droite à gauche, l'échine de l'animal, à gauche tirant sur la queue, à droite sur une longe attachée en boucle au museau. Entre les pattes, trois acteurs supportent le poids de l'ensemble et assurent l'équilibre latéral. Deux bloquent le train arrière en extension ; deux immobilisent le train avant, de façon à dégager au maximum la zone du cou, vers laquelle converge l'activité de deux intervenants tenant des objets rituels. L'un, portant tunique, tâte de la main et du couteau la gorge, règle la bonne tension des organes à entamer. Le dernier intervient dans la même zone où il prépare la bonne disposition du bassin destiné à la saignée. Superbe façon de mettre en image la mise en ordre du corps de la bête par l'action physique collective des sacrifiants. Le dispositif permet au sacrificateur d'égorger en hauteur l'animal admirablement maîtrisé dans une performance très athlétique. Étonnante variante de la relation à établir pour que la lame puisse intervenir sur le corps animal, ici pacifié par les techniques de la lutte.

Les gestes du corps dans l'action rituelle mise en image permettent ainsi d'assurer la syntaxe articulant les éléments de la construction iconique et de révéler les liaisons à établir entre les valeurs symboliques mises en jeu alors. L'image du rite dévoile par là dans le rituel lui-même les règles culturelles qui en assurent la cohérence sinon la signification.

Rome

La pratique religieuse est fondée, à Rome, sur un grand nombre de rites et d'observances qui, certes, ne la réduisent pas à une série de gestes sans contenu, mais la rendent inséparable de conduites individuelles et collectives dont le respect scrupuleux est impliqué dans le terme même de *religio* : le contraire de ce mot n'est pas l'absence de foi mais la négligence. On ne s'étonnera donc pas que la situation de l'homme romain, c'est-à-dire du citoyen, dans l'univers visible et invisible soit rigoureusement définie par des règles qui établissent des distinctions aussi claires que possible entre les lieux sacrés et les lieux profanes. Distinctions fondamentales qui entraînent une hiérarchie assez stricte des espaces, et qui survivront à toutes les stratifications dogmatiques ou cultuelles, car ce sont d'abord des faits de droit, qui se traduisent par des délimitations infrangibles.

Lieux et temps

Pierre GROS

La hiérarchie des espaces et le « templum »

Comme le rappelle le juriste Gaius, seul peut être considéré comme *sacer* (consacré aux dieux) le terrain ou l'édifice qui a été désigné comme tel par une loi émanant du peuple romain ou par une décision du sénat. Cette imbrication du législatif et du religieux crée, aux yeux de l'observateur moderne, une situation ambiguë : il est souvent impossible de dissocier les lieux réservés à l'exercice du pouvoir de ceux qui sont réservés aux divinités. Ainsi, le forum, centre de l'activité administrative, politique et judiciaire, est aussi le cœur religieux de la ville ; il est lui-même un lieu rituellement implanté et organisé.

Ce souci de définition spatiale ne saurait être compris si l'on ignore qu'aux yeux des Romains la nature est peuplée de puissances divines aussi nombreuses que confuses qui peuvent, si l'on n'y met bon ordre, être néfastes à l'action humaine. La conception de l'espace urbain et les rites de fondation de la ville expriment de la façon la plus claire la volonté d'isoler, dans un contexte hostile ou, au mieux, indifférent, une aire entièrement contrôlée par les hommes, où l'on aura l'assurance que se manifesteront seulement les dieux de la cité. Aussi recourt-on aux techniques de l'*effatio* et de la *liberatio*, c'est-à-dire de la circonscription explicite et de la purification préliminaire, confiées au collège sacerdotal des augures – qui sont aussi des magistrats. Pour autant, et contrairement à une légende tenace, la ville romaine, qu'il s'agisse de Rome, de ses colonies ou de ses municipes, n'est pas un *templum*. Le creusement du « sillon primordial », le *sulcus primigenius*, au moyen d'une charrue attelée d'un taureau et d'une vache, selon un rituel directement hérité des Étrusques, quand il est observé – ce qui est loin d'être toujours le cas –, vise seulement à délimiter la zone à l'intérieur de laquelle seront recueillis les *auspicia urbana*, ces signes, positifs ou négatifs, envoyés par les dieux, et en fonction desquels se détermine toute action intéressant la communauté. Mais l'essentiel de la surface de la ville intra-muros restera profane ; c'est même pour cela qu'elle sera habitable. Seuls sont désignés comme des *res sanctae* par ce rituel de fondation l'enceinte et son *pomerium*, c'est-à-dire la frange de terrain qui la borde, à l'intérieur comme à l'extérieur, et sur laquelle il est interdit de construire. Aussi convient-il de réserver, dans la cité, un certain nombre de secteurs aux dieux célestes ou infernaux, à l'exclusion de ces divinités mineures mais redoutables que deviennent les hommes après leur mort. Les tombeaux en effet, *loci religiosi*, sont exclus de l'aire urbaine et se répartissent en général le long des voies conduisant aux agglomérations.

L'apparente équivalence entre le mot *templum* et celui qui, dans les langues romanes, désigne l'édifice de culte ne doit pas nous induire en erreur. Tout *templum* n'est pas coextensif à un temple ; il ne définit pas davantage un sanctuaire conçu comme un *téménos* grec, même si les deux termes procèdent d'une même racine qui signifie « couper », ou « séparer ». Inversement, certains temples ne sont pas des *templa* : c'est le cas de l'*aedes Vestae*, l'édifice rond dédié à Vesta. Enfin, si beaucoup de *templa* sont consacrés à une divinité, d'autres ne le sont pas, tels l'aire où se réunit le peuple pour élire ses magistrats (*comitium*), la tribune aux harangues (*rostra*), ou le siège du sénat (*curia*). Les *templa* les plus anciens sont, en fait, des quadrilatères dépourvus de toute construction, que les augures ont seulement définis par la parole, selon le rite déjà nommé de l'*effatio* ; orienté en fonction des points cardinaux, cet espace « inauguré », et subdivisé par des médianes généralement matérialisées au sol par des pieux ou des plots, était clos (*saeptus*) au moyen de palissades de bois ; ses angles, qui pouvaient être des arbres,

Les fouilles de Cosa. Le forum de cette petite ville d'Étrurie méridionale a été restitué (page ci-contre) dans son état probable de la seconde moitié du IIe siècle avant J.-C. par F. C. Brown, responsable de l'équipe américaine qui a fouillé le site. Les arbres définissent l'aire du « templum augurale ». On reconnaît aussi les gradins circulaires du « comitium », que jouxtent d'un côté une basilique judiciaire à deux étages et de l'autre un temple de la Concorde (E.U.). Ci-dessous, une vue du « capitolium » qui, comme à Rome, domine la cité (Scala).

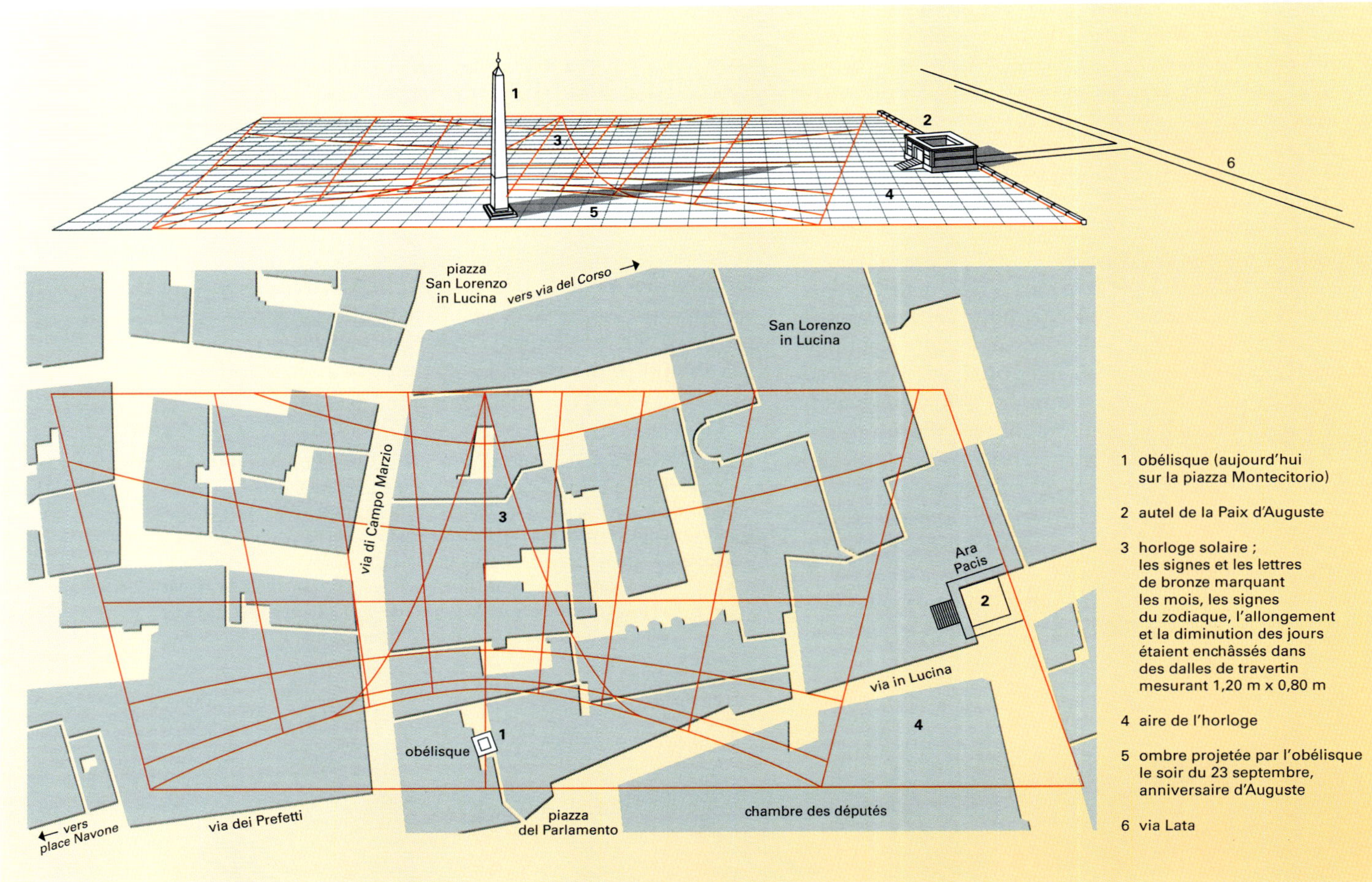

devaient être solidement fichés en terre. Ce *locus effatus et saeptus* représente, à Rome, l'espace sacralisé originel, et revêt les formes les plus diverses : l'une des plus archaïques sans doute est celle des *templa minora*, à laquelle appartient, entre autres, l'*auguraculum*. De tradition étrusque – on vient d'identifier celui de Marzabotto –, il marque l'endroit d'où l'augure pourra observer les *auspicia urbana*, et en particulier le vol des oiseaux, dans un espace céleste lui aussi rigoureusement circonscrit (et désigné également par le mot *templum*). Le champ visuel de l'*auguraculum* se confond en réalité avec la ville entière, qu'il domine quand cela est possible, depuis une éminence, initialement non incluse dans le *pomerium*. Nul obstacle ne doit entraver le regard de l'augure ; aussi fera-t-on périodiquement démolir, à Rome, des monuments ou des immeubles construits sur des points hauts comme la Velia ou le Caelius, afin de garder à l'espace augural de l'Arx (l'un des sommets de la colline du Capitole) l'intégralité de sa vue panoramique. Il en allait de même à Cosa (colonie romaine d'Étrurie méridionale) et à Bantia (actuelle Banzi, dans les Pouilles), où la trace archéologique de ces modestes structures (elles occupaient à l'ordinaire moins de $100\ m^2$) a pu être retrouvée. L'organisation des grands autels monumentaux de l'époque impériale est directement calquée sur ce schéma : l'enclos marmoréen de l'*Ara Pacis Augustae*, le plus célèbre exemplaire de cette catégorie monumentale, construit entre 13 et 9 avant Jésus-Christ, constitue la pétrification somptueuse de la palissade de bois des *templa minora* ; il s'en distingue seulement par le fait qu'il possède deux portes au lieu d'une seule.

Le forum lui-même, lorsqu'il assume, à partir du milieu du IIe siècle avant Jésus-Christ, les fonctions électorales jusqu'ici localisées dans le *comitium*, devient à son tour un *templum augurale* ; d'abord entouré de pieux ou d'arbres, dont les vestiges ont été repérés à Rome et à Cosa, il est ensuite doté sur sa périphérie de portiques ou d'édifices à colonnade qui lui confèrent la dignité monumentale d'une agora grecque sans pour autant le dépouiller de son ancienne spécificité religieuse.

Les particularités impliquées dans la notion de *templum* ne sont pas sans conséquences sur l'organisation des temples proprement dits. D'abord de nombreux sanctuaires extra-urbains, particulièrement dans le Latium, semblent avoir eu pour origine un bois cultuel, un *lucus*, où l'on retrouve le rôle des arbres dans la définition des aires sacrées ; la présence de plantations régulièrement disposées, à proximité du temple de Gabii (si, du moins, on doit interpréter comme des caissons destinés à accueillir des arbres les trous quadrangulaires creusés dans le rocher), constitue sans doute l'un des développements de cette tradition. Mais surtout, à la différence du périptère grec, le temple romain se caractérise par une orientation et une axialité impérieuses, qui se traduisent dans l'importance structurelle accordée à sa façade et à son escalier d'accès. Élevé généralement sur un haut podium, l'édifice religieux peut être pourvu d'une plate-forme qui, devant la salle cultuelle (la *cella*), sert éventuellement à la prise des auspices. L'insertion dans un tissu urbain particulièrement dense de certains temples à *cella* dite barlongue, c'est-à-dire perpendiculaire à l'axe du pronaos qui, lui, se projette en avant, manifeste d'une façon exemplaire que ce type de monument est fait pour être appréhendé de face ; le plan, gravé sur marbre, du temple des Dioscures du Circus Flaminius, au sud du Champ de Mars à Rome, illustre bien cette situation : ce qui importe, c'est moins la silhouette de la construction et les relations organiques de ses composantes, que sa masse et son aptitude à dominer l'espace situé devant lui.

En général, cet espace comporte une aire sacrée dont le centre est l'autel sacrificiel, situé au pied de l'escalier du podium, face à la porte de la *cella*. C'est, en fait, de la relation visuelle qui s'établit entre le sacrificateur ou l'offrant, devant la table d'autel, et la statue de culte, située au fond de la *cella* ou dans une abside ouverte sur l'axe de celle-ci, que naît le dialogue avec la divinité. Contrairement, en effet, à nos églises, mosquées ou synagogues, les temples romains ne sont pas en eux-mêmes des lieux de convergence et de recueillement des fidèles. Rares sont les cérémonies qui, telles les « supplications », exigent de ceux-ci une présence effective dans le temple. Véritable habitation de la divinité titulaire (la statue de culte ne représente pas le dieu, elle est le dieu présent : *praesens deus*, comme le disent de nombreux textes), la *cella*, également peuplée de statues votives, est un lieu d'épiphanie permanente où ne pénètrent en principe que les desservants – du moins, avant que les grands temples de Rome ne se transforment, dès la fin de l'époque républicaine, en des musées où s'accumulent les trésors d'art rapportés de l'Orient grec.

La division du temps

Jusqu'à la réforme julienne, le calendrier romain garde un aspect archaïque. Du fait, d'abord, de son caractère essentiellement lunaire, qui le rend peu apte à s'adapter efficacement

L'horloge d'Auguste et le temps de la paix. Page ci-contre, l'immense cadran solaire matérialisé au sol par des lignes et des lettres de bronze a pour « gnomon » (aiguille) l'obélisque rapporté d'Égypte à la suite de la bataille d'Actium. La position de l'autel de la Paix auguste (Ara Pacis Augustae) est telle que l'ombre du gnomon indique l'axe de son entrée au soir du 23 septembre, jour de la naissance d'Auguste. Restitution d'après les travaux de E. Buchner et F. Rakob (E.U.). L'enclos de l'autel (ci-dessus) transpose dans le marbre les structures d'un « templum augurale », désignant ainsi le lieu comme « effatus et saeptus », c'est-à-dire rituellement défini et séparé de l'espace profane : pieux ou pilastres aux angles, palissades couvertes de végétation au registre inférieur, tentures historiées au registre supérieur. À l'intérieur, l'autel lui-même manifeste, à l'entrée nord de Rome, la puissance et la pérennité du nouveau régime institué par Auguste (Scala).

au cycle solaire ; le choix de février pour l'insertion d'un mois supplémentaire tous les deux ans reflète sans doute l'antique distinction indo-européenne entre une « année vivante », à la fois agricole et guerrière, qui va de mars à décembre, et une période « amorphe », vouée aux rattrapages chronologiques, et placée sous le signe de Janus. Ensuite, bon nombre de fêtes, encore célébrées à la fin de la République, n'y portent pas le nom d'un dieu du panthéon classique, mais celui de divinités ou d'entités dont la fonction réelle était depuis longtemps oubliée. Enfin, les grands cycles fériaux, quoique soumis à la vie de la nature, présentent de curieux déséquilibres qui nuisent à la cohérence de l'année religieuse.

Pour le rythme de la vie collective, c'est, à vrai dire, la nature des jours (109 sont dits néfastes, 235 fastes, dont 192, les *comitiales*, sont déclarés propres aux affaires publiques) qui constitue la donnée essentielle. Comparable, dans la division du temps, à la distinction spatiale entre les aires consacrées et les aires profanes, cette répartition se maintiendra, avec quelques variantes, pendant l'Empire.

Toutefois, à partir de l'époque augustéenne, la liturgie du nouveau calendrier, désormais adapté à la réalité du cycle solaire, se modifie radicalement. Dès lors, en effet, se multiplient les célébrations à caractère dynastique. Même si chaque règne élague et remanie en sa faveur le système des manifestations annuelles, la densité de celles-ci reste très élevée pendant plus de trois siècles. Elle définit l'année impériale comme l'une des plus festives qui aient jamais été conçues. Au même titre que l'aire urbaine, où les grands sanctuaires contribuent à magnifier le pouvoir, l'organisation du temps apparaît désormais rythmée par des commémorations qui n'ont d'autre but que d'entretenir dans la population un sentiment de loyalisme et de gratitude.

Le symbole le plus explicite de cette annexion de l'espace et de la durée au profit de l'idéologie impériale nous est fourni par l'immense cadran solaire qui fut mis en place au nord du champ de Mars à Rome : entre l'autel de la Paix et le mausolée d'Auguste, le mouvement de l'ombre projetée par l'obélisque commémorant la victoire sur l'Égypte définissait un nouveau type de temps cyclique, articulé autour des actes glorieux du fondateur de l'Empire, et garanti par son accession posthume au monde des dieux.

Rites publics et privés

JOHN SCHEID

Les liturgies romaines

En raison des niveaux multiples de la pratique religieuse et du nombre des dieux, on peut difficilement embrasser tous les rites et rituels romains. Il existe des rites publics et des rites privés ; suivant les dieux, la liturgie change, parfois de manière importante, surtout à mesure que l'Empire romain s'étend et que les échanges se développent entre les parties du monde. Néanmoins, un certain nombre d'éléments majeurs se retrouvent à tous les niveaux de la pratique, une « coutume » commune en somme, qui explique que Cicéron ait pu imaginer, dans son *Traité des lois*, le principe selon lequel les prêtres publics informent tous les citoyens des rites appropriés à chaque situation. Le terme *ritus* désignait la coutume approuvée (*mos conprobatus*), l'ordre officiel des gestes sacrés, par exemple ceux de la consécration, de la fondation et, avant tout, ceux du sacrifice. D'ailleurs, la plupart des liturgies publiques ou privées comprenaient un ou plusieurs sacrifices. À côté de ces rites sacrés (*sacra*), centrés sur le sacrifice, il existait une deuxième catégorie de pratiques, qui constituaient, avec la première, « toute la religion » (Cicéron, *De la nature des dieux*, 3, 5). C'étaient les auspices (*auspicia*), auxquels s'ajoutait la consultation des Livres Sibyllins. En d'autres termes, le deuxième volet de la pratique rituelle romaine était la divination.

Le rituel du sacrifice

Le sacrifice occupait une position centrale. Il se pratiquait, dans le culte public, selon deux coutumes, le rite romain et le rite grec. Le premier commençait, après les purifications et l'approbation des victimes décorées, par une procession de tous les participants, la tête voilée d'un pan de la toge, jusqu'à l'autel sacrificiel placé devant le temple, où se déroulaient ensuite les cinq phases principales du sacrifice : la « préface » (*praefatio*) et l'immolation, l'abattage de la victime, l'offrande au dieu et le banquet des hommes. Pendant tout le déroulement du sacrifice, un silence religieux était observé et, afin de prévenir toute infraction, des joueurs de flûte couvraient tous les bruits de leurs modulations.

La « préface » consistait en une offrande d'encens et de vin sur un foyer portatif circulaire, dressé à côté de l'autel sacrificiel, généralement quadrangulaire. Elle équivalait à un hommage solennel affirmant la suprématie et la nature immortelle des dieux (exprimée par l'offrande d'encens et de vin) et à la déclaration de l'identité humaine et romaine du sacrifiant (par l'utilisation du foyer). Ensuite, ce dernier, qui était assisté d'enfants de rang sénatorial (voués aux responsabilités subalternes) et de sacrificateurs, généralement des esclaves (chargés des gestes matériels), procédait à l'immolation. Cela consistait à saupoudrer le dos de la victime de « farine sacrée » (la *mola salsa*, d'où *immolare*, immoler), sans doute préparée par les Vestales au foyer public, à verser un peu de vin sur son front et à promener, enfin, le couteau sacrificiel sur son échine. D'après les commentaires des anciens et les prières récitées à cette occasion, on peut conclure que l'immolation faisait passer la victime de la propriété des humains à celle de la divinité. Une fois ce transfert opéré, les sacrificateurs, sur l'ordre du sacrifiant, assommaient (s'il s'agissait d'un bovin) et égorgeaient la victime devant l'autel, puis l'ouvraient. À l'aide de ses assistants, le sacrifiant s'assurait que le présent était accepté par la divinité (*litatio*), en vérifiant si la fressure (les *exta*, à savoir le foie, le poumon, la vésicule biliaire, le péritoine et le cœur) ne présentait pas d'anomalie. Autrement, il fallait répéter toute cette phase avec de nouvelles victimes « jusqu'à l'agrément » (*usque ad litationem*). Dans certains sacrifices, offerts suivant le rite étrusque, cette inspection des *exta* (extispicine) était utilisée pour explorer l'avenir. Une fois l'agrément établi, la victime était partagée. Les parts des dieux (la fressure, siège de la vie, et d'éventuels ajouts) étaient mises dans des marmites appropriées (*ollae extares*) pour être cuites ou bien enfilées sur des broches pour être grillées. La cuisson ou la grillade achevée, le sacrifiant versait la part divine dans le feu de l'autel sacrificiel et la divinité consommait sa part du sacrifice sous forme de fumets. Pour les dieux aquatiques, l'offrande était jetée dans l'eau et, pour les divinités de la terre ou celles des enfers, on la jetait par terre ou la déposait dans des fosses. Tous les gestes d'offrande étaient accompagnés de prières que le sacrifiant lisait sur un livret ou qu'un assistant lui dictait. Par ailleurs, les prêtres tenaient un registre précis des sacrifices offerts. Lorsque l'offrande avait été consumée par les flammes ou déposée, l'autre partie de la victime était « profanée », c'est-à-dire « saisie » par l'imposition de la main et ainsi rendue propre à être consommée par les hommes. Distribuée aux célébrants, elle était consommée sur place ou bien vendue en boucherie, ce qui permettait à tous les citoyens de participer (littéralement : « prendre une part ») aux sacrifices publics. Ce banquet des dieux et des hommes n'était toutefois possible que lorsqu'il s'agissait de divinités célestes ou terrestres. Les victimes offertes aux divinités des enfers étaient brûlées entièrement (holocaustes), car les vivants ne pouvaient pas se mettre à la table de ceux qui présidaient à la mort.

Dans le rite grec, le sacrifiant ne se voilait pas la tête, mais portait une couronne de laurier. Au cours de l'immolation, au lieu de promener le couteau sur l'échine de la victime, il jetait dans le feu quelques poils coupés sur le front de l'animal. En outre, la fressure pouvait aussi être consommée par les hommes. Enfin, le banquet de la divinité pouvait revêtir une forme plus spectaculaire, avec des statues – ou des attributs divins – couchées sur des lits de banquet (les lectisternes, pour les divinités mâles) ou assises sur des chaises de banquet (les sellisternes, pour les déesses).

Le choix des victimes obéissait toujours à des règles strictes ; d'ailleurs, l'offrande pouvait consister en un simple aliment végétal, le rite sacrificiel ne comprenant alors que la « préface » et l'offrande de celui-ci sur le feu sacrificiel. Il existait, sans aucun doute, de nombreuses variantes dans les rites sacrificiels pratiqués à Rome, mais, d'une manière générale, la logique et le sens fondamental en restaient les mêmes. Le sacrifice établissait et représentait, à travers un partage alimentaire entre les dieux et les hommes, la supériorité et l'immortalité des premiers, la condition mortelle et la pieuse soumission des seconds. On pourrait donc considérer ce rite comme l'équivalent d'un « credo ». En même temps, les modalités du partage sacrificiel établissaient une hiérarchie entre les hommes, et l'ensemble du rite permettait de présenter des demandes aux dieux : magnifiquement honorés, ceux-ci étaient comme contraints (tel est le sens premier du terme « vénérer ») de rendre un contre-don. Dans les sacrifices non sanglants, cet hommage était exprimé, sur un mode moins solennel, par la présence de la divinité et par l'offrande de denrées de prestige, l'encens et le vin, qui lui étaient exclusivement réservées.

La description qu'on vient de donner ne concerne que le noyau central du sacrifice sanglant. En fait, celui-ci était presque toujours accompagné d'un nombre plus ou moins important de sacrifices d'ouverture ou de conclusion, sanglants ou non, qui constituaient autant de salutations ou d'hommages à la divinité. Le sacrifice lui-même était rarement isolé. Il était intégré le plus souvent dans une liturgie plus complexe. Ainsi comprenait-il, dans le cas de sacrifices communautaires, une phase finale de jeux (représentations théâtrales ou courses du cirque) ; ou encore, il était répété sur divers modes pendant plusieurs jours, comme lors des Jeux séculaires. Toutes les fêtes du calendrier public ou privé – fêtes agraires, militaires ou civiles, fêtes d'anniversaires ou de rites familiaux (mariage, majorité, mort) – comprenaient essentiellement une séquence sacrificielle plus ou moins étoffée. D'ailleurs, en dehors du calendrier liturgique, les sacrifices étaient offerts soit pour rendre hommage aux dieux et leur transmettre des remerciements, soit en exécution d'un vœu. Il n'est pas exagéré de dire que les deux tiers des sacrifices offerts – ou des objets donnés – aux dieux l'étaient en accomplissement d'un vœu régulièrement formulé par la cité, par telle de ses communautés ou par des individus, pour le salut physique et moral de la république, de l'empereur, d'un être cher ou pour le succès de telle de leurs entreprises.

Partiellement liés au rite sacrificiel, les rites de consécration jouaient aussi un rôle éminent dans la pratique religieuse. Consacrer signifiait faire passer un objet quelconque de la propriété humaine dans la propriété d'un dieu. Au sens strict, s'il s'agissait d'une consécration publique, il fallait une décision du peuple et l'intervention d'un magistrat assisté d'un pontife. Sans cette procédure, l'objet donné à la divinité n'était pas sacré d'un point de vue public. Et l'on peut imaginer que, dans le domaine privé, les règles n'étaient pas moins strictes. On consacrait des objets, des lieux, des bâtiments mais aussi des hommes (par exemple, aux dieux d'en bas).

Les auspices

Cependant, les Romains disposaient d'autres moyens pour dialoguer avec les dieux, notamment le système des auspices et la consultation des oracles. Les auspices étaient des signes envoyés par Jupiter, souvent sur la demande expresse des magistrats. Avant chaque acte public important, le consul ou préteur devait prendre les auspices (dits impétratifs), c'est-à-dire observer le vol des oiseaux ou le comportement de poulets sacrés. Cette consultation s'effectuait suivant des règles très strictes. En un espace préparé, le magistrat s'asseyait et engageait avec des assistants un dialogue qui établissait que toutes les conditions de la consultation étaient réunies, précisait le type d'oiseau et le vol attendu et enfin annonçait que tel ou tel signe était apparu. Il semble que, vers le début de l'ère chrétienne, ce type d'observation n'était plus pratiqué, mais que les magistrats observaient, dans des conditions sans doute analogues, le comportement de poulets sacrés que l'on faisait manger. L'interprétation de ces signes était complexe et le magistrat qui avait la haute main sur elle avait la possibilité de se faire assister par les augures, spécialistes de ces coutumes et de leur droit. Des auspices favorables ou non pouvaient aussi se manifester à l'improviste ; on les appelait alors oblatifs. Dans ce cas, la procédure ne comportait qu'une interprétation de la part du magistrat en exercice, éventuellement assisté des augures. Les auspices exprimaient l'avis positif ou négatif de Jupiter à propos des opérations civiles (assemblées électorales, législatures, investiture des magistrats) ou militaires (livrer bataille…) en cours, et uniquement cela. Et, s'il observait les formes prescrites, le magistrat pouvait

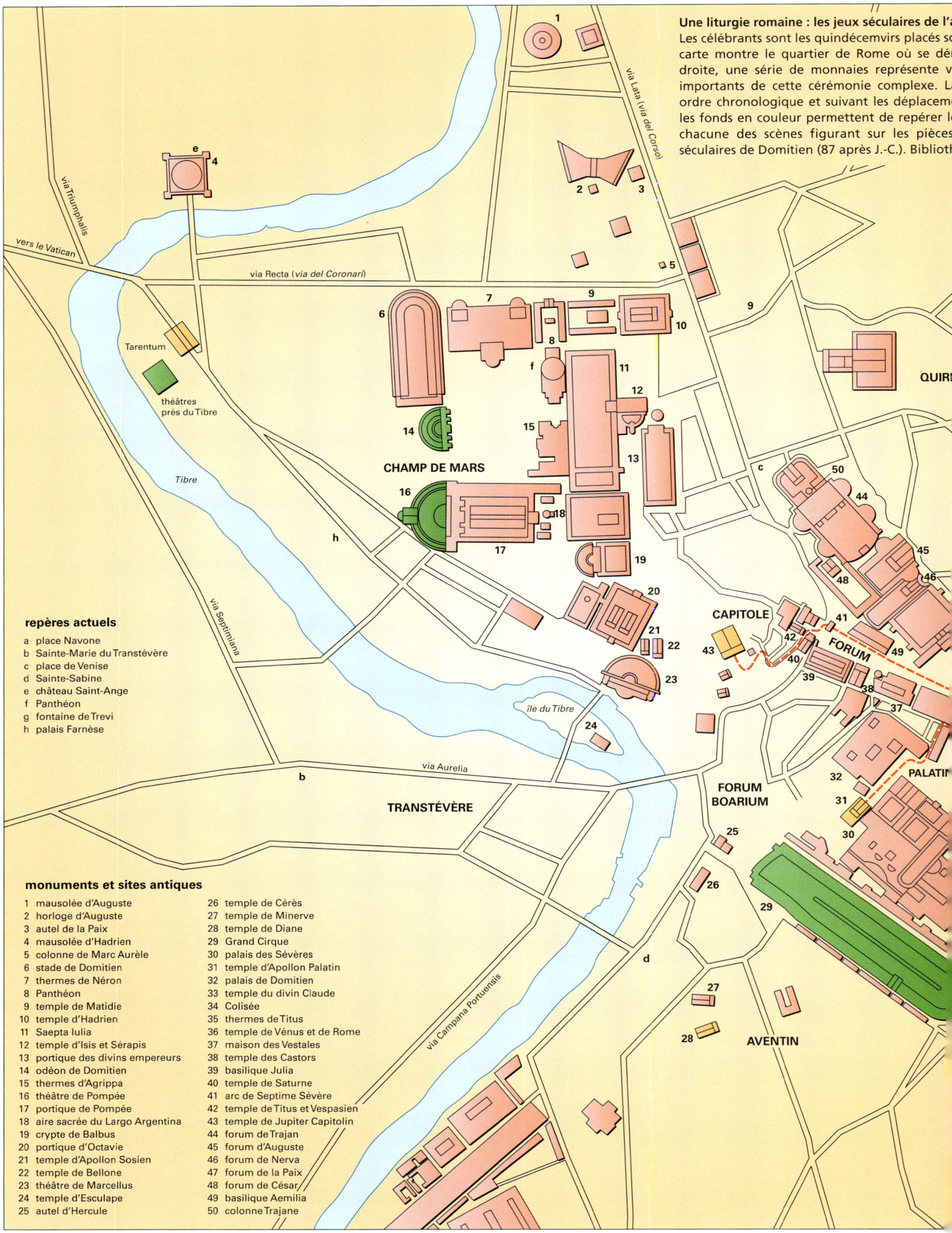

Une liturgie romaine : les jeux séculaires de l'a
Les célébrants sont les quindécemvirs placés so
carte montre le quartier de Rome où se dér
droite, une série de monnaies représente vi
importants de cette cérémonie complexe. La
ordre chronologique et suivant les déplaceme
les fonds en couleur permettent de repérer le
chacune des scènes figurant sur les pièces,
séculaires de Domitien (87 après J.-C.). Biblioth

…près J.-C.
…ence de l'empereur. La
…eux. Dans la page de
… les moments les plus
… gestes est décrite, en
… colonne « rites ». Ici,
…s qui correspondent à
… à l'occasion des jeux
…nale de France, Paris.

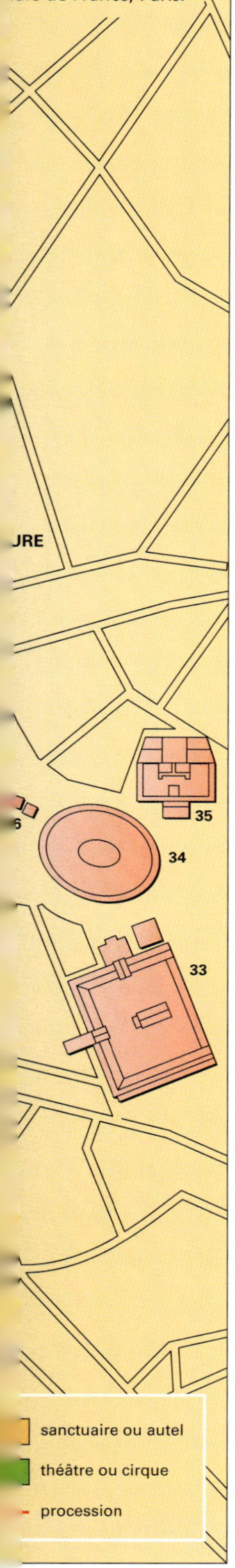

dates	lieux	rites
26 mai	Capitole, devant le sanctuaire de Jupiter, Palatin, aire du sanctuaire d'Apollon, Aventin, aire du sanctuaire de Diane	les quindécemvirs distribuent aux citoyens des torches, du soufre et de l'asphalte en vue de leur purification
29 mai	au même endroit	les citoyens remettent aux quindécemvirs une contribution de blé, d'orge et de fèves
30 mai	Champ de Mars, près du Tibre	le président des quindécemvirs purifie le Tarentum
31 mai	au même endroit	sacrifice d'une victime préliminaire ; invocation de tous les dieux séculaires
1er juin (avant le lever du jour)	au même endroit	sacrifice, suivant le rite grec et en holocauste, aux Moires (neuf agnelles et neuf chèvres noires) jeux scéniques dans un théâtre sans sièges
	Capitole	cent neuf matrones (épouses de sénateurs et de chevaliers) offrent des banquets d'apparat (sellisternes) à Junon et à Diane
1er juin (de jour)	Capitole	sacrifice à Jupiter de trois bœufs, l'un selon le rite romain, le deuxième selon le rite étrusque, le troisième selon le rite grec
	près du Tibre	poursuite des jeux scéniques dans le théâtre sans sièges et dans un théâtre en bois
	Capitole	les sellisternes continuent
2 juin (avant le lever du jour)	Champ de Mars, près du Tibre	sacrifice, suivant le rite grec, aux Ilithyes (neuf galettes, neuf pâtisseries, neuf gâteaux) poursuite des jeux scéniques
	Capitole	poursuite des sellisternes
2 juin (de jour)	Capitole	sacrifice, selon le rite grec, d'une vache blanche à Junon banquet sacrificiel des quindécemvirs l'impératrice et les Vestales, l'empereur dictant la formule, supplient Junon avec les cent neuf matrones
	Champ de Mars	les jeux continuent
	Capitole	les sellisternes continuent
3 juin (avant le lever du jour)	Champ de Mars	sacrifice, selon le rite grec et en holocauste, à Terre mère (truie pleine noire) les jeux continuent
	Capitole	les sellisternes continuent
3 juin (de jour)	Palatin, sanctuaire d'Apollon	sacrifice à Apollon suivant le rite grec (neuf galettes, neuf pâtisseries, neuf gâteaux) même sacrifice pour Diane
	Champ de Mars	les jeux continuent
	Palatin, marches du sanctuaire d'Apollon	purification ; 27 garçons et 27 filles de rang sénatorial ayant père et mère en vie récitent l'hymne séculaire
	du Palatin au Capitole	procession
	Capitole, marches du sanctuaire de Jupiter	l'hymne est répété les enfants sont récompensés poursuite des sellisternes sacrifice de truies jeunes par l'impératrice et les cent neuf matrones, banquet sacrificiel des matrones troisième exécution de l'hymne
	Champ de Mars	jeux de scènes, courses
4-11 juin		jeux multiples dans divers théâtres (des pantomimes) et au Grand Cirque (des courses et des chasses)

interpréter, comme il l'entendait, la volonté de Jupiter. Dans le cas d'une réponse défavorable, il devait en principe arrêter l'opération en cours, mais il avait néanmoins le droit d'accepter ou non cet avis, au risque de se tromper et de porter la responsabilité d'une catastrophe. Notons que les augures eux-mêmes étaient chargés d'inaugurer des lieux ou des personnes : « inaugurer » signifiait inscrire dans un espace purifié, sacré et soigneusement orienté selon les points cardinaux, ou, pour certains prêtres, investir avec l'approbation des dieux.

Pour réagir face aux catastrophes inextricables de la cité, qui annonçaient la colère divine, les Romains disposaient d'un système de divination complémentaire. Pour rechercher les causes profondes des catastrophes naturelles ou militaires et pour y trouver des remèdes, ils consultaient les oracles. Généralement, les magistrats et le sénat ordonnaient aux prêtres appelés quindécemvirs et chargés de consulter les Livres Sibyllins de chercher dans ces recueils fermés et secrets de prophéties, déposés dans le temple de Jupiter et à partir du début de l'ère chrétienne dans celui d'Apollon, les versets qui s'appliquaient à la situation constatée. À huis clos, cette lecture était présentée au sénat, qui s'en inspirait pour faire édicter par les magistrats les mesures qui s'imposaient. Les quindécemvirs pouvaient éventuellement être envoyés en ambassade auprès d'un grand oracle étranger.

Les cultes domestiques

Les deux rituels majeurs du culte romain, le sacrifice et les auspices, se retrouvent aussi dans les cultes domestiques. On y sacrifiait avec des victimes et un décorum plus modestes, et généralement dans un lieu privé ; on y prenait également des auspices (par exemple, la veille d'un mariage), mais, compte tenu des modifications que ce déplacement impliquait, le principe des rituels n'était pas différent de ce qu'on observe dans la vie publique. On est relativement mal informé sur les rites domestiques réguliers. On sait que des sacrifices étaient pratiqués et l'on possède quelques éléments du décor de ce culte, par exemple les chapelles des dieux Lares et du Génie du maître de maison. Mais, dans l'ensemble, ce sont les rituels occasionnels qui sont le mieux connus. Le mariage, sous sa forme la plus solennelle, comportait des rites préliminaires (des auspices, des purifications, peut-être le tissage de la couverture du lit matrimonial), une procession et l'entrée dans la demeure du mari, suivie de divers sacrifices. On est informé aussi sur quelques rites célébrés à la majorité des garçons, mais, tout compte fait, seuls les rites funéraires sont relativement bien connus.

Une fois la mort constatée, la communauté familiale s'isolait dans le deuil. Lavé, paré de ses plus beaux habits, le corps du mort était exposé dans l'entrée de la maison avant d'être transporté en cortège sur le lieu de la sépulture, à l'extérieur de la ville. Suivant le rang de la famille et l'âge du défunt, l'apparat et la composition de ces processions variaient. Les grands personnages de la cité avaient même droit à un éloge sur le forum. Et, lorsqu'on mourait avant l'âge, les funérailles étaient entourées de précautions particulières, et célébrées sans trop d'apparat. Les rites de sépulture transformaient le cadavre en un défunt enterré suivant les coutumes et consistaient à l'installer parmi les dieux mânes, apaisés et ne menaçant pas les hommes. Le rite essentiel des funérailles, qui était d'ailleurs répété chaque année durant les jours des morts (entre le 13 et le 21 février), définissait, par un partage alimentaire et un mode de consommation strictement opposés, les statuts réciproques des vivants et des morts. Ce banquet était suivi de l'incinération ou de l'inhumation et du retour progressif à la vie de la famille endeuillée.

Nous connaissons aussi, par l'archéologie et par les documents écrits, les rites privés qui se déroulaient dans les sanctuaires publics et qui consistaient soit en des dépôts d'offrandes, sacrificielles ou non, symboliques ou non, soit le plus souvent dans l'acquittement d'un vœu. Il va sans dire que, de cité en cité, de communauté en communauté, de famille en famille, les rites changeaient, non pas dans leurs principes fondamentaux, mais dans leur mode d'exécution. Et, si le cadre des rites s'est modifié suivant le lieu, le milieu et l'époque, le noyau traditionnel des rituels est demeuré inchangé pendant des siècles. D'ailleurs, mis à part quelques cultes marginaux ou déviants, les pratiques rituelles se répondaient d'une province de la Méditerranée à une autre, notamment parce qu'elles étaient fondées sur des gestes intelligibles par tous. Dans la célébration de tous les cultes, les gestes constituaient comme un langage, toujours lié à la parole, à la prière, mais exprimant la même chose que celle-ci : le rite était une prière silencieuse et la prière elle-même un rite. Parmi les gestes les plus employés, l'attitude du célébrant – debout, assis ou agenouillé, marchant autour de quelque chose ou immobile – et son jeu de main étaient essentiels et avaient telle ou telle signification en fonction des contextes. Ainsi, être assis pouvait exprimer l'attente respectueuse d'hommes qui se reconnaissaient par là subordonnés à la divinité, mais aussi la dignité d'un magistrat ou d'un prêtre remplissant leurs charges religieuses ; toucher des mains un objet servait à le désigner, à le nommer, mais aussi à se l'approprier. Habitués dès l'enfance à déchiffrer et à utiliser ces gestes, à la maison, sur le forum (par exemple, dans le droit civil) ou dans des communautés cultuelles, et instruits par les prières qui explicitaient les gestes, les Romains n'eurent aucun problème, jusqu'au IIIe siècle après J.-C., pour comprendre et célébrer ces enchaînements de gestes rituels. C'était un élément de leur culture.

Aux énonciations gestuelles se joignaient des signes extérieurs pour compléter ou répéter les intentions du célébrant. La musique créait un « espace » sonore sacré (ou funèbre), repris en contrepoint par le costume des participants. Au cours du deuil, les parents du mort se rendaient semblables à un cadavre par leur costume et leur tenue extérieure. Dans le culte des dieux de la cité, les officiants revêtaient des costumes d'apparat signalant leur charge et, parfois, des éléments du costume divin, pour exprimer la nature de la divinité honorée, pour donner une apparence de celle-ci. De toute manière, il était nécessaire que les moindres éléments du culte fussent investis de signification, car, dans le monde romain, le rite était l'élément premier et central de la pratique religieuse. Il y occupait une place que l'on peut comparer, sans exagération, à celle qui est réservée dans d'autres religions aux textes révélés.

L'Afrique noire

Michel CARTRY

Dans de nombreuses sociétés africaines, l'acte de prescrire un rituel fait intrinsèquement partie des attributions du devin. Et l'on y constate qu'une séance de consultation ne s'achève pas avec la transmission d'un message indiquant au client la cause cachée d'un phénomène. À ce stade, le travail d'interprétation est loin d'être terminé, car, des signes oraculaires examinés, le devin doit encore extraire une parole, celle qui, précisément, lui permettra de montrer à son client non pas à proprement parler une conduite, mais ce qu'on pourrait appeler le chemin du rite.

Le chemin du rite

Dans la littérature africaniste consacrée à la divination, cet aspect du travail du devin a été maintes fois mis en évidence. Toutefois, il ne semble pas qu'on ait prêté assez d'attention à la façon dont il s'actualise dans la pratique divinatoire. Dans ces formes de divination qui se fondent sur la lecture des signes, l'étude de la démarche du devin est inséparable de celle des techniques particulières qu'il utilise pour avoir accès à ces signes. Mais comment le devin va-t-il se servir de sa technique pour dévoiler le chemin du rite ? Cette question n'a pas fait l'objet d'études sytématiques. Les ouvrages sur la divination, même s'ils fournissent des comptes rendus détaillés des séances divinatoires, laissent trop souvent des zones d'ombre sur cette partie de la consultation où les questions posées à l'oracle portent sur le rituel. Faute d'avoir su mesurer l'importance de cette séquence particulière, les auteurs laissent en dehors de leur champ d'investigation le mode d'articulation que sélectionne chaque société pour lier l'un à l'autre l'acte du devin en train de prescrire un rite et l'acte de son client en train d'accomplir le rite prescrit. Lorsqu'ils cherchent à rendre compte d'un rituel qui a été précédé d'une consultation divinatoire, ils se contentent trop souvent de présenter le temps de la divination comme un temps préparatoire et non comme un temps qui ferait partie du même continuum que le temps du rite proprement dit. Pour comprendre ce que signifie l'acte de prescrire dans le contexte de la divination, il faut suivre, du commencement jusqu'à la fin, le déroulement d'une consultation, puis tenter de repérer les signes oraculaires que le devin va prendre en considération pour construire le schème d'une action rituelle. Celui-ci n'est pas donné dans la fulgurance d'une intuition. Le plus souvent, il s'élabore progressivement dans le jeu des questions et des réponses que se renvoient mutuellement le devin, le client et l'oracle lui-même, grâce au support d'objets chargés de sens. On peut montrer que, dans bien des cultures africaines, le trait le plus caractéristique de cette conduite spécifique qu'on appelle une conduite rituelle est ce qui, en celle-ci, porte la marque du dire oraculaire.

Pour construire cette hypothèse, on s'appuiera sur le compte rendu d'une longue séance de divination en se centrant principalement sur ce qui y apparaît de la démarche du devin en train de prescrire un rituel, à partir de l'exemple fourni par Alfred Adler et András Zempleni (*Le Bâton de l'aveugle*, 1972) et, plus précisément, de ce qu'ils observèrent chez les Moundang (Tchad) lors d'une consultation dont le motif initial était la maladie d'une jeune femme et qui se déroula la veille du rituel qu'on s'apprêtait à accomplir en vue de traiter cette malade.

Les Moundang ont plusieurs sortes de divination, mais celle qu'ils pratiquent le plus souvent – le *kindani* (« le bâton de l'aveugle ») – repose sur la technique suivante : les réponses de l'oracle étant fournies par différentes sortes de combinaisons du signe pair et impair, le devin lit ces combinaisons sur des groupements de cailloux obtenus par tirage au sort. Tel l'aveugle se faisant guider par un enfant à l'aide d'un bâton, le devin dans le kindani se laisse guider par ses cailloux (Adler et Zempleni ont noté qu'une consultation de durée moyenne ne comportait pas moins de 3 200 tirages). Tout en soulignant l'extrême diversité des situations qui sont à l'origine d'une demande de consultation divinatoire, les auteurs proposent de distinguer deux grandes classes de consultation : d'une part, celles qu'on pourrait appeler « d'intérêt public », toutes commandées par le roi avant la célébration des grandes fêtes agraires ; d'autre part, celles qui sont sollicitées par des particuliers (individus ou groupes restreints) « au hasard des circonstances » et, en particulier, dans des situations pouvant mettre les gens en difficulté. Dans cette classe de « kindani privés », les auteurs réservent une place à part à celles qui sont requises, soit par des rites « thérapeutiques » spécifiquement féminins (de type *chin-fu* ou *chin-chye*), soit par les rites funéraires.

C'est l'un de ces rites, dit « chin noir » (chin-fu), qui va retenir ici notre attention. Il s'agit d'un rituel « thérapeutique » pratiqué exclusivement par des femmes qui, après avoir reçu une forme d'initiation, sont intégrées dans une sorte de groupe congrégationnel que, conformément à la terminologie d'Adler et Zempleni, nous appellerons « collège des possédées ». Toutes les adeptes sont d'anciennes malades ou, plus précisément, des malades dont la maladie a été identifiée comme le signe d'une élection par des puissances que les Moundang désignent collectivement par le terme de *chinri*, entités qui ne sont ni des puissances ancestrales ni, à proprement parler, des génies des lieux, mais des puissances associées à des espèces animales, surtout aquatiques, telles que le python, la tortue, le poisson-capitaine, etc. Les puissances en question (il y en a environ une trentaine) attaquent des individus – surtout des femmes –, « les prennent », « les frappent ». Dans certains cas, elles investissent le corps des malades, leurs « âmes » propres se

Divination en pays dogon. Avant le coucher du soleil, le devin trace sur le sable une figure complexe qui symbolise le monde. Pendant la nuit, le chacal (ou « renard pâle »), attiré par les arachides dont a été parsemée la table de divination, en bouleverse l'agencement, produisant un message que le devin déchiffrera (M. Renaudeau, Hoa-Qui).

substituant à la « petite âme » de la personne. Lorsque, à la suite d'une maladie, une possession de ce genre a été identifiée par le devin, on convoque la responsable du collège des possédées (la « Mère »), qui, souvent assistée par deux adjointes, organisera, selon la demande, l'un des trois rites de possession prévus pour « soigner » des affections imputées aux chinri de toute espèce.

Le rituel du chin-fu implique des opérations symboliques complexes étalées sur une période de trois jours. Il entraîne pour la patiente qui y a été soumise une intégration dans le collège des possédées qui lui vaut le titre initiatique d'« enfant de chin noir ». C'est un rituel qu'on peut qualifier de dangereux, et l'un des buts des consultations divinatoires qui obligatoirement le précèdent est d'arrêter un schème d'action dont le respect scrupuleux au moment de l'exécution diminuera les risques encourus. Dans le cas présent, la consultation avait été programmée pour fixer les modalités d'un rite de type chin-fu auquel devait se soumettre une femme malade qui, à plusieurs reprises, avait déjà été « agressée » par les chinri. Adler et Zempleni indiquent que, dans les consultations qui ont pour but la préparation des rituels dont le personnage principal est un malade, le travail du devin comporte deux phases : l'une « diagnostique », l'autre « prescriptive ». Bien qu'ils fassent des réserves sur l'emploi de termes empruntés au langage de la médecine, les auteurs croient utile de s'en servir pour faire sentir au lecteur que les questions concernant la conduite du rituel sont regroupées en fin de séance.

Une recherche ? C'est ainsi qu'une société africaine définit la divination. Il s'agit bien en effet d'une recherche, mais au sens où nous l'entendons dans l'expression « recherche de paternité ». Ici, avant l'initiation des adolescents, plusieurs chefs de famille gourmantché se réunissent en brousse pour scruter ensemble, et cela pendant des journées entières, les signes apparus sur « la peau de la terre » lorsque l'un d'entre eux frappe le sable (M. Cartry).

Nous allons examiner la façon dont se déroula la phase « prescriptive » de cette consultation. Quelques exemples donneront une idée de la nature des questions posées.

Le premier jour du chin-fu, l'initiante doit exécuter un rite de flexion devant une calebasse censée capter les « âmes des chinri ». L'exécution de ce geste devant être soumise au contrôle de l'oracle, le devin demanda qui allait tenir la calebasse de la Mère pendant que l'initiante effectuerait la flexion (la Mère elle-même, l'une de ses deux adjointes ?). L'un des premiers actes rituels de ce premier jour, c'est l'émission d'un son. La coutume prévoit trois types d'émission : cri humain sorti de la bouche d'une possédée ; son d'un tambour ; son d'une trompe-calebasse. S'interrogeant sur ce moment du rite, le devin demanda à l'oracle quel était celui de ces trois sons qu'on devait émettre en premier. Lors de son interrogatoire sur la maison du rite, le devin avait obtenu une réponse oraculaire indiquant que la cour extérieure de cette maison était dangereuse. Amené maintenant à programmer le rite du premier jour, le devin ne pouvait pas ne pas se rappeler qu'en un moment *x* de ce rite les musiciens devraient se tenir près du seuil de la maison du rite. Il fallait donc, là encore, interroger l'oracle pour déterminer si la place qu'allaient devoir occuper les musiciens devait être, ou non, éloignée du seuil.

Les questions posées à l'oracle pour les rites du deuxième jour, où l'on se débarrasse des « âmes des chinri » responsables de la maladie, portèrent également sur des moments du rite où la coutume laisse une possibilité de choix entre plusieurs alternatives. Pour ramasser les « âmes des chinri », l'agent de l'action n'est pas automatiquement désigné et, entre trois personnages possibles, il est nécessaire de faire un choix. Ayant soumis à l'oracle les termes de ce choix, le devin obtint une réponse lui indiquant la personne qui le lendemain allait devoir tenir ce rôle. Parmi les autres questions qu'articula le devin, il y eut notamment les suivantes : le sable dont on allait se servir pour combler le trou où devaient être enterrées les « âmes des chinri », fallait-il le ramasser avec une calebasse ancienne ou une calebasse neuve, une calebasse rouge ou une calebasse blanche ? L'« âme du chinri boa » qu'on allait devoir ensevelir dans l'autel, fallait-il la mettre dans une poterie séparée ou dans une poterie déjà occupée par une « âme de chinri » d'une autre espèce ?

Code rituel et prescriptions aléatoires

Comparant cette consultation à des consultations accomplies par la même société dans d'autres contextes (consultations « privées » effectuées avant les rites funéraires, consultations « publiques » commandées par le roi avant la célébration des fêtes agraires annuelles), Adler et Zempleni ont pu constater des différences majeures quant à la place qu'y prenaient les prescriptions rituelles du devin et quant au contenu même de ces prescriptions. Dans les consultations du second type, précisent les auteurs, on relève certes aussi de nombreuses prescriptions, mais elles ne concernent pas à proprement parler le déroulement de l'action rituelle. En ces consultations, tout se passe comme si le devin appréhendait le déroulement de cette action à la manière d'une représentation réglée selon un scénario immobile, « depuis longtemps fixé par la tradition ». Dans les consultations du premier type (comme celle qui a été décrite plus haut), les prescriptions portent sur toutes les phases du rite. Dans le cas présent, l'action rituelle à préparer va si peu de soi qu'elle doit faire l'objet d'une sorte de décomposition par le menu ; et cela comme s'il fallait la réduire en autant d'éléments qu'elle comporte d'alternatives, ou plutôt d'alternatives « pouvant offrir une prise au verdict de l'instance oraculaire ».

Fétiche lobí. Les Lobi vouent un culte à la terre, considérée comme grande déesse-mère. Ils ont conservé presque intacte leur religion traditionnelle. Les villages ont à leur tête un chef religieux, prêtre de l'autel de la Terre et chargé du maintien de bonnes relations avec celle-ci, au bénéfice de toute la communauté. Région de Gaoua, Burkina Faso (A. Petit, Top).

Peut-on classer les rites d'une ethnie en prenant pour critère la façon dont cette même ethnie les soumet, avant exécution, à l'instance oraculaire pour leur faire subir une sorte de « mise en forme préalable » ? En montrant qu'un tel classement était possible, Adler et Zempleni ont ouvert d'intéressantes perspectives de recherche. La distinction qu'ils font entre deux types d'action rituelle – celles qui sont réglées selon un scénario immobile et celles qui progressent le long d'un chemin sinueux préalablement balisé par le devin (sinon en sa totalité, du moins en ses points de parcours les plus difficiles) – nous paraît extrêmement féconde. Les recherches que nous avons nous-mêmes effectuées sur la divination des Gourmantché du Burkina Faso (qui pratiquent intensivement une forme de géomancie où la voix de l'oracle passe par la « bouche de la terre ») et, en particulier, sur le problème du rapport entre structure du rite et prescriptions rituelles du devin nous ont permis de constater que la distinction proposée par Adler et Zempleni n'était pas seulement pertinente dans le contexte moundang.

Les Gourmantché distinguent bien, eux aussi, deux grands types d'action rituelle. Bien que cette distinction se fonde chez eux sur une théorie cosmogonique – qui qualifie l'action rituelle en fonction des qualités du temps cosmogonique où elle prend place, et non, comme chez les Moundang, sur une conception de la souveraineté royale –, elle se présente, à bien des égards, sous les mêmes aspects. De certains types de rites et de cérémonies, les Gourmantché disent qu'ils ont lieu « en ces jours que Dieu a séparés pour lui seul ». En ces jours où ce qui s'accomplit ce sont « les choses du monde », chacun « sait ce qu'il doit faire ». Au moment de l'exécution de cérémonies de ce type, tout se passe comme si un schème d'action préétabli, fixé dans la mémoire de l'ethnie sous la forme d'une sorte de code liturgique, venait dicter son rôle à chacun des acteurs, lui donnant en particulier des instructions sur les paroles qu'il doit prononcer, sur les objets qu'il aura à manipuler, sur les victimes sacrificielles qu'il aura à immoler ou encore sur les lieux qu'il devra investir. Ce type de cérémonie requiert des consultations géomantiques. Mais les prescriptions du devin ne se présentent pas sous la forme d'instructions permettant de guider de proche en proche le cheminement des acteurs.

Pour les rites exécutés en ce moment du calendrier où « la lune est dans ses plis », c'est un tout autre principe de codage qui règle l'action rituelle. Cette fois, le schéma d'action fourni par le code liturgique ne suffit plus. Un autre schéma est nécessaire et c'est le devin qui doit l'élaborer en extrayant de « la bouche de la terre » la parole oraculaire. Prenons un exemple. Avant l'initiation des jeunes gens, il est nécessaire de réunir un collège de devins. Les membres de ce collège se rassembleront un grand nombre de fois pour consulter l'oracle tous ensemble. Passant en revue tous les moments de ce long procès rituel qu'implique l'initiation masculine, ils consulteront la terre sans relâche pour régler en détail tout ce qui devra y être accompli et pour « contrôler » les lieux, le temps, le décor qui serviront de cadre à l'action.

Que l'étude d'un rite soit parfois rigoureusement inséparable de celle de la mise en forme de ce rite par la divination, c'est ce qui nous est apparu clairement en observant de jour en jour ces assemblées de géomanciens gourmantché en train de chercher le chemin du rite pour une initiation. Ce qui s'est vérifié chez les Moundang, et chez les Gourmantché, mais aussi dans d'autres sociétés – notamment chez les Mwaba Gurma du nord du Togo étudiés par A. de Surgy (*La Divination par les huit cordelettes chez les Mwaba-Gurma*) – devrait pouvoir se vérifier ailleurs et une enquête systématique sur cette question pourrait ouvrir la voie à d'importantes découvertes, non pas seulement sur la divination, mais aussi sur l'activité rituelle en général en sa structure et en sa fonction. De cette structure et de cette fonction, qu'est-ce qui peut être dévoilé par le biais de telles enquêtes ?

Rite et théâtre

L'observation d'un rite met parfois l'observateur en présence d'une mécanique si précisément réglée qu'il ne peut se défaire de l'impression que le spectacle qui se déroule devant ses yeux est agencé comme une représentation théâtrale qui ne saurait être donnée au public qu'après avoir fait l'objet de mises au point successives et de répétitions multiples. Une telle impression est en grande partie illusoire. Toutes les comparaisons qu'on a pu faire entre le rituel et le théâtre se sont révélées décevantes. En faisant de trop larges emprunts au vocabulaire de ce dernier, l'analyste des rites peut s'engager sur une voie qui lui fera perdre de vue l'objet qu'il cherche à décrire. Mais l'on ne doit pas pour autant s'interdire toute comparaison entre le rite et les arts du spectacle. À ce propos, nous faisons nôtre le point de vue d'A. Schaeffner (« Rituel et pré-théâtre », in *Histoire des spectacles*), qui a très bien montré que, si l'on ne pouvait pas comparer terme à terme le rituel et le théâtre, il était en revanche parfaitement légitime de comparer les conditions de lieu, de temps et d'accessoires que le théâtre requiert mais qu'« imposent aussi bien les manifestations rituelles » des sociétés où le rite est l'affaire de la communauté. Pour préciser le rapport qu'entretient avec l'espace tel ou tel participant d'un rituel lorsqu'il évolue sur la scène du rite, l'auteur s'inspire des remarques profondes de Mallarmé sur l'institution du lieu par la danse : loin d'être seulement l'occupant d'un espace, avec son « décor naturel » et son « architecture établie », l'acteur du rite parvient par la magie de son geste à « planter » en cet espace un « décor invisible » qui, « en ôtant de la vue la nudité du lieu » (Mallarmé), institue un autre lieu. Si le propre du jeu de l'acteur sur la scène d'un rite est bien d'instituer un lieu en plantant un « décor invisible », on peut dire d'un tel acteur que sa fonction s'apparente non à celle de l'acteur de théâtre, mais à quelque chose qui rappelle ce que, dans les arts du spectacle, doivent prendre en charge tout à la fois le metteur en scène, le maître du décor et le chef des accessoires. Mais ce qui, dans cette perspective, qualifie l'acteur d'un rite peut aussi qualifier selon nous, et en tout premier lieu, le devin en train de prescrire un rite. Ce que le devin cherche, par rapport au rituel qui va se tenir, ce sont bien des conditions de lieu, de temps, d'accessoires et de décor qui, en permettant d'ôter de la vue « la nudité du lieu » naturel, va rendre possible l'émergence d'une scène où pourra se produire

Noter le résultat.
Dans le « kindani », le devin utilise deux sortes de pierres : des petits galets pour le tirage au sort proprement dit et des pierres plus grandes, qu'il dispose en arcs de cercle pour mémoriser les combinaisons obtenues avec les galets (A. Zempleni).

quelque chose. Si le devin prescrit, ce n'est ni à la manière du juge ni à celle du médecin, mais plutôt à celle du metteur en scène qui règle les rapports du visible et de l'invisible. C'est bien ainsi, en tout cas, que nous sont apparues les assemblées de devins gourmantché se déplaçant dans le temps et dans l'espace pour poursuivre leurs consultations, alors que l'initiation avait déjà commencé.

Le metteur en scène n'est pas l'inventeur du spectacle qu'il met en scène ; il reste tributaire du texte dont il doit assurer la représentation. De même, le devin n'est pas l'inventeur du rite qu'il prescrit, car ce rite, comme tous les rites, fait partie du legs d'une ethnie ou d'un clan. Ce qui joue pour lui le rôle du texte, c'est bien le legs de sa tradition culturelle ; et de cela il ne peut, ni ne veut se passer. Un tel héritage lui donne la trame du rite, une trame faite de temps, d'espaces, d'intervenants ou d'objets, éléments souvent inamovibles. C'est dans cette trame que s'introduit le travail de la divination, qui va donner à chaque réalisation d'un même rituel sa texture propre.

Mais pourquoi à chaque fois une texture nouvelle ? Pourquoi certaines sociétés, en chacune de ces circonstances où elles s'apprêtent à refaire le même rituel, font-elles obligation à leurs devins de consulter l'oracle pour obtenir non pas des prédictions mais des instructions sur la conduite d'un rite déjà tant de fois accompli ? Pourquoi la société moundang, à chaque nouvelle célébration d'un rituel de type chin-fu, éprouve-t-elle le désir de savoir si les agents qui doivent y participer devront faire ceci ou cela, en tel ou tel moment de l'action : utiliser cet instrument sacré plutôt qu'un autre, s'arrêter ici ou là pour propitier les génies de lieu ? On voit bien, sur cet exemple, que l'enjeu de la demande faite au devin n'est pas de l'ordre d'un ajustement aux conditions de l'expérience. On pourrait croire que ce qu'on demande au devin moundang, chargé de consulter pour un chin-fu, c'est d'adapter la formule canonique de ce rituel aux problèmes toujours particuliers que pose le traitement d'un individu malade. En fait, ce n'est pas cela qui est en question, car le devin, lorsqu'il prescrit un rite pour un malade, ne prend guère en compte les signes cliniques de la maladie. Entre deux types de réponses oraculaires – celles qui indiquent l'identité des chinri mal disposés envers la malade et celles qui révèlent le type d'instrument qu'il faudra utiliser pour le rite initiatique –, le *pa-kindani* établit, certes, un lien ; mais ce lien n'est évidemment pas de même nature que celui qui lie l'un à l'autre un diagnostic et un traitement thérapeutique.

L'obligation faite au devin de régler sur des figures aléatoires la mise en scène d'un rituel a pour effet de rendre unique chaque célébration d'un même rite. Elle investit, en outre, le devin d'une fonction qui consiste à faire entrer dans le manque ce que l'aléatoire n'a pas retenu. À la notion de rituel est fréquemment associée l'image d'une conduite qui, en multipliant les précautions destinées à conjurer un risque, encombre l'espace de gestes innombrables donnant l'impression « d'actes surajoutés ». Mais cette inflation au niveau du « faire » masque à la vue l'efficace du rite.

« Par mes prescriptions minutieuses, je t'ai fait croire que, dans le rite qu'on fait pour toi, rien ne manque ; mais je t'ai en même temps donné le moyen de voir qu'en chacune de mes prescriptions le manque était inscrit », semble dire le devin à l'agent du rite.

Les Indiens d'Amérique

Carlo Severi

Dans le monde amérindien, le rituel suppose toujours un partage de l'univers en territoires séparés. On trouve, d'un côté, les humains, frappés par les malheurs, l'incertitude de l'avenir ou la souffrance, qui rendent le rite nécessaire ; de l'autre, les esprits, êtres mal définis et changeants, dont l'hostilité est censée être à l'origine du mal de l'individu, du désordre interne de la société ou d'une agression extérieure.

Dans ces cultures, où les traditions chamaniques sont très largement majoritaires, le rituel – loin de constituer l'illustration en actes d'un corpus mythologique ou d'une théologie – est avant tout la représentation d'un conflit entre les territoires et les êtres qui les habitent et qui sont eux-mêmes hostiles les uns aux autres. Ce schéma de relations entre les différents territoires du cosmos n'a pas pour fin, comme dans d'autres sociétés, la célébration d'un passé qu'il faut garder vivant ; et il ne donne que très rarement lieu à de véritables cultes adressés à des divinités. Il oriente, en revanche, un certain nombre de pratiques quotidiennes, notamment celles qui sont liées au traitement des maladies. Partout en Amérique indienne, la représentation des pathologies physiques s'inscrit dans le cadre de cette analogie entre le corps humain et l'univers : ce qui frappe le corps – la mort, la maladie et, avant elles, le simple état de souffrance – s'explique toujours, dans ces traditions, par une turbulence ou une faille dans l'espace organisé du cosmos. L'expérience du corps coïncide alors avec une transformation secrète du monde. Le chamane, à la fois devin, thérapeute et spécialiste du rituel, doit savoir déceler cette transformation et lui donner un sens.

Dans les rituels thérapeutiques, cette loi des correspondances cosmiques s'exprime par le modèle du voyage

Symbolisme animal. Utilisés pour marquer le rythme des chants et des danses dans toute l'Amérique indienne, hochets et sonnailles jouent un rôle important dans les rituels chamaniques. L'habileté des Indiens de la côte nord-pacifique dans le travail du bois se manifeste ici dans le traitement des représentations animales, qui évoque celle des poteaux totémiques. Hochet de chamane des Indiens Haida, Colombie britannique, National Museum of Man, Ottawa (musée de l'Homme, Paris).

chamanique. Le canevas de la représentation rituelle de ce voyage imaginaire peut paraître au premier abord excessivement simple : les esprits auxiliaires du chamane (ou lui-même, lorsqu'il se trouve en état de transe) partent à la recherche d'une des « âmes » du malade, dont l'absence, précisément, a causé l'état pathologique. Pour obtenir la guérison, ils devront découvrir quel est le lieu du cosmos où l'« âme perdue » se cache, engager un duel avec d'autres esprits, malfaisants ou pathogènes, et la rétablir dans le corps du malade.

Trompé par cette apparente simplicité, Alfred Métraux pouvait encore, en 1967, ramener les conceptions amérindiennes des maladies et de la thérapie rituelle à deux variantes du voyage chamanique : ou bien le mal est placé à l'intérieur du corps du malade, ou bien il se situe au dehors, dans un au-delà mythique, identifié avec le monde des animaux ou avec celui des morts (*Religions et magies indiennes d'Amérique du Sud*). Dans un cas, le rituel consiste à extraire du corps du patient un « objet étranger » (un cristal de roche ou même un caillou) ; dans l'autre, le chamane se livre publiquement à la représentation d'un duel contre les esprits pathogènes. Dans les deux cas, seules les pathologies physiques semblent faire l'objet d'une élaboration symbolique.

L'ethnographie récente, en particulier celle qui a été consacrée à l'aire amazonienne (C. Crocker, *Vital Souls. A Study of Bororo Shamanism*, 1980 ; S. Hugh-Jones, *The Palm of the Pleiades*, 1979), nous permet de corriger cette vision du chamanisme amérindien, au moins sur deux points essentiels. En premier lieu, loin de constituer le seul modèle amérindien de représentation des maladies, le voyage cosmique peut s'intégrer à des conceptions plus complexes de l'expérience individuelle. On peut alors voir apparaître, comme chez les Mohave de l'Arizona (G. Devereux, *Mohave Ethnopsychiatry and Suicide*, 1969) ou les Cuna de Panamá, des représentations traditionnelles des pathologies mentales. Chez les Cuna, par exemple, les chamanes distinguent nettement entre symptôme somatique et trouble psychique. La formulation de cette distinction est claire dans la terminologie indigène : être attaqué dans le fonctionnement de son corps, c'est *avoir* une maladie ; être « fou », ou avoir un comportement que la pensée indigène associe à l'état de folie, c'est, pour le chamane cuna, *être* une maladie. Cette première distinction est à l'origine d'une théorie de l'*échange de doubles spirituels* entre les hommes et les esprits animaux, théorie qui s'articule, sans la remplacer complètement, sur la théorie de la maladie comme « rapt d'âme » et qui comprend une étiologie spécifique, une taxonomie des comportements reconnus comme relevant d'une psychopathologie et une pathogenèse détaillée des principaux symptômes. Dans cette perspective – qui est celle d'une des traditions chamaniques les plus développées en Amérique –, le voyage chamanique devient à la fois le récit d'une quête de l'âme perdue et la description détaillée des différentes étapes d'une métamorphose du double spirituel du fou. Dans la description rituelle de cette pathogenèse, celui-ci est progressivement réduit à un état intermédiaire entre l'humanité et l'animalité : il devient alors, pour la pensée indigène, celui qui a échangé son âme contre celle d'un esprit animal (N. Holmer et H. Wassén, *Nia Ikala. Canto magico para curar la locura*, 1958 ; C. Severi, « Le Chemin des métamorphoses », 1982).

Pouvoirs du chamane. Dans les sociétés amérindiennes, le chamane est un voyant et un thérapeute. Sa connaissance du monde des puissances invisibles lui donne le moyen de comprendre les désordres cosmiques liés à la maladie et d'agir sur eux. Il en tire un grand prestige au sein de sa communauté, et parfois au-delà. Statue de chamane des Indiens Tsimshian, Colombie britannique (musée de l'Homme, Paris).

Le deuxième correctif à apporter à la vision ancienne du chamanisme concerne aussi bien les faits que les méthodes que les ethnologues ont adoptées pour comprendre ces derniers. L'ethnographie sur laquelle s'appuyait par exem-

Chamane goajiro. Si les chamanes sont généralement des hommes, il arrive aussi – et c'est justement le cas chez les Goajiro – que des femmes remplissent cette fonction. Péninsule de la Goajira, Venezuela (M. Perrin, musée de l'Homme, Paris).

ple Métraux consistait essentiellement à observer des gestes. Le rituel était alors étudié de l'extérieur. À partir du moment où ils ont commencé à s'intéresser à cet instrument essentiel du rituel qu'est la *parole* – à travers l'étude de chants chamaniques et celle, non moins essentielle, des conditions que les traditions amérindiennes imposent à leur énonciation rituelle –, les ethnographes de terrain ont pu jeter un regard nouveau sur les pratiques rituelles des Indiens d'Amérique. Nous avons vu que, dans le cas des Cuna, les conceptions de la pathologie peuvent aller au-delà de l'idée d'un simple déplacement dans l'espace de l'âme du malade. Mais qu'en est-il de ce schéma spatial dans la représentation de l'acte thérapeutique, tel qu'il est décrit dans les chants thérapeutiques des Cuna (N. Holmer et H. Wassén, *The Complete Mu Ikala*, 1953 ; *Nia Ikala. Canto magico para curar la locura*, 1958) ? Il est intéressant de remarquer que la narration du voyage, qui semblait jouer un rôle essentiel dans le rituel, n'occupe qu'une partie mineure et limitée de ces textes. L'action du chamane, décrite avec le plus grand détail, vise plutôt à identifier un par un les êtres qui habitent le monde des esprits, à définir les termes d'un *pacte* avec eux et à tracer les frontières du territoire habité par les hommes. L'enjeu de son action n'est donc pas seulement la guérison d'un malade, mais aussi la sauvegarde d'une société.

Dans la pensée médicale de l'Occident, l'enjeu fondamental de l'acte thérapeutique est la lutte contre la mort. Or l'acte rituel du chamane-thérapeute amérindien n'est jamais démenti par la mort d'un malade. Le but essentiel du rituel thérapeutique consiste à *comprendre* – au sens où il s'agit de les inclure dans les catégories du savoir commun – et la maladie et la mort éventuelle d'un malade. À travers la représentation d'un conflit entre les forces du désordre et les lois qui définissent la vie en société, le voyage chamanique vise donc à représenter l'expérience de la souffrance comme le signe d'une menace qui pèse sur le corps social.

Qu'il ait recours aux plantes hallucinogènes, comme en Amazonie, ou qu'il provoque sa voyance par le jeûne prolongé, comme chez les Indiens des Plaines, le chamane amérindien explore toujours, par la métaphore du voyage rituel, un espace intermédiaire, à la fois cosmique et corporel. Son savoir est donc un *savoir de l'espace* : il connaît l'ordre caché de l'univers et il sait interpréter les signes du désordre. Toutefois, la connaissance du monde et celle du corps demeurent inséparables ; et c'est précisément cette correspondance entre une expérience et une géographie mythique du cosmos qui définit la nature de l'espace où se joue le rituel chamanique. Tout acte rituel (une danse, une offrande aux esprits, une invocation chantée, un duel symbolique) s'y trouve dès lors doué d'une double causalité, en ce qu'il vise simultanément des régions inconnues de l'univers et le corps souffrant. De même, tout personnage évoqué (un esprit animal, ou végétal, et le chamane lui-même) acquiert, par sa présence sur la scène rituelle, une double existence : il devient à la fois le responsable présumé du mal et l'incarnation vivante de l'expérience de la douleur. Le monde des esprits qu'évoque le rituel pour représenter la douleur, l'échec ou l'incertitude n'est donc pas l'image spéculaire de celui des humains. Il en constitue plutôt une projection partielle, toujours mouvante et provisoire, sensible aussi bien à l'histoire du groupe social qu'aux péripéties infinies des histoires individuelles.

L'Océanie

BERNARD JUILLERAT

L'introduction du christianisme au XIXe siècle a considérablement transformé (quand elle ne les a pas totalement annihilées) les pratiques religieuses dans les différentes régions océaniennes. En Polynésie et en Micronésie, il ne subsiste pratiquement rien des cultes anciens, et il faut se référer à des ouvrages du XIXe siècle (principalement dus aux missionnaires) ou à l'archéologie pour en reconstituer les traits fondamentaux. En Mélanésie occidentale et, dans une moindre mesure, en Australie, on peut encore observer certaines formes cultuelles qui, malgré la christianisation, se sont perpétuées, souvent au prix d'importantes transformations. Le syncrétisme religieux et l'impact économique et politique européen ont cependant donné lieu à de nouvelles formes de culte, généralement de type millénariste.

Temples et rituels polynésiens

Les pratiques religieuses en Polynésie centrale et orientale s'organisaient dans et autour du *marae*, enceinte sacrée ou temple composé d'une cour pavée rectangulaire (*ahu*) fermée latéralement par de hauts murs de pierres taillées et, sur l'arrière, par une élévation pyramidale à degrés de hauteur variable devant laquelle se dressaient des poteaux sculptés et des autels de pierre ou de bois pour les offrandes. On y trouvait aussi des abris funéraires et des constructions réservées aux prêtres et aux serviteurs du temple, ou destinées à abriter les images sculptées des dieux (allant d'un bois à peine travaillé à des œuvres au style élaboré). On rencontre des sanctuaires similaires aux Marquises, à Hawaii ou même dans l'île de Viti-Levu aux Fiji. À

Sacrifice humain dans le « marae » d'Atauru à Tahiti (troisième voyage du capitaine Cook 1777). Une guerre imminente a suscité un sacrifice au dieu la Toua. À gauche, des prêtres et des musiciens. Selon Cook (à droite), la victime était issue de la basse classe et avait été assommée par surprise. À l'arrière-plan, deux hommes creusent une fosse pour l'inhumer. Au fond, les crânes déterrés de victimes antérieures et des sculptures sacrées. Œuvre du graveur Webber, London British Library (Giraudon).

l'île de Pâques, les ahu dotés des célèbres statues dressées (*moaï*) avaient probablement la même fonction. À Tikopia, le marae est un espace ouvert orienté vers la mer et délimité par des pierres. Aucune structure de ce type n'est cependant attestée en Nouvelle-Zélande, où le terme maori *marae* désigne simplement un lieu de rassemblement.

À l'exception de celui (dit international) d'Opoa à Raïatea, centre religieux d'une grande partie de la Polynésie orientale et centrale, les marae les plus importants étaient les temples royaux ou « nationaux ». Des prêtres (*tahu'a*, dont on distinguait plusieurs catégories) aux fonctions héréditaires et appartenant à la noblesse étaient affectés aux temples publics ; les chefs et le roi lui-même pouvaient être grands-prêtres. Le rôle des tahu'a consistait à présider aux sacrifices, à assurer les rites funéraires, à invoquer les dieux, à manipuler les effigies sacrées, à rechercher l'inspiration divine par la transe et à prononcer des oracles. Pendant les périodes cérémonielles, la personne du prêtre était sacrée (*tapu*) et soumise à de nombreuses restrictions. À l'occasion du *pa'i-atua*, l'une des cérémonies les plus marquantes, les images divines étaient rassemblées, débarrassées des tissus et des plumes rouges qui les décoraient et ointes d'huiles aromatiques. Ainsi « réveillés », les dieux étaient vénérés par des prières et des chants. Les offrandes consistaient en nourritures végétales ou animales, notamment en cochons mâles tués parfois par centaines. Les sacrifices humains qui marquaient les cérémonies les plus importantes (guerre, lutte contre les calamités naturelles, fondation d'un nouveau temple) ont suscité de nombreux commentaires ; toujours de sexe masculin, les victimes étaient le plus souvent des prisonniers de guerre ou des marginaux que l'on tuait par surprise avant de les apporter au marae. Aux îles Marquises, certaines parties du corps des victimes faisaient l'objet d'un repas communiel.

Les rites funéraires polynésiens présentent des traits récurrents dans tous les archipels : en règle générale, le corps était desséché au soleil sur des plates-formes (à proximité de l'habitation pour les gens du commun, au marae pour les nobles) ; le corps des grands chefs ou des rois subissait un embaumement partiel qui permettait sa conservation pendant plusieurs années ; finalement, on enterrait les ossements ou on les plaçait dans des cavernes, sauf le crâne, qui, emballé dans des tapas, était gardé dans la maison ou au marae. Les funérailles et le deuil étaient marqués par des lamentations bruyantes et, pour les morts de haut rang, par des mortifications physiques. Des bardes chantaient les louanges du mort et récitaient sa généalogie ; les sacrifices accomplis, on priait une divinité particulière d'accompagner l'esprit du défunt au pays des morts.

La préparation de *kava* (boisson obtenue par mastication de la racine du *Piper methysticum*) et sa consommation par l'assemblée des prêtres eurent certainement un rôle central dans la religion polynésienne. À Tikopia, le kava n'était habituellement pas bu mais répandu en libation pour les dieux.

Effigie funéraire « rambaramb » du sud-ouest de Malekula (Vanuatu). L'effigie (tronc en fougère, membres en bois, tête faite du crâne surmodelé) portait les décorations correspondant au grade du défunt. Fabriqué lors du prélèvement de la tête, le rambaramb était placé en bordure de la place de danse pour le rite de fin de deuil, puis abandonné dans la Maison des hommes ; plus tard, le crâne était placé dans l'ossuaire du clan. Musée des Arts africains et océaniens, Paris (Top).

L'initiation et la mort en Mélanésie

En Mélanésie, la plus faible hiérarchie sociale entraîne parallèlement une moins forte hiérarchisation des divinités, ainsi qu'une orientation des pratiques religieuses allant davantage dans le sens des rites de fertilité et de l'acquisition de grades initiatiques réservés aux hommes. Certains traits propres à l'ensemble du Pacifique sont cependant reconnaissables. En Mélanésie, comme autrefois en Polynésie, les techniques de communication avec les divinités ou les morts – outre les offrandes, les incantations, la musique – font appel à l'interprétation des rêves ou à la parole de médiums en transe et de chamanes (rituel thérapeutique).

On note, par ailleurs, dans les cultures mélanésiennes, un grand échelonnement des rituels, qui vont de la simple démarche magique individuelle (production, maladie, séduction...) à de longs cycles cérémoniels, généralement à caractère initiatique ; ceux-ci comportent souvent des masques confectionnés pour chaque rite et composés d'une armature enserrant une surface peinte de motifs, figuratifs ou non. Partout – et comme en Polynésie (cf. les célèbres *karakia* maoris) –, la parole est fondatrice de l'efficacité du rite et fréquemment associée à la mastication de rhizomes odoriférants et de bétel (Mélanésie occidentale) ou à la consommation de kava (Vanuatu, Fiji). Dans de nombreuses sociétés mélanésiennes, la vie rituelle s'organise à partir de la Maison des hommes, qui se caractérise par une impressionnante architecture parfois rehaussée de façade peintes ou sculptées (Sépik) et dans laquelle les hommes, à l'abri des regards féminins, passent une partie de leur temps, gardent les masques et instruments de musique et préparent les cérémonies. Les Elema du golfe de Papouasie organisaient leurs cycles initiatiques masculins, *hevehe*, au sein de communautés dont chacune était regroupée autour d'une de ces Maisons cérémonielles (*eravo*) jusqu'au moment où, en 1919, un mouvement millénariste incita les habitants à détruire spontanément leurs objets de culte. Toujours sur la côte sud, en Nouvelle-Guinée occidentale, les Asmat sont mondialement reconnus pour la qualité de leur art, souvent profane, mais dont les mâts (*bis*) superbement sculptés dans le bois de mangrove et dressés cérémoniellement devant la Maison des hommes représentaient les ancêtres à venger à la suite d'homicides commis contre la communauté.

Presque partout en Nouvelle-Guinée, l'initiation masculine comprend plusieurs stades successifs, qui commencent généralement vers 7-9 ans et prennent fin à l'âge

Un chamane chez les Baruya des hautes terres de Papouasie. Les chamanes, hommes ou femmes, sont responsables, chez les Baruya, de la santé des membres de la tribu. Ici, un chamane applique de la boue sombre sur l'abdomen d'un jeune homme afin de rafraîchir son foie (siège de la vie) que la fièvre menace (J.-L. Lory, C.N.R.S.).

adulte, parfois même à la vieillesse. Le premier grade correspond habituellement à la séparation du garçon par rapport à la communauté des femmes ; il figure la rupture du lien à la mère. Chaque étape a ses caractéristiques rituelles, ses décorations ou masques particuliers ; on y introduit les novices à des activités déjà connues mais empreintes, par le rite, d'une valeur inaugurative (activités économiques, consommation de certains aliments) ; on leur enseigne les éléments secrets du culte, que les femmes ne doivent pas connaître ; on leur montre dans la Maison des hommes les objets sacrés (masques, représentations des esprits, reliques des ancêtres) et on leur explique l'origine du son des rhombes ou des flûtes, qui est supposé être la voix des esprits. Leur corps peut subir des traitements symboliques temporaires (onctions de substances « fertilisantes », tel l'ocre rouge ; flagellations aux orties ; jeûnes ; saignées péniennes...) ou des épreuves laissant des stigmates définitifs, preuve tangible de l'accès à tel degré initiatique (percement de la cloison nasale, scarifications, circoncision). Chez les Baktaman des Star Mountains, outre la Maison des hommes, trois catégories de maisons de culte dotées de gardiens attitrés servent de centres rituels pour les sept degrés de l'initiation qui sont répartis sur l'ensemble de la vie d'un homme. Les huit grades du culte *tambaran* des Ilahita Arapesh (Sépik) rappellent aussi que les rites de puberté proprement dits sont souvent intégrés à une institution plus vaste déterminant une hiérarchie de classes d'âge. Cela s'apparente au système des titres du Vanuatu, notamment au *suqe* des îles Banks dans lequel à chacun des 11 à 15 grades correspondent des attributs cérémoniels que le candidat doit payer avec des monnaies de coquillages. Enfin, et pour revenir à la Nouvelle-Guinée, l'exemple devenu classique de la cérémonie *naven* des Iatmul du Moyen-Sépik, étudiée par Gregory Bateson au début des années 1930, est un rite d'intégration sociale des jeunes qui ont effectué pour la première fois une action productive, guerrière ou autre : l'apprentissage empirique est ici prétexte à une mise en scène des principaux rapports sociaux situés dans la parenté.

L'initiation des filles, là où elle existe, reste davantage un rite de la puberté (isolement lors des premières règles, enseignement par des aînées) et ne s'est guère développée en des cultes complexes ou hiérarchisés.

Bien que l'idée de fertilité et de croissance soit présente dans l'initiation (où le social prime cependant sur le religieux), il faut distinguer en Mélanésie tout un ensemble de démarches à caractère religieux ou magique, qualifiées habituellement de « rites de fertilité » et allant des rites de multiplication appliqués à un produit particulier jusqu'à des cérémonies complexes, avec masques, peintures corporelles et musique, dont le but déclaré est d'ordre économique mais qui cachent une fonction non révélée de reproduction et d'intégration de la société dans le cosmos (rite *ida* des Border Mountains). Quant aux rites de production, organisés le plus souvent dans le cadre domestique, ils peuvent aussi être la spécialité de lignées particulières. Certaines espèces agricoles, comme l'igname, sont l'objet de cultes plus développés et fortement intégrés socialement par l'échange, alors que les rites de chasse ou de pêche font principalement appel aux esprits gardiens des espèces naturelles.

Le traitement du cadavre et les formes de sépulture mélanésiennes traditionnelles rappellent la préoccupation, déjà relevée pour la Polynésie, de récupérer les ossements, et notamment le crâne. Ainsi s'expliquent diverses formes d'exposition du corps, soit à l'air libre à proximité des habitations (Papouasie), soit emballé dans des écorces et placé au-dessus du sol sous un abri de jardin. À Malaita (Salomon) et aux îles Loyauté, le corps était placé dans un cercueil-pirogue et on l'y laissait se dessécher en un lieu élevé (arbre ou falaise). La collecte des ossements, enduits d'ocre rouge, correspond souvent au terme du deuil ; les longs os sont placés dans des cavernes ou sur des arbres, le crâne étant conservé. La crémation était même attestée aux Salomon, comme en Australie. Les Big Nambas de Malekula et les Iatmul du Sépik surmodelaient les crânes pour les intégrer à des structures de bois vouées au culte des morts. Les lieux de sépulture sont associés aux droits fonciers et le mort réintégré à son terroir ; en Nouvelle-Calédonie et au Vanuatu, on note des ossuaires lignagers. Les rites funéraires pouvaient, surtout pour les hommes importants, se prolonger durant plusieurs années et se clore par une cérémonie, comme le *nian* du nord de la Nouvelle-Calédonie.

Le domaine australien a ses spécificités propres et l'on y relève des variations d'une région à une autre. Le trait le plus original des pratiques religieuses des Aborigènes, sociétés de chasseurs-collecteurs aujourd'hui en pleine mutation, réside sans doute dans la dimension totémique des rites d'initiation ou de fertilité ; le novice aranda se voit notamment montrer le *churinga* de son clan, plaquette de bois ou de pierre gravée, qui symbolise le temps du rêve (la durée passée et présente du mythe) et l'itinéraire du héros ancestral marqué de sites sacrés. Associées à l'initiation, on note, selon les régions, la circoncision, la subincision, l'évulsion d'une dent, l'épilation ou la scarification, ainsi que l'onction des novices avec le sang des anciens. Les femmes ont souvent leurs propres rituels, qui sont interdits aux hommes. Parmi les arts plastiques, la peinture est dominante ; pratiquée sur le corps ou sur le sol, dans des abris-sous-roche ou (pour les côtes septentrionales) sur des écorces, elle peut avoir des fonctions religieuses variées. Les chants, les récitatifs, la musique instrumentale et la danse (*corroborees*) font souvent partie intégrante de la pratique religieuse.

L'hindouisme

Hélène BRUNNER

S'il est un trait qui caractérise la civilisation indienne, c'est bien le fourmillement des lieux de culte et l'abondance des manifestations dont ils sont le cadre ou le prétexte. Les cérémonies védiques solennelles ayant depuis longtemps cessé d'être pratiquées, le bouddhisme ayant disparu du pays et le jinisme n'étant demeuré vivant que dans quelques provinces, ce dont le voyageur est témoin relève le plus souvent de ce qu'il est convenu d'appeler « hindouisme ». Celui-ci est composé de plusieurs mouvements religieux, qui ont en commun de concevoir, au sommet de l'univers, un dieu unique, infini, transcendant et immanent à la fois, sans forme ni attributs mais pouvant en revêtir, créateur de toutes choses et sauveur des hommes, qui doivent se le rendre propice et l'adorer. Ce dieu est Śiva pour les shivaïtes, Viṣṇu pour les vichnouïtes – les deux religions rassemblant, à elles seules, l'immense majorité des fidèles. Il est Śakti (la Déesse) pour les shaktas ; et il prend mille autres noms et formes dans les innombrables villages de l'Inde, dont la vie religieuse échappe plus ou moins à ce que l'on peut appeler l'« hindouisme brahmanisé », qui l'a pourtant fortement influencée. À ces cultes populaires, qui varient d'un endroit à un autre, il ne sera fait ici que des allusions. On portera l'accent sur les grands cultes, en prenant généralement comme exemple le culte shivaïte, jugé représentatif.

Toutes ces religions sont des pratiques avant d'être des doctrines, c'est-à-dire des ensembles de gestes et de paroles codifiés par une tradition à la fois orale et scripturaire, et sous-tendus par quelques certitudes simples qui n'ont évolué en philosophies que tardivement et pour une élite restreinte. Ce ritualisme essentiel peut prendre l'aspect d'une pratique individuelle (*sādhanā*) où le dévot, après une initiation (*dīkṣā*), fait son culte pour lui seul, en lui donnant une tonalité en accord avec le but qu'il vise : libération totale de la ronde des existences ou acquisition de tel ou tel bien, de tel ou tel pouvoir. Avec les cultes dits « de lignée », où l'adoration d'une certaine forme divine est affaire familiale, transmise de génération en génération, on gagne en extension, tout en perdant la précision du but et des techniques, car le maître de maison officie le plus souvent sans initiation ni formation spéciale. On rencontre toutefois dans ce domaine mal connu une grande variété de pratiques, qui débouchent souvent sur un culte de temple, peu différent, semble-t-il, de celui des temples dits « publics ».

L'hindouisme le plus évident en effet se manifeste dans des temples, où le culte, assuré par des spécialistes (nous les appellerons « prêtres »), est accompli dans un but très large : la sécurité, la prospérité, le bonheur de tous les dévots du pays alentour. Ce « culte de temple » – expression plus adéquate que celle de « culte public » – a vu son importance augmenter considérablement avec le temps, éclipsant (sans les supprimer) les cultes individuels, effaçant même le souvenir de ces anciens monastères où des initiés, groupés autour de leur maître, avaient conçu et formulé les techniques rituelles qui leur paraissaient efficaces et qui sont devenues la « Tradition » (*Āgama*) pour chaque école. Dans ces temples, les dévots ne sont pas des acteurs, mais des visiteurs, qui, s'ils veulent exprimer leur adoration de façon concrète, présentent le plus souvent leur offrande par l'intermédiaire des prêtres officiants ; et c'est en spectateurs émerveillés et ignorants qu'ils assistent aux rituels élaborés que ces derniers accomplissent, à heure fixe et indépendamment de leur présence – leur seule intervention consistant éventuellement, pour l'un ou l'autre, à ajouter son chant de louanges à un culte qui se termine.

Le temple où ils viennent ainsi est la « maison » du dieu, un dieu qui a pris là une certaine forme et à qui l'on a donné un nom particulier ; et le rituel qui s'y déroule est en partie calqué sur l'activité quotidienne des palais. Dès l'origine, il en a été ainsi. Après qu'un donateur (en général un prince) a rassemblé les fonds nécessaires et choisi le maître (*ācārya*) responsable de toute la suite des opérations, on a procédé aux premiers actes rituels : sélection du terrain, limitation de l'espace représentant la « propriété » du dieu, aplanissement et purification du sol, enfin pose des « premières pierres », chargées de puissances diverses par des rites adéquats et accompagnées de choses précieuses ou salutaires (pierres précieuses, simples, métaux, minéraux et graines) censées assurer au futur temple une longue vie et une grande efficacité. L'architecte, aidé par des artisans qu'il a lui-même désignés, a construit le bâtiment et fait tailler les images destinées à recevoir les divinités. Le maître a pu alors procéder à l'installation (*pratishā*) proprement dite, qui consiste à mettre ces images en place, mais surtout à y faire venir, après une purification drastique, les divinités qu'elles sont destinées à héberger, chacune étant d'ailleurs accompagnée, dans son icône même, de toute une série de puissances annexes. Toutes ces puissances sont de nature spirituelle, mais on peut avoir prise sur elles, en particulier les faire entrer dans tel objet choisi, si l'on connaît les syllabes ou graines (*bīja*) qui en sont la forme sonore et si l'on sait les réciter correctement. C'est ainsi que le maître anime les images, qui dès lors ne sont plus des objets matériels, mais des corps divins, habités en permanence par un dieu ou une déesse. Les techniques de cette opération varient, mais le principe en est partout le même – dans les temples âgamiques en tout cas, ceux dont le culte est régi par les *Āgama* ou *Tantra* – : prononciation de *mantra*, c'est-à-dire de formules dont la partie essentielle est la « graine », et imposition de ces mantras (rite nommé *nyāsa*) sur l'objet voulu. Ces techniques étant caractéristiques du tantrisme, il n'est pas exagéré de dire que le rituel des temples est totalement imprégné de tantrisme. Échappent à ce dernier,

« Fête des chars » à Purī. Trois lourds chars de bois, portant chacun l'une des icônes de la trinité locale (Jagannātha-Viṣṇu, son frère Balabhadra et sa sœur Subhadrā), ont quitté le grand temple de Jagannātha (dont on voit la tour, au fond, à droite). Tirés par des milliers d'hommes, ils s'apprêtent à parcourir la distance (plus de 2 km) qui les sépare de la « maison d'été », où les dieux vont résider une semaine. Cette fête annuelle (juin-juillet), qui attire des centaines de milliers de pèlerins, commémore le voyage que fit Kṛṣṇa de Gokula à Mathurā (E. Scheidegger, Rapho).

en ce qui concerne la *pratiṣṭhā*, les temples construits sur un objet que le dieu était venu habiter spontanément (ils étaient sans doute la majorité autrefois) et certains sanctuaires sommaires des villages où d'autres techniques sont utilisées pour « appeler » la divinité.

Les objets qui reçoivent ainsi une puissance ne se réduisent pas aux images caractéristiques du dieu principal et de ceux qui lui sont nécessairement associés (pour Śiva : la Déesse, Canda et le Taureau). Ces dieux habitent encore d'autres supports. Par ailleurs, ils ne sont pas les seuls à se trouver dans le temple ; il y en a des centaines, souvent dépourvus de toute représentation imagée, mais que l'officiant a dûment installés – et emprisonnés – dans telle ou telle partie du bâtiment ou du terrain : portes du sanctuaire, pavillons d'entrée, bassins, puits, arbres, etc., sans oublier l'autel à offrandes (*balipīṭha*) que l'on rencontre devant l'entrée et qui sert de logement à une foule de puissances démoniaques que des offrandes (*bali*) doivent apaiser chaque jour. Le dieu est dans son temple comme un roi dans son palais, avec sa ou ses femmes auprès de lui, son intendant non loin, ses gardes aux portes, ses serviteurs partout, éventuellement quelques invités, et, à l'extérieur, une troupe de personnages douteux, qui peuvent toujours se transformer en bandits, et dont il vaut mieux s'assurer la neutralité par quelques gestes hospitaliers.

Le sanctuaire proprement dit comporte essentiellement une *cella*, précédée d'un petit vestibule, parfois d'une salle hypostyle et d'un porche. Ce temple minimum, construit sur un terrain entouré d'un mur ou sur une plate-forme, est celui que connaissent les textes les plus anciens. Il est resté tel, ou peu s'en faut, dans l'Inde du Nord ; mais dans le Sud il est vite devenu une sorte de ville, en s'entourant d'enceintes concentriques successives (jusqu'à sept), où viennent se loger, outre les pièces utilitaires, de multiples chapelles consacrées à des divinités supplémentaires. On y trouve d'abord certaines représentations accessoires du dieu central (Naṭarāja, Śiva mendiant, etc., dans un temple de Śiva) ; puis des divinités qui, centrales dans d'autres traditions, sont réduites là à un rôle mineur (Viṣṇu ou Sūrya dans un temple de Śiva) ; enfin, des divinités secondaires issues d'horizons divers et dont certaines sont l'objet d'une grande dévotion populaire (par exemple les planètes, dans n'importe quel temple). Excepté le « gardien du domaine » (Kṣetrapāla), qui garde l'accès à la première enceinte, aucun de ces dieux « invités » n'est essentiel à la vie du temple, même s'il en est maintenant devenu le personnage le plus populaire.

La vie du temple, c'est le rituel qui s'y déroule, et d'abord le rituel quotidien. Les cultes (*pūjā*) – de un à huit par jour – se font à heures fixes et sont essentiellement des

« services » (*upacāra*) que les officiants rendent au dieu principal et à son entourage immédiat, dans le dessein de le « satisfaire », s'assurant ainsi à la fois la continuité de sa présence (un dieu négligé quitte l'image où on l'avait logé) et sa bienveillance à l'égard de la communauté. L'influence du tantrisme se marque par la préparation intérieure de l'officiant, qui, après avoir acquis un « corps divin », attire en lui, puis réveille, dans l'image où il était censé sommeiller, le dieu, objet du culte. Cette phase passe inaperçue, l'observateur ne voyant que les gestes extérieurs qui suivent : douche de l'image (ou de son substitut, si l'image principale ne supporte pas l'eau), frictions, parure, offrande d'un repas et de tous ces petits services dont les grands de ce monde sont, en Inde, communément l'objet. Le repas est strictement végétarien dans les temples de Śiva et de Viṣṇu ; mais les déesses, ainsi que de nombreuses divinités villageoises, aiment la viande fraîche, qui ne leur est pas toujours offerte sous forme d'un succédané. On régale encore le dieu de chants et de musique ; jusqu'à une époque récente, des jeunes filles dansaient devant lui, souvent dans un pavillon ouvert, à la vue des dévots. Le premier culte du matin et celui du soir diffèrent quelque peu des autres, car on « couche » le dieu le soir (en le réunissant à son épouse), et on le « lève » le matin, en musique. Surtout, le soir, on le protège – comme on le ferait pour un homme – contre les influences mauvaises qui rôdent à cette heure-là, et on purifie son image des souillures que les visiteurs du jour ont pu laisser, et du mauvais œil en particulier. De telles précautions s'accordent assez mal avec la conception d'un dieu tout-puissant et incorruptible, mais elles témoignent de cette hantise des dangers invisibles qui, sans être propre à l'Inde, marque profondément sa psychologie. Une fois par jour, le prêtre principal fait le tour du temple et offre un tribut (*bali*) aux divinités gardiennes et à un nombre indéfini de puissances redoutables, dont les plus importantes sont servies séparément. Cette distribution s'accompagne de musique et prend donc une allure de fête (*utsava*), qui peut faire se méprendre sur sa signification réelle.

Le rituel quotidien est complété par des cérémonies périodiques (mensuelles, annuelles), dont la liste n'est pas la même partout, et qui sont fixées en fonction du calendrier luni-solaire en usage dans la région. S'y ajoutent des cérémonies imprévues, motivées par un événement quelconque, et dont la plupart sont des purifications. Les fêtes annuelles elles-mêmes sont souvent faites dans cet esprit ;

Cultes privés de Śiva à Bénarès. Petit matin, au bord du Gange. Un ascète shivaïte, assis sur une planche, avec, devant lui, son trident (auquel est suspendu un petit tambour) et son pot à aumônes, a sans doute terminé sa méditation. Une femme fait une offrande de fleurs à des liṅga fichés dans le sol (ils représentent Śiva) et deux autres s'apprêtent à en faire autant à des objets (probablement aussi des liṅga) situés au pied de l'arbre. Tous sont probablement des pèlerins (H. Gruyaert, Magnum).

et celles qui ont une autre origine – par exemple la fête anniversaire de la première consécration du temple, ou la commémoration de tel événement mythique lié au lieu – comportent, de toute façon, au moins une pacification spéciale des puissances mauvaises. Cela ne les empêche nullement d'être joyeuses et bruyantes, et de représenter pour les dévots une occasion unique de bénéficier de la grâce divine. Ces jours-là, en effet, le dieu « sort » de chez lui, sous la forme d'une image mobile dite « image de procession » (*utsavamūrti*) ; il se fait donc plus proche des hommes, accessible même à ceux de ses dévots que leur basse caste empêche (empêchait, jusqu'à une date récente) de pénétrer dans le temple. Les prêtres promènent dans la ville la statue somptueusement décorée, et posée soit sur un véhicule léger, soit sur un lourd char de bois traîné par des hommes. On suit la procession ou on l'attend en un point du trajet pour présenter son offrande. On peut même se plonger dans l'eau en même temps que le dieu, lors du bain purificateur qui termine la plupart de ces fêtes : rien n'est meilleur pour effacer les péchés. Pour ce dernier rite, le dieu est représenté par son arme caractéristique : Śiva par le trident, Viṣṇu par le disque (*cakra*).

Les images concrètes où la divinité réside sont en effet de plusieurs sortes. La plus importante, pour un temple donné, celle sans laquelle le temple n'existerait pas, est l'image fixe du sanctuaire principal. Elle peut avoir été trouvée sur place, et on l'a alors déclarée « spontanée » (*svayambhū*), ou installée par quelque puissance invisible, comme un dieu ou un démon, ou par d'anciens rishis. Le temple s'est construit autour d'elle, et en fonction d'elle. C'est le cas de nombreux temples de Śiva, où l'image centrale est par exemple une pierre brute, un tronc d'arbre, une termitière. Un deuxième cas est celui où l'image a été apportée sans être taillée, tels ces galets (*bāṇa-liṅga*) de certains temples shivaïtes de l'Inde centrale. La plupart du temps, cependant, elle a été faite de main d'homme, taillée dans la pierre ou le bois, dessinée sur un mur, moulée dans la glaise. On lui donne alors soit un aspect anthropomorphique qui met en évidence les caractéristiques traditionnelles du dieu, comme pour Viṣṇu et la Déesse, soit une forme symbolique, comme pour Śiva, dont l'image fixe est un cylindre vertical (*liṅga*), rarement orné de visages qui évoquent certains aspects du dieu. Le *liṅga* représente le sexe mâle ; et ce que l'on nomme son « socle », mais qui est en fait un anneau entourant sa partie centrale (la partie inférieure étant enfoncée dans le sol), représente l'organe sexuel féminin. L'un est Śiva, l'autre sa Puissance propre ou Śakti (à distinguer des déesses indépendantes), et leur union est un mariage cosmique, que le rituel d'installation a reproduit. Telle est, en tout cas, la vision que nous imposent les textes et qui correspond à la pratique rituelle. Il n'est pas certain, toutefois, qu'elle ait toujours prévalu ; par ailleurs, elle n'est pas au premier plan dans la conscience des fidèles et en est même souvent totalement absente. Dans les sanctuaires villageois, l'image est très fruste, ou tout à fait symbolique (lance, trident, etc.).

Les autres images permanentes sont toutes mobiles et n'ont pas le même statut que l'image fixe du sanctuaire, puisque le dieu n'y est présent (plus exactement « éveillé ») que pendant la durée du rite qui les utilise. Ce sont souvent de splendides statues de bronze, dont la beauté est cachée par les vêtements rituels. Le dieu peut encore habiter une foule d'images temporaires, les unes utilisées quotidiennement – tels les vases d'eau, qui permettent de déplacer n'importe quelle divinité ; le feu, où l'on nourrit les principales d'entre elles ; le *liṅga* de riz cuit ou de fleurs, sous la forme duquel Śiva accompagne les distributions de *bali* –, d'autres occasionnellement, comme les *maṇḍala* faits de poudres colorées qui servent de demeure à Śiva pendant certaines cérémonies de longue durée, ou ces images de terre crue, fabriquées pour une seule fête et jetées à l'eau, celle-ci terminée.

Si l'on sait que les initiés eux-mêmes, tout particulièrement les prêtres officiants, sont des images mobiles du dieu, et que certains objets naturels, non enfermés dans des temples (montagnes, rivières, arbres, etc.), sont aussi conçus comme des corps divins, on est tenté, devant une si grande variété de représentations divines, de parler de « culte des images ». Ce serait à tort ; car, même dans les manifestations les plus naïves de la religion, l'adorateur sait parfaitement qu'il adore non un objet matériel, mais la puissance invisible qui y réside. Il y a plus. Dans les temples âgamiques au moins, ce n'est pas l'image concrète qui sert véritablement de corps au dieu que l'on adore ; c'est une forme subtile, que l'officiant doit « construire » au début de chaque culte – avec la plus grande précision, par la puissance de son imagination créatrice aidée par la prononciation correcte de mantras – et projeter sur le support concret, auquel elle peut ne ressembler en rien. Le culte s'adresse à cette forme : c'est Sadāśiva pour les temples shivaïtes.

La maison du dieu possède naturellement tout un mobilier : vases divers pour contenir les liquides nécessaires aux ablutions ou autres rites ; récipients pour les solides ; marmites pour cuire le riz et plats pour le servir ; corbeilles, vêtements, ornements, éventails, chasse-mouches ; lampes de toutes formes pour les rites d'« illumination » ; cloche, etc. Elle contient aussi des réserves de nourriture et d'autres produits et l'on trouve dans ses remises les véhicules que le dieu utilise lors des processions, et même des montures vivantes, comme des éléphants. L'entretien de ces objets et leur gérance occupe tout un personnel, d'autant plus nombreux que le temple est plus grand et plus riche. Les personnes actives dans ce palais divin appartiennent donc à plusieurs catégories. Dans un temple shivaïte de l'Inde du Sud, on trouve par exemple : des officiants ou prêtres brāhmanes d'une certaine lignée qui, outre leur initiation tantrique (*dīkṣā*), ont reçu une consécration spéciale (*abhiṣeka*) qui a fait d'eux des maîtres (*ācārya*, *guru*), habilités à accomplir les gestes essentiels de ce culte à visée « publique » ; des brāhmanes « ordinaires », qui ne reçoivent pas l'initiation shivaïte et dont le seul rôle consiste à réciter les Védas ; un chanteur et un ou plusieurs musiciens, et naguère des danseuses consacrées à Śiva (des Devadāsī) ; des aides et serviteurs permanents, chargés de l'entretien du temple.

Certains temples se sont associé une école, où l'on enseigne aux enfants (selon les méthodes traditionnelles) les textes de base de la religion à laquelle le temple appartient, les préparant ainsi de loin à la fonction de prêtre officiant. L'idée est moderne, et l'institution ne pallie qu'imparfaitement la disparition progressive d'une transmission familiale, autrefois sans faille. Cette dernière était

Le dieu « sort » de chez lui pour le rite du bain. La fête de Mācimagham, qui a lieu sous l'astérisme Maghā du mois tamoul de Māçi (février-mars), est l'occasion d'un bain de mer pour les divinités des temples de la région côtière. Elles arrivent l'une après l'autre, portées par des véhicules légers et accompagnées par leurs prêtres, qui les « baignent » au moment voulu, en plongeant dans l'océan une statuette qui figure l'arme caractéristique de la divinité. De nombreux dévots se baignent en même temps, tout habillés. Ici, arrivée du dieu Subrahmanya sur une plage des environs de Pondichéry où se déroule la fête (H. Brunner).

elle-même le substitut de la tradition initiale, de maître à disciple, dont témoignent les textes anciens, et qui existait seule à haute époque. L'enseignement moral qui faisait partie de cette transmission n'a pas été repris par le temple, bien que son enceinte serve souvent de cadre à des lectures religieuses, à des concerts, voire à des récitals de danse, tout à fait indépendants du rituel maintenant. En abritant ces manifestations, le temple aide à préserver de l'oubli certaines connaissances et certains arts. Son activité propre exige par ailleurs la participation occasionnelle des artisans mêmes (architectes, peintres, sculpteurs, graveurs, etc.) qui ont œuvré pour sa construction et que l'on sollicite lors des grandes purifications ou rénovations périodiques. Bien que la construction des temples n'ait jamais cessé, les traditions architecturales et sculpturales ne se sont pourtant pas maintenues avec leur ancienne vigueur ; et, comme dans beaucoup de pays, ces arts se détachent de plus en plus de la religion qui les a longtemps inspirés et nourris.

Cela ne signifie nullement que la tradition religieuse elle-même soit en déclin. Certes, la foi hindoue se manifeste souvent de façon plus éclatante hors du temple que dans le temple : lors des fêtes dont nous avons parlé, et surtout lors des pèlerinages, qui lancent chaque année sur les routes des millions de fidèles enthousiastes. Ceux-ci, en marche vers un lieu qu'ils savent être saint – un lieu où les divinités sont plus accessibles aux prières, un lieu dont la visite ouvre un capital considérable de « mérites » bien utile dans la perspective des vies futures, un lieu où, parfois, tous les péchés commis dans l'existence présente sont effacés d'un coup –, expriment une foi presque indépendante de toute tradition particulière, un hindouisme presque dégagé des normes qui règlent l'activité des temples. La plupart du temps, cependant, les pôles d'attraction de ces pèlerins sont des temples ; et, même lorsque ces monuments ne sont que les témoins d'une manifestation du sacré qui leur a préexisté et qui explique leur présence, il reste que celle-ci est nécessaire pour maintenir active cette première manifestation. Le cas d'une forme divine trop étendue pour être contenue dans un temple (le Gange, par exemple) n'est pas essentiellement différent. Partout, il y a un objet où la divinité est « particulièrement » présente et dont il est salutaire de s'approcher avec un cœur adorant. Une telle attitude est commune à toutes les traditions religieuses. L'originalité de l'hindouisme, outre la minutie extrême de son rituel, est d'avoir conçu une infinité de modes possibles pour l'expression de cette puissance divine, et accepté une infinité d'objets pour la recevoir.

Le bouddhisme

Le bouddhisme est principalement une recherche personnelle de sagesse. Mais une telle expérience n'est pas indépendante d'une dimension formelle et rituelle. Tout au contraire. Au Tibet, c'est précisément parce que l'attention au sacré est continue, même en dehors des cérémonies, que la vie quotidienne apparaît fortement ritualisée. Toute une série d'actes sont requis : dons au clergé, prières... Quant aux moines, leurs gestes reposent tous sur une contemplation active qui rend visible la divinité pour l'officiant. Au Japon, l'idée du voyage comme exercice ascétique a donné lieu à la coutume, fort répandue encore aujourd'hui, du pèlerinage en direction des sanctuaires. Des jours choisis, dits « jours du lien particulier », rendent encore plus profitable l'effort que représentent ces rencontres avec les divinités.

Le bouddhisme tibétain

Anne-Marie BLONDEAU

Le bouddhisme a si profondément façonné la culture du Tibet que pas un secteur d'activité n'y est exempt de son empreinte. C'est ainsi que les manières de faire quotidiennes sont marquées par des « coutumes » ou gestes rituels accomplis quasi automatiquement : offrande des prémices de toute boisson ou nourriture (en plongeant le médius dans l'aliment et en lançant en l'air quelques gouttes ou bribes d'une pichenette), salutations et attitudes dévotionnelles devant le clergé, détour pour laisser toujours à sa droite les monuments religieux... Dans ces coutumes cependant, comme dans les actes de piété et les rituels qui eux sont intentionnels, les pratiques relevant d'un bouddhisme orthodoxe sont inextricablement mêlées à celles qui sont héritées d'un fonds non bouddhique, mal connu parce qu'entièrement assimilé par le bouddhisme, mais que l'on peut définir comme animiste ou chamanique. Le Tibétain se meut dans un monde sacré : chaque élément du site habité comme de la nature sauvage est peuplé de forces maléfiques ou ambivalentes, dont il faut se protéger ou qu'il faut se rendre propices. Situés au-delà de ce monde et constituant les seuls recours bienveillants sont les *buddha*, les *bodhisattva*..., dont on implore la protection. Encore ceux-ci ont-ils, à l'égard des ennemis de la doctrine, un aspect redoutable. L'homme, se mouvant dans ce monde invisible plus peuplé que le sien, risque à tout moment de subir la vindicte des puissances que ses actions les plus quotidiennes ont offensées involontairement ; la maladie, les catastrophes naturelles, les accidents, le malheur ne sont qu'une réponse

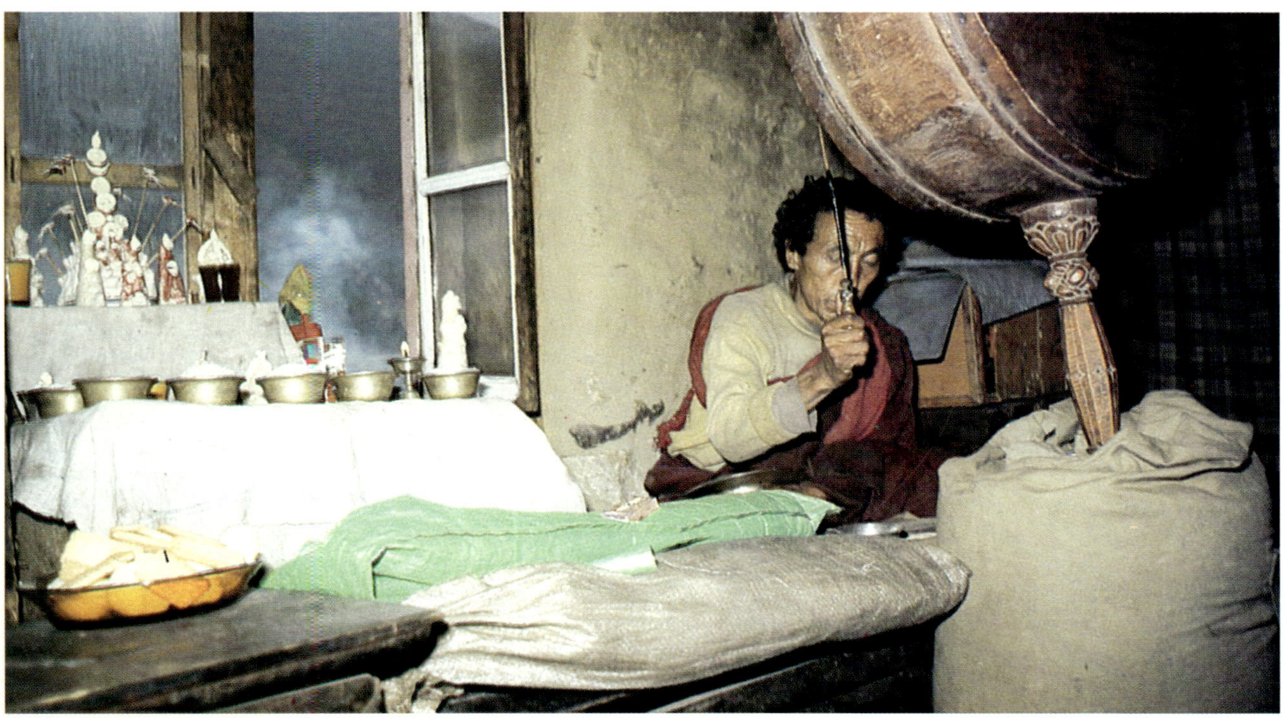

Rituel domestique. À côté des moines ordonnés, le clergé tibétain comporte des religieux tantristes qui mènent une vie familiale. Ils peuvent se réunir dans des temples pour des rituels collectifs, mais, le plus souvent, ils exécutent les rituels chez eux ou dans la demeure de leur « client ». On remarquera, sur l'autel, les coupelles d'offrandes rituelles et un gâteau sacrificiel (« gtor-ma »). Pangboche, région du Solu-Khumbu, Népal (A. Koenig, Explorer).

Cérémonie d'initiation tantrique. En 1985, le dalaï-lama donna pour la première fois hors du Tibet les initiations du « Kalacākra », cérémonies monastiques mais qui attirèrent une foule considérable de pèlerins. Les impétrants, en costume rituel, tiennent clochette et « vajra » en faisant des « mudrā » (gestes symboliques). Au fond sont disposés le trône du dalaï-lama et les offrandes devant les divinités (peintures et statues). Bodhgaya, Inde (O. Follmi, Explorer).

surnaturelle à ces manquements. La notion du *karma* bouddhique s'y ajoutant, avec la possibilité pour les actes d'influer sur la suite de cette vie ou des vies futures, l'existence des Tibétains est une succession ininterrompue d'interrogations de l'invisible – présages, astrologie, divination selon des techniques diverses – et d'actions rituelles, protectrices, réparatrices, accumulatrices de mérites.

Mais, là encore, le recours aux spécialistes de la divination et du rituel propres au Tibet non bouddhique s'est fondu avec la prééminence dogmatique du *saṅgha* bouddhique : les laïcs s'en remettent donc totalement au clergé, ordonné ou non, pour l'exécution de tous les rituels. Quant à eux, en plus des multiples gestes propitiatoires ou des interdits qui tissent leur vie quotidienne, ils accomplissent des actes pieux pour accroître leur capital de mérites et des gestes cultuels qui relèvent autant du bouddhisme que des croyances ancestrales. Chaque matin, le maître de maison (en principe) renouvelle l'eau dans les coupelles d'offrande et le beurre des lampes sur l'autel de la chapelle familiale, devant les effigies bouddhiques ; et il monte sur le toit en terrasse pour offrir une fumigation de genévrier ou, à défaut, d'arbustes odorants au dieu de la lignée mâle (*pho-lha*), double activité qui souligne bien les deux versants des croyances tibétaines. De même, le culte rendu aux divinités du sol – notamment à la montagne dieu du pays, quand les hommes de la communauté y montent ensemble pour renouveler les flèches, qu'ils plantent dans une sorte d'autel, et pour brûler du genévrier – est généralement placé sous les auspices d'une divinité bouddhique invoquée en exergue. Parmi les actes pieux, viennent certainement en premier les dons au clergé, sous une forme directe (pour sa subsistance) ou indirecte (rétribution des rituels, construction et embellissement des lieux de culte, commande d'impressions de livres...). Mais aussi, dès qu'ils sont inactifs, les Tibétains prennent le rosaire, qu'ils portent enroulé au poignet, et l'égrènent en marmonnant des *maṇ* (la formule d'Avalokiteśvara) ; ils gravent ces mêmes maṇi sur les rochers au bord du chemin, sur des ardoises qu'ils empilent en en formant des murs ; ils les écrivent sur des bandes de papier insérées à l'intérieur des moulins à prière, qui tournent inlassablement, mus à la main (qu'ils soient portables ou colossaux, comme dans les enceintes sacrées) ou par l'eau des torrents. Ce sont aussi ces maṇi que, avec d'autres *mantra* bouddhiques, on inscrit sur les étendards et « chevaux du vent » (*rlung-rta*) qui marquent le site habité tibétain et dont l'origine paraît si peu bouddhique. Une dernière pratique enfin, qui unit indistinctement religieux et laïcs, est la circumambulation : autour des temples et monuments religieux locaux, mais aussi autour des sites de pèlerinage prestigieux, ceux-ci exerçant sur tous les Tibétains un attrait invincible qui les lance sur les chemins pour de longs mois.

Quant aux rituels exécutés par le clergé, leur multiplicité et leur extrême variété semblent décourager l'analyse. Les Tibétains, cependant, en distinguent deux grandes catégories : d'une part, ceux qui se rattachent aux *sūtra* (rites propres de la vie monastique qui suivent les règles énoncées dans le *vinaya*, mais aussi prières, rites collectifs de jeûne, etc.) ; d'autre part, ceux qui se rattachent aux *tantra*. C'est dans ces derniers qu'ont été incorporés les pra-

Un pèlerin à Lhasa. La pratique religieuse étant autorisée à nouveau, les pèlerins affluent dans la ville. Ignorant la modernisation chinoise de celle-ci, certains exécutent le périple sacré à la manière traditionnelle, en mesurant le chemin de la longueur de leur corps prosterné, les mains protégées par une sorte d'étui sur lequel ils reposent aussi leur front (O. Follmi, Explorer).

tiques (rituels apotropaïques, transes, danses masquées) et le panthéon tibétain anciens que le bouddhisme n'avait pas réussi à évincer. On a souvent voulu rattacher à ce fonds ancien l'origine de rituels qualifiés de pratiques de « magie » ou même de « sorcellerie » ; on oublie seulement que ces rites magiques, le plus souvent, font partie déjà du tantrisme indien. De plus, l'interprétation d'un rituel se situe toujours à trois niveaux – exotérique, ésotérique, secret –, et ce qui apparaît extérieurement comme une vulgaire pratique magique est vécu (théoriquement) par l'officiant comme la plus haute fusion mystique. C'est qu'en effet, quelle que puisse être l'origine d'un rituel, elle est totalement occultée par le schéma conceptuel et rituel bouddhique qui est celui du *sādhana* (*sgrub-thabs* en tibétain, ou « méthode de réalisation »). Selon ce schéma, l'officiant, muni des initiations requises et incité à œuvrer pour le bien des êtres par son vœu de produire la pensée de l'Éveil, se meut simultanément dans le plan de la connaissance transcendante et dans celui de la vérité relative : ayant réalisé son identification avec la ou les divinités du plan transcendental qu'il visualise et étant pénétré de leur force, il peut alors agir et faire agir sur les puissances de ce monde. Cela veut dire qu'en principe l'exécution de tout rituel repose sur une méditation sans distraction et sur une contemplation active, en ce sens qu'elle crée, en la visualisant, la divinité et la fait descendre dans le corps de l'officiant, dans sa statue, etc. Mais l'observateur est souvent frappé par le manque de recueillement des officiants, surtout lorsqu'ils sont nombreux et comptent des moinillons ; le ritualisme semble fréquemment l'emporter sur la quête mystique. Il est vrai que la forme rituelle (découpée en séquences stéréotypées) est tout aussi importante et qu'on doit la respecter scrupuleusement ; au point que l'une des parties du rituel est la confession des fautes et la demande de pardon pour les erreurs involontaires que l'on aurait pu commettre au cours de l'exécution de ce rituel. Car la liturgie des rituels tantriques est complexe ; elle met en jeu non seulement de grandes quantités d'offrandes, très élaborées parfois dans leur préparation, tels les célèbres gâteaux sacrificiels (*gtor-ma*), mais aussi le corps de l'officiant par des productions de ses cinq sens : gestes symboliques des mains (*mudrā*), qui doublent l'énoncé des invocations et des mantra ; accompagnement musical très caractéristique des trompes, hautbois, tambours, cymbales, etc. ; représentations visuelles des objets de méditation, dont le cosmogramme qu'est le *maṇḍala* de la divinité présidant au rituel.

Pourtant, un rituel très élaboré peut se réduire à une version très abrégée, en gardant la même efficacité : il est alors presque entièrement intériorisé ; les offrandes, restreintes sous leur forme matérielle à leur symbole, sont recréées mentalement ; il en va de même pour le maṇḍala. Signalons enfin que les pratiques de l'école bon-po sont dans l'ensemble identiques à celles des bouddhistes ; elles ne s'en distinguent que sur des points mineurs, par exemple en inversant le sens de la circumambulation.

Pèlerinages japonais

Hartmut O. Rotermund

Une typologie des pratiques religieuses japonaises pourrait mentionner celles qui s'appuient sur l'expression orale (récitation de *sūtra*, *daimoku*, *nenbutsu*), sur l'écriture (copie des écrits), sur la méditation *(zen)*, sur l'ascèse (*kangyō*, *danjiki*, etc.) ou encore sur la marche, que ce soit sous la forme d'une marche ascétique en montagne (*kaiho-gyō*) ou de *junrei* (pèlerinage aux lieux saints).

Demandes amoncelées dans l'attente de l'exaucement. Dans un endroit du sanctuaire prévu à cet effet – ici au sanctuaire du Mitsumine-jinja, département de Saitama, région de Chichibu –, on accroche les tablettes votives sur lesquelles on a inscrit vœux et demandes spécifiques à l'adresse de la divinité honorée. Ces tablettes comportent souvent un motif figuratif en rapport avec la nature de ce que l'on souhaite obtenir (H. O. Rotermund).

Le terme *junrei* désigne un pèlerinage à des sanctuaires spécifiques (*fuda-sho*), mais aussi le pèlerin lui-même. Dans l'ancien Japon, de nombreux « hommes saints » (*hijiri*) pratiquaient l'ascèse dans les montagnes, qui furent un lieu privilégié pour les rencontres entre bouddhisme et croyances pré-bouddhiques. C'est à partir de l'époque de Heian (794-1185) que la coutume des pèlerinages commença à se répandre parmi l'aristocratie, celle-ci se dirigeant d'abord vers les grands temples de l'ancienne capitale de Nara puis, à partir d'une date difficile à situer, plus loin encore, jusque vers Kumano notamment. Rien ne permet d'attribuer à l'empereur Kazan, comme le veut la tradition, le mérite d'avoir créé les pèlerinages aux lieux sacrés de Kannon, dont le premier circuit fut tracé dans les « provinces de l'Ouest » (*saigoku*). À l'époque de Kamakura (1185-1333) s'y joignit un deuxième parcours de trente-trois lieux saints dans l'Est, puis, avant la fin du XVe siècle, un troisième dans la région de Chichibu, pour former le « pèlerinage aux cent Kannon », en vigueur jusqu'à nos jours.

Les pèlerinages à Shikoku, qui expriment la dévotion envers le fondateur du shingon japonais, Kōbō daishi, et remontent peut-être à la fin de l'époque de Heian, ont des origines mal élucidées. L'établissement des quatre-vingt-huit lieux saints actuels est généralement situé à la fin du Moyen Âge, ou au début de l'époque d'Edo (1603-1868).

Un pèlerinage est souvent motivé par un vœu (*kigan*) ou par le souci du salut des défunts. Dérivé de la tradition des pratiques ascétiques (*zuda-gyō*) de l'époque de Heian, ainsi que de la coutume consistant à passer la nuit auprès d'un sanctuaire renommé, le pèlerinage actuel revêt à la fois des aspects religieux et touristiques. Outre la visite aux lieux sacrés de Kannon ou d'une autre divinité bouddhique (Yakushi ou Jizō, par exemple), on doit mentionner les pèlerinages qui suivent les traces des patriarches d'une secte, comme en effectuent les fidèles des sectes jōdo, jōdo-shin et nichiren.

Les pèlerins d'autrefois étaient de grands voyageurs ; ils traversaient de nombreuses régions et recouraient à un mode d'hospitalité (*zengen-yado*, logis gratuit, et *settai*, accueil) qui rapportait à son donateur mérites et bienfaits. Ces pèlerins-religieux étaient également comme des colporteurs de la culture : ils transmettaient savoir profane et enseignement religieux, comme nous l'apprend le carnet de route du *yamabushi* Noda Senkō-in. L'hospitalité qu'on leur prodiguait se fondait sans doute sur l'antique respect témoigné aux *marebito*, les « visiteurs de marque ». On voyait en ceux-ci la manifestation d'un *kami* que l'on devait bien accueillir sous peine de malédictions. Les pèlerinages d'aujourd'hui sont facilités par les moyens modernes de transport, qui leur confèrent un caractère nettement touristique. Mais l'habit du pèlerin et son comportement sur les lieux sacrés reflètent encore quelque chose de la tradition d'antan. Ainsi, le fait d'inscrire sur le chapeau *dōgyō futari* (« deux ensemble ») exprime l'idée de cheminer en compagnie d'un buddha ou d'un bodhisattva ou de Kōbō daishi. Avec son habit blanc, son coffre (*oi*) sur l'épaule, son chapeau et son bâton à la main, le pèlerin traditionnel n'est pas sans rappeler les *yamabushi*. D'ailleurs, aux temps des premiers pèlerinages de l'aristocratie vers Kumano ou Yoshino, le guide (*sendatsu*) qui avait la charge du groupe

Livret de pèlerinage avec son cachet. Le dépôt d'un [texte de] sūtra en vue d'obtenir le salut dans l'au-delà, ainsi que le bonheur ici-bas, pour soi-même et pour les autres, est de nos jours remplacé par une offrande en argent (« nōkyō »). La visite au temple (ici le deuxième des lieux saints des provinces de l'ouest, Ki Miidera Kongô-hōji Gokoku'in) et la prestation de l'offrande sont attestées par un cachet (coll. H. O. Rotermund).

était généralement recruté parmi ce genre d'ascètes itinérants qu'étaient alors les yamabushi.

À son arrivée dans un sanctuaire, le pèlerin récitait un *sūtra* devant le *honzon* (« principale divinité vénérée ») et déposait une tablette d'offrande (*nōkyō-fuda*). Cette pratique est aujourd'hui remplacée par l'apposition du cachet du temple sur un « carnet de route » (*nōkyō-chō*). Les *o-fuda*, tablettes portant mention du nom du pèlerin, du circuit effectué, etc., étaient, à l'origine, en bois et on les accrochait au plafond ou sur un pilier du sanctuaire. À chaque sanctuaire est consacrée une « hymne » (*go-eika*) particulière de trente et une syllabes, rythmée au son d'une clochette. Forme popularisée des chants liturgiques (*shōmyō*) des sectes tendai et shingon et composées par des auteurs inconnus, les go-eika des trente-trois lieux de Kannon dans les provinces de l'Ouest sont les plus célèbres. Avant de partir, les pèlerins apprennent ces « hymnes » dans le temple du village ou dans une confrérie (*kō*). La période propice aux pèlerinages est, de façon générale, celle de l'équinoxe (*higan*) de printemps – c'est-à-dire une période au climat plutôt stable et précédant les travaux agraires –, ou bien l'automne, après la récolte, et notamment à l'occasion d'un *ennichi*.

La notion des « jours d'un lien particulier » est étroitement rattachée à diverses pratiques religieuses, dont les pèlerinages. On croit que tout acte effectué un de ces jours-là en vue de « contracter un lien » (*kechi-en*) avec une divinité procure plus de mérites et a plus d'efficacité que lorsqu'on l'accomplit un jour ordinaire. Le *Konjaku monogatari-shū* nous apprend que, déjà à l'époque de Heian, un jour particulier était voué à Kannon, mais l'origine des ennichi n'est pas entièrement élucidée. Certains y voient comme un reflet de l'astrologie dite *sukuyō-dō* ou encore de la tradition des « trente buddha du mois » (*sanjūnichi butsumyō*). Certains ennichi ne correspondent pas à un jour spécifique (le 8 du mois = Inari, le 12 = Yakushi, le 15 = Amida, le 18 = Kannon), mais à la configuration des « douze rameaux » (*jūni-shi*), au jour commémoratif de la mort d'un patriarche fondateur ou à une légende étiologique, etc. Quoi qu'il en soit, les ennichi devinrent populaires dès les XVe et XVIe siècles, donnant lieu, à l'époque d'Edo, aux pèlerinages dits *ennichi-mairi*. Le caractère forain de ces journées s'accentua de plus en plus avec la multiplication des attractions populaires (*mise-mono*), des stands nocturnes et même des marchés (*ichi*), l'élément ludique des ennichi l'emportant ainsi sur leur caractère proprement religieux.

Les époques moderne et contemporaine ont favorisé une certaine prolifération de ceux-ci, qui, à l'origine, s'inscrivaient dans un cycle annuel, puis mensuel, pour aboutir finalement, comme dans le cas du bodhisattva Jizō, à une multiplication des « jours de lien » (les 4, 14 et 24 du mois, en l'occurrence). La coutume des pèlerinages accomplis ces jours-là auprès d'un sanctuaire, individuellement ou en groupe, a aussi favorisé le développement de confréries (*kō*). Leur formation est un phénomène très représentatif des cultes locaux, mais elle est liée aussi aux pèlerinages. Ces confréries, qui nouent un lien religieux et social entre les villageois, ont leur origine dans les séances d'explication de la Loi. Si leur multitude rend difficile une définition générale, on distingue d'ordinaire les confréries religieuses de celles qui ont un caractère économique (*tanomoshikō*, *mujin-kō*). D'un point de vue géographique, il y a des kō limités au village (*nenbutsu-kō*, *kōshin-kō*) et des kō suprarégionaux, qui se sont formés autour d'un sanctuaire (Zenkōji, Narita, Ise, Konpira) ou d'une montagne (tels Ōmine, Fuji, Ontake, Haguro) célèbres. D'autres confréries encore se sont constituées autour du culte des divinités agraires (*yama no kami/ta no kami*) ou sont propres à une secte, tels le *hōon-kō* de la secte jōdo-shin ou le *daimoku-kō* de la secte nichiren. Notons que de nombreuses religions nouvelles organisent leurs activités sur le modèle des confréries traditionnelles.

Au-delà de l'exercice religieux et de la satisfaction des envies touristiques, partir en pèlerinage (*junrei*) est avant tout l'occasion d'entrer en contact avec un autre monde. C'est pourquoi on reconnaît parfois aux pèlerinages une fonction en un sens analogue à celle des rites de passage ou de maturité (*seinen-shiki*).

Là où l'objet du culte n'est pas localisé au sein du groupe ou de la communauté (comme pour *yama no kami*, *kōshin*, *nenbutsu*), mais se trouve à l'extérieur, auprès d'un sanctuaire lointain, les confréries choisissent souvent la forme d'un *daisan-kō*, c'est-à-dire d'adeptes chargés d'une « représentation » (*daisan*), les frais du déplacement étant

L'arrivée des pèlerins au sanctuaire. Il s'agit ici du Kotohiki-yama Jinne'in, soixante-huitième des quatre-vingt-huit lieux de pèlerinage à Shikoku. Appartenant à la secte shingon, le sanctuaire possède comme « objet principal de vénération » une statue d'Amida nyorai. Il a pour hymne propre : « Le son de la flûte/le vent dans les pins/la harpe de Kotohiki/qu'on chante ou qu'on danse/c'est en sa variété la voix même du Dharma » (Orion Press, Tōkyō).

supportés par tous les membres. Le représentant choisi (*daisan-sha*) est accompagné par la communauté jusqu'à la lisière du village selon un rite appelé *saka-okuri*, auquel correspond, au retour, le *saka-mukae*. Pendant que sa famille marque l'espace sacré de la maison avec des cordons de paille tressée (*shimenawa*) et des *gohei* (coupures rituelles de papier), les membres de la confrérie restés au village observent une sorte d'abstinence (*shōjin*) ou encore se rendent auprès du sanctuaire de la divinité tutélaire (*ujigami*), afin de prier pour la sécurité du pèlerin. Dans le même dessein, la famille respecte la coutume du *kage-zen* (plat réservé à l'absent). À son retour, le voyageur remettra aux membres de la confrérie les amulettes (*o-fuda*) des sanctuaires visités.

Le tantrisme

André PADOUX

Le tantrisme, qui s'est développé au sein de l'hindouisme et du bouddhisme, a ajouté aux pratiques et aux spéculations de ces religions des aspects nouveaux, le rituel s'y trouvant porté à un degré de développement et de complexité extrêmes et y étant inséparable d'une sorte particulière de yoga. La pratique religieuse tantrique « opérante et efficace » (*sādhana*, de la racine sanskrite *sādh*, « opérer », « réaliser ») implique l'homme entier, corps et esprit, dans l'acte qu'il accomplit, on pourrait dire : dans le monde qu'il crée rituellement. Ces traits sont parfois attribués à l'hindouisme ou au bouddhisme en général, alors qu'ils sont en réalité typiquement tantriques.

Un premier trait, frappant, du culte (*pūjā*) tantrique est la nécessaire identification préalable de l'officiant à la divinité qu'il veut adorer. De là procèdent une série d'actes rituels préliminaires destinés à « remplacer » le corps humain de l'actant par un « corps divin » formé d'éléments purs, où la déité pourra résider. Appelée rituellement à habiter ce corps transformé, celle-ci sera ensuite transférée dans le support du culte (diagramme, image ou autre), généralement avec le souffle de l'officiant. Ce dernier avait auparavant accompli un « sacrifice intérieur » (*antaryāga*) où il adorait le divin imaginé en tant qu'identique à lui-même. Toutes ces opérations (étrangères à la pūjā hindoue courante) se font par la méditation visualisatrice des entités invoquées, accompagnée du contrôle de la respiration (*prāṇāyāma*) et de l'énoncé de formules stéréotypées, les mantras : c'est donc un yoga d'un genre particulier. Pour aider encore à cette transformation somato-psychique, l'officiant doit souvent porter des vêtements et des ornements semblables à ceux de la déité adorée, d'où, pour les cultes de divinités féminines, le transvestisme (qu'on trouve aussi, de façon différente, en contexte dévot, chez certains adorateurs de Kṛṣṇa, habillés en vachères).

La présence de la divinité, de ses énergies ou de diverses entités cosmiques ou surnaturelles, dans le corps de l'adepte comme dans le support du culte, est assurée aussi par des pratiques gestuelles rituelles, en particulier par les *nyāsa*, attouchements par lesquels, avec un geste prescrit des doigts (*mudrā*), une formule stéréotypée (*mantra*) recélant l'influx divin est « déposée » et est censée par là imprégner de sa force, et parfois transformer, l'endroit ou l'objet touché. On peut, par une même série de nyāsa, déposer plus de cent mantras ; et un même culte peut commencer par plusieurs dizaines de telles séries : cette multiplication d'actes analogues renforce la déification.

La méditation créatrice d'images mentales (*bhāvanā*) qui accompagne ces pratiques amène l'officiant à se représenter des divinités, des diagrammes, etc., dans tous leurs détails et si fortement qu'il les voit de façon quasi hallucinatoire et les perçoit comme présents en lui dans la structure imaginaire de son « corps subtil ». Il s'identifie ainsi au jeu de l'énergie divine, au cosmos dont il place en lui les divisions, ou à l'image ou symbole de la déité qu'il plaque fantasmatiquement sur son corps, avec tout le panthéon qui l'accompagne. Cette pratique méditative et yogique consiste donc en un travail sur l'image du corps.

La participation corporelle au rite s'exprime et se réalise notamment par les mudrā (mot signifiant « sceau »), qui sont d'abord des gestes de doigts et des mains, mais peuvent aussi être des postures corporelles (imitant en général celles de la déité adorée), ou encore des « attitudes mystiques », la pose corporelle associée à la méditation visualisante causant et exprimant à la fois la fusion avec la divinité, que l'officiant soit possédé par elle ou que son expérience soit d'ordre purement mystique. Souvent, d'ailleurs, l'officiant se borne à « jouer » une telle expérience. Il peut même ne faire que réciter les formules prescrivant l'opération. Le principe reste toutefois toujours celui d'une totale participation corporelle et mentale de l'officiant à la situation rituelle qu'il crée. Ces rites se retrouvent *mutatis mutandis* dans le bouddhisme tantrique, où les visualisations de syllabes (souvent sous leur forme écrite) ont une grande importance, comme aussi les mudrā, qui servent à construire l'univers du culte. Il est à noter que le mot mudrā peut, dans le tantrisme bouddhique, désigner la partenaire féminine d'un rite sexuel.

Tous les rites tantriques s'accompagnent de l'énoncé de formules stéréotypées, les mantras, qui ne sont parfois que des syllabes, fréquemment dépourvues de tout sens, mais ayant un usage précis et censés recéler en eux toute la puissance de la déité dont ils sont la forme phonique. Parole efficace, puisque sa nature est celle de l'énergie divine, le mantra agit par lui-même ; il produit ce qu'il dit ou rend présent ce qu'il invoque, s'il est énoncé selon les règles. Cet énoncé peut être accompagné d'une mudrā qui « scelle » en quelque sorte son action. Le rite peut aussi ne consister qu'en la récitation de mantras. Bien plus, l'image même du culte, quand elle est mentale, peut n'être que « faite de mantra » et être alors censée reposer sur un socle fait de mantras : l'univers tantrique est celui de la toute-puissance de la parole et de sa continuelle manipulation magique et rituelle. La mise en œuvre des mantras, parole initiatique, suppose toute une ascèse (mantra-sādhana),

Kṛṣṇa viśvarupa, école de Mandi, début du XIXe siècle. On retrouve dans ce « Kṛṣṇa-univers » la structure du corps subtil humain, avec ses centres (« cakra ») qui sont étagés du bas de la colonne vertébrale au sommet de la tête et que parcourt l'énergie cosmique et humaine de la « kuṇḍalinī ». Normalement endormie, lovée à la base, tel un serpent femelle, celle-ci, quand elle est éveillée, monte en traversant tous les centres, qu'elle stimule, créant des états de conscience de plus en plus hauts, jusqu'à ce qu'au sommet, dans le « lotus aux mille pétales », elle s'épanouisse en fulgurant. Elle amène ainsi celui en qui elle se meut à se fondre dans la totalité divine. Le yogin a alors entièrement dépassé la condition humaine : ce dieu cosmique, c'est lui (Enrico Isacco).

souvent très complexe, pouvant durer des années. Ces formules, qui servent à mille usages magiques, sont souvent utilisées, dans le culte ou ailleurs, en étant répétées des dizaines, des centaines ou jusqu'à des millions de fois. Ces répétitions, nommées *japa*, sont soigneusement codifiées. Associées à des méditations, visualisations, etc., et à la régulation du souffle, elles tendent à être proches du yoga.

Ce dernier, dans le tantrisme, implique l'usage de la *kuṇḍalinī*, la force qui monte des « centres » du corps subtil jusqu'à s'unir au principe divin masculin. Cela se réalise, comme pour le culte, par la création mentale d'images assez intenses pour être perçues comme présentes dans le corps. Ainsi s'accomplit une « cosmisation », une divinisation, de l'adepte, qui se fond en l'absolu. La montée de la kuṇalinī peut être aussi provoquée par des pratiques sexuelles. L'union ritualisée avec une parèdre initiée se fait selon un rituel précis et complexe qui culmine dans l'orgasme, point de fusion en la divinité (dans le bouddhisme : d'atteinte de la condition d'esprit du Buddha). Ces pratiques supposent parfois la rétention du *semen*. Elles sont un cas typique de l'usage tantrique des pulsions vitales à des fins transcendantes, le sexe y étant non pas sublimé, mais orienté par une finalité différente, celle de la conquête de la puissance par la domination des pulsions et la transgression des interdits. Ces rites, souvent accomplis de la façon le plus contraire possible aux règles de pureté, de nuit souvent, et dans un lieu de crémation, ne visent pas à donner du plaisir. Ils sont en principe réservés à un tout petit nombre de « héros » (*vīra*), seuls capables d'affronter les forces dangereuses qu'ils libèrent. Les rites tantriques deviennent ainsi un moyen, dépassant le bien et le mal, d'atteindre la toute-puissance et la délivrance par la plongée conquérante dans le chaos et les forces obscures.

Le culte tantrique fait usage en partie des mêmes objets que le culte hindou et bouddhique ordinaire. Dans le shivaïsme, le *liṅga*, symbole de Śiva, n'est pas spécialement tantrique ; ce qui l'est, c'est de le comprendre comme uni par son socle au *yoni*, l'organe sexuel féminin. Les sacrifices sanglants (qui incluaient même les sacrifices humains) remontent au *Veda*, mais ils subsistent aujourd'hui surtout en contexte tantrique, notamment dans le culte de la déesse (Kālī, Durgā, etc.). Si les déités « végétariennes » sont les plus orthodoxes, celles qui ne le sont pas ne sont pas nécessairement tantriques. L'offrande à la déité des « cinq *m* » (*pañcamakāra*) – viande, poisson, alcool, graines et union sexuelle (dont les noms sanskrits commencent par *m*) – est, par contre, tantrique. Certains cultes se font sur un crâne humain, ou sur le yoni d'une jeune femme, ou par union sexuelle avec celle-ci.

L'usage de diagrammes (*maṇḍala*, *yantra*), s'il remonte lui aussi par certains côtés au védisme, reste un trait caractéristique du culte tantrique hindou ou bouddhique. Soit de plan carré et quadrillé, soit fait d'enceintes concentriques circulaires dans une enceinte carrée (ou inversement), le maṇḍala est tracé rituellement avec des poudres colorées ou fait de toute autre matière durable ou périssable. Il délimite une aire sacrée, orientée, centrée, où la déité est appelée à résider : dans une image, dans des pots ou seulement par visualisation mentale. Ce n'est ordinairement qu'une surface organisée où se déroule un culte : adoration, initiation, etc. Mais il peut aussi être un symbole au sens fort, c'est-à-dire une « forme » de la divinité dans son activité de création et de résorption cosmiques. Construit avec des mantras, il contient dans ses diverses parties tout un panthéon. Le culte qui s'y déroule se fait en adorant les déités à partir de l'extérieur vers le centre où se tient la déité suprême. Ce culte est ainsi un trajet salvifique du monde ordinaire au centre divin du tout. Les diagrammes à symbolisme cosmique, dans l'hindouisme, sont en général ceux de formes de la déesse : ce sont les plus typiques mais non les plus fréquents. De tels maṇḍala peuvent aussi être intériorisés par la méditation visualisante et servir, par une pratique de yoga tantrique, à s'identifier au cosmos pour le transcender par union avec la divinité ressentie comme présente dans le cœur ou au-dessus de la tête de l'adepte (quand fonctionne le symbolisme ascensionnel de la kuṇḍalinī).

Le taoïsme

CHRISTINE MOLLIER

Dans la tradition chinoise, l'être humain est conçu comme une entité parfaitement homogène. Matière et esprit ne sont pas en opposition, mais forment un continuum indissociable. Le corps est un assemblage de souffles (ou énergies, *qi*), de qualités diverses. Les souffles lourds, qui sont d'origine terrestre et composent les os et la chair, sont associés aux âmes *po*, les âmes chthoniennes, qui sont au nombre de sept. Les souffles plus subtils, apparentés au ciel, constituent le sang et l'esprit ; c'est d'eux que participent les trois âmes *hun*, qui sont de matière céleste et sont considérées aussi comme les essences séminales et mentales de l'être. Le corps humain est un microcosme. La tête est ronde comme le ciel, les pieds carrés comme la terre. Les Cinq Viscères (cœur, poumons, reins, foie et rate) correspondent aux Cinq Éléments (feu, métal, eau, bois et terre), aux orients, aux couleurs, etc. Les

Exercices de l'aube. Le succès que rencontre en Chine la pratique des lents mouvements du « taijiquan » atteste la permanence des pratiques d'hygiène physique et mentale prônées par le taoïsme. Enchaînés en souplesse, les gestes traditionnels visent à mettre en harmonie le sujet et le monde. Kunming, capitale du Yunnan (P. Roy, Explorer).

vingt-quatre vertèbres correspondent aux vingt-quatre demi-mois de l'année, les douze anneaux de la trachée-artère aux douze mois lunaires, etc. Or les taoïstes ont poussé plus loin cette idée du corps-microcosme, au point de penser que le corps est l'univers dans sa totalité – il contient sa géographie, son astronomie, ses cycles cosmiques et ses nombreuses divinités qui, selon l'anatomie taoïste, président aux divers organes de notre monde intérieur – et que l'univers lui-même est un corps immense. Demeure de tout ce qui constitue la vie, le corps est le principe d'unité par excellence. C'est en lui qu'il faut chercher son salut, l'immortalité.

Depuis le IVe siècle avant J.-C. au moins, les Chinois ont développé, conformément aux concepts de la science médicale – médecine chinoise et taoïsme participent d'un fond commun –, un grand nombre de techniques psychophysiologiques permettant d'atteindre à la longévité, de se créer un corps impérissable en se conformant au rythme cosmique, aux mouvements alternatifs du Yin et du Yang, afin de parvenir à une parfaite harmonie de l'être avec son environnement et, plus encore, à une véritable union avec le Dao (Tao). Ces techniques des « arts de longue vie » ont été élaborées et diversifiées au cours des siècles et ont fait l'objet d'une abondante littérature conservée dans le Canon taoïste. Toutes préconisent, plus ou moins explicitement, la transformation du corps par une ascèse menée en accord avec le cycle du temps.

La pratique de l'immortalité doit être soutenue par une moralité sans faille (les péchés retranchent des années au lot de vie initialement octroyé à chaque individu) et une hygiène de vie stricte. L'abstinence de céréales est l'une des constantes de cette hygiène. Elle est à la base des régimes diététiques taoïstes et doit être rigoureusement observée. Les céréales sont, en effet, la nourriture dont se repaissent les Trois Vers (ou Trois Cadavres), esprits démoniaques qui résident dans les trois Champs de Cinabre (situés dans la tête, la poitrine et la région du bas-ventre) du corps humain et qui n'ont d'autre objectif que de causer le dépérissement et la mort de la personne. L'abstinence de céréales s'accompagne en général de l'interdiction de consommer de la viande, des plantes à saveur forte et de l'alcool. L'ingestion de drogues est souvent recommandée pour favoriser la destruction des Trois Vers. Les recettes de drogues de longévité sont innombrables ; elles utilisent aussi bien des plantes médicinales que des minéraux. La drogue d'immortalité la plus renommée est le cinabre (sulfure de mercure), l'énergie Yang la plus puissante de la nature, obtenu par transmutation alchimique. En outre, certains procédés astrologiques ou rituels, tels que la récitation de formules ou l'utilisation de talismans, sont également conseillés par certains traités.

Les Trois Vers expulsés du corps, l'adepte peut alors s'adonner aux diverses méthodes qui vont lui permettre de renforcer le principe d'unité de sa personnalité, de « nourrir son principe vital » (*yangsheng*) et de créer à l'intérieur de lui un corps immortel. La pratique fondamentale des taoïstes est la « respiration embryonnaire » (*taixi*), qui tend, comme son nom l'indique, à restituer la respiration du fœtus dans le sein de la mère. Il s'agit pour l'adepte de s'exercer à de longues séances de rétention et d'expulsion des souffles et de faire circuler ceux-ci, tout en avalant sa salive, dans les différentes parties du corps, jusqu'au Champ de Cinabre (*dantian*), situé sous le nombril, où ces souffles s'unissent par fusion. C'est là que, peu à peu, germe et se développe l'embryon d'immortalité. Au terme d'une

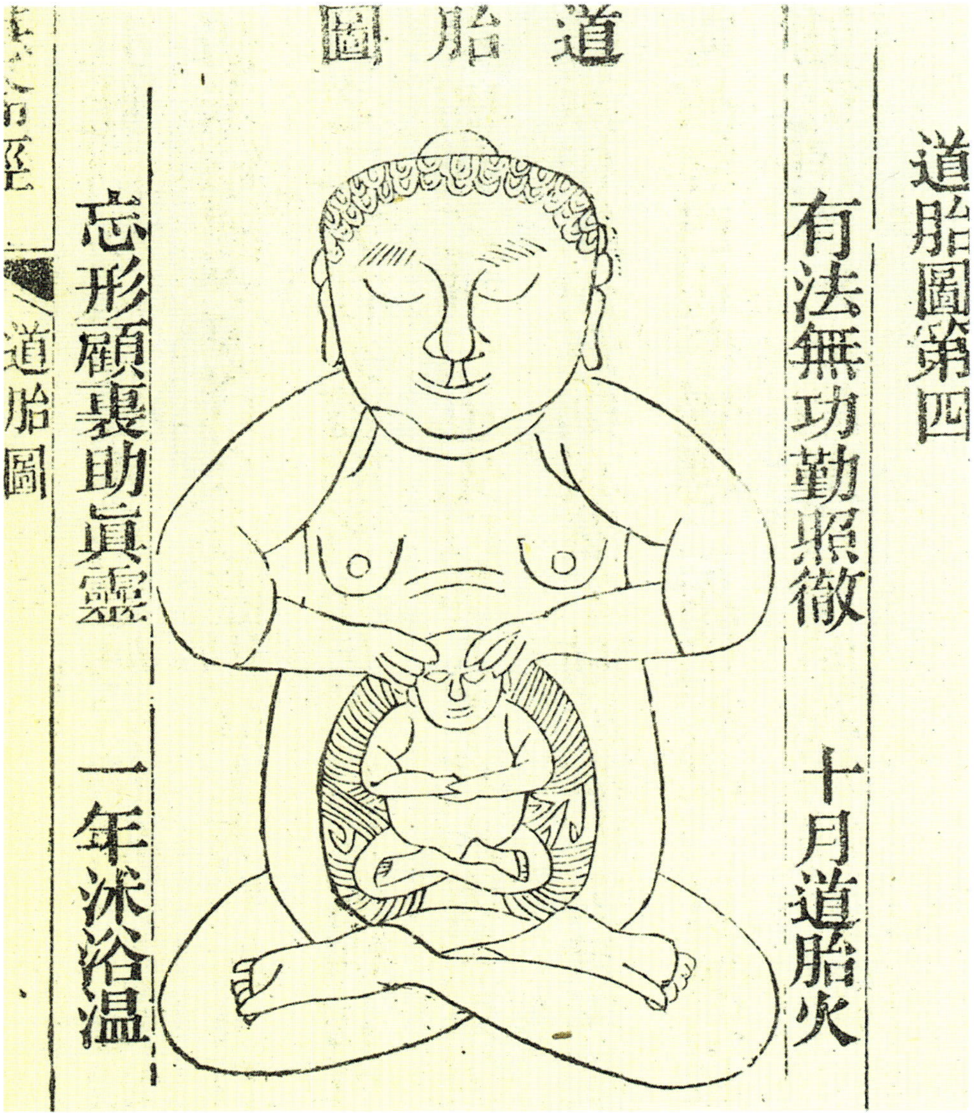

L'embryon de l'immortalité. L'alchimie intérieure réalise dans le corps de l'adepte un « embryon » qui doit, au terme d'une longue gestation, quitter ce corps mortel pour s'élancer vers les régions paradisiaques. L'aspect bouddhique de la représentation témoigne des tendances très syncrétiques du taoïsme moderne. Gravure illustrant le « Huimingjing » (« Livre de la sagesse et du destin ») de Lin Huaying, XVIIIe siècle, dans une édition de 1896 (E.U.).

longue gestation, l'enfançon se libère du corps mortel ainsi qu'un papillon qui quitte sa chrysalide. L'Immortel a acquis son corps nouveau, son « véritable moi ».

Parallèlement à la pratique de cette alchimie interne (*nei-dan*), l'adepte se livre à d'autres exercices, dosés selon ses besoins et ses aspirations. Pour faciliter la circulation des souffles dans tout le corps et leur permettre de franchir les passages difficiles, il exécute une gymnastique appelée *daoyin* et masse certains points précis de l'organisme. Pour renforcer son unité intérieure, « nourrir son esprit », il faut pratiquer la méditation extatique (*zuowang*). On se concentre et on visualise les divinités qui habitent en soi en retournant le regard vers l'intérieur. On acquiert ainsi, au fil du temps, le pouvoir de contrôler et de maintenir dans son corps ces êtres transcendants, ces esprits, absolument nécessaires à la vie.

La sexualité, qui, comme la nourriture, est soumise à de puissants et nombreux interdits, permet aussi, lorsqu'elle est pratiquée conformément aux recettes prescrites, de progresser sur la voie de l'immortalité. Le taoïste s'entraîne à retenir son « essence » par des procédés mentaux et physiques, à la faire « revenir pour réparer le cerveau » et s'applique à absorber l'essence féminine afin d'accroître son énergie (la femme, quant à elle, cherchant à recueillir l'essence séminale de l'homme).

Si l'on en croit les recueils de biographies d'Immortels contenus dans le Canon taoïste, nombreux furent ceux qui, grâce à ces recettes, « s'élevèrent en plein jour » pour chevaucher les nuages et le vent et s'envoler vers les îles paradisiaques. En réalité, ces exercices longs et astreignants ne furent réservés qu'à une élite, d'autant que la connaissance de ces méthodes et surtout leur pratique correcte ne sont transmises qu'à des hommes religieusement dignes de recevoir les livres saints et de trouver le maître indispensable à leur enseignement pratique. Il est toutefois certain que ces techniques – qui ne sont pas simplement de l'ordre de l'hygiène, de la diététique ou de la médecine, mais relèvent pleinement du domaine religieux – ont imprégné la vie quotidienne de tout Chinois. La longévité est toujours, en Chine, un souci majeur. Il suffit de voir combien, encore aujourd'hui, s'adonnent à la pratique des arts martiaux (comme le *Taijiquan*, méthode d'harmonie et de bien-être pour la défense de l'univers intérieur) ou du *Qigong*, l'art du souffle, qui sont dérivés des techniques des Immortels.

Le judaïsme

GÉRARD NAHON ET CHARLES TOUATI

Les pratiques religieuses propres au judaïsme, et au judaïsme le plus actuel, ne se comprennent, dans leurs détails concrets comme dans leur esprit, qu'à partir d'une perspective historique, et spécialement à partir de ce que représentaient le Temple de Jérusalem et son rituel à l'époque biblique et dans la vision eschatologique d'Ézéchiel (XL-XLVII).

C'est là, en effet, qu'apparaît d'abord la conception d'un *espace sacralisé*. Dimension de la sainteté, l'espace se définit, pour la religion juive, comme un territoire sacré comprenant dix étapes ascendantes : le pays d'Israël, les cités entourées de remparts, l'enceinte de Jérusalem, le mont du Temple (*har ha-bayit*), l'enceinte du Temple, le parvis des femmes, le parvis des israélites, le parvis des prêtres, l'espace entre la salle et l'autel, le sanctuaire, le saint des saints (Mishna, *Kélim*, I, 6-9). Apparue lors de la construction du tabernacle (*miškan*) dans le désert (Ex., XL), cette « sainteté spatiale » appartient-elle vraiment à un lieu déterminé ? Pour la Mishna, chacune de ces étapes est liée à l'observance d'un précepte applicable dans le lieu précis qu'elle détermine : ainsi tire-t-on du pays d'Israël l'*'omer*, la gerbe (Lév., XXIII, 10), les prémices et les pains de proposition. Pourtant, l'espace sacré fut désigné au patriarche Jacob lors de sa vision de l'échelle céleste, quand il déclara : « Assurément, le Seigneur est présent en ce lieu et moi je l'ignorais [...]. Que ce lieu est redoutable ! Cela n'est autre que la maison du Seigneur et c'est ici la porte du ciel » (Gen., XXVIII, 16-27). Le « sacrifice » d'Isaac devait s'y accomplir ; le Temple de Salomon y fut ensuite édifié. Le site est celui-là même de l'obéissance d'Abraham : sa définition renverrait ainsi à celle de la Mishna. Lors de l'expérience qu'il fut donné à Moïse de faire face au buisson

La porte du ciel. Cette mosaïque évoque l'espace sacré par le biais d'objets liturgiques présentés dans la Bible comme prescrits à Moïse par Dieu lui-même : candélabre à sept branches (Exode, XXV, 31-40) et voile du saint des saints (Exode, XXVI, 31-36). Synagogue de Bet-Shean, VIe siècle après J.-C., Israel Museum, Jérusalem (P. Y. Loirat, Explorer).

ardent (« N'approche point d'ici ! Ôte ta chaussure, car l'endroit que tu foules est un sol sacré » ; Ex., III, 5), c'est la Présence divine qui consacra le lieu, Présence que Dieu promit de faire reposer « au-dessus du propitiatoire, entre les deux chérubins placés sur l'Arche d'alliance » (Ex., XXV, 22). On pourrait donc dire que l'espace sacralisé se trouve à la rencontre de l'homme accomplissant les préceptes et de cette Présence. Plus généralement, la sainteté territoriale en sa plénitude devint l'apanage du pays d'Israël après sa conquête par Josué (Deut., XI, 11-12). Lieu *unique* du culte sacrificiel, le Temple lui-même constituait l'espace de l'accomplissement parfait du divin service. La synagogue, en dehors du pays d'Israël et même à l'intérieur de celui-ci, entre dans la catégorie d'un espace révéré mais non sacré : alors qu'un impur ne pouvait pénétrer dans l'enceinte sacrée du Temple, l'accès de la synagogue est ouvert à tous. Dans toute la mesure du possible, celle-ci est orientée vers la cité de Jérusalem, sur laquelle la Présence divine n'a jamais cessé de veiller. Pourtant, elle abrite l'Arche sainte qui renferme les rouleaux de la Tōrah pourvus d'un caractère de sainteté : cela revient-il à lui reconnaître une sainteté dérivée ? Destinée primitivement à la lecture de la Tōrah, maison de prière, la synagogue – comme le *Bet ha-midraš*, maison d'étude – accueille la lecture de la Tōrah et la prière publique ; il y subsiste un vestige du service sacerdotal, la bénédiction des *kohanim* (Nombr., VI, 24).

Édifiant le Temple que Dieu lui prescrit de construire, Salomon s'émerveille : « Est-ce qu'en vérité Dieu résiderait sur la terre ? » (I Rois, VIII, 27). À la dédicace solennelle de ce Temple de Jérusalem (– 996) paraissent répondre les dédicaces de synagogues contemporaines – monumentales parfois –, dont le moment majeur est celui de l'entrée des rouleaux de la Tōrah dans l'Arche sainte. En fait, du moment que toute imitation du Temple est strictement interdite, on ne fait alors que s'inspirer de la cérémonie de la dédicace de ce dernier sans pour autant chercher à la reproduire.

L'espace sacerdotal, dispensateur de privilèges, trouve sa limite à l'intérieur du Temple, où seuls peuvent officier les kohanim et les lévites, dont la tribu ne reçut point de territoire lors du partage de Josué. Dans l'ancien Israël encore, des espaces urbains constituaient des lieux d'immunité pour les auteurs de crimes involontaires : il s'agit des villes de refuge, dont trois étaient situées « en deçà du Jourdain » – la Jordanie actuelle – et trois autres « dans le pays de Canaan » – dans l'Israël d'aujourd'hui (Nombr., XXXV, 9-34). Espaces sacralisés par l'observation de certains commandements de Moïse qui leur sont liés, le Temple, d'une part, le pays d'Israël, d'autre part, imposent cette même pratique, dont la non-application – véritable profanation – entraîne des peines humaines ou célestes telles que le *karet* ou retranchement. Ainsi doit s'entendre l'interdiction actuelle d'accéder au mont du Temple, les juifs se trouvant désormais en état d'impureté rituelle, faute des moyens que le Temple d'autrefois offrait pour s'en laver. Un avertissement apposé bien en vue sur le site par le grand rabbinat prévient les visiteurs (pour les problèmes relatifs à cette « sainteté spatiale », voir J. Neusner, *A History of the Mishnaic Law of Holy Things*, V et VI).

Lieu privilégié de la prière et du recueillement, le Mur occidental, vestige du Temple de Jérusalem, a bénéficié d'un prestige considérable à travers toute l'histoire juive : les pèlerins s'y rendent en foule. Ailleurs, il n'existe de « lieux saints » que pour la religion populaire : le tombeau de David, le mausolée de Rachel aux abords de Bethléem, le monument funéraire des Patriarches de Makhpéla à Hébron figurent dans un document intitulé *Protection of Holy Places Law 5727-1967* (*Laws of the State of Israel*, 21). Dans l'ancien Israël, c'est vers le Temple que s'accomplissaient les grands pèlerinages prescrits lors des trois fêtes – *Pesaḥ* (Pâque), *Šabu'ot* (Pentecôte) et *Sukkot* (les Huttes) – dont Flavius Josèphe décrit la magnificence qu'elles revêtaient à l'époque du second Temple (il y eut près de 3 millions de pèlerins à Jérusalem lors d'une Pâque, selon *La Guerre des Juifs*, II, 14, 280 ; VI, 9, 422-425). Aujourd'hui, de multiples lieux de dévotion appellent les pèlerins en Israël, tels le tombeau de Rabbi Šim'on bar Yohay à Méron, ceux de R. Méir *ba'al ha-nes* et de Maimonide à Tibériade, celui du Ari *ha-Qadoš* à Safed… La Galilée est particulièrement riche à cet égard. Hors d'Israël, nombre de fidèles se rendent aux tombeaux de saints rabbins, principalement au Maghreb (cf. Issachar Ben-Ami, *Saint Veneration among the Jews in Morocco*, The Magnes Press, The Hebrew University, Jérusalem, 1984 – en hébreu). Vastes déplacements populaires dits *zyara*, suivis de grandes ripailles, ces pèlerinages sont parfois boudés par l'autorité rabbinique (cf. Joseph Messas, *Sefer Mayyim Hayyim*, consultations Fez, 1934, n° 207, f° 85 a-86 b). Durant les sept jours de la fête de Sukkot – sauf le jour du šabbat –, portant et agitant les « quatre espèces » prescrites par le Lévitique (XXIII, 40 : cédrat, palme, myrte, saule), les fidèles tournent autour de l'estrade (la *bimah*), en chantant des hosannas.

Le temps sacré et les rites

Encore qu'une excommunication pût sanctionner un « comput des années embolismiques et une détermination des mois hors de la Terre sainte » (cf. Maïmonide, *Le Livre de la connaissance*, trad. V. Nikiprowetzky et A. Zaoui, pp. 208-209, P.U.F., Paris, 1961), la sainteté du temps l'emporte, dans la religion juive, sur celle du lieu. Cadre a priori de l'expérience religieuse selon la notion de *qedušat ha-zman*, le temps acquiert un caractère de sainteté indépendamment du territoire. La journée commençait avec le sacrifice du matin ; en son milieu était offert un second sacrifice : les prières dites *šaḥarit* et *minḥa* les remplacent à heures fixes depuis la destruction du Temple. Suivant les sept jours de la Création, la semaine s'achève avec le šabbat, séparé des jours profanes par l'allumage de bougies et consacré par le *Qidduš*, sanctification sur le vin. Le šabbat est totalement à part dans la semaine et dans l'année ; on ne s'y livre à aucune activité créatrice et sa transgression entraîne la peine de *seqilah* (lapidation). Arraché à la vie ordinaire, ce jour doit constituer un avant-goût du monde paradisiaque *(me'en 'olam ha-ba)*. Dite *habdala*, « séparation », la clôture du šabbat n'est effective qu'avec la bénédiction qui s'exprime dans la formule : « Béni sois-tu, Seigneur, toi qui distingues le sacré du profane. »

Bible historiée. Si la religion juive proscrit comme idolâtre toute représentation de Dieu, elle ne condamne pas le recours aux images. On voit ici le grand prêtre en train d'allumer une immense ménora, tandis que, le long de la hampe du candélabre, sont représentés les épisodes du jugement de Salomon et du sacrifice d'Isaac. Manuscrit hébreu, France, 1300 (Bibliothèque nationale de France, Paris).

La Pâque (Pesah). Le rituel domestique du repas pascal (Seder) commémore la sortie d'Égypte et la libération d'Israël. Depuis le Moyen Âge, son déroulement est codifié dans la Haggada, ensemble de textes et de chants centrés sur le récit biblique de l'Exode. Les Haggada illustrées (ici par des évocations de la fête, à droite, et de la servitude en Égypte, à gauche) sont une production traditionnelle de l'art religieux juif, Italie, XVIe siècle (Bibliothèque nationale de France, Paris).

Le rythme des fêtes dépend d'un calendrier lunaire rapporté au cycle solaire par l'adjonction d'un mois supplémentaire les 3e, 6e, 8e, 11e, 14e, 17e et 19e années d'un cycle de dix-neuf ans, de manière que Pesaḥ tombe toujours au printemps. Les fêtes surviennent à des dates fixes du calendrier lunaire, ce qui entraîne leur mobilité sur le calendrier civil : Pesaḥ, le 15 *nissan* ; Šabu'ot, le 6 *sivan* ; Sukkot, le 15 *tišri*. Le mois commence par une demi-fête, une néoménie, *Roš Ḥodeš*. Un jour occupe un rang exceptionnel, *Yom Kippur*, le Grand Pardon, qui se célèbre le 10 *tišri* (Lév., XVI, 30 ; XXIII, 26-32). Depuis Philon, il réunit à la synagogue un nombre considérable de juifs, même détachés de toute pratique. Pour le judaïsme vécu, ce jour l'emporte en importance sur tous les autres.

Le comput des années reposait originairement sur les préceptes instituant une année sabbatique tous les sept ans (Lév., XXV, 3) et une année jubilaire au terme de quarante-neuf ans (Lév., XXV, 8). Dans l'ancien Israël, on chiffrait les années d'après celles du règne des rois. D'autres computs furent adoptés par la suite : on eut ainsi l'ère des Séleucides ou des Contrats (à partir de – 312) et l'ère de la Création du monde (Anno Mundi) qu'on fait commencer en – 3761 et qui se fonde sur la chronique *Seder 'Olam Rabba* attribuée à R. Yose b. Halafta (IIe s.). Cette ère, entrée en vigueur au Moyen Âge, remplaça progressivement la précédente, qui s'attarda pourtant en Orient jusqu'au XVIe siècle (et au Yémen jusqu'au XXe s.). À côté de la mention de l'ère vulgaire, elle figure sur les calendriers liturgiques et profanes, sur les quotidiens israéliens et généralement sur les périodiques juifs de la diaspora. On la grave volontiers sur les sépultures.

Lorsqu'ils ne se trouvent pas explicitement contenus dans la Tōrah, les rites y figurent sous une forme implicite que découvrira le *Midraš*. Ils sont codifiés par la *halakha* ou norme rabbinique : le *Sulḥan 'Arukh* de Joseph b. Ephraïm Caro (Venise, 1567) constitue la forme dernière de sa codification (cf. J. D. Eisenstein, *A Digest of Jewish Laws and Customs in Alphabetic Order*, Jérusalem, 1975 – en hébreu). Des rites agraires règlent la consommation des céréales autorisées après l'offrande d'une gerbe de prémices, l'*'omer*, le 16 *nissan* (Lév., XXIII, 14), l'écoulement de trois années avant l'utilisation du fruit d'un arbre *('orla)*, les greffes (Lév., XIX, 19), les croisements et attelages d'animaux différents, les mélanges de laine et de lin, la consécration des premiers-nés des animaux ou leur rachat.

Sans constituer proprement des rites, les coutumes relatives aux malades sont attestées dans les sources traditionnelles : il s'agit, par exemple, des prières pour la guérison ou de la cérémonie dite du changement de nom censée tromper les anges qui gèrent la vie et la mort. Les rites funéraires comprennent la déchirure du vêtement *(qeri'a)* [d'origine biblique], la veillée mortuaire accompagnée de la lecture du psautier (parfois aussi de la Mishna), la *tahara* ou toilette du mort, dont on s'acquitte avec la récitation de versets relatifs aux membres purifiés par la *Ḥebra Qadiša* (confrérie du Dernier Devoir), l'inhumation avec la récitation du *Ṣidduq ha-din* (justification de la sentence divine), du *Qaddiš* des orphelins par les fils du défunt (cet usage est inconnu de la *Guemara*), de la *Haščaba* ou requiem (pour les séfarades ; *El malé raḥamim* – « Dieu plein de miséricorde » – pour les ashkénazes). Le respect de l'intégrité de la personne humaine interdit absolument l'incinération. Le *Qaddiš*, auquel tiennent même les juifs assimilés, est récité durant onze mois à la synagogue à raison de trois fois par jour (pour le détail et les fondements des rites, voir R. Chlomoh Ganzfried, *Abrégé du Choul'hane Aroukh*, texte ponctué et vocalisé par S. Bamberger, trad. G. A. Guttel et L. Cohn, Colbo, Paris, 1983).

Le culte proprement dit se célébrait jadis au Temple de Jérusalem ; l'office synagogal d'aujourd'hui en tient lieu. Cependant, l'existence devant être tout entière au service de Dieu, la pratique domestique fait partie aussi du culte. Elle comprend : l'ablution des mains au lever et avant le repas, la préparation du šabbat avec le prélèvement d'un volume de farine (*ḥalla*) lors de la cuisson des pains, l'allumage par la maîtresse de maison des lumières du šabbat (*hadlaqa*) et les trois prières quotidiennes – *Šaḥarit*, *Minḥa*, *'Arbit* (ou *Ma'ariv*) – dans la mesure où l'orant qui est empêché de participer à une prière publique prie *yaḥid*, c'est-à-dire individuellement (cf. J. Erlich, *La Flamme du Shabbath*, Plon, Paris, 1978).

Célébrations collectives, les sacrifices offerts deux fois par jour au Temple avec un sacrifice supplémentaire (*musaf*), le šabbat, la néoménie et les fêtes, sont remplacés par la prière publique accomplie en présence d'un *minyan*, c'est-à-dire un quorum de dix adultes mâles. Dite *'Amidah* (station debout) ou simplement *Tefila* (prière – silencieuse –), elle comprend dix-neuf bénédictions et fait l'objet d'une répétition à *Šaḥarit*, *Musaf* et *Minḥa*. La précèdent et la suivent des psaumes et des fragments prophétiques, ainsi que la lecture d'une péricope de la Tōrah lors du šabbat, de la néoménie, des fêtes. La récitation du *Qaddiš*, sanctification du Nom divin, scande les parties du service.

L'accomplissement des rites sacrificiels dépend de l'existence d'un sanctuaire unique, qui était le Temple de Jérusalem. Ces rites se répartissaient en sacrifices expiatoires (*ḥaṭṭat* et *ašam*), sacrifices dédicatoires (*'ola*, holocauste brûlé sur

Calendrier de l''Omer. En hébreu, le mot « 'omer » désigne la première gerbe de la moisson offerte au Temple le deuxième jour de la Pâque. C'est aussi la période de demi-deuil durant sept semaines qui sépare ce jour de la Pentecôte (Šabu'ot). Peinture sur papier, Pologne, 1866, Israel Museum, Jérusalem (P. Y. Loirat, Explorer).

l'autel), holocauste bi-quotidien (*'olat tamid*), oblation (*minḥa*). Existaient encore les sacrifices de communion (*šelamim*), le sacrifice d'action de grâces (*zevaḥ-toda*), l'offrande « balancée » (*tenūfa*), l'offrande votive (*neder*), l'offrande volontaire (*nedava*). La pratique sacrificielle fut universelle dans la période antique. On ne se posa des questions qu'à partir du Moyen Âge sur sa valeur et sa signification : était-ce concession à la mentalité populaire ou symbole sublime ? Entre la conception de Maimonide et celle des kabbalistes, les commentateurs ont énoncé des interprétations différentes, voire opposées. Pour Abraham ibn Ezra, Naḥmanide et Gersonide, le sacrifice permet d'atteindre le degré prophétique. Ayant disparu avec le Temple, il est désormais remplacé par la prière dite aux heures où il se célébrait jadis. Il s'inscrit dans l'étude du traité talmudique *Zebaḥim* ; il se décrit longuement dans sa version solennelle par excellence qui est lue le jour de Kippur. Dans tous les *musafim*, on prie pour la restauration du service dans le Temple unique de Jérusalem. Des vestiges populaires en subsistent dans des communautés et dans des familles, tels que les *kapparot*, « sacrifices » de coqs la veille de Kippur (l'équivalent en argent devant être versé aux pauvres). L'autorité scripturaire prescrit aussi la sacralisation des personnes : « Soyez saints, car je suis saint, moi, l'Éternel votre Dieu » (Lév., XIX, 2). Les préceptes justement « sanctifient » qui les met en pratique.

Dans l'ancien Israël, les descendants d'Aaron, dans la tribu de Lévi, avaient le privilège de célébrer le culte par délégation du peuple d'Israël. Leur consécration s'effectuait par un rite de purification et d'habillement ; ils se pliaient à une gestuelle codifiée, condition absolue de leur approche du sanctuaire. Des préceptes spéciaux, encore en vigueur, leur interdisaient d'épouser une divorcée, une femme déchue des privilèges des kohanim ou ayant eu des relations sexuelles illicites. De cette splendeur du temps du Sanctuaire, les kohanim actuels conservent des privilèges ; ils sont appelés en premier à la lecture de la Tōrah ; ils perçoivent le rachat du premier-né (*pidyon ha-ben*) ; ils prononcent la bénédiction sacerdotale (*birkat-kohanim*). Depuis la destruction du Temple, l'intronisation a été pratiquée en l'honneur du *Nassi* et du *Reš Galūta*, les dirigeants de Terre sainte et de Mésopotamie, puis des autorités rabbiniques titulaires d'une licence d'enseigner (*hata-rat-hora'a*). Elle s'inspire de l'imposition des mains (*semikha*) – à la manière dont Moïse imposa les mains sur Josué (Nombr., XXVII, 18) –, ce geste conférant la puissance judiciaire aux membres du Sanhédrin. À partir du XIXe siècle en Occident, la fonction rabbinique s'officialisant, ont été instituées des cérémonies d'ordination et d'intronisation des rabbins et des grands rabbins. On assiste, depuis la disparition du sacerdoce, au développement de la notion de *kevod talmid-hakham*, honneur dû au disciple des Sages, la valeur suprême appartenant pour le judaïsme à qui possède une profonde connaissance de la Tōrah.

Des pratiques corporelles à la symbolique

Avant de réciter, debout, la prière appelée *'Amidah*, l'orant fait trois pas en avant, puis revient à sa place dans une complète immobilité, en s'inclinant lors des deux premières bénédictions. Certaines parties de la prière se disent assis, d'autres debout. Le *Qaddiš* requiert du fidèle une gestuelle complexe exprimant un respect immense. Durant la répétition de la 'Amidah, lors de la triple sanctification, l'orant hausse la plante des pieds, frémissant tel le peuple d'Israël devant le Sinaï. Ces gestes et attitudes sont précisés dans les rituels imprimés (cf., pour le rite séfarade, *Tephilat Chalom. Rituel de prières pour l'instruction religieuse, le culte public et le culte domestique. Rite sepharad, texte hébreu du Seder hathephilot* établi par le rabbin David da Sola Pool, annotations C. Bijaoui, Paris, 1972 ; pour le rite ashkénaze, *Seder Abodat Israël*, de S. Baer, Roedelheim, 1868, réimpr. Tel Aviv, 1957).

Bien que, selon la Bible, David ait dansé devant l'Arche, il n'est pas, dans le culte juif, de chorégraphie ni au Temple ni à la synagogue, à l'exception des danses des fidèles qui portent la Tōrah et la font danser lors de la fête de *Simḥat Tōrah*. L'une des innovations du hassidisme fut d'introduire les danses collectives – hommes et femmes séparés –, cette forme d'expression de la joie en Dieu étant alors jugée digne de faire partie intégrante du culte.

Le récitatif et le chant sur des modes divers, selon des traditions liturgiques anciennes ou modernes, constituent le devoir et le délice des fêtes majeures ou mineures : Pesaḥ, Šabu'ot, Sukkot, d'une part, Hanukka et Purim, d'autre part. À Pesaḥ (Pâque), la *Haggada* narre la sortie d'Égypte ; à Purim, on lit la *Megilla* ou rouleau d'Esther ; la fête – comme la néoménie – donne lieu à la récitation du *Hallel* (Ps., CXIII-CXVIII). Dans le Temple, des morceaux de musique étaient exécutés par des lévites sur divers instruments. Mais les musiques hébraïques antiques demeurent inaccessibles pour les musicologues. Actuellement, en semaine, on dit la prière sur un ton sobre, presque sans recourir à la musique, celle-ci étant réservée au šabbat et aux fêtes. Tout office est conclu par l'hymne *'Alénu* – « C'est à nous de célébrer le Seigneur de toutes choses » –, qui est chanté avec une solennité exceptionnelle dans le *Musaf*. Les cantiques bibliques et les psaumes – et, parmi les premiers, le « Cantique de la mer Rouge » (Ex., XV, 1-18) – constituent l'essentiel du service cultuel. La poésie hébraïque médiévale a fourni aussi les morceaux classiques du rituel. Composé en Terre sainte, au XVIe siècle, le cantique *Lekha Dodi* (« Viens, bien-aimé ») a ainsi trouvé place dans l'accueil du šabbat pour tous les rites. L'office lui-même peut être célébré par n'importe quel fidèle de sexe masculin âgé de plus de treize ans. Dans les synagogues importantes, on engage un *ḥazan*, chantre choisi pour le timbre de sa voix, qui imprime au service sacré un air de récital.

La sonnerie du *šofar* est prescrite par la Tōrah le jour de *Roš ha-Šana*, qui est le premier de l'an ; et il est d'usage de clore par elle le jeûne de Kippur (Lév., XXV, 8). Au XIXe siècle, dans les « temples » des métropoles d'Europe ou d'Amérique, apparurent des musiques synagogales dues à des auteurs de « services sacrés », relayés ensuite par des compositeurs tels que Samuel Naumbourg, Darius Milhaud et Léon Algazi. À cette époque, et aujourd'hui encore, dans les synagogues réformées ou conservatrices des États-Unis, l'orgue accompagne le service sabbatique et festif. Dans les grandes synagogues, des chœurs masculins exécutent les portions majeures des offices. La musique est partout admise lors des cérémonies patriotiques et des mariages.

Fête de Purim. La fête des Sorts commémore joyeusement l'intervention de la reine Esther sauvant les juifs de Perse de l'extermination voulue par Hamān. Le rouleau d'Esther est lu à la synagogue et le nom de Hamān copieusement hué. C'est aussi l'occasion d'échanger cadeaux et friandises, et de se déguiser (R. Rosen, Black Star).

Dans le cadre du culte juif, les vêtements occupent une place importante. La « Loi des prêtres », c'est-à-dire le Lévitique, détaille avec précision leurs formes et leurs teintes, ainsi que celles des coiffes et des parures sacerdotales : *tekhélet* (azur), *argaman* (pourpre), *tola'at-šani* (écarlate). L'habillement du grand prêtre, qui entrait seul – une fois l'an – dans le saint des saints, est longuement décrit tant dans l'Écriture que par Flavius Josèphe (*La Guerre des Juifs*, V, 232). Aujourd'hui, l'obligation vestimentaire se limite au port du vêtement frangé, le *tallit* – ou châle de prière, blanc, pourvu de larges rayures noires ou bleues –, et des *tefillin* ou phylactères lors de Saḥarit. Par respect pour son Créateur, un juif doit garder la tête couverte (Ire épître aux Corinthiens). Dans les rites ashkénaze et polonais, on revêt le *kittel* ou *sarguenes*, long linceul blanc, durant les trois jours austères de Roš ha-Šana et de Kippur. On se déguise le jour de Purim, mais tout tatouage est strictement interdit (Lév., XIX, 28). Hommes ou femmes arborent parfois des bijoux ou pendentifs où sont gravés les mots *Ḥay* (vivant) ou *Šadday* (tout-puissant) ; mais aucun verset biblique ne le prescrit.

Parfums et aromates servaient à la préparation des encens du Temple. Avant Saharit (et avant Minḥa chez les séfarades), on récite le détail de leur composition et de leur préparation selon un texte talmudique qui commence par les mots *Pittum ha-Qetoret* (mélange de l'encens).

En ce qui concerne les images et symboles dans le judaïsme, le deuxième commandement interdit toute représentation figurative, image, sculpture, icône... Toutefois, on plaça deux chérubins – symbole de l'amour de Dieu pour son peuple – au-dessus de l'Arche d'alliance construite dans le désert (Ex., XXV, 19) et placée, plus tard, dans le saint des saints du Temple de Jérusalem. Les synagogues de Galilée, du Golan et de Syrie (Doura Europos) se parèrent volontiers de fresques et mosaïques historiées (V. Klagsbald, « La Symbolique dans l'art juif », in *Revue des études juives*, n° 144, 1985). Si le décor synagogal en terre d'islam affecta de privilégier les formes florales ou géométriques, la synagogue n'exclut pas la figuration animale ou humaine. Les manuscrits hébraïques enluminés du Moyen Âge témoignent d'un goût artistique lié à la ferveur (cf. G. Sed-Rajna, « Les Manuscrits enluminés » ; F.G. Hüttenmeister, « Synagogues et écoles en Palestine »). Bien évidemment, l'emploi de l'image (*hiddur miṣwa*) ne vise alors qu'à l'esthétique sans qu'il s'agisse jamais de façonner un objet d'adoration, la divinité ne pouvant en aucun cas être représentée.

La symbolique objectivée est absente du judaïsme. Le candélabre est-il un symbole ? Moïse le façonna à l'image de celui que Dieu lui fit voir (Nombr., VIII, 4) et qui représente une trace terrestre de l'amour divin. Le sceau de Salomon (*magen David*), emblème tardif du peuple juif,

Célébration familiale du shabbath. Parallèlement à la liturgie synagogale, les rituels domestiques jouent un grand rôle dans la vie religieuse juive. Pour le shabbath, la mère de famille allume deux cierges ou davantage. Pour Hanukka, on allume chaque jour une lumière nouvelle sur la Menorah, chandelier comportant huit branches au même niveau, plus une à un autre niveau (G. Hiller, Rapho).

frappé sur le drapeau de l'État d'Israël, ne saurait être considéré comme un symbole véritablement religieux, en dépit de sa connotation messianique (Nombr., XXIV, 17 ; cf. G. Scholem, *Le Messianisme juif, essais sur le judaïsme*, trad. B. Dupuy, Calmann-Lévy, Paris, 1977). Les principes de l'expression artistique du sacré furent établis pour l'architecture du sanctuaire du désert et pour celle du Temple de Salomon. Celle de la synagogue est réglée tant par l'usage que par des arrêts rabbiniques concernant l'emplacement de la *bimah*, ou estrade, et le pupitre de l'officiant, *almemor*. Pour l'orthodoxie, la disposition doit être bi-focale, les réformés ayant adopté une disposition mono-focale. Dans la synagogue orthodoxe, une galerie est toujours réservée aux femmes. Le souci artistique inspira aussi les scribes et enlumineurs de manuscrits médiévaux ; on confectionna des objets du culte, boîtes à parfums, chandeliers, luminaires…

L'art populaire, encore mal connu, pourvoit à l'imagerie religieuse, à la décoration de nappes (*mappot*) pour le pupitre synagogal, de manteaux de la Tōrah, de rideaux de l'Arche d'alliance, de luminaires de l'âme (*ner nešama*), perpétuant le souvenir d'un disparu ou correspondant à l'accomplissement d'un vœu. Ressortissent encore à l'art populaire certains dessins et peintures sur bandelettes qui entourent l'enfant lors de la circoncision ou accompagnent les notes écrites des péritomistes… On prendra également en compte l'imagerie des almanachs et calendriers.

La dimension esthétique et la science

L'art sacré et, par extension, l'artisanat sont définis, dans le judaïsme, par les trente-neuf travaux nécessaires à la confection du Sanctuaire du désert. Les textes les concernant attribuent cette construction à des *ḥakhme-leb* (Sages de cœur), à la tête desquels se trouve Beṣalel ben 'Uri b. Ḥūr de la tribu de Juda, chargé de bâtir un sanctuaire conforme à la volonté divine et pourvu de tous les attributs de beauté (Ex., XXVIII, 22). La vie courante du fidèle est elle-même soumise à une exigence esthétique, car celui-ci est sans cesse sous le regard divin. Le soin apporté au vêtement dans le synagogue ou au-dehors traduit une imprégnation esthétique de l'existence, qui doit être éminemment agréable à Dieu. En interdisant toute représentation figurative, le deuxième commandement (Ex., XXV, 4) semblerait limiter l'expression artistique à des thèmes abstraits ou géométriques, voire floraux. En réalité, les vestiges des synagogues antiques (fresques, mosaïques) comme les enluminures des manuscrits hébraïques médiévaux et la décoration de certaines synagogues modernes témoignent de la licéité des représentations figuratives à condition qu'elles ne conduisent pas à l'idolâtrie. On peut citer, à ce propos, deux exemples : les chérubins à figure humaine de l'Arche d'alliance à en croire la tradition (Ex., XXXVII, 7 ; cf. *Yoma*, 54 a et b) et les peintures historiées de la synagogue de Doura Europos.

Dès l'origine, la dimension de l'art est présente dans le judaïsme. D'après la Bible, le prophète païen Balaam s'exclame : « Combien sont belles tes tentes, Jacob ; tes demeures, Israël ! » (Nombr., XXIV, 5). L'art juif a produit des œuvres dont les thèmes ne sont limités que par l'interdiction de créer des objets à adorer et, partant, de représenter la divinité. Toutefois, des mains divines apparaissent parfois sur des frontispices de livres ou dans l'imagerie pieuse. La production artistique inspirée par la Bible couvre un domaine immense. À ce sujet, il conviendrait, d'une part, de faire une étude quantitative et thématique des commandes passées par des communautés juives à des artistes (tapisseries, fresques, vitraux, mobilier cultuel), d'autre part, d'analyser les diverses œuvres d'artistes catalogués comme juifs. Mais il n'y a guère eu que des tentatives dans ce sens.

Quant aux littératures juives post-bibliques, elles sont d'une richesse impressionnante, bien que nombre d'ouvrages demeurent à l'état de manuscrits. En fonction d'une historiographie élaborée au XIXe siècle en Allemagne par la « science du judaïsme », on considère encore comme classiques celles qui ont été produites en Espagne du XIe au XIIIe siècle. La poésie liturgique y fut alors portée à sa perfection ; elle sut exprimer la force incommensurable de l'amour divin pour son peuple, Israël, et la ferveur avec laquelle celui-ci se tourne vers son Dieu ; elle représente la communauté d'Israël sous les traits d'une femme dont l'amant est Dieu. Cependant, pas plus que la prose philosophique et théologique, la poésie ne se laisse aller à l'effusion ; elle reste pudique à l'extrême sur les rapports de l'âme avec Dieu et volontairement conventionnelle. Lorsque le poète s'exprime sur un mode plus personnel, c'est qu'il s'agit d'un paysage, d'amis, de voyages, de la terre d'Israël, des plaisirs et déplaisirs de la vie. Mais il reste comme interdit au seuil de la divinité, que seuls les auteurs kabbalistes, eux, aspirent à franchir. La littérature hébraïque médiévale peut se répartir en trois catégories : celle du *Din*, l'agir conforme au droit défini par les Sages, c'est-à-dire l'amour lui-même ; celle de la philosophie et de la

Signes d'adhésion. Le port du « ṭallit », dont les franges rappellent les commandements divins, et des « tefillin », qui renferment des versets de la Bible, exprime l'attachement du croyant à l'Alliance (B. Searle, S. Halliday).

science vouées à la connaissance de la Création, qui mène vers le Créateur ; celle de la kabbale, qui est effort suprême pour atteindre la divinité grâce au décryptage mystique de l'Écriture. La première catégorie, qui correspond à la *halakha*, est contraignante pour tout israélite ; les deux dernières entrent dans le cadre des créations individuelles laissées à la libre appréciation de chacun. Des travaux récents ont mis en cause la hiérarchie qui plaçait l'Espagne médiévale au faite de la création littéraire hébraïque et l'on sait aujourd'hui que les productions ultérieures – particulièrement en Afrique du Nord et en Orient – valent et souvent surpassent celles du Moyen Âge ibérique. G. Scholem estime, par exemple, que *Ḥemdat Yamim* (Turquie, XVIIIe s.) est un des plus beaux livres de tous les temps. En matière de technique ou de savoir, fondamentale est dans le judaïsme la tradition de l'Écriture. Elle appartint aux *soferim* (scribes), qui détenaient la vocalisation et la cantilation du texte purement consonantique de la Loi et des Prophètes. C'est la transmission orale qui domina absolument depuis les origines jusqu'à l'époque où apparurent les massorètes, qui eurent plusieurs écoles en Terre sainte et en Babylonie, la *massore* de Tibériade ayant fini par s'imposer au monde juif. Les massorètes établirent une transcription des *nequdot* (voyelles) et des *te'amim* (neumes de cantilation), ainsi que la nomenclature de toutes les irrégularités apparentes du texte de l'Écriture. La Bible massorétique fait aujourd'hui universellement autorité.

Quant à la théologie, elle revêt deux formes : la science de la tradition et la spéculation philosophique. La première porte davantage sur l'action conforme à la volonté divine que sur l'essence divine. Elle s'identifie à la Loi orale qui a été transmise par les *Tannaïm* et consignée par écrit à la fin de la période des *Amoraïm* (IIIe-Ve s.), dont les productions respectives, la *Mishna* et la *Guemara*, forment le Talmud. La théologie juive, centrée sur la définition de la halakha, qui est la norme rabbinique, s'est poursuivie après la clôture du Talmud avec les *Saboraïm*, qui furent sans doute les véritables éditeurs du Talmud de Babylone, avec les *Geonim*, les recteurs des académies babyloniennes, avec les *Talmide-ḥakhamim* (disciples des Sages) et les rabbins titulaires, investis des fonctions enseignante et judiciaire. Le Talmud lui-même inclut de nombreux développements scientifiques, car la halakha se heurte à des problèmes pratiques mettant en jeu l'astronomie, les mathématiques, la médecine. Il faut souligner que la profession médicale fut souvent exercée par des rabbins ; à la fin du XVIIe siècle, Raphaël Mordekaï Malqui, personnalité éminente de la communauté de Jérusalem, avait mis son art au service des habitants de la ville sainte. Bien des travaux ont montré la part que le Talmud fait à telle ou telle discipline scientifique. Mais la science a néanmoins, dans le judaïsme, un statut parfaitement autonome ; en effet, la quatrième bénédiction (*ḥonen ha-da'at*) fait de la connaissance la résultante d'un don divin ; il appartient aux savants, selon leurs disciplines et leurs méthodes respectives, de percer les secrets de l'univers. De fort nombreux manuscrits hébraïques et les inventaires de bibliothèques juives attestent que l'activité scientifique juive au Moyen Âge fut intense, spécialement en médecine, astronomie, mathématique, grammaire, géographie, botanique... Des juifs traduisirent en hébreu, à partir de l'arabe ou du latin, des auteurs islamiques, persans ou grecs et même écrivirent en arabe leurs propres œuvres, tels le penseur et astronome Abraham Ibn Daud (1110 env.-1180 env.) et le philosophe Salomon Ibn Gabirol (1020 env.-1057), en qui les Latins virent un penseur arabe du nom d'Avicebron. Par là, ces auteurs juifs contribuèrent à diffuser dans le monde chrétien la pensée et la science du monde arabe et du monde antique. Citons aussi, à ce sujet, le *Livyat ḥen*, encyclopédie rédigée par Lévi b. Abraham de Villefranche. Face à cet intérêt pour une science autonome, le judaïsme n'a rien connu d'équivalent à ce que fut l'affaire Galilée pour le christianisme. Néanmoins, des rabbins exprimèrent parfois des réserves sur l'étude des sciences générales considérée, surtout en Europe orientale, comme une perte de temps : on devait, selon eux, se consacrer entièrement à l'étude de la Tōrah (mais il y eut de notables exceptions, tels le Gaon de Vilna au XVIIIe siècle et Malbim au XIXe). Quoi qu'il en soit, le judaïsme prescrit de prononcer une bénédiction lorsqu'on voit un savant d'envergure, à quelque confession qu'il appartienne.

Le christianisme

Sacrements et cycle liturgique catholiques

JEAN ÉVENOU

Religion de l'incarnation, le christianisme s'exprime dans sa liturgie à travers le langage des signes, qui prolonge ou intensifie le langage de la parole. C'est l'homme qui doit être saisi tout entier, esprit et corps. La liturgie n'est pas seulement parole, un dialogue entre Dieu et son peuple. Elle est action, l'action de Dieu, et ses dons se réalisent à travers des signes. Ce sont essentiellement, mais non exclusivement, les sacrements, qui sont au cœur de la liturgie. Car le temps est également signe du salut, puisque la liturgie de l'Église déploie tout le mystère du Christ à travers le rythme périodique du jour, de la semaine, de l'année.

Les sacrements

« Le Verbe s'est fait chair » (Jean 1, 14) : c'est le fondement de la foi chrétienne. L'humanité du Christ est le chemin d'accès des hommes à Dieu et le canal du salut de Dieu pour les hommes. Si le sacrement est un signe visible de l'action de Dieu dans l'homme, « le mystère de notre religion, c'est le Christ, manifesté dans la chair, justifié par l'Esprit, apparu aux anges, proclamé chez les païens, cru dans le monde, enlevé dans la gloire » (1 Timothée 3, 16). Le mot grec *mysterion* a été rendu en latin par *sacramentum*, qui a donné en français « sacrement ». Le Christ en personne, c'est le mystère révélé de Dieu, il est par excellence le sacrement de Dieu (cf. Éphésiens 3, 3 et 8-9 ; Colossiens 1, 27).

En entrant dans le monde invisible par son ascension, il a voulu cependant continuer à vivre et à agir visiblement au milieu des hommes. Il le fait par son Église : elle est son corps, déclare saint Paul (cf. Romains 12, 5), ou, selon l'expression de Bossuet, elle est « le Christ continué et communiqué ». Aussi a-t-elle conscience d'être « le sacrement universel du salut » (Vatican II, *Lumen Gentium*, 48). Paroles, actes, miracles, souffrances, mort et résurrection du Christ sont les signes efficaces du salut, que l'Église ne cesse de présenter et d'appliquer aux croyants. « Ce qui était visible en notre Rédempteur a passé maintenant dans les mystères » (saint Léon le Grand). Le monde sacramentel de l'Église est en effet cet univers de signes que la vie et la mort du Christ récapitulent et que la foi des fidèles ne cesse de voir et de recevoir, dans l'Église. Au milieu de ce

Renaître de l'eau et de l'esprit. Le baptême symbolise la nouvelle naissance du croyant. Originellement, il se pratiquait par immersion. Pour des raisons pratiques, on se contente depuis des siècles – dans l'Église latine du moins – de verser de l'eau sur la tête du catéchumène. Bien que se soit très tôt instaurée, avec la généralisation du christianisme, la pratique du baptême des petits enfants, celui des adultes connaît un regain de nos jours, en raison des conversions qui se manifestent au sein d'un monde déchristianisé. Une jeune fille reçoit l'aspersion baptismale, à Angoulême, en 1999 (J.-M. Chassine, C.I.R.I.C.).

La messe retransmise par la télévision. La célébration de l'eucharistie, point culminant de la liturgie chrétienne, est, en France, diffusée chaque semaine sur le petit écran, pour permettre à un large public d'y participer à distance. Prise de vue pour l'émission catholique « Le Jour du Seigneur » (France 2), à Lyon, en septembre 2001 (J. Cousin, C.I.R.I.C.).

monde de signes, certains prennent immédiatement, par la volonté du Christ qui les institua, un relief particulier. Ce sont spécialement le baptême et l'eucharistie, reconnus comme sacrements par toutes les Églises chrétiennes. Autour d'eux s'organisent, comme une constellation, des signes moindres : les autres sacrements et les sacramentaux, qui forment l'ensemble des rites chrétiens.

La tradition unanime en Orient et en Occident a fixé au nombre de sept les signes qui doivent être appelés sacrements. Ce sont le baptême, la confirmation, l'eucharistie, la pénitence, l'onction des malades, l'ordre et le mariage. Cette distinction a été obtenue progressivement par la conscience que l'Église a prise de la valeur sanctifiante des actes qu'elle posait en référence aux actes du Christ. Les confessions chrétiennes issues de la Réforme ont généralement refusé de considérer comme sacrements d'autres signes que le baptême et la sainte cène, tout en reconnaissant une valeur particulière aux autres rites. Les sept sacrements touchent toutes les étapes et tous les moments importants de la vie du chrétien : ils donnent naissance et croissance, guérison et mission à la vie de foi des chrétiens. On peut même voir une certaine ressemblance entre les étapes de la vie naturelle et celles de la vie de foi.

Il y a d'abord les sacrements de l'initiation chrétienne, c'est-à-dire de l'intégration progressive à la vie de la communauté des disciples de Jésus, selon la mission confiée par lui aux apôtres après sa résurrection d'aller porter la Bonne Nouvelle à tous les hommes et de « les baptiser au nom du Père et du Fils et du Saint-Esprit » (Matthieu 28, 19). La foi en son message et le bain de la nouvelle naissance sont indispensables à qui veut avoir accès au peuple des sauvés : « Celui qui croira et sera baptisé sera sauvé » (Marc 16, 16). Le baptême – préparé pour les adultes par un cheminement plus ou moins long, le catéchuménat – consiste à plonger dans l'eau le candidat ou à lui verser de l'eau sur la tête. L'initiation se poursuit par la confirmation : pour conférer au nouveau baptisé le don de l'Esprit-Saint, l'évêque lui fait sur le front une onction d'huile sainte : « Sois marqué de l'Esprit-Saint, le don de Dieu. » L'initiation s'achève par l'eucharistie, à laquelle le nouveau baptisé communie pour la première fois. Célébrés conjointement dans les Églises d'Orient, les trois sacrements de l'initiation le sont aussi en Occident pour les adultes, mais les besoins de la pastorale ont poussé à leur échelonnement dans le temps, pour ceux qui sont baptisés tout jeunes. Pour mieux assurer au baptême son caractère de sacrement de la foi confessée, les Églises baptistes le réservent aux adultes.

L'eucharistie, terme de l'initiation chrétienne, prolonge dans l'Église la Cène de Jésus et les repas pris avec le Ressuscité. Cœur de la vie sacramentelle, elle a la forme d'un repas où le Christ est reçu en nourriture sous l'espèce du pain et du vin, pain de vie et coupe du salut. C'est le mystère central où l'Église proclame la mort du Christ, célèbre sa résurrection et attend sa venue dans la gloire.

Deux autres sacrements ont pour but de communiquer à nouveau la vie divine perdue par le péché, ou de récon-

Ordination sacerdotale. Pour assurer la permanence du ministère pastoral, l'évêque a charge et pouvoir de faire accéder au presbytérat des candidats dûment préparés. À Notre-Dame de Paris, le cardinal Lustiger ordonne un groupe de nouveaux prêtres, en juillet 2000 (A. Pinoges, C.I.R.I.C.).

forter l'homme aux prises avec la maladie : le sacrement de pénitence et de réconciliation, ainsi que l'onction des malades prolongent dans l'Église, par la force de l'Esprit-Saint, l'œuvre de guérison et de salut accomplie par le Christ. L'appel du Christ à la conversion, « Repentez-vous et croyez à la Bonne Nouvelle » (Marc 1, 5), continue à retentir dans la vie des chrétiens. Dans l'Église, dit saint Ambroise, « il y a l'eau et les larmes : l'eau du baptême et les larmes de la pénitence ». La conversion apporte à la fois le pardon de Dieu et la réconciliation avec l'Église : c'est ce qu'exprime le sacrement de pénitence et de réconciliation, selon la mission donnée par le Christ pascal aux apôtres : « Recevez l'Esprit-Saint. Tout homme à qui vous remettrez ses péchés, ils lui seront remis » (Jean 20, 22-23). L'onction, faite à un malade avec l'huile sur laquelle l'évêque a invoqué la venue de l'Esprit-Saint, est le sacrement de la maladie grave. Par ce sacrement, le Christ va vers le malade pour l'apaiser, lui rendre confiance, lui pardonner ses faiblesses et le fortifier ainsi moralement face à la maladie. L'Église accomplit de la sorte l'ordre du Christ : « Ils imposeront les mains aux malades » (Marc 16, 18), selon une pratique attestée par la lettre de Jacques : « Les Anciens [...] prieront sur le malade après lui avoir fait une onction d'huile au nom du Seigneur » (Jacques 5, 14).

Deux sacrements, enfin, sont constitutifs du peuple de Dieu lui-même comme corps social. Ils confèrent une mission particulière dans l'Église et servent à l'édification du peuple de Dieu : ce sont l'ordre et le mariage. L'ordre est le sacrement du ministère : grâce à lui la mission confiée par le Christ à ses apôtres continue, sans interruption, à être exercée dans l'Église. Il comporte trois degrés : l'épiscopat, le presbytérat et le diaconat. Selon une pratique dont témoignent les lettres à Tite et à Timothée, la charge du ministère est conférée par l'imposition des mains avec une prière de consécration. L'évêque reçoit la plénitude du sacrement de l'ordre, qui l'insère dans le collège épiscopal et fait de lui le chef visible de l'Église particulière qui lui est confiée. Les prêtres sont appelés à être les collaborateurs de l'évêque. Les diacres sont ordonnés pour les tâches de service de l'Église : ministère de la Parole, service de la liturgie, service de la charité. Il revient à l'évêque de conférer le sacrement de l'ordre dans les trois degrés.

Cellule primordiale de la société humaine, le mariage était considéré par les juifs comme institué par Dieu. Son caractère sacré et intangible d'alliance a été rappelé par le Christ : « Ce que Dieu a uni, que l'homme ne le sépare pas » (Matthieu 10, 9). Saint Paul voit dans l'union des époux chrétiens le signe de l'union du Christ et de l'Église (cf. Éphésiens 5, 28-33). De caractère familial, l'engagement mutuel des époux devient public et reçu en Église au XIe siècle, et, à partir du siècle suivant, le mariage est compté parmi les sacrements. La liturgie du mariage invoque sur les époux l'Esprit-Saint, pour qu'il soit le sceau de leur alliance, la source toujours offerte de leur amour, la force où se renouvellera leur fidélité.

Le cycle liturgique

« Il y eut un soir, il y eut un matin : ce fut le premier jour » (Genèse 1, 5). La première page de la Bible décrit la

Une flamme dans la nuit. Tard dans la soirée du Samedi saint, se célèbre la veillée pascale, sommet de l'année liturgique. Au cours de cette cérémonie anniversaire de la résurrection du Christ, le président de l'assemblée procède à la bénédiction d'un feu auquel est allumé le cierge pascal, symbole de la présence du Ressuscité dans son Église (J.-M. Mazerolle, C.I.R.I.C.).

création du monde dans l'espace de sept jours, au rythme de l'alternance du soir et du matin. Le cadre de la semaine, emprunté par les Hébreux aux civilisations anciennes de l'Asie, avait une origine lunaire et servait à marquer approximativement chacune des phases de la Lune. Mais les Hébreux détachent la semaine du mois lunaire, qui fait 29 jours et demi, en faisant se succéder les sept jours sans interruption, quelle que soit la phase de la Lune, et en reconnaissant un caractère sacré au septième jour, le sabbat, jour de repos absolu, à l'image du repos de Dieu après l'œuvre de la création (Genèse 2, 2-3).

Le christianisme a respecté le rythme de la semaine, mais en déplaçant le jour du Seigneur du sabbat au jour suivant, le premier jour de la semaine, jour du Soleil dans le monde gréco-romain, « parce que, explique le philosophe chrétien et martyr saint Justin dès le milieu du IIe siècle, c'est le premier jour, celui où Dieu, à partir des ténèbres et de la matière, a créé le monde ; et parce que ce jour-là est encore celui où Jésus-Christ, notre Sauveur, ressuscita d'entre les morts ». C'est en effet le premier jour de la semaine que Jésus ressuscité s'est montré à ses Apôtres (Jean 20, 19-20), a partagé le pain aux deux disciples à Emmaüs (Luc 24, 13-32) et, une semaine après, est apparu de nouveau aux Apôtres (Jean 20, 26-29). Jour de la création et de la résurrection, ce jour est devenu pour les chrétiens le vrai jour du Seigneur (*dies dominica*, qui a donné en français le mot « dimanche »), le jour de fête primordial, le pivot de la semaine chrétienne.

Curieusement, la vogue des religions d'Asie à Rome, aux environs de l'ère chrétienne, a préparé la rencontre de la semaine chrétienne et du calendrier romain. Le rythme de sept jours s'est imposé peu à peu et chaque jour a reçu le nom d'un astre ou d'une divinité assimilée à un astre. Il en est resté l'appellation des jours : lundi, jour de la Lune ; mardi, celui de Mars, etc. Samedi et dimanche ont gardé leur vieux nom dans les langues germaniques : en anglais, *Saturday* (jour de Saturne) et *Sunday* (jour du Soleil). L'empereur Constantin (306-337), qui mit fin aux persécutions et reconnut l'Église chrétienne, était aussi un fervent du Soleil, qu'il fit figurer sur ses monnaies. En 321 il décida que « le vénérable jour du Soleil » serait un jour chômé : il cherchait ainsi une synthèse du culte solaire et du christianisme. En fait, il a permis la christianisation du calendrier romain.

Si le calendrier change tous les ans, c'est parce que, d'une année à l'autre, les jours de la semaine ne coïncident pas avec les mêmes jours du mois, parce que l'année solaire comprend 365 jours, soit 52 semaines plus 1 jour (2 les années bissextiles). Mais il y a une autre raison : certaines fêtes ne sont pas à dates fixes : ce sont les fêtes mobiles, qui dépendent de la fête de Pâques, liée à la première lune de printemps.

Les Hébreux avaient adopté les rites d'une fête agraire du printemps, que connaissaient les peuples environnants, mais ils lui donnèrent un contenu tout à fait particulier : la Pâque fut pour eux le souvenir annuel et vivant de la délivrance d'Égypte, du passage de la mer Rouge ; le repas avec l'agneau pascal évoquait la protection de Dieu envers son peuple élu et scellait chaque année le renouvellement de l'alliance entre Dieu et son peuple. Les chrétiens, à leur tour, conservèrent la fête de Pâques, en lui donnant un contenu chrétien : la célébration annuelle de la résurrection du Christ. Ce qu'était le dimanche dans la semaine, Pâques l'est devenu dans l'année. Mais cela n'a pas été acquis sans difficulté.

À la fin du IIe siècle, les Églises d'Asie Mineure conservaient pour Pâques le même jour que les juifs (le 14 du mois de *nisan*), tandis que les autres Églises reportaient la fête au dimanche. Cela amena bien des débats, sans parler de confusions dans la recherche d'une date commune de Pâques chaque année. Finalement, le concile de Nicée, en 325, prit une décision pour l'ensemble des Églises : Pâques sera fêtée le dimanche qui suit la première pleine lune à l'équinoxe de printemps. C'était une décision d'importance considérable, mais dans la pratique le calcul demeurait empirique. La correction du vieux calendrier romain (dit julien) par le pape Grégoire XIII, en 1582, a augmenté la divergence entre Églises. Dans le calendrier grégorien, Pâques peut se promener entre deux dates extrêmes, le 22 mars et le 25 avril, soit plus d'un mois. Mais la discordance demeure avec les Églises orthodoxes, qui ont maintenu pour les fêtes mobiles le calendrier julien. Les autres fêtes mobiles gravitent autour de Pâques. Cela commence 40 jours avant, avec le mercredi des Cendres : les fidèles reçoivent sur le front un peu de cendre en signe de pénitence, au début de la quarantaine de préparation à Pâques qu'est le Carême (dont le nom vient de *quadragesima* [*dies*], « quarantième [jour] »). La semaine avant Pâques, ou Semaine sainte, s'ouvre par le dimanche des Rameaux, marqué par une procession où l'on brandit des rameaux en souvenir de ce qui s'est passé lors de l'ultime entrée de Jésus à Jérusalem. Le jeudi suivant, Jeudi saint, la messe du soir rappelle le dernier repas de Jésus avec les siens. Le lendemain, Vendredi saint, évoque la passion du Christ. Le Samedi saint est un jour vide, un jour d'attente, qui débouche sur la nuit de Pâques, où l'on célèbre la résurrection. La fête se prolonge pendant le jour de Pâques, la semaine de Pâques et le temps pascal, la cinquantaine de joie qui se clôture par le dimanche de la Pentecôte (du grec *pentêkostê*, « cinquantième [jour] »), fêtée aussi par les juifs, mais qui rappelle aux chrétiens la venue du Saint-Esprit sur les Apôtres à pareil jour et le commencement de l'Église. Auparavant, au 40e jour après Pâques, l'Ascension souligne le départ visible du Christ et sa glorification. Après la Pentecôte, d'autres fêtes en Occident se sont ajoutées, plus récentes : la Sainte Trinité (1334) et la Fête-Dieu (fête du corps et du sang du Christ, XIVe siècle), les deux dimanches suivants, et le Sacré-Cœur de Jésus le vendredi après la Fête-Dieu (1856), dernière étoile de la constellation qui gravite autour de la fête de Pâques, la première des fêtes chrétiennes, « la solennité des solennités » (saint Augustin).

À côté des fêtes mobiles, le calendrier chrétien contient de nombreuses fêtes fixes. Dès les premiers siècles, à l'époque même des persécutions dans l'Empire romain, les chrétiens ont noté la date de la mort des martyrs de leur communauté, pour en marquer l'anniversaire chaque année. On saisit là le processus qui a conduit à l'élaboration du calendrier des saints. Pour célébrer l'anniversaire des martyrs, chaque Église locale est amenée à tenir une liste, donnant le nom des martyrs, la date de leur mort et le lieu de leur tombe. Dès le milieu du IIIe siècle, on trouve ainsi l'ébauche des premiers calendriers chrétiens. À côté de cette liste, chaque Église en tenait une autre, où elle inscrivait les anniversaires de la mort de ses évêques. C'est ainsi que le plus vieux calendrier de Rome, de l'an 354, est fait de deux listes distinctes : pour les martyrs (*Depositiones martyrum*) et pour les évêques (*Depositiones episcoporum*). Peu à peu ces deux listes vont se combiner en une seule et s'augmenter de noms empruntés à d'autres Églises locales, et d'autres fêtes.

À Rome, la liste des martyrs commence curieusement par Noël (naissance du Christ à Bethléem). À côté de Pâques, Noël constitue un autre point focal du calendrier. La fête de Noël était célébrée à Rome le 25 décembre autour de l'an 330. Elle célébrait la naissance du Christ à Bethléem ; mais le choix de la date, pratiquement au solstice d'hiver, montre l'intention de l'Église d'opposer à la fête païenne du « Soleil invaincu » celle du Christ, « Soleil levant » (Luc 1, 78), « vraie lumière qui éclaire tout homme en venant dans le monde » (Jean 1, 9).

Préparée par quatre semaines d'attente (l'Avent), Noël est devenue la fête la plus populaire en Occident, prolongée par d'autres fêtes qui représentaient autrefois autant de jours de repos : saint Étienne, premier martyr, le 26 décembre ; saint Jean, l'apôtre et évangéliste, le 27 (la Saint-Jean d'hiver) ; les saints Innocents, enfants de Bethléem contemporains de Jésus massacrés par le roi Hérode, le 28 ; la solennité de Sainte Marie Mère de Dieu, le 1er janvier, une très ancienne fête romaine, ensuite oubliée, restaurée en 1969 ; l'Épiphanie le 6 janvier, qui correspondait à Noël en Orient et qui célèbre en Occident l'adoration des mages, d'où son nom populaire de Fête des Rois (mages). Enfin, le temps de Noël s'achève par la fête du Baptême du Christ, le dimanche après l'Épiphanie.

D'autres fêtes du Christ parsèment le calendrier : la présentation de Jésus au Temple (2 février), populaire sous le nom de Chandeleur, parce qu'on y bénit des cierges ; l'Annonciation ou l'annonce faite à Marie qu'elle sera mère du Messie (25 mars) ; la Transfiguration (6 août) ; la Croix glorieuse (14 septembre), et, en clôture de l'année liturgique, le Christ, Roi de l'univers : une fête qui annonce les « derniers temps ».

En raison de son rôle dans le mystère du salut, la Vierge Marie, mère de Jésus, tient une place privilégiée dans le calendrier. Le Moyen Âge connaissait les quatre « Notre-Dame », une par saison : la Présentation au Temple (2 février), l'Annonciation (25 mars), l'Assomption (15 août) et la Nativité (8 septembre), les deux premières étant avant tout des fêtes du Christ. L'Assomption célèbre la glorification corporelle de la Vierge Marie à la fin de sa vie terrestre, tandis que la Nativité rappelle sa naissance. Cette dernière fête a entraîné, à partir du XIe siècle, la fête de la Conception de Marie (8 décembre), devenue au XIXe siècle l'Immaculée Conception. La piété de L'Occident a ajouté d'autres fêtes mariales, dont la Visitation (31 mai, autrefois 2 juillet), qui a sa source dans l'Évangile (Luc 1, 39-56). Saint Jean-Baptiste occupe aussi une place à part dans le calendrier. Il est le Précurseur, celui qui précède le Christ dans sa naissance, à six mois d'intervalle (Luc 1, 36), et dans sa passion (Matthieu 14, 1-12). Aussi fête-t-on sa Nativité le 24 juin, au solstice d'été, et sa passion le 29 août. Quant aux anges, ces êtres invisibles et mystérieux dont la présence est constante dans la Bible, ils sont fêtés également deux fois : le 29 septembre, saint Michel, à qui sont joints les deux autres archanges qui ont un nom dans la Bible : Gabriel et Raphaël. Cette fête a un prolongement dans la fête des Anges gardiens (2 octobre).

L'Évangile connaît le groupe des douze Apôtres, auquel il faut ajouter saint Paul, qui n'a pas fait partie du groupe des Douze, mais qui revendiquait hautement sa qualité d'Apôtre. Le calendrier fête ensemble (29 juin) Pierre et Paul, les deux Apôtres qui ont fondé l'Église de Rome dans leur sang, et séparément le 25 janvier (Conversion de saint Paul) et le 22 février (Chaire de saint Pierre, c'est-à-dire son siège de docteur de la foi, mission que le Christ lui a confiée : Matthieu 16, 16-19). Les autres Apôtres sont fêtés, comme aussi les deux évangélistes Marc et Luc, à différentes dates, soit seuls, soit deux par deux. Pour les Apôtres, comme pour le Christ, Marie, saint Jean et bien entendu les Anges, les dates retenues ne sont pas des dates d'anniversaire, sinon au sens large, car beaucoup de ces fêtes rappellent la dédicace antique d'une église en l'honneur de l'un ou de l'autre.

Le culte des autres saints a commencé par celui des martyrs : chaque année, la communauté locale se rassemblait sur le tombeau d'un de ses martyrs, au jour anniversaire de son supplice (passion) ou de sa mise au tombeau (déposition). On appelait aussi ce jour le jour de « naissance du saint », de sa naissance au ciel, par opposition aux usages païens, qui rappelaient le souvenir d'un défunt au jour anniversaire de sa naissance terrestre.

Le calendrier romain général, révisé en 1969, s'est ouvert, plus qu'auparavant, à des saints de tous les horizons. Les jours du calendrier égrènent ainsi, au long des mois, des noms de papes et d'évêques, de prêtres et de diacres, de religieux et de laïcs, parmi les plus représentatifs de la sainteté à travers les siècles et les pays. Chaque Église locale célèbre en outre ses propres saints et, d'une manière plus générale, le Martyrologe, révisé en 2001, qui relève tous les saints connus jour après jour (une quinzaine par jour, en moyenne, parfois beaucoup plus), constitue le plus vaste catalogue des saints. Enfin, pour n'oublier personne, l'Église célèbre le 1er novembre une fête collective de tous les saints, la Toussaint : c'est une fête où le peuple chrétien associe volontiers aux saints du ciel, connus et inconnus, le souvenir des défunts plus proches. Par là se retrouve le lien entre culte des défunts et culte des martyrs, qui est à la source du culte des saints et du calendrier chrétien.

L'antique chant chrétien occidental

IÉGOR REZNIKOFF

On appelle communément, et de façon indifférenciée, *grégorien* le chant monodique, en latin, de l'Église catholique. Ainsi les livres dits de « chant grégorien » (*Graduale* ou *Paroissien romain*) désignent par grégorien un répertoire comprenant aussi bien des pièces des premiers siècles, les grands *Kyrie* du XIe siècle que le *Credo* le plus commun et des messes qui sont du XVIIe. De façon plus spécifique et savante, cependant, on appelle grégorien l'ensemble des chants contenus dans les livres de la fin du IXe, du Xe et du XIe siècle, portant le nom d'*antiphonaire*, *cantatorium* ou *graduel*, notés en neumes et provenant d'une aire géographique comprenant principalement la France, la Suisse et les régions avoisinantes d'Allemagne de l'Ouest et du Sud, ainsi que de l'Italie du Nord. Dans ce répertoire, on essaie de distinguer un fonds ancien de pièces supposées antérieures au IXe siècle. L'imprécision de ces définitions provient de l'ambiguïté de l'appellation « chant grégorien », impropre pour le répertoire qu'elle désigne. En effet, on a voulu rattacher ce chant au pape Grégoire le Grand († 604) et donc aux églises de la ville de Rome. Or cette filiation, qui aura posé bien des problèmes aux musicologues (Apel, Gastoué, Gevaert, Hourlier, Hucke, Huglo, Morin, Stäblein, Toloza), est – quant au chant – légendaire et contraire à la réalité de l'histoire et des manuscrits. Le nom du pape, porté par le chant depuis le Moyen Âge et imposé par la restauration dite « grégorienne » de la fin du XIXe siècle, aura masqué la réalité multiple de ce chant et des traditions qu'il représente.

Pour situer les choses de façon juste, il faut parler plus généralement du *grand chant chrétien occidental antique*. Formé à partir du IVe siècle sur un fonds liturgique commun – avec des influences juives, égyptiennes, syriennes et surtout grecques – et, dans l'épanouissement de la culture chrétienne occidentale, sur la tradition latine dans ses diverses expressions, ce chant s'est développé, comme les usages liturgiques, en plusieurs régions indépendantes, en relation les unes avec les autres et avec l'Orient. On distingue en Occident principalement les liturgies : (*pour l'Italie*) de l'Italie du Sud, de Rome, de l'Italie du Nord (Milan, capitale d'Empire au IVe s.) et d'Aquilée ; d'Afrique du Nord (Carthage) ; d'Espagne (Tolède) ; (*pour la Gaule*) d'Aquitaine, de Provence (Narbonne, Marseille, Arles, Vienne), de Lyonnaise (Lyon, Autun), de Belgique et Germanie (Trèves, également capitale d'Empire) ; de Grande-Bretagne et, dès le VIe siècle, d'Irlande. Les traditions du chant sont évidemment liées aux liturgies régionales ; quatre répertoires et styles de chants sont bien connus : celui de Milan dit *ambrosien* ; celui de Rome dit aussi *vieux romain* ; le chant hispano-wisigothique, malheureusement indéchiffrable ; celui des Gaules du Nord-Est et du Sud, qui, sur une liturgie carolingienne spécifique, a donné ce que l'on a appelé improprement le *grégorien*. Cette dernière liturgie, mélange des traditions de Rome (pour la tradition écrite et l'*ordre* liturgique) et des Gaules (pour la tradition orale et le chant), fut élaborée à la fin du VIIIe et au IXe siècle, sous Pépin le Bref et surtout par Charlemagne. Sous l'influence de l'empire carolingien, puis des provinces de France et de l'empire germanique, elle évinça progressivement, du IXe au XIIIe siècle, toutes les autres, excepté le rit ambrosien de Milan. Les traditions de l'Afrique du Nord ont disparu avec l'islamisation. La liturgie hispano-wisigothique, qui survit à l'occupation arabe, ne put résister cependant à l'unification imposée par la Reconquête, suivant les usages de la liturgie dominante. Enfin, la liturgie et le chant propres de la ville de Rome, celui que saint Grégoire a sans doute connu, disparurent de même au XIIIe siècle, devant la liturgie déjà universelle des puissances du Nord, liturgie dite romaine (au sens de catholique) qui deviendra celle de l'Église latine. De même que toute cette liturgie (et particulièrement le *Credo* avec la formule, alors non romaine, du *Filioque* et les réserves sur le culte des images (*Libri carolini*) sont imposées à l'ensemble de l'Église catholique par Charlemagne et la puissance carolingienne, de même, sur un ordre liturgique essentiellement romain, le chant des traditions des Gaules, avec son style musical propre, aura connu une diffusion immense.

On pourrait ainsi parler de chant « carolingien » ; mais, dans la mesure où ce chant s'est formé du IVe à la fin du VIe siècle et fixé à la fin du VIIIe dans un très grand respect de la tradition antique et de sa transmission orale, on peut parler de façon précise du chant gallo-romain chrétien. Son importance s'explique par le fait qu'au IVe siècle la culture latine est florissante dans les centres intellectuels et les écoles de Bordeaux, Marseille, Arles, Vienne, Autun, Lyon, Trèves, en particulier dans l'art oratoire et la poésie, à laquelle se relie le chant. De la fin du IVe au VIe siècle, la création artistique et liturgique est extrêmement riche dans les Gaules, et l'on peut citer les noms de nombreux évêques, lettrés, poètes, dont la contribution à la liturgie est connue et chez lesquels les mentions de chant sont fréquentes. Mais cette richesse manque d'unité, nécessaire dans une conception impériale, alors que pour l'Antiquité seule importe l'unité de la foi ; et dans cette foi unique toutes les traditions de célébration et de louange sont bienvenues (Grégoire le Grand, *Lettre* à l'Église d'Angleterre, citée par Bède le Vénérable). Charlemagne choisit pour cette unification l'ordre liturgique du sacramentaire romain dit, dès cette époque, grégorien (*a S. Gregorio papa romano editum*) – et dans lequel Grégoire a eu un rôle connu. Cet ordre est adopté aussi pour les textes des chants (*cantus*), mais il n'a jamais été question de chanter musicalement (*in vocis modulatione*) autrement que dans le style des chantres et maîtres de musique carolingiens (Amalaire de Metz, liturgiste de Charlemagne, ne s'intéresse aux usages de Rome que *in ordine* et *in verbis*). Car, dans une tradition orale, le grand chant, qui est essentiellement de soliste, n'est pas conçu comme une mélodie et n'est pas fixé ; d'ailleurs, on n'utilise pas de notation écrite, seul le *mode*, aligné souvent sur celui de Rome, importe. La tradition du Nord-Est, celle de Metz depuis Chrodegang († 766), puis celle du Sud avec Benoît d'Aniane († 821) – avec aussi sans doute un apport de Grande-Bretagne avec Alcuin († 804) et d'Irlande – fournissent l'essentiel de la matière musicale. Avant, puis sous Charlemagne, personne

Antiphonaire de Saint-Maur-des-Fossés (XIe s.). La calligraphie des neumes de ce manuscrit est celle de la France du Nord (elle est apparue au IXe s.). On remarquera, dans l'initiale A, l'entrelacs animalier, de pure tradition irlandaise. Bibliothèque nationale de France, Paris.

n'avait associé le chant à saint Grégoire, mais le nom du sacramentaire « grégorien » et de son ordre liturgique déteint peu à peu sur celui du chant (d'où la légende sur Grégoire et le chant, de Jean Diacre, vers 880). Ce chant sera fixé dans une notation d'abord « orale », c'est-à-dire indéchiffrable hors de la tradition (neumes libres, IXe et Xe s., à Saint-Gall, Laon et Metz), puis dans une notation diastématique (neumes disposés en intervalles – manuscrits aquitains, X^{e} et XIe s.) et, plus tard encore, sur lignes, notation qui permet la lecture à vue et ainsi une diffusion très large. Mais la grande tradition, qui est orale, se perd au XIIe siècle. Avec l'art gothique, le chant antique, hors des monastères, est relégué au rôle de *plain-chant*, par opposition au chant à plusieurs voix, qui relève d'une tradition populaire moins savante mais qui se développe de façon remarquable avec l'écriture. La Renaissance imposera aussi son style et ses livres, et le chant grégorien, simplifié en « mélodies », n'aura plus de sens. Il revient aux bénédictins français d'avoir entrepris au XIXe siècle une tentative de restauration, marquée par l'édition d'un *Graduel* (1883, Solesmes). Malheureusement, la tradition de chant était perdue, ainsi que les notions de gammes anciennes, de justesse d'intonation, de modalité au sens de la tradition orale antique, et, depuis plus longtemps encore, la notion même d'art sacré (et non pas seulement *art religieux*).

Pour l'essentiel du répertoire, il s'agit de chant *sacré* : dans le contexte de la liturgie, de l'Art sacré par excellence. C'est-à-dire d'un art qui est fondé sur et doit établir un rapport *réel* avec le divin. Il a son origine dans l'illumination de la conscience dans la contemplation du divin, car c'est *dans la contemplation du Dieu unique que se révèlent les vrais rythmes et nombres de la Musique et de la Danse, celle justement de l'âme dans cette contemplation* (Augustin, *De musica*, VI, reprenant ici la tradition antique). Et c'est sur ces nombres et ces rythmes, sur les consonances, proportions et mouvements qui en résultent, que se fonde l'Art sacré : ces mouvements d'inspiration divine, représentés dans la liturgie par l'architecture, l'image, la lumière, l'encens et que le chant, au-delà même de la parole, transmet de façon puissante, ces mouvements éveillent la partie divine de l'âme, afin de l'établir dans un rapport essentiel avec l'Invisible. Le chant, en effet, dans une intonation précise – agissant sur le corps par les intervalles, les vibrations et les syllabes (A/lieu du cœur, O/gorge, U/bouche, M/région frontale et sommet de la tête) et sur la conscience profonde par les timbres d'intonation – est le reflet sonore d'états psychophysiologiques que l'Antiquité appelle *mouvements de l'âme* : c'est à cela que répond la notion de *mode*. Aussi le chant peut-il transmettre et induire de tels états, en particulier il a une puissance de conversion. Une interprétation du chant qui se voudrait aujourd'hui authentique doit s'appuyer sur cette conception antique fondamentale de l'art sacré. Au temps où le grand Chant était ainsi compris et pratiqué, le christianisme se diffusait de façon irrésistible par la parole d'Amour du Christ, mais aussi par la beauté des liturgies dont cette parole était vêtue.

Les liturgies orientales

Irénée-Henri DALMAIS

Depuis plus d'un millénaire, les Églises chrétiennes dites orientales se répartissent, pour l'organisation officielle et communautaire de leur prière (liturgie), selon sept « rites » principaux qui peuvent comporter quelques variantes : le rite byzantin, de beaucoup le plus largement répandu, en usage depuis le XIIe siècle au moins dans toutes les Églises « orthodoxes » ; le rite arménien, qui lui est apparenté ; le

Illustration d'un pontifical syriaque (1238).
L'évêque ordonne un diacre selon le rite jacobite, lequel, avec le rite « nestorien », participe à l'héritage syriaque. Bibliothèque nationale de France, Paris.

rite syro-chaldéen (mésopotamien), souvent dénommé « nestorien » ; le rite syro-occidental (antiochien, jacobite) ; le rite maronite, de la même famille que le précédent ; le rite copte (ou alexandrin) ; le rite éthiopien, apparenté à celui-ci. Cette situation résulte d'une histoire complexe dans laquelle interfèrent des facteurs géographiques, culturels et doctrinaux. Du point de vue linguistique, jusqu'à ces récentes années, le rite byzantin était le plus généralement célébré en grec, en slavon ou en arabe dans les Églises dites melkites du Proche-Orient ; les rites syro-chaldéen, syro-antiochien et maronite usaient d'un dialecte araméen de haute Mésopotamie (Édesse-Ourfa et Nisibe), souvent appelé en Occident « chaldaïque » ou « syriaque » ; pour le rite copte, l'arabe a depuis longtemps largement remplacé la langue propre à l'Égypte chrétienne (copte) ; le rite éthiopien garde en principe le guèze, langue de l'ancien royaume d'Axoum (Tigré) ; de même, le rite arménien est célébré dans toute la diaspora arménienne en arménien classique (*grabar*).

Les hymnes et la gestuelle

Les structures fondamentales sont communes à toutes ces liturgies comme à celles de l'Occident latin : rites de l'initiation chrétienne (catéchuménat, baptême, onction d'huile parfumée, *myron*) ; célébration de l'Eucharistie, précédée de lectures bibliques et de prières ; rites de l'ordination des ministres (notamment diacres, prêtres et évêques) ; il y a plus de diversité pour des rites tels que le mariage, la réconciliation des pénitents, la liturgie des malades et des morts, la sanctification des lieux (églises) et des temps (cette dernière ayant été largement modelée par les usages monastiques). On peut considérer que les grandes familles liturgiques se sont constituées en Orient, comme en Occident, entre le IVe et le VIIe siècle et qu'elles ont pris entre le Xe et le XIIIe siècle les traits qu'elles ont gardés jusqu'à nos jours, figés – à quelques détails près – par les éditions des livres liturgiques à partir des XVIe et XVIIe siècles. Ces livres liturgiques sont d'abord ceux qui rassemblent les textes et les indications rituelles (rubriques) pour la célébration de l'Eucharistie (ou « Divine Liturgie » chez les byzantins), célébration qui – à la différence de ce qu'il en est dans l'Occident latin – ne comporte qu'un petit nombre de variantes, sauf à disposer de plusieurs « prières eucharistiques » (*anaphores*). Il en va de même des autres formulaires euchologiques.

En revanche, à la différence de ce qu'il en fut en Occident, la place de l'hymnographie est considérable, notamment dans les liturgies syro-antiochienne, byzantine et éthiopienne. Elle occupe la plus grande part des livres liturgiques pour la célébration des services de la sanctification des « heures », du cycle hebdomadaire et annuel. De toutes les familles liturgiques de l'Orient chrétien, le rite syro-mésopotamien (chaldéen) est celui qui a le mieux conservé les traits de son enracinement sémitique. Expression de communautés chrétiennes minoritaires au sein des empires parthe, puis perse-sassanide, il trouvera ses formulations dernières au temps du califat de Bagdad. Faute de manuscrits plus anciens, seul ce dernier état nous est exactement connu. On y peut retrouver les strates successives qui l'ont constitué : traces de très anciennes liturgies judéo-chrétiennes, en particulier l'anaphore eucharistique des Apôtres (ou d'Adda et Mari) ; poèmes de saint Ephrem (IVe s.) et de ses disciples ; influence antiochienne de l'École des Perses à Édesse puis à Nisibe, notamment par Narsaï (Ve s.) ; réorganisation par le « Catholicos » Isho'yab III à l'époque de la conquête arabe (VIIe s.). Il s'agit là d'une liturgie sobre et même austère où la gestuation tient une place restreinte, l'expression symbolique se manifestant surtout dans le domaine de la parole en un débordement poétique d'images prises de la nature et de la Bible. Depuis le VIIe siècle au moins – et sans doute dès le IVe –, cette tradition liturgique deviendra celle des communautés chrétiennes du sud de l'Inde (« chrétiens de saint Thomas », du Malabar), mais elle y subira, à partir de la fin du XVIe siècle, de profondes altérations sous l'influence de l'Occident.

En Syrie occidentale, l'Église nationale (dite jacobite), qui se constitua au temps de l'empereur Justinien (VIe s.), élabora une liturgie araméenne, intégrant, sur la base des traditions liturgiques d'Antioche et de Jérusalem, de nombreux éléments d'origine syro-mésopotamienne : hymnes de l'héritage de saint Éphrem ; compositions nouvelles de Jacques de Saroug et de ses imitateurs. Mais, à la différence de ce qu'il en était dans le domaine mésopotamien, la gestuation chère aux antiochiens ne cessera de tenir une place importante, comme la floraison surabondante – et trop souvent redondante – de l'euchologie, tant sous forme de litanies que dans la composition de nouvelles anaphores eucharistiques. On en connaît plus de soixante-dix, calquées sur le modèle des plus anciennes anaphores d'Antioche (dite des Apôtres) ou de Jérusalem (dite de saint Jacques le frère du Seigneur). Il semble bien que cette Église se soit voulue héritière de la première communauté chrétienne de Jérusalem.

Origines, héritages et évolutions

C'est dans la même ambiance que s'est constitué le rite propre à l'Église maronite, qui prit forme dans les monastères de la vallée de l'Oronte au cours des VIIe et VIIIe siècles. Il semble avoir gardé quelques traces de très anciennes traditions et peut-être de formulaires communs à un fonds araméen d'origine mésopotamienne. Malheureusement, nous ne connaissons cette liturgie que par des textes assez récents (postérieurs au XIVe s.), alors que l'Église maronite se trouvait de plus en plus marquée par l'influence du catholicisme romain. Elle n'en garde pas moins son originalité, en raison surtout du caractère de la spiritualité monastique et populaire qui l'imprègne. Il en va de même, à bien des égards, pour le rite copte. Plus que l'héritage d'une ancienne liturgie alexandrine, dont nous connaissons peu de chose en dehors de l'anaphore eucharistique – dite de saint Marc (en grec ou de saint Cyrille en copte et en arabe) –, rarement utilisée et remplacée habituellement par une anaphore d'origine cappadocienne (de saint Basile ou parfois de saint Grégoire le Théologien). En fait, cette liturgie s'est largement modelée sur celle de l'Église sœur syro-antiochienne. Mais elle se caractérise surtout par l'influence du monachisme égyptien, principalement par les usages du monastère

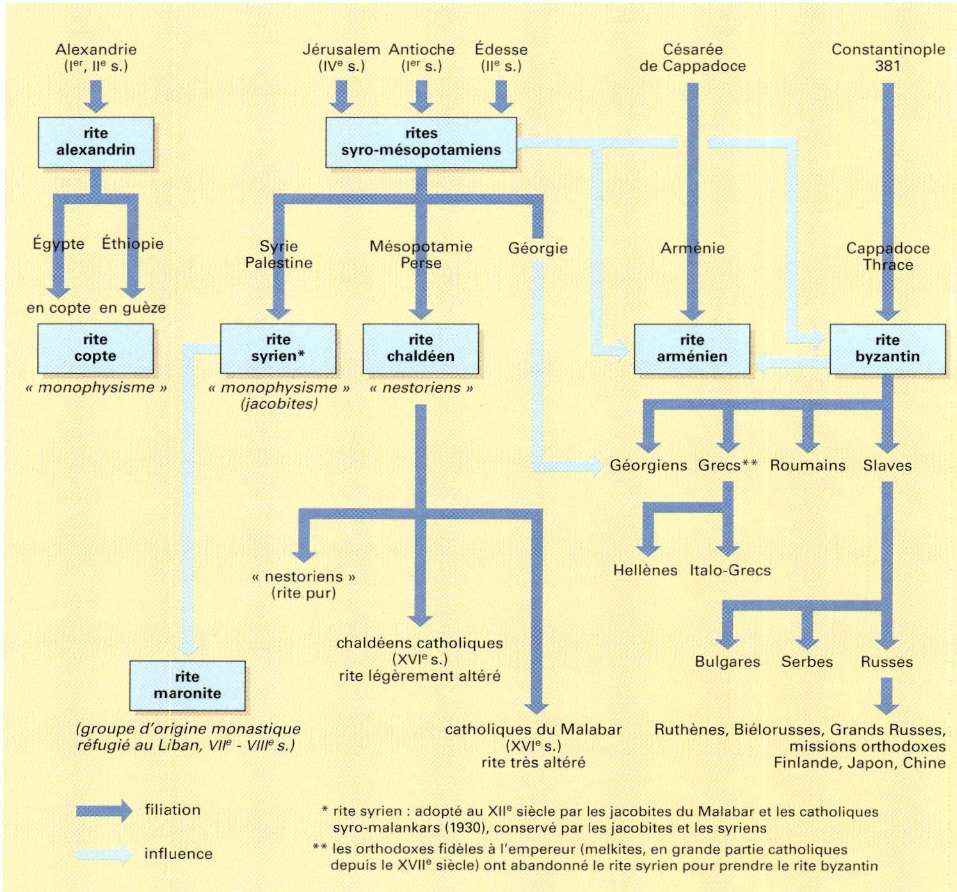

Les patriarcats orientaux et leurs liturgies.
Sept « rites » principaux (en gras) se sont constitués au long d'une histoire caractérisée par une grande complexité géographique, doctrinale et linguistique (d'après I.-H. Dalmais).

de Saint-Macaire au Wadi Natroum : liturgie méditative, peu variée en ses formulaires, sobre en sa gestuation.

Elle a profondément marqué la liturgie de l'Église d'Éthiopie, surtout depuis la « restauration salomonienne » (1270). Nous connaissons mal ses expressions antérieures ; mais, par bien des traits, il apparaît que le rite éthiopien a beaucoup puisé, et cela depuis une époque très ancienne, dans les traditions d'Antioche et de Jérusalem, ou même de la Mésopotamie. Cependant, ces divers éléments ont été intégrés de manière originale ; gestuation exubérante – y compris la danse – et créativité poétique laissant place à l'improvisation donnent à la liturgie éthiopienne des traits bien différents de ceux de la liturgie copte.

Il en va de même pour le rite arménien. Après son adhésion au christianisme dans les premières années du IVe siècle, l'Arménie a voulu marquer sa spécificité à l'égard d'Antioche ou de la Cappadoce puis de Constantinople en prenant pour base d'une liturgie propre les usages qui étaient en train de s'instituer dans l'Église de Jérusalem ; c'est d'ailleurs grâce aux versions arméniennes – et géorgiennes – que nous les connaissons le mieux. Mais, par la suite, la liturgie arménienne reçut beaucoup du domaine byzantin ou même – au temps du royaume arménien de Cilicie (XIIe-XIVe s.) – de l'Occident latin, enveloppant l'ensemble de la beauté de ses compositions mélodiques.

Plus complexe encore, la liturgie qui, de l'empire byzantin, a rayonné dans toutes les Églises fidèles à l'orthodoxie, telle qu'elle s'est formulée en s'appuyant sur les sept premiers conciles œcuméniques. Elle doit beaucoup, en ses origines, aux traditions d'Antioche et de Jérusalem, comme – sans doute – aux anciennes Églises d'Asie antérieure et surtout de Cappadoce. Après la fin de la crise iconoclaste et le rétablissement de l'orthodoxie (842), l'ancien rite de Constantinople fut refondu sous l'influence des usages monastiques palestiniens (*Typicon*, ou Ordonnance de saint Sabas), puis de ceux du mont Athos. Adopté par les jeunes Églises slaves de Bulgarie, puis de Russie, de Serbie et de Roumanie, il s'y modula et s'enrichit des traditions musicales de ces divers peuples, mais s'unifia en conformité avec les éditions imprimées pour le patriarcat œcuménique de Constantinople. Intégrant à la liturgie chrétienne les déploiements du cérémonial impérial byzantin, ce rite veut donner un reflet du « royaume eschatologique ».

La religion populaire

FRANÇOISE LAUTMAN

Sous le nom de « religion populaire », on désigne couramment des pratiques aussi diverses que les processions traditionnelles, les fêtes votives, les invocations aux saints, le port de médailles ou talismans, les dévotions à des sources ou des sanctuaires – dont, souvent, les sites étaient déjà sacrés avant l'ère chrétienne –, les pratiques de sorcellerie ou de divination, l'évocation des esprits... ou encore les coutumes accompagnant des fêtes religieuses (crèches, œufs de Pâques, gâteaux des rois), mais aussi les activités de certaines confréries ou associations de laïcs, les usages non conformes des sacrements ou des sacramentaux, la limitation de la pratique religieuse aux grandes périodes de la vie, les missions populaires destinées à restaurer la ferveur ou l'orthodoxie... Parmi ces multiples manifestations, les unes sont publiques et exubérantes, les autres intimes, voire secrètes ; certaines remontent à la préhistoire, d'autres sont apparues avec l'ère industrielle ou en voie de formation ; certaines sont strictement condamnées par les Églises chrétiennes, d'autres sont tolérées, parfois encouragées avec d'ailleurs des variations selon les époques ou selon les Églises.

L'image d'abord négative et polémique de l'expression

Une telle diversité de faits a conduit à se demander s'il peut y avoir un principe d'unité culturelle qui justifierait l'utilisation d'un concept commun pour les analyser. L'un des premiers qui ait parlé à ce sujet de « traditions populaires » semble avoir été, au début du XVIIIe siècle, Jean-Baptiste Thiers, l'auteur du célèbre *Traité des superstitions*. Il désigne par cette expression les pratiques et croyances qui lui paraissent dépourvues de fondement théologique. Il ne s'agit pas là, à ses yeux, de « religion populaire » (car il leur manque une unité ou une existence propre, même disqualifiée) ni d'hérésies (car il faudrait leur supposer une pensée théologique, même condamnée), mais de « vaines pratiques ». Cela revient à les définir en termes à la fois négatifs (par un manque) et polémiques (avec une visée d'exclusion). Ce double caractère n'est pas, alors, propre à l'Église, il s'inscrit dans l'évolution des élites occidentales, qui marginalisent les catégories sociales restées attachées à la culture médiévale. Cette image négative et polémique demeurera d'autant plus liée à la religion populaire que, pour le passé, nous connaissons celle-ci par les écrits de ses détracteurs, les clercs. Selon les époques, ils y voient une idolâtrie qui fait obstacle à l'évangélisation, une grossièreté opposée aux Lumières ou encore, lorsque, au XIXe siècle, le contexte sera plus favorable aux anciennes traditions, des « pierres d'attente », l'expression d'un besoin religieux – naïf peut-être, mais préférable à l'irréligion des nouvelles couches populaires urbaines. Selon une acception plus récente, le terme « religion populaire » servira souvent à qualifier purement et simplement la religion des laïcs !

Issu d'une analyse conduite en termes de culture autant que de religion mais au sein du système religieux officiel, le concept de religion populaire restera, quand l'utiliseront les historiens et les folkloristes, puis les ethnologues, marqué par ce double caractère négatif et polémique en principe étranger à une approche scientifique. On cherchera cependant à reconnaître à de tels faits une unité sinon un principe autonome. Certains ont voulu y voir des survivances, morcelées et réinterprétées, d'un ancien « système » religieux auquel un nouveau se serait substitué en s'y superposant sans arriver totalement à l'effacer : telle est l'opinion de folkloristes comme Saintyves, qui met en évidence les « saints successeurs des dieux » païens dans leurs sanctuaires et dans leurs fonctions, d'ethnologues comme Claude Gaignebet, pour qui le carnaval serait le vestige d'une religion européenne et d'anciennes conjurations des esprits des morts, d'historiens comme Carlo Ginsburg, qui fait état d'anciens rites nocturnes ayant survécu clandestinement et assimilés par la religion officielle à la sorcellerie... À défaut de faire la démonstration de cette ancienne religion ou d'établir les continuités, on invoque des exemples historiques de telles mutations religieuses : la christianisation intentionnelle des fêtes païennes et des sites sacrés dans les premiers siècles de l'histoire de l'Église, la réforme du catholicisme après le concile de Trente, les divers syncrétismes populaires issus des religions africaines ou précolombiennes et du catholicisme en Amérique latine. D'autres auteurs, à la suite de Gramsci ou de Richard Hoggart, ont insisté sur la créativité mise en œuvre dans ces recombinaisons, sur la capacité d'autonomie culturelle d'acteurs sociaux politiquement ou économiquement dominés, voire sur l'expression symbolique de leur résistance à la domination. L'analyse s'attache alors moins exclusivement aux traces du passé et à l'héritage du monde rural ; elle prend en compte les conflits séculaires entre les confréries de laïcs et la hiérarchie catholique ou des exemples contemporains tels que les catholicismes populaires irlandais ou polonais.

Pratiques du catholicisme ordinaire

Il n'en reste pas moins que les pratiques qualifiées de « religion populaire » s'inscrivent le plus souvent dans la longue durée. Auprès des sources bienfaisantes, on trouve des monnaies, des ex-voto celtiques ou gallo-romains, les fondations de sanctuaires disparus. Les rites de la Saint-Jean sont la trace des cultes solaires qui existaient chez les Celtes (le feu était le symbole terrestre du soleil). Malgré l'attribution à saint Jean-Baptiste, le précurseur du Messie, de cette fête du 24 juin (jour le plus long) – qui fait pendant, dans le cycle annuel, à celle de Noël (jours les plus courts) –, elle a toujours gardé des relents de paganisme : ses feux rituels assuraient la fécondité des jeunes gens qui les sautaient et celle des troupeaux qui passaient sur leurs cendres fumantes ; leurs tisons chassaient les parasites des jardins ; les herbes cueillies au cours de la nuit et nouées en forme de croix protégeaient de la foudre ou des épidémies... Le clergé, qui y voyait des superstitions et des occasions de débauche, tenta, au XVIIe et au XVIIIe siècle, comme il le faisait alors pour les processions et les pèlerinages, de limiter ces rites, voire de les supprimer, à tout le moins de les coiffer sous la forme de « feux ecclésiastiques » organisés par les paroisses et accompagnés de cantiques, ainsi que le préconisait Bossuet, pour remplacer les hurlements des trompes de terre cuite ou des chaudrons censés, en imitant le bruit du vent, écarter les orages de l'été. D'après Sébillot, les feux de la Saint-Jean subsistaient dans de nombreuses régions de France au XIXe siècle. Arnold

« Heureuse bénédiction des maisons. » Ces estampes, peu coûteuses, vendues par colportage et épinglées aux murs des plus simples demeures, y revêtaient, le temps de leur utilisation, un caractère sacré. On les vénérait et on en attendait protection. Peu résistantes, elles étaient facilement détruites et remplacées. Image de Garnier, Chartres (R.M.N.).

Van Gennep (*Manuel de folklore français contemporain*, t. II, 1949) y a vu l'ensemble le plus cohérent des pratiques hétérodoxes qui se réclament des anciennes religions.

En dehors du cas extrême de ces fêtes célébrant ostensiblement la lumière et appelant, du fond des siècles, de mystérieuses bénédictions, la même recherche de protection et d'expression symbolique des forces reliant l'homme au cosmos s'exprimait quotidiennement sous le couvert du catholicisme ordinaire, par exemple avec les objets de piété qui surabondaient dans les intérieurs. Les images de la Vierge et des saints ou celles du Christ en croix entouré des instruments de la Passion étaient très répandues à partir du XVIIIe siècle ; vendues par colportage, à bas prix, et épinglées sur les murs, elles portaient parfois ouvertement le titre d'images miraculeuses ou d'« heureuse bénédiction des maisons », outrepassant ainsi la simple fonction d'édification. On conservait chez soi de l'eau bénite, le buis des Rameaux et le cierge de la Chandeleur, dont la vertu était d'abord spirituelle mais qui avait aussi celle de chasser les esprits des ténèbres, de protéger de la foudre, des épidémies et de la mort subite. Un pouvoir particulier revenait à la croix. La croix sous la forme du crucifix, mais représentée aussi sur les objets domestiques les plus divers, associée aux monogrammes du Christ et de la Vierge, à des ostensoirs évocateurs du soleil, à des rouelles et des rosaces, où l'on a voulu voir des signes astronomiques. Que ces figurations symboliques aient été purement chrétiennes ou non, leur usage était quelque peu magique lorsqu'on l'étendait à la protection des biens : les images de sainte Agathe collées dans les meubles protégeaient des voleurs ; les initiales des rois mages dessinées sur les poutres écartaient les incendies ; le buis béni suspendu dans l'étable mettait les bêtes à l'abri des épidémies… Les vertus reconnues aux différents saints nous informent sur les maux les plus redoutés : 126 saints protégeaient contre les fièvres, plus de 50 contre les maladies infantiles, 43 contre les maux de tête ou d'yeux, 35 dans les accouchements, 64 contre la pluie (ou pour l'obtenir), 43 contre les orages et

Le « chef » de saint Junien porté en procession lors des Ostensions de 1981. Dans les rues de Saint-Junien, chef-lieu de canton de l'ouest du Limousin, la relique du saint protecteur de la petite cité est escortée par quatre gardes, traditionnellement appelés « suisses », dont les curieux costumes sont en quelque sorte l'emblème des Ostensions, ces fêtes chrétiennes qui sont aussi des manifestations de sociabilité locale (F. Lautman).

les tempêtes, 24 contre la foudre… Leurs pouvoirs respectifs variaient d'un lieu à un autre et tel saint qui protégeait ici de la fièvre pouvait ailleurs donner un mari aux filles ou garder des voleurs. Souvent le nom du saint ou un incident ayant marqué sa vie lui assignait un rôle « auxiliateur » particulier : sainte Luce et saint Clair protégeaient les yeux, mais aussi sainte Odile, qui avait été aveugle elle-même. Plus souvent encore, c'est le lieu de dévotion, hérité éventuellement de quelque divinité locale, qui faisait attribuer au saint tel ou tel pouvoir de guérison.

Ces cultes, qui ont constitué longtemps le seul recours contre le malheur, la maladie et, plus largement, l'insécurité de l'existence, ne sont pas tombés en désuétude à la suite des mises en garde ou des interdictions des clercs, lesquels étaient d'ailleurs moins sévères que les synodes ou le Saint-Office et participaient souvent quelque peu eux-mêmes de cette culture populaire. C'est plutôt l'apparition de nouvelles prophylaxies qui a supplanté par exemple le recours à saint Blaise pour les maux de gorge… Par ailleurs, le réseau des rites et des protections correspondait à la répartition des corps sociaux, des rôles familiaux, voire des territoires ; c'est pourquoi il s'est désagrégé avec le tissu de la société où il s'inscrivait. Ainsi ont disparu les « sanctuaires à répit », où les enfants morts à la naissance sans avoir pu être baptisés retrouvaient pour un instant une apparence de vie suffisante pour qu'on pût leur administrer le sacrement qui leur assurait le salut et permettait de les enterrer au cimetière. Comme Jacques Gélis l'a montré, le fait de devoir enterrer un enfant dans un fossé ou un jardin était aussi insupportable pour la famille que l'idée de le savoir privé du salut éternel. Aussi les interdictions ecclésiastiques portées contre de tels baptêmes ne purent-elles empêcher le succès des sanctuaires à répit. Mais ceux-ci disparurent rapidement, au XIXe siècle, avec la modification de la législation sur les sépultures, c'est-à-dire avec l'obligation d'inhumer tout défunt dans un cimetière.

La religion populaire se caractérise, en outre, par des fonctions festives qui furent importantes dans la culture traditionnelle et dont on peut constater, à la différence de ce qu'on vient d'évoquer, la persistance et même parfois l'extension, les saints étant alors des figures symboliques et les supports de manifestations de sociabilité locale (pardons, fête du saint patron, etc.). Ainsi les « Ostensions » du Limousin présentent l'aspect paradoxal de fêtes chrétiennes spectaculaires autour de la vénération des reliques des saints ermites ou évêques considérés comme les fondateurs et les protecteurs de localités dont les municipalités sont aujourd'hui en majorité socialistes ou communistes et dont, depuis des générations, la population ne compte pas plus de 3 p. 100 de pratiquants. Tous les sept ans, dans treize villes ou villages de la Haute-Vienne, on sort les reliques de leurs châsses ; on leur fait parcourir des trajets rituels ; on les offre aux baisers des fidèles, on garde comme talismans des fragments de coton imprégnés des onguents qui ont oint les reliques depuis la précédente Ostension. On peut voir dans de telles festivités un système d'appropriation mutuelle du territoire par les reliques et des reliques par les fidèles dont la première intention était une demande de protection. La plus ancienne Ostension connue se situe en 994 à Limoges. La ville se trouvant gagnée par le « mal des ardents », les reliques de saint Martial sont alors sorties de son tombeau et exposées au mont Jovis où sept mille guérisons furent constatées. Au cours des siècles suivants, on répétera souvent le même rite pour obtenir la protection du saint contre les épidémies et les envahisseurs. Les Ostensions ont adopté un rythme septennal au début du XVIe siècle, alors que les cultes de reliques diminuaient d'importance en d'autres endroits. Elles sont ainsi devenues un des traits spécifiques de la culture religieuse limousine. Chaque ville se trouve exaltée à travers son fondateur ; on conjure symboliquement la mort en sortant des ossements au printemps et en leur faisant parcourir les lieux où le saint a vécu ; on dresse un décor exubérant de feuillage, de fleurs, de drapeaux aux couleurs des cités. La préparation en est occasion de rencontres et de réconciliations… Au-delà même de leur fonction commémorative, les Ostensions apparaissent comme une affirmation symbolique de la vie et un facteur d'identité collective. Elles sont, pour les habitants, l'occasion de participer ensemble à une œuvre exaltante et symbolique qui s'étend sur des mois, de parler à des gens dont on est d'ordinaire séparé socialement ou politiquement, d'oublier les différends personnels. En fait, plus peut-être que comme le lieu de la paix sociale réelle, les Ostensions apparaissent comme celui de la négation des conflits. Cela permet à telle ville qui est très majoritairement de gauche de laisser l'opposition ou les milieux catholiques continuer d'organiser une manifestation traditionnelle où ils trouvent leurs intérêts propres, et cela construit en même temps une unanimité exceptionnelle (limitée mais assurée de se renouveler sept ans plus tard) sur une image convenue de la ville dans laquelle tous les habitants peuvent se reconnaître.

Mais, si les formes prises par ces manifestations correspondent à des symboliques cosmiques héritées des religions préchrétiennes et à des formes cultuelles du catholicisme traditionnel, le religieux y apparaît aussi sous deux formes nouvelles. D'une part, le caractère de fondateurs reconnu aux saints relaie celui de leur puissance protectrice et revêt ainsi un aspect sacré même pour les « laïques » ; cette religion du passé déborde le culte des saints pour investir plus largement l'histoire de la cité. D'autre part, les participants attachent une grande importance à la préparation collective de la fête et aux sentiments communautaires qui s'y fondent, si bien que nombre d'entre eux vivent celle-ci et la présentent comme un fait religieux. C'est en tablant sur les critères du grand nombre et sur la fonction sociale qu'elle a dans la dynamique propre d'un groupe ou d'une culture qu'on peut alors parler de la religion populaire. N'apparaît-elle pas là comme apte à prendre le relais de la fonction symbolique collective que la sécularisation retire de plus en plus aux religions ?

Les pratiques musulmanes

Toufic FAHD

Religion dépouillée, l'islam n'a pas de culte à proprement parler, mais des pratiques codifiées dans des recueils de traditions et d'usages venant du Prophète, dont l'imitation constitue, en effet, la règle à suivre. Les ouvrages de *fiqh*, fondés sur les corpus du *ḥadīth* et de la *sunna*, énoncent les actes, gestes et paroles légalement qualifiés d'obligatoires (*wājib*), d'interdits (*ḥarām*), de blâmables (*makrūh*), de recommandés (*mandūb*) et d'indifférents (*mubāḥ*), conformément à ceux mêmes du Prophète, tels qu'ils ont été enregistrés par ses compagnons et ensuite

La prière du vendredi. Chaque vendredi, à midi, a lieu la plus importante des prières communautaires. Rassemblés à la mosquée, ici à Kano (Nigeria), les fidèles – surtout les hommes, seuls vraiment astreints à ce rite – écoutent d'abord une récitation coranique et un sermon, prononcé le plus souvent par un imām. Ils exécutent ensuite les gestes de la prière, pour laquelle la pureté absolue, obtenue par un lavage complet, est de rigueur (Bernheim, Rapho).

fixés par écrit. Du point de vue des mérites, ces actes, gestes et paroles sont classés en trois catégories : ceux que le Prophète a accomplis publiquement et à plusieurs reprises mais sans demander expressément qu'on l'imite en cela (par exemple, certaines prières – celles du *witr*, des deux fêtes, de l'éclipse et de l'*istisqā'*) ; ceux qu'il aimait faire, régulièrement ou non, mais sans limitation de nombre ; ceux qu'il aimait faire, mais en son particulier et dont le nombre est limité (telle la prière de deux inclinations à l'aube). Ainsi, l'imitation du Prophète et celle de ses compagnons, censés l'avoir imité, ont été érigées en règle de conduite et de nombreux auteurs se sont appliqués à faire ressortir du Coran, de la biographie de Muhammad (*sīra*), de ses paroles (*ḥadīth*) et de ses gestes (*sunna*) le modèle du parfait musulman.

Ces paroles et gestes s'inscrivent dans un contexte religieux préislamique dont les principales caractéristiques sont l'espace et le temps sacrés. Avec la pureté rituelle et l'intention, ils constituent les fondements des pratiques canoniques. Le caractère sacré est conféré à tout lieu de prière (mosquée, oratoire ou/et tout endroit ayant la même destination), mais particulièrement au territoire qui entoure la Ka'ba (*ḥaram*), et à l'intérieur duquel s'accomplit le rituel du pèlerinage à La Mecque, et aux trois lieux saints de l'islam, La Mecque, Médine et Jérusalem. Le temps sacré est celui des cinq prières canoniques et des quatre mois sacrés du calendrier lunaire, c'est-à-dire Dhū l-qi'da (11e), Dhū l-ḥijja (12e), Muḥarram (1er) et Rajab (7e). Le 12e mois est celui du grand pèlerinage (*ḥajj*) et le 7e celui du petit pèlerinage (*'umra*), qui, de nos jours, est accompli en même temps que le premier par les pèlerins venant de loin. En ces lieux et durant ces mois se trouve interdit tout acte de guerre offensive, car le fidèle est censé être alors en état de sacralisation (*iḥrām*). Chasse et cueillette des plantes sont proscrites dans le territoire sacré et, en vertu d'un usage préislamique, le droit d'asile est reconnu à la Ka'ba.

On ne saurait, dans cet exposé limité, tenir compte des variations qui existent dans les *'ibādāt* ou pratiques religieuses, entre les sectes de l'islam. Théoriquement, ces pratiques sont les mêmes partout, avec quelquefois des interprétations différentes, en fonction de divergences doctrinales ou de contraintes locales ou circonstancielles. On partira des textes de base de l'islam sunnite, tout en faisant remarquer que, pour l'essentiel, il y a concordance entre, d'une part, les quatre rites (*madhāhib*) de l'islam sunnite et, d'autre part, les rites ja'farite (shī'ite imāmite), ibādite (Oman et le Mzāb) et zaydite (Yémen), qui sont, dans ce domaine, les plus proches de ce dernier. Signalons enfin que, pour l'islam, parole et geste sont deux composantes inséparables dans la plupart des pratiques, qu'elles soient

religieuses ou magiques. Le verbe a ici, comme dans les religions sémitiques, un pouvoir bénéfique ou maléfique illimité, puisqu'il est censé procéder du divin.

La parole et le geste

L'union de la parole et du geste apparaît plus particulièrement dans la profession de foi (*shahāda*), dans la prière (*ṣalāt*) sous toutes ses formes, dans le pèlerinage (*ḥajj*) et son rituel antique hérité du paganisme.

La profession de foi. Dans la prononciation de la *shahāda*, les gestes des bras et le mouvement de la tête expriment la foi du cœur et la soumission du corps. Joignant les mains et inclinant la tête, le croyant reconnaît l'unicité d'Allāh et tout ce qu'elle implique. Le comparatif de la formule *Allāh[u] akbar* (Allāh est plus grand), qui rappelle la polémique contre les dieux du panthéon mecquois, devient un superlatif avec *lā ilāh[a] illā l-Lāh* (il n'y a de dieu qu'Allāh). Cette affirmation contient, aux yeux des théologiens, toute la partie dogmatique du credo musulman et signifie : Allāh est un, sans nul autre pareil ; Il n'a ni père, ni enfant, ni épouse ; Il n'a point d'associé ; Il n'a ni commencement ni fin ; Il ne peut être ni pensé ni décrit : « On ne peut embrasser de sa science que ce qu'Il veut. Son trône comprend les cieux et la terre [...]. Il est le Sublime, l'Immense » (Coran, II, 256). « À Lui appartiennent les Beaux Noms » (Coran, VII, 179), dont l'essence est indescriptible. Son omniscience et son ubiquité font qu'« il ne tombe pas une feuille sans qu'Il le sache, qu'il n'y a pas de grain dans les entrailles de la terre, rien de vert ni de sec qui ne figure dans un Livre manifeste » (Coran, VI, 59). Le Coran est sa parole. Celle-ci est incréée, impérissable, inépuisable. Il a créé l'homme, dont il est plus proche que sa veine jugulaire (Coran, L, 15), et en a préétabli la destinée. Il égare qui Il veut et le laisse à lui-même ; Il dirige qui Il veut et le soutient. Il sait toutes choses avant qu'elles soient

Ablution et lavage. Pour l'islam, la pureté, entendue dans le sens très physique de propreté, est la condition nécessaire à l'accomplissement de la prière. Le rite de la purification comporte deux degrés : l'ablution, plus sommaire, et le lavage, plus complet. L'un et l'autre sont cependant fort méticuleux et réglés de manière très stricte. Le soin qu'on porte, dans l'ablution, aux extrémités inférieures du corps – et qu'illustrent ici, à gauche, la photographie d'un fidèle devant une fontaine à Brousse (Bursa) en Asie Mineure (R. et S. Michaud, Rapho) et, à droite, une miniature du XVe siècle de la Bibliothèque nationale du Caire représentant le même rite à l'intérieur d'une mosquée (R. Michaud, Rapho) – fait l'objet d'une attention extrêmement scrupuleuse. C'est par un pédiluve que se termine l'ablution et que commence ou s'achève le lavage, rien n'étant laissé au hasard ou à l'à-peu-près : ni l'ordre des endroits du corps à frotter ni l'usage, à cette fin, de l'une ou de l'autre main.

et qu'elles se réalisent conformément à ce qu'Il sait, sans qu'il y ait ni dire ni acte de ses créatures qu'Il n'ait décrétés et qu'Il ne sache d'avance ; en effet, « Celui qui a créé ne connaît-il pas ce qu'il a créé » ? (Coran, LXVII, 14).

La seconde partie de la *shahāda* concerne les rapports qu'entretient Allāh avec ses créatures par l'intermédiaire de messagers envoyés périodiquement auprès des hommes afin de leur rappeler, car ils sont enclins à l'oubli, ce qu'ils Lui doivent. Le dernier de ces messagers est Muḥammad, le « sceau de la prophétie ». La formule *wa-Muḥammad rasūl Allāh* fait du Prophète de l'islam un porteur de bonnes nouvelles et un avertisseur chargé d'appeler à Lui (Coran, XXXIII, 45), par l'intermédiaire du Livre qu'Il a révélé aux croyants. C'est sur le contenu de ce Livre et sur la parole de l'Envoyé qu'est fondée la foi musulmane, « constituée par l'expression orale, la conviction intime et la réalisation matérielle » : elle s'accroît ou diminue en proportion des œuvres ; paroles et œuvres ne sont valables que par leur conformité avec la Loi.

La *prière individuelle.* En tête des œuvres qui parachèvent la *shahāda* figure la prière. Celle-ci, comme le pèlerinage, repose sur un principe fondamental, la pureté rituelle, sans laquelle elle ne peut être valable. On se purifie soit par ablution *(wuḍū')* soit par lavage *(ghisl, ṭuhr).* L'ablution est obligatoire, d'une part, en cas d'urine, d'excréments ou de vent, d'autre part, en cas d'émission de liquide par la verge (liqueur prostatique ou liquide blanchâtre après miction). L'émission de sperme nécessite un lavage, ainsi que la fin des menstrues. L'ablution s'impose à la femme atteinte de pertes sanguines et est recommandée à l'homme qui a une incontinence d'urine. Elle est nécessaire aussi après une absence de la raison causée par un sommeil profond, un évanouissement, une ivresse ou un accès de démence, après un attouchement corporel ou un baiser motivés par une intention voluptueuse, après un toucher des parties sexuelles. Le lavage est obligatoire dans le cas d'une émission de sperme provoquée par la jouissance (pendant la veille ou le sommeil), à la fin de l'écoulement menstruel, des pertes sanguines, des lochies, enfin, après la pénétration du gland dans les parties génitales, même sans éjaculation.

Ablution et lavage se font normalement avec de l'eau pure, non mélangée à une impureté ou à une substance, impure ou pure, qui en change la couleur. Une eau qu'un produit pur fait changer de couleur, de saveur et d'odeur reste pure, mais ne peut plus servir pour l'ablution ou le lavage. L'ablution se fait suivant un ordre précis. On doit d'abord se laver les mains à trois reprises, puis les plonger dans le récipient pour y puiser de l'eau et se rincer la bouche à trois reprises ; se curer les dents avec le doigt : renifler de l'eau à trois reprises et la rejeter vivement en plaçant la main sur le nez (comme on fait pour se moucher) ; prendre de l'eau avec les deux mains (ou bien avec la droite et la verser sur les deux mains), la porter à son visage et le laver des deux mains à partir du haut du front (depuis la racine des cheveux) jusqu'à l'extrémité du menton et tout le pourtour de la face, des os de la mâchoire aux tempes, se passer les mains sur les parties en retrait de l'extérieur des paupières, sur les rides du front et sous l'extrémité molle du dehors du nez (on refait ce lavage trois fois, en secouant sa barbe pour que l'eau pénètre et ne reste pas adhérente aux poils) ; se laver les mains, trois ou deux fois, d'abord la droite, ensuite la gauche, en versant l'eau dessus, en frottant énergiquement l'une avec l'autre jusqu'aux coudes, et en entrelaçant les doigts des deux mains ; prendre de l'eau avec la main droite, la verser dans la paume de la gauche et se les passer toutes les deux sur la tête en commençant par le devant, c'est-à-dire au point où les cheveux commencent normalement à pousser, les bouts des doigts des deux mains étant réunis sur la tête et les pouces reposant sur les tempes ; passer alors les deux mains, en frottant jusqu'au point où s'arrêtent les cheveux, sur la nuque, puis les ramener à leur point de départ ; passer les deux pouces derrière les oreilles en les ramenant aux tempes ; se verser de l'eau sur les index et les pouces (ou les plonger simplement dans l'eau) et se les passer sur les oreilles devant et derrière (les femmes se passent les mains mouillées sur les deux mèches pendantes, mais non sur le mouchoir enroulant les cheveux, puis, en les ramenant, les introduisent sous les tresses) ; se laver les deux pieds, le droit puis le gauche. On répand avec la main droite de l'eau sur le pied, en le frottant petit à petit avec la main gauche, en entier et à trois reprises ; on passe le doigt entre les orteils ; on se frotte les talons et les jarrets, ainsi que les endroits calleux et crevassés ; il convient de bien opérer la friction manuelle en versant l'eau, le Prophète ayant dit : « Malheur aux talons, car le feu [leur est réservé] ! » Une ablution bien faite doit, selon le Prophète, s'achever par la *shahāda* dite les yeux levés vers le ciel : « Je témoigne qu'il n'y a de dieu qu'Allāh seul et sans associé ; je témoigne que Muhammad est son serviteur et son apôtre. Alors, ajoute le Prophète, les huit portes du Paradis lui sont ouvertes ; il entrera par celle qu'il voudra. »

Quant au lavage, nécessaire dans le cas d'une impureté majeure, il comporte les opérations suivantes : se laver les pieds soit au début, soit à la fin ; plonger les deux mains dans le vase, les retirer sans ramener d'eau, se les passer entre les racines des cheveux ; puiser de l'eau avec les mains à trois reprises et se la verser sur la tête en frottant celle-ci (la femme agit de même, mais en pressant et secouant ses cheveux sans avoir à dénouer ses tresses) ; répandre de l'eau, d'abord sur le côté droit du corps, ensuite sur le gauche, et se frotter avec les deux mains sitôt après l'effusion de l'eau ; étendre cette friction à tout le corps, en particulier à la partie concernée qui doit être mouillée à nouveau et frottée (on nettoie le creux du nombril, le dessous du menton, en passant ses doigts entre les poils de la barbe, les aisselles, l'entrefesse, l'aîne, le creux des genoux, les parties basses des pieds, entre les doigts des mains) ; au cours des frictions, se garder de se toucher la verge avec la paume de la main ou la face interne des doigts (si cela se produit, une ablution simple s'imposera).

Les postures de la prière. Quatre postures se succèdent dans le rituel de la prière. Pour commencer, le fidèle se tient debout, bien droit, pour affirmer avec force qu'« Allāh est plus grand ». C'est un moment qui exprime la glorification, illustré, ci-dessus, par une miniature persane du XVIe siècle détenue par le musée Topkapi d'Istanbul (R. Michaud, Rapho). La même position du corps (« qiyām ») est adoptée de nouveau après l'inclination (« ruku' ») et avant une première prosternation (« sujūd »), qui, dans la séquence gestuelle, exprime l'humilité. C'est en dernier lieu, mais avant une deuxième prosternation, que l'on s'assied (« qu'ūd »), comme le font ici, d'après la photographie de la page de droite (R. et S. Michaud, Rapho), un père et son fils à Āgra, en Inde. Ces postures reviennent dans une autre séquence qui s'enchaîne à celle qu'on vient de décrire. Assis, le fidèle récite les formules exprimant les grandes vérités de l'islam.

En l'absence d'eau, on peut recourir à la lustration pulvérale (Coran, IV, 46, et V, 9), qui se fait avec la couche superficielle pure du sol (poussière, sable, cailloux, matières salsugineuses), de la façon suivante : tapoter des mains la terre et secouer légèrement ce qui pourrait y adhérer ; se passer légèrement les mains sur toute la face ; tapoter une seconde fois la terre, puis frotter doucement la main droite avec la gauche en plaçant les doigts de celle-ci sur l'extrémité des doigts de la droite ; passer les doigts sur la face externe de la main et de l'avant-bras en les ployant sur celui-ci et les avançant jusqu'au coude ; appuyer la paume de la main gauche sur la face interne de l'avant-bras droit à partir du pli du coude et la ramener jusqu'au poignet ; passer la face interne du pouce gauche sur la face externe du pouce droit ; se frotter de la même manière la main gauche avec la main droite et, ayant atteint le poignet, se frotter la main droite avec la gauche jusqu'au bout des doigts. L'homme atteint de souillure majeure et la femme menstruée peuvent, en l'absence d'eau, recourir à la lustration pulvérale ; mais, dans ce cas, ils ne doivent pas avoir de rapports sexuels avant un lavage purificatoire.

Le musulman doit se soucier non seulement de la pureté du corps mais aussi de celle du lieu choisi pour la prière et de celle du vêtement. Il lui est interdit de faire la prière près d'un abreuvoir, sur une grande route, dans un bain de pureté douteuse, dans un dépotoir, dans un abattoir, dans un cimetière ou un lieu de culte d'infidèles. Au moment de la prière, l'homme doit porter au moins un vêtement (tunique ou manteau) lui couvrant les épaules et les parties honteuses et la femme une tunique épaisse et ample, lui couvrant le dessus des pieds, et un voile lui couvrant la tête.

Ainsi purifié, le fidèle aborde la prière canonique aux cinq moments fixés par la Loi, qui sont les suivants : la prière de l'aurore (*ṣubḥ* ou *fajr*), entre l'apparition de la lumière au point extrême de l'Orient et celle du bord du globe solaire ; la prière de midi (*ẓuhr*), entre le moment où le soleil décline du milieu du ciel et où l'ombre commence à croître et le moment où l'ombre des objets, ajoutée à celle qu'ils projettent au milieu du jour, devient égale à leur longueur ; la prière de l'après-midi (*'aṣr*), entre le moment où finit le temps de la prière de midi et le moment où l'ombre des objets, ajoutée à celle qui est projetée au milieu du jour, devient égale au double de leur longueur ; la prière du soleil couchant (*maġrib*), juste au moment où le soleil disparaît de l'horizon ; la prière du soir (*'ishā'*), entre le moment de la disparition du crépuscule du soir (c'est-à-dire des reflets des derniers rayons solaires) et la fin du premier tiers de la nuit.

Ces moments sont obligatoirement annoncés, pour les prières collectives, par l'appel à la prière (*ādhān*), suivi du « réappel » (*iqāma*), qui comportent essentiellement le *takbīr*

(Allāh est plus grand) et la *shahāda*. On y ajoute : « Accourez à la prière ! Accourez à la félicité ! Voici l'heure de la prière ! » Appel et réappel sont répétés deux fois. Ils doivent précéder également la prière individuelle. Une des conditions préalables pour la validité de la prière, c'est qu'on soit tourné vers la Ka'ba de La Mecque (*qibla*). Le *miḥrāb* indique cette orientation dans les mosquées. Pour la prière individuelle, on utilise une boussole où l'on observe la marche du soleil ; ou encore, après avoir fait face à l'étoile polaire, on la met à sa gauche et, ainsi, on a la *qibla* devant soi. Cette dernière est officiellement déterminée dans chaque pays où vivent des musulmans.

Ces conditions préliminaires remplies, la prière commence. Elle se compose de quatre postures fondamentales : *qiyām*, *rukū'*, *sujūd*, *qu'ūd*. Une prière comporte deux *rak'a* ; dans une *rak'a*, il y a deux *qiyāms* (avant le *rukū'* et entre le *rukū'* et le *sujūd*) et deux *sajda*. Le *qiyām* consiste à se tenir debout bien droit, de manière à répondre à l'appel de Dieu avec énergie et enthousiasme. Il s'accompagne, d'une part, de l'affirmation qu'« Allāh est plus grand » (*Allāh^u akbar*) – aussi mérite-t-Il louange et glorification –, d'autre part, de la récitation de la *fātiḥa*, la première sourate du Coran, analogue au *Pater Noster*, qui s'achève par un *amen* dit tout bas. Suit la récitation à haute voix d'une des longues sourates de la partie du Coran nommée *mufaṣṣal* (de XLIX à XCIV). Enfin, on proclame qu'« Allāh est plus grand », en se penchant pour l'inclination (*rukū'*), qui consiste à saisir les genoux avec les deux mains, en imprimant au dos une direction horizontale, sans lever ni abaisser la tête et en écartant les bras, le cœur pénétré d'humilité. On peut dire alors : « Gloire à mon Seigneur l'Immense, louange à Lui ! » Ensuite, on relève la tête en disant : « Allāh écoute ceux qui le louent » et « Ô grand Dieu, notre Seigneur, à Toi la louange ! » On se tient alors debout, calme et immobile, pendant quelque temps ; puis on se penche vers le sol et l'on fait la prosternation (*sujūd*), les mains posées sur les genoux, en prononçant la formule *Allāh^u akbar*. Pour le *sujūd*, on pose sur le sol le front, le nez, les deux mains ouvertes et à plat dans la direction de la *qibla*, à la hauteur des oreilles ou en deçà – les pieds étant verticaux et le dessous du gros orteil tourné vers le sol. On peut dire alors : « Gloire à toi, Seigneur ! Je me suis fait tort à moi-même et j'ai fait le mal ; veuille me pardonner ! » ou une autre invocation. Ensuite, on relève la tête en disant *Allāh^u akbar* et l'on s'assied (*qu'ūd*), en ployant le pied gauche – cette posture étant intermédiaire entre les deux prosternations de la *rak'a* – et en dressant le pied droit, dont le dessous des doigts est dirigé vers le sol. En relevant la tête, on éloigne les mains du sol pour les mettre sur les genoux, puis on fait la seconde prosternation comme la première. Enfin, en s'aidant des mains et sans s'asseoir, on se met debout, en prononçant la formule du *takbīr*.

Dans la seconde *rak'a*, la seconde sourate peut être moins longue (sont dites « longues » les sourates II à LXXIX, « moyennes » les sourates LXXX à *xcii* et « courtes » les sourates XCIII à CXIV). Après la récitation, on peut ajouter des invocations, telle la prière de résignation (*qunūt*) : « Ô grand Dieu, nous Te demandons aide et pardon ; nous croyons en Toi et mettons notre confiance en Toi ; nous nous humilions devant Toi, répudions les autres religions et laissons de côté ceux qui Te nient. Ô grand Dieu, c'est Toi que nous adorons et prions, c'est devant Toi que nous nous prosternons, vers Toi que nous courons et nous nous précipitons. Nous espérons en Ta miséricorde et craignons Ton rigoureux châtiment ; car, certes, Ton châtiment s'attache aux incrédules. » À la fin de la seconde inclination (*rak'a*), on s'assied dans la posture décrite précédemment et on récite le *tashahhud*, sorte de credo énumérant les grands dogmes de l'islam. On met les mains sur les cuisses, en contractant les doigts de la droite et allongeant l'index, en en relevant la tranche vers soi et en allongeant la main gauche sur la cuisse gauche sans remuer l'index ni lui donner une position indicative. La position de la main droite signifie soit l'unicité d'Allāh soit le rejet de Satan.

La prière communautaire. Multiples peuvent être les variantes et additions de ces postures, dans lesquelles s'affirme l'union du geste et de la parole. La prière communautaire ne diffère que peu de cette prière individuelle. Le fidèle y est guidé par un *imām* après lequel il répète gestes et paroles. La plus importante est celle du vendredi ; elle a lieu dans la grande mosquée ou dans un autre lieu réunissant un groupe suffisant et revêt une grande solennité. Les muezzins commencent l'appel dès que l'imām s'installe dans la chaire, puis ce dernier prononce une homélie (*khuṭba*), se tenant assis au début et au milieu de celle-ci ; quand il est debout, il s'appuie de la main droite sur un arc ou un bâton. L'homélie achevée, la prière commence. Sont tenus d'y participer les gens de la ville et des environs. Les voyageurs, les esclaves, les femmes (qui, si elles y viennent, se placent derrière les hommes), les enfants n'y sont pas astreints ; elle est même interdite aux jeunes et belles femmes. Pour cette prière, on doit s'être lavé complètement et il sied alors de se parfumer et de revêtir ses plus beaux habits. La mosquée est aussi un lieu de rencontre et de conversation ; on peut y dormir et manger, mais proprement et sans bruit, ni trouble, ni ronflement. Tout lieu de prière revêt un caractère sacré (*ḥurma*) et il convient de le délimiter par rapport à un objet quelconque – un mur, un lit, un arbre, une canne, un voile, un trait sur la terre –, de manière que le fidèle qui prie ait le sentiment d'être isolé du monde, seul avec Dieu. L'imām qui dirige la prière collective est choisi selon des règles précises : le maître de maison, si la prière se fait chez lui ; le chef de l'État dans son État ; le savant ; le gouverneur ; l'homme âgé ; l'homme bien en vue, à condition qu'il soit agréé par la communauté.

Outre les cinq prières canoniques et la prière du vendredi, il existe plusieurs prières surérogatoires (*nawāfil*), dont les principales sont : la prière du soleil levé (*ḍuḥā*), entre le lever du soleil à la hauteur d'une lance et midi (elle comprend de deux à huit *rak'a*) ; la prière de la nuit, qui comporte de deux à dix *rak'a*, suivant l'exemple du Prophète, et qui s'achève par une prière à une *rak'a* (*witr*) [il est recommandé de la faire dans le dernier tiers de la nuit ; elle se fait collectivement durant le mois de *ramaḍān*] ; les prières des deux fêtes, celle de la Rupture du jeûne (*fiṭr*) et celle des Sacrifices (*aḍḥā*) ; celle de l'éclipse de la lune et du soleil (*kusūf* et *khusūf*) et celle de la demande de pluie (*istisqā'*). La première comporte deux *rak'a*, avec de longues récitations coraniques, et deux autres avec des louanges et une demande de pardon, le tout suivi d'une homélie dans laquelle l'imām supplie Dieu de faire tomber la pluie. On exprime le souhait de changement en détournant la face et en retournant son vêtement. Nombreuses sont les prières jaculatoires, qui s'ajoutent aux prières canoniques et surérogatoires : un nombre important d'invocations (*dhikr*, *du'ā'*, *wird*) est fourni par la tradition ou rapporté à des mystiques et à des hommes pieux. La prière est le pilier le plus important dans la vie du musulman, après la profession de foi. Le Prophète a mis l'accent sur elle, alors qu'elle était absente chez les Arabes préislamiques. Le jeûne (*ṣawm*) et l'aumône légale (*zakāt*), également absents chez ces derniers, étaient pour eux beaucoup moins astreignants ; quant au pèlerinage (*ḥajj*) et à la guerre sainte (*jihād*), ils répondaient bien à leurs désirs.

La notion de « lieu saint »

Il est des lieux et des temps où la prière est mieux entendue et plus méritoire : ce sont les lieux saints et les temps des fêtes. Comme pour la pensée sémitique antique, le « lieu saint » en islam comprend les éléments suivants : il est d'abord le « nombril de la terre » (*ṣurrat al-arḍ*), dans le sens de « milieu de la terre » (*tābūr ha-eretz*, comme dans les Juges, IX, 37) ; c'est aussi le point le plus rapproché du ciel, un « haut lieu ». La ziggourat, dans la plaine mésopotamienne, en était un ersatz. La Mecque et Jérusalem sont représentées, dans la tradition cosmogonique islamique, comme étant bâties sur des sommets (on parle des « monts de La Mecque » comme du mont Sion). Aux trois facteurs – sanctuaire, haut lieu et nombril de la terre – qui existaient à l'époque préislamique, l'islam en ajouta un quatrième : le « lieu saint » est censé avoir été le théâtre d'un événement prophétique. Déjà, dans l'Antiquité, l'apparition d'une divinité dans un site donné conférait à ce dernier un caractère de sainteté. La notion de transcendance absolue de Dieu dans l'islam imposait une modification de ce critère.

C'est ainsi que La Mecque apparaît, dans le Coran et dans la Tradition, comme marquée par le séjour d'Adam, après sa chute du paradis, et par les fréquentes visites d'Abraham à son fils Ismaël, venu avec Agar en ce lieu, quand Sara les eut chassés tous les deux. C'est Abraham qui restaura le sanctuaire adamite abandonné après le Déluge. À ce double souvenir prophétique est venu tout naturellement s'ajouter le souvenir du Prophète de l'islam, qui s'est perpétué à La Mecque, lieu de la naissance de Muḥammad, et à Médine, « sa ville » et le lieu de sa sépulture. Mais comment Jérusalem a-t-elle pu se voir reconnaître les critères du lieu saint islamique ? Les trois premiers (nombril de la terre, haut lieu, sanctuaire privilégié) lui étaient déjà appliqués par la tradition juive et, au début de l'islam, des juifs convertis, tels Ka'b al-Aḥbār et Wahb b. Munabbih, ont introduit, dans le corpus primitif, des éléments midrashiques les attribuant à cette ville. Quant au quatrième critère, celui de mémorial prophétique, bien que la tradition islamique voie déjà en Jérusalem la cité de David et de Salomon, considérés tous les deux comme des prophètes par le Coran, il convient particulièrement à cette dernière du fait qu'elle a servi de point de départ pour le *mi'rāj*, l'Ascension de Muḥammad au ciel, et qu'elle a eu ainsi un rôle fondamental dans la piété populaire et mystique.

C'est vers 621 de l'ère chrétienne, au plus fort des persécutions que lui infligeaient les Mecquois, que Muḥammad révéla à ses fidèles sa visite nocturne (*isrā'*) à Jérusalem, monté sur le Burāq, et son ascension au ciel à partir du Rocher (*ṣakhra*), sur lequel a été élevée la mosquée de 'Umar. La tradition rapporte plusieurs événements qui se seraient produits lors de cette visite, notamment le fait qu'à son arrivée Muḥammad fut accueilli par une assemblée de prophètes de l'Ancien et du Nouveau Testament, qui lui souhaitèrent la bienvenue et le succès dans sa mission. Puis, à mesure qu'il traversait les sept cieux un à un, Adam, Idris, Abraham, Jésus, Jean-Baptiste et bien d'autres l'accueillaient et le faisaient visiter. Comme cette ascension devait permettre au Prophète de fixer le nombre des prières canoniques, Moïse joua auprès de lui le rôle d'un conseiller avisé, l'assistant au cours d'un marchandage serré avec Dieu au bout duquel Celui-ci consentit à réduire les prières de 50 à 5 ! Ainsi, Jérusalem est liée à la révélation de l'un des grands piliers de l'islam, la prière. C'est pourquoi le jour où Muḥammad, devenu à Médine le chef d'une communauté religieuse et son législateur, eut à décider d'une *qibla* (ou direction de la prière), il choisit Jérusalem. Bien que ce choix soit communément interprété comme une tentative en vue de convertir les juifs de Médine et des environs ou comme une marque d'hostilité envers ses adversaires mecquois, on ne peut omettre le fait que cette ville ait été le point de départ du *mi'rāj* et le point d'arrivée de l'*isrā'*. C'est ce pieux souvenir, encore bien vivace dans une communauté qui commençait à exalter les événements de la vie de son fondateur récemment disparu, qui porta 'Umar, le deuxième calife, à entourer la conquête de Jérusalem (15/636) de tant d'égards. Il accorda à Aelia (Capitolina) une paix beaucoup plus avantageuse qu'aux autres cités de Palestine et de Syrie. Entré sans coup férir, il y fut reçu par un cortège de dignitaires, conduit par le patriarche Sophronios. L'acte de capitulation mentionne notamment : « Ils [les chrétiens alors seuls habitants d'Aelia] ne seront point contraints d'abjurer leur religion ; aucun d'eux ne sera molesté. Il ne sera permis à aucun juif d'habiter avec eux dans Aelia. Ils seront tenus de payer la capitation [...] et d'expulser de leur ville les Byzantins et les voleurs. »

Ce qui surprend, dans ce document et dans l'ensemble de la Tradition, c'est qu'il ne soit pas fait la moindre allusion à la reconnaissance, par les chrétiens, de Jérusalem comme « lieu saint ». Visitant la ville, 'Umar demanda à voir le « sanctuaire [*masjid*] de David » ; on le conduisit en des lieux qui ne correspondaient point à la description du sanctuaire par le Prophète. Il finit par parvenir à l'esplanade du vieux temple, qu'il trouva couverte d'immondices que « les Byzantins y avaient jetées en haine des fils d'Israël. Il étendit son manteau et se mit à balayer ce fumier ; et les musulmans suivirent son exemple ». 'Umar se serait alors écrié : « Voici bien le *masjid* de David où l'apôtre d'Allāh, ainsi qu'il nous l'a raconté, est venu pendant son voyage nocturne [*isrā'*]. » Cette exclamation repose sur le verset 1 de la sourate XVII du Coran, où il est dit : « Gloire à celui qui a fait voyager de nuit son serviteur, de la mosquée sacrée [*al-masjid al-ḥarām* à La Mecque] à la mosquée lointaine [*al-masjid al-aqṣā*]..., afin de lui faire voir nos signes. » C'est le seul texte coranique qui parle explicitement de ce voyage nocturne. Si son point de départ, à savoir le temple de La Mecque, est

Le grand pèlerinage de La Mecque. Nombreux sont les lieux saints dans les pays d'islam. Seul est obligatoire le pèlerinage à La Mecque (où naquit le Prophète et où auraient séjourné Adam après la chute, puis Ismaël et Agar ; Abraham, venu rendre visite à ceux-ci, y aurait restauré le sanctuaire adamite). Sont autorisés et recommandés les pèlerinages à la mosquée de Médine, lieu de sépulture du Prophète, et à la mosquée d'al-Aqṣā à Jérusalem, lieu de son Ascension au ciel. Située au cœur du Ḥijāz, à la jonction des pistes caravanières menant dans toutes les directions et dans un encadrement rocheux, semblable à beaucoup d'autres sites cultuels de l'aire sémitique, La Mecque devint, à très haute époque, le centre de ralliement de toutes les tribus en perpétuelle mouvance et de toutes les caravanes sillonnant les dépressions de la presqu'île arabique. Issu spontanément de la nécessité qu'éprouvaient les chefs de tribus de se rencontrer annuellement en un lieu sacré où leur sécurité serait garantie, afin de s'entendre sur le partage des pâturages, le pèlerinage indique que les tribus évoluant en Arabie centrale étaient parvenues à un certain état de stabilité relative qui faisait de ce territoire une propriété commune à défendre contre la pénétration de tribus étrangères. Y voyant un facteur d'union et de rassemblement, le fondateur de l'islam ne pouvait que le conserver, en dépit de son origine païenne. Qu'aurait été La Mecque sans le pèlerinage ? (Lounes, Gamma).

clair, son point d'arrivée, « la mosquée lointaine », probablement la Jérusalem céleste, n'a eu sa signification toponymique précise que quarante ans plus tard, en 66/676, quand le calife omeyyade ʻAbd al-Malik b. Marwān fit construire la coupole du Rocher et la mosquée d'al-Aqṣā dans le dessein précis de détourner les pèlerins de La Mecque, alors dominée par son adversaire acharné ʻAbdallāh b. az-Zubayr, et de les diriger vers Jérusalem. C'est à cette époque que se développa la légende du *mi'rāj* et que se constituèrent les traditions faisant de Jérusalem un « lieu saint » de l'islam. Le régime omeyyade, qui avait pour capitale Damas, cherchait à atténuer le pouvoir d'attraction des villes saintes du Ḥijāz, lesquelles ne cessaient de comploter contre lui. Ainsi, Jérusalem est devenue, pour la brève durée de la révolte d'Ibn az-Zubayr et pour le restant du califat omeyyade, le pôle spirituel de l'islam. On y fit séjourner et mourir plusieurs Compagnons du Prophète et de nombreux *walī* ou saints. Un grand nombre de fondations religieuses, de mosquées, d'écoles, de cellules mystiques s'y sont progressivement implantées. Et, même à l'époque ʻabbāside, Jérusalem n'a cessé de se développer. Les croisades ont ensuite intensifié l'attachement de l'islam à cette ville, dont le nom a servi de catalyseur pour les troupes réunies, pendant plus de deux siècles, pour sa délivrance. En un millénaire et demi de présence à Jérusalem – approximativement –, l'islam a fait de cette ville son deuxième pôle spirituel, après les *Ḥaramayn* (La Mecque et Médine).

Le fait que les souverains régnant sur ces derniers, concurrents depuis toujours de Jérusalem, soient actuellement les plus ardents défenseurs du caractère islamique de cette ville s'inscrit donc dans une tradition vieille de quatorze siècles. En plus de l'attachement de l'islam à Jérusalem, qui a constitué un chaînon essentiel dans son évolution spirituelle, il faut mentionner son aspiration primitive à se substituer aux deux autres religions monothéistes, dont il se présente comme étant la version la plus perfectionnée.

Les fêtes

L'étude des fêtes de l'islam se heurte à une grande difficulté, qui tient à l'interférence de deux calendriers, le calendrier solaire et le calendrier lunaire, pour les fêtes héritées de l'Arabie païenne. Solaire pour les foires saisonnières, liées aux solennités religieuses, le calendrier était lunaire pour les fêtes rituelles et officielles. Les Arabes de l'époque de Muḥammad en étaient encore, à ce propos, au stade des Mésopotamiens de l'époque de Hammourabi : tous les trois ans environ, ils intercalaient un mois entre les trois mois sacrés qui se suivaient, à savoir *dhū l-qi'da* (11e mois), *dhū l-ḥijja* (12e mois) et *muḥarram* (1er mois), harmonisant ainsi approximativement les deux calendriers solaire et lunaire et rompant la trêve sacrée, jugée trop longue, qui imposait la cessation de toute activité guerrière. Cette pratique de l'intercalation (*nasi'*) fut interdite par le Prophète, précisément pour les deux raisons qui la justifiaient aux yeux des Arabes : d'une part, les foires permettaient de perpétuer un certain nombre de coutumes et de pratiques païennes ; d'autre part, le *nasi'* était une manière de tricher avec Dieu (Coran, IX, 36-7). Il s'ensuivit une course des mois à travers les saisons et, ainsi, les fêtes de printemps peuvent se situer à l'automne et vice versa, comme si Pâques tombait à Noël et Noël à la Pentecôte. À cette mobilité des lunaisons s'ajoute celle du premier jour de l'année, laquelle, sans être apparente dans le calendrier, a cependant des répercussions quand on examine la signification de certaines fêtes.

Outre celle du vendredi, l'islam primitif ne connaissait que trois fêtes légales, auxquelles est venue s'en ajouter, plus tard, une quatrième, officielle mais non légale, celle de la naissance du Prophète.

Le vendredi (*al-jumu'a* ou *jum'a* – terme qui désigne aussi la semaine) peut avoir été choisi comme jour sacré par le Prophète dans un souci de fidélité à la tradition arabe préislamique, comme ce fut le cas pour le pèlerinage. En effet, Vénus, représentée à la Ka'ba par la Pierre noire, à l'instar d'Astarté à Tyr ou à Chypre, et adorée sous les traits de la triade mecquoise – al-Lāt, al-'Uzzā et Manāt –, était, suivant Yāqāt, « le guide des Arabes, et c'est sous son signe et sous celui de Jupiter qu'est née la Loi de l'islam ». Le substantif *jumu'a*, qui signifie « jour de réunion » ou « assemblée », est présenté, dans les lexiques, comme étant la traduction d'un terme syriaque de même sens : *'arūbtā*, arabisé en *'arūba*, et cela huit générations avant la naissance de Muḥammad (au temps de Ka'b b. Lu'ayy). Dans *sūrat al-jumu'a*, le Coran parle de ce jour en ces termes : « Ô vous qui croyez, lorsqu'on vous appelle à la prière d'*al-jumu'a* ["réunion", "assemblée", pratiquement "le vendredi"], empressez-vous de prier [*dhikr*] Allāh et abandonnez le commerce ! Cela vous sera plus avantageux… » (LXII, 9). Ce jour n'implique pas l'obligation du repos hebdomadaire, puisque le verset suivant déclare : « Lorsque la prière est finie, allez là où vous voudrez, recherchez les bienfaits d'Allāh et invoquez beaucoup son nom. Peut-être réussirez-vous » (LXII, 10). Son choix est motivé par un *ḥadīth* assez significatif, qui fait dire au Prophète : « Nous sommes [arrivés] les derniers, mais nous serons les premiers [à être jugés] le jour de la Résurrection, bien qu'ils [juifs et chrétiens] aient reçu le Livre avant nous et que nous l'ayons reçu après eux. Puis, ils se sont divisés sur le jour qui leur avait été imposé, alors que Dieu nous a guidés. Ainsi, les autres viennent après nous : le lendemain les juifs, le surlendemain les chrétiens » [comparer avec Matthieu, XX, 16].

Dans la Tradition, le vendredi est présenté comme le meilleur jour de la semaine : c'est ce jour-là que Dieu créa Adam ; qu'Il le fit entrer au paradis et l'en chassa, qu'Adam est mort. L'Heure (dernière) n'arrivera que le vendredi. Ce jour est supérieur aux fêtes de la Rupture du jeûne et des Sacrifices. La dernière heure du vendredi est particulièrement propice aux prières de demande. Dieu les exaucera sans faute, à condition que ce qui est demandé soit licite. Diverses pratiques sont méritoires ce jour-là, notamment l'invocation du Prophète comme intercesseur et la lecture de la sourate de « la Caverne » (XVIII), qui apporte au croyant un surcroît de lumière spirituelle. Il est demandé, ce jour-là, aux fidèles de se faire propres et de s'habiller convenablement, de ne pas arriver en retard et de ne pas perturber l'assemblée, de ne pas s'assoupir au cours de l'office. L'obligation de la prière communautaire du vendredi découle du verset coranique cité ci-dessus et de plusieurs *ḥadīth* ou *logia* du Prophète. Son heure est communément fixée à midi. Les ḥanbalites la situent entre la première heure (*ṣubḥ*) et midi passé (*ẓuhr*), entre prime et sexte. On compte une quinzaine d'opinions différentes sur le nombre de fidèles qui serait nécessaire pour la célébration de la prière. On fait dire au Prophète : « Deux et plus, c'est une communauté [*jamā'a*]. » Quant au lieu de célébration, il est d'usage que ce soit la mosquée du quartier ; mais aucune prescription n'interdit de choisir un autre endroit convenable.

Les « deux fêtes », désignées par la forme duelle *al-'īdān*, sont les deux fêtes par excellence, « la grande » et « la petite » : *al-aḍḥā*, la fête des Sacrifices, qui commémore en islam le sacrifice d'Ismaël, et *al-fiṭr*, la fête de la Rupture du jeûne. Ce duel indique qu'un rituel est commun à ces deux fêtes, bien qu'il y ait entre elles des différences substantielles. Leur célébration se déroule normalement hors de la mosquée (sauf à La Mecque et à Médine) et hors de l'agglomération, dans un lieu de prière (*muṣallā*) en plein air, si les conditions atmosphériques le permettent. Toute la communauté, avec les femmes et les enfants, y participe, mais il faut que celles-ci soient séparées des hommes par une distance notable. Au cours de ces fêtes, le *takbīr* (Allāh est plus grand) est plus intensément répété que le vendredi et l'homélie intervient après la prière. Elle est ensuite réitérée pour les femmes et il n'est pas obligatoire de l'écouter. La célébration des « deux fêtes » ne requiert ni l'appel à la prière (*ādhān*) ni le réappel (*iqāma*) ni les oraisons qui précèdent et suivent les deux *rak'a* prévues. Pour le retour chez soi, il est recommandé d'emprunter un autre chemin que celui qu'on aura pris à l'aller, ainsi que faisait le Prophète. La fête de la Rupture du jeûne se célèbre le matin du 1er *shawwāl* (10e mois), après le lever du soleil et son élévation à une hauteur équivalant à la longueur de deux lances (2 × 3 m) environ ; celle des Sacrifices, le matin du 10e jour de *dhū l-ḥijja* (12e mois), après le lever du soleil et son élévation à une hauteur équivalant à la longueur d'une lance (1 × 3 m). Ce décalage est expliqué par le souci de laisser assez de temps, le jour de la première fête, à ceux qui ne se seraient pas encore acquittés de la *zakāt al-'īd*, « l'aumône de la fête ». C'est pour eux l'ultime limite, au-delà de laquelle la *zakāt* devient *ṣadaqa* (« charité ») et perd sa vertu purificatrice. Si la fête des Sacrifices est célébrée plus tôt, c'est afin de laisser assez de temps pour l'immolation des victimes choisies dans le petit bétail. Ces fêtes sont marquées par des jeux et divertissements de toutes sortes, des chants, de la musique, des réunions familiales, des festins, des pratiques charitables, des échanges de vœux et de cadeaux, des visites aux cimetières. La fête des Sacrifices, héritière de la *'umra* de *rajab* (7e mois), incluse dans le rituel du pèlerinage, semble avoir la même origine et la même motivation primitive que la Pâque israélite, toutes les deux dérivant « d'une fête de printemps commune aux Sémites à l'état nomade » (J. Henninger). La fête de la Rupture du jeûne est, selon toute vraisemblance, l'héritière de la fête d'automne des Arabes préislamiques. En effet, avec le procédé d'intercalation, le mois de *ramaḍān* (9e mois) devait tomber entre l'été et le début de l'automne. D'autre part, le Prophète institua le jeûne de ce mois à la place du jeûne israélite de *tishrī* ou *'āshūrā*, après avoir désespéré du ralliement des juifs de Médine à sa cause. Il semble que, dans les deux religions juive et musulmane, on ait voulu rompre la concordance de l'une et l'autre fête avec l'antique fête du Nouvel An (célébrée soit à l'équinoxe de printemps, soit à l'équinoxe d'automne), qui était fortement marquée par le paganisme, si bien que ce n'est qu'à partir de l'époque postbiblique que le *rōsh ha-sh-shana* est fêté le 1er *tishrī* et ce n'est qu'à partir de l'époque ottomane que *rās al-'ām* est fêté le 1er *muḥarram* (1er mois).

La fête du *mawlid* ou de la Naissance du Prophète est absente des livres des *'ibādāt*. C'est une innovation de l'époque ottomane. En Tunisie, par exemple, elle fut introduite par Aḥmad Pāshā Ier (1835-1857). Ibn al-Ḥājj (*al-Mudkhal*, II, pp. 2-46) stigmatise les multiples usages condamnables entraînés par cette célébration, en particulier l'habitude de fêter l'anniversaire de la naissance des hommes et, pis encore, celui des femmes, ce qui donne lieu, d'après lui, à des scènes de débauche et à des pratiques immorales. La commémoration du jour de la Naissance du Prophète est célébrée le 12 *rabī' I*^er^ (3e mois), mais l'année de cette naissance est fort controversée ; elle se situe autour de 570. Du fait qu'elle n'a pas été réglée par la Tradition, cette fête revêt plutôt le caractère d'une solennité civile.

À ces solennités s'ajoutent plusieurs fêtes. L'une d'elles revêt un caractère légal, mais elle a varié par rapport à sa signification primitive. Il s'agit de *'āshūrā*, célébrée le 10 *muḥarram* (1er mois), jour de jeûne facultatif. Ayant fui La Mecque le vendredi 12 septembre 622, Muḥammad est arrivé à Médine dix jours plus tard. C'était Yōm Kippūr. Comme il espérait encore rallier les juifs de Médine, il jeûna avec eux ce jour-là. Mais la Tradition diverge et sur l'obligation de ce jeûne et sur le nombre de jours (de un à trois) que l'on doit consacrer à celui-ci. Cette fête commémorait primitivement la noyade du Pharaon dans la mer Rouge et divers événements prophétiques. Mais, depuis l'assassinat d'al-Ḥusayn, petit-fils de Muḥammad, en 680, qui eut lieu ce même jour, elle a pris une signification nouvelle. Dans le shī'isme, c'est une très grande fête, marquée par des manifestations religieuses et folkloriques fort pittoresques (lamentations, flagellations, *ta'ziyé* – pièces de théâtre populaire où le drame est vécu par une foule exaltée et fanatisée). On pourrait retrouver, dans certaines pratiques de cette fête, des survivances des mythes antiques de Tammūz et d'Adonis. Selon la Tradition, c'est la fête de la bienfaisance et de la générosité envers la famille, les parents, les orphelins, les déshérités. Il est d'usage d'y égorger des poulets et de visiter les cimetières.

Les autres fêtes que l'on mentionnera ici n'ont de fondement ni dans le Coran ni dans la Tradition. *Rās al-'ām* ou Jour de l'An commémore l'hégire, la fuite à Médine, fixée arbitrairement au 16 juillet 622. Le calife 'Umar b. al-Khaṭṭāb a fait de cette commémoration le premier jour du premier mois de l'ère musulmane, à savoir le 1er *muḥarram*. Mais, en Iran, on fête plutôt le Nō-Rouz, premier jour du premier mois (Farvardine) de l'année des Perses ; il est célébré lors de l'équinoxe de printemps, au passage du soleil dans le signe du Bélier. *Rajab* (7e mois), « le mois d'Allāh », était, déjà à l'époque préislamique, un mois sacré au cours duquel les anciens Arabes accomplissaient la *'umra* ou petit pèlerinage. Il devait se situer autour de l'équinoxe de printemps, à l'époque où l'année était stabilisée par le *nasi'* ou intercalation. Il était marqué par l'offrande des prémices et le sacrifice des premiers-nés des troupeaux (*'atā'ir*). C'était un mois consacré aux foires, dont plusieurs se tenaient aux environs de La Mecque, et au marquage du bétail (*wasm*). Bien que la Tradition musulmane se soit acharnée à désacraliser ce mois, la piété populaire a réussi à y situer quelques événements importants de l'islam primitif et à les célébrer en des manifestations entachées de survivances païennes. On y fête, en particulier : la 1ère nuit ; la nuit du 1er vendredi (*laylat ar-raġā'ib*, « nuit des désirs »), qui commémore l'annonce de sa grossesse à Āmina, mère de Muḥammad ; la nuit du 27 (*laylat al-mi'rāj*, « nuit de l'Ascension du Prophète »). Durant *sha'bān* (8e mois), qui est appelé « mois du Prophète », on fête deux nuits : *laylat al-barā'* (« nuit de l'innocence »), au cours de laquelle Dieu est censé examiner les actions des hommes et fixer leur destin pour l'année, et *laylat al-kirsh* (« nuit de l'estomac »), dernière nuit du mois, qui précède le début du jeûne de *ramaḍān* et au cours de laquelle on fait bombance en prévision des prochaines privations. Au Maroc, une cérémonie spéciale, appelée *sha'bāniyya*, réunit alors autour du roi toute la cour et les ulémas de la ville pour la récitation commentée de prières. Les nuits de *ramaḍān* sont toutes marquées par des manifestations de liesse et d'animation populaires. Mais l'une d'entre elles se distingue par un éclat particulier : *laylat al-qadr* (Coran, XCVII), « nuit du destin », au cours de laquelle est censée avoir été faite la première révélation du Coran (sourate XCVI). Des prières solennelles marquent la nuit du 26 au 27 et la journée du 27. Selon P. Marty, on considère que la prière en cette nuit-là a « plus de valeur que mille mois de supplications ». Il existe plusieurs occasions, dans la vie d'un musulman, qui ont un caractère de fête, tels le sacrifice de la chevelure, la circoncision et le mariage. La première fête, la *'aqīqa*, consiste à raser la tête du nouveau-né au septième jour de sa naissance, à en peser les cheveux et à faire aumône de leur poids en argent ou en or, puis à choisir un nom pour l'enfant. La famille se réunit autour d'un repas où l'on consomme la viande d'une victime offerte en sacrifice. Les Arabes préislamiques enduisaient la tête rasée de l'enfant avec le sang de cette victime ; en islam, on le fait avec du safran. La *'aqīqa* (nom qui désigne cette victime) est une obligation légale. La circoncision, pratiquée entre 3 et 7 ans, donne lieu à une fête marquée par

La Kaʿba (miniature turque du XVIe s.). Les grandes composantes du pèlerinage sont : l'état de sacralisation avec l'intention de l'accomplir ; les stations à ʿArafa, Muzdalifa, Minā ; les processions autour de la Kaʿba, qui contient la Pierre noire ; la course entre as-Safā et al-Marwa. La sacralisation est marquée par les temps sacrés, l'espace sacré et une conduite appropriée. Les temps sont les 11e, 12e et 1er mois de l'année lunaire ; le 7e est, lui aussi, sacré : c'est le mois du Petit Pèlerinage (« ʿumra »). L'espace sacré est celui du « ḥaram » ou territoire sacré entourant La Mecque ; il est marqué par les points de ralliement (« mawāqīt ») à partir desquels le pèlerin entre en état de sacralisation. Après cette mise en condition préalable, le rituel proprement dit commence : le 8 dhū l-hijja (12e), réunion à Minā (5,5 km à l'est de La Mecque) pour un jour de « méditation » (« tarwiya ») ; le lendemain, rassemblement à Arafa (à 15 km). Là commence le parcours sacré en sens inverse. Après le coucher du soleil, le signal de départ est donné ; une course (« ifāḍa ») conduit les pèlerins à Muzdalifa, puis à Minā, où est célébré le « jour du sacrifice », la plus grande fête musulmane (« al-ʿid al-kabīr »). Ce jour-là se déroule aussi le « ṭawāf », marche à vive allure autour de la Kaʿba, répétée sept fois et comprenant à chaque tour l'attouchement, qui a valeur de bénédiction, de l'angle sud de la Kaʿba et de l'angle où est incrustée la Pierre noire, que le pèlerin baise. Le « ṭawāf » est suivi du « saʿī », course également septuple entre les deux rochers d'aṣ-Ṣafā, à l'est du sanctuaire, et d'al-Marwa, au nord. Après le « saʿī », la désacralisation est complète. Alors commencent trois jours de festivités à Minā, durant lesquels les pèlerins s'adonnent à toutes sortes de réjouissances. Bibliothèque de l'université d'Istanbul (R. Michaud, Rapho).

un banquet (*iʿdhār*) auquel sont conviés tous les membres de la famille. Le mariage est l'occasion d'une fête à laquelle participe un cercle plus large de convives, au cours d'un festin (*walīma*) rendu obligatoire par la Tradition. Les textes traditionnels prescrivent d'admettre à ce festin toute personne qui s'y présente et d'accepter d'y prendre part quand on y est invité.

Une dernière catégorie de fêtes doit être mentionnée, celles des saints locaux et des patrons d'une ville ou d'un sanctuaire. En Orient comme en Afrique du Nord, elles consistent en des pèlerinages à des oratoires, à des chapelles, à des mausolées consacrés à des *walī*, qui sont généralement de grandes figures de l'islam mystique, des imāms shīʿites, des prophètes arabes (Nabī Ṣāliḥ, Nabī Hūd), des personnages de l'Ancien Testament – al-Khalīl (Abraham), Nabī Mūsā (Moïse), Nabī Yūnis (Jonas) –, des saints chrétiens (Myriam, la mère de Jésus, saint Georges, identifié parfois avec al-Khiḍr, compagnon de Moïse). Ces fêtes sont extensibles selon les époques et les régions. Les docteurs de la Loi s'y opposent vivement, voyant en cela une influence du christianisme ou du judaïsme et un retour au paganisme. Les musulmans éclairés y renoncent progressivement.

Pèlerinages et lieux sacrés

Alphonse DUPRONT

Les termes de « pèlerinage » et de « lieu sacré » sont typiquement occidentaux : si l'on met à part les langues germaniques, ce sont les formes latines de *peregrinatio* et de *loca sacra* qui sont, non seulement dans les parlers latins mais aussi dans tout le monde anglo-saxon, les racines communes du vocabulaire vernaculaire désignant ces faits essentiels de l'expérience religieuse. Mais, sous d'autres appellations, les réalités que ces mots enserrent se retrouvent dans un très grand nombre de cultures : sans abuser du terme, on peut les dire quasi planétaires. En tant que telles, elles apparaissent comme des données d'une anthropologie de l'homme en sa vie de religion, nullement liées à une religion institutionnelle établie – celle-ci se réclamât-elle d'un acte divin fondateur –, mais inscrivant en elle une démarche, plus libérée (tant des formes rituelles de la vie ecclésiale que des modes de vie habituels), marquée, dans l'espace et dans le temps, par des traits patents d'extraordinaire et, dans une équilibration de la vie d'un exister religieux, ouvrant une autre et rare voie d'accès à la « rencontre » avec des présences surnaturelles ou des réalités sacrales. Un bref profil confirmera aisément, au cœur des cultures les plus différentes, la donnée universelle de l'existence de « lieux sacrés » et de la pratique, constante, massive, du pèlerinage.

Figures peut-être du pèlerinage des vivants sont ces pèlerinages des morts aux villes saintes d'Héliopolis ou de Bousiris, dans l'Égypte ancienne, qui connut le développement des mystères osiriens d'Abydos, des panégyries de Memphis et de Thèbes, ou cette fête de Boubastis qui fascinait Hérodote avec des foules soigneusement dénombrées par myriades. Dans la Grèce ancienne, Delphes ou Délos, l'île sainte, sanctuaires panhelléniques d'Apollon, Épidaure, centre de ce culte d'Asklépios qui rayonnera jusque dans l'île tibérine au cœur de Rome, Éleusis, dont les fêtes de la célébration des mystères provoquaient un concours populaire de milliers de pèlerins, unissaient, pour les assouvissements des foules en mal d'être, divination, thérapie, mystagogie et spectacle. Aux rives orientales de l'Égée, l'Artémis d'Éphèse concentrait des masses dévotes et chargées de dons. Par strates historiques successives, les lieux sacrés d'Israël regroupent les tombeaux des patriarches – dont l'un des plus insignes, cette grotte de Makpala à Hébron, où reposaient selon la tradition biblique Abraham et sa famille –, les grands lieux de rassemblement de l'époque des Juges, la Silo de Samuel, gardienne un temps de l'Arche, et Sichem, où se réunissaient les tribus d'Israël, Jérusalem enfin, qui fut, dès l'époque royale, le centre spirituel du peuple élu et la gardienne du Temple, avant que l'histoire n'en fasse le lieu par excellence de l'œcuménisme pèlerin.

Pour l'Occident chrétien, de l'une et de l'autre orthodoxie, il suffira d'égrener quelques lieux vénérés d'un très large culte : outre Rome, capitale historique de l'Occident pèlerin, Saint-Jacques-de-Compostelle et Fatima, dans la péninsule Ibérique, Lourdes et Lisieux, dans la France contemporaine, avec un regard nostalgique vers Saint-Michel au Mont-Tombe, notre Mont-Saint-Michel, l'un des grands pèlerinages de la fin du Moyen Âge ; Assise, Lorette, Padoue ou le Gargano, chargé d'une étonnante puissance sacrale, dans une Italie foisonnante de lieux pèlerins ; Montaigu en Belgique, Echternach au Luxembourg, le Canterbury de Chaucer ou le Purgatoire de saint Patrick dans une île du Lough Derg d'Irlande, pour l'Europe nordique ; et, dans le monde alémanique, de grandes villes comme Aix, la ville impériale, Cologne dans la prestigieuse *aura* des Rois mages ou Augsbourg, la ville de saint Ulrich, Einsiedeln et Mariastein, les grands lieux de culte de la Vierge en Suisse, Mariazell en Autriche ; aux marches de chrétienté, en Pologne, l'insigne sanctuaire de Czestochowa ou le Kalwaria cracovien. Les saints monastères de l'Athos grec, les villes saintes de l'ancienne Russie, Moscou, avec son Kremlin et ses mille églises, ou Kiev aux soixante-treize saints, la Vierge de Kazan attestent, aux terres d'Europe de l'orthodoxie gréco-slave, l'importance, passée ou présente, d'une vie des sacralités pèlerines.

Aux terres d'islam, de même, avec La Mecque, dont le pèlerinage est l'un des cinq piliers de l'islam, le culte shī'ite des tombeaux des douze Imāms, entre lesquels les villes saintes de Karbalā en Irak, où repose le IIIe Imām, petit-fils du Prophète, et de Méched, en Iran, unissant les deux mausolées du VIIIe Imām et d'Haroun al-Rachid et, innombrables, dans l'islam sunnite, les tombes vénérées de marabouts célèbres ou de saints sanctifiés par la ferveur populaire, outre les deux pèlerinages, recommandés par la tradition, au tombeau du Prophète à la mosquée de Médine, et à celle d'al-Aqṣā, à Jérusalem.

Cette énumération perdrait son profil planétaire, si elle ne comprenait ces lieux saints de notoriété universelle que sont : en Inde, Hardwār, au méandre sacré du Gange, quand le fleuve sort enfin de la masse himalayenne ; Bénarès, le « Lotus du monde » ; le saint des saints d'Amritsar, qui est le sanctuaire des sikhs, ou les quatre lieux d'étapes de la vie terrestre du Buddha ; au Tibet, les montagnes sacrées de Tsa-ri et du Kaílāsa, et le culte pèlerin des lamasseries, avec, au centre, les temples de Lhasa ; en Chine, les montagnes sacrées de la religion impériale, au nombre desquelles figure le Taishan, l'un des lieux privilégiés de la religion populaire moderne ; au Japon, le pèlerinage bouddhique de Shikoku aux quatre-vingt huit sanctuaires et, en Indonésie, à Java, l'étonnant temple de Borobudur aux obsédantes images du Buddha, ou, à Bali, le Temple-Mère de Besakih.

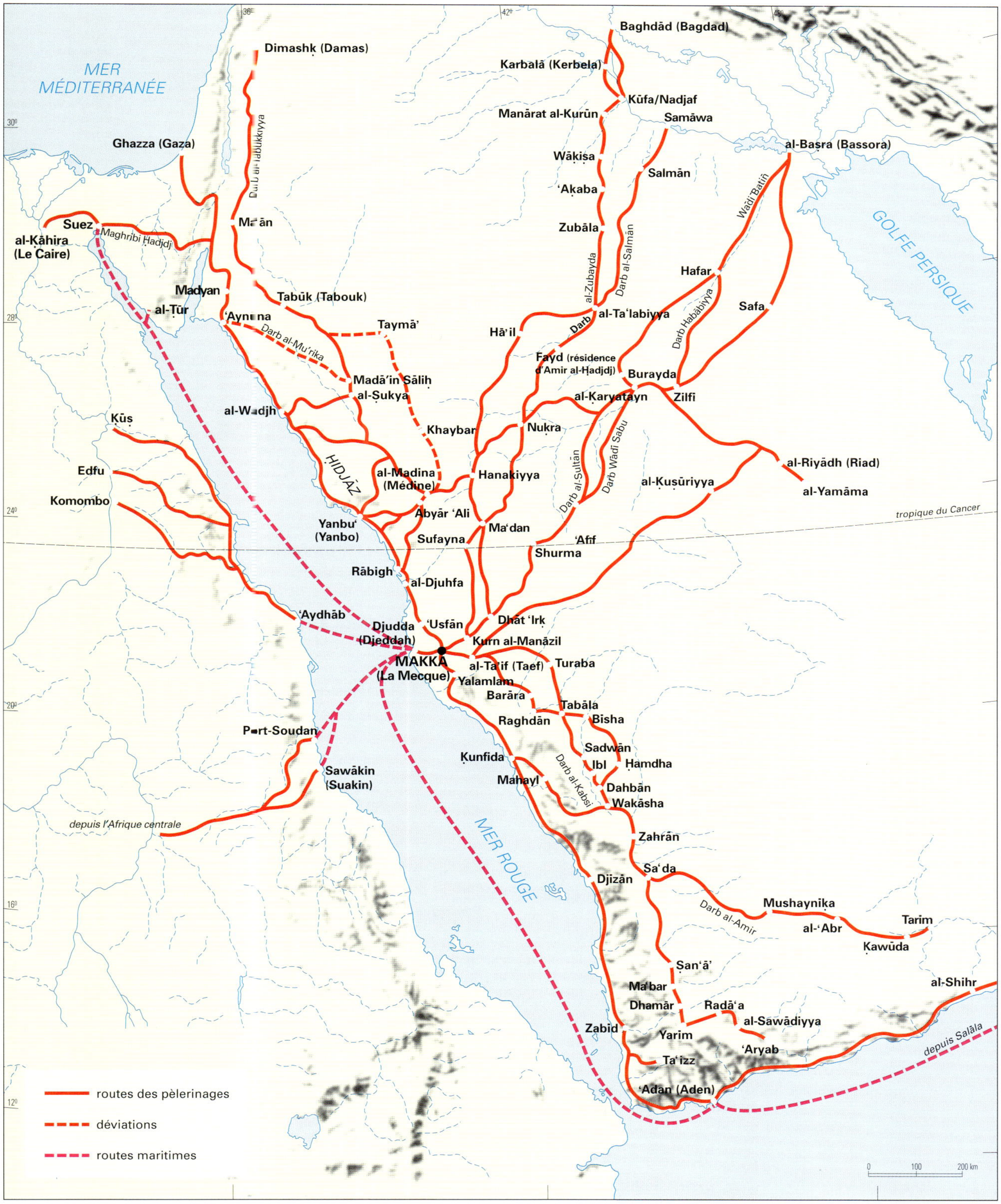

Les routes du « ḥajj ». D'après W. C. Brice éd., « An Historical Atlas of Islam », E. J. Brill, Leyde, 1981.

De l'Extrême-Orient, passons maintenant à l'extrême Occident, aux Amériques. Si les cultures enfouies ont enseveli avec elles leurs cultes pèlerins, des cultes importés répondent généreusement aux besoins sacraux des foules, et parmi eux : Sainte-Anne-de-Beaupré au Québec, le culte de sainte Rose à Lima, culte autochtonisé, pourrait-on

Chemins de Saint-Jacques. Le « camino francès » prolonge en un fil unique, vers la Fin des terres, l'écheveau des routes européennes. D'après R. de La Coste Messelière, directeur du Centre européen d'études compostellanes.

dire, et, dans ces grands sanctuaires pèlerins que sont Guadalupe au Mexique et Chiquinquira en Colombie, le culte de la Vierge, si largement dominant dans les centres de pèlerinage de l'Amérique latine.

Si l'on évoque, au terme de cette énumération foisonnante, le nombre prodigieux de lieux pèlerins de plus ou moins grande importance que la plus élémentaire enquête découvre dans les aires culturelles les plus différentes, la massivité de l'inventaire impose l'existence de lieux sacrés et de pèlerinages qui les peuple, comme une donnée quasi universelle d'une anthropologie religieuse.

Devant le fait, quel sens ? On peut le demander d'abord au langage. Les mots, en effet, disent la chose. De celle-ci, à travers une prospection sémantique dans les grandes aires culturelles, divers aspects majeurs apparaissent. La route d'abord : cette réalité complexe que notre vocable « pèlerinage » semble naturellement comporter, on la retrouve avec le *ḥajj* islamique, dans l'acception de « se diriger vers » la maison de Dieu sur terre, et dans les mots des vocabulaires chinois ou japonais qui désignent le pèlerinage et dont les contenus expriment voyage, circuits ou cheminement – donc une vie et une épreuve de l'espace. En deuxième lieu, dans nombre de cultures orientales et extrême-orientales, le vocabulaire définit le pèlerinage par le rite qui doit être accompli au terme du voyage : pour beaucoup, « tourner autour », cette circumambulation que l'on trouve déjà dans la racine sémitique *ḥaj* et qui exprime l'acte pèlerin par excellence tant en Perse qu'au Tibet. En Inde, le pèlerinage prend son nom du lieu sacré originel : celui-ci est le *tirtha*, qui désigne d'abord le gué, point de franchissement d'eau – tout naturellement, par lui, le pèlerinage est à la fois bain lustral et « passage ». Dépouillé de tout rituel, mais dégageant la finalité, le fait d'accomplir le pèlerinage, celui qui n'est pas d'obligation, se dit simplement, dans le langage de Bali, « demander une faveur ». Cet agir est travail sur soi : l'aspect psycho-spirituel du pèlerinage, on le retrouve, sous-jacent, dans le hajj islamique, avec les sens de « dominer », de « l'emporter sur soi », et en arrière-plan du *henro* japonais, qui dit « cheminement », ce travail sur soi qu'impose la route. Il est aussi le génie même de la réalité pèlerine dans nos vocabulaires occidentaux. Du latin *peregrinus*, physiquement, spirituellement, tout le reste procède. Dans son acception originelle, le peregrinus est en effet, d'une part, l'étranger, celui qui vient d'ailleurs et qui n'appartient pas à la société autochtone établie, d'autre part, celui qui, par la force du préfixe, parcourt. En sous-jacence, l'espace et, dans cet espace, une mutation vécue. Mutation qui s'accomplit dans l'acte pèlerin même : le pèlerin est l'homme qui passe et il est de soi, en soi, étranger. Étranger aussi pour l'espace humain qu'il traverse et où il doit assumer cette « étrangéité », qui n'est plus de sa condition propre, mais que lui imposent ceux qui le regardent cheminer, les sédentaires qui le reçoivent, les uns et les autres sachant bien que le lendemain il reprendra la route. Une spiritualisation de la vie pèlerine se façonne ainsi, au point que marcher à travers l'espace et se faire étranger à soi-même, sortir de soi en quelque sorte dans une jouvence d'exister et une non-reconnaissance du même en soi peuvent se vivre confondus dans la condition assumée d'être pèlerin. D'où, dans les siècles du Moyen Âge, cette *peregrinatio ascetica* qui a été si remarquablement décrite par dom J. Leclercq et qui est, dans l'expérience monastique, création résolue d'étrangéité, telle une naissance de l'*autre* sur les chemins. Accroché à la route, le vocabulaire occidental ignore le terme du chemin pèlerin : plus exactement, il le tait dans le secret d'une volonté tendue à l'atteindre. En revanche, l'hébreu *re'iyyah*, employé pour caractériser le pèlerinage par excellence, celui de Jérusalem, découvre le sens de la route ; il dit « l'apparition », c'est-à-dire la présence devant Yahvé, présence qui est représentation et rencontre. Tels sont l'accomplissement du chemin pèlerin et le plus haut sens spirituel de cet acte étrange : dans un univers de sédentaires, une manière de non-sens. Le troisième aspect de la réalité du pèlerinage est celui de la fête. On en revient encore à la racine sémitique essentielle, haj : elle désigne, dans le livre des Juges, la fête de Yahvé, qui a lieu d'année en année ; soit, dans le pèlerinage, la célébration d'un temps sacré, ce temps sacré qui, plus ou moins reconnu, consacre en sous-jacence toute manifestation pèlerine.

Ainsi, les langages parlent ; au niveau de la perception des contenus, ils expriment, à propos du fait pèlerin, une sacralisation de l'espace et la vie d'un temps sacré, une ritualisation nécessaire et, dans les circonstances exceptionnelles qui lui sont propres, l'accomplissement d'une œuvre, double et unique, de travail sur soi et d'accès à une transcendance consacrante.

« Pèlerinages » et « lieux sacrés » imposent, à travers la lecture de l'expérience millénaire qui leur a donné vie, deux données fondamentales, celles de leur génie propre. L'une signifie la marche à un « ailleurs » spatial, marqué d'une altérité sacrale ; l'autre, l'accomplissement en ce lieu (*locus* sacral) d'une participation mystérieuse à une autre réalité que celle de l'exister profane ou du monde de l'immanence. Ces données parlent d'elles-mêmes : elles rendent manifeste leur complémentarité. Il n'y a pas de pèlerinage sans « lieu » et, si le « lieu sacré » peut apparemment exister hors de tout pèlerinage, il a été néanmoins reconnu, consacré, le temps d'une histoire, par des foules pèlerines en mal de sacralisation. Entre le lieu et le pèlerinage apparaissent des charges de contenu, affectives, historiques et culturelles, avec des différences éclairantes : on les trouve manifestes dans le choix de telle ou telle, pour désigner dans sa réalité existentielle l'acte pèlerin qui les lie.

À prendre les choses d'ensemble, certaines cultures, en effet, privilégient l'effort ; d'autres, le terme, c'est-à-dire le lieu sacré. Parmi les premières, le monde chrétien. L'islam, pour ce qui est du pèlerinage d'obligation, et le bouddhisme japonais ont choisi de mettre l'accent sur l'énergétique de l'acte. C'est un fait que, dans le monde occidental chrétien et sans doute dans l'ensemble des parties du monde christianisées, l'accent est mis sur la notion de pèlerinage. Autrement dit, le christianisme a résolument opté pour la dynamique de l'acte, celle de l'« aller à », qui implique efforts et épreuves ou qui dramatise effectivement davantage que la seule évocation du terme de « lieu sacré », réalité statique fixée en un point d'espace, but insigne sans doute par quoi la marche prend son sens, mais enveloppé, comme toute réalité sacrale, d'une puissance mystérieuse, ambivalente, anhumaine. Le statisme du lieu sacré s'inscrit mal dans la dramatique chrétienne, qui est passion et œuvre d'homme, de soi scénographie, acte, gestuaire pèlerine. Celle-ci, d'autre part, comme le christianisme même, est histoire ; et le sacré chrétien est défini par une histoire. Aussi parle-t-on, dans le vocabulaire chrétien, de « lieu saint », presque pas de « lieu sacré ». Des siècles durant, en effet, les Lieux saints n'ont cessé d'être, pour la chrétienté tout entière, ces lieux de l'accomplissement du mystère sauveur de la Rédemption, égrenés en autant d'étapes ou de « scènes » de la vie du mystère, au long desquelles suivre, en mémoire et en chair, les pas du Christ rédempteur. Quant aux *limina Apostolorum* romains, a-t-on jamais parlé, les concernant, de lieux sacrés ? L'entière figure architecturale de Saint-Pierre magnifie le tombeau de l'apôtre, aux lieux présumés de son martyre, comme culte historique de corps saint. L'expression « lieu sacré », au contraire, fleure son paganisme. Le « lieu » y prend sa plénitude de réalité cosmique, quelque accident physique qu'en chaque cas il consacre, alors que toute l'histoire du pèlerinage chrétien tend à baptiser le lieu de nature, de soi païen, c'est-à-dire à anthropomorphiser le cosmique. L'écran humain ou l'« hominisation » interviennent quasi nécessairement en toute consécration chrétienne du lieu pèlerin, les accents cosmiques de celui-ci fussent-ils écrasants. Saint, donc, est le « lieu » chrétien parce qu'il est inscrit dans une histoire et un monde anthropomorphe tendu dans une pénétration d'au-delà. Connaturellement, le lieu sacré païen, lui, renferme plus de participation – une participation sans doute panthéiste – au mystère de l'univers créé que le pèlerinage chrétien, où la geste l'emporte souvent sur la communion sacralisante. Le tīrtha hindou livre bien, dans son caractère élémentaire, cet enracinement cosmique, puisqu'il est gué : le franchissement de l'eau se fait dépouillement spirituel, hors de toute interaction humaine. Aussi le lieu sacré rayonne-t-il, parce que tel, une conscience beaucoup plus intense de la vie des forces telluriques ou paniques : autre chose, en effet, le commerce humano-divin de la quête chrétienne, autre chose l'affrontement abrupt et dépouillé avec la nature physique, laquelle apparaît souvent, surtout dans nombre de lieux sacrés, comme désert ou négation de l'homme, soit de par les difficultés d'accès, comme refus de donner place et sens à celui-ci. D'autant plus éprouvant dès lors est l'effort pour y atteindre : on comprend que ce soit le nom même du « lieu sacré » qui consacre l'acte pèlerin.

Quoi qu'il en soit des choix sémantiques des différentes aires culturelles, entre la marche à un « ailleurs » physique et spirituel qu'exprime la notion de pèlerinage et le mystère d'une expérience extraordinaire qu'enserre celle de lieu sacré, la liaison physique et métaphysique est obvie : elle établit une unité organique entre la démarche humaine et l'existence de réalités sacrales, quelque apparence sensible qu'elles prennent, ou que les qu'en soient les voies de la manifestation, reconnues comme présences surnaturelles. Ainsi l'acte pèlerin constitue-t-il une expérience singulière de vie religieuse collective ou individuelle, dans une quête tendue de sacralisation qui doit, à quelque degré que ce soit, prendre des aspects volontaristes, mieux encore, des traits d'héroïcité. Pèlerinage et lieu sacré s'inscrivent dès lors dans une dramatique d'accomplissement dont les protagonistes existentiels demeurent l'homme en son acte pèlerin, l'espace, les réalités et les puissances sacrales enfin. Pareille distinction analytique doit conduire l'approche d'une « phénoménologie » du pèlerinage et des lieux sacrés selon trois temps organiques : la démarche d'aller, ou le corps à corps de l'homme avec l'espace ; la réception et la création emmêlées du « lieu » sacral ; la rencontre, au lieu sacral, avec ce qui, à travers le mystère sacral, demeure un « au-delà ».

Pareille universalité du fait pèlerin atteste d'un besoin essentiel de l'homme. Besoin du sacral certes, pratiques et rites le confirment ; plus profond, besoin d'aller jusqu'à la présence de l'Autre dans le mystère des confins où naturel et surnaturel se confondent. Par ailleurs, la démarche pèlerine est portée de deux attitudes fondamentales. L'une est, quelles que soient les conditions et circonstances du départ, que le pèlerinage est un acte libre : aucune contrainte au départ. L'autre, que la décision prise, dans son accomplissement propre, le pèlerinage est un temps d'engagement où collectif voire individu se livrent dans une réalité de l'être entier ; ce qui en fait l'offrande de soi, ce génie même du pèlerinage. Autrement dit, la découverte des forces humaines dans leur vérité la plus haute. Que cette découverte se fasse à des degrés divers de conscience, voire dans l'obscur de l'inconscience ou dans des états psychiques habituellement enfouis ou méconnus, les différents aspects de la pratique et de la gestuaire pèlerines en délivrent l'éclairante nudité ; le fait pèlerin donne à l'observateur plus ou moins participant la grâce du regard et l'analyse de groupes humains dépouillés de tout artifice. Ce qui permet d'ébaucher une anthropologie de l'acte pèlerin, à la fois conscience de celui-ci, et charnellement et spirituellement justice du pèlerinage, ce besoin de l'espèce.

De cette anthropologie, on retiendra ici quelques données maîtresses :

1. *Le lieu sacré est, dans l'expérience religieuse de l'espèce humaine, une nécessité.* La quantité innombrable des pèlerinages l'atteste, autant qu'une histoire globale de ces lieux mêmes : les lieux morts ressuscitent ailleurs et les créations ou les reconnaissances de lieux sacrés ne cessent de survenir.

Ainsi apparaît comme nécessaire, dans l'indéfini de l'espace physique, vécu comme homogène, l'existence de lieux d'espace d'une nature différente du milieu environnant, hétérogènes à celui-ci, caractérisés comme autant de points d'un ailleurs déterminé, qui orientent et fixent la recherche collective et individuelle d'un état « autre ».

Ces lieux détiennent, au regard de l'expérience pèlerine, une puissance de charge sacrale qui leur est propre : d'où la croyance largement répandue que l'on peut, en visitant successivement plusieurs lieux sacrés, cumuler leurs charges sacrales respectives. La tradition de circuits pèlerins, parfois d'étendue considérable, particulièrement développée en Extrême-Orient, confirme cette matérialisation psychique du lieu sacré.

L'extraordinaire richesse des composantes qui font la sacralité du lieu sacré – essentiellement : révélation ou présence surnaturelle, nature, histoire, légendaire, traditions, croyance collective, densité des foules aussi – donne à ce lieu une puissance de sacralisation qui est à la mesure des convergences et de l'intensité d'unisson de ces différents facteurs au même lieu. Aussi y a-t-il, inscrite dans les pulsions des masses pèlerines, une hiérarchie de « vertu » des lieux sacrés.

Le lieu sacré devient ainsi, pour le monde pèlerin, lieu de source ou de re-sourcement. Vers lui convergent les routes de la sacralisation et par lui cristallise, dans l'imaginaire collectif, l'attente de retours périodiques. Le pèlerin tend, par concentration mentale, à privilégier sa localisation dans l'espace ordinaire, soit dans l'attente du pèlerinage, soit dans la mémoire de celui-ci. La direction en est

Un lieu saint de l'islam shī'ite. La ville irakienne de Karbalā a vu la défaite finale des partisans de 'Ali et la mort de Ḥusayn, en 680. On commémore cette bataille lors de la fête de 'Āshūrā, qui donne lieu, dans certaines communautés, à de sanglantes flagellations collectives. Karbalā est aussi une étape importante sur la route de La Mecque et le point de départ d'un pèlerinage au tombeau de 'Alī, à al-Nadjaf (Gerster, Rapho).

inscrite dans l'espace alentour par la conscience physico-psychique d'un « orient » d'espace sacral, imaginaire spatial du chemin par où l'on atteindra à la source.

2. *Le pèlerinage est la geste extraordinaire d'une quête humaine du sacral.* Cette geste, entreprise dans la libre disposition de soi, est d'abord acte de foi. En ce sens, l'acte pèlerin prend une valeur double : il est épreuve de la force personnelle de croire et il porte témoignage de la vérité sacrale du lieu où il s'accomplit. La foi pèlerine tout à la fois reçoit et consacre les sacralités du « lieu ».

Elle est vécue, d'autre part, dans une conjoncture en tout point exceptionnelle : elle se déroule, en effet, dans le cadre d'un espace sacré durant un temps sacré, lui aussi hétérogène au temps du quotidien. La transmutation en réalités sacrales des deux catégories existentielles maîtresses, celle de l'espace et celle du temps, constitue le *medium* de l'accomplissement pèlerin. Cette geste est éminemment solennelle donc, quelles qu'en soient les formes extérieures.

Elle se développe dans une gestuaire collective, qui doit être intégralement réalisée comme elle a été programmée, à partir d'une tradition spécifique à chaque lieu sacré. Cette gestuaire est faite de pratiques et de rites, qui sont en général différents de ceux du culte sédentaire et sont parfois dénoncés par celui-ci.

Dans sa dynamique profonde, cette geste est démarche d'offrande : offrande sacrificielle et propitiatoire ; offrande de participation et de communion.

Dans sa réalisation, elle s'incarne dans la vie collective ou, quand le pèlerinage est individuel, dans l'image d'une société extraordinaire dont les deux caractères essentiels sont ceux de l'éphémère et de l'indifférencié panique – mémoire ou prémonition en quelque sorte, soit d'une société de l'originel, soit d'une société de fin des temps. La société pèlerine prend ainsi figure d'une société fraternelle de salut commun.

L'existence, largement répandue à travers les différentes cultures religieuses, du pèlerinage de remplacement confirme cette socialisation en acte, en même temps que le caractère d'obligation de la gestuaire.

3. *Le pèlerinage est volonté de puissance, collective ou individuelle.* Dans sa pulsion instinctive d'une marche à l'ailleurs, le pèlerinage est recherche d'un mieux-être. Cette appétence d'un « plus vital » découvre une volonté de puissance.

Puissance d'exister dans un corps sain et de s'affirmer au mieux socialement dans le groupe humain où l'on vit : c'est le vertigineux répertoire des recours, l'hallucinant concert des voix qui clament maux, périls, angoisses, espérances, dramatique du quotidien dans la vie des foules croyantes.

Puissance de se faire étranger à soi-même, jusqu'à découvrir l'« autre » en soi et à en faire puissance de communion en l'Autre. Ce qui se dit aussi puissance de se faire pauvre et de vivre tel pour atteindre à la richesse spirituelle.

Puissance enfin, la plus haute au regard humain, de disposer de sa vie ; jusqu'à la vouloir faire immortelle ou bien,

Ascension mystique. Le pèlerinage de l'« étoile des neiges », qui a lieu chaque année à l'occasion de la Fête-Dieu, mêle étroitement des éléments chrétiens à un ancien fonds inca. Il rassemble plusieurs milliers d'Indiens péruviens au pied d'un glacier de la cordillère de l'Ausangate, à une centaine de kilomètres à l'est de Cuzco. Ici, accompagné d'un petit groupe de fidèles, un pénitent hisse une croix au sommet du glacier, au prix d'une ascension périlleuse (et parfois mortelle). Celle-ci s'achève par un rituel de flagellation mutuelle, en expiation des péchés de la communauté (P. Cheuva, Explorer).

le vieil homme enfin dépouillé, régénérée en une « nouvelle naissance ». Tant les cultures religieuses les plus anciennes que les sotériologies modernes concourent à témoigner de ce que le pèlerinage est recherche d'immortalité ou assurance d'éternité ; ce que confirme la tradition hindoue qui atteste, dans son univers de transmigration, que le pèlerinage fait gagner des vies, qu'il est donc une étape essentielle dans le parcours de plusieurs millions de vies imparti à chacun.

En ce sens, le pèlerinage apparaît comme l'une des formes les plus totales de l'accomplissement des rites de passage. Au-delà de sa fragilité temporelle et par celle-ci même, *transitus*, il est conquête d'éternel.

Moniales cisterciennes de la trappe de Chambarand, Isère (R. Mazin, Top).

L'EXPÉRIENCE SPIRITUELLE

Si la religion est une forme de pratique, il importe de ne pas oublier le point de vue des sujets qui accomplissent les gestes, prononcent les paroles, mettent en œuvre les règles du culte, et pour qui l'expérience religieuse – ou, plus largement, spirituelle – implique soit une conscience, soit, plus simplement, une attitude personnelle. Sans adhérer pour cela à une théorie psychologique du religieux, dans l'esprit de William James, nous pensons donc, avec Jean Réville (« Leçon d'ouverture au Collège de France », 1907), que nous avons « à nous demander sans cesse non pas seulement quels ont été les rites, quelles ont été les doctrines, quelles ont été les institutions, mais également... quelle en a été la valeur religieuse... pour ceux qui les ont acceptés et pratiqués, parce que, dans leur temps, dans leur milieu, dans les conditions où ils vivaient, ils y ont trouvé la satisfaction dont ils avaient besoin ».

L'Antiquité grecque

ZEPH STEWART

Au début de *L'Iliade*, lorsque l'armée grecque, qui campe sous les remparts de Troie, est frappée par la peste, les réactions humaines consécutives à ce fléau reflètent les principales attitudes qui ont caractérisé la religion grecque au long de son histoire. L'homme partageait son univers avec des puissances invisibles dont la bienveillance lui assurait la prospérité et la santé, mais dont la colère apportait l'infortune, les formes les plus terribles en étant des désastres naturels : famine, tempête et maladie. Les humains, néanmoins, n'étaient pas sans recours devant ces puissances qui, proches d'eux par leurs désirs et leurs attitudes, pouvaient être comprises et restaient accessibles. Comme elles recherchaient, elles aussi, les honneurs, on arrivait, en les gratifiant de manière appropriée, à s'assurer leur bienveillance. De plus, certains humains avaient le don de deviner leurs souhaits et leurs desseins par l'intermédiaire de signes dont la nature était remplie et qui, correctement interprétés, révélaient l'ave-

La mère consolatrice. À partir du Ier siècle, le culte d'Isis se répand dans tout le bassin méditerranéen sous la forme d'une religion à orientation de plus en plus universaliste : la déesse y est conçue comme le principe féminin qui préside à la marche du monde. Scène du culte isiaque, peinture provenant d'Herculanum, Musée national, Naples (Scala).

nir. Santé et maladie relevant du dieu Apollon, Achille convoqua donc une assemblée et demanda au devin qui accompagnait l'armée de préciser quelle atteinte à son honneur avait poussé la divinité à semer la mort. Le devin révéla que le gardien d'un lieu dédié à Apollon, Chrysès, s'était rendu dans le camp des Grecs et en avait été violemment expulsé par Agamemnon, bien que son statut sacerdotal eût été clairement signalé par ses bandelettes et son bâton. Des démarches furent alors entreprises pour réparer le dommage. On rendit à Chrysès sa fille, qu'il était venu chercher au camp, et un groupe de soldats l'accompagna, avec des animaux à sacrifier à Apollon. Après s'être lavé les mains, les soldats observèrent de méticuleuses prescriptions dans la consécration des victimes, puis dans la préparation de la viande qui devait être brûlée pour le dieu. Alors commencèrent de joyeux festins, le chant des prières et l'absorption de vin, une petite quantité en ayant été versée sur le feu en libation. Pour les Grecs, en effet, chaque sacrifice sanglant aux dieux de l'Olympe se terminait en festin et chaque festin ou beuverie communautaire était un événement sacré. Durant la cérémonie, Chrysès adressa des prières à Apollon, sanctionnant ainsi la réconciliation ; en même temps, dans le camp grec, des ablutions (d'autant plus importantes qu'elles constituaient une purification de la contagion) précédaient les sacrifices. Satisfait, le dieu mit fin à sa colère et l'ordre naturel fut rétabli.

Proximité des dieux et des hommes

Dans la suite du récit, le caractère humain des dieux et l'aura divine de certains héros deviennent plus évidents encore. Achille fait appel à sa mère, une déesse marine, tandis qu'Ulysse est guidé par une compagne toute spéciale, Athéna ; et Agamemnon, chef suprême, bénéficie de l'attention et de la vénération de Zeus. Les dieux, pour leur part, ne se comportent pas mieux que les membres indisciplinés d'une maisonnée : favoritisme et rivalités les agitent de façon mesquine ; ils sont prompts à s'offenser et ne diffèrent des hommes que par l'immortalité et le

Les ménades. Dans la frénésie mystique du culte de Dionysos, les « possédées » cherchent à atteindre, à travers des rites violents (comme la lacération de la victime sacrificielle ou la consommation de sa chair crue), une communion extatique avec le divin. Ce courant fut très populaire en Italie au IIe siècle.
Relief aux ménades dansant, musée du Bardo, Tunis (E. Lessing, Magnum).

pouvoir. Même si la description homérique de divinités anthropomorphiques et de leurs relations avec les humains n'était qu'un des éléments de l'attitude religieuse des Grecs, elle a fourni, pour les époques ultérieures, un canevas que la pensée religieuse a utilisé pour la spéculation, qu'elle a précisé ou même réfuté. Elle a aussi mis en relief des thèmes qui ont persisté tout au long de l'histoire grecque : la raison d'être et les usages du sacrifice, les symboles visibles séparant le sacré du profane, l'effacement de la souillure, l'importance du devin au moment des décisions, la proximité particulière entre les dieux et les hommes puissants ou doués et, par-dessus tout, la logique générale en vertu de laquelle le monde divin reflète le monde humain. L'influence des poèmes d'Homère a souvent masqué d'importantes tendances contraires dans la culture grecque en donnant l'impression que la seule vision que les Grecs aient eue du monde était cette conception anthropocentrique.

Même dans les poèmes d'Homère, on rencontre des divinités et des puissances qui ont des caractéristiques très différentes. On y trouve des histoires de révoltes contre Zeus, d'un parent monstrueux, Cronos, et de forces plus grandes que les dieux, telles que les Érinyes ou le serment prête par le Styx ; dans *L'Odyssée*, le héros rend visite aux habitants du monde souterrain et s'enfuit, terrorisé par leur reine Perséphone. Ces poèmes insèrent les personnages dans une histoire et les subordonnent à un récit humain ; la poésie attribuée à Hésiode les classe selon leur généalogie. Ainsi, un grand nombre de figures mythiques, dont les unes étaient prégrecques et dont les autres représentaient des abstractions ou des puissances non humaines ne rentrant pas dans le panthéon central d'Homère, étaient soumises à la logique de la succession des générations et de la victoire des plus jeunes sur les plus anciens. Les dernières puissances, celles qui régnaient alors, étaient Zeus et la famille olympienne. Elles avaient lutté contre des monstres pour imposer à l'Univers un ordre véritablement humain ; et de nouveau une série d'amours avec des mortels produisaient des hommes et des femmes ayant une origine et des pouvoirs semi-divins. La victoire de la rationalité et de l'ordre sur les forces brutales allait devenir un thème mythique important dans la culture grecque.

Même si la poésie d'Homère et d'Hésiode a peu de liens avec les pratiques religieuses effectives des Grecs, elle fournit un modèle pour définir les attitudes envers les dieux et pour expliquer l'origine et l'histoire de l'univers divin et humain. Un trait particulièrement important de la vision d'Hésiode était sa croyance en la justice de Zeus et, donc, en la victoire ultime de celle-ci parmi les hommes. Dans *L'Iliade* aussi, le « plan » de Zeus, qui domine l'histoire, était destiné à apporter une solution équitable à un conflit humain. Cette foi dans le soutien accordé par de puissantes divinités à une justice reconnue comme humaine est un aspect permanent de la vision anthropomorphique que les Grecs se font des dieux, et c'est parfois l'un des plus problématiques.

La religion n'a jamais eu en Grèce le caractère impérialiste que l'on trouve dans celle de la Rome antique ou dans celles qui, aujourd'hui, se réclament d'une parole révélée. C'est là aussi, en partie, un héritage des poèmes d'Homère, où l'on voit les adversaires troyens posséder les mêmes divinités que les Grecs et ces derniers, bien que divisés en des royaumes distincts, partager un panthéon unique. Au début de leur histoire, les Grecs combattaient d'autres Grecs et non des nations étrangères. À l'inverse, lorsque le pouvoir de Rome s'étendit en Italie, chaque nouvelle cité restait sous la protection de ses divinités propres, que la constitution d'un rituel officiel amena à s'incorporer dans le culte romain. Pour les Grecs des cités-États comme pour les Romains, les dieux étaient un élément important de l'orgueil et de la conscience civiques. L'intégration de leurs autels et de leurs rites dans la vie officielle de la cité constituait un développement naturel de leurs fonctions antérieures. Athéna notamment semble avoir été une divinité domestique protectrice des palais royaux et des hauts lieux ; et les autres dieux étaient associés à des centres cultuels particuliers, dont ils pouvaient être considérés comme les protecteurs naturels. Le lien intime de la vie communautaire avec le divin a, toutefois, une origine plus humble et renvoie, en général, à des divinités locales moins connues. Les premières communautés étaient de petite taille et de type rural ; les saisons faisaient se succéder des activités pour assurer la nourriture, des dangers à éviter et des célébrations pour fêter telle ou telle réussite. À divers moments marquants de l'année, comme le solstice d'hiver ou le début de la saison des pluies, la maisonnée, le clan ou le village recherchaient l'aide bénéfique des dieux (souvent les divinités locales) par des rituels comprenant des sacrifices, des chants, des danses, des processions, des mimes, des combats appropriés aux circonstances. Ces célébrations se déroulaient devant les autels locaux ; les dieux pouvaient être ou bien des figures divines très connues prenant des formes particulières ou bien les fondateurs mythiques de la communauté. La nature agricole et saisonnière de ces rites apparaît toujours, à la fois dans nombre de grands cultes civiques qui en dérivaient et dans les fêtes théâtrales où se sont développées la comédie et la tragédie. Dans les communautés grecques, des calendriers de sacrifices convoquaient le peuple pour des rituels et des célébrations par lesquels on cherchait à se rendre propices les puissances surnaturelles et qui structuraient la vie religieuse de la communauté.

Les mystères d'Éleusis furent probablement, à l'origine, une cérémonie annuelle, associée à Déméter et à sa fille, pour la récolte des fruits de la terre. Ici comme ailleurs, les forces venant de la terre apportaient un mélange ambigu de terreur et de salut. La suppression des noms propres (Perséphone est simplement *koré*, la jeune fille) ou la substitution d'euphémismes aux appellations premières (comme *Semnai Theai*, les « Vénérables Déesses », et Euménides, les « Bienveillantes », pour les terribles Érinyes) indiquent cette ambiguïté de la fonction, ainsi que la peur et l'espoir combinés des adorateurs. Grecs et Romains étaient, en général, peu concernés par l'au-delà personnel, même si certains cultes, aussi bien que les mystères, véhiculaient les promesses d'un traitement spécial après la mort. Les images diffusées par la littérature et les théories de certains philosophes étaient moins importantes pour eux que le souci de conserver les faveurs de la masse indifférenciée des morts et d'éviter la force destructrice des puissances de l'au-delà.

Le dieu guérisseur. Compatissant au malheur des hommes, Asclépios attire, à partir de la fin du Ve siècle, un nombre croissant de fidèles. Son sanctuaire d'Épidaure, devenu l'un des plus fréquentés du monde grec, sera amené à fonder de multiples succursales, en particulier en Arcadie, en Crète et à Pergame. Guérison d'une malade par Asclépios, relief en marbre, Ve siècle. Musée archéologique, Le Pirée (G. Dagli Orti).

Le contact personnel avec la divinité

Il est naturel, pour les Modernes, de se demander quel était le moment de plus haute émotion dans le culte grec. Certains pensent que c'était celui du sacrifice, quand le cri de la prière des femmes accompagnait l'effusion du sang de la victime. Cette interprétation convient peut-être à la sensibilité moderne. Mais ni les Grecs ni les Romains ne nous ont laissé à ce sujet de déclaration explicite. On peut aussi bien penser au profond silence qui précédait l'acte sacrificiel et qui semble d'ailleurs avoir été le moment de la plus haute intensité dramatique dans les mystères d'Éleusis. Pour comprendre l'exaltation qui naît du contact personnel avec la divinité, il faut se reporter aux cultes de guérison et aux groupes particuliers voués à une divinité spécifique, notamment à ceux qui célébraient Dionysos. Ce dernier, qui n'avait aucun rôle dans le panthéon olympien, était un fils de Zeus et représentait les fruits bourgeonnants de la nature dans leur naissance et leur renaissance. Les rites relatifs à ce dieu prenaient des formes exubérantes – usage du vin, présence des animaux, masques et danses, – et ces mystères de la fertilité procuraient une excitation émotionnelle qui culminait dans la possession extatique. Mais ce culte comportait aussi des processions et des rituels contrôlés par la communauté. Il s'adressait spécialement, mais non exclusivement, aux femmes, qui formaient alors des associations et se dotaient d'une hiérarchie officielle. En certains endroits et à certaines époques, il devint extrêmement populaire, notamment dans le centre et au sud de l'Italie au IIe siècle avant J.-C. Les mythes et les légendes de la Grèce antique montrent que les consuls romains ne furent pas les premières autorités politiques à réagir contre le secret et l'intensité du courant dionysiaque.

La guérison est une affaire qui concernait l'individu. Dans de nombreuses communautés, la tombe d'un « héros local », un ancien dirigeant ou un fondateur, était l'autel où le malade venait chercher la santé. À la fin du Ve siècle avant J.-C., le culte d'Asclépios, fils d'Apollon, se répandit rapidement à travers le monde grec. On se précipitait vers les lieux où un culte lui était rendu et, pendant leur sommeil ou même parfois au cours de visions diurnes, les fidèles étaient visités par le dieu, qui les informait de leur guérison. Les témoignages de gratitude et de dévotion ont rempli ses sanctuaires et inspiré, par exemple, les écrits d'Aelius Aristide. Le serpent sacré qui fréquentait l'autel d'Asclépios nous rappelle que les divinités de guérison étaient peut-être associées au monde souterrain. C'était aussi le cas des nombreux oracles qui donnaient aux hommes un autre contact direct avec un dieu ou un héros. À son apogée, celui de Delphes était consulté par des cités ou des rois. Jusqu'à la fin de l'Antiquité, les hommes ont apporté leurs questions, souvent triviales ou futiles, aux autels oraculaires. Les attaques rationalistes et moqueuses de Lucien prouvent leur popularité, exactement comme, quelques siècles plus tôt, la polémique similaire du traité d'Hippocrate sur le « mal sacré », l'épilepsie, avait montré qu'était largement répandue la croyance selon laquelle des esprits causaient la maladie. La coexistence de superstitions et du rationalisme fut une caractéristique de la civilisation grecque. Les craintes de l'« homme superstitieux » dans le portrait tracé par Théophraste sont très réalistes et la même période qui a vu la fondation des écoles philosophiques nous a aussi laissé de nombreux exemples de tablettes et de figurines déposées dans des tombes ou des puits à des fins magiques. Les affinités entre la magie et la religion sont particulièrement évidentes au sein d'une culture polythéiste.

Dans la tragédie athénienne, la relation troublante entre, d'une part, l'omniscience et le pouvoir divins et, d'autre part, l'expérience humaine de l'injustice et des paradoxes de l'existence était évoquée sous les traits de la vieille mythologie anthropomorphique. Les relations qui se dessinaient n'étaient jamais simples, et le mystère de l'intervention ainsi que la majesté ou la dégradation du caractère humain étaient les thèmes dominants. Si ces œuvres étaient déjà quelque peu éloignées du domaine du rituel, les tentatives philosophiques pour expliquer les origines du monde et la nature divine se situaient, quant à elles, dans un tout autre domaine de pensée. Platon utilisait parfois des idées plus anciennes, qui avaient été développées dans les cercles pythagoriciens et par les philosophes qui l'avaient immédiatement précédé. Lui-même et ses successeurs, quand ils construisaient une image de l'Univers différant radicalement de celle des premiers poètes, se servaient des spéculations attribuées à Orphée et des mythes où Dionysos avait un rôle. En décrivant le divin essentiellement comme une entité simple et en voyant ses manifestations dans la régularité et dans l'ordre de l'Univers et de l'âme humaine, Platon écartait la vieille mythologie et ouvrait la voie au monothéisme. Durant les siècles suivants, les vues divergentes des philosophes ressemblèrent aux dogmes antagonistes des sectes religieuses modernes. Le triomphe final d'une forme de platonisme allait obliger les intellectuels, et ensuite toute la culture antique, à expliquer comment la mythologie et le culte pouvaient se concilier avec une vision de la religion qui s'était détachée des formes anciennes. Les cosmologies dérivées des sources orphiques, aussi bien que les spéculations de l'astrologie, ont contribué à cet effort, alors que la rationalisation et la mise en ordre des éléments naturels et surnaturels de l'Univers devenaient toujours plus complexes. On peut discerner chez Platon et Aristote, quand ils observent l'ordre des cieux, une sorte de frisson religieux qui se retrouve chez les stoïciens, dans le « Songe de Scipion » de Cicéron, puis jusque chez l'astrologue Vettius Valens, notamment dans sa soumission enthousiaste au destin.

Après le Ier siècle de l'ère chrétienne, la situation politique nouvelle et la large diffusion d'une vision de l'Univers dérivée du platonisme et du stoïcisme ont profondément affecté les attitudes religieuses. Déjà, dans la période qui avait suivi Alexandre le Grand, les anciennes croyances grecques à propos des enfants mortels des dieux, la faveur divine spéciale accordée à certains hommes et la définition de la divinité comme puissance surhumaine avaient conduit à décerner des honneurs divins aux rois du monde hellénistique. L'influence grecque, en dépit d'une tradition romaine récalcitrante, fit des empereurs les successeurs de ces derniers et répandit leur culte à travers l'Empire, bien qu'on reconnût tacitement que leur pouvoir surnaturel n'était pas celui des vrais dieux. À l'époque qui précéda le triomphe du christianisme, le monde gréco-romain se tourna vers des divinités que l'on considérait comme universelles et qui, en même temps, semblaient apporter guérison et salut à celui qui les vénérait : ainsi, Isis, Sérapis, Mithra et, dans la dernière période, Hélios, le dieu-Soleil. Selon ses dévots, Isis résumait les autres divinités et les dépassait ; de plus, elle écoutait les prières et apparaissait dans les visions. Ainsi les hommes réalisèrent-ils une fusion entre l'ancienne divinité locale et l'entité divine unique des philosophes.

L'hermétisme alexandrin

Jean-Pierre MAHÉ

« Si seulement il te poussait des ailes, tu prendrais ton essor vers l'air et, ravi entre ciel et terre, tu verrais la stabilité de la terre, le flot de la mer, le flux des fleuves, la fluidité de l'air, la célérité du feu, la course des astres, l'élan rapide du ciel, sa rotation autour des pôles fixes ! Quelle vision, mon enfant, quel comble de félicité que d'embrasser tout cela d'un seul regard : l'immobile traversée d'un mouvement, l'invisible qui devient visible par les êtres qu'il crée ! » (*Corpus Hermeticum* [*CH*], I, 5, 5). Mais comment ne pas s'effrayer de l'immensité du parcours ? « Vois-tu, mon enfant, combien il nous faut traverser de corps, que de chœurs de démons, quelle chaîne d'éléments, quelle trajectoire astrale afin de nous hâter vers l'Un et Seul ! » (*CH*, IV, 8). Le désir de remonter à la source de l'Être, au tout premier moment de la création, de rechercher la présence immédiate de l'Un, le Dieu invisible qui se manifeste dans le Tout, est le principal ressort de l'imagination hermétique. En effet, si les écrits grecs, supposés traduits d'originaux égyptiens conservés dans la « Maison de vie » (*pr-anš*, *Codices coptes de Nag Hammadi* [*NH*], VI, 61, 20) sous le patronage de Thot, que l'on attribue, dès le IIIe siècle avant J.-C., à l'Hermès égyptien, appelé Trismégiste d'après son épithète traditionnelle *aâ aâ aâ ur* « grand, grand, très grand », sont d'abord des écrits d'astrologie, d'alchimie et de sciences occultes (cf. A.-J. Festugière, *La Révélation d'Hermès Trismégiste* [*RHT*], t. I), le commentaire des aphorismes inclus dans ces écrits donne bientôt lieu à une ample littérature philosophique dont nous n'avons conservé que des fragments ou des morceaux choisis composés aux Ier, IIe et IIIe siècles après J.-C. et transmis dans des anthologies du IIIe au XIIe siècle.

Remontant à des dates et à des auteurs différents, les écrits de philosophie hermétique présentent une cohérence qu'il convient de chercher non dans l'exposé d'un système, mais dans une méthode de conduite spirituelle, une préparation des âmes à la « voie d'immortalité » (*NH*, VI, 63, 11), dont la connaissance s'acquiert par la tradition des ancêtres, les exercices de méditation et l'initiation aux mystères.

La tradition ne peut être vraiment authentique et ancienne qu'en Égypte. Comme le rapporte Platon dans le *Timée* (22 b), tous les autres peuples sont réduits à une enfance perpétuelle, parce que leur mémoire collective est périodiquement anéantie par des déluges d'eau et de feu. Seul l'Égyptien, Hermès Trismégiste, demeurant dans un pays que les crues régulières du Nil protègent de ces catastrophes récurrentes, a pu, d'après Manéthon (IIIe s. av. J.-C.), retranscrire et déposer dans les temples, à l'usage de son fils Tat, les enseignements antédiluviens de son grand-père, Thot le premier Hermès, gravés sur des tables par son père, Agathodémon (*Hermès Trismégiste*, éd. trad. A. D. Nock et A.-J. Festugière [*NF*], t. III, p. CLXIII). Ces enseignements auraient été traduits et divulgués en langue grecque par Ptolémée II Philadelphe (308-246), à qui, indépendamment de toute légende, on doit effectivement la traduction du Coutumier démotique, de la Loi juive, entre autres monuments religieux et législatifs importants.

Conversant avec les « anciens dieux » (*Stobaei Hermetica* [*SH*], XXIII, 32), témoins oculaires de la Création, Thot s'assimile, d'après *Fragmenta Hermetica* [*FH*], 21, au premier homme qui, comme Adam en Gen., II, 20, nomme pour la première fois tous les êtres. Il est donc le seul interprète (Hermès/*hermēneus*) authentique des réalités primordiales, ce qui justifie d'avance les emprunts de l'hermétisme non seulement à l'Égypte ancienne, mais encore au judaïsme (notamment à la traduction biblique des Septante) et à la philosophie grecque. Que peuvent dire Platon, dans le *Timée*, ou Moïse, dans la Genèse, sur les origines du monde, dont ils aient été réellement témoins ? S'ils savent un peu de la vérité, ils ne peuvent l'avoir appris que d'Hermès. Ainsi, ce que nous appelons « emprunt » est, pour l'hermétiste, une restitution des traditions mystiques et philosophiques de l'humanité à leur source véritable.

C'est « la voie de la vérité » (*SH*, II B, 5), vers « les régions d'en haut » (*SH*, II B, 8 ; *CH*, IV, 11), vers « la lumière de la connaissance » (*CH*, X, 21), « le Beau » (*CH*, VI, 5), « le Bien » (*CH*, I, 21), « la voie qu'ont suivie nos ancêtres » (*SH*, II B, 5) et qui ne nous ramène pas seulement quelques générations ou plusieurs siècles en arrière, mais vers une antiquité insondable, au temps d'Ouranos et de Kronos (*CH*, X, 5), de Kaméphis, « notre ancêtre le plus reculé » (*SH*, XXIII, 32), dont le nom signifie qu'il a fécondé sa propre mère, vers « le Ciel, ancêtre des âmes » (*SH*, XXIII, 36), vers le Verbe de Dieu créateur du monde (*FH*, 28) et jusqu'à Dieu lui-même, s'il est vrai que « le monde naît fils de Dieu et l'homme, fils du monde, et comme petit-fils de Dieu » (*CH*, X, 14).

Les étapes de la piété hermétique

Cependant, comme « c'est une voie tortueuse que de quitter tous ces objets présents auxquels nous sommes habitués, pour faire demi-tour et pour regagner les réalités antiques et primordiales » (*CH*, IV, 9), il convient de s'y préparer par des exercices fortifiant les trois facultés que Dieu a accordées aux âmes pour aider à la remontée : « l'Intellect, le Discours et la Gnose » (*NH*, VI, 64, 9). La gnose ne se présente pas, dans l'hermétisme, comme une connaissance totale ou comme un savoir constitué pouvant faire l'objet d'un enseignement ; c'est bien plutôt une prise de conscience (*CH*, IX, 4), un seuil (*CH*, VII, 2), une illumination soudaine qui nous fait passer de l'indifférence ignorante à la certitude que Dieu existe (*CH*, XIII, 8) et « veut être connu » (*CH*, I, 31), un fervent désir de recherche qui ne fait qu'un avec la piété (*CH*, I, 2 ; VI, 5 ; IX, 4). Il faut noter à ce propos que, loin de rejeter les cultes traditionnels, plusieurs écrits hermétiques témoignent clairement de leur admiration pour la religion de l'Égypte, « le très saint pays de nos ancêtres » (*SH*, XXIV, 13), « demeure des dieux, école de la piété » (*NH*, VI, 71, 33), « pays pieux au-dessus de tout pays » (*NH*, VI, 70, 30). L'hommage rendu quotidiennement à d'innombrables dieux, y compris la zoolâtrie (*Asclepius*, 37), est indispensable à l'équilibre du monde (*NH*, VI, 70, 6 ; 73, 12). Simplement, il s'agit d'approfondir la piété populaire et de la spiritualiser. En effet, les dieux honorés dans les temples et « qui se satisfont du voisinage des humains » (*Ascl.*, 23) ne représentent qu'une petite partie, un aspect déjà dérivé du divin. À la différence des dieux-astres, qui n'ont que des têtes et sont parfaitement sereins, les dieux-statues ont des corps (*NH*, VI, 69, 19) et sont irascibles comme les mortels (*Ascl.*, 37). Entre ces deux extrêmes s'étagent plusieurs hiérarchies de dieux terrestres, célestes et supracélestes, jusqu'au Dieu suprême, qui demeure au-dessus du ciel (*CH*, IV, 5 ; *SH*, XXI, 2), loin des étoiles et sans matière (*NH*, VI, 75, 8), que l'on ne peut atteindre que par initiation.

Il n'y a pas de contradiction entre la quête de ce Dieu et le culte des innombrables divinités qui en dérivent, car il est « Un et Tout » (*CH*, XIII, 17). Mais il faut « adorer avec connaissance » (*Définitions d'Hermès Trismégiste à*

« Hermès Mercure Trismégiste, contemporain de Moïse. » C'est le titre qu'on lit en bas de cette scène représentée sur le pavement de la cathédrale de Sienne. À gauche, le livre ouvert indique : « Recevez lettres et lois, Égyptiens ! » À droite, sur la tablette, figure une variante christianisée de l'« Asclepius » (8) concernant le Verbe divin (Scala).

Asclépius [*DH*], VIII, 3 ; *CH*, I, 27 ; VI, 5 ; X, 9), c'est-à-dire en cherchant toujours à remonter vers l'Être. Il faut apprendre à passer des rites matériels (*Ascl.*, 38) à la prière du cœur (*Ascl.*, 41), véritable « sacrifice de discours » (*CH*, I, 31 ; XIII, 18, 19, 21 ; *NH*, VI, 57, 19), qui est une des manifestations essentielles de la piété hermétique et consomme l'achèvement de toute initiation. S'engager dans cette voie suppose « le choix du meilleur qui divinise l'homme » (*CH*, IV, 7) et la pratique des vertus (*CH*, I, 22), qui permettra de connaître Dieu à travers les êtres et de lui rendre grâces en connaissance de cause (*SH*, II B, 1-3). Ainsi, la piété hermétique repose sur une triple progression : à travers les hiérarchies et les cultes divins, vers le Dieu le plus élevé ; à travers les vertus, vers la connaissance et l'amour du Père ; à travers la procession des êtres, vers l'Être souverain, « Bien réel et réelle Vérité » (*SH*, II B, 3). C'est pourquoi la Gnose qui est à l'origine de cette piété est un commencement « non du Bien en lui-même, mais en ce qu'elle nous donne le moyen de commencer à le connaître. Saisissons-nous de ce commencement et hâtons-nous de parcourir toute la voie » (*CH*, IV, 9).

La deuxième étape est celle du Discours qui, coextensif au Verbe divin créateur (*CH*, I, 8 ; *CH*, IV, 1 ; etc.), appréhende directement la réalité en l'interprétant, c'est-à-dire en l'exprimant dans un code inhérent à la nature des choses, qui s'impose à tout être raisonnable, puisqu'« il est un et se révèle toujours semblable à lui-même, tout en se traduisant en diverses langues, en Égypte, en Perse et en Grèce » (*CH*, X, 13).

Ne possédant plus la littérature hermétique que sous forme d'extraits et de discours choisis, nous ne saurions reconstituer avec certitude les cycles d'instruction, si jamais il y en eut. Les écrits hermétiques les plus anciens semblent avoir été des recueils de préceptes sapientiels, comme *SH*, XI, *DH* ou les *Dits du Bon Génie*, dont nous ne connaissons que des fragments (*CH*, XII, 1, 8, 9, 13). C'était en tout cas une pratique scolaire très courante à partir du Ier siècle que de commencer l'enseignement de la philosophie par le commentaire d'une série de sentences ou d'aphorismes. Les écrits hermétiques y font allusion (*CH*, XIV, 1 ; *SH*, XI, 1, 3). Le début de *CH*, XII se présente explicitement comme un commentaire des *Dits du Bon Génie* et un examen attentif démontre que tous les extraits et traités actuellement connus, à l'exception de *SH*, XXIII-XXIX, contiennent des citations des sentences. Il est donc assez vraisemblable que l'étude et la discussion des sentences constituaient une sorte de propédeutique à la lecture des traités. Cette lecture se faisait selon les trois étapes indiquées en *NH*, VI, 63, 1 s. : « Quiconque n'aura pas été tout d'abord engendré par Dieu [il s'agit du rite initiatique de régénération spirituelle], qu'il en reste aux *Leçons générales* et aux *Diexodika* : il ne sera pas capable de lire ce qui est

L'homme parfait (Adam) dans les « Très Riches Heures du duc de Berry ». Le personnage est montré de face et de dos, au centre d'une mandorle décorée des signes du zodiaque. Dans les légendes, ceux-ci sont groupés trois par trois, aux quatre points cardinaux, selon les saisons, les humeurs de l'organisme humain et les qualités fondamentales de la matière. Secs en haut, humides en bas, les signes de gauche (orient et sud) sont masculins et chauds ; ceux de droite (occident et nord) sont féminins et froids. La conception hermétique du microcosme et du macrocosme voisine ici avec d'autres traditions connues des apocryphes où, d'après des sources grecques, l'initiale des quatre points cardinaux correspond aux quatre lettres du nom d'Adam, homme parfait, à la fois homme et femme, avant la Création d'Ève. Musée Condé, Chantilly (Giraudon).

écrit dans ce livre... » On lira donc d'abord les *Leçons générales*, puis les *Diexodica*, puis les livres réservés aux initiés.

À la différence des *Leçons générales*, qui semblent avoir été des dialogues portant sur différents points de doctrine, comme l'origine de l'âme (*CH*, X, 1, 7 ; *SH*, III, 1-2), les influences astrales (*SH*, VI, 1). etc., les *Diexodica* (*FH*, 30, 33) étaient des discours suivis où, sans être interrompu par son disciple, le maître exposait tout au long (*di-exerkhomai* : *CH*, V, 1 ; IX, 1 ; XI, 1) la hiérarchie des êtres, franchissant tous les obstacles sensibles, pour remonter vers la pensée du Dieu suprême, l'Un et Seul (*CH*, IV, 8). Quant aux discours réservés aux initiés, ils n'étaient guère séparables de l'initiation elle-même.

Mais le Discours, désigné en grec par le mot *logos*, qui s'entend aussi bien d'un compte ou d'un rapport numérique (*SH*, XV, 3) est, par définition, une faculté limitative, inapte à saisir la totalité. Le nom de Dieu – s'il en a un (*FH*, 3 A) – ne saurait s'exprimer que par le silence (*CH*, I, 32). Tout ce que le Discours peut faire, c'est de lui donner, ou aussi bien de lui refuser indéfiniment (*Ascl.*, 20), tous les autres noms, sans jamais parvenir à une expression adéquate. C'est pourquoi l'Intellect doit prendre le relais : « Le Discours n'atteint pas jusqu'à la Vérité. Mais l'Intellect est grand et puissant et, quand il a été guidé jusqu'à un certain point de la voie par le Discours, il a le pouvoir d'atteindre jusqu'à la Vérité. Alors, englobant d'une seule pensée tous les êtres et constatant que tous s'accordent à l'interprétation du Discours, il croit et, en cette belle croyance, il atteint son repos » (*CH*, IX, 10). Au contraire du Discours qui avance pas à pas, l'Intellect, œil du cœur

(*CH*, VII, 2), a les mêmes capacités englobantes que le regard. Il saisit d'un coup la totalité. Il comble d'emblée la distance qui sépare la somme de l'intégralité.

Cependant, tous les hommes n'ont pas l'Intellect (*CH*, IV, 3), non que Dieu, qui est sans envie (*CH*, IV, 3 ; V, 2 ; XVI, 5 ; *DH*, VIII, 7), le leur ait refusé, mais cela dépend de la foi de chacun en la divinité de son origine. Or la foi est une recherche et une adhésion volontaire : « Tu as plein pouvoir d'assurer ton salut, car tout t'a été donné [...]. Tout vint à l'être pour toi afin que tu comprennes [...]. Mais tu as le pouvoir de vouloir et de ne pas comprendre, tu as le pouvoir de manquer de foi et de te tromper [...]. L'homme a autant de pouvoir que les dieux mêmes. Seul l'homme est un être vivant libre » (*DH*, VIII, 6).

Mais on ne peut développer son Intellect sans recourir aux exercices spirituels. Partant du principe que Dieu a deux images authentiques (*Ascl.*, 10), le monde (*CH*, I, 31 ; VIII, 2 ; XI, 15 ; XII, 6) et l'homme (*CH*, I, 12 ; V, 6 ; VIII, 5 ; XI, 15), on contemplera d'abord ces deux images, à l'extérieur et à l'intérieur de soi-même, puis, pour se rapprocher de l'Intellect divin, on abolira la différence entre intérieur et extérieur en « devenant éternité ». La justification théorique de cette méthode consiste dans la « sympathie » qui existe non seulement entre l'homme, appelé « microcosme », et l'univers, appelé « macrocosme », mais entre ces deux mondes et Dieu, qui est lui-même un troisième monde. « Dieu : monde intelligible ; monde : Dieu sensible ; homme : monde destructible... Il y a donc trois mondes en tout » (*DH*, I, 1).

Gardant en mémoire ces principes, on s'entraînera à « voir Dieu » partout : dans un paysan qui sème et qui plante (*CH*, XIV, 10), dans le soleil et les corps célestes (*CH*, V, 3-4), dans l'harmonie universelle (*CH*, XII, 21), dans la formation du corps humain (*CH*, V, 6-7), dans l'expérience de la procréation (*CH*, XI, 13-14 ; *NH*, VI, 65, 16 s.), où l'on retrouve l'androgynie primordiale qui rend l'homme plus ou moins semblable au Créateur (*CH*, I, 9, 12, 15 ; *Ascl.*, 20). De même que la partie irrationnelle de l'âme est capable de capter « la pensée de l'harmonie des sphères » (*SH*, XIX, 1 = *DH*, X, 7), l'Intellect humain, purement rationnel, peut capter l'énergie divine : « Attire-la sur toi et cela viendra ; entrave les sensations de ton corps et ce sera la naissance de la divinité » (*CH*, XIII, 6-7). C'est ce qu'on appelle « devenir éternité » (*CH*, XI, 20), qui ne se réalise pleinement que dans l'initiation (*CH*, XIII, 1, 20). Mais on peut s'y préparer en surmontant les craintes et les découragements inhérents à la faiblesse et à la finitude humaines et en faisant, par imagination, l'expérience (*CH*, XI, 21) de l'ubiquité de l'Intellect, capable de circuler à travers tous les éléments (*CH*, XII, 20), de monter au ciel (*DH*, IX, 7), sans que le corps quitte la terre (*CH*, X, 25), de se rendre aux Indes, de franchir l'Océan, de crever la paroi du Tout en un instant (*CH*, XI, 19).

La même mobilité est aussi concevable dans le temps. Il suffit de vaincre la peur de la mort. Quelle différence pour l'âme entre l'oubli de son existence « avant le ventre » et l'oubli de la vie présente « après le corps » (*DH*, VI, 2) ? Mais l'âme qui conçoit l'Intellect se souvient de la lumière dont elle découle et va vers une lumière plus vive encore (*CH*, I, 32). Libérée du poids de son corps, elle recouvre « son pouvoir de ne pas oublier » (*DH*, IX, 5). Elle étend le champ de sa conscience jusqu'aux bornes de l'univers, de l'immensité à l'infiniment petit, des éléments bruts aux vivants les plus élaborés, de la nuit des âges à l'avenir le plus lointain. Elle rivalise ainsi avec l'infini de la conscience divine : « Rassemble en toi les sensations de toute créature, du feu, de l'eau, du sec, de l'humide. Figure-toi que tu es partout, sur terre, sur mer, au ciel ; que tu n'es pas encore né, que tu es dans le ventre, jeune homme, vieillard, que tu es mort, que tu es au-delà de la mort. Conçois tout cela d'un seul coup [...], alors tu peux comprendre Dieu » (*CH*, XI, 20).

De l'éveil spirituel à l'initiation divinisatrice

L'expérience de cette communion mystique avec l'éternité divine est sans doute requise pour participer à l'initiation qui nous est décrite en *CH*, XIII et en *NH*, VIe. Cette initiation consiste, en effet, en une remontée dans le temps et dans l'espace, qui est l'achèvement de la voie. Le serment qui couronne l'initiation invoque successivement, d'ici-bas jusqu'au premier Dieu, les quatre éléments, les sept ousiarques, l'Engendré, l'Autogène et le Dieu Inengendré (*NH*, VI, 63, 16 s.). Dieu est Inengendré en tant que Préprincipe (*CH*, I, 8), il est Autogène, en tant qu'Intellect qui se pense lui-même (*CH*, I, 6-7), il est Engendré, en tant que Verbe fils de l'Intellect, qui se manifeste au-dehors (*CH*, I, 6). Mais les deux dernières épithètes peuvent aussi, analogiquement, se rapporter à l'être humain. L'Homme primordial, né de l'Intellect divin sans le secours de parents humains, est aussi un Autogène (*CH*, I, 12) ; et le second Homme, fils du premier, est aussi un Engendré (*CH*, XIII, 4), comme le Verbe, fils de l'Intellect (*CH*, XIII, 2).

Un peu comme le livre de la Sagesse, composé à Alexandrie dans la première moitié du Ier siècle avant J.-C., ne désigne pas les personnages de l'Ancien Testament par leurs noms propres, mais par métonymie, comme « le père du monde » (Adam), « un injuste » (Caïn), « le juste » (Noé), etc. (Sag., 10, 1-4), de même *CH*, I, composé un siècle plus tard, également à Alexandrie, offre une lecture cryptique du livre de la Genèse, dans laquelle il faut entendre que l'Homme primordial (*CH*, I, 12) est Adam, l'Homme double (*CH*, I, 15) après la chute est Seth, les Sept Hommes androgynes, semblables aux Sept Gouverneurs planétaires (*CH*, I, 18), sont les sept générations antédiluviennes comprises entre Seth et Noé, en sorte que la remontée dans l'Ogdoade, décrite en *CH*, I, 26 et dans l'initiation de *CH*, XIII, 15 ou de *NH*, VI, 63, 13, est aussi bien une ascension spatiale au-dessus de la fatalité des sphères planétaires qu'un retour aux temps primordiaux, à la félicité d'avant la chute, avant les époques historiques qui commencent après le Déluge (*CH*, I, 18 = *Gen.*, 9, 1).

Préparé par plusieurs années de retraite, d'instruction et d'exercices spirituels, l'initié présente avec l'initiateur une offrande de prières qui évoquent l'ascension de l'âme à travers les sept sphères (*NH*, VI, 56, 27), puis ils échangent un baiser qui provoque la descente d'une Puissance de lumière (*NH*, VI, 57, 26 s.), l'Intellect divin, qui les transporte dans l'Ogdoade, où les Âmes et les Anges chantent des hymnes silencieux (*NH*, VI, 58, 17 s.), et ensuite dans l'Ennéade, où les Puissances reçoivent la vie du premier Dieu (*NH*, VI, 59, 29 s.). Ce faisant, l'homme recouvre la béatitude de Seth et d'Adam ; il s'élève jusqu'à l'Intellect Autogène et se voit lui-même (*NH*, VI, 58, 8 ; 60, 32), aussi totalement que Dieu dans ce même Intellect.

Ainsi, les écrits hermétiques nous présentent une voie parfaitement cohérente, de l'éveil spirituel à l'initiation divinisatrice. Aux cultes traditionnels qu'ils reçoivent comme des témoignages de la vénérable antiquité de l'Égypte et prétendent rétablir dans leur signification première en les spiritualisant et en les dépassant, ils joignent un programme complet de développement des facultés humaines, volonté, entendement, raison, élans du cœur, essor de l'imagination. Même dans les traités qui paraissent les plus spéculatifs, les enseignements d'Hermès visent toujours, en fin de compte, à la direction intérieure.

On les a parfois comparés aux dialogues de Platon, tout en déplorant la faiblesse de leur argumentation. Ce jugement repose sur une équivoque : les traités hermétiques ne sont pas des recherches dialectiques de la vérité, qui, nécessairement primordiale, ne saurait avoir d'autres source que la tradition « égyptienne », ni d'autre expression que mythique ; ce sont des exercices propres à réactiver l'intuition spirituelle du disciple à l'égard de ces mythes.

On serait parfois tenté de regretter que les exercices nous soient décrits simplement dans le principe et non dans le détail. Sans parler des nombreux textes que nous avons perdus, on peut trouver deux raisons à cela. Tout d'abord, quand les principaux traités ont été composés en Égypte, aux Ier, IIe et IIIe siècles, il existait, sans aucun doute, des sociétés d'hommes pieux vivant dans l'entourage des temples et pratiquant en apparence les cultes traditionnels, mais recevant en outre des enseignements ésotériques, priant et célébrant ensemble des agapes (*Ascl.*, 41) et des rites initiatiques (*CH*, IV ; XIII ; *NH*, VI[6]). Cette tradition vivante de l'hermétisme pouvait dispenser de décrire en détail les exercices qu'on apprenait surtout par la pratique du groupe.

Mais on jugeait peut-être aussi que l'instruction spirituelle, loin d'être plus efficace si elle était plus longue, devait au contraire être percutante et brève pour céder la place au plus vite à la pratique, d'autant plus profitable qu'elle serait plus fréquente : « Tandis que tu progresseras sur la voie, partout le Bien viendra à ta rencontre, partout il se laissera voir, là où et quand tu ne t'y attends pas, quand tu veilles ou quand tu sommeilles, quand tu navigues ou quand tu chemines, de nuit, de jour, quand tu parles ou gardes le silence : car il n'est rien qu'il ne soit pas » (*CH*, XI, 21).

L'Afrique noire

PAUL STOLLER

En Afrique noire, la religion est expérience. C'est en participant à l'accomplissement de rites au sein d'une communauté de croyants que les fidèles saisissent les significations de leurs religions. Ce fait simple est souvent perdu de vue dans les pages arides et sans vie des ouvrages qui brossent un panorama des religions africaines et qui dessèchent le paysage qu'ils ont à étudier. Trop souvent, les exposés académiques sont ces analyses théoriques de ces religions que l'on pourrait comparer aux travaux linguistiques qui décortiquent les abstractions de la grammaire en oubliant de mentionner l'usage que les locuteurs font de leurs langues.

La tendance à la description abstraite et comparatiste des systèmes religieux remonte, bien entendu, aux traditions de James George Frazer et d'Émile Durkheim. Ce dernier, pour sa part, estimait que les principaux rituels, en organisant une ossature sacrée, constituaient l'expérience religieuse qui donne à la société son caractère objectif. C'est à travers cette expérience religieuse subjective, pensait-il, qu'un individu pouvait prendre conscience de son appartenance à un ensemble social plus vaste.

Dans les études africanistes, il existe une grande diversité d'ouvrages sur la religion dont les auteurs tentent, comme les linguistes structuralistes, de mettre au jour quelques thèmes généraux. Ces thèmes, nous dit-on, expliquent l'hétérogénéité des pratiques et des croyances religieuses en Afrique. Janheinz Jahn (1961) parle d'une nouvelle culture africaine qui s'incarne dans le terme bantu *muntu*, mot qui signifie « homme ». Muntu englobe les vivants et leurs ancêtres, ainsi que les dieux, que Jahn appelle des « ancêtres déifiés ». L'intention de celui-ci est de rehausser la religion africaine en la plaçant sur le même plan que d'autres religions. Ce faisant, il réduit une surabondance de traditions distinctes, comprenant la possession, la musique, les systèmes de magie et de sorcellerie, à quelques principes généraux qui sont à leur tour gouvernés par la notion de muntu. John Mbiti, un théologien kényan, a tenté de perfectionner la tentative de synthèse de la religion africaine menée par Jahn. À la différence de Jahn, Mbiti (1970) ne réduit pas les religions africaines à un seul concept. Au contraire, il étend l'analyse à plusieurs

Communication avec l'invisible. En pays yoruba, les esprits se manifestent aux humains en prenant momentanément possession de l'un d'entre eux, un initié longuement formé à cette mission, Initiation. Togo (D. Lainé, Hoa-Qui).

domaines philosophiques : le concept de temps, la nature de Dieu, les paroles de Dieu, les mythes de l'origine, les panthéons d'esprits, le cycle de la vie, le pouvoir mystique et les problèmes de l'évolution. La plupart de ses exemples sont empruntés aux cosmologies de l'Afrique orientale et à l'aire « bantu », ce qui affaiblit sa thèse. Étant donné l'hétérogénéité des croyances comme des pratiques africaines, la synthèse de Mbiti, comme celle de Jahn, constitue un effort voué à l'échec. Ces vues d'ensemble dépourvues de vie ne nous apprennent pas grand-chose de l'expérience religieuse en Afrique noire.

D'autres africanistes se sont attachés à l'impact des religions africaines « traditionnelles » sur le christianisme et sur l'islam (Lewis, 1966 ; Walker, 1979). Ces travaux, qui sont à la fois des anthologies et des vues d'ensemble des croisements culturels, décrivent l'impact des systèmes de pensée et des pratiques de l'Afrique sur le christianisme et l'islam africains naissants. Ces travaux n'offrent, eux aussi, que peu d'information sur l'expérience dans les religions africaines.

Plus intéressantes sont les recherches anthropologiques portant sur des objets plus restreints. La plupart du temps, elles décrivent en détail les pratiques rituelles et les croyances cosmologiques d'une seule société, sans mener de comparaison. En France, les élèves de Marcel Griaule se sont voués aux descriptions détaillées des cosmologies africaines. Le propos de l'école de Griaule était, entre autres, de produire des textes qui permettent de saisir les religions africaines du point de vue africain. Cela impliquait que les ethnographes dussent s'immerger eux-mêmes longuement dans la société qu'ils étudiaient pour pouvoir se documenter pleinement et comprendre en profondeur la religion d'un peuple. Les résultats de l'approche de la culture africaine par Griaule sont célèbres. Son ouvrage, *Dieu d'eau* (1947), fut le premier texte où un Africain, le Dogon Ogotemmêli, parlait des complexités de la cosmologie de son peuple. Les disciples de Griaule évitèrent autant que possible les catégories philosophiques occidentales et centrèrent leur recherche sur l'explication philosophique de la réalité locale (Dieterlen, 1951 ; Rouch, 1960 ; Calame-Griaule, 1966). Ces textes, qui tous fournissaient des récits ethnographiques des rituels, s'approchèrent beaucoup d'une description de l'expérience religieuse africaine.

En Grande-Bretagne et aux États-Unis, cependant, on critiquait l'école de Griaule en l'accusant de mettre exclusivement l'accent sur la cosmologie au détriment de la structure sociale. Les africanistes anglo-saxons pensaient que la cosmologie n'a pas d'existence propre et autonome. À leurs yeux, elle était toujours ancrée dans la structure des sociétés. Ils donnèrent des phénomènes religieux d'Afrique des explications sociales, liées aux relations entre clans, entre lignages, ou aux relations économiques (Fortes, 1947, 1949 ; Nadel, 1970 ; Douglas, 1954, 1975).

De ces nombreux travaux émerge l'œuvre de Victor Turner, qui, à bien des égards, dépassa l'opposition entre les disciples de Griaule et les fonctionnalistes britanniques. Ses travaux provocateurs consacrés aux Ndembu de Zambie (1967, 1969, 1974) contiennent des analyses convaincantes de leur symbolisme rituel. Il y montre de quelle manière ce symbolisme, multivalent par définition, relie l'organisation sociale et le domaine idéologique. Ce travail, malgré tout, laisse de côté un point essentiel de l'expérience religieuse africaine : le fait qu'elle exige une participation. John Chernoff souligne ce point précis dans ses exposés sur le tambour au Ghana : « La raison qui fait qu'*écouter* la musique africaine est une erreur, écrit-il, c'est que la musique africaine n'est pas un élément séparé de son contexte social et culturel. Plus peut-être que la nouveauté ou l'étrangeté des sons, c'est la signification différente d'une musique intégrée aux activités culturelles qui est d'un accès difficile à l'auditeur occidental et sape ses efforts pour apprécier et comprendre la musique africaine. »

Élément essentiel de la vie religieuse africaine, la musique, dont les sons pénètrent physiquement le corps, ouvre un espace à l'interpénétration du social et du cosmique, à l'expérience de l'un dans le multiple. Mais la musique n'est pas alors le seul stimulus sensoriel qui crée un climat de « participation » religieuse. Dans nombre de religions africaines, les odeurs elles-mêmes contribuent à créer cette forme de participation ; chez les Songhaï du Niger, on verse des parfums sur le sol ; les objets ou les vêtements sacrés et leurs senteurs captivantes remplissent l'air de significations. On y brûle aussi des résines spéciales qui provoquent des états de transe chez les médiums. Formes et couleurs jouent, de leur côté, un grand rôle : les costumes aux couleurs vives qui différencient les divinités dans les cultes de possession, les tuniques de chasse tissées sur place auxquelles sont cousus des coquillages et des amulettes propres aux sociétés secrètes, les masques sculptés et les vêtements enveloppants qu'on utilise pour les initiations ou pour certains rites spécifiques, tous ces objets sont fabriqués

Un domaine inconnaissable ? D'une expérience radicalement étrangère, le film peut conserver les gestes qui l'expriment, mais comment la saisir en profondeur ? Togo (D. Lainé, Hoa-Qui).

Funérailles dogon. Retirés sur les flancs de la falaise de Bandiagara lors de la formation de l'empire du Mali (XIIIe s.), les Dogon ont conservé, du fait de cet isolement, une culture originale. Les funérailles du Hogon, chef spirituel et politique, sont célébrées avec éclat (R. Renaudeau, Hoa-Qui).

de telle sorte qu'ils offrent à la vue de quoi renforcer le sens de la participation.

Cette notion de participation ne nous conduit pas, cependant, à l'intérieur même de l'expérience religieuse, mais seulement à sa lisière. Comment pourrions-nous saisir l'expérience d'un homme qui porte le masque de singe dogon ? Comment pénétrer l'expérience d'une femme qui a été possédée par Dongo, le dieu songhaï du tonnerre ?

Bien que jamais personne ne puisse connaître les états subjectifs des autres, les savants africanistes ont tenté de deux manières de se frayer un chemin vers l'expérience religieuse des Africains : par le film ethnographique et par des récits relatifs au vécu. La première technique, la plus répandue, consiste à filmer des cérémonies dont les vues et les sons reflètent les expériences religieuses d'un peuple. Bien que souvent elle ait accru les comportements négatifs des Africains, elle a permis en quelques occasions d'établir de beaux témoignages d'expériences religieuses. Les films ethnographiques de Jean Rouch en sont l'exemple. *Les Magiciens de Wanzerbe* (1949), *Les Maîtres fous* (1955), *La Chasse au lion à l'arc* (1965), *Tourou et Bitti* (1971), etc., donnent des images fortes de la puissance de telles expériences : des hommes mettent les mains dans des chaudrons de liquide bouillant, d'autres dégurgitent des chaînes de métal, d'autres encore combattent avec des arcs, des flèches ou par la magie des lions blessés, des femmes ont tout le corps secoué par les esprits qui les possèdent – toutes ces images ne peuvent que frapper un public occidental et lui inspirer une sorte de crainte révérentielle. Comment les mains échappent-elles aux brûlures ? Comment les chaînes de métal ne déchirent-elles pas les tissus organiques ? En vertu de quel pouvoir la possédée peut-elle décrire le passé et prédire l'avenir ? L'impression d'étonnement qui, pour nous, émane de ces documents cinématographiques est peut-être analogue à l'élément signifiant de crainte ou d'intense respect qui a permis à la religion songhaï de se développer pendant plus d'un millénaire.

Face à l'expérience religieuse spécifiquement africaine, certains autres ethnographes ont choisi de se faire des participants à part entière. Tel est le cas notamment de Chernoff qui, dans *African Rythm and African Sensibility* (1979), a fait le récit de son apprentissage des percussions auprès du maître dagomba Alhadji Ibrahim Abdulai et fourni ainsi une étude ethnologique du rôle de la musique dans la culture et la religion des Ewe et des Dagomba, en même temps qu'une critique implicite de l'intellectualisme prétendûment impartial et une pénétrante épistémologie de science sociale. Au cours de cette expérience, Chernoff a assumé totalement son immersion subjective dans le monde religieux. Il a dû manger des substances rituelles et accomplir des sacrifices pour devenir prêt à apprendre. Dans son récit, il décrit ses difficultés de départ et les progrès de son apprentissage du jeu de tambour. Il montre à quel point la musique de percussions est liée chez les Dagomba à leur vie sociale et à leurs principes religieux. Il rend compte de son extase lorsqu'il se trouva en harmonie de rythme avec deux autres musiciens, de la manière dont son jeu poussait l'auditoire à chanter et à danser, de ce qu'il ressentit lorsque quelqu'un le félicita pour la beauté de son jeu.

On se bornera enfin à citer deux autres exemples significatifs de cette approche par l'apprentissage et le partage de l'expérience religieuse chez les peuples de l'Ouest africain : d'une part, une description de la sorcellerie, *In Sorcery's Shadow : a Memoir of Apprenticeship Among the Songhay of Niger* (1987) par Paul Stoller et Cheryl Olkes ; d'autre part, le livre de Jean-Marie Gibbal intitulé *Les Génies du fleuve* (1988). Le premier ouvrage décrit l'immersion de l'un des auteurs dans le monde expérientiel de la sorcellerie des Songhaï du Niger, les doutes auxquels il se trouva livré, son accès à la maîtrise des incantations, des plantes, des potions, ses relations avec ses maîtres en matière de sorcellerie. Dans son récit, sa voix se mêle avec celle des Songhaï pour donner un texte qui plonge dans l'expérience religieuse de ceux-ci et qui constitue, comme le livre de Chernoff, une critique implicite de l'intellectualisme. De son côté, Jean-Marie Gibbal rapporte, dans *Les Génies du fleuve*, sa rencontre avec la possession comme expérience religieuse, sur les rives du Mali, parmi les Gimbala. Il s'agit d'une participation de type poétique et pour ainsi dire intuitive à ces cultes.

Ces derniers ouvrages et les films de Jean Rouch se caractérisent par deux traits essentiels : leur souci d'une approche de type esthétique et la priorité qu'ils donnent à la sensibilité artistique. C'est à travers l'art, comme l'a rappelé Nietzsche, que nous pouvons franchir la barrière qui sépare la réalité sociale de la sensibilité propre d'une culture. Et c'est peut-être à travers l'art et l'ethnographie littéraire que nous pouvons avoir accès – même imparfaitement – à l'expérience religieuse en Afrique noire.

L'hindouisme

MICHEL HULIN

L'hindouisme qui ne possède ni pape, ni Église, ni magistère universellement reconnu ne comporte, à proprement parler, aucune espèce d'orthodoxie. Et la diversité foisonnante des pratiques qui, de près ou de loin, se rattachent à ce mode particulier de vie religieuse ne permet pas davantage de le définir comme une orthopraxie. On serait tenté d'y voir une mosaïque de cultes, un simple conglomérat de pratiques hétéroclites, si quelque chose ne venait précisément souder tous ces comportements en un bloc homogène, leur conférant un « air de famille » immédiatement perceptible pour l'observateur extérieur. Ce ciment invisible ou ce fil rouge qui court dans la trame de l'hindouisme et relie les plus hauts états mystiques à ce qui prend souvent l'apparence de la plus grossière superstition n'est autre que le primat de l'expérience directe sur la « foi » et sur les « œuvres ». L'hindouisme, davantage peut-être que toute autre religion, repose sur l'expérience directe (*anubhava*) du sacré. Il part d'une certaine présence du sacré en nous et autour de nous – présence ténue et insaisissable – qu'il s'efforce, par la mise en œuvre d'une déconcertante diversité de moyens, de rendre concrète, immédiate, sensible au cœur sinon toujours aux sens. S'introduire dans le voisinage du dieu, dans le cercle de ses serviteurs domestiques (*dāsa*), et par là même gagner sa protection et son amitié, tel est, semble-t-il, le dénominateur commun des attitudes religieuses, par ailleurs infiniment variées, qui relèvent de l'hindouisme.

La visite au dieu et les moments privilégiés du contact avec le sacré

Rien de plus remarquable que la *familiarité respectueuse* avec laquelle le fidèle hindou se présente devant le dieu qu'il vient adorer dans son temple. Une telle visite n'a rien de solennel et, d'ordinaire, ne répond à aucune prescription émanant d'une autorité quelconque. Elle correspond avant tout à un besoin ressenti : besoin de dialogue, de réconfort, d'éclairement, besoin de s'épancher et de rendre grâces. Elle peut trouver place à tout moment de la journée, pour peu que le fidèle se sente suffisamment pur pour pouvoir s'approcher du dieu. Porteur des offrandes – de fleurs et de fruits par exemple – qu'il aura achetées dans la boutique adjacente, il n'hésitera pas à « réveiller » le dieu, peut-être assoupi, en agitant vigoureusement la clochette disposée à cet effet. Traité symboliquement comme un hôte de marque par les desservants du temple qui déposent sur son front une tache de vermillon (*tilaka*), il est alors conduit devant la divinité elle-même, admis à contempler sa *mūrti*. Ce terme qui signifie « forme matérielle » ne désigne pas simplement l'idole qui trône dans le saint des saints (*garbhagṛha*). Celle-ci ne serait que bois ou pierre si les rites de consécration du temple ne lui avaient d'abord insufflé la vie (*prāṇapratiṣṭhā*), faisant d'elle précisément une mūrti, c'est-à-dire une concrétisation, une matérialisation, en cet

Visite au seigneur Ganeśa. Dans les rapports liturgiques avec le divin, l'attitude des fidèles allie familiarité et déférence. La protection de Ganeśa, leveur d'obstacles et patron de l'étude, est volontiers invoquée avant les actes importants (R. et S. Michaud, Rapho).

endroit privilégié de l'espace, de la présence, autrement partout diffuse (*vibhū*), du dieu. C'est cette intensité particulière de la présence qui justifie en retour la ferveur des rites d'adoration : prosternation, circumambulation (*pradakṣiṇa*), illumination successive de la statue au moyen de camphre enflammé (rite d'*aratī*), etc. De même, les fragments d'offrandes restitués aux fidèles par les prêtres – et éventuellement consommés par eux – *sont* la grâce divine (*prasāda*) devenue visible et tangible. Ce besoin de voir et de toucher la divinité se retrouve dans le rituel du *darśana* où un maître spirituel prestigieux, parfois même considéré comme une incarnation ou une « descente » (*avatāra*) du divin sur cette terre, se laisse contempler ou baiser les pieds par la foule de ses disciples que sa simple présence suffit à transformer intérieurement.

Si le temple hindou se définit comme un certain *espace* où la présence du sacré s'affirme avec une particulière intensité, il est nécessaire de poser en regard son *homologue temporel*, à savoir l'ensemble des moments privilégiés où le contact avec le sacré s'opère avant tout grâce aux circonstances, sans relation directe avec un lieu déterminé. L'expérience religieuse hindoue, en effet, déborde largement l'espace du temple et prend place aussi bien dans la nature extérieure que dans l'intimité de la maison ou même dans les profondeurs du corps. De tels moments privilégiés sont, par exemple, les rites de l'aurore et du crépuscule (*saṃdhyā*), apanage des brāhmanes, qui se déroulent en principe au bord d'un fleuve ou d'une rivière. Comportant notamment la récitation murmurée de l'invocation au soleil (*gāyatrī-mantra, Ṛg-Veda*, III, 62, 10) et l'immersion complète dans les eaux sacrées, ils sont pratiqués en silence et individuellement. Là, chaque brāhmane, en même temps qu'il abandonne toutes ses souillures nocturnes, a conscience que ses gestes et pensées du moment vont bien au-delà de son insignifiante personne, car ils sont supposés jouer un rôle déterminant dans le lever même du soleil et, à travers lui, dans le maintien de l'ordre cosmique.

En règle générale, cependant, la vie religieuse des hindous – mis à part celle des ascètes – ne s'accomplit pas dans la solitude. Bien au contraire, c'est la communion avec le groupe qui se trouve recherchée. Mentionnons, comme caractéristiques de cette attitude, les si fréquentes sessions de chants dévotionnels (*bhajan* et *kīrtan*) organisées tantôt dans des cours de temples, tantôt dans des lieux publics « profanes » ou même dans des habitations particulières, sessions qui peuvent être aussi bien

Solitaire en méditation. Au pied d'un figuier banian, traditionnellement associé en Inde à la vie spirituelle, un ascète poursuit sa quête de l'intériorité. Son vêtement safran permet de reconnaître en lui un « saṃnyāsin », un sage qui a renoncé au monde et essaie d'atteindre un haut degré d'élévation spirituelle (R. et S. Michaud, Rapho).

improvisées que liées à une période liturgique déterminée. Elles commencent souvent de manière modeste un après-midi ou un soir, avec quelques chanteurs-instrumentistes qu'entoure un maigre auditoire. Mais, au fil des heures, celui-ci grandit en nombre et en ferveur, si bien que, à la faveur des thèmes et refrains inlassablement repris en chœur, le sens de la durée tend à s'effacer et avec lui celui des limites de l'individualité (*ahaṃkāra*). Le fidèle devient réellement un « participant » (*bhakta*) de l'entité divine qu'il est occupé à célébrer. Il en va de même des séances de récitation psalmodiée de certains grands textes de l'hindouisme tels que la *Bhagavad-Gītā* ou le *Rāmāyaṇa* hindi de Tulsī Das. Les fidèles connaissent généralement ces textes par cœur, ou presque, mais ils ne se lassent pas de les écouter, car la rythmique et les sonorités du vers les aident à se placer dans un état de réceptivité où la geste du dieu, d'ordinaire fabuleuse et lointaine, vient cristalliser dans leur âme, acquérant une densité et une évidence propres à écarter tous les doutes et à soulever tous les enthousiasmes. Tel est aussi le sens des pèlerinages et des innombrables fêtes qui jalonnent le calendrier liturgique hindou. Celui qui visite un lieu de pèlerinage, particulièrement à l'époque de la fête du dieu, entend participer à la commémoration de la geste salvifique accomplie jadis par le dieu en ce lieu même et que relatent les textes de célébration (*māhātmya*) diffusés par les autorités religieuses locales. L'idée sous-jacente est que le dieu, à l'époque de sa fête, vient revisiter le lieu de son ancien passage sur la terre et que sa présence infiniment favorable, si elle demeure invisible aux yeux de chair, peut être perçue par ceux qui ont le cœur pur. Ceux-là croiront reconnaître Rāma ou Kṛṣṇa en personne dans la statue qui passe oscillante sous leurs yeux, portée par le lourd char de fête que tirent, au milieu de l'allégresse générale, des centaines de dévots enthousiastes. Jadis, comme lors de la procession de Jagannātha à Purī, certains ne résistaient pas à la tentation de rejoindre le dieu au plus vite en se jetant sous les roues du char…

Sarve devāḥ śarīrasthāḥ : « Dans le corps tous les dieux résident. » Cet adage tantrique évoque l'autre versant de l'expérience spirituelle dans l'hindouisme, celui qui se définit par la quête de l'intériorité et se révèle être l'apanage – non tout à fait exclusif cependant – des « renonçants » ou *saṃnyāsin*. Cette voie trouve sa légitimité lointaine dans la spéculation upanishadique et son intrépide identification du microcosme et du macrocosme.

Mise sous le joug. « Yoga » désigne un ensemble de méthodes destinées à mobiliser toutes les ressources physiques et intellectuelles de l'individu au profit du « regard intérieur ». Il implique la recherche d'une parfaite maîtrise du corps, assurée entre autres moyens par l'exécution de postures difficiles (R. et S. Michaud, Rapho).

Le cheminement vers l'intérieur

Les *upaniṣad* védiques postulent, en effet, qu'une seule et même âme ou Soi (*ātman*) dirige et anime de l'intérieur à la fois le jeu des forces cosmiques (cours des astres, rayonnement du soleil, etc.) et celui des « souffles » (*prāṇa*) ou énergies qui se déploient à travers les fonctions organiques, sensorielles, intellectuelles de chacun des êtres vivants. Alors que l'autre voie s'efforçait, par les moyens du rite et de l'invocation, de condenser, aux fins de la capter durablement, une présence numineuse ambiante, celle-ci vise à appréhender directement cette même présence dans les profondeurs du corps.

Or une telle entreprise est singulièrement malaisée parce que contre-nature. Il s'agit, en effet, de faire refluer vers leur source commune toutes les énergies du corps qui, dans l'attitude naturelle, sont employées par le vivant individuel à se maintenir et à s'affirmer dans le monde, qui sont donc extraverties, tournées vers l'environnement physique et social : « Vers l'extérieur le [dieu] né de lui-même a percé les ouvertures du corps ; c'est pourquoi l'on voit vers l'extérieur, non vers soi. Un certain sage qui cherchait l'immortalité a regardé au-dedans de soi, les yeux révulsés » (*Katha-upaniṣad*, IV, I, trad. L. Renou). L'ensemble des méthodes visant à permettre de « regarder au-dedans de soi », parce

Purification. Le lac de Pushkar, au Rājasthān, est consacré à Brahmā. Comme dans beaucoup de lieux saints indiens, des « ghats » (escaliers) descendent jusqu'à l'eau : ils permettent à la foule des fidèles d'accomplir les ablutions rituelles (B. Barbey, Magnum).

Communion par la musique. Dans le temple de Hanumant à Ayodhya, ville sainte du nord de l'Inde où selon la tradition naquit Rāma, un petit groupe est réuni pour une session de chants de dévotion (« kīrtan »), saisie ici à son modeste début (R. et S. Michaud, Rapho).

qu'il implique à chaque fois une mobilisation générale et, pour ainsi dire, un « attelage » de toutes les énergies physiques et intellectuelles du sujet, mérite d'être regroupé sous l'appellation générique de *yoga* (de la racine *yuj* : « mettre sous le joug »). Mais le yoga lui-même se présente sous deux formes essentiellement distinctes, dont l'une pourrait être appelée « voie de l'ascèse » (*tapo-mārga*) et l'autre « voie de la connaissance » (*jñāna-mārga*). La première, progressive et continue, est celle d'un déconditionnement méthodique poursuivi avec patience et acharnement, d'un remodelage systématique de toutes les réactions spontanées de la nature humaine, des réflexes les plus élémentaires aux passions les plus complexes. La seconde fait plus ou moins complètement l'économie de ce travail, qu'elle remplace par la méditation, sous la forme d'une lancinante interrogation : « Qui suis-je ? », indéfiniment renouvelée.

L'ascèse hindoue comporte – en sus de nombreux éléments que l'on retrouve pratiquement partout – certains traits originaux. La rupture avec le milieu familial, l'errance solitaire ou le cénobitisme, le détachement des biens et des ambitions, la chasteté, la non-violence, etc. constituent des aspects quasi universels de la vie ascétique. Il en va différemment du *tapas*, ou « échauffement ascétique ». Cette technique particulière de production de chaleur interne fut peut-être inventée par les chamanes d'Asie centrale aux fins de se rendre invulnérables aux froids les plus extrêmes. Transplantée en Inde, elle est devenue le prototype de toute une famille d'exercices destinés à obtenir la maîtrise de l'ensemble des « paires d'opposés » (*dvandva*) – dont le couple chaud-froid ne constitue évidemment qu'un exemple – qui, en dernière analyse, se présentent comme autant de modalités de la dichotomie fondamentale de l'agréable et du désagréable. Certaines de ces pratiques sont avant tout physiques et comportent fréquemment des formes spectaculaires de mortification, voire d'auto-torture (jeûnes extrêmes, veilles, flagellations, mutilations, etc.).

D'autres concernent davantage l'existence sociale. Axées sur la transgression systématique de l'opposition pur-impur, sous forme de résidence dans des lieux de crémation, etc., elles visent à aider l'adepte à se situer par-delà l'éloge et le blâme, l'honneur et le déshonneur. Mais une telle indifférence souveraine n'a pas sa fin en elle-même. Toute l'entreprise ascétique repose, en effet, sur ce postulat que la répression de la multitude des désirs, une fois devenue effective, ne débouche pas sur une vacuité morne, mais révèle au contraire une paix, une quiétude (*śānti*), une félicité (*ānanda*) qui étaient présentes depuis toujours dans le fond le plus secret de l'âme, enfouies cependant sous le tumulte des ambitions, des craintes et des espoirs mondains. L'établissement définitif dans cette béatitude, au point de ne plus avoir à renaître, est la délivrance (*mokṣa* ou *nirvāṇa*).

Dans son effort héroïque de détachement, l'ascète hindou rencontre inévitablement de nombreuses et rudes tentations. Mais, à la différence de l'ascète chrétien, il n'est pas enclin à « diaboliser » les forces négatives auxquelles il est confronté. Loin d'attribuer ses tentations à un quelconque Satan, il les impute à la jalousie des dieux, qu'il se représente comme attentifs à maintenir l'espèce humaine à un niveau spirituel suffisamment médiocre pour ne pas bouleverser l'échelle hiérarchique des êtres qui peuplent l'univers. Plus qu'avec des volontés étrangères, en fait, c'est avec des puissances impersonnelles de la nature, puissances de sommeil et d'illusion, qu'il se sait en conflit. Pour lui, le désir (*kāma*) n'est pas mauvais en soi, mais seulement en tant que ses modes ordinaires de satisfaction entraînent la dispersion, l'émiettement de l'énergie interne, ainsi que son conditionnement par des objets extérieurs toujours changeants. On conçoit ainsi que le tapas puisse souvent se prolonger dans son contraire apparent : le *haṭha-yoga*. Ce dernier peut se définir comme un ensemble de techniques corporelles (postures, contrôle de la respiration, etc.) destinées à élever l'organisme à un plus haut degré d'efficience, donc à donner aux désirs plus de fraîcheur et de vivacité, mais de manière à les faire ressentir intuitivement comme déjà béatifiques en eux-mêmes, en tant qu'expressions directes de la félicité intérieure increéée, et, par conséquent, comme voués à déchoir lors de leur prétendue « satisfaction » par des objets extérieurs. Cette sublimation directe du désir trouve une expression saisissante dans le mythe de la *kuṇḍalinī*, l'énergie (visiblement sexuelle) réputée sommeiller au bas de l'épine dorsale et qu'il s'agit de faire remonter de « roue » (*cakra*) en roue, jusqu'à ce qu'elle rejoigne la « roue aux mille rayons » au-dessus du crâne même de l'adepte.

Reste la « voie de la connaissance », voie abrupte, difficile, aussi prestigieuse que rarement empruntée. Bien qu'en principe indépendante de toute forme de yoga, elle suppose une longue propédeutique de purification du corps et d'apaisement de l'esprit ainsi qu'un entraînement poussé à la concentration mentale. En fait, un yoga « intellectuel » comme celui des *Yoga-Sūtra* de Patañjali servira souvent de relais entre l'ascèse proprement dite et cet effort de plongée directe dans les profondeurs du Soi. Cet effort – nécessairement entrepris sous la direction d'un maître – consiste avant tout en une rumination mentale, inlassablement reprise, des « grandes paroles » upanishadiques dont le célèbre *tat tvam asi* peut passer pour le modèle même. Le sujet doit méditer à la fois sur lui-même et sur l'absolu (le *brahman*), « creuser » la signification de chacun des termes désignés respectivement par « tu » et par « cela » – en s'aidant au besoin de la logique et de la dialectique – jusqu'à ce que la lumière jaillisse en lui et qu'il réalise intuitivement que le brahman et lui-même, de toute éternité, *sont* une seule et même chose.

Le jinisme

NALINI BALBIR

Pour les jaïna, comme pour les autres Indiens, les multiples formes de l'expérience religieuse tendent vers un seul but : la Délivrance du monde des transmigrations et du *karman*. Or le salut est, selon le jinisme, une opération individuelle dont chacun est responsable. On y accède non avec l'aide d'une quelconque grâce divine, mais en suivant l'exemple des maîtres passés, les Jina, ou avec l'aide d'une quelconque grâce divine, mais en suivant l'exemple des maîtres passés, les Jina, ou avec l'aide des maîtres contemporains qui indiquent la voie à suivre.

Principes éthiques et prescriptions

L'éthique y a une grande place. Elle se fonde sur une analyse complexe du monde et des principes qui le régissent. La structure en est bien définie : entouré du non-monde, l'univers est divisé en trois parties principales, le monde inférieur, celui des damnés, le monde supérieur, séjour de plusieurs catégories de divinités, et le monde médian. Ce dernier est important : c'est là que se trouvent les terres où règne le

Intérieur d'un temple jaïna. Il s'agit ici de l'un des temples jaïna de Delvāḍā au mont Abu (Rājasthān). C'est un superbe ensemble de marbre blanc, qui fut érigé du XIe au XIIIe siècle sous l'impulsion des ministres Vimala, Vastupāla et Tejapāla. Au fond du hall aux arches et piliers richement travaillés, on voit l'une des nombreuses niches abritant la sculpture dépouillée d'un Jina, support de la méditation des fidèles (H. Berthoule, Explorer).

temps, où peut opérer la loi du karman, où, donc, on peut parvenir à la Délivrance (*mokṣa*, *siddhi*) qui procure la félicité suprême. Le temps est cyclique : la roue du temps se partage en une moitié descendante et une moitié ascendante, qui se succèdent de manière ininterrompue ; le jinisme n'admet pas la notion de dissolution totale du monde. Il croit à la pérennité du progrès, en sorte que s'est peu à peu accréditée l'idée que l'avenir aussi verra la naissance de vingt-quatre Jina. Dans la table des principes dominent les oppositions vivant/non-vivant (*jīva/ajīva*), servitude/liberté : le *jīva*, monade spirituelle libre par essence, est prisonnier de la matière tant qu'il n'a pas endigué ou expulsé le karman qui l'entrave. Par ailleurs, des êtres vivants diversement développés existent au sein du monde humain, du monde animal, mais aussi du monde végétal ; et cette vie, omniprésente, doit être respectée. Ainsi s'explique le principe de non-violence (*ahiṃsā*), qui est à l'origine de certains usages qui surprennent plus d'un observateur : végétarianisme strict qui exclut même la consommation des plantes à bulbe ; institution d'hôpitaux pour animaux ; abstention de toute nourriture après le coucher du soleil ; utilisation, par les religieux de certaines sectes, d'un mouchoir porté devant la bouche, d'un plumeau destiné à nettoyer la partie du sol où l'on souhaite s'asseoir (insectes et animalcules ont, eux aussi, droit à la vie).

Un même esprit commande l'ensemble des prescriptions, mais les modalités diffèrent selon qu'elles concernent le religieux ou le laïc. La voie monacale, toute d'étude, d'enseignement et d'ascèse, est naturellement supérieure, mais c'est une des forces du jinisme, et probablement l'une des raisons de sa persistance, que de n'avoir jamais négligé l'homme dans le siècle et compris tout ce que peut avoir de positif l'étroite solidarité entre les deux parties de la communauté.

Les religieux vivent en congrégations : la vie solitaire, difficile, est normalement réprouvée, seuls les plus confirmés pouvant se dispenser des contraintes et des stimulations du groupe. Le jinisme n'a jamais exclu les nonnes. Elles sont actuellement plus nombreuses que les moines dans la plupart des sectes, mais ne bénéficient pas toujours de la même instruction que leurs confrères, et n'ont pas toujours le droit de prêcher. Elles sont normalement subordonnées aux moines. Chez les digambara, pour lesquels la nudité est une condition de la Délivrance, elles ont évidemment un statut inférieur.

Aujourd'hui, seule la secte des terāpanthin śvetāmbara bénéficie d'une organisation centralisée avec, au sommet de la hiérarchie, un chef religieux. Dans les autres sectes, l'organisation est traditionnelle : les religieux sont répartis en petits groupes à la tête desquels se trouve un maître qui veille à la santé physique et spirituelle de sa troupe.

Les communautés jaïna sont sédentaires durant les quatre mois de mousson (de juin à septembre) ; le reste de l'année, elles arpentent les chemins, n'étant pas autorisées à séjourner au même endroit plus de trois ou quatre jours. « Cinq grands vœux », qui rappellent des prescriptions analogues dans l'hindouisme et le bouddhisme, définissent des interdits et régissent la vie des religieux : ne pas porter atteinte aux êtres vivants, ne pas mentir, ne pas prendre ce qui n'a pas été donné, ne pas manquer à la chasteté, ne rien posséder. La pauvreté absolue est donc de règle. Le moine vit de mendicité ; même ses accessoires (vêtement et bol à aumônes, le cas échéant, plumeau, bâton) ne lui appartiennent pas en propre. L'accent est mis sur la vigilance qui doit accompagner tous les actes de la vie : quête d'aumônes, dont les règles sont minutieusement fixées, marche, parole, etc. L'ascèse, sous toutes ses formes, est fortement valorisée : le moine doit ainsi endurer sans broncher une série de vingt-deux « gênes » (froid, chaleur, piqûres d'insecte, aumône insuffisante ou mauvaise...). Les jeûnes constituent l'ascèse par excellence ; ils sont de durée et de portée variables, mais, toujours, contribuent au progrès spirituel ; et, aujourd'hui encore, la mort par le jeûne, précédée d'une longue préparation, est l'aboutissement de la carrière du sage. Les exercices spirituels incluent notamment les postures ascétiques et, parmi elles, le *kāyotsarga*, immortalisé par la colossale statue qui se dresse à Śravaṇa Belgola (Karnataka) : droit, immobile, l'ascète se recueille et retient son souffle, indifférent aux lianes et aux insectes qui attaquent son corps de toutes parts.

Un officiant. Dans un temple jaïna d'Ahmedābād, l'officiant (« pujārī »), drapé dans son vêtement blanc, porte au cou le foulard dont il se couvre la bouche lorsqu'il baigne ou essuie la statue (C. Purcell, B.S. N.Y., Rapho).

Maîtres religieux, moines et laïcs

Mais rigueur n'est pas synonyme d'inhumanité ; et il incombe aux maîtres d'adapter les austérités aux possibilités de leurs ouailles. Ainsi, des expiations permettent au contrevenant de réparer et sont déterminées par le maître en fonction du statut du coupable, de sa santé, de son degré d'avancement spirituel. La liste traditionnelle en compte dix, parmi lesquelles l'étude, la confession et le repentir (ces deux dernières sont étroitement solidaires). La confession donne même lieu à une cérémonie publique annuelle (le *paryūṣaṇa*) où tous, moines et laïcs, sollicitent de tous le pardon pour leurs fautes passées et prennent diverses résolutions pour l'avenir.

La vie des laïcs est, elle aussi, réglée dans tous les détails par un ensemble de douze vœux dont les cinq premiers (dits mineurs) font écho aux « grands vœux » (*supra*), moyennant les adaptations nécessaires : le quatrième exige le respect de la fidélité conjugale et le cinquième, la limitation des biens possédés. Néanmoins, la richesse, qui souvent ne manque pas aux jaïna, n'est pas dépréciée, pourvu qu'elle ne donne pas lieu à la thésaurisation, mais qu'au contraire elle soit investie pour la propagation de la foi dans les œuvres, la construction ou la restauration de temples, l'établissement de fondations, etc. La charité est la vertu cardinale du pieux laïc et le don au moine inlassablement exalté. Par ailleurs, la vie du croyant idéal est parcourue d'interdits de toutes sortes : alimentaires et professionnels notamment.

Les manifestations de la vie religieuse peuvent différer dans le détail en fonction de l'appartenance sectaire, mais, pour tous les fidèles, les Jina en sont le centre ; le sacrifice de type brahmanique, dont la critique sévère est en partie à l'origine du jinisme, et les dieux n'ont en principe aucune place. Le credo salvifique, connu de tous les adeptes dont il emplit l'âme de sérénité, est ainsi résumé : « Hommage aux Jina, hommage aux âmes parfaites, hommage aux maîtres, hommage aux précepteurs, hommage à tous les religieux jaïna du monde – voilà le quintuple

Le culte quotidien des śvetāmbara Mūrtipūjak (« Idolâtres »). Assis face au sanctuaire principal qui doit abriter l'image d'un Jina, les fidèles prient, lisent et récitent des hymnes à la gloire des Jina, offrent des fruits – et, ici, également de l'argent –, dessinent à l'aide de grains de riz divers symboles auspicieux : on aperçoit le « svastika ». Au second rang, le laïc drapé de safran s'est probablement distingué par un jeûne ou un don d'importance. Temple de Ranakpur, Rājasthān (Top).

hommage, destructeur de tous les péchés, auspicieux entre les auspicieux. » Les non-idolâtres parmi les jaïna mettent l'accent sur le « culte intérieur » et la méditation. Les idolâtres, au contraire, se rendent au temple, drapés dans un vêtement blanc destiné au culte, munis de grains de riz, de pâte de santal et, le cas échéant, de fleurs qu'ils offrent aux statues des Jina préalablement baignées. Ces dernières sont l'un des multiples supports de la méditation : le fidèle les vénère en tant que représentations matérielles d'âmes libérées et parfaites qui inspirent sa conduite. Toutefois, les croyants n'oublient pas qu'avant de parvenir au salut les Jina ont été des êtres humains, dont la tradition se plaît à souligner le caractère exceptionnel en rapportant leurs hauts faits et miracles. On commémore donc les « cinq événements auspicieux » qui rythment la carrière de tout Jina : l'incarnation dans une matrice humaine, l'ultime venue au monde, l'ordination, l'Éveil et la Délivrance. On organise des pèlerinages aux lieux qui sont supposés avoir été sanctifiés par leur présence : les cités de temples de Satrunjaya, de Girnar, de Mont-Abu (Gujarāt et Rājasthān) comptent parmi les joyaux de l'architecture indienne. On chante leurs louanges. Les prêches quotidiens des religieux contribuent à transmettre et à actualiser légendes et principes de la doctrine. La prédication exploite un riche répertoire d'histoires pieuses et présente au fidèle des modèles accessibles où le merveilleux joue son rôle. Toutes ces activités collectives contribuent à resserrer l'identité communautaire et à éduquer les jeunes générations. Le maître religieux est parfois un directeur de conscience ou, du moins, un conseiller très écouté. Sa forte personnalité peut susciter des vocations et conduire le fidèle à solliciter l'ordination (*dīkṣā*). Ce rite de passage, à la fois douloureux et béni, est toujours l'occasion d'une fête somptueuse à laquelle participe l'ensemble de la communauté. Le novice est confié à un maître, qui lui remet les insignes de sa nouvelle vie et lui donne un nouveau nom. Un geste symbolise cette rupture avec le siècle : l'arrachage des cheveux en cinq poignées.

Citons, pour conclure, les « six devoirs » quotidiens (*āvaśyaka*) du moine et du laïc, qui condensent l'essentiel de l'expérience religieuse : l'obligation d'équanimité insiste sur le progrès spirituel de l'individu qui cherche à triompher des passions ; l'invocation aux vingt-quatre Jina montre l'importance de la prière et de l'hymne comme manifestation extérieure de la ferveur religieuse ; l'hommage aux maîtres est le fondement du jinisme ; le retour sur soi-même permet de faire le bilan des manquements passés ; le recueillement est l'exercice spirituel par excellence ; les abstinences volontaires de nourriture et de boisson rappellent l'importance du jeûne comme pratique ascétique.

Des nonnes jaïna. Miniature du XVIe siècle représentant des nonnes jaïna qui rendent hommage à un Jina en méditation. On les voit avec leur plumeau de coton, qui leur sert à épousseter le sol avant de s'asseoir (R. et S. Michaud, Rapho).

Le bouddhisme

Aspect important de toutes les religions, l'expérience personnelle est la raison d'être du bouddhisme. Devenir bouddhiste ne signifie pas, pour un sujet, adhérer à un dogme, mais connaître l'Éveil, c'est-à-dire accéder graduellement à un état intérieur. Le Buddha est détaché de tous les désirs, affranchi de tous les leurres inhérents à la connaissance dialectique, et le bonheur le plus exquis accompagne pour lui la plus précieuse des sagesses. Quelles que soient ses variations, l'expérience de l'Éveil reste le noyau du bouddhisme et justifie sa vitalité en Orient, mais aussi dans le monde occidental. Au XIXe siècle, le modernisme bouddhique intéresse tout à la fois des philosophes européens comme Schopenhauer et des personnalités cinghalaises, dont le fondateur de la première société bouddhique internationale.

L'expérience mystique dans le bouddhisme indien

Lilian SILBURN

Au cœur du bouddhisme, l'expérience d'un homme, le Buddha, expérience simple et profonde dont la dimension ne peut être enfermée dans une philosophie, réduite à une morale, maintenue au niveau d'une religion, même si, au cours de son histoire, le bouddhisme prend ces formes diverses. De cette expérience, les anciens textes pāli, tels les *Dīgha* et *Majjhima nikāya*, restent les plus proches. Ils contiennent en germe, il est vrai, ce qui sera développé chaque fois que les grands maîtres bouddhiques, revivant l'expérience à leur tour, plongeront eux-mêmes aux sources de son efficience et redonneront une forme et un élan nouveaux à la doctrine. Sous-jacente au foisonnement des sectes et des écoles qui se sont multipliées dans le temps et dans l'espace, cette expérience assure l'unité du bouddhisme. Enfin, c'est elle qui permet de parler de mystique, car, de la mystique, elle a toutes les caractéristiques.

Le Buddha, l'Éveillé

À plusieurs reprises le Buddha souligne lui-même la nature nouvelle, exceptionnelle, de son propre accomplissement. « Sans aide aucune, par lui-même, en des expériences encore inconnues », il a discerné le *dhamma*. Il l'a « touché de tout son être [*kāya*] par le cœur, il l'a réalisé dans l'intériorité, après avoir rejeté inclinations, croyances, connaissances par ouï-dire, opinion et réflexion ». Très jeune encore, Gautama s'est mis en quête de l'incomparable domaine de la paix, mais, insatisfait par les pratiques que lui proposent les maîtres de son temps, il finit par repousser et le plan d'un vide qui n'engendre pas la paix et l'ascèse stérile qui n'anéantit pas le désir. Se souvenant de la joie et du bonheur de la première absorption découverte spontanément autrefois, alors qu'il était assis dans le jardin de son père, il en renouvelle l'expérience. En ce bonheur si différent de celui du désir, il reconnaît le chemin de la paix suprême et bientôt il s'adonne successivement aux trois autres absorptions. Un jour, décidé à ne point bouger qu'il n'ait atteint son but, il s'assied au pied d'un figuier, qui sera l'arbre de l'Éveil. Là, il conquiert la parfaite sécurité, non née, non destructible, immortelle et sans douleur. En ce domaine immaculé, nommé extinction (*nibbāna*), parce que s'y éteignent toutes les soifs, il s'établit définitivement. Il voit alors les choses telles qu'elles sont, apaisées, inaccessibles au raisonnement, isolées les unes des autres, car dépourvues désormais d'emmaillotement. Extinction, Éveil, vision universelle et libératrice, cette réalisation échappe donc par sa nature à tout ce qui est sophisme, dialectique ou notions. Mais, à ceux qu'aveuglent soif, désir et ignorance, est-il vraiment possible de transmettre une expérience aussi profonde, que son caractère immédiat et intime rend indicible ? Par compassion, cependant, le Buddha met en branle la Roue de la loi.

Intériorité

Étant remonté de condition en condition et ayant saisi la loi même du devenir, l'Éveillé ouvre à tous le chemin du milieu, voie purement mystique qui apaise le cœur, dessille les yeux de l'esprit et mène à l'extinction. Par

Ānanda, l'un des premiers disciples du Buddha. Symbole de dévouement, le doux Ānanda est censé avoir récité toutes les paroles du Buddha au cours du premier concile de Rājagriha. Marbre chinois de l'époque Sui (381-618). Musée national des arts asiatiques-Guimet, Paris (R.M.N.).

la profondeur de l'intériorité, ce chemin conduit à la vacuité en brisant définitivement les alternatives sans issue qui projettent l'homme d'un extrême à l'autre, le faisant osciller entre la volupté des plaisirs et l'ascèse douloureuse, le relâchement et la tension, et, plus encore, entre toutes les notions spéculatives opposées. Ces extrêmes sont renvoyés dos à dos, car ils entraînent des efforts inadaptés et stériles. À la faveur de l'Éveil, le Buddha a trouvé la solution de toutes les alternatives dans une vision dynamique, celle de l'acte. Il n'y a ni Soi éternel (*atta*) ni anéantissement à l'heure de la mort, mais un ensemble d'actes qui enchaînent l'individu au devenir s'ils sont conditionnés par la soif, qui expriment au contraire sa liberté si, du détachement total, ils jaillissent spontanés et apaisés.

C'est à la quiétude des absorptions (*jhāna*) et au discernement qui culmine dans la sapience (*paññā*) qu'il appartient de mettre fin à l'agencement du devenir et de rendre sa libre spontanéité à l'acte. Le bonheur intime des absorptions engendre le bien-être du corps et de l'esprit et conduit à la paix du cœur, aspect essentiel de l'expérience bouddhique en particulier, de l'expérience mystique en général. Précises et concrètes sont les analyses qu'offre le *Dīghanikāya* de ces états de bonheur et de félicité qui jalonnent le chemin : *jhāna, samāpatti* et *samādhi*.

Au seuil de l'étape purement mystique, le moine qui a écarté désirs et obstacles, évitant à la fois dispersion extérieure et idée fixe, découvre la joie et l'effusion du premier jhāna. Ce bonheur indéfinissable, né du détachement, imprègne son être à la manière dont l'eau imprègne, à l'intérieur comme à l'extérieur, la boule d'argile que l'on malaxe. Plein bond du cœur, la quiétude du deuxième jhāna, née du samādhi, l'envahit tout entier, balayant analyse et attention, telle l'eau qui jaillit dans l'étang profond d'une source souterraine. Détaché de la joie, impassible et vigilant, il éprouve en tout son être le bonheur du troisième jhāna, qui l'inonde et dont la plénitude est comparée à celle de lotus aux couleurs variées, qui sont entièrement plongés dans un étang et qui, nés dans l'eau, se nourrissent dans l'eau, ne s'élèvent pas hors de l'eau, recouverts d'eau des pointes aux racines. Ainsi le moine prend-il progressivement ses assises en son propre cœur et pénètre-t-il dans la vigilance et l'équanimité du quatrième jhāna. Définitivement affranchi des contraires, il imprègne son être de son cœur purifié, immaculé.

Les différentes samāpatti se détachent sur le fond égal de ces états. Débarrassé des notions à double pôle, le moine se met au diapason de l'infini, accède à la sphère immatérielle de la vie contemplative. Tel l'oiseau qui brise sa cage, il brise ses limites, découvre successivement l'infinité spatiale, l'infinité de la conscience, la sphère du rien, puis celle où il n'y a ni perception ni non-perception, jusqu'à ce qu'il atteigne le ravissement d'arrêt, *nirodha* : il est alors libéré par le cœur.

Peinture murale du monastère rupestre de Qizil. Les moines bouddhistes, au cours des premiers siècles de l'ère chrétienne, changèrent la face de l'Asie centrale. De nombreuses fresques les montrent convertissant les souverains ou traduisant des textes. Ici, à Qizil, dans le Turkestan chinois, ils sont représentés recevant les offrandes des laïcs. Staatliche Museen, Berlin (M. Babey, Artephot).

Ainsi, ce ne sont ni la pensée, ni l'effort, ni la perte ou la privation qui conduisent à la paix de l'extinction, mais des états d'absorption de plus en plus dépouillés, qui dissolvent la masse de tensions dues aux tendances fabricatrices. La description qu'en proposent les textes rend manifestement compte d'une expérience qui s'éprouve par soi-même et non d'un savoir, mais d'une expérience répétée et maîtrisée par la connaissance immédiate qu'est la connaissance mystique.

À la faveur du samādhi, en effet, l'intelligence, vide d'attachement et de signes, devient une intuition mystique, fine pointe de vigilance, une compréhension globale et efficiente, c'est-à-dire sapience (paññā). Le Buddha la qualifie de vive et de perçante ; elle deviendra « couperet de diamant » dans le Grand Véhicule. Si, libéré par le cœur, on est affranchi de l'aversion, libéré par la sapience, on sait qu'on est parfaitement libéré. Apaisement et discernement se renforcent donc mutuellement, l'un culminant en samādhi, l'autre en paññā. Grâce à ces deux aspects complémentaires de la pratique mystique (*bhāvanā*), l'énergie s'exprime librement et, jaillissant de la pure intériorité, les actes fulgurent sans visée ni projection, spontanés et efficients, tel le bondissement majestueux du fauve (*iddhi*).

Le bodhisattva

Quelques siècles après le Buddha, de grands mystiques tels que Nāgārjuna, Asaṅga, Vasubandhu, Śāntideva, redécouvrant l'expérience dans sa profondeur, s'impatientent des déformations subies par la Doctrine et arrachent à la sécheresse intellectuelle l'enseignement mystique de Gautama. Alors que le Buddha, au lendemain de l'Éveil, s'était tourné vers la douleur des êtres et s'était appliqué à leur montrer une issue possible en dégageant la loi de l'agencement et les quatre vérités sur la douleur, les mystiques du Grand Véhicule (Mahāyāna) se situent d'emblée dans la perspective de l'expérience vécue à son plus haut niveau, « là où rien ne naît, où rien ne disparaît » (*anutpādadharma*). Leur enseignement approfondit, développe, élargit : la vacuité s'étend du moi aux choses ; l'ensemble des hommes se substitue à la communauté des moines et le souci du bien des êtres à celui de la délivrance. À travers la figure originale du bodhisattva, ils dévoilent les mystères de la double réalisation : sapience et compassion.

Né dans la lignée des Tathāgata, le bodhisattva illustre, en effet, ces deux aspects mystiques du bouddhisme : la plénitude de l'intériorité et l'efficacité universelle de l'acte. Il allie et unifie les deux niveaux de l'expérience : le niveau pratique et le niveau absolu. Si le profane ne connaît que le *saṃsāra*, si le *buddha*-pour-soi tend au seul *nirvāṇa*, le bodhisattva les égalise en les faisant pénétrer l'un dans l'autre. Les textes l'opposent aux Auditeurs et aux buddha-pour-soi qui cherchent leur propre salut ou qui stagnent « immergés dans le miel du samādhi ». Échappant à cette tentation, le bodhisattva, qui a fait le vœu de conduire à l'Éveil tous les êtres, renonce au nirvāṇa. Il pratique donc le yoga de la non-demeure, jouit du samādhi sans appropriation et accède au nirvāṇa sans point d'appui. Les termes de ce genre se multiplient pour dégager, autant que le permet le langage, l'aspect mystique d'un accomplissement fondé précisément sur le caractère insaisissable des choses – Éveil, perfection de sapience, êtres à sauver y compris.

Nāgārjuna, se tenant sans compromis dans cette évidence de l'anutpādadharma, a défendu farouchement la réalité vivante de la vacuité contre ceux qui voulaient y voir néant, inexistence ou négation. Recourant à une dialectique aussi austère que rigoureuse, il s'applique inlassablement à rendre impossible tout point de vue sur la Réalité, le nirvāṇa, les Tathāgata et sur le vide lui-même : « Ainsi du Tathāgata on ne peut dire ni qu'il est vide, ni qu'il est non vide, ni les deux à la fois, ni non plus qu'il n'est ni vide ni non vide à la fois. » Il n'y a point de thèse possible pour qui a vu le non-né ; pour lui, rien ne demeure, ni doctrine, ni prédication. Silencieux est le Buddha, la Voie du milieu est celle du silence de toute idée et de tout sentiment ; mais seul le nectar de la vacuité la révèle, car seule la puissance de sa saveur peut anéantir tous les bavardages (*prapañca*). Révélation dangereuse si l'enseignement n'en est pas compris : mal appréhendée, en effet, la vacuité détruit l'être à l'intelligence limitée, comme le serpent mal empoigné ou la science magique non maîtrisée. Les choses insaisissables ne sont donc pas privées d'existence ; elles sont de la nature de la conscience, sur le fond de laquelle elles se déploient sans support, tel le cygne qui vole dans l'espace où rien ne fait obstacle.

Ainsi, de cette pure vacuité où le conduit la perfection de *dhyāna*, jaillit pour le bodhisattva la compassion qui fera de lui un buddha. Ayant « ravi » (*abhinirhṛ-*) la perfection de sapience, il puise dans le souci des êtres le courage de ne pas se perdre dans le domaine indifférencié. Pour rester parmi eux, il conquiert la vacuité, les qualités du Buddha, mais ne les réalise pas et se refuse à franchir la pointe de l'existence, la limite du connaissable. En raison de sa sapience, il ne prend pas appui dans le devenir et, par souci des êtres, il ne se fixe pas dans le nirvāṇa. Détachement total, acrobatie mystique, prouesse héroïque de qui revêt l'armure de la résolution, celle de mener les êtres au nirvāṇa, alors que ces êtres, il le sait – sinon il ne serait pas bodhisattva –, n'existent pas.

Asaṅga et Vijñānavādin rendent compte, eux aussi, avec une précision étonnante, des dernières terres (*bhūmi*) que le bodhisattva doit parcourir pour atteindre l'efficience et la liberté du grand Éveil (*mahābodhi*) sans lesquelles il n'y a pas de voie mystique accomplie. Dès qu'il a une conscience égale de lui-même et des êtres, constamment disponible, par sa sublime énergie, il conduit et lui-même et les autres à maturation. C'est cette habileté en moyens salvifiques qui fait de lui un buddha. À ce point du chemin, il développe une double connaissance : l'une, surnaturelle, indifférenciée, qui purifie les vertus du Buddha ; l'autre, qui lui succède et qu'il déploie en relation avec le monde pour perfectionner les êtres et ce, jusqu'à ce qu'il entre dans le samādhi de diamant où s'évanouit même le souci de ces êtres. Il est alors libre et efficient : libre, car – ayant maîtrisé et non détruit le flux du devenir – sans risque ni souillure, il laisse se manifester les formes multiples de l'univers, tel un cristal incolore où se reflète l'infinité des couleurs ; efficient, puisque, perpétuellement disponible, silencieux, voyant les signes sans s'y attacher, il comble sans même le savoir les aspirations des cœurs, tel le joyau miraculeux de l'omniscience qui assouvit tous les désirs sans en être conscient.

L'idéal du bodhisattva. Statue chinoise de l'époque Song (960-1279). Dans la mesure où le bodhisattva s'est soustrait aux oppositions de l'existence et de l'inexistence, cette figure idéale de la mystique bouddhique du Grand Véhicule est, en toute rigueur, impossible à représenter. Le culte auquel les multiples bodhisattva ont donné naissance a malgré tout multiplié leurs images dans un art de convention. Musée national des arts asiatiques-Guimet, Paris (F. Faillet, Artephot).

La vitalité religieuse du bouddhisme contemporain

Heinz BECHERT

Le bouddhisme fut, dès la fin du Ier millénaire de l'ère chrétienne, chassé de bien des régions d'Asie centrale et d'Asie du Sud-Est par l'expansion de l'islam. Sous la colonisation et au temps de la prééminence mondiale des puissances européennes, il sembla perdre encore davantage de son importance. S'opposant à cette évolution, apparurent au XVIIIe et au XIXe siècle dans des régions non encore colonisées – sur les hauts plateaux du Kandy à Ceylan (Sri Lanka), en Birmanie et au Siam (Thaïlande) – des tentatives de réforme traditionaliste, encouragées par les rois de ces régions. L'extension de la domination coloniale et l'emprise grandissante de la civilisation occidentale au XIXe siècle rendirent cependant la confrontation avec le christianisme et la pensée européenne inéluctable. C'est alors, et alors seulement, qu'apparut ce mouvement moderne de rénovation bouddhiste que l'on désigne du nom de « bouddhisme moderniste ». Issu tout d'abord, et surtout, des classes moyennes cultivées, il s'associa bientôt étroitement au nationalisme et aux mouvements d'indépendance.

Modernisme et tradition

Sri Lanka, où le bouddhisme avait survécu à une confrontation au christianisme qui durait depuis le XVIe siècle, joua un rôle clé dans cette évolution. Dès 1865, plusieurs disputes publiques opposèrent moines bouddhistes et prêtres chrétiens, la plus célèbre étant la « Grande Dispute de Pānadurā » en 1873. Les travaux scientifiques du XIXe siècle sur le domaine indien jouèrent également un grand rôle dans le « bouddhisme moderniste ». Le soin mis par les chercheurs et philosophes européens à déchiffrer les manuscrits bouddhiques, l'admiration exprimée dans leurs œuvres pour les enseignements du bouddhisme primitif contribuèrent à ranimer l'intérêt des bouddhistes pour leur propre doctrine et les incitèrent à se défendre contre l'emprise culturelle de la civilisation occidentale. Dans ce contexte, on peut citer : le

La pénétration du bouddhisme en Europe. L'afflux des réfugiés du Sud-Est asiatique et l'arrivée de maîtres japonais ou tibétains ont amplifié, depuis les années 1960, l'influence du bouddhisme en France. Ci-dessus, un temple bouddhique à Bagneux, près de Paris (M. Barret, Top).

Le renouveau bouddhiste en Asie. Une procession dans les rues de Séoul. Elle symbolise le regain d'activité du Grand Véhicule en Corée du Sud depuis 1954. Les bouddhistes y représentent plus de 15 p. 100 de la population et exercent une forte influence sur le mouvement international, notamment à travers l'université Dongguk et la secte Chogye (T. Matsumoto, Sygma).

philosophe allemand Arthur Schopenhauer (1788-1860), qui se désignait lui-même comme bouddhiste et dont les œuvres furent beaucoup lues dans toute l'Europe de la fin du XIXe siècle ; sir Edwin Arnold (1832-1904), auteur du célèbre poème « The Light of Asia » (1879) ; le théosophe américain H.S. Olcott (1832-1907), ainsi que trois érudits qui peuvent être considérés à juste titre comme les fondateurs de la recherche moderne sur le bouddhisme, le Français Eugène Burnouf (1801-1852), l'Anglais Thomas William Rhys Davids (1843-1922) et l'Allemand Hermann Oldenberg (1854-1920). C'est ainsi au début du XXe siècle que des Européens entrèrent pour la première fois dans les ordres monastiques bouddhistes : en 1902, à Akyab en Birmanie, l'Anglais Allan Bennett McGregor (1872-1923) sous le nom de Ānanda Metteyya, et en 1904, à Rangoon en Birmanie, le violoniste allemand Anton Gueth, qui prit le nom de Nyanatiloka et mourut en 1957 à Sri Lanka. La personnalité la plus influente en ces débuts du bouddhisme moderniste fut certainement le Singalais David Hewavitarne (1864-1933), connu comme religieux sous le nom de Anagārika Dharmapāla. Fondateur en 1891 de la première société bouddhique internationale, la Mahābodhi Society, il réussit par son action à propager la religion bouddhiste en Inde, son pays d'origine, dont elle avait, depuis le XIIe siècle, presque complètement disparu, et ce surtout dans les classes moyennes cultivées. Depuis 1892, la Mahābodhi Society a établi son siège à Calcutta. La collaboration internationale entre adeptes issus de presque toutes les confessions bouddhistes – en d'autres termes, un mouvement bouddhiste œcuménique moderne – ne fut institutionnalisée qu'en 1950, lors de la fondation du World Fellowship of Buddhists (W.F.B.). Au cours de sessions que cet organisme tient régulièrement – la dernière, la 15e conférence du W.F.B., eut lieu à la fin de 1986 à Kātmāndu (Népal) –, les bouddhistes font des déclarations communes, qui portent même sur des problèmes d'actualité.

Le bouddhisme moderniste se distingue du bouddhisme traditionnel par son aptitude à réinterpréter, à réactualiser la doctrine bouddhiste. Cette aptitude est très certainement à la base de sa vitalité et constitue en même temps la raison de son succès en Occident. Au début du XIXe siècle, en Asie, les aspects traditionnels du bouddhisme étaient caractérisés par une pluralité de doctrines et de pratiques ancestrales, associées à différents systèmes de cosmologie traditionnelle, ainsi qu'à certaines manifestations de religiosité populaire. Les bouddhistes modernistes appliquèrent alors la méthode historique de critique des sources documentaires telle qu'elle avait été développée au XIXe siècle afin de se détacher de ces traditions et de redécouvrir le contenu originel de la doctrine bouddhiste. Ils établirent qu'il s'agissait d'une doctrine du salut ayant une base philosophique et destinée à délivrer tout être du cycle des souffrances et des réincarnations. La cosmologie traditionnelle et les superstitions, considérées comme éléments d'une tradition dépassée, furent abandonnées. Cette interprétation permit de décrire le bouddhisme comme une démarche rationnelle. On souligna que le Buddha, contrairement à d'autres fondateurs, n'exigeait pas de croyance aveugle en sa doctrine, mais avait invité chacun à se convaincre soi-même, en la réalisant, qu'elle représentait vraiment la bonne voie de salut. Les modernistes définirent donc la doctrine du Buddha comme « religion de la raison » et l'opposèrent aux conceptions irrationnelles des religions « occidentales » (judaïsme, christianisme et islam). C'est la raison pour laquelle ils sont convaincus qu'il ne peut y avoir aucune contradiction entre bouddhisme et

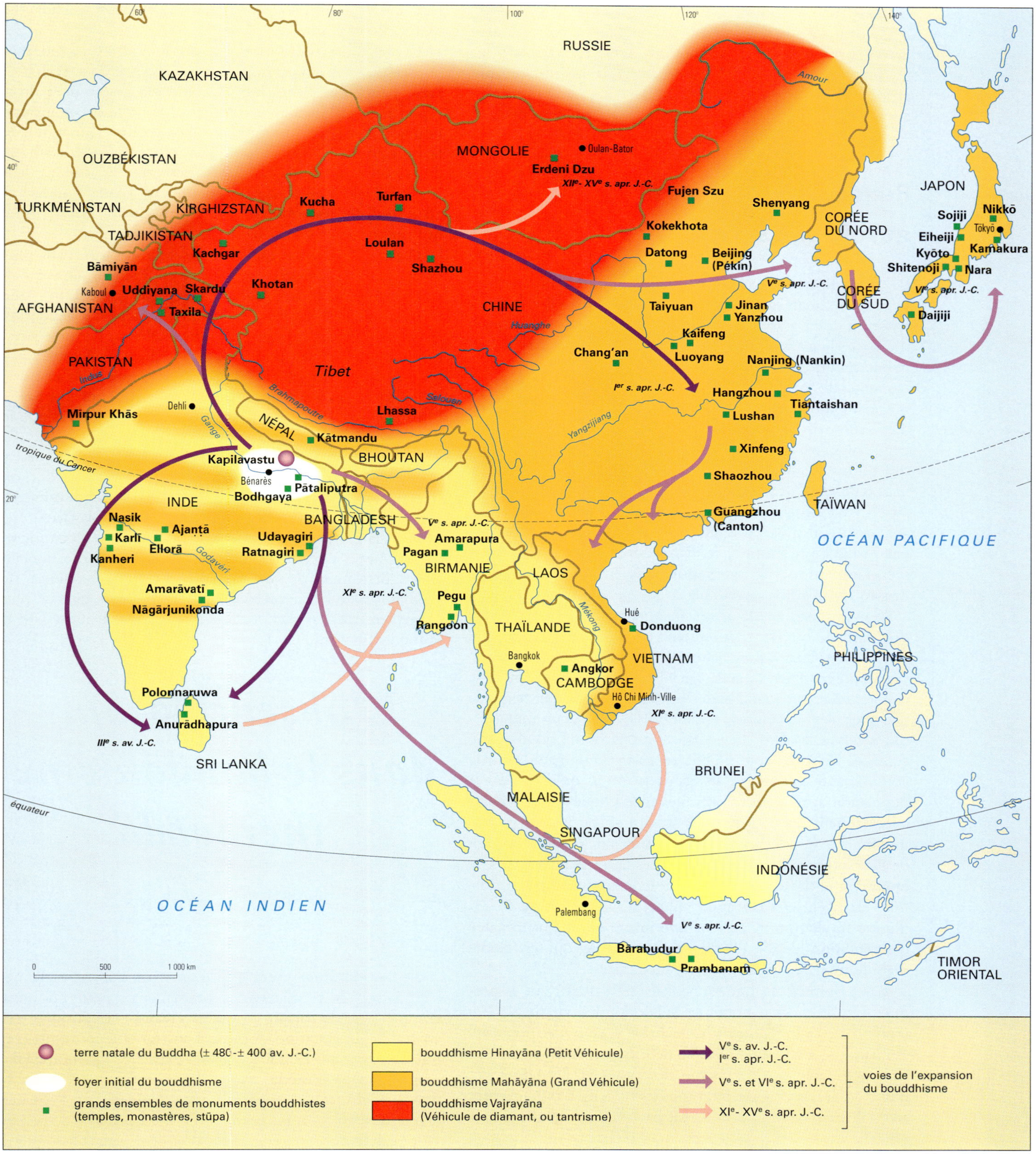

L'expansion historique du bouddhisme et son apogée à la fin du Ier millénaire. Les principales voies successives de la diffusion du bouddhisme en Asie sont représentées schématiquement à partir de son foyer originaire dans le bassin moyen du Gange. Les masses colorées figurent la répartition globale des différents Véhicules vers l'an mille après J.-C., alors que le bouddhisme atteignait sa plus vaste influence historique. Il faut souligner la marge d'approximation de cette visualisation, notamment pour le sous-continent indien, où l'intrication du Petit et du Grand Véhicule à cette période n'est pas géographiquement représentable, ni toujours connue dans son détail. Les frontières et les capitales des États modernes sont indiquées à titre de points de repère.

connaissance scientifique. Pour beaucoup de modernistes, la scientificité du bouddhisme est même au premier plan de leurs préoccupations théoriques. Cela est valable pour les interprétations modernes du bouddhisme de certains érudits singalais, birmans et thaïlandais, ainsi que pour certains courants bouddhistes modernes en Asie orientale.

Rénovation religieuse et réforme sociale

Le bouddhisme moderniste n'est pas un mouvement homogène, mais se manifeste de façons les plus diverses, en fonction des aspects de la tradition bouddhique sur lesquels il repose. Il n'a cessé également de subir l'influence d'éléments traditionalistes. Parmi les traits communs aux mouvements de rénovation bouddhiste d'Asie, on constate, outre les modes d'interprétation rationalistes qu'on vient d'évoquer, un intérêt très vif pour les questions politiques et sociales, en particulier pour les réformes sociales, ainsi que pour le rétablissement du bouddhisme comme religion nationale et pour la restauration de ses droits traditionnels au sein de l'État et de la société. Anagārika Dharmapāla accusa, lui aussi, la puissance coloniale de viser à faire disparaître le bouddhisme ; et, dans toutes les régions colonisées, l'aspiration à la rénovation religieuse fut étroitement liée au mouvement d'indépendance nationale.

Une fois recouvré le droit à l'autodétermination nationale, des conflits ouverts opposèrent, dans plusieurs pays, les modernistes aux représentants des courants traditionalistes. Ces conflits influèrent aussi sur l'évolution politique et ils se manifestèrent au grand jour lorsque le législateur tenta de réformer les structures traditionnelles des communautés monastiques. Malgré ces heurts, le monachisme bouddhique continue de jouer aujourd'hui un rôle déterminant. Pour la communauté villageoise, les rapports étroits qu'entretient la population avec les communautés monastiques qui s'y rattachent restent un des éléments structurels de la plus grande importance. Pour la nouvelle classe moyenne urbaine, produit de l'évolution culturelle et sociale des dernières décennies, le bouddhisme devint le symbole de leur lutte contre la mainmise étrangère et l'aliénation culturelle. Les écrits du bouddhisme moderniste renvoient une image fortement idéalisée des conditions de vie à l'époque précoloniale, qui sert désormais de modèle aux aspirations rénovatrices.

C'est Bhimrao Ramji Ambedkar (1891-1956) qui, le premier, réussit en Inde à ranimer le bouddhisme de masse. Issu d'une basse caste réputée « intouchable », ce leader populaire estimait que seul le bouddhisme permettrait, en Inde, l'abolition non violente du système des castes et l'établissement d'une égalité de chances pour tous les Indiens. Contrairement au Mahātmā Gandhi, il ne faisait pas grand cas d'une simple réforme du système des castes, mais réclamait son abolition pure et simple. S'il est vrai qu'Ambedkar ne put réaliser tous ses projets, il prit néanmoins en tant que président du comité constitutionnel de l'Inde nouvelle une part importante dans l'élaboration de la Constitution, jetant ainsi les bases d'une rénovation sociale de l'Inde. Des groupes importants d'anciens « intouchables » suivirent son appel, surtout dans les États du Mahārāshtra et du Madhya Pradesh, et se convertirent au bouddhisme.

Le dynamisme des mouvements bouddhistes modernes se manifeste, aujourd'hui encore, en Asie du Sud-Est : ainsi, Chamlong Srimuang, élu en 1985 gouverneur de la capitale de la Thaïlande, Bangkok, appartient au groupe bouddhiste radical de Santi Asoke, groupe qui tente de façon rigoureuse de renouer avec les idéaux de vie simple de la communauté bouddhique des origines. Même dans l'archipel indonésien, qui a été converti à l'islam au XVe et au XVIe siècle, on observe un renouveau du bouddhisme qui renoue avec les anciennes traditions du pays.

C'est à l'influence qu'il exerce, aujourd'hui, dans plusieurs pays du monde occidental, en France, ainsi qu'en Grande-Bretagne, en Allemagne et aux États-Unis, que l'on reconnaît l'entière vitalité du bouddhisme moderne. À l'origine de la propagation du bouddhisme dans ces pays, on trouve l'intérêt porté par des intellectuels à cette doctrine asiatique du salut, intérêt allant de pair avec une critique du christianisme traditionnel. Ce n'est qu'aux États-Unis et, tout récemment, dans l'Europe de l'Ouest que le bouddhisme se propagea aussi par l'intermédiaire de groupes de réfugiés asiatiques. Au tout début du bouddhisme « occidental », c'est-à-dire dans les années soixante-dix, on s'intéressa surtout à la doctrine primitive et au bouddhisme theravāda du Sud-Est asiatique, qui privilégie la démarche rationnelle. Les choses ont changé récemment. Aujourd'hui, ce sont, d'une part, le bouddhisme tibétain et ses pratiques mystiques, d'autre part, les exercices de méditation de l'Asie orientale qui trouvent de plus en plus d'adeptes dans les pays occidentaux, surtout auprès de la jeune génération.

L'absence d'âme dans le bouddhisme theravāda

STEVEN COLLINS

Le bouddhisme theravāda insiste sur l'absence d'âme, c'est-à-dire de toute essence permanente, pour l'homme comme pour la totalité des êtres vivants : il considère cet aspect de la doctrine comme l'enseignement original et fondamental du Buddha. Toute existence phénoménale, conditionnée, possède trois « caractéristiques » : la souffrance (*dukkhatā*), l'impermanence (*aniccatā*) et l'absence d'âme (*anattā*). D'après la tradition, il est possible de percevoir et de comprendre les deux premières caractéristiques à l'aide de la seule expérience vécue, sans avoir besoin de l'enseignement d'un buddha (dans le cycle infini de l'existence, un buddha n'apparaît qu'à certaines époques et en certains lieux) ; mais la doctrine de l'absence d'âme dans toute sa profondeur et la théorie du conditionnement qui en fait intégralement partie nécessitent la « révélation » d'un

L'empreinte des pieds du Buddha. Les premiers bas-reliefs symbolisent ainsi la « présence » impersonnelle du Bienheureux. L'habitude s'en est parfois conservée plus tardivement, comme en témoigne ce bois gravé du temple coréen de Haein. On y remarque aussi la roue de la loi, dont la présence sur les plantes des pieds est l'un des 32 signes légendaires du corps des buddha (R. Michaud, Rapho).

buddha. Selon les textes, le Buddha lui-même décrit cet enseignement comme allant « à contre-courant ». Autrement dit, l'expérience humaine normale semble spontanément présupposer l'idée que nous sommes des êtres réels et autonomes, doués d'une subjectivité et d'une capacité d'agir données antérieurement à tout engagement spécifique dans le monde extérieur. La négation de l'âme a pour but d'aller à contre-courant de ce flux du vécu et de mettre fin à cette présupposition erronée. La méthode employée à cette fin est l'analyse de soi et des processus conscients à l'aide de la méditation. Cette analyse aboutit quand le bouddhiste « réalise » l'absence d'âme : c'est-à-dire à la fois quand il la comprend au niveau conceptuel le plus profond et quand elle devient réelle dans son expérience vécue.

Le postulat de l'âme n'est pas seulement une description erronée des choses telles qu'elles sont. C'est aussi une cause active de leur perpétuation et donc de la souffrance inhérente à la série éternelle des existences. La croyance à l'âme est la forme fondamentale du désir (*taṇhā*, littéralement « la soif ») et de l'ignorance (*avijjā*), qui constituent les deux « péchés originels » du bouddhisme et sont à la racine de toute souffrance. Mais que faut-il entendre par « âme » ? L'équivalent le plus proche du terme « âme » (du latin *anima*, « esprit », « souffle », « vie ») en sanskrit et en pāli est *jīva* (de la racine *jīv*, « vivre »). Dans le jinisme, ce terme dénote une entité individuelle, éternelle, qui transmigre à chaque réincarnation. Dans certains contextes spécifiques, le bouddhisme fait usage de ce terme pour nier l'existence de l'âme. Par exemple, la question de savoir si le jīva est identique au corps ou différent du corps fait partie d'une liste de « questions insolubles » : étant donné que le jīva n'existe pas, il ne peut être ni identique ni différent. Mais, dans d'autres contextes, jīva et le terme *jīvita* qui en est très proche servent sans problème à désigner la vie animée par opposition aux objets inanimés et aux êtres morts. D'autres termes donnent lieu à un semblable usage double : par exemple, *puggala* (personne), son synonyme *purisa* (dont la forme sanskrite *puruṣa* sert à désigner l'âme éternelle dans le système sāṃkhya de l'hindouisme) et *satta* (être). Le terme le plus courant est *attan* (sanskrit *ātman*), d'où *anattā/anātman*, qui dénote à la fois la doctrine et la caractéristique de l'absence d'âme. Dans les langues indo-aryennes, ce terme et d'autres formes apparentées servent très couramment de simple pronom réflexif, au masculin singulier, pour tout nombre et tout genre (de la même façon, le pronom « se » peut être employé en français pour le masculin ou le féminin, le singulier ou le pluriel). Mais, en outre, à partir de l'époque des *Upaniṣad*, dont les premières, d'environ 700 avant J.-C., sont antérieures au bouddhisme d'au moins deux siècles, *ātman* sert aussi à désigner une essence éternelle de l'homme, un « souffle vital » (étymologiquement, la racine d'*ātman* est liée à l'idée de souffle, comme dans l'allemand *der Atem*). Il s'agit, sur le plan macrocosmique, d'un esprit universel (appelé aussi *brahman*) qui se manifeste dans l'âme individuelle sur le plan microcosmique. Le bouddhisme nie l'existence d'une telle âme ou essence, ou, plutôt - selon une traduction plus précise -, d'un tel soi ou moi. La « négation de soi » rend, en effet, de

Au Japon. Caractérisé depuis une cinquantaine d'années par son activisme prosélyte, le Soka gakkai (« Association pour la création de valeurs ») se réclame de la tradition bouddhiste de Nichiren (XIIIe siècle) pour promouvoir une religion nationale dont l'audience s'étend à environ six millions de familles. L'étude et l'invocation du « Sūtra du Lotus » y sont le gage de bienfaits aussi bien matériels que spirituels. Temple de Hondo sho (P. Zachmann, Magnum).

manière plus exacte, l'idée de l'*anattā*, doctrine métaphysique dont le but spirituel est l'abandon complet de l'égoïsme.

L'usage double de ces termes est explicitement élaboré dans la réflexion du bouddhisme sur son propre discours. Les textes distinguent deux niveaux : pour celui de la « vérité conventionnelle » (*sammuti-sacca*), le langage ordinaire peut servir à désigner le monde ordinaire composé d'objets et de phénomènes stables (tel qu'il apparaît par exemple, dans un contexte narratif), dont l'existence est niée à l'autre niveau. Ce second niveau, qui est celui de la « vérité ultime » (*paramattha-sacca*), caractérise surtout le discours scolastique en philosophie et en psychologie. Il ne s'agit pas, pour le bouddhisme, de nier que, selon le niveau ordinaire, transactionnel, de la vie de tous les jours, santé psychique et stabilité sociale exigent qu'il y ait des personnes continues et stables, nommables et reconnaissables. Mais, au niveau de la vérité ultime, l'unité de la personne est considérée comme un concept erroné et faussement appliqué à une collection d'éléments impermanents et impersonnels et à leur succession dans le temps. Ces éléments sont désignés par le terme *dhamma* (sanskrit : *dharma*) ; leur organisation en configurations temporaires est due à la force morale de l'action passée (*kamma* ; sanskrit : *karma*), c'est-à-dire du passé de cette vie et de celui des vies antérieures. Ici les textes emploient souvent l'analogie du char (de nos jours, celle de la voiture serait sans doute plus frappante) : une collection d'éléments constituants – roues, essieux, sièges, etc. – organisée en un tout s'appelle un char ; et il en est de même en ce qui concerne la personne. Elle n'est qu'une collection d'éléments : corps, sensations, conscience, etc. Les mots « char » et « personne » peuvent être employés couramment, mais il n'est pas légitime d'en déduire que chacun des deux agrégats ainsi désignés possède une essence réelle et indépendante. Le sentiment de subjectivité, le *cogito*, est conçu comme un acte d'orgueil : *asmi-māna*, « la pensée : *je suis* », qui est une des tendances de l'esprit non libéré les plus naturelles et les plus tenaces, doit finalement être déracinée pour permettre d'atteindre la libération. Ce terme est un composé de *asmi* (je suis) et de *māna* (du verbe *man*, penser, couramment employé avec la connotation de pensée fière et arrogante). Une histoire racontée par le Buddha dans les textes canoniques est révélatrice : un roi, ravi du son délicieux d'un luth, ordonne que ses serviteurs lui apportent le son. Ils lui apportent le luth, mais il s'écrie : « Pas le luth, je veux le son ! » Ils lui expliquent qu'on ne peut pas obtenir le son lui-même : « C'est parce que cet objet que nous appelons luth est composé d'un certain nombre d'éléments, la boîte, les cordes, etc., qu'il produit un son [littéralement : qu'il parle - *vadati*]. » Le roi se saisit alors de l'instrument, le démonte en parties de plus en plus petites et finit par tout jeter. Le Buddha en tire la morale : « De la même façon, le moine explore [par la méditation] les éléments constituants de la personne, mais il ne découvre ni *je*, ni *mien*, ni *je suis*. »

Dans les traités scolastiques de philosophie et de psychologie, quand l'analyse des éléments impermanents s'élabore par rapport à la dimension temporelle, la doctrine prend la forme d'un atomisme temporel où les éléments sont des événements. Chacun de ces atomes temporels discontinus ne dure qu'un moment (*khaṇa*), dont la durée est infinitésimale. Ces événements se succèdent les uns les autres ; différentes sortes de processus de conditionnement, à la fois physiques et mentaux, produisent cette succession. La tradition scolastique postulera même un niveau de l'esprit sous-jacent et (à certains égards seulement) inconscient (le *bhavaṅga*) : dès le moment de la conception de l'embryon, il se produit une succession d'événements momentanés de ce bhavaṅga, qui ne sera interrompue que par des moments d'activité mentale (*citta-vṛtti*) de la conscience éveillée ou du rêve, et qui réapparaîtra après chaque moment de cette activité.

Cette analyse temporelle s'applique également à la continuité d'une vie, entre le moment de la conception et celui de la mort, et à la continuité d'une vie à une autre. Une telle série individuelle de vies constitue un fait réel selon le niveau de la vérité ultime : mais l'existence n'est attribuée qu'à une ligne impersonnelle de continuité et de causalité. Il n'existe de « personnes » qu'au niveau conventionnel. La libération est obtenue par un démontage systématique, une déconstruction de la personne (ou de l'âme) qui dissout celle-ci en ses éléments et processus constituants. On peut cataloguer ces éléments de différentes façons : « nom et forme » ou « esprit et corps » (*nāma-rūpa*) ; les cinq « catégories » ou « agrégats » (*khandha*), c'est-à-dire le corps, ou forme matérielle, et les quatre catégories mentales – sentiments (*vedanā*), perceptions ou idées (*saññā*), formations mentales (*saṃkhāra*, une classe hétérogène d'éléments principalement volitionnels) et la conscience (*viññāna*). Il existe une liste de douze « bases de sens » (*āyatana*), qui comportent les six sens (les cinq sens habituels et l'esprit) et leurs six objets ou domaines correspondants. Ces six sens, leurs objets et les six formes de conscience qui en résultent constituent une liste de dix-huit « éléments » (*dhātu*). La scolastique bouddhiste, dans la tradition theravāda et dans d'autres traditions, a produit un grand nombre de listes de ce genre, dont certaines très longues. À la base de toutes ces listes se trouve l'idée que le réseau tout entier de l'expérience dans le temps peut être complètement décomposé en ses parties constituantes. Ces parties sont nécessairement interdépendantes à l'intérieur du réseau, lequel résulte d'une « co-émergence conditionnelle » (*paṭicca-samuppāda*) : il n'y a de soi ou d'âme, au sens d'une entité autonome et éternelle, ni à l'intérieur ni à l'extérieur du réseau.

Quand la production de ces réseaux d'expérience et la prolongation de cette suite d'événements que nous appelons « nous-mêmes » s'arrêtent, il ne reste que le *nibbāna*, mieux connu en Occident sous sa forme sanskrite de *nirvāṇa*. Ce concept désigne « l'extinction de la flamme » de l'ignorance, du désir, du temps et de la souffrance. Il a donné lieu à bien des controverses, à l'intérieur du bouddhisme ainsi que chez ses critiques hindous et dans les études occidentales modernes. Les textes utilisent le terme *nirvāṇa* dans deux cas : quand le saint atteint la libération, comme le Buddha sous le figuier à l'âge de trente-cinq ans, et quand il s'éteint finalement, comme le Buddha à Kuśinagara à l'âge de quatre-vingts ans. Un tel saint libéré mène sa vie au-delà de l'ego et de l'égoïsme ; son esprit est un océan profond de compassion universelle. Mais il (ou elle) demeure un être humain individuel avec sa propre personnalité et son nom. À sa mort cependant, il « quitte les chemins de la parole » pour le nirvāna final. C'est à ce sujet que les controverses ont fait rage. Le theravāda a constamment refusé de lui appliquer quelque prédicat métaphysique que ce soit, le considérant comme transcendant toute élucidation rationnelle. Toutefois, il insiste sur le fait qu'il ne s'agit pas de l'état d'un moi ou d'une âme, mais pas non plus du néant. Il s'agit, comme dit Paul dans l'épître aux Philippiens (IV, 7), d'une « paix qui surpasse tout entendement ».

Les religions du Japon

HARTMUT O. ROTERMUND

Un des éléments principaux des croyances populaires japonaises est la recherche de « profits immédiats en ce bas monde » (*genze riyaku*), c'est-à-dire de solutions aux multiples problèmes de la vie quotidienne. Le bouddhisme, d'où vient cette expression, a répondu à de telles aspirations, par le biais d'exorcismes (*kaji kitō*), par la diffusion d'amulettes (*o-fuda*), ou par maintes pratiques magiques. On pourrait même parler d'une sorte de répartition des différents domaines intéressant le *genze riyaku* entre les systèmes religieux japonais : ainsi le *shintō* concernerait plus spécialement la production et la reproduction, le bouddhisme la guérison des maladies, et les nouvelles religions (*shinkō shūkyō*) les relations humaines ainsi que la guérison par la foi.

Ablution rituelle sous la cascade du mont Takao. La propreté physique est, depuis les temps anciens, la condition indispensable de tout contact avec le monde du sacré. L'eau – de la mer, des rivières ou d'une cascade – est à cet égard un des agents purificateurs les plus puissants. Comme pratique dure de conditionnement psychophysique, le bain sous une cascade fut particulièrement prisé dans le syncrétisme shintō-bouddhique du « shugendō », mais il s'est popularisé aussi, à l'époque moderne, parmi certaines sectes du shintō (« kyōha-shintō »). La force mystérieuse résidant dans une cascade est souvent divinisée, notamment dans le sanctuaire de Nachi-Kumano (I. Bertolasi, Fovea).

Les nouveaux mouvements religieux au Japon

Dans le Japon d'aujourd'hui, avec une trentaine de mouvements qui comptent chacun plus de cent mille fidèles, les « nouvelles religions » japonaises (*shin-shūkyō*) constituent un courant majeur à l'intérieur du paysage religieux. Riches d'une histoire déjà longue – les plus anciennes apparurent au milieu du XIXe siècle –, elles doivent être considérées en fonction de leurs origines diverses et de leurs conditions d'émergence, deux phénomènes qui n'ont pas été sans influer sur les doctrines et les pratiques qu'elles ont développées.

Les nouveaux mouvements sont avant tout des religions japonaises au plein sens du terme : hautement syncrétiques, celles-ci ont – pour leur grande majorité – repris certaines particularités de la tradition religieuse nationale (conception du monde, valeurs affichées, rapport avec l'État) qu'elles ont, mieux que les religions constituées, adaptées à la société moderne, urbaine et industrialisée. Leur « nouveauté » réside plus dans leurs structures organisationnelles, leurs méthodes de prosélytisme, la grande disponibilité de leurs membres, leur actualisation d'éléments anciens que dans une spécificité doctrinale en rupture avec l'ensemble des autres religions japonaises.

Tout en gardant à l'esprit que ce classement ne repose que sur des critères doctrinaux ou ritualistes, on peut néanmoins essayer de répartir l'ensemble des « nouvelles religions » selon des sensibilités communes : de loin les plus nombreux sont les mouvements qui se réclament de l'enseignement du Sūtra du Lotus et de la tradition nichiréniste (Honmon butsuryū-shū, Reiyū-kai, Sōka gakkai, Risshō kōsei-kai, Myōchi-kai, Busshogonen-kai) ; on trouve ensuite les mouvements d'obédience shintoïque (Kurozumi-kyō, Konkō-kyō, Maruyama-kyō, Omoto, Honmichi, Sekai bunmei kyōdan, Sūkyō mahikari) et ceux qui dérivent du bouddhisme ésotérique (Nenpō shin-kyō, Gedatsu-kai, Benten-shū, Shinnyo-en, Kyōdō kyōdan, Agon-shū) ; enfin, viennent les mouvements qui affirment leur identité en dehors de tout rattachement doctrinal, bien que les influences reçues au cours de leur période formative soient encore perceptibles (Tenri-kyō, Ennō-kyō, P.L.kyōdan, Seichō no ie, Sekai kyūsei-kyō, Tenshō kōtai jingū-kyō, Zenrin-kai, Byakkō shinkō-kai). On peut aussi adjoindre à cette énumération deux sectes d'origine chrétienne, bien implantées au Japon, l'Église de l'Unification (secte de Moon) et les Témoins de Jéhovah.

Les différentes périodes d'émergence de ces nouveaux mouvements correspondent à des zones de rupture historique ou, tout au moins, à de grandes tensions socio-économiques : fin de l'époque d'Edo et début de l'ère Meiji, entre-deux-guerres, après-guerre et années soixante-dix avec la fin de la période de haute croissance et les deux chocs pétroliers. Qu'il s'agisse des premiers mouvements, nés à l'intérieur d'un remodelage du paysage religieux par une décision politique (création d'un Shintō d'État et d'un Shintō des sectes au début de l'ère Meiji), ou bien des grands mouvements de masse nés dans la liberté de culte retrouvée de l'après-guerre, les nouvelles religions japonaises se démarquent néanmoins du shintoïsme et du bouddhisme sur certains points dont il convient de relever les caractéristiques fondamentales.

À la différence de ces deux dernières grandes religions, l'adhésion aux « nouvelles religions » ne repose pas sur des liens purement locaux (affiliation quasi automatique en vertu des règles de résidence pour le shintoïsme) ou familiaux (appartenance fondée sur des liens de sang visant à la perpétuation de la lignée pour le bouddhisme), mais sur un engagement personnel et volontaire. Exception faite des mouvements Sūka gakkai et Tenshō kōtai jingū-kyō, la double appartenance est de pratique courante, en vertu d'une tradition de tolérance religieuse et du syncrétisme des croyances. Les procédures d'entrée dans la secte choisie sont des plus simples : versement d'une somme modique, achat des objets de culte et des écrits doctrinaux du fondateur ou de la fondatrice. Les « nouvelles religions » les plus importantes – certaines d'entre elles, telles que les mouvements Sōka gakkai, Risshō kōsei-kai, Seichō no ie, Reiyū-kai, avec plusieurs millions d'adhérents, peuvent être considérées comme de véritables religions instituées – ont une structure organisationnelle très prégnante, à l'intérieur de laquelle les laïcs ont un rôle actif, principalement dans la propagande religieuse. Ce prosélytisme vigoureux, relayé par des groupes de jeunes à la disponibilité très forte, n'est pas étranger au succès de tels mouvements. Ces nouvelles religions sont des religions révélées, fondées par des personnalités charismatiques qui peuvent se répartir en deux types distincts : d'une part, des fondateurs à tendance chamanique, réceptacles d'une divinité dont les paroles sont souvent annonciatrices d'un ordre nouveau, voire d'une transformation radicale de la société – c'est le cas particulièrement des mouvements qui développèrent, à un moment de leur histoire, une pensée millénariste (Murayama-kyō, Omoto, Honmichi) ; d'autre part, des fondateurs ayant peu à peu conscience de détenir une vérité unique, urgente à transmettre (Seichō no ie, P.L. kyōdan, Sōka gakkai, Reiyū-kai, Agon-shū). Le point commun à ces deux types de fondateurs est qu'ils sont considérés par leurs fidèles comme des « divinités vivantes » (*ikigami*), pensée dont la tradition est, au Japon, très ancienne. À la pensée salvatrice des premiers répond – ou fait bientôt place – la pensée adaptatrice des seconds, qui enseignent comment vivre mieux à l'intérieur d'une société en rapide transformation. L'autorité du fondateur ou de la fondatrice (un couple fondateur-organisateur et fondatrice-prophète étant la figure la plus commune) est reconnue à la fois par la qualité de la révélation – manifestation incarnée de Tenri O-mikoto pour la fondatrice du Tenri-kyō, de Ushitora no Konjin et de Miroku, respectivement pour Deguchi Onisaburō et Deguchi Nao, de l'Omoto – et par des pratiques ascétiques permettant d'acquérir une sagesse ou des pouvoirs d'ordre magique dont pourra bénéficier la communauté de fidèles.

La pensée dite *genze riyaku* (« bénéfices immédiats dans le monde présent »), élément central de la religiosité japonaise, et la référence constante au culte des ancêtres constituent les deux pôles de l'expérience religieuse. L'acquisition de bénéfices (guérison de maladies par la croyance, rétablissement de l'harmonie familiale parfois défaillante, réussite individuelle) et une morale optimiste liée au profit qu'offre une vie en accord avec les forces cosmiques amplifient les demandes concrètes émanant de fidèles venus chercher réconfort et partage de valeurs communes. Les mouvements les plus récents, apparus dans les années soixante-dix (Agon-shū, Sūkyō mahikari), mettent, de plus, en exergue une morale individuelle qui enseigne comment profiter le mieux possible de la société actuelle en faisant appel aux techniques magiques traditionnelles telles que la divination (*uranai*) ou l'acquisition d'amulettes (*o-mamori, o-fuda*). Représentant plus que de véritables religions de salut, qui mettent l'accent sur la promesse d'un paradis plus proche et plus largement accessible que celui du bouddhisme orthodoxe, les nouveaux mouvements pensent la relation à l'au-delà à travers le culte des ancêtres. L'importance accordée à la vénération de ceux-ci est, en effet, très grande. À l'encontre d'une vision traditionnelle, les ancêtres ne sont pas toujours considérés comme des entités bienveillantes, dispensatrices de bienfaits. Le fait de ne pas les traiter comme il convient est souvent la cause principale des maux dont souffrent les fidèles (le mouvement Agon-shū a mis sur pied un rituel spécifique visant à se concilier les faveurs d'ancêtres délaissés ; le mouvement Reiyū-kai recommande l'acquisition et l'entretien d'un nombre maximal de tablettes ancestrales).

Dans le domaine des valeurs, on assiste à une moralisation et à une systématisation des formes de représentation religieuse (rapprochement entre des pratiques magiques et un enseignement moral). Ainsi, dans le cas des « nouvelles nouvelles religions » (*shinshin-shūkyō*), la magie cesse d'être l'expression des croyances d'un groupe ou d'une catégorie dominée pour devenir une pratique justifiable par une norme éthique. L'abondance n'est pas uniquement dans la promesse d'un royaume sur terre, dont chaque nouvelle religion considère son propre centre comme la capitale ; elle est aussi d'ordre spirituel. « Changer son cœur pour changer la vie » est un des slogans les plus répandus. Cette propreté corporelle et spirituelle se manifeste à travers des « exercices » quotidiens, des retraites, voire des pèlerinages périodiques au centre du mouvement. Le syncrétisme des croyances (« une voie et trois religions » – *ichīdō sānshū* –, telle est la marque du mouvement Gedatsu-kai : la voie des *kami* avec le bouddhisme, le confucianisme et le taoïsme) illustre un système de valeurs traditionnel incluant l'optimisme et la célébration de la vie (*yōkigurashi* dans le mouvement Tenri-kyō) propres au shintō, avec l'éthique plus confucéenne du devoir, du loyalisme, du sens de la hiérarchie et de la bonté de la nature humaine, dernière valeur que partagent également bouddhisme et shintoïsme.

Présentes dans tous les secteurs de la vie moderne (économique, culturel, politique), les « nouvelles religions » japonaises apparaissent comme des organisations intermédiaires qui offrent aux individus coupés des anciens liens communautaires un sentiment d'identité partagée et aux jeunes une forme active de participation à des activités valorisantes ou dérivatives. Ainsi semble s'expliquer l'engouement actuel suscité par les « nouvelles nouvelles religions » auprès d'une population jeune et estudiantine.

Jean-Pierre BERTHON

Parmi les nombreuses pratiques liées à cette idéologie des « profits immédiats », l'invocation d'une divinité (*kami* ou buddha) par un acte de vœu est particulièrement fréquente. Les termes *kigan* (« prier et demander ») ou *gan-kake* (« accrocher un vœu ») désignent une réalité complexe, qui inclut à la fois des conceptions magiques et des attitudes religieuses. Elle peut prendre la forme de prières (*inori*) adressées aux divinités, ou d'actes de coercition envers ces mêmes divinités, ou encore de pratiques visant à éliminer des forces maléfiques, en utilisant à cet effet paroles, gestes spécifiques ou bien objets et instruments.

On distingue habituellement les actes de vœu exécutés collectivement de ceux qui le sont de manière individuelle, le choix se faisant souvent selon que la difficulté à résoudre concerne toute une communauté ou seulement un cas personnel. Il est malaisé de savoir laquelle des deux formes de kigan, collective et individuelle, est, historiquement, la plus ancienne. La chronologie de leur apparition est d'autant plus incertaine qu'un rite collectif, dont l'efficacité est toujours jugée supérieure, peut concerner aussi bien un vœu de la communauté que celui d'un individu. Dans ce dernier cas, les pratiques sont parfois exécutées à l'insu de l'intéressé même. Un kigan collectif mobilise toute une communauté villageoise ou les membres d'une confrérie (*kō*). Parmi les kigan individuels représentatifs, on compte notamment le « pèlerinage aux mille sanctuaires » (*senja-mairi*) ou le « centuple pèlerinage » (*hyakudo-mairi*). « L'aiguille des mille » (*sennin-bari*) est un kigan collectif, exécuté au profit d'un individu, avec le concours de nombreuses personnes. Très populaire pendant les dernières guerres, ce rite consistait à faire effectuer par un nombre très élevé, mais non déterminé, de personnes un point de couture au fil rouge dans une pièce d'étoffe blanche. Ce rite propre au Japon aurait débuté avec la guerre sino-japonaise, les soldats utilisant alors de telles étoffes comme pare-balles. Il est fondé sur la charge magique attribuée à la couleur rouge, ainsi que sur la force du chiffre « mille ». Il révèle, en outre, des conceptions archaïques, liées au don et à la fixation des *tama* : esprits vitaux et sensoriels, venant se joindre en l'augmentant à la force vitale du bénéficiaire.

Les principaux domaines d'application d'un kigan collectif sont par ailleurs le « renvoi des insectes » (*mushi-okuri*), le « renvoi d'un démon des maladies » (*ekibyō-gami-okuri*) et la demande pour la pluie (*amagoi*). Parmi les nombreuses méthodes d'exécution de ce dernier rite figure la coutume d'allumer un feu sur une montagne ou sur une colline, appelée dans certaines régions *kumo-aburi* (« chauffer les nuages »). Destinée à préfigurer la pluie, cette coutume constitue un acte de magie imitative. D'autres méthodes utilisent des chants et des danses (*ama-goi-odori*), ou cherchent à provoquer la pluie en suscitant le courroux des *kami* de l'eau (*suijin*), en polluant par exemple un étang sacré avec des objets souillés, ou encore préfigurent la chute de la pluie en éparpillant de l'eau, etc. Nombre de calamités nécessitant le recours au kigan (ou au *gan-kake*) sont attribuées à un esprit maléfique, souvent représenté sous la forme d'une poupée de paille promenée en procession à travers le village et les champs, pour être ensuite jetée à la rivière ou brûlée. Parmi ces esprits, les plus redoutables sont les *goryō*, qui sont souvent des esprits d'êtres humains. L'idée des goryō s'oppose à celle des ancêtres qui, eux, veillent sur le bonheur de leur descendance. Une forme ritualisée de pacification de ces âmes dangereuses (*goryō-e*) est attestée dès 863 : d'après le *Sandai jitsuroku*, on la pratiqua à Kyōto à l'intention de plusieurs personnes impliquées dans la politique, qui avaient trouvé une malemort. Leurs esprits sont vénérés jusqu'à nos jours dans les sanctuaires de Kami et Shimo goryō-jinja.

Les croyances aux malédictions (*tatari*) se sont perpétuées jusqu'à l'époque moderne, engendrant alors l'idée des « divinités en vogue » (*hayari-gami*) ou des divinités des épidémies (*ekibyō-gami*), dont la plus connue, d'origine étrangère en l'occurrence, est Gozu tennō. Son culte s'est développé dans la fête célèbre du *Gion matsuri*. En effet, les goryō maléfiques, une fois pacifiés, deviennent à leur tour des divinités protectrices, comme le montre l'histoire du clan d'Uwashima et du sanctuaire Warei-jinja. Sous-jacent à la transformation que subissent les goryō au double caractère, faste et néfaste, on trouve comme un reflet des anciennes conceptions de *nigi-* et *ara-mi-tama*. Les esprits des morts qui ne bénéficient pas d'une attention appropriée – et ne sont donc pas apaisés – deviennent, aux yeux du bouddhisme, des « morts sans lien » (*mu-en-botoke*) pouvant facilement se transformer en goryō. C'est pourquoi l'on insiste sur les rites commémoratifs. Plus généralement,

Tablettes votives dites « e-ma ». Elles reflètent de façon souvent émouvante les aspirations religieuses des Japonais, tout comme elles témoignent de la dévotion à certaines divinités que l'on prie en vue de profits immédiats en ce bas monde (« genze riyaku »). Celles qui représentent un cheval (comme en haut, à droite, coll. Rotermund) traduisent des demandes variées, de l'envoi ou l'arrêt de la pluie jusqu'à la santé des animaux ; de façon très générale, elles constituent une offrande aux kami. La tablette représentant une femme aux seins dévoilés devant un sanctuaire (en haut, à gauche) évoque les problèmes de lactation, donc de l'allaitement de l'enfant, soit pour une carence, soit pour un excès de lait maternel. En bas, à droite, les radis entrecroisés (« chigai-daikon ») sont un ex-voto offert à la divinité bouddhique Sho-Kangiten ou Shōten, dont le sanctuaire le plus célèbre est sur le mont Ikoma (département de Nara) et que l'on prie, en s'abstenant de manger des radis, pour la réconciliation du couple, pour une guérison, pour le bien-être… En bas, à gauche, l'« e-ma » d'une pieuvre (« tako ») représente une demande de guérison concernant une verrue, des maladies gynécologiques, des affections oculaires, une calvitie. Il s'accompagne d'ordinaire du souci de ne pas consommer (« tachi-mono ») de chair de la pieuvre, laquelle se trouve souvent associée aux divinités Jizō et Yakushi, comme dans le sanctuaire de Tako-Yakushi à Kyōto.
Musée national des arts asiatiques-Guimet, Paris (J.-L. Charmet).

un *tatari* s'abat sur une communauté sous la forme d'une épidémie. Il est alors combattu par le « renvoi du démon » jusqu'à la lisière du village. Cet endroit départage le monde d'ici-bas de l'autre monde, d'où viennent notamment les esprits malveillants. C'est là aussi que se déroulent les rites d'accueil (*saka-mukae*), qui sont réservés au pèlerin-voyageur revenant d'une visite aux sanctuaires, et qui marquent l'aboutissement heureux d'un voyage souvent pénible, voire, autrefois, dangereux. Dans certains cas, le pèlerin ne rentre pas tout de suite chez lui, mais passe une nuit d'isolement rituel dans le sanctuaire de la divinité tutélaire du village, ou dans un *shōjin-ya* (« pavillon d'abstinence et de purification »). C'est dans la même intention d'empêcher la pénétration des influences néfastes dans le village qu'on tendait autrefois une « corde pour barrer la route » (*michi-kiri-nawa*), qu'on plaçait des dieux des chemins (*sae no kami*, *dōsojin*) ou qu'on dressait des *kōshin-zuka*, des poupées géantes ou des sandales de paille (*waraji*) à la lisière du village. Le caractère ambigu et redoutable de ce lieu charnière a aussi laissé des traces dans certaines légendes où il constitue l'aire d'apparition des spectres et des revenants, puisque c'est au-delà de la frontière du village que sont habituellement renvoyés les esprits des morts.

Une fonction analogue revient aux carrefours et aux cols. Les chamanes (*itako*) du Tōhoku, elles, pratiquent leur art au pied d'un pont – frontière par excellence entre deux mondes –, où, pense-t-on, il est facile aux esprits des morts, convoqués par la chamane dans l'acte magique de nécromancie dite *kuchi-yose*, de se manifester. *Kuchi-yose* (« faire approcher la bouche », « attirer les paroles ») désigne plus particulièrement le fait de prêter sa voix à l'esprit d'un mort (*hotoke-kuchi*). D'autres lieux sont également propices aux esprits : l'au-delà de la mer, où résident des *kami* apportant richesse et bonheur, certains sites au sein même d'un village, comme la demeure d'un *yamabushi* ou les vestiges d'une ancienne résidence de notable (*chōja-yashiki*). Mais ce sont tout particulièrement les montagnes qui possèdent une qualité religieuse propre. Une conception très ancienne y faisait en effet résider les esprits des morts, mais aussi des démons (*oni*, *tengu*, etc.). Parfois, elles sont également censées abriter un « village caché » (*kakure-zato*). Passer par les montagnes, y travailler ou y pratiquer des austérités confère à l'homme un statut privilégié, comme on peut le voir notamment dans le cas des adeptes du *shugendō*, les *yamabushi*.

On faisait appel à ces ascètes-exorcistes pour bon nombre d'actes magiques, et surtout pour l'exécution d'un kigan individuel. Très populaire encore de nos jours, cet acte de vœu peut aussi être pratiqué par l'intéressé lui-même ou par un parent qui opère à sa place. Les objectifs d'un kigan individuel comprennent couramment l'éloignement d'un mauvais sort (*yaku-yoke*), la guérison d'une maladie, une demande de grossesse (*mōshigo*) ou la malédiction (*noroi*) d'un ennemi. Nombreux sont les moyens mis en œuvre pour la réalisation d'un vœu, à commencer par le pèlerinage, l'abstinence de certaines denrées (*tachi-mono*) ou l'offrande de cheveux, d'images des parties malades du corps ou, plus ordinairement, d'ex-voto dits *e-ma* (« chevaux figuratifs »). Pour expliquer ce terme, d'aucuns soutiennent qu'on aurait pratiqué l'offrande de chevaux lors des kigan ou au moment des cérémonies *shintō* d'autrefois. Mais, dès l'époque de Nara (VIIIe s.), il existait déjà des ex-voto, comme des fouilles archéologiques menées à Kōriyama, dans le Yamato, l'ont prouvé. La multitude des motifs qui décorent les e-ma de petit format utilisés couramment dans les kigan individuels – on en distingue plus d'une centaine d'espèces – reflète le plus souvent la finalité des vœux formulés, à moins qu'ils ne soient l'expression d'une dévotion à telle ou telle divinité, et figurent alors des « animaux-messagers », tels le renard (pour Inari), le serpent (Benten), le coq (Kōjin) ou le bœuf (Tenjin).

Les moyens dont l'homme dispose dans la préparation et l'exécution d'un vœu, mais aussi dans la manifestation de sa foi en telle divinité, comportent aussi, on l'a vu, la privation volontaire de certaines choses qui sont nécessaires à la vie quotidienne. Les délais relatifs à l'abstinence de ces « choses dont on se coupe » (*tachi-mono*) sont très inégaux : un, deux, trois ans ou – exceptionnellement – toute une vie. Au moment des fêtes (*matsuri*), l'observance d'une pareille abstinence – alimentaire ou comportementale – peut avoir valeur d'offrande, mais elle peut aussi relever d'un *mono-imi*, c'est-à-dire d'une purification par abstinence et tabouisation. Ceux qui participent à une fête, et notamment le *tōya* (liturgiste en charge pendant une année), doivent obligatoirement procéder à une telle purification préalable. À l'époque de Heian (IXe-XIIe s.) et sous l'influence du taoïsme populaire (*ommyōdō*), l'observance des « tabous », en particulier des « interdits de direction » (*kata-imi*), était largement répandue dans la société ; et les mono-imi firent partie intégrante de la vie de l'aristocratie. À l'époque de Fujiwara no Michinaga (966-1027), on comptait de 50 à 80 jours de retraite et d'abstinence dans l'année, tempérés toutefois par maints divertissements. Si, en règle générale, seuls les responsables officiels d'une fête sont à présent tenus d'observer un mono-imi, certaines fêtes, tel le *mono-imi-matsuri* de Fukura, dans le département de Yamagata, réclament la participation de tous les paroissiens à l'abstinence. Avec le temps, le mono-imi s'est quelque peu détaché de son assise religieuse pour devenir une sorte de coutume observée tel ou tel jour de l'année, par exemple le 8 des deuxième et douzième mois (*koto-yōka*). D'autre part, bon nombre d'interdits qui ont pénétré la vie quotidienne se sont perpétués dans des locutions et dictons, souvent à caractère didactique ou moralisant.

Le judaïsme

Gérard NAHON et Charles TOUATI

Pour le judaïsme, la croyance s'objective dans la pratique des « six cent treize » préceptes et elle s'explicite dans la prière. En récitant les Psaumes durant l'office synagogal et dans la prière individuelle, à divers moments de la journée, le fidèle inscrit sa démarche dans la logique d'une croyance *manifestée* : « Les cieux racontent la gloire de Dieu et le firmament relate les œuvres de ses mains » (Ps. XIX, 2). Universelle, la Présence divine se particularise dans son dialogue avec son peuple, Israël. Et la prière d'Israël est une effusion intime de celui-ci devant son père, qui est aux cieux. Mais elle est aussi universelle : lors de la fête de *Sukkot* (des huttes), le peuple intercédait en faveur de toute l'humanité et offrait des sacrifices pour les soixante-dix nations de la terre. C'est pourquoi Rabbi Yohanan s'exclama après la destruction du Second Temple : « Hélas pour les idolâtres qui l'ont perdu, mais ne savent point ce qu'ils ont perdu ! Alors que le Temple subsistait, l'autel expiait en leur faveur. Et, à présent, qui donc expiera pour eux ? » (*Sukka*, 55 b). De plus, la croyance se matérialise dans le relief de Jérusalem : « Jérusalem, des montagnes l'entourent et le Seigneur entoure son peuple maintenant et pour toujours » (Ps. CXXV, 2).

Lorsqu'il récite, la face tournée vers Jérusalem, le cœur même de la prière tri-quotidienne, la *'Amidah*, l'orant loue et bénit Dieu en sa personne, ses attributs et ses actes passés, présents, futurs. Il implore Dieu de le bénir en retour. « Pont spirituel » entre l'homme et Dieu, la prière transmet une image de Dieu perçu comme : 1. « bouclier d'Abraham », 2. « ressuscitant les morts », 3. « Saint », 4. « prodiguant le savoir », 5. « agréant le repentir », 6. « pardonnant abondamment », 7. « rachetant Israël », 8. « guérissant les malades », 9. « bénissant les produits agricoles de l'année », 10. « rassemblant les dispersés d'Israël », 11. « roi épris d'équité et de justice », 12. « brisant les ennemis », 13. « soutien des justes », 14. « rebâtissant Jérusalem », 15. « faisant germer le salut », 16. « à l'écoute de la prière », 17. « restaurant sa Présence à Sion », 18. « prodiguant le bien », 19. « gratifiant son peuple Israël de la paix ».

La relation avec Dieu apparaît donc comme fondamentalement immanente et se constituant en soi dans une croyance avant toute formulation d'un quelconque credo. Pourtant, Maimonide composa treize articles de croyance dont le premier affirme l'existence d'un existant parfait qui est la cause de l'existence de tous les existants. Ces principes entrèrent dans le rituel ashkénaze sous la forme d'un récitatif intitulé *Ani ma'amin be-'emunah šelemah* (« Je crois d'une croyance parfaite »). Dans le rituel séfarade, ils prirent la forme d'un hymne qui commence par le mot *Yigdal* et qui comprend les « treize articles » mis en vers.

Cet ensemble constitue le « programme » de la croyance juive, qu'il appartient non seulement à l'individu mais encore et surtout à la collectivité de mettre en œuvre au sein du *minyan*, ou quorum requis pour le culte public, ainsi que de la communauté locale ou, plus généralement, la *Knesset Israël* (« réunion d'Israël ») ou *Kelal Israël* (« ensemble d'Israël »). Corps mystique d'Israël, la Knesset Israël personnifie la communauté juive dans sa rencontre, son cheminement, son dialogue avec le Tout-Puissant : assemblée au pied du Sinaï, elle inclut les individus présents et ceux qui sont encore à naître, ainsi que les futurs prosélytes : « Ce n'est pas avec vous seuls que j'institue cette alliance et ce pacte, mais avec ceux qui sont aujourd'hui placés avec nous en présence de l'Éternel notre Dieu, et avec ceux qui ne sont pas ici, à côté de nous, en ce jour » (Deut. XXIX, 13-14 ; cf. *Šebu ot*, 39 a).

Transmission de la foi, prédication, apologétique

La transmission de la foi, qui est un impératif catégorique pour le judaïsme, s'énonce dans le *Shema*, récité matin et soir, conformément au texte du Deutéronome : « Écoute, Israël, l'Éternel est notre Dieu, l'Éternel est Un ; tu aimeras l'Éternel ton Dieu de tout ton cœur, de toute ton âme et de toute ta force » (VI, 4-9 ; XI, 13-21) – ce passage étant complété par l'injonction : « Tu les répéteras à tes fils » (*we-šinanetam le-vanekha*) (VI, 7). En fait, la transmission est un leitmotiv tant de l'Écriture que de la liturgie quotidienne. C'est en ce sens que, pour Rachi, le verset 4 du Psaume CXLV, *Dor le-dor yešabaḥ ma 'asekha u - gevurotekha yagidu* (« Une génération vante à l'autre tes œuvres et proclame tes hauts faits »), n'exprimerait qu'une évidence si l'on ne la complétait ainsi : « Et, moi aussi, je dirai la splendeur de ta gloire majestueuse. » Obligation stricte étant faite au père d'en instruire ses enfants, la Tōrah fut, par la suite, enseignée à l'école, afin que les orphelins eux-mêmes puissent la recevoir, en vertu d'un décret attribué à Simon b. Setaḥ (– IIe s.) et dans le prolongement d'une institution de Josué b. Gamla (Ier s.), qui établit des écoles, pour les enfants atteignant six ou sept ans, dans toutes les villes de la Terre sainte (*Baba batra*, 21 a).

La transmission institutionnalisée de la Tōrah orale s'est effectuée grâce à une « chaîne » définie ainsi par la mishna Abot : « Moïse reçut la Tōrah du Sinaï et la transmit à Josué, Josué aux anciens, les anciens aux prophètes, les prophètes la transmirent aux hommes de la Grande Assemblée, ceux-ci dirent trois choses... » La chaîne inclut ensuite les *tannaïm*, compilateurs de la *Mishna*, les *amoraïm*,

Art sacré. Comme les autres religions du Livre, le judaïsme fait de la transmission des Écritures un devoir pour la communauté. L'exigence de fidélité absolue dans la transmission manuscrite du texte, minutieusement codifiée, s'y double du souci de sa présentation formelle. Bible séfarade, 1299, Bibliothèque nationale, Lisbonne (G. Dagli Orti).

ses enseignants, les *saboraïm*, ses maîtres (en fait, les éditeurs du Talmud), les *geonim*, (recteurs des académies babyloniennes), enfin les rabbins *rishonim* (« premiers ») et *aḥaronim* (« derniers »), depuis Joseph Caro, auteur d'un code qui fait toujours autorité, le *Shulḥan 'Arukh* (XVIe s.). La Mishna est répartie selon six « ordres », concernant les

Perpétuation des rites. De même que sur la « mizsrah » reproduite à la page suivante, la célébration de Yom Kippur comporte ici le sacrifice expiatoire d'un poulet. Institué par le Lévitique (chapitre XVI) et réglé par le traité talmudique « Yoma », le Yom Kippur, ou Grand Pardon, est un jour de jeûne, d'abstinence et de prière où la communauté doit se purifier de ses fautes. Jérusalem, septembre 1987 (A. Keller, Sygma).

semailles, les fêtes, les femmes, les dommages, les saintetés, les puretés. Adapté aux divers niveaux de compréhension, son contenu constitue la matière de l'instruction religieuse au niveau le plus élevé qui est dispensée aujourd'hui aux enfants dans les écoles secondaires et quelquefois dans le *Talmud Tōrah* des mercredis et dimanches et qui comprend les disciplines suivantes : Bible, *tefila* (prière), *dinim* (préceptes), histoire et, naturellement, langue hébraïque. L'enseignement est centré sur La Mishma et le Talmud dans l'institution de niveau supérieur qu'on appelle *yeshivah*. Toute transmission légitime passe par l'enseignement d'un maître, selon l'adage : *kol torah še 'eyn la bet ab 'eyna torah* (« toute *tōrah* qui n'a point de filiation [c'est-à-dire qui n'est pas reçue d'un maître authentique] n'est point *tōrah* », *Talmud de Jérusalem, Sabbat*, 17 a). Il reste que le dogme proprement dit est toujours implicite et, à la vérité, non contraignant, seule la *miṣwa* (précepte) étant contraignante et l'esprit totalement libre.

Aux époques qui précédèrent l'émancipation des juifs (c'est-à-dire jusqu'à la fin du XVIIIe siècle), l'Écriture étant alors supposée connue, le « prédicateur » qui prononçait un sermon (*deraš*) recherchait (c'est le sens même du verbe *daraš*) la signification exacte d'un verset ou d'un terme faisant problème. La plupart du temps rabbin, mais pas toujours, il se refuse absolument à prendre le ton de la prédication, sauf parfois dans certains « temples ». Comme rien ne répugne davantage à l'esprit juif que le prêchi-prêcha, il se veut très proche de son auditoire, familier, provocant, critique, stimulant l'intérêt. Il questionne le texte, met en opposition plusieurs versets, fait apparaître une difficulté d'interprétation. Il soulève des problèmes posés par la péricope hebdomadaire du Pentateuque et par la *haftara* (lecture prophétique). Il lui faut serrer le texte, l'éclairer, dégager une interprétation neuve. Comme il part quelquefois d'un fait ou d'un texte fort éloigné de la péricope, on attend de lui qu'il y ramène son propos. Il lui faut ménager un effet de surprise.

À l'époque contemporaine, même si la forme ancienne de prédication se survit dans certaines synagogues traditionalistes, d'autres exigences assaillent le sermonnaire. Il doit présenter des textes et des notions que ses auditeurs ne connaissent plus toujours. Il doit encore, en Amérique et en Europe occidentale, prendre position sur les problèmes actuels, voire sur des sujets politiques : ses fidèles l'attendent

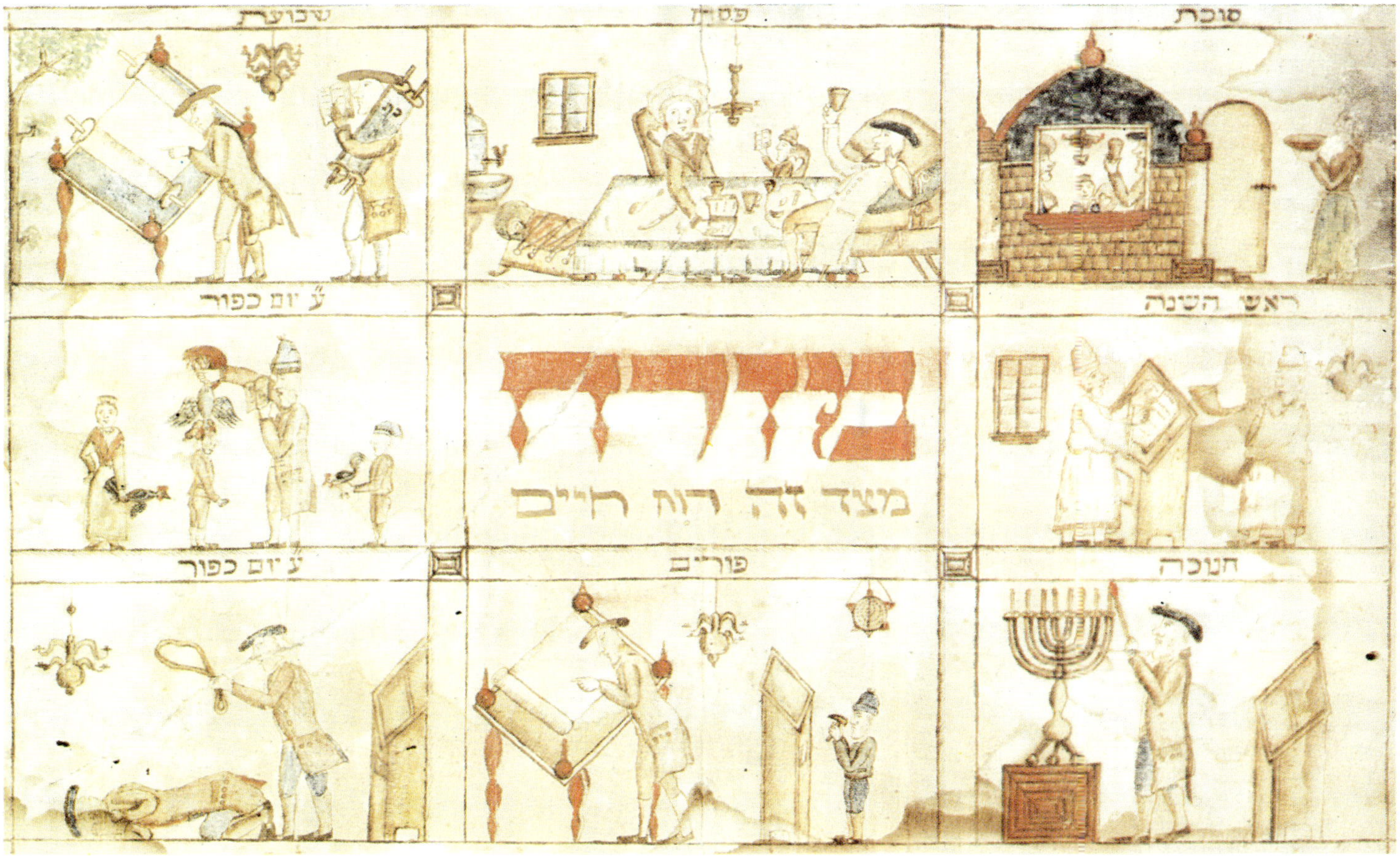

Le souffle de vie. Cette image populaire du XVIIIe siècle, originaire d'Allemagne du Sud, rappelle les grands moments de l'année liturgique et forme un résumé de la vie religieuse. On plaçait ces estampes dans les maisons, sur le mur oriental (donc en direction de Jérusalem), d'où le titre de la case centrale : « MIZRAH mi-sad zeh ruaḥ ḥayyim » (« ORIENT, de ce côté souffle de vie »). À partir du coin supérieur gauche, et dans le sens des aiguilles d'une montre, les vignettes évoquent : 1. Šebu 'ot, la fête des Semaines ; 2. Pesah, la Pâque ; 3. Sukkot, la fête des Huttes ; 4. Roš ha-Šanah, le jour de l'An ; 5. Ḥannuka, la fête de la Dédicace ; 6. Purim, la fête des Sorts ; 7 et 8. Deux rites liés à Yom Kippur, le Grand Pardon : « malkut », ou flagellation expiatoire, et « kappara », ou sacrifice des poulets – célébrés tous deux la veille de la fête. Israël Museum, Jérusalem (G. Dagli Orti).

sur ce terrain. On est loin alors des sermons tels qu'ils étaient prescrits par contrat aux rabbins pour certaines occurrences liturgiques : ainsi, dans toutes les communautés ashkénazes, ceux-ci étaient-ils tenus de prêcher le *Šabbat ha-Gadol* (précédant Pâque) et le Sabbat *Šuvah* avant Yom Kippur. Pour se former à l'art du sermon, les jeunes rabbins suivent des cours d'homilétique dans les séminaires rabbiniques : outre les classiques du sermon hébreu et les manuels un peu désuets du XIXe siècle, on leur fournit aujourd'hui, spécialement aux États-Unis, des méthodes imprimées ou dactylographiées qui puisent aux ouvrages généraux autant qu'aux textes traditionnels.

Mal compris et déprécié à travers les siècles, aussi bien dans le monde gréco-romain que dans le monde chrétien et musulman, le judaïsme a produit nombre d'ouvrages apologétiques depuis ceux d'Aristobule, de Panéas, de Philon d'Alexandrie, de Flavius Josèphe (*Contre Apion*), pour le monde hellénistique, jusqu'à ceux d'auteurs médiévaux et modernes. Le modèle de ce genre destiné à montrer le véritable caractère de la foi d'Israël fut sans doute, au Moyen Âge, le chef-d'œuvre intitulé *Le Livre de l'argument et de la preuve pour la victoire de la religion méprisée* ou *Kuzari* de Juda Hallévi (1141). Une catégorie d'ouvrages médiévaux dits *Sifré niṣaḥon* (« livres de triomphe ») comprenait des argumentaires à employer lors de controverses avec des chrétiens (genre pratiquement inexistant pour les débats, jugés trop périlleux, avec les musulmans). Ces ouvrages cherchaient à démontrer que le message d'Israël n'est jamais frappé de caducité et qu'il répond, plus que tout autre, aux besoins spirituels de l'homme sous tous les cieux. Leurs auteurs se trouvèrent contraints de les rédiger pour ne pas se dérober aux *disputationes* dans lesquelles les entraînaient les chrétiens, alors qu'ils étaient d'eux-mêmes portés à ignorer en général les religions rivales, préférant se consacrer entièrement à l'élucidation de la parole de Dieu.

Des ouvrages ressortissant à ce genre se sont multipliés depuis le XIXe siècle, lorsque l'émancipation a permis aux auteurs juifs de s'exprimer sans danger, particulièrement en Allemagne, en France et aux États-Unis, où un organisme, l'Anti-defamation League, s'attache à répondre systématiquement aux accusations portées contre le judaïsme. Cette floraison récente doit se comprendre comme une réaction à de longs siècles de censure des livres juifs : les argumentaires de David Kimḥi (XIIe s.) sur les Psaumes avaient été outrageusement censurés, comme en témoignent nos manuscrits. De même trouve-t-on des lignes noircies par les censeurs chrétiens sur des exemplaires d'ouvrages exégétiques ou apologétiques anciens. Il s'agissait de fragments fortement polémiques, notamment sur les textes messianiques d'Isaïe. Dans ce contexte, Amsterdam constitua, au XVIIe siècle, une oasis de liberté exceptionnelle : la communauté juive portugaise, fondée par des descendants de juifs convertis de force dans la péninsule Ibérique, produisit des instruments d'édification et de controverse dont on faisait usage, mais qui restèrent sous forme de manuscrits plus de trois siècles durant. La publication de ces textes de polémique antichrétienne n'a commencé que très récemment dans la *Revue des études juives*, avec les travaux d'I. S. Révah, et dans les *Studia Rosenthaliana*, revue de la bibliothèque de l'université d'Amsterdam. En France, l'apologétique s'est beaucoup développée depuis le début du XIXe siècle, selon un genre qu'illustrent bien les ouvrages du grand rabbin Jacob Kaplan.

Il existe une autre catégorie d'ouvrages qui se trouve apparentée à celle-ci : elle s'adresse à un public juif – spécialement aux karaïtes – et lui fournit des réponses contre les négateurs de la Loi orale. Considéré comme un classique de la littérature historique hébraïque du Moyen Âge, le *Sefer ha-Kabbalah* (« Le Livre de la Tradition ») d'Abraham ibn Daud (XIIe s.) retrace l'histoire de la *transmission* de la Loi orale. Au XVIIIe siècle, le rabbin de Londres David Nieto montre qu'on ne peut se passer de la Loi orale pour accomplir ce que requiert la Tōrah écrite de Moïse. Au XIXe siècle, le rabbin Meir Loeb b. Yeḥiel Michaël, dit le Malbim, pousse à sa perfection la démonstration de l'authenticité de la transmission orale et, partant, la pertinence de la *halakha* (la norme rabbinique définie dans le Talmud).

Bible samaritaine. Pour les samaritains, l'Écriture se réduit aux cinq livres du Pentateuque, transcrits dans leur alphabet propre. Mont Garizim, Israël (B. Searle, S. Halliday).

Martyre, mystique et sainteté

Les martyrs témoignent de la puissance de leur foi par leur constance devant la mort ; plus précisément, ils « sanctifient le Nom divin » aux yeux de leurs persécuteurs. Comme ils n'ont pas manqué dans l'histoire d'Israël, il importa très tôt d'opérer un choix parmi ces victimes de la foi, de tenter de limiter les « holocaustes » et de donner, a posteriori, une définition du martyre. Parmi les plus anciennes occurrences possibles de celui-ci, la tradition juive n'a pas oublié les supplices infligés par Antiochus Épiphane à une mère et à ses sept fils que l'on voulait contraindre à manger une viande interdite (II Maccabées, VII). Elle révère les *'Assarah harūgé malkhūt* (« les dix tués de l'Empire [romain] ») : Išmaël b. Eliša, Simeon, Išmaël, Aqiba b. Joseph, Ḥananiah b. Teradion, Ḥuṣpit, Yeševah, Eliézer b. Šamūa, Ḥananiah b. Ḥakkinai et Judah b. Baba (*Avoda Zara*, 17 b ; *Berakhot*, 61 b), qui sont commémorés tant par les ashkénazes (par deux fois, lors de *Tiš 'a be-Ab* et dans l'office de *minḥa* de *Yom Kippur*) que par les séfarades. On évoque la fermeté de R. Aqiba, qui disait : « Je me réjouis de pouvoir aimer Dieu *avec* ma vie. » Plus tard, les *Memorbücher* d'Allemagne se couvrirent de litanies de noms de martyrs qui « sanctifièrent le Nom divin » en préférant la mort à l'abjuration durant les massacres perpétrés lors des départs de croisades. L'archétype du martyr – la relation de son supplice, ordonné par l'évêque de Mayence, trouva place dans les rituels aussi bien séfarades qu'ashkénazes – fut Amnon de Mayence, auteur présumé d'un morceau émouvant du rituel ashkénaze intitulé *U-netaneh toqef* (« Et nous rencontrerons la puissance... »).

Convient-il, aux yeux du judaïsme, de distinguer les individus voués à la mort sans aucune échappatoire possible, tels que les *'Assarah harugé malkhūt*, et ceux auxquels l'apostasie ou la transgression d'un seul précepte aurait valu la vie sauve ? On admit que, au regard de la halakha, l'apostasie n'a aucune valeur légale, en vertu du principe *Af 'al pi še ḥatta, Israël hū* (« encore qu'il ait péché, israélite il reste », *Sanhedrin*, 44 a) : aussi un individu ayant apostasié face à la mort n'est-il astreint à aucune condition pour réintégrer la communauté d'Israël. On se fonda encore sur le verset de l'Écriture : *ašer ya 'asseh otam ha-adam wa-ḥay ba-hem* (« l'homme qui pratique [les préceptes] obtient, *par eux*, la vie » ; Lév. XVIII, 5 ; cf. *Yoma*, 85 b) pour poser en principe que tous les préceptes *négatifs* de l'Écriture – à l'exception de l'idolâtrie, de la dépravation sexuelle et du meurtre – peuvent être transgressés en cas de péril de mort (*Sanhedrin*, 74 a). Cependant, lors de persécutions *générales*, on doit préférer le martyre à la transgression. Quoi qu'il en soit, il fut établi que le tribunal rabbinique ne sanctionnerait pas un individu ayant transgressé un ou plusieurs préceptes dans ces conditions. S'il persiste dans la transgression et ne quitte pas les contrées où sévit la persécution, il perd néanmoins, en principe, sa place dans le monde futur. Par ailleurs se trouvent proscrits le suicide et le meurtre de proches motivés par le désir d'éviter une transgression ; pourtant, de tels comportements se produisirent dans l'Antiquité, à Massada, et au sein des communautés rhénanes, entre 1096 et 1349. Dans la péninsule Ibérique, des juifs convertis ou des descendants de juifs convertis furent brûlés sur « relaxation » du Saint-Office de l'Inquisition. À la nouvelle des autodafés, on célébrait à Amsterdam une commémoration des martyrs et on imprimait les oraisons et élégies prononcées et récitées alors en leur honneur. Il s'agissait pourtant d'apostats ou de descendants d'apostats. Que dire des juifs incroyants et agnostiques qui tombent en victimes de persécutions ? Suivant, en cela, Maimonide, on considère que quiconque périt en raison de son appartenance au peuple juif réalise en sa personne la « sanctification du Nom divin », le martyre.

Fort employé par les rabbins d'Amsterdam et du monde séfarade au XVIIe et au XVIIIe siècle, le terme de « méditation » désigne moins une attitude individuelle qu'une étude collective, qui se déroule, de manière précise, dans l'académie talmudique, la yeshivah, dite encore *hesger* (« clôture »). Un ensemble de *taqqanot* (règles) définissent la manière dont le temps y est employé et les ouvrages qu'on y pratique par prédilection, outre le Talmud de Babylone. En général, les « étudiants », qui sont en fait des rabbins accomplis, préparent, isolément ou avec un condisciple, un morceau de la *Guemara* (Talmud) qu'en séance plénière le *roš* (recteur) explique dans le cadre d'une discussion contradictoire. Pour favoriser le développement de telles « méditations », des particuliers d'Amsterdam firent des legs parfois considérables : *yeshivot* ou *hesgerim* fleurirent ainsi, au XVIIIe siècle, à Jérusalem et dans nombre de cités de la diaspora. La « méditation » s'inscrivait aussi dans la cérémonie de commémoration des défunts au jour anniversaire de leur décès ; elle désignait et désigne encore (sous le seul terme d'*asguir*) un exposé sur un thème religieux par un rabbin ou un lettré devant la famille du disparu. Dans les yeshivot de la communauté ashkénaze, qui accueillent comme étudiants des adolescents aussi bien que des adultes, le terme *'Iyyūn* a cette même signification d'une étude préparée individuellement, puis faisant l'objet d'un débat sous l'autorité du maître.

Signes extérieurs. Port de la calotte (« kippa ») et du châle de prière (« tallit »), gestes rituels : le croyant manifeste son attachement à la foi communautaire et ancestrale (C.I.R.I.C.).

Différente en cela d'un séminaire voué à la formation de rabbins, la yeshivah n'a d'autre objectif que l'étude elle-même, considérée comme une fin en soi. Ses pensionnaires font de la « méditation » ainsi entendue leur profession (*toratam umanūtam*, « leur étude est leur métier ») et la collectivité juive voit dans une telle activité l'offrande par excellence à l'intérieur de l'économie du salut.

On traduit aussi quelquefois par « méditations » le pluriel hébraïque *kawwanot* (littéralement : « intentions »), qui désigne une des techniques utilisées pour atteindre la *devequt*, l'union du fidèle à son Créateur. Ces « intentions » s'appliquent à chacune des paroles prononcées durant la prière individuelle ou collective. Elles constituent une méthode qui fut enseignée d'abord au XVIe siècle à Safed par Isaac Luria Aškenazi, le maître kabbaliste par excellence, puis fut reprise par une école de la Jérusalem du XVIIIe siècle, la *Yeshiva* des *mekhawwenim* dite de *Bel-El*. Le judaïsme connut aussi d'autres techniques ou itinéraires mystiques. La plus populaire est due à Baḥyah Ibn Paquda (Espagne, XIIe s.) : franchissant successivement dix portiques (l'unité de Dieu, la contemplation des créatures, la soumission à Dieu, l'abandon, la purification de l'acte, l'humilité, la pénitence, l'examen de conscience, l'ascèse, le pur amour), l'individu parvient à l'amour épuré de la divinité. Quant à la manière dont étaient effectivement parcourus ces itinéraires, les témoignages directs sont excessivement rares dans la tradition juive. Joseph Caro tenta cependant d'en rendre compte dans son *Maggid Mesharim* (XVIe s.) et Moïse Hayyim Luzzatto raconte aussi sa propre expérience avec un personnage surnaturel qui conduisait sa pensée. Au XIXe siècle, Dob Baer de Lubavitch composa un *Traité sur l'extase*, où il parle de la sienne à un pieux disciple. Ceux qui choisissent la voie mystique, les « chevaliers du Char divin » (cf. Ézéchiel I, 15-21) se livrent au jeûne, à une pratique extatique, à des méditations métaphysiques ou théosophiques, et même combinent les Noms divins, comme le fit Abraham Abulafia (Espagne, XIIIe s.), de manière à réaliser des *yiḥudim*, des « unifications » de ceux-ci.

L'Écriture prescrit la sainteté à tout le peuple d'Israël : « Soyez saints, car je suis saint, moi, l'Éternel, votre Dieu » (Lév., XIX, 2). Cependant, la « qualité » de saint peut être reconnue à certains individus appelés *ḥassidim* ou *ṣadiqim*, « dévots » ou « justes ». Mais, quoique perçue par l'entourage et transmise par la mémoire collective ou une littérature hagiographique, elle n'est jamais sanctionnée par un décret d'une quelconque autorité juive. Les critères peuvent donc varier considérablement quand il s'agit de brosser le portrait du saint. Le dénominateur commun réside dans l'attention extrême portée aux rapports que celui-ci entretient avec le prochain, à son observance scrupuleuse des préceptes rituels et éthiques, à sa prière fervente jour et nuit (pour la prière nocturne, il existe un rituel particulier, le *tiqqun ḥaṣot*). Le *ḥassid* évite le péché et surtout la médisance ; il est porté à l'ascétisme et s'abstient parfois ou use avec mesure des jouissances permises. Cependant, pour certains ḥassidim (spécialement dans les mouvements issus de l'enseignement du Ba 'al Šem Tov (XVIIIe s.), la joie collective avec musique, boisson et danse constitue la manifestation suprême de l'union avec Dieu. La conduite du saint répond à une exigence morale qui dépasse la Loi, la *midat ḥassidūt* (*Babba Meṣia*, 52 b).

Les saints des premiers siècles du pays d'Israël ou de Babylone sont évoqués dans le Talmud et la littérature midrashique. Au début du XIIIe siècle, Rabbi Judah b. Samuel *Ḥassid* de Regensbourg composa un code moral, le *Sefer ḥassidim*, qui décrit les comportements et attitudes du ḥassid. Un ouvrage paru en 1542 sous le titre *Oreḥot Ṣadiqim* (« Conduites de justes ») connut une large diffusion dans les communautés ashkénazes. Les compositions de ce genre, très nombreuses, constituent plutôt des recueils moraux que des vies de saints. Le modèle en est sans doute *Le Sentier de rectitude* de Moïse Hayyim Luzzatto (Amsterdam, 1740).

La sexualité, l'histoire, le prochain

Le judaïsme n'a jamais condamné ce que le christianisme appelle le péché de chair lorsque les partenaires sont unis légitimement, à l'exception peut-être de Naḥmanide, chez qui précisément l'influence chrétienne serait perceptible. À ce sujet, les maîtres déclarent : « S'il n'y avait point cet instinct [sexuel], nul ne bâtirait maison ni ne se marierait ! » (*Gen. Rabba*, III, 49). En ce qui concerne l'acte sexuel, les impératifs portent sur le plaisir féminin, le plaisir de l'homme étant considéré comme allant de soi : ainsi obligation est faite à l'époux de satisfaire son épouse « en sa période » (*miṣwat-'onah*), de lui parler avant l'accomplissement du précepte, de l'approcher avant de partir en voyage et au retour. C'est ce qu'évoquent les bénédictions prononcées lors des noces : « Béni sois-tu, Seigneur, roi de l'univers, qui nous as sanctifiés par tes préceptes et nous as

Présentation du Livre. La lecture de la Tōrah est un moment essentiel de la liturgie synagogale. Elle donne lieu au rite de la « hagbaha », ou présentation solennelle du rouleau à l'assistance, avant la lecture chez les séfarades et après celle-ci chez les ashkénazes (C.I.R.I.C.).

Mariage juif. « Prends la vie avec la femme que tu aimes, le long de ta vie de vanité que Dieu te donne sous le soleil, puisque c'est ta part dans la vie et dans la peine que tu prends ici-bas » (Ecclésiaste, IX, 9). Ainsi Qohélet tempère-t-il un peu, à propos de l'amour, le pessimisme de sa vision du monde. Pietro Longhi, 1702-1785, Israel Museum, Jérusalem (G. Dagli Orti).

donné des prescriptions sur les "nudités", qui nous as interdit les fiancées et nous a permis les femmes épousées par le dais nuptial et les *qiddušin* [les sanctifications]. » Ainsi reconnue, la sexualité est conçue comme une miṣwa (un précepte) par excellence. Elle est, à ce titre, codifiée à la manière d'une valeur qu'on ne peut galvauder. Toute relation avec une autre femme que l'épouse entre dans la catégorie des « unions interdites » longuement énumérées dans le Lévitique, qui condamne l'homosexualité et la bestialité et détermine les relations de parenté interdisant le mariage. Dans la pratique, la vie sexuelle du couple est régie au premier chef par la notion de *nidda* : toute relation est interdite pendant la période menstruelle de la femme jusqu'au moment où, ses règles ayant cessé, celle-ci se sera immergée dans le *miqweh*, le bain rituel (Lév. XX, 18). Cela entraîne, d'une part, que la femme observe avec soin l'apparition et la disparition de ses règles, d'autre part, que la vie conjugale se renouvelle lorsque l'épouse sort du miqweh. Rabbi Méir explique ainsi le sens de ce temps de continence : « Pourquoi la Tōrah a-t-elle voulu la période des sept jours de nidda ? Parce que le mari s'habitue et qu'il se lasse d'elle, la Tōrah a voulu qu'elle soit impure sept jours, afin qu'elle soit désirable pour son époux comme à son entrée sous le dais » (*Nid.*, 31 bb).

Par opposition avec l'histoire cyclique des Grecs, le judaïsme se caractérise par une conception linéaire de l'histoire, envisagée comme étant orientée vers un aboutissement, la « germination du Salut ». L'histoire en laquelle s'incarne Israël, Dieu la façonne à l'intérieur de celle de l'humanité et avec elle. D'après un texte talmudique (*Avoda zara*, 9 a), l'ensemble des temps historiques couvre sept millénaires répartis en trois périodes : la première s'étend de la Création à la révélation divine à Abraham ; la deuxième se prolonge jusqu'à la dispersion d'Israël (IIIe s.) ; la troisième, marquée par l'expansion du monothéisme, prépare le septième millénaire, qui sera une ère de Sabbat et de paix universelle. Elle verra l'atroce guerre de Gog et Magog, puis la restauration d'Israël sur sa terre, de la maison de David et du Temple de Jérusalem, prélude et condition de la paix universelle selon la vision d'Isaïe : « Je les amènerai sur ma sainte montagne ; je les comblerai de joie dans ma maison de prières ; leurs holocaustes et autres sacrifices seront les bienvenus sur mon autel, car ma maison sera Maison de prières pour toutes les nations »

(Isaïe, LVI, 7). Le rituel quotidien et festif exprime cette foi dans l'envoi de la prière *'Alénu* qui conclut l'office : « En ce temps-là, le Seigneur sera Un et son Nom sera Un. » L'unité du Seigneur signifie l'unité de l'humanité vouée à son seul culte (cf. Rachi Deut., VI, 4).

Les étapes intermédiaires entre Création, Révélation et Avènement messianique déterminent l'histoire, tout au long de laquelle le rabbin, le philosophe et le kabbaliste se tiennent à l'écoute des événements, attentifs à en percevoir les signes. La mentalité juive s'imprègne de la *dignité* des temps, qui, bien que comparables, ne sont jamais semblables et scandent tous la marche de l'humanité dans l'économie de la Rédemption. Il arrive au juif de ressentir la tentation, qu'il repousse avec constance, de l'Ecclésiaste : « Ce qui a été, c'est ce qui sera ; ce qui s'est fait, c'est ce qui se fera ; il n'est rien de nouveau sous le soleil » (Eccl. I, 9). Ainsi s'expliquent l'aptitude du judaïsme à anticiper l'accomplissement ultime et les mouvements messianiques déterminés soit par des « signes historiques » tels que la conquête turque de 1453, la guerre de Trente Ans ou la Révolution française, soit par des calculs auxquels se livrèrent la plupart des docteurs de la Loi, en recourant à la *guematriya* pour prédire ; parfois avec une grande précision, l'année de l'apparition du Messie, sur la base des nombres avancés par le prophète Daniel. Quoi qu'il en soit de ces supputations, d'ailleurs condamnées par les docteurs du Talmud, le monde peu satisfaisant qui est le nôtre sera transformé comme l'annonce le verset d'Isaïe : « Oui ! me voici en train de créer un ciel nouveau et une terre nouvelle, si bien qu'on ne se rappellera plus ce qui aura précédé ; on n'en gardera pas le moindre souvenir » (LXV, 17). Les promesses d'antan qui ont déjà été réalisées sont la garantie de la réalisation ultime pour Israël et pour toute l'humanité : la sortie d'Égypte, le don de la Tōrah, le Royaume de David, seul roi authentique d'Israël, le retour de l'exil et le caractère inaltérable de l'action providentielle envers Israël telle que la résume le Lévitique : « Et pourtant, même alors, quand ils se trouveront relégués dans le pays de leurs ennemis, je ne les aurai ni dédaignés ni repoussés au point de les anéantir, de dissoudre mon alliance avec eux ; car je suis l'Éternel leur Dieu ! » (XXVI, 44). Pour Samuel David Luzzatto (XIXe s.), « l'unique article de foi dans le judaïsme » serait exprimé par ce passage du Deutéronome : « Tes proscrits, fussent-ils à l'extrémité des cieux, l'Éternel, ton Dieu, te rappellerait de là : et là même, il irait te reprendre » (XXX, 4).

Du précepte du Lévitique : « Tu aimeras ton prochain comme toi-même » (XIX, 18), Rabbi Aqiba dit que « c'est la règle majeure de la Tōrah ». Interprété parfois comme signifiant : « tu dois aimer ton prochain car il est *comme* toi », cet impératif fondamental qui fait violence à la nature trouve son appui dans le fait que Dieu a créé l'homme *à son image*. Dans une discussion relative à ce verset de l'Écriture, un autre sage, Ben Azzaï, déclare : « “Ceci est le livre des engendrements d'Adam” [Gen. V, 1] est une règle plus grande encore, car il est dit : “Le jour où Dieu créa l'homme, à la ressemblance de Dieu Il le fit” » (*Talmud de Jérusalem, Nedarim*, 41 c). De fait, plusieurs délibérations du Talmud, y compris dans des matières purement juridiques, tirent effectivement leur autorité de ce verset. L'éthique juive a voulu concrétiser l'amour du prochain dans des conduites sociales et communautaires visant à accorder à toute personne son dû et, au-delà, à privilégier la dimension de l'amour : aide gratuite, charité accomplie en secret de préférence, remontrance fraternelle, absence de ressentiment et surtout respect extrêmement scrupuleux de l'honneur du prochain. La notion de *šefikkūt damim* (effusion de sang, meurtre) a été interprétée de façon très extensive et a même porté les sages à déclarer : « Celui qui fait pâlir le visage de son prochain en public n'a point de part au monde futur » (*Babba Meṣia*, 58 b). L'obligation d'amour prescrite par le Lévitique dépasse le « prochain » entendu au sens strict : elle s'applique à l'étranger également, qu'il convient d'aimer aussi « comme toi-même » car, « étrangers vous étiez au pays d'Égypte ; je suis l'Éternel *votre* Dieu » (Lév. XIX, 34). Rachi glose ainsi ce possessif pluriel : « Je suis *ton* Dieu et *son* Dieu. » Une telle exigence assignée au cœur de l'homme n'a d'autre justification que l'existence divine, qui lui est juxtaposée dans ce verset du Lévitique.

Le christianisme

Si la notion d'expérience au sein d'une religion se réfère à tout ce qui interpelle personnellement les sujets qui y sont engagés, il est bien évident que le christianisme présente une remarquable multiplicité de problèmes. Concernant l'individu en tant que conscience libre capable de juger et de choisir, l'éthique chrétienne énonce les lois qui permettent de vivre conformément à un certain modèle : croyance en Dieu, reconnaissance de ses propres fautes, mise à l'écart du sexuel dans la reproduction sont autant de facettes d'un discours qui tend à mettre en forme la vie tout entière dans la perspective du salut. Et, si le *Livre de lamentation* du moine arménien Grigor insiste sur l'extraordinaire bienveillance du Christ, c'est la doctrine du salut par la foi seule qui illumine l'éthique protestante.

Foi, évangélisation, sainteté

André VAUCHEZ

Le christianisme est né le jour où Jésus demanda à ses disciples : « Et vous, qui dites-vous que je suis ? » et où Pierre lui répondit : « Tu es le Christ, le Fils du Dieu vivant » (Mt, XVI, 13-16). Cette reconnaissance constitue, en effet, un acte fondateur. Comme le judaïsme, la nouvelle religion reposait sur la foi, c'est-à-dire sur l'affirmation d'une différence de nature entre Dieu et l'homme, mais elle atténuait cette dernière en attestant qu'à travers le Christ mort et ressuscité, et en le suivant, chacun pourrait désormais être délivré de ses fautes et vivre à l'image de Dieu. L'Église est la communauté de ceux qui ont accueilli cette « bonne nouvelle » (ou « évangile ») et voulu, à la suite des douze disciples préférés de Jésus, lui rendre témoignage et la faire retentir jusqu'aux extrémités de la terre. Ainsi, dans son essence même, le christianisme se présente comme une religion missionnaire, la propagation de la foi étant même sa vocation fondamentale.

Les institutions et la foi

Dans les premiers temps, comme les croyants étaient convaincus de l'imminence de la fin du monde et du retour du Christ, cette annonce fut surtout une proclamation individuelle *(kerugma)* du message chrétien devant les juifs et, après quelques hésitations, les païens, comme le montrent les Actes des Apôtres. Mais, à partir du IIe siècle, les perspectives eschatologiques s'estompant, l'accent fut mis davantage sur le rôle des communautés chrétiennes. Celles des premiers temps, comme en témoignent les lettres de Paul, étaient caractérisées par la coexistence de divers services ou ministères (docteurs, évangélistes, prophètes, etc.) sous l'autorité d'un presbytre ou épiscope institué par l'Apôtre. Par la suite, leur aspect hiérarchique s'accentua et le président de l'assemblée (*ecclesia*, « église ») tendit à y jouer un rôle majeur. Au début du IIIe siècle, l'évolution était déjà très avancée, puisqu'on distinguait, parmi les baptisés, les laïcs des clercs, ces derniers – diacres et prêtres – ayant reçu de l'évêque local une ordination en vertu de laquelle ils étaient les seuls à pouvoir célébrer l'eucharistie, remettre les péchés et exercer le ministère pastoral. Parallèlement, les Églises chrétiennes s'efforcèrent de délimiter et de mieux formuler leurs croyances : dans les années 200, le canon néo-testamentaire était déjà à peu près fixé et il le sera définitivement vers 400, avec la réception de l'Apocalypse en Orient. En outre, la nécessité de définir un credo s'imposa vite en raison des attaques lancées contre les chrétiens par des philosophes païens et surtout de la prolifération très précoce d'hérésies. Ainsi, en Orient, les spéculations gnostiques tendaient à évacuer l'humanité du Christ pour en faire un être purement spirituel, tandis que les courants dualistes majoraient la puissance du mal – souvent identifié à la chair ou à la matière –, au point d'en faire un principe fondamental ayant coexisté avec Dieu dès l'origine. Le canon d'Hippolyte (215 env.) et surtout, après la fin des persécutions, les symboles élaborés à Nicée (325) et par les grands conciles œcuméniques du IVe et du Ve siècle traduisirent sous la forme d'affirmations dogmatiques un certain nombre de certitudes fondamentales qui, au-delà des cassures ultérieures, allaient demeurer le patrimoine commun des principales Églises chrétiennes : identité de substance du Père et du Fils ; nature trinitaire de Dieu en raison du rôle joué par le Saint-Esprit, qui procède du Père (l'Occident ajoutera plus tard : et du Fils) ; double nature, humaine et divine, du Christ au sein d'une unique personne. Au prix de conflits souvent graves et de fractures durables (condamnation des ariens, des nestoriens, des monophysites, etc.), l'Église élabora alors une orthodoxie doctrinale dont la préservation deviendra un des soucis majeurs de ses responsables, qu'il s'agisse de l'empereur, du pape, évêque de Rome (dont l'autorité s'affirma à partir du IVe siècle, mais fut rejetée par Constantinople à partir de 1054), ou des conciles, qui réunissaient périodiquement les évêques d'une région, d'un pays ou de la chrétienté tout entière.

Cette structuration fut sans aucun doute accélérée par le changement d'attitude de l'autorité impériale qui, après avoir persécuté le christianisme, le reconnut avec Constantin et en fit sous Théodose la religion officielle du monde romain. En agissant ainsi, le pouvoir prenait acte du phénomène de conversion déjà largement entamé en milieu urbain, surtout en Orient, et du caractère irréductible d'une foi que les persécutions ne faisaient que renforcer. Dès lors, les circonstances amenèrent l'Église à développer la catéchèse, c'est-à-dire l'initiation religieuse de ceux qui demandaient le baptême. Jusqu'au IVe siècle, il s'agit en majorité d'adultes séduits par le témoignage de ces communautés ferventes et par une doctrine qui associait – chose nouvelle pour l'Antiquité – des pratiques cultuelles simples à des exigences morales élevées. En outre, à la différence de la religion officielle, le christianisme offrait à ses adeptes une assurance de salut personnel, qui, au prix de certains renoncements ici-bas, leur permettait d'espérer une éternité bienheureuse. Plus tard, on finit par baptiser surtout des enfants et l'instruction des catéchumènes perdit de son importance. Il faudra attendre le XVIe siècle pour que les Églises chrétiennes, tant la catholique que les protestantes, redécouvrent l'importance d'une éducation de la foi des jeunes et élaborent à leur usage des manuels, appelés catéchismes, qui contenaient un abrégé de la doctrine.

Dès que le christianisme fut devenu, avec l'appui du pouvoir, la religion majoritaire, le problème du salut s'y posa en des termes nouveaux. La ferveur primitive risquait, en effet, d'être étouffée par le conformisme de ceux qui s'étaient convertis moins par conviction sincère que par opportunisme. En outre, la foi chrétienne devint l'idéologie des empires et des royaumes qui succédèrent à Rome. Pendant de longs siècles, la fascination qu'exerçait sur les peuples barbares de la périphérie une civilisation ressentie comme supérieure allait les conduire, pour accéder à celle-ci, à adopter sa religion, tant en Orient qu'en Occident. Du coup, certains esprits exigeants estimèrent que la perfection ne pouvait plus être atteinte au sein d'une société qui n'était chrétienne qu'en apparence et décidèrent de quitter le monde pour trouver Dieu. Tel est le sens fondamental de l'expérience érémitique et monastique, inaugurée en 270 environ par saint Antoine (mort en 356) dans le désert d'Égypte, institutionnalisée sous une forme cénobitique par saint Pacôme en 320 environ et codifiée par la règle de saint Basile en Orient et celle de saint Benoît en Occident. Cette dernière, qui fut rédigée vers le milieu du VIe siècle, allait constituer pendant des siècles le principal modèle de la vie religieuse consacrée. À force de mettre l'accent sur la nécessité d'une rupture avec le monde et la vie profane, le monachisme eut tendance à faire de la sainteté

Moines et missionnaires. Assurer la propagation de la « bonne nouvelle » implique qu'on s'ouvre au monde. Parallèlement, la volonté de vivre intégralement la dimension spirituelle de l'Évangile peut conduire à une rupture avec ce monde. À travers les ordres monastiques, l'Église organise cette double exigence. Page de gauche, épisode de la vie de saint Benoît, fresque de Conxolus, église du Sacro Speco, Subiaco (Scala) ; ci-dessus, mission de saint François d'Assise auprès du sultan d'Égypte (l'événement se situe effectivement à Damiette en 1219), fresque de Giotto, Santa Croce, Florence (Scala).

chrétienne l'apanage d'une élite spirituelle, seule capable de maintenir la pureté du message évangélique et de le mettre en pratique dans son intégralité à l'abri de la clôture. Cette opposition fut particulièrement marquée en Orient, où le christianisme « orthodoxe », tant byzantin que slave, a été marqué jusqu'à notre époque par la distinction très nette entre un clergé séculier, proche des fidèles par son mode de vie, et les moines, témoins par leur idéal ascétique de la dimension eschatologique de l'Église. L'Occident ne devait pas connaître au même degré cette dichotomie. De saint Ambroise au pape Gélase, l'Église y avait très tôt affirmé son autonomie et même sa supériorité par rapport au pouvoir politique. Après l'effondrement de l'Empire romain et l'établissement des royaumes barbares, les évêques furent amenés dans bien des cas à assumer des fonctions administratives, voire politiques, et la papauté ne tarda pas à devenir, avec Grégoire le Grand (600 env.) maîtresse de Rome et du patrimoine de Pierre, noyau de ce qu'on appellera plus tard les États pontificaux. Les moines eux-mêmes jouèrent là un rôle actif dans l'évangélisation des populations rurales, tandis que des missionnaires irlandais et anglais furent les principaux artisans de la conversion des peuples germaniques entre le VIe et le IXe siècle.

Missionnaires et martyrs

On vit ensuite se succéder en Occident diverses stratégies missionnaires : entre le IXe et le XIe siècle, au temps des souverains carolingiens et ottoniens, s'acheva la christianisation de l'Europe au sens statistique du terme. Les Slaves, les Hongrois et enfin les Scandinaves en vinrent à recevoir le baptême, en général à la suite de leurs chefs qui, à la faveur de leur intégration dans la chrétienté, créèrent des États nationaux dotés d'institutions monarchiques. À partir du dernier tiers du XIIe siècle, une fois affermie la primauté de l'Église romaine, qui s'était libérée de la tutelle impériale dans le cadre de la réforme dite « grégorienne », l'élite du clergé prit conscience du caractère superficiel de cette imprégnation religieuse des masses. Contestée par les mouvements hérétiques, qui lui reprochaient d'avoir trahi le message évangélique et de s'être laissé corrompre par la richesse et la puissance, l'Église s'efforça d'améliorer la formation des clercs (développement des écoles, naissance des universités et essor de la théologie aux XIIe et XIIIe siècles) et de relever leur niveau moral en imposant l'obligation stricte du célibat ecclésiastique. Mais surtout elle chercha à rendre les croyances des fidèles conformes aux normes qu'elle avait ainsi établies, en mettant l'accent sur la pratique religieuse et sacramentelle : à partir de l'important concile de Latran IV (1215), le bon chrétien se définit comme un pratiquant qui se confesse et communie au moins une fois l'an. Désormais, l'orthodoxie se présente d'abord comme une orthopraxie – faire croire, c'est faire faire – au sein d'une chrétienté encadrée par le clergé séculier des paroisses et éduquée sur le plan religieux et moral par les Ordres mendiants. Ceux-ci développèrent particulièrement la prédication. Ils mirent en place une pastorale adaptée à la situation concrète des personnes, tout en combattant les hérésies dans le cadre répressif de l'Inquisition. Ce fut le début d'une vaste entreprise de reconquête intérieure. À terme, ce mouvement de réforme devait conduire bon nombre de chrétiens à rompre avec l'Église romaine, celle-ci constituant à leurs yeux un obstacle à la transmission de la Parole de Dieu consignée dans la Bible et à l'épanouissement de la vie évangélique. Ainsi s'explique notamment la naissance, au XVIe siècle, du protestantisme.

Parallèlement à ces tentatives de réforme apparurent en Occident de nouvelles formes d'apostolat, inaugurées au XIIIe siècle par les Franciscains et les Dominicains. Si leurs ouvertures en direction de l'islam ne suscitèrent guère que des réactions de rejet, leurs missions auprès des Mongols, maîtres de la plus grande partie de l'Asie, eurent davantage de résultats et, au début du XIVe siècle, le franciscain italien Jean de Montecorvino put établir une hiérarchie catholique en Chine. Ce mode pacifique d'implantation ecclésiastique en dehors de la vieille chrétienté fut aussi, au XVIe siècle, celui de l'évangélisation du Nouveau Monde. Désormais, les progrès du christianisme hors d'Europe vont aller de pair avec l'expansion coloniale des grandes puissances, au prix d'une concurrence parfois très vive, surtout au XIXe siècle, entre les diverses confessions chrétiennes. Aussi le christianisme pâtira-t-il, surtout en Afrique noire où son implantation fut tardive, du mouvement de décolonisation, au profit d'un islam en forte expansion.

La redécouverte, à partir de la fin du Moyen Âge, de la dimension missionnaire du christianisme devait avoir des répercussions sur sa conception de la sainteté. L'Église des premiers siècles avait assimilé celle-ci au martyre, témoignage irrécusable de fidélité au Christ. Après les persécutions, d'autres formes de perfection apparurent et la figure du confesseur – ermite, moine vivant dans l'ascétisme, saint évêque défenseur de l'Église et du peuple – tendit à supplanter celle du martyr. Mais avec saint Thomas Becket, assassiné en 1170 dans sa cathédrale pour avoir résisté au roi Henri II, le martyre revint au premier plan comme signe d'un affrontement entre l'Église et les prétentions du pouvoir temporel. À cette époque aussi réapparurent les martyrs missionnaires : au XIIIe siècle, en Afrique du Nord ; au XVIe, avec saint François Xavier et ses émules, en Asie ; au XIXe, en Asie encore et en Afrique noire. Cet idéal demeure vivant au sein du christianisme, même si le sens de la notion a évolué. Les exemples contemporains du père Kolbe à Auschwitz, de Mgr Romero au Salvador ou du père Popieluszko en Pologne ont montré que l'essentiel n'est plus tant de défendre les droits de l'Église ou de démontrer la supériorité de la foi chrétienne : il s'agit d'affirmer, dans le sacrifice suprême, que la personne humaine, pour le salut de laquelle Dieu s'est fait homme en Jésus-Christ, est porteuse de valeurs plus importantes que la vie même.

La pénitence et la confession

PAUL DE CLERCK

La confession des péchés au prêtre est une pratique qui a été très répandue depuis le XIIIe siècle et qui a profondément marqué la spiritualité occidentale. Mais il n'en a pas toujours été ainsi. Si la reconnaissance par l'homme de son péché est une donnée fondamentale du christianisme, les procédures de confession et de rémission ont cependant varié au cours des siècles, en Occident plus encore qu'en Orient.

La conversion dans le Nouveau Testament

La notion fondamentale qu'on rencontre dans le Nouveau Testament au sujet de l'aveu et de la rémission des péchés est celle de μετάνοια ou conversion. Ce terme grec est parfois traduit par « repentance » ou « pénitence ». Il exprime un changement de vie, l'adhésion d'adultes au message du Christ, scellée par le baptême. Ce rite, véhiculé par les mouvements baptistes, fut très rapidement repris par les chrétiens en lieu et place de la circoncision juive ; marquant la conversion, il remet les péchés et confère le don de l'Esprit (Actes, II, 38) ; à ce titre, il fait partie de la mission confiée à l'Église par le Christ après sa résurrection (Mt, XXVIII, 19 ; Mc, XVI, 16 ; Lc, XXIV, 47 ; Jn, XX, 22-23). Ici, les termes « conversion », « pénitence » et « baptême » sont synonymes. Par ailleurs, l'attitude de pardon mutuel est fortement mise en valeur, à la suite des paraboles de Jésus (Luc, XV) ; une de ses réalisations les plus fortes est l'attitude prise envers Pierre, reconnu comme celui qui doit affermir ses frères alors qu'il a renié son maître. Quant à la manière de se comporter envers des membres de l'Église qui pèchent gravement, on constate une diversité de réactions. Paul ne fait pas le détail, dans l'affaire de l'incestueux de Corinthe ; citant le Deutéronome (XIII, 6), il écrit : « Ôtez le mauvais du milieu de vous » (I Cor., V, 13). Pour sa part, la communauté matthéenne a déjà élaboré un début de procédure de réconciliation ; après trois instances, cependant, si le pécheur s'entête, il sera considéré « comme un païen et un publicain » (Mt, XVIII, 15-17). De

Ramener la brebis égarée. Dans leur action pastorale, les Dominicains visaient à développer chez les fidèles la pratique des sacrements, en particulier la confession des péchés et la communion. Détail d'une fresque de Bonaiuto, Santa Maria Novella, Florence (Scala).

son côté, l'épître aux Hébreux formule un principe caractéristique d'un mouvement religieux naissant : « Il est impossible que des hommes qui un jour ont reçu la lumière [par le baptême] [...] trouvent une seconde fois le renouveau de la conversion, alors qu'ils remettent sur la croix le Fils de Dieu et l'exposent aux injures » (Hébr., VI, 4-6).

En tout cela, il n'est pas question de la confession au sens moderne du terme. Le Nouveau Testament incite cependant les chrétiens à « confesser leurs péchés » (Mt, III, 6 ; Mc, I, 5 ; Jc, V, 16 ; I Jn, I, 9) ; l'expression revêt le sens général de reconnaître ses fautes, de ne pas (se) les cacher, de faire la vérité. On trouve la même exhortation dans la *Didachè*, petit écrit canonico-liturgique de la fin du Ier siècle ; il invite les participants de l'eucharistie dominicale « à confesser leurs péchés, pour que leur sacrifice soit pur » (XIV, 1). Ici, comme dans les livres bibliques, le verbe utilisé est (ἐξ) ὁμολογεῖσθαι.

La « seconde pénitence » dans les premiers siècles

L'épître aux Hébreux a eu beau dire qu'une seconde rémission des péchés était impossible, les chrétiens des deux premiers siècles ont eu beau rêver que la rémission baptismale était unique et définitive, il a bien fallu se rendre à l'évidence : même convertis et baptisés dans l'Esprit, certains chrétiens en venaient cependant encore à pécher gravement. Au milieu du IIe siècle, Hermas, porte-parole de la tendance progressiste du clergé romain, ouvrira la voie de la « seconde pénitence » en écrivant : « Dans sa grande miséricorde, le Seigneur s'est ému pour sa créature et a institué cette pénitence, et il m'a accordé de la diriger. Mais je te le dis : si après cet appel important et solennel [le baptême], quelqu'un, séduit par le diable, commet un péché, il dispose d'une seule pénitence » (*Le Pasteur*, éd. R. Joly, coll. Sources chrétiennes, n° 53 *bis*, p. 161, Paris, 1968). Au début du IIIe siècle, le rhéteur africain Tertullien consacre un petit traité à la pénitence. Il en parle comme d'une réalité bien établie et connue, dans la ligne ouverte par Hermas : « Dieu a placé dans le vestibule une seconde pénitence, écrit-il, afin d'ouvrir à ceux qui frapperaient ; mais une fois seulement, car c'est déjà la seconde fois, et jamais plus par la suite, car la fois précédente a été inutile » (VII, 10 ; éd. C. Munier, coll. Sources chrétiennes, n° 316, p. 175, Paris, 1984). La pénitence est dite seconde, parce qu'elle est « une deuxième planche de salut » après la première qu'est le baptême. Ambroise écrira, à la fin du IVe siècle : « Comme il n'y a qu'un baptême, il n'y a qu'une pénitence » (*La Pénitence*, II, 10, 95, éd. R. Gryson, coll. Sources chrétiennes, n° 179, p. 193, Paris, 1971).

Du IIIe au VIe siècle s'est développé un processus pénitentiel qu'on nomme pénitence antique, ou canonique, et qui a été conçu comme une reprise du baptême. Il comporte trois étapes. La première est l'entrée en pénitence : le chrétien coupable des trois grandes fautes de crime, adultère ou apostasie se présente à l'évêque et lui « confesse » son péché, s'il n'est pas public. L'évêque le reçoit et, après une prière, le fait entrer dans l'« ordre des pénitents », catégorie de chrétiens qui, du fait de leur comportement, ne sont plus en communion plénière avec la communauté et ne peuvent donc plus recevoir la communion eucharistique. Il s'agit ainsi d'une excommunication partielle. En deuxième lieu se déroule le stage pénitentiel : les pénitents sont astreints à de dures contraintes, qui même feront fréquemment reporter l'entrée en pénitence à l'approche de la mort. Cette *actio paenitentiae* peut durer des années. Enfin, intervient la célébration de la réconciliation : en présence de la communauté rassemblée, l'évêque prie sur les pénitents et les réintroduit dans l'Église ; ils sont à nouveau admis à l'eucharistie. À partir du IVe siècle, l'entrée en pénitence se fait au début du carême, et la réconciliation le jeudi saint. La pénitence, unique, apparaît comme un processus de régulation ecclésiale. Ses exigences extrêmement rigoureuses, dont certaines valaient encore après la réconciliation, montrent bien qu'elle s'était développée à l'époque des petits groupes de fervents ; quand augmenta fortement le nombre des chrétiens, au IVe siècle, elle se révéla inadaptée ; et elle disparut à partir du VIe siècle. Mais, à l'époque, beaucoup de chrétiens ne passaient jamais par la pénitence canonique. Pour le dépassement de leurs fautes courantes, les Pères de l'Église leur conseillent les larmes de la conversion, l'aumône et les bonnes œuvres, la prière, et notamment celle du *Notre Père*, où l'on demande le pardon des offenses ; saint Augustin écrivait à ce propos : « Un jour nous sommes lavés par le baptême, tous les jours nous sommes lavés par la prière » (« Sur le symbole », 7, 14, in *Corpus christianorum*, vol. XLVI, p. 198).

À partir de la fin du IVe siècle, l'Orient abandonna la pénitence ecclésiale pour adopter la confession à un maître spirituel, pratique plus individuelle à visée thérapeutique. L'Occident connut encore une autre discipline.

Les moines irlandais, venus comme missionnaires sur le continent, y diffusèrent, en effet, une pratique pénitentielle toute nouvelle, d'origine monastique. Le chrétien qui a péché va dorénavant trouver un moine ou un prêtre et lui faire l'aveu de sa faute ; celui-ci le reçoit, prie avec lui, l'encourage, et lui impose finalement une « pénitence » à réaliser, selon des tarifs précisés dans les *Livres pénitentiels* de l'époque. Une fois l'œuvre accomplie (jours de jeûne, prières, pèlerinages...), le pénitent revient auprès du prêtre, qui lui donne l'absolution. Cet usage, destiné à l'amendement personnel plus qu'à la régulation du groupe, peut se répéter aussi souvent qu'on le souhaite ; il prend en compte toutes les catégories de péchés. À son tour, il tomba en désuétude, à cause de la pratique des commutations de peines (les moines acceptent, pour cela, de dire des messes) et de la conception mercantile qu'il comportait.

Définition, contestation et pratique du « Sacrement de pénitence »

Par contraste, les théologiens du XIIe siècle mirent l'accent sur la gratuité du pardon divin, n'exigeant qu'une chose : la conversion, ou, selon le vocabulaire de l'époque, la contrition. Et quelle peut en être la preuve, sinon la confession des péchés, faite au prêtre de manière précise et détaillée ? Cet aveu est si pénible, il cause tant de honte qu'il ne peut provenir que d'un cœur contrit. La pénitence, définie comme un des sept sacrements depuis 1150, comporte dès lors quatre parties : la contrition ; la confession au prêtre, qui en est le signe ; la satisfaction ou accomplissement de la « pénitence » que le prêtre impose ; enfin, l'acte du prêtre lui-même, l'absolution. Ce que les théologiens continuent de nommer le « sacrement de pénitence » s'appelle dès lors couramment la « confession » : la partie sur laquelle on insiste le plus en vient à désigner le tout. Le IVe concile du Latran (1215) demande que la confession soit au moins annuelle (canon 21). Mais les gens pieux se confessent fréquemment – chaque semaine, voire chaque jour –, beaucoup plus souvent qu'ils ne communient (cinq ou six fois l'an). C'est le règne de la confession fréquente ou de dévotion, qui aura une influence considérable sur la formation de la conscience européenne. On ne communie plus guère sans se confesser préalablement, selon le dicton : « Ne pas recevoir le Bon Dieu sans confession ». Le confessionnal fut imaginé en Andalousie (!) au début du XVIe siècle pour favoriser la discrétion des confessions ; il fut diffusé par la pastorale post-tridentine et grâce à l'action de saint Charles Borromée, archevêque de Milan de 1565 à 1584.

Au XVIe siècle, les réformateurs rejetèrent la nécessité de la confession pour la rémission des péchés, au nom du principe de la *sola Scriptura* (cette pratique n'est pas mentionnée telle quelle dans le Nouveau Testament) et à cause du pouvoir que les prêtres y exercent sur les âmes. Luther lui-même se confessa cependant jusqu'à la fin de sa vie, sans exiger pourtant qu'on recourût à une confession complète, jugée comme pouvant entraîner le tourment de l'âme ; l'*Apologie de la Confession d'Augsbourg* déclare que « sont vraiment sacrements le baptême, la Cène du Seigneur, l'absolution, qui est le sacrement de pénitence » (art. 13). Calvin, pour sa part, s'est montré plus radical ; il estime que la seconde pénitence fait injure à la première et à la puissance du baptême. Selon lui, le pécheur obtient le pardon de ses péchés par la prédication de l'Évangile (*Institution chrétienne*, IV, XV, 4, t. IV, p. 320, éd. J.-D. Benoît, Paris, 1961). Les Églises issues de la Réforme ne reconnaissent pas aujourd'hui le caractère proprement sacramentel de la pénitence. La plupart ont gardé dans leur culte la confession générale des fautes et ont abandonné la confession individuelle. Le concile de Trente (1545-1563) réaffirma la doctrine catholique à l'encontre des dénégations protestantes : sa quatorzième session (25 novembre 1551) comporte neuf chapitres et quinze canons sur la pénitence. Au XVIIe siècle, les jansénistes s'intéressèrent beaucoup à la confession. S'inspirant des pratiques de l'Église ancienne, ils réinstaurèrent un laps de temps entre l'aveu des fautes et l'absolution, de manière à intensifier la contrition ; ce « délai de l'absolution » fut une des armes principales de leur pastorale rigoriste.

Au cours du IIe concile du Vatican (1962-1965), une *constitution* sur la liturgie fut adoptée le 4 décembre 1963. Sa mise en œuvre prit plusieurs années. Le nouveau rituel de la pénitence fut publié à Rome le 2 décembre 1973 sous le titre *Ordo paenitentiae* ; l'édition francophone date de 1978 et est intitulée *Célébrer la pénitence et la réconciliation*. Du point de vue théologique, ce rituel situe la pénitence à l'intérieur du projet divin de réconciliation, qui se réalise dans le baptême et l'eucharistie, et aussi, particulièrement, dans ce sacrement – vaste fresque qui donne son ampleur à la réforme souhaitée. Celle-ci se concrétise dans l'instauration de trois formes de célébration, ce qui constitue une innovation par rapport à l'unique confession établie au XIIe siècle. La première forme rénove sérieusement l'ancienne confession en en renouvelant profondément le climat, plus théologal que moral ; la deuxième prévoit une confession individuelle à l'intérieur d'une célébration communautaire ; la troisième, dont le déroulement est subordonné au jugement de l'évêque, comporte la confession et l'absolution communautaires. La réforme, que certains estiment bancale, n'a pas provoqué un nouvel engouement pour cette pratique, dont la fréquence et la fréquentation ont beaucoup baissé depuis la Seconde Guerre mondiale ; elle n'est pas encore entrée dans les mœurs. Plusieurs tendances existent quant aux orientations à promouvoir. Certains estiment qu'après Freud il est bien difficile de parler encore du péché ; ils pensent que la confession aurait tout avantage à se séculariser en un service d'écoute des personnes qui le souhaitent, en toute bienveillance et gratuité. D'autres pensent qu'après un temps de relâchement l'heure est venue de rappeler les vertus de la confession individuelle. D'autres enfin estiment que la tradition de l'Église a tant de richesse et connaît des modèles si variés qu'on devrait s'en inspirer pour proposer sous des formes nouvelles aux hommes et aux femmes d'aujourd'hui le pardon de Dieu et la réconciliation mutuelle.

Le mariage et la sexualité

JEAN-LOUIS FLANDRIN

La morale chrétienne du mariage et de la sexualité s'est toujours opposée aux mœurs et aux modèles de conduite ayant cours dans la société. D'un autre côté, la présentation de la doctrine, ses justifications et ses fondements même ont visiblement été marqués par la sensibilité, les idées, la culture de chaque époque. Cette influence des idées du temps a été particulièrement remarquable dans l'Antiquité et à l'époque actuelle.

Les données de l'Écriture

Les prescriptions du Nouveau Testament, en ce domaine, sont sommaires, et celles de l'Ancien ne valent pas automatiquement pour les chrétiens. Le mariage est d'institution divine ; et le Christ a rappelé la supériorité du lien conjugal sur les liens du sang. Mais – sauf cas d'infidélité – il a interdit la répudiation de la femme par son mari et le remariage après divorce (Mt, XIX, 3-9), que la loi mosaïque autorisait (Deut., XXIV, 1-4). Comme la loi chrétienne, la loi hébraïque proscrivait l'inceste (Lév., XVIII, 6-18), l'homosexualité (Lév., XVIII, 22, etc.), la bestialité (Lév., XVIII, 23), l'adultère (Lév., XVIII, 20 ; Deut., V, 18, etc.), le stupre. Mais elle tolérait, pour les hommes, certaines relations sexuelles hors mariage (Gen., XXXVIII, 15-28), que le christianisme condamne : il interprète le commandement

L'innocence perdue.
Nus dans le jardin d'Éden, Adam et Ève, dans l'état premier de conformité au vouloir divin, « n'avaient pas honte l'un de l'autre » (Genèse, II, 25). Après la chute, la sexualité, selon la Bible, devient occasion de péché. Miniatures du XVe siècle, musée Condé, Chantilly (Lauros-Giraudon).

contre l'adultère (Ex., XX, 14 ; Deut., V, 18) comme interdisant toute fornication. Quant aux prescriptions hébraïques relatives aux impuretés de l'homme ou de la femme (Lév., XV, 1-33), elles sont peu à peu tombées en désuétude chez les chrétiens. En fait de pureté, le christianisme a fortement valorisé la virginité et la chasteté, ce qui est tout à fait nouveau. En outre, il a présenté le lien conjugal comme une entrave au service de Dieu : le Christ a vanté les eunuques volontaires (Mt, XIX, 11-12), et encouragé les hommes mariés à abandonner femme et enfants pour le suivre (Mt, XIX, 29). Reprenant ce thème, saint Paul écrit : « Celui qui n'est pas marié s'inquiète des choses du Seigneur, des moyens de plaire au Seigneur ; et celui qui est marié s'inquiète des choses du monde, des moyens de plaire à sa femme. Il y a de même une différence entre la femme et la vierge : celle qui n'est pas mariée s'inquiète des choses du Seigneur, afin d'être sainte de corps et d'esprit ; et celle qui est mariée s'inquiète des choses du monde, des moyens de plaire à son mari » (I Cor., VII, 32-34). Comment le mariage pouvait-il se concilier avec cette exaltation de la virginité ? Des disciples – plus tard rejetés dans l'hérésie – ont cru qu'il était à proscrire.

Saint Paul, tout en affirmant la prééminence de l'état virginal, a pourtant autorisé le mariage monogamique et le commerce charnel des conjoints : « Il est bon pour l'homme de s'abstenir de la femme. Toutefois, en raison du péril d'impudicité, que chaque homme ait sa femme à lui et que chaque femme ait son propre mari. Que le mari rende à sa femme ce qui lui est dû et la femme de même à son mari » (I Cor., VII, 1-2). Et plus loin : « À ceux qui ne sont pas mariés et aux veuves, je dis qu'il leur est bon de rester comme moi. Mais, s'ils ne peuvent se contenir, qu'ils se marient : mieux vaut se marier que de brûler » (I Cor., VII, 7-9). Ainsi le mariage est-il justifié comme une forme mineure de la chasteté : c'est un remède contre l'impureté. Il n'est pas que cela, cependant. Retrouvant la tradition du Cantique des cantiques, Paul fait du lien conjugal un symbole des relations du Christ et de l'Église : « Femmes, soyez soumises à vos maris comme au Seigneur, car le mari est le chef de la femme comme Christ est le chef de l'Église, qui est son corps [...]. Maris, aimez vos femmes, comme Christ a aimé son Église... » (Éph., V, 25-33). Mais il n'y a pas, dans l'ancienne littérature chrétienne, de texte qui, comme le Cantique des cantiques, chante l'amour d'un homme et d'une femme. Dès l'origine, la sorte d'amour que l'on a proposée aux époux chrétiens a été un amour-bienveillance et un amour-devoir. Un amour quelque peu condescendant de la part de l'homme ; et un amour fait de respect et d'obéissance de la part de la femme. Mais, si l'épître aux Éphésiens ne traite donc pas en égaux les deux époux, elle insiste sur la réciprocité de leurs devoirs, ce qui paraît nouveau par rapport aux attitudes qui avaient cours chez les juifs comme chez les Gentils.

C'est encore en termes de devoir réciproque que saint Paul a parlé de l'union charnelle : « Que le mari rende à sa femme ce qu'il lui doit, et que la femme agisse de même envers son mari. La femme n'a pas autorité sur son propre corps, mais c'est le mari ; et, pareillement, le mari n'a pas autorité sur son propre corps, mais c'est la femme. Ne vous privez point l'un de l'autre, si ce n'est d'un commun accord, pour un temps, afin de vaquer à la prière, puis retournez ensemble, de peur que Satan ne vous tente... » (I Cor., VII, 3-5). Symbole d'amour du Christ pour l'Église, remède contre la fornication, indissolubilité, devoirs réciproques des époux : voilà ce dont il est question lorsque le Nouveau Testament parle du mariage. Les droits charnels des époux n'y sont limités ni dans leur forme ni dans leurs motivations, mais, tout au plus, dans le temps, par respect pour la prière. Saint Paul a, certes, introduit la notion de « rapports contre nature » (Rom., I, 26-27), mais à propos de rapports homosexuels, et non de rapports conjugaux privés de leur vertu procréative. De la procréation, il n'est question que dans une épître (I Tim., II, 15 et V, 14) : c'est après le Iᵉʳ siècle, sous l'influence des morales païennes, que le mariage chrétien va être fondé sur elle, et que l'on condamnera toute forme de contraception.

Procréation, « biens » du mariage et fins de l'union conjugale

Durant les premiers siècles, la notion de fornication est essentielle pour le christianisme, mais aussi pour d'autres doctrines : les sectes gnostiques, en particulier, condamnaient toute conjonction charnelle, même dans le mariage. Sous la pression de leurs attaques, l'Église a été obligée d'expliquer en quoi les relations conjugales différaient des plaisirs sexuels pris hors mariage. Et elle l'a fait dans le cadre des structures mentales de l'époque. Selon la loi romaine, le mariage avait pour fin la procréation ; et opposer la recherche du plaisir sexuel aux relations conjugales, qui, elles, visent à procréer, était un lieu commun chez tous les moralistes de ce temps : on le trouve chez les stoïciens, les néo-pythagoriciens, chez des philosophes juifs hellénisés comme Philon d'Alexandrie, etc. Absente de l'Ancien Testament, cette problématique apparaît dans les textes rabbiniques des premiers siècles, siècles qui sont aussi ceux de l'hellénisation du peuple juif. C'est alors seulement que les auteurs juifs ont parlé de la procréation comme d'un devoir et qu'ils ont interprété l'histoire d'Onan (Gen., XXXVIII, 8-10) comme une condamnation de la contraception. À partir du IIᵉ siècle, on trouve les mêmes idées chez les auteurs chrétiens : chez saint Justin, en 165, Athénagoras, en 177, et surtout Clément d'Alexandrie, qui, de 190 à 202, a structuré la doctrine chrétienne du mariage. Désormais, le concept ambigu de chasteté conjugale, qui avait permis à Paul de concilier l'institution de mariage avec l'impératif chrétien de chasteté, a un contenu précis : il signifie que l'on doit s'unir à son épouse non pas par désir ou par amour, mais sans passion, dans l'intention de mettre des enfants au monde.

Deux siècles plus tard, saint Augustin devait achever de mettre en forme la doctrine du mariage chrétien : « Dieu, écrit-il, a voulu tirer tous les hommes d'un seul pour qu'ils fussent maintenus en société non seulement par la ressemblance de leur race, mais encore par le lien de la parenté. » On pourrait expliquer ainsi la prohibition de l'inceste, mode de relations charnelles qui n'établit pas de nouveaux liens sociaux. Quant aux trois biens du mariage – *proles*, *fides* et *sacramentum* –, ils servent aussi ce projet divin. Par

Sous la protection d'un ange. Le mariage consacre l'union charnelle de l'homme et de la femme. Détail du triptyque des sept sacrements. Roger van der Weyden, Musée royal des beaux-arts, Anvers (Giraudon).

proles, il faut entendre non seulement la procréation, mais l'éducation des enfants. Par *fides*, non seulement le renoncement à tous rapports extraconjugaux, mais le fait d'être toujours à la disposition du conjoint, sur le plan sexuel comme sur celui de l'assistance mutuelle. Quant au *sacramentum*, il signifiait seulement que le mariage est indissoluble. De ces trois biens du mariage, les deux premiers seulement justifiaient l'union charnelle des époux. D'une manière quasi juridique, la « fidélité » obligeait à livrer son corps au conjoint lorsqu'il en réclamait l'usage. L'union conjugale était présentée comme une relation de débiteur à créancier plutôt que comme la communion charnelle de deux êtres qui s'aiment. En outre, la demande du « dû » conjugal n'était licite que si l'on voulait procréer. Toute manœuvre contraceptive était rigoureusement proscrite, de même que la recherche des périodes de stérilité naturelle ; mais on condamnait aussi les époux qui recherchaient l'union conjugale pour d'autre motif que pour engendrer.

De la pratique médiévale à la doctrine actuelle

Du Ve siècle au début du XXe, rien d'essentiel n'a été changé dans la doctrine du mariage. Mais certains problèmes de cohérence sont apparus. Épris de chasteté, les auteurs du haut Moyen Âge ont multiplié les interdits relatifs à l'inceste, aux formes de l'accouplement et aux temps de continence. Par exemple, ils défendaient aux époux de s'unir pendant les jours de fête et les jours de jeûne (soit 273 jours par an), pendant la grossesse et pendant les périodes d'impureté de la femme (les règles et la quarantaine de jours suivant les accouchements). Ce rigorisme élargit le fossé entre la doctrine et la pratique, provoqua une grande instabilité des mariages et mit en péril la fidélité conjugale. C'est pourquoi une tendance inverse s'est dessinée entre le XIe siècle et le début du XVIIe : réduction draconienne des empêchements de mariage (en 1215, au VIe concile du Latran), suppression de quelques temps de continence et indulgence plus grande envers les époux qui ne parvenaient pas à observer ceux qui subsistaient. En outre, sans toucher aux fondements de la doctrine augustinienne, nombre de théologiens, à la suite de saint Thomas d'Aquin, ont partiellement réhabilité l'amour conjugal et la recherche d'un plaisir modéré. Dès le XIIe siècle, d'autre part, sous l'action conjuguée d'un canoniste (Gratien) et d'un théologien (Pierre Lombard), le mariage est devenu un sacrement conférant aux époux des grâces spécifiques. L'Église admet que les conjoints se l'administrent eux-mêmes par l'échange de leur consentement. Cela posait de graves problèmes dans une société où, en raison de ses enjeux économiques, sociaux et politiques, les chefs de famille avaient l'habitude de contrôler le mariage de leurs enfants. D'autres tensions existaient entre la doctrine des théologiens et la jurisprudence canonique. Si le mariage est fait pour mettre au monde et éduquer des enfants, pourquoi des personnes stériles ont-elles le droit de se marier et de s'unir charnellement ? Et pourquoi les mariages stériles sont-ils indissolubles ? Pourquoi, en revanche, l'impuissance est-elle un cas d'annulation ? Et pourquoi, si

« Faisons l'homme à notre image et ressemblance. » La banderole reprend la formule de la Genèse, car l'enfant à naître, doté d'une âme (dès sa conception, ou plus tard, on en discute), est un don de Dieu, représenté ici sous la forme de la Sainte Trinité. Miniature du XVe siècle, bibliothèque de l'Arsenal, Paris (J.-L. Charmet).

c'est le consentement qui fait le mariage, celui-ci est-il annulable en cas de non-consommation ?

En 1874, un théologien italien jésuite, A. Ballerini, écrit qu'il est licite de rechercher le plaisir dans l'acte conjugal lorsqu'on n'en exclut pas positivement les autres fins. Ce point de vue, mieux accepté qu'au cours des siècles précédents, est repris en 1951 par Pie XII : « Le Créateur [...] a également ordonné qu'en accomplissant cette fonction le mari et la femme éprouvent du plaisir et de la joie dans leur chair et dans leurs esprits. En recherchant ce plaisir [...], les couples ne font rien de mal... » Mais l'essentiel concerne l'amour. Comme fin des rapports sexuels, il avait été tantôt ignoré et tantôt condamné. En 1878, Francis X. Linsenmann distingue le but subjectif du rapport sexuel – « l'union spirituelle des époux » – de son but objectif, qui est la procréation. En 1925, Dietrich von Hildebrand, refusant « l'approche purement biologique » adoptée par les anciens théologiens, déclare que l'acte conjugal « a également un sens pour l'homme en tant qu'être humain, celui d'être l'expression et l'accomplissement de l'amour conjugal et de la communauté de vie ». De plus, l'union charnelle des époux « participe d'une certaine façon au sens sacramentel du mariage ». Hildebrand a été le premier à enseigner que cette union exige l'amour, faute de quoi elle serait sacrilège. Enfin, en 1935, Herbert Doms construit avec rigueur un système doctrinal nouveau. La fin biologique ne peut être la fin primaire de l'accouplement, puisque l'ovulation – découverte en 1927 – ne dépend pas de l'acte sexuel et que l'ovule se perd par la continence, comme les spermatozoïdes dans le coït interrompu. Le rapport conjugal est essentiellement un acte d'amour, un don de soi. La théorie de Doms permet de comprendre pourquoi l'on peut dissoudre les mariages non consommés et non pas les mariages simplement stériles ; pourquoi l'Église autorise l'union sexuelle des époux stériles et les rapports pendant la grossesse. Et elle résout facilement toutes les difficultés apparues au cours des siècles entre la jurisprudence canonique et la doctrine augustinienne. Ainsi la pratique chrétienne du mariage a enfin trouvé sa théorie.

Encore répouvée, en 1944, par le Saint-Office, cette doctrine personnaliste triomphe au cours des années suivantes. C'est à elle que Pie XII se réfère, en 1951 et 1955, pour condamner la fécondation artificielle, et la vision purement politique et biologique de la sexualité que certains régimes totalitaires avaient adoptée – condamnations qui n'auraient pas été possibles si l'on avait conservé la doctrine de saint Augustin et des Pères de l'Église. Cependant, plus on justifiait l'acte conjugal par l'amour, plus les raisons de l'hostilité à la contraception devenaient obscures. Pie XII en eut conscience et, en novembre 1951, il admit le principe de la « régulation des naissances ». Depuis lors, il n'y a débat que sur la manière de prévenir les naissances. Malgré d'importantes recherches pendant et après le IIe concile du Vatican, la méthode de la continence périodique, dite naturelle, reste la seule admise. Matériellement, c'est une vieille pratique chrétienne instaurée durant le haut Moyen Âge dans une tout autre intention. Mais, comme méthode de prévention des naissances, saint Augustin l'avait dénoncée parmi d'autres pratiques honteuses des manichéens (*Les Mœurs des manichéens*, XVIII, 65, P.L. XXXII, 1373). En outre, sa difficulté et son peu d'efficacité poussent de nombreux couples chrétiens à en utiliser d'autres et de nombreux pasteurs à le tolérer.

Sur bien d'autres points – par exemple, pour ce qui concerne la formation du couple et les relations prénuptiales –, les mœurs actuelles s'écartent des modèles chrétiens traditionnels et sollicitent l'indulgence des directeurs de conscience. Ceux-ci, plutôt que de brandir les interdits, comme autrefois, prêchent généralement une morale positive, au cœur de laquelle est l'amour, et le respect de la personne.

Chrétientés orientales : la foi de l'Église arménienne

Jean-Pierre MAHÉ

Bien avant que la rupture entre Constantinople et Rome en 1054 n'eût consommé par un schisme la différence culturelle qui n'avait cessé de s'approfondir, depuis le IIIe siècle après J.-C., entre les chrétiens de langue grecque et ceux de langue latine, l'Église arménienne s'était détachée du reste de la chrétienté, avec d'autres Églises orientales, à la suite du concile de Chalcédoine (451). Remontant, selon la tradition, à l'âge apostolique et s'étendant, sans doute clandestinement, au cours des IIe-IIIe siècles, le christianisme arménien était devenu officiel dès le début du IVe siècle, avant même, semble-t-il, l'édit de tolérance de Constantin (312). Aristakēs, fils de Grégoire l'Illuminateur, apôtre et premier catholicos d'Arménie, avait assisté au concile de Nicée (325). Les arméniens avaient également adhéré au concile d'Éphèse (431), qui provoqua le schisme nestorien, d'où sont issus les chrétiens assyriens (lesquels subsistent jusqu'à nos jours aux confins de l'Irak, de l'Iran, de la Syrie, de la Turquie et de l'U.R.S.S., ainsi qu'aux Indes). Absents du concile de Chalcédoine, qui se tint alors qu'ils défendaient leur foi contre les mazdéens, les arméniens n'en connurent les décisions que beaucoup plus tard, par l'intermédiaire de certains syriens, et rompirent définitivement avec l'Église grecque en 555, rejoignant ainsi les syriens jacobites et d'autres chrétientés monophysites, comme les coptes et les éthiopiens.

Bien que refusant la formule chalcédonienne qui distingue, dans la personne du Christ, entre une nature humaine et une nature divine, pour maintenir, selon le concile d'Éphèse, « l'unique nature du Verbe incarné », les arméniens n'entendirent pas sous-estimer l'humanité du Fils de Dieu mais insister sur le caractère volontaire de son incarnation ; et, au-delà des querelles de mots ou des différends liturgiques, leur rupture avec les grecs eut des motifs sans doute aussi politiques et culturels que proprement doctrinaux. Ce qui était en jeu, outre deux doctrines distinctes de l'Incarnation, c'était aussi deux mondes intérieurs, deux façons différentes de vivre le christianisme.

Du rôle de l'image à la réflexion sur l'histoire

On sait l'importance que les icônes tiennent dans les églises orthodoxes. Du fait que « la vue est plus prompte que l'ouïe à connaître les choses et à s'assurer de leur vérité », les icônes n'ont pas seulement à jouer un rôle vulgarisateur auprès des illettrés ; elles permettent à tous les fidèles, quel que soit leur niveau d'instruction, de se remémorer plus aisément ce que Jésus-Christ a fait et souffert pour le salut ; elles communiquent à ceux qui les contemplent, comme l'explique le second concile de Nicée (787), une sorte de participation à la sainteté des prototypes qui s'y trouvent représentés. Entre l'image du Christ ou de la Vierge, qui élève le fidèle du sensible à l'intelligible, et le Christ ou la Vierge elle-même, il y a, malgré la différence des substances, comme une identité morale de personne. Les arméniens adoptèrent, sur ce point, une position nuancée. Tout en condamnant avec la plus grande vigueur, au nom de la réalité de l'Incarnation, les positions iconoclastes suscitées chez eux par les hérétiques pauliciens et thondrakiens, ils réservèrent les images peintes ou sculptées à l'ornementation monumentale de certains sanctuaires et répugnèrent au culte des icônes proprement dites. Si la croix du Sauveur, dûment consacrée, peut être offerte en tant que symbole à l'adoration des fidèles, il n'est pas question de laisser embrasser ou vénérer physiquement des images peintes exposées sur l'autel ou sur quelque support comparable à l'iconostase.

Plus encore qu'aux murs de leurs églises, très souvent dénudés, les arméniens réservent les programmes iconographiques paléochrétiens à l'ornementation des livres contenant les Évangiles, en tête desquels les dix tables des canons de concordance, dessinées en forme de voûtes célestes, sont suivies des scènes du Nouveau Testament correspondant aux douze grandes fêtes de l'année liturgique, de l'Annonciation à la Pentecôte, de l'Église naissante au Jugement dernier. Ainsi l'image est moins une présence personnelle que le prolongement de la parole inspirée. « Les livres ne sont-ils pas écrits avec du pigment ? Les mêmes choses sont peintes avec du pigment », explique le moine Vrt'anēs. L'illustration des Évangiles est une représentation intellectuelle de l'invisible, un symbole efficace du monde, depuis le dixième ciel, où réside le Dieu Très-Haut, jusqu'à ce ciel visible, depuis le premier moment de la Création jusqu'au temps présent de l'Incarnation, qui s'achèvera au second avènement du Christ.

Durant cette attente eschatologique, la réflexion sur l'histoire est au centre de la pensée et de l'expérience religieuses. La première démarche fut de rompre avec les idoles du passé. L'historien Agathange (455) raconte comment le roi Tiridate, converti par saint Grégoire (301), détruisit tous les monuments de l'Arménie païenne. Un siècle plus tard, d'après le récit de Koriwn, le moine Maštoc', inventeur de l'alphabet arménien, enlève les enfants des villages et leur inculque la doctrine jusqu'à ce qu'ils disent : « J'ai oublié mon peuple et la maison de mon père » (cf. Ps, XLIV, 11). Le seul passé que revendiquent désormais les croyants est celui du peuple de Dieu qui, par l'Incarnation du Fils, a reçu dans l'Évangile la révélation des mystères et l'accomplissement des promesses. Point de convergence de l'exégèse, de l'homilétique, de la philosophie et de l'expérience vécue des fidèles, l'historiographie est le sommet de l'ancienne littérature arménienne. Elle inscrit le destin du peuple baptisé dans le prolongement direct des deux Testaments relatant l'histoire d'Israël et des premiers chrétiens.

Koriwn ne craint pas de penser que, comme traducteur de la Bible, Maštocʻ est paradoxalement plus grand que Moïse, car il a reçu une révélation plus complète, qu'il a transmise à un peuple plus docile que les Hébreux. « Dès lors, écrit le chroniqueur, notre bienheureux et magnifique pays d'Arménie devint absolument prodigieux car, d'un seul coup, le législateur Moïse et la cohorte des Prophètes, l'éclaireur Paul et toute l'armée des Apôtres, munis de l'Évangile du Christ qui ravive le monde, arrivèrent ensemble [...] et se mirent à parler arménien. Il y avait désormais une joie qui emplissait le cœur, un spectacle qui charmait les regards. Car enfin un pays qui était naguère étranger même aux rumeurs des lointaines contrées où s'étaient produites toutes les merveilles accomplies par Dieu comprenait soudain tout ce qui était arrivé, non pas seulement les actes passés de la Providence, mais les événements des âges primordiaux et ce qui devait advenir du commencement jusqu'à la fin, en un mot, toute la révélation divine. »

L'arrivée de l'Évangile en Arménie est vécue comme la récompense totale et inespérée des ouvriers de la dernière heure et l'amorce de la fin des temps, quand la connaissance de Dieu atteindra les extrémités de la terre. Revendiquant, sinon pour eux, qui se savent fils de Japhet, du moins pour leurs rois, le privilège de descendre d'Abraham, le père de la foi, les chroniqueurs arméniens interprètent leur histoire nationale comme une sorte de suite aux Actes des Apôtres ou comme la projection, en vraie grandeur, dans la lumière de la révélation, de l'ombre obscure des siècles passés d'Israël.

Le monastère de Novarankʻ. Dans un grandiose cadre montagneux de la province d'Eɫegnajor (Arménie), il constitue un magnifique ensemble architectural des XIIIe et XIVe siècles. L'église de la Mère de Dieu, construite par le prince Burtʻel Ōrbelean en 1331-1339, se distingue par la richesse et l'équilibre de son décor sculpté : une croix monumentale et deux tympans représentant le Christ entouré d'archanges et la Mère de Dieu. On accède au sanctuaire du premier étage par un double escalier extérieur. Le rez-de-chaussée est une chapelle funéraire. Des xačʻkʻars (stèles ornées de croix) bordent le chemin (F. Walch).

Le poète Grigor Narekac'i (mort en 1003). Le Christ bénit ses « Prières des profondeurs du cœur ». Illustration du « Narek » copié en 1173 pour Nersēs Lambronac'i, Erevan (F. Walch).

Si le roi Tiridate, d'après Agathange, s'aveugle au point de ne pas reconnaître l'apôtre saint Grégoire, c'est un nouveau Nabuchodonosor qui, changé en sanglier comme l'ancien était changé en bœuf, retrouve comme lui la forme humaine par la connaissance du vrai Dieu (Dan, IV, 25-34). De même, Ełišē représente le martyre collectif des seigneurs arméniens livrant le combat désespéré d'Awarayr (451) pour la défense de « la foi de leurs pères », comme un renouvellement de la lutte des Maccabées. Quand le roi de Perse, Khousro Abharvêz, s'empare de Jérusalem en 614, Sebēos voit en lui, après Nabuchodonosor, Antiochus et Vespasien, la quatrième bête de la vision de Daniel (Dan, IV, 20). Comme jadis le temple et ses richesses, avec l'arche d'Alliance, de nouveau les vases des sanctuaires et la relique de la Croix sont emportés vers le trésor d'un roi impie qui, finalement battu par l'empereur de Byzance Heraclius, s'étonne qu'un si grand empereur attache tant de prix « à ce bois sans valeur », où le chroniqueur arménien reconnaît pour sa part « le salut du juste », d'après Sag., X, 4.

Quand la conquête arabe, bouleversant les consciences, eut durablement livré aux infidèles la Ville sainte et une grande partie de la chrétienté, l'historien Łewond (725-790) comprit que cet apparent scandale théologique ne pouvait s'expliquer dans le cadre étroit d'une historiographie nationale et il entreprit de décrire l'expansion de l'islam comme un phénomène mondial autorisé par la Providence, de Byzance jusqu'à la Chine. Insérant dans son

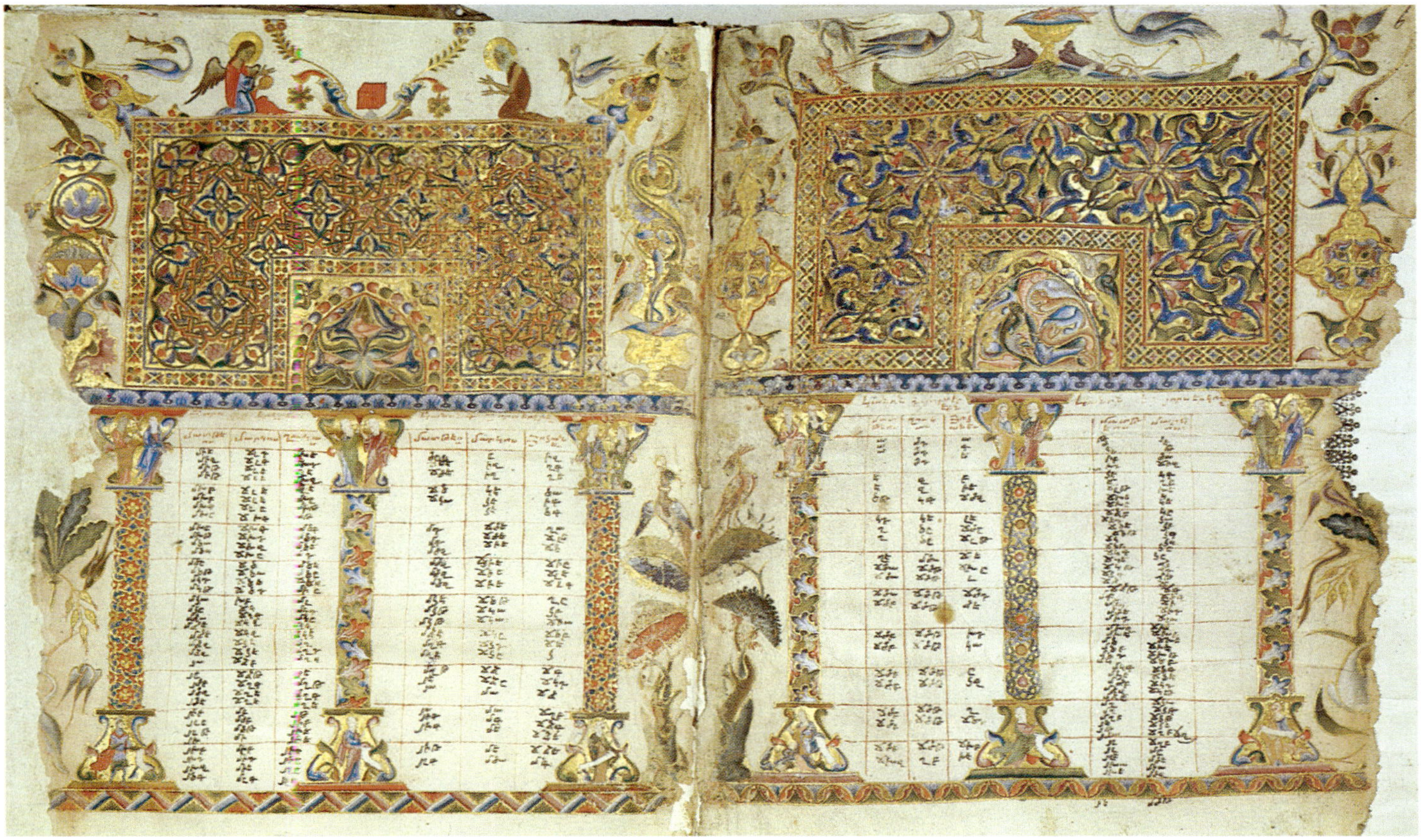

Les évangiles arméniens. Deux des dix tableaux indiquant parallèles et singularités des quatre Évangiles et disposés dans des xorans (tentes de l'Arche d'alliance) qui symbolisent, en tête du livre, les dix voûtes des cieux et les âges depuis la Création. Manuscrit cilicien, fin du XIIIe siècle, Erevan (F. Walch).

œuvre la correspondance de l'empereur Léon III l'Isaurien avec le calife Omar, il est le premier à instaurer un débat sur Dieu entre musulmans et chrétiens. Il explique la conquête de la Palestine par le fait que la descendance d'Ismaël, fils d'Abraham et d'Agar, a effectivement droit à une partie des promesses de l'Alliance ; une connaissance imparfaite du vrai Dieu et l'occupation provisoire de la Terre sainte en raison de l'indignité de l'Ancien et du Nouvel Israël, les chrétiens. Mais ces derniers se sont rachetés par leur foi durant les épreuves et la reconquête ne saurait tarder.

Après Łewond, les auteurs arméniens n'écrivent, le plus souvent, que des histoires universelles, s'étendant aussi loin qu'ils le peuvent dans le temps et dans l'espace, pour retracer les origines de leur nation, depuis le Déluge, comme Movsēs Xorenac'i, ou pour inclure, dans une réflexion sur la Providence et sur les chemins du salut, les événements de plus en plus dramatiques qui ne cessent de déferler sur leur patrie et sur les États chrétiens environnants.

À la fin du XIIIe siècle, le poète Frik (c'est-à-dire Frédéric), qui a vu l'Arménie envahie par les Mongols, adresse à Dieu une requête désespérée : pourquoi tant d'hommes divers, tant de races ennemies, nées du couple unique des origines ? Pourquoi tant d'inégalités dans la répartition des bonheurs et des maux ? Pourquoi, si les arméniens ont péché et méritent la mort, ne pas les anéantir tout d'un coup au lieu de prolonger vainement leurs souffrances ?

Le poète d'un peuple tout entier

Au désespoir de Frik, les arméniens pouvaient opposer la foi du plus grand de leurs poètes, Grigor Narekac'i (Grégoire de Narek). Dans son *Livre de lamentation*, composé peu après l'an mille, Grigor tire toutes les conséquences de la lecture christologique de l'Ancien Testament pour proposer une vision vraiment œcuménique de la condition humaine et du salut. Plus question d'opposer la justice du peuple élu aux crimes des cités païennes, les péchés des impies à la droiture des justes. Chaque faute décrite dans l'Ancien Testament, chaque dénonciation des Psaumes s'applique à n'importe qui d'entre nous. S'adressant « à la multitude innombrable des chrétiens assemblés dans tout l'univers », Grigor entreprend donc de confesser non seulement tous ses péchés, mais encore ceux de tous les hommes, « depuis le premier père jusqu'à son dernier descendant ». Quiconque oserait se déclarer exempt d'un seul péché, même le plus affreux, commis par le pire des scélérats, commettrait un péché plus grave encore en se désolidarisant de ses frères. S'exceptant du péché d'Adam, il s'excepterait du même coup de la Rédemption du Christ, qui est venu racheter tous ceux qui ont péché en Adam.

À première vue, rien ne prédisposait cet ascète vivant depuis sa petite enfance dans la solitude d'un cloître à pénétrer aussi profondément les misères des pécheurs. Il s'en était instruit comme à la source, en méditant sur l'agonie du Christ qui, nous confie-t-il en s'accusant d'ingratitude, lui était personnellement apparu. Quand il célébrait la messe devant l'assemblée des fidèles venus visiter son monastère, il portait la prière de toute l'Arménie de son temps : « Seigneurs terriens et cadets de famille/Classe moyenne et nobles héritiers/Serfs et vilains/Cavaliers et piétaille/Rois, évêques, prêtres et ermites. » Le ciel s'ouvrait aux accents du *Trisagion* et le Dieu qui connaît tous les secrets des cœurs lui donnait l'intuition des péchés, des angoisses cachées, sous l'espèce d'un innombrable et hideux cortège que la pensée peut à peine concevoir : « Voyez l'un d'eux, suivi de sa progéniture/Et celui-là avec ses rejetons/Celui-ci avec ses épines/Celui-là avec ses racines... » La pustulence d'un mal se dévoilait à lui, comparable « au grouillement du ventre, où éclosent spontanément/Mille espèces de vers qui se tordent et qui s'agitent/Lombrics dévorant secrètement les entrailles/De leurs ulcères ardents comme le feu ».

Un instant décontenancé par l'horreur, Grigor se souvenait que, à l'exemple de la vermine qu'une goutte d'huile ou un soupçon de drogue meurtrière suffit à dessécher, « Une faible larme perlant du fond des yeux/Un soupir exhalé de l'âme/Une plainte du cœur » met en déroute les légions de ténèbres, anéantit les forces de l'accusateur. On

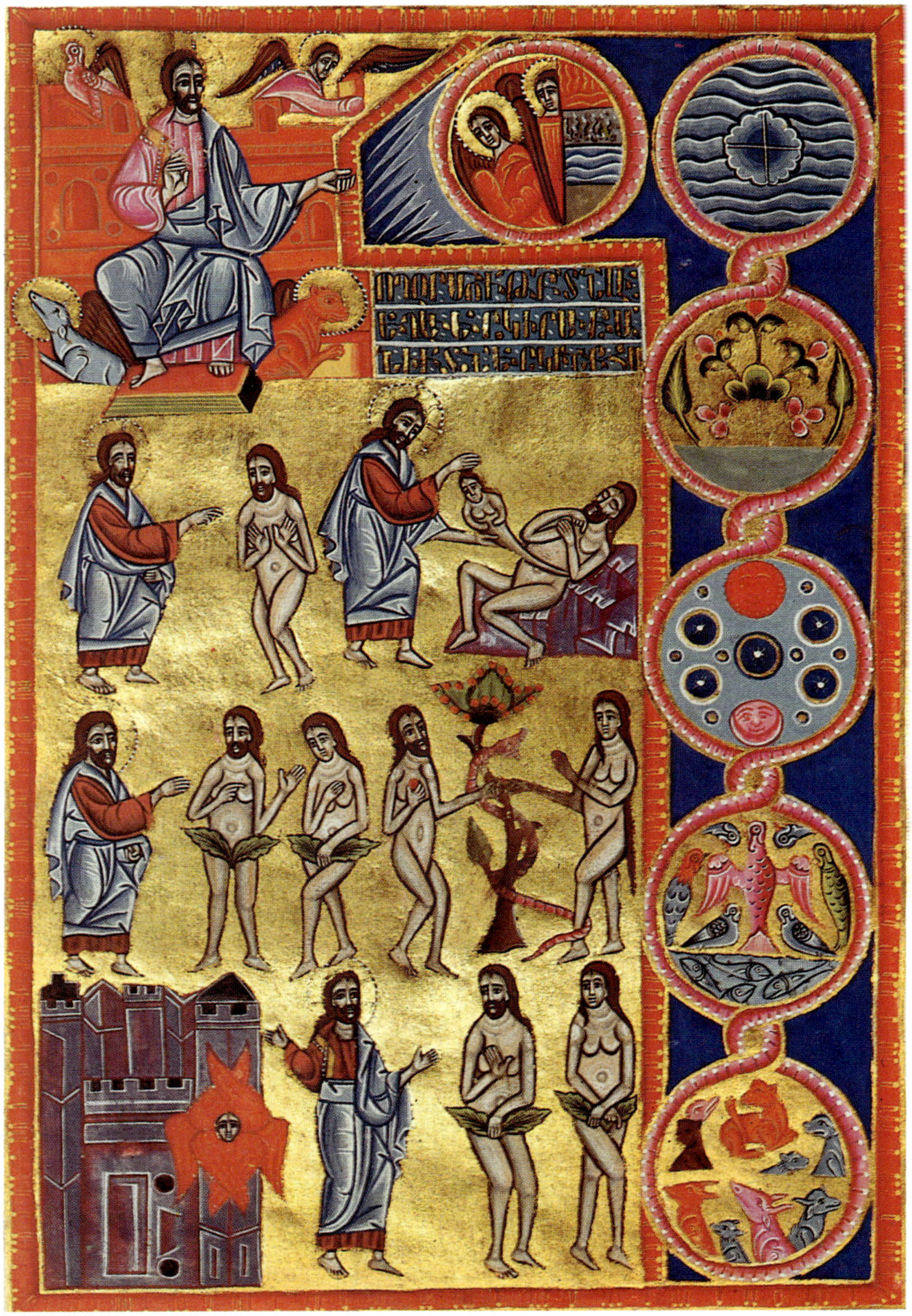

Bible de Nor J̌ułay (1645). Dans les médaillons, l'œuvre des six jours. Au centre : la création de l'homme et de la femme ; puis le péché. Patriarcat arménien, Jérusalem (F. Walch).

se tromperait en voyant dans ces confessions les cauchemars d'un ascète, l'expression névrotique des angoisses ou de la conscience malheureuse de tout un peuple. Ce serait un dangereux anachronisme que de prendre Grigor pour une sorte de prédicateur puritain essayant d'assagir ses contemporains par la crainte salutaire de la damnation. C'est tout le contraire : par ses « paroles à Dieu des profondeurs du cœur », le poète entend délivrer et guérir des peurs inavouables ; et la seule guérison possible, c'est l'Évangile, véritable ordonnance du Christ médecin, accord immédiat et parfait entre la parole et l'être : « Nul besoin d'onguent/ Ni du moyen, ni du moment/Ni de l'étendue des journées/ Ni de la variété des soins !/Tout s'ouvre à la lumière/Tout s'étend, tout s'écrit/Tout est réalisable ! »

Le *Livre de lamentation* offre le paradoxe d'un ouvrage difficile et savant, parfois obscur pour le théologien comme pour le linguiste, et en même temps accessible à chacun, captivant dès les premiers mots par la conviction chaleureuse d'un lyrisme puissant. Les plus instruits des lecteurs de Grigor devaient admirer la vigueur pathétique de ses exégèses, la construction rigoureuse de son ouvrage, aussi claire que l'architecture d'une église arménienne, avec le parvis des pénitents, l'intérieur où s'assemblent les fidèles, sous la coupole, et le rideau de l'autel, au seuil de l'invisible. Ils pouvaient déchiffrer les symboles de l'éloge du saint chrême, onction d'immortalité, de la simandre – sorte de crécelle rythmant la liturgie –, où l'on reconnaissait le bois de la Croix et l'appel de la Résurrection. Mais les simples fidèles apprenaient avec le poète à réserver les chants funèbres traditionnels, non à l'enterrement d'autrui, mais à eux-mêmes, pour le deuil de leurs péchés, à réciter les naïves prières du soir en usage dans les campagnes, non pour se prémunir de la nuit matérielle, mais pour dissiper la torpeur de l'endurcissement, à surmonter la crainte des démons, non par des amulettes, mais par le souvenir de la Passion du Christ.

Le *Livre de lamentation* résume l'expérience religieuse du peuple tout entier. Aucun écrit n'a été aussi diffusé chez les arméniens. Durant neuf siècles et jusqu'à nos jours, « Narek » a accompagné les fidèles dans toutes les circonstances de leur vie. On le lisait au chevet des malades ; on le laissait près d'eux pour obtenir leur guérison ; on en insérait des extraits dans la liturgie de la messe et dans les cérémonies courantes du rituel. Si l'on partait pour un lointain voyage, on en recopiait quelques lignes qu'on gardait sur soi pour les lire et se pourvoir contre les plus grandes craintes ou les plus grands périls. Un savant moine avouait ingénument qu'il était plus enclin à trouver son réconfort dans « Narek » que dans l'Évangile. Retiré au couvent d'Haŕbat, à la fin du XVIIIe siècle, le poète de cour Sayat Nova, dont le cinéaste Paradjanov a naguère évoqué la carrière tourmentée, se consolait de ses déceptions en recopiant l'œuvre de son plus illustre devancier et maître en poésie.

Jusqu'à la fin du XIXe siècle, le monastère de Narek, face à l'île Aŕter, au sud du lac de Van, était un lieu de pèlerinage très fréquenté. On y montrait encore, creusée à flanc de montagne, à quelque distance du couvent, une cellule dont la lucarne donnait sur le lac : on disait que l'enfant Jésus y était apparu à Grigor dans les bras de sa Mère, la Vierge Hodigitria, « Celle qui montre le chemin »... Puis des pillards vinrent massacrer tous les moines. Le monastère fut détruit en 1895 et, l'année suivante, on tua les cent trente laïcs qui restaient au village voisin.

Cruellement éprouvée par le génocide, l'Église arménienne, aujourd'hui regroupée autour du saint siège d'Ēǰmiacin, témoigne de son attachement à une foi qui a traversé les siècles. Prématurément isolée, comme les autres chrétientés orientales, elle a su garder, méditer, enrichir l'héritage qu'elle tenait des trois premiers conciles œcuméniques (Nicée, Constantinople, Éphèse) pour permettre, dans un milieu presque constamment hostile, l'épanouissement d'une culture chrétienne originale, où les Églises d'Occident reconnaissent souvent aujourd'hui la trace authentique des traditions les plus anciennes.

L'éthique protestante

Eric FUCHS

Calvin note, à la suite de saint Augustin, que deux dangers menacent l'éthique : celui de devenir l'occasion d'une exaltation orgueilleuse de soi et celui de représenter une épreuve de l'impuissance et du découragement. C'est pourquoi il faut inciter l'homme à l'humilité, en lui présentant sa misère et son péché, et à l'espérance, en lui montrant comment la Parole de Dieu l'appelle à l'action et suscite sa responsabilité. « Pour ne tomber donc en ces inconvénients, écrit Calvin, nous aurons à tenir ceste modération : c'est que l'homme estant enseigné qu'il n'y a nul bien en luy, et qu'il est environné de misère et nécessité, entende toutes fois comment il doit aspirer au bien duquel il est vuide, et à la liberté dont il est privé » (*Institution de la religion chrestienne*, II, II, 1). Situer l'éthique entre un orgueil idolâtre de soi et un (pseudo-)réalisme fonctionnel sans horizon, tel est, au fond, le programme du protestantisme. Programme qui repose sur une double certitude. La première est que l'homme laissé à ses propres forces est incapable de satisfaire aux exigences de la loi morale, égaré qu'il est, « perdu », par ses illusions, ses peurs ou la stratégie mortelle de ses désirs. La seconde, absolument conjointe à la première, est que, lorsqu'il accepte de se laisser interpeller par la Parole de Dieu, cet homme est promu à l'existence authentique, re-suscité à la juste conscience de soi et des autres.

Reconnaissance et responsabilité

Parce qu'il connaît l'incertitude ultime de ses « œuvres » et parce qu'il se sait recréé à chaque moment par la Parole de Dieu, le croyant protestant se sent à la fois libéré de l'impossible tâche de fournir les preuves de son « salut », de sa valeur (il renonce à se justifier par ses œuvres), et appelé à la responsabilité, puisqu'il doit en effet répondre à la Parole qui le rejoint et l'appelle.

Le sérieux éthique que l'on attribue volontiers aux protestants n'est donc pas le résultat d'une tension morale volontariste, mais celui d'un souci de se montrer dignes de l'appel reçu. Quand il est fidèle à ses valeurs originaires, le protestantisme développe chez les croyants une haute conscience de l'honneur d'être chrétien, honneur qui engage, mais qui n'a de sens qu'à être la réponse humble et reconnaissante au don fait par Dieu de sa Parole. C'est

Valeurs protestantes. Modération dans l'usage des biens matériels, reçus comme un don de Dieu, et mise en œuvre dans la vie quotidienne d'une morale de la responsabilité fondée sur la parabole des talents : l'éthique protestante valorise une forme de présence au monde qui, dans l'Allemagne du XIXe siècle, trouve son expression dans l'exaltation du bonheur domestique. J. Milde, « Le Pasteur Rautenberg et sa famille », Kunsthalle, Hambourg (Giraudon).

Théodore de Bèze. Lieutenant de Calvin et son successeur comme recteur de l'académie de Genève, T. de Bèze est l'un des théologiens majeurs du protestantisme. Il prit part au colloque de Poissy (1560) en tant que représentant calviniste et mit son talent de polémiste au service de la Réforme. Helléniste, il donna une édition du Nouveau Testament. Peinture anonyme, XVe siècle, Bibliothèque universitaire, Genève (Edimedia).

donc sous le double signe de la reconnaissance et de la responsabilité que l'éthique protestante s'est développée.

La reconnaissance s'exprime d'une double manière : comme la gratitude pour ce qu'on a reçu et comme le fait d'identifier, de retrouver une connaissance oubliée. Une éthique de la reconnaissance ne prétend à rien d'autre qu'à renvoyer à la bonté, qui est reconnue et dont on est reconnaissant, de la précédence divine, dont la figure est le Christ, tel que l'Écriture sainte lui rend témoignage. Elle est fondée sur la conviction que ce qu'on essaie de vivre n'est possible que parce qu'il y a précédence de cette Parole de Dieu, à laquelle l'œuvre de l'homme doit donner corps, visibilité historique. Il s'agit de dire merci et, ce faisant, de rendre connaissable ce qui n'est pas connu naturellement, ce qui ne parle que lorsqu'on lui répond, ce qui ne devient visible que lorsqu'on prend le risque de l'inscrire dans l'opacité du réel. C'est ainsi que la référence à l'Écriture, si importante pour l'éthique protestante, ne peut pas être soumission non critique à une autorité objective – cela ferait de l'Écriture une « lettre morte » –, mais doit être travail de l'Esprit – « le témoignage intérieur du Saint Esprit » cher à Calvin – en l'homme, c'est-à-dire risque de l'interprétation et de la réalisation.

À la différence de la morale catholique, adossée à une métaphysique préalable, l'éthique protestante est constamment à inventer dans le dialogue du croyant avec une Parole qu'il ne possède jamais et dont il ne peut vérifier qu'il lui a obéi que par la qualité des fruits qu'elle produit dans son existence. C'est pourquoi la foi, comme confiance en la bonté de Celui qui énonce l'exigence éthique, est le moteur de cette éthique : si le croyant n'est jamais sûr de ses œuvres, il peut être assuré de la grâce de Dieu qui agit en lui et à travers lui, à travers son engagement pour se faire connaître et reconnaître. C'est en ce sens que l'éthique est le lieu d'une expérience de décentrement, de soi vers l'autre, l'Autre.

Cela conduit à cette seconde qualification de l'éthique qu'est la responsabilité. Libéré, par l'Évangile, de la méconnaissance de Dieu, telle que celle qui croit pouvoir satisfaire à ses exigences par l'accumulation des œuvres de piété, le croyant découvre que l'éthique véritable consiste d'abord dans une écoute de l'autre, tel qu'en notre conscience il nous interpelle. Le modèle est théologique : au cœur de la conscience, c'est Dieu qui parle ; mais, comme la Loi de Dieu le dit, celui qui laisse Dieu advenir en lui laisse aussi autrui le revendiquer ; aimer Dieu et aimer son prochain sont les deux faces du même commandement. On ne saurait donc se détourner du prochain sous le prétexte de mieux servir Dieu (par là s'explique la critique si fréquente de l'éthique protestante à l'égard du monachisme) ; de même, on ne saurait dénouer le lien de l'éthique avec la foi et la spiritualité sans tomber aussitôt dans un moralisme ou un activisme où l'altérité d'autrui est perdue.

Cette écoute, qui est première parce qu'elle manifeste la reconnaissance de la précédence de l'Autre, appelle une réponse. L'éthique est cette réponse. La responsabilité est le mode essentiel de l'expression éthique. Parce qu'elle comporte à la fois une soumission et une liberté. Soumission à l'interpellation qui vient de l'autre (le monde, le prochain, Dieu) et liberté de susciter à partir de cet autre et avec lui un dialogue et une œuvre commune. L'éthique est une liberté inventive, mais ordonnée à l'existence de l'autre.

Ascétisme, espérance et bon usage des choses

C'est ainsi que Calvin définit, dans l'*Institution de la religion chrétienne* (III, VI-X), la responsabilité du chrétien par trois caractéristiques : l'ascétisme, l'espérance et le bon usage des choses. L'ascétisme appelle à combattre la complaisance envers soi-même, celle-là même qui empêche l'autre de trouver une place en notre conscience ; s'il y a un renoncement nécessaire, c'est afin de faire de la place en soi, dans sa vie, pour une authentique solidarité. On le comprend, cet ascétisme n'a rien à voir avec une disqualification de soi, supposée agréable à Dieu, un refus des biens que Dieu nous donne ; il est, au contraire, une attention extrême à la réalité pour y discerner les vraies valeurs, les appels authentiques de Dieu ; il s'agit, au milieu de tous les bruits qui viennent du monde, d'être assez attentif pour entendre la Parole de l'autre.

L'espérance introduit une distance critique dans l'action, autant pour éviter d'absolutiser celle-ci que pour la garder de tout désespoir devant la résistance infinie du mal et de l'injustice. Pour reprendre ici les termes que Dietrich Bonhoeffer utilise dans son *Éthique* (1949), il s'agit de ne tomber ni dans le « radicalisme » ni dans le « compromis ». Le premier pervertit l'espérance en fanatisme et en haine du monde ; le second, sous prétexte de réalisme, renvoie la responsabilité éthique à des temps meilleurs. L'espérance nous permet de croire à la pleine valeur de nos actions tout en refusant d'en faire des absolus. Elle donne le courage de l'action responsable, et le courage d'affronter l'échec sans lâcheté ni cynisme.

Le bon usage des choses est un point important de l'éthique protestante. Il faut savoir, en effet, se garder aussi bien de l'intempérance que de l'austérité. La première fait perdre à l'homme toute liberté ; la seconde lui fait mépriser la bonté du Créateur, qui ne lui a pas seulement donné des choses utiles, mais aussi des choses destinées à son seul plaisir. Calvin, quoi qu'on ait pu dire, y insiste (cf. *Institution*, III, X, 2). Il faudra, certes, veiller à ce que le plaisir ne devienne pas une fin en soi ; de là procèdent la méfiance caractéristique du protestantisme à l'égard de tout esthétisme gratuit, de toute ostentation déclamatoire (le refus du baroque est viscéral chez les protestants !), et le fait qu'il préfère rechercher les plaisirs dans la proximité de la nature, bonne création de Dieu, plutôt que dans les artifices de l'art humain. L'autre règle du bon usage exige que l'homme se sache administrateur des biens que Dieu lui confie. La parabole des talents a joué un grand rôle ici, interprétée comme responsabilité pour chacun, là où il est, de faire fructifier ce qu'il a reçu en fait de valeurs spirituelles, intellectuelles ou matérielles.

En rompant avec la distinction médiévale entre monde profane et monde religieux ou sacré et en désignant par le terme de « vocation » le service de tous les baptisés, tel qu'il s'exprime dans la vie familiale, professionnelle, politique aussi bien que dans la vie proprement religieuse, la Réforme a aussi rompu avec la distinction entre deux formes de morale, l'une, plus exigeante, qui serait réservée aux croyants « consacrés », l'autre, plus facile, qui serait destinée aux laïcs encore préoccupés des « choses du monde ». L'exigence éthique se trouvait ainsi universalisée et, en quelque sorte, profanisée. C'est dans le monde, et avec tous les moyens de l'existence quotidienne, qu'il convient de servir Dieu et de l'honorer. La véritable « sanctification », pour utiliser un terme cher à Calvin, consiste à se savoir et à se vouloir responsable – de soi, d'autrui, du monde et de la société. La conjonction de cette tâche « vocationnelle » et de l'ascétisme modéré dans l'usage des choses aboutit à une forte valorisation, dans le protestantisme, du travail et de l'utilisation rationnelle, ou du moins raisonnable, des biens matériels. Ceux-ci ne sont plus considérés comme des obstacles à la sanctification du croyant, mais comme des moyens potentiels de celle-ci, à condition, bien entendu, qu'ils soient mis au service de l'effectuation de la responsabilité éthique.

De la conscience personnelle à la morale politique

Telle est, dans ses grandes lignes, la perspective de cette éthique protestante de la responsabilité. Elle crée incontestablement un type d'individu très significatif d'une com-

Action missionnaire.
À l'origine, le protestantisme a surtout proclamé son message au sein de la chrétienté. Les missions en terre lointaine se multiplient cependant au XIXe siècle, et leur action se développe sur deux axes : celui de l'appel à la foi individuelle et celui du combat pour la justice et contre la misère. Formation de techniciens agricoles au Sénégal (Cimade).

Une réponse protestante à l'apartheid. C'est en tant que pasteur anglican que Desmond Tutu, né en 1931, mène une lutte non violente pour l'égalité raciale en Afrique du Sud. Secrétaire général du Conseil sud-africain des Églises (1979) puis évêque de Johannesburg (1985), il a reçu en 1984 le prix Nobel de la paix pour son action en faveur des droits de l'homme (W. Campbell, Sygma).

préhension particulière du christianisme. L'importance reconnue à la responsabilité éthique a eu pour conséquence une dévalorisation des instances magistérielles de l'Église et des médiations sacramentelles : entre le croyant et Dieu, rien ne peut s'interposer qui libérerait le premier de sa responsabilité envers le second ou qui lui prescrirait autoritairement la manière dont il lui convient d'entendre la Parole de Dieu. L'Église est, certes, importante, comme lieu de la prédication et comme lieu de l'exercice de la fraternité, mais elle n'a plus une fonction médiatrice indispensable. Les protestants attendent de leur pasteur qu'il leur rappelle les promesses et les exigences de la Parole de Dieu et même qu'il les aide à les réaliser, mais pas qu'il s'interpose entre eux et Dieu. Le pasteur, d'ailleurs, n'est pas un personnage sacré ; c'est un maître dont on estime surtout la compétence théologique et biblique et qui doit donner l'exemple d'une vie chrétienne ; c'est pourquoi aussi on aime qu'il soit marié et père de famille et qu'il soit ainsi proche de ses paroissiens.

Ce primat de la conscience personnelle a développé très vite des conséquences politiques. Dès la fin du XVIe siècle, on a vu apparaître en France, en Hollande, en Écosse, en Angleterre, ailleurs encore, des phénomènes de résistance au pouvoir politique absolu. Personne, même pas le roi, ne peut s'interposer entre Dieu et la conscience du chrétien. Le pouvoir politique doit donc respecter la conscience personnelle et ses convictions. D'autre part, l'expérience d'une forme d'organisation ecclésiastique appelée « presbytéro-synodale » favorisait l'éclosion d'une nouvelle conscience politique. En effet – et cela vaut la peine de le signaler pour mesurer aussi l'influence des institutions ecclésiastiques sur le comportement des croyants –, l'Église protestante est organisée selon le principe de la représentation par des délégués élus des communautés locales au sein de l'assemblée synodale, qui a autorité sur l'ensemble de l'Église ; cette autorité est exercée par un conseil où sont représentés généralement à égalité pasteurs et laïcs. Une telle structure, mise en place dès le XVIe siècle dans les Églises réformées, a évidemment permis une expérience de participation à la gestion d'une collectivité, expérience qui ne pouvait pas ne pas conduire à des réflexions critiques sur les pratiques autoritaires des régimes royaux en place.

L'extrême vivacité de la critique de l'absolutisme royal par le mouvement dit des « monarchomaques », né en France autour des années 1575-1580 parmi les huguenots, témoigne bien du rapport que les protestants ont fait très vite entre leur expérience spirituelle et leur responsabilité politique. À leur manière, quelques décennies plus tard, les puritains anglais reprenaient la même critique ; et leurs successeurs, exilés en Nouvelle-Angleterre, y faisaient triompher des constitutions politiques respectueuses de la liberté de conscience et des droits fondamentaux de la personne. Bref, si, dans le domaine économique, l'éthique protestante a accentué certaines rigueurs du développement technique et financier, elle a, en matière politique, fortement et d'une façon décisive contribué à l'apparition de la démocratie. Elle a de plus, toujours sur ce point, fait émerger, contre les nationalismes centralisateurs de type jacobin, la conception d'un État plus confédéral et plus associatif ; la société civile, respectueuse des diversités locales, culturelles, confessionnelles, est prioritaire par rapport à l'État. Là encore, il est probable que l'expérience ecclésiale a joué un rôle important : face au centralisme romain, de plus en plus accentué au cours des siècles derniers, le protestantisme a pris la défense de la diversité des formes locales d'Églises et du respect de leurs particularités.

Paradoxalement, ayant toujours défendu le salut par la grâce et refusé la justification par les œuvres, il a plus que tout autre courant du christianisme développé l'éthique – au point qu'on a pu parfois l'enfermer tout entier dans cette réputation de moralisme austère, dont à certains égards la philosophie morale de Kant est un symbole. Mais le paradoxe n'est qu'apparent : libéré par la grâce justifiante de Dieu du soin de son salut, le chrétien protestant peut investir toutes ses énergies morales dans cette tâche de construire ici-bas un monde, une société, un homme qui honorent Dieu. *Soli Deo gloria* disaient aussi bien Calvin que J.-S. Bach ; c'est que, justement, honorer Dieu, c'est pour un protestant assumer jusqu'au bout ses responsabilités d'homme, partout où elles doivent l'être.

L'islam

La prière comporte, dans l'islam, une technique du corps fortement ritualisée. On y trouve aussi des traditions d'expérience mystique : le soufisme et l'ascétisme. Il est question d'états spirituels, de sainteté cachée, d'humilité absolue et d'extinction de soi-même. La dévotion caractéristique du soufisme est une prière, le *dhikr*, qui est un moyen de « purifier le cœur ». Aucune contrainte cérémonielle n'y préside ; elle peut être exécutée dans la solitude ou collectivement, en silence ou à voie haute. Une autre sorte d'intimité avec Dieu est obtenue par la musique, perçue comme « une visitation divine qui met les cœurs en mouvement » vers celui-ci, et même par la danse. C'est aussi sur une longue tradition, mais orientée dans un tout autre sens expérientiel, que s'appuie la condition faite à la femme dans l'islam.

La prière et la vie mystique

Hermann Landolt

Parmi les divers types de prières en usage dans l'islam, une première distinction s'impose entre la prière rituelle obligatoire (*ṣalāt*) et d'autres prières, de forme plus ou moins libre, qui sont les invocations de Dieu connues sous le nom de *du'ā'* (littéralement « appel » ou « supplication ») et de *dhikr* (littéralement « mention » ou « rappel à la mémoire »). Toutes ces formes de dévotion (*'ibādah*), dont on peut trouver l'origine dans le Coran et dans la tradition prophétique, ont très fortement marqué la spiritualité islamique ; c'est en particulier le dhikr qui, développé en tant que pratique spirituelle à part entière, donne au soufisme son caractère distinctif. De plus, les soufis ont fait de l'« audition de musique » (*samā'*), pratique dont l'origine reste incertaine, un élément essentiel de leur vie spirituelle.

La prière rituelle

La prière rituelle, qui doit être accomplie cinq fois par jour à des heures prescrites, se présente comme l'expression la plus évidente de la dévotion, manifestée par une gestuelle reposant sur l'inclination (*rukū'*) et la prosternation (*sujūd*). Cette prière est orientée vers la « Sainte Mosquée », c'est-à-dire vers la Ka'ba de La Mecque, qui est aussi le centre de l'islam et le but du principal pèlerinage musulman ; cependant, tout lieu de pratique de la prière rituelle, qu'il s'agisse d'une mosquée, d'un tapis de prière ou simplement de la portion de sol rituellement propre occupée par l'orant, fonctionne comme une sorte d'espace sacré ou *téménos*. C'est le lieu du « dialogue intime avec Dieu »

La prière sur l'eau. La méditation sur l'eau d'un saint ou d'un maître spirituel est un thème fréquent dans l'imagerie et la littérature populaires de l'islam. Le personnage qu'on voit sur cette peinture est peut-être Sidi Wali Dada, souvent présenté comme le défenseur d'Alger lors du siège mis devant la ville par l'armée de Charles Quint, en 1541. Peinture anonyme non datée, Sénégal, coll. Chenot (M. Renaudeau, Hoa-Qui).

(« *munājāt* ») ; et les anges sont réputés prier sur tout individu qui, ne quittant pas son « lieu de prière », conserve sa pureté rituelle.

Les exemples de religieux musulmans saisis par une crainte révérentielle particulièrement intense au moment d'accomplir la prière rituelle sont nombreux dans les textes classiques du soufisme tels que le *Nourrissement des cœurs* (*Qūt al-qulūb*) de Abū Ṭālib al-Makkī (mort en 386/996). C'est aussi ce type de piété qui est attribué au quatrième imām de la Shī'a, 'Alī ibn al-Ḥusayn (mort en 94/712-713) et lui a valu son surnom d'al-Sajjād (« celui qui se prosterne beaucoup »). L'attitude de ces « adorateurs » anciens est bien résumée par un aphorisme anonyme que cite Makkī : « La prière rituelle, c'est de l'Autre Monde. Quand on entre en prière, on quitte ce monde. »

Dans la mesure où le Coran lui-même proclame : « Prosterne-toi et rapproche-toi [de Dieu] » (XCVI, 19), il ne faut sans doute pas s'étonner que la prosternation, plus que toute autre partie du rituel de la prière, puisse faire ressentir au plus intime de l'être le sentiment de la « proximité de Dieu ». Dès la période classique, ce pouvoir est décrit en détail dans un livre (non conservé entièrement) sur l'*Étiquette de la prière rituelle* dû au soufi de Bagdad Abū Sa'īd al-Kharrāz (mort en 280/893 environ). Les expériences contemplatives vécues au cours de la prosternation sont décrites par Makkī et, à une date plus tardive, par Abū Ḥafṣ al-Suhrawardī (mort en 632/1234), comme relevant de trois types. Certains sont des mystiques auxquels « la plus haute sphère » (*al-jabarūt al-a 'lā*) est dévoilée alors qu'ils se prosternent : ils sont « rapprochés » et « aimés » de Dieu ; d'autres sont remplis par la crainte de la puissance divine et se prosternent au plus bas de la terre (*al-tharā al-asfal*) ; d'autres enfin « cherchent Dieu sincèrement », et leur cœur, quand ils se prosternent, se meut dans le « royaume spirituel » (*malakūt*) des cieux et de la terre. Dans la version due à Suhrawardī de cette typologie, ceux qui « craignent Dieu », anéantis par la puissance

Concert spirituel. La ville d'Ajmer, au Rājasthān, abrite le tombeau du maître soufi Mu'īh-ud-Dīn Chishtī, mort en 1236. Il y fonda une confrérie où la musique est utilisée comme véhicule de l'élévation mystique : moyen de se rapprocher de Dieu par l'exercice et l'ascèse, moyen de le connaître par l'intérioration et l'amour. Le « samā' » (audition de musique) conduit au ravissement. Derviches musiciens à Ajmer (R. et S. Michaud, Rapho).

divine, font positivement l'expérience de leur propre disparition dans toutes les « parties du monde » (*ajzā 'al-mulk*), tandis que le type opposé, libéré du « tapis du temps et de l'espace », se prosterne sur la « traîne du vêtement divin » (*ṭaraf riḍā' al-'aẓamah* ; comparer avec Isaïe, VI, 1). Le troisième type, chez Suhrawardī, combine les expériences opposées d'abaissement et d'élévation en un seul et même acte de prosternation totale. Un autre exemple, encore plus tardif, de l'importance de la prosternation comme acte mystique se rencontre dans un ouvrage sur les *Secrets de la dévotion* (*Asrār al-'ibādāt*) dû au penseur ésotérique shī'ite Qāḍī Sa'īd Qummī (mort en 1103/1691-1692), qui indique que la prosternation implique à la fois « anéantissement total » (*fanā, halāk*) et « unité d'essence » (*tawḥīd al-dhāt*).

La prière rituelle n'est pas considérée comme valide par les mystiques sans la « présence du cœur », et la critique de ceux qui font étalage de leur piété – fût-ce parmi les soufis eux-mêmes – est un thème favori de la littérature mystique. De plus, il apparaît que, dès la période classique, certains soufis ont considéré la prière rituelle comme une rupture de leur état unitif, tandis que d'autres, au contraire, souhaitaient aller au-delà des rituels obligatoires, précisément pour conserver cet état unitif.

Autres prières : la « supplication » et le « dhikr »

La prière orale connue sous le nom de « supplication » (du'ā') n'est pas sujette à des prescriptions légales au sens où l'est la prière rituelle. Les traits les plus marquants de ce type de prière sont sans doute sa nature personnelle et la promesse coranique qu'elle est entendue par Dieu (voir sourate, II, 186). Selon une tradition prophétique souvent citée, cette prière est proprement la « moelle de l'adoration » ; tandis que certaines autorités la définissent comme « l'expression du besoin qu'a le serviteur de son maître », d'autres voient en elle « le langage de l'aspiration vers le bien-aimé ». Pour un mystique enthousiaste comme al-Ḥallāj (mort en 309/922), « l'appel de l'amant » est réellement l'appel de Dieu lui-même, et c'est l'homme qui y répond sous la forme d'une conversation secrète qui prend place dans le cœur des « amis » de Dieu ou des « saints » (*awliyā'*). Dans ce contexte, il faut aussi mentionner un autre genre de prière mystique dont la littérature persane conserve un exemple particulièrement beau, *Dialogue intime avec Dieu* (*Munājāt*), du célèbre mystique hanbalī Khwājah

La voie mystique. Le soufisme, qui s'oppose à toute réduction purement légaliste de la religion, représente en islam la voie du mysticisme (« ṭarīḳa »), pour lequel la connaissance intime de Dieu est possible à travers des techniques d'ascèse mentale. Cette élévation spirituelle a son modèle dans la montée de Muḥammad au Paradis. Miniature turque, XVIᵉ siècle (R. et S. Michaud).

ʻAbdullāh Anṣārī Hawarī (mort en 481/1089). Cependant, en termes de rôle social, la prière du'ā' est à considérer avant tout comme un moyen d'obtenir une faveur divine ; son champ d'application s'étend de la

« demande de pardon » (*istighfār*) à diverses formes de requête pour l'obtention d'avantages matériels et à l'incantation magique. Certaines prières sont réputées plus « efficaces » (*ma'thūr*) que d'autres. La littérature dévote musulmane comprend de nombreux recueils de prières censées avoir été prononcées par de grands saints, et un saint est, presque par définition, quelqu'un « dont la prière est entendue » (*mustajāb al-da'wah*). Il va sans dire que, d'un point de vue théologique, cet aspect de la prière soulève des questions, et que certains mystiques, ayant le sentiment de l'incompatibilité de telles demandes avec une parfaite « confiance en Dieu » (*tawakkul*), se montrèrent en fait très réservés quant à son usage.

L'autre forme majeure de prière mentionnée plus haut est le dhikr, très fréquemment évoqué par le Coran dans le contexte de la dévotion rituelle. Il tend à être associé à la louange et à la glorification du nom de Dieu plutôt qu'à la communication directe et personnelle, bien qu'au moins un verset du Coran (II, 152) laisse entrevoir une certaine réciprocité des « rappels à la mémoire » divin et humain. Contrairement à ce qui se passe pour la prière rituelle, aucun temps particulier n'est prescrit pour le dhikr. Les soufis justifient leur pratique intensive en se fondant sur des versets coraniques tels que XXXIII, 41, qui enjoint au croyant d'invoquer Allāh fréquemment ; ils citent souvent aussi un autre verset (XIII, 28), qui laisse entendre que le dhikr d'Allāh a le pouvoir d'« apaiser les cœurs ». Il se peut que des réunions tenues dans les mosquées après la prière rituelle pour pratiquer le dhikr aient contribué au développement des pratiques spécifiquement soufies, mais la question de l'origine historique du dhikr soufi reste discutée. Pratiqué sous des formes très diverses, collectivement comme dans la solitude (*khalwah*), à voix haute ou en silence, le dhikr est généralement considéré dans le soufisme comme le moyen nécessaire pour « purifier le cœur » ; certains l'identifient avec le soufisme lui-même. D'un point de vue purement structurel et en tant que technique de méditation, il peut être comparé avec la *mnèmè théou* du christianisme byzantin, de même qu'avec certaines formes de yoga et avec le *nembutsu* japonais.

La formule de répétition la plus usuelle dans le dhikr soufi est *Lā ilāha illa'llāh*, « il n'y a pas de dieu si ce n'est Dieu », ce qui implique la « négation » de tout ce qui est autre-que-Dieu, et le « placement » de Dieu dans le « cœur » ; mais d'autres formules sont aussi en usage, telles que le simple nom d'Allāh, ou même une réduction de ce nom à sa dernière lettre. En tout cas, la permission de pratiquer donnée par un maître soufi et le contrôle qu'il exerce sont considérés comme essentiels. Les postures spéciales, les mouvements rythmiques du corps et le contrôle de la respiration que l'on associe souvent au dhikr ne sont pas attestés à la période classique du soufisme ; cependant, leur pratique s'est répandue, sous des formes qui varient d'un ordre à un autre, à partir du XIIIe siècle. Un aspect important du dhikr soufi, dès l'époque classique, est la classification qui s'y opère selon une échelle qui s'étend du « dhikr de la langue » au « dhikr du cœur », ou même au dhikr d'organes encore plus « subtils » ou « cachés » : ces distinctions servent à indiquer les progrès du mystique dans son élévation spirituelle. De même, certaines perceptions visuelles et, à un moindre degré, auditives accompagnant le dhikr étaient considérées par les maîtres soufis comme indiquant le stade particulier atteint par leur disciple. Une autre façon de mesurer les progrès spirituels du mystique est fondée sur l'intensité de l'effort nécessaire pour pratiquer le dhikr. Aux stades les plus élevés, aucun effort n'est plus nécessaire de la part du soufi : au contraire, c'est ne pas pratiquer le dhikr qui devient une épreuve. Cependant, le degré suprême est atteint, selon Ghazālī (mort en 505/1111), lorsque ce n'est plus le dhikr qui domine le cœur, mais Dieu lui-même.

La musique, une visitation divine

Bien différente, par sa nature, du dhikr, la pratique connue sous le nom d'« audition de musique » (samā') est cependant souvent combinée avec lui. Dès l'époque classique, les soufis avaient coutume de se réunir en certaines occasions pour écouter un chanteur. Ce dernier n'était généralement pas soufi lui-même, et les poèmes d'amour chantés lors de ces séances appartenaient le plus souvent au genre profane, exactement comme ceux qui se récitaient lors des réunions littéraires de pur délassement. Il est clair que ce divertissement, qui apparaissait comme très suspect aux yeux de la plupart des autorités légales, fut adopté par les soufis comme une « concession » (*rukhṣah*) à la faiblesse humaine, plutôt que comme une forme de prière ou de recueillement.

Cependant, il faut aussi noter que la contemplation de la beauté et la tendance à interpréter tout discours comme ayant un sens spirituel sont un élément caractéristique de la vie soufie. L'attitude prise par les maîtres du soufisme classique envers le samā' est bien résumée par une déclaration célèbre de Dhu'l-Nūn al-Miṣrī (mort en 245/860) : « Le samā' est une visitation divine (*wārid ḥaqq*) qui met les cœurs en mouvement vers Dieu. Celui qui l'écoute à travers Dieu réalise la Vérité, mais celui qui l'écoute à travers un désir charnel est hérétique. » Pour ceux qui l'écoutent de la « bonne » façon, le samā' (qui s'accompagne fréquemment des mouvements de danse) est de fait la principale occasion pour faire l'expérience de l'« extase » (*wajd*), ou le moyen d'atteindre cette extase (*tawājud*). Pour le philosophe al-Ghazālī (mort en 505/1111), la pure musique peut apporter ce que des exercices religieux prolongés sont incapables de produire : elle rend sensible l'affinité secrète qui existe entre l'esprit humain et le monde angélique. Nombre de soufis célèbres aimèrent passionnément la musique et la danse : qu'il suffise de mentionner ici le nom de Mawlānā Jalāluddīn Rūmī (mort en 672/1273) et le rituel de danse bien connu de l'ordre qu'il a fondé, les Mevlevis (derviches tourneurs). Une intéressante théorie mystique de la musique a été développée en Inde par les soufis Chishtī, notamment avec Sayyid Muḥammad Gīsūdirāz (mort en 825/1422).

La spiritualité musulmane et le soufisme

Roger DELADRIÈRE

La vie spirituelle et la recherche d'une expérience intérieure sont habituellement désignées en islam par le mot *taṣawwuf*, nom infinitif forgé à partir de *ṣūfi* et signifiant littéralement « devenir un *ṣūfi* ». Pour un musulman d'aujourd'hui, c'est, pratiquement, se rattacher à une confrérie (*ṭarīqa*) et se placer ainsi sous la direction et la sauvegarde d'un maître spirituel (*cheikh*), qui, par le pacte initiatique (*bay'a*, *mubāya'a*), lui communique sa bénédiction (*baraka*) et l'autorise à pratiquer méthodiquement l'invocation (*dhikr*) de Dieu, dont l'aboutissement espéré peut être la réalisation (*taḥqīq*) d'une expérience spirituelle.

Avant de revenir sur cette question des confréries musulmanes, généralement appelées ordres mystiques ou ordres soufis, il convient de signaler dès maintenant qu'elles se sont largement répandues sur les trois continents, l'Afrique, l'Europe (sous la domination ottomane), l'Asie et jusqu'en Insulinde. Certaines sont particulièrement vivantes et actives, notamment en Égypte où, d'après F. De Jong, « le nombre d'adhérents s'élève à six millions [...]. Ainsi, plus d'un tiers de toute la population masculine égyptienne est d'une manière ou d'une autre engagé dans les confréries mystiques, adhérant avec plus ou moins de conviction à une conception mystique de l'islam qui joue un rôle dans l'organisation de la vie de chacun » (in *Les Ordres mystiques dans l'islam. Cheminements et situation actuelle*).

Danse des derviches tourneurs. Cette miniature turque du XVIe siècle saisit quelques traits d'un rituel chargé de valeurs symboliques. La toque des danseurs, en forme de pierre tombale, rappelle leur condition mortelle. Leur tournoiement, bras étendus comme des ailes, est une libération. Musée Topkapi, Istanbul (R. et S. Michaud, Rapho).

Les sources de la spiritualité : le Coran et le Prophète

Quelle que soit l'élaboration doctrinale développée au cours des siècles, et quelles que soient les pratiques et les « techniques » qui seront utilisées par les soufis et les membres des confréries pour favoriser la « réalisation spirituelle », leur point de départ est la Parole de Dieu, récitée, méditée, intériorisée, et vécue conformément à la Loi (*sharī'a*) et à l'enseignement du Prophète (*sunna*), pris lui-même comme modèle à suivre : « Vous avez, dans l'Envoyé de Dieu, un bel exemple pour quiconque espère en Dieu et dans le Jour dernier, et qui invoque Dieu fréquemment » (Coran, XXXIII, 21) ; et « Dis : ceci est ma voie. J'appelle à Dieu, par une vision intérieure, moi et ceux qui me suivent » (XII, 108).

Les croyants pour qui la foi (*īmān*) est devenue certitude (*yaqīn*) sont également fortifiés dans leur quête d'une expérience vécue *hic et nunc* par certaines paroles de la révélation coranique, telles que celle-ci : « Dieu suscitera des hommes qu'Il aimera et qui L'aimeront » (V, 54). Et ils peuvent espérer faire partie de ceux à qui « Dieu réserve sa Miséricorde » (II, 105, et III, 74) et des « serviteurs » que Dieu « a choisis » (XXVII, 59). Ces hommes d'élection, qui sont les saints, sont désignés dans le Coran comme étant les « pieux » (*abrār*), les serviteurs « parfaits » (*ṣāliḥūn*), « ceux qui devancent » (*sābiqūn*), « ceux qui sont rapprochés » (*muqarrabūn*), « les amis de Dieu » (*awliyā' Allāh*) « qui n'éprouveront plus aucune crainte ni aucune affliction » et « qui recevront la Bonne Nouvelle dans la Vie immédiate » (X, 62 et 64).

Ascètes et mystiques

L'élan mystique, né de la ferveur et de l'exaltation de la foi, s'était manifesté dès l'apparition de l'islam ; et certains parmi les nouveaux convertis de la période mekkoise « imploraient leur Seigneur matin et soir, dans le désir de sa Face », au point que la Révélation recommandait au Prophète de ne pas les repousser (VI, 52) et de se montrer patient à leur égard (XVIII, 28). Pendant la période médinoise, un groupe important de compagnons du Prophète (*Ṣaḥāba*) – Abū Nu'aym en cite quatre-vingt-cinq dans sa *Parure des saints* (*Ḥilyat al-Awliyā'*, I, pp. 347-385, et II, pp. 3-33) – avait élu domicile à l'entrée de la mosquée de Médine. Connus sous le nom de *Ahl al-Ṣuffa* (littéralement : « les hommes du vestibule » de la mosquée), ils préfigurent, dans l'hagiographie islamique, les spirituels qui vivent dans la pauvreté, l'étude et la piété, et à l'écart du monde.

Ce mouvement ascético-mystique devait se poursuivre et se répandre avec vigueur au cours des deux premiers siècles de l'hégire, propagé par les récits édifiants des sermonnaires populaires (*quṣṣāṣ*). Un témoignage particulièrement précieux, concernant les ascètes (*nussāk*, *zuhhād*) et les adorateurs solitaires (*'ubbād*), nous est fourni par Dhū-l-Nūn l'Égyptien, qui a décrit abondamment les saints (et les saintes) qu'il avait rencontrés lors de ses nombreuses pérégrinations, notamment jusqu'au Maghreb et jusqu'au nord de la Syrie. Les récits détaillés et saisissants de Dhū-l-Nūn (mort en 245 de l'hégire/859), dont certains comptent parmi les plus beaux textes de la littérature hagiographique, rappellent souvent ceux des anachorètes chrétiens des premiers siècles : ascètes vivant dans des grottes, « d'une maigreur squelettique et à l'aspect terrifiant », ou se tenant en haut des arbres dans des huttes de branchages ; ascètes itinérants se déplaçant constamment au sommet des

Maître soufi en méditation près d'un arbre. La retraite du « cheikh » dans la solitude est un thème de prédilection des miniaturistes séfévides de l'âge d'or d'Ispahan. Miniature de Riza-i-Abbasi, 1622 (Bibliothèque nationale de France, Paris).

Pèlerinages. Si le « ḥajj » est pour tout croyant une obligation, les adeptes du soufisme ont institué en outre de nombreux « pèlerinages mineurs » (« zirayat ») aux tombeaux des saints. La Mecque, miniature du XVIIe siècle, bibliothèque de Tabriz (P. et S. Michaud, Rapho).

montagnes ; adorateurs qui meurent subitement quand certaines paroles sont prononcées devant eux ; « fous [de Dieu] doués de raison » (*'uqalā' al-majānīn*). C'est également à Dhū-l-Nūn, qui fut lui-même un saint, que l'on doit la description des « porteurs du Coran », de l'« élite spirituelle » et des « meilleurs des hommes », des « hommes de désir », de « ceux qui ont peur », des « hommes sincères », des « exaltés », et des « tourmentés ».

Soufis et malāmatis : sainteté visible et sainteté cachée

L'appellation collective de « soufis » aurait désigné, pour commencer, un certain groupe parmi les ascètes de Kūfa, sans doute parce qu'ils se singularisaient par le port d'un vêtement de laine (*ṣūf*) blanche en signe de pénitence, et ce à la fin du IIe/VIIIe siècle. Un siècle plus tard, elle désigne la corporation des mystiques de Bagdad, tels que Ma'rūf Karkhī (mort en 199/815), Sarī Saqaṭī (mort en 251/865), Junayd « le seigneur de la Tribu spirituelle » (mort en 298/911), 'Amr Makkī (mort en 296/909), et Ibn 'Aṭā' (mort en 310/922).

On oppose généralement aux soufis « bagdadiens » ou « iraqiens » les « Khurāsāniens », leurs contemporains connus sous le nom de *« malāmatis »* (ou *« Ahl al-malāma »* ; littéralement : « les hommes du blâme »), dont les plus connus sont Abū Ḥafṣ (mort en 270/883), Ḥamdūn Qaṣṣār (mort en 271/884), et Abū 'Uthmān al-Ḥīrī (mort en 297/910), tous trois originaires de Nīshāpūr.

Grâce à Sulamī (mort en 412/1021), nous possédons une précieuse épître qui nous renseigne sur les thèses spirituelles propres aux malāmatis et qui nous donne une typologie, que reprendra plus tard Ibn 'Arabī (mort en 638/1240) dans ses célèbres *Révélations mekkoises* (*al-Futūḥāt al-makkiyya*, III, pp. 34-37). Selon cette typologie, les « hommes de Dieu » se partagent en trois catégories. La première comprend ceux qui ne connaissent que l'aspect extérieur (*ẓāhir*) de la religion, qui ne sont savants que dans les sciences de la Loi et œuvrent selon celle-ci, et à qui il n'est pas donné de connaître les « états » spirituels (*aḥwāl*), les « stations » (*maqāmāt*), les « sciences de don divin », les « secrets » (*asrār*), les « dévoilements », ni non plus les « charismes » (*karāmāt*). La deuxième catégorie est celle des soufis, que Sulamī appelle « les hommes de la gnose » (*Ahl al-ma 'rifa bi-Llāh* ; littéralement : « les hommes de la connaissance de Dieu »), dont toutes les aspirations sont uniquement tournées vers Dieu et qui bénéficient des révélations intérieures et des charismes. La troisième catégorie, la plus élevée selon Sulamī et Ibn 'Arabī, est celle des malāmatis, qui jouissent de la « Proximité » de Dieu (*qurba*) ou degré de la « Sainteté suprême » (*walāya* ; cf. Michel Chodkiewicz, *Le Sceau des saints*, notamment pp. 137-138). La raison essentielle de la supériorité du malāmatī sur le soufi est que sa sainteté est cachée, tandis que celle du soufi est visible. Sulamī les compare à Muḥammad et à Moïse : l'état du malāmatī « ressemble à l'état du Prophète, lequel fut élevé aux plus hauts degrés de la Proximité divine, mais qui, lorsqu'il revint vers les créatures, ne parla avec elles que des choses extérieures, de telle sorte que de son entretien intime avec Dieu rien ne parut sur sa personne », tandis que l'état du soufi « ressemble à l'état de Moïse, dont personne ne pouvait regarder la figure après qu'il eut parlé avec Dieu ». Cela explique que l'un des enseignements essentiels des malāmatis est de cacher les charismes dont ils peuvent jouir et de ne rien manifester des « états » (*aḥwāl*) spirituels qu'ils ont réalisés.

Les malāmatis recommandaient à leurs disciples de tenir constamment en suspicion leur âme (*ittihām al-nafs*), afin d'éviter le danger de l'ostentation (*riyā'* : hypocrisie, manque de sincérité, considération de soi et d'autrui), qui est précisément le principal reproche que l'on adressera aux soufis.

L'idéal malāmatī de la sainteté cachée est à rapprocher de la croyance très ancienne aux *abdāl*, les saints inconnus dont la présence est nécessaire dans le monde terrestre pour le maintien de la vie. Ils constituent une hiérarchie cachée et permanente, ayant à sa tête le « Pôle » (*Qutb*), et dont chaque membre est immédiatement remplacé à sa mort (cf. M. Chodkiewicz, *Le Sceau des saints*, pp. 116-127).

Le parcours de la voie spirituelle (sulūk) ; les confréries (ṭuruq)

En conformité avec le symbolisme arabe de la vie nomade et également avec le Coran, qui parle du « Chemin droit » et de la « Bonne Voie », la vie spirituelle est décrite comme un parcours marqué de nombreuses « étapes » (*manāzil* ; cf. Anṣārī, *Chemin de Dieu*, trad. S. de Laugier de Beaurecueil). Les auteurs donnent le nom de « stations » (*maqāmāt*) à ce qui dépend entièrement de l'homme et qu'il peut acquérir (*makāsib*) par ses propres efforts. Il s'agit des vertus spirituelles, généralement énoncées dans l'ordre suivant : le repentir (*tawba*), la piété scrupuleuse (*wara'*), le renoncement (*zuhd*), la patience (*ṣabr*), la pauvreté (*faqr*), l'humilité (*tawāḍu'*), la crainte (*khawf*), l'espérance (*rajā'*), la remise confiante (*tawakkul*), l'acceptation du destin (*riḍā*). Les « états » (*aḥwāl*), tels que l'amour (*maḥabba*) et l'« *extinction* » de l'*ego* (*fanā'*), sont des dons divins (*mawāhib*), au contraire des « stations ».

À la pratique des vertus et à l'accomplissement des actes d'obéissance à Dieu, obligations cultuelles et œuvres surérogatoires, s'ajouteront les jeûnes (*ṣiyām*) et les retraites (*khalwa*), ainsi que la récitation du chapelet (*wird*) et l'invocation de Dieu (*dhikr*), au sein d'une confrérie et sous le contrôle d'un cheikh. Le but de toutes ces pratiques est de « polir le miroir du cœur », pour qu'il devienne « lisse » et puisse refléter les « lumières » (*anwār*) de la Vérité (*al-Ḥaqq*).

Celui dont la vocation est de cheminer vers Dieu a besoin d'un guide (*murchid*), à qui il devra se soumettre « comme le cadavre entre les mains du laveur des morts » ; et c'est l'un des rôles assumés par le cheikh de confrérie (*tarīqa*). Après son initiation, le disciple pourra demeurer auprès du maître dans la *zāwiya*, qui est une sorte de couvent temporaire, faisant aussi office d'hospice ou d'hôtellerie (d'autres noms lui sont donnés selon les époques ou les lieux : *ribāṭ*, *khānaqāh*, *takiyya* ou *tekké*), et qui est généralement construite à l'emplacement de la tombe du saint fondateur de l'ordre ou d'une branche de celui-ci. C'est là qu'il pourra pratiquer le jeûne et la retraite, et participer avec d'autres *ikhwān* (« frères ») ou *fuqarā* (« pauvres ») aux pratiques rituelles : récitation des litanies ou « chapelet »

Ordres mystiques. La confrérie Aïssaoua est connue au sein du soufisme pour les pratiques « fakiristes » de ses membres : avalement de clous, manducation de scorpions, maniement de serpents, broiement de verre. Son fondateur, Sidi Ibn 'Isā, surnommé le Maître parfait, est mort à Meknès entre 1524 et 1527. Pèlerinage aïssaoua au marabout de Tadrahlant, Maroc (J. Joffre, Explorer).

(*wird*), séances collectives d'invocation (*dhikr*), portant le nom de *ḥaḍra* ou de *'imāra* et généralement accompagnées de chants et de musique (*samā'* ; littéralement : « audition spirituelle ») destinés à favoriser l'extase (*wajd*, *tawājud*).

Les grands ordres soufis, aux multiples branches et sous-branches, qui n'ont fait qu'étendre la pratique de la *ṣuḥba* (association maître-disciples) remontant aux débuts de l'islam, sont apparus et se sont développés, surtout dans les couches populaires, à partir du VIIe/XIIIe siècle ; et ils portent le nom de leur fondateur : Shurawardiya, Kubrāwiya, Mawlāwiya (dit des « derviches tourneurs »), fondé par « mawlānā » Jalāl al-Dīn Rūmī, mort en 672/1273, et grand poète, en langue persane, de l'amour mystique), Qādiriya (répandu assez tard après la mort en 561/1166 du grand saint de Bagdad, 'Abd al-Qādir al-Jīlānī), Chādhiliya, Naqshabandiya, qui s'est développé dans les pays asiatiques et qui est surtout connu par la pratique du *dhikr* mental et silencieux.

Dans le monde contemporain, l'affiliation à une confrérie peut signifier seulement le désir d'affirmer sa foi face au matérialisme et à l'athéisme ; et c'est déjà beaucoup.

Le statut de la femme en islam

G h a s s a n A S C H A

Le Coran a consacré à la condition de la femme plusieurs versets sur lesquels les jurisconsultes (*fuqahā*) musulmans se sont appuyés, en même temps que sur la *Sunna* (qui contient les *ḥadīth* du Prophète), pour interpréter, préciser, prolonger l'enseignement traditionnel sur le sujet. Comme la Bible, il affirme qu'Ève a été tirée d'Adam (IV, 1 ; VII, 189 ; XXXIX, 6). Et il range le sang menstruel (II, 222) dans la catégorie de l'impur qui rompt l'état de sacralisation nécessaire pour la prière et le jeûne. Le témoignage de la femme est, dans le Coran, évalué à la moitié de celui de l'homme : « Requérez le témoignage de deux témoins pris parmi vos hommes ! S'il ne se trouve point deux hommes, prenez un homme et deux femmes parmi ceux que vous agréerez comme témoins : si l'une de celles-ci est dans l'erreur, l'autre la fera se rappeler » (II, 282). Les fuqahā en sont alors venus à récuser le témoignage de femmes qui, en l'occurrence, seraient seules à témoigner, sauf pour les affaires relatives à leur corps. Hormis ce dernier cas, la Loi islamique n'accepte le témoignage de la femme que pour les questions de dettes. À un niveau plus essentiel encore, le Coran décrit la femme comme un être « qui grandit parmi les colifichets et n'est pas clair dans la discussion » (XLIII, 18). De plus, selon un ḥadīth célèbre, « les femmes ont moins de raison et de foi [...]. Le manque de raison se traduit en ce que le témoignage de deux femmes ne vaut pas plus que celui d'un seul homme, et le manque de foi se traduit en ce que la femme, pendant ses règles, ne prie ni ne jeûne » (Al Bokhari, *Ṣaḥīḥ*, t. I). En matière d'héritage, la femme reçoit la moitié de la part dévolue à l'homme (Coran, IV, 11-12 et 176) ; il en est de même pour la *diya*. La diya est le prix payé par un meurtrier aux parents de la personne qu'il a tuée : or elle est de cent chameaux pour le meurtre d'un homme et seulement de cinquante pour celui d'une femme. Toutefois, ce n'est pas le Coran qui précise ainsi le montant de la compensation, mais les juristes eux-mêmes, qui ont prétendu en décider « conformément à la valeur de la femme en matière de témoignage et d'héritage » (Shaltout, *Al islām 'aqīda wa sarī 'a*, 1974). Un verset coranique déclare, d'ailleurs : « Ô vous qui croyez ! la loi du talion vous est prescrite à l'égard des tués : l'homme libre contre l'homme libre, l'esclave contre l'esclave, la femme contre la femme » (II, 178).

En ce qui concerne le statut matrimonial, l'homme musulman est autorisé à avoir sous son toit quatre épouses : « Épousez celles des femmes qui vous seront plaisantes, deux, trois, quatre, mais, si vous craignez de n'être pas équitables, prenez-en une seule ou des concubines ! » (Coran, IV, 3). Et le texte ajoute : « Vous ne pourrez être équitables vis-à-vis de vos femmes, même si vous le désirez. Ne soyez cependant pas trop partiaux » (IV, 129). Touchant ce problème, les juristes musulmans en sont venus à préciser que la justice exigée ici de l'homme polygame à l'égard de ses femmes a trait aux dépenses, non à l'amour lui-même et aux relations intimes. Par ailleurs, tandis que le Coran permet aussi à l'homme de se marier avec des non-musulmanes (V, 5), les fuqahā, s'appuyant sur un autre verset (LX, 10), ont interdit à la femme musulmane de se marier avec un non-musulman. Toutefois cette interdiction doit être mise en relation moins avec l'islam même qu'avec les mécanismes de pouvoir dans les stratégies matrimoniales de la société tribale.

La Loi islamique (*shari 'a*) autorise le mariage des impubères, auxquelles s'applique la tutelle de contrainte (*wilāyat al iǧbār*). Pour les juristes mālikites, shāfi'ites et ḥanbalites, toute jeune fille ou toute femme peut y être contrainte tant qu'elle est vierge – ce qui vaut donc même pour une vieille fille (*'ānis*). Aux autres femmes s'applique la tutelle d'association (*wilāyat aššarika*), en vertu de laquelle le tuteur légal (toujours un homme) doit demander, pour la marier, le consentement de la femme. Il en va de même pour la fille pubère, même vierge, dans le rite ḥanīfite. Mais le consentement de la femme est limité par le critère de la *kafā'a* ou équivalence des conditions : l'époux doit être « équivalent » (*kuf'*) à la femme sur certains points, dont le plus important est la classe sociale. La kafā'a s'exerce, en réalité, au profit du tuteur légal (*walī*), car elle ne prend pas en compte l'âge ni les sentiments. Le walī a parfaitement le droit d'imposer comme époux à une femme, malgré son « association », un vieillard d'égale condition (kuf'). Quoi qu'il en soit, la femme, majeure et saine d'esprit, ne peut pas se marier sans le consentement de son walī (Z.A. Shaaban, *Al aḥkām aš-šar'iya lil aḥwāl aš-šaḫṣiya*, 1971). De plus, selon la Shari'a, la femme n'a pas le droit de divorcer, ce droit étant réservé, par le Coran, aux hommes (II, 229-232 ; IV, 20 ; LXV, 1).

À propos des droits de l'épouse, le Coran dit : « Les épouses ont pour elles des droits semblables à ce qui leur incombe envers leurs époux, en ce qui est reconnu ; les hommes ont cependant sur elles une prééminence [*daraǧa*] » (II, 228). Les juristes ont déterminé ces droits en les limitant à trois domaines : la nourriture, le logement et l'habillement. Ce sont les seules choses (*nafaqa*) que la femme peut juridiquement exiger

La résistance du voile. Selon les temps et les lieux, certaines musulmanes peuvent voir leur rôle dans la société et les signes qui le marquent évoluer, tantôt dans le sens d'une libéralisation, tantôt dans celui d'un retour aux traditions fondamentalistes. Sous la férule talibane, une Afghane ne pouvait sortir que voilée de la burqa, comme cette réfugiée de novembre 2001 (A. Latif, Reuters/MAX PPP).

Émancipation. Les sociétés musulmanes réagissent diversement aux mouvements féministes qui s'y développent depuis quelques décennies. Partout, cependant, l'éducation est considérée comme la clé qui peut donner aux femmes accès à l'indépendance, au prix de heurts fréquents avec la tradition. Étudiante de l'École nationale d'ingénieurs de Tunis (G. Boutin, Explorer).

de son époux. Le Coran déclare encore : « Les hommes ont autorité [*qawāma*] sur les femmes du fait que Dieu a préféré certains d'entre vous à certains autres, et du fait que les hommes font dépense sur leurs biens en faveur de leurs femmes » (IV, 34). Selon les fuqahā, l'homme est préféré à la femme à cause de ses qualités propres : la raison (*al 'aql*), le savoir (*al 'ilm*) et la tutelle (*al wilāya*). Quant à la femme, elle doit obéir à son mari dans tous les cas, excepté lorsque cela l'amène à désobéir à Dieu (*ma'ṣiyat Allāh*). Par ailleurs, le Coran confère à l'homme le droit de corriger son épouse indocile (*nāšiza*) :

Cortège nuptial. Le mariage marocain est virilocal, et l'épousée, souvent fort jeune, y suit son mari dans la résidence qu'il occupe. Le transfert de la maison des parents à celle de l'époux donne lieu à un cortège où le protocole festif accuse symboliquement la soumission imposée à la jeune fille. Haut Atlas, Maroc (J. Joffre, Explorer).

« Les femmes vertueuses sont obéissantes [...]. Celles dont vous craignez l'indocilité, avertissez-les ! Reléguez-les dans les lieux où elles couchent ! Frappez-les ! Si elles vous obéissent, ne cherchez plus contre elles de voie de contrainte ! » (IV, 34).

Plusieurs versets coraniques sont consacrés au voile (*ḥiǧāb*), terme qui, dans la Loi islamique, désigne beaucoup plus que le morceau d'étoffe blanc ou noir qui recouvre le visage : la coutume de voiler (*ḥaǧb*) les femmes derrière les murs des maisons constitue la forme principale du ḥiǧāb (W.S. Ghawji, *Al mar'a al muslima*, 1975). S'adressant aux femmes du Prophète, le Coran déclare : « Demeurez dans vos demeures ! Ne vous produisez point en vos atours, à la manière de l'ancienne gentilité [*ǧāhiliya*] » (XXXIII, 32, 33). Et, aux croyants, il est dit : « Quand vous demandez un objet aux épouses du Prophète, demandez-le de derrière un voile ! » (XXXIII, 53). D'autres versets évoquent le même sujet à l'adresse des femmes musulmanes en général (XXIV, 30-31 ; XXXIII, 59). À partir de là, les fuqahā ont déterminé les conditions (toutes appuyées par des *ḥadīth*) auxquelles la femme peut sortir de la maison : cela lui est permis en cas de nécessité ; elle n'a pas le droit de le faire sans l'autorisation de son mari ou de son walī ; elle ne doit pas se trouver en tête-à-tête (*ḫalwa*) avec un homme étranger, ni lui serrer la main, ni voyager seule. Beaucoup d'autres restrictions du même genre ont trait à ses vêtements et parures (M.N. al-Albani, *Ḥiǧāb al mar'a al muslima fil Kitāb was-Sunna*, 1978). Enfin, la shari'a interdit à la femme d'être walī (tuteur légal), imām (guide de la prière), juge ou chef d'État : « Jamais le peuple qui confie ses affaires à une femme ne connaîtra le succès », affirme un ḥadīth (Al Bokhari, *Ṣaḥīḥ*, t. V).

L'idée de reconnaître à la femme de nouveaux droits proprement « islamiques » est apparue à la fin du XIXᵉ siècle, d'une part, à la suite des contacts avec l'Occident, qui ont secoué les sociétés musulmanes, d'autre part, sous l'effet des changements sociaux, économiques et culturels qui intervenaient dans ces dernières. Des jeunes filles se mirent à fréquenter l'école, des femmes à sortir sans leur voile ou même à participer à des activités hors de la maison. Ces changements déclenchèrent une vaste polémique sur la question féminine. Les ulémas, gardiens de la sharī'a, désapprouvèrent toutes ces innovations et réclamèrent un strict retour aux sources de l'islam, en la matière, le Coran et la Sunna. En face d'eux, une élite de penseurs musulmans prit parti pour le changement, qui commençait à paraître désormais irréversible. Mais, au lieu de faire abstraction de la sharī'a (comme la Turquie en 1924) dans leur souci de donner à la femme musulmane des droits véritables, ces réformateurs et « modernistes » préconisèrent, eux aussi, un « retour aux sources islamiques ». Ils s'employèrent à justifier le changement du statut de la femme, tout comme les autres innovations concernant la démocratie, le socialisme, l'électricité, etc., en tentant d'« islamiser » les valeurs nouvelles, et de prouver ainsi que la sharī'a est valable pour tous les temps et tous les lieux. C'est donc au nom d'un retour à l'islam « authentique » et non sous la pression de l'évolution des mœurs qu'il fallait, selon eux, donner des droits à la femme : celui de sortir sans être voilée, d'aller à l'école et de travailler hors de la maison, de voter et d'accéder à des responsabilités civiques, de choisir son époux et de divorcer. Pour étayer leur projet, les modernistes musulmans ont dû inventer l'existence d'un « âge d'or féminin », dans lequel, à l'aube de l'islam, au VIIᵉ siècle, leur religion aurait défendu l'égalité entre les hommes et les femmes : celles-ci

Tradition. Au Maroc, la vie familiale repose sur la présence active de la femme au foyer, dans le cadre d'une famille large où cohabitent souvent plusieurs générations. La belle-mère (« hma ») y exerce sur ses brus une autorité souveraine. Sous sa tutelle s'organise une vie communautaire, ressentie aujourd'hui comme une forme de soumission, et rejetée plus ou moins ouvertement par un nombre croissant de femmes. Fête de famille, Casablanca (P. Delarbre, Explorer).

alors, prétendirent-ils, n'étaient point cloîtrées ; elles savaient lire et écrire, travaillaient et participaient à la vie sociale et politique. Il fallait donc désormais, tout simplement, « reconquérir » ces droits, qui avaient été ensuite défigurés par les juristes, au mépris des textes saints ! Or ces discours des modernistes, en réalité, déformaient la vérité historique et le sens de la Loi islamique. Car il est hors de doute que les droits qu'ils revendiquaient pour la femme sont contraires à la condition qu'assignent à celle-ci le Coran et la Sunna et dont on vient d'évoquer quelques aspects, à propos du ḥiǧāb, de l'autorité de l'homme, de la nafaqa, de l'héritage, du témoignage, etc. Un penseur musulman contemporain (conservateur), Aboul A'la al-Mawdoudi, décrit en ces termes l'entreprise des réformateurs : « La chose la plus pernicieuse consiste, chez les modernistes, à induire leur monde en erreur, à lui laisser croire, d'après les argumentations qu'ils tirent du Coran et de la Sunna, que leur mouvement dévoyé est conforme à l'islam ! » (*Al ḥiǧāb*, 1978).

Partant de la sharī'a pour restituer à la femme ses droits « islamiques », les modernistes se sont donc heurtés à la « source » la plus authentique de la sharī'a, le Coran, la « Parole divine », qui n'accorde qu'un statut inférieur au sexe féminin. Et c'est ainsi que, après avoir déformé l'enseignement de la sharī'a et ridiculisé les anciens juristes afin de défendre certaines valeurs du monde moderne, les réformateurs, qui dominent, dans la plupart des domaines, le monde musulman actuel, en sont venus à nier en fait le sens de l'évolution et les acquis de la science de manière à justifier, cette fois, l'inégalité entre les sexes définie par le Coran. Nouvelle manière de prouver que la Loi islamique est valable pour tout temps et en tout lieu. L'un d'eux, par exemple, écrit : « Le Coran fait du témoignage de la femme la moitié de celui de l'homme, car la mémoire de la femme est faible. La psychologie moderne et les expériences dans les cours de justice confirment la sagesse coranique dans ce domaine » (A.M. Jamal, *Muftarayāt 'alā al islām*, 1972). Beaucoup d'autres justifications similaires qui se veulent « scientifiques » s'emploient désormais à approuver, pour d'autres formes d'inégalité, la « sagesse divine », en continuant d'affirmer que l'islam a accordé à la femme « tous » les droits qui lui reviennent ! Le plus grave, c'est que le statut inférieur de celle-ci tel qu'il dérive du Coran et de la Sunna est entériné par les Codes du statut personnel dans la plupart des sociétés musulmanes, lesquelles en même temps reconnaissent paradoxalement à la femme le droit d'être ministre. Il est à noter pourtant que le Coran a fixé – de manière aussi claire – d'autres « lois » relevant du droit pénal qui ont en fait été abolies dans ces sociétés, sans que cela fît beaucoup de bruit. Un dualisme se trouve ainsi prédominer dans le monde musulman, qu'on a pu

La part du rêve. La reine de Saba apparaît à la fois dans la Bible et dans le Coran. Sous le nom de Bilqîs, elle est en outre l'héroïne de nombreux récits arabes ou persans, où elle personnifie la beauté étrangère capable d'attention à la parole de Dieu. Illustration du « Khamseh » de Nizami, manuscrit persan, XVIe siècle, Paris (Bibliothèque nationale de France).

décrire en ces termes : « Le recours aux sources islamiques lorsqu'il s'agit de légiférer pour la famille ou dans le domaine du statut personnel, et, en même temps, l'abandon quasi total de ces sources lorsqu'il s'agit de codifier le droit civil, le droit pénal et, en général, toutes les autres branches du droit » (C. Chehata, *Droit musulman : application au Proche-Orient*, 1970).

Il reste que la question du droit musulman, tout particulièrement en ce qui touche le statut personnel, a changé de portée depuis l'irruption de la « Révolution islamique » en Iran. Le retour à l'application du modèle islamique de production de toute l'histoire des sociétés est devenu la revendication d'un nombre grandissant de militants dans tous les pays musulmans, comme le montre l'étude de ce que les sociologues et les politologues appellent l'islamisme radical. Le droit n'apparaît plus alors que comme une exigence parmi d'autres pour se libérer de « l'agression culturelle » de l'Occident. Ajoutons que la sécheresse normative des textes mentionnés ci-dessus doit être replacée dans le contexte plus large et plus riche du discours religieux tel que l'utilise le Coran notamment (cf. M. Arkoun, *Lectures du Coran*, 2e éd., 1988).

Index

Cet index est sélectif. Pas plus qu'il ne fait double emploi avec le sommaire, il n'offre l'inventaire de tous les noms et de toutes les notions figurant dans l'ouvrage ni de toutes les occurrences des termes retenus. Nous avons en revanche tenté de donner un instrument qui obéisse à la fois au souci du repérage et à celui de l'intelligibilité.
Les chiffres en romain renvoient au texte ; les chiffres en italique aux illustrations et à leurs légendes. Les chiffres en gras signalent les passages de l'ouvrage traitant essentiellement de la notion considérée.

En quatrième page de couverture :
cette idole cappadocienne du IIIe millénaire, figurant peut-être un couple divin émergeant du cosmos, témoigne de la religion proto-hittite. Musée des civilisations anatoliennes, Ankara (G. Dagli Orti).

Le présent volume, achevé d'imprimer en juin deux mille deux,
sur Roto 2000 demi-mat 100 g des papeteries Arjo Wiggins,
a été imprimé et relié par Partenaire-livres.
Composition et photogravure exécutées par Nord Compo à Villeneuve-d'Ascq.
Printed in France

ISBN : 2-7441-6001-6
N° d'éditeur : 37586
Dépôt légal : février 2003